U1075660

中共山东省委党史研究院
（山东省地方史志研究院）编

中共山东年鉴

2023

中国文史出版社

图书在版编目（CIP）数据

中共山东年鉴. 2023 / 中共山东省委党史研究院（山东省地方史志研究院）编. -- 北京 : 中国文史出版社，2023.8
ISBN 978-7-5205-4156-5

Ⅰ. ①中… Ⅱ. ①中… Ⅲ. ①中国共产党—工作—山东—2023—年鉴 Ⅳ. ①D235.52-54

中国国家版本馆CIP数据核字（2023）第116899号

责任编辑：程 凤

出版发行：中国文史出版社
社　　址：北京市海淀区西八里庄路69号　邮编：100142
电　　话：010-81136606　81136602　81136603（发行部）
传　　真：010-81136655
印　　装：山东麦德森文化传媒有限公司　0531-88950690
经　　销：全国新华书店
开　　本：889×1194　1/16
字　　数：1378千字
印　　张：36
版　　次：2023年11月北京第1版
印　　次：2023年11月第1次印刷
定　　价：268.00元

文史版图书，版权所有，侵权必究。
文史版图书，印装错误可与印刷厂联系调换。

《中共山东年鉴》编审委员会

顾　问：赵志浩

主　任：张海波

副主任：高剑锋　孙开连　袭艳春　赵国卿

委　员：汤占领　张祚亭　张淑敏　孙成良　卢　岚
赵　锋　蔡先金　高尚山　张晓峰　李　明
张红旗　赵晓晖　张连三　刘　渊　陈培华
刘国伟　白　皓　李世华　毕司东　杨　峰
张　惠　马晓磊　张宏伟　杨国强　郑德雁
刘　运　林红玉　杨洪涛　闫剑波　李在武
任　刚　田卫东　李长萍　宋永祥　张　伦
姚丙华　徐　波　蒋庆立

《中共山东年鉴》（2023）

主　　　编：赵国卿

副　主　编：姚丙华　徐　波　蒋庆立

编辑部主任：徐　波

编辑部副主任：刘广先

编　　　辑：温书义　王复生　许学梅　宋　涛　郭　焱
郭　敏

数据山东 2022

◎陆域面积 15.43 万平方千米
◎海域面积 15.86 万平方千米
◎年末常住人口 10162.79 万人
◎地区生产总值 87435.1 亿元
◎第一产业增加值 6298.6 亿元
◎第二产业增加值 35014.2 亿元
◎第三产业增加值 46122.3 亿元
◎三次产业结构为 7.2 ∶ 40.0 ∶ 52.8
◎农林牧渔业总产值 12130.7 亿元
◎粮食总产量 5543.8 万吨
◎国家级优势特色产业集群 7 个
◎国家现代农业产业园 15 个
◎特色农产品优势区 17 个
◎国家级水产健康养殖和生态养殖示范区 12 个
◎国家级海洋牧场示范区 67 处
◎工业增加值 28739.0 亿元
◎建筑业总产值 17559.6 亿元
◎货物进出口总值 33324.9 亿元
◎出口总值 20355.8 亿元
◎进口总值 12969.1 亿元
◎社会消费品零售总额 33236.2 亿元
◎网上零售额 6698.7 亿元
◎高速公路通车里程 8048 千米
◎高速铁路通车里程 2446 千米
◎铁路、公路、水路货运量 32.3 亿吨
◎沿海主要港口货物吞吐量 18.9 亿吨
◎电信业务总量 1104.4 亿元
◎邮政业务总量 669.3 亿元
◎一般公共预算收入 7104.0 亿元
◎一般公共预算支出 12131.5 亿元
◎金融机构本外币存款余额 146076.0 亿元
◎贷款余额 123994.8 亿元
◎城镇居民人均可支配收入 49050 元
◎农村居民人均可支配收入 22110 元
◎国家级经济技术开发区 16 个
◎省级经济技术开发区 123 个
◎省级以上高新技术产业开发区 20 个，其中，国家级 13 个，省级 7 个
◎综合保税区 13 个
◎院士工作站 444 家
◎博士后科研工作站 393 个
◎博士后创新实践基地 452 个
◎国家级高技能人才培训基地 43 个
◎国家技能大师工作室 49 个
◎驰名商标 805 件
◎地理标志商标 877 件
◎地理标志保护产品 82 个
◎国家级标准化试点示范项目 664 个
◎省级标准化试点示范项目 1580 个
◎普通高等学校 153 所，在校生 252.7 万人
◎国家级历史文化名城 10 座
◎国家级重点文物保护单位 226 处
◎省级重点文物保护单位 1968 处
◎世界文化遗产 4 处
◎国家级非物质文化遗产代表性项目 186 项
◎省级非物质文化遗产代表性项目 1073 项
◎医疗卫生机构 8.6 万所，其中医院 2669 所
◎国家 A 级旅游景区 1205 家，其中 5A 级景区 14 家
◎国家级旅游度假区 6 家
◎培育、创建绿色旅游饭店 332 家
◎首批文旅康养强县 10 个
◎国家级森林公园 49 处
◎省级森林公园 66 处
◎国家级湿地公园 66 处
◎省级湿地公园 134 处
◎世界地质公园 2 处
◎国家地质公园 13 处
◎省级地质公园 51 处

2022 年 12 月 30 日，中共山东省委书记林武（左二）在济南调研疫情防控和保供稳价等工作

2022 年 1 月 16 日，中共山东省委副书记、省长周乃翔（左一）在日照市东港区走访慰问困难群众

2022年5月22日，中共山东省委副书记、青岛市委书记陆治原（前右三）到青岛市崂山区调研城市更新和城市建设工作，在石老人花园社区与小区业主亲切交谈，了解小区更新改造情况

2022年7月4日，中共山东省委常委、统战部部长徐海荣（左三）到山东泰邦生物制品有限公司调研

2022 年 4 月 13 日，中共山东省委常委、省纪委书记、省监委主任夏红民（右一）到东阿县黄河艾山卡口调研黄河重大国家战略实施工作

2022 年 4 月 11 日，中共山东省委常委、宣传部部长白玉刚（左三）到淄博市临淄区新时代文明实践中心调研

2022 年 2 月 16 日，中共山东省委常委、组织部部长王宇燕（右二）到济南市章丘区双山街道三涧溪村调研基层党组织建设情况

2022 年 4 月 5 日，中共山东省委常委、济南市委书记刘强（前右二）到济南新旧动能转换起步区调研

2022 年 11 月 21 日，中共山东省委常委、副省长曾赞荣（右二）到寿光市稻田镇调研基层党建和乡村振兴工作

2022年6月20日，中共山东省委常委、政法委书记李猛（左五）到潍坊市公安局调研，详细了解疫情应急处置、智慧警务、刑事科技等工作情况，现场调度党的二十大服务保障工作

2022 年 9 月 20 日，中共山东省委常委、省军区政治委员王爱国主持“临沭县 61 年为军向战送好兵”先进事迹报告会并讲话

2022 年 10 月 6 日，中共山东省委常委、秘书长张海波（前一）到“爱山东”“山东通”平台工作专班调研，实地了解平台运维情况

2023 年 3 月 1 日，中共山东省委常委、烟台市委书记江成（左五）到莱山区调研森林防火工作

编辑说明

一、《中共山东年鉴》是中共山东省委主办的全面反映全省各级党组织工作情况和组织状况的资政工具书，坚持以马克思列宁主义、毛泽东思想、邓小平理论、“三个代表”重要思想、科学发展观、习近平新时代中国特色社会主义思想为指导，突出山东地方党委特色，以记述执政实践、总结执政经验、探寻执政规律为主旨，是各级领导干部推动工作的重要资政参考。

二、本卷年鉴记述了2022年度山东省各级党组织的工作情况和基本经验。设中共山东省委工作、省人大常委会 省政府 省政协党组工作、省法院 省检察院党组工作、省委各部门工作、党风和党纪、人民团体党组工作、军事工作、市委工作、县（市、区）委工作、高校党委工作、文章选编、党建典型、大事记、光荣榜14个类目。

三、本卷年鉴稿件由省委各部门、省人大常委会、省政府、省政协、省纪委监委、省法院、省检察院、省军区、各人民团体、各高等院校及各市、县（市、区）委提供，省委党史研究院组织编纂。大事记、光荣榜由省委党史研究院整理编辑。党建典型类目包含企业党建、农村党建、社区党建、机关党建四部分。企业党建典型由各市委和省国资委推荐，农村党建、社区党建的典型由各市委推荐，机关党建典型由省委省直机关工委推荐。

四、本卷年鉴数据资料截至2022年底，领导成员名单中，除变更的已注明离、任职时间外，其他成员原则上以2022年12月31日在职为准。

编者

2023年8月

目　录

中共山东省委工作

省人大常委会　省政府　省政协党组工作

省法院　省检察院党组工作

省委各部门工作

党风和党纪

人民团体党组工作

军事工作

市委工作

县（市、区）委工作

济南市

高校党委工作

文章选编

党建典型

企业党建

农村党建

社区党建

机关党建

大 事 记

光 荣 榜

中共山东省委工作

中共山东省委工作概况

2022年，中共山东省委坚持以习近平新时代中国特色社会主义思想为指导，深入学习贯彻党的二十大精神，坚决落实习近平总书记对山东工作的重要指示要求，锚定“走在前、开新局”，高效统筹疫情防控和经济社会发展，高效统筹发展和安全，新时代社会主义现代化强省建设迈出坚实步伐。全省地区生产总值达到8.7万亿元，同比增长3.9%；规模以上工业增加值增长5.1%；固定资产投资增长6.1%；社会消费品零售总额达到3.3万亿元；一般公共预算收入达到7100亿元，同口径增长5.3%；全体居民人均可支配收入增长5.2%，其中城镇居民人均可支配收入同比增长4.2%，农村居民人均可支配收入同比增长6.3%。

一、坚持用习近平新时代中国特色社会主义思想谋划推动山东工作

始终把习近平新时代中国特色社会主义思想作为一切工作的根本遵循和行动指南，切实用以武装头脑、指导实践、推动工作，确保各项事业始终沿着正确政治方向前进。

（一）强化理论武装

深化落实“第一议题”制度，习近平总书记每次发表重要讲话、作出重要指示批示，省委常委会都第一时间传达学习、研究贯彻措施。2022年，省委常委会集中学习47次、省委理论学习中心组集体学习15次。深化实施习近平新时代中国特色社会主义思想凝心铸魂工程，省市调训干部4.7万余人次。

（二）谋深谋实发展思路

用习近平新时代中国特色社会主义思想指导开好省第十二次党代会，把习近平总书记对山东工作的重要指示要求作为山东发展的全局性定位、全方位要求、全过程引领，锚定“走在前、开新局”，努力建设经济实力强、人民群众富、文明程度高、治理效能优、生态环境美的新时代社会主义现代化强省。召开深化新旧动能转换推动绿色低碳高质量发展动员大会，坚持以先行区建设谱写中国式现代化“山东篇章”，努力打造全面创新先行区、协调发展引领区、生态保护样板区、对外开放新高地、共同富裕新范例、安全和谐示范区。

（三）坚决有力推动落实

健全贯彻习近平总书记重要指示要求的工作机制，制度化推进落实。聚焦统筹疫情防控和经济社会发展、黄河重大国家战略等部署，开展具体化、精准化、常态化政治监督。自觉运用贯穿习近平新时代中国特色社会主义思想的立场观点方法，扎实抓好山东经济、政治、文化、社会、生态文明建设和党的建设。

二、全力抓好党的二十大精神学习宣传贯彻工作

把学习宣传贯彻党的二十大精神作为当前和今后一个时期的首要政治任务，聚焦全面学习、全面把握、全面落实，精心组织、周密安排，使之成为全省上下的共同意志和自觉行动。

（一）迅速组织学习

大会闭幕后，第一时间召开省委常委会扩大会议，传达学习大会精神。组织两期全省领导干部党的二十大精神专题学习班，部署全省县处级以上领导干部集中轮训。全省各级各部门和广大党员干部认真学习党的二十大精神，开展多种形式的学习，推动党的二十大精神入脑入心、走深走实。

（二）广泛宣传宣讲

中央宣讲团为全省党员干部作宣讲报告，到高校和企

业生产一线面对面宣讲。召开省委宣讲团宣讲动员会，安排部署宣讲工作。省市县三级组建宣讲团，各级党组织主要负责同志和党的二十大代表带头宣讲。统筹各类媒体资源，进行全面准确、深入浅出、生动活泼的宣传报道，营造浓厚氛围。

（三）结合实际抓落实

召开省委常委会会议，研究省委学习宣传贯彻党的二十大精神总体工作安排。召开省委十二届二次全体会议，审议通过省委关于深入学习宣传贯彻党的二十大精神的决议，对全省学习宣传贯彻工作作出全面部署。

三、着力促进经济社会平稳健康发展

完整、准确、全面贯彻新发展理念，主动服务和融入新发展格局，扎实推动高质量发展，坚决抓好疫情要防住、经济要稳住、发展要安全“三件大事”，统筹抓好改革发展稳定和保障改善民生各项工作，全面塑造山东高质量发展新优势。

（一）切实做好疫情防控工作

坚决贯彻落实习近平总书记重要指示要求和党中央决策部署，疫情防控措施不断优化。动态清零阶段，探索形成日常防控“4+3”和应急防控“4个3”的具体举措，坚决防止“一封了之”。日常防控时，严防境外来人、冷链物品、非冷链普通物品、省外入返人员4个“源头”，擦亮各级各类医疗机构和药店、纳入定期检测的重点人群、其他社会面人群愿检尽检和不定期检测3个“探头”；应急防控时，做到密接者管理、高风险区划设、核酸检测“三个到位”，企业生产、项目建设、物资运输“三个不停”，群众基本生活物资采买、就医、上学“三个保障”，封城、“静默”、大规模划设封控区“三个禁止”。疫情防控调整转段后，第一时间召开省委常委会会议、省委统筹疫情防控和经济运行指挥部（扩大）会议，坚决落实好中央优化疫情防控各项部署。立足山东实际，努力把握节奏、控制进程、拉平曲线、推后峰值，最大限度争取时间、提升能力、备足资源，坚决防止“一放了之”。

（二）努力促进经济稳中向好、进中提质

坚决扛牢经济大省责任，全力稳住经济基本盘，重点推进实施“十大创新”“十大扩需求”“十强产业”行动计划，推动经济发展持续保持良好态势。

聚力稳住经济运行。加强对经济运行的调度，建立省保障物流畅通促进产业链供应链稳定工作机制，制定四批政策清单、284项政策。坚持供需两侧协同发力，盯紧抓实重点项目建设，多措并举促进消费扩容提质。2022年，全省新增减税降费和退税缓税缓费2976亿元，1.53万个省市县重点项目完成投资3.4万亿元，高速公路通车里程突破8000公里，高铁运营里程达2446公里，累计发放汽车、家电、文旅消费券15.6亿元，实物商品网上零售额增长9.6%。

聚力推动科技自立自强。召开全省科技创新大会，2022年，省级科技创新发展资金再增长10%、达145亿元。强化高能级创新平台建设，加快推进重大关键技术攻关，出台人才集聚雁阵格局建设总体方案，持续推进科技企业培育，涌现出全球首艘10万吨级养殖工船“国信1号”等一批重大科技成果，国家虚拟现实创新中心获批设立，国家企业技术中心达193家、居全国首位，全省高新技术企业总数突破2.6万家、居全国第三位，入库科技型中小企业突破3.5万家，人才资源总量超过1500万人、居全国第三位。

聚力落实黄河重大国家战略。召开全省黄河流域生态保护和高质量发展推进会，围绕发挥山东半岛城市群龙头作用，持续打造生态保护样板区、长久安澜示范带、绿色低碳高质量发展先行区、对外开放新高地和文化“两创”新标杆。350个重点项目扎实有序推进，黄河口国家公园进入设立报批阶段。

聚力提速动能转换。坚定落实“三个坚决”，实施先进制造业强省三年行动计划，提级实施“链长制”，全力打造11条标志性产业链，培育“十强”产业“雁阵型”集群143个、总规模达7.3万亿元。加快推进山东半岛工业互联网示范区建设。累计开通5G基站16.2万个，建成千兆城市12个、居全国第二，国家级“双跨”工业互联网平台达到4家。

聚力深入打造乡村振兴齐鲁样板。坚持城乡融合发展，扎实推动乡村“五大振兴”。粮食总产量达1108.76亿斤、连续9年稳定在千亿斤以上。规模以上农产品加工企业近万家、占全国的10.7%，形成寿光蔬菜、沿黄肉牛等六大千亿级产业集群。2022年，全省农林牧渔业总产值达到1.21万亿元，同比增长4.8%、稳居全国第一；农产品出口1394亿元、同比增长12.6%，连续24年领跑全国。累计建设省级美丽乡村2500个、建成美丽庭院287户，新改建农村公路超过1万公里。

聚力加快海洋强省建设。开展新一轮海洋强省建设行动，着力推动现代海洋产业发展，提升港口一体化效能，持续改善海洋生态环境。2022年，全省沿海港口货物吞吐量达18.9亿吨，跃居全国首位，自动化码头装卸效率不断刷新世界纪录；生产性泊位达到616个，其中20万吨级及以上大型泊位25个，规模居全国第一。

聚力全面深化改革开放。扎实推进国资国企、科创金融等领域改革，建设“无证明之省”，营商环境整体水平位列全国第一方阵，连续三年入选营商环境最好十大省份。推动深度融入“一带一路”，加快中国（山东）自由贸易试验区、中国－上海合作组织地方经贸合作示范区等平台建设，成功举办第三届跨国公司领导人青岛峰会等活动。2022年，全省进出口总额3.33万亿元、增长13.8%，实际使用外资228.7亿美元、增长6.3%。

聚力加强生态文明建设。深入打好污染防治攻坚战，统筹推进生态系统保护修复。稳步推进碳达峰碳中和行动，部署实施能源转型“九大工程”。全域开展“无废城市”建设，全省$PM_{2.5}$浓度同比改善7.7%，36个县（市、区）雨污合

流管网清零，国控断面优良水体比例首次超过80%、达到83%，黄河流域、南四湖流域优良水体比例首次达到100%。

（三）坚决守住安全发展底线

牢固树立总体国家安全观，切实守好粮食安全、能源安全、产业链供应链安全、金融安全、生产安全、生态环境安全、食品药品安全、公共卫生安全、社会稳定等“一排底线”。制定安全生产“8抓20条”创新措施，2022年全省安全生产事故起数、死亡人数分别下降28.9%、26.8%。深入实施“金安工程”，金融机构不良贷款率继续保持较低水平。

（四）持续增进民生福祉

坚定践行以人民为中心的发展思想，坚持为了人民、服务人民，依靠人民、仰仗人民，惠及人民、造福人民，扎实推动民生改善和共同富裕。2022年，全省财政用于民生支出占比达79.1%。

着力稳就业保就业。完善应对疫情援企稳岗政策，实施城乡公益性岗位扩容提质行动，新开发公益性岗位64.3万个，实施十万就业见习岗位募集计划，全省城镇新增就业120.2万人。

着力办好人民满意的教育。持续推动基础教育提质增效，稳步提升高等教育综合实力，巩固扩大职业教育领先优势。新增幼儿园学位9.1万个、中小学学位26.3万个，深化“双高”高职院校建设，康复大学（筹）建设取得重要进展。

着力提高医疗卫生水平。深入推进健康山东行动，扎实创建国家医养结合示范省，获批3个国家区域医疗中心。全省两证齐全的医养结合机构达882家，78家县（市）医院全部达到国家标准，新增3岁以下婴幼儿托位7.1万个。

着力加强社会保障。推动社会保险扩面征缴，养老、工伤、失业保险待遇领取资格“静默认证”率达90%以上。9类困难群体救助保障标准，在连续两年提高10%以上的基础上再提高10%。2022年，改造老旧小区68万户，棚户区改造建成26万余套。

着力提升社会治理效能。全面推进法治山东建设，开展第二批全省法治政府建设示范创建。常态化开展扫黑除恶斗争，高标准开展市域社会治理现代化试点，推动治理重复信访、化解信访积案。

着力推进文化“两创”。出版大型文献《儒典》，启动《齐鲁文库》编纂工作，成功举办第八届尼山世界文明论坛、2022山东省旅游发展大会等活动。深入实施“山东手造”工程，扎实抓好长城、大运河、黄河国家文化公园（山东段）等项目建设。

四、纵深推进全面从严治党

从严从实管思想强基础、抓班子带队伍、严纪律转作风，营造风清气正的政治生态。

（一）注重发挥省委总揽全局、协调各方的领导作用

凡属“三重一大”事项，一律按照程序集体研究决定，全年召开省委常委会会议64次。支持人大及其常委会依法行使职权，扎实推进地方立法，推动做好人大监督和依法任免工作，发挥代表作用；支持人民政协履行政治协商、民主监督、参政议政职能，出台加强和改进新时代市县政协工作的实施意见。召开省委统战工作会议，扎实做好统一战线和民族宗教工作。

（二）坚决扛牢全面从严治党政治责任

召开省委常委会会议、省委党的建设工作领导小组会议，研究全面从严治党工作。召开省委常委会会议听取省几大班子党组和省委常委履行全面从严治党责任情况汇报，对各市党委书记及有关党（工）委书记履行全面从严治党责任情况述职评议。

（三）严格落实意识形态工作责任制

加强意识形态风险防控，对全省16市和152所高校开展专项督查，着力维护意识形态领域安全稳定。

（四）加强干部队伍建设

认真贯彻新时代党的组织路线和好干部标准，高质量完成市县乡领导班子换届。激励干部担当作为，为838名干部容错纠错，为2152名干部澄清正名，干事创业氛围日益浓厚。完善党管人才工作体系和推进机制，有效凝聚人才强省合力。

（五）全面夯实基层基础

巩固拓展“莱西会议”经验，实施村级党组织分类推进整体提升三年行动，持续深化城市基层党建全域提升攻坚，大力实施党建引领新业态新就业群体“12345齐鲁行动”，统筹推进机关、国企、学校、公立医院等各领域党建。健全完善“四进”工作机制，从省市选派3000多名人员驻扎基层，当好信息员、宣传员、服务员、监督员，推动党中央决策部署落实落地。

（六）持续正风肃纪反腐

召开全省党风廉政警示教育大会，坚决整治形式主义、官僚主义，一体推进不敢腐、不能腐、不想腐。2022年，全省共查处违反中央八项规定精神问题8478起、处分7894人，纪检监察机关共立案4.2万件、处分4.4万人。

中共山东省委组成人员名单
（2022 年 1 月至 2022 年 12 月）

书　　记：李干杰※　林　武☆

副 书 记：周乃翔　杨东奇※　陆治原☆

常　　委：李干杰※　林　武☆　周乃翔　杨东奇※
陆治原　徐海荣☆　夏红民　张江汀※
王书坚※　孙立成※　白玉刚　王宇燕（女）
林峰海※　邱月潮※　刘　强　傅明先☆※
曾赞荣☆　李　猛☆　王爱国☆　张海波☆
江　成☆

委　　员（排名按姓氏笔画为序）

于永生　于海田　马立新（女）　马军权☆
马金栋　马晓磊　王　磊（女）　王传喜☆
王宇燕（女）　王爱国　石爱作　卢　岚（女）
田卫东　田庆盈※　白　山　白玉刚
邢桂君　朱开国　任　刚　任海涛
庄　严　刘　运　刘　渊　刘　强
刘天东　刘国伟　闫剑波　江　成
江敦涛　孙丰华（女）　孙开连　孙成良
孙爱军　李　伟（纪委）　李　伟（能源）　李　明
李　猛　李干杰※　李长萍（女）　李在武
李兴伟　李春田　杨东奇　杨国强
杨洪涛　杨增胜　吴承丙　邹斌芳（女）
辛树人　宋永祥　宋军继　张　伦
张　涛　张　惠（女）　张　斌　张百顺
张红旗　张宏伟（女）　张晓峰　张海波☆
张海波（工信）　张新文　陆治原　陈　飞
陈　平　陈　勇※　陈　颖（女）　陈必昌
林　武☆　林红玉　周乃翔　郑德雁
孟庆斌　赵晓晖　赵豪志　胡苏华

侯晓滨	侯翠荣（女）	秦传滨	袁红英（女）
夏红民	徐　闻	徐剑波	徐海荣
高尚山	高剑锋	高淑贞（女）	黄红光
袭艳春（女）	梁建英（女）	葛慧君（女）	傅明先 ※
曾赞荣	蔡先金	廖发银	霍高原

候补委员（按得票多少为序排列，得票相等的按姓氏笔画为序排列）

马军权 ※	王传喜 ※	王君松	牛栓文
吕　波	吕明涛	刘春华（女）	李　峰
肖　枭	冷晓燕（女）	贯昌奉	赵　锋
赵绪春	胡金焱	徐诚易	郭　庆
满慎刚			

附：省委秘书长、副秘书长名单

秘 书 长： 刘　强 ※　张海波 ☆

副秘书长： 江　成 ※　高剑锋　刘天东 ☆　张祚亭　赵晓晖 ※　魏学武

※2022 年 3 月，刘强同志不再兼任中共山东省委秘书长职务。

※2022 年 3 月，赵晓晖同志不再担任中共山东省委副秘书长职务。

☆ 2022 年 4 月，徐海荣同志任中共山东省委委员、常委，张江汀同志不再担任中共山东省委常委职务。

☆ 2022 年 6 月，陆治原同志任中共山东省委副书记，杨东奇同志不再担任中共山东省委副书记、常委职务。

☆ 2022 年 6 月，傅明先、曾赞荣、李猛、王爱国、张海波同志任中共山东省委委员、常委，王书坚、孙立成、林峰海、邱月潮同志不再担任中共山东省委常委职务。

☆ 2022 年 6 月，张海波同志兼任中共山东省委秘书长。

※2022 年 7 月，江成同志不再担任中共山东省委副秘书长职务。

※2022 年 9 月，傅明先同志不再担任中共山东省委常委、委员职务。

☆ 2022 年 11 月，刘天东同志任中共山东省委副秘书长。

☆ 2022 年 11 月，田庆盈、陈勇同志辞去十二届省委委员职务，省委候补委员马军权、王传喜同志递补为省委委员。

☆ 2022 年 12 月，林武同志任中共山东省委委员、常委、书记，李干杰同志不再担任中共山东省委书记、常委、委员职务。

☆ 2022 年 12 月，江成同志任中共山东省委常委。

省委重要文件目录

（公开发布）

发文机关	文件标题	发文日期
中共山东省委 山东省人民政府	关于表彰山东省生态环境保护先进集体和先进个人的决定	2022 年 1 月 1 日
中共山东省委 山东省人民政府	关于表扬 2021 年全省食品产业高质量发展表现突出的集体和个人的通报	2022 年 1 月 22 日
中共山东省委 山东省人民政府	关于表彰山东省妇女儿童工作先进集体和先进个人的通报	2022 年 1 月 30 日
中共山东省委 山东省人民政府	关于做好 2022 年全面推进乡村振兴重点工作的实施意见	2022 年 2 月 7 日
中共山东省委 山东省人民政府	关于表扬奖励 2021 年全省防汛抗洪表现突出的集体和个人的通报	2022 年 2 月 19 日
中共山东省委 山东省人民政府	关于表彰山东海洋强省建设突出贡献奖先进集体和先进个人的决定	2022 年 3 月 14 日
中共山东省委	关于追授白晓卉同志“山东省优秀共产党员”称号的决定	2022 年 4 月 4 日
中共山东省委 山东省人民政府	关于追授白晓卉同志“山东省先进工作者”称号的决定	2022 年 4 月 4 日
中共山东省委 山东省人民政府	关于印发《山东省知识产权强省建设纲要（2021—2035 年）》的通知	2022 年 5 月 27 日
中共山东省委 山东省人民政府	关于国有企业创新驱动高质量发展的十条意见	2022 年 6 月 26 日
中共山东省委 山东省人民政府	关于表扬奖励第 16 届残奥会、第 13 届冬残奥会有功集体和个人的通报	2022 年 7 月 24 日
中共山东省委 山东省人民政府	关于印发《优化生育政策促进人口长期均衡发展实施方案》的通知	2022 年 9 月 12 日
中共山东省委 山东省人民政府	关于表彰山东省“人民满意的公务员”和“人民满意的公务员集体”的决定	2022 年 9 月 19 日
中共山东省委 山东省人民政府	关于印发《先进制造业强省行动计划（2022—2025 年）》的通知	2022 年 11 月 1 日
中共山东省委	关于深入学习宣传贯彻党的二十大精神的决议	2022 年 11 月 6 日
中共山东省委 山东省人民政府	关于表彰“齐鲁杰出人才奖”获奖人员的决定	2022 年 11 月 20 日
中共山东省委 山东省人民政府山东省军区	关于学习临沭县征集高质量兵员经验的决定	2022 年 12 月 12 日
中共山东省委 山东省人民政府	印发《贯彻落实〈中共中央、国务院关于完整准确全面贯彻新发展理念做好碳达峰碳中和工作的意见〉的若干措施》的通知	2022 年 12 月 17 日
中共山东省委 山东省人民政府	关于印发《山东省建设绿色低碳高质量发展先行区三年行动计划（2023—2025 年）》的通知	2022 年 12 月 20 日

省委办公厅重要文件目录

（公开发布）

发文机关	文件标题	发文日期
中共山东省委办公厅 山东省人民政府办公厅	印发《贯彻〈关于调整完善土地出让收入使用范围优先支持乡村振兴的意见〉的实施意见》的通知	2022 年 4 月 8 日
中共山东省委办公厅 山东省人民政府办公厅	关于印发《美丽山东建设规划纲要（2021—2035 年）》的通知	2022 年 6 月 3 日
中共山东省委办公厅	关于印发《山东省市级以下事业单位领导人员管理办法》的通知	2022 年 10 月 14 日
中共山东省委办公厅 山东省人民政府办公厅	印发《关于深入推动山东高等教育高质量发展的若干措施》的通知	2022 年 10 月 27 日

重 要 会 议

省委常委会会议

1月7日　省委常委会召开会议，传达学习习近平总书记在1月6日中共中央政治局常务委员会会议上的重要讲话精神，听取省人大常委会、省政府、省政协党组，省纪委监委，省法院、省检察院党组2021年度工作情况汇报，听取省委常委和省人大常委会、省政协、省法院、省检察院党组书记关于履行全面从严治党责任情况的汇报，研究有关意见。省委书记李干杰主持并讲话。

1月17日　省委常委会召开会议，传达学习习近平总书记在中央政治局党史学习教育专题民主生活会上的重要讲话和中央有关通报，按照中央部署要求，聚焦民主生活会主题，开展专题学习研讨，为开好省委常委会专题民主生活会打牢思想基础。省委书记李干杰主持并讲话。省委常委同志结合思想和工作实际，谈了认识体会。

1月18日　省委常委会召开会议，传达学习习近平总书记在十九届中央纪委六次全会上的重要讲话精神，传达学习习近平总书记在省部级主要领导干部学习贯彻党的十九届六中全会精神专题研讨班上的重要讲话和王沪宁同志讲话，传达学习习近平总书记对政法工作的重要指示和在2022年世界经济论坛视频会议上的演讲，研究审议有关工作事项。省委书记李干杰主持并讲话。

1月19日　省委常委会召开党史学习教育专题民主生活会，以中共中央政治局专题民主生活会为标杆，深入学习贯彻习近平新时代中国特色社会主义思想和党的十九届六中全会精神，聚焦“大力弘扬伟大建党精神，坚持和发展党的百年奋斗历史经验，坚定历史自信，践行时代使命，厚植为民情怀，勇于担当作为，团结带领人民群众走好新的赶考之路”主题，联系实际，查摆问题，深入进行党性分析，严肃认真开展批评和自我批评。省委书记李干杰主持并作总结讲话，党史学习教育中央第四指导组组长于跃敏到会指导并作点评讲话，中央第四指导组其他成员、中央纪委国家监委有关负责同志出席，省人大常委会、省政协党组负责同志列席。

1月25日　省委常委会召开会议，传达学习习近平总书记对党的建设研究工作作出的重要指示，传达学习十九届中央纪委六次全会精神，研究审议有关工作事项。省委书记李干杰主持并讲话。

2月11日　省委常委会召开会议，传达学习习近平总书记在1月24日中共中央政治局会议上的重要讲话精神，研究审议有关工作事项。省委书记李干杰主持并讲话。

2月18日　省委常委会召开会议，深入学习贯彻习近平总书记重要讲话精神，听取关于全国春季农业生产暨加强冬小麦田间管理工作会议精神的汇报，研究全省贯彻落实意见，审议《尼山世界儒学中心儒学传承发展“十四五”规划》。省委书记李干杰主持并讲话。

2月25日　省委常委会召开会议，深入学习贯彻习近平总书记重要讲话精神，传达学习中央人才工作领导小组第二次会议精神，研究审议《关于加强和改进新时代山东人才工作的实施意见》《关于推进中国（山东）自由贸易试验区贸易投资便利化改革创新的若干措施》《山东省贯彻落实〈中共中央、国务院关于深入打好污染防治攻坚战的意见〉的若干措施》《政协山东省委员会2022年协商工作计划》等文件稿。省委书记李干杰主持并讲话。

3月2日　省委常委会召开会议，传达学习习近平总书记在2月25日中共中央政治局会议、中共中央政治局第三十七次集体学习、中央党校（国家行政学院）中青年干部培训班开班式、中央全面深化改革委员会第二十四次会议上的重要讲话精神，传达学习习近平总书记在审阅中央政治局委员、书记处书记，全国人大常委会、国务院、全国政协党组成员，最高人民法院、最高人民检察院党组书记的述职报告时作出的重要指示精神，研究审议有关工作事项。省委书记李干杰主持并讲话。

3月14日　省委常委会召开会议，传达贯彻全国“两会”精神，研究做好全省疫情防控工作等有关事项。省委书记李干杰主持并讲话。

3月18日　省委常委会召开会议，传达学习习近平总书记在3月17日中共中央政治局常务委员会会议上的重要讲话精神，研究部署从严抓好疫情防控工作，研究审议有关工作事项。省委书记李干杰主持并讲话。

3月25日　省委常委会召开会议，传达学习习近平总书记对东航客机坠毁作出的重要指示精神，研究审议有关工作事项。省委书记李干杰主持并讲话。

4月1日　省委常委会召开会议，传达学习习近平总书记关于安全生产工作重要指示和李克强总理批示精神，传达学习习近平总书记在3月31日中共中央政治局常务委员会会议上的重要讲话精神，研究审议有关工作事项。省委书记李干杰主持并讲话。

4月8日　省委常委会召开会议，深入学习贯彻习近平总书记重要讲话精神，传达学习中央网信委第五次会议精神，听取省委网信委2021年工作情况和2022年工作要点汇报，审议《山东省数字乡村发展行动计划（2022—2025年）》《关于打造中华优秀传统文化“两创”新标杆行动计划（2022—2025年）》文件稿。省委书记李干杰主持并讲话。

4月15日 省委常委会召开会议，认真学习习近平总书记在北京冬奥会、冬残奥会总结表彰大会和在海南考察时的重要讲话精神，研究审议有关工作事项。省委书记李干杰主持并讲话。

4月18日 省委常委会召开扩大会议，分析研究一季度经济形势，研究部署统筹疫情防控和经济社会发展工作。省委书记李干杰主持并讲话。

4月22日 省委常委会召开会议，传达学习习近平总书记在中央全面深化改革委员会第二十五次会议上的重要讲话精神和在博鳌亚洲论坛2022年年会开幕式上的主旨演讲，研究审议有关工作事项。省委书记李干杰主持并讲话。

4月29日 省委常委会召开会议，传达学习习近平总书记在中央财经委员会第十一次会议、中国人民大学考察时的重要讲话精神和致首届全民阅读大会、首届大国工匠创新交流大会贺信精神，研究审议有关工作事项。省委书记李干杰主持并讲话。

5月6日 省委常委会召开会议，传达学习习近平总书记在4月29日中共中央政治局会议、5月5日中共中央政治局常务委员会会议、中共中央政治局第三十八次集体学习时的重要讲话精神和对湖南长沙居民自建房倒塌事故作出的重要指示精神，研究审议有关工作事项。省委书记李干杰主持并讲话。

5月13日 省委常委会召开会议，传达学习习近平总书记在庆祝中国共产主义青年团成立100周年大会上的重要讲话，研究审议有关工作事项。省委书记李干杰主持并讲话。

5月20日 省委常委会召开会议，传达学习习近平总书记在庆祝中国国际贸易促进委员会建会70周年大会暨全球贸易投资促进峰会、金砖国家外长会晤开幕式上的致辞，研究审议有关工作事项。省委书记李干杰主持并讲话。

6月2日 十二届省委常委会召开第一次会议，传达学习习近平总书记在5月27日中共中央政治局会议、中共中央政治局第三十九次集体学习时的重要讲话精神，研究加强省委常委会自身建设等事项。省委书记李干杰主持并讲话。

6月10日 省委常委会召开会议，传达学习习近平总书记在四川考察时的重要讲话精神，研究审议有关工作事项。省委书记李干杰主持并讲话。

6月17日 省委常委会召开会议，深入学习贯彻习近平总书记重要讲话精神，传达学习中央审计委员会有关会议精神，审议《山东省审计厅2022审计年度统一组织审计项目计划》；传达学习第九次全国信访工作会议精神，听取全省贯彻意见的汇报，审议《关于贯彻落实〈信访工作条例〉的若干措施》文件稿。省委书记李干杰主持并讲话。

6月23日 省委常委会召开会议，传达学习习近平总书记在6月17日中共中央政治局会议、中共中央政治局第四十次集体学习、中央全面深化改革委员会第二十六次会议上的重要讲话精神和在金砖国家工商论坛开幕式上的主旨演讲、第二十五届圣彼得堡国际经济论坛全会上的致辞，研究审议有关工作事项。省委书记李干杰主持并讲话。

7月1日 省委常委会召开会议，传达学习习近平总书记就研究吸收网民对党的二十大相关工作意见建议作出的重要指示精神、在湖北武汉考察时的重要讲话精神、在金砖国家领导人第十四次会晤和全球发展高层对话会上的重要讲话，研究审议有关工作事项。省委书记李干杰主持并讲话。

7月8日 省委常委会召开会议，传达学习习近平总书记在庆祝香港回归祖国二十五周年大会暨香港特别行政区第六届政府就职典礼、抵达香港、考察香港科学园、视察驻香港部队时的重要讲话精神，研究审议有关工作事项。省委书记李干杰主持并讲话。

7月15日 省委常委会在威海召开会议，听取关于新旧动能转换“五年取得突破”重点项目建设情况和上半年全省经济社会发展形势的汇报，安排部署下半年重点工作。省委书记李干杰主持并讲话。

7月22日 省委常委会召开会议，传达学习习近平总书记在新疆考察时的重要讲话精神，研究审议有关工作事项。省委书记李干杰主持并讲话。

7月29日 省委常委会召开会议，传达学习习近平总书记在7月28日中共中央政治局会议、省部级主要领导干部“学习习近平总书记重要讲话精神，迎接党的二十大”专题研讨班、党外人士座谈会、参观“领航强军向复兴——新时代国防和军队建设成就展”时的重要讲话精神，认真学习《习近平关于退役军人工作论述摘编》，研究审议有关工作事项。省委书记李干杰主持并讲话。

8月19日 省委常委会召开会议，传达学习习近平总书记在中共中央政治局第四十一次集体学习和在辽宁考察时的重要讲话精神，传达学习第三次对口支援西藏工作会议精神，研究审议有关工作事项。省委书记李干杰主持并讲话。

9月2日 省委常委会召开会议，传达学习8月30日中共中央政治局会议精神，研究审议有关工作事项。省委书记李干杰主持并讲话。

9月9日 省委常委会召开会议，传达学习习近平总书记在中央全面深化改革委员会第二十七次会议上的重要讲话和对四川甘孜泸定县6.8级地震作出的重要指示精神，研究审议有关工作事项。省委书记李干杰主持并讲话。

9月16日 省委常委会召开会议，传达学习9月9

日中共中央政治局会议精神，研究贯彻落实意见。省委书记李干杰主持并讲话。

9月23日 省委常委会召开会议，传达学习习近平总书记在上海合作组织成员国元首理事会第二十二次会议、第五个“中国农民丰收节”到来之际的重要讲话和重要指示，研究审议有关工作事项。省委书记李干杰主持并讲话。

9月30日 省委常委会召开会议，传达学习习近平总书记在参观“奋进新时代”主题成就展时的重要指示精神，深入学习《习近平生态文明思想学习纲要》《知识产权强国建设纲要（2021—2035年）》，研究审议有关工作事项。省委书记李干杰主持并讲话。

10月4日 省委常委会召开会议，传达学习习近平总书记给山东省地矿局第六地质大队全体地质工作者重要回信精神，研究贯彻落实意见。省委书记李干杰主持并讲话。

10月13日 省委常委会召开扩大会议，传达学习党的十九届七中全会精神，研究贯彻落实意见。省委书记李干杰主持并讲话。

10月24日 省委常委会召开扩大会议，传达学习党的二十大和二十届一中全会精神，研究贯彻落实意见。省委书记李干杰主持并讲话。周乃翔、葛慧君、陆治原、杨东奇、夏红民、王宇燕、李术才、孙爱军、江敦涛、王传喜作发言。

10月28日 省委常委会召开会议，传达学习习近平总书记在瞻仰延安革命纪念地、10月25日中共中央政治局会议、中共中央政治局第一次集体学习、军队领导干部会议上的重要讲话精神，研究审议有关工作事项。省委书记李干杰主持并讲话。

同日 省委常委会召开扩大会议，深入学习贯彻党的二十大精神，分析研究当前经济形势和经济工作，部署下步重点任务。省委书记李干杰主持并讲话。

11月11日 省委常委会召开会议，传达学习习近平总书记在11月10日中共中央政治局常务委员会会议、第五届中国国际进口博览会开幕式、《湿地公约》第十四届缔约方大会开幕式上的重要讲话精神，传达学习中央有关文件精神，研究贯彻落实意见。省委书记李干杰主持并讲话。

11月18日 省委常委会召开会议，传达学习习近平总书记关于疫情防控工作的重要指示要求，传达学习习近平总书记在二十国集团领导人第十七次峰会第一阶段会议、同美国总统拜登会晤时的重要讲话精神和向“杂交水稻援外与世界粮食安全”国际论坛发表的书面致辞、在亚太经合组织工商领导人峰会上的书面演讲，研究审议有关工作事项。省委书记李干杰主持并讲话。

11月25日 省委常委会召开会议，传达学习习近平总书记关于安全生产工作的重要指示和在亚太经合组织第二十九次领导人非正式会议上的重要讲话，研究审议有关工作事项。省委书记李干杰主持并讲话。

12月2日 省委常委会召开会议，传达党中央、全国人大常委会、国务院、全国政协、中央军事委员会告全党全军全国各族人民书，沉痛悼念江泽民同志。省委书记李干杰主持并讲话。

12月9日 省委常委会召开会议，传达学习习近平总书记在江泽民同志追悼大会上的悼词和在12月6日中共中央政治局会议、12月2日中共中央党外人士座谈会上的重要讲话精神，研究审议有关工作事项。省委书记李干杰主持并讲话。

12月14日 省委常委会议军会议召开，深入学习习近平总书记关于国防和军队建设的重要论述，围绕推动国防动员和后备力量建设，总结工作、研究措施，奋力开创新时代党管武装工作新局面。省委书记、省军区党委第一书记李干杰主持并讲话。

12月22日 省委常委会召开会议，传达学习习近平总书记在《生物多样性公约》第十五次缔约方大会第二阶段高级别会议开幕式上的致辞，研究审议有关工作事项。省委书记李干杰主持并讲话。

12月24日 省委常委会扩大会议暨山东省2022年度市委书记和省直有关工委（党委）书记全面从严治党述责述廉和抓基层党建工作述职评议会议召开。省委书记李干杰主持并讲话；省委副书记、省长周乃翔，省委副书记、青岛市委书记陆治原出席；中央纪委国家监委、中央组织部有关同志到会指导。会上，16市市委书记和省委省直机关工委、省委教育工委、省国资委党委书记逐一述职。李干杰对每名同志分别作了点评。会上，对述职同志履行全面从严治党责任和抓基层党建工作情况进行了书面评议。省委常委，省委党的建设工作领导小组成员，省直有关部门（单位）负责同志，省和各市组织部门负责同志，部分省党代会代表、省人大代表、省政协委员和基层党员干部群众代表参加。

全省重要会议

2月7日 山东省2022年工作动员大会在济南举行。会议以习近平新时代中国特色社会主义思想为指导，深入学习贯彻党的十九届六中全会及中央经济工作会议精神，认真贯彻落实习近平总书记对山东工作的重要指示要求，总结过去一年工作，隆重表彰优秀企业家，动员全省广大党员干部群众，时不我待、只争朝夕，牢记使命、不负嘱托，不断增强经济社会发展创新力，坚定不移推动高质量发展，创新引领走在前，聚力实现新突破，奋力开创新时代社会主义现代化强省建设新局面。省委书记李干杰出席并讲话，省委副书记、省长周乃翔主持，省政协主席葛慧君、省委副书记杨东奇出席。会上，宣读了《中共山东省委、山东省人民政府关于表彰山东省优秀企业家的决定》，授予张瑞敏、谭旭光、陈学利3名同志“山东省杰出企业家”称号，记一等功；授予周厚健等20名同志“山东省行业领军企业家”称号，记一等功；授予李广庆等49名同志“山东省优秀企业家”称号。大会为受表彰企业家颁奖。会议采取视频形式召开，各省直部门、省管企业、高等院校、中央驻鲁单位和各市、县（市、区）设分会场。省委常委和有关省领导，省有关方面、省直有关部门（单位）、新闻媒体负责同志，受表彰企业家等在主会场参加。

5月25日 中国共产党山东省第十一届委员会第十五次全体会议在济南举行。全会由省委常委会主持。省委书记李干杰作了讲话。全会决定，中国共产党山东省第十二次代表大会于2022年5月28日至6月1日在济南召开。全会讨论并通过了中国共产党山东省第十一届委员会向省第十二次党代会的报告，讨论并通过了中国共产党山东省第十一届纪律检查委员会向省第十二次党代会的工作报告，决定将这两份文件提请省第十二次党代会审查。全会投票确定了山东省出席党的二十大代表候选人预备人选，酝酿了十二届省委委员、候补委员和省纪委委员候选人预备人选安排，讨论了省第十二次党代会代表选举情况。出席这次全会的有省委委员77人。省纪委委员和有关方面负责同志列席。

5月28日 中国共产党山东省第十二次代表大会在济南隆重开幕。大会的主题是：坚持以习近平新时代中国特色社会主义思想为指导，深入贯彻落实习近平总书记对山东工作的重要指示要求，牢记嘱托走在前，勇担使命开新局，为建设新时代社会主义现代化强省而努力奋斗。李干杰代表中国共产党山东省第十一届委员会向大会作了题为《牢记嘱托走在前，勇担使命开新局，为建设新时代社会主义现代化强省而努力奋斗》的报告。大会由周乃翔主持。大会主席团成员在主席台就座，主席团常务委员会委员李干杰、周乃翔、葛慧君、杨东奇、徐海荣、夏红民、王书坚、孙立成、白玉刚、王宇燕、林峰海、陆治原、邱月潮、刘强在主席台前排就座，十三届全国人大财政经济委员会副主任委员刘家义，十三届全国政协经济委员会副主任付志方，正省级老同志赵志浩、姜异康、韩寓群、陈光林，应邀出席大会的省各民主党派、工商联负责人和无党派人士代表在主席台就座。大会应到代表916人，特邀代表6人，实到代表909人，符合规定人数。有关方面负责同志列席。

6月1日 中国共产党山东省第十二次代表大会在济南胜利闭幕。李干杰主持并讲话。大会投票选举出中国共产党山东省第十二届委员会委员93名、候补委员17名，选举出中国共产党山东省第十二届纪律检查委员会委员55名；选举出山东省出席党的二十大代表76名，党中央提名的代表候选人沈跃跃、周强同志当选。大会通过了《中国共产党山东省第十二次代表大会关于十一届省委报告的决议》，通过了《中国共产党山东省第十二次代表大会关于十一届省纪律检查委员会工作报告的决议》。大会主席团成员在主席台就座，主席团常务委员会委员李干杰、周乃翔、葛慧君、杨东奇、徐海荣、夏红民、王书坚、孙立成、白玉刚、王宇燕、林峰海、陆治原、邱月潮、刘强在主席台前排就座，十三届全国人大财政经济委员会副主任委员刘家义，十三届全国政协经济委员会副主任付志方，正省级老同志赵志浩、姜异康、韩寓群、陈光林在主席台就座。大会应到代表916人，特邀代表6人，实到代表907人，符合规定人数。大会选举后，应邀出席大会的省各民主党派、工商联负责人和无党派人士代表在主席台就座。有关方面负责同志列席。

同日 中国共产党山东省第十二届委员会第一次全体会议在济南举行。李干杰主持。全会选举产生了中国共产党山东省第十二届委员会常务委员会委员和书记、副书记，通过了中国共产党山东省第十二届纪律检查委员会第一次全体会议选举结果；审议并通过了《中国共产党山东省委员会工作规则》。新当选的省委书记李干杰代表新一届省委常委会作讲话。出席这次全会的有省委委员92人、候补委员17人。省纪委委员和有关方面负责同志列席。

6月22日 省委、省政府在济南召开全省科技创新大会，深入学习贯彻习近平总书记关于科技创新的重要论述，总结成绩，表彰先进，研究部署全省科技创新工作。省委书记李干杰出席并讲话，省委副书记、省长周乃翔主持。会上，宣读了《山东省人民政府关于2021年度山东省科学技术奖励的决定》，决定授予中国人民解放军海军潜艇学院笪良龙、鲁南制药集团股份有限公司张贵民省科学技术最高奖；授予“抗噪声量子操作的基础研究”成果省自然科学奖一等奖、37项成果二等奖、7项成果三等奖；授予“磁悬浮离心鼓风机综合节能系统开发与应用”成果省技术发明奖一等奖、5项成果二等奖、5项成果三等奖；授予“全自动化集装箱码头关键技术研究与应用”等37项成果省科学技术进步奖一等奖、97项成果二等奖、109项成果三等奖；授予艾米莉亚·卡米莉娅、拉杰夫·库玛·瓦什尼2名外国专家省国际科学技术合作奖。大会为获奖者代表颁奖。会上，笪良龙、张贵民作了发言。会议采取视频形式召开，各市、县（市、区）设分会场。省领导杨东奇、白玉刚、王宇燕、张海波、王书坚、凌文，省直有关部门（单位）主要负责同志，省科学技术奖获奖者代表，部分企业、高校、科研院所负责人在主会场参加。

6月30日 省委、省政府在济南召开全省国有企业创新驱动高质量发展工作会议，深入学习贯彻习近平总书记关于国有企业改革发展和党的建设的重要论述，总结工作，交流经验，分析形势，安排部署重点任务，推动全省国资国企工作“走在前、开新局”。省委书记李干杰出席并讲话，省委副书记、省长周乃翔主持，省政协主席葛慧君，省委副书记、青岛市委书记陆治原出席。会上，青岛市、日照市、省国资委、省财政厅、华鲁控股集团有限公司、山东重工集团有限公司、济南二机床集团有限公司、万华化学集团股份有限公司等8家单位负责同志作了交流发言。会议采取视频形式召开，各市、省国资委、各省属企业设分会场。省领导杨东奇、白玉刚、王宇燕、曾赞荣、张海波、凌文、张甲天、陈勇，省有关部门（单位）主要负责同志、省属企业负责人在主会场参加。

7月28日　加快建设交通强国山东示范区工作会议在济南召开。会议深入学习贯彻习近平总书记关于交通运输工作重要论述和对山东工作重要指示要求，锚定“走在前、开新局”，研究部署加快建设交通强国山东示范区工作，动员各级各部门进一步凝心聚力、开拓进取，为加快建设交通强国做好山东示范。省委书记李干杰出席并讲话，交通运输部副部长徐成光宣读交通运输部部长李小鹏书面致辞并讲话，省委副书记、省长周乃翔主持，省政协主席葛慧君，省人大常委会副主任、党组书记杨东奇出席。济南市、青岛市、省交通运输厅、省发展改革委、省财政厅、省自然资源厅负责同志作了发言。会上，印发了《加快建设交通强国山东示范区工作方案（2022—2025年）》。会议以视频形式召开，各市、县（市、区）设分会场。省委常委白玉刚、王宇燕、张海波，省直有关部门（单位）、有关国有企业主要负责同志在主会场参加。

8月20日　中共山东省委“中国这十年·山东”主题新闻发布会在济南举行。省委书记李干杰介绍情况并回答记者提问，省委副书记、省长周乃翔回答有关提问。省委新闻发言人，省委常委、宣传部部长白玉刚主持，来自境内外近50家媒体的70余名记者围绕发挥经济大省优势、为全国大局作出贡献，打造乡村振兴齐鲁样板，增强经济社会发展创新力，建设海洋强省，统筹疫情防控和经济社会发展，服务黄河重大国家战略，打造对外开放新高地，落实全面从严治党要求、锻造高素质干部队伍等踊跃提问。

8月29日　先进制造业强省建设工作会议在济南召开。会议深入学习贯彻习近平总书记关于制造强国战略的重要论述，认真落实省第十二次党代会精神，总结经验、表彰先进、部署工作，进一步统一思想、明确目标、凝聚合力，加快建设先进制造业强省，为新时代社会主义现代化强省建设提供坚实支撑。省委书记李干杰出席并讲话，省委副书记、省长周乃翔主持，省政协主席葛慧君，省委副书记、青岛市委书记陆治原，省人大常委会副主任、党组书记杨东奇出席。会上，青岛市、烟台市、省工业和信息化厅、省发展改革委、山东重工集团有限公司、歌尔股份有限公司负责同志作了发言。省领导为先进制造业优质企业和创新产品进行颁奖授牌。会议采取视频形式召开，各市、县（市、区）设分会场。省领导白玉刚、王宇燕、曾赞荣、张海波、凌文，省直有关部门、省属企业、中央驻鲁单位主要负责同志，受表彰企业代表在主会场参加。

9月21日　山东省“人民满意的公务员”和“人民满意的公务员集体”表彰大会在济南召开。会议深入学习贯彻全国“人民满意的公务员”和“人民满意的公务员集体”表彰大会精神，表彰全省“人民满意的公务员”和“人民满意的公务员集体”，激励全省广大公务员以习近平新时代中国特色社会主义思想为指导，锚定“走在前、开新局”，奋力开创新时代社会主义现代化强省建设新局面。省委书记李干杰出席并讲话，省委副书记、省长周乃翔主持，省政协主席葛慧君，省委副书记、青岛市委书记陆治原，省人大常委会副主任、党组书记杨东奇出席。会上，宣读了《中共山东省委、山东省人民政府关于表彰山东省“人民满意的公务员”和“人民满意的公务员集体”的决定》，授予褚洪泉等120名同志山东省“人民满意的公务员”称号、济南市公共就业服务中心农民工服务处等78个集体山东省“人民满意的公务员集体”称号。大会为受表彰代表颁奖。全国“人民满意的公务员”代表、威海市公安局反恐怖支队支队长陈强，山东省“人民满意的公务员”代表、滨州市沾化区政协副主席、沾化冬枣产业发展中心主任刘登枝，山东省“人民满意的公务员集体”代表、临沂市生态环境局蒙阴县分局局长赵英利作了发言。会议采取视频形式召开，各市设分会场。省委常委徐海荣、夏红民、王宇燕、刘强、李猛、王爱国、张海波，省直有关部门（单位）主要负责同志，省委组织部有关负责同志，受表彰代表，各市党委组织部分管负责同志在主会场参加。

同日　省委、省政府在济南召开山东省民营经济高质量发展工作会议，深入学习贯彻习近平总书记关于民营经济的重要论述，聚焦推动全省民营经济高质量发展，总结成绩、表彰先进，安排部署重点工作任务，动员全省上下凝心聚力、真抓实干，不断开创民营经济高质量发展新局面。省委书记李干杰出席并讲话，省委副书记、省长周乃翔主持，省政协主席葛慧君，省委副书记、青岛市委书记陆治原，省人大常委会副主任、党组书记杨东奇出席。会上，宣读了为民营企业代表和首批民营经济先进县（市、区）进行颁奖授牌的情况通报。大会为全省民营企业百强代表，特色产业集群龙头企业代表，高成长性中小企业代表，民营经济高质量发展先进县（市、区）代表颁奖授牌。会议采取视频形式召开，各市、县（市、区）设分会场。省领导徐海荣、王宇燕、张海波、王随莲、凌文，有关省直部门（单位）、省属企业、中央驻鲁单位主要负责同志，受表彰代表等在主会场参加。

9月22日　省委统战工作会议在济南召开。会议深入学习贯彻习近平总书记关于做好新时代党的统一战线工作的重要思想，全面贯彻落实中央统战工作会议精神，总结工作、分析形势、部署任务，推动新时代全省统战工作走在前、开新局，为新时代社会主义现代化强省建设凝聚人心、汇聚力量。省委书记李干杰出席并讲话，省委副书记、省长周乃翔主持，省政协主席葛慧君，省人大常委会副主任、党组书记杨东奇出席。会上，济南、青岛、淄博、枣庄、东营、临沂等市和省教育厅、省公安厅有关负责同志作了交流发言。会议采取视频形式召开，各市和省国资委设分会场。省和山东大学领导夏红民、王宇燕、李猛、王爱国、齐涛、江成、王艺华、郭新立，省直有关部门（单位）、驻济高校主要负责同志等在主会场参加。

9月29日　全省党风廉政警示教育大会在济南召

开。会议深入学习贯彻习近平总书记关于党的自我革命战略思想，深化一体推进不敢腐、不能腐、不想腐，以案为鉴、以案示警、以案明纪，教育引导全省广大党员干部自重自省自警自励，永葆忠诚干净担当的政治本色。省委书记李干杰出席并讲话，省委副书记、省长周乃翔主持，省政协主席葛慧君，省委副书记、青岛市委书记陆治原，省人大常委会副主任、党组书记杨东奇出席。会上，省委常委、省纪委书记、省监委主任夏红民通报了党的十九大以来全省查处的党员干部违纪违法典型问题。会议采取视频形式召开，省直部门（单位）、省管企业、高等院校、中央驻鲁单位和各市、县（市、区）设分会场。省级领导同志，省纪委监委领导班子成员，省人大常委会、省政府、省政协秘书长，省委副秘书长、巡视办主任、巡视组组长，省直有关部门（单位）党组（党委）主要负责同志在主会场参加。

同日 首届黄河流域生态保护和高质量发展产业工人创新交流大会在德州开幕。全国总工会党组书记、副主席、书记处第一书记陈刚讲话并宣布大会开幕，省委书记李干杰讲话，省委副书记、省长周乃翔主持。会议采取线上线下相结合方式召开。全国总工会副主席、书记处书记马璐，山东省委常委徐海荣、张海波，全国总工会有关部门负责同志，沿黄九省（区）总工会负责同志，山东省产改联席会议成员单位、省直有关部门、德州市、各市总工会负责同志，黄河流域优秀产业工人代表等参加。

10月27日 山东省黄河流域生态保护和高质量发展推进会在济南举行。会议深入学习贯彻习近平总书记重要指示要求，对落实黄河重大国家战略进行再强调、再部署、再推进，以学习贯彻落实党的二十大精神为动力，开创黄河流域生态保护和高质量发展新局面。省委书记李干杰出席并讲话，省委副书记、省长周乃翔主持，省委副书记、青岛市委书记陆治原出席。会议采取视频形式召开，在济南设主会场，各市设分会场。省领导刘强、张海波、江成，省推进黄河流域生态保护和高质量发展领导小组全体成员，省直有关部门主要负责同志等参加。

11月5日—6日 中国共产党山东省第十二届委员会第二次全体会议在济南举行。出席这次全会的有省委委员80人，候补省委委员15人。省纪律检查委员会常委和有关方面负责同志列席。全会由省委常委会主持。省委书记李干杰作了讲话。全会深入学习贯彻党的二十大和二十届一中全会精神，听取和讨论了李干杰同志受省委常委会委托作的工作报告，审议通过了《中共山东省委关于深入学习宣传贯彻党的二十大精神的决议》文件稿。全会按照《中国共产党章程》《中国共产党地方委员会工作条例》规定，决定递补十二届省委候补委员马军权、王传喜同志为十二届省委委员。

11月18日 山东省深化新旧动能转换推动绿色低碳高质量发展动员大会在济南召开。会议深入贯彻党的二十大精神，全面落实习近平总书记对山东工作的重要指示要求，动员全省上下强化使命担当、勇于开拓创新，聚力推进绿色低碳高质量发展先行区建设。省委书记李干杰出席并讲话，省委副书记、省长周乃翔主持，省政协主席葛慧君，省委副书记、青岛市委书记陆治原，省人大常委会副主任、党组书记杨东奇出席。会上，省发展改革委、济南市、青岛市、烟台市负责同志作了交流发言。会议采取视频形式召开，各市、县（市、区）、省国资委、省教育厅设分会场。省级领导同志，省有关部门（单位）负责同志等在主会场参加。

12月23日—24日 省委经济工作会议在济南召开。会议以习近平新时代中国特色社会主义思想为指导，全面贯彻落实党的二十大精神和中央经济工作会议精神，总结2022年全省经济工作，分析当前经济形势，部署明年经济工作任务。省委书记李干杰出席并讲话，省委副书记、省长周乃翔对明年经济工作作出部署，省政协主席葛慧君，省委副书记、青岛市委书记陆治原出席。会议研究讨论了《2023年“稳中向好、进中提质”政策清单（第一批）》。省级领导同志，各市市委书记、市长，省有关方面、省直部门（单位）、省管企业和中央驻鲁单位主要负责同志，各市发展改革委主任等参加。

12月29日 全省领导干部会议在济南召开。中央组织部部长陈希出席并宣布中央决定：李干杰同志不再兼任山东省委书记、常委、委员职务，林武同志任山东省委委员、常委、书记。中央政治局委员、中央书记处书记李干杰主持并讲话。省委书记林武，省委副书记、省长周乃翔讲话。中央组织部部务委员兼干部二局局长张光军，省政协主席葛慧君，省委副书记、青岛市委书记陆治原，省人大常委会副主任、党组书记杨东奇出席。现职省级领导干部，副省级以上老同志，省委委员、候补委员，省直部门（单位）主要负责同志，市党政正职，省属企事业单位和高等院校主要负责同志，中央驻鲁单位主要负责同志，省各民主党派省委会、省工商联主要负责同志参加。

重要文件选编

中共山东省委　山东省人民政府
关于国有企业创新驱动高质量发展的十条意见

（2022年6月26日）

为深入学习贯彻习近平新时代中国特色社会主义思想，全面贯彻党的十九大和十九届历次全会精神，认真落实习近平总书记对山东工作的重要指示要求，锚定“走在前、开新局”，推动山东省国有企业落实省第十二次党代会精神，加快创新驱动高质量发展，增强国有经济竞争力、创新力、控制力、影响力、抗风险能力，现提出如下意见。

一、加快建设世界一流企业

坚持事争一流、唯旗是夺，坚持全球视野、国际标准，制定培育一流企业行动方案，明确创建目标要求，规划建设路径，走出一条具有山东特色的创建之路。建立全面覆盖、分层分类的一流企业创建体系，打造行业领军企业和细分领域龙头企业集群，推动能源、有色、先进制造等基础较好的企业率先创建产品卓越、品牌卓著、创新领先、治理现代的世界一流企业。在省属企业开展全面对标一流质效提升工程，到2025年打造5家左右世界一流企业、15家左右行业一流企业、100家左右专精特新企业和单项冠军企业。推动企业坚持对标引领，选择与一流企业差距明显的关键领域、要素对标，建立寻标对标创标工作机制，加快建设一流企业。

二、强化国有企业使命担当

推动企业聚焦国家重大战略，围绕“十强产业”布局，在基础设施、实体产业、投融资领域发挥优势，积极参与“七网”建设等重大工程、重点项目。围绕新旧动能转换，引导企业强化战略资源整合能力，聚焦主责主业，保障供应链产业链稳定，整合配置关键资源和核心技术，放大产业协同发展优势，强健实体经济发展根基。加强对实体经济的金融支持，提升金融服务实体经济质效。加强与京津冀、长三角、粤港澳大湾区、黄河流域等地区及其优势企业合作合资，积极争取央企落户山东，引入战略匹配、产业协同、文化认同、优势互补的合作方，构建发展共同体，融入“一群两心三圈”区域发展总体布局。推动企业完善战略制定、执行、评估制度体系，强化战略规划的有效约束和落实。引导企业增强行业研判、数字化管理能力，提高决策科学化水平。提升省级综合性要素交易平台功能，为土地、劳动力、资本、技术、数据等要素市场化配置提供保障，进一步激发要素活力。在科技创新和产业发展关键领域建立全省国资国企协调联动机制，发挥国有资本引领带动作用，结合地方实际发展特色实体产业。

三、持续提升国有经济竞争力

建立以“净利润、利润总额、营业收入利润率、资产负债率、研发投入强度、全员劳动生产率”为核心的高质量发展指标评价体系，推动国有经济提升质量效益。到2025年，国有资本运营效率和产品服务竞争力明显增强，国有企业资产总额等规模指标年均增幅高于全省经济增长水平，其中省属企业净资产收益率等质量效益指标位居全国省级国资系统前列。支持企业适应个性化、差异化、品质化消费需求，提高供给韧性和需求适配性，积极推进商业模式创新和业态创新。鼓励企业持续提高产品和服务品质，积极参与国际、国家和行业标准制定，争取掌握行业话语权和竞争制高点，推动“山东制造”向“山东创造”转变，提高产品附加值，提升市场占有率和品牌享誉度，引领消费升级。推动企业增强制造业设计和服务能力，加快由产品型向服务型转变。加强与RCEP成员国合作，引导企业主动融入国际产业链、供应链、创新链，提升全球资源配置、跨国经营能力和国际竞争力。积极参与共建“一带一路”，鼓励企业深化装备制造等领域产能合作，打造一批标志性海外工程项目。深化与日韩大企业大商社合作，优化现代海洋、养老医疗等产业链。鼓励境外并购、境外融资回归发展，实现内外协同、产业带动及资本技术回归。

四、加快提升国有经济创新力

引导企业持续加大研发投入，按照研发投入增幅高于营业收入增幅的原则，以2021年为基数，研发投入强度年均增幅10%以上，到2025年，工业企业整体研发投入强度达到3%，其中制造业企业整体研发投入强度达到4%，重点企业达到5%以上。引导省属企业以市场化手段组建山东国资科创母基金，加大对高创新性、高成长性、高引领性企业投资力度。创新科技金融产品和服务，发挥金融机构服务科技创新的作用。实施“人才强企”工程和“创新团队品牌”培育计划，健全人才“引用育留”机制，支持企业引育一批科技领军人才、卓越工程师和首席技师。鼓励企业建立健全科技带头人或首席科学家制度，赋予科技领军人才更大财物支配权、技术路线决定权。支持企业大力引育高端人才，实施省属企业“五年千名”博士引进计划，到2025年“两院”院士、国家级领军人才、泰山产业领军人才等高端人才总量实现翻番。构建灵活有效的国有资本和人才融合机制。建设一批科创基地，集聚优质科创资源要素，引领产业转型发展。鼓励企业争创技术创新中心、重点实验室等研发平台，规模以上工业企业全部设立研发机构。提升省属企业科技创新关键资源信息协同平台等交易平台功能，实现科技创新关键资源全球配置、协同创效。组织企业签订“担使命当先锋”任务书，推进企业打造原创技术策源地，落实创新能力建设责任制。指导企业落实“揭榜挂帅”制度，承担重点研发计划。引导企业与科研院所合作，促进产学研用协同创新，增加高质量自主知识产权数量，加快培育知识产权密集型企业。深入实施企业数字化战略性转型，加大专项资金投入，打造一批“灯塔工厂”、数字化企业和产业园区。以能源、交通、装备制造等行业重点企业为引领，建设行业级工业互联网物联网平台。

五、切实提升国有经济控制力

引导企业瞄准全球竞争制高点、产业变革新机遇、科技革命最前沿，形成应用基础研究、技术开发与转化研究相配套的研发结构，突破一批“卡脖子”关键核心技术，抢占技术迭代主导权、行业标准定义权、价值格局分配权。聚焦战略安全、产业引领、国计民生、公共服务等领域，建立企业、政府引导基金和国有资本经营预算的投资协调推动机制，在各类企业间、企业内部开展产业链专业化整合，加快培育“链主”企业。围绕产业链部署创新链、围绕创新链布局产业链，引导重点企业绘制产业链图谱，实施补链延链强链工程，提高关键产业链整体控制力。适时整合设立产业发展基金，通过以投带引、并购重组等方式，加快培育新兴产业和未来产业。建立产业链上下游企业协同发展机制，积极向创新型企业开放产业链、供应链资源，营造互惠合作、优势互补的产业生态。

六、全面提升国有经济影响力

推动国有企业率先实现绿色低碳发展，加快绿色低碳技术攻关和成果应用转化，大力发展环保产业，培育一流环保产业集团。有序调整能源生产结构，加大新能源基础设施投资建设力度，落实能耗双控措施，严控“两高”项目，鼓励企业在落实“双碳”目标中发挥重要作用。在沿黄地区加快布局建设内陆港，高标准建设黄河流域要素交易市场联盟、技术转移中心。创新发展大宗商品交易中心等平台，提升国际航运枢纽竞争力指数等信息平台引导作用，争取扩大期货交易所指定交割仓库功能，加强与大宗商品进出口企业合作，保障大宗商品安全稳定供应。提高企业资产证券化水平，依法依规推动各类企业在多层次资本市场上市，引导上市公司实施再融资，推动关联资产向上市公司集中。加强上市公司市值管理和投资者关系管理，落实资产证券化工作计划，提升上市公司质量，鼓励引导资金投资山东，在资本市场形成“山东国企”品牌。完善职业安全健康、环境保护、社会公益和慈善制度，编制发布社会责任报告，引导企业常态化长效化履行社会责任。推动企业健全信息公开制度，真实、全面、及时披露信息，打造“阳光国企”，提升社会公信力。充分发挥鲁京等新旧动能转换促进中心的平台作用，建设“人才科创飞地”。积极参与组织中国企业论坛，举办好跨国公司领导人青岛峰会等活动，打造高规格交流平台，推动企业积极与世界500强企业及行业领军企业开展产业合作。

七、系统提升国有经济抗风险能力

推动企业完善生产经营风险管理流程，建立健全全面风险管理体系。完善企业财务风险监测预警指标体系，动态调整重点监控企业名单，强化企业负债规模和资产负债率双约束，持续推动差异化降杠杆，切实防范化解企业财务风险。严防金融风险，稳妥处理金融企业、融资平台的风险隐患，加强对市县融资平台公司等重点企业的监控，防止风险蔓延。规范担保行为，严格“明股实债”、永续债等业务监管，压降应收账款和存货规模，杜绝违规占用上市公司资金，做好债券违约风险监测、处置。督促企业落实安全生产“8抓20条”创新措施，推进安全生产专项整治三年行动，建立安全生产风险隐患双重预防体系，开展安全生产大排查大整治行动，加快安全生产装备、技术、管理升级，打造本质安全企业。从严落实疫情防控举措，做好防疫物资及煤电油气运等应急保障。加强网络信息安全管理，健全防范机制和应对预案，组织开展网络安全实战攻防演练。加强企业合规管理制度建设，建立高质量合规管理体系。制定省属企业国资监管负面事项清单，引导企业明确经营管理红线底线。完善总法律顾问制度，推动集团和重要子企业设立总法律顾问，将总法律顾问出具法律意见作为重大经营决策必经程序。

八、巩固提升现代企业治理能力

坚持中国特色现代企业制度改革方向，把加强党的领导和完善公司治理统一起来，推动企业结合自身特点，健全完善党组织前置研究讨论重大经营管理事项清单，建立权责法定、权责透明、协调运转、有效制衡的公司治理机制。推动各级企业实现董事会应建尽建，集团和重要子企业全部设立规范的董事会专门委员会。拓宽外部董事来源渠道，严格选聘标准，切实提升董事会运行水平。推动企业完善董事会选聘经理层方式，建立董事会向经理层授权制度和总经理向董事会报告制度，探索实施出资人派员列席董事会会议，开展董事会与董事考核评价。推动企业持续优化创新管理，实施组织架构扁平化改造，压缩管理层级，将精益管理运用到研发设计、生产制造、供应链管理、营销服务全流程。巩固提升国企改革三年行动成果，适时组织“回头看”，将经验做法、规定要求写入章程、建立制度。推动企业建立三项制度改革长效机制，巩固提升经理层成员任期制和契约化管理实效，全面推行全员绩效考核，积极提升技术工人待遇水平。制定企业工资总额周期制管理制度，修订企业负责人薪酬管理办法，鼓励符合条件的企业按规定用足用好员工持股政策。

九、大力弘扬企业家精神

构建亲清政商关系，尊重企业家价值、鼓励企业家创新、发挥企业家作用，按照规定组织表彰山东省优秀企业家。大力弘扬企业家精神，引导企业家增强爱国情怀、勇于创新、诚信守法、承担社会责任、拓展国际视野。营造良好干事创业环境，完善企业家参与重大战略实施机制，推动企业家为经济社会发展献计献策、提供更多智力支持。引导企业家主动提升战略思维和专业能力，创造性导入先进理念和模式，建设高水平创新主体。总结企业家成长规律，健全企业家培育体系，突出政治标准，强化思想淬炼、政治历练、实践锻炼、专业训练，建立适应中国特色现代企业制度、符合企业发展实际的企业家培养、选拔、考核、评价、任用机制，按照“对党忠诚、勇于创新、治企有方、兴企有为、清正廉洁”的标准，打造素质过硬、结构合理、数量充足的企业家队伍。发挥优秀企业家传帮带作用，加快培养精通党务、熟悉业务、经验丰富的复合型人才。组织企业经营管理人才到世界一流企业挂职锻炼，建好用好“雄鹰”“雏鹰”等各类经营管理人才库，制定人才培养计划，打造高素质专业化经营管理人才队伍。

十、高质量党建引领高质量发展

坚持党的全面领导，以高质量党建引领创新驱动高质量发展。发挥企业党组织领导作用，提高把握新发展阶段、贯彻新发展理念、服务和融入新发展格局的政治能力、战略眼光、专业水平。强化基层党组织战斗堡垒和党员先锋模范作用，推动党建工作与生产经营深度融合。省国企改革领导小组负责全省国有企业创新驱动高质量发展工作，建立可量化、可落实、可督导、可考核的推进机制，推动将工作情况纳入各级党委巡视巡察范围。省国资委承担全省国有企业创新驱动高质量发展日常工作，建立工作台账，定期调度通报，实施年度评估并加强成果应用。各级国资监管机构健全考核体系，将战略规划、全面对标一流目标、预算安排与企业负责人经营业绩考核有效衔接。各级企业认真谋划、精心组织、周密部署，企业主要负责人作为第一责任人靠前指挥、靠上推动，层层压实责任，确保各项措施落到实处。加强企业文化建设，形成对标一流、奋勇争先的价值导向。发挥新闻媒体宣传引导作用，营造企业创新驱动高质量发展的良好舆论环境和社会氛围。

先进制造业强省行动计划（2022—2025年）

为深入学习贯彻习近平新时代中国特色社会主义思想，全面贯彻落实党的二十大精神，认真落实习近平总书记关于制造强国战略的重要论述，紧紧锚定“走在前、开新局”，加快发展新动能主导的现代化产业体系，努力为新时代社会主义现代化强省建设提供坚实支撑，制定如下计划。

一、总体目标

坚持“破三难、优四产、促五化”的“345”推进思路，加快破解创新能力偏弱、产业结构偏重、资源要素偏紧难题，以更大力度转调优化低效产能、改造升级传统产业、培育壮大新兴产业、前瞻布局未来产业，全力促进制造业高端化、智能化、绿色化、服务化、生态化发展。力争到2025年，制造业增加值占全省GDP比重达到30%左右，规模以上工业企业营业收入利润率达到6%左右，规模以上工业企业研究与试验发展（R&D）经费支出占营业收入比重达到2.2%左右，高新技术产业产值占规模以上工业总产值比重达到50%左右，数字经济核心产业增加值占全省GDP比重达到10%左右，单位工业增加值能源消耗较2020年降低17%左右，推动制造业实现质的有效提升和量的合理增长，初步建成先进制造业强省。

二、推动制造业高端化提升

（一）增强产业创新能力。面向制造业基础性、前沿性领域，加强产业共性技术平台建设，积极争创国家级创新载体，推动创新资源整合集聚。实施科技型企业梯次培育行动，打造科技型中小企业、高新技术企业、科技领军企业梯次培育体系。支持科技领军企业牵头组建创新联合体，提升大中型企业研发机构覆盖率。聚焦基础零部件、基础元器件、基础材料、基础软件、基础工艺和产业技术基础，编制全省产业基础创新发展目录，通过“揭榜挂帅”“赛马”等方式深化产学研联合攻关，集中突破一批重要基础产品和关键核心技术。完善政府首购首用、保险补偿等机制，推动首台（套）装备、首批次材料、首版次软件示范应用。力争到2025年，建设省制造业创新中心50家左右、“一企一技术”研发中心2000家左右。

（二）提升产业结构层次。加快转调优化低效产能，持续深入开展化工产业安全生产转型升级专项行动，深入推动钢铁、炼化、焦炭、水泥、轮胎、化工等高耗能行业高质量发展。巩固优势产业领先地位，聚焦纺织服装、食品、造纸、化工、建材、钢铁、有色金属等重点产业，滚动实施更高层次的“万项技改、万企转型”，支持创建消费品工业“三品”战略示范城市。推动战略性新兴产业融合集群发展，聚焦新一代信息技术、人工智能、生物技术、新能源、新材料、高端装备、绿色环保等领域，打造新技术应用场景，构建新产业发展生态，着力构筑支撑制造强省的新支柱。积极前瞻布局未来产业，坚持瞄准前沿、重点突破，聚焦生命科学、量子信息、基因技术、未来网络、深海空天开发、氢能与储能等领域，着力打造未来技术应用场景，加快推动创新突破和融合应用。

（三）塑强产业人才队伍。实施“人才链、教育链、产业链、创新链”四链融合，统筹推进企业家、经营管理人才、技术创新人才、卓越工程师、高技能人才等人才队伍建设。深入实施泰山人才工程，加快培育集聚产业发展急需紧缺人才。夯实产业人才载体，创新培育人才引领型企业，加速推动制造业公共实训基地建设。大力实施职业教育集团化办学，积极推广工学一体技能人才培育模式。实施企业家素质提升行动，开展全方位、多层次、高水平企业家培训，实行青年企业家培育“导师制”，按照有关规定定期评选表彰优秀企业家。

三、加快制造业智能化改造

（四）建强新型基础设施。构建现代化新型信息基础设施体系，优化布局、结构、功能和系统集成，加快5G、千兆光网、数据中心等规模化部署应用，完善确定性网络建设布局。打造全国一体化数据中心山东工业云体系，加快标识解析二级节点和济南“星火·链网”超级节点建设，积极发挥济南、青岛国家互联网骨干直联点的集聚辐射效应。推动实施企业网络安全分类分级管理，加强数据安全分类分级保护，指导企业落实网络安全和数据安全主体责任，强化制造业网络和数据安全保障。

（五）深化数字赋能增效。促进数字经济和实体经济深度融合，实施制造业数字化转型行动，做强第三方服务商队伍，一企一策提供系统解决方案，打造一批可复制、可推广的数字化转型“小灯塔”企业，力争3年内转型改造规模以上工业企业2万家以上。以加快建设山东半岛工业互联网示范区为引领，持续实施“个十百”工业互联网平台培育工程。扎实开展“云行齐鲁·工赋山东”行动，持续组织万名数字专员进企业，促进重点行业融合应用工业互联网。加快智能制造提质升级，开展智能制造成熟度评估，每年培育100家以上智能工厂（数字化车间、智能制造场景）。开展数字经济“百城牵手万项”活动，推动实施数字经济项目1万个以上。力争到2025年，规模以上制造业企业中应用工业互联网的比例达到45%左右，全省两化融合指数排名保持全国前三。

（六）优化提升数字产业。增强电子信息制造业核心竞争力，推动集成电路、超高清视频、智能传感器、虚拟现实等产业高质量发展，打造具有国际竞争力的数字产业集群。扩容提质高端软件产业，培育100家以上省级软件工程技术中心，打造100个以上鲁版软件名品，支持济南、青岛软件名城建设。着力培育发展大数据产业，加快发展以数据为关键要素的数字经济。

四、支持制造业绿色化转型

（七）构建绿色制造体系。着眼产品全生命周期绿色化，大力开发具有节能、环保、无害化、高可靠性、长寿命、可回收等特性的绿色产品，提高绿色产品供给质量。高质量建设绿色工厂，推动企业加快低效设备淘汰与高效设备替代，加快提高能源资源利用效率。持续打造绿色工业园区，推动能源梯级利用、废物综合利用、水资源高效循环利用，加快建设新型能源体系、循环经济产业链。加快建立绿色供应链，鼓励行业龙头企业构建数据支撑、网络共享、智能协作的绿色供应链管理体系。力争到2025年，建成省级及以上绿色工厂500家、绿色园区20家，开发绿色设计产品500种以上。

（八）大力推进节能降碳。加强“三线一单”实施应用，认真落实“四个区分”“五个减量替代”要求，对“两高”行业进行清单化跟踪监管，坚决遏制“两高”项目盲目发展，推动产业结构调整优化。分步骤实施工业领域碳达峰行动，细化有色金属、建材、钢铁、石化化工等重点行业具体方案，加快碳捕捉、碳封存、碳循环利用等领域节能降碳先进技术的研发和推广应用，推进工业领域清洁低碳转型。实施能效、水效“领跑者”行动，扩大制造业领域新能源和可再生能源使用比例，推动企业应用节水新技术、新装备、新产品，加强高耗水企业节水监督检查。大力发展绿色建筑，推广装配式建筑和建筑光伏一体化技术，推动绿色建材应用，提升建筑能效水平。

（九）提高单位产出效益。深入开展“亩产效益”评价改革，动态优化评价指标体系和评价办法，加强分级、分区域、分行业评价，推动覆盖所有应参评企业。更好发挥政府作用，促进资源优化配置，引导低端低质低效企业转型升级。

五、鼓励制造业服务化延伸

（十）促进服务型制造发展。积极发展大批量个性化定制，推动零件标准化、配件精细化、部件模块化和产品个性化重组，增强定制设计和柔性制造能力。面向铸造、印染、模具等关键环节，布局建设一批区域性共享制造平台，集中配置通用性强、购置成本高的生产设备，建设提供分时、计件、按价值计价等灵活服务的共享工厂。培育发展一批服务型制造解决方案供应商和咨询服务机构，推动建设一批服务型制造示范企业、平台和项目。

（十一）发展生产性服务业。推动现代服务业同先进制造业深度融合，重点发展研发设计、现代物流和供应链管理、节能环保服务、检验检测认证服务、全生命周期管理、电子商务、总集成总承包、生产性金融服务等。加强工业设计平台建设，积极培育工业设计研究院、工业设计中心，发展平台化、虚拟化设计工具，开展“工业设计进百企”“工业设计中小企业行”活动，支持举办世界工业设计大会。支持有条件的工业遗产和企业、园区、基地等挖掘历史文化底蕴，开发集生产展示、观光体验、教育科普等于一体的旅游产品。

（十二）共建共享“好品山东”品牌。深入实施质量提升行动，推动制造业产品“增品种、提品质、创品牌”。推进国家标准化创新发展试点工作，建立先进标准培育激励机制，引导企业加强产业基础标准研发，积极培育省级技术标准创新中心。实施百年品牌企业培育工程，完善“好品山东”制度体系和标准体系，提档升级传统大宗消费，培育壮大新型消费，推动更多山东制造产品融入双循环、开拓新市场。

六、促进制造业生态化集聚

（十三）梯度培育优质企业。积极构建优质企业梯度培育格局，形成覆盖创新型中小企业、专精特新中小企业、专精特新“小巨人”企业、制造业单项冠军企业、产业链领航企业的培育体系。加快建设一批产品卓越、品牌卓著、创新领先、治理现代的世界一流企业。引导大企业向中小企业开放创新资源要素、共享产能资源，着力形成协同、高效、融合、顺畅的大中小企业融通创新生态。力争到2025年，在全省培育专精特新中小企业达到1万家左右、制造业单项冠军企业达到1000家左右。

（十四）全力做强产业链条。扎实实施标志性产业链突破工程，精准梳理产业链图谱，打造一批集成能力和带动作用强的“链主”企业，积极培育产业链高质量发展促进机构，加快做强一批现代优势产业链。省市县一体化加强建链补链延链强链项目谋划，加大产业链招商力度，实行全生命周期跟踪服务，形成“竣工一批、开工一批、储备一批、谋划一批”的推进格局。深入开展融链固链行动，促进中小企业深度融入大企业的产业链供应链，加快提升产业链供应链韧性和安全水平。力争到2025年，培育200家左右产业生态主导型“链主”企业，打造11条左右在国内外具有重要影响力的标志性产业链。

（十五）积极培育产业集群。深入开展雁阵形产业集群集中突破行动，扎实实施战略性新兴产业集群发展工程，切实加强先进制造业集群培育，对发展成效显著的集群积极推荐创建国家级集群。持续培育主业突出、优势明显、公共服务配套完善、市场竞争力强的特色产业集群。积极争创国家制造业高质量发展试验区。力争到2025年，省级雁阵形产业集群达到200个左右、战略性新兴产业集群达到50个以上、先进制造业集群达到20个左右、特色产业集群达到120个左右。

（十六）着力打造产业园区。全面落实黄河流域生态保护和高质量发展战略，深化与京津冀协同发展、长三角一体化发展、粤港澳大湾区建设等重大战略的对接合作，共建一批产业合作园区，优化重大生产力布局。深化开发区体制机制改革，加快建立更加精简高效的管理体制。支持产业园区进一步明晰产业发展定位，做大做强主导产业，带动关联产业协同发展，形成各具优势的特色产业。

（十七）畅通产业经济循环。优化制造业供给结构，全面提升服务和融入新发展格局水平，服务全国统一大市场建设。抓住疫情后国际产业链重构契机，在关系产业安全发展的领域加快补齐短板，提升战略性资源供应保障能力。支持省内整机企业根据市场实际需求，强化安全可靠技术和产品研发应用，形成自主创新与推广应用相互支撑、相互促进的产业发展格局。支持各类企业融入“一带一路”建设，支持有条件的制造业企业“走出去”。搭建“买全球、卖全球”信息平台，强化资源、技术、产品、服务多元化供应和国际产能合作。加强产业联盟建设，运用市场化机制集聚资源，深化行业交流合作，推动关键共性技术攻关和产业化，共同维护产业链供应链安全稳定，着力打造自主可控、安全可靠的产业链供应链。

七、保障措施

（十八）加强组织领导。省制造强省建设领导小组发挥统筹协调作用，省直相关部门各司其职。市县两级党委和政府主要负责同志靠上研究部署，带头推进落实。坚持先进制造业强省建设导向，把保持制造业比重基本稳定作为长期发展目标，精细制定任务书、路线图，着力形成长短结合、滚动推进的目标体系，健全制造业高质量发展指标体系和动态监测机制。

（十九）营造良好环境。完善政策制度体系，在产权保护、投资融资、公平竞争等方面强化法治保障。推动国有企业加快做强做优做大，支持民营企业心无旁骛创新创造。强化对制造业利用外资支持力度，引导外资更多投向先进制造业领域。切实加强行业协会、商会等建设。弘扬科学家精神、企业家精神和工匠精神，为制造业高质量发展提供优质资源和强大动力。做好新闻宣传、专家解读和专题培训，努力营造重视和支持制造业发展的良好氛围。支持企业参与产业政策制定修订，畅通规范化参与渠道和机制，充分吸收企业、行业协会、商会等参与政策实施效果评估。

（二十）保障要素供给。完善“要素跟着项目走”机制，提高全要素生产率，推动用地、能耗、煤耗等指标更多向先进制造业倾斜。优化用能权、用水权等交易机制，推进排污权交易试点，优先保障重大先进制造业项目建设所需指标。优化能源保障，建立健全天然气上下游价格联动机制，提高成品油应急保供能力，保障电煤供需平衡。促进数据要素市场流通，建设完善数据交易平台，推行数据（产品）登记制度。探索统筹推进铁水、公铁、空铁等多式联运组织模式发展，探索“一单制”试点，畅通物流通道，降低物流成本。

（二十一）强化财税金融支持。贯彻落实国家退税减税降费政策，切实减轻企业税费负担。发挥新旧动能转换基金等引导撬动作用，带动社会资本加大对先进制造业投资。鼓励金融机构积极稳妥发展面向先进制造业的供应链金融、绿色金融、知识产权质押融资、投贷联动、融资租赁等业务。强化中小企业基础性工作，扩大首贷培植、中长期贷款、无还本续贷和信用贷款业务规模，健全融资担保、应急转贷和增信分险体系。加强区域性股权市场综合性金融服务平台建设，引导支持符合条件的先进制造业企业直接融资。落实工业强县财政激励政策。

（二十二）严格安全管理。深入落实安全生产“三管三必须”要求，指导督促制造业企业加强安全管理。充分发挥发展规划、产业政策引导作用，促进重点行业规范安全生产标准，引导企业加大安全技术改造投入，采用先进工艺装备降低安全风险、消除事故隐患。

中共山东省委关于深入学习宣传贯彻党的二十大精神的决议

（2022年11月6日中国共产党山东省第十二届委员会第二次全体会议通过）

为深入学习宣传贯彻党的二十大精神，根据《中共中央关于认真学习宣传贯彻党的二十大精神的决定》部署要求，结合山东实际，作出如下决议。

一、充分认识党的二十大的重大意义

党的二十大是在全党全国各族人民迈上全面建设社会主义现代化国家新征程、向第二个百年奋斗目标进军的关键时刻召开的一次十分重要的大会，事关党和国家事业继往开来，事关中国特色社会主义前途命运，事关中华民族伟大复兴，在党和国家发展进程中具有重大现实意义和深远历史意义。

1. 深刻认识党的二十大报告是党团结带领全国各族人民夺取中国特色社会主义新胜利的政治宣言和行动纲领。大会通过的习近平同志代表十九届中央委员会所作的报告，从坚持和发展中国特色社会主义的政治高度，回顾总结了过去5年的工作和新时代10年的伟大变革，阐述了开辟马克思主义中国化时代化新境界、中国式现代化的中国特色和本质要求等重大问题，对全面建设社会主义现代化国家、全面推进中华民族伟大复兴进行了战略谋划，对统筹推进“五位一体”总体布局、协调推进“四个全面”战略布局作出了全面部署，为新时代新征程党和国家事业发展、实现第二个百年奋斗目标指明了前进方向、确立了行动指南，是一篇闪耀着马克思主义真理光芒的纲领性文献。大会通过的中央纪委工作报告，深刻总结了党的十九大以来在党中央坚强领导下，各级纪委推进全面从严治党的实践探索和重要成效，对纵深推进全面从严治党提出工作建议，宣示了党以永远在路上的清醒和坚定推进党风廉政建设和反腐败斗争的坚强决心。

2. 深刻认识党章修正案对推进新时代党的事业和党的建设具有根本规范和指导作用。大会通过的党章修正案把党的二十大报告确定的重要思想、重要观点、重大战略、重大举措写入党章，充分体现了党的十九大以来党的理论创新、实践创新、制度创新成果，对坚持和加强党的全面领导、坚定不移推进全面从严治党、坚持和完善党的建设、推进党的自我革命提出了明确要求，有利于更好发挥党章的规范和指导作用，为党和国家事业发展提供了重要制度保障。

3. 深刻认识大会选举产生的以习近平同志为核心的新一届中央领导集体体现了全党全军全国各族人民的共同意志共同心愿。党的二十大和二十届一中全会选举产生以习近平同志为核心的新一届中央领导集体，是一个凝聚全党共识、反映人民期待，值得全党全军全国各族人民充分信赖的中央领导集体，是一个政治坚定、团结统一、富有活力、能够适应党和国家事业长远发展需要的中央领导集体。习近平同志继续当选为党的总书记、中央军委主席，是历史的选择、人民的选择、时代的选择，是党心所向、民心所盼、众望所归，充分体现了全党共同意志，充分反映了亿万人民共同心愿，必将为夺取新时代中国特色社会主义伟大胜利、实现中华民族伟大复兴中国梦提供坚强政治保证和组织保证。

4. 深刻认识党的二十大精神的丰富内涵。党的二十大精神内容十分丰富，既有政治上的高瞻远瞩和理论上的深邃思考，也有目标上的科学设定和工作上的战略部署，相互联系、有机统一。要全面准确学习领会党的二十大精神，深入理解内涵，精准把握外延。要深刻领会党的二十大的主题，深刻领会过去5年的工作和新时代10年的伟大变革，深刻领会开辟马克思主义中国化时代化新境界，深刻领会新时代新征程中国共产党的使命任务，深刻领会中国式现代化的中国特色和本质要求，深刻领会社会主义经济建设、政治建设、文化建设、社会建设、生态文明建设等方面的重大部署，深刻领会教育科技人才、法治建设、国家安全等方面的重大部署，深刻领会国防和军队建设、港澳台工作、外交工作等方面的重大部署，深刻领会坚持党的全面领导和全面从严治党的重大部署，切实把思想和行动统一到党的二十大精神上来。

全省各级党组织和广大党员干部要充分认识党的二十大的重大意义，深刻领会党的二十大精神的丰富内涵，在以习近平同志为核心的党中央坚强领导下，全面贯彻习近平新时代中国特色社会主义思想，弘扬伟大建党精神，踔厉奋发、勇毅前行，坚定不移把党的二十大提出的目标任务落到实处，奋力谱写新时代中国特色社会主义山东实践新篇章。

二、坚定拥护“两个确立”、坚决做到“两个维护”

党确立习近平同志党中央的核心、全党的核心地位，确立习近平新时代中国特色社会主义思想的指导地位，是党在新时代取得的重大政治成果，是推动党和国家事业取得历史性成就、发生历史性变革的决定性因素，是党和国家事业兴旺发达的根本保证，是党应对一切不确定性的最大确定性、最大底气、最大保证。要深刻领悟“两个确立”的决定性意义，牢记“国之大者”，增强“四个意识”、坚定“四个自信”、做到“两个维护”，坚定不移在思想上政治上行动上同以习近平同志为核心的党中央保持高度一致。

5. 忠诚践行“两个维护”。把坚决做到“两个维护”作为最高政治原则和根本政治规矩，不断提高政治判断力、政治领悟力、政治执行力，更加自觉地维护习近平同志党中央的核心、全党的核心地位，更加自觉地维护以习近平同志为核心的党中央权威和集中统一领导，矢志不渝忠诚核心、拥戴核心、紧跟核心、捍卫核心，做到党中央提倡的坚决响应、党中央决定的坚决执行、党中央禁止的坚决不做，确保党中央政令畅通、有令必行。要健全完善保障“两个维护”落实的制度机制，把“两个维护”体现在坚决贯彻党中央决策部署的行动上，体现在履职尽责、做好本职工作的实效上，体现在党员干部的日常言行上，使对党忠诚、听党指挥、为党尽责成为广大党员干部的思想自觉、政治自觉、行动自觉。

6. 学懂弄通做实习近平新时代中国特色社会主义思想。习近平新时代中国特色社会主义思想，以全新的视野深化对共产党执政规律、社会主义建设规律、人类社会发展规律的认识，是当代中国马克思主义、二十一世纪马克思主义，是中华文化和中国精神的时代精华，实现了马克思主义中国化时代化新的飞跃。要坚持把习近平新时代中国特色社会主义思想作为一切工作的根本遵循和行动指南，深刻把握其核心要义、精神实质和实践要求，深刻领会“两个结合”，坚持学思用贯通、知信行统一，自觉做坚定信仰者和忠实实践者。要全面把握习近平新时代中国特色社会主义思想的世界观、方法论和贯穿其中的立场观点方法，切实做到坚持人民至上、坚持自信自立、坚持守正创新、坚持问题导向、坚持系统观念、坚持胸怀天下，持之以恒用以武装头脑、指导实践、推动工作，把党的创新理论贯彻到各方面全过程。

7. 全面落实习近平总书记对山东工作的重要指示要求。习近平总书记对山东情深似海、厚望如山，对山东工作作出一系列重要指示要求，赋予山东“走在前、开新局”的光荣使命，为我们做好工作提供了总遵循、总定位、总航标。各级各部门必须把深入学习贯彻党的二十大精神与学习习近平总书记系列重要讲话结合起来，与落实习近平总书记对山东工作的重要指示要求结合起来，联系起来领会，统筹起来推进，贯通起来落实。要全面对标对表习近平总书记重要指示要求，全力抓好落实，自觉校正偏差，确保贯彻执行不偏向、不变通、不走样，以新时代社会主义现代化强省建设的实际行动坚定拥护“两个确立”、坚决做到“两个维护”。

三、持续兴起学习宣传党的二十大精神热潮

全省各级党组织要把学习宣传贯彻党的二十大精神作为当前和今后一个时期首要政治任务，精心组织、周密部署，既要整体把握、全面系统，又要突出重点、抓住关键。要把着力点聚焦到习近平总书记是党中央的核心、全党的核心，习近平新时代中国特色社会主义思想是党必须长期坚持的指导思想上；聚焦到党的十九大以来的重大成就和新时代10年的伟大变革上；聚焦到把握好马克思主义中国化时代化最新成果的世界观和方法论，坚持好、运用好贯穿其中的立场观点方法上；聚焦到中国式现代化在理论和实践的创新突破上；聚焦到贯彻落实党的二十大作出的重大决策部署上；聚焦到以习近平同志为核心的新一届中央领导集体是深受全党全国各族人民拥护和信赖的领导集体上；聚焦到习近平总书记是全党拥护、人民爱戴、当之无愧的党的领袖上，以更加有力的举措将学习宣传贯彻持续引向深入。

8. 切实抓好学习培训。结合实际认真制定计划，采取党委（党组）理论学习中心组学习、集中轮训、举办报告会等多种形式，面向全体党员干部开展多形式、分层次、全覆盖的全员培训，组织广大党员干部认真学习党的二十大精神。以县处级以上领导干部为重点，精心组织党的二十大精神专题学习班，集中一段时间分期分批轮训一遍。各级党校（行政学院）、干部学院要把学习贯彻党的二十大精神作为干部培训的主要内容。基层党组织要通过“三会一课”、主题党日等形式，组织好党员干部群众的学习。细化工作方案，推动党的二十大精神进机关、进企事业单位、进城乡社区、进校园、进军营、进各类新经济组织和新社会组织、进网站。

9. 集中开展宣讲活动。组建省委宣讲团，赴各市和部分企业、高校开展集中宣讲。各市、县（市、区）组成宣讲团，深入基层开展对象化、分众化、互动化宣讲。发挥

各类宣讲队伍作用，利用新时代文明实践中心、县级融媒体中心等平台载体，开展内容丰富、形式多样、富有特色的宣讲活动。各级党组织主要负责同志和党的二十大代表要带头宣讲，省委常委到高等院校、党校、基层联系点宣讲。开展面向党外人士的宣讲工作，增进党外人士对党的二十大精神的认知认同。注重增强宣讲的说服力、亲和力和针对性、有效性，联系全省经济社会发展取得的重大成就，联系干部群众思想和工作实际，把党的二十大精神讲清楚、讲明白，让群众听得懂、能领会、可落实。

10. 精心组织新闻宣传。统筹各级各类媒体资源，集中力量进行全面准确、深入浅出、生动活泼的宣传报道，开展系列主题宣传，各级媒体及所属新闻网站、新媒体平台开设专栏，及时推出系列有分量有深度的综述、社论、评论、理论文章和融媒体产品，及时宣传各行各业对党的二十大的热烈反响和积极评价，宣传各级各部门学习贯彻的具体举措和实际行动。积极开展网络宣传，把网络传播平台作为重要阵地，坚持分众化、差异化、精准化，在网络宣传上展现新面貌、新作为，推动形成网上正面舆论强势。统筹内宣外宣开展全媒体宣传，深化拓展与中央媒体、省外媒体的合作，全方位、多层次进行广泛宣传。

11. 深化理论研究阐释。发挥山东省习近平新时代中国特色社会主义思想研究中心引领作用，整合资源力量，加强习近平新时代中国特色社会主义思想的系统化、学理化、学术化研究。发挥社科规划课题导向作用，依托社科研究单位、高等院校以及省重点马克思主义学院、社科理论研究基地，集中开展专题研究，推出一批有深度有价值的研究成果，为学习贯彻党的二十大精神提供理论支撑。组织重点理论报刊开设专刊专栏专题，推出一批大众化通俗化的阐释文章，推动党的二十大精神深入人心。

四、扎实推进新时代社会主义现代化强省建设

牢牢把握新时代新征程的使命任务，深刻领会中国式现代化的中国特色、本质要求、战略安排、重大原则，完整准确全面贯彻新发展理念，主动服务和融入新发展格局，锚定“走在前、开新局”，坚持“六个一”发展思路、“六个更加注重”策略方法、“十二个着力”重点任务，进一步优化实施路径、完善政策举措，以建设绿色低碳高质量发展先行区为总抓手，统筹经济社会发展各项工作，不断开创新时代社会主义现代化强省建设新局面。围绕全面建成社会主义现代化强国两步走的战略安排，我省未来发展的目标是：到 2035 年，基本建成新时代社会主义现代化强省；到本世纪中叶，全面建成新时代社会主义现代化强省。未来 5 年，在综合发展实力、人民生活品质、社会文明程度、社会治理效能、生态环境质量、管党治党水平等方面实现新跃升，努力创造更多走在前的现代化成果。

12. 塑造经济高质量发展新优势。坚持以推动高质量发展为主题，把实施扩大内需战略同深化供给侧结构性改革结合起来，深化新旧动能转换，推动经济实现质的有效提升和量的合理增长。构建现代化产业体系，把发展经济的着力点放在实体经济上，培育壮大“十强”产业，开展产业基础再造工程和质量提升行动，实施先进制造业强省行动计划，推动制造业高端化、智能化、绿色化发展，提升产业链供应链韧性和安全水平。着力培育一批世界一流企业。加快发展数字经济，实施制造业数字化转型行动，大力发展人工智能、大数据、区块链、量子信息等数字产业，打造国家工业互联网示范区，推动数字经济和实体经济深度融合，建设数字强省。着力扩大内需，纵深推进“十大扩需求”行动，统筹基础设施“七网”建设，实施消费扩容提质计划，畅通经济循环，助力全国统一大市场建设。深入打造乡村振兴齐鲁样板，统筹推进乡村产业、人才、文化、生态、组织振兴，全力抓好耕地保护，坚决维护国家粮食安全，加快农业全产业链培育，巩固脱贫攻坚成果，扎实推进乡村建设行动，全面提升农业农村现代化水平。促进区域协调发展，以落实黄河流域生态保护和高质量发展战略为牵引，优化“一群两心三圈”格局，省市一体推进济南新旧动能转换起步区建设，实施新一轮突破菏泽、鲁西崛起行动，深入推进以人为核心的新型城镇化，做大做强山东半岛城市群，构筑高质量发展空间动力系统。深入实施海洋强省建设行动，打造全国海洋经济引领区。

13. 大力实施科教强鲁人才兴鲁战略。坚持教育优先发展、科技自立自强、人才引领驱动，以“十大创新”引领全方位创新，加快建设科教强省、人才强省。办好人民满意的教育，落实立德树人根本任务，加强师德师风建设，健全学校、家庭、社会、网络等全环境育人机制。实施教育提质行动，率先建成高质量教育体系，发展素质教育，促进教育公平。加快义务教育优质均衡发展和城乡一体化，强化学前教育、特殊教育普惠发展，做强特色多样的高中阶段教育，打造职业教育高地“升级版”，支持高校分类发展，深入推进“双一流”创建。完善科技创新体系，加快构建“1313”四级实验室体系，实施大科学计划大科学工程，合理布局重大科技基础设施集群，创建区域科技创新中心。深化科技体制改革，完善评价激励政策，培育创新文化，优化全过程创新生态。多方位多渠道开展国际合作，打造科技创新国际交流合作新高地。实施创新驱动发展战略，坚持“四个面向”，实施重大科技创新工程、科技示范工程，加快关键核心技术攻关，争当国家高水平科技自立自强排头兵。强化企业科技创新主体地位，构建完善的科技企业梯次培育体系。打造新时代人才集聚高地，健全党管人才工作体系和推进机制，探索建立人才链、教育链、产业链、创新链融合发展工作机制，提高人才自主培养能力，完善“高精尖缺”人才精准培养引进机制，优化提升泰山、齐鲁人才工程，构建“2+N”人才集聚雁阵格局。

14. 发展全过程人民民主。坚持人民当家作主，扩大人民有序政治参与，充分体现人民意志、保障人民权益、

激发人民创造活力。坚持和完善人民代表大会制度，支持和保证人民通过人民代表大会行使国家权力，发挥人大及其常委会在立法中的主导作用，依法行使立法权、监督权、决定权、任免权，加强人大代表工作能力建设，健全吸纳民意、汇集民智工作机制。有效发挥工会、共青团、妇联等群团组织桥梁纽带作用。全面发展协商民主，完善协商民主体系，发挥人民政协作为专门协商机构作用，加强制度化、规范化、程序化等功能建设，完善人民政协民主监督和委员联系界别群众制度机制，提高深度协商互动、意见充分表达、广泛凝聚共识水平，擦亮“有事多商量”协商品牌。积极发展基层民主，健全基层党组织领导的基层群众自治机制，完善基层直接民主制度体系和工作体系，完善办事公开和企事业单位民主管理制度，实现党的领导、政府管理与基层民主良性互动。巩固和发展最广泛的爱国统一战线，完善大统战工作格局，支持各民主党派、工商联、无党派人士积极发挥作用，做好民族、宗教、党外知识分子、非公有制经济人士、新的社会阶层人士、港澳台和侨务等工作。

15. 全面推进依法治省。坚持依法治省、依法执政、依法行政共同推进，法治山东、法治政府、法治社会一体建设，推进各方面工作法治化。完善地方立法工作格局，健全立法工作机制，统筹立改废释，加强重点领域、新兴领域等地方立法，以良法促发展保善治。完善和加强备案审查制度，全面落实重大决策程序制度。加强执法司法规范化建设，完善依法行政决策、行政执法监督和基层综合执法等机制，全面推进严格规范公正文明执法。深化司法体制综合配套改革，全面准确落实司法责任制，规范司法权力运行，促进司法公正。加快建设法治社会，深化全民普法行动，加强法治文化建设，完善现代公共法律服务体系，推进多层次多领域依法治理，使尊法学法守法用法在全社会蔚然成风。

16. 全面促进社会主义文化繁荣兴盛。紧紧围绕举旗帜、聚民心、育新人、兴文化、展形象，加快建设文化强省，推进文化自信自强，巩固团结奋斗的共同思想基础。坚持马克思主义在意识形态领域的指导地位，全面落实意识形态工作责任制，强化理想信念教育，深入推进哲学社会科学创新工程，加强全媒体传播体系建设，巩固壮大主流思想舆论，健全网络综合治理体系，让正能量产生大流量。广泛践行社会主义核心价值观，用好红色资源，发扬光大沂蒙精神，深化“四史”宣传教育，完善思想政治工作体系，推进大中小学思想政治教育一体化建设，推动社会主义核心价值观融入法治建设、社会发展和日常生活。推进新时代美德山东建设，统筹推动文明培育、文明实践、文明创建，倡导新时代美德健康生活方式，深化移风易俗，完善志愿服务体系，推进“五为”志愿服务项目化开展，健全诚信建设长效机制，提高全社会文明程度，提升“厚道齐鲁地、美德山东人”形象。繁荣发展文化事业和文化产业，加强“山东文脉”建设，加大文化遗产保护力度，推进文物保护利用“十大工程”，开展“齐鲁文艺高峰”计划，实施文化数字化战略，推进“山东手造”工程，促进文化和旅游深度融合，培育一批千亿级优势文化产业集群，推动形成“国家文化公园引领，文化交通线贯穿，沿黄河、沿大运河、沿齐长城、沿黄渤海四大文化体验廊道示范，八大文化传承发展片区支撑，全域‘两创’新标杆和文化旅游高质量发展”新格局，做强“好客山东 好品山东”品牌。深化文明交流互鉴，深入推进尼山世界儒学中心建设，持续提升尼山世界文明论坛影响力，推动中华文化更好走向世界。

17. 持续增进民生福祉。坚持以人民为中心的发展思想，坚持尽力而为、量力而行，加强普惠性、基础性、兜底性民生建设，增强均衡性和可及性，扎实推进共同富裕。多措并举增加居民收入，实施收入倍增行动，提高劳动报酬在初次分配中的比重，多渠道增加居民经营性、财产性收入，增加低收入者收入，扩大中等收入群体，规范收入分配秩序和财富积累机制。实施就业优先战略，健全就业公共服务体系，抓好高校毕业生、退役军人、农民工等重点人群就业，滚动实施城乡公益性岗位扩容提质行动，加强灵活就业和新就业形态劳动者权益保障。健全社会保障体系，实施社会保障扩面提标行动，发展多层次多支柱养老保险体系，推动基本医保、失业保险、工伤保险省级统筹，健全分层分类的社会救助体系，提高困难群众、低收入群体保障水平。坚持“房住不炒”，完善多主体供给、多渠道保障、租购并举的住房制度。加快健康山东建设，健全全生命周期人口服务体系，完善生育支持政策，发展养老事业和养老产业。深化公立医院高质量发展促进行动，促进医保、医疗、医药协调发展和治理，建设国家中医药改革示范区。创新医防协同、医防融合机制，健全公共卫生体系，加强重大疫情防控救治体系和应急能力建设。广泛开展全民健身和爱国卫生运动。切实做好新冠肺炎疫情防控工作，最大限度保护群众生命安全和身体健康。

18. 系统推进美丽山东建设。坚定践行绿水青山就是金山银山理念，坚持山水林田湖草沙一体化保护和系统治理，协同推进降碳、减污、扩绿、增长，推进生态优先、节约集约、绿色低碳发展，促进人与自然和谐共生。加快发展方式绿色低碳转型，深入推进“四减四增”行动，实施全面节约战略，实行“绿色门槛”制度，发展绿色低碳产业，倡导绿色消费，推动形成绿色低碳的生产方式和生活方式。深入推进环境污染防治，加强多污染物协同控制和区域协同治理，持续深入打好蓝天、碧水、净土保卫战。加快推进城市排水“两个清零、一个提标”，建设北方海洋环境应急处置中心。统筹生态系统保护修复，实施重要生态系统保护和修复、生物多样性保护等重大工程，加快争创黄河口、长岛国家公园，深入推进科学绿化试点示范省建设，提升生态系统多样性、稳定性、持续性。积极稳妥推进碳达峰碳中和，坚持先立后破，坚持严控“两高”、优化其他，实施碳达峰十大工程和能源转型发展九大工程，严格落实“四个区分”“五个减量替代”，稳步推进能耗“双控”向碳排放总量和强度“双控”转变。健全绿色低碳发展体制机制，建立生态产品价值实现机制、碳汇补偿和交易机制，完善生态保护补偿、生态环境公益诉讼和损害赔偿等制度，深入开展生态环境保护督察。

19. 加快建设改革开放新高地。坚持社会主义市场经济改革方向，坚持“两个毫不动摇”，充分发挥市场在资源配置中的决定性作用，更好发挥政府作用。深化重点领域改革，纵深推进国资国企、要素市场化、农业农村、投融资、财税、金融、人才发展等领域改革，加快数字经济、共同富裕等牵引性、标志性强的集成性改革。推进高水平对外开放，稳步扩大制度型开放，用好《区域全面经济伙伴关系协定》（RCEP）政策，积极融入共建“一带一路”高质量发展，深化与港澳台地区经贸交流合作，创建中日韩地方经贸合作示范区，实施山东自贸试验区2.0版，推进中国－上合组织地方经贸合作示范区“四个中心”建设，加快建设贸易强省，提高使用外资质量，广泛开展各领域各层次交流，更好服务国家开放大局。打造市场化法治化国际化一流营商环境，深入开展创新提升行动，健全支持民企改革发展政策，清理市场准入隐性壁垒，弘扬企业家精神，深化放管服改革，全面构建亲清政商关系，确保营商环境整体水平持续走在全国前列。

20. 加强和创新社会治理。坚持共建共治共享，高标准开展市域社会治理现代化试点，推动社会治理重心向基层下移，提升社会治理效能。创新组织协调机制，健全完善由党委书记负责的基层党建引领基层治理领导协调机制，加强对城乡社区建设、治理、服务的整体谋划和组织协调，构建党委领导、政府负责、民主协商、社会协同、公众参与、法治保障、科技支撑的现代化治理体系。创新源头治理机制，坚持和发展新时代“枫桥经验”，做实做细网格化，加强和改进信访工作，健全“一站式”矛盾纠纷多元化解机制，完善社会心理服务体系，畅通和规范群众诉求表达、利益协调、权益保障通道。创新资源力量整合机制，统筹基层党组织和群团组织资源配置，加强乡镇（街道）治理能力建设，深化社区与社会组织、社会工作者、社区志愿者、社会公益慈善联动，发展壮大群防群治力量，建设基层治理信息化平台，构建多元共治、资源共享、智慧支撑、一体运行的良好格局，建设人人有责、人人尽责、人人享有的社会治理共同体。创新精细化为民服务机制，推动基层高频政务服务事项“市域通办”，探索基层群众性自治组织承接政府购买服务事项的有效办法，开展“新时代新社区新生活”服务质量提升活动，提升基层综合服务、精准服务和兜底服务能力。

21. 坚决维护国家安全和社会稳定。坚定不移贯彻总体国家安全观，把维护国家安全贯穿全省经济社会发展各方面全过程，以新安全格局保障新发展格局。健全国家安全体制机制，强化国家安全工作协调机制，加强重点领域安全保障体系和重要专项协调指挥体系建设，提升干部队伍和保障能力建设水平，完善国家安全力量布局。增强维护国家安全能力，以政治安全为根本，健全风险监测预警体系，完善国家安全审查监管，防范化解重大风险，坚定维护国家政权安全、制度安全、意识形态安全，守好粮食、能源、产业链供应链、网络、金融、安全生产、食品药品等“一排底线”。加强海外安全保障能力建设。全面加强国家安全宣传教育，建好用好全省各级国家安全教育阵地，提高各级领导干部统筹发展和安全能力，筑牢国家安全人民防线。做好退役军人服务保障工作，推进国防动员和后备力量建设。维护社会大局稳定，完善公共安全体系，健全现代应急机制，提高防灾减灾救灾和重大突发公共事件处置保障能力，加强个人信息保护。强化社会治安整体防控，加强重大决策社会稳定风险评估，推进扫黑除恶常态化，依法打击各类违法犯罪活动，建设更高水平的平安山东。

五、深入推进新时代党的建设新的伟大工程

深入贯彻落实新时代党的建设总要求和新时代党的组织路线，坚定不移推进全面从严治党，把各级党组织建设得更加坚强有力，为全面开创新时代社会主义现代化强省建设新局面提供坚强保证。

22. 毫不动摇坚持和加强党的全面领导。充分发挥党在同级各种组织中的领导核心作用，完善贯彻落实习近平总书记重要指示要求和党中央重大决策部署工作机制，确保在政治立场、政治方向、政治原则、政治道路上同以习近平同志为核心的党中央保持高度一致。完善各级党委议事协调机构工作机制。加强党的政治建设，严明政治纪律和政治规矩，压实党委（党组）主体责任、书记第一责任人责任、班子成员“一岗双责”、纪委监委监督责任，经常性开展政治体检。严格执行民主集中制，严肃党内政治生活，持续净化政治生态。

23. 切实强化理论武装。坚持用习近平新时代中国特色社会主义思想统一思想、统一意志、统一行动，扎实开展党的创新理论学习教育计划，深入实施习近平新时代中国特色社会主义思想凝心铸魂工程，教育引导广大党员干部真学真懂真信真用，自觉改造主观世界。深化理想信念宗旨教育工程，用好党性教育、政德教育资源，引导广大党员干部牢记党的宗旨，自觉做共产主义远大理想和中国特色社会主义共同理想的坚定信仰者和忠实实践者。推动理论武装同常态化长效化开展党史学习教育相结合，引导党员、干部不断学史明理、学史增信、学史崇德、学史力行，传承红色基因，赓续红色血脉。根据中央部署，以县处级以上领导干部为重点深入开展主题教育。

24. 健全完善自我革命制度规范体系。坚持制度治党、依规治党，加强新时代党内法规制度建设，完善备案审查、评估清理、跟踪问效机制，增强党内法规权威性和执行力。健全党统一领导、全面覆盖、权威高效的监督体系，完善

权力监督制约机制，以党内监督为主导，促进各类监督贯通协调。健全推进政治监督具体化、精准化、常态化制度，实施“一台账、两清单、双责任、双问责”监督机制，用好政治监督活页和廉政档案，深化政治巡视巡察，增强对“一把手”和领导班子监督实效。

25. 着力锻造高素质干部队伍。全面落实新时代好干部标准，建设政治过硬、适应新时代要求、具备领导现代化建设能力的干部队伍。鲜明树立重实干重实绩重担当的用人导向，坚持把政治标准放在首位，做深做实政治素质考察，突出选优配强各级领导班子。加强干部队伍建设战略规划，健全培养选拔优秀年轻干部常态化工作机制，统筹做好女干部、少数民族干部、党外干部工作，优化机构编制资源配置，整体提升公务员队伍建设质量。做好离退休干部工作。加强实践锻炼、专业训练，实施专业化能力提升工程，组织干部到基层挂职、任职，注重在疫情防控、信访维稳、抢险救灾、“四进”攻坚等急难险重任务一线磨砺干部，提升干部斗争精神和斗争本领。完善干部考核评价体系，健全干部能上能下、能进能出机制，引导干部牢固树立和践行正确政绩观，形成能者上、优者奖、庸者下、劣者汰的良好局面。坚持严管厚爱结合、激励约束并重，积极落实“三个区分开来”，精准运用“四种形态”，健全尽职免责、失职追责、精准问责机制，加大容错纠错、澄清正名、严查诬告陷害、关爱回访工作力度，关心关爱基层干部，激励干部敢于担当、积极作为。

26. 增强党组织政治功能和组织功能。各级党组织要履行党章赋予的各项职责，严密组织体系，实现全面进步、全面过硬。牢固树立大抓基层鲜明导向，深化拓展“莱西会议”经验，围绕抓党建促乡村振兴，深化村级党组织分类推进整体提升，健全常态化驻村工作机制，不断提升第一书记和工作队帮扶质效，深化城市基层党建“全域推进、整体提升”试点，推进以党建引领基层治理，持续整顿软弱涣散基层党组织，把基层党组织建设成为有效实现党的领导的坚强战斗堡垒。统筹抓好机关、企事业单位等领域党建，深化模范机关建设，推进国有企业、金融企业在完善公司治理中加强党的领导，加强混合所有制企业、非公有制企业党建工作，理顺行业协会、学会、商会党建管理体制。强化新业态新就业群体党建，开展党建引领新业态新就业群体“12345 齐鲁行动”，深化产业链供应链创新链党建，探索加强新经济组织、新社会组织、新就业群体党的建设有效形式。深化党支部规范提升行动，完善在青年和产业工人、农民、知识分子中发展党员工作机制，加强和改进党员特别是流动党员教育管理，严格执行不合格党员组织处置办法，保持党员队伍先进性和纯洁性。

27. 坚持以严的基调强化正风肃纪。坚持党性党风党纪一起抓，督促党员干部廉洁用权、为民用权。大力弘扬党的光荣传统和优良作风，走好新时代党的群众路线，加强和改进调查研究，倡树严肃严格、求真较真、细致细究、务实扎实、高效快捷的工作作风。锲而不舍落实中央八项规定及其实施细则精神，持续深化纠治“四风”，健全常态化查访、以下看上“直通车”、普遍性反复性问题集中整治等机制，重点纠治形式主义、官僚主义，持续为基层减负，坚决破除特权思想和特权行为。全面加强纪律建设，督促领导干部严于律己、严负其责、严管所辖，对顶风违纪的严肃惩治、决不姑息。

28. 坚决打赢反腐败斗争攻坚战持久战。坚持不敢腐、不能腐、不想腐一体推进，以零容忍态度反腐惩恶，巩固拓展反腐败斗争压倒性胜利。持续保持高压态势，更加有力遏制增量、更加有效清除存量，坚决查处政治问题和经济问题交织的腐败，坚决治理政商勾连破坏政治生态和经济发展环境问题，坚决整治群众身边的腐败问题。深化整治重点领域腐败，聚焦权力集中、资金密集、资源富集领域，重点查处国企、金融、政法、粮食购销、开发区建设、地方融资平台等方面腐败问题，惩治新型腐败和隐性腐败。坚持受贿行贿一起查，实施“行贿人”黑名单制度。坚持标本兼治，加强以案促改，推动完善防治腐败滋生蔓延的体制机制。加强新时代廉洁文化建设，深化党性教育、纪法教育、警示教育，打造“清廉山东”品牌。

六、以强有力的组织领导推动党的二十大精神落地见效

各级党组织要把学习宣传贯彻党的二十大精神摆上重要议事日程，切实加强组织领导，在全面学习、全面把握、全面落实上下功夫，确保见到实效。

29. 周密组织压实责任。各级党委（党组）要结合本地本部门实际，作出专题部署，有针对性地制定具体方案，细化责任分工，开展各具特色、富有成效的学习教育活动，逐项抓好落实。加强工作指导，加强督促检查，及时发现解决存在的问题。

30. 领导带头以上率下。各级领导干部要坚持先学一步、深学一层，全面系统领会和把握党的二十大精神，带头学习、带头宣讲、带头落实，为广大党员干部群众作好示范、当好表率。省委常委要率先垂范，深入群众、深入基层，指导好分管领域和单位的学习贯彻。其他领导干部要发挥好带学促学作用，以身作则、履职尽责、抓紧行动，把党的二十大精神转化为做好工作的动力源泉和生动实践。

31. 把牢导向凝聚力量。坚持团结稳定鼓劲、正面宣传为主，着力用党的二十大精神统一思想、凝聚力量。围绕广大党员干部群众关注的热点问题，针对不同对象、不同群体，主动设置议题，通过访谈专访、专题专栏等形式，多做解疑释惑、增进共识、增进团结的工作，加强正面引导，回应关切。加强宣传思想文化阵地管理和手段创新，切实增强感召力凝聚力影响力，牢牢把握正确导向。

32. 久久为功确保实效。各级领导干部务必不忘初心、牢记使命，务必谦虚谨慎、艰苦奋斗，务必敢于斗争、善于斗争，始终保持昂扬的精神状态和务实的工作作风。坚

持说实话、谋实事、出实招、求实效，把雷厉风行和久久为功有机结合，敢于担当担责，勇于攻坚克难，以钉钉子精神把党的二十大部署要求落实到经济社会发展各领域各方面。

贯彻落实《中共中央、国务院关于完整准确全面贯彻新发展理念做好碳达峰碳中和工作的意见》的若干措施

为深入学习贯彻习近平新时代中国特色社会主义思想，全面贯彻落实党的二十大精神，认真落实习近平生态文明思想，做好我省碳达峰碳中和工作，推动经济社会发展实现全面绿色转型，根据《中共中央、国务院关于完整准确全面贯彻新发展理念做好碳达峰碳中和工作的意见》（中发〔2021〕36号）精神，现结合我省实际，制定如下措施。

一、主要目标

到2025年，绿色低碳循环发展的经济体系初步形成，重点行业能源利用效率大幅提升。单位地区生产总值能耗比2020年下降14.5%；单位地区生产总值二氧化碳排放比2020年下降20.5%；非化石能源消费占比提升至13%左右，新能源和可再生能源装机容量达到9000万千瓦以上；森林覆盖率和森林蓄积量完成国家下达目标任务，为实现碳达峰碳中和奠定坚实基础。

到2030年，经济社会绿色低碳高质量发展取得显著成效，重点耗能行业能源利用效率达到国内先进水平。单位地区生产总值能耗在2025年基础上大幅下降；单位地区生产总值二氧化碳排放比2005年下降68%以上；非化石能源消费占比达到20%左右，新能源和可再生能源装机容量达到1.7亿千瓦左右；森林覆盖率和森林蓄积量完成国家下达目标任务，二氧化碳排放量达到峰值并实现稳中有降。

到2060年，绿色低碳循环发展的经济体系和清洁低碳安全高效的能源体系全面建立，能源利用效率达到国际先进水平，非化石能源消费占比达到80%以上，助力全国如期实现碳中和目标，生态文明建设取得丰硕成果，开创人与自然和谐共生新境界。

二、全面构建经济社会绿色低碳高质量发展格局

（一）深度融入经济社会发展中长期规划。将碳达峰碳中和的战略导向和目标要求融入全省经济社会发展中长期规划的编制和实施，强化国土空间规划、专项规划、区域规划和地方各级规划对碳达峰碳中和工作的支撑保障。加强各级各类规划间衔接协调，确保各地各领域落实碳达峰碳中和的主要目标、发展方向、总体布局、重大政策、重大工程等协调一致。

（二）精准对接国家区域重大战略。深入落实黄河流域生态保护和高质量发展战略，聚焦黄河生态廊道、南四湖、东平湖、黄河三角洲等重点区域，建立完善生态保护与修复政策体系，构建黄河下游绿色生态大廊道。强化绿色低碳发展方向和任务要求，深化新旧动能转换，加快构建形成新动能为主导的绿色低碳产业体系，建设绿色低碳高质量发展先行区。支持济南、青岛、烟台、潍坊、威海探索低碳发展路径，支持东营、日照、滨州开展重点领域降碳工程。

（三）广泛形成绿色低碳生产生活方式。大力开展宣传教育活动，深入实施节能减排降碳全民行动。开展节约型机关、绿色家庭、绿色学校、绿色社区、绿色出行等创建行动，倡树新时代美德健康生活方式，推广简约适度、绿色低碳、文明健康的生活理念。开展城市废旧物资循环利用体系建设，推行“互联网+”再生资源回收利用模式，推广“无废城市”试点。

三、深入推进新旧动能转换，优化调整产业结构

（四）推动产业结构优化升级。加快推进农业绿色发展，提升农业质量效益，提高农业减排固碳能力。以节能降碳和绿色转型为牵引，实施质量提升行动，推动传统支柱产业绿色化高端化发展。科学制定工业、能源、交通等领域碳达峰工作方案。推动重点园区节能降碳和绿色转型，全面推广能源系统优化和梯级利用，建设一批绿色园区、绿色工厂，推行绿色供应链管理。加快商贸流通、信息服务等绿色转型，提高服务业低碳发展水平。

（五）坚决遏制高耗能、高排放、低水平项目盲目发展。新建高耗能高排放项目，严格落实产能、煤耗、能耗、碳排放、污染物排放的等减量替代要求。严格落实国家产业规划布局，未纳入国家有关领域产业规划的，一律不得新建改扩建炼油和新建乙烯、对二甲苯、煤制烯烃项目。建立高耗能高排放项目清单管理制度。建立过剩产能预警分析机制，强化重点行业发展窗口指导。

（六）发展壮大绿色低碳产业。制定完善支持绿色低碳产业发展的政策体系，大力发展清洁能源装备、新能源汽车、氢能及储能、节能环保等绿色低碳产业，培育一批产业集群和龙头企业。建设山东半岛工业互联网示范区，推动大数据、人工智能、第五代移动通信（5G）等

新兴技术与绿色低碳产业深度融合。实施新型数据中心建设行动。

四、加快发展清洁低碳能源，深度调整能源结构

（七）优先发展非化石能源。坚持集中式与分布式并举，加快推进海上风电基地建设，有序推进陆上风电开发。开展整县屋顶分布式光伏规模化开发建设试点，大力推进工业厂房、商业楼宇、公共建筑等建筑光伏一体化建设。建设盐碱滩涂地风光储输一体化基地、采煤沉陷区光伏发电基地和海上光伏基地。实施核能高效开发利用计划，打造胶东半岛核电基地。因地制宜发展生物质能、地热能、海洋能等新能源。持续增加外电入鲁规模，提升外电中可再生能源电量比重。

（八）严格控制化石能源消费。严格实施煤炭消费减量替代，推进煤炭清洁高效利用，实现煤炭消费比重稳步下降。统筹煤电发展和保供调峰，通过“上大压小、上新压旧、上高压低”方式，规划布局大型清洁高效煤电机组，推进现役煤电机组节能降碳改造、供热改造、灵活性改造“三改联动”。有序推进煤改气、煤改电，逐步减少直至全面禁止煤炭散烧。控制石油消费保持合理增速，提升终端燃油产品能效，提高石化化工原料轻质化比例。实施天然气供应能力提升行动，完善山东天然气环网，科学布局天然气调峰电站。强化风险管控，确保能源安全稳定供应和平稳过渡。

（九）培育发展能源新技术新模式。健全可再生能源电力消纳保障机制。加快构建新能源占比逐渐提高的新型电力系统，积极推动源网荷储一体化发展。加快发展氢能全产业链，探索“风光＋氢储能”技术路径，探索氢能在更多场景应用，建设全国氢能产业发展高地。加快储能技术研究应用，扩大抽水蓄能、电化学储能商业化规模。

五、持续推进节能增效，不断提升能源利用效率

（十）完善能耗和碳排放控制制度。完善能源消耗总量和强度调控，合理控制化石能源消费，逐步转向碳排放总量和强度双控制度。做好产业布局、结构调整、节能审查与能耗双控政策的衔接，加强能耗强度下降目标形势分析预警，严格目标责任落实和评价评估。加强节能监察力量，综合运用行政处罚、信用监管、绿色电价等手段，增强节能监察约束力。

（十一）大幅提升重点领域能源利用效率。严格执行固定资产投资项目节能审查制度，强化源头管控。持续深化工业、建筑、交通运输、公共机构等重点领域节能管理，大力开发、推广节能高效技术和产品。健全完善节能标准体系，实现重点用能行业、重点用能设备节能标准全覆盖。鼓励重点用能企业建立能源管理中心。

六、积极推进低碳高效交通建设，加快形成绿色低碳交通运输体系

（十二）优化交通运输结构。推动构建以电气化铁路、节能环保船舶为主的中长途货运系统，以低排放车、新能源车为主的短途货运系统，持续降低交通运输能耗和二氧化碳排放强度。加快完善货运铁路网体系，突破港口和园区集疏铁路建设瓶颈，推进大宗货物运输“公转铁”，提升集装箱铁水联运比例。推广应用高效能、低排放的交通运输装备，积极发展新能源和清洁能源车船，加快淘汰高耗能高排放老旧车船。大力发展绿色物流。

（十三）加快建设绿色交通基础设施。构建布局合理的综合立体交通网络，统筹铁路、公路、航空、水路、城市轨道等交通方式，着力提高交通基础设施运行效率。推进加氢站、充换电站等公共设施建设。加快城市轨道交通、公交专用道、快速公交系统等大容量公共交通基础设施建设，加强自行车专用道和行人步道等城市慢行系统建设。在机场、高铁站等基础设施大力推广绿色节能建筑和建筑光伏一体化。实施港口岸电改造。

七、科学推进新型城镇化建设，促进城乡建设清洁低碳转型

（十四）推动城乡建设绿色低碳发展。突出智慧化、绿色化、均衡化、双向化，在城乡规划建设管理各环节全面落实绿色低碳要求，严格控制新增建设用地规模，加快形成集约紧凑低碳的城市发展模式，推进城乡建设绿色低碳发展。合理规划城镇建筑面积发展目标，严格管控高耗能公共建筑建设。完善城乡建设管理机制，加强建筑工程项目全生命周期管理，健全建筑拆除管理制度，杜绝大拆大建。

（十五）大力发展节能低碳建筑。严格执行新建建筑节能标准，推进超低能耗、近零能耗、低碳建筑规模化发展。大力推进既有居住建筑和公共建筑节能改造，降低建筑的采暖、制冷能耗需求，稳步提升建筑节能低碳水平。推广应用绿色建材和绿色建造方式，大力发展装配式建筑。加强公共建筑能耗监测，逐步开展建筑能耗限额管理，推行建筑能效测评标识。发展绿色农房。

（十六）优化城乡建筑用能结构。推进可再生能源建筑应用，开展建筑光伏一体化行动，提高建筑采暖、生活热水、炊事等电气化普及率。加快工业余热供暖规模化发展，加大农村地区清洁取暖推广力度，因地制宜推行热泵、生物质能、地热能、太阳能等清洁低碳供暖。推广海阳核能“零碳”供暖经验，扩大供暖范围。

八、加快重大革新技术研发，强化科技支撑能力

（十七）全面提升科技创新能力。制定科技支撑碳达峰碳中和工作方案。实施碳达峰碳中和科技示范工程。

推动山东能源研究院、山东产业技术研究院、山东高等技术研究院等规范建设，组建一批相关领域实验室、技术创新中心、工程研究中心等科技创新平台。围绕碳达峰碳中和重点领域，支持驻鲁部属高校“一流大学、一流学科”建设，支持省属本科高校“高水平大学、高水平学科”建设。

（十八）推动先进适用技术研发应用。加强光电转换效率提升、风电核心部件、新型动力电池、磁悬浮动力装备、高温气冷堆核电站等重点技术研发，开展新型节能和新能源材料、可再生能源与建筑一体化等攻关，强化共性关键技术、应用开发技术、测试评价技术协同创新。利用胜利油田巨量埋存空间、完备集输设施和技术优势，加快推进碳捕集利用与封存技术研发、示范和应用。

九、统筹推进山水林田湖草沙系统治理，持续巩固提升生态碳汇能力

（十九）稳步提升生态系统质量。落实最严格的生态环境保护制度，筑牢鲁中南山地丘陵、鲁东低山丘陵两大生态屏障，完善沿海、沿黄、沿京杭运河“三带”生态网络。推进黄河口、长岛国家公园创建，加快构建以国家公园为主体的自然保护地体系，全省自然保护地总面积稳定在160万公顷左右。推进山水林田湖草沙一体化保护和修复，有效发挥各类系统互补作用，提升生态系统整体质量和稳定性。

（二十）提升生态系统碳汇增量。深入推进科学绿化试点示范省建设，开展废弃矿山生态修复、荒山造林、沿海防护林提升、交通沿线绿化等工程，科学进行森林抚育，提高森林质量，强化林业有害生物防控和森林防火，有效保护森林资源。实施滨海湿地固碳增汇行动，推进“蓝色海湾”整治行动和海岸带保护修复，加快海草床、盐沼等海洋生态恢复，不断提升海洋固碳能力。实施农药化肥减量增效行动，提高生产生活有机废弃物资源化、能源化利用水平，提升单位耕地碳汇能力。

十、积极开展绿色交流合作，提高对外开放绿色低碳发展水平

（二十一）加快发展绿色贸易。积极应对绿色贸易国际规则变化，优化进出口商品结构，大力发展绿色产品和技术贸易，培育出口新优势。积极扩大绿色低碳产品、节能环保服务、环境服务等进口。鼓励企业全面融入绿色低碳产业链。

（二十二）积极参与绿色“一带一路”建设。深化与“一带一路”沿线国家在绿色技术、绿色装备、绿色服务、绿色基础设施建设等方面的交流与合作，推动我省绿色低碳技术及产品走出去。在国家确定的国际交流与合作框架下，积极开展清洁能源、低碳技术、海洋和森林资源保护等领域国际合作。

十一、深化制度建设，建立常态长效推进机制

（二十三）健全政策法规与标准体系。全面清理现行地方性法规中与碳达峰碳中和工作不相适应的内容。参与建立健全碳达峰碳中和标准计量体系，紧密衔接节能政策与标准计量体系，促进节能科技成果转化应用，加快节能标准更新升级，提升重点产品能耗限额要求。

（二十四）提升统计核算和监测能力。加强二氧化碳排放统计核算能力建设。利用大数据手段，加强关联分析和融合应用，增强二氧化碳排放监测、计量、核算的准确性。依托和拓展自然资源调查监测体系，建立生态系统碳汇核算体系，定期开展森林、海洋、岩溶、土壤等碳汇本底调查和碳储量评估。

十二、加快重点领域改革，完善政策支撑体系

（二十五）深化投资体制改革。加强投融资政策支持，严格控制煤电、钢铁、有色金属等高碳项目投资，加大对节能环保、新能源、低碳交通运输装备和组织方式、碳捕集利用与封存等项目的投融资支持力度。完善支持社会资本参与政策，激发市场主体绿色低碳投资活力。支持青岛西海岸新区开展气候投融资试点。

（二十六）积极发展绿色金融。鼓励金融机构创新绿色低碳金融产品和服务，有效对接绿色低碳项目融资需求。建立企业碳账户，建设一体化碳金融服务平台。拓宽融资渠道，支持符合条件的节能低碳发展企业上市融资和再融资用于绿色低碳项目建设运营，积极扩大绿色债券规模。按照国家统一部署，推进环境污染责任保险等绿色保险发展。鼓励社会资本设立绿色低碳产业投资基金。

（二十七）强化政策支持。推行“绿色门槛”制度，对企业实施“差异化”支持政策。扩大政府绿色采购覆盖范围，加大绿色低碳产品采购力度。落实环境保护、节能节水、新能源和清洁能源车船税收优惠。建立完善差别化的资源要素价格形成机制和动态调整机制，对高耗能、高排放行业实施差别价格、阶梯电价等绿色电价政策。完善可再生能源应用建筑、超低能耗建筑和农村地区清洁取暖用气、用电价格优惠政策。

（二十八）完善交易平台建设。积极参与全国碳排放权交易市场建设，对纳入碳排放权交易市场的重点行业控排企业实施严格的配额管控制度。完善省级能耗指标收储使用管理制度，发展市场化节能方式，推行合同能源管理，推广节能综合服务。

十三、强化组织实施，夯实工作基础

（二十九）加强组织领导。将党的领导贯穿碳达峰碳中和工作各方面全过程，省碳达峰碳中和工作领导小组加强对整体工作的指导统筹和研究部署。落实领导干部生态

文明建设责任制，各级党委和政府要坚决扛起碳达峰碳中和责任，建立强有力工作推进机制，确保政策措施落实落地。将碳达峰碳中和作为干部教育培训体系重要内容。组织实施碳达峰碳中和先行示范，探索有效模式和有益经验。

（三十）强化统筹协调。省发展改革委要加强统筹，组织落实碳达峰实施方案，加强碳中和工作谋划，定期调度各市各有关部门落实碳达峰碳中和目标任务进展情况，加强跟踪评估和督促检查，协调解决实施中遇到的重大问题。各市要研究提出本地碳达峰工作方案，确保各项政策措施落到实处。省有关部门单位要加强协调配合，形成工作合力，确保政策取向保持一致、步骤力度有效衔接。

（三十一）严格监督检查。将碳达峰碳中和相关指标纳入高质量发展综合绩效考核体系，加强指标约束。强化碳达峰碳中和目标任务落实情况评价，对工作中表现突出的单位和个人，按规定给予表彰奖励，对未完成目标任务的单位依规依法实行通报批评和约谈问责，有关落实情况纳入省级生态环境保护督察。各市、省有关部门单位贯彻落实情况每年向省委、省政府报告。

省人大常委会　省政府　省政协党组工作

中共山东省人大常委会党组工作概况

省人大常委会党组书记　杨东奇

一、组织概况与党的建设

2022年，省人大常委会有党组书记1名，副书记3名，成员4名。省人大常委会机关设机关党组和机关党委，截至2022年底，省人大常委会机关党委直属24个机关党支部、2个党委、1个党总支，党员724人。省人大专门委员会设分党组，接受常委会党组领导和机关党组指导，截至2022年底，设专委会分党组8个。

2022年，在中共山东省委的坚强领导下，省人大常委会党组坚持以习近平新时代中国特色社会主义思想为指导，深入学习贯彻党的二十大精神，牢牢把握“四个机关”定位要求，充分发挥把方向、管大局、保落实的作用，团结带领常委会和机关广大党员干部依法履职尽责，为建设新时代社会主义现代化强省作出积极贡献。

（一）自觉坚持党对人大工作的全面领导

制定坚决维护和服从以习近平同志为核心的党中央集中统一领导的规定，进一步严明政治纪律和政治规矩，坚定拥护“两个确立”、坚决做到“两个维护”的政治自觉、思想自觉、行动自觉，任何时候任何情况下都始终同以习近平同志为核心的党中央保持高度一致。深入学习宣传贯彻党的二十大精神，贯彻落实省第十二次党代会精神，及时出台意见、作出决议，着力在全面学习、全面把握、全面落实上下功夫，确保人大各项工作都毫不动摇地体现党的领导。认真执行党的领导各项制度，自觉履行各项职责，紧紧围绕全省大局谋划和推进人大工作，团结带领常委会组成人员和机关党员干部依法履职、积极工作，保证党的路线方针政策在人大工作中得到全面贯彻、有效执行。

（二）持之以恒加强理论武装

严格落实“第一议题”制度，召开党组会议25次，组织理论学习中心组集中学习研讨21次，深入学习贯彻习近平新时代中国特色社会主义思想特别是习近平法治思想、习近平总书记关于坚持和完善人民代表大会制度的重要思想，及时学习习近平总书记最新重要讲话精神，自觉做党的创新理论的坚定信仰者和忠实实践者。健全党组理论中心组学习、常委会专题学习、人大代表履职学习等制度，聚焦习近平总书记关于人大“四个机关”建设、发展全过程人民民主等重要论述和对地方人大及其常委会工作的重要指示精神，开展常态化学习，组织专题研讨班和课题研究，不断深化对人大工作规律的认识，切实用党的创新理论统揽和推动人大工作。

（三）坚决落实党中央重大决策部署、省委工作安排

认真贯彻落实习近平总书记对山东工作的重要指示要求，结合人大工作实际建立专项台账，细化任务措施并抓好落实。紧扣强省建设全局，锚定“走在前、开新局”，科学谋划、统筹做好人大工作，及时制定地方性法规，组织开展专项监督，作出决议决定，有力保障和推动了各项事业顺利开展。全面落实疫情要防住、经济要稳住、发展要安全的要求，在统筹疫情防控和经济社会发展上主动担当、积极作为，支持有关方面坚持不懈抓好常态化防控工作。认真践行全过程人民民主理念，进一步密切同人大代表、人民群众的经常性联系，健全相关制度机制，各方参与常委会工作的渠道进一步拓宽。常委会各位负责同志认真落实省委部署安排，深入基层防疫一线开展督导检查，扎实做好包案化解信访事项、联系服务民营企业和重点项目、稳经济大盘督导等工作，着力保持全省经济社会大局稳定。围绕省委确定的“十大创新”重点任务，制定人大推动落实“十大创新”的意见，提出22条具体措施并明确分工，推动各项工作创新发展、增强实效，始终保持人大工作重心与全省发展大局同向同步、合力合拍。

（四）严格落实管党治党责任

全面落实新时代党的建设总要求，持续推动省人大常委会及机关全面从严治党向纵深发展。从严抓责任落实。修订党组关于进一步加强自身建设的意见，定期研究常委会及机关党建工作，党组书记认真履行第一责任人责任，党组成员认真履行“一岗双责”，推动管党治党任务有效落实。从严抓组织建设。指导修订省人大各专门委员会分党组工作规则、机关党组相关制度74项，深化“一支部一品牌”创建活动，成功打造省直机关党支部建设示范点。从严抓干部队伍建设。认真落实新时期好干部标准，坚持看品德、看业绩、看表现选拔培养干部，强化党组在选人用人上的把关作用。提拔调整机关干部58名，选派45名干部参加“四进”攻坚等工作。从严抓正风肃纪。持续加强党风廉政建设，认真开展警示教育，常态化推进风险排查防控。大力倡树“严真细实快”的工作作风，认真落实年度调研课题计划，深入开展调查研究。

二、重大决策与主要工作

坚持把全面从严治党与推动各项工作有机贯通起来，聚焦省委提出的发展思路、策略方法和重点任务，推动常委会及机关依法履职尽责。

（一）扎实开展地方立法工作

先后制定地方性法规11件、作出有关法规问题的决定2件，修改法规11件，废止法规8件，批准设区的市报批法规、决定43件。围绕国家重大战略落实落地，持续推进黄河相关立法，作出关于加强山东现代水网建设的决定；为保障和促进济南新旧动能转换起步区高质量发展，创新行政管理体制机制，作出关于济南新旧动能转换起步区行政管理有关事项的决定。制定的《山东省知识产权保护和促进条例》《山东省税收保障条例》《山东省红十字会条例》《山东省公安机关警务辅助人员条例》《山东省反食品浪费规定》《山东省人工影响天气管理条例》《山东省残疾预防和残疾人康复条例》《山东省齐长城保护条例》《山东省固体废物污染环境防治条例》《山东省治理货物运输车辆超限超载条例》《山东省华侨权益保护条例》等，为推动各项事业高质量发展提供有力法治保障。

（二）着力增强监督实效

听取审议专项工作报告16项，组织开展执法检查8次、专题询问1次，专题调研16项。听取审议经济社会发展规划实施、计划执行等报告，创新开展季度经济形势分析，及时开展数字强省建设、能源结构调整、金融支持制造业发展等专题调研。听取审议外事工作情况报告，组织开展外商投资、知识产权保护、台胞投资保护等执法检查和专题调研。听取审议新旧动能转换和重大项目建设情况报告。听取审议有关加强预算和国有资产管理的报告，审查批准决算、预算调整方案，推进预算审查监督重点向支出预算和政策拓展改革，连续5年听取审议四类国有资产管理专项报告和综合报告。听取审议黄河、大运河、小清河等主要流域绿化工作情况报告，开展海洋环境保护“一法一条例”执法检查。

（三）着力提升代表工作水平

进一步健全完善“双联系”工作制度，连续三年下发通知，建立省人大代表联系相对贫困村制度。扩大代表对常委会工作的参与，完善代表参与常委会立法工作、监督工作机制，邀请代表参加固体废物污染环境防治法、民法典、就业促进法等立法座谈会，邀请代表参加贯彻实施种子“一法一条例”、海洋环境保护“一法一条例”、残疾人保障“一法一办法”等执法检查和专题询问、预算决算审查监督、国有资产监督等监督活动。组织全国、省人大代表围绕“创新平台建设”“海洋生态保护修复”“县域经济创新突破”等专题开展调研，组织全国人大代表围绕“黄河流域生态保护和高质量发展”赴河南省开展重点专题调研。制定《山东省人民代表大会代表履职管理办法》。举办优秀代表建议和先进承办单位评选表彰活动，评选表彰优秀代表建议80件、先进承办单位10个。制定省十四届人大代表名额分配方案，重新确定设区的市人大常委会组成人员名额，扎实做好全国和省人大代表换届选举相关工作。

（四）认真做好重大事项决定和选举任免工作

聚焦事关全省改革发展稳定的重大问题，依法作出关于预算和政府债务限额调整、加强山东现代水网建设、山东省与乌兹别克斯坦共和国撒马尔罕州建立友好省州关系、济南新旧动能转换起步区行政管理有关事项等决议决定，确保各项工作在法治轨道上有序开展。围绕部分行政区划调整，及时作出重新确定设区的市人大常委会组成人员名额、省十四届人大代表名额分配等规定，为相关工作开展提供了法律支持。坚持党管干部原则与人大依法行使选举任免权有机统一，及时修订常委会人事任免办法和《山东省实施宪法宣誓制度办法》，依法按程序做好国家机关工作人员的任免工作，省人大常委会会议和主任会议全年共任免国家工作人员102人次，组织国家工作人员宪法宣誓5次23人次，为全省各政权机关有效运转提供了组织保障。

三、改革与创新

在坚持依法履职的前提下，主动对标先进，不断改进工作方式，出台省人大常委会党组关于推动人大工作创新发展的意见，首次开展机关优秀创新成果评选活动，有力推进制度创新流程再造，全面推动地方人大工作创新发展。

（一）改进地方立法工作

积极推进创制性立法，残疾预防和残疾人康复条例是全国首部规范此项工作的地方性法规，知识产权保护和促进条例是山东省在新发展阶段出台的首部综合性知识产权地方性法规，齐长城保护条例成为全国首件专门保护早期长城的地方性法规。创新推进协同立法，胶东经济圈海洋牧场管理的“五市协同”立法成为全国首个海洋经济主题的协同立法项目，沿黄九市“黄河水资源保护与节约集约利用”主题协同立法成为全国首个服务黄河战略的流域协同立法项目。善于运用“小快灵”立法，制定反食品浪费规定，坚持有几条定几条，针对重点领域进行靶向治理。持续推进基层立法联系点工作，在全省增设16个基层立法联系点，立法项目均广泛征求群众意见。加强推进备案审查工作，推动全省县级以上人大常委会实现备案审查工作报告制度和将“一委两院”规范性文件纳入备案审查范围。健全社会主义核心价值观入法入规制度，制定地方立法评估工作规定，编写地方立法工作手册，首次会同省委统战部开展立法协商，有关法规草案征求民主党派、工商联、无党派人士意见。

（二）改进人大监督工作

主动适应新时代人大监督工作的新要求，坚持在严格实施法律法规的基础上，不断创新和完善监督工作机制。加大监督工作力度，创新采取统筹实施年度执法检查项目、定期分析经济及财政运行情况、聚焦热点问题调研等措施。在全国地方人大常委会中首次同时听取审议省“公检法司”四部门关于巩固政法队伍教育整顿成果的报告。首次听取审议国有资产管理情况综合报告，完成听取审议国资四类专项报告和综合报告、各市县建立国有资产报告制度的“两个全覆盖”。在全国率先出台政府债务审查监督实施意见，实施借用管还动态监督。

（三）改进代表服务工作

建立完善常委会主任会议成员领衔重点督办、专门委员会归口督办、省委省政府督查办协同督办、代表工作部门常态督办、代表参与督办、承办单位内部督办的“大督办”工作机制，构建多层次、全方位的代表建议督办体系。制定加强代表联络站规范化建设的指导意见，指导推动全省各级人大建成7500余个代表联系群众的实体平台，实现五级人大代表活动阵地全线贯通。总结宣传推广基层人大开展的“代表听民声”“代表来了”等经验做法，全面推行民生实事代表票决工作，有效解决了一大批普惠民生的“关键小事”。围绕推动黄河流域生态保护和高质量发展，组织驻鲁全国人大代表跨省调研。建立全省民族宗教侨务及台港澳人大代表信息库的做法在全国人大华侨委简报刊发。

（四）改进和加强机关自身建设

持续推进模范机关建设，制定模范机关建设实施方案，明确20项重点任务，强力推进落实。推进党支部标准化规范化建设提升，深化党支部评星定级管理，及时调整基层党组织设置，开展党内组织生活“规范月”活动，提升“一支部一品牌”创建成效。大力推进“数字人大”建设，建成并逐步升级智能立法、代表履职、“三会”服务、智慧门户等平台系统，运用现代信息技术推动人大工作提质增效。及时制定修订常委会和机关规章制度，各项工作制度化规范化水平不断提升。扎实做好机关和各类会议的疫情防控工作，着力维护和服务全省疫情防控大局。

附：省人大常委会党组领导成员名单

书　记：杨东奇

副书记：张江汀　孙立成　王　良

成　员：齐　涛　王云鹏　王　华　惠新安

中共山东省人民政府党组工作概况

省政府党组书记　周乃翔

2022年，在以习近平同志为核心的党中央坚强领导下，在省委的正确领导下，在省人大、省政协的监督支持下，省政府党组坚持以习近平新时代中国特色社会主义思想为指导，深入学习贯彻党的二十大精神，认真落实习近平总书记对山东工作的重要指示要求，锚定“走在前、开新局”，一刻不停推进全面从严治党，全面落实“疫情要防住、经济要稳住、发展要安全”要求，扎实落实省第十二次党代会精神，聚力推进“三个十大”行动计划，积极争取绿色低碳高质量发展先行区落地实施，全年生产总值增长3.9%，规模以上工业增加值、固定资产投资、进出口分别增长5.1%、6.1%、13.8%，一般公共预算收入增长5.3%，主要指标好于全国水平，经济社会发展总体呈现稳中向好、进中提质的良好态势。

一、组织概况与党的建设

（一）不断提高政治站位

深刻领悟“两个确立”的决定性意义，牢记“国之大者”，不断提高政治判断力、政治领悟力、政治执行力，增强“四个意识”、坚定“四个自信”、做到“两个维护”，始终在思想上政治上行动上同以习近平同志为核心的党中央保持高度一致。严守党的政治纪律和政治规矩，在大是大非、政治原则问题上态度鲜明、立场坚定。认真落实习近平总书记重要指示要求，抓好自建房安全、成品油行业专项整治等重要事项落实，确保取得实效。坚持党的全面领导，严格落实向省委请示报告制度，向省委报告重大事项21次，提请省委常委会会议审议议题97个。

（二）持续强化理论武装

坚持不懈用习近平新时代中国特色社会主义思想凝心铸魂，及时跟进学习习近平总书记重要讲话、重要指示批示精神。认真参加省委理论学习中心组和常委会集体学习，积极参加省委专题学习班，严格落实“第一议题”制度，组织党组会议集体学习研讨17次。围绕宣传贯彻党的二十大精神，省政府领导班子成员到分管领域和基层单位宣讲、讲党课14次。

（三）扛牢管党治党政治责任

认真落实民主集中制，坚持集体领导与个人分工负责相结合，重要工作、重要事项由省政府集体决策，召开常务会议33次，研究议题221个。党组成员认真履行“一岗双责”，指导、检查、督促分管部门抓好党建工作，定期听取分管部门领导班子述职述廉汇报，积极参加所在党支部主题党日活动，过好双重组织生活。组织召开2022年度民主生活会，紧扣主题查摆问题，深入进行党性分析，严肃认真开展批评和自我批评，取得良好效果。认真落实意识形态工作责任制，组织党组会议专题研究意识形态工作，督促指导政府部门抓好宣传引导和阵地建设，强化意识形态领域风险防控，为党的二十大胜利召开营造了良好思想舆论氛围。抓好舆情监测处置，加强发展成果宣传和政策解读，召开省级新闻发布会184场，及时主动发声，回应社会关切。

（四）驰而不息改进作风

严格落实中央八项规定及其实施细则精神和省委实施办法，坚决整治形式主义、官僚主义。深入基层开展调查研究，党组成员围绕新旧动能转换、工业经济运行、疫情防控等，深入基层调研343次、501天。切实强化助企服务，动员各级干部挂钩包靠企业、“点对点”解决难题。严格落实精文减会要求，以省政府、省政府办公厅名义自主制发文件同比下降6%，会议数量下降10%。及时回应、解决群众合理诉求，省政府党组成员包保信访案件全部完成化解。

（五）坚持依法依规履职

持续推进依法行政，党组成员带头尊法、学法、守法、用法，认真履行宪法、法律赋予的职责，提请省人大常委会审议地方性法规13件，出台省政府规章10件，全省公共法律服务体系基本建成，政府透明度指数居全国前列。严格遵守廉洁自律各项规定，严于律己、严负其责、严管所辖，突出权力集中、资金密集、资源富集领域廉政风险防控，注重家庭家教家风建设，严格要求配偶、子女和身边工作人员，大力支持纪委监委以及派驻政府各部门纪检监察机构的工作，筑牢廉政底线。

二、重要决策与主要工作

（一）着力推动绿色低碳高质量发展

有效稳住经济运行。优化实时监测机制，每月分析研判经济形势，先后6轮连线16市，“一对一”协调解决困难问题。顶格落实国家稳经济一揽子政策，动态推出四批政策清单、284项措施，减轻市场主体税费负担2900亿元左右，其中留抵退税1722亿元。发挥投资关键作用，省市县三级重点项目完成投资3.4万亿元，争取专项债券3469亿元、政策性开发性金融工具投放577.2亿元。实施房地产市场“双十条”，新建商品房网签面积居全国首位。创新推出系列消费券，新能源汽车零售额增长125.3%，限额以上实物商品网上零售额增长18%。持续增强科技支撑。落实“十大创新”行动计划，优化整合泰山、齐鲁人才工程，国家级人才达到1830人。积极争取崂山实验室获批建设，推动国家盐碱地综合利用技术创新中心、国家虚拟现实创新中心获批成立，新增3家省实验室、5家省级创新创业共同体。实施重大关键技术攻关项目140项，3个1类新药获批上市。大力培育创新型企业，入库国家科技型中小企业3.5万家，新增高新技术企业6000余家，新培育国家级制造业单项冠军41个。加快“十强产业”集聚发展。全力推动新旧动能转换“五年取得突破”119项重点任务、19项预期目标基本完成。做实“链长制”，启动标志性产业链突破工程，加快发展大尺寸晶圆制造、高端封测、新型显示等，推动潍坊动力装备新入选国家先进制造业集群。滚动实施“万项技改、万企转型”，技改投资增长6%。严控“两高”、优化其他，率先出台“两高”行业碳排放减量替代办法。开通运行济南、青岛国家级互联网骨干直联点，国家移动物联网应用典型案例、产业数字化指数均居全国首位。扎实推进重大项目建设。加快裕龙岛炼化一体化项目建设，累计完成投资超600亿元，积极推动万华乙烯二期项目开工建设，比亚迪项目首台整车下线。全面展开“七网”建设，交通、水利分别完成投资3083亿元、550亿元。开通济莱高铁、黄东联络线，开工建设雄商高铁、津潍高铁、济滨高铁。开通沾临、济高等7条高速公路，推动济南机场二期改扩建、枣庄机场开工建设。官路、双堠水库开工。建成渤中A海上风电工程，开工建设海阳核电二期等项目，新建胜利油田东营原油库投用。更新燃气管道813.7公里，36个县（市、区）雨污合流管网清零。

（二）着力抓好重大战略实施

深入落实黄河重大国家战略。出台支持沿黄25县（市、区）推动黄河战略的若干政策措施，350个重点项目完成年度投资1765亿元，累计修复沿黄湿地12.4万亩，全力推动黄河口国家公园报批。加快打造乡村振兴齐鲁样板。着力推动粮食产能提升，粮食总产量1108亿斤、再创历史新高，累计建成高标准农田7456.7万亩。新改建农村公路超过1万公里。扎实办好美丽宜居乡村建设实事，完成美丽宜居乡村建设问题整改，安置房全部建成交付。大力实施海洋强省建设行动。大力推进17个现代海洋产业重大支撑性项目，完成投资890余亿元。海洋经济总量稳居全国第二，全省沿海港口货物吞吐量18.9亿吨、集装箱量3757万标箱，分别增长6.1%、9.0%。全球首艘10万吨级养殖工船“国信1号”交付使用，积极争取全国首个深远海绿色养殖试验区获批建设。加快推动绿色低碳高质量发展先行区建设，积极对接争取国务院印发《关于支持山东深化新旧动能转换推进绿色低碳高质量发展的意见》，这是全国第一个以绿色低碳高质量发展为主题的战略布局，第一个以国发文件赋予山东的重大战略任务。制定实施三年行动计划，配套落实政策清单、项目清单、责任清单，推动先行区建设开局起步。

（三）着力保障和改善民生

坚定践行以人民为中心的发展思想，扎实办好民生实事，财政民生支出占比达到80%。全力稳就业保就业。扎实做好高校毕业生、农民工、就业困难人员、退役军人等重点群体就业，实现城镇新增就业120.2万人。实施十万就业见习岗位募集计划，多渠道援企稳岗，开发城乡公益性岗位64.3万个。持续提高教育质量。新改扩建幼儿园412所、中小学295所。编制乡村教育振兴先行区建设方案，深入推进乡村教育振兴先行区试点建设。深化高校“双一流”和“双高”高职院校建设，康复大学（筹）建设取得重大进展。加快建设健康山东。实施新一轮医疗机构标准化建设和医疗能力“攀登计划”，推动3个国家区域医疗中心获批，启动建设国家中医药综合改革示范区，全面建立职工、居民门诊统筹制度，成功举办省运会。不断完善社会保障体系。全面建立职工、居民门诊统筹制度，普通门诊、住院率先全面实现跨省联网结算。持续提高企业退休金，居民基础养老金最低标准提高至160元，9类困难群众救助保障标准提高10%以上。改造提升敬老院198处，新增护理型床位3.7万张。新改造老旧小区68万户，开工棚户区改造7.75万套。

（四）着力统筹发展和安全

抓牢疫情防控。坚持人民至上、生命至上，在动态清零阶段，坚决落实党中央确定的总策略、总方针、总目标，坚持“立足于有、关口前移、多重屏障、两手结合”，构建日常防控“4+3”、应急处置“4个3”工作机制，建立省市县融合指挥体系，有效处置突发疫情，及时控制近1500条疫情传播链；进入新阶段，认真落实“二十条”和“新十条”，及时把工作重心转移到保健康、防重症上来，医疗救治、药品供应、农村疫情防控等能力大幅提升。强化工作措施，推动全省发热门诊（诊室）日最大接诊能力由30万人次增加至137万人次以上，60岁以上人群接种疫苗覆盖率95.72%、居全国前列。抓牢安全生产。深化落实安全生产“八抓20条”创新措施，坚持统分结合，分级分类分时精准调度，生产安全事故起数、死亡人数分别下降28.9%、26.8%。抓牢能源保供。加快储煤能力建设，强化电力运行调度，政府可调度煤炭储备能力达到1390万吨。抓牢经济金融安全。兜牢基层“三保”底线，省级下达市县各类转移支付3306亿元。强化金融风险防控，金融机构不良贷款率继续保持较低水平，稳妥化解个别头部房企项目风险，扎实推进保交楼、稳民生。抓牢生态环境改善。抓好中央生态环境保护督察反馈问题整改，启动美丽山东建设规划，南四湖、东平湖流域国考断面优良水体比例首次达到100%。抓牢平安山东建设。深化社会治理创新，依法打击各类违法犯罪，常态化推进扫黑除恶，社会大局保持和谐稳定。

三、改革与创新

（一）持续推进重点领域改革

实施高标准市场体系建设行动，重点领域国有资本实现优化重组，国企改革三年行动评估位居A级首位，省属企业营业收入完成2.18万亿元，增长11.5%，列各省区第一。开展企业上市培育行动，新增上市公司22家。扎实推进科创金融改革试验区建设，不断健全预算绩效管理体系。对现代农业强县、工业强县、科技创新强县、对外开放强县、生态文明强县等进行财政激励。

（二）聚力建强用好重大发展平台

集中优势资源建设济南起步区示范区，深入推进上合示范区、自贸试验区等平台建设，启动运营上合之珠国际博览中心，基本完成自贸试验区112项试点任务，累计形成304项制度创新成果，跨境电商综试区实现16市全覆盖。加快推进省级新区建设，烟台黄渤海新区、临沂沂河新区、德州天衢新区、菏泽鲁西新区快速起势。成功举办第三届跨国公司领导人青岛峰会、“山东与世界500强连线”等经贸活动，实际使用外资228.7亿美元、增长6.3%。

（三）深入推进营商环境创新提升

持续推动政务服务事项全流程网上办理，全省政务服务事项网上可办率达到90%以上，基本实现“一张网办全省事”，“爱山东”用户突破1亿。建设“无证明之省”，连续三年入选营商环境最好十大省份，一体化政务服务能力进入全国第一梯队。

附：省政府党组领导成员名单

书　记：周乃翔

副书记：曾赞荣

成　员：凌　文　范华平　范　波　宋军继

中共山东省政协党组工作概况

省政协党组书记　葛慧君

一、组织概况与党的建设

中共政协山东省委员会党组是中共山东省委在省政协设立的领导机构，在省政协发挥领导作用，向省委负责并报告工作。省政协机关设机关党组，在中共山东省委和省政协党组的领导下开展工作。省政协各专门委员会设分党组，接受省政协党组的领导和机关党组的指导。截至2022年底，省政协机关党的基层组织42个，其中，党委1个，党总支3个，党支部38个，党员487人。

2022年，在省委的坚强领导下，省政协党组深入学习贯彻习近平新时代中国特色社会主义思想，认真学习贯彻党的二十大精神，深入落实新时代党的建设总要求，坚决扛牢全面从严治党主体责任，不断提升政协党建工作质效，为实现全省政协事业"走在前、开新局"提供了坚强保障。

（一）加强党的创新理论武装

始终把学深悟透习近平新时代中国特色社会主义思想作为首要政治任务，深入学习贯彻习近平总书记关于加强和改进人民政协工作的重要思想，准确把握新时代人民政协工作的新方位新要求。严格落实"第一议题"和学习座谈会制度，习近平总书记每次发表重要讲话、作出重要指示，都第一时间传达学习、统一思想认识。充分发挥党组理论学习中心组示范引领作用，丰富完善常委会集体学习、"学而系列"读书平台、暑期读书会等学习形式，先后组织委员围绕《习近平谈治国理政》（第四卷）、省第十二次党代会等开展11次线上学习研讨活动，全年召开带有学习任务的党组会议23次，党组理论学习中心组集体学习8次。党的二十大召开后，迅速兴起学习宣传贯彻热潮，党组成员带头深入基层和"界别同心汇"宣讲领学，组织带动全省政协百名政协主席、千个委员界别组、万名政协委员开展"学习二十大·奋进新征程"专题学习交流，深刻领悟"两个确立"的决定性意义，增强"四个意识"、坚定"四个自信"、做到"两个维护"，切实把思想和行动统一到二十大精神上来，筑牢团结奋斗的共同思想政治基础。

（二）全面加强政协党的建设

把坚持党的领导作为政协工作发展的"生命线"，充分发挥党组把方向、管大局、保落实的领导作用，以政治建设为统领，全面加强政协党的各项建设，不断提高政治判断力、政治领悟力、政治执行力。严肃党内政治生活，落实"三会一课"、谈心谈话和双重组织生活等制度，严格落实民主集中制和请示报告制度，召开28次党组会议研究"三重一大"事项，向省委请示报告重要事项37次。组织开展中央政协工作会议精神贯彻落实情况"回头看"，确保中央和省委决策部署不折不扣落实到政协全部工作之中。扎实履行党组全面从严治党主体责任，认真谋划并抓好政协系统党建任务，以党建强政治、带队伍、促履职、增团结。成立党建工作领导小组，制定工作规则，召开党建工作座谈会，定期研究部署党建工作。加强机关党组和专委会分党组建设，指导市县政协健全完善党的组织体系，不断提升"两个全覆盖"的质量水平。

（三）营造风清气正政治生态

严明政治纪律和政治规矩，将"严"的主基调贯穿政协党的建设工作全过程。认真落实党风廉政建设责任制，扎实履行党组主体责任、党组书记第一责任人职责、党组成员"一岗双责"，压实机关党组责任，抓好政协组织党风廉政建设和反腐败工作。把加强纪律建设作为全面从严治党的治本之策，支持派驻纪检监察组履行职责，严格执纪监督，加强廉政教育，使铁的纪律成为党员的日常习惯和自觉遵循。深入贯彻落实中央八项规定及其实施细则精神，制定修订27项制度，持续改进视察考察调研工作，落实精文简会措施要求，持之以恒改进作风、文风、会风。把好选人用人"风向标"，坚持严管与厚爱、激励和约束并重，努力打造忠诚干净担当的机关干部队伍。严格落实意识形态责任制，加强委员思想政治引领，建立经常性联系走访机制，管好用好《联合日报》等自办媒体，牢牢掌握意识形态工作的领导权主动权。

二、重要决策与主要工作

牢记习近平总书记对山东工作的重要指示要求，锚定"走在前、开新局"，发挥"重要阵地、重要平台、重要渠道"作用，切实担负起"落实下去、凝聚起来"的政治责任，坚持双向发力，服务中心大局。省委、省政府主要领导批示建议案、协商报告等35次，在服务高质量发展中作出政协新贡献，展现专门协商机构新作为。

（一）深入开展协商议政

聚力"三个走在前"，分别围绕"在服务和融入新发展格局上走在前""在增强经济社会发展创新力上走在前""在推动黄河流域生态保护和高质量发展上走在前"召开3次专题议政性常委会会议，深入协商议政，广泛凝心聚力，向省委、省政府报送3份建议案，提出13个方面48条对策建议，省委、省政府主要领导多次作出批示肯定，有效纳入省委、省政府决策。

（二）创新开展月度协商

践行以人民为中心的发展思想，把不断满足人民群众对美好生活的需要、促进民生改善作为履职着力点，设立

"月度协商会"，打造集专题协商、对口协商、界别协商、远程协商、网络议政等于一体的常态化融合履职载体，围绕育儿友好型社会建设、新就业形态劳动者权益、黄河三角洲盐碱地开发利用、职业教育创新发展等10个民生议题深入调研、深度协商，广集良策、广聚共识，向省委、省政府报送协商情况报告10篇，省级领导批示35人次，为省委、省政府提供决策参考。

（三）提升民主监督实效

发挥政协协商式监督优势，立足推动省委省政府决策部署贯彻落实，制定实施年度民主监督工作计划，综合运用会议、视察、调研、提案、反映社情民意信息等监督形式，将协商与监督统一起来，寓监督于协商之中。先后围绕释放港口经济发展新势能、"双减"政策落实、《山东省全民健身条例》和《山东省民营经济发展促进条例》实施情况等开展民主监督，及时向有关部门提出意见建议，实现以协商促改进、以监督助落实。

（四）广泛凝聚共识力量

加强与党派团体的经常性联系，邀请参加政协的工作会议、调研协商、视察考察和学习培训等，拓宽参政议政的平台和渠道。深化"两看三强"活动，搭建常态化联谊交流平台，走访看望少数民族界、宗教界委员和代表人士，促进民族和睦、宗教和顺。支持香港澳门山东社团总会发挥作用，引导港澳台侨重点联谊人士发挥"双重积极作用"，助力抗疫、冬奥会和"双招双引"。组织开展山东文化标识推选活动，推选50个具有代表性、独特性、现实性的山东文化标识项目，传承推介齐鲁文明。举办沿黄九省（区）政协书画文艺精品展演活动，为加快新时代文化强省建设贡献力量。

（五）做好经常性工作

充分发挥社情民意信息直通车作用，向全国政协、省委报送信息2203篇，149篇信息获采用上报，32篇获省委省政府领导批示，在全国政协和省委信息工作考评中位居前列，研究室理论处被全国政协表彰为反映社情民意信息工作先进单位，1名同志荣获反映社情民意信息工作先进个人。组织开展"人民政协在推进全过程人民民主的历史使命"理论研讨活动，高质量完成全国政协交办《民主监督读本》第四章编写和"人民政协协商民主理论与实践研究"课题研究工作。上线"山东省政协网上文史馆"，编纂出版《山东文史荟萃》，拍摄省政协口述史料纪录片。

三、改革与创新

立足加强制度化、规范化、程序化等功能建设，把提质增效贯穿工作全过程各方面，搭建履职平台，强化制度集成，以改革创新精神推进专门协商机构建设，全面打造政协协商民主新格局。

（一）完善协商体系

落实省第十二次党代会擦亮"有事多商量"协商品牌的部署要求，形成以政协全体会议为龙头、以专题议政性常委会会议和"月度协商会"为重点、以协商座谈会为常态的协商议政格局，构建起党委政府政协和社会各界横向协同、良性互动的协商议政工作体系。30多个省直部门单位和2000余名各级政协委员参与政协协商活动。完善常委会会议综合协调机制，改进议政方式，制定大会发言工作规则和实施办法，组建协调小组和工作专班，提高大会发言质量，提升协商议政的广度深度效度。

（二）搭建履职平台

坚持共建、共育、共享，创新打造政协五大履职平台，形成省市县三级政协一体贯通、上下联动、协同高效的履职架构。打造"有事多商量"协商平台，制定平台建设指导意见，指导全省统一标识、一体建设、协同贯通，有效拓展协商民主的广度、深度和效度。打造"界别同心汇"聚识平台，创新委员联系界别群众制度机制，搭建起"建成一个、团结一界、联系一方"的凝聚共识载体。首批建成"界别同心汇"试点20个，开展界别活动380项，参与委员4770人次。打造"学而系列"读书平台，形成"学而书院""学而书房""学而讲谈"三位一体的书香政协格局，举办线上专题学习会30余次，7万余人次参与，交流发帖11万余条。打造"政协在线"数字平台，主动融入数字山东建设全局，全省4万余名政协委员和机关干部注册上线，实现了"云"上集结，形成了"面对面"与"端对端""屏对屏"的优势互补。打造"鲁力同心"宣传平台，推出一批有特色、有故事、有温度的全媒体作品，构建起"报、刊、网、微、端"互通互融、协同发力的传播格局。

（三）健全制度机制

坚持守正创新，聚焦打基础利长远，抓住制度建设"牛鼻子"，对照中央政协工作会议精神，从制度层面逐一细化梳理，先后制定修订党的建设、委员履职、服务管理等方面近30项制度，推动形成科学合理、规范有序、衔接顺畅的工作运行体系。以省委、省政府、省政协办公厅首次联合印发《省委、省政府、省政协2022年协商工作计划》，带动全省各市县党委政府政协联合制定印发协商计划，有力推动了政协协商民主的制度化、规范化。建立完善省委省政府主要领导阅批督办、省政协主席会议成员领办督办重点提案机制，省委书记、省长点题和阅批督办重点提案，并将重点提案办理工作纳入省委省政府重点督查事项，有效发挥重点提案督办示范引领作用，全年立案818件，全部办复。

（四）强化三级联动

落实省委《关于加强和改进新时代市县政协工作的实施意见》的部署要求，开展"加强和改进新时代市县政协工作"专项调研，举办市县政协主席"习近平总书记关于加强和改进人民政协工作的重要思想"学习研讨班、全省政协主席暑期读书会，深化对政协工作的规律性认识，树立与新时代要求相适应的思维方式。制定《关于进一步加强对市县政协工作联系和指导的若干意见》，建立学习联动、履职联系、信息联通机制，增加联动协商、协同调研的频次，以解决工作基础薄弱带动解决人员力量薄弱、以政协领导班子和机关干部队伍建设带动委员作用发挥，形成“平台共建、品牌共育、履职共推、资源共享、队伍共建”三级联动的良好局面。

（五）加强自身建设

着眼为政协工作添动力、增活力，持之以恒、多措并举抓队伍、强素质、树形象，打牢履职基础，提升工作质效。抓牢专委会建设，加强专委会分党组建设，先后召开省政协各工作机构负责人座谈会、专委会主任座谈会，听取各专委会分党组党建情况汇报，压实专委会分党组政治责任。优化专委会委员组织构成，选任优秀年轻干部到专委会办公室工作，增强人员力量，充分发挥专委会基础性作用。加强委员履职管理，组织开展全省政协系统首届“最美政协人”推宣活动，引导激励广大政协委员树立新形象、干出新样子。突出政治机关建设，树立“事争一流、奋发有为”工作导向，坚持强政治、强能力、强服务、强作风，推动建设模范机关。树好选人用人“风向标”，提拔一批优秀年轻干部，选派47人次赴基层“四进”攻坚，激发机关干事创业的动力和活力。

附：省政协党组领导成员名单

书　记： 葛慧君

副书记： 王书坚　徐海荣　林峰海

成　员： 于国安　唐洲雁　王艺华　边祥慧

省法院　省检察院党组工作

中共山东省高级人民法院党组工作概况

省高级人民法院党组书记　张甲天

2022年，在省委坚强领导下，省法院党组坚持以习近平新时代中国特色社会主义思想为指导，认真学习贯彻党的二十大精神，深入贯彻习近平法治思想，锚定“走在前、开新局”，充分发挥把方向、管大局、保落实的领导作用，抓党建带队建促审判，推动全省法院工作取得新发展。全省法院收案180.1万件，居全国第4位；结案186.7万件，居全国第3位。其中省法院收案2.6万件，结案2.6万件，主要质效指标走在全国法院前列。

一、组织概况与党的建设

省法院设1个直属机关党委，下辖机关34个党支部、1个离退休干部党委，以及济南铁路运输两级法院、青岛海事法院、山东法官培训学院基层党组织，共管理1204名党员。其中，省法院机关在职党员537人、离退休党员246人；济南铁路运输两级法院共23个党支部，在职党员135人，离退休党员65人；青岛海事法院8个党支部，在职党员84人，离退休党员36人；山东法官培训学院6个党支部，在职党员79人，离退休党员51人。

（一）坚持党对司法工作的绝对领导

把党的政治建设放在首位，将学习宣传贯彻党的二十大精神作为首要政治任务，召开第二十五次全省法院工作会议传达学习部署，推动党的二十大精神在全省法院走深走实。在学懂弄通做实习近平新时代中国特色社会主义思想上下功夫，严格落实“第一议题”制度，党组扩大会、理论学习中心组集中学习研讨38次。深入开展“两个确立”主题教育，政治轮训8万人（次），坚定拥护“两个确立”、坚决做到“两个维护”。严格落实《中国共产党政法工作条例》，严格执行重大事项请示报告制度，向省委、省委政法委请示报告240件（次）。落实在审判执行工作中加强党的领导10条意见，党组会研究事项98项，将党的领导嵌入审判执行全过程各方面。严格履行意识形态工作责任制，制定舆情应对处置工作10条具体意见，处置重点负面舆情130余件，妥善做好阿里女员工关联案件等重大敏感案事件的舆论引导工作。深化“鲁法融媒”品牌效应，山东高法新媒体刊发信息2.4万条，连续4年入选全国优秀政法新媒体榜单。

（二）履行全面从严治党主体责任

严格落实党风廉政建设责任制，落实防止干预司法“三个规定”，“三个规定”填报率稳定在99.5%以上。研发建立“智能回访”反馈系统，加大监督执纪问责力度，依法惩处违纪违法干警300余人，确保公正廉洁司法。巩固深化队伍教育整顿成果，常态化开展顽瘴痼疾排查整治，明确6个方面工作任务清单以及整治措施。健全完善司法巡查制度，对9个中院开展司法巡查。健全完善常态化警示教育机制，向全省通报72起违纪违法典型案例，引导广大干警引以为戒、警钟长鸣。努力建设高素质干部队伍，着力加强三级法院领导班子建设，推动符合交流条件的基层法院院长全部交流任职。评选“齐鲁最美法官”10名、全省法院审判业务专家50名，进一步加强高层次人才队伍建设。

（三）推动党支部建设高质量发展

提升标准化规范化水平，开展组织生活规范月暨“三会一课”提质增效行动，推动组织生活更加规范。组织支部书记、委员开展线上培训，指导党支部换届补选，做好党员发展、组织关系转接、党费收缴等工作。进一步加强指导督促，每月发送支部工作提示单，每季度开展党建督查，1个支部被评为省直机关首批基层党支部示范点。推进党建与业务深度融合，制定推动省法院党建与业务深度融合9条措施，在全省三级法院开展党建业务融合创新竞赛，评选“创新案例”“优秀微党课”“示范党小组”。举办青年法官、法官助理经验分享交流会，评选全省法院诉讼服务先进党支部（党小组）、党员标兵，深化互融互促。

（四）压实党建主体责任

切实拧紧责任链条，研究制定党组、党组书记、党支部书记抓基层党建工作年度责任清单，细化落实措施、及时跟踪督导。组织开展2次党支部书记抓党建工作述职评议，现场点评问题，指导各支部制定问题、责任、整改清单，夯实“四责协同”工作机制。加强机关党委自身建设，向党组提请研究党建议题19件，召开直属机关党委会议14次，组织制定机关党委会议事规则、党员标兵评选办法等文件，规范工作程序。创办编发14期《党建信息》，打造“鲁法党建”微信公众号和齐鲁壹点党建号等新媒体平台，共刊发文章353篇。在全省机关党建评选中，调研成果荣获一等奖，创新案例获得三等奖，党内统计工作连续多年全优。

二、重要决策与主要工作

（一）深入贯彻总体国家安全观，大力推进更高水平的平安山东、法治山东建设

坚决维护国家安全和社会稳定，依法严厉打击各类犯罪，严惩渗透颠覆破坏、宗教极端等犯罪292件605人，坚决维护国家政治安全。研究制定推进扫黑除恶常态化13项措施，落实15项常态化工作机制，审结一审黑恶案件102件626人。开展打击整治养老诈骗专项行动，审结相关案件365件。推进少年审判机构专业化，少年法庭挂牌率达到100%，在全国率先实现全覆盖。保持严惩腐败犯罪高压态势，坚持“打虎”“拍蝇”“猎狐”一体推进，审结一审贪污贿赂、渎职等职务犯罪案件688件819人。助力法治政府建设，妥善化解行政争议，审结一审行政案件2.7万件，审查行政非诉案件1.7万件。落实行政机关负责人出庭应诉制度，行政机关负责人出庭应诉率达99.6%。

（二）深入贯彻新发展理念，积极服务新时代社会主义现代化强省建设

服务保障深化新旧动能转换，健全完善破产审判机制，联合20家单位出台破产处置府院联动机制的意见，审结破产清算、重整、和解案件498件，持续优化法治化营商环境。创建“山东金融云庭智审平台”，与金融监管部门建立风险信息交互机制，审结一审金融案件14.8万件，助力防范金融风险。服务保障优化法治化营商环境，出台服务保障稳经济3方面20条措施，开展助力中小微企业发展公益行动，组织开展拖欠民营企业中小微企业账款案件专项执行行动，执结2.8万件，执行到位146.9亿元。服务保障高水平科技自立自强，持续全面推进知识产权审判“三合一”机制改革，新增20个具有知识产权民事、行政案件管辖权的基层法院，切实提升专业化审判水平。在全国率先制定适用惩罚性赔偿的裁判指引，进一步加大惩罚性赔偿制度适用力度，审结一审知识产权案件2.2万件。服务保障“一带一路”和上合示范区、自贸试验区建设，落实保障上合示范区和自贸试验区建设20条措施，审结一审涉外民商事案件938件。成功举办中国－上合组织国家地方法院大法官论坛（2022），服务建设改革开放新高地。服务保障美丽山东建设，践行“绿水青山就是金山银山”理念，推动服务保障黄河流域生态保护和高质量发展18条意见落地见效，深入推进环境资源审判“三合一”改革，审结环境资源一审刑事案件935件、民事案件7893件、行政案件4145件。

（三）坚持人民至上，努力让人民群众在每一个司法案件中感受到公平正义

加强民生司法保障，制定进一步贯彻实施民法典12条意见，持续开展贯彻实施民法典“五个一百”活动，举办12期民法典法官讲堂，审结就业、医疗、养老等涉民生一审案件24.8万件，不断增强人民群众司法获得感。深入开展“我为群众办实事”实践活动，立足司法解决人民群众“急难愁盼”问题，组织开展不动产腾退专项清理，2022年清理135件腾房案件，济南市市中区法院、广饶县法院等5个法院被最高人民法院命名为“为群众办实事示范法院”。巩固拓展一站式建设成果，深化一站式多元解纷和诉讼服务体系建设，全省法院诉前调解成功57.3万件，同比上升29.8%，一审民商事案件同比下降6.6%，万人起诉率在全国收案量同档省份中最低，诉源治理的经验做法被新华社《国内动态清样》刊发。推进切实解决执行难，执结案件53.8万件，居全国第3。大力开展涉民生案件集中执行行动，其中执结涉农民工工资案件6965件，执行到位金额2.04亿元。推动建立守信激励和信用修复机制，对配合法院执行工作、有履行意愿和前景的被执行人，允许申请信用修复，暂缓信用惩戒措施适用，鼓励自动履行义务。

三、改革与创新

（一）全面准确落实司法责任制

完善审判权力制约监督机制，加强院庭长审判监督管理，落实院庭长审判监督管理职责清单和法官审判权责清单，健全“四类案件”识别监管机制，做到放权与监督统一。进一步落实院庭长办案制度，强化办案指导示范作用，院庭长带头办理涉黑涉恶、破产、重大职务犯罪等疑难复杂案件。落实员额动态管理制度，常态化开展员额法官遴选，递补员额法官114人。组织集中遴选，通过资格审查并参加笔试1546人，共审核推荐面试候选人646人。开展山东法院法官助理、书记员、行政人员、司法警察职级套改晋升，推动各类人员套改晋升工作走上正轨。加强法官员额省级统筹，持续向基层法院和办案一线倾斜，基层法院员额比例达38%，其中20个基层法院员额比例为45%以上。健全统一法律适用机制，完善审判委员会、专业法官会议工作规则，加强对下业务指导，制定知产案件适用惩罚性赔偿裁判指引、贯彻实施民法典12条意见等，编发民事、商事、环境资源、知识产权、涉外商事海事等审判参考25期，进一步统一裁判尺度。加快推进山东法院精准化案例规则库建设，收录案例2000余篇，着力推进“类案同判”。

（二）持续深化诉讼制度改革

深化以审判为中心的刑事诉讼制度改革，持续推进庭审实质化，准确适用认罪认罚从宽制度，出台常见犯罪量刑指导意见实施细则等4个规范性文件，切实发挥庭审在查明事实、认定证据、保护诉权、公正裁判中的决定性作用。深化民事诉讼制度改革，深入推进民事案件繁简分流，正确适用小额诉讼程序和简易程序，大力推进要素式审理，切实解决各类案件平均用力、平均用时问题。山东法院小额诉讼程序适用率20.3%，同比上升13.6个百分点。深化执行工作机制改革，推进“繁简分流、事务集约”执行权运行机制改革，实现“简案快执、普案快办、难案精执”。探索三级法院执行职能定位改革，制定《办理督促执行提级执行指定执行案件工作指引（试行）》，进一步压实“三统一”管理职责，有财产案件法定期限内执结率99.8%。

（三）扎实推进审级职能定位改革试点

健全完善案件事实查明机制，出台准确查明事实实质化解纠纷指引，明确21项具体措施，把“准确查明事实、实质化解纠纷”贯彻到民商事案件办理的各个阶段，受理“下沉”案件5433件，促进审判质量和效率同步提升，推动矛盾纠纷在基层实现实质性化解。进一步发挥提级管辖制度功能，出台案件提级管辖实施意见，明确有必要提级管辖的“特殊类型”案件范围，积极拓宽提级管辖案件的发现渠道，加强提级管辖案件统筹管理、跟踪督办、流程监控，山东法院提级管辖案件24件，上级法院审理典型案件职能作用更加凸显。优化调整再审职权配置模式，出台民事案件再审交叉审查工作方案，组建山东高院“民事再审疑难案件法官库”，对经过山东高院业务庭法官会议研究的生效案件，或者生效裁判由该业务庭庭长参加合议庭审理的案件，当事人不服向山东高院申请再审的，全部交由“法官库”成员进行再审审查，切实提高裁判的公正性和公信力。出台关于申请再审案件向最高人民法院报请提审的实施办法，确保案件流转有序。

（四）着力强化智慧法院建设成果应用

升级智慧法院系统4.0版。完善案件信息自动回填、线上证据交换、庭审语音识别、类案智能推送等功能，成为法官的有力辅助，推动常用民商事案由数字化模块设计，21类常用民事案由实现了智能化要素式审理。推动实现“查明事实、实质化解、定分止争”目标。按照新修改的民事诉讼法，对小额诉讼程序、简易程序、电子送达等内容进行匹配升级，提升审判效率、规范审判行为。深化智慧法院建设应用，深入开展民事、行政二审网上立案改革试点，实现直接接收上诉状并完成二审立案，山东法院网上立案171.2万件，在线开庭58.8万件，为民事诉讼法的修改提供了实践样本。着力构建“全贯通”智慧监管体系，结合审级职能定位改革，构建审级监督和节点管控为基础的智管体系，对案件排期和开庭等重要节点进行管控，平均办案周期同比缩短3.5天，结收比提高7.4个百分点。加强数据汇聚和分析，自动生成审判质效数据，实现“全省一张网、一网网到底”，促进审判质效提升。在全国智慧法院建设评价中，山东高院建设指数位居全国高院第1。

附：省高级人民法院党组领导成员名单

书　记：张甲天

副书记：王　闯　傅国庆

成　员：张成武　周宣东　江敦斌　孙　英　苏爱军

中共山东省人民检察院党组工作概况

省检察院党组书记　顾雪飞

2022年，省检察院党组在省委、最高人民检察院领导下，坚持以习近平新时代中国特色社会主义思想为指导，深入学习贯彻习近平法治思想，全面贯彻党的二十大精神，锚定“走在前、开新局”，认真落实中共中央《关于加强新时代检察机关法律监督工作的意见》和省委《关于贯彻落实〈中共中央关于加强新时代检察机关法律监督工作的意见〉的若干措施》，扎实开展“质量建设年”“创新提升年”活动，深入推进“四大检察”“十大业务”创新融合发展，真抓实干、奋勇争先，检察工作持续走在全国前列。在全国检察机关56项案件质量评价指标中，全省有31项排名前十，其中20项排名前五，10项排名第一。

一、组织概况与党的建设

（一）组织概况

山东省人民检察院共有机关各部门、直属事业单位党支部27个，离退休干部党支部5个，党员547人，其中在职357人。党组共6人，设书记1名、副书记2名。

（二）党的建设工作开展情况

*持续强化理论武装。*把学习宣传贯彻党的二十大精神作为首要政治任务，制定15条意见、出台全省方案，多形式、分层次开展政治培训、专题辅导、研讨交流等活动；开展“五年看变化 喜迎二十大”检察文化品牌选树，检察新媒体开设宣传专栏，发稿7.2万篇。深化学习习近平新时代中国特色社会主义思想，制定巩固拓展党史学习教育成果46项措施、加强政治能力建设22项措施，成立习近平法治思想宣讲人才库，开展“政治理论学习月”，设立“检察长讲坛”。严格落实“第一议题”制度，省检察院党组传达学习习近平总书记重要讲话、重要指示批示精神65项，全省检察机关开展政治培训2163期，10.5万人次参训。

*坚持党对检察工作的绝对领导。*省检察院专题研究管党治检工作15次，常态化开展领导班子成员、市级院检察长年度述职述廉述党建评议，确保党的建设与业务工作同谋划、同部署、同推进、同考核。坚决落实党中央重大决策部署，认真落实政法工作条例，接受中央政法委督查、开展落实情况全面自查。细化落实中共中央《关于加强新时代检察机关法律监督工作的意见》，结合省委贯彻落实《若干措施》，制定194项分工落实举措，纳入综合督查和对市级检察院工作评价。

*切实抓好组织建设。*坚持新时代党的组织路线和新时代好干部标准，省检察院晋升晋级42人，选人用人工作评价居省直机关前列。制定党建年度工作要点、责任清单、考评办法，深化支部标准化建设，开展“一支部一品牌”特色创建，召开机关青年代表大会并成立青年工作委员会。

*自觉遵守政治纪律政治规矩。*严格执行重大事项请示报告制度，向省委、最高人民检察院党组和省委政法委请示报告285件次，应报尽报、应报速报。严格落实“三个规定”，组织全员测试，开展专项督察整治，完善约谈、倒查等机制，全省检察机关填报13941件。认真落实最高人民检察院《关于检察机关开展政治督察工作的意见》，组织专题调研，做好相关工作。坚决肃清孙力军政治团伙、李少华、惠从冰等流毒影响。

*牢牢把握意识形态工作主动权。*组织开展意识形态阵地风险隐患全面排查，编印应知应会知识手册，确保责任压实到位、问题查改到位、知识学习到位。做好涉检舆论引导与舆情处置工作，监测研判的舆情信息全部及时妥善处置。

二、重要决策与主要工作

（一）重服务、顾大局，为全省综合实力跃升贡献检察力量

*为经济发展添动力。*紧紧围绕省第十二次党代会、省委十二届二次全会决策部署，把新旧动能转换重大工程、打造对外开放新高地、海洋强省建设等重点任务，作为检察履职服务保障的着力点，落实落细省检察院出台的10个服务大局意见。主动服务创新驱动发展战略，省检察院发布知识产权检察白皮书和典型案例，知识产权检察职能全部集中统一履行，全省起诉侵犯知识产权犯罪803人，同比上升38.2%。助力疏通实体经济金融血脉，起诉洗钱犯罪240人，同比上升313.8%。

*为市场主体增活力。*聚焦培育壮大“十强产业”、纵深推进“十大扩需求”行动，主动走进相关企业，提供全方位司法服务。全面推开涉案企业合规改革试点，对491件涉企案件启动合规程序，全部适用第三方机制，办案规模领先全国，3次在全国性会议上作经验介绍。切实服务打造对外开放新高地，出台《山东省人民检察院关于加强服务保障中国（山东）自由贸易试验区工作的意见》，明确4方面15项具体措施，助力营造法治化营商环境。

*为生态文明建设聚合力。*省检察院印发《关于开展黄河流域生态保护和高质量发展公益诉讼检察专项监督行动实施方案》，召开专门会议，部署围绕10项工作、8类问题开展重点监督。促进绿色低碳高质量发展，起诉破坏环境资源犯罪1894人，办理相关公益诉讼案件1817件，最高人民检察院在山东召开“南四湖流域生态环境公益诉讼案”听证会。

（二）护稳定、惠民生，不断增强人民群众获得感幸福感安全感

*深化平安山东建设。*坚定贯彻总体国家安全观，全力做好党的二十大维稳安保涉检察环节相关工作，坚决防范和依法惩治渗透、破坏等危害国家安全犯罪，全省检察机关批捕各类犯罪18386人、起诉88014人。持续依法履职战疫，出台统筹疫情防控与检察办案工作方案，山东检察机关一起案件入选最高人民检察院第十六批涉疫典型案例，全省检察机关疫情期间案件办结率保持在70%以上。深入推进常态化扫黑除恶，认真学习贯彻《反有组织犯罪法》，批捕涉黑恶犯罪154人、起诉1042人，开展“固本清源”专项整治，聚焦重点领域，制发检察建议375份。

*做深做实诉源治理。*积极落实宽严相济刑事政策，全省不捕、不诉39988人，诉前羁押率同比下降9.31个百分点。坚持和发展新时代“枫桥经验”，深化群众信访件件有回复工作，全省检察机关接收处理群众信访6.3万件，对5类信访案件创新开展简易、上门公开听证，三级检察院院领导包案办理首次信访“三类案件”1533件，重复信访量同比下降32%。

*主动回应民生关切。*健全危害安全生产重大敏感案件快速反应机制，深入开展打击整治养老诈骗专项行动，全力守护群众美好生活。助力巩固拓展脱贫攻坚成果，向6698人发放救助金7226万元，同比分别上升20.7%和32.2%。全面推开未成年人检察业务统一集中办理，深化“检爱同行，共护未来”专项行动，移送侵害未成年人犯罪强制报告线索329件，监督解聘有前科劣迹人员17人。

（三）抓办案、强监督，保障和促进社会公平正义

*强化刑事诉讼监督。*省检察院印发《关于进一步加强新时代刑事诉讼监督工作的指导意见》，各级检察院与

公安机关设立侦查监督与协作配合办公室189个，以有力配合、更实监督促进侦查办案质量持续提升；高质量落实认罪认罚从宽制度，实现听取意见同步录音录像全覆盖，与省法院会商制定常见犯罪量刑实施细则，全省适用率93.08%。联合省司法厅开展外省监狱管理机关批准暂予监外执行转山东省执行罪犯档案专项核查清理，对2012年以来的160起案件逐案审核；对27个看守所巡回检察，纠正问题277个。

强化民事诉讼监督。认真贯彻《中华人民共和国民法典》，深入落实案件跟进监督、民事支持起诉等工作细则，制定依职权监督规则、民事抗诉指引等文件，加大精准监督、类案监督力度，进一步提升监督实效。全省检察机关办理各类监督案件15510件，办案量同比增长7.9%。

强化行政诉讼监督。充分发挥"一手托两家"职能作用，打造"双轮驱动"监督模式。开展"全面深化行政检察监督依法护航民生民利"专项活动，巩固土地执法查处领域行政非诉执行监督专项活动成果，全省检察机关办理各类监督案件6398件，实质性化解行政争议887件，同比分别增长23.82%和28%。

强化公益诉讼检察监督。认真履行公共利益守护者责任，抓好公益诉讼"4+9"法定职责落实，在金融证券、知识产权、文物和文化遗产保护等新领域大胆探索、稳妥办案，深入开展"公益诉讼守护美好生活"、安全生产领域公益诉讼监督等专项活动，办理案件4708件。

强化职务犯罪检察监督。落实监察检察互相配合、互相制约的政治责任和法治责任，健全完善衔接机制，受理监委移送职务犯罪903人。立案侦查司法工作人员利用职权实施的侵犯公民权利、损害司法公正犯罪88人，为纯洁司法队伍作出检察贡献。

（四）严管理、提素质，打造过硬检察队伍

巩固深化党史学习教育、政法队伍教育整顿、最高人民检察院党组巡视整改成果。制定巩固全省检察队伍教育整顿成果的37项措施，组织全省三级检察院开展为期两个月的最高人民检察院巡视问题整改"回头看"自查，进一步放大整改效应。新建、修订制度54项，决策、执行、监督"三位一体"制度体系更加完善。

抓好政治、专业素能双提升。将政治理论学习作为每期业务培训的第一课，分层分类组织学习最高人民检察院"十大业务"系列教材，全省开展业务培训、岗位练兵等1564期，5.9万人次参训。省检察院聘任50位兼职教师、40位听证员、27位特邀检察官助理，推动智慧借助走深走实。完善先进典型培树机制，与省委宣传部联合开展第三届"齐鲁最美检察官"评选活动，聊城市东昌府区检察院被授予全国"人民满意的公务员集体"荣誉称号。

深化基层检察院建设攻坚。出台"创新提升年"的21项举措，建立"一市一清单""一院一联系""一院一档""一院一策""一院一品"的"五个一"工作机制，制定《全省检察机关相对薄弱基层检察院动态管理实施方案》，建立省检察院帮扶总台账、市级检察院联系帮扶台账、薄弱检察院工作推进台账"三本台账"，一对一开展相对薄弱检察院帮扶。

从严从实抓党风廉政建设。省检察院召开全省检察机关党风廉政建设工作会议，印发33项重点工作分工方案，细化落实全面从严治党主体责任142项具体任务，实行意识形态每季度分析、重点任务每半年督查、与驻省检察院纪检监察组每半年会商，一体推进不敢腐、不能腐、不想腐。明确进一步加强作风建设的54项具体要求，开展"酒杯中奢靡之风"等专项整治，修订为基层减负的措施，开展精简报表材料减轻基层负担专项行动，省检察院对下调度报表材料持续下降。

三、改革与创新

围绕持续做优做强法律监督主业，提升监督质效，积极探索实践，取得了新的成效。一是深入推进融为一体的政治和业务建设。加快党建与业务融合发展、"四大检察"创新融合发展，编印党建工作落实指引，推广14项融合机制，"四大检察"融合发展经验被评为全国检察机关检察改革典型案例。二是深入实施检察大数据战略。加快全省政法机关跨部门大数据办案平台研发应用，规范运行量刑建议智能辅助、信访系统2.0等平台，推动实现律师互联网阅卷全省各级检察院全覆盖。三是完善科学管理机制。制定一体化案件管理、案件管理与检务督察衔接等文件，提升案件管理规范化水平。制定《全省检察人员考核工作指导意见（试行）》，推进全员、全面、全时考核，充分发挥考核指挥棒作用。用好"案—件比"质效评价标准，最大限度减少"程序空转"。

附：省检察院党组领导成员名单

书　记： 顾雪飞

副书记： 张振忠　宋文娟

成　员： 郭晓东　蒋万云　刘建军

省委各部门工作

省委办公厅工作概况

省委副秘书长、办公厅主任、
保密委专职副主任　高剑锋

2022年，在省委坚强领导下，省委办公厅坚持以习近平新时代中国特色社会主义思想为指导，坚定践行习近平总书记“五个坚持”和对山东工作的重要指示要求，锚定“走在前、开新局”，聚力当好大参谋、抓好大协调、搞好大服务、推进大督查、强化大党建，高质高效完成各项工作任务，全力服务保障省委工作大局。一年来，全厅处室单位和个人获各类表彰66项，其中，中央国家机关表彰14项，省委、省政府表彰6项，省直机关表彰46项。

一、深入学习贯彻习近平新时代中国特色社会主义思想和党的二十大精神，坚定拥护“两个确立”、坚决做到“两个维护”

始终牢记党办姓党，坚持用习近平新时代中国特色社会主义思想凝心铸魂，在新的赶考路上坚定走好“第一方阵”。

（一）持续深化理论武装

把学习贯彻党的二十大精神作为首要政治任务，服务省委及时下发通知、出台决议，办好领导干部专题学习班，迅速兴起学习贯彻热潮；抓实厅内学习贯彻，领导干部带头宣讲，厅理论学习中心组围绕党的二十大精神开展3次集中研讨、全年研讨12次，带动基层党组织集体学习200余次、青年理论学习小组交流研讨40余次，实现处级以上干部培训全覆盖。严格落实“第一议题”制度，厅务会及时跟进学习习近平总书记重要讲话70余篇。制定推动党史学习教育常态化长效化若干措施，筑牢绝对忠诚的思想根基。

（二）全力推动习近平总书记重要指示要求落实落地

完善习近平总书记重要指示要求全链条贯彻落实机制，持续开展“回头看”。研究制定重要批示件办理和督查工作办法，及时向中央办公厅、国务院办公厅报送贯彻落实情况。围绕黄河流域生态保护和高质量发展等重要事项，建立6个方面33项任务台账，按季度调度，推动落实落地。

（三）严明政治纪律政治规矩

服务省委压紧压实全面从严治党主体责任，科学组织实施述职评议、检查考核，对20项“必答题”逐项抓紧抓实。服务省委严格落实请示报告制度，制定报告清单，科学高效办理各类请示报告。服务省委抓实意识形态工作，审核省委重要新闻报道230余篇，对重点舆情开展实地核查督办。

二、充分发挥参谋助手作用，切实做到围绕中心服务大局

始终牢记“国之大者”，紧紧围绕省委工作大局想问题、当参谋、抓协调，有效发挥“智囊团”“参谋部”作用。

（一）着力提升以文辅政能力

围绕重大部署出谋划策，高质量起草省委各类重要文稿，在《人民日报》《学习时报》等中央重点媒体刊发署名文章，有力扩大山东影响。围绕改革创新深化调研，组织起草的浒苔治理、新基建等50余篇调研报告，得到省委主要领导同志批示肯定。围绕为省委决策提供高质量信息服务，编发《今日信息》950期、10500余条，高效做好紧急信息报送，较好发挥“烽火台”“瞭望哨”作用。

（二）着力服务保障重大会议活动

围绕服务保障党的二十大，系统梳理重点任务，统筹力量多线作战、集中攻坚，确保各项工作圆满完成。围绕全省大局谋划组织会议活动，高质量完成省第十二次党代会、全省重点项目现场观摩、与世界500强连线等多场重大会议活动筹办工作。围绕选树先进典型完善功勋荣誉表彰制度，审理表彰项目233个，精心做好白晓卉同志表彰抚恤、朱彦夫同志口述史采集等工作，推动全社会见贤思齐、崇尚英雄、争做先锋。

（三）着力加强公文处理和法规制度建设

优化省委主要领导同志批示件办理机制，制定紧急事项办理等规程，科学规范办理各类文件。坚持制度管党依规治党，服务省委召开党内法规工作会议，牵头修订省委工作规则、省委常委会议事决策规则等重要党内法规，首次开展省委落实中央党内法规情况全面评估，组织实施涉疫情防控、计划生育文件专项清理，向中央备案文件质量继续走在全国前列。深化党务公开，印发省委办公厅党务公开目录，常态化开展备案审查，推进党务公开制度化规范化。

三、坚持以大督查促进大落实，有力推动重大决策部署落地见效

强化抓落实基本职责，发挥督查“利剑”作用，真督实查、严督细查，推动党中央决策部署和省委各项要求落到实处。

（一）聚焦大事要事抓落实

扎实抓好党中央、国务院重大决策部署落实，做好中央办公厅、国务院办公厅督查调研服务保障工作，对国务院“互联网+督查”平台转办的问题线索逐项核查到底。扎实抓好省委省政府重点工作落实，对经济社会发展重点指标每日调度，对4批稳经济政策清单全程跟踪督办。扎实抓好省委省政府交办任务落实，牵头推进重点问题专项调查。强化督查激励，山东省在国务院通报的30项激励支持措施中获24项，居全国首位。

（二）创新督查方式抓落实

聚焦体系化建设，建立“1+3”重点工作督查落实机制，首次实现省委省政府重点工作全年度融合化督查、一体化推进。聚焦数字化建设，大力推进督查事项全流程“网上办”，对纳入平台管理的重点工作，实行“红黄绿”亮灯管理。聚焦联动化建设，完善督纪联动、督审联动、督考联动等机制，实现成果共享、结果共用、协同发力。

（三）用好“四进”机制抓落实

牵头成立省“四进”工作办公室，同步设立“四进”工作协调处。紧盯“疫情要防住”，对核酸检测、隔离设施建设等重点任务开展专项督查。紧盯“经济要稳住”，聚焦重点项目、重大工程开展现场督导，协调解决实际难题490个。紧盯“发展要安全”，对生产经营单位开展实地督导，解决问题隐患6.8万余条。紧盯“民生要保障”，实地督导政府专项债券项目，推动民生政策落实到位。

四、创新提升服务能力，保障省委工作高质高效运转

牢固树立“服务工作无小事”理念，强化责任意识，持续改进作风，在精益求精、高质高效上取得新进展。

（一）强化规范管理

建立省委机关疫情防控协调机制，实时动态调整防控措施，认真做好核酸检测协调组织工作，筑牢省委机关防疫安全屏障。持续做好日常值班值守和安全保卫，加强节假日和重要节点督促检查，全力保障全省党委系统联络畅通。实行保密责任“四纳入一评议”，扎实开展省市县三级进驻式保密检查，坚决维护保密法纪的权威性和严肃性。

（二）强化精细服务

创新建立完善省几大班子秘书长、办公厅主任联席会议和省领导公务活动预安排、省领导工作信息共享等机制，更好服务保障省委工作高效运行。针对机关事务管理新要求，修订行政财务制度办法，精准保运转、压开支，着力抓好公务用车、文印服务、用餐保障，推进管理服务有力度、有温度。创造性开展“红、黄、蓝”三大特色资源数据库建设，53人入选全国档案“三支人才队伍”、数量居全国前列。启动中共山东省委办公厅志编纂工作，着力打造省委办公厅首个精品良志。用心用情做好离退休干部服务工作，开展走访慰问，积极研究解决老同志反映的具体问题。

（三）强化数字赋能

抢抓数字山东建设机遇，高标准建设内外网业务办公平台，分批次开发20余个“山东通”应用程序，实现办文、办会、办事功能全覆盖。认真开展全国党政专用超高清电视会议系统建设试点，全力做好全国和全省重要会议、随行保障等工作。大力推进档案工作数字化转型，国家级数字档案馆、企业集团数字档案馆（室）建设试点、机关业务系统电子文件归档与管理试点数量，均居全国第1位。

五、加快构建大党建工作格局，引领“三服务”工作开创新局面

始终坚持党建引领，促进大党建与大参谋、大协调、大服务、大督查深度融合，着力建设过硬政治机关。

（一）拧紧党建责任链条

坚决扛牢党建主体责任，召开4次党建工作领导小组会议，厅务会22次专题研究党建工作。制定关于构建大党建工作格局的实施意见，形成机关党建“12345”总体思路，打造“忠诚党办·服务先锋”党建品牌。做实基层党建述职评议考核，年内开展2次基层党组织书记“述学、述职、述党建”，持续压紧压实党建责任。

（二）打造过硬战斗堡垒

深化党支部标准化规范化建设，扎实推进政治生活规范月，优化支部设置管理，动态开展建设等次和星级评定。深化培优扶弱，召开基层党建工作交流会议，打造一支部

一品牌、一支部一特色，法规室、信息调研室党支部被评为第一批省直机关党支部示范点，“映山红”党建品牌获山东老干部工作创新奖、党建工作创新案例一等奖。

（三）加强干部队伍建设

坚持新时代好干部标准，突出实干实绩导向，组织做好提任职务职级、事业单位职称评聘，选派35名同志参与挂职锻炼、第一书记等。健全培养选拔优秀年轻干部常态化工作机制，实施年轻干部年度配备提升计划。集中开展干部队伍建设专题调研，全面摸透干部队伍现状。科学组织平时考核，与年度考核、干部评价使用挂钩，激励干部担当作为、奋勇争先。

（四）持之以恒正风肃纪

协助省委深化整治形式主义为基层减负，省本级制发文件、召开会议、报表材料、省级督检考事项等均持续下降。深化纪律作风建设，实施纪法教育月活动，扎实推进警示教育、风险排查等“十个一”系列活动，制定日常行为“十不准”，引导党员干部知敬畏、存戒惧、守底线。

附：省委办公厅领导成员名单

省委副秘书长、办公厅主任、保密委专职副主任：高剑锋

省委副秘书长（正厅级）、省委省政府督查办主任：刘天东

省委副秘书长、政研室主任、改革办副主任，省委常委会机要秘书兼省委常委会办公室主任：张祚亭

省委副秘书长：魏学武

省纪委监委驻省委办公厅纪检监察组组长、省纪委监委一级巡视员：王桂松

省委办公厅副主任：苏守平

省委办公厅副主任、省档案局局长：孙浩然

省委办公厅副主任：田 峰

全省组织工作概况

省委常委、组织部部长 王宇燕

2022年，在中组部有力指导和省委坚强领导下，全省组织系统坚持以习近平新时代中国特色社会主义思想为指导，以迎接党的二十大和学习贯彻党的二十大精神为主线，坚定践行新时代党的建设总要求和新时代党的组织路线，全面落实全国组织部长会议和省第十二次党代会精神，聚力以高质量组织工作服务保障全省高质量发展，踔厉奋发、创新实干，为新时代社会主义现代化强省建设提供了坚强组织保证。

一、坚持用新时代党的创新理论凝心铸魂，教育引导党员干部坚定拥护“两个确立”、坚决做到“两个维护”

发挥组织部门在思想建党、理论强党中的职能作用，推动党员干部深刻领悟“两个确立”的决定性意义，增强“两个维护”的思想、政治和行动自觉。

（一）突出抓好党的二十大精神学习培训

积极开展喜迎党的二十大主题宣传活动，将党的二十大精神纳入各级党校（行政学院）、干部学院教学中心内容和各领域基层党组织培训计划，多层次分领域推动党员、干部学习教育全覆盖。举办2期山东省领导干部党的二十大精神专题学习班，省级干部、省管干部、县（市、区）党政正职2100余人参加，示范带动各级各部门集中培训轮训县处级以上干部2.5万人，培训基层党员400万余名。

（二）常态长效加强党的理论武装

深入实施习近平新时代中国特色社会主义思想教育培训工程，省市调训干部5.4万余人次，山东干部网络学院注册学员83.3万人，累计在线学习2900万余学时。实施新时代基层干部主题培训行动计划，累计培训干部98.5万人次。规范化实体化运行1822个乡镇（街道）党校（党员教育中心），升级“灯塔－党建在线”网络平台，常态化开展“发现榜样”“我来讲党课”“我和我的支部”活动，全省各级讲党课40余万堂。

（三）持续深化党性教育

坚持理论武装同常态化长效化开展党史学习教育相结合，实施理想信念宗旨教育工程，举办弘扬伟大建党精神、

沂蒙精神与党的群众路线等专题培训班。推进139家党性教育培训机构规范管理和质量提升，构建“主题鲜明、特色突出、布局合理、优势互补”格局，依托沂蒙、济宁政德教育、烟台、威海4家干部学院培训干部1.4万余人。

二、坚持重实干重实绩重担当导向，着力锻造现代化强省建设需要的高素质干部队伍

全面落实新时代好干部标准，完善选育管用机制，不断提升干部队伍建设质量。

（一）扎实推进领导班子建设

高标准完成市县乡领导班子换届，各项配备比例全部达标或超标准完成，圆满实现“五个好”目标，跟进开展16市领导班子运行制度机制建设提升行动。精心做好省第十二次党代会筹备工作，顺利选举产生新一届省委委员、候补委员、省纪委委员和山东省出席党的二十大代表，配合做好省级人大、政府、政协换届工作。完成省纪委常委换届和11所省属本科高校、5户省管企业党委、2家群团组织换届，会同省委统战部做好省级民主党派、工商联换届。

（二）完善选人用人制度机制

制定锻造高素质干部队伍为强省建设提供坚强保证、加强党政正职队伍建设、发挥组织部门职能作用加强思想政治工作等制度，落实落细干部政治素质考察。开展《2019—2023年全国党政领导班子建设规划纲要》落实情况中期评估，出台年轻干部工作督导评估办法，实施优秀年轻干部资源优配计划和历练提升计划，健全女干部、少数民族干部、党外干部发现培养联动机制。

（三）加强干部专业化能力建设

开展“聚力‘走在前’，推动‘开新局’”等系列培训班30期，办好“山东干部讲堂”，创建山东生态文明学院。聚焦统筹疫情防控和经济社会发展，举办3期县（市、区）党政正职专题培训班，线下线上联动培训干部1.2万余人。深入实施万名党政干部和万名企业家数字化培训工程，培训领导干部、企业家2.5万余人。

（四）健全从严管理监督体系

建立省管领导班子和领导干部日常管理预警处置机制，将全省副处级以上干部纳入干部监督信息系统。完成十一届省委选人用人专项检查全覆盖，结合十二届省委巡视开展第一轮选人用人专项检查。构建省市县乡涉组涉干信访举报督查评估闭环机制，出台领导干部违规干预干部选拔任用记录和责任追究暂行办法，开展干部人事档案专项审核，扎实做好领导干部填报个人有关事项工作，规范领导干部配偶、子女及其配偶经商办企业常态化管理，组织120个省管单位开展“一报告两评议”。

（五）优化改进绩效考核

成立由省委书记、省长任组长的省委考核工作领导小组，系统重塑16市、省直机关、事业单位、高校、国企高质量发展绩效考核，实行分组分类考核，其中将16市分成3组，济南、青岛对标全国副省级城市比高低，其他14市分成两组争位次；对省直部门“一个单位一张清单”，党的建设改为量化考核，完善绩效考核结果与班子干部考核和公务员考核、干部选拔任用等的挂钩机制，搭建起争有对手、赶有目标的公平竞争机制。

（六）整体提升公务员队伍建设质量

实施公务员工作强基行动，健全职务与职级并行政策体系，推进分类改革，探索开展公务员推动黄河流域生态环境保护治理专项考核，从严规范公务员辞去公职后从业行为，全面巩固清理规范津贴补贴成果。在全国率先完成2022年度公务员“四级联考”，录用10539人。14名个人、7个集体荣获全国人民满意的公务员和公务员集体称号，评选表彰全省人民满意的公务员120名、人民满意的公务员集体78个。推动平时考核和绩效管理深度融合，上线公务员全链条全周期管理系统。

三、坚持抓基层强基础固基本，推动基层党组织全面进步全面过硬

召开全省基层党建工作重点任务推进会，开展党委（党组）书记抓基层党建工作述职评议考核，分类指导、统筹推进，不断增强基层党组织政治功能和组织功能。

（一）抓党建促乡村振兴

召开全省抓党建促乡村振兴现场推进会议，实施村级党组织分类推进整体提升三年行动，开展村改社区基层党建和治理难题集中攻坚。组织“乡村组织振兴齐鲁行”，制定加强对村干部特别是“一肩挑”人员管理监督具体措施。持续发展壮大村级集体经济，村党组织领办合作社达到4.28万家。优化整合第一书记和工作队，3.4万名干部帮扶1.6万个村，形成派驻农村的常态化力量。

（二）深化城市基层党建全域提升攻坚

深入实施全域推进、整体提升三年行动计划，制定深化城市基层党建引领基层治理的若干措施，推动市县普遍建立健全由党委书记任组长的基层党建引领基层治理领导协调机制。加强社区工作者职业体系建设，建立完善“3岗18级”等级序列和薪酬体系，全省社区工作者达8.1万名。强化党建引领网格治理，深化“齐鲁红色物业”建设，持续提升社区精细化治理、精准化服务水平。

（三）统筹推进其他领域党建提质增效

开展党建引领新业态新就业群体“12345齐鲁行动”，指导各级成立产业链党组织511个、覆盖企业1.2万余家。省市县“三级联动”试点开展模范机关建设，高质量推进国企、高校、医院等领域党建工作。

（四）加强党支部和党员队伍建设

深化党支部规范提升行动，抓实党支部评星定级管理，推动党员在疫情防控、防汛救灾等重大任务中冲锋在前。突出政治标准做好发展党员工作，开发“灯塔-党建在线”流动党员管理系统，全面排查整顿农村发展党员违规违纪

问题。加强党内关怀帮扶，为8.3万名党员颁发“光荣在党50年”纪念章。

四、坚持人才引领驱动，加快建设具有山东特色的新时代人才集聚高地

深入实施人才强省战略，创新工作体制机制，全方位培养引进用好人才。

（一）健全党管人才工作格局

出台《关于加强和改进新时代山东人才工作的实施意见》，创新建立以工作机制、机构编制、人才政策、目标任务“四个清单”为基础的党管人才工作体系和推进机制，由省领导牵头推进人才重点任务。启动第三批353个党委书记人才工作项目，完善16市人才工作考核体系，统筹推进省属高校、科研院所、国有企业等重点领域人才工作考核。加强人才工作力量，在省委组织部机关增设人才工作二处。

（二）打造人才集聚雁阵格局

制定《山东省人才集聚雁阵格局建设总体方案》，建立协调推进机制和工作专班，加快创建济青人才集聚平台，推进崂山实验室、中科院济南科创城等重大载体建设，在其他市布局建设特色鲜明的人才集聚节点，持续提升区域人才竞争力。按照“最优加一点”标准，构建普惠性与个性化、特殊性相结合的人才政策体系，探索建立人才链、教育链、产业链、创新链“四链”融合工作机制。

（三）实施人才引育创新行动

规范提升泰山、齐鲁人才工程，强化顶尖人才引进“一事一议”，实施领军人才“筑峰计划”，出台加强战略科学家、科技领军人才及创新团队等战略人才力量培养使用实施方案。举办第二届山东人才创新发展大会暨第十二届中国·山东海内外高端人才交流项目洽谈会，持续推进“万名博士、十万硕士、百万大学生创业齐鲁计划”，在9所省属高校开展预聘长聘制试点。

（四）营造良好人才发展生态

推进人才服务提升专项行动，开展人才工作“唯帽子”问题治理，开展第二届齐鲁杰出人才奖评选表彰，建设“山东省人才之家”，累计为8353名高层次人才颁发山东惠才卡，在省级媒体开设“人才兴鲁展风采”“院士专家面对面”栏目，“人才山东”影响力持续扩大。

五、坚持从严加强自身建设，着力打造模范部门和过硬队伍

牢记习近平总书记关于组工干部“政治上绝对可靠、对党绝对忠诚”的重要指示要求，深入落实“四提”“五要”要求，持续打造“党员、干部、人才、公务员之家”。

（一）突出加强政治机关建设

坚持和完善部务会“第一议题”、理论学习中心组学习等制度，印发全省组织系统深入学习贯彻党的二十大精神的通知和省委组织部实施方案。出台贯彻落实中央八项规定精神、加强对组织部门“一把手”和部务会监督等具体措施，推动全面从严治党责任落实。严格落实意识形态工作责任制，制定全省组织系统和省委组织部风险防控工作方案，完善组织部门新闻舆论宣传制度。

（二）持续提升素质能力

开展全省组织系统“党内法规学习年”，举办8期“组工干部大讲堂”、培训4.5万余人次，系统学习党章、组织工作条例等法规制度，提升专业能力、专业精神。实施青年理论学习提升工程，开展“业务大比武”“青春组工沙龙”。创新省委组织部机关绩效管理暨公务员平时考核，倡树“人人都是办事员”的理念，着力增强服务党员干部人才和基层意识。制定全省组织系统信息化工作规划，推进“数字组工”建设，完善工作机制，建成全省干部数据中心。

（三）深入涵养优良作风

制定进一步加强全省组织系统作风建设、健全上级组织部门联系下级组织部门制度等具体措施，在全省组织系统开展“‘四提’‘五要’见行动”交流研讨活动。完善“11710”督查工作机制，项目化、台账式推进重点任务落实。召开部机关党风廉政警示教育大会，加强廉洁文化建设，自觉接受驻部纪检监察组监督，引导组工干部知敬畏、存戒惧、守底线。

附：省委组织部领导成员名单

省委常委、组织部部长：王宇燕

分管日常工作的副部长：孙升连

副部长，省人力资源社会保障厅党组书记、厅长：梅建华

副部长，省委老干部局局长兼省离退休干部党工委书记：刘国伟

副部长，省委机构编制委员会办公室主任：高尚山

省纪委监委驻省委组织部纪检监察组组长，省纪委监委一级巡视员、一级高级监察官：于景涛

副部长：龚文东

副部长、省公务员局局长：崔海涛

副部长：杨原田

部务委员（副厅级）、干部二处处长：李　鹏

部务委员（副厅级）、办公室主任：吴宪利

部务委员（副厅级）、干部一处处长：庞建栋

全省宣传思想工作概况

省委常委、宣传部部长 白玉刚

2022年，全省宣传思想文化战线坚持以习近平新时代中国特色社会主义思想为指导，按照中宣部部署和省委要求，深入贯彻落实习近平总书记对山东工作的重要指示要求，贯彻落实《中国共产党宣传工作条例》，坚定拥护“两个确立”，坚决做到“两个维护”，聚焦迎接宣传贯彻党的二十大主题主线，锚定“走在前、开新局”，各项工作守正创新、提质增效，有力服务了新时代社会主义现代化强省建设。

一、坚持学习研究阐释一体推进，理论武装工作更加深入

把学习宣传贯彻习近平新时代中国特色社会主义思想作为首要政治任务，坚持不懈用党的创新理论武装头脑、指导实践。着力提升理论学习质效，建立完善理论学习中心组学习列席旁听制度，实现市、县两级列席旁听全覆盖，省委理论学习中心组带头学习研讨15次。着力构筑理论研究高地，省习近平新时代中国特色社会主义思想研究中心在中央“三报一刊”发表重点理论文章96篇。打造系列论坛研讨品牌，创办泰山论坛，举办深入学习贯彻“两个确立”理论研讨会、文化“两创”座谈会等全国性研讨交流活动。着力拓展理论普及大众化，开展“中国梦·新时代·新征程”百姓宣讲30余万场，推出“新思想照亮新实践”等理论专栏，编写《自信的理由》等一批优秀读物。着力推进党的二十大精神学习教育，组织各级党委（党组）理论学习中心组及时学、带头学，组建省委宣讲团、省属高校宣讲团等，开展宣讲4万余场。

二、坚持文化“两创”全面发力，人文沃土优势更加彰显

印发实施《关于打造中华优秀传统文化“两创”新标杆行动计划（2022—2025年）》，制定融入日常生产生活、振兴传统工艺等具体措施，形成“1+N”协同推进格局。实施“山东文脉”工程，在国内首次出版发行1816册的中华儒学经典著作集成《儒典》，启动编纂大型文献《齐鲁文库》。编纂优秀传统文化原创少儿绘本等系列读物，编写《中国字·中国人》，策划制作“苏小妹说中国字”融媒产品。实施文物保护利用“十大工程”，制定《齐长城保护条例》，推进“中华文明探源工程”山东行动，跋山遗址、稷下学宫遗址等考古项目取得重大发现。实施国家文化公园和重大文化片区建设，印发《长城国家文化公园（山东段）建设保护规划》《大运河国家文化公园（山东段）建设保护规划》，制定打造黄河文化保护传承弘扬新高地行动计划，曲阜、泰山、沂蒙等重大文化片区建设深入推进。实施儒学传承发展“十四五”规划，联合研究生院年度招生规模扩大到400人，推出尼山杏坛、尼山讲堂51期。第八届尼山世界文明论坛由单一学术论坛创新提升为人文综合论坛，举办学术研讨、祭孔大典、文化展示体验等活动42场，规模影响等方面实现新突破。实施红色基因传承工程，召开沂蒙精神座谈会，深入挖掘阐释沂蒙精神“党群同心、军民情深、水乳交融、生死与共”的基本内涵，赓续传承中国共产党人的精神谱系。

三、坚持正能量大流量，主流舆论传播更加广泛

深化宣传引导创新，制定实施《推动正能量实现大流量的若干措施》，建立省市县三级媒体“一键统发”机制，构建正能量全平台合作格局，创新建立传播评价体系，打造正能量传播矩阵。突出抓党的二十大宣传，精心开展“奋进新征程 建功新时代”重大主题宣传，统筹开展“领航”“足迹”“伟大变革”等宣传活动，组织203场新闻发布会，生动展现锐意改革图强的山东形象。聚焦“全面学习、全面把握、全面落实”，省市县三级媒体统一开设栏目，全力推动新媒体先行，凝聚起奋进新征程的磅礴力量。突出抓省委重要部署宣传，高质量完成省第十二次党代会、省委十二届二次全会等重要会议报道，创新开展“走在前 开新局”系列报道，刊播稿件全网总点击量6亿次，全网全国山东形象正面良好。高密度开展“好客山东、好品山东”融合宣推，系列话题阅读量超21亿次，“好客是真情、好品凭厚道”叫响全国。突出抓对外传播，实施“视听山东”“文化山东”“走读山东”项目，举办中国国际华服设计大赛等活动，《节气里的中华文化》等2000余部视频作品广播海外。突出抓媒体融合发展，创新开展县级融媒体中心总服务台建设，组建黄河流域视听高质量发展协作体，高标准打造广播电视和网络视听节目共享平台。

四、坚持美德信用相互赋能，构筑道德文明新高地更加有力

推动优秀传统文化和社会主义核心价值观相互融通，制定出台《关于统筹推进美德山东和信用山东建设的意见》，统筹推动文明培育、文明实践、文明创建，不断提升“厚道山东人”形象。创新倡树美德健康新生活，编写大众化通俗读本，打造基层示范点2000余个，开设“新时代美德山东”专题专栏和电视栏目，推动美德健康新生活理念进家入户、落在日常。创新实施全环境立德树人，开展“扣

好人生第一粒扣子”主题教育实践等系列活动，打造“齐鲁文化大会”“中国礼·中国乐”等综艺节目，建成乡村“复兴少年宫”1600余所。创新开展新时代文明实践，拓展建设文明实践家庭站9万余个，专门配备公益岗专管员6万余人。精准对接群众需求创新开展“五为”志愿服务，成立省志愿服务指导中心，全省发布“五为”志愿服务重点项目1万余个。扎实开展全域精神文明创建，创新实施“创城为民”实事清单，授予515个新申报村镇和3781个复查合格村镇2022年度省级文明村镇称号。推出4名(组)“齐鲁时代楷模”，评出“山东好人”714名、最美人物120人(组)，31人荣登中国好人榜。创新开展全民国防教育，召开职责调整后省委领导小组第一次会议，印发若干措施，完成省市县三级领导机构组建。

五、坚持精品创作牵引带动，优质文化供给更加丰富

聚焦“春秋风云”“派兵到山东”“咱家在山东”三大主题创作，着力建强文化文艺新鲁军。加强文艺精品创作，京剧《燕翼堂》、电影《我的父亲焦裕禄》、广播剧《守望黄河口》、图书《靠山》和《中国北斗》5部作品获中宣部“五个一工程”奖，入选数量和得分排名均实现新突破，民族歌剧《沂蒙山》斩获国家政府最高奖文华大奖。加强精品图书出版，策划推出《天下泰山》《咱们的新时代》等一批鲁版精品图书，《写给青少年的党史》等9种图书入选中宣部向全国青少年推荐百种优秀出版物，数量均居全国前列。加强“文化惠民”工程建设，大力开展“群众演群众看”小剧小戏“大擂台”、文化进万家等活动，成功举办第六届山东文化和旅游惠民消费季、首届山东省全民阅读大会暨齐鲁书香节。

六、坚持文创文改双轮驱动，文化产业发展更具活力

深入挖掘文化资源，强化创新带动、科技赋能、项目支撑，推动资源优势转化为发展优势。创新实施推进“山东手造”工程，举办中华传统工艺大会、“山东手造”精品展，遴选优选100及特色产品5350多个，搭建展销体验专区680个，“山东手造”产业规模、品牌影响、助力群众收入等聚力起势。创新培育“山东智造”品牌，制定文化数字化行动计划，加快推进青岛5G高新视频实验园区等重点项目建设。创新促进文旅融合发展，聚焦全省文化旅游主轴线，构建国家文化公园引领、文化交通线贯穿、文化体验廊道示范、文化片区支撑、全域文化“两创”和文旅融合高质量发展新格局。创新推动印刷发行业转型发展和版权产业做大做强，新华智能低碳印刷基地等重点项目有序推进，泰山国家图书版权交易中心落户山东。创新深化省属文化企业改革，健全绩效考核、文资监管等机制，经验被中宣部、财政部全国推广。

七、坚持党的全面领导，干事创业氛围更加浓厚

牢记“三个务必”和“两个永远在路上”，全面加强机关党的建设、队伍建设、作风建设、纪律建设。强化全面从严治党主体责任，召开省直宣传文化系统全面从严治党和党风廉政建设会议，开展党委（党组）主要负责人履责谈话、省属国有文化企业党建述职问询，推动压力层层传导。强化人才引育创新，制定实施意见，出台哲学社会科学、精神文明建设、新闻宣传引导等8个领域人才建设方案，有效激活人才智力动能。强化工作绩效考核评价，建设网上办公平台、视频会议系统，建立信息调度通报制度，实行重点工作月调度、季通报。强化“严真细实快”作风建设，召开全省宣传思想文化系统作风建设大会、部机关干部大会，凝心聚力抓创新、抓落实，形成了奋进前列、唯旗是夺的良好精神状态。

附：省委宣传部领导成员名单

省委常委、宣传部部长：白玉刚

分管日常工作的副部长、省文明办主任、省新闻办主任（正厅级）：衮艳春

副部长、省广播电视局党组书记、局长：李昌文

副部长、省委网信办主任：卢　岚

副部长、一级巡视员：魏长民

省纪委监委驻省委宣传部纪检监察组组长：郝　红

副部长、省电影局局长：程守田

副部长：孙文利　张桂林

省新闻出版局、省版权局副局长（副厅级）：王俊冰

省文明办副主任（副厅级）：张同海

省委讲师团团长（副厅级）：冷兴邦

省新闻办副主任（副厅级）：孙应琢

全省统战工作概况

省委常委、统战部部长　徐海荣

2022年，在省委的坚强领导下，省委统战部坚持以习近平新时代中国特色社会主义思想为指导，全面学习贯彻党的二十大精神，深入学习贯彻习近平总书记关于做好新时代党的统一战线工作的重要思想和对山东工作的重要指示要求，围绕中心、服务大局，守正创新、开拓进取，推动全省统战工作“走在前、开新局”，为新时代社会主义现代化强省建设作出积极贡献。

一、切实加强党对统战工作的全面领导，大统战工作格局更加完善

省委高度重视统一战线工作，认真履行主体责任，召开省委统战工作会议，深入学习贯彻中央统战工作会议精神特别是习近平总书记重要讲话精神，对推动新时代全省统战工作“走在前、开新局”作出系统部署。省委常委会及时跟进学习习近平总书记关于统战工作的重要讲话、重要指示批示，经常研究统战工作，推动解决重大问题。省委主要负责同志切实履行第一责任人职责，带头学习宣传贯彻统一战线政策法规，带头参加统一战线重要活动，带头广交深交党外朋友，全年对统战工作作出批示29次，有力指导和推动统战工作开展，示范带动各级领导干部主动抓统战、全力促统战。省市县三级统战工作领导小组进一步健全完善工作机制、提升运行效能，充分发挥高质量发展综合绩效考核指挥棒作用，不断优化统战指标设置，督促各级各部门切实履行好统战工作职责，党委统一领导、统战部牵头协调、有关方面各负其责的大统战工作格局更加完善。

二、全面学习贯彻党的二十大精神，统一战线共同思想政治基础更加巩固

把学懂弄通做实习近平新时代中国特色社会主义思想作为首要政治任务，把旗帜鲜明讲政治贯穿统战工作全过程，坚定拥护“两个确立”、坚决做到“两个维护”。以迎接党的二十大、学习宣传贯彻党的二十大精神为主线，深入开展“喜迎二十大 同心跟党走”“新时代统战工作巡礼”等主题宣传活动，召开全省统一战线学习贯彻党的二十大精神座谈会，向广大统战成员开展宣讲，持续兴起学习宣传贯彻热潮，推动大会精神在全省统一战线落地生根。在各领域统战成员中深入开展“矢志不渝跟党走、携手奋进新时代”“爱党爱国爱社会主义”“凝聚新力量·筑梦新时代”等主题教育，筑牢统一战线团结奋斗的共同思想政治基础。

三、深入开展统一战线“走在前、开新局”系列活动，服务强省建设更加有力

聚焦“三个十大”行动等重点工作，举办全省统一战线“走在前、开新局”系列活动，为新时代社会主义现代化强省建设凝心聚力。支持各民主党派省委会、无党派人士围绕黄河国家战略实施、绿色低碳高质量发展先行区建设等，深入调查研究，积极建言献策，开展民主监督。召开民营经济高质量发展工作会议、全省民营企业座谈会，帮助民营企业用足用好国务院稳经济33条和山东省五批311条政策包，深化“送政策上门精准对接”“一企一策纾危解困”等活动，不断提升助企精度、服务温度、纾困力度。进一步密切同港澳台和海外的联系，开展“走进侨梦苑”等经贸交流活动，搭建“港澳千人山东行”“智荟齐鲁·云选会”等人才交流平台，达成合作协议114项、项目总投资额680多亿元，吸引1000余名港澳高层次人才和20多个国家80余个海外华侨华人社团、留学生组织参访交流、创业就业。着眼促进民生改善和共同富裕，深入开展民主党派助力乡村振兴县区行、万企兴万村、光彩事业、温暖工程等公益活动，实施“兴村”项目5500多个、受益乡村6000多个。

四、努力推动统战事业高质量发展，各领域工作质效更加优化

深入学习贯彻中央统战工作会议精神，按照省委工作要求，努力在补短板上下功夫，在敢担当上作表率，在善作为上动脑筋，推动各领域统战工作提质增效、实现新发展。多党合作方面，支持各民主党派、工商联省级组织做好换届工作，加强统筹协调、精心组织实施，省领导同志分别出席省各民主党派、工商联代表大会并致贺词，顺利实现人事更替、政治交接。积极为各民主党派、工商联、无党派人士履职尽责创造条件，不断提升政党协商、参政议政、民主监督水平，推动新时代多党合作更加规范有序、生动活泼。民族工作方面，深入贯彻中央民族工作会议精神，制定推进新时代全省民族工作高质量发展的实施意见，构建党委统一领导、政府依法管理、统战部门牵头协调、民族工作部门履职尽责、各部门通力合作、全社会共同参与的民族工作格局。创新实施铸牢中华民族共同体意识“十大行动”，挖掘泰山、黄河、孔子等中华民族文化符号和形象，积极探索铸牢中华民族共同体意识的具体路径。打造“花开齐鲁石榴红”城市民族工作品牌，推动构建嵌入式社会结构和社区环境，各族群众对“三个离

不开”“四个与共”“五个认同”的认识不断深化。宗教工作方面，深入贯彻全国宗教工作会议精神，推动宗教工作实现“六个纳入”，完善党委领导、政府管理、社会协同、宗教自律的宗教事务治理格局。发挥儒家文化发源地优势积极探索宗教中国化山东路径，成立宗教中国化研究基地，开展宗教中国化“百场讲经”活动，举办齐鲁文化与宗教中国化研讨会，用中华优秀传统文化浸润各种宗教。坚决抵制境外利用宗教进行渗透，加大非法宗教活动治理力度，有关经验做法在全国会议上作交流发言。民营经济统战工作方面，持续深化理想信念教育，大力弘扬企业家精神，引导全省广大民营经济人士争做爱国敬业、守法经营、创业创新、回报社会的典范；落实党委、政府与协会商会、民营企业沟通协商办法，制定省级层面实施方案，协助省级领导干部调整联系名单，有序推进政企沟通协商，推动构建亲清政商关系。党外知识分子和新的社会阶层人士方面，加强党外知识分子和新的社会阶层人士思想引导，不断提升思想引导精准度实效性。深化国有企业统战工作改革创新，541 户省属国有企业全部成立统战工作领导小组和统战部、配备专兼职工作人员 13625 名，实现历史性突破。全省 16 市全部建立党外知识分子、新的社会阶层人士联谊组织和中华职教社、欧美同学会组织，积极打造百名专家教授联百企、新阶层寻美山东、留学报国·智汇齐鲁等系列品牌，把党外知识分子和新的社会阶层人士更好地组织起来、发挥作用，最大限度实现人尽其才、才尽其用。港澳台侨方面，成立澳门山东社团总会，发挥香港山东社团总会作用，建强港澳统战工作阵地。推动有关市在港同乡社团完善组织架构，进一步延伸工作触角，发展壮大会员力量。持续推进“泰山关爱行动”，积极拓展“港澳千人山东行”覆盖面。加强常住大陆台胞统战工作，支持台湾爱国统一力量发展壮大。创新制定《山东省华侨权益保护条例》，举办尼山世界文明论坛华侨华人论坛、海外华文媒体“感知中国”山东行等活动，持续开展“暖侨行动”，为促进海外侨心凝聚作出山东贡献。

五、着力防范化解风险隐患，统一战线和谐稳定的氛围更加浓厚

将防范化解风险隐患、为党的二十大胜利召开营造良好环境作为重大政治任务，成立工作专班，细化工作举措，严格落实意识形态工作责任制，牢牢把握工作主动权，坚决守牢安全稳定底线。强化源头治理，坚持稳字当头、稳中求进，深入开展调查研究和风险评估，确保每项统战政策符合中央政策和山东实际，坚决避免因工作开展引发风险。强化系统治理，抓实抓细排查发现、分析研判、应对处置等各个环节，深入开展风险隐患排查，建立每月调度、工作台账等工作机制，常态化、全链条抓好风险防范化解。强化专项治理，根据民主党派、民族宗教、民营经济、党外知识分子、新的社会阶层、港澳台侨等不同领域特点，靶向发力、精准施策，有针对性地开展风险隐患防范化解工作。强化协同治理，建立知责明责、履责尽责、督责追责的责任体系，构建各方面快速反应、协同配合、齐抓共管的工作格局，切实增强防范化解风险隐患的整体性协同性有效性。中央统战工作领导小组在全国推广相关经验做法，中央统战部在山东召开统战领域防范化解风险隐患工作座谈会，时任中央书记处书记、中央统战部部长尤权对山东工作给予充分肯定。

六、持之以恒全面从严治党，统一战线自身建设更加坚实

深入学习贯彻习近平总书记关于党的自我革命的战略思想，压紧压实各级责任，纵深推进统战系统全面从严治党，充分发挥党的建设统领和保障作用。把政治建设放在首位，严格落实《关于加强和维护党中央集中统一领导的若干规定》《关于新形势下党内政治生活的若干准则》等政策法规，严明政治纪律政治规矩，坚决反对“七个有之”，切实做到“五个必须”“五个决不允许”，始终同以习近平同志为核心的党中央保持高度一致。强化思想建设和理论武装，在学懂弄通做实习近平新时代中国特色社会主义思想上持续用力，引导各级统战干部全面把握这一重要思想的世界观和方法论，熟练运用蕴含其中的立场观点方法，把“六个坚持”贯穿统战工作各方面全过程。抓基层强基础，进一步提升基层党组织政治功能和组织功能，不断强化思想淬炼、专业训练、岗位历练，打造党性坚强、能力过硬、学识丰富、作风优良的统战干部队伍。召开省直统战系统全面从严治党暨党风廉政建设和反腐败工作会议，强化正风肃纪，严格落实中央八项规定实施细则精神和省委实施办法，制定省委统战部具体措施，坚决纠治“四风”特别是形式主义、官僚主义，一体推进不敢腐、不能腐、不想腐，进一步营造风清气正的良好政治生态。

附：省委统战部领导成员名单

省委常委、统战部部长：徐海荣

分管日常工作的副部长（正厅级）：张淑敏

副部长（正厅级）：李法信

副部长，省民族宗教委党组书记（正厅级）、副主任：白　山

副部长，省工商联党组书记、常务副主席（正厅级）：张　鲲

副部长，省社会主义学院党组书记、第一副院长（正厅级）：张小梅

副部长，省侨办主任：孙传尚

副部长：张　静　孙中亮

省纪委监委驻省委统战部纪检监察组组长：隋宝文

全省政法工作概况

省委常委、政法委书记　李　猛

2022年，全省政法机关坚持以习近平新时代中国特色社会主义思想为指导，深入学习贯彻党的二十大精神和习近平总书记对山东工作、政法工作的重要指示要求，锚定“走在前、开新局”，踔厉奋发、勇毅前行，全省政法工作高质量发展取得新成效，为新时代社会主义现代化强省建设提供了坚实政法保障。

一、深入学习宣传贯彻党的二十大精神，坚定拥护“两个确立”、坚决做到“两个维护”

把学习宣传贯彻党的二十大精神作为首要政治任务，着力在全面学习、全面把握、全面落实上下功夫，深刻认识“两个确立”的决定性意义，牢牢把握政法工作的正确方向。

（一）迅速兴起学习宣传贯彻党的二十大精神的热潮

召开省委政法委员会全体会议，印发通知，对全省政法系统学习宣传贯彻党的二十大精神进行全面部署。统筹安排学习培训，省市县各级政法机关主要负责同志带头，在全省政法系统集中开展党的二十大精神宣讲活动，采取理论学习中心组学习、集中轮训、举办研讨班和报告会、山东政法青年讲堂等方式，实现学习培训多形式、分层次、全覆盖。统筹政法媒体、法学法律界专家智库，开展广泛宣传报道、深入研究阐释，全力营造浓厚学习氛围。紧密结合政法工作实际，制定贯彻落实措施，切实把党中央提出的重大战略部署转化为推动政法工作高质量发展的生动实践。

（二）坚持不懈用习近平新时代中国特色社会主义思想凝心铸魂

坚持以习近平新时代中国特色社会主义思想为指导，深入学习贯彻习近平法治思想和习近平总书记关于政法工作、山东工作的重要指示要求，严格落实“第一议题”、理论学习中心组制度，成立山东省习近平法治思想研究基地及学术委员会，举办学习贯彻习近平法治思想研修班、全省党委政法委书记培训班，深入实施政法系统青年理论学习提升工程，组织开展政治轮训，进一步增强坚定拥护“两个确立”、坚决做到“两个维护”的政治自觉、思想自觉和行动自觉，筑牢绝对忠诚、绝对纯洁、绝对可靠的思想根基。

（三）坚持党对政法工作的绝对领导

深入落实《中国共产党政法工作条例》，建立政治监督台账制度，严格落实重大事项请示报告制度。对16市进行全覆盖督导调研，有针对性地开展政治督察、执法监督、纪律作风督查巡查。召开省委政法委员会全体会议6次，集体研究决定重大事项。省委政法委协助党委和组织部门加强政法单位领导班子和干部队伍建设，派员列席同级政法单位党组（党委）民主生活会。

二、全力确保社会大局稳定，推动建设更高水平的平安山东建设

针对影响社会稳定的突出问题，依法开展打击整治，排查化解风险矛盾，着力建设更高水平的平安山东。2022年全省群众安全感得分96.7分，创历史新高。

（一）坚决维护国家政治安全

紧紧围绕护航党的二十大这一重大政治任务，认真抓好防风险、保安全、护稳定各项工作，圆满完成了北京冬奥会、冬残奥会、全国“两会”等重大活动服务保障工作。严格落实意识形态责任，常态化开展舆情风险排查化解工作，切实守牢政法意识形态阵地。

（二）扎实推进平安建设

深化平安山东创建，将平安建设纳入16市和省直机关综合绩效考核，开展平安市、县、乡、村四级联创和平安行业、平安单位创建活动，对21个平安山东建设示范县（市、区）命名授牌。开展平安山东建设领域风险排查化解、涉法涉诉信访“四查四清四到位”等专项行动，有效防范化解各类重大风险。

（三）深入开展常态化扫黑除恶

贯彻落实《反有组织犯罪法》，组织开展扫黑除恶“固本清源”专项行动和无黑、无恶、无痞霸“三无”创建活动，将教育、金融放贷、市场流通领域纳入新一轮整治范围，打掉黑恶组织15个、恶势力犯罪集团92个、恶势力犯罪团伙54个，查处涉黑涉恶腐败和“保护伞”问题564起。

（四）着力抓好突出违法犯罪打击整治

开展夏季治安打击整治“百日行动”，破获各类刑事案件3.03万起。推进打击治理电信网络诈骗违法犯罪三年攻坚，止付资金933.34亿元，主要指标位居全国前列。开展打击整治养老诈骗专项行动，立案3963起、破案3746起，实现“两降两升三严防”目标。

三、持续深化法治建设，打造更加优质的法治环境

立足政法机关职能，充分发挥法治固根本、稳预期、利长远保障作用，大力推进严格执法、公正司法，不断提升执法司法公信力，加快建设更高水平的法治山东。

（一）全面深化政法改革

全面准确落实司法责任制，优化政法机构职能体系，健全执法司法制约监督体系，完善法官检察官遴选和惩戒制度，推动省以下地方法院、检察院财物省级统一管理改革，推开四级法院审级职能定位改革和涉案企业合规改革试点。扎实推进诉源治理，平均办案周期同比缩短 3.5 天，万人起诉率在全国同档收案数量的省份中最低。加快政法数字化改革，制定《山东省数字法治系统建设方案》，构建“1+4+9+N”整体框架，深化全省政法机关跨部门大数据办案、涉案财物集中管理平台建设应用，省网格化智能工作平台接入省“一网统揽”综合慧治平台，首次实现网格化服务管理全省一张网。

（二）打造一流法治营商环境

积极服务保障现代化强省建设，主动融入山东绿色低碳高质量发展先行区、黄河流域生态保护和高质量发展等重大战略，在沿黄 9 市开展打击整治非法开采矿产资源专项行动。高标准建成国内首家省级资金查控中心，开展严打经济犯罪“鲁剑”行动，立案 9549 起，涉案金额 2142.82 亿元。建立破产处置府院联动机制，审结破产案件 1230 件。加强知识产权保护，制定适用惩罚性赔偿的裁判指引，发布知识产权检察白皮书。全面推开涉案企业合规改革试点，开展民营企业中小微企业账款案件专项执行行动，执结 2.8 万件，执行到位 146.9 亿元。推进法治政府创建，全省有 3 个市、5 个项目被评为全国示范市、示范项目。推进“无证明之省”建设，升级“互联网 + 民生警务平台”，高频事项全程网办率突破 90%，183 个公安服务大厅全部实行“一窗通办”。推动行政许可事项清单化管理，在 31 个领域 520 项证明事项推行告知承诺制，跑出惠企利民加速度。成立涉企涉疫法律服务团 560 个，助力企业复工复产。在 2022 年全国工商联“万家民营企业评营商环境”中，山东省居全国第四位。

（三）推进法治社会建设

加强以宪法为核心的法治宣传教育，加大全民普法力度，提升全社会法治意识和法治素养。完善公共法律服务体系，推进“法援惠民生”系列品牌活动，实现五级公共法律服务实体平台全覆盖，通过法律援助，帮助困难群体挽回经济损失或取得利益 22.3 亿元。“齐鲁石敢当”获评 2022 年“中国最具影响力政法新媒体”等多个奖项，山东长安网获评 2022 年“中国优秀政法网站”。推进法学研究高质量发展，2022 年山东省法学会向中国法学会报送习近平法治思想研究成果数量位居省级法学会第一名，获第九届董必武青年法学成果奖优秀组织奖。

四、深入推进社会治理创新，健全完善社会治理体系

坚持和发展新时代“枫桥经验”，深化系统治理、依法治理、综合治理、源头治理，着力构建基层社会治理新格局。

（一）扎实开展市域社会治理现代化试点

组织全省 8 个试点市以创建全国市域社会治理现代化试点合格城市为目标，深入实施市域社会治理试点达标和品牌培育工程，对试点市实行重点联系帮包。深化“一市一品牌、一县一特色”建设，持续擦亮济宁市“和为贵”、东营市网格化服务管理、威海市“六治一网”等社会治理品牌，市域社会治理系统化、社会化、精细化、法治化、智能化水平显著提升。

（二）不断夯实社会治理基层基础

打造“综治中心 + 网格化 + 信息化”的基层社会治理模式，推动综治中心建设实体化，省市县乡四级均成立综治中心，优化城乡网格 15.3 万个，配备网格员 17.7 万名。推动“雪亮工程”建设一体化，重点公共区域视频监控覆盖率和联网率均达 100%。印发《关于充分发挥网格化服务管理作用做好疫情防控工作的通知》，全省网格员深入一线参加疫情防控工作。

（三）着力做好矛盾纠纷多元化解工作

建立“一站式”矛盾纠纷多元化解工作机制，省市县三级基本建成“一站式”矛盾纠纷调解中心，及时把矛盾纠纷化解在基层、化解在萌芽状态，初步实现“只进一扇门，最多跑一地”目标。

五、加强政法队伍建设，努力锻造忠诚干净担当的政法铁军

全面推进政法队伍革命化、正规化、专业化、职业化建设，为政法工作现代化提供坚强组织保障。

（一）持续巩固深化政法队伍教育整顿成果

深入贯彻落实《中国共产党政法工作条例》，制定全省政法队伍教育整顿后续工作具体措施，认真做好教育整顿挂牌案件攻坚、举报线索办理等后半篇文章，推动全面从严管党治警向纵深发展。

（二）坚持以严的基调正风肃纪

认真贯彻落实中央八项规定及其实施细则精神，制定贯彻落实中央八项规定精神实施办法及加强全省政法系统作风建设的若干措施，大力弘扬“严真细实快”工作作风，持续深化纠治“四风”，力戒形式主义、官僚主义。推动落实防止干预司法“三个规定”，严格执行新时代政法干警“十个严禁”，营造风清气正的良好政治生态。

（三）大力提升干警素质能力

健全政法干警素质能力培养体系，开展各层级业务培训、岗位练兵，组织全省政法干部“双百”交流挂职。完善政法干警履职保护机制，开展“齐鲁最美法官”“齐鲁最美检察官”评选活动，进一步提升政法干警职业荣誉感。深化暖警爱警工作，落实关心基层一线政法干警身心健康政策，完善关爱扶助因公牺牲或伤残政法干警家庭机制，进一步增强政法队伍凝聚力、向心力、战斗力。

附：省委政法委领导成员名单

省委常委、政法委书记：李　猛

副省长、省政府党组成员，省委政法委副书记，省公安厅党委书记、厅长兼督察长：范华平

省法院党组书记、院长，省委政法委副书记，山东法官培训学院院长：张甲天

分管日常工作的副书记（正厅级），省法学会党组书记、常务副会长：孙成良

副书记（正厅级）：李　娥

副书记：涂　林（挂职）

省纪委监委驻省委政法委纪检监察组组长：李　臻

副书记：王曙光　刘启超

二级巡视员：张海涛

省委政策研究工作概况

省委副秘书长、政策研究室主任　张祚亭

2022年，省委政研室坚持以习近平新时代中国特色社会主义思想为指导，紧紧围绕迎接党的二十大、学习宣传贯彻党的二十大精神，深入贯彻习近平总书记对山东工作的重要指示要求和党中央决策部署，锚定“走在前、开新局”，扎实做好各项工作，政研事业取得明显成效。室机关被评为国家级节约型机关、省级公共机构节水型单位；内设机构分别获得“模范机关建设表现突出集体”“省直机关党支部建设示范点”等荣誉称号。

一、提高政治站位，坚定拥护“两个确立”、坚决做到“两个维护”

强化政治机关意识，推进机关政治建设，教育引导全体党员干部不断提高政治判断力、政治领悟力、政治执行力，坚定不移在思想上政治上行动上同以习近平同志为核心的党中央保持高度一致。

（一）学懂弄通做实习近平新时代中国特色社会主义思想

持续强化理论武装，认真落实“第一议题”和理论中心组学习、青年理论学习等制度，全面把握习近平新时代中国特色社会主义思想的世界观、方法论和贯穿其中的立场观点方法，自觉做习近平新时代中国特色社会主义思想的坚定信仰者和忠实实践者。全年室务会及时跟进学习19次、理论中心组集体学习13次、研讨发言54人次，举办“双提升”大讲堂3期，全体干部均参加集中轮训；以九大机制推进青年理论学习提升工程，组织青年理论集体学习15次、联学联建7次。理论中心组学习档案被省直机关党建成果展实物展示，抓学习做法在《大众日报》刊发。

（二）深入学习宣传贯彻党的二十大精神

把迎接庆祝、护航保障党的二十大胜利召开和学习宣传贯彻党的二十大精神作为重大政治任务，自觉在全面学习、全面把握、全面落实上下功夫见实效。高质量服务省委开好十二届二次全会，服务省委起草《中共山东省委关于深入学习宣传贯彻党的二十大精神的决议》，服务省委主要领导做好高校宣讲，推动党的二十大精神在山东落地生根、开花结果。制定《省委政研室（省委改革办）学习宣传贯彻党的二十大精神实施方案》，理论中心组开展专题研讨，举办专题培训班，选派处以上干部参加省里轮训；2名班子成员参加省委和省直机关宣讲团，其他干部通过调研、督察、“四进”攻坚等不同形式，赴基层一线开展集中宣讲；研究谋划提出30个重点调查（理论）研究课题和100余个改革课题，以高质量调研成果服务省委决策；《山东通讯》、“山东改革”微信公众号开辟学习宣传专栏，营造良好氛围。

（三）认真贯彻落实习近平总书记对山东工作的重要指示要求

主动将深入学习贯彻党的二十大精神与落实习近平总书记对山东工作的重要指示要求紧密结合，联系起来领会、统筹起来推进、贯通起来落实。锚定总书记赋予山东“走在前、开新局”的光荣使命，服务省委圆满召开第十二次党代会，全面推进新时代社会主义现代化强省建设。自觉对标对表总书记重要指示要求和党中央决策部署，服务省委起草《关于深入落实习近平总书记“三个走在前”重要指示要求争创一流工作业绩的意见》，做好“中国这十年·山东”主题新闻发布会等工作，以新时代社会主义现代化强省建设的实际行动坚定拥护“两个确立”、坚决做到“两个维护”。

（四）扎实开展省委巡视反馈集中整改

坚持同题共答，认真梳理党的建设、意识形态、职能发挥等领域存在的问题，扎实开展省委巡视反馈集中整改，确保件件有回应、事事有着落。成立整改领导小组，召开专题民主生活会，制定《巡视反馈意见整改落实工作方案及配档表》，主要负责同志带头认领16个具体整改事项、52次作出批示、3次主持召开室务会专题研究，指导修改完善制度文件17个。所有需整改问题事项，均按要求做到如期整改、保质交账。

二、强化党建引领，凝聚发展合力

落实新时代党的建设总要求，坚定不移推进全面从严治党，机关党的建设不断取得新进展新成效。2个党支部分别获得模范机关建设表现突出集体、省直机关党支部建设示范点。

（一）扛牢管党治党政治责任

召开全面从严治党专题会2次，研究制定2022年《机关党建工作要点》《履行机关党建工作责任清单》。坚持班子带头，制定《领导班子研究决定重要事项制度及议事细则》，健全完善“三重一大”决策机制。主要负责同志认真履行第一责任人职责，3次以普通党员身份参加指导支部组织生活，个人所讲党课被省直机关工委评为“优质党课”。班子成员认真履行“一岗双责”，加强对分管支部检查督导。

（二）守牢意识形态阵地

把落实意识形态工作责任制情况纳入领导班子、领导干部目标管理，与业务工作同部署、同考核。做好省委巡视组专项检查落实意识形态工作责任制反馈意见整改，所有需整改问题事项均按节点整改落实到位。开展舆情风险隐患全面摸排。举办意识形态专题培训班，邀请省直部门领导就“网络安全和信息化工作”“总体国家安全观”等授课，防范化解意识形态风险能力不断增强。

（三）不断夯实基层基础

严格按程序完成机关党委、纪委等换届。深入推进党支部标准化建设提升工程，修订完善支部考核标准。与省直机关工委联合开展“以下看上”调研，推动党建与业务深度融合。《以“四有四明四强四看”为抓手 大力推进党建与业务深度融合》获评机关党建十佳案例，青年理论学习小组被评为省直机关青年学习先进集体。

（四）健全廉政风险防控

注重日常监督，紧盯重要节点、敏感时期，开展廉政提醒。持续用好监督执纪“第一种形态”，累计实施78人次，加强廉政文化建设，组织观看警示片，编印违纪违法典型案例，张贴廉政宣传挂图，2次召开警示教育大会，时刻提醒党员干部知敬畏、存戒惧、守底线。

三、聚焦主责主业，推动高质量发展

紧紧围绕省委中心工作和全省发展大局，坚持问题导向、需求导向、目标导向、效果导向，履职尽责、担当作为，推进各项工作高质量发展。

（一）精心组织文稿

全面落实“疫情要防住、经济要稳住、发展要安全”要求，着力提高以研咨政、以文辅政质效，全年共牵头或参与起草各类省委会议文稿320余篇、省委及省委主要领导其他相关文稿800余篇，牵头或参与制发省委省政府文件25个。认真落实“短、实、新”文风要求，篇幅上按规定作出严格限制，提倡写短句、讲真话、出实招，圆满完成2022年工作动员大会、省第十二次党代会、省委十一届十五次全会、十二届二次全会，全省一季度、上半年、三季度经济社会形势分析会和省委经济工作会议、全省科技创新大会等省委重要会议文稿服务工作，深研善谋、以文鼎新、智促发展作用不断增强。

（二）深入调查研究

着眼当“大参谋”、出“大主意”，全年共梳理三批重点调研课题92个，采取“四不两直”、蹲点和“解剖麻雀”等方式，深入基层一线和企业实地调研，撰写调研报告90余篇，受到省领导批示70余件次，其中省委主要领导批示50余件次，多数建议进入省委、省政府决策，有力助推了新时代社会主义现代化强省建设。起草撰写的《抓住战略窗口期 用好开放大平台——上合示范区建设调研报告》《关于加强省属企业干部队伍建设的调研报告》《深化宣传引导创新 切实让正能量有大流量》《重点要素保障创新的思路对策》《县域财政改革创新》等调研报告受到省委、省政府主要领导肯定性批示并转发部门落实。《依托大棚产业推进乡村全面振兴》调研报告在中央政研室《学习与研究》刊发。

（三）用心服务保障

坚持省委工作部署到哪里，刊物咨询和载体服务就跟进到哪里，《领导参阅》《山东通讯》等阵地载体的影响力持续增强。按节点筹备组建省委决策咨询委员会，建立专家智库和制度规则，联合专家开展专题调研，服务省委科学决策的能力和水平不断提升。

四、加强自身建设，提升履职尽责能力

以全国文明单位创建为抓手，完善各项制度机制，着力营造“学风正、文风实、作风严、室风新”的干事创业氛围，不断夯实履职尽责担当作为基础。

（一）打造过硬干部队伍

扎实推进《关于落实年轻干部工作常态化机制的实施意见》，室机关主要负责同志2次主持召开青年干部座谈会，制定《关于深入推进青年理论学习提升工程的实施意见》，以“九大机制”推进年轻干部管理使用。制定年轻干部配备提升年度计划，加强优秀年轻干部队伍建设，干部队伍结构持续优化。做好第一书记、加强农村基层党组织建设、“四进”攻坚等工作，主动在应急处突、疫情防控和改革攻坚一线锻炼干部，有4人获得省直以上表彰。

（二）提高机关数字化建设和网络安全水平

电子政务内网正式投入运行，畅通高效运转“山东通”“公务之家”“智能公务车”等平台，机关内部办公的网办率、掌办率和运行效能不断提升。顶格做好保密工作，切实维护网络安全。

（三）锤炼优良作风加强机关文化建设

深入开展“倡树优良作风 争创一流业绩”活动，弘扬“严真细实快”的工作作风，力戒形式主义、官僚主

义。聚焦中心工作，实施文稿量化考核赋分机制，激励党员干部事争一流、唯旗是夺。组织深入学习习近平法治思想，获全省法律法规线上竞答“最佳组织奖”。有序做好疫情防控、安全生产、社区“双报到”、帮扶村“双联共建”等工作，持续打造模范机关、文明机关、正气充盈机关。

附：省委政策研究室领导成员名单

主　任：张祚亭

副主任：王玉河　王　森　王厚柱

全省改革工作概况

省委常委、秘书长，省委改革办主任
张海波

2022年，全省改革工作坚持以习近平新时代中国特色社会主义思想为指导，认真学习贯彻习近平总书记关于全面深化改革的重要思想，深入贯彻落实党中央改革决策部署，锚定“走在前、开新局”，各项改革全面发力、纵深突破，为全省经济社会高质量发展提供了坚强支撑。

一、牢牢把握正确改革方向，坚决扛起全面深化改革重大政治责任

始终把全面深化改革作为重大政治任务，增强定力、把牢方向，扛实责任、扎实推进。

（一）提高政治站位

建立“第一议题”制度，第一时间传达学习习近平总书记关于全面深化改革的重要指示要求，第一时间研究落实党中央改革决策部署。省委主要领导同志带头抓部署、抓方案、抓协调，抓督办、抓推进、抓落实，牵头推进科技创新、营商环境等重点改革。

（二）压实主体责任

全面贯彻落实习近平总书记关于党委（党组）扛起改革政治责任、领导干部争当改革促进派实干家的重要指示要求，省委领导领衔推进重大改革任务，协调解决遇到的突出矛盾和问题。6位常委牵头推进各专项领域改革任务。建立常态化述职机制，各市委深改委主任、各专项小组组长向省委深改委进行年度述职，层层压实各专项小组、省直各部门、各级党委一把手改革推进责任。

（三）加强统筹谋划

坚持以全局观念、系统思维谋划和推进改革，围绕省委重大决策部署，系统推进98项年度重点任务。注重发挥省委深改委的统筹领导作用，聚焦“十大创新”，筛选推出数字经济高质量发展体制机制改革、共同富裕政策集成改革等一批具有全局性、引领性、集成性改革事项，出台全省层面的指导性意见。

二、聚焦重点领域和关键环节，统筹推进全方位多层级改革创新

集聚各类资源，破解瓶颈制约，提升质量效能，形成了一批突破性的改革创新成果。

（一）创新新旧动能转换突破机制

推动“数字变革创新”，出台促进数字经济高质量发展的若干措施。建立标志性产业链“链长制”工作机制，制定山东省“专精特新”中小企业培育、省级财政资金股权投资、金融支持等措施。畅通中小微企业专业技术人才职称申报渠道，优化完善职称申报兜底机制。实施技改三年行动计划，推动“云技改”。培育“工赋山东”品牌，实施5G“百城万站”深度覆盖和“百企千例”规模应用行动。完善“亩产效益”评价指标体系和评价办法，探索开展用水效益评价试点。

（二）深化科技创新攻坚机制

开展科技成果评价改革综合试点、科学技术奖励改革试点，增设省科学技术青年奖，在全国首创定向奖励改革。崂山实验室正式挂牌运行，加快打造海洋领域国家战略科技力量。启动“济南国家新一代人工智能创新发展试验区”“基于铝基的交通轻量化”等一批科技示范工程，全面推行技术总师负责制。制定促进全省高新技术产业开发区高质量发展若干措施，聚力推动黄河科创联盟实体化运作。制定山东省种业振兴行动实施方案，制定23项种业振兴政策措施，率先在全国开展耐盐碱大豆试验审定，在滨海及内陆盐碱地设置9处试点。

（三）深化要素市场化改革

推进电力现货改革试点长周期结算，完善交易方案和规则。制定农业水价综合改革工作验收办法及评价细则，健全精准补贴和节水奖励机制。印发土地要素跟着项目走实施细则，出台省市县三级联动做好用地服务保障工作的意见。修订省级收储能耗指标交易实施细则，开展第一批能耗指标收储交易工作。制定非财政拨款预算管理暂行办法，建立省级预算支出标准体系和项目全生命周期管理、支出标准建设管理办法。开展省级大型设施设备租赁配置试点，健全市场化粮食收购贷款信用保证基金融资担保机制。深化农村商业银行改革，推动利用地方政府专项债券补充中小银行资本。完善金融辅导工作评价奖励政策，建设科创金融改革试验区。

（四）激发市场主体活力

开展省属国有相对控股混合所有制企业差异化管控试

点，推动国有相对控股混合所有制企业由“混资本”向“改机制”有效转变。制定省属企业三项制度改革长效机制，推行管理人员竞争上岗、末等调整和不胜任退出制度。优化国有资本布局结构，组建完成省电子口岸公司、省环保集团、省体育集团，清理整合398户企业非主业资产。创新支持总部经济发展机制，制定招引政策，印发奖励政策落实实施细则。开展民营经济高质量发展先进县（市、区）建设工作。制定深化数字政府建设行动计划，开展“一件事”一链协同应用和重点领域多跨综合应用试点。推进“无证明之省”建设，省级发布电子证照证明“用证”事项500余项，各市平均发布电子证照证明“用证”事项2700余项，有关经验做法得到国务院领导批示。

（五）打造对外开放新高地

采取“一区多园”模式，整合设置4个省级新区管理机构。建设自贸试验区联动创新区，推进自贸试验区贸易投资便利化改革。组建黄河流域自贸试验区联盟，打造山东自贸试验区升级版。中国－上海合作组织地方经贸合作示范区积极探索完善“贸易＋通关＋物流＋金融”等一站式服务体系。深入落实多式联运改革试点，开展海铁联运“一单制”业务，直达“一带一路”沿线23个国家或地区54个城市。制定开发区东西合作共建试点方案，选择东西部产业匹配度高、优势互补强的10对开发区先行试点。制定优化完善开发区体制机制改革配套政策，促进开发区与行政区协调融合发展。

（六）探索碳达峰、碳中和实施路径

对表绿色低碳高质量发展先行区建设，将碳强度指标纳入高质量发展绩效考核指标体系，加快形成减污降碳激励约束机制。完善能耗“双控”制度，构建“1+2”政策体系。制定科学绿化试点示范省建设实施方案。建立健全生态产品价值实现机制试点办法，深化省际间、省内各区域间黄河流域横向生态保护补偿机制。推进海洋碳汇试点，加快推进黄河口盐沼湿地碳汇监测。

（七）深化民主法制领域改革

制定修订知识产权保护和促进、道路运输、红十字会、齐长城保护、固体废物污染环境防治等条例。健全党政部门与行业协会（商会）、民营企业沟通协商制度，创新会议沟通、书面沟通、访谈沟通等方式，在惠企政策制定、助企纾困、政策解读等方面充分保障有关方的知情权、参与权和监督权。制定《政协山东省委员会关于政协委员联系服务界别群众的意见》。推动修订《村务公开目录》，全省涉农县（市、区）全部完成修订工作。

（八）加快推进文化体制改革

开展打造中华优秀传统文化“两创”新标杆行动。健全媒体深度融合发展机制，集聚资源建强省级平台枢纽，“一市一策”推进市级媒体改革，整合信息发布、政务便民等9大功能，建设县域总服务平台。建立市属国有文化企业双效考核体制机制。深化国有文艺院团改革，健全省直院团演出奖励机制，试点量化考评、项目制等制度。完善文化惠民资金整合机制、省市县三级文化惠民演出服务机制。建设长城、黄河、大运河国家文化公园（山东段）。启动实施“文物保护利用十大工程”，制定《关于让文物活起来扩大中华文化国际影响力行动计划（2023—2025年）》，省市县文物保护和考古事业单位增加编制1100余名。

（九）纵深推进司法体制改革

在全国率先出台《关于进一步规范政法领域执法司法权力运行的若干措施》，形成了管根本、管长远的执法司法权力运行制度机制。出台《关于山东省省以下法院检察院财物市级统一管理改革的实施意见》。推动开展全省法院审级职能定位改革试点。健全提级管辖制度，制定案件提级管辖15条实施意见。优化调整再审职权配置模式，初步实现由民庭、审监庭负责固定民事案由的全审级审理。探索开展检察官逐级遴选机制，出台《山东省员额检察官跨地域遴选工作实施办法（试行）》。全面推开涉案企业合规改革试点。制定《关于加强行业监管与综合行政执法协作配合的若干措施》。

（十）加强社会事业体制改革

加快打造促进共同富裕省级范例，出台促进共同富裕集成化改革若干措施。完善转移支付与常住人口挂钩机制，修订山东省县级基本财力保障机制奖补资金管理办法。完善企业职工基本养老保险省级统收统支制度，调整省市责任分担机制。在13个县（市、区）开展省级家庭托幼试点。建设国家中医药综合改革示范区。深化公办养老机构改革，实施敬老院改造提升工程。实施义务教育薄弱能力提升工程，开展义务教育优质均衡县创建试点。组建黄河流域高校高质量发展联盟，在9所省属高校开展人才准聘长聘制试点。探索宅基地使用权流转、有偿退出、有偿使用制度。在10个县（市、区）实施乡村振兴政策集成改革试点。开展国家级、省级城乡融合发展试验区监测评价。

三、持续优化改革保障体系，建立更加符合改革阶段性特征的推进机制

把握全面深化改革进入“系统集成、协同高效”阶段要求，不断完善工作机制、夯实推进责任，优化方式方法、强化协同联动，着力构建更加务实高效、更加精准适配的改革运行体系。

（一）创新推进方式

优化省委深改委会议规则，推动省委深改委会议和省委常委会会议深度融合，2022年召开省委深改委会议3次，审议改革方案35个。探索试点先行机制，鼓励市县开展“受众提需求、政府制举措”的点菜单式改革和县域系统集成改革两项省级试点，探索改革推进机制、推进方法，形成可复制可推广的改革经验。

（二）健全督察机制

建立对中央改革方案常态化跟进落实机制，梯次加压、梯次督办。建立改革联络员制度，参与改革督察，提出改

进建议。围绕“十大创新”行动落实，细化分解为重点任务653项，以台账形式明确时间表和路线图。坚持“全面督察和专项督察”并重，每季度组织对省委深改委年度工作要点任务和群团改革、医疗保障制度改革等专项任务督察，倒逼改革任务落实落地。

（三）注重典型引路

向中央改革办推介国企改革、新旧动能转换、“点菜单”式改革等地方改革案例，其中有5项改革做法被中央改革办推介，数量位居全国前列。筹备“奋进新时代”成就展改革专题展，深入总结山东十年来的改革成效，在各类媒体展示，激发各级谋改革抓改革的积极性。

附：省委改革办领导成员名单

主　　任：张海波

副 主 任：张祚亭　孙爱军

专职副主任：张成杰　张旭东

全面依法治省工作概况

省委常委、政法委书记，
省委依法治省办主任　李　猛

2022年，省委全面依法治省委员会坚持以习近平新时代中国特色社会主义思想为指导，深入学习贯彻党的二十大精神，深学笃行习近平法治思想，健全党领导全面依法治省制度和工作机制，坚持依法治省、依法执政、依法行政共同推进，坚持法治山东、法治政府、法治社会一体建设，全面推进科学立法、严格执法、公正司法、全民守法，不断增强人民群众的法治获得感，为新时代社会主义现代化强省建设提供了有力法治保障。

一、切实提高政治站位，加强党对全面依法治省的领导

（一）以科学理论引领法治山东建设

坚持把学习宣传贯彻党的二十大精神作为首要政治任务，印发深入学习贯彻党的二十大精神全面推进依法治省的通知。制定深化学习宣传贯彻习近平法治思想工作方案，建立健全各级党委（党组）理论学习中心组学习习近平法治思想常态化机制，省市县三级党委理论学习中心组学习习近平法治思想304次。坚持把学习贯彻习近平法治思想作为干部教育培训必修课，举办全省学习贯彻习近平法治思想研修班，开展法治工作部门全战线、全覆盖培训。

（二）持续完善全面依法治省制度机制

围绕构建科学的依法治省制度体系，印发法治政府建设、法治人才培养、全面加强涉外法治、依法惩治行贿、持续优化法治化营商环境等方案举措。召开省委全面依法治省委员会第五次会议及办公室第十二次、第十三次、第十四次全体会议，研究法治建设重要问题35项。推动市县两级党委法治建设议事协调机构办事机构秘书科设置达100%，乡镇（街道）党委法治建设议事协调机构及办事机构设置率达85%。健全完善法治山东指标体系，常态化开展法治山东建设年度评估和动态监测，推动法治建设成果可量化、可评估。

（三）压实法治建设第一责任人职责

全面推开党政主要负责人述法工作，省委全面依法治省委员会会议专题听取部分市党委主要负责同志述法汇报，全省7.3万余名国家机关、企事业单位主要负责同志及班子成员参加述法，党政主要负责人述法工作被评为全省27项改革试点成果之一。推动细化党政主要负责人履行推进法治建设第一责任人职责清单，市县两级实现全覆盖。

（四）加强法治调研与督察工作

部署开展“黄河流域生态保护和高质量发展法治保障”专题调研，结合调研情况制定具体措施。组织在高校、科研机构、基层部门等5家单位设立第一批法治山东建设理论与实务研究基地和示范性涉外法治人才教育培养基地。出台建立常态化法治督察工作机制的意见，在全国率先建立法治督察与纪检监察监督协作机制，选取淄博、潍坊、日照、临沂4个市进行实地督察，推动法治建设责任落实。

二、强化有效制度供给，以高质量立法促进高质量发展

（一）加强重点领域、新兴领域立法

科学编制年度立法计划并抓好落实。2022年，省人大常委会制定法规10件、作出有关法规问题的决定1件，修改法规11件，废止法规7件，批准设区的市报批法规、决定29件；省政府制定规章8件，修改规章8件，废止规章10件，接收设区的市报备规章37件。制定知识产权保护和促进条例、人口与计划生育条例、齐长城保护条例、压煤村庄搬迁管理办法等一批富有地方特色的地方性法规规章。

（二）健全立法工作机制

出台地方立法评估工作规定，健全完善社会主义核心价值观入法入规制度机制，创新推进协同立法。深入践行全过程人民民主，省人大常委会新增设16个基层立法联系点、省司法厅确定33个基层立法联系点。注重运用“小快灵”“小切口”立法方式，精准解决改革发展中的堵点

盲点问题。

（三）切实维护法治统一

制定《关于进一步做好设区的市政府立法工作的意见》，推动设区的市立法质量稳步提升。持续提升备案审查工作质效，省人大常委会法工委全年接收报备并审查规范性文件62件，省司法厅全年接收报备并审查行政规范性文件377件。开展对规章和其他规范性文件涉及计划生育内容的专项清理工作，共清理需修改、废止或宣布失效的规范性文件26件。

三、扎实推进依法行政，不断提升法治政府建设水平

（一）加快转变政府职能

开展政务服务“双全双百”提升工程，85项“一件事”主题集成服务上线“爱山东”平台。全力推进“无证明之省”建设，31个领域520项证明事项推进告知承诺制。在全国率先编制公布省市县三级行政许可事项清单，省级清单纳入719项，市县分别平均426项、265项。出台《关于委托实施部分省级行政权力事项的决定》，将135项省级行政权力事项委托市县功能区实施。

（二）严格落实重大行政决策程序

出台《山东省重大行政决策事项目录管理办法》，省市县三级政府2022年度重大行政决策事项目录全部公布。落实党政机关法律顾问工作管理办法和加快推进公职律师工作的意见，县级以上政府法律顾问配备实现全覆盖，7132家单位建立公职律师制度，为重大事项决策提供法律意见11028件。

（三）深化行政执法体制改革

印发《关于加强行业监管与综合行政执法协作配合的若干措施》，厘清职责边界。加强重点领域和基层执法力量配备，全省2万余名县级部门执法人员下沉镇街。积极稳妥推进向乡镇（街道）赋权，研究起草《山东省赋予乡镇（街道）经济社会管理权限指导目录》，形成132项拟向乡镇（街道）赋权事项清单。

（四）强化行政执法监督机制和能力建设

制定行政执法人员行为规范，组织开展委托行政处罚、“乱罚款”等专项执法监督。在全国率先出台行政复议通报、决定履行监督等制度，行政复议直接纠错率达16.14%。建立行政机关负责人出庭应诉常态化机制，行政机关负责人出庭应诉率达99.6%。

（五）推进法治政府示范创建

青岛市、枣庄市获评第二批全国法治政府建设示范市，日照市“打造‘五位一体’的基层法治建设新平台”、聊城市“‘1+3’行政应诉工作模式创新”、淄博市沂源县“县镇（街道）村（社区）重大决策事项合法性审查全贯通机制项目”获评全国示范项目。同步命名省级示范市和县（市、区）22个、示范项目16个。

四、始终坚持公正司法，进一步提升司法质效和公信力

（一）深入推进司法体制综合配套改革

在全国率先印发进一步规范政法领域执法司法权力运行的若干措施。完善法官检察官遴选和惩戒制度，推进员额和编制跨域统筹使用、动态调整。出台省以下法院检察院财物市级统一管理改革的实施意见，进一步深化财物统一管理改革。深入推进审级职能定位改革试点工作。

（二）持续提升司法办案质效

全省法院收案180.1万件、结案186.7万件，分居全国第4位、第3位，平均办案周期压缩到56.4天、结案率上升至93.6%。深化一站式多元纠纷和诉讼服务体系建设，万人起诉率在收案量同档的省份中最低。深入开展“公益诉讼守护美好生活”、安全生产领域公益诉讼监督等专项活动，全年办理案件4708件。在全国检察机关56项案件质量评价指标中，山东省31项排名前十，其中9项排名第一。

（三）加强高质量发展司法保障

全面推开知识产权检察集中统一履职，制定适用惩罚性赔偿裁判指引，审结一审知识产权案件2.2万件。推进切实解决执行难，执结案件53.8万件，有财产可供执行执结率居全国第2。全面推开涉案企业合规改革，适用合规程序办案数量居全国首位。

（四）依法维护社会大局稳定

常态化开展扫黑除恶斗争，打掉涉黑组织15个、恶势力犯罪集团92个、恶势力犯罪团伙54个。深入推进打击电信网络诈骗犯罪三年攻坚战，全年刑事立案、八类暴力犯罪案件同比分别下降0.86%、1.04%。加快推进监狱分级分类建设管理，开展社区矫正巡回检察试点。开展平安山东建设领域“五类风险”排查化解，共排查风险隐患176.5万件、化解174.8万件，化解率达99%。全省群众安全感得分96.71分，创历史新高。

五、深化法治社会建设，营造崇尚法治厉行法治浓厚氛围

（一）深入开展法治宣传教育

全面实施“八五”普法规划，部署开展“宪法宣传周”“沿着黄河去普法”等主题普法宣传活动。推动完善党委（党组）理论学习中心组、政府常务会议定期学法制度，制定进一步完善领导干部学法用法清单制度的实施意见。

（二）深化多层次多领域依法治理

坚持和发展新时代“枫桥经验”，推进市域社会治理现代化试点、“一站式”矛盾纠纷多元化解机制建设等工作。强化信访积案攻坚，全面建成网络综合治理体系。全年累计培育“法治带头人”7万余名、“法律明白人”19万余名。

（三）健全公共法律服务体系

出台《山东省公共法律服务体系建设规划（2022—

2025年)》,基本建成覆盖城乡的现代公共法律服务体系。部署开展"做党和人民满意的好律师""乡村振兴 法治同行""法援惠民生"等活动,努力为群众提供优质高效的法律服务。

附:省委依法治省办领导成员名单

主 任:李 猛

全省网络安全和信息化工作概况

省委宣传部副部长、省委网信办主任
卢 岚

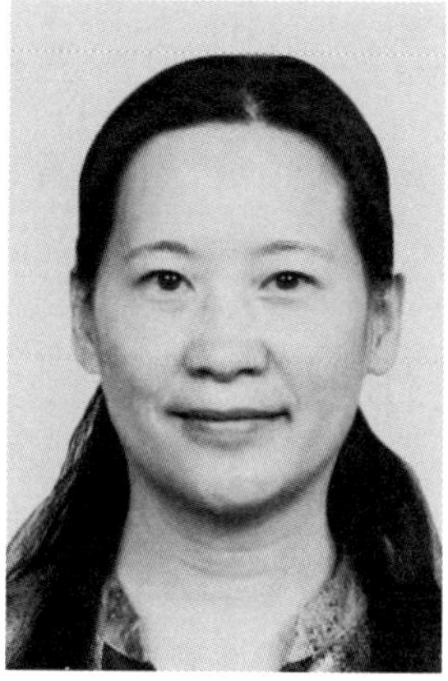

2022年,中共山东省委网络安全和信息化委员会办公室(以下简称省委网信办)坚持以习近平新时代中国特色社会主义思想特别是习近平总书记关于网络强国的重要思想为指导,紧紧围绕迎接服务保障和学习宣传贯彻党的二十大主题主线,在中共山东省委(以下简称省委)的坚强领导下,锚定"走在前、开新局",锐意进取、攻坚克难,网上重大主题宣传浓墨重彩,网络综合治理体系基本建成,网络安全保障能力极大增强,信息化驱动引领作用有效发挥,全省网信工作实现新的全面提升,为社会主义现代化强省建设提供了有力网上服务保障。

一、守正创新、突出重点,巩固壮大奋进新时代的网上主流思想舆论

(一)突出首要政治任务

聚焦习近平总书记和习近平新时代中国特色社会主义思想网上宣传,开设专题专栏30余个,推送稿件4.5万余篇,生动展现总书记的执政理念、领袖风范和人民情怀。创新开展网上理论传播,策划推出"习语润心——跟着总书记学文史哲"云宣讲活动,探索"多主体参与、故事化还原、青春态表达、感悟式解读"理论宣讲模式,全网播放量超2.1亿次。

(二)突出二十大氛围营造

全媒全效呈现大会盛况,创作传播作品7万余件,阅读量超18亿人次。精心策划"这十年这十秒""黄河安澜"等20余个主题活动,阅读量近23亿次,充分展现十年非凡成就。其中,"驻村第一书记寄语'党的二十大'"活动,动员3.3万名第一书记,推出作品2600余件,传播量突破2.8亿次。

(三)突出全省中心大局

坚持宣传也是生产力、正能量澎湃大流量,不断拓展全域融合传播渠道,积极深化与中央媒体、大型商业平台项目合作,组织开展"好客山东 好品山东"等网络重大主题宣传,采用专题专栏、开屏海报、朋友圈推广、直播推流、焦点图呈现等方式,强势引流、推介山东,阅读量近50亿次,多次登上热搜热榜,有效放大了涉鲁网络正能量传播声量。

二、多措并举、纵深推进,基本建成网络综合治理体系

(一)聚力夯实基层基础

基本建成网络综合治理体系,向基层纵深推进,不断推动网络空间治理与社会治理有机融合。深化全省互联网违法和不良信息举报受理处置一体化进程,省市县三级应急指挥中心建设进一步提档升级。不断优化完善技术系统,全省网信三级技术体系建设加快推进。

(二)聚力网络文明建设

举办2022山东网络文明周,开展"好网民·在山东"主题活动,线上线下覆盖3.4亿人次。深入推进网络素养教育"六进",建成教育基地80余家,成立450余人的省、市两级网络文明宣讲团和近1.5万人的网络文明志愿者队伍,开展各类活动2800余场。开展互联网企业党建攻坚行动,覆盖率较上一年提升9.04个百分点,16市全部成立互联网行业党委。

(三)聚力网络生态提升

扎实做好专项整治和日常管理,重拳出击营造清朗网络空间。开展"清朗"系列等专项行动30余个,约谈关闭网站1800余家,清理违法违规信息2.5万余条,全省网络生态持续向好。强化互联网信息服务规范管理,全省县级融媒体中心实现互联网新闻信息服务许可全覆盖。

(四)聚力网络法治建设

出台关于加强网络法治工作若干措施,统筹推进全省网络空间法治化。持续推进网络普法宣传教育,建立健全网络执法联动机制,加快网络安全条例立法并取得阶段性成果,在全国网络法治工作会议上作典型发言。

三、统筹协调、立体防御,全面提升网络安全工作水平

(一)优化网络安全总体设计

在全国率先出台《山东省网络安全约谈办法》,率先发布省级智慧城市建设网络安全地方标准,优化《网络安全风险防范应对指南》,推动建立个人信息保护工作机制。开展全省网络安全工作责任制检查评估,省市县实现全覆盖。

(二)提升网络安全防护能力

坚持"一体化作战",建成启用省网络安全协调指挥

平台，监测预警时效提升50%、反馈时效提升40%以上。将全省1100余个党政机关门户网站、重点新闻网站和3900余个重要信息系统纳入监测预警范围，网络安全立体化监测防护网逐步构建，全省未发生重大及以上网络安全事件。加强数据安全管理和个人信息保护，开展全省APP违法违规收集使用个人信息专项治理。联合开展跨区域、跨行业的“齐鲁护网2022”“鲁数网安2022”攻防演习，省市联动处置应对能力极大提升。

（三）夯实网络安全工作基础

统筹推进网络安全教育技术产业融合发展，济南高新区获评首批国家网络安全教育技术产业融合发展试验区。创新开展网络安全宣传教育，举办2022国家网络安全宣传周山东省活动，组织2022网络安全创意大赛和“泰山杯”网络安全大赛。第五届数字中国建设峰会发布的《数字中国发展报告》显示，山东网络安全指数排名全国第一。

四、强化统筹、聚焦关键，着力推动信息化赋能高质量发展

（一）持续推进数字乡村建设

建立全省数字乡村发展统筹协调机制，召开2022山东省数字乡村建设推进大会，印发《山东省数字乡村发展行动计划（2022—2025年）》，在全国率先出台标准化建设意见，牵动42家省有关部门（单位）、16市及社会各界协同推进数字乡村标准化、规范化、一体化发展，4个国家试点、57个省级试点建设取得显著成效，数字乡村“齐鲁样板”加速打造。

（二）提升全民数字素养与技能

举办首届全民数字素养与技能提升月，扎实组织主题展览、数字技术“进社区”“进校园”、助老助残等各类活动，评选发布90个创新案例，3家单位获评国家数字素养与技能培训基地，在全国提升全民数字素养与技能工作推进会议上作典型发言。

（三）深入落实信息化重点任务

纵深推进IPv6规模部署和应用，成功举办首届IPv6技术应用创新大赛（山东赛区），重点领域网站IPv6支持率不断提升。突出示范引领，加快枣庄市国家智能社会治理实验综合基地、潍坊市国家区块链创新应用综合性试点和国家IPv6技术创新和融合应用试点建设进度，成功推动济南获评全国首批“双化协同”综合试点。

五、党建引领、强化保障，不断加强党对网信工作的领导

（一）强化政治建设

始终旗帜鲜明讲政治，持续开展对党忠诚教育，省委网信办室务会理论学习中心组开展专题学习13次，集体学习30余次，常态化举办“网信大讲堂”，强化党员干部理论武装。深入学习宣传贯彻党的二十大精神，召开专题视频会议，全面贯彻落实党的二十大对网信工作的新部署、新要求，确保全省网信事业始终沿着正确方向阔步前进。

（二）强化党的建设

全面落实从严治党主体责任，推动党史学习教育常态化长效化。持之以恒正风肃纪，开展“四风”问题靶向纠治等系列专项整治，进一步绷紧纪律规矩意识。创新打造“e心向党 网信先锋”机关党建品牌，深化“一支部、一特色、一品牌”建设，持续推进全国文明单位创建。

（三）加强队伍建设

认真落实网信部门主要负责同志双重管理体制，持续优化职能和机构设置。加强网信系统干部教育，举办全省网信办主任培训班等专题培训班15个，培训全省网信系统3800余人次。推进网信人才工作创新，全面启动网信职称评价体系建设，覆盖从业人员16.5万人，全省网信队伍基层基础更加坚实。

附：省委网信办领导成员名单

主　任： 卢　岚

副主任： 李宗国　赵树岭　高　斌　李　军

全省财经工作概况

省委常委、副省长，省委财经办主任

曾赞荣

2022年，全省上下坚持以习近平新时代中国特色社会主义思想为指导，认真学习贯彻党的二十大精神，坚决落实习近平总书记对山东工作的重要指示要求，锚定“走在前、开新局”，高效统筹疫情防控和经济社会发展，聚力推进“十大创新”“十强产业”“十大扩需求”三个十大行动计划，全省经济稳中向好、进中提质，高质量发展态势强劲，为稳住全国经济大盘彰显了应有担当、作出了山东贡献。

一、经济持续恢复向好

全年地区生产总值达到8.74万亿元，同比增长3.9%。粮食总产达到1108.8亿斤，连续九年保持在千亿斤以上。规模以上工业增加值同比增长5.1%，41个大类行业中，近七成行业保持增长。固定资产投资增长6.1%，比亚迪新能源汽车、国电投氢能产业基地等重大产业项目落地建设，省市县三级重点项目完成投资3.4万亿元，争取专项

债券3469亿元、政策性开发性金融工具投放577.2亿元。市场消费有序恢复，可穿戴智能设备、新能源汽车等升级类消费活跃，限额以上实物商品网上零售额增长18%。外贸进出口总值达到3.3万亿元，再创历史新高，同比增长13.8%，出口、进口分别增长16.2%、10.3%。一般公共预算收入同口径增长5.3%。城镇新增就业120.2万人，超额完成年度计划任务；市场主体总量达到1404.5万户，增长5.8%。居民消费价格累计上涨1.7%。

二、动能转换加力突破

"五年取得突破"119项重点任务基本完成。启动标志性产业链突破工程，做大做强11条标志性产业链，大尺寸晶圆制造、高端封测、新型显示等加快发展，获批国家先进制造业集群3个，累计培育省级战略性新兴产业集群25个、"雁阵形"产业集群143个。滚动实施"万项技改、万企转型"，技改投资增长6%。出台全省碳达峰碳中和若干措施、碳达峰实施方案，"一企一策"推进"两高"行业企业能效改造提升，累计整合退出焦化产能1801万吨、转移炼钢产能2141万吨、整合地炼产能2696万吨。谋划实施能源转型发展"九大工程"，清洁能源"五大基地"加快建设，全省新能源、可再生能源发电装机占比39.3%，环境空气质量连续三年大幅改善，地表水国控断面优良水体比例首次超过80%。济南、青岛国家级互联网骨干直联点开通运行，国家移动物联网应用典型案例、信息技术与制造业融合发展试点示范、产业数字化指数均居全国首位。

三、科技支撑显著增强

崂山实验室正式挂牌组建，国家盐碱地综合利用技术创新中心、国家虚拟现实创新中心获批成立，3个国家区域医疗中心项目获批建设，新增3家省实验室、5家省级创新创业共同体。组织实施121项重大科技创新工程，实施重大关键技术攻关项目140项，3个1类新药获批上市，航空发动机试验装置可研报告全国率先获批。国家企业技术中心总数突破200家，居全国首位。全省高新技术企业、入库国家科技型中小企业分别达到2.6万家和3.5万家，新培育国家级制造业单项冠军41个。万人发明专利拥有量达到18.1件，增长22%。启动实施"2+N"人才集聚雁阵格局建设，优化整合泰山、齐鲁人才工程，国家级人才达到1830人，住鲁院士、国家级省级领军人才分别达到122名、5500余名。

四、重大战略蓄势赋能

成功争取绿色低碳高质量发展先行区落地建设，制定实施三年行动计划，配套落实政策清单、项目清单、责任清单，推动先行区建设开局起步，这是全国第一个以绿色低碳高质量发展为主题的战略布局，第一个以国发文件赋予山东的重大战略任务。黄河国家战略纵深实施，350个重点项目完成年度投资1765亿元，累计修复沿黄湿地12.4万亩，黄河口国家公园转入设立报批阶段。打造乡村振兴齐鲁样板取得重要阶段性成果，农业综合竞争力持续增强，家庭农场、农民专业合作社分别达到11.5万家、24.3万家，农业龙头企业突破1万家，数量均居全国首位。实施新一轮海洋强省建设行动，海上风电并网发电量突破18亿千瓦时，全球首艘10万吨级养殖工船"国信1号"交付使用。加快济南都市圈、青岛都市圈规划建设，编制出台新一轮突破菏泽鲁西崛起三年行动计划，印发实施支持省级新区28条政策，"一群两心三圈"格局持续优化。研究制定推进以县城为重要载体的城镇化建设若干措施，常住人口城镇化率达64.54%。

五、改革开放不断深化

纵深推进放管服改革，依申请政务服务事项可网办率达90%以上，"爱山东"注册用户突破1亿，营商环境整体水平位列全国第一方阵。实施高标准市场体系建设行动，细化落实建设全国统一大市场意见的若干举措。开展企业上市培育行动、新增上市及注册公司30家，科创金融改革试验区扎实推进，预算绩效管理体系不断健全。实施促进民营经济高质量发展十大行动，重点领域国有资本实现优化重组，国企改革三年行动评估位居A级首位。自贸试验区试点任务基本完成，上合示范区建设扎实推进。"齐鲁号"中欧班列累计开行6517列，中韩"四港联动"进入实质化运作。上合青岛峰会、跨国公司领导人青岛峰会、博鳌论坛全球健康大会、儒商大会、世界500强连线、世界入海口城市大会等影响广泛，济青烟国际招商产业园新引进世界500强企业项目13个，中电建、宁德时代等8家总部企业（机构）落户山东省，选择山东、创业齐鲁氛围日趋浓厚。

六、民生保障扎实有力

20项重点民生实事全面落地，财政用于民生支出占比达到79.1%。顶格执行"延缓返扩补创"援企稳岗政策，全省新开发城乡公益性岗位64.3万个，发放创业担保贷款182亿元。居民基础养老金最低标准提高至160元。大力推进全环境立德树人，加强和改进未成年人思想和道德建设，全面实施一流学科建设"811"项目，新改扩建幼儿园开工412所、中小学开工295所。实施新一轮医疗服务能力攀登计划，加快提升基层医疗卫生服务水平，中心村卫生室达到2782家，基本公共卫生服务经费标准"10连增"。改造提升敬老院198处，新增护理型床位3.7万张，社区养老服务设施配建达标率达到100%。城乡特困人员等9类困难群众救助保障标准提高10%以上，连续3年大幅提高。扎实推进城乡公共文化服务体系一体建设，创新开展文化惠民活动，实施"山东手造"工程，长城、大运河、黄河国家文化公园（山东段）加快建设。国防动员、人防消防、档案史志、地震气象、民族宗教、妇女儿童等工作取得长足进步。

七、安全底线筑牢夯实

坚持人民至上、生命至上，扎实做好疫情防控各项工作。动态清零阶段，坚决落实党中央确定的总策略、总方针、总目标，构建日常防控“4+3”、应急处置“4 个 3”工作机制，有效处置突发疫情，最大程度保护了人民生命安全和身体健康，最大限度减少了对经济社会发展的影响。进入“乙类乙管”新阶段，及时把工作重心转移到保健康、防重症上来，把握节奏、控制进程、拉平曲线、推后峰值，60 岁及以上人群接种疫苗覆盖率居全国前列。落实安全生产“八抓 20 条”，坚持统分结合，分级分类分时精准调度，生产安全事故起数、死亡人数分别下降 28.9%、26.8%。强化能源增储保供，政府可调度煤炭储备能力达到 1390 万吨。兜牢基层“三保”底线，省级下达市县各类转移支付 3306 亿元。金融机构不良贷款率继续保持较低水平，稳妥化解个别头部房企项目风险，扎实推进保交楼、稳民生。依法打击各类违法犯罪，常态化推进扫黑除恶，社会大局保持和谐稳定。

附：省委财经办领导成员名单

主　任：曾赞荣

分管日常工作的副主任（正厅级）：赵　锋

副主任：朱厚玉

全省外事工作概况

省委外办主任，省人民对外友好协会会长
蔡先金

2022 年，全省外事工作坚持以习近平新时代中国特色社会主义思想和习近平外交思想为指导，认真贯彻党的二十大精神，深刻领悟“两个确立”的决定性意义，增强“四个意识”、坚定“四个意识”、做到“两个维护”，服务国家总体外交大局坚定有力，推动高水平开放迈向纵深，全面深化对外交往合作，有效遏制重大涉外风险，持续巩固对外协同格局，推进全省外事工作实现更高质量发展。

一、加强党的领导

（一）深学细悟党的二十大精神

各级外事部门制定学习方案和计划，依托专题学习班、理论学习中心组集体学习、“外事讲堂”等载体，深刻把握党的二十大精神实质和精髓要义。将学习党的二十大精神与学习习近平外交思想统筹推进、一体落实，切实学懂弄通做实习近平总书记关于外交外事工作的重大部署，把思想和行动统一到党中央对外战略意图上来，持续增强做好新时代外事工作的自信自觉。围绕党的二十大对外宣介主线，制定对外宣讲方案，组织“总书记思想在山东的实践”“新时代十年 • 外国友人话山东”“友城友人话二十大”等主题宣介活动。

（二）加强党对外事工作的集中统一领导

召开省委外事工作委员会第七次全体会议、全省外事工作会议，推出“十个一”任务清单，指导各级党委外事工作委员会更好履职尽责，全局谋划、整体推进外事工作。严格落实请示报告制度，省委外事工作委员会决策部署 270 多项涉外事项。坚持“第一议题”制度，组织理论学习中心组集体学习 18 次。创新打造“党建引领、融通内外”活动品牌，开展各类党建和业务融合活动 80 多场次，与驻外使领馆基层党支部开展联学共建活动 20 次，经验做法在《山东通讯》《机关党建》刊登，外交部向全国地方外事系统推广。

二、主要工作和成绩

（一）积极争取国家外交资源落户

承办尼雷尔领导力学院 2022 年度南部非洲六姊妹党中青年干部研讨班“云考察”青岛专场活动，习近平总书记向全体学员回信。山东省与乌兹别克斯坦撒马尔罕州结好纳入习近平总书记赴乌兹别克斯坦出席上合峰会成果框架，是全省唯一纳入总书记出访成果的事项。高质量完成时任国务委员兼外交部长王毅在青岛会见韩国和尼泊尔外长、视频会见亚非发展中国家驻日内瓦使节、与智利外长通电话等保障任务，外交部发来表扬信。启用中国－太平洋岛国应对气候变化合作中心和中国－加勒比发展中心，省委主要领导为两个中心揭牌。新谋划外交部试点重点项目 108 个，创新率超 65%，得到外交部高度评价，并向全国推广经验。承办全国对外友协中德友城论坛“绿色合作”分论坛活动，担任中联部第九届“一带一路”中德经济合作对话会主宾省，承办中国宋庆龄基金会 2022 年东北亚青年可持续发展研习营，外交资源落地创新高。依托中国－上合组织经贸学院平台，推动完成 8 个班次 6000 余人的上合组织国家扶贫培训任务。

（二）深度融入国家开放大局

落实全省推进“一带一路”建设 32 项重点任务，参与中巴经济走廊建设，山东与“一带一路”沿线国家进出口规模首次突破 1 万亿元人民币，同比增长 38%。将世界入海口城市合作发展大会打造为“百城大会”，44 个国家 126 个外国城市共话合作；举办黄河流域自贸试验区联盟启动暨对外开放高质量发展大会，扩大黄河流域开放。办好 RCEP 区域（山东）进口博览会、中国－东盟市长论坛暨协同创新发展大会、RCEP 中小企业合作论坛等，推动 RCEP 协议落地见效，山东省对 RCEP 其他成员国进出口同比增长 23.9%。举办东亚海洋合作平台青岛论坛，落地“海洋十年”海洋与气候协作中心，推动共建“海洋十年”国际合作中心，深化海洋国际交流。办好华侨华人高层次人才走进山东（济南）“侨梦苑”活动、山东—德国人才交流会等，强化海外引才，2022 年引进海外留学人才 5675 人，同比增长 11.7%。

（三）有力打造高端开放平台

举办首届国际青年交流大会、第三届跨国公司领导人青岛峰会、第八届尼山世界文明论坛、青年企业家创新发展国际峰会、山东与世界 500 强连线、双循环发展大会、迪拜世博会山东周、世界先进制造业大会、对话山东、2022 中德科技创新合作大会等 80 余场大型国际会议和涉外活动，同比增长 65%，构筑一批定位高端的开放载体。上合组织经贸学院揭牌成立，启动运营上合之珠国际博览中心，中老国际班列（上合示范区－老挝万象）顺利开通，上合示范区开放能级持续提升。成功举办盐碱地综合利用国际大会，潍坊国家农业开放发展综合试验区建设取得明显成效。自贸试验区 112 项试点任务基本完成，形成 304 项创新成果，示范带动作用凸显。

（四）持续开拓合作空间

紧扣“三个十大”行动计划，针对全省产业合作需求，线上线下组织涉外活动 879 场次，同比增长 72%。实施境外“百展”市场开拓计划，举办各类展会 30 余场。82 人次外国政要（前政要）出席山东省活动，建设“拉美桥”“非洲桥”“青创齐鲁 优选山东”服务平台，为 4400 多家涉外企业提供服务；建立山东省国际贸易和投资顾问会议机制，规范全省外语标识，打造一流营商环境。2022 年全省外贸进出口总值达 3.33 万亿元人民币，同比增长 13.8%；对外投资 81.2 亿美元，同比增长 16.2%。

（五）持续加强民间对外交往

建设中外青少年交流基地，在 16 个国家和地区建设 4 个海外孔子文化中心、26 个海外孔子学堂，设立 25 个“中华文化之角·尼山书屋”，新增 6 家华文教育基地和中华文化传承基地，增设曼谷、堪培拉齐鲁文化体验中心，建好“北方华侨国际中心”、贝尔格莱德中国文化中心，20 名外国专家获省政府“齐鲁友谊奖”。举办中日民间科技创新高端论坛，积极创建“东亚文化之都”，举办“毛里求斯·中国山东文化年”、海外“欢乐春节”、文化山东·齐风鲁韵——山东省非物质文化遗产展演，擦亮“好客山东”品牌。落地沿黄九省（区）国际青少年交流机制，实施全球青年伙伴计划，与 34 个国家的青年朋友结好 2065 对；启动“2022 山东省国际青少年交流年”，举办 233 项交流活动；办好 2022“上合之夏”中国－上海合作组织国际青年联欢周等，擦亮青年交流品牌。激活友城 11 对，强化友城 118 对，开辟友城和友好合作关系 12 对，举办友城活动近 200 场次，全省国际友城和友好合作关系达 612 对，分布于全球 93 个国家，友城总量位居全国第二。

（六）全力维护涉外安全稳定

持续开展“心手相连 共抗疫情”主题宣传，及时发布山东省疫情防控相关信息。稳妥做好央企包机以及乌兹别克斯坦、尼日利亚和俄罗斯等国家临时航班入境工作，确保中国海外人员安全顺利返华。接收中德“快捷通道”包机 24 架次 4785 人，畅通复工复产人员往来渠道。妥善处理涉外案（事）件和领保案（事）件，开展“领保伴你行”领保宣传活动 200 余场。推动“走出去”重点企业海外巡查常态化，走访、调研、巡查企业 700 余次，排除安全风险隐患 350 余处，提出整改意见 400 余条。

三、创新与经验

（一）创新系统建设

持续抓好“外事+”“一市一策”工作机制。推动与省教育厅、团省委、省贸促会、山东高速集团等合作事项执行，落地济青中线特色服务区、“情满丝路 爱心小屋”等外事特色项目，新增 3 个中外合作办学机构、18 个中外合作办学项目，带动涉外部门形成整体合力；指导、支持有关市建设打造黄河流域对外开放门户、对接北欧合作示范城市、对英交流合作典范城市、入海口城市，推进“深耕涉外资源 服务全方位开放”“外眼看”“感知山东”等专项行动，打造各具特色的城市外事品牌，提升城市国际化水平。举办山东省外事研究与发展智库座谈会，成立山东省外事研究与发展智库联盟，由 25 家高校、科研机构的 39 家外事智库组成。组织评审认定办级智库课题 65 个，20 个课题获评省社会科学规划“打造对外开放新高地”研究专项。

（二）创新国际传播

深入开展友城外宣，全省在友城主流媒体刊发报道 1700 余篇，投放外宣品 34 万余件，开展交流活动 180 余场。加强与海外媒体合作，举办亚太非洲记者团参访、2022 粤港澳大湾区主流媒体山东行、海外华文媒体“感知中国”山东行、“云话山东”等活动，实施“视听山东”“文化山东”“走读山东”等外宣建设工程系列项目。认定潍坊乐道院潍县集中营博物馆等 4 家单位为首批山东省外事教育基地。实施“翻译山东”工程。

（三）创新外事服务

在尼山世界文明论坛期间，推出驻华使节齐鲁文化行、尼山国际友城市长对话、孔子与托尔斯泰思想对话会、驻华使节尼山访谈、2022 尼山中希古典文明对话等“1+6”主体外事活动，助力论坛提质升级。推进因公出国“一张表审批”试点，启用“因公出国审护签管理服务平台”，在全国率先实现审护签、APEC 商务旅行卡、来华邀请、领事认证业务“一网通办”，为6000多家基层单位提供便利，降低成本。全年收到使领馆、商协会和各界群众锦旗、感谢信68件。

附：省委外办领导成员名单

主　任：蔡先金

副主任：李　荣（正厅级）　李永森

省纪委监委驻省委外办纪检监察组组长：张　华

副主任：孙业宝　陈白薇　林海滨

全省机构编制工作概况

省委组织部副部长、省委编办主任　高尚山

2022年，在省委、省委编委的领导下，全省机构编制系统坚持以习近平新时代中国特色社会主义思想为指导，紧紧围绕习近平总书记对山东工作提出的重要指示要求，认真学习贯彻党的二十大精神和省第十二次党代会部署，锚定“走在前、开新局”，提高政治站位、聚焦大事要事，主动担当作为、勇于开拓创新，为新时代社会主义现代化强省建设提供了有力体制机制和机构编制保障。

一、把迎接服务党的二十大和学习宣传贯彻党的二十大精神作为重大任务和主题主线，切实加强政治建设和思想引领

深入学习习近平总书记一系列重要讲话精神，精心组织学习《习近平谈治国理政》（第四卷），开展主题宣传，在全省机构编制系统营造了喜迎党的二十大的良好氛围。坚持把落实习近平总书记重要指示批示作为“第一政治要件”，围绕贯彻落实习近平总书记关于加强党的全面领导、国家安全、黄河国家战略、科技自立自强等工作的重要指示要求，在体制机制、机构设置、职能配置、编制配备上做好服务保障，以践行“两个维护”的实际行动迎接服务保障党的二十大胜利召开。大会召开后，各级编办领导班子带头学习、以上率下，引导机构编制干部原原本本学、融会贯通悟、联系实际思、锚定中心干，着力打造强思想引领、强能力塑成、强作风保障、促高质量发展“三强一促”党建品牌，持续推动学习宣传贯彻党的二十大精神入脑入心、走深走实。

二、围绕服务和融入新发展格局抓改革，着力优化体制机制和机构职能

着眼于加强党的全面领导，完善省委对重大工作的领导体制，设立或调整优化金融稳定发展领导小组等议事协调机构。健全党管人才工作体系，编制人才工作机制和机构编制清单14条，加强人才工作机构设置。优化省纪委监委机关内设机构，强化对重大战略专项监督，推动省直部门单位机关纪委书记职数配备全覆盖。着眼于区域协调发展，整合设置4个省级新区管理机构，协调出台细化开发区全员岗位聘任制、动态调整管委会权责清单、规范代管镇街3个文件，切实激发内生动力。着眼于统筹发展和安全，加强应急队伍思想政治建设相关机构职能，推动市县全部组建应急管理综合行政执法队伍。着眼于法治山东建设，出台事业单位机构编制管理办法，修订公办幼儿园、中等职业学校、特教学校等编制标准，开展机构编制执行情况和使用效益跟踪评估，不断推进机构、职能、权限、程序、责任法定化。

三、围绕增强经济社会发展创新力求突破，大力推进编制管理和基层治理体制改革

紧盯“十大创新”，着力加强人才引育编制保障，出台《山东省高层次人才周转编制管理使用办法》，省市两级统筹事业编制1.8万名，全省引进人才2800余名。深化科研院所改革，赋予机构设置、用编进人等自主权，对新型研发机构探索事业单位法人登记，服务推动科技体制创新。在全国率先推进机关职能运行监管，建立“1+3+N”监管评估体系，对省直部门7462项年度任务进行跟踪评估，督促部门履职尽责。创新基层管理体制，完善市县审管衔接机制，推动提高行政审批服务效能。加强行业监管与综合行政执法协作配合，明晰职能定位，推动形成监管执法合力。

四、围绕黄河流域生态保护和高质量发展强支撑，自觉扛起机构编制保障职责使命

聚焦黄河流域大保护、大发展，健全完善重大战略实施体制机制，加大服务保障力度。保障黄河口国家公园、黄三角农高区建设，超前研究黄河口国家公园管理机构设置方案，出台优化黄三角农高区体制机制意见，支持创建国家盐碱地综合利用技术创新中心。优化小清河管理体制，建立“1办、1中心、5分中心、8管理站”工作体系，为充分发挥小清河防洪除涝、河道通航、输水灌溉、生态补水等功能提供有力支撑。落实中央碳达峰碳中和战略部署，明确节能主管部门，完善节能监管职责分工。调整省能源局机构职能，强化煤矿安全生产监管能力。

五、围绕加强和改善民生事业优保障，全力保重点、保基层、保一线

服务教育事业发展，会同有关部门出台中小学教职工编制管理等4个文件，全省向中小学调增编制3.6万余名，仅省级就下达编制1.12万名，推动持续达到国家编制标准。服务疫情防控，为各级疾控机构核增事业编制450余名，安排乡镇卫生院（社区卫生服务中心）用编进人计划8500余名，充实基层专业人员。服务文物保护和考古事业发展，加强文物管理部门机构设置和工作力量，为省市县文物保护和考古事业单位增加编制1100余名，其中省级拿出210名事业编制，为文物大市、文物大县（市、区）下沉107名，为省级单位核增103名。2022年确定公费师范生培养计划1841名，公费医学生1114名、公费农科生335名、“三支一扶”招募计划1953名，基层民生领域专业人才储备实现全面加强。

附：省委编办领导成员名单

主　任：高尚山

一级巡视员：刘书伟

副主任、一级巡视员：李　捷

副主任：邵长才　徐福臣　叶松浩

全省审计工作概况

省委审计办主任，省审计厅党组书记、厅长　王金城

2022年，省委审计办坚持以习近平新时代中国特色社会主义思想为指导，深入学习贯彻党的二十大精神和习近平总书记对山东工作、审计工作重要指示要求，认真落实中央审计委员会决策部署、审计署党组及省委工作安排，统筹全省审计机关立足经济监督，聚焦主责主业，依法忠诚履行审计监督职责，为新时代社会主义现代化强省建设作出新贡献。

一、提高政治站位，加强党对审计工作的全面领导

深入学习贯彻习近平总书记关于审计工作的重要论述，筹备召开省委审计委员会全体会议2次，提报审议年度工作要点、审计项目计划等议题7项。举办全省审计系统领导干部高质量发展培训班，深刻把握新时代审计工作的特征及任务要求，凝聚服务保障经济社会高质量发展的政治共识、思想共识和行动共识。召开全省深化审计管理体制改革推动新时代审计高质量发展工作会议，深入学习贯彻党的二十大精神，巩固和拓展审计管理体制改革成果。严格重大事项请示报告工作，及时、全面向中央审计委员会及省委审计委员会报送各类请示、报告等重大事项87件，受理市级党委审计委员会请示报告重大事项167件，上级党委审计委员会对下级党委审计委员会的领导和指导得到有力加强。各市、县（市、区，以下统称县）党委审计委员会认真贯彻落实上级工作要求，强化对本地区审计领域重点工作的统筹协调和督促落实，党领导审计工作的制度机制不断健全完善。山东锚定“三个走在前”谋划推进审计工作专题文章被中央审计办简报刊发，报习近平总书记等中央领导同志。

二、做好“经济体检”，服务保障经济社会高质量发展

2022年，全省共审计单位4732个，查出违规金额163.02亿元，促进增收节支94.27亿元，移送问题线索901件，审计报告、信息等被中央和省领导批示160篇次。

（一）围绕重大政策措施落实加大审计力度，推动释放政策红利

研究出台《关于加强山东省黄河流域生态保护和高质量发展审计监督的实施意见》，统筹各级审计机关开展黄河流域生态保护和高质量发展、泰山区域山水林田湖草生态保护修复等专项审计，推动黄河重大国家战略在山东落实落地。聚焦“三个十大”行动计划等重大举措，组织实施“稳中求进”高质量发展政策措施、科技创新、就业优先、“三医联动”改革等32个重大政策跟踪审计项目，揭示科技资源开放共享政策落实不到位、医疗机构违规收费等问题，促进相关市县拨付滞留、闲置创业担保贷款财政贴息和培训补贴1.01亿元，以有力审计监督保障政令畅通，让黄金政策发挥黄金效益。

（二）围绕财政资金提质增效加大审计力度，提高财政支持和保障能力

聚焦财政收支真实合法效益，对省级预算单位开展全覆盖大数据分析，重点对23个部门及所属96个单位进行现场审计，年度审计工作报告得到省人大常委会充分肯定。组织全省审计机关开展新增政府专项债券管理和政府债务风险防控专项审计调查，持续关注政府债务借、用、管、还风险；对财政直达、惠企利民等资金以及压减一般性支出等情况进行审计，推动加快拨付或分配使用资金30.85亿元；组织开展军民融合专项资金绩效情况审计调查，查出违规和管理不规范问题金额14.19亿元；对9个国外贷援款项目进行审计，促进高质高效利用国外贷援款，发挥

项目经济、社会和生态效益。

（三）围绕增进民生福祉加大审计力度，助力保障和改善民生

聚焦群众“急难愁盼”，组织开展全省疫情防控措施落实和资金管理使用情况审计调查，助力高效统筹疫情防控和经济社会高质量发展；组织对7市16县开展黄河滩区居民迁建审计，推动2632.43公顷土地完成复垦，13.83亿元土地节余指标收益和1.54亿元项目配套资金拨付到位；组织对7市开展困难群众救助补助资金审计，揭示虚报多领补助资金729.94万元、挤占挪用资金871.82万元等问题，助力兜牢民生底线；组织对8市24县开展农业保险保费补贴资金审计，揭示3.26亿元农业保险费补贴资金拨付不及时等问题，28名参与骗保人员受到免职、撤职等处分，推动农业保险高质量发展。

（四）围绕推动重大项目建设加大审计力度，促进发挥投资稳增长作用

紧盯重大公共投资项目实施、资金筹集管理使用和绩效等情况，组织开展小清河复航工程、鲁南高速铁路工程、引黄灌区农业节水工程等建设项目审计，揭示工程进展缓慢、资金筹集不到位、多计工程费用、资金拨付不及时等突出问题，推动3.74亿元资本金到位，14.74亿元项目资金拨付使用，核减工程造价1293.7万元，收回多结算工程款1294.14万元；开展裕龙岛炼化一体化跟踪审计，查出部分建设资金使用不合规、项目应公开未公开招标等问题，有效促进项目规范建设。

（五）围绕防范化解重大风险加大审计力度，推动守好安全发展底线

始终把推动防范化解重大风险摆在突出位置，组织开展全省地方重点商业银行风险管控、粮食购销领域专项审计，揭示资产风险管控不严格、违规开展信贷业务、自行放宽粮食收购标准等问题，促进收回违规向“两高一剩”行业等发放的贷款42.39亿元，整改违规信贷业务40.15亿元，推动修订《山东省地方储备粮管理办法》，搭建四级粮食质量安全检验监测体系。对部分县国有平台举债融资情况进行审计，及时揭示企业风险、金融风险向财政风险转移等问题，推动化解地方财政风险隐患。持续开展安全生产审计，揭示安全生产执法监管不严格等问题，推动消除安全隐患572处，促进各级各部门压紧压实安全责任。开展网络安全和信息化建设审计，及时揭示各级各部门存在的漏洞短板，提升信息化治理能力。

（六）围绕规范权力运行加大审计力度，助推全面从严治党向纵深发展

围绕促进领导干部履职尽责、担当作为，对2528名领导干部开展经济责任审计，查出负有直接责任问题金额155.36亿元。组织对248名领导干部开展自然资源资产离任（任中）审计，督促落实自然资源资产管理和生态环境保护责任。充分发挥审计在反腐治乱中的作用，向纪检监察、司法等部门移送案件线索98件，33名责任人受到党纪政务处分。编印领导干部履行责任常见问题清单，分送1000余名省管领导干部，有效发挥审计“防未病”作用。

三、深化改革创新，持续提升审计监督效能

认真落实省委部署，持续推进审计理念、方法、管理等改革创新，向改革要动力、向创新要活力，不断推动审计工作提质增效。

（一）完善审计委员会运行机制

制定《山东省审计工作重大事项督察督办办法》，强化对审计重大事项督察督办，保障省委审计委员会部署落地见效。制发《省委审计委员会重大事项请示报告工作流程》，明确分工、压实责任，严格规范做好重大事项请示报告工作。加强对市县党委审计委及办公室的组织领导和业务指导，推动市级党委审计办全部成立秘书机构；指导聊城、威海等地探索对县级党委履行审计委员会职责情况开展考核，推动市县党委审计委员会有序运转。

（二）推进审计机关改革创新

坚持问题导向、效果导向，部署推进98项重点改革创新任务，聚全省审计机关之力攻难题补短板，取得一批典型创新成果，有效提升审计工作质量与效率。做实研究型审计，在省级审计机关层面率先出台推进研究型审计的若干措施，围绕审计全流程提出32条具体措施，建立研究型审计落实机制。在全国率先建成“金审工程”三期项目，开展全省大数据审计技能竞赛，提升审计科技化、数字化水平；研发运用地理信息“一张图”“BIM+投资”等前沿技术，打通工程“算量”和大数据分析堵点，实现大数据技术在投资审计领域关键性突破。

（三）健全审计整改长效机制

研究出台审计整改约谈办法和整改结果认定办法，建立审计整改督查管理系统，严把整改质量，对审计整改情况实施全过程动态管理。开展整改“回头看”及专项督查、整改约谈，发送整改督办函106份，省级预算执行审计工作报告反映的1248个问题中，要求立行立改的995个问题，已全部整改到位；要求分阶段整改的201个问题，有181个已完成整改；要求持续整改的52个问题，均按原定计划推进落实，整改金额共计240.88亿元。

（四）推动审计监督与其他监督贯通协同

在全国率先出台审计与纪检监察贯通协同制度办法，强化计划制定、问题核查、线索移送、成果运用、整改落实等协作。优化“巡审联动”，沿黄4市13县党政经济责任审计与十二届省委第一轮巡视同步联动开展，查出违规金额37.37亿元、损失浪费金额1.47亿元。与行业系统主管部门加强协作配合，出台《全省资源环境审计监督与自然资源执法监督协作配合机制》等，推动加强行业监管、系统治理。《山东创新贯通协同机制 提升审计监督效能》典型材料，被《山东改革专报》刊发，并报中央改革办。

四、强化队伍建设，夯实审计事业发展基础

深入学习宣传贯彻党的二十大精神，组织审计机关全员轮训，分专题分层次开展学习研讨和宣讲活动，探索推进全省审计系统模范机关建设“三级联动”工作，提高审计干部凝聚力、战斗力。积极推进审计专业技术类公务员分类改革，科学制定任职资格评定标准，完成厅机关及16市审计局首次任职资格评定等工作；坚持新时代党的组织路线和好干部标准，健全绩效考核体系，激励干部敢干真干实干。坚持全面从严治审，认真落实“严真细实快”要求，出台落实中央八项规定精神和省委实施办法的具体措施，制定加强作风建设21条措施，开展“感党恩勇担当、知敬畏守底线”集中教育，推动依法、廉洁、文明审计。省审计厅连续11年保持全国文明单位称号，连续5年获省直机关绩效考核优秀等次。

附：省委审计办领导成员名单

主　任：王金城

全省教育工作概况

省委教育工作办主任，省委教育工委常务副书记，省教育厅党组书记、厅长　李　明

2022年，全省教育系统坚持以习近平新时代中国特色社会主义思想为指导，深入学习贯彻党的二十大精神，认真落实党中央决策部署和省委省政府工作要求，锚定“走在前、开新局”，坚持强党建、保安全、促发展，统筹推进教育改革发展稳定，各项工作取得明显成效。

一、强化思想引领，全面加强党对教育工作的领导

坚持以党的创新理论凝心铸魂。深入学习宣传贯彻党的二十大精神，持续抓好习近平新时代中国特色社会主义思想进教材进课堂进头脑工作，教育引导干部师生坚定拥护“两个确立”、坚决做到“两个维护”。着力健全党的领导体制。坚持和完善普通高等学校党委领导下的校长负责制，实现36所民办高校党委书记选派工作全覆盖，稳慎推进中小学校党组织领导的校长负责制落实。全面夯实党建基层基础。实施“对标争先”建设计划，全省高校6个院系、64个支部入选第三批全国高校党建标杆院系和样板支部，公办本科高校教师党支部书记“双带头人”比例提高到99.05%。完善高校党建考核指标体系，推动管党治党责任落实。

二、践行育人使命，认真落实立德树人根本任务

创新实施全环境立德树人。制定出台《关于实施全环境立德树人　加强和改进未成年人思想道德建设的意见》，成立全环境立德树人宣讲团，开展“扣好人生第一粒扣子”主题教育实践等系列活动，建成乡村“复兴少年宫”1600余所，积极构建学校、家庭、社会、网络、心理协同育人的新机制。健全完善“五育并举”机制。深入实施思政课改革创新“六大工程”，加快推进大中小学思政课程一体化建设，成功举办省第十五届中学生运动会。持续实施“美育浸润行动计划”，遴选确定省级中小学劳动教育实验区13个、实验校32所。全力维护身心健康。做好学生心理健康状况筛查、辅导、干预和转介等工作，切实强化学生体质健康监测。稳步推进全国儿童青少年近视综合防控省级改革示范区建设，连续2年考核成绩居全国第一。打造学生心理健康发展服务中心，分类制定高校、中小学校心理健康教育工作网络建设实施方案。

三、聚焦内涵提升，加快推进教育高质量发展

持续巩固基础教育既有优势。省政府印发专项工作方案，全面启动乡村教育振兴先行区建设。启动实施“十四五”学前教育、特殊教育提升行动计划，首批推荐9个县创建国家学前教育普及普惠县，义务教育阶段残疾儿童入学率大幅领先国家标准。深入实施强镇筑基行动，扎实推进强校扩优行动。教育部“教育这十年”义务教育新闻发布会专题推介山东经验。加快推进职业教育创新发展。深化拓展职教高地建设成果，实施高水平职业学校和专业群建设计划，打造职业教育品牌学校、拳头专业。山东省被教育部确定为国家新一轮职业教育改革试点省份，再次入选国务院激励的职教改革成效明显省份，连续第三年被确定为全国职业院校技能大赛主赛区。中共中央政治局委员、国务院副总理孙春兰在全国新时代教育高质量发展座谈会上对山东省职业教育给予充分肯定。聚力推动高等教育内涵式发展。省属高校第五轮学科评估实现历史性突破。编制完成高校设置“十四五”规划，获批高等学校设学项目数量居全国首位。省委省政府出台《关于深入推动山东高等教育高质量发展的若干措施》，启动实施一流学科建设“811”项目。

四、围绕中心大局，切实增强教育服务发展能力

服务黄河重大国家战略落实。实施高等教育特色优势主动服务黄河国家战略项目，评选支持62个项目在科技联合攻关、黄河文化传承等方面重点突破。加强流域内高校交流合作，推进黄河流域“两省一区”高校教师教学发展研究院建设，指导省属高校牵头成立黄河流域开放大学联盟、交通运输科技创新联盟、体育健康产业高质量发展共同体、生态环境保护联合创新中心。服务科教兴鲁人才强鲁战略实施。重构高校实验室体系，聚力推进有组织科研。完善科技成果转化体系，高校作为第一完成单位获全省科技成果奖占比56.3%、占比增长16%。年内引进中青年博士4100人，超额完成目标任务；自主培育国家级领军人才144人，同比增长97%；高校75人入选四大国家级人才工程、占全省94%，其中3人入选国家杰青，实现历史性突破。服务行业产业发展需求。新遴选确定应用型本科高校13所，实现应用型大学建设省属高校全覆盖。出台科教产教融合研究生联合培养管理办法，启动科教融合协同育人联合体建设，推进工程硕博士培养改革试点。制定职业教育资源与重大产业布局战略高度匹配方案，服务产业行业和区域经济发展。

五、破解急难愁盼，不断提升人民群众教育获得感

持续扩增教育资源。新建改扩建幼儿园412所、中小学295所，安置进城务工人员随迁子女25.45万名。压减民办义务教育学校在校生占比至4.58%，如期完成国家确定的结构优化任务。义务教育“零证明”招生服务持续优化。研究生、本科招生计划分别增加2648人、1.57万人，增幅均居全国前列。扩大社区教育和老年教育资源供给，增加优质资源课程1299门。深化巩固“双减”成果。开展校外培训机构治理“回头看”“监管护苗”和证照不全机构治理“百日会战”等专项行动，开发上线“双减”举报随手拍平台，巩固学科类培训治理成果。印发体育类、文化艺术类、科技类培训机构设置规定，强化非学科类校外培训监管。做好就业创业指导。实施高校毕业生就业工作“一把手”工程，组织8场春季就业双选会，指导高校开展现场双选会4860场，为师范类毕业生提供就业岗位22.52万个。加强大学生创新创业教育，山东省推荐项目获中国国际“互联网+”大学生创新创业大赛金奖18项，创历史新高。山东省作为就业创业任务完成较好的5个省份之一，被国务院表扬激励。

六、深化改革创新，有效激发教育治理保障效能

全面强化教师队伍建设。新补充中小学幼儿园教师3.5万人，交流轮岗校长教师5.2万人，组织3万名教师参与专业素质和学历提升计划，城市与农村义务教育教师本科以上比例之比持续优化，由2021年的全国第15名提升至第9名。切实保障教育经费稳定增长。省级预算安排教育发展资金年度增长10%，全省教育支出占财政支出的比重连续第10年超20%并居全国前列。着力加强督导制度建设。率先在全国印发实施《教育督导问责办法实施细则》，申请认定义务教育优质均衡发展和学前教育普及普惠督导评估县数量居全国第一，山东省被确定为全国首批中小学幼儿园校（园）长任期结束综合督导评估试点省份。积极深化教育国际交流合作。高质量完成尼山世界文明论坛教育交流活动，设立15所海外职业技术学院，新增21个中外合作办学机构和项目，数量居全国第二位。

七、守牢安全底线，持续保持教育系统和谐稳定

全力抓好学校安全稳定。在全国率先出台《〈山东省学校安全条例〉实施细则》，成立部门联合工作专班，开展学校安全大排查大整治，全面加强意识形态阵地建设管理，妥善应对各类教育舆情，成功做好敏感期和党的二十大重要保障期维稳安保工作，牢牢守住了教育安全稳定底线。着力抓好学校疫情防控。科学精准调整措施，健全完善应急响应机制，常态化开展督导检查，安全有序组织学生开学返校和离校返乡，全面做好疫情防控转段各项工作，最大限度地减少了疫情对教育教学的影响，最大程度地维护了师生员工的安全健康。聚力抓好教育考试安全。平稳完成全年30次教育招生考试任务，惠及考生920余万人次，确保考试组织和疫情防控“双安全”“双胜利”，研究生考试实现“如期考试、应考尽考、平安研考”。

附：省委教育工作办领导成员名单

主　任：李　明

全省农业农村工作概况

省委农办主任，省农业农村厅党组书记、
厅长，省乡村振兴局局长　张红旗

2022年，全省农业农村系统深入学习贯彻习近平总书记关于“三农”工作的重要论述，牢记打造乡村振兴齐鲁样板的殷切嘱托，锚定“走在前、开新局”，以落实黄河流域生态保护和高质量发展战略、建设绿色低碳高质量发展先行区为牵引，聚力现代农业强省建设，统筹推进乡村发展、乡村建设和乡村治理，持续夯实基础、厚植优势、增添动能，打造乡村振兴齐鲁样板取得重要阶段性成效。

一、粮食和重要农产品供给保障有力

严格落实粮食安全、耕地保护党政同责要求，全方位夯实维护国家粮食安全根基。全省粮食播种面积12558.3万亩，粮食产量1108.8亿斤、连续9年超过千亿斤。超额完成314.2万亩大豆、150万亩大豆玉米带状复合种植任务。大力实施藏粮于地、藏粮于技战略，累计建成高标准农田7456.7万亩，连续3年获得国务院激励奖励。获批国家盐碱地等耕地后备资源综合利用试点，成功举办盐碱地综合利用国际大会。实施乡村振兴科技创新提振行动，全省农业科技贡献率达到66.32%，主要粮食作物良种覆盖率达到98%。实施农机装备补短板行动，农作物耕种收综合机械化率达到90.55%。全省“菜篮子”产品产量稳居全国前列，其中，蔬菜（含食用菌）总产量9045.8万吨，肉蛋奶总产量1580.8万吨，水产品总产量879.2万吨。疫情期间，山东省向京津冀、长三角、粤港澳等地供应了大量的农副产品，为全国保供大局作出了贡献。

二、农业高质量发展步伐加快

围绕做好“土特产”文章，大力发展乡村富民产业，夯实乡村振兴产业基础。强化政策激励，开展现代农业强县、农业绿色发展先行县、农产品加工业高质量发展先行县和畜牧业高质量发展先行县创建。深入实施“百园千镇万村”工程，累计创建省级以上现代农业产业园122个、省级以上农业产业强镇543个、省级乡土产业名品村4265个，打造寿光蔬菜、沿黄肉牛等六大国家级优势特色产业集群。加快推进农业绿色发展，大力推广化肥农药减量增效，全省秸秆综合利用率达到95%，农膜回收率达90%以上。全域推进农产品质量安全县建设，主要农产品监测合格率常年稳定在97%以上。叫响“好品山东”农产品金字招牌，省知名农产品区域公用品牌和企业产品品牌分别达到81个、700个。2022年，全省农林牧渔业总产值达到1.2万亿元，稳居全国首位；第一产业增加值6299亿元，同比增长4.3%，增速超过二三产业；农产品出口额达到1394亿元，同比增长12.6%，连续24年领跑全国；全省农村居民人均可支配收入达到22110元，同比增长6.3%，增速快于城镇居民2.1个百分点。

三、现代农业经营体系日益完善

深入实施新型农业经营主体培育行动，密切利益联结机制，把小农户引入现代农业发展大格局中。2022年，登记注册的家庭农场达到11.6万户、农民合作社24.3万家。全省农业社会化服务组织达到12.3万家，托管服务面积突破2.4亿亩次。持续推进农产品精深加工，全省规模以上农产品加工企业9729家、营业收入达到2.07万亿元。抢抓预制菜产业发展“风口”，出台推进全省预制菜产业高质量发展意见。深化农村改革，在6个县（市、区）开展第二轮土地承包到期后再延长30年试点，省级农村改革试验区、乡村振兴政策集成改革、农村宅基地制度改革等各项试点稳步推进。持续巩固农村集体产权制度改革成果，全省农村集体经济组织8.8余万家，集体经济收入总额367.4亿元。

四、脱贫攻坚成果持续巩固

严格落实“四个不摘”要求，持续巩固“两不愁三保障”和饮水安全成果，牢牢守住不发生规模性返贫的底线。强化防止返贫动态监测，围绕农村低保对象、分散供养特困人员等八类重点人群和特殊群体，开展集中排查，确保符合条件的应纳尽纳、应扶尽扶，累计纳入5.73万人。落细落实帮扶政策，各级财政衔接乡村振兴资金投入67.3亿元，实施产业发展和农村小型基础设施项目3814个。低保对象、特困人员等困难群体救助保障标准比2021年提高10%以上。创新实施城乡公益性岗位扩容提质行动，重点面向脱贫享受政策人口、农村低收入人口等群体，大幅创设人居环境整治、生态环保、卫生防疫等类型公益性岗位，全省共开发乡村公益性岗位55.64万个。

五、乡村建设重点任务扎实推进

印发山东省乡村建设行动实施方案，着力推动基础设施、公共服务和社会事业向农村基层延伸，加快建设宜居宜业和美乡村。启动实施农村基础设施网建设，统筹推进农村路网建设、供水保障等八大行动，全省农村公路路网规模达到26.26万千米，农村自来水普及率达到97.2%，新增清洁取暖153.7万户。深化农村人居环境整治，90%的县（市、区）实现农村改厕规范提升，城乡生活垃圾无害化处理率保持在99%以上，累计建设省级美丽乡村2500个、“美丽庭院”292万户。扎实推进乡村教育振兴先行区建设，新改扩建乡村中小学校舍927.61万平方米、农村幼儿园193所。实施基层医疗卫生服务能力三年提升行动，全省乡镇卫生院（社区卫生服务中心）达到国家优质服务推荐标准的占25%。着力增加农村养老服务有效供给，县级敬老院覆盖率达到100%，建有农村幸福院12631处。

六、乡村治理效能持续提升

深入抓党建促乡村振兴，开展全省村级党组织分类推进整体提升三年行动，制定加强对村干部特别是“一肩挑”人员管理监督的若干措施。换届后，村党组织书记“一肩挑”比例达到97.7%，乡镇领导班子和村党组织书记全部轮训一遍。优化整合驻村工作队伍，驻村帮扶机制不断完善。积极发展党组织领办合作社，全省达到4.24万家，带动集体增收18.9亿元。健全完善基层党组织领导的村民自治机制，落实村委会职责任务清单管理。加强平安乡村建设，基本实现农村地区重要道路、重要区域和治安复杂村庄技防覆盖。开展党建引领乡村治理试点，信用+、积分制等做法有效推广。

七、农村精神文明建设深入推进

推动习近平新时代中国特色社会主义思想进村入户，强化基层宣传引领，“习语润心”“明理胡同”等基层宣讲品牌深入人心，新时代文明实践中心（所、站）实现县乡村全覆盖，“听党话、感党恩、跟党走”宣传教育活动深入开展。推进美德和信用进村入户，深入开展“反对浪费、文明办事”移风易俗行动，打造“海誓山盟”“礼安齐鲁”品牌。深化乡村文明行动，“五为”文明实践志愿服务广泛深入，命名省级文明村镇3941个。开展文化惠民活动，累计送戏下乡4.58万余场。策划推出“黄河大集”，开展各类文化文艺活动2.8万余场。

八、乡村振兴齐鲁样板示范带动作用明显

启动开展国家乡村振兴示范县创建，6个县（市）入选全国首批示范县创建名单。探索在乡村产业相融、基础设施相联、文化习俗相近的区域，实施连片推进，打造样板示范片区，2022年认定第一批乡村振兴齐鲁样板省级示范区37个、省级衔接乡村振兴集中推进区36个，带动区内村庄实现整体提升。

九、组织推进机制更加有力

把打造乡村振兴齐鲁样板作为重要政治任务，省委、省政府主要负责同志带头谋划推动，定期研究乡村振兴重大事项，组织省委理论学习中心组集体学习习近平总书记关于“三农”工作的重要论述；带头落实乡村振兴联系点制度；带头到乡村一线、农业企业宣讲党的二十大精神。在省第十二次党代会和全省深化新旧动能转换推动绿色低碳高质量发展动员大会上，将乡村振兴作为重点工作进行部署。先后召开省委农村工作会议、乡村振兴工作推进会议、抓党建促乡村振兴现场推进会等，推动任务落实。健全督查考核机制，完善市县党政领导班子和领导干部推进乡村振兴战略实绩考核办法，将打造乡村振兴齐鲁样板等工作纳入省委、省政府督查激励事项，压紧压实各级各部门责任。启动乡村振兴突出贡献奖表彰工作，营造大抓乡村振兴浓厚氛围。

附：省委农办领导成员名单

主　任：张红旗

全省海洋工作概况

省委海洋办主任，省自然资源厅党组书记、厅长，省林业局局长，兼省自然资源总督察
宇向东

2022年，省委海洋委以习近平新时代中国特色社会主义思想为指导，认真学习贯彻党的二十大精神和习近平总书记重要指示，锚定“走在前、开新局”，坚持陆海统筹、向海图强，深入实施海洋强省建设行动，海洋经济保持良好发展态势。2022年，全省海洋生产总值达1.63万亿元，比上年增长7.6%以上，占全省GDP的18.3%，占全国海洋生产总值的17.2%，居全国第二位。

一、海洋发展战略不断深化

贯彻落实习近平总书记对山东海洋工作的重要指示，深刻领悟“两个确立”的决定性意义，增强“四个意识”、坚定“四个自信”、做到“两个维护”，积极做好经略海洋这篇大文章。省委召开海洋委第五次全体会议、海洋委专家委员会第一次会议，海洋委领导同志多次到沿海调研，研究部署推动海洋工作。省委、省政府印发《山东海洋强省建设行动计划》，开启新一轮海洋强省建设行动。涉海部门编制印发“十四五”海洋经济、海洋环保、海洋科技等涉海规划，在新的起点上谋划推进海洋事业。在省委党校举办海洋强省建设专题研讨班，全省90余名涉海领导干部参加了集中培训。组织开展“山东海洋强省建设突出贡献奖”评选表彰，50个先进集体和98名先进个人受到

省委、省政府表彰。济南推进小清河复航工程实现河海直达，青岛打造引领性现代海洋城市，烟台建设海洋经济示范区，东营实施海洋强市建设行动，日照大力发展向海经济，促进了地方海洋经济快速发展。

二、现代海洋产业加速崛起

在全国统计的15个海洋产业中，全省的海洋渔业、海洋水产品加工、海洋矿业、海洋盐业、海洋化工、海洋电力、海洋交通运输7个产业增加值均居首位。做大做强海洋传统优势产业，着力推动传统渔业转型升级，培育滨海旅游新业态。累计建造深远海大型养殖装备达23台(套)，全球首艘10万吨级智慧养殖工船“国信1号”下水运营，全省深远海养殖由探索实验迈入生产运营阶段。新认定5处国家级海洋牧场示范区，总数达到67处，占全国39.6%。长岛大黑山岛景区评定为国家4A级旅游景区，全省国家级旅游度假区达6家，居全国第二位。大力发展海洋装备制造、海洋新能源等产业。10万吨级深水半潜式生产储油平台“深海1号”在烟台交付使用，世界最大圆筒型浮式生产储卸油装置在青岛建成交付。印发海上风电规划，布局千万千瓦级海上风电基地，总规模3500万千瓦。2022年，山能渤中A、B1等5个海上风电项目实现全容量并网发电200万千瓦。渤海湾首个千亿立方米大气田“渤中19-6”开工建设。免疫抗肿瘤海洋新药BG136获批进入一期临床试验，全省在研海洋生物新药10余个。全省建成海水淡化工程44个，日产能规模达60.25万吨。围绕海洋新兴产业，筛选17个重大支撑性项目，项目总投资890.1亿元。威海谋划打造远遥浅海科技湾区。潍坊重点培育26个海洋特色园区。滨州打造了渔业种业和养殖两个全产业链条。淄博、泰安、枣庄等市积极打造海洋装备、新材料等产业园区。

三、港口综合服务能力实现跃升

编制印发《山东省港产城融合发展规划》，推动沿海港口统一规划、高效开发。2022年全省港口货物吞吐量达到18.9亿吨，跃居全国沿海省份第一位，集装箱量3757万标箱，稳居全国第四位。青岛港4个泊位提前完成竣工验收并投产，烟台港西港区原油码头二期、山东液化天然气（LNG）项目三期等大型专业泊位主体工程基本完工。加快退港还海、退港还城，布局建设临港链式产业园，辐射带动效能显著增强。坚持陆海双向发力，新开通国内外航线35条，其中外贸航线29条，总数分别达327条、233条，数量和密度居北方港口首位。新布局内陆港5个，总数达到32个，累计开通海铁联运班列82条，海铁联运集装箱突破300万标箱，居全国沿海港口首位。青岛港自动化码头桥吊最高单机作业率九次刷新世界纪录。全国港口首座加氢站——前湾港区加氢站建成投产并全牌照运营。

四、加强海洋生态环境保护

严格落实全海域生态红线制度，坚决打好渤海区域环境综合治理攻坚战。印发《山东省深入打好重点海域综合治理攻坚战实施方案》，明确入海河流181个断面水质保护责任。扎实推进入海排污口核查整治，整治完成入海排污口2.09万个，整治率99.5%，国控入海河流已全部消除V类水体。推动重点海湾精准治理，明确省市县乡四级湾长379名，青岛灵山湾获批成为全国首批美丽海湾。除国家重大项目外，全面禁止围填海。5个海洋生态修复项目纳入中央财政支持范围，中央补助资金15亿元。印发实施《长岛海洋生态文明综合试验区建设行动计划》。生态环境部同意山东省创建青岛国家绿色低碳发展深海试验区。组织开展海洋碳汇调查监测试点，完善海洋碳汇标准体系。抓前抓早处置浒苔灾害，浒苔最大覆盖面积是历史最小年份，比上年减少92.2%，最大限度减少了灾害影响。开展互花米草综合治理，山东省治理方法和经验被国家林草局推广。

五、增强海洋科技创新能力

崂山实验室经中央批准正式组建挂牌，集聚了包括45位院士在内的2200余人的创新型高端人才队伍，山东省国家实验室创建实现历史性突破。“海洋食品加工与安全控制”和“海水养殖生物育种与可持续产出”2家国家重点实验室获批组建，支撑了海洋产业高质量发展。中科院海洋大科学研究中心、国家海洋综合试验场（威海）等重大创新平台支撑能力进一步提升。启动省部共建国家深海大数据中心、国家深海基因库、国家深海标本样本馆。加快建设中国海洋工程研究院（青岛），组建16个专业研究中心。全力支持海洋领域“卡脖子”技术攻关，深入实施海洋重大科技创新工程。围绕现代海洋产业，组织实施16项重大科技创新工程项目，中国首台国产化1500米深海铺缆机器人在威海成功入海测试。高性能海水淡化反渗透膜和膜元件规模化、智能化制备技术，浅水水下采油树装备技术等实现突破。高标准建设省海洋科技成果转移转化中心。山东省海洋领域驻鲁院士达20人，占全国33%；国家杰青43名，数量居全国第一。国家级、省级领军人才突破4500名，面向海洋领域遴选泰山产业人才团队29个。

六、海洋开放合作领域不断拓展

成功举办东亚海洋合作青岛论坛、东北亚海洋经济创新发展论坛等重大活动，山东省与法国布列塔尼亚大区签署《关于共建“生态半岛”合作平台备忘录》，成功举办中国与太平洋岛国应对气候变化高端对话会，促进了山东省与“一带一路”国家地区海洋合作交流。举办“山东与世界500强连线”现代海洋产业合作专场活动，签约18个现代海洋产业项目，总投资15.4亿美元，合同利用外资 6.03 亿美元。潍坊国际海洋动力装备博览会“云端”发力，签订投资额 157.5 亿元。实施境外百展市场开拓计划，全省新设涉海类外商投资企业突破 40 家，实际使用外资超过 3 亿美元。自贸区青岛片区落地首艘国际船舶交易业务。烟台片区落户全国首个海洋贝类蓝碳智慧管理平台项目。全面修订口岸管理工作程序，累计开放 13 个海港口岸，对外启用 569 个码头泊位，沿海 7 市口岸开放实现全覆盖。上合海洋科学与技术国际创新中心投入运营。联合国“海洋十年”海洋与气候协作中心落地青岛。

七、海洋综合治理能力不断增强

推进海上风电、核电、港口等项目用海手续办理，做好重大项目用海要素保障。完成全省海域海岛使用现状年度变更调查，对 214 个围填海历史遗留问题项目用海实施动态监视监测。对全省 557 个无居民海岛实施无人机正射影像监测，摸清全省海岛开发利用现状。开展全省海洋涉渔综合治理专项行动，侦办涉海涉渔刑事案件 131 起，查处涉渔“三无”船舶 1876 艘，非法越界捕捞问题得到有效遏制。开展“中国渔政亮剑 2022”系列专项执法行动，共检查渔船 19.02 万艘次，清理取缔涉渔“三无”船舶 2490 艘、违规渔具 6.84 万套，维护了渔业秩序和海洋权益。强化海上安全管理，印发《山东省海洋灾害应急预案》，建立了海洋灾害应急救援体系。制定《关于进一步加强海上安全工作的若干措施》，全力保障海上安全作业。在青岛成立海洋气象科学研究院，建立了多部门多层级海洋气象合作机制。建设山东省自然灾害综合监测预警信息系统，发布各类海上预警信息共计 2296 次，全省没有发生较大以上渔业生产安全事故。

附：省委海洋办领导成员名单

主　任：宇向东

全省台港澳工作概况

省委台港澳办主任　刘　渊

2022 年，全省台港澳工作系统坚持以习近平新时代中国特色社会主义思想为指导，深入学习宣传贯彻党的二十大精神，全面落实新时代党解决台湾问题的总体方略和党中央关于台港澳工作的决策部署，按照省委、省政府工作要求，踔厉奋发、勇毅前行，深刻领悟“两个确立”的决定性意义，切实增强“四个意识”、坚定“四个自信”、做到“两个维护”，推动全省台港澳工作“走在前、开新局”，有力服务中央对台港澳工作大局和新时代社会主义现代化强省建设。

一、落实中央决策部署和省委要求坚决有效

省委召开常委会会议、台港澳工作领导小组会议、台港澳工作会议，传达学习中央对台工作会议精神，研究部署全省台港澳工作。认真落实中央台办工作部署，全力保障全国台企联第五届九次常务副会长与常务副监事长联席会议顺利举行。深入贯彻落实省第十二次党代会精神和中央台办对台经济工作部署要求，组织举行全省对台经济工作现场观摩交流活动暨工作推进会，省委常委、统战部部长徐海荣亲自审定会议方案，省委台港澳办主任刘渊出席并讲话，16 市台港澳办（台办）主任等相关负责同志参加。认真贯彻落实省委台港澳工作领导小组第三次会议精神，加快推进海峡两岸新旧动能转换产业合作区建设，协调省发改委、省工信厅、省自然资源厅、济南市等有关部门，召开加快建设海峡两岸新旧动能转换产业合作区工作推进会，研究省市区一体化建设工作机制和支持加快合作区建设的实施意见。认真落实山东省 2022 年工作动员大会关于“开展营商环境创新提升行动”的工作要求和省委台港澳工作领导小组会议精神，在全省部署开展“服务台企创新提升行动”，围绕“同心战疫，暖心服务”“双招双引，稳企强链”“以惠促融，政策直通”“政企合力，要素保障”“维护权益，法律护航”五大行动组织实施。把迎接、庆祝、学习宣传贯彻党的二十大作为 2022 年工作主题主线，认真谋划组织“聚力台港澳　献礼二十大”主题活动，举办台港澳知识竞赛、台港澳工作十年非凡成就展、“台属心向党　携手促统一”——献礼党的二十大等十项活动，

以优异成绩向党的二十大献礼。

二、鲁台港澳经贸合作稳步推进

锚定“走在前、开新局”目标定位，发挥台港澳资源优势，开展“双招双引”，服务新时代社会主义现代化强省建设。积极推动海峡两岸新旧动能转换产业合作区建设，累计签约落地台资及关联项目 54 个，签约合同额 232 亿元。成功举办鲁台经贸合作暨两岸赋能黄河流域生态保护和高质量发展论坛、海峡两岸产业合作区建设推进会暨大健康产业合作泉城论坛、2022 海峡两岸农业论坛等活动，25 个项目集中签约，总投资额 239.6 亿元。组织举办“孔子家乡·好客山东”文化旅游（澳门）推广周、庆祝香港回归祖国 25 周年晚宴等活动，多位省领导出席。积极参加跨国公司领导人青岛峰会、尼山世界文明论坛、第三届儒商大会等重大活动。创设省会经济圈暨山水圣人中华文化枢轴城市台港澳工作协同发展联席会议，深入开展“服务台企创新提升行动”。推动成立海峡两岸智能制造职业教育联盟，设立鲁台集成电路应用创新人才培训中心，举办“鲁港驿站”品牌沙龙活动，增强台港澳人才招引力。全省 30 余家集成电路产业重点企业（台企 16 家）聘用台湾人才 463 人。全年全省新批台资项目 93 个，实际使用台资 4.21 亿美元。截至 2022 年 12 月，全省累计批准台资项目 9624 个，实际使用台资 300.27 亿美元。

三、鲁台港澳人文交流走深走实

积极申报并获批 26 个国台办对台交流重点项目。以中华文化为纽带，组织举办两岸同祭孔、八极拳技艺交流、中医药交流、妈祖文化交流、港澳千人山东行等品牌活动 100 多项，台港澳各界实际参与和线上可及人数屡创新高。推动齐鲁文化项目和宣传精品入岛，入岛举办台中纪念孔子诞辰文化展演、山东非物质文化遗产展演等活动。举办第十五届鲁台职业教育交流与合作大会暨鲁台集成电路应用创新技能大赛，打造鲁台教育交流品牌。举办山东对台交流基地成果展。建设山东省鲁台港澳青年创客中心暨台港澳同胞之家，设立 11 个台港澳青年交流实习和 5 个港澳青少年爱国主义教育基地；举办海峡两岸青年文化研习、鲁台青年交流季、鲁台青少年武术文化交流、“齐心鲁力为港青”等活动，组织实施 2022 年台港澳大学生实习双选计划。做好台胞授荣工作，支持刘竹承参评中华慈善奖，台胞任竣荣家庭获评济南市“最美家庭”，台胞蓼蓝靖获评“山东省应急管理普法知识竞赛曲阜市先进个人”，支持台胞李佳玲参选山东省第十四届人大代表。省台港澳办向基隆市有关机构、台湾有关统派团体捐赠 15 万元的抗原检测试剂，协调省总工会、山东中医药大学等向香港捐赠 4000 万元防疫物资，各地台协会、台商向当地捐赠价值 350 多万元防疫物资。

四、惠台政策措施落地落细

继续深入贯彻“两岸一家亲”理念，率先同台港澳同胞分享山东发展机遇，提供同等待遇，落实各项惠台政策措施。汇编国家、省惠企政策措施 484 项，向广大台企台商发布。组织台商参加第五届中国国际进口博览会线上推介活动，举办全省民营经济中小企业政策宣贯大会，助力台资企业“知懂用享”惠企政策。协助 7 家台资企业办理留抵退税 343.11 万元，国台办新闻发布会专门介绍相关情况。与省高院合作开展涉台纠纷诉前化解工作，开展“一法一条例”执法调研。妥善协调处置冠博、绿源、加达澳深等公司投诉求助事项，及时化解纠纷。开设济南台胞台青泉城之家、济南台胞医保服务站，积极协调解决台胞子女入学、新冠疫苗接种、居住证使用等难题。广泛宣传“山东省优秀企业家”台商李佳玲事迹。

五、对台港澳宣传调研提质增效

加强对网站、微信公众号、刊物等宣传阵地管理，牢牢把握涉台港澳领域意识形态和舆论宣传主导权。密切与台港澳媒体的合作互动，讲好山东故事、鲁台港澳融合发展故事。加强对山东特色资源、重大活动、优秀台港澳企业代表人物的宣传报道，凝聚社会关心支持台港澳工作的正能量；抢抓春节、中秋等重要时间节点，开展好文化“走出去”系列交流活动；组织录制两岸拜年短视频，省委台港澳办主任刘渊向台湾山东乡亲拜年短视频岛内点击量超过 500 万；策划组织台青黄河游记、港澳同胞话山东、情牵两岸等专题宣传报道，制作网络视频片，协助做好苑举正来鲁探亲跟踪报道。全年各级各类媒体刊发台港澳工作报道 3500 多篇次。加强涉台港澳研究和专家团队培育，编印《台港澳事务法律文件选编》《台港澳研究资料概览》《习近平总书记关于台港澳工作重要论述摘编》3 本参考资料，1 篇调研报告被评为 2021 年度中央台办优秀调研课题，获评中央台办“两刊”工作先进单位。

六、机关党建和干部队伍展现新风貌

认真落实全面从严治党主体责任，建立办主要负责同志“第一责任人”、班子成员“一岗双责”和机关党委、党支部管党治党责任体系，切实提高政治判断力、政治领悟力、政治执行力。组织党员干部集体收看党的二十大开幕会盛况，深入学习宣传贯彻党的二十大精神。常态化长效化开展党史学习教育，研究制定《关于推动党史学习教育常态化长效化的若干措施》，认真开展“我为群众办实事”实践活动，统筹做好新冠疫情防控工作。坚持总体国家安全观，扛牢涉台港澳意识形态工作责任，加强“三防”工作。持续巩固深化巡视整改成果。大力加强作风建设和廉政教育，持续纠治“四风”，开展形式主义、官僚主义突出问题专项整治，制定《省委台港澳办关于做好“四风”整治重点工作的方案》。深化对习近平法治思想和涉台港澳法律法规的宣传学习，提高依法行政、依法办事能力。强化干部实践锻炼，选派1人到基层挂职，8名同志参加“四进”和基层工作队。发挥工青妇群团作用，实施青年理论提升工程。开展全国文明机关创建工作，迎接争创全国文明单位检查复核，得到检查组肯定。

附：省委台港澳办领导成员名单

主　任：刘　渊

副主任：孙西忠　尹晓民　王清玉

省直机关党建工作概况

省委省直机关工委分管日常工作的副书记
石光亮

2022年，在省委坚强领导下，省委省直机关工委坚持以习近平新时代中国特色社会主义思想为指导，深入学习宣传贯彻党的二十大精神，锚定“走在前、开新局”，聚焦围绕中心、建设队伍、服务群众，坚持凝心铸魂、守正创新、夯基固本，推动机关党建实现高质量发展。

一、坚持以政治建设为统领，推动党的创新理论入脑入心

以迎接和学习贯彻党的二十大精神作为主线，深学笃用习近平新时代中国特色社会主义思想，坚定拥护“两个确立”、坚决做到“两个维护”。

（一）抓好学习研讨

认真落实“第一议题”制度，抓实理论学习中心组学习，制定印发《省直部门单位党组（党委）理论学习中心组学习列席旁听办法》，派员列席旁听、点评指导省直部门单位中心组学习。深入实施青年理论学习提升工程，推动建立青年理论学习小组4166个，组织召开省直机关青年理论学习工作推进会，打造“青年学习会”平台，成立青年讲师团，开办青年大讲堂，做到“月月有活动、季度有交流、半年有展示、年底有评比”。

（二）抓好教育培训

认真学习贯彻党的二十大精神，贯彻落实省第十二次党代会精神，牵头举办四期省直机关处级领导干部党的二十大精神专题学习班，培训2500余人。组建省直机关宣讲团，举办宣讲骨干培训班，部署开展党的二十大代表走基层等多种形式宣讲活动，截至2022年12月底，共开展各层次宣讲297场，听众7.8万余人次。

（三）抓好示范带动

按照“讲政治、守纪律、负责任、有效率”要求，扎实推进模范机关建设，聚焦省委中心工作和改革发展重点任务，组织开展“‘走在前列　全面开创’‘三个走在前’我在行动”主题活动，选取14个系统性强的省直部门单位开展省市县“三级联动”试点，召开全省模范机关建设现场推进会，编印《模范机关建设省市县“三级联动”试点工作案例汇编》，推动模范机关建设向基层延伸、向系统拓展。通报表扬164个2021年度模范机关建设工作表现突出集体，评选表彰100个创建模范机关先进集体，发挥典型示范带动作用。

（四）抓好宣传引导

在山东省新闻中心召开省直机关党的建设工作情况首次新闻发布会，总结介绍党的十八大以来省直机关党的建设工作情况。举办“走在前　作表率——新时代山东省省直机关党的建设成果展”，省直机关和社会各界共14.38万人观展。组织开展省直机关团员青年文艺汇演、演讲比赛，山东驻村第一书记网络寄语等系列活动，迎接党的二十大胜利召开。指导督促省直部门单位党组（党委）落实意识形态责任制，加强意识形态阵地管理，做好舆情风险防范应对，守牢意识形态领域底线红线。

二、坚持以落实主体责任为重点，推动党建责任压紧压实

紧紧扭住责任制“牛鼻子”，着力构建机关党建明责、督责、考责一体化责任落实机制。

（一）注重年初明责

组织召开省直机关党的工作会议，对年度机关党建工作作出全面部署。印发2022年省直机关党的工作要点，制定省直部门单位党组（党委）履行机关党建主体责任清单，明确目标任务，细化工作措施，每月调度推进落实情况。

（二）加强年中督责

持续开展常态督查，制定工委年度重点工作台账，严格督促落实“日工作安排、周工作报告、月工作计划、半年汇报交流”制度，督促检查重点任务完成情况。组织开展第三、四轮党建责任制专项督查，对24个部门开展进驻式专项督查，发现问题、逐一反馈整改，对20个部门单位开展“回头看”。形成的两轮专项督查报告得到省委主要负责同志等多位省领导批示肯定。

（三）做实年底考责

抓好党组织书记抓基层党建工作述职评议考核，召开年度党组（党委）书记抓基层党建工作述职评议会议，组织19名党组（党委）书记进行会议述职并现场点评，对排名靠后部门单位进行约谈，对反馈问题整改情况进行“回头看”，逐级传导责任压力。

三、坚持以服务强省建设为主线，推动党建与业务深度融合

注重把机关党建放在现代化强省建设中系统谋划，聚焦党中央重大决策部署和省第十二次党代会确定的各项目标任务抓好落实。

（一）全力服务保障黄河重大国家战略

联合《旗帜》杂志社、黄委开展全国性“党建引领保障黄河重大国家战略创新案例”征集活动，举办全国首次黄河重大国家战略党建工作协作交流会。《做好“六篇文章”以高质量党建引领保障黄河重大国家战略落实》典型案例被《旗帜》杂志社评为金奖。举办3期“话黄河·走在前”对话专访活动，组织32个省直部门单位与黄河滩区32个迁建村开展联建共建，帮助169个联建村发展，助力乡村振兴。

（二）积极助力绿色低碳高质量发展

紧跟“三个十大”行动计划、新旧动能转换等中心工作部署党建任务，指导推动44个部门单位举办60余个劳动和技能竞赛，调动各行业领域资源力量服务现代化强省建设。

（三）深入解决群众急难愁盼问题

聚焦推动“十大创新”政策落实，开展“以下看上”专题调研，深入16市33个县（市、区）、梳理问题153个，推动相关省直部门单位逐一反馈、整改到位，有效打通服务基层通道。组织开展“情系职工”关爱帮扶活动，惠及干部职工4772人次。

四、坚持以夯实基层基础为关键，推动基层组织力全面提升

树牢“一切工作到支部”鲜明导向，持续抓好基层党组织建设。

（一）全力打造过硬支部

持续深入实施党支部标准化规范化建设提升工程，规范做好支部换届、发展党员、党费收缴等工作，开展党的组织生活规范月活动，不断深化星级评定工作，培树100个党支部建设示范点，编发《省直机关优秀主题党日案例100篇》。常态化开展“我来讲党课”活动，遴选40余部优秀党课宣传推广。深化推进党支部品牌建设，形成“我们支部的圆桌会”等一批叫得响、可推广的党建品牌。

（二）全力促进作用发挥

严格党员发展标准，举办3期发展党员对象培训班，新发展党员2507名，组织省直机关新党员代表举行入党集体宣誓仪式。深入开展“发现榜样”活动，省直机关有6名党员干部被评为省级“创新榜样”。注重党内关怀，发放“光荣在党50年”纪念章827枚，划拨走访慰问补助经费，走访慰问生活困难党员、老党员9466人。推动党支部建在疫情防控、项目建设等“第一线”，组建党员突击队716个、下沉党员4.4万名。深化省市县机关联动“双报到”工作，推行“四同四化”模式，《创新“四同四化”“双报到”模式　省市联动为民办实事》被评为2021—2022年度山东组织工作创新奖。

（三）全力培育过硬队伍

指导省直部门单位配齐配强党务干部，2022年新选配机关党委、机关纪委负责同志122人。分层分类开展省直机关党务干部培训，线下举办3期党务干部示范培训班，培训400余人；线上对1220名新任党支部书记、556名机关党委工作人员进行业务培训，实现2022年党支部书记任职培训全覆盖。

五、坚持以深化正风肃纪为保障，推动作风建设持续改进

把严的基调、严的措施、严的氛围贯穿始终，全力打造风清气正的政治机关。

（一）持续纠“四风”树新风

印发《推动省直机关落实“严真细实快”工作作风的若干措施》，组织对30多个窗口单位进行暗访，深入整治群众身边的作风问题，持续纠治形式主义、官僚主义。

（二）加强机关纪委建设

推动落实《关于加强省直机关部门机关纪委建设的若干措施》，选树一批省直机关先进纪检组织和优秀纪检干部，举办2期省直机关纪委书记培训班，培训260余人，强化示范引领。建立省直机关纪检工作协作联系区制度，加强工作交流。

（三）严格案件审理

强化执纪问责，审理查处一批省直机关处级干部违纪违法案件。注重共性问题深度剖析，梳理2021年度省直机关处级党员干部案件审理情况，形成分析报告，省委主要负责同志等22位省领导作出批示。

附：省委省直机关工委领导成员名单

书　记：张海波

分管日常工作的副书记：石光亮

副书记：赵艺丁　王树山　邹　霞

委　员：孙世格　王树海

全省巡视巡察工作概况

省纪委常委，省委巡视办主任　陈培华

2022 年，在省委坚强领导下，山东省巡视巡察系统坚持以习近平新时代中国特色社会主义思想为指导，深入学习贯彻党的二十大精神，认真落实习近平总书记关于巡视工作重要论述和对山东工作重要指示要求，全面贯彻巡视工作方针，巩固深化政治巡视，充分发挥监督保障执行、促进完善发展作用，为推进全面从严治党、推动新时代社会主义现代化强省建设提供了有力保障。2022 年 8 月，中央巡视工作领导小组成员、办公室主任王鸿津来山东调研时指出：“近年来山东巡视巡察工作发展迅速，从中上水平跨越式发展为全国第一梯队，取得明显成效、值得充分肯定。”

一、扛牢抓实主体责任，巡视巡察工作组织领导持续增强

省委始终把巡视工作作为推进全面从严治党、履行全面监督职责的重要任务和有力抓手，把巡视巡察工作纳入省委常委会年度工作要点、纳入各级党委（党组）主体责任清单，5 次学习习近平总书记关于巡视工作重要论述和党中央重要部署，研究审议巡视工作重要事项；省委主要负责同志认真履行第一责任人责任，专门就做好十二届省委巡视工作、学习贯彻《党的十九大以来中央巡视工作总结报告》等作出批示，每轮巡视结束后都及时召开书记专题会听取汇报，点人点事点问题，明确整改要求和处置意见。省委巡视工作领导小组先后召开 12 次领导小组会议研究谋划工作，召开全省巡视巡察工作会议，对贯彻落实全国巡视工作会议精神作出部署安排，建立领导小组成员与巡视组组长见面谈话、参加进驻动员和集中反馈会、巡中实地调研指导、听取阶段汇报等机制，实施全程指导。省委巡视办坚持省委工作机关定位，认真履行统筹协调、指导督导、服务保障职能，强力推进具体落实。坚持巡视巡察“一盘棋”谋划，全面落实同级纪委领导班子成员担任巡视巡察办主任，举办全省市县党委巡察工作领导小组履职能力提升班，制定《关于推进市县巡察工作高质量发展的意见》等制度。市县党委抓巡察工作的政治意识、责任意识不断增强，巡察领导体制和工作机制不断完善，有效保障中央部署和省委要求一贯到底、落实落细。

二、坚定不移推进政治监督，政治巡视利剑作用充分发挥

坚持规划引领，强化科学统筹。系统总结梳理十一届省委巡视工作情况，分别向中央巡视工作领导小组和省委报告。科学制定《十二届省委巡视工作规划》，高标准谋划十二届省委巡视工作高质量发展的总体思路、目标任务、主要举措；指导市县把编制规划作为谋划部署和推进新一届党委巡察工作的重要抓手，构建完善省市县三级巡视巡察规划体系，促进党内监督全覆盖。紧跟“国之大者”，深化政治巡视。十二届省委第一轮巡视，主动对标习近平总书记重要指示要求，在全国沿黄省区中率先开展黄河流域生态保护和高质量发展专项巡视，共发现制约和阻碍黄河重大国家战略落地落实的突出问题、体制机制问题等 1770 个，有力推动黄河重大国家战略在山东落地落实。围绕学习宣传贯彻党的二十大精神，第二轮对 45 个县（市、区）开展常规巡视，以高质量巡视监督为全面建设绿色低碳高质量发展先行区开局起步夯基固本，全力护航新时代社会主义现代化强省建设。

三、持续完善巡视巡察战略格局，系统优势和综合监督作用充分彰显

认真落实党中央《关于加强巡视巡察上下联动的意见》，构建立体监督网，为完善党和国家监督体系提供有力支撑。一方面，纵向织牢上下联动监督网。加强对巡察工作指导督导和专项检查，上半年指导 16 个市级巡察机构完成对 136 个县（市、区）巡察工作现场指导督导全覆盖，下半年组织开展为期 5 个月的市级巡察机构在上下联动中更好发挥作用攻坚提升行动；指导规范省直部门单位内部巡察，全省开展内部巡察的省直部门单位增至 78 家。十二届省委第一轮巡视期间，市县同步对 2246 个巡察对象开展联动巡察，有力推动问题系统发现、系统解决；第二轮巡视期间，授权 11 个市委巡察机构对 45 个县（市、区）巡察工作开展专项检查，推动县级巡察工作更加规范高效；市县两级全年共巡察 10856 个部门单位，发现和推动解决各类问题 9.79 万个。另一方面，横向织密贯通协调监督网。坚持系统思维，不断健全完善巡视与纪检监察、组织、宣传、政法、审计等各类监督的统筹衔接、协调协作机制。创新巡纪联动模式，制定《省纪委监委监督检查室负责同志兼任省委巡视组副组长工作规定（试行）》，十二届省委第一、二轮巡视均授权 11 名监督检查室负责同志兼任巡视组副组长，在情况通报、政策支持、会商研判、线索处置等方面发挥积极作用。优化巡审联动机制，黄河重大国家战略专项巡视前，省委巡视办与省委审计办充分对接沟通，联合制定工作方案，17 个省审计组对 4 市 13 县（市、区）同步开展经责审计，相互通报问题 698 个，有效凝聚监督合力。

四、加强巡视整改和成果运用，巡视标本兼治战略作用不断显现

认真落实中央《关于加强巡视整改和成果运用的意见》，省委制定贯彻落实具体措施，推动监督、整改、治理有机贯通。

（一）压紧压实整改责任

省委将巡视整改纳入对各市履行全面从严治党责任检查、述责述廉，与年度高质量发展综合绩效考核挂钩，点名通报干扰巡视工作及巡视反馈问题整改不力问题；探索创新巡视动员和反馈方式，建立被巡视党组织主要负责人参加巡视动员部署会、集中反馈和“一对一”反馈相结合等机制，推动被巡视党组织整改落实更加有力。

（二）优化整改监督机制

省纪委监委机关制定《加强巡视整改日常监督的工作办法》，实现整改监督全周期管理；从十二届省委第一轮巡视开始，将反馈整改问题列入政治监督活页，落实“一台账、两清单、双责任、双问责”监督机制；省委组织部建立干部监督机构综合协调、各责任处室单位牵头主抓、相关处室单位参与配合的工作机制，持续抓实整改日常监督。

（三）进一步深化巡视成果运用

省委主要负责同志组织召开省推进黄河流域生态保护和高质量发展领导小组会议和工作推进会，以巡视发现问题为靶向促战略落实；省委巡视办梳理35项问题纳入重点督办清单，针对行业性、领域性问题综合形成8份专题报告，分别移交分管省领导和有关部门，推动加强政策供给、优化系统治理，实现以巡促改、以巡促建、以巡促治。

五、全面加强规范化法治化正规化建设，巡视巡察高质量发展基础更加坚实

聚焦“规范化法治化正规化建设年”活动，开展巡视巡察深化提升专项行动，全面夯基固本、提质增效。

（一）狠抓思想政治建设

把学习宣传贯彻党的二十大精神作为首要政治任务，省委巡视机构组织党课宣讲14场、集中研讨54次，推动党员干部真正用党的二十大精神武装头脑、指导实践、推动工作。年初组织开展为期5个月的“强党性砺本领严作风”集中学习培训活动，培训巡视巡察干部5000余人次，全面提升政治能力和履职能力。

（二）狠抓干部队伍建设

探索优化选派巡视组副组长机制，从省、市两级挑选60余名一级、二级巡视员，组建省委巡视组选派副组长人才库，并择优长期授权使用；每轮选派5名新提拔50岁左右省管干部担任省委巡视组副组长形成常态，储备了一批经验丰富的巡视骨干力量；每轮抽调数百名相关行业领域专业干部参加巡视，充分发挥巡视“熔炉”作用。

（三）狠抓制度建设

对标中央巡视工作制度，与时俱进推进巡视巡察制度“立改废释”，形成以75项工作制度为主体、18项规范模板为配套的相对完备的巡视巡察制度体系，基本实现各环节工作都有章可循、有规可依、有责可查。

（四）狠抓信息化建设

深化山东省巡视巡察综合信息管理系统应用，开发省市县联动平台，推动信息化建设成果向市县延伸，形成以中央巡视办统建系统为基础，以自建系统为延伸，功能互补、衔接融合的信息化数据平台。2022年8月，中央巡视办在山东省召开贯彻落实巡视巡察信息化建设指导意见推进会，全面总结推广山东省信息化建设经验。

附：省委巡视办领导成员名单

主　任： 陈培华

副主任： 荀　丽　孟新军

全省老干部工作概况

省委组织部副部长，省委老干部局局长
兼省离退休干部党工委书记　刘国伟

2022年，全省老干部工作系统以习近平新时代中国特色社会主义思想为指导，以迎接党的二十大和学习宣传贯彻党的二十大精神为主线，全面落实全国老干部工作“双先”表彰大会、老干部局长会议和省第十二次党代会精神，守正创新、用心用情、真抓实干，推动全省老干部工作高质量发展，各项工作取得新进展新成效。

一、聚焦主题主线，认真组织离退休干部学习宣传贯彻党的二十大精神

组织开展“建言二十大”“我看中国特色社会主义新时代”专题调研，认真听取广大离退休干部的感想体会和意见建议，累计召开座谈会205场、组织专题访谈377次、开展实地观摩120余场，参与老同志4500余人次。扎实开展“老少同声颂党恩、携手喜迎二十大”专题活动，通过主题宣讲、线上答题、实地观摩、文艺汇演等方式，引导离退休干部学党史、颂党恩、听党话、跟党走。及时印发通知和方案，对全省老干部工作系统学习宣传贯彻党的二十大精神进行安排部署。指导全省各级开展专题辅导班、

网上报告会、知识竞赛、送学上门、文艺展演、线上助学等活动，累计举办各类专题培训200余个（次），开展主题党日活动1500次，推动党的二十大精神入脑入心、走深走实。

二、强化政治引领，着力夯实离退休干部党的建设工作根基

围绕学习贯彻《关于加强新时代离退休干部党的建设工作的意见》，以省委办公厅名义印发《贯彻落实〈关于加强新时代关心下一代工作委员会工作的意见〉的若干措施》。突出强化思想政治建设，制定《关于加强和改进新时代离退休干部思想政治工作的若干措施》，规范做好离退休干部思想政治工作，不断强化思想政治引领作用。联合省委组织部印发《关于进一步规范干部荣誉退休工作的通知》，引导退休干部离岗不离党、退休不褪色。举办新退休省管干部研习班、全省离退休干部党组织书记示范培训班等，带动各级集中培训2万余名离退休干部。举办28期“本色家园讲堂”，累计收看达30万人次，增强学习教育实效。抓实抓好离退休干部党组织标准化规范化建设，召开全省离退休干部党建工作座谈会，加强指导、统筹推进。优化党组织设置，加强老干部集中居住地、社团协会、老年大学党组织建设。积极推进离退休干部党组织与社区党组织融合共建，推动融入基层党建总体格局，指导各级在社区建立离退休干部党支部1101个。协调做好2023年离退休干部党组织工作经费和书记基本补助经费预算工作，为1184个离退休干部党组织申报两项经费966.72万元。深化“本色家园”品牌建设，丰富拓展内涵，强化引领带动，积极推进“本色家园+”建设。高标准评选80个离退休干部党建优秀案例，建成省直离退休干部党建活动基地，命名107个“本色家园”离退休干部党组织活动场所，为党组织开展活动提供阵地支撑，切实发挥示范引领作用。

三、围绕中心大局，有力有效组织引导离退休干部发挥优势作用

联合省委组织部出台《关于加强新时代离退休干部发挥作用工作的意见》，印发《关于开展全省离退休干部助力社区治理和乡村振兴的行动方案》《关于组织离退休干部深入开展志愿服务活动 助力新时代美德山东建设的通知》，对老同志发挥作用工作进行宏观指导和统筹推进。深入实施老干部发挥作用工作提升行动。深化“增添正能量·共筑中国梦”活动，开展“强省有我·银龄行动”主题活动，组织各级离退休干部党组织书记宣讲团，围绕学习贯彻党的二十大精神等开展宣讲，累计开展4.3万余场次，参与党员群众85.8万余人次。指导各级成立助力社区治理队伍15000余支，助力乡村振兴队伍2600余支，1万余名老同志到社区或村“两委”兼（任）职。鼓励支持老同志通过技术指导、返聘任职、经验传授等方式，在黄河流域生态保护和高质量发展、乡村振兴、社区治理等方面发挥作用，全省共约35.1万人次老同志在相关领域献计出力。开展全省老干部专家型人才信息统计工作，推动建立离退休干部人才库。围绕学习贯彻《关于加强新时代关心下一代工作委员会工作的意见》，以省委办公厅、省政府办公厅名义印发《贯彻落实〈关于加强新时代关心下一代工作委员会工作的意见〉的若干措施》，推动关心下一代工作规范有序开展。深化“齐鲁关爱”活动，推进“手牵手圆梦行动”志愿服务项目，组织“五老”志愿者发挥优势作用教育关爱青少年。

四、坚持用心用情，精准用力做好离退休干部服务保障工作

把服务好离休干部放在突出位置，巩固落实离休干部“三个机制”，坚持亲情化个性化原则，实行“一人一策”精准服务，为全省近2万名离休干部建立“一对一”服务台账，为737名省直住济离休干部提供和改进“贴心一键通”居家服务。联合省委组织部等四部门调整完善省直离休干部医疗保障有关政策，推出完善居家医疗照护政策等五项措施，有效提升了省直离休干部医疗保障水平。积极保障离休干部“两费”落实，省财政安排1.65亿元用于保障困难市县以及中央驻鲁和省属特困、困难单位“两费”落实。做好困难帮扶救助工作，发放省直单位离休干部及遗属困难专项救助金300万元。指导各地创新实施“时间银行”“银龄互助”等项目，推动老有所为和老有所养相结合，受到老同志欢迎和肯定。用心用情落实好老同志情况通报、易地走访、生日探望、集中疗养、丧事办理等规定，结合实际优化完善有关工作机制。推动长期护理保险制度和异地就医政策面向全省离退休干部全覆盖。全面对接“爱山东”政务服务平台，深化“山东老干部”APP建设，开设“山东老年大学”专栏，提升为老服务信息化水平。

五、注重文化养老，更好满足老同志对美好生活的向往期待

积极推动老年大学创新发展。山东老年大学坚持政治立校，提升教学质量，2022年秋季学期注册学员达2.3万余人次。开发“广电云讲堂”等教学系统，通过山东老年大学远程教育网等平台线上授课，累计使用量达3000万人次。认真落实《山东省老年教育条例》，印发《关于加强和改进全省老年大学合作交流工作的通知》，推行社会力量联合办学、远程网络办学等模式，推动老年教育资源向基层倾斜，各级建成4716个老年教育办学机构，5000多个远程教育教学点。着力提升老干部活动中心服务质量，加强对老干部社团协会和文体骨干的专业培训指导，开设“颐心微课”网上直播课堂，受到老同志欢迎。指导各级加强老干部活动中心基础设施建设，提高为老同志服务质量。指导各级推进“老年大学进社区”，建设“家门口老年大学”，让老同志就近接受教育、开展活动、发挥作用，

打通老同志学习活动最后一公里，成为服务保障老同志新阵地。

六、加强自身建设，努力建设模范部门和过硬队伍

树牢政治机关意识，落实归口省委组织部管理有关规定，持续加强老干部工作者政治、思想、能力和作风建设，建设忠诚干净担当的干部队伍。突出政治机关建设，坚持和完善局务会“第一议题”、局理论学习中心组学习等制度，印发组织全省离退休干部和老干部工作者学习宣传贯彻党的二十大精神的通知，制定推动党史学习教育常态化长效化的具体措施，持续深化学习党的创新理论。制定加强干部政治能力建设的具体措施和加强干部政治素质考察的实施办法，推动政治能力不断提升。严格落实意识形态责任制，制定网络安全保障工作方案和网络安全事件应急预案，确保意识形态阵地安全。举办全省老干部局长读书班、离退休干部党建工作骨干培训班、信息调研宣传工作培训班、局机关工作人员能力素质提升班等，全年选派386人次参与各类培训，安排16人次参与“四进”工作。统筹做好平时考核、专项考核和年度考核，努力考准考实干部，有效激励干部担当作为、干事创业。坚持不懈加强作风建设，认真落实中央八项规定及其实施细则精神，弘扬“严真细实快”作风，践行“四提”“五要”要求，制定加强作风建设的实施意见，建立老干部工作基层联系点，树立求真务实、狠抓落实工作导向。强化系统联动，开展“走在前、开新局老干部工作部门在行动”主题活动，对全省老干部工作开展集中调研，摸清基层实情，把准发展方向。落实“11710”督查工作机制，实行项目化管理、责任化推进，有力推进工作落地见效。开展集体廉政谈话，建立廉政档案，进行廉政风险排查并制定防控措施151条，引导党员干部知敬畏、存戒惧、守底线。

附：省委老干部局领导成员名单

局　长：刘国伟

副局长：吕德义　宋文军　牛宝文　李学忠

山东老年大学工作概况

省委老干部局副局长兼山东老年大学校长
吕德义

一、组织概况与党的建设

山东老年大学机关党委隶属省委老干部局直属机关党委，下辖12个机关党支部，1个离退休党总支，下设4个离退休党支部。共有党员183人（4个下派干部），其中，在职在编党员97人，派遣制党员21人，离退休党员65人。为加强学员党员思想政治引领，创新成立学员临时党总支和10个学员临时党支部，以班为单位成立680余个学员党员活动小组。

（一）聚焦深学细悟，深入抓好理论武装

坚持把学习宣传贯彻党的二十大精神作为首要政治任务，印发《关于认真学习宣传贯彻党的二十大精神的通知》，组织召开学习宣传贯彻党的二十大精神大会，制定校理论学习中心组党的二十大精神专题学习计划。严格执行“第一议题”制度，落实理论中心组学习制度，制定年度学习计划，开展集体学习17次，研讨发言70人次。制定学习宣传贯彻省第十二次党代会精神实施方案，明确学习研讨、宣讲宣传等9项动作。抓好党支部集体学习和青年理论学习，各党支部集体学习280余次，青年理论学习小组学习50余次，青年理论学习小组代表列席理论学习中心学习发言13人次，举办辅导讲座2次，督促运用“学习强国”“灯塔－党建在线”等学习平台进行自学。

（二）注重夯实基础，大力加强组织建设

牢固树立党的一切工作到支部的鲜明导向，坚持机关党建、学员党建、离退休党建一体谋划、一体推进、一体落实，构建形成协调运行、联建联创整体合力。组织机关党委、机关纪委届中调整工作，进一步优化组织设置，提升基层组织活力。深入开展党支部标准化规范化建设提升工程，印发《机关党建督查实施办法》，由校领导、党建联络员、机关党委组成专班，开展3次日常检查和集中督查，建立发现问题、解决问题、推动工作的常态化督导闭环机制，推进基层党组织全面过硬。深化“本色家园·乐龄先锋”党建品牌建设，部署党的组织生活规范月活动，开展“我来讲党课”活动，组织9个党支部进行届中调整，及时调整学员临时党总支、各学员临时党支部班子成员，转接党

组织关系42人。认真贯彻落实《关于加强新时代离退休干部党的建设工作的意见》，制定落实办法，明确17项具体任务，着力加强离退休干部和学员党建工作。

（三）聚焦标本兼治，狠抓巡视反馈整改

坚持把抓好巡视整改作为重要政治任务和践行“两个维护”的实际行动，第一时间组织召开校务会，传达有关精神，专题研究巡视整改工作，成立巡视整改工作领导小组，建立“校务会专题研究、责任领导每周调度、责任处室每月报告”的整改任务落实机制。加强巡视整改工作领导，校主要负责同志先后主持召开10次校务会研究巡视整改工作，领导小组办公室召开3次推进会调度巡视整改情况，督促推进重点整改事项。聚焦省委巡视反馈的4个方面29项具体问题，研究制定整改方案，明确109项具体整改措施，已整改26个问题，3个问题已取得阶段性成效，需要长期坚持推进。

（四）突出从严从实，加强党风廉政建设

坚持政治立校原则，坚决扛起全面从严治党主体责任，召开2次全面从严治党、党风廉政建设和反腐败工作会议，制定落实全面从严治党年度主要任务安排，开展全面从严治党专题调研，形成调研报告6篇。着力加强机关纪委自身建设，印发机关纪委工作要点、责任清单，制定机关纪委议事规则、工作职责，举办机关纪委委员和党支部纪检委员培训班，切实提高能力、发挥作用。深入贯彻落实加强廉洁文化建设有关要求，制定具体落实措施，编印《古今廉政文化人物典故30例》，打造马鞍山校区廉洁文化展示区。印发《廉政谈话实施细则》，校领导班子成员带头讲廉政党课，“谈心日”谈话62人。制定岗位廉洁风险防控实施细则，组织全覆盖廉洁岗位风险排查，梳理风险点72个，完善措施、抓好整改。自觉接受驻部纪检监察组监督，配合完成政治监督台账和驻点监督等工作，修订《“三重一大”事项决策制度》，2022年报备事项206个。

（五）围绕凝心聚力，扎实做好群团工作

坚持以党建引领团建，制定年度群团工作要点，组织校机关工会换届，健全工会运行机制，成立团支部，加强群团组织规范化建设。做好全国文明单位创建工作，细化创建工作任务清单，列出166项创建工作任务。深化党员志愿服务，组织党员干部到梁南社区开展“弘扬雷锋精神、争做乐龄先锋”、反诈宣传等志愿活动，开展疫情防控、无偿献血、文明交通、“慈心一日捐”等活动。丰富干部职工精神文化生活，开展青年理论学习交流会、青年读书荐书活动，组织心理健康公益讲座、学习插花技艺等庆“三八”系列活动，积极参加省直机关工委和省直机关文明单位第十一协作区举办的健步走、篮球赛、书画摄影展等系列文体活动，举办秋游、健步走、传统文化经典诵读等活动，进一步激发干部职工干事创业活力。关心关爱困难职工，为2名困难职工申请慈善救助金2万元。做好工会慰问，为17名会员发放14400元慰问金慰问品。根据省直机关工委有关要求，开展“四季关爱”活动。加强职工之家建设，做好资金申请、项目设计和建设工作。

二、主要工作与成绩

（一）着力提升教学质量

优化招生工作流程，2022年秋季学期首次实现各校区统一招生，共开设139门课程、864个教学班，注册学员2.2万人次，开设课程数增加25门，重点充实完善法律、金融、智能培训等方面的通识课程。瞄准学员需求，开设直播小课堂，开展线上班级制教学，与线下课堂、直播大课堂优势互补、相互促进，线上线下教学一体化取得新成效。加强统编教材推广使用，印发《山东省老年大学课程体系分类》，组织编写117门课程教学大纲，出版发行4门统编教材。积极破解教师难题，多种措施聘请专家和专业教师到校任教，加强专业教师培训，常态化开展教学观摩、研讨交流活动。

（二）大力发展远程教育

构建提升山东老年大学电脑端、电视端、手机端立体化远程教育平台，鼓励引导全省各级老年大学共建共用共享远程教育网，2022年平台使用量达3000万人次，“山东老年大学电视云课堂”被评为全国终身学习品牌项目。持续推动老年教育资源向基层倾斜，2022年全省新增各级远程教育教学点2000余个，累计开设5000余个，覆盖了全省16市和95%的县级行政区，2022年参加学习学员约为20万人次。完成山东老年大学远程教育网适老化改造，同步开发了“乐龄学堂”手机应用，与齐鲁壹点合作共建“壹起学·新老年云课堂”，以实际行动落实“智慧助老”工作要求。

（三）深化开展合作办学

2022年，山东老年大学认真落实《关于鼓励职业院校兴办老年大学的通知》要求，印发《关于加强和改进全省老年大学合作交流工作的通知》，理顺合作交流工作机制。推动普通高校、职业院校参与老年教育，与山东中医药大学开展合作，共同建设老年医养课程群；与山东传媒职业学院建立战略合作关系，在党建引领、课程共建等方面探索合作机制。截至2022年年底，山东老年大学共建有6个校区、8个分校。

（四）注重加强理论研究

创新建立全省老年大学课题发布制度，2022年共确定25个立项课题。注重培养骨干力量，通过举办理论研讨会、骨干培训班，助力年轻干部提升研究能力。积极参加中老协“游学养”课题，以沂蒙精神、红色经典为基础，打造经典红色游学线路，建设红色精品课程。加强老年教育研究院建设，外聘专家30余名。2022年理论研究成效显著，全省各级老年大学编辑出版《老年教育现代化研究》等著作近百部，在国家、省市级刊物发表理论研究文章1000余篇，为老年教育理论研究工作贡献了山东智慧、发出了山东声音。

（五）围绕中心服务社会

健全校关工委和志愿者协会建设，设立红色宣讲、非遗手工等12个分会及社团组织，形成了“靠党建统领、靠教学支撑、靠社团延伸”的完整工作链条。开展“老少同声颂党恩、携手喜迎二十大”主题教育实践活动，邀请青少年走进老年大学剪纸、京剧等特色课堂，打造公益课堂，教育引导青少年从小听党话、跟党走。开展非遗进社区、学校等活动，举办“传播非遗文化 讲好中国故事”非遗讲座，传承中华民族优秀传统文化。2022年以来，组织学员开展志愿服务活动70余次，学员工作处被中国关工委评为“全国青少年普法教育先进集体”，学员志愿者团队荣获“齐鲁助老团体奖”。

三、创新与经验

（一）创新发展“互联网+”老年教育，增设直播小课堂

以服务学员为导向，创新发展“互联网+”老年教育，增设直播小课堂，与线下课堂、直播大课堂优势互补、一体推进，积极构建线上线下融合发展新模式。直播小课堂授课时间和计划与线下课程同步，增加师生互动连麦频率，满足学员个性化学习需求，实现沉浸式互动教学。直播小课堂共开设课程25门，每节课可观看回放5次，年观看超4万人次。

（二）创新全省老年大学理论研究，优化课题申报工作管理

首创课题申报机制，面向全省发布立项课题，邀请专家进行课题指导，进一步明确思路，指明方向，推动山东省老年教育理论研究走向规范化、学术化、正规化。组织全省老年大学教育科学研究工作会议和理论骨干培训班，提升全省老年大学教育科学研究水平和理论研究工作水平。大力推广校本研究机制，实行“导师制”，培养青年理论骨干和教育教学一线工作者，鼓励各级老年大学加强理论骨干的培养，在课题研究中培养骨干，促进成长，为青年骨干的成长提供广阔舞台。

（三）创新老年大学关工委和志愿者协会一体化管理，协同推进关心下一代和志愿服务工作

把关工委工作纳入学校党建总体规划，作为加强政治立校、推进文明创建、建设本色家园、培树乐龄先锋的重要内容。吸收热心关心下一代工作的返聘老同志、教师和学员骨干，推动形成“靠党建统领、靠教学支撑、靠社团延伸”的完整工作链条，理顺五老志愿者的人才储备和梯队建设体系。规范管理志愿者队伍，配套出台相关管理制度。引入信息化管理手段，开发愿服务信息管理模块，实现参与活动报名、定位考勤、积累服务时长、积分奖励兑换等功能。

（四）创新将老年人反诈防骗宣传引入老年大学，不断提高老年群体反诈防骗能力

为深入推进打击治理电信网络诈骗犯罪工作和打击整治养老诈骗专项工作，有效提升老年人识骗防骗意识和能力，山东老年大学充分发挥自身优势，联合省委老干部局、省公安厅开展“老年人反诈防骗宣传进老年大学、老干部活动中心”活动，通过线上线下两种方式开展老年人反诈防骗主题宣传教育活动，组织引导广大老年人增强防骗意识，擦亮眼睛，捂紧钱袋子。2022年，全省154所老年大学共组织各类反诈防骗及“法治相伴 美好银龄”普法宣传活动478场，参与活动的老年学员达60余万人，切实增强老年人法治获得感、安全感和幸福感。

附：山东老年大学领导成员名单

校　长：吕德义

副校长：任德强　郭　锋　傅立民　王洪杰　宋正宽

全省党史史志工作概况

省委党史研究院（省地方史志研究院）院长
赵国卿

2022年，在省委的正确领导和上级党史史志部门的科学指导下，全省党史史志系统以习近平新时代中国特色社会主义思想为指导，以迎接党的二十大和学习宣传贯彻党的二十大精神为主线，以党史学习教育常态化长效化为动力，精准谋划，砥砺奋进，党史研究、志鉴编修、宣传教育等各项工作取得新进展新成效，进一步开创党史史志工作新局面。年内，省委常委会会议专题研究党史史志工作1次，省领导肯定表扬5次，在全国党史史志系统介绍山东经验2次；党史成果获得全国党史和文献系统特等奖和一、二等奖8项。

一、突出政治功能、强化政治引领，政治建院取得新成效

（一）理论武装持续强化

坚持把坚定拥护“两个确立”、坚决做到“两个维护”作为最高政治原则和政治规矩，深入学习习近平新时代中国特色社会主义思想，认真学习宣传贯彻党的二十大精神，严格落实“第一议题”制度，引导党员干部不断提高政治判断力、政治领悟力、政治执行力。年内，院理论学习中心组集体学习16次、重点交流发言47人次，举办培训班4次、机关大讲堂5期。深入研究新时代党和国家事业取

得的历史性成就、发生的历史性变革，院主要领导在《中国青年报》发表《充分认识新时代10年伟大变革的里程碑意义》理论文章。院主要领导作为省委学习宣传贯彻党的二十大精神宣讲团成员，到山航集团开展宣讲。组建全省党史史志系统学习宣传贯彻党的二十大精神“六进”宣讲团，推动二十大精神深入基层。用好“学习强国”“灯塔－党建在线”等平台，不断掀起学习宣传贯彻党的二十大精神热潮。

（二）廉洁防线持续筑牢

严格落实党风廉政建设责任制，制定机关纪委责任清单，加强纪检工作力量。始终把教育管理作为“先手棋”，开展党性教育、法治教育、廉洁家风教育，举办《中华人民共和国民法典》知识竞赛和纪法教育月活动，不断筑牢拒腐防变的思想防线。锲而不舍纠“四风”树新风，制定树立“严真细实快”工作作风实施方案，排查廉政风险点92个。精准运用监督执纪“四种形态”特别是“第一种形态”，院领导班子成员、支部书记累计运用“第一种形态”谈话提醒53人次，支部书记与党员谈心谈话100余人次。成立院督查工作组，聚焦重点任务推进，开展专项督查3次，促进作风转变提升。

（三）巡视反馈问题整改落实落地

对照省委巡视反馈问题，抓好“当下改”、推动“长久立”，制定整改措施163条，出台制度24项、修订6项，制定规划2个。结合整改工作，深入开展“‘走在前列、全面开创’‘三个走在前’我在行动”主题活动，深化“讲政治、守纪律、负责任、有效率”的模范机关建设，推进全面从严治党向基层延伸。

（四）干部队伍建设成效显著

始终把干部队伍建设作为干事创业的关键，依托大别山干部学院、沂蒙党性教育基地等举办全省各类党史史志干部、业务培训班、座谈会、研讨会，参加中央党史和文献研究院、中指办举办的会议、培训20余次，进一步营造了崇尚实干、激励担当、乐于奉献的良好氛围。在省委的关心支持下，提任副厅级领导职务1名、晋升一级巡视员1名。组织开展职级晋升2批次，晋升二级巡视员1名、一级调研员1名、二级调研员1名。开展干部调任1人次、干部交流4人次。始终加强对优秀年轻干部的培养，科级干部职级晋升7人次，招录新人员2人，进一步树立正确的选人用人导向。

二、突出特色、凝心聚力，围绕中心、服务大局实现新突破

（一）继续加强习近平新时代中国特色社会主义思想在山东实践研究

跟进记录省市县三级贯彻落实习近平总书记视察山东重要讲话、重要指示批示精神的生动实践，编写完成《山东省全面建成小康社会大事记》《中共山东历史大事记（2012.11—2022.06）》和《新时代现代化强省建设实录（第四卷）》。系统总结新时代山东新发展新成就，撰写完成《锚定总航标　奋力走在前——从党的十八大到二十大山东发展综述》，被中央党史和文献研究院作为范本发各省参照。编印《山东历次党代会概览》，受到省党代表好评。

（二）圆满完成全省性重大展览的筹展工作

积极参与筹备“奋进新时代”主题成就展山东专题展区，开展后得到社会各界的充分肯定和良好评价。参与筹备“走在前　作表率”——新时代山东省省直机关党的建设成果展，全面展示党的十八大以来省直机关党的建设成果和省直党员干部勇于担当、积极作为的良好风貌。编辑完成《“走在前　作表率”——新时代山东省省直机关党的建设成果展画册》，受到省直机关党员干部欢迎。

（三）深入开展党史史志宣传教育

广泛宣传沂蒙精神，院主要领导在中共中央党校为“党的百年奋斗重大成就和历史经验”厅局级干部进修班学员作题为“沂蒙精神基本内涵与时代价值”的讲座。与省委宣传部、省文化和旅游厅等单位联合开展2022年“红色文化主题月”活动、联合举办“红动齐鲁·强国复兴有我”山东省第四届红色故事讲解大赛。在中共山东早期历史纪念馆美铭广场、北部战区陆军某部、山东师范大学长清湖校区等地，组织开展“中共山东百年历史图片展”巡回展，不断擦亮“史敢当”志愿服务品牌。开办“喜迎二十大·初心耀齐鲁”党史直播间，录制上线18期党史宣讲视频，进一步传承红色基因、弘扬红色文化。启动“志在千里”《山东省老字号志》推广活动。

（四）积极服务黄河流域生态保护和高质量发展

推进黄河历史文化进校园，在济南市爱都小学举办黄河古地图展览，整理开发黄河文化校本课程。在天桥区刘庙小学进行黄河历史文化主题教室（安澜书院）试点，山东教育电视台等给予专题报道。组织开展“讲好黄河故事、传承黄河文化”系列活动，举办黄河历史文化研究成果发布会暨“讲好黄河故事　弘扬黄河文化”诗文歌咏会。指导山东黄河河务局编写行业志《山东黄河志（1991—2005）》。

（五）倾情做好基层帮扶工作

抓好“第一书记”、万名干部下基层等工作，选派2名同志担任“第一书记”、1名同志任工作队员，选派3名同志参加“加强农村基层党组织建设”工作队，选派“四进”攻坚工作队员16人次，为统筹疫情防控和经济社会发展作出贡献。

三、多点发力、提质增效，以史鉴今、资政育人展现新作为

（一）党史研究和资料征编工作取得新成效

出版《山东农田水利基本建设纪实（1949—1978）》。编纂完成《“胶东黄金密运中央”史料选编》《山东抗美援朝运动史料汇编》。撰写的“胶东黄金密运中央”调研报告，得到省委领导同志肯定批示。

（二）党的文献编辑工作展现新气象

出版4卷、140多万字的《山东省教育工作文献选编》。编辑完成《山东省发展和改革工作文献选编》《十八大以来山东重要文献选编》《山东省工会工作文献选编》。

（三）志鉴编修工作实现新突破

出版《山东省情概览2022》《中共山东年鉴2022》和《山东年鉴2022》，系统介绍省经济社会发展情况。服务大运河国家文化公园建设，编纂出版《京杭大运河山东段志》《齐长城志》《山东地方志中的文庙》。编纂出版《山东省对口支援青海志》，真实记录山东对口支援海北的历程和经济社会发展取得的成就。

（四）资料信息工作呈现新亮点

融合原中共山东历史网和山东省情网建成新的山东党史志网，将“山东党史”“山东史志”微信公众号合并为“山东党史史志”微信公众号。2022年，更新山东省情网、“山东史志”微信公众号、头条号信息2000多篇，阅读量达480多万人次。全彩印刷《山东党史》6期、《山东史志》4期，近80万字。获得全国党史和文献系统信息报送先进单位称号。

（五）党史方志馆建设取得新进展

积极推进省党史方志馆建设。适应传承红色基因、牢记初心使命的时代要求，完成《淄博烈士纪念馆布展大纲》等展陈大纲的审定工作。在山东省方志馆新建“黄河流域地情文献资料库”特色专题库，对《山东省历代方志集成》等22部古籍旧志进行数字化转换。在临沂市临沭县设立“省方志馆朱村分馆”，在济南市济阳区设立“省方志馆曲堤分馆”。

（六）业务指导迈上新台阶

召开2022年度全省党史研究院（地方史志研究院）院长会议，总结2021年工作，安排部署2022年重点任务，省委常委、组织部长王宇燕出席并讲话。3月，省委办公厅、省政府办公厅印发《山东省党史史志工作规划（2021—2025年）》，明确了“十四五”期间山东党史史志工作重点任务，是机构改革后首次编制省党史史志工作五年规划。

附：省委党史研究院（省地方史志研究院）领导成员名单

院　长：赵国卿

副院长：姚丙华　徐　波

全省档案工作概况

省档案馆馆长　李世华

2022年，省档案馆深入学习贯彻党的二十大和省第十二次党代会精神，认真贯彻落实习近平总书记对山东工作的重要指示要求和对档案工作重要批示精神，深刻领悟“两个确立”的决定性意义，增强“四个意识”、坚定“四个自信”、做到“两个维护”，紧紧围绕中心大局，认真履职尽责，推动全省档案事业高质量发展取得新成效。

一、深入学习贯彻党的二十大和省第十二次党代会精神，坚定拥护“两个确立”、坚决做到“两个维护”

把深入学习宣传贯彻党的二十大精神作为首要政治任务，举办为期5天的省档案馆党的二十大精神专题学习班；制定《山东省档案馆深入学习宣传贯彻党的二十大精神工作方案》；馆领导班子成员为全馆干部职工、基层处室和档案馆宣讲党的二十大及省第十二次党代会精神；开展省市县档案馆“三级联动”宣传展示活动，73个基层党组织参加“奋进新征程、建功新时代”党的二十大学习宣传展示。联合省委党史研究院（省地方史志研究院）协调推动把“推进党史、档案和地方史志等工作创新发展”写入省第十二次党代会报告。印发《省档案馆关于贯彻落实省第十二次党代会精神推动档案事业创新发展工作方案》，与省委党史研究院签订合作协议，明确7项重点合作项目。在习近平总书记对档案工作重要批示一周年之际，组织举办全省档案馆系统学习贯彻习近平总书记对档案工作重要批示、学习贯彻省第十二次党代会精神专题培训班，馆主要负责同志为全省档案馆系统干部职工宣讲省第十二次党代会精神并讲专题党课，140个档案馆和档案部门2000余人参加，以实际行动推进学习贯彻习近平总书记对档案工作重要批示走深走实。

二、用好用活馆藏档案资源，档案服务中心大局成效显著

服务黄河流域生态保护和高质量发展国家战略，馆主要负责同志主持完成《关于做好黄河档案资源保护开发服务黄河流域生态保护和高质量发展的调研报告》，省委主要领导和国家档案局领导批示肯定。编报“党和国家领导

人与黄河”“档案讲党史”12期《档案资政参考》；联合山东黄河河务局，编辑出版《山东黄河记忆》《山东黄河映像》《海外藏黄河舆图集》黄河专题图书；举办黄河记忆专题档案文献展，已接待180余场、6000余人次参观；组织完成黄河滩区居民迁建档案工作，共归集整理各类档案4.6万余卷件。与省委宣传部联合印发《关于推进红色档案资源开发利用和宣传教育的工作方案》，明确4个方面16项措施，为全面加强山东红色档案资源保护开发提供重要机制保障。加快推进专题档案资源数据库建设，汇总归集28万条全省革命历史红色档案资源目录数据、60万条“黄河故事”山东篇章专题档案资源目录数据、10万条经略海洋档案资源目录数据。

三、加强档案业务指导服务，档案依法治理效能不断提升

省档案馆持续深入推进《中华人民共和国档案法》、“十四五”档案事业发展规划贯彻落实。线上线下对全省110家单位开展档案业务指导服务，培训8000余人。深化局馆协同工作机制落实，与省档案局联合制定印发《山东省关于全面推行机关档案分类方案、文件材料归档范围和档案保管期限表三合一制度的通知》等31项文件。省档案馆印发《加强重大活动和重特大事件档案工作具体措施》，加强对重大活动和重特大事件档案资源科学管理。服务指导全省企业数字档案馆室建设试点工作，全省6家企业获批国家档案局企业集团数字档案馆（室）建设试点，是全国获批最多的省份。组织开展全省经济科技档案管理创新案例评选工作，全省204件案例入选。服务乡村振兴齐鲁样板提档升级，编辑完成《村级档案管理实用手册》，举办全省农业农村档案业务视频培训班，全省1500多名档案人员参加视频会议。

四、强化档案基础业务建设，档案事业发展根基更加夯实

档案资源进一步丰富。实施新时代新成就国家记忆工程，完成2.3万件脱贫攻坚档案和2.8万件疫情防控档案接收进馆工作，接收41个省直成员单位报送8665条“两类档案”目录数据。接收省政府办公厅移交近300件（册）山东省援沪医疗队前方指挥部档案。省档案馆深入挖掘、系统开发北海银行档案，“北海银行档案”入选第五批中国档案文献遗产名录。突出山东档案特色，持续做好《抗日战争档案汇编（山东卷）》编纂工作。举办“档案里的红色记忆”——全省珍贵档案文献宣传推介活动，精选10件珍贵档案文献在全省集中推介。组织开展红色档案征集优秀案例评选工作，全省138件案例入选。省档案馆全年共接收52家单位21.4万卷件档案进馆，馆藏档案总数达220万卷件。档案为民服务质量进一步提升。落实国务院电子政务办部署要求，新增20项“沪鲁通办”档案查询服务内容，提升跨省一网通办档案服务水平。山东省档案查询利用平台与全国档案查询利用服务平台对接，实现全省267家档案馆（室）信息共享，为查档群众提供22万人次服务。省档案馆全年共接待查档利用22000余人次、利用档案71000余卷件。档案安全基础进一步夯实。省档案馆库房空调升级改造项目通过国家档案局专家组验收。组织开展安全风险隐患排查整治工作，开展消防救援实战演练。持续推进全省县级档案馆建设，全省132个县级档案馆新馆建成或在建，达标率由16.8%上升到96.3%，馆库平均面积达9200平方米。山东省电子文件（档案）容灾备份中心已接收管理217家单位备份数据，市县两级备份率达到100%。

五、突出创新驱动引领，档案数字化转型步伐不断加快

省档案馆成功创建“双示范”省级综合档案馆，全省已建成9家“全国示范数字档案馆”、27家“国家级数字档案馆”，走在前列。省档案馆承担的“推动档案管理综合办公业务数字化”任务列入十大创新《数字变革创新2022年行动计划》。组织开展示范数字档案室建设试点工作，省级示范数字档案室建设纳入山东省创建示范活动。开展档案信息化提升乡村公共服务试点，建设国家、省、市、县（市、区）、乡（镇、街道）、村（社区）“六级联动”档案查询利用服务体系，全省162个综合档案馆、105个乡镇基层档案室实现在线查档利用。《基于智能词表的电子档案和政务数据深度挖掘技术及应用工具》荣获2022年度国家档案局优秀科技成果三等奖。山东省档案信息“一网查、掌上查”获评中国人民大学档案事业发展研究中心2021年度十佳档案服务外包创新案例。

六、聚焦高素质专业化要求，档案干部人才队伍建设持续加强

深化档案专业职称制度改革，破除“唯学历、唯资历、唯论文、唯奖项”，完善评价标准，创新评价方式，印发《山东省档案专业人员职称考试办法》《山东省档案专业人员高级职称评价标准条件》，高质量做好全省档案专业人员职称考试工作。积极发挥山东档案教育网平台作用，组织开展全省档案专业人员线上教育培训考试，全年共组织各类考试20场次、11500余人参加。着眼档案事业长远发展需要，认真做好干部队伍建设规划，加大优秀年轻干部发现培养选拔力度，同时结合干部选拔任用工作对干部进行轮岗交流，进一步提高人岗相适度和年轻干部配比比例。举办山东省“技能兴鲁”职业技能大赛——“守正创新杯”省第二届档案修裱技术技能竞赛，全省档案系统300余人参赛，大力弘扬“工匠精神”，为全省档案事业高质量发展提供重要人才支撑。

评选2021年度全省党校（行政学院）系统优秀教学奖和全省县级党校优秀课。成立全省党校（行政学院）系统学习宣传贯彻党的二十大精神宣讲团，宣讲970余场次，受众24.8万余人次。全年省、市、县和企业党校（行政学院）举办各类班次3311期，培训学员51.87万人次，其中，省委党校（山东行政学院）举办各类培训班103期，培训学员7154人次；沂蒙干部学院承接班次31期，培训3046人次。

三、抓实研究阐释，积极建言咨政

省委党校（山东行政学院）立项国家社科基金项目8项、省部级项目19项、校（院）重大项目攻关创新科研支撑项目183项。在大报大刊发表理论文章229篇，在二类以上出版社出版专著31部，18篇调研报告获省部级领导批示。习近平新时代中国特色社会主义思想研究中心省委党校（山东行政学院）基地认领2022年度重点课题研究任务16项，在“三报一刊”等发表理论文章33篇。1人全程参与省第十二次党代会报告起草工作。专家教授接受中央电视台、山东卫视、《大众日报》等主流媒体采访180余次。积极承担中宣部等4家单位的委托任务。主办承办各类学术活动近20场，6名院士出席有关活动。4个研究基地和中心获批山东省社科理论重点研究基地，1个研究基地被认定为山东省软科学研究基地。荣获全国党校（行政学院）第十四届科研和决策咨询工作先进单位。评选全省党校（行政学院）系统2021年度科研和决策咨询奖。市、县和企业党校（行政学院）立项课题965项，其中，国家级课题1项，省部级课题43项。

四、抓实队伍建设，促进内涵发展

全省省、市、县和企业党校（行政学院）现有教职工7416名，专职教师3541名，其中，教授355名，副教授1326名，博士208名，硕士1397名。省委党校（山东行政学院）制定完善出台《“十四五”时期加强师资队伍建设的若干措施》《研究中心柔性引进高层次人才有关待遇的暂行规定》《专业技术人员职称评聘办法》《事业人员绩效工资实施方案》《高层次人才协议工资制和年薪制实施办法（试行）》等制度，持续优化实施“强基”“攀登”和“名师”三大梯次师资培养计划，落实特殊人才个性化培养措施。2人获评国家级人才称号，2人获评泰山学者特聘专家、青年专家。新遴选博士后和校内博士后导师各5名。提拔优秀年轻干部10名，建立优秀年轻干部信息库，干部轮岗交流61人。评定县级党校（行政学校）高级职称47人，副高级职称93人，有力调动了基层党校教师的积极性。

五、抓实内外交流，形成工作合力

省委党校（山东行政学院）认真做好迎接中央党校（国家行政学院）办学质量评估工作。对全省县级党校（行政学校）建设发展情况进行书面调研，形成《关于山东省县级党校（行政学校）建设发展情况的汇报》报中央党校（国家行政学院）。举办全省党校（行政学院）系统策划座谈会、常务副校（院）长会议。争取省发展改革委支持，设立3000万元专项资金扶持6所县级党校（行政学校）新校建设项目。深入开展“2+1”牵手计划，完成线上线下送课73节次，调研240余人次。在恒丰银行等单位成立4家分校，分校总数达25家。完成4期31人因公访问澳门任务，与韩国京畿道人才开发院、古巴国家和政府干部高等学院、越南岘港政治学院等国（境）外对口合作机构举办双边线上交流研讨会6次。

六、抓实机制优化，做好服务保障

全省党校（行政学院）积极推进办学条件改善提升，全年完成基本建设投资约3.7亿元，县级党校（行政学校）在建39所、改扩建17所，占地面积11759.2亩，建筑面积430.31万平方米。现有图书馆馆藏面积近8.6万平方米，藏书680余万册，多媒体教室985个，自建数据库57个。省委党校（山东行政学院）建立“11710”督查工作机制。制定《审计整改工作实施办法》《第三方审计机构管理办法》。开展“会计基础工作规范年”活动，全面开展预算绩效评价。推进办公电脑全面国产化替代。建立校区后勤服务网格化管理模式，创建节约型机关。完成“党校云”项目建设部署及应用系统数据和接口标准制定，推进校区间互联互通升级改造。建成“山东省心理健康促进中心”“未来智慧城市”实训室、大数据实验室、应急实训室等。建设“四位一体”安全保障体系，被评为“五星级平安单位”。

附：省委党校（山东行政学院）领导成员名单

校（院）长： 王宇燕（兼）

常务副校（院）长： 白　皓

副校（院）长： 司　强　张云汉　高尚瑞　殷玉平

教育长： 林学启

一级巡视员： 朱光明　鲁庆波

大众报业集团（大众日报社）工作概况

大众报业集团（大众日报社）党委书记、
董事长、社长 毕司东

2022年，在省委坚强领导下，大众报业集团（大众日报社）（以下简称“集团”）党委团结带领广大干部职工，坚持以习近平新时代中国特色社会主义思想为指导，紧紧围绕迎接宣传贯彻党的二十大工作主线，全面落实习近平总书记对大众日报重要批示精神，聚焦省委“文化宣传创新”安排，深入推进“一二三四”融合转型战略，踔厉奋发、苦干实干，主流舆论影响力实现新提升，高质量发展注入新动能。

一、坚决扛牢党建工作责任，坚持正确政治方向和舆论导向，着力用习近平新时代中国特色社会主义思想凝心聚魂

旗帜鲜明加强党的政治建设，进一步强化政治机关意识，制定思想政治工作责任清单，建立政治监督台账，教育引导干部职工坚定拥护“两个确立”、坚决做到“两个维护”，确保总书记重要指示要求和中央决策部署第一时间落地生根，集团贯彻落实习近平总书记重要批示精神的闭环机制更加完善。全面强化理论武装，组织13次党委理论学习中心组集体学习，召开24次党委常委会会议，严格落实“第一议题”制度，开展7次网络直播党课，组织二十大报告知识系列测试，青年理论学习小组实现40岁以下青年全覆盖，推动党的创新理论更加入脑入心。持续夯实基层基础，61个基层党组织完成换届选举，80%的党支部建成过硬党支部和先进党支部，老干部党建工作渐成品牌，面对一度严峻的疫情形势，各级党组织发挥战斗堡垒作用，广大党员打头阵当先锋，织牢织密疫情防控网络，确保了党媒正常运转出版。加强“一把手”和领导班子监督，建立处级以上干部运用“第一种形态”工作台账，驰而不息纠“四风”树新风，全面从严治党向纵深发展。以更严举措压实意识形态工作责任制，聚焦互联网和移动端，强化新媒体备案制度、请示报告制度，组织10余次风险隐患排查，牢牢把握意识形态工作主动权。

二、深化宣传引导创新，主流舆论传播力影响力显著提升，正能量产生大流量破局起势

突出抓好党的二十大宣传，统筹各媒体精锐力量，推出9400余件报道和新媒体产品，总点击量达10.4亿，160余件登上中央主要新媒体和商业平台重点推荐位置，得到中宣部表扬肯定。守正创新做好重大主题报道，连续推出“踔厉奋发的五年”“沿着总书记的足迹”等大型全媒体报道，创新开展“走在前、开新局”系列报道，北京“双奥”原创报道总量居省报集团前列，全国“两会”、省十二次党代会报道总阅读量均突破5亿。深度对接央媒、省外媒体及商业平台，《大众日报》与15家主流媒体共建发布机制，网媒集团与12家央媒和商业平台达成战略合作，齐鲁晚报·齐鲁壹点与极目新闻、紫牛新闻等实现稿件互推，在全国范围放大山东音量。《半岛都市报》《鲁中晨报》《黄三角早报》《青岛西海岸报》也立足区域，做大做强传播力、影响力，舆论引导能力实现新提升。在唐山打人事件、郑州红码事件等热点舆情中，各媒体第一时间推出评论言论，敢于发声善于发声，大众日报“望岳谈”网评、大众网“我的县长父亲”真相报道获中宣部《新闻阅评》表扬。内参报道提升聚光度，4次获省委主要领导批示和表扬肯定。集团组建对外话语创新支撑平台建设工作专班，各媒体打造专业外宣团队，开设“Go Shandong”等双语栏目，海外社交媒体账号发布稿件多次被国家外事机构转发点赞，大众日报推特账号粉丝数居省内媒体首位。集团3篇作品获中国新闻奖。

三、全面推进媒体深度融合，深化融合转型，全媒传播矩阵更加立体成熟

推进流程机制创新，各媒体打破组织框架和身份级别限制，在融合转型关键领域推出7个“揭榜挂帅”项目，组建14个项目小组，开设55个融媒工作室，设置80余个首席岗位，显著激发融合创新活力。强化先进技术引领，“齐鲁智慧媒体云”与“闪电云”县级融媒体中心省平台实现数据打通，存储数据180多亿条，入驻机构3.5万家；意识形态态势感知系统全网监测账号14亿个，舆情分析报告5次获省委主要领导批示；齐鲁壹点公司获批建设山东媒体首家省重点实验室，引领智慧媒体建设方向。全面突破移动媒体和社交媒体，大众日报、齐鲁壹点、海报新闻客户端累计下载量分别突破3600万、6700万、1.06亿，整体水平均保持所在领域前列；大众日报微信公众号用户突破1500万，用户数、影响力在省级党报公号稳居榜首；齐鲁晚报·果然视频抖音号粉丝达1800万，推出点击量过亿的短视频100余条，影响力居省内同类账号第一；齐鲁晚报微博、半岛都市报微博粉丝均突破1000万大关；集团融媒矩阵用户总数达4.6亿。大报融媒新媒体和品牌活动收入占比突破30%，齐鲁晚报·齐鲁壹点用户社群、

电商直播、特色活动更加成熟，农村大众、经济导报、山东法制报、期刊中心持续拓展利润空间，集团新媒体和活动创收占比达 51%，经营转型成效显现。

四、聚焦关键领域和重点环节，推动改革走深走实，进一步激发干事创业活力

启动“瞄准国内一流寻标定位”行动，集团对标上海报业集团，各媒体、部门单位放眼全国寻标对标，进一步解放思想、提升标准、比学赶超、争创一流。修订完善《投资管理办法》《董监事委派办法》，加大对经营主体授权放权力度，确保“该放的放权到位，该管的管住管好”。积极推进重大项目落实落地，网媒集团上市申报材料被深交所受理，上市融资迈出关键一步，联合文交所推出“海报数藏”，进军数字藏品交易服务领域；文投集团实施“平台 + 产业”发展战略，投资电视剧《巡回检查组》获中国电视剧“飞天奖”；大众数字创意文化产业园主体完工，招商工作有序推进；齐鲁融媒短视频孵化基地扎实推进省文化重点项目建设，筹建北方健康传播中心，与抖音等头部平台深度合作；半岛书院通过司法途径拿回中国院子全部股权，解决了主要历史遗留问题；创投公司积极拓展收入来源，创出近年来最高利润。发行公司举办系列融媒活动，印务公司结束连续多年亏损，天一会展圆满完成中国国际文旅博览会等招商布展任务，财务中心积极争取财政资金，采购部节支 1000 多万元，行管中心、新闻大厦等部门单位积极应对疫情冲击，多措并举提升经营力，有力支撑了集团融合转型大局。

五、完善干部选拔任用机制，人才队伍储备更加厚实合理

优化领导干部队伍选拔任用机制，出台完善处级干部调整选拔工作方案、干部人才队伍建设中长期规划方案，全力构建政治素质过硬、激励机制完善、班子结构优化、人才梯队健全的干部人才培养发展体系。严格选拔聘任程序，深入贯彻落实《党政领导干部选拔任用工作条例》，认真组织开展“人才调研月”，加强日常调研、前期酝酿等准备工作。健全年轻干部工作常态化机制，加大对年轻干部的培养和使用力度，2022 年选拔聘任的 16 名处级干部中，名校战略招聘的“80 后”干部 12 名，占比 75%；集团现有的正处级干部（实职）共有 61 人，其中 40 岁左右的干部 9 人，占比 14.75%，年轻干部配比进一步提高，干部队伍年龄结构进一步优化、梯次更加合理，高素质文化产业人才队伍逐步壮大，为加速“二次创业”蓄势赋能。

附：大众报业集团（大众日报社）党委成员名单

书　记： 毕司东

副书记： 赵念民　陈　强

常　委： 毕司东　赵念民　陈　强　魏　武　王修滋　蓝　海　李海燕　陈承聚　林忠礼

党风和党纪

全省纪检监察工作概况

省委常委、省纪委书记、省监委主任
夏红民

2022年，全省纪检监察机关坚持以习近平新时代中国特色社会主义思想为指导，在中央纪委国家监委和省委正确领导下，深刻领悟“两个确立”的决定性意义，增强“四个意识”、坚定“四个自信”、做到“两个维护”，积极发挥监督保障执行、促进完善发展作用，聚焦“国之大者”强化政治监督，正风肃纪反腐纵深推进，规范化法治化正规化建设成果丰硕，纪检监察工作高质量发展迈出新步伐。

一、认真学习宣传贯彻党的二十大精神，以实际行动坚定拥护“两个确立”、坚决做到“两个维护”

（一）迅速兴起学习宣传贯彻热

省纪委监委把学习宣传贯彻党的二十大精神作为首要政治任务，通过召开省纪委常委会扩大会议、组织理论学习中心组集体学习、班子成员带头宣讲等形式，第一时间学习宣传贯彻。印发《中共山东省纪委关于认真学习宣传贯彻党的二十大精神的通知》，举办全系统宣讲报告会，推动全省纪检监察干部切实把党的二十大精神学深悟透、融会贯通、落实落地。

（二）深学细悟马克思主义中国化时代化最新成果

一以贯之学习领悟习近平新时代中国特色社会主义思想，跟进学习习近平总书记最新重要讲话和重要指示批示精神，扩大参加省纪委常委会“第一议题”、理论学习中心组集体学习人员范围，举办学习贯彻中央纪委全会精神、纪检监察工作高质量发展两期专题研讨班，实施青年理论学习提升工程，开展“喜迎二十大·建功新时代”党纪法规知识竞赛，带动全省纪检监察干部学思践悟、固本培元。

（三）心怀“国之大者”做实政治监督

聚焦党中央重大决策部署、习近平总书记对山东工作的重要指示要求以及省委落实安排，紧盯“三新一高”“疫情要防住、经济要稳住、发展要安全”等强化监督。把黄河重大国家战略专项监督作为政治监督的牵引抓手，围绕黄河流域生态保护和高质量发展51项重点任务开展监督。健全“一台账、两清单、双责任、双问责”监督机制，建好用好政治监督活页、领导干部廉政档案。对美丽宜居乡村建设中的问题整改加强监督，查处中央环保督察反馈问题、生产安全责任事故背后的失职失责问题，开展违建别墅、粮食购销领域腐败问题等专项整治。严明政治纪律和政治规矩，全省共立案审查违反政治纪律案件279件，处分585人。严肃换届纪律，严把政治关、廉洁关。

二、强化监督首责，监督全覆盖有效性进一步增强

（一）日常监督更加严实

加强对“一把手”和领导班子监督，建立省纪委负责同志同下级党委（党组）“一把手”党内谈话制度，通过谈心谈话、监督谈话、廉政谈话、约谈等方式谈话29人，向全省党员领导干部发放廉洁自律提示卡。加强同级监督，向十二届省委委员、候补委员发出廉洁自律提示信。规范谈话函询工作，制定诫勉工作实施办法。全省纪检监察机关运用“四种形态”批评教育帮助和处理16.97万人次，其中，第一种形态占73.6%，同比提升12个百分点；第二、第三、第四种形态分别占21%、2.4%、3%，结构明显优化。建设监督贯通应用平台，用信息化大数据为监督赋能。

（二）派驻监督更加有力

认真贯彻《派驻机构工作规则》，出台《山东省纪委监委派驻机构监督检查审查调查措施使用办法》，加强监督检查室与派驻纪检监察组的日常联系、信息共享和办案协作，加强派驻纪检监察组对驻在单位机关纪委的业务指导和监督检查，持续做实派驻日常监督。建立派驻机构组务会、内部工作组等制度，健全省管企业、省属高校纪检监察制度体系，完善对派驻机构的考核评价。实施派驻监督质效和案件质量提升工程，综合运用清单式、嵌入式、驻点式、下沉式、智慧式等监督方式，擦亮派驻监督探头。

（三）监督体系更加完善

制定《山东省纪委监委关于进一步加强“四项监督”统筹衔接的实施方案》、编制工作导图，完善“室组（企、校）地”联动监督、联合办案的路径方法，在决策部署、力量整合、措施运用、成果共享等方面更加有力有效。开展以党内监督为主导、各类监督贯通协调调研。强化协助引导推动功能，省纪委监委机关与政法、行政执法、审计、统计、金融监管、法治督察等监督主体建立16项协作配合制度，构建起较为完备的监督贯通体系。

三、坚持不敢腐、不能腐、不想腐一体推进，反腐败斗争压倒性胜利巩固拓展

（一）惩治腐败的强大力量保持常在

靶向清除存量、坚决遏制增量，全省纪检监察机关共立案4.2万件，处分4.4万人。紧盯“关键少数”和重点领域，省纪委监委处分省管干部68人，严肃查办陈勇、李关宾、于富华、张军、燕钦国、王晓军、高杰、孙亮等典型案件。经国家监委指定管辖，查办王登峰、严寅初、冯鹤年、林智勇、王业、徐向荣等涉嫌职务违法犯罪案件。加大金融、国企、政法、开发区建设等领域反腐败力度。全省有782人向纪检监察机关主动投案，1854人主动交代问题。统筹推进追逃防逃追赃，“天网2022”行动追回外逃人员56人。

（二）群众身边的腐败得到有力整治

严肃整治农村集体“三资”管理、虚报冒领惠农惠民资金补贴等涉农领域腐败和作风问题，全省纪检监察机关共查处涉农领域腐败和作风问题8098个，批评教育帮助和处理1.1万人。着力纠治民生领域损害群众利益突出问题，紧盯中小学校配餐（食堂）管理、不动产登记办证难等推动开展集中整治，全省纪检监察机关共查处民生领域腐败和作风问题9985个，批评教育帮助和处理1.5万人。推进常态化“打伞破网”，全省纪检监察机关共查处涉黑涉恶腐败和“保护伞”问题564个。健全群众监督和自我革命“两个答案”贯通机制，做好“送上门来的群众工作”，深化检举举报平台闭环运行，抓好初次访、治理重复访，建立“双向移交、单向反馈”工作机制，提升检举控告办理质效，全省纪检监察机关共接收信访举报7万余件次，其中检举控告类3.8万件次，分别下降10.1%、22.1%。开展“清廉村居”建设试点，提升基层监督治理效能。

（三）标本兼治的综合效果不断提升

制定加强和规范纪检监察建议的工作办法，全省纪检监察机关共制发纪检监察建议书8330份，推动监督、办案、整改、治理贯通。协助省委出台《贯彻落实〈关于加强新时代廉洁文化建设的意见〉的若干措施》，发布《山东廉洁教育地图》，联动开展“齐鲁好家风”主题展、“青廉课堂”等活动，推动滋德润心、化风成俗。协助省委召开全省党风廉政警示教育大会，更新省廉政教育馆展陈，分级分类汇编严重违纪违法干部忏悔录，摄制《永远吹冲锋号》《失守的青春》等6部专题片。拓展“网微报刊”宣传平台，创办《大众日报》“党风廉政”专版、《山东纪检监察》内刊，壮大纪检监察宣传声势。

四、驰而不息纠治“四风”，中央八项规定堤坝更加牢固

（一）纠治“四风”坚决有力

出台《锲而不舍监督落实中央八项规定精神纠“四风”树新风工作措施》，分层级、分地区、分领域、分行业开展“四风”整治。聚焦疫情防控、营商环境、教育医疗、财政监管、社会治理等重点领域，坚决纠治影响党中央决策部署贯彻落实、漠视侵害群众利益、加重基层负担的形式主义、官僚主义。制定以下看上“直通车”机制工作规范，及时转办督办基层反映的省直部门突出问题。全省纪检监察机关共查处形式主义、官僚主义问题4787个，批评教育帮助和处理7749人，其中给予党纪政务处分4372人。制定“四风”察访工作指引，全省纪检监察机关共查处享乐主义、奢靡之风问题3691个，批评教育帮助和处理4901人，其中给予党纪政务处分3522人。

（二）推动新风正气不断充盈

开展监督落实中央八项规定精神“十年磨一剑”专题调研，编印党的十九大以来党风政风监督制度文件。督促落实规范领导干部配偶、子女及其配偶经商办企业行为规定，坚决反对特权思想和特权现象。落实“三个区分开来”，健全尽职免责、失职追责、精准问责机制，制定《山东省纪委监委机关问责工作规程（试行）》，修订《关于激励干部担当作为实施容错纠错的办法》，全省纪检监察机关为838名干部容错纠错，查处诬告陷害党员干部案件112件，为2152名受到不实举报的党员干部澄清正名，回访受处理处分干部1.3万人，推动形成激励担当作为的浓厚氛围。

五、坚决贯彻中央巡视工作方针，巡视巡察工作质效全面提升

（一）十二届省委巡视高质量推进

全面总结十一届省委巡视工作，高标准编制《十二届省委巡视工作规划》。紧扣“两个维护”根本任务，牢记“国之大者”，十二届省委第一轮巡视主动对标习近平总书记重要指示要求，在全国沿黄省份中率先开展黄河流域生态保护和高质量发展专项巡视，发现问题1770个，联动

开展市县专项巡察，有力推动黄河重大国家战略落地见效。围绕学习宣传贯彻党的二十大精神，第二轮对45个县（市、区）开展常规巡视，着力查找县域层面政治偏差。

（二）巡视整改和成果运用全面加强

印发《贯彻落实〈关于加强巡视整改和成果运用的意见〉的具体措施》，点名通报干扰巡视及巡视反馈问题整改不力问题。创新巡视动员和反馈工作方式，召开十二届省委两轮巡视动员部署会、一次集中反馈会议和全省巡视巡察工作会议，建立被巡视党组织主要负责人参加动员部署会、集中反馈和“一对一”反馈相结合等工作机制，持续压实整改责任。健全督促整改机制，制定省纪委监委机关加强巡视整改日常监督的工作办法，梳理35项问题纳入重点督办清单，综合形成8份专题报告分送分管省领导同志和有关部门，推动加强政策供给、优化系统治理。

（三）巡视巡察上下联动工作格局持续完善

出台《关于推进市县巡察工作高质量发展的意见》，开展市级巡察机构在上下联动中更好发挥作用攻坚提升行动。深化对村（社区）巡察，山东省被中央巡视办列为工作试点。指导规范省直部门单位内部巡察，开展内部巡察的省直部门单位增至78家。推动巡视巡察与其他监督贯通融合，创新“纪巡”联动形式，完善省纪委监委监督检查室负责同志兼任省委巡视组不驻组副组长的工作机制。深化巡审联动，十二届省委第一轮巡视期间同步开展经济责任审计。深化完善省市县巡视（巡察）办作为党委工作部门设在纪委、并由纪委领导班子成员担任主要负责人的体制机制。加强巡视巡察综合信息管理系统建设和应用，中央巡视办在山东召开贯彻落实巡视巡察信息化建设指导意见推进会，总结推广山东经验。

六、扎实开展“规范化法治化正规化建设年”活动，自身建设迈出新步伐

（一）纪检监察体制改革持续深化

完善省纪委监委领导班子分工和组织领导方式，调整监督检查室联系单位，优化内设机构职能，纪检监察工作的系统性、整体性、协同性显著增强。印发市纪委监委向省纪委监委请示报告重大事项清单，统筹省市审查调查信息发布，加强上级纪委监委对下级纪委监委的领导指导。深化派驻机构改革，将派驻省一级党和国家机关纪检监察组干部的工资关系、党组织关系等收归省纪委监委机关统一管理；召开省本级和市县两个层面的深化派驻机构改革工作推进会，督促做实派驻监督。推进中管高校纪检监察体制改革，加强对山东大学纪检监察工作的日常领导和工作指导。按照中央纪委国家监委部署，完成省一级首次确定监察官等级工作。

（二）纪检监察法规制度不断完善

省纪委监委机关制定修订制度61项，编制监督执纪执法工作规范和指南，初步形成涵盖组织体制、职责运行、工作协调、自身建设等方面的纪检监察制度规范体系。做好制度“精装修”，进一步细化落实政治监督、问题线索处置、谈话函询抽查核实、处分决定执行、申诉复查复议等措施办法。健全案件质量保障体系，全面开展案件质量评查，建立案例指导制度，案件质量持续走在全国前列。出台规范性文件制定程序规定，加强前置审核和备案审查，对现行有效的制度文件集中清理。

（三）纪检监察干部队伍建设更加过硬

制定《中共山东省纪委关于加强常委会自身建设的意见》《山东省纪委监委领导班子关于贯彻落实中央八项规定精神改进工作作风的实施办法》，委领导班子带头加强政治建设，强化理论武装，坚持民主集中制，严格落实请示报告制度。全面提升机关党建质量，召开全省纪检监察机关党的建设工作会议，加强党支部标准化规范化建设，打造具有纪检监察特色的机关文化。出台《关于加强新时代全省纪检监察干部队伍建设的意见》，制定委机关外用人员、“以干代训”工作办法，建立干部荣誉退休制度，全省纪检监察系统有23个先进集体和24名先进个人获得省级以上荣誉。制定干部教育培训五年规划，举办培训班22期、培训2.8万人次。构建“大内控”工作格局，统筹内部监督力量，开展系统内部督查、监督调研、干部队伍思想政治状况分析，明确纪检监察领导干部配偶、子女及其配偶经商办企业禁业范围，制定纪检监察干部网络行为“九不准”。坚持刀刃向内，全省谈话函询纪检监察干部241人，采取组织措施239人，处分48人，有力纯洁了队伍。

附：省纪委领导成员名单

省委常委、省纪委书记： 夏红民

副书记： 李　伟　雷　云　范晓丽　汤占领

常　委： 夏红民　李　伟　雷　云　范晓丽　汤占领　陈培华　秦秀春　王英霞　胡　冰　徐　玉　宋　军

委　员：（按姓氏笔画为序排列）

马立新　王　闯　王红梅　王英霞
王桂媛　王铁军　王海防　巩洪波
毕司东　朱朝辉　任敬喜　刘　军
刘元朝　刘东平　刘树军　汤占领
许庆豪　孙慧茹　李　帅　李　伟
李　妍　李茂楠　杨光忠　杨旭东
连峻峰　宋　军　宋文娟　陈成华
陈向阳　陈培华　苗成营　范晓丽
周　鹏　赵　峰　赵艺丁　赵永强
郝　红　荀　丽　胡　冰　柳景武
姜传政　秦秀春　夏红民　徐　玉
高　峰　高广才　戚　军　隋玉利

隋宝文 续 铁 程远军 傅 逊
焦绪奎 雷 云 窦 虎

秘书长：汤占领

省监察委员会领导成员名单

主　任：夏红民

副主任：李 伟 雷 云 范晓丽 汤占领

委　员：秦秀春 窦 虎 徐 玉 宋 军

重要会议及决议

中国共产党山东省第十一届纪律检查委员会第七次全体会议

中国共产党山东省第十一届纪律检查委员会第七次全体会议，于2022年1月28日在济南举行。出席这次全会的有省纪委委员47人，列席149人。省委书记、省人大常委会主任李干杰出席全会并讲话。省委常委，省人大常委会、省政府、省政协等有关领导同志出席会议。全会由省纪律检查委员会常务委员会主持。全会以习近平新时代中国特色社会主义思想为指导，全面贯彻落实党的十九大和十九届历次全会精神，认真学习领会习近平总书记在十九届中央纪委六次全会上的重要讲话精神，传达学习赵乐际同志所作的工作报告，学习李干杰同志的讲话，总结2021年全省纪检监察工作，安排2022年任务，审议通过了夏红民同志代表省纪委常委会所作的《坚持不懈把全面从严治党向纵深推进，以纪检监察工作高质量发展迎接党的二十大胜利召开》工作报告。

中国共产党山东省第十一届纪律检查委员会第八次全体会议

中国共产党山东省第十一届纪律检查委员会第八次全体会议，于2022年5月18日在济南举行。省纪委委员46人出席会议。省纪律检查委员会常务委员会主持会议，省委常委、省纪委书记、省监委主任夏红民讲话。全会审议并通过了中国共产党山东省第十一届纪律检查委员会向中国共产党山东省第十二次代表大会的工作报告，同意将报告提请中国共产党山东省第十一届委员会第十五次全体会议审议。

中国共产党山东省第十二届纪律检查委员会第一次全体会议

中国共产党山东省第十二届纪律检查委员会第一次全体会议，于2022年6月1日在济南举行。十二届省纪委委员55人出席会议。夏红民同志主持会议。全会选举了中国共产党山东省第十二届纪律检查委员会书记、副书记和常务委员会委员，并报十二届省委一次全会通过。

中国共产党山东省第十一届纪律检查委员会第七次全体会议公报

（2022年1月28日中国共产党山东省第十一届纪律检查委员会第七次全体会议通过）

中国共产党山东省第十一届纪律检查委员会第七次全体会议，于2022年1月28日在济南举行。出席这次全会的有省纪委委员47人，列席149人。

省委书记、省人大常委会主任李干杰出席全会并讲话。周乃翔、葛慧君、杨东奇、夏红民、张江汀、王书坚、孙立成、白玉刚、林峰海、陆治原、刘强等省领导出席会议。

全会由省纪律检查委员会常务委员会主持。全会以习近平新时代中国特色社会主义思想为指导，全面贯彻落实党的十九大和十九届历次全会精神，认真学习领会习近平总书记在十九届中央纪委六次全会上的重要讲话精神，传达学习赵乐际同志所作的工作报告，学习李干杰同志的讲话，总结2021年全省纪检监察工作，安排2022年任务，审议通过了夏红民同志代表省纪委常委会所作的《坚持不懈把全面从严治党向纵深推进，以纪检监察工作高质量发展迎接党的二十大胜利召开》工作报告。

全会一致认为，习近平总书记的重要讲话，深刻总结新时代党的自我革命的成功实践，深刻阐述全面从严治党取得的历史性、开创性成就，产生的全方位、深层次影响，对坚持不懈把全面从严治党向纵深推进、迎接党的二十大胜利召开作出战略部署。讲话立意高远、思想深邃、内涵丰富，充分体现了以习近平同志为核心的党中央信念坚定、无私无畏的境界情怀，正视问题、刀刃向内的政治勇气，不忘初心、勇毅前行的使命担当，具有很强的政治性、思想性、指导性，是推进新时代党的自我革命、深化全面从严治党的根本遵循，是纪检监察工作高质量发展的行动指南。赵乐际同志所作的工作报告，对运用党的百年奋斗历史经验推动纪检监察工作高质量发展作出部署，主题鲜明、思路科学、措施有力，具有很强的实践性和针对性。李干杰同志的讲话，对学习贯彻习近平总书记重要讲话和中央纪委六次全会精神，以自我革命精神坚持不懈把全面从严治党向纵深推进，为新时代社会主义现代化强省建设提供坚强保障提出明确要求。要深入学习领会，坚决贯彻落实。

全会指出，2021年，在以习近平同志为核心的党中央坚强领导下，省委示范履行全面从严治党政治责任，锚定“走在前列、全面开创”“三个走在前”总遵循、总定位、总航标，锐意进取、砥砺奋进，推动“十四五”实现良好开局。全省纪检监察机关忠实履行党章和宪法赋予的职责，坚持稳中求进、坚定稳妥，一体推进不敢腐、不能腐、不想腐，发挥监督保障执行、促进完善发展作用，纪检监察工作高质量发展取得新成效。深学细悟习近平新时代中国特色社会主义思想，学习宣传贯彻党的十九届六中全会精神，深刻认识“两个确立”的决定性意义，在党史学习教育中铸魂固本、坚定信仰。聚焦“两个维护”强化政治监督，为“十四五”开好局提供坚强保障。深入贯彻“三不”一体推进方针方略，标本兼治综合效能日益彰显。坚持不懈纠治“四风”顽瘴痼疾，党风政风持续向上向好。发挥巡视利剑作用，巡视巡察实现高质量全覆盖。持续整治民生领域腐败和作风问题，群众利益得到有力维护。抓深抓实纪检监察体制改革，构建系统集成、协同高效的监督机制。加强高素质专业化干部队伍建设，打造政治过硬、本领高强的纪检监察铁军。全会总结了过去一年实践中对纪检监察工作高质量发展的一些规律性认识，指出了纪检监察工作和干部队伍建设存在的问题，要求高度重视、认真解决。

全会提出，2022年将召开党的二十大和省第十二次党代会，做好纪检监察工作意义重大。要以习近平新时代中国特色社会主义思想为指导，全面贯彻党的十九大和十九届历次全会精神，深入落实习近平总书记对山东工作的重要指示要求，落实十九届中央纪委六次全会、省委十一届十三次和十四次全会工作部署，锚定“走在前列、全面开创”“三个走在前”，增强“四个意识”、坚定“四个自信”、做到“两个维护”，坚持稳中求进工作总基调，立足新发展阶段，完整、准确、全面贯彻新发展理念，主动服务和融入新发展格局，推动高质量发展，自觉把握和运用党的百年奋斗历史经验，弘扬伟大建党精神，永葆自我革命精神，坚持全面从严治党战略方针，坚定不移将党风廉政建设和反腐败斗争进行到底，持续深化不敢腐、不能腐、不想腐一体推进，惩治震慑、制度约束、提高觉悟一体发力，努力取得更多制度性成果和更大治理成效，加强纪检监察机关规范化、法治化、正规化建设，更好发挥监督保障执行、促进完善发展作用，为新时代社会主义现代化强省建设提供坚强保障，迎接党的二十大胜利召开。

全会要求，必须深入学习贯彻习近平总书记关于党的自我革命的战略思想，准确把握纪检监察机关在党的自我革命中的职责任务，充分发挥全面从严治党的政治引领和政治保障作用，在维护党的集中统一领导、督促落实党的理论和路线方针政策、捍卫党的先进性和纯洁性上忠诚履职，坚定不移服务党和国家工作大局，坚定不移把反腐败斗争引向深入，坚定不移落实“三个区分开来”，坚定不移把监督融入治理，真正让“监督保障执行、促进完善发展”成为一个个实际行动、一项项具体举措、一件件治理成果。

第一，深入学习贯彻党的十九届六中全会精神，聚焦“国之大者”强化政治监督。以迎接、服务、保障党的二十大为主线，持续在学懂弄通做实习近平新时代中国特色社会主义思想上下真功夫、实功夫、细功夫。紧紧围绕习近平总书记重要讲话、重要指示批示和党中央重大决策部署，聚焦“三新一高”、黄河流域生态保护和高质量发展等重大战略，聚焦统筹疫情防控和经济社会发展、全面深化改革开放、促进共同富裕、推进科技自立自强、防范化解重大风险等重要部署，深入推行“一台账、两清单、双责任、双问责”监督机制，以强有力政治监督，确保执行不偏向、不变通、不走样。紧盯“六个一”发展思路、“六个更加注重”策略方法、“十二个着力”重点任务，加强监督检查，推动落实落地。加强对“一把手”和领导班子监督，强化换届风气监督。

第二，保持反对和惩治腐败的强大力量常在，继续打好反腐败斗争攻坚战、持久战。重点查处政治问题和经济问题交织的腐败案件，严查基础设施建设、公共资源交易、投融资平台、招投标等方面腐败问题，重点抓好金融、国企等领域腐败问题治理，深化粮食购销、人防、供销、开发区建设等领域腐败专项整治。对年轻干部从严教育管理监督。探索实施行贿人“黑名单”制度。深化“天网行动”。健全“三不”一体推进制度机制，做实以案促改，深化警示教育，推进廉洁文化建设。

第三，驰而不息纠“四风”树新风，不断加固中央八项规定精神堤坝。深入整治损害党的形象、群众反映强烈的享乐主义、奢靡之风，坚决纠治影响党中央决策部署贯彻落实、漠视侵害群众利益、加重基层负担的形式主义、官僚主义，严查不尊重规律、不尊重客观实际和群众需求的乱作为问题以及推诿扯皮、玩忽职守、不思进取的不作为问题，纠正查处背离“严真细实快”作风的突出问题。坚持尽职免责、失职追责、精准问责，加大容错纠错、澄清正名、严查诬告陷害、关爱回访等工作力度，营造良好政治生态和发展环境。

第四，深化整治群众身边腐败和不正之风，推动有力有效解决群众急难愁盼问题。围绕巩固拓展脱贫攻坚成果同乡村振兴有效衔接开展过渡期专项监督，持续开展教育医疗、养老社保、生态环保、安全生产、食品药品安全等领域腐败和作风问题专项整治，推进“打伞破网”常态化。整合基层监督力量，切实提高纪检监察信访举报工作质效。

第五，坚决贯彻中央巡视工作方针，充分发挥巡视巡察系统优势和综合监督作用。加强对贯彻落实习近平总书记重要讲话、重要指示批示，实施“十四五”规划、贯彻新发展理念，以及落实省委重点工作安排等情况的巡视巡察。开展黄河流域生态保护和高质量发展专项巡视巡察。扎实做好巡视巡察“后半篇文章”，深化巡视成果运用。创新巡视组织方式，完善巡视巡察上下联动格局，加强对市县巡察工作的领导指导，深化对省直部门、省管企业、省属高校巡察工作的分类指导，推动提升对村（社区）巡察实效。全面总结十一届省委巡视工作，高质量编制新一届省委巡视工作规划。

第六，促进纪检监察体制改革系统集成、协同高效，推动制度优势转化为治理效能。一体推进“三项改革”、统筹衔接“四项监督”、协调促进“四责协同”，在党内监督主导下做实专责监督、贯通各类监督。围绕监督检查、审查调查等关键环节，加强上级纪委监委对下级纪委监委、派出机关对派驻派出机构的领导，加强对驻在部门机关纪委履职情况的监督指导。深化派驻机构改革，全面加强省管企业、省属高校纪检监察工作，落实对中管高校纪检监察工作的日常领导和支持保障等。深化“四种形态”运用机制。

第七，从严从实加强自身建设，锻造忠诚坚定、担当尽责、遵纪守法、清正廉洁的纪检监察队伍。纪检监察干部要自觉接受最严格的约束和监督，做遵纪守法的标杆，始终做党和人民的忠诚卫士。持续加强省纪委常委会自身建设，巩固拓展党史学习教育成果。深入学习贯彻《中国共产党纪律检查委员会工作条例》，开展“规范化法治化正规化建设年”活动，发扬“严真细实快”工作作风。在纪检监察队伍建设中坚持“三不”一体推进理念，完善监督执纪执法权力运行内控机制，坚决查处执纪违纪、执法违法、失职失责行为，切实解决“灯下黑”问题。

全会号召，要更加紧密地团结在以习近平同志为核心的党中央周围，在中央纪委国家监委和省委的坚强领导下，大力弘扬伟大建党精神和自我革命精神，不忘初心、牢记使命，忠诚奋进、勇毅前行，推动全面从严治党、党风廉政建设和反腐败斗争向纵深发展，为新时代社会主义现代化强省建设作出新的更大贡献，以实际行动迎接党的二十大胜利召开！

中国共产党山东省第十一届纪律检查委员会第八次全体会议公报

（2022年5月18日中国共产党山东省第十一届纪律检查委员会第八次会议通过）

中国共产党山东省第十一届纪律检查委员会第八次全体会议，于2022年5月18日在济南举行。省纪律检查委员会委员46人出席会议。

省纪律检查委员会常务委员会主持会议，省委常委、省纪委书记、省监委主任夏红民讲话。

全会审议并通过了中国共产党山东省第十一届纪律检查委员会向中国共产党山东省第十二次代表大会的工作报告，同意将报告提请中国共产党山东省第十一届委员会第十五次全体会议审议。与会同志一致认为，报告主题鲜明、内涵丰富，总结过去五年工作客观全面，归纳认识体会深刻凝练，提出今后五年建议科学务实，是一个符合党中央精神、切合山东实际、顺应纪检监察工作高质量发展要求的报告。

全会认为，十一届省纪律检查委员会坚持以习近平新时代中国特色社会主义思想为指导，在中央纪委国家监委和省委坚强领导下，全面贯彻党的十九大和十九届历次全会精神，深入落实十九届中央纪委历次全会部署，忠诚履职、担当作为，坚定不移推进全面从严治党，持之以恒正风肃纪反腐，反腐败斗争取得压倒性胜利并全面巩固，纪检监察工作高质量发展迈出坚实步伐。

全会要求，全省纪检监察机关要更加紧密地团结在以习近平同志为核心的党中央周围，深入落实习近平总书记对山东工作的重要指示要求，深刻领悟“两个确立”的决定性意义，不断增强“四个意识”、坚定“四个自信”、做到“两个维护”，坚持全面从严治党战略方针，持续深化党风廉政建设和反腐败斗争，聚焦“国之大者”强化政治监督，一体推进不敢腐、不能腐、不想腐，加强纪检监察机关规范化、法治化、正规化建设，更好发挥监督保障执行、促进完善发展作用，为建设新时代社会主义现代化强省提供坚强保障，以优异成绩迎接党的二十大胜利召开！

重要文件目录

1. 中共山东省纪委机关中共山东省委组织部印发《关于激励干部担当作为实施容错纠错的办法》的通知（鲁纪发〔2022〕1号）

2. 中共山东省纪委关于印发《中共山东省纪律检查委员会常务委员会议事决策规则》的通知（鲁纪发〔2022〕4号）

3. 中共山东省纪委印发《中共山东省纪委关于加强常委会自身建设的意见》的通知（鲁纪发〔2022〕5号）

4. 中共山东省纪委机关　中共山东省委组织部　山东省监察委员会　山东省人力资源和社会保障厅山东省人民政府国有资产监督管理委员会关于印发《党纪政务处分决定执行工作规定》的通知（鲁纪发〔2022〕7号）

5. 中共山东省纪委印发《关于加强新时代全省纪检监察干部队伍建设的意见》的通知（鲁纪发〔2022〕8号）

6. 中共山东省纪委印发《山东省纪委监委领导班子关于贯彻落实中央八项规定精神改进工作作风的实施办法》的通知（鲁纪发〔2022〕11号）

7. 中共山东省纪委办公厅关于印发《山东省纪检监察机关办理申诉案件工作办法（试行）》的通知（鲁纪办发〔2022〕7号）

人民团体党组工作

省总工会党组工作概况

省总工会党组书记　石爱作

一、组织概况与党的建设

全省有16个市总工会、136个县（市、区）总工会、1814个乡镇（街道）工会；省级产业工会19个；设有1个省直机关工会工作委员会；省总工会直属大企业工会22个。全省共有基层工会107918个，工会会员14070887人，其中农民工会员4595390人。

2022年，省总工会党组坚持以习近平新时代中国特色社会主义思想为指导，深入学习宣传贯彻党的二十大精神，贯彻落实习近平总书记关于工人阶级和工会工作的重要论述，在省委、全总坚强领导下，改革创新、加压奋进、攻坚突破，党建工作取得新成绩。

（一）强化政治机关建设

强化政治机关意识教育、对党忠诚教育，深入学习贯彻党的十九届六中全会、党的二十大和二十届一中全会精神，深刻领悟“两个确立”的决定性意义，增强“四个 意识”、坚定“四个自信”、做到“两个维护”，不断增强政治判断力、政治领悟力、政治执行力。持续推进模范机关建设，开展“‘走在前列 全面开创’‘三个走在前’我在行动”主题活动。抓细做实机关思想政治工作，组织召开思想政治工作联络员培训会议，开展2021年度省总工会机关思想政治工作创新案例评选。严格落实意识形态工作责任制，组织意识形态风险隐患排查和反邪教排查。

（二）强化理论武装

坚持把学习宣传贯彻党的二十大精神作为首要政治任务，组织各基层党组织开展专题学习研讨。抓实党员干部理论武装，严格落实“第一议题”和周五集中学习制度。大力推进青年干部理论学习，创办内部学习刊物《工会青年》，围绕学习宣传贯彻党的二十大精神，组织开展“青年沙龙”系列活动。

（三）强化基层基础

压紧压实管党治党责任，党组认真履行主体责任，党组书记履行第一责任人职责，班子其他成员落实“一岗双责”。持续推进党支部标准化规范化建设，及时调整党组织设置，调整成立省地质工会党支部、惠工集团党总支及所属4个支部。从严落实基层党建制度，严肃党内政治生活，开展党的组织生活规范提升月活动，编印《山东省总工会机关党的建设制度汇编》。

（四）强化正风肃纪

持续深化作风建设，严格落实中央八项规定及其实施细则精神，驰而不息纠治“四风”，组织开展“严真细实快”“党风廉政建设月”“廉洁家教家风”等活动。严格日常监督管理，认真落实党组“第一种形态”具体措施，建立运用“第一种形态”工作台账。加强机关纪委建设，形成“2名专职纪检干部+5名机关纪委委员+40名支部纪检员”的机关纪检工作格局。

（五）强化党群共建

加强机关工会、机关妇女委员会自身建设，召开工会会员代表大会、妇女代表大会选举机关工会主席、机关妇女委员会主任。落实激励关怀帮扶机制，元旦春节和“七一”期间走访慰问生活困难党员、老党员，组织干部职工健康查体，高标准完成机关职工之家建设并投入使用。深化文明创建活动，高质量完成第七届全国文明单位第一次跟踪考核和省级、省直文明单位复审工作。深入推进“双报到”“双联共建”工作，与市中区大观园街道经二路社区常态化开展“温暖关爱进社区”系列活动，2022年被评为双报到工作先进单位。

二、主要工作与成绩

（一）职工思想政治引领坚定有力

扎实推进学习宣传贯彻党的二十大精神，组建党的二十大精神劳模工匠骨干宣讲团，开展宣讲5200余场、覆盖职工163.7万人次。组织184万职工参加全国职工学习党的二十大精神知识竞赛，参赛人数全国最多、获得决赛一等奖。选树宣传2022年“齐鲁最美职工”，亓传周入选2022年全国“最美职工”。成功举办全省第八届职工运动会，线上线下1260多万人参赛，实现历史性突破。宣传声势不断壮大，《光明日报》3次大篇幅报道山东工会工作。“三个精神”有力弘扬，建成运行劳模精神劳动精神工匠精神教育基地。

（二）主动融入服务大局彰显工会担当

召开首届黄河流域生态保护和高质量发展产业工人创新交流大会，687项优秀创新成果在线签订转化意向协议，签约金额3.83亿元。联合有关部门开展100项黄河流域生态保护和高质量发展创新创优劳动竞赛，新增两项竞赛纳入“十四五”全国引领性劳动和技能竞赛项目。工友创业园品牌效应持续放大，培育省、市两级工友创业园390余家，直接吸纳就业9.6万余人，扶持创业2.5万人，带动24.9万农民致富。助力疫情防控和经济社会发展，累计筹集防控物资6500余万元，2.3万名工会干部、21万名职工志愿者投身疫情防控服务保障工作，全总、省委领导批示肯定。推动工会助企纾困政策纳入省政府政策清单，继续实施小微企业工会经费全额返还支持政策，全年返还经费6300万元。

（三）维权服务工作持续加强

开展《山东省工会劳动法律监督条例》施行一周年系列活动，推动全省百人以上建会企业全部设立工会劳动法律监督委员会。联合省司法厅开展“千名律师进企业”公益法律服务活动，深入8230家企业开展劳动用工“法治体检”。持续开展“尊法守法·携手筑梦”、国家宪法日等系列普法宣传活动。升级山东省工会法律服务管理系统，推动工会法律援助实体机构向镇街、园区延伸，全年为职工免费代理法律援助案件2万余件。

（四）和谐劳动关系构建有力有效

开展集中要约行动，开发建设集体协商管理系统，统筹推进企业协商、行业协商、区域协商扩面提质。研究推出工资（薪酬激励）集体协商“一样本、两指引”成果，受到省委、全总主要领导肯定。持续推动企事业单位民主管理制度落地落实，全省已建立工会国有企业和百人以上企业职代会、厂务公开建制率分别动态保持在95%、92%以上。全省市、县两级工会全部建立“法院+工会”诉调对接室，全省工会参与调解劳动争议案件数量连续两年位居全国工会第一。

三、创新与经验

（一）产业工人队伍建设改革向纵深推进

省委常委会专题研究产改工作，省委主要领导对产改工作提出明确要求。产改工作常态化纳入省委省政府年度重点工作督查、省直机关服务高质量发展绩效考核和各市高质量发展综合绩效考核。研究制定《山东省提升产业工人创新力指导意见》及其配套指标体系，有力推动产改向纵深发展。在全国产改首次考核中获“优秀”等次。

（二）职工创新创效工程深化发展

组织参加首届大国工匠创新交流大会，山东创新成果参展数量等多项指标位列全国第一。组织第二届全省职工创新创效竞赛，发布102项省级职工优秀创新成果并给予重奖，带动各级开展创新创效竞赛6517场次，取得创新成果179.4万项。培育省级全员创新企业50家、劳模和工匠人才创新工作室50个，带动各级培育全员创新企业1740家、创新工作室4040个。持续深化“齐鲁工匠”建设工程，冯新岩入选2022年大国工匠年度人物。

（三）维护劳动领域政治安全坚决有力

发挥落实“五个坚决”要求长效机制作用，制度化常态化长效化开展职工队伍稳定风险专项排查化解工作，全年排查企业1.7万家，排查化解风险点352个，在全总考核中获得“优秀”等次。职工信访工作不断加强，12351职工热线平台全年共接听职工来电3.8万件，及时受理率、按期办结率、职工满意度均在99%以上。

（四）智慧工会建设引领全国

持续提升“智慧工会”建设应用水平，建立与全总数据交换平台对接机制，实名采集会员信息1338万人，推送数据总量、会员数据量、数据入库量3项指标位列全国第一。全省各级工会开展线上普惠活动1.8万余场次，惠及职工1128万人次，普惠金额3.2亿元。“智慧工会”建设工作持续走在全国前列。

附：省总工会党组领导成员名单

书　记：石爱作

副书记：魏　勇

成　员：李业文　李东风　胡少华　唐艳霞　王　政　史玉良

共青团山东省委工作概况

共青团山东省委书记　殷世逸

2022年，在省委的坚强领导下，全省各级团组织坚持以习近平新时代中国特色社会主义思想为指导，深入学习贯彻党的二十大精神，认真贯彻落实习近平总书记关于青年工作的重要思想和对山东工作的重要指示要求，紧紧围绕省委工作部署，把牢主责主业，奋力争创一流，推动山东共青团各项事业发展迈上新台阶。

一、组织概况与党的建设

截至2022年12月底，山东省共有团员490万人，共有团组织31.1万个（其中，省市县三级团的领导机关153个，基层团委10509个，基层团工委1078个，团总支8447个，团支部291156个），团干部5.6万人。

（一）压实政治责任，全面提升机关党建质量

扛牢全面从严治党政治责任，召开团省委机关2022年全面从严治党工作会议，召开书记会研究党建工作9次，常态化召开党建工作领导小组会议、机关党委会研究党建工作。严格落实机关党建主体责任，开展党建责任制专项督察反馈问题专项整改，并针对反馈的四个方面19项问题，制定专项整改落实方案，认真抓好整改落实。严格落实意识形态工作责任，团省委机关党委每年向省委省直机关工委书面汇报1次思想政治工作情况，定期分析研判意识形态工作。

（二）强化理论武装，坚定夯实思想政治根基

严格落实“第一议题”制度，坚持每周一书记会集体学习，及时跟进学习习近平总书记重要讲话和重要指示批示精神。精心组织理论中心组学习，全年组织集体学习12次，交流发言44人次。深入学习贯彻党的二十大精神，举办学习贯彻党的二十大精神专题培训班，依托理论学习中心组、党支部集体学习、青年理论学习小组等载体，全方位开展党的二十大精神专题学习。深化青年理论学习，与全省有关单位开展青年理论学习小组联学共建活动，进一步提升思想觉悟、理论素养，增强青年干部队伍凝聚力、战斗力。

（三）严肃纪律规矩，大力营造良好政治生态

坚持党的全面领导，铸牢全面从严治团的政治灵魂，持续开展强“三性”去“四化”的自我教育和管理，打造一支清澈纯粹的共青团队伍。强化党风廉政建设，召开书记班子会，会同纪检组专题研究全面从严治党党风廉政建设和反腐败工作，做好机关有关部门及各直属事业单位三类“四风”重点问题自查自纠。加强廉洁文化建设，常态化开展廉政主题党日活动，印发《年轻干部违纪违法案例汇编》，筑牢拒腐防变思想防线，经验做法被省直机关纪工委在省直机关推广。

二、主要工作与成绩

（一）坚持为党育人，引领青年坚定不移听党话跟党走

深入开展“喜迎二十大、永远跟党走、奋进新征程”主题教育实践活动，以团支部和少先队中队为基本单元，广泛发动各级青联、学联学生会组织及团属青年社团等开展学习。坚持用好“一阵地、一矩阵、三平台”工作体系提升实效，发挥省团校团青骨干培训主阵地作用，举办专题培训班13期，培训4600余人；发挥粉丝量超2400万的“青春山东”新媒体矩阵优势，打造“踔厉奋发　强国有我”等5个互动量过亿的网络话题；组建“青年讲师团”“红领巾巡讲团”开展各类宣讲4400余场，覆盖519万人次；“青年大学习”累计覆盖全省团员青年1.1亿人次，“青马工程”培养青年政治骨干11.3万人。深入宣传推介山东，“我爱山东，我为家乡代言”活动累计阅读量超12.4亿次，联合省委统战部、省委网信办开展“人人都说沂蒙好——‘返故乡·看发展’网络名人山东行”活动，阅读量达2.3亿次。联合举办尼山世界青年论坛，为世界青年搭建文化交流互鉴平台。联合策划推出电视剧《三泉溪暖》，在央视一套热播。

（二）积极担当作为，广泛动员青年投身强省建设

建设“青创齐鲁”大厦，办好“挑战杯”等青创赛事，吸引20余万名青年学子参与，全年发放青年创业贷款29.8亿元。首批推动省内11市、19所高校建立青年创新创业联盟，达成意向、合作签约项目205个。开展山东青年创新突击队、青年创新榜样选树活动，推动16个优秀青年创新创业项目在山东双创活动周期间集中展示。组建青年志愿服务队6274支、招募青年志愿者57.6万余人参与疫情防控，派遣西部计划志愿者、研究生支教团志愿者数量继续稳居全国首位，承办第六届中国青年志愿服务项目大赛全国赛，全省13个项目获金奖，数量居全国第2位。

（三）主动联系服务，帮助青年破解急难愁盼问题

积极推进“优选山东”计划服务青年就业，成立山东驻外博士生联谊会，紧密联系服务67所知名高校院所的1320名博士生人才，积极开展“山东行”“看家乡”等交流活动，吸引9920名青年学子实地感知山东、2.9万名高校学子到省机关企事业单位实习实践，推动65万青年学子投身“三下乡”社会实践。对接走访各类企业6610家，挖掘岗位需求28.15万个，举办招聘活动582场，吸引

77.6万人次大学生参加。发挥362处“青年驿站”作用，为求职大学生提供免费住宿、岗位推介等一站式服务。

（四）深化自我革命，打造紧跟党走在时代前列的先进组织

省市一体推进团的领导机关改革，高质量完成县域共青团基层组织改革试点工作，在全国率先全面推开，全省10个县（市、区）被团中央评为改革试点“优秀”等次，比例居全团第一。落实进一步加强党建带团建工作若干措施，开展“两新”组织团建攻坚，打造40家全国“社区青春行动”试点社区和100家省级“青春社区”，有效畅通对新兴领域青年常态化联系服务机制。一体深化青联、学联学生会和少先队改革，广泛开展“我为同学做实事”主题实践活动，将少先队工作纳入省青年工作联席会议机制。克服疫情困难，胜利召开共青团山东省第十五次代表大会，选举产生新一届团省委领导班子，明确了当前和今后一个时期全省共青团工作的奋斗目标和工作任务。

三、创新与经验

（一）举办青企峰会2022助力高质量发展

聚焦黄河流域生态保护和高质量发展，以“黄河岸边是家乡”为主题，举办青年企业家创新发展国际峰会2022暨青年经济社会发展创新力论坛，吸引276位高层次嘉宾在主会场参会，开展沿黄9市特色产业推介，发布青年企业家服务黄河重大战略济南宣言，新招引意向投资山东优质项目157个，总投资额1842.06亿元，24个重点项目进行现场签约。

（二）深化“村村都有好青年”选培计划服务乡村振兴

累计选树乡村好青年18万名，培育产业带头人3500余人，带动10万余户村民共同走上富裕之路。深入开展乡村好青年“遍访”工作，主动送上“服务包”，帮助解决困难问题6800余个。开展“寻找乡村振兴合伙人”行动，发布近千个优质合作项目和供需信息，招募青年“合伙人”339名，推动105个项目落地实施。组建“乡村创业青年导师服务团”，志愿结对辅导5385人，为4726家好青年企业发放贷款19.97亿元。打造“山青好品”专属品牌，助销好青年特色产品2550万元。

（三）开展“希望小屋”农村困境儿童帮扶项目

累计社会化募资超2.7亿元，已建在建小屋20612间，提前完成“3年2万间”预定目标。联合中国青少年发展基金会为青海、甘肃、宁夏、内蒙古等沿黄八省（区）援建希望小屋1000间。

（四）纵深推动青年发展友好型城市建设

率先启动全省域青年发展友好型城市建设，以此为抓手推动中长期青年发展规划纵深实施。青年发展型城市建设写入省党代会报告，写入全省16市、102个县（市、区）党代会报告或政府工作报告。创新举办青年发展型城市建设论坛，成立青年发展型城市共建联盟，省市县三级累计制定出台优惠政策举措465项。山东3个市纳入全国青年发展型城市建设试点，5个县（市、区）纳入全国青年发展型县域试点，数量居全国前列，有关做法被中长期青年发展规划实施工作部际联席会议简报专题刊发。

附：共青团山东省委领导成员名单

书　记： 殷世逸

副书记： 尚胜波　盛　夏　彭　莉　张　超（挂职）　林　燕（挂职）

省妇联党组工作概况

省妇联党组书记　孙丰华

2022年，在省委、省政府坚强领导下，省妇联坚持以习近平新时代中国特色社会主义思想为指导，紧紧围绕省委部署，扎实履行引领服务联系职责，团结广大妇女奋勇争先走在前，聚力建功新时代。中央媒体、全国妇联和省委有关简报45次刊发省妇联做法，7次在全国妇联作典型发言。

一、组织概况

2022年，省妇联有市级妇联16个，县（市、区）妇联136个，乡镇（街道）妇联1825个，村（社区）妇联6.1万余个，省、市、县直机关事业单位、省属本科高校建妇委会8080余个，“两新”组织等新兴领域建妇女组织5600余个。山东省妇女联合会团体会员18个。乡镇（街道）、村（社区）妇联执委48万余人。年内，召开省妇女第十四次代表大会，选举产生新一届执委会。以山东妇女网、“齐鲁女性”双微和客户端为引领，省、市、县三级妇联建网站、微信、微博等新媒体平台276个。

二、主要工作与成绩

（一）强化理论武装，扛牢责任抓党建

深化政治机关意识教育，严格落实“第一议题”制度，中心组集中研讨15次，制定14项措施，推动党史学习教育常态化长效化。开展“巾帼大学习”，举办理论阅读月、专题学习班，持续用习近平新时代中国特色社会主义思想凝心铸魂，引导党员干部深刻领悟“两个确立”的决定性意义，进一步增强“四个意识”、坚定“四个自信”、做到“两个维护”。党组会议研究党建工作议题40个，制定年度任务安排、责任清单等21个。深化“巾帼领头雁淬炼行动”，开展“大调研大落实大创新”活动，班子成员带队深入14个市、29个县（市、区）、60多个村（社区），以“四不两直”等方式开展调研，摸实情、找问题、谋创新，推动习近平总书记重要指示要求在妇联系统落地生根。

（二）坚持政治立魂，紧扣主题强引领

坚持把学习宣传贯彻党的二十大精神作为首要政治任务，做优“齐鲁女性”宣讲品牌，广泛开展“巾帼心向党 奋进新征程”宣传教育，将党的二十大精神送到妇女群众身边。各级共开展党的二十大精神宣讲4500场，受众90余万人。评选表彰省三八红旗手(集体)，举办“十佳好军嫂”颁奖会，营造崇尚先进、见贤思齐的浓厚氛围。加强妇联刊网端微管控，守牢意识形态主阵地，引领妇女坚定不移听党话跟党走。

（三）主动服务大局，团结妇女建新功

组织48万基层妇联执委、巾帼志愿者扎根一线，共战疫情。为2371名防控医护人员购买保额14.2亿元的人身意外险。全省12338妇女维权热线开通心理援助24小时专线，为孕产妇、残疾妇女、留守儿童等提供及时帮扶。深化巾帼建功系列活动，选树“齐鲁巾帼工匠”“齐鲁巾帼科技创新之星”，举办巾帼科技成果对接会，助推科技成果转化应用；与银行合作推出“巾帼惠农惠企贷”等金融产品，累计帮助创业妇女办理贷款360亿元；实施“雏凤”计划，各级建雏凤巢34个，组织送岗进校园等活动145场，6.7万名女大学生参与；开通“巾帼科技助农兴农直通车”，各级开展技术指导、科技服务等活动1500余场，直播点击量达300万人次，创建“山东省巾帼现代农业科技示范基地”50个，开展“巾帼乡村旅游·黄河行”系列活动，推介75个沿黄特色乡村、39个特色巾帼民宿，全省建成“美丽庭院”287万余户。

（四）加强三家建设，发挥优势树新风

评选命名100户山东省最美绿色家庭，展播最美家庭故事。将“移风易俗”纳入家庭文明创建重要内容，通过举办集体婚礼、家风上墙、村规民约规范等形式，倡导婚事简办、勤俭节约。开展“齐鲁好家风”主题展，倡树廉洁好家风。开展“好家庭好家教好家风”巡讲巡展20场，线上近1200万人次参与。开展首个家庭教育宣传周活动，制定下发省家庭教育五年规划，建立省市县三级家庭教育指导中心，推动构建覆盖城乡的家庭教育指导服务体系。组建家庭教育专家宣讲百人团，开展巡回宣讲、线上咨询等服务。全省4万多个社区家长学校、家教指导中心、网上家长学校广泛开展“书香飘万家”亲子阅读、“劳动最光荣”家庭实践等活动，当好儿童的引路人守护人筑梦人。深化“幸福护航”婚姻家庭辅导服务，9.1万对离婚当事人取消或暂缓离婚登记，占申请离婚登记总数的43%。

（五）切实履职尽责，用情用力抓维权

推进妇女儿童发展规划实施，组建专家智库，召开统计监测指标体系论证会，明确规划责任分工。指导各市开展各具特色的儿童友好城市创建工作，推荐威海、菏泽入选首批国家儿童友好城市试点。参与第十一次友好省州领导人峰会“儿童与绿色发展主题活动”，发出共同推进儿童友好城市建设的倡议。积极发挥党政主导的妇女维权服务机制作用，争取省委政法委支持，将家庭暴力、婚恋家庭纠纷等维护妇女儿童权益重点事项纳入省社会治理网格化智能工作平台，纳入网格员职责清单，推动形成风险隐患排查及部门联动处置长效工作机制。把婚姻家庭风险隐患排查化解、关爱帮扶等工作做在平常、抓在经常、落到基层。各级举办普法宣传活动1.8万场，引导妇女自觉尊法学法守法用法。关爱困难妇女儿童群体，推进“两癌”检查救助工作，发放救助金1470万元，开展“两癌”保险试点，探索拓宽救助渠道。常态化开展寒暑假儿童关爱活动，深入实施“春蕾计划”，资助女童15146名。

（六）突出自身建设，强基增效促改革

成功召开省妇女第十四次代表大会，选举产生新一届执委会，妇联组织的政治性先进性群众性进一步增强。在“两新”组织等新领域建妇女组织5600多个，延伸妇联工作手臂。实施“强基增效工程”，扶持143个省级妇女儿童家园提质增效，开展寻找“最受妇女儿童欢迎的社会服务项目”等活动，举办省妇女儿童家庭公益项目创投大赛，3万多个“妇女微家”近距离服务妇女群众。

三、创新与经验

（一）创新引领开辟新路径

牢牢把握政治性第一位要求，坚持将妇女思想政治引领贯穿妇联工作全过程各方面。全省二十大女代表全部作为“齐鲁女性”宣讲团成员，进农村进社区进企业，带头宣传宣讲。各级妇联创新利用庭院讲堂、流动讲堂、舞前课堂和戏曲、三句半、快板书等接地气的方式，把习近平新时代中国特色社会主义思想和党的二十大精神宣传到基层一线、宣讲给妇女群众，引导广大妇女坚定不移听党话跟党走。省妇联“齐鲁女性”客户端联动全省妇联系统新媒体矩阵，推出“踔厉奋发 勇毅前行”等专题，及时转发权威报道和理论文章200余篇，创新开设“我的奋斗建功故事”专栏，以短视频形式展出齐鲁杰出女性100名，推动形成正面舆论强大声势。

（二）做优服务展现新作为

紧紧围绕省委决策部署，深入开展巾帼建功系列活动，动员妇女走在时代前列，为高质量发展贡献力量。聚焦科技自立自强，积极深化“科技创新巾帼行动”，联合省总工会率先开展“齐鲁巾帼工匠”选树活动，培树“十强”产业特别是制造业一线高技能人才20名，联合省科技厅开展首届“巾帼科技创新之星”推荐工作，培树“齐鲁巾帼科技创新之星”150名，为女性科技工作者发挥作用搭建平台、创造条件。举办山东省巾帼科技成果对接会，发布科技成果、开展科技服务400余项，助力科技成果转化应用。加强家庭家教家风建设，大力倡树廉洁家风，与省纪委监委机关联合举办“齐鲁好家风”主题展，联动16市及187个省直部门、企事业单位同步开展宣传展示活动1600多场，13万名党员干部参观学习，引导党员干部修身律己、恪守廉洁。用心用情关爱妇女儿童，积极拓展低收入“两癌”患病妇女救助渠道，创新实施城乡低收入适龄妇女“两癌”保险试点项目，为济南、菏泽两市8.3万名妇女购买“两癌”保险，保额近25亿元。齐鲁润春蕾99公益日募款超1800万元。

（三）做强联系取得新突破

制定印发《山东省妇联系统“十四五”时期深化改革实施方案》，围绕深化去机关化行政化改革、深化工作方式方法创新等5个方面，制定细化18项具体改革措施，着力健全上下贯通、执行有力的妇联组织体系和联系广泛、服务群众的妇女工作体系。创新召开全省妇联系统“创新组织建设 参与社会治理”现场推进会，总结推广东营、德州等地经验做法，推进基层妇联组织与乡村治理体系、社区网格化管理有效融合，推动基层妇联活跃起来、作用发挥出来。实施“基层妇联组织建设改革创新行动”，将妇联组织链条和工作触角向新业态、新就业群体延伸，在“两新”组织等新领域建妇女组织5600多个。充分发挥女性社会组织联系服务作用，开展寻找“最受妇女儿童欢迎的社会服务项目”活动，揭晓36个最受欢迎项目。指导各地因地制宜建“妇女微家”3万个，积极开展妇女议事、技能培训、纠纷调解等微实践、微帮扶、微宣讲、微课堂特色活动，基层妇联组织服务力、凝聚力明显增强。

附：省妇联党组领导成员名单

书　记： 孙丰华

成　员： 玄祖香　王洪霞　盛淑慧　岳利娟
丁　芳　盖英群（挂职）

省科协党组工作概况

省科协党组书记　邹广德

在省委、省政府坚强领导下，省科协党组坚持以习近平新时代中国特色社会主义思想为指导，以迎接学习宣传贯彻党的二十大精神为主线，锚定“走在前、开新局”，认真履行“四服务”职责，各项工作取得新进展新成效。

一、组织概况与党的建设

截至2022年底，全省共有16个市科协、136个县（市、区）科协。所属省级学会155个，会员40余万人。企业科协1399个，高校科协138个，16市和70%的县（市、区）建有农技协联合会。

（一）深入学习宣传贯彻党的二十大精神

把迎接学习宣传贯彻党的二十大列为年度重点工作之首，召开党组扩大会和理论中心组学习会，第一时间传达学习党的二十大精神。在官网、微信公众号开设专栏，举办专题辅导报告会、研修班，制定实施《山东省科协服务全省高质量发展行动方案》，推动党的二十大精神在全省科协系统落实落地。

举办“全国科技工作者日”座谈会，省委常委、组织部部长王宇燕出席并讲话，为省青年科技奖获得者颁奖，为“科学家精神教育基地”代表授牌。举办“全国科技工作者日”系列活动，开展各类活动5726场次，参与人数300余万人次。

选树10名“齐鲁最美科技工作者”。开设“强国复兴有我——新时代科技筑梦人”“齐鲁科研潮头的后浪”等专栏，宣传科技工作者400余人次，视频点击量566万人次。

大力弘扬科学家精神，郭永怀事迹陈列馆等6单位入选“科学家精神教育基地”。举办“党领导下的科学家”主题巡展，开展科学家精神宣讲报告，累计50万余人次参与。

（二）纵深推进科协系统全面从严治党

省科协党组先后2次专题研究全面从严治党工作，召开党风廉政建设会，修订落实中央八项规定实施办法，制定整治形式主义为基层减负工作要点，开展三类“四风”突出问题专项整治。

严格落实意识形态工作责任制，建立意识形态重点风险防范动态信息库，强化舆情监测预警、分析研判和应对处置。

突出党建统领，制定党建与业务工作深度融合意见，深化党支部标准化规范化建设提升工程，加强模范机关建设，深化“双联共建”。

扎实推进党建强会，“党建入章”任务全部完成，21个省级学会在理事会层面新成立党建工作小组。

（三）全面深化科协系统改革

分类推进学会“两化”建设，所属省级学会秘书长专职化完成55个，秘书处实体化增至69个。新增10家5A等级学会，7家学会入选首批省社会组织标杆名单。

开展改革品牌遴选，采用“揭榜制”方式遴选34个改革品牌项目，以点代面发挥示范带动作用，推动改革向基层延伸。

深化提升基层科协组织力“3+1”工作，积极吸纳“三长”、科技型企业家等进入基层科协领导机构。“科协组织分级分类改革”入选2022年度科协系统深化改革试点示范与研究项目。

二、主要工作与成绩

2022年，省科协与省委组织部、省科技厅共同牵头实施“战略科学家引育行动”，推荐6人入选山东省战略科学家，推荐33人入选山东省科技领军人才。提出14项顶尖人才培育措施被省委采纳。

强化科技人才举荐表彰，7人入选中国青年科技奖，3人入选中国青年女科学家奖。开展第十二届山东青年科技奖评选表彰，60人入选。

举办院士专家山东行活动，邀请20位院士专家参加，开展活动21场，促成合作10余项，活动成效获省委副书记、青岛市委书记陆治原批示肯定。

联合青海省“两弹一星”理想信念教育学院、北京大学马克思主义学院举办省青年科技领军人才国情研修班，省委常委、组织部部长王宇燕对研修情况作出肯定性批示。

广泛联系凝聚海外科技人才，推荐申报1个国家级海智基地，新设立9个海外驿站，引进海外人才企业19家、海外人才110余名。

山东省政府将“支持枣庄市创建科创中国试点城市”“支持黄河三角洲国家农业高新技术产业示范区创建科创中国试点园区”分别纳入《关于支持枣庄市建设国家可持续发展议程创新示范区的若干政策》和《关于支持黄河三角洲国家农业高新技术产业示范区高质量发展的意见》。

《人民日报》2次刊登山东“科创中国”试点城市经验。13家单位入选首批“科创中国”创新基地，3项课题入选“科创中国”研究课题项目。1399个企业科协和45个园区科协在中国科协平台注册。

举办中日韩工程技术大会、省科协年会、泰山科技论坛，100多位院士、600多位国内外高层次专家、90多万科技工作者参加学术交流，一大批成果项目落地转化。

开展海外专利信息资源应用宣传推广76场次，培训4700余人次，年内新注册企业2544家，被国家知识产权局评选备案为2022年度国家知识产权信息公共服务网点。

实施省级学会创新发展工程，推动25项科技成果转化，发布15项团体标准，助力20个协同创新基地，助推1家基地企业入选山东省“专精特新”中小企业。

举办第十四届大学生科技节，参与企业292家、大学生28.3万人次。举办山东省创新方法大赛，选拔推荐的项目荣获国赛唯一金奖，山东赛区荣获优秀组织奖。

实施乡村振兴科普行动，邀请农业专家开展科技志愿服务，惠及群众2万余人；开展“流动科普巡展活动”，行程5000余公里，惠及群众1万余人。

发挥山东省全民科学素质工作牵头单位作用，召开全民科学素质工作领导小组会议，副省长、省全民科学素质工作领导小组组长凌文主持会议并讲话。

开展全国科普示范县（市、区）推荐，25个县（市、区）获评2021—2025年度第二批全国科普示范县（市、区），全国科普示范县（市、区）数量增至28个。

加强科普设施体系建设，面积8万平方米的省科技馆新馆顺利建成并具备开馆条件。全省列入补助免费开放范围的科技馆达34家。

实施基层科普行动计划和科普示范工程，支持培育科普教育基地等225个，整合科普团队、阵地和资源，支持科普专家工作室等155个项目建设。

全国科普日期间，全省科协系统联合开展各类活动4.4万余项，是2021年的5倍多。

联合省应急管理厅、省市场监督管理局等部门，组织实施乡村振兴科普行动、主题科普联合行动，举办“5G赋能创新密码护航发展”“双碳”等科普展览活动。

省群众文化专业职称评价系列中增加科学传播专业，拓展了科普人才职称晋升新渠道。

“每日科普”“你知道吗”“科普总动员”等科普栏目紧贴群众生活，常态化科普覆盖面持续扩大。

省智库高端人才队伍规模扩大至400人。举办黄河发展论坛，提出的“支持德州建设黄河流域（山东）现代农业科学城”纳入《山东省黄河流域生态保护和高质量发展规划》。畅通智库专家资政建言渠道，报送《院士专家建议直通车》20期，省领导批示11期。

三、创新与经验

修订《山东省科学技术协会条例》并于2022年7月1日起施行。全国人大常委会副委员长艾力更·依明巴海作出批示肯定，指出“山东省认真贯彻落实习近平总书记关于科技工作的重要指示精神，立足本省实际，充分发挥人大立法主导作用，及时修改山东省科学技术协会条例，以高质量立法筑牢科协工作和科普工作法治根基，必将有力推动山东科普工作取得新成效。条例中好的内容，可在我们修法中充分借鉴”。

扎实做好全国人大常委会《中华人民共和国科学技术普及法》执法检查迎查工作，得到全国人大常委会检查组高度肯定，指出“山东省认真贯彻落实科普法，科普事业发展取得明显成效”。

完成省科技馆新馆4万平方米展厅布展施工及六大特效影院和智慧科技馆的建设任务。兼顾做好省科技馆老馆运行，开展主题科学教育200余场次，累计开放219天、接待观众49万人次。

附：省科协党组领导成员名单

书　记：邹广德

副书记：秦维强

成　员：陈爱国　袁慎庆　李　娜（挂职）

省侨联党组工作概况

省侨联党组书记　李兴钰

2022年，在省委坚强领导下，省侨联党组深入贯彻习近平新时代中国特色社会主义思想特别是习近平总书记关于群团工作、侨务工作的重要论述，深刻领悟“两个确立”的决定性意义，牢记“国之大者”，增强“四个意识”、坚定“四个自信”、做到“两个维护”，坚守党的初心使命，坚持“走在前、开新局”，推动全省侨联工作更高质量发展。

一、加强侨联党的建设

（一）压实管党治党责任

党组研究全面从严治党工作2次，制定《推动机关党建与业务工作深度融合实施方案》《推行党支部评星定级管理机制实施方案》《党建工作要点》，修订“两个责任”清单。党组书记定期听取管党治党工作情况汇报，推动重点任务落实。班子成员认真落实“一岗双责”，加强日常督促推动。开展主体责任专项检查、党建责任制督查。

（二）推进政治机关建设

制定加强干部队伍政治能力建设的实施意见。依托129处侨胞之家，举办喜迎、喜庆党的二十大等活动近400场次，编发10期“侨界热议党的二十大”系列报道，党组书记带头宣讲党的二十大精神。坚决贯彻执行党中央决策部署及上级党组织决定，制定党组“三重一大”事项清单、决策程序。召开党史学习教育、省委巡视整改专题民主生活会，落实双重组织生活制度。

（三）强化理论武装

坚持“第一议题”制度，中心组学习研讨19次。用好“学习强国”“灯塔党建在线”学习平台，制定党的二十大精神学习计划。常态化开展党史学习教育，组织党员到联系社区开展志愿服务、捐赠抗疫物资。传达学习意识形态文件精神和典型案例，制定《国际传播平台体系建设实施方案》《网络舆情防控实施细则》，开展宗教工作宣传教育。

（四）深化作风建设

严格落实中央八项规定精神，加强监督检查。深入治理形式主义官僚主义，制定未来五年侨联事业发展的意见、开展“严真细实快　干事创一流”作风建设活动意见。走访调研侨企110余家，联合省地方金融监管局为39家侨企量身订制金融服务方案、为7家侨企解决融资14亿元。

（五）加强纪律建设

召开党风廉政建设工作专题会议，研究制定《2022年省侨联机关纪检工作要点》和《2022年省侨联机关纪委责任清单》，开展述责述廉、廉政谈话、警示教育，加强廉洁文化建设，落实党组与派驻纪检监察组沟通机制，配合派驻纪检监察组履行监督责任。

（六）推动巡视问题整改

把抓好省委巡视问题整改贯穿工作始终，针对67项整改任务建立台账，跟踪督办、挂账销号，制定制度13项，反馈问题全部整改到位并长期坚持。

二、创新开展侨联工作

（一）始终聚焦学习党的二十大，侨界思想更加团结统一

一是迅速掀起学习宣传贯彻党的二十大精神热潮。省侨联第一时间传达学习党的二十大精神，省侨联党组书记、主席李兴钰同志带头开展宣讲，发动侨界热议党的二十大，组织全省各级侨联组织和侨界群众在学习宣传贯彻党的二十大精神上走在前、作表率。

二是广泛开展侨界群众性主题活动。开展“赤子侨心·山海不远”系列群众性活动，举办“喜迎党的二十大”“庆祝党的二十大胜利召开”“庆祝省侨联成立60周年”等各类活动近400场次，不断增加侨联声音、扩大侨界影响。

三是持续擦亮“学党史、守初心，知侨情、办实事”品牌。加强理想信念教育，省侨联党组理论学习中心组开展集中学习研讨19次，组织主题党日、专题党课、研讨交流等活动40余次；扎实开展“访侨企　送服务”活动，累计协调解决侨胞、侨企实际问题360余件。

（二）聚焦服务高质量发展，融入新格局取得显著成效

一是抢抓重大战略机遇。围绕服务黄河国家重大战略，创新成立山东沿黄九市助力推动黄河流域生态保护和高质量发展侨界联盟，完善运行机制，制定工作清单，全方位融入国家战略，中国侨联主席万立骏给予充分肯定。围绕服务强省会战略，支持建设“北方华侨国际中心”，打造江北最大的侨界社团总部基地。围绕服务海洋强省战略，举办“胶东经济圈五市侨界助力海洋强省高层研讨暨项目推介签约活动”，对6家涉海侨企进行推介、3个产业链项目集中签约。

二是擦亮经贸活动品牌。省市侨联举办“创业中华·兴业齐鲁”系列经贸活动40余次，加强省级以上新侨创新创业基地建设，2家单位获批中国侨联新侨创新创业基地、总数达到7家。

三是助力山东对外开放。举办2022年全球华人经济和科技峰会，因疫情原因，主会场设在马来西亚吉隆坡，山东设国内分会场，近500名来自世界各地的华侨华人领袖、各界国际组织代表参加会议，省侨联与中国－东盟商务协会总会、山东人才发展集团签订人才战略合作协议，搭台赋能、聚才兴鲁，首次搭建起山东与世界华人经济圈合作、深度对接RCEP和“一带一路”沿线国家的高端平台。积极参与筹备第三届儒商大会、山东－东盟产业合作展览展示交流会等涉外活动，发挥更多侨界作用。

四是持续涵养侨务资源。举办省侨联“一带一路”侨商会联盟建设推进会，仅一年时间，联盟成员已由成立初期的56家发展壮大到近百家，并在阿曼、尼泊尔等多个国家布局海外仓。年内先后与加拿大蒙特利尔华人联合总会、巴西华人华侨青年联合会等30多个国家的侨社团加强联络交流，为山东积聚涵养优质侨务资源。

五是积极开展参政议政。用好省侨联特聘专家委员会平台，举办山东海洋发展建言献策商讨会，围绕海洋科技、经济发展中的难点焦点问题积极建言献策，编纂形成《山东省侨联特聘专家委员会海洋专家建言献策文集》。发挥侨界人大代表、政协委员作用，推荐新一届全国人大归侨代表、全国政协委员共4名，新一届省人大代表、省政协委员共4名，越来越多的建议被全国政协、中央统战部、中国侨联以及省委办公厅采用，省侨联承担的调研课题连续两年被评为中国侨联年度调研课题成果一等奖，省侨联提报的侨情信息连续两年被省委办公厅报送《中办信息》，青岛、济南作为中国侨联《侨情专报》直报点工作走在全国前列。

（三）创新拓展国际传播，文化交流呈现蓬勃态势

一是积极开展交流活动。开展“亲情中华·2022全球华侨华人云祭孔”活动，邀请2000余名华侨华人参加，扩大中国文化海外影响力。更大力度组织参加世界华人学生作文大赛，全省获奖作品数量与名次均位列全国首位。举办4期“亲情中华·为你讲故事”海外华裔青少年网上夏（春、冬）令营，与山东大学合作提供传统文化课程支持，受到海外家长和营员的热烈欢迎。举办山东省首届华侨华人摄影大赛，增强广大侨胞的文化自信和家国情怀。

二是创新讲好中国故事。举办“好品山东”全球华侨华人主题短视频大赛，助力质量强省和品牌战略，12名海外侨领、30多个国家的侨胞，介绍山东上百类“好品”，持续扩大山东在全球的美誉度和影响力。主办“第二届中国国际华服设计大赛”，推进华服设计与展示，塑造新时代中国人气韵风貌，讲好中国故事、传播好中国形象。

三是搭建传播交流平台。打造中华优秀传统文化国际传播新窗口，年内新创建省级华侨文化交流基地21家、总数达到84家，新获批中国华侨国际文化交流基地3家、总数达到29家，数量位居全国前三。在意大利米兰山东商会设立“《齐鲁乡情》海外宣传站”，探索国际传播数字化转型，提升海外文化宣传效果。

四是大力选树宣传侨界先进典型。3人荣获第九届“中国侨界贡献奖”，用好侨联网站、微信公众号、《齐鲁乡情》杂志等平台，广泛宣传孔令让、杨彩坤等12位侨界典型的创业奋斗和爱国爱乡精神，《山东省侨联：“四心”聚力，画好侨界战“疫”最大同心圆》等4篇作品荣获山东新闻奖，激发侨界群众干事创业精气神。

（四）精准开展为侨服务，侨胞权益获得更多保障

一是依法维护侨权侨益。不断完善为侨法律服务体系，省侨联联合省司法厅合作建立的鲁资侨企海外投资法律护航机制等特色做法，受到全国人大华侨委、中国侨联领导充分肯定。

二是加大侨法普法宣传。深化“关爱侨胞 服务侨企 法律伴我行”主题活动，全省侨联系统累计举办集中宣传日、侨法知识培训班、法律大讲堂等活动60余次，努力营造依法护侨氛围。

三是拓展侨界志愿服务。深化“侨星志愿者服务团”品牌建设，16市全部成立服务团，将侨星志愿活动与侨联“暖巢”工作有机结合，引导志愿服务规范化常态化，济南侨星志愿服务工作被中国侨联发文在全国侨联系统推广。推动奥地利、波兰、菲律宾等15个国家成立了41支侨星志愿者服务团队，不断加强海外侨星志愿服务团建设和联动。

四是开展公益慈善活动。协调申请魏基成天籁列车、香港应善良福利基金会，向贫困大学生、乡村基础设施建设、特殊群体捐赠物资价值6000余万元。

（五）注重强化系统建设，基层基础更加坚实牢固

首次制定发布关于推动全省未来五年侨联事业发展的意见，突出立足全省、面向基层，从九个方面明确了35项指导意见和具体措施，对全省侨联事业进行科学谋划，推动工作提档提质提效。深化全省侨联“一盘棋”工作思路，在全省侨联系统开展“严真细实快 干事创一流”作风建设活动，“事争一流、唯旗是夺”干事氛围日益浓厚。省侨联侨创基地建设、济南市侨星志愿服务、青岛市基层组织建设、东营市留学生创新创业等工作被中国侨联领导肯定或推广，工作开展有声有色，展现出我省侨联组织的凝聚力创新力执行力战斗力。

附：省侨联党组领导成员名单

书 记：李兴钰

成 员：卢文朋 鲁亚真

省工商联党组工作概况

省工商联党组书记 张 鲲

一、组织概况与党的建设

中共山东省工商联党组（以下简称省工商联党组）于1954年由中共山东省委设立，现有党组成员4名，其中党组书记1名。机关内设直属机关党委，配备专职副书记1名，下设党支部9个（其中离退休干部党支部1个），共有党员63人。

2022年，省工商联党组坚持以习近平新时代中国特色社会主义思想为指导，全面贯彻党的十九大和十九届历次全会精神，深入学习贯彻落实党的二十大精神，按照省委纵深推进全面从严治党的工作部署，扎实履行主体责任，锚定“走在前、开新局”，构建深化“1+2+5+N”工作体系（即坚持把促进“两个健康”贯穿工作始终，着力搭建“双招双引”和政企“连心桥”两大平台，深入实施党建强基、创新赋能、金融助企、人才培育和企业文化建设“五大工程”），奋力开创全省工商联事业发展新局面。山东省工商联在全国工商联年度工作评价中获评“A”档，走在了全国前列。

（一）持续强化政治建设

始终把党的政治建设摆在首位，深刻领悟“两个确立”的决定性意义，切实增强“四个意识”、坚定“四个自信”、做到“两个维护”。严格执行“第一议题”制度，召开党组会议及时跟进学习习近平总书记最新重要讲话，立足工作实际研究贯彻措施，狠抓督查落实。制定《省工商联党组关于加强自身建设的工作措施》，修订党组会议制度，严格按照民主集中制原则、“三重一大”事项清单议事决策。

（二）筑牢理想信念根基

深学笃用习近平新时代中国特色社会主义思想，推动党的二十大精神进机关、进商会、进企业、进基层。建立工商联系统宣传“矩阵”，制定宣传（舆情）员队伍管理培训制度，办好齐鲁企业家大讲堂，及时开展政策宣传解读，牢牢把握意识形态工作主动权、主导权。组织召开全省民营经济代表人士座谈会，认真学习贯彻省第十二次党代会、全省民营企业座谈会、全省民营经济高质量发展工作会议精神，切实凝聚民营经济人士思想共识。

（三）坚决扛牢主体责任

党组书记认真履行第一责任人职责，一体推进党建和业务工作，认真开展调研、述职、宣讲、廉政谈话，督促班子成员履行“一岗双责”。制定实施《2022年中共山东省工商联党组、党组书记、班子成员履行机关党建工作责任清单》，召开全面从严治党工作会议、机关警示教育暨党风廉政集体谈话会议等，进一步压实全面从严治党责任。严格落实组织生活制度，抓好“三会一课”、民主评议党员和谈心谈话，持续深化对党忠诚教育，党员干部政治意识不断加强。

（四）着力加强基层组织建设

完善过硬（五星）党支部责任清单和考评办法，扎实推进机关党支部的组建、调整和换届工作，以“一支部一特色”品牌创建活动为引领，打造党建特色品牌7个。制定加强年轻干部育选管用的若干措施，不断优化干部队伍结构。扎实推进省工商联所属商会党建工作，制定《所属商会党支部评星定级管理实施方案》等工作规范3项，实行所属商会组建“双建双揭”模式，统筹选派党建指导员，省级所属商会全部实现党建入商会章程。

（五）扎实推进纪律作风建设

充分发挥机关纪委专责监督作用，制定《省工商联机关“四风”重点整治工作方案》，制定廉政风险防控措施35项，省工商联机关2022年度实现“零信访举报、零问题线索”，风清气正的政治生态得到进一步巩固。开展全省工商联系统“作风能力建设年”活动，把“严真细实快”的作风融入日常。围绕贯彻民营经济领域热点难点深入调查研究，向省委主要负责同志呈报调研报告3篇。

二、主要工作与成绩

（一）强化政治引领，广泛凝聚思想共识

持续深化理想信念教育，在临沂设立全省第一个民营经济人士理想信念教育基地。突出年轻一代企业家队伍建设，指导建立年轻一代民营经济人士传帮带辅导制度，创新打造全省青年企业家培养平台和“青春鲁商”工作品牌，开展“喜迎二十大 重走黄河路”理想信念教育活动，推动43名青年企业家参与全省经营管理“雏鹰”人才挂职实训工作。抓好执常委企业家人才队伍建设，健全履职考核评价机制，推动代表人士站前台、当主角。

（二）强化职能优势，主动服务中心大局

联合省人社厅、省教育厅等部门，制定《深化“民企高校携手促就业行动”实施方案》，举办行动新闻发布会，指导各级工商联举办就业指导等活动260余场，1.5万家民营企业提供就业岗位17.2万多个。组织召开全省“万企兴万村”行动工作推进会，累计4372家民营企业参与实施乡村振兴项目5431个，受益乡村5314个。“民企高

校携手促就业行动”“万企兴万村”行动均得到全国政协副主席、全国工商联主席高云龙肯定性批示。

（三）强化经济服务，促进民营企业高质量发展

实施创新赋能工程，与省工业和信息化厅联合开展产业链融链固链行动，引导民营企业积极参与全省“三个十大”行动计划，促成合作意向143项。优化金融助企，联合省农行开展“金融服务进民企”活动，联合省建行举办“贯彻二十大精神 助力民营企业高质量发展”主题活动，成立覆盖市、县（区）的金融辅导队169支，辅导民营企业3200余家。扎实开展山东民营企业100强系列榜单申报发布活动，入榜企业营业收入、资产总额、税后净利润三个经营指标同比稳步提升。

（四）强化组织建设，汇聚推动发展合力

持续加强基层工商联和商会建设，11家县级工商联被评为全国“五好”标杆县级工商联，99家商会被认定为全国“四好”商会，296家商会被认定为全省“四好”商会，18家商会获评全省社会组织标杆，乡镇街道商会应登尽登率达到100%。指导山东省陕西企业商会等注册成立，考察吸收山东省瞪羚企业发展促进会等5家团体会员，推动全国工商联医药业商会、厨具业商会、女企业家商会在山东落户。

三、创新与经验

（一）创新推动民营经济领域标准化建设

组织开展2022年民营企业标准“领跑者”和商会团体标准“领先者”活动、2022年中国标准创新贡献奖提名推荐活动，获全国工商联标准项目提名奖1项。全省形成典型民营经济标准化创新成果19项、民营经济标准创新经验总结11篇，涵盖19个行业门类。成功举办“2022民营经济标准创新周”山东专场活动。以“乡村振兴·标准引领——山东地理标志在行动”为主题，发布了标准化创新发展成果和山东省乡村振兴领域18项标准。

（二）搭建政企“连心桥”平台

制定落实政企沟通协商机制措施，鼓励地市打造“亲清会客厅”“亲清驿站”“助企驿站”等工作品牌，政企沟通渠道进一步畅通，2项工作案例获评全国工商联实践创新工作成果奖。围绕民营企业发展困境深入开展调查研究，加强参政议政，共报送社情民意信息1600余篇，《关于进一步推进品牌战略实施 助力企业健康发展的提案》被列为省委、省政府主要领导重点督办提案。

（三）健全“工商联+N”工作机制

持续深化与公检法司部门的联系合作机制，与公检法司部门的17项合作成果获得全国工商联通报表扬。会同省检察院组织17家省级单位成立涉案企业合规第三方机制管委会，在全国范围内率先实现工作机制全覆盖，全省共启动合规程序并适用第三方机制案件395件，数量居全国首位，得到了全国工商联和最高检的高度认可。推动将省工商联法律服务中心列入省法院特约调解组织，目前，全省工商联系统共成立调解组织124家，入驻最高院调解平台系统88家，调解员229名，调解案件2712件，涉及金额约32亿。开展“千名律师进企业”活动，制定省工商联（总商会）法律维权工作实施细则，成立省工商联（总商会）民商事纠纷人民调解委员会，全省共调解案件2712件。

附：省工商联党组领导成员名单

书　记：张　鲲

成　员：孙美菊　高洪岩　于　玲

军事工作

山东省军区工作概况

省委常委、省军区党委书记　王爱国

2022年，山东省军区各级党委坚决贯彻党中央、中央军委和习主席决策指示，坚决落实中央军委国防动员部、北部战区党委部署安排，紧紧围绕迎接和学习贯彻党的二十大这条主线，坚定举旗铸魂，聚力备战打仗，持续打牢基础，突出建强班子，安全顺利完成年度各项任务，省军区建设呈现良好发展态势。

一、坚定“两个确立”，思想政治引领有力

紧跟习主席思想步伐深化理论武装，改进党委中心组学习方式，把各级党委捆在一起抓，严密组织军官理论培训，广泛开展群众性理论学习活动，党的创新理论武装持续走深走实。党的二十大召开后迅速掀起学习热潮，各级第一时间组织传达学习、制定学习宣传贯彻措施，推动党的二十大精神落地落实。紧盯官兵活思想抓实政治教育，聚焦“忠诚维护核心、矢志奋斗强军”深化主题教育，推动党史学习教育常态化长效化，抓好形势战备教育，官兵思想基础更加牢固。落实军委主席负责制，编报信息被上级刊用百余篇。广泛开展“强军风采”系列文化活动，抓好营区政治文化环境和军事历史展陈建设，开通运行“齐鲁前哨”微信公众号，关注总量近40万人，年内山东省军区在中央级媒体发稿2000余篇，在省军区系统名列前茅。开展净化涉军网络环境专项行动，及时处置涉军舆情。深入开展双拥共建，投入经费定点帮扶村，帮助驻军解决142项难题，军转安置工作成效明显。

二、聚力改革落地，国防动员深化发展

顺利完成深化国防动员体制改革任务。军地联合组织国防动员能力自查自评，有效促进动员准备落实。编实建强民兵力量，抓好民兵建设考评，完成民兵编建任务。巩固兵员征集优势，规范兵员储备、政治考核等工作，高质量完成兵员征集任务。深入总结宣扬“临沭经验”，联合省委、省政府作出学习决定，举办先进事迹报告会，在军地产生良好反响。

三、持续打牢基础，基层底蕴更加厚实

坚持按纲抓建、依法抓建，组织基层规范化建设先行探索，召开基层建设推进会，形成经验成果。广泛开展“条令法规学习月”活动，加强各类秩序建设和规范化运行。深入开展帮抓活动，制定年度抓建计划和“暖心惠兵”工程实施意见，立项为基层办好4个方面20件实事，省军区抓建基层措施和有关调研成果得到上级首长批示肯定。深入开展“忠诚•担当•尽责”教育实践活动，抓好“双争”评比和创先争优，组织首届“五美”评选表彰并举办先进事迹报告会暨颁奖典礼，官兵干事创业精神进一步提振。突出抓好安全防范，深入开展“百日安全活动”，建立经常性机制，采取“四不两直”的方式组织安全检查，部队保持了总体稳定。

四、坚持为军向战，保障效益不断增强

从严整治行业风气，出台财务管理、医疗服务、住房保障等规定，组织财务正规化建设检查，推进营院综合整治和军官训练分中心升级改造，将驻鲁部队老旧小区纳入

地方改造规划，军地联合开展“守护戎装”军服专项整治活动，后勤管理秩序进一步正规。聚力攻坚破解难题，协调省委召开重难点问题办理专题会议，扎实推进历史遗留问题解决，强力推进“三年集中移交”工作，如期完成离退休军人安置任务。用心用情搞好老干部服务，深入开展“十进所·八上门”服务实践活动，为老干部提供35项特色服务，开通老干部到地方医院就医绿色通道，完成干休所综合整治，休养环境和保障条件明显改善。科学精准抓好疫情防控，建立军地联防联控机制，滚动修订防控预案，落实应急值守制度，加强防疫物资保障和闭环管控，常态化防控工作有力有序。

五、从严正风肃纪，政治生态日益纯正

坚持严字当头、全面从严、一严到底，大力推动作风建设常态化长效化。注重固本培元，严格落实党委纪委领导上专题党课制度，常态组织党纪党规学习教育，扎实开展廉政警示教育，官兵遵规守纪意识不断增强。突出政治监督，持续深化政治整训，高标准迎接上级巡视巡察，全面做好巡视巡察反馈问题整改工作。强化体系治理，贯穿全年开展“从严纠风治弊、纯正政治生态”专项整治，加大节假日作风督查力度，严肃查处通报违纪违法问题，有效传导压力、形成震慑，信访举报数量和违规违纪问题持续下降。

六、着力建强班子，统一领导作用发挥明显

坚持把班子建设作为龙头工程紧抓不放，大力加强民主集中制建设，修订省军区党委常委会议事决策规则，严密组织党务能力暨军队党的建设法规培训，自上而下召开党史学习教育专题民主生活会，组织对师级单位党委班子进行考察帮建，党委班子组织力领导力执行力不断增强。扎实做好省军区出席党的二十大、山东省第十二次党代会和中央军委国防动员部党代表会议、军人代表大会代表选举工作，召开省军区党代表会议、第九届军人代表大会。统筹抓好军官、文职人员、士兵和职工队伍建设，研究确定优秀军官，做好军官和文职人员调整配备、交流任职，以及士兵军衔转换和补选退工作，加强各类人员考核培训和教育管理，人才队伍建设质量不断提升。严格落实党管武装制度，召开省委常委会议军会议，研究制定关于加强新时代党管武装工作的意见，协调解决驻鲁部队提报的10余项需求40多个具体问题，得到驻鲁部队好评。认真做好第一书记述职、宣布第一书记任职、提名参加同级地方党委常委等工作，党管武装工作持续加强。

附：省军区党委领导成员名单

第一书记： 林　武

书　　记： 王爱国

副 书 记： 张立克

常　　委： 林　武　王爱国　张立克

张　琼　郑仲全　姜延秀

张　宁　隋希波

市委工作

中共济南市委工作概况

省委常委、济南市委书记　刘　强

一、组织概况与党的建设

截至2022年底，全市共有市委直属党（工）委46个，其中，区县委12个，市委工委13个；基层党委1689个，党总支1932个，党支部33619个；党员639075名，2022年新发展党员8734名。

（一）持续强化理论武装

深化落实“第一议题”制度，习近平总书记每次发表重要讲话、作出重要指示批示，都第一时间跟进学习，2022年市委常委会学习117篇，理论学习中心组学习14次。统筹抓好各级党委理论学习中心组、干部集中轮训、基层党员干部学习，实施习近平新时代中国特色社会主义思想教育培训工程，培训县处级以上干部2.2万余名。

（二）深入学习宣传贯彻党的二十大精神

坚持把学习宣传贯彻党的二十大精神作为当前和今后一个时期的首要政治任务，党的二十大召开后，迅速召开市委常委会扩大会议组织传达学习，举行市委理论学习中心组学习研讨和专题学习班，召开市委十二届二次全会，研究通过《中共济南市委关于深入学习宣传贯彻党的二十大精神的决议》，组建市委宣讲团开展集中宣讲，迅速兴起学习宣传贯彻热潮。

（三）着力锻造高素质干部队伍

顺利完成区县、镇领导班子换届，分批次、分领域有序调整优化市管班子，调整市管干部1362人。实施强省会干部能力提升计划，从中央、省直部门、省属企业、高校引进108名干部人才来济挂职，选派227名干部到急难险重岗位、重点任务一线挂职锻炼。实施新时代年轻干部培养选拔“海右计划”，建立一批年轻干部成长实训基地，组织100名干部双向交流任职。激励干部担当作为，表扬疫情防控担当作为“出彩型”好干部180人、好团队29个，实施容错纠错96人次，为186名党员干部澄清正名。

（四）全面加强基层党组织建设

深入推进城市基层党建示范市建设，加强新业态新就业群体党建，在全省率先打造新就业群体“成长学院”，优化调整网格1.6万个。开展村“两委”班子“后评估”，342个“强基”村实现整顿转化。开展“上一线、察实情、练本领、促发展”群众工作教育实践活动，办理实事3126件，解决问题1611个。

（五）严格落实意识形态工作责任制

召开市委意识形态和宣传思想工作领导小组会议3次，组织意识形态领域风险排查6次，对市属14家高校和部分区县、市直部门开展专项督查。巩固壮大主流思想舆论，成立全省首个国际传播中心，推动“泉城发布厅”提档升级，让正能量产生大流量。深入做好新时代统战工作，打造“参柬”品牌，推动成立济南市新生代企业家联谊会，积极做好民族、宗教、港澳台和海外统战、侨务工作。

（六）持之以恒正风肃纪反腐

持之以恒纠“四风”、树新风，查处“四风”问题625起、处理780人，给予党纪政务处分573人。一体推进不敢腐、不能腐、不想腐，处置问题线索11673件，给予党纪政务处分3038人；查处群众身边腐败和作风问题1241起，给予党纪政务处分1114人，反腐败斗争压倒性胜利持续巩固发展。持续深化政治巡察，开展黄河流域生态保护和高质量发展上下联动专项巡察，对13个市直部门单位进行常规巡察，对村（社区）开展“提级＋联动”巡察。初步构建起党委统一领导、党政齐抓共管、纪委监委组织协调、相关部门各司其职、全社会共同参与的廉洁文化建设工作格局。

二、重要决策与主要工作

2022年，中共济南市委坚持以习近平新时代中国特色社会主义思想为指导，深入学习宣传贯彻党的二十大精神，全面贯彻落实习近平总书记对山东、对济南工作的重要指示要求，按照省委工作安排，锚定“走在前、开新局”，高效统筹疫情防控和经济社会发展，各项工作取得新成效。全年地区生产总值达到12027.5亿元，一般公共预算收入1001.1亿元，城乡居民人均可支配收入分别增长3.5%和5.6%。

（一）科学谋划思路目标

紧紧围绕贯彻落实习近平总书记重要指示要求，召开市第十二次党代会，明确“勇当排头兵、建设强省会”思路目标和工作推进体系，细化确定198项具体工作。党的二十大召开后，对标对表大会决策部署，优化提升思路目标，进一步研究细化为267项具体任务，做到突出重点、讲求细节、压实责任、形成闭环，确保落地落实。

（二）深化落实黄河重大国家战略

坚决落实“四水四定”，牢牢把握“四项原则”“五项重点任务”，扎实推进中央生态环境保护督察、省委黄河流域生态保护和高质量发展专项巡视等反馈问题整改，全面开展入黄支流综合整治，有序推进节水典范城市建设，白云水库建成蓄水，卧虎山—锦绣川水库连通工程、杨家横水库增容工程基本完成，黄河下游“十三五”防洪工程（济南段）投入使用，黄河下游绿色生态走廊建设形成景观效果。新旧动能转换起步区加速起势，发展规划获批实施，“1+4+16+N”规划体系逐步完善，黄河大道一期建成通车，山大二院北院区、黄河体育中心等公共服务项目加快推进，中科新经济科创园、国际招商产业园等高端平台加快布局，比亚迪新能源乘用车项目整车下线，累计签约136个高端优质项目、总投资超过3100亿元。

（三）加快推进新旧动能转换

着力培育领军产业集群，人工智能、能源互联网等集群获批省战略性新兴产业集群、总数达4个，信息技术应用创新等4个集群入选省“十强”产业“雁阵形”集群、总数达13个，6家企业入选产业集群领军企业、总数达27家。深入实施企业梯度培育工程，新增国家级专精特新“小巨人”企业50家、省级专精特新企业583家、省级瞪羚企业178家，入选国家级服务型制造示范城市。持续推进“千项技改、千企转型”双千工程，累计实施技改项目1115个。强化数字赋能，构建“1+4+N”数字济南建设推进体系，数字经济占GDP比重达到47%，跃居2022全国数字经济城市排行榜第6位，入选全国首批数字化绿色化协同转型发展综合试点城市。

（四）科学精准做好疫情防控

坚决贯彻习近平总书记关于疫情防控工作重要指示批示精神和党中央决策部署，及时调整完善各项防控措施，成功打赢“3•29”疫情阻击战，有效应对“11•16”疫情冲击，最大程度保护群众生命安全和身体健康。持续完善防控机制，组建疫情防治省市区一体化指挥体系，实行“市级统筹、区县落实”机制，及时分析研判形势，调度工作进展，协调解决困难，提高疫情处置效率。持续提升防控能力，扎实做好核酸检测、流调溯源、隔离转运、医疗救治和医疗保障能力提升等工作，不断提升追阳、追检、追密、追隔等工作质效。持续强化服务保障，全力保障企业生产、项目建设、市场供应和群众日常生活，确保城市平稳正常运行。

（五）全面提升城市功能品质

全面推进“十大之城”建设，实现全国文明城市年度测评“四连冠”，顺利完成全国文明典范城市综合测试。济莱高铁、黄东联络线、济高高速全线通车，轨道交通二期6条线路加快建设，济南机场二期改扩建工程、济滨高铁、至济阳有轨电车工程正式开工。改造老旧片区46个、惠及居民5.7万户，筹集保障性租赁住房40129套（间），棚改安置房新开工8107套、基本建成31978套。探索推进公园城市建设，新建公园55处、绿道130公里，全市泉水达1209处，重点泉群持续喷涌19年。创新公共文化服务供给，累计建成泉城书房44个，打造新型阅读空间51处、泉城文化驿站28家。

（六）扎实推进乡村振兴

严格落实粮食安全党政同责，全市粮食播种面积726.9万亩、总产量296.2万吨、平均单产407.5公斤/亩，实现“十九连丰”。开展种业振兴行动，打造“中国北方种业之都”，3家企业入选国家种业阵型企业。实施特色产业“双十双百”工程，培育形成核心基地70万亩，国家级产业强镇达到6个。开展农村人居环境整治提升五年行动，打造39个省级美丽乡村示范村和129个乡村振兴齐鲁样板村。持续巩固拓展脱贫攻坚成果，开展城乡公益岗位扩容提质行动，深入实施济临帮扶协作，持续深化与甘肃临夏、重庆武隆东西部协作。

（七）持续增进民生福祉

积极稳妥推进碳达峰碳中和，实施新一轮“四减四增”行动，$PM_{2.5}$浓度改善7.5%，空气质量综合指数改善4.9%，国控河流断面好Ⅲ类水体比例达到100%。新增城镇就业17.4万人，新建改扩建中小学校30所、新增学位5万个，普惠性幼儿园覆盖率超过89%，广安门医院济南医院入选第四批国家区域医疗中心项目，新建社区医院6家，建设各类养老服务设施193处。深化平安济南建设，推进信访治重化积，常态化开展扫黑除恶斗争，成为全国唯一连续12年命案全破的省会城市、全国毒情最轻的重点城市。强化安全生产“审计式”监督检查，安全生产事故起数、死亡人数分别下降49.2%和35.4%。

三、改革与创新

（一）全面推进科创金融改革试验区建设

出台建设科创金融改革试验区实施方案，中央商务区（CBD）片区、中央科创区（CTD）片区扎实推进，全市完成金融业增加值1029.8亿元、同比增长7.6%，金融机构本外币贷款余额26112.3亿元、同比增长12%，金融机构本外币存款余额25941亿元、同比增长10.7%，设立科技支行等特色银行机构20家、科技特色保险机构7家，新增上市及过会企业8家。

（二）纵深推进重点领域改革

大力实施“十大改革创新行动”，改革热度指数保持全国前列。高标准完成国企改革三年行动任务，市属国有企业实现营业收入1831.99亿元，同比增长7.2%。扎实开展民营经济高质量发展十大专项行动，3家企业入围中国民营企业500强。深化要素市场化改革，探索生态资源权益市场化交易，推动水权交易改革，启动用能权交易试点。推动农村土地经营权规范有序流转，累计流转土地面积232.18万亩。

（三）持续优化营商环境

深化“极简审批”，创新推出“用地清单制”，在全国率先实现建筑工程竣工验收备案“零材料”申报，创新推行市政公用服务“无感审批+有感服务”、工程建设项目“联审联验、闭环管理”规范化运行。推进惠企政策“一口办理”，“泉惠企”企业服务综合智慧平台集中发布惠企政策3200余条。推出两批104项“免申即享”政策，惠及企业50余万户（次）。开展“一件事一次办”集成改革，162项事项实现“跨省通办”，314项事项实现“全省通办”，市场主体达到149.8万户。

（四）强化科技创新支撑

加快完善创新平台体系，新获批全国重点实验室5家、省重点实验室10家，新增省级以上新型研发机构14家，新获批国家企业技术中心1家、省级企业技术中心16家、省级工程研究中心40家，全社会研发经费投入占比达到2.69%，跃居2022全球科研城市100强第36位，入选首批国家知识产权强市建设示范城市。大力推进关键核心技术攻关，世界首个“电磁橇”设施成功运行，“济南一号”“泉城一号”成功发射，济南成为全国首个完成商业航天“通信、导航、遥感”卫星全面布局的城市。全市人才总量突破263万人，荣获“2022中国年度最佳引才城市”。

（五）更大力度推进对外开放

深度融入“一带一路”，深入推进自贸试验区济南片区、济南综合保税区、章锦保税区等高能级平台建设，中欧班列开行801列、占全省38.94%，入选国家首批综合货运枢纽补链强链城市。开展重点外贸服贸企业“1150”行动，新增外贸注册企业2732家、实绩企业1913家，外贸进出口2208.9亿元、同比增长13.9%。稳步推进跨境电子商务综合试验区建设，跨境电商交易额250亿元、增长1.08倍。大力开展招商引资“九大行动”，全市实际使用外资达到31.37亿美元、同比增长18.02%，总量居全省第二。

附：济南市委书记、副书记、常委名单

书　记： 刘　强

副书记： 于海田　杨　峰

常　委： 刘　强　于海田　杨　峰　王宏志　李　鹏　陈　阳　杨光忠　孙　斌　吕　涛　戴龙成　翟　军　李国强　刘　科

中共青岛市委工作概况

省委副书记、青岛市委书记　陆治原

一、组织概况与党的建设

截至2022年底，全市共有市直党（工）委111个，其中，区（市）委10个，市委工委14个。基层党组织43637个，其中非公有经济组织和社会组织11866个。党员793919人，其中非公企业和社会组织党员97081人；新发展党员13225人，其中非公企业和社会组织党员1432人。

2022年，中共青岛市委坚持以习近平新时代中国特色社会主义思想为指导，全面贯彻落实党的二十大精神，深入贯彻落实习近平总书记对山东、青岛工作的重要指示要求，在省委的坚强领导下，认真贯彻新时代党的建设总要求和新时代党的组织路线，以党的政治建设为统领，全面推进党的各项建设，为加快建设新时代社会主义现代化国际大都市提供坚强保障。

（一）坚定拥护“两个确立”、坚决做到“两个维护”

深刻领悟“两个确立”的决定性意义，把坚决做到“两个维护”作为最高政治原则和根本政治规矩贯彻到各项工作之中，坚定自觉忠诚核心、维护核心、紧跟核心、捍卫核心。深入学习宣传贯彻党的二十大精神，举办专题学习班，召开市委全会，制定市委《决议》，结合青岛实际制定6个方面、31条具体措施，明确时间表、路线图、责任人，推动党的二十大精神在青岛落地生根、开花结果。制定《习近平总书记重要批示件办理和督查工作办法》，坚决贯彻落实习近平总书记重要指示要求和党中央决策部署。严明政治纪律和政治规矩，严防“七个有之”，坚决做到“五个必须”“五个绝不允许”，不断提高政治判断力、政治领悟力、政治执行力。

（二）坚持不懈用习近平新时代中国特色社会主义思想凝心铸魂

强化理论武装，深化“第一议题”制度，市委常委会集中学习37次、理论学习中心组集体学习18次。全面把握习近平新时代中国特色社会主义思想的世界观和方法论，坚持好、运用好贯穿其中的立场观点方法，做到学思用贯通、知信行统一。深化提升习近平新时代中国特色社会主义思想教育培训工程、理想信念宗旨教育工程，举办主体班次、专题班次、干部讲堂等80余期，切实用以武装头脑、指导实践、推动工作。

（三）着力锻造忠诚干净担当的高素质专业化干部队伍

圆满完成市、区（市）、镇领导班子换届。开展“作风能力提升年”活动，常态化举办“书记擂台”“局长擂台”，实施“摘星夺旗”考核排名机制，打出推动工作落实“组合拳”。出台“实干家”干部队伍建设意见，坚持“赛场选马”，加大从全市重点工作一线选拔使用干部力度，推进干部能上能下，树立实干实绩的鲜明导向。落实“三个区分开来”，为14个党组织和323人澄清正名，激励干部担当作为。

（四）切实增强基层党组织政治功能和组织功能

抓党建促乡村振兴，深化拓展“莱西会议”经验，扎实开展村级党组织分类推进整体提升行动。以党建引领基层治理，创新构建上下联动、一体运行的“青诉即办”诉求解决平台体系，更好做到“民有所呼、我有所应”。抓党建促重大任务落实，组织市直机关党员3万余人次参与一线疫情防控，在城市更新建设一线成立89个临时党支部。市、区（市）两级全部成立新业态新就业群体综合党委，打造新业态新就业群体服务站974处。在全市评选114个“五星级”基层党组织，打造各类党代表工作室160个。

（五）坚持以严的基调正风肃纪反腐

强化政治监督，查处违反政治纪律案件54起54人，对34个市直部门（单位）开展巡察，巩固提升风清气正政治生态。持之以恒落实中央八项规定及其实施细则精神，敢于动真碰硬，查处“四风”问题433起415人，重点纠治形式主义、官僚主义181起。一体推进不敢腐、不能腐、不想腐，立案3285件、给予党纪政务处分3455人。加强新时代廉洁文化建设，持续擦亮“清廉之岛”城市名片。

二、重要决策与主要工作

2022年，青岛市坚持以习近平新时代中国特色社会主义思想为指导，紧紧围绕迎接党的二十大、学习宣传贯彻党的二十大精神，落实省第十二次党代会精神，锚定“走在前、开新局”，高效统筹疫情防控和经济社会发展，统筹发展和安全，努力在全省勇当龙头、在全国争先进位、在全球彰显特色，新时代社会主义现代化国际大都市建设迈出坚实步伐。全年全市实现生产总值14920.75亿元、增长3.9%，一般公共预算收入1273.2亿元、增长5.5%，全市居民人均可支配收入53735元、增长4.9%。

（一）谋实发展目标思路

把习近平总书记对山东、对青岛工作的重要指示要求作为一切工作的总遵循、总定位、总航标，召开市第十三次党代会，明确“一二三四六十”目标定位和思路举措，聚焦“建设新时代社会主义现代化国际大都市”目标，围绕“活力海洋之都、精彩宜人之城”城市愿景，着力在增强综合发展实力上实现新突破、在提升城市国际化水平上实现新突破、在建设人民城市上实现新突破，突出引领型、创新型、枢纽型、共享型发展导向，加快打造现代产业先行城市、引领型现代海洋城市、国际化创新型城市、国际门户枢纽城市、宜居宜业宜游高品质湾区城市、现代化治理样板城市“六个城市”，抓实实体经济、科技创新、经略海洋等十项重点工作，坚定不移把总书记擘画的美好蓝图变为现实。

（二）落实稳增长政治责任

着力助企纾困解难，落实中央、省稳经济一揽子政策措施，推出四批190条政策清单，减轻市场主体税费负担600亿元以上。着力提振工业经济，支持企业抓技改、扩产能，实施骨干企业倍增计划，全市规模以上工业增加值增长3.8%。着力抓项目促投资，380个省市重点项目全部开工、全部纳统，全市固定资产投资增长4.5%。着力促消费扩内需，开展主题消费活动，发放消费券320万张，直接拉动消费超100亿元。着力稳住外贸外资，实施助力外贸企业稳订单拓市场行动，全市外贸进出口增长7.4%。

（三）抓牢实体经济和招商引资

启动实体经济振兴发展三年行动，实施“链长制”，打造24条重点产业链，加快推进总投资7333亿元的316个产业链重点项目，融合光电、京东方、奇瑞乘用车等一批产业龙头项目竣工投产。高标准建设15个新兴产业专业园区，虚拟现实、集成电路、新型显示等新兴产业加速起势，全年“四新经济”投资同比增长20.8%，投资占比达58.2%。统筹全市资源力量大抓项目、抓大项目，出台提高招商引资成效30条措施，突出招大引强，新引进世界500强项目30个，新签约50亿元以上大项目75个，在建投资50亿元以上制造业大项目达到20个。做大做强海洋经济，制定引领型现代海洋城市建设三年行动方案，海洋生产总值超过5000亿元。加快推进数字化转型，深入实施“工赋青岛”行动，国家级互联网骨干直联点建成开通，5G基站突破3万个。

（四）扎实推进城市更新和城市建设

实施城市更新和城市建设三年攻坚行动，切实办好民生工程、民心工程。全面提升城市品质，29个城中村改造项目全部实施，318个老旧小区改造完成，60个山头公园完成整治，依法拆除违建900余万平方米，新增公共停车泊位2.2万个。加快重大基础设施建设，50个市政道路项目建成通车，42条未贯通道路实现打通，地铁4号线开通运营，潍青高速建成通车，官路水库开工建设。积极拓展城市发展空间，全域腾挪低效片区土地3万多亩，已导入优质产业项目148个。加快历史城区保护更新，保护修缮老建筑20万平方米，中山路等一批老街区重现浓厚商业氛围和烟火气息。

（五）着力推进高水平科技创新

构筑高能级创新平台，崂山实验室正式获批挂牌，获批实施联合国"海洋十年"大科学计划，国家虚拟现实创新中心（青岛）正式揭牌。发挥企业创新主体地位，实施"沃土计划""硕果计划"，科技型中小企业入库突破7000家，规模以上工业企业研发机构覆盖率升至70.3%。加快引育创新人才，实施"人才强青"计划，全市人才总量突破265万人。

（六）扩大高水平对外开放

聚力打造开放新高地，上合示范区区域物流、现代贸易、双向投资合作、商旅文交流发展"四个中心"建设扎实推进，上合组织经贸学院正式挂牌，开行中欧班列775列、增长24.8%。山东自由贸易试验区青岛片区跻身全国自贸试验区第一梯队。提升贸易投资合作质量和水平，外贸货物进出口总额跨上9000亿元台阶，新增外贸实绩企业1000余家。青岛港完成货物吞吐量6.57亿吨、集装箱吞吐量2560万标箱，均居全国第4位。成功承办第三届跨国公司领导人青岛峰会、中国－上合组织国家地方法院大法官论坛等重大活动。

（七）全面增进民生福祉

坚持以人民为中心的发展思想，着力解决群众急难愁盼问题。全力稳就业保就业，全年新增城镇就业36.5万人，总量居全省第一。大力发展民生事业，完成新建改扩建中小学和幼儿园112所，康复大学（筹）建设取得重大进展，获批建设国家区域医疗中心，新建居家社区养老服务站点213处。全力打造乡村振兴齐鲁样板先行区，扎实推进农业农村现代化，全市村集体收入超过50万元的村庄达到85%。持续改善生态环境，稳步推进碳达峰碳中和行动，深入打好污染防治攻坚战，空气质量优良率持续提升。

（八）切实守牢安全底线

完整准确全面把握和执行疫情防控措施，科学精准抓好常态化疫情防控和突发疫情处置。贯彻总体国家安全观，坚决维护国家政权安全、制度安全、意识形态安全，组织6次意识形态问题集中排查整改。落实领导包案责任，累计推动化解信访积案5886件，圆满完成北京冬奥会、冬残奥会、党的二十大等维稳安保任务，坚决守牢金融安全、生产安全、社会稳定等"一排底线"。

三、改革与创新

认真贯彻习近平总书记关于全面深化改革的重要论述，全面落实中央改革部署和省委改革要求，持续强化高水平制度创新改革导向，谋划实施12个方面的创新行动，不断激发经济社会发展动力活力。98项省定重点改革任务和116项市定重点改革任务全面完成。

（一）充分发挥重大平台作用

上合示范区实施"一核引领、全域联动"工作机制，推出上合贸易指数、"信用上合"等55项制度创新成果，上合综合服务平台获批建设国际贸易"单一窗口"。启动山东自由贸易试验区青岛片区集成创新行动，新形成全国首创成果79项。高质量完成军民融合创新示范区建设验收评估工作，形成可复制可推广经验做法21项，军民融合需求对接试点经验在全国推广。

（二）突出抓好重点领域改革

全面完成区域性国企综改116项任务，国企改革三年行动在国务院评估中连续两年获得A级评价。开展促进民营经济高质量发展十大专项行动，15家企业入围省民营企业100强。深化财税体制改革，市和区（市）财政体制进一步理顺，市级集中财力办大事能力明显提高。深化财富管理金融综合改革，特定养老储蓄、跨境融资便利化等11项试点政策获批实施。

（三）持续优化提升营商环境

聚焦"办事方便、法治公平、成本竞争力强、宜居宜业"目标，出台营商环境优化提升三年行动规划，推出智慧审批、信用监管等100条创新举措，在全国工商联"2022年度万家民营企业评营商环境"调查中列第9位。深化放管服改革，实现企业准营等200余个政务服务场景"一件事一次办"，95%的依申请政务服务事项实现全程网办。成功创建全国法治政府建设示范市，"服务型执法"改革入选国家社会管理和公共服务综合标准化试点项目。

（四）突出实干实绩导向，深化干部队伍作风能力提升机制

深入总结"作风能力提升年"活动经验，形成对标对表、事争一流、重点攻坚、一线调度、过程管理、擂台比武、摘星夺旗、督考协同、奖优罚劣、赛场选马等"十项机制"，常态化长效化推动干部作风能力提升，立起"凡事讲政治、谋事为群众、干事重实效、成事争一流"的作风能力标尺，推动"崇尚实干、注重实绩、不务虚功"在青岛蔚然成风。

附：青岛市委书记、副书记、常委名单

书　记：陆治原

副书记：赵豪志　邓云锋

常　委：陆治原　赵豪志　邓云锋　程德智　刘建军　刘　尧　孙永红　马立新　于　玉　耿　涛　张新竹　常红军　刘升勤

中共淄博市委工作概况

市委书记　马晓磊

一、组织概况与党的建设

截至2022年底，全市有各级党组467个，市、县（区）委派出工委78个；基层党组织17198个，其中，党委1107个，党总支1108个，党支部14983个；党员372270名，比2021年增加3680名，其中，农村党员102799名，女性党员96256名。

（一）坚决把政治建设抓牢抓实

召开市第十三次党代会，制定《关于切实加强市委常委会自身建设的意见》，不断提高政治判断力、政治领悟力、政治执行力，全方位向习近平总书记看齐、向党中央看齐，切实增强坚定拥护“两个确立”、坚决做到“两个维护”的思想自觉、政治自觉、行动自觉。

（二）坚决推动理论武装走深走实

严格执行“第一议题”制度，对习近平总书记发表的重要讲话、作出的重要指示批示，第一时间跟进学习、研究贯彻落实措施，2022年共组织召开市委常委会会议传达学习38次，开展市委理论学习中心组集体学习20次。

（三）坚决推动“国之大者”落细落实

认真贯彻落实黄河重大国家战略，出台淄博市“十四五”推动黄河流域生态保护和高质量发展《实施方案》《2022年工作要点》和统筹推进机制的《意见》，全力配合完成省委黄河流域生态保护和高质量发展专项巡视，开展市委黄河流域生态保护和高质量发展专项巡察，扎实推进各项重点任务落地落实。

（四）坚决推动党的二十大精神落地生根

把学习宣传贯彻党的二十大精神作为当前和今后一个时期的首要政治任务和长期战略任务，制定深入学习宣传贯彻党的二十大精神的决议，推动学习宣传贯彻向纵深发展。聚焦推动中国式现代化淄博实践落地落实，召开市委十三届三次全会，提出“3510”发展目标、“强富美优”城市愿景，开展“三提三争”活动，全面建设“实力强、群众富、城市美、生态优”的新时代社会主义现代化强市。

（五）坚决推动正风肃纪反腐走向深入

深化运用“四种形态”，坚持“三不腐”一体推进，切实做到严管而不严苛、厚爱但不放纵，实现政治效果、纪法效果、社会效果有机统一。更新执纪办案理念。坚持一切从实际出发，有多少案子就办多少案子，全市纪检监察机关共处置问题线索7773件，立案2261件，给予党纪政务处分2405人，涉嫌犯罪移送检察机关45人，挽回经济损失10亿余元。坚持“惩前毖后、治病救人”，注重纪法情理贯通融合，运用监督执纪“四种形态”处理9469人次，其中第一种形态7024人次，占比74.2%，同比增长62.7%。

二、重要决策与主要工作

2022年，在省委坚强领导下，淄博市坚持以习近平新时代中国特色社会主义思想为指导，围绕迎接党的二十大、学习宣传贯彻党的二十大精神，锚定“走在前、开新局”，聚焦“3510”发展目标、“强富美优”城市愿景，高效统筹推进疫情防控和经济社会发展，奋力推动中国式现代化淄博实践落地落实，各项工作取得新进展、迈上新台阶。2022年全市地区生产总值达4402.6亿元，同比增长4.7%，增速居全省第2位；规模以上工业增加值同比增长6.5%，分别高于全国、全省2.9个、1.4个百分点；固定资产投资同比增长18.1%，居全省第3位，分别高于全国、全省13个、12个百分点。老工业城市和资源型城市产业转型升级示范区建设第5次获国务院督查激励。

（一）坚持稳字当头、稳中求进，推动经济社会发展持续向好

一是市场主体活力进一步释放。全面落实国家和省减税降费政策，出台3大类45款助企纾困金融产品，累计落实留抵退税新政49.02亿元；创新出台“春风齐鑫贷”等政策，提供助企纾困信贷62.7亿元，新登记市场主体9.6万户。

二是消费复苏势头进一步扩大。积极开展多领域促消费活动，累计发放“五好城市·淄在嗨购”消费券、汽车和家电消费券1.06亿元，合计拉动消费约70亿元。2022年限额以上批零住餐销售额（营业额）同比分别增长19%、9.1%、3.3%、8%。

三是安全稳定基础进一步夯实。深入推进安全生产专项整治三年行动，2022年安全生产事故起数、死亡人数同比分别下降19.02%、22.22%。守牢产业链供应链、食品药品、粮食安全等“一排底线”，全面落实防汛责任，确保社会大局持续安全稳定。

（二）坚持存量做优、增量做强，推动动能转换取得新突破

坚定不移以新发展理念引领高质量发展，深入推进山东“三个十大”行动计划，质量变革、效率变革、动力变革步伐不断加快。

一是产业转型扎实有序。建立推行服务企业专员制度，稳步推进数字化“千项技改、千企转型”，深入实施“四强”产业攀登计划，大力开展新经济培育“沃土”行动，倾力打造20条百亿级产业链，新材料、高端化工、智能装备等“雁

阵型”产业集群加速壮大，“四强”产业增加值、高新技术产业产值占比均达到50%左右，“四新”经济投资同比增长29.4%，新增省级专精特新中小企业157家、国家级“小巨人”企业40家。

*二是项目建设稳中提速。*积极扩大有效投资，每月组织开展重点招商引资项目集中签约活动，累计到位省外资金620.6亿元、新引进过亿元项目398个。持续实施重大项目建设“季度攻坚战”，530个市重大项目完成投资1290亿元，182个重大项目竣工投产，年新增产值563亿元。

*三是创新驱动有效推进。*开展科技创新型企业、专精特新企业和新物种企业梯次培育行动，高新技术企业、科技型中小企业分别达1360家、1826家，省级以上科技创新平台448家。持续深化产学研合作，新选聘“科技副总”127名。启动实施“五年二十万大学生来淄创新创业计划”，升级推出“人才金政50条”，新引进高层次人才240人、大学生4.7万人。

*四是金融活力初显成效。*实施新一轮基金倍增计划，累计发起或参与设立政府引导基金94支，认缴总规模1778亿元。实施新一轮资本市场突破行动，邦基科技、卓创资讯两家公司同日上市，上市公司增至34家。

（三）坚持统筹布局、追求品质，推动城市能级实现新跃迁

*一是扎实推进交通基础设施建设。*141个“七网”项目完成投资607亿元，济高高速全线通车，济潍、沾临、高青至商河高速均按序时快速推进；小清河复航完成航道主体工程；张博铁路改造工程正式开工，城市快速路网一期工程通车里程27公里。

*二是着力提升城市品质能级。*深入开展城市品质提升三年行动，火车站南广场片区改造完工并投入使用，46个老旧小区改造计划项目和列入省开工任务的19个棚户区改造项目全部开工。全力推进全域公园城市建设“十大行动”，292个项目全部开工，完成投资120.4亿元、完工287个，新增城市绿道、生态廊道264.6公里，新建改造城市公园绿地面积403.3公顷。

*三是全力打好污染防治攻坚战。*坚决打好蓝天碧水净土保卫战，2022年全市优良天数236天，同比增加14天，环境空气质量综合指数同比改善4.3%；国控考核断面水环境质量综合指数居全省第2位、优良水体比例达到100%。加快推进“减碳降碳十大行动”，单位GDP能耗同比下降6%以上，超额完成省下达任务。

*四是推动文化旅游融合发展。*在全省率先制定推进中华优秀传统文化“两创”突破《行动方案》，明确“六大创新突破”24项工程，积极打造中华优秀传统文化“两创”标杆城市。扎实推进全域旅游城市建设，“品游淄博”影响力持续提升。

（四）坚持系统集成、统筹推进，推动改革开放取得新进展

*一是改革活力持续释放。*围绕优化营商环境、产业转型升级、促进共同富裕、打造对外开放新高地、数字化转型等五大领域，谋划推出24个方面93项系统集成改革任务。养老集成改革等一批经验做法得到中央改革办推介，200余项改革创新举措走向全省全国。

*二是营商环境持续优化。*创新推出施工许可“一证化”、项目审批“前延”服务等改革举措，探索实行企业家看企业、优化营商环境监督员、服务企业专员等制度，6500余名干部挂包联系1.2万余家企业和项目，淄博市营商环境连续四年位居全省前列。

*三是开放质效持续提升。*实施经济体系、企业梯队、资源配置、城市形态、营商环境“五个国际化”提升行动，举办中日、中韩（淄博）经贸合作洽谈会，获批国家级跨境电商综合试验区，全年实际利用外资规模和外贸进出口总额分别突破10亿美元、1200亿元大关。

*四是区域合作持续拓展。*积极融入“一群两心三圈”区域发展格局，济淄同城化科创大走廊先行区等54个项目顺利推进；加快链接胶东经济圈，与潍坊市签订高质量发展战略合作框架协议，合力打造区域合作发展的典范样板。

（五）坚持联系群众、服务群众，推动共同富裕迈出新步伐

*一是民生供给更加优质。*率先启动建设高品质民生促进共同富裕三年行动，34项措施扎实推进。建立多层次、多样化就业增收服务体系，城镇新增就业岗位5.9万人，发放创业担保贷款11.73亿元。创新名校集团化办学模式，建成教育集团82个，新投入使用中小学、幼儿园43所。加快推进17个医疗卫生服务项目建设，建成“名医基层工作站”123个、长者助餐服务设施917处。

*二是乡村振兴更加坚实。*坚决扛牢耕地保护、粮食安全政治责任，完成耕地非粮化恢复整改任务，秋粮播种面积、总产较上年分别增加1.66万亩、1.03万吨。完善防止返贫动态监测帮扶机制，守牢不发生规模性返贫底线。加快推进数字农业农村中心城市建设，新建续建40个重大项目，“齐农云”智慧大脑一期工程建成运行。持续推进农村人居环境整治提升，创建26个省级美丽乡村示范村。全面完成列入省台账的美丽宜居乡村建设任务。

*三是社会治理更加高效。*加快推进市域社会治理现代化试点建设，全力打造“一站式”矛盾诉求解决平台，科学布局警务工作站，全面构建“大综治”工作格局。

三、改革与创新

（一）坚持战略谋划，扛牢全面深化改革的政治责任

坚持把学习贯彻上级改革会议精神作为各级深改委会议的第一议题，2022年召开市委深改委会议6次，审议改革文件10个。在全省率先研究出台服务和融入新发展格局走在前110项改革举措、建设高品质民生促进共同富裕113项改革举措。谋划推出优化营商环境、产业转型升级、促进共同富裕、打造对外开放新高地、数字化转型等五大系统集成改革，推动经济社会实现系统性、深层次变革。充分发挥“一把手”抓改革关键作用，17位市领导领衔推进36项重点改革任务，80名市直部门、区县“一把手”认领98项具体改革事项，59个市直部门单位和11个区县重点打造了128项省级以上创新改革经验，层层压实责任、传导压力、推动落实。

（二）聚焦重点领域攻坚，改革对发展的“深刺激、强刺激”作用更加彰显

*一是以改革打通高质量发展上升空间。*坚持以改革的思路办法推动传统产业转型升级，新兴产业扩量增效，构建创新驱动、高端高质、绿色低碳的现代化产业体系。以强基固本推动传统产业转型升级，加快推进数字化“千项技改、千企转型”，在全国首创“技改专项贷”政策，发放“技改专项贷”37.02亿元，带动技改项目投资351.9亿元，引金融活水催生传统产业蝶变，2022年被列为国务院督查激励城市和老工业示范区年度评估优秀城市，获国家发改委通报表扬。以向新而行推动新兴产业发展，深入实施“四强”产业攀登计划，全面推行“链长制”改革，“四强”产业增加值、高新技术产业产值占比均达到50%左右，“四新”经济投资同比增长29.4%。

*二是以改革破除高品质民生体制障碍。*聚焦制约就业、教育、医疗、物业管理等民生领域的深层次矛盾，在全省率先启动建设高品质民生促进共同富裕三年行动，民生投入占比达81.59%。持续完善就业增收服务体系，推出“淄博市创业云平台”，实施城乡公益性岗位扩容提质行动，开发城乡公益性岗位2.34万个，城镇新增就业岗位5.9万人。持续完善普惠共享教育体系，深化名校集团化办学改革，建成教育集团82个，交互式在线教学系统实现中小学全覆盖。持续完善医疗服务供给体系，协同推进集采药品进基层改革与DIP支付方式改革，加快推进17个医疗卫生服务项目建设，建成“名医基层工作站”123个。全省首家推出普惠型补充医疗保险“齐惠保”，持续扩大覆盖面，2022年参保人数突破143万人。理顺物业工作管理体制，将物业管理职能由住建部门划转至城市管理部门，推深做实“城管进社区”。

*三是以改革增创高能级城市竞争优势。*聚焦城市开放度、经济外向度不高等问题，聚力提升借力向外的意识和能力，注重发挥综合保税区、鲁中国际陆港支撑引领作用，成功申建上合示范区多式联运鲁中分中心，获批设立跨境电子商务综合试验区，打造“传统+现代”“线上+线下”的全方位开放格局，全年实际利用外资规模和外贸进出口总额分别突破10亿美元、1200亿元大关。连续三年实施优化营商环境“一号改革工程”，深化全国优化营商环境“以评促转”试点工作，探索实行企业家看企业、服务企业专员等制度，6500余名干部挂包联系1.2万余家企业和项目，在全省率先建成全领域“无证明城市”，淄博市营商环境连续四年位居全省前列。

*四是以改革引领高效能治理纵深推进。*构建疫情防控市区指挥体系，实现常态化防控和突发本土疫情应急处置平战结合、实体运行、即时切换。以争创全国市域社会治理现代化试点合格市为抓手，推深做实“党建引领、一网三联、全员共治”社会治理模式，全面推进“一站式”矛调中心建设，建成智慧城市管理数字平台，加密布局警务工作站，大力推动警力下沉，让改革紧跟民意走，让警务紧贴民生转，市域社会治理更聪明、更智慧、更精细。

（三）创新“有解思维”工作法，打造淄博原创首创、走在全省全国前列的改革品牌

坚持问题导向，推行“有解思维”工作法，不断完善“有解思维”推进改革工作机制，制定《淄博市“有解思维”推进改革运行办法（试行）》，探索建立发现问题—交办跟进—经验总结—学习借鉴—宣传推介—评估评效“六步工作法”，把“有解思维”有机融入工作全流程、各环节，集中推出了一批跨领域、跨部门的改革举措，探索形成了一批走在前列、走向全国的改革经验。其中，“一网三联”机制、家庭移风易俗等4项改革经验被中央改革办推介；技改专项贷、长者食堂、马踏湖流域综合治理等200余项改革经验走向全省全国。“有解思维”工作法得到省委主要领导肯定认可，入选中国改革2021年度案例、获评2021山东省改革品牌。内蒙古自治区党委主要负责同志作出批示、区委办公厅专门发文，要求全区各盟市学习推行淄博市“有解思维”工作法，山西、安徽、辽宁等省通过多种形式与淄博市对接沟通、学习交流。

附：淄博市委书记、副书记、常委名单

书　记：马晓磊

副书记：赵庆文　杨旭东

常　委：马晓磊　赵庆文　杨旭东　袁　良　王铁军　褚振东　宋振波　盖卫星　李新胜　雷　霞　廖学民

中共枣庄市委工作概况

市委书记 陈 平

一、组织概况与党的建设

截至2022年底，全市共有党员236895人，其中，女党员48909人，占20.65%；农村党员82951人，占35.02%。基层党组织11386个，其中，党委686个、党总支842个、党支部9858个，镇党委44个、街道党工委21个；建制村2269个、城市社区（居委会）210个，其中，13个建制村建立党委、126个城市社区（居委会）建立党委，124个建制村建立党总支、82个城市社区（居委会）建立党总支，2132个建制村建立党支部，2个城市社区（居委会）建立党支部。

（一）持续强化理论武装

深入学习贯彻习近平新时代中国特色社会主义思想，严格执行“第一议题”制度，跟进学习习近平总书记最新重要讲话、重要指示批示精神，坚定拥护“两个确立”、坚决做到“两个维护”。巩固拓展党史学习教育成果，“产业链上党旗红”案例入选中央《百年初心成大道——党史学习教育案例选编》一书。

（二）切实加强政治建设

严明政治纪律和政治规矩，全市共立查违反政治纪律案件13件、处分18人。严格落实意识形态工作责任制，意识形态持续安全稳定。

（三）着力夯实基层基础

深入推进村集体经济三年强村计划，10万元以上村实现全覆盖，百万元以上村达到206个。深化城市基层党建全域提升攻坚，选派50名党建工作专员赴开发区和“两新”组织任职。

（四）打造过硬干部队伍

加强思想能力作风建设，开展“赢在中层”行动，47家市直单位完成内部轮岗交流649人，新录用人员全部到基层挂职锻炼。创新“1+4+N”制度机制，干部容错纠错20人、澄清正名45人。深入实施柔性引才“百人计划”，柔性引进106人。

（五）持之以恒正风肃纪

从严正风肃纪反腐，严守中央八项规定及其实施细则精神，驰而不息纠“四风”树新风，查处形式主义、官僚主义问题166起236人，享乐主义、奢靡之风问题58起70人。始终保持惩治腐败的高压态势，一体推进不敢腐不能腐不想腐，全市纪检监察机关立案1517件，给予党纪政务处分1504人。

二、重要决策与主要工作

2022年，全市上下坚持以习近平新时代中国特色社会主义思想为指导，围绕学习宣传贯彻党的二十大精神，锚定“走在前、开新局”，大力实施“工业强市、产业兴市”战略，扎实开展三年攻坚突破行动，全力推进工业经济、招商引资、创新能力、营商环境、民生福祉、干部作风“六大提升工程”，做强龙头企业、创新平台、特色园区、基础设施“四大支撑”，顺利召开市第十二次党代会，各项工作取得了新进展、新成效。全年15项主要经济指标中有14项增幅位居全省前10位，6项增幅位居全省前3位，特别是GDP增幅连续四个季度位居全省前3位，为枣庄18年来最好位次；一般公共预算收入、进出口、实际使用外资、贷款余额四项指标增幅位居全省第一。

（一）坚持把迎接和服务党的二十大胜利召开作为重大政治任务，努力营造和谐稳定的社会环境

*一是科学精准抓好疫情防控。*按照省委“5+1”“4+3”“4个3”工作要求，成功处置两轮突发疫情，最大程度保护人民生命安全和身体健康，最大限度减少疫情对经济社会发展的影响。

*二是牢牢守住发展底线。*深化“平安枣庄”“法治枣庄”建设，成功创建全国法治政府建设示范市，圆满完成北京冬奥会、全国“两会”和党的二十大维稳安保工作。持续巩固政法队伍教育整顿成果，常态化推进扫黑除恶斗争，“8•21”涉黑专案顺利宣判。加快建设国家智能社会治理实验综合基地，深入推进“枣治理•一网办”社会治理提升工程，建成全省首个市域社会治理现代化综合指挥平台，创建4个省级基层治理实验区（点）。“雪亮工程”重点支持城市建设项目通过国家验收。“一屏观全市、一网管全市”“榴乡诉递”等6个案例入选2022中国互联网大会数字化转型案例。

*三是积极营造喜迎党的二十大的浓厚氛围。*精心做好党的二十大宣传报道工作，成功举办“山东这十年•枣庄”主题新闻发布会。把学习宣传贯彻党的二十大精神作为首要政治任务，先后召开市委常委会（扩大）会议、市委全会，举办专题学习班，在全市迅速掀起学习宣传贯彻热潮。

（二）坚持把“工业强市、产业兴市”作为长期战略，推动经济高质量发展

*一是聚焦工业经济攻坚突破。*坚持“大抓工业、抓大产业”，积极构建以高端装备、高端化工、新材料、新能源、新医药、新一代信息技术等六大先进制造业为主的“6+3”现代产业体系，8个产业集群入选省“十强”产业“雁阵形”集群，7家领军企业入选省“十强”产业重点培育名单，2家企业入选国家级“绿色工厂”，2家企业入围山东民营

企业行业领军十强，4家企业入选省科技领军企业；中材锂膜跻身福布斯中国2022年新晋独角兽榜单。把工业技改作为产业升级的有力抓手，启动实施“技改焕新行动”，设立总规模20亿元的技改基金，大力推广“政投保贷券服”智能化技改新模式，趟出了传统产业转型升级新路径。

二是聚焦“双招双引”攻坚突破。坚持“招大引外、招新引高”，着力搭建高能级招商平台，持续叫响长三角高端制造业转移示范基地、国际闲置品循环链试验区等双招双引特色品牌，加快建设中国兽药谷、墨子科创园、王老吉大健康产业园等特色园区，全市新签约亿元以上项目547个、新开工亿元以上项目470个、50亿元以上项目21个。

三是聚焦项目建设攻坚突破。对重点项目实行部门帮包、专员推进、全生命周期服务，对重大事项实行市区联动、提级办理、顶格协调，对资源保障实行要素跟着项目走，推动项目快建设、快投产、快达效。全年实施省级重点项目133个，专项债项目81个，项目数量、投资规模均实现新突破；省市级重点项目连续两年提前4个月完成全年投资计划。

（三）统筹推进城乡协调发展，打造宜居宜业的美丽家园

一是全力提升城市品质。统筹抓好“五城同创”，深入开展城市品质提升三年行动，实施西城区水系水环境治理、凤凰绿道片区提升等重点城建项目127个，改造老旧小区185个、竣工棚改安置房13153套。新建“口袋公园”100个、城市绿道100公里，龟山公园、高新区人才公园等20个城市公园完成建设提升。

二是加快区域突破。突出中心城区首位度，出台支持枣庄高新区高质量发展十条措施，推动薛城区、市中区、峄城区融合发展，中心城区承载力不断增强。滕州市获评综合实力、绿色发展、投资潜力等10个“2022年度全国百强县市”称号，获评文旅康养、现代流通等5个“2021年度全省十强县”称号。薛城区进入“2022年度全国投资潜力百强区”名单。枣庄高新区、滕州经济开发区位居全省开发区考核前10位。支持山亭产业突破发展，加快“双十镇”建设，东郭镇荣获“全国人民满意的公务员集体”，西岗镇、木石镇跻身全国百强镇。

三是推进乡村振兴。大力发展高质高效农业，全市粮食总产量达到183.9万吨，创近16年来新高，国家级农业产业强镇达到5个，省级现代农业产业园达到4个，滕州马铃薯、峄城石榴入选第一批“好品山东”品牌。

（四）践行以人民为中心的发展思想，不断改善人民生活品质

一是办好民生实事。在全省率先实现企业职工养老保险市级统发、医疗机构DRG付费全覆盖。新增护理型床位800张，为1.14万名分散供养特困人员购买专业照料服务，连续3年获得“山东省养老服务十大品牌”。完成农村清洁取暖11.35万户，C级、D级房屋全部完成整治。推进城乡供水一体化，完成280个村供水工程升级改造，提升20万农村居民饮水质量。加快“千兆城市”建设，累计建成5G基站5145个。

二是繁荣社会事业。新建改扩建学校40所，增加学位1.1万个。谋划实施健康枣庄“十大行动”，不断满足群众健康新期待。高效推进大运河国家文化公园建设，推动台儿庄古城改革发展，积极争创国家级全域旅游示范区，岗上遗址成功入选全国十大考古新发现。市中医医院二期、市胸科医院改扩建、市公共应急暨国防教育训练基地等项目进展顺利。

三是改善生态环境。深化“山水林田大会战”，完成植树造林1.8万亩，完成破损山体修复治理2800亩，创建省级美丽幸福示范河湖10条，国控断面水体优良比率100%。空气质量持续改善，优良天数达到241天。探索生态产品价值实现路径，山东生态产品交易中心、山东碳服务中心枣庄分中心揭牌成立。

三、改革与创新

坚持系统集成、协同高效推动改革落实，圆满完成“十大创新”和省委深改委各项重点改革任务，8个改革典型获中央办公厅或国务院办公厅发文推广。

（一）深化营商环境改革

创新建立“立法+巡察+督查”三位一体工作机制，召开全市营商环境问询会议，制定《枣庄市优化营商环境条例》，将11月1日设立为“枣庄企业家日”。“设立信贷重点项目专区”和“重点项目服务体系”等改革经验获中央领导签批肯定。设立“办不成事”反映窗口，全面推行“午间不断档·全年不打烊”便民服务，探索“审批不出镇”模式，“枣办好”政务服务品牌持续叫响。

（二）推进产业生态创新

突出锂电首位度，坚持全链条覆盖、全区域布局、全周期服务，成立全国第一家锂电产业工会，组建锂电产业联盟，获批山东省锂电产业创新创业共同体。成功举办2022中国（枣庄）国际锂电产业展览会，设立总规模200亿元的新能源产业基金，全年新签约过百亿元锂电项目7个，全力建设绿色安全新能源典范城市、打造中国北方锂电之都。

（三）深入推进试点改革

坚持试点引领、先行先试，全年争取54项省级以上试点落户枣庄，正在实施155项。其中，国家可持续发展议程创新示范区获国务院批复，省政府发文在科技创新、乡村振兴等五大领域予以支持；跨境电子商务综合试验区获国务院批复，成为全省第二个实现“阿里村淘”全覆盖的城市；成功入选全国废旧物资循环利用体系建设重点城市，集聚闲置品循环及二手车经营企业500余家。

（四）深化资源环境改革

强化“要素跟着项目走”保障机制，全面落实“标准地”改革，以“标准地”方式供应工业用地3454.5亩，保障各类项目用地19495亩；设立2亿元“抗疫企业风险过桥基金”，累计提供“过桥转贷”服务5.72亿元。

附：枣庄市委书记、副书记、常委名单

书　记： 陈　平

副书记： 张宏伟　孙起生

常　委： 陈　平　张宏伟　孙起生　王普照　邵士官　李　妍　李守江　包希安　赵　刚　陈永生

中共东营市委工作概况

市委书记　杨国强

一、组织概况与党的建设

2022年，东营市委辖5个县区党委，11个直属党（工）委，代管省黄河三角洲农业高新技术产业示范区党工委。共有基层党组织9472个，其中，党委608个、党总支491个、党支部8373个、党员179485名。

（一）坚持不懈学懂弄通做实习近平新时代中国特色社会主义思想

抓紧抓实理论武装，健全完善党委（党组）理论学习中心组学习列席旁听制度，市委理论学习中心组集体学习14次。严格落实“第一议题”制度，及时跟进学习习近平总书记最新重要讲话、重要指示批示精神，开展市委常委会集中学习33次。党的二十大闭幕后，把学习宣传贯彻党的二十大精神作为首要政治任务，持续掀起学习宣传贯彻热潮。

（二）旗帜鲜明加强党的政治建设

巩固深化党史学习教育成果，持续加强政治能力建设，教育引导党员干部不断增强政治判断力、政治领悟力、政治执行力。经省委同意，创办全省首家面向党员干部开展生态文明专业化培训的特色学院——山东生态文明学院。省委专项巡视反馈意见后，迅速制定整改方案、压实整改责任，扎实做好“后半篇文章”。严格落实意识形态工作责任制，守住不发生重大网络安全和网络舆情炒作事件的底线。

（三）压紧压实管党治党责任

修订完善、认真执行市委工作规则、常委会议事决策规则和加强常委会自身建设的意见，严格落实民主集中制和双重组织生活会制度。持续完善全面从严治党责任压力传导机制，专题听取市委常委同志和市几大班子党组书记履行全面从严治党责任情况汇报，形成一级抓一级、层层抓落实的工作体系。

（四）全面加强基层党组织建设

实施基层党建全域提升攻坚，黄河重大国家战略党建工作协作交流会在东营举行，在全省率先建立城乡基层治理统一领导机制，市、县区全部成立城乡基层治理工作委员会，建成全省首家山东幸福家园社区学院。

（五）加强干部队伍建设

研究建立干部政治素质考察工作体系，实施“一线优培计划”，油地选派100名干部双向挂职，大力弘扬“严真细实快”工作作风，倡树“创新实干、事争一流”的鲜明导向。

（六）持续强化正风肃纪反腐

一体推进不敢腐、不能腐、不想腐，查处县处级以上领导干部48人，查处违反中央八项规定精神问题185件。支持市纪委制定出台《保护激励党员干部干事创业工作办法》，引导党员干部心无旁骛干事创业。

二、重大决策与主要工作

2022年，全市上下深入贯彻习近平总书记对山东工作和视察东营重要指示要求，全面落实省委、省政府工作部署，锚定“走在前、开新局”，牢牢把握高点定位、高端规划、高位推进、高新突破“四个高”工作要求和主要经济指标高于全省、高于全国平均水平“两个高于”工作目标，高效统筹疫情防控和经济社会发展，加快高水平现代化强市建设。全市实现生产总值3620.7亿元、同比增长4.3%，规模以上工业增加值增长10.5%，固定资产投资增长12.4%，一般公共预算收入增长9.7%。在2022年度群众满意度调查中，东营居全省第1位，位次实现较大幅度跃升。

（一）全力推动习近平总书记重要指示要求落地落实

市委常委会定期研究调度，分管市领导牵头工作专组，实行任务项目化、项目清单化、清单责任化，以钉钉子精神抓推进、抓落实。

一是聚力服务保障国家生态安全。黄河口国家公园创建进入正式报批阶段，新修复湿地1.5万亩，生态补水1.9亿立方米，划定野大豆保育区7.46万亩，6161公顷互花米草深度治理进展顺利。全力保障黄河长久安澜，统筹推进河道和滩区综合提升治理工程，开展河湖“四乱”问题专项整治攻坚行动。严格落实“四水四定”原则，扎实推进黄河水资源超载治理，调减高耗水种养面积7.6万亩。全方位加强环境综合治理，扎实抓好中央、省级生态环境保护督察反馈问题整改。

二是聚力服务保障国家粮食安全。发挥黄三角国家农高区优势，着力打造盐碱地农业技术创新引领示范区和盐碱地综合利用先行示范区，国家盐碱地综合利用技术创新中心获科技部批准建设、成为全国农业领域第5家国家技术创新中心，已汇聚中科院、中国农科院等48家高校院所、98个专家人才团队。着力突破盐碱地种业，黄河三角洲耐盐碱作物种质资源库正式运行。开展盐碱地等耕地后备资源综合利用试点，大豆玉米带状复合种植、大豆单作分别完成省定任务的118.3%、320%，得到省委、省政府肯定，农业农村部主要领导作出批示予以推广。

三是聚力服务保障国家能源安全。以创建国家现代能源经济示范区为牵引，全力支持服务石油勘探开发，胜利油田国家级页岩油示范区正式揭牌，胜利东营原油库和国家管网东营输油站迁建工程不到一年建成投产、成为国内首个“碳中和油库”，全国首个百万吨级CCUS示范项目正式投产。支持中海油渤海湾垦利油田群开发，中海油原油储备项目建成投用。着力做大做强新能源产业，渤中海上风电A场址项目发出全国平价海上风电第一度“绿电”，创造了当年规划、当年核准、当年开工、当年达产的海上风电建设记录，全市可再生能源装机达到454.4万千瓦。

（二）高效统筹疫情防控和经济社会发展

抓实抓好“疫情要防住、经济要稳住、发展要安全”三件大事，持续巩固经济社会发展稳中向好态势。

一是坚决筑牢疫情防控防线。在动态清零阶段，坚持市县一体、油地一体指挥，突出以快制快，采取精准措施，高效处置突发疫情，把疫情冲击和影响降到最低。中央调整优化防控措施后，及时把工作重心从防感染转到保健康、防重症上来，实现平稳过渡。

二是全力稳住经济基本盘。研究出台两批市级“政策包”124项等一系列具体政策，全年累计退税、减税、缓税、降费88.1亿元。精准落实省“十大扩需求”行动，扎实推进1153个省市县重点项目。研究制定促进文旅消费7条措施，累计发放消费券6600余万元，社会消费品零售总额增长1.9%、居全省第1位。

三是坚决守住守牢安全发展底线。完善守好“一排底线”工作机制，生产安全事故起数和死亡人数持续下降。在全省率先开展专属网格工作委员会试点，打造市、县、乡、社区四级“一站式”矛盾纠纷调解中心。平安建设“三位一体”模式被平安中国办推广，打击治理电信诈骗犯罪、诉源治理、涉案企业合规改革工作走在了全省全国前列。强化社会治安防控体系建设，常态化推进扫黑除恶斗争，社会大局持续稳定。

（三）加快推动绿色低碳高质量发展

抢抓山东建设绿色低碳高质量发展先行区的机遇，精准对接省“十强产业”“十大创新”行动计划，扎实做好扬优势、补短板、强弱项工作，加快塑造高质量发展新优势。

一是发力主攻链条经济。以深入推行“链长制”为抓手，优选重点产业链“一链一策”精准补链延链强链。着力提升传统优势产业，实施技术改造项目300个、智能化改造项目84个，年产200万吨PX二期、250万吨PTA、40万吨ABS树脂一体化等重点项目建成投产，化工产业成为拉动全市经济增长的第一动力。着力培育壮大新兴产业，功能性高分子材料和先进碳材料产业集群入选省“十强”产业“雁阵形”集群，全市“四新”经济增加值同比增长11.1%，数字经济核心产业增加值增长154.5%。海上风电装备制造产业园吸引上海电气、中船海装等头部企业入驻，打造全国领先的全产业链海上风电装备制造基地。着力突破数字经济，新规划建设15平方千米的悦来湖数字经济产业园，培育数字经济企业33家，签约落地项目44个。促进文化旅游融合发展，推出“沿着黄河来旅行”系列主题推广活动，策划开展城市IP形象设计推广，“黄河入海生态东营”品牌深入人心。

二是深化区域协同发展。制定《关于推进油地深度融合发展的意见》，推动构建和谐共赢的新型油地关系，努力在全国作出示范。制定支持黄三角农高区高质量发展的意见，完善支持利津、支持东营经济技术开发区高质量发展的政策措施，支持山东石油化工学院建设高水平应用型普通本科高校，促进区域联动、协同发展。

三是促进城乡融合发展。加快推进东城品质提升、西城更新改造、垦利联通融入，实施老旧小区改造70个，建成完整社区20个，建设更具知名度、更有影响力的舒朗大气、生态宜居特色城市、公园城市。聚力打造沿黄沿海盐碱地特色的乡村振兴齐鲁样板，东营区获批创建国家级农业现代化示范区，广饶县创建成为首批省级现代农业强县，市级以上农业龙头企业发展到175家，建成省市级美丽乡村示范村219个。

四是加快重大交通基础设施建设。津潍高铁控制性工程——东营黄河公铁大桥正式开工，东青高速公路改扩建工程全线开工，小清河复航工程率先达到通航条件，加快实施东营胜利机场提升改造工程。鲁北铁路物流园开园并成功开通中欧班列，东营港25万吨级原油进口泊位及配套工程核准变更顺利获批。

（四）扎实推动民生改善和共同富裕

持续加大民生投入，医共体建设等15件民生实事完成年度任务。全力稳就业保就业，在全省率先完成城乡公益性岗位扩容提质任务，新增城镇就业3.7万人，居民人均可支配收入增长5%。积极构建多层次社会保障体系，在全省率先开展全民医保行动，获批全国首批个人养老金试点城市。率先建立急难救助帮扶体系，探索设立慈善“救急难”专项基金，9类困难群众救助保障标准大幅提高、居全省前列，城乡低保标准比缩小到1.19∶1。扎实做好黄河滩区旧村台改造提升和南展区村庄搬迁安置后续工作，龙居社区三期搬迁入住。

三、改革与创新

（一）持续深化重点领域改革

开展全国首批、黄河流域第一家自然资源领域生态产品价值实现机制试点，生态文明体制改革、制度创新、模式探索工作获国务院督查激励。创新构建非诉讼纠纷源头治理新模式相关经验做法在全国推广，得到最高人民法院主要领导批示肯定。在全国率先探索医保支付方式（DIP）改革，作为全省唯一城市被评为全国DIP国家示范城市。创新推进企业服务平台建设，在全省率先制定工程建设项目审批信息共享规范，助企纾困解难做法入选中国地方改革典型案例。在全省率先探索水权交易、排污权交易改革，形成了“水源置换、价水分离”的水资源交易“东营模式”。

（二）提升开放型经济水平

承办黄河流域视听合作发展大会，成功举办世界入海口城市合作发展大会，发布“世界入海口城市合作发展东营倡议”，向世界传播东营声音。加大招商引资力度，组织开展央企省企东营行等活动，招引内资突破700亿元，实际使用外资8亿美元。实施境外百展市场开拓计划和品牌海外推广活动，外贸进出口2626.48亿元、增长27.9%。

（三）深入实施创新驱动战略

召开高规格全市科技创新大会，加快高水平国家创新型城市建设。国家级创新创业平台达到32家，国瓷公司成为国家技术创新示范企业。实施规模以上工业企业研发机构全覆盖行动，国家科技型中小企业达到1092家、增长30%，高新技术企业达到634家、增长37.5%，国家级专精特新“小巨人”企业、省级制造业单项冠军企业分别增长188%、154%。获批国家知识产权强市建设试点城市。制定“人才新政40条”，成立山东黄河三角洲人才发展集团，对接引进30余位院士共建研发平台，入选国家级人才工程人数是历年累积的总和，入选泰山人才工程人数是上年的3.5倍。

附：东营市委书记、副书记、常委名单

书　记：杨国强

副书记：陈必昌　孙早军

常　委：杨国强　陈必昌　孙早军　韩　辉　于红波　何宪卓　连峻峰　成秋林　郭　艳　刘忠远　张启军　杨同贤

中共烟台市委工作概况

省委常委、烟台市委书记　江　成

一、组织概况与党的建设

烟台市委辖基层党组织24505个，其中，党（工）委1338个，党总支921个，党支部22246个。全市共有党员59.08万名。

2022年，烟台市委深入贯彻落实新时代党的建设总要求，统筹推进党的建设各项工作。

（一）坚决扛牢管党治党责任

召开市委全会和30次市委常委会会议研究部署管党治党工作，制定市委常委会履行责任等6张清单，配套制作《纪实册》《提醒卡》，跟踪推动任务落实。

（二）坚持不懈筑牢思想根基

坚持用习近平新时代中国特色社会主义思想凝心铸魂，严格落实“第一议题”制度，组织市委理论学习中心组学习16次。深入学习宣传贯彻党的二十大精神，坚定拥护“两个确立”，坚决做到“两个维护”。严格落实意识形态工作责任制，出台“6+X”舆情工作联席会议工作规则等制度规范，对25个部门单位开展意识形态专项检查。

（三）全面夯实基层基础

开展软弱涣散基层党组织专项整治，314个重点村（社区）摸排问题全部化解。承担全省村改社区基层党建和治理难题集中攻坚试点，创建城市社区“幸福家园”党建品牌，打造两新组织“红色引擎”工程，相关做法被《人民日报》等中央媒体报道。

（四）从严从实锻造过硬队伍

高质量完成县乡领导班子换届和市直部门领导班子优化调整。开展“能力作风建设年”和“大培训、大练兵、大比武、大竞赛”活动，培训干部11.8万人次。坚持正确选人用人导向，注重在项目建设、招商引资、维稳处突、农业农村一线培养选拔干部，评选表彰“干部执行力先锋标兵”5批62人，实施青年干部“菁英计划”和青年人才“百千万”集聚计划，连续三年入选“中国最具人才吸引力百强城市”。

（五）一体推进正风肃纪反腐

制定领导干部廉洁用权“十严禁”，创新全域“码上举报”信访举报模式和“异地、多地、多倍、多轮”招投标评标模式，从源头上遏制腐败。开展民生领域突出问题专项整治和护航企业发展行动，严肃查处损害群众利益和营商环境问题。积极创建清廉建设标杆城市，统筹推进“十廉工程”，聚焦重点领域纠“四风”，防风险、创品牌。

二、重要决策与主要工作

2022年，烟台市以习近平新时代中国特色社会主义思想为指导，深入学习宣传贯彻党的二十大精神，在省委、省政府的坚强领导下，锚定“走在前、开新局”，持续构建“1+233”工作体系和“12335”中心城区建设格局，切实做到“疫情要防住、经济要稳住、发展要安全”。全市地区生产总值达到9515.86亿元、增长5.1%，增幅居全省首位；一般公共预算收入完成635.4亿元、同口径增长7.3%，规模以上工业增加值增长10.8%，固定资产投资增长8.5%，外贸进出口总额4547.4亿元、增长10.5%，居民人均可支配收入45143元、增长5.9%，经济社会发展保持了稳中有进、稳中向好的良好态势。

（一）深化新旧动能转换，加快推动绿色低碳高质量发展

*一是深入实施制造业集聚培育工程。*集中攻坚主导产业培育壮大和产业链条延伸拓展，加快构建现代化产业体系。全市过千亿产业集群由4个增至6个，省级特色产业集群由3个增至5个，省“十强”产业“雁阵形”产业集群由10个增至13个，省级战略性新兴产业集群由2个增至3个。其中，绿色石化以烟台化工产业园、万华新材料低碳产业园、裕龙石化产业园三个投资千亿级园区为支撑，全面拉开黄渤海南岸高端低碳石化产业基地建设框架。清洁能源装机容量达到1100万千瓦、占比52.5%，国家电投核能总部落户，海阳核电二期和3个海上光伏项目开工建设，渤中、半岛南海上风电场并网发电，3个储能示范项目建成并网。航空航天完成我国首次运载火箭近岸海上发射和捷龙三号“一箭十四星”发射任务，东方航天港、空天海战略装备智造城、卫星产业园三个重大载体全面启动，东方慧眼智能遥感星座项目落地建设。

*二是树牢“项目兴市”意识。*建立省、市、县重点项目和500万元以上投资项目“四个项目库”，每月开展重点工程、重点产业项目、“七网”项目等集中开工活动，162个省级、325个市级、643个县级、2533个500万元以上投资项目均超额完成年度投资计划。对重大领航产业项目滚动实施“百日攻坚”，裕龙岛炼化一体化项目锚定“2023年6月中交”目标加快推进，万华120万吨乙烯二期项目正式开工，万华新材料低碳产业园项目一期工程全面起势。

*三是持续扩大高水平对外开放。*深入开展“招商引资突破年”活动，坚持线上线下双向发力，引进三类500强项目200个、10亿元以上项目317个，实际使用外资29.8亿美元，其中制造业实际使用外资额居全省首位。大力发展市场采购、跨境电商等新业态，山东自贸区烟台片区推出制度创新成果44项，黄渤海新区在全省率先挂牌，烟台开发区获批全省唯一国家级进口贸易促进创新示范区，烟台综合保税区综合评价跻身全国前十。

*四是着力强化创新驱动发展。*认真落实省“十大创新”要求，高新技术产业产值占比超过60%。先进材料与绿色制造省实验室、新药创制省实验室有序推进，八角湾国际科创中心竣工，南山科学技术研究院投用，省级以上科创平台突破400家。加快打造八角湾、裕龙岛毗邻区域2个人才集聚区，新引进高层次人才超过9000人。全力支持企业创新，高新技术企业达到1900家、科技型中小企业3221家。

*五是扎实推进区域协调发展。*围绕打造精致舒美的活力城市，加快城市更新步伐，海上世界提力加速，崆峒胜境开工建设，欢乐海岸签约落地，改造老旧小区393个、惠及群众7.8万户。以更大力度推进重大基础设施建设，潍烟、莱荣高铁桥梁隧道工程完工，大莱龙铁路实现全线电气化拉通，蓬莱国际机场二期T2航站楼主体完工，城市快速路“两纵”完成主体工程，老岚水库重力坝基本完工。推进乡村全面振兴，高标准打造103个美丽乡村样板村，实施1018个村庄供水改造提升工程，改造农村公路2084公里、清洁取暖16.3万户。大力发展海洋经济，海洋牧场超过140万亩，全球最大的半潜式游艇运输船交付，港口货物、集装箱吞吐量突破4亿吨、400万标箱，获批港口型国家物流枢纽，海洋生产总值突破2300亿元。

（二）牢固树立以人民为中心的发展思想，用心用情保障改善民生

*一是促进就业提质扩容。*推出稳就业20条，开发城乡公益性岗位3.8万个，新增城镇就业10.4万人。

*二是完善教育医疗体系。*推动教育优质均衡发展，新增公办幼儿园35处，新改扩建中小学30所，入选全省首批职业教育改革发展成效明显市。大力提升医疗服务能力，毓璜顶医院莱山院区建成投用，奇山医院新院、市妇幼保健院、八角湾国际医院等开工建设，市公共卫生临床中心莱山院区、疾控中心主体封顶，新建县级以上示范村卫生室360处。

*三是着力强化社会保障。*9类困难群体救助保障标准提高10%以上，新增养老护理型床位2742张、幼儿托位5000个。

*四是繁荣发展文体事业。*成立烟台市融媒体中心，开展文化活动1.2万场次，举办全民健身活动600多场。

（三）高效统筹发展和安全，守住守牢各项底线

*一是狠抓疫情防控。*建立省市县一体化应急处置机制，构建“五大片区”指挥体系，实施“五大能力”倍增计划，科学有序推进由防控感染向医疗救治转变。

*二是狠抓安全生产。*扎实推进安全生产专项整治三年行动，安全事故起数、死亡人数分别下降26.8%、30%。成功抗击台风“梅花”。

*三是狠抓社会稳定。*涉法涉诉进京越级访连续5年“降

量退位”，非访连续4年“零登记”，“两会”“双奥”和党的二十大等敏感节点均实现“零滞留、零倒流、零滋事、零炒作”。

四是狠抓生态环保。推进新一轮“四减四增”，创建省级美丽示范河湖7条，长岛纳入国家公园空间布局，昆嵛山在黄河流域国家级保护区综合评估中列第2位，空气质量综合指数改善率居全省首位。同时，统筹抓好食药安全、森林防火、金融风险防范等底线工作，有力维护了人民群众生命财产安全。

三、改革与创新

（一）大力实施“9+N”制造业集聚培育工程

重点发展绿色石化、有色及贵金属、汽车、高端装备、电子信息、食品精深加工、生物医药、清洁能源、航空航天等9大产业，同步超前谋划人工智能、集成电路N个前沿性产业，加快构建系统完备、绿色智能、安全可靠的现代化产业体系。2022年，全市9大产业产值突破8700亿元，烟台成为全省唯一入选2022年度战略性新兴产业集群发展工作成效明显的国务院督查激励推荐城市。

（二）深入推进产业链链长制

紧盯16条重点产业链，实行“链长挂帅、部门牵头、链办领建、链主领航”，绘制覆盖上下游关键环节的“一图五库四清单”，促进产业链上下游紧密合作。2022年，实施建链补链强链项目633个、完成投资1431亿元。完善产业链招商机制，新引进三类500强项目200个、10亿元以上项目317个。

（三）健全完善挂图作战机制

立足快速推进重点工程、重点项目建设，整合组建19个作战指挥部，市级领导班子成员分别任指挥长，有关职能部门联合组建14个服务保障专班，实行挂图作战，每月一调度、每季一考评、半年一观摩、年度总考核，营造比学赶超、你追我赶的浓厚氛围。

（四）深入开展减证便民行动

大力推行“无证明办事”“一码通办”，在全省首创“多评合一”“扫脸办事”，平均缩减办理时间80%以上，“双随机、一公开”和信用监管模式获国务院督查激励。创新搭建“镇街综合数据平台”，打通市、区市、镇街、社区四级数据通道，汇集数据200万余条，有效提升基层治理和服务实效，有关经验被国务院办公厅推广。

（五）健全专业化队伍锤炼机制

实施干部专业化能力“大培训、大练兵、大比武、大竞赛”，扎实开展换届后新任职领导干部培训，先后选派100名干部到先进地区对标精训，择优笔选110名“优培计划”年轻干部，选聘339名“菁英计划”青年干部重点培养。开展“业务打擂”，全市各级各部门各单位组织干部全员讲业务、全员大比武，对干部表现情况及时组织测评、每月1次评比、每季度1次通报，督促干部勤学业务、苦练内功。

（六）深入开展“清廉烟台”建设

出台《关于争做清廉建设标杆城市的意见》，配套制定《市直部门单位党委（党组）“十廉工程”任务清单（80条）》，统筹推进宣传倡廉、惩腐强廉、教育醒廉、文化育廉、制度固廉、阵地培廉、家风正廉、监督促廉、压责抓廉、上率下廉“十廉工程”，推动清廉建设全域覆盖、全面起势。在《烟台日报》开设“海波平”清廉烟台时评专栏，开设“每周一案”等微信公众号专栏，开展“学论述·正家风”“树廉洁家风·创最美家庭”等活动，推动形成“学廉、思廉、践廉、传廉”浓厚氛围和生动局面。

附：烟台市委书记、副书记、常委名单

书　记：江　成

副书记：郑德雁　江　山

常　委：江　成　郑德雁　江　山　任敬喜　王晓娟　高建广　张兆宁　牟树青　于胜涛　于　锋　包　华

中共潍坊市委工作概况

市委书记　江敦涛

一、组织概况与党的建设

2022年，潍坊市委辖6市2县4区12个地方党委，2417个基层党委，1588个党总支，26958个党支部。全市共有党员644704名，其中，女党员145376名，大专以上文化程度党员278835名。2022年发展党员11627名。

（一）深学笃用习近平新时代中国特色社会主义思想

自觉用习近平新时代中国特色社会主义思想武装头脑、指导实践，认真落实“第一议题”制度，对习近平总书记重要讲话、重要指示批示第一时间跟进学习，研究贯彻落实意见，坚定拥护“两个确立”，坚决做到“两个维护”。市委常委会集中学习25次，市委理论学习中心组集体学习18次，组织各类宣讲3.1万场次、覆盖群众290万人次。突出抓好党的二十大精神学习宣传和贯彻，第一时间组织市级领导班子成员瞻仰王尽美烈士纪念馆，召开市委常委会（扩大）会议、市委务虚会、党外人士座谈会，组织市委理论学习中心组集体学习研讨，分层级举办专题学习班，

组建市委宣讲团开展集中宣讲；召开市委十三届三次全体会议，审议通过《关于深入学习宣传贯彻党的二十大精神的决议》，对学习宣传贯彻工作作出全面安排部署。

（二）扎实推动中央部署和省委要求落实落地

对中央重大决策和省委工作部署及时组织传达学习，结合潍坊实际研究提出落实意见，明确分工、加强督查，确保各项部署要求落实落地。扎实落实习近平总书记对山东工作重要指示要求，完善推进机制，全面梳理检视，强化督导考核，推动各项指示要求全面落实到位。深入推进中央、省生态环保督察问题整改，扎实开展黄河流域生态保护和高质量发展专项巡察，确保令行禁止。

（三）推动全面从严治党向纵深发展

落实新时代党的建设总要求，扛牢管党治党重大政治责任，以高质量党建引领高质量发展。

*一是切实抓好市委常委会自身建设。*认真贯彻民主集中制，严格执行常委会议事决策规则，深入落实中央八项规定及其实施细则精神，做到绝对忠诚、勇于创新、用心做事、阳光干净、团结一致。支持市人大常委会、市政府、市政协、市中级法院、市检察院依法履职，坚持党管武装，充分发挥统一战线政治优势和群团组织政治作用。

*二是压紧压实管党治党重大责任。*定期召开市委党建工作领导小组会议，对各县市区（市属开发区）和66个市直部门、单位开展全面从严治党主体责任落实情况检查，提级巡察24个街道，优化压力传导机制，强化党建职责落实。

*三是坚决守牢意识形态主阵地。*严格落实意识形态工作责任制，壮大主流舆论，加强舆情防控，扎实做好网络、宗教等领域重点问题整治，意识形态领域总体安全稳定。

*四是着力打造高素质干部人才队伍。*圆满完成市、县两级党委换届。严格落实好干部标准，推动干部加快认知迭代、理念升维、能力重构、作风重塑。出台人才工作“金政30条”“青年人才新政18条”，新引进高校毕业生8万余人。

*五是全面夯实基层基础。*农村基层党建全面进步、城市党建全域提升、“两新”组织党建拓面提质，新成立电商、快递、外卖、道路运输4个行业党委。

*六是驰而不息正风肃纪。*深入纠治“四风”，查处问题869起、处理1535人。一体推进不敢腐、不能腐、不想腐，立案3485起、处分4034人。

二、重要决策与主要工作

2022年，潍坊市委认真学习贯彻习近平新时代中国特色社会主义思想和党的二十大精神，深入贯彻习近平总书记对山东工作重要指示要求，坚决落实党中央决策部署和省委工作安排，锚定“走在前、开新局”，科学谋划潍坊发展思路，市第十三次党代会确立了“一二三”目标、“一二三四五”工作思路、“十三个加快提升”的重点任务和全面从严治党各项任务；市委十三届三次全体会议确立了突出强化党建“一个统领”，加快推进干部素质能力、城市能级活力、新经济新产业、人民生活品质“四个提升”，加力实施科教、金融、文化、生态“四个赋能”，用好改革开放“关键一招”的工作思路，努力推动高质量发展。全年完成地区生产总值7306.5亿元，比上年增长3.7%。潍坊在全省高质量发展综合绩效考核中获“一等”等次。

（一）奋力推进高质量发展

完整、准确、全面贯彻新发展理念，建立“五个一”常态化督导机制，加快推动高质量发展。出台“工业稳增长20条”“服务业恢复发展38条”，累计减税退税缓税降费212.4亿元；构建“六个一”平台招引新机制，新签约项目、新纳统项目、新增省外内资到位资金均居全省第1位。地区生产总值、规模以上工业增加值、固定资产投资等主要经济指标增速高于全省平均水平。着力做好“优存量”“扩增量”两篇文章，出台传统产业“五个优化”实施意见，加快培育壮大新能源汽车、新材料、新医药、磁产业、光电技术、工业母机等新兴产业，新增省级以上“专精特新”等五类优质企业249家，获评全国十大工业稳增长和转型升级成效明显市，被确定为全国首批、全省唯一产业链供应链生态体系建设试点城市。深入推进高水平对外开放，落实外贸固稳提质系列举措，成功举办潍坊发展大会、中日韩产业博览会等，年度进出口总额达到3419.9亿元、比上年增长30.6%，获评全国推动外贸稳定和创新发展成效明显市。

（二）加快乡村振兴齐鲁样板先行区建设

坚持农业农村优先发展，以拓展创新“三个模式”为引领，全面推进乡村振兴，农业总产值达1237亿元。扛牢粮食安全政治责任，粮食播种面积、总产实现“两连增”。启动建设“三农”大数据平台，建成全省最大的蔬菜种质资源库，加快推进国家“区块链+蔬菜”质量安全应用试点，着力贯通“产业互联网+消费互联网”全链路。高质量建设国家农综区，正大360万只蛋鸡等全产业链项目全面投产，与多国开展农业领域合作，全市农业加快与世界接轨。实施“三化一制”乡村治理模式，7个村入选国家乡村治理示范村。大力推进乡村建设行动，深化农村人居环境整治提升，开展农村基础设施提档升级、公共服务提质增效，新创建省级美丽乡村示范村52个。

（三）大力发展现代服务业

加力补齐服务业短板，现代金融、现代物流、工业设计、旅游业等服务业蓬勃发展。培育参股基金104支、总规模1649亿元，上市公司新增2家，总量达到38家、股票42只。金融机构本外币各项存贷款余额双过万亿，成为全国第12个存贷款双过万亿城市。注重发挥区位、交通、产业优势，培育壮大龙头物流企业，全市规模前10位的服务业企业有6家为物流企业。加强工业设计产业载体建设，全面提升综合服务能力，全市省级以上工业设计中心达到83家，数量居全省第1。172个重点文旅项目完成投资130亿元，获评省特色小镇6个、数量居全省第1位。

（四）注重保障和改善民生

坚持以人民为中心的发展思想，大力加强品质民生建设，民生支出占比保持在80%以上，居民人均可支配收入比上年增长6.1%，加力创建“共同富裕示范城市”。实施就业优先战略，全年城镇新增就业10万人。牢牢守住防返贫致贫底线，2609户、5617名监测帮扶对象得到及时帮扶。建成中小学43所、幼儿园192所，获批国家基础教育课程改革实验区，省市共建职教示范区加快推进。基层卫生健康综合试验区建设全面启动，异地就医联网结算实现全覆盖。实施社保精准扩面攻坚行动，提升9类困难群体救助保障标准，残疾人“如康家园”实现镇街全覆盖。完善12345热线运行机制，一批群众急难愁盼问题得到有效解决。

（五）加力提升城市能级活力

坚持以品质、现代、活力理念引领城市转型发展，城市品位度、时尚度、承载度持续增强。城市更新、海绵城市、清洁取暖三项国家级试点成效显著，146个城市更新、265个海绵城市重点项目扎实推进，提前完成年度清洁取暖改造任务。新建口袋公园133处，成为“千园城市”。中央商务区、高铁新片区、火车站南广场片区加快建设，4条在建高速公路完成投资137亿元，京沪高铁辅助通道天津至潍坊段开工建设，潍坊港实现一体化运营。

（六）深入推进生态环境治理

认真贯彻习近平生态文明思想，坚决打好蓝天、碧水、净土保卫战，生态环境质量持续改善。创新实施“全员环保”“刑责治污”机制，环境空气质量在全国168个重点城市中排名第99位、比上年前进17位，首次进入全国前100名；$PM_{2.5}$浓度连续三年实现两位数改善，达到国家环境空气质量二级标准。国控河流断面优良水体比例达到85.7%，全面优于全省平均水平，“分级滞蓄、分质处理、时空调节”水环境治理经验被作为改革创新典型在全省推广。全市受污染耕地、重点建设用地安全利用率保持100%。在全省率先完成年度污染物排放总量控制任务。生态环保工作获国务院督查激励，是全国9个之一、省内唯一受表扬城市。

（七）坚决守牢安全发展底线

全力防范化解风险隐患，社会大局保持安全稳定。严格落实“八抓20项”创新举措，统筹抓好安全生产、森林防灭火、防汛等工作，各类生产安全事故起数、死亡人数分别下降23.8%、25%。确定“48字”国企债务化解思路办法，坚持系统统筹、综合施策、整体解决，债务风险稳步缓释，全市不良贷款率降至0.73%、为全省最低。坚持合理假定、有解思维、事要解决，建立“四级书记”抓信访机制，进京、去省信访数量分别下降43.2%、42.6%。因时因势优化完善疫情防控措施，加强防控救治体系和应急能力建设，高效处置多轮外地输入性突发病情，最大限度保护了人民群众生命安全和身体健康。

三、改革与创新

（一）持续深化营商环境等改革

深入推进“放管服”改革，实施极简、极优、极细、极速、极致“五极”服务，建成国内首张政务服务“智慧云图”，服务企业专员累计帮助企业解决问题21万件、解决率97%以上。扎实推进国资国企等领域改革，深化公共资源交易数字化改革，78项国家级试点扎实推进，乡村振兴创新经验获国务院通报表扬。

（二）扎实推动“十大创新”落实落地

全面对标落实省“十大创新”任务，成立市委科技创新委员会，把创新理念落实到全领域各方面，经济社会发展创新力不断增强。“无证明城市”加速推进，6400多个事项实现网上“证照免提交”。全市数字经济核心产业营业收入达到1533亿元，增长28%。高新技术产业产值占规模以上工业总产值的比重达到57.9%。“四新”经济增加值增长9.6%，占生产总值的比重达到30.1%。全国唯一的国家燃料电池技术创新中心正式挂牌，SDL科学实验平台正式列入国家级实验室建设规划，现代农业山东省实验室加快建设，天瑞重工获全省唯一技术发明一等奖，大功率半导体激光芯片实现国产化替代，潍坊被确定为首批国家知识产权强市建设试点城市，成功创建为国家创新型城市。

（三）加力提速工业经济转型升级

实施工业技改提级、优质企业梯次培育等专项行动，工业技改投资增长14.7%。制定出台加快开辟发展新领域新赛道、工业母机突破发展行动方案等政策性文件，努力打造元宇宙技术创新与产业之都、磁技术产业基地和应用示范城市、工业母机创新研发和生产制造基地。全市规模以上工业增加值比上年增长7.4%，规模以上工业企业实现营业收入11351.4亿元。

附：潍坊市委书记、副书记、常委名单

书　记： 江敦涛

副书记： 刘　运　李兰祥

常　委： 江敦涛　刘　运　李兰祥　高　峰　孙　刚　张永国　卞汉林　杨建华　杨升岩　薛晓鹏　吕珊珊

中共济宁市委工作概况

市委书记　林红玉

2022年，中共济宁市委坚持以习近平新时代中国特色社会主义思想为指导，深入学习贯彻党的二十大精神为主线，立足新发展阶段，贯彻新发展理念，坚决落实习近平总书记“三个走在前”和“疫情要防住、经济要稳住、发展要安全”重要指示要求，按照省第十二次党代会部署要求，在省委、省政府领导下，锚定“走在前、开新局”，坚持“事争一流、唯旗是夺，保五争三奔第一、只进不退”，解放思想、改革创新、狠抓落实，推动各项工作“争一流、争第一、争唯一”，新时代社会主义现代化强市建设迈出坚实步伐，经济社会发展各项工作取得积极进展，省重点调度的15项主要指标，有13项增速进入全省前5名。

一、组织概况与党的建设

中共济宁市委认真贯彻新时代党的建设总要求，牢固树立“抓好党建是最大政绩”的理念，坚定扛牢管党治党重大政治责任，推动全面从严治党向纵深发展。截至2022年底，全市共有党员517470名，新发展党员10008名，共有24371个基层党组织。其中，党委1653个，总支部1339个，党支部21379个。

（一）聚焦“凝心铸魂”，夯实对党忠诚思想根基

落实市委常委会会议“第一议题”制度，第一时间传达学习贯彻习近平总书记最新重要讲话、重要指示要求。市委常委会会议集中学习31次，市委理论学习中心组开展集体学习13次，举办6场济宁“干部大讲堂”。深入实施“习近平新时代中国特色社会主义思想教育培训工程”，培训干部8.5万余人次，济宁市成为中组部首批11家基层干部网络课程约课单位，5门课程入选中组部优秀网络课程、数量居第一位。组织举办党的二十大专题学习班，实现党员干部培训全覆盖。先后召开全市干部作风建设大会、基层党建工作座谈会、党建工作责任落实推进会，分领域召开党建推进会17次、现场观摩6次，营造重视党建、大抓党建的浓厚氛围。树立“大党建”思维，改进党建考核方式，制定党委（党组）和书记抓党建工作“两张清单”，推动党建责任落实到最基层。及时把习近平总书记重要讲话精神、党的二十大精神融入政德教育教学内容，着力讲清楚“立政德就要明大德、守公德、严私德”的精髓要义。开展政德教育国家级课题研究，首次在国家级科研项目中立项相关课题。济宁干部政德教育学院被中组部列入新公布的党性教育干部学院目录，“济宁干部政德教育”入选山东省改革品牌。

（二）聚焦“大抓基层”，推动强基固本

实施新一轮基层党建三年行动计划，坚持抓党建促基层治理能力提升，推动组织优势转化为治理优势、发展优势。党建引领文化赋能社会治理的“济宁路径”获评全国社会治理创新案例、民生示范工程案例，中组部、全国党建研究会有关领导和专家给予充分肯定。紧扣全市“231”产业集群培育，建立31个产业链党建联盟。成立快递、外卖、道路运输、直播电商行业党委，推动新业态新就业群体融入基层治理，打造“红帆领航·新新向党”党建品牌，有关做法在《人民日报》刊发。高标准打造全省首家党支部组织生活示范馆，市委常委率先到馆开展主题党日活动。深入推进民意“5”来听行动，选派2.8万余名机关党员干部，组成6112个“民情书记”服务队，累计走访群众240.61万户，解决诉求70.98万条。疫情期间，广大“民情书记”与社区工作者、网格员共同筑起疫情防控的坚实屏障。

（三）聚焦全面从严治党，营造良好政治生态

常态化开展意识形态领域舆情跨部门会商研判和风险隐患排查化解工作，严格落实意识形态工作责任制。狠抓网络舆情管控，妥善处置突发敏感舆情，全市意识形态领域总体平稳。制定市委常委会及其成员责任清单，扛牢管党治党重大责任。成立干部队伍建设指挥部，建立干部工作实绩台账，坚持以发展、实绩、结果论英雄的“三个导向”，用好政治过硬、思想解放、勇争一流、敢于担当、狠抓落实、清正廉洁“六个标尺”，着力打造堪当重任的干部队伍。圆满完成县乡领导班子换届、市直单位领导班子调整配备。大力弘扬“严真细实快”工作作风，强力推进正风肃纪反腐。推进新时代廉洁文化建设，教育引导全市党员干部知敬畏、存戒惧、守底线。

二、重大决策与主要工作

2022年，济宁市地区生产总值5316.9亿元、居全省第6位，同比增长4.4%、居全省第4位。其中，第一产业增加值610.9亿元，同比增长5.0%；第二产业增加值2068.1亿元，同比增长4.6%；第三产业增加值2637.8亿元，同比增长4.1%。一般公共预算收入447.7亿元，同比增长1.6%。三次产业比重调整为11.5∶38.9∶49.6。各项贷款余额8069.6亿元、增长11.2%；城镇、农村人均可支配收入分别为42989元、增长4.2%，22137元，增长6.7%。

（一）高点定位谋划发展思路目标

市第十四次党代会提出未来五年“跨入全省发展第一方阵，建设全国一流文化名市，打造美丽幸福典范城市”

的奋斗目标和“发挥‘九大优势’、实施‘九大战略’、实现‘六个走在前’”思路布局。组建市级领导牵头的26个指挥部和专班，开展“月月大比拼、季季大比武”擂台赛活动，营造比学赶超、争先进位、勇争一流的浓厚氛围。

（二）有力有效推进疫情防控工作

坚决贯彻疫情防控总策略、总方针，因时因势优化调整防控措施，最大程度保护人民生命安全和身体健康，最大限度减少疫情对经济社会发展的影响。动态清零阶段，坚持以快制快、果断处置，组建市县一体指挥体系，精准高效开展流调溯源、核酸检测、医疗救治，加强大数据分析研判，在全省率先实施症状监测预警，统筹抓好群众生活就医保障、物流保通保畅、企业生产经营、市场保供稳价，让疫情防控有力度更有温度。中央和省调整优化防控措施后，工作重心迅速转向“保健康、防重症”，设置定点、亚定点医院28家，建成重症监护床位3000张，所有二级以上医院均开设24小时发热门诊，60岁以上老年人新冠疫苗全程接种率达95%以上，药品保障能力持续增强，疫情防控平稳有序。

（三）强力推动高质量发展

聚焦新旧动能转换“五年取得突破”，连续两年召开全市产业创新发展表彰大会，实施“企业攀登、千亿技改、企业上市、要素保障、企业家培育”五大工程，深化“干部助企攀登”活动，持续推动“大抓产业、大抓先进制造业”，全面提升“231”先进制造业集群能级。新增“四上”企业2000家、连续3年居全省前列；新增国家级专精特新“小巨人”企业和省级“专精特新”中小企业、“瞪羚”企业、制造业单项冠军253家。

（四）着力抓招商引资和项目建设

出台《济宁市社会招商奖励办法》，预计全市到位内资875亿元左右，完成实物工作量385亿元左右。总投资420亿元的宁德时代新能源电池项目开工建设，投资106亿元的日本小松全球智能制造产业基地、投资105.6亿元的山能智慧制造产业园等重大产业项目签约落地。

（五）全力打造乡村振兴齐鲁样板引领区

坚决扛牢粮食安全重任，新建高标准农田87万亩，粮食产量98亿斤、实现“二十一连丰”。汶上县获评国家制种大县，泗水县获批国家现代农业产业园，梁山、嘉祥入选国家沿黄肉牛、大豆产业集群。巩固拓展脱贫攻坚成果，开展乡村建设行动，完成1800个村庄生活污水和417个农村黑臭水体治理，曲阜市入选首批国家乡村振兴示范县。实施荒山绿化三年行动，对75个宜林荒山全部落实管护措施，设立专业护林公益岗位2171个、带动就业30.2万余人次，完成全年4.63万亩的荒山造林任务。

（六）强力推进都市区一体化建设

编制《济宁都市区发展研究及行动计划》，抓好总投资1132亿元的52个重大城建项目建设。加速突破交通一体化，济宁新机场、济曲快速路、新机场高速等重点工程提速推进，雄商高铁、济邹高速开工建设。抓好全国文明典范城市创建，新改建口袋公园107处、城市污水管网87.7公里。

（七）聚力突破县域经济高质量发展

在2022年省县城经济高质量发展差异化评价中，所有县市区均实现位次前移，邹城获先进县，曲阜、嘉祥获进步县，金乡获单项奖。获奖数量全省最多；兖州、曲阜、任城、邹城分别入选省工业强县、文旅康养强县、现代流通强县、生态文明强县。

（八）聚力彰显传统文化“两创”特色

牢记习近平总书记视察山东视察济宁提出的“四个讲清楚”和文化“两创”重要指示要求，以打造中华优秀传统文化“两创”先行示范区为总目标，深入推动优秀传统文化融入精神文明建设、幼儿及学生教育、干部政德建设、基层社会治理、文化旅游高质量发展、城市规划建设、乡村振兴、网络建设“八个融入”，更大力度做好优秀传统文化研究阐发、传播交流、普及教育、转化创新、文旅融合“五篇文章”。连续承办八届尼山世界文明论坛，高标准举办2022中国（曲阜）国际孔子文化节、中日韩三国文化部长会议、山东省旅游发展大会，全力打造世界文明交流互鉴高地。微山湖旅游区成功创建国家5A级景区。

（九）聚力保障和改善民生福祉

认真践行以人民为中心的发展思想，持续加大民生投入。全市民生领域支出占比达到79.3%，突出抓好“一老一小”和教育、医疗提升，构筑全省教育、医疗、康养“三大高地”。狠抓教育优质均衡发展，成功创建全国基础教育综合改革实验区。与中国中医科学院深度合作，挂牌成立了西苑医院济宁医院，加快创建国家区域医疗中心。在全省率先出台托育机构标准体系，建成全省第一家市级托育综合服务中心，成功创建全国婴幼儿照护服务示范城市。

三、改革与创新

2022年，中共济宁市委完整、准确、全面贯彻新发展理念，主动服务和融入新发展格局，纵深推进全面深化改革，形成一批在全省乃至全国具有影响力的改革创新经验成果。

（一）加快实施创新驱动战略

成立市科技、人才招引指挥部，出台《人才金政20条》，与50家大院大所合作设立实体化运作的创新载体，新培育国家高新技术企业400家，620家攀登企业与高层次高校院所实现产学研合作，嘉祥益大新材料获批国家级企业技术中心。新增国家博士后科研工作站4家，新建省级以上创新平台83家，全社会研发投入增幅居全省第1位。新增国家重点人才工程人选、泰山产业领军人才25人，全国技工教育集团化发展现场会在济宁召开。

（二）纵深推进改革扩大开放

承接国家级和省级以上改革试点144项，130余项创新经验获省级以上肯定推广，8项创新经验做法获省委省政府主要领导批示肯定。在全省率先完成行政许可清单编制，深化医药卫生体制改革获国务院督查激励表扬，惠企通服务平台获国办通报表扬。对外开放稳中提质，预计实际使用外资12.4亿美元、增长10%，预计完成外贸进出口总额776亿元，增长14.5%。

（三）聚力攻坚现代港航物流

大力推动内河港口向开放港口、散货运输向集装箱运输、传统运输向新能源运输“三个转变”，打造“公铁水空海”多式联运全国交通枢纽城市，建设山东对内陆和国际开放桥头堡。编制《济宁港产融合发展规划》，提速推进3个亿吨级大港建设，湖西航道下级湖段、济宁至台儿庄（济宁段）航道“三改二”工程等完成交工验收。国内首个新能源船舶制造基地开工建设，山东首条河江海联运直达航线实现首航，梁山港成功入选国家第四批多式联运示范创建名单，完成港口吞吐量5600万吨、增长22%，居全省港口第5位、内河港口第1位，集装箱运输5.6万标箱、实现翻番。

（四）最严举措抓好安全生产

严格落实“15条硬措施”和“八抓20项”创新举措，持续深化全行业领域安全监管，全市安全生产事故起数、死亡人数同比分别下降29.23%、27.39%。

（五）更大力度抓好生态环保

实施新一轮“四减四增”三年行动，抓好黄河、南四湖流域生态保护，积极推进中央、省环保督察反馈问题整改。成功创建“国际湿地城市”，获批国家级农村黑臭水体治理试点和历史遗留废弃矿山生态修复示范工程项目。

（六）毫不放松抓好社会稳定

建立全市领导干部下访和公开接访制度，设立市县“政法委书记公开接访日”，打响“和为贵”社会治理服务品牌，2022年全市信访事项办理群众满意度居全省第1位；进京访、到省访数量降幅均居全省前3位。

附：济宁市委书记、副书记、常委名单

书　记： 林红玉

副书记： 于永生　陈成华

常　委： 林红玉　于永生　陈成华　朱朝辉　张国洲　董　波　王宏伟　王春河　王洪奇　董　冰　高永干

中共泰安市委工作概况

市委书记　杨洪涛

一、组织概况与党的建设

2022年，在省委坚强领导下，泰安市委坚持以习近平新时代中国特色社会主义思想为指导，深入学习宣传贯彻党的二十大精神，认真落实新时代党的建设总要求，坚决扛起管党治党政治责任，为推进新时代社会主义现代化强市建设提供坚强保证。截至2022年底，全市共有基层党组织16840个，其中，党委1092个、党总支1070个、党支部14678个，党员396080名。

（一）坚定不移把政治建设摆在首位

组织党的二十大精神学习宣传贯彻工作，推动各项决策部署落实落地。深刻领悟“两个确立”的决定性意义，始终在思想上政治上行动上同以习近平同志为核心的党中央保持高度一致。成功承办“两个确立”理论研讨会，研讨阐释“两个确立”的重大意义、历史必然和科学内涵。严格落实“第一议题”制度，第一时间传达学习贯彻习近平总书记最新重要讲话、重要指示批示精神。创新政治生态分析评估指标体系，出台评估办法，定期分析评估。积极配合省委黄河流域生态保护和高质量发展专项巡视，对巡视反馈问题坚决整改到位、不留隐患。压紧压实意识形态工作责任制，牢牢掌握领导权和主动权。

（二）扛牢管党治党政治责任

扎实做好省委关于履行全面从严治党责任反馈问题整改落实。出台《加强同级监督的意见（试行）》，紧盯“关键少数”，推进“四责协同”。完成十二届市委第二轮巡察，深化运用“一台账、两清单、双责任、双问责”监督机制推进巡视整改，抓实整改成效评估。

（三）锻造高素质干部队伍

落实新时代好干部标准，注重在新型工业化强市建设等重大任务、重点工作一线培养考察使用干部，推进年轻干部“优选储备计划”。实行全市党员干部“三晒一评一公开”，完善干部经常考察精准画像分类管理。从严管理监督干部，畅通“双向约谈”渠道。坚持严管厚爱结合、激励约束并重，加大容错纠错、澄清正名、严查诬告陷害、关爱回访工作力度，激励干部担当作为。出台“九可九不要”工作提示，鼓励营造“亲清”政商关系。

（四）筑牢基层战斗堡垒

抓党建促乡村振兴，培育“五乡”人才2.9万人，成立村党组织领办合作社3068个。坚持党建引领网格化基层社会治理，编制全省首个地方标准。全面推行社区领办物业，深化新业态新就业群体党建，实施“泰山红链”产业链党建工程。深化党支部规范提升行动，引导广大党员发挥先锋模范作用。深入实施村（社区）集体“三资”提级监督，构建基层监督治理新格局。

（五）涵养风清气正的政治生态

倡树“严、真、细、实、快”作风，出台《不担当不作为干部待岗管理办法（试行）》。开展机关作风集中整顿活动，制定常态化推进机关作风建设十项措施。开展“我为企业办实事”“百名科长大家评”活动，倒逼干部作风转变。重塑绩效考核体系，实行“六比争先·标旗夺金”“五大比拼、两大问效”。持之以恒正风肃纪反腐，加强新时代廉洁文化建设，擦亮“岱下清风”品牌。

二、重要决策和主要工作

（一）坚定不移实施新型工业化强市战略

把推进新型工业化强市建设作为经济工作的总引擎、总抓手，推动工业经济全面起势、提质增效。加强顶层设计。成立新型工业化强市建设推进委员会，确定“441X”现代产业体系。编制《新型工业化强市战略总体规划》、13个产业链行动计划和重点企业发展规划，明确主攻方向和方法路径。推动链式发展。每条重点产业链由1名市级领导同志任链长，以链式路径擘画产业发展图谱，明确强链补链路径和举措，促进产业集群发展。坚持双轮驱动。实行培育本土企业和招商引资一起抓，开展“千项技改扩规、千企转型升级”专项行动，在京、沪、深设立驻点招商联络处进行精准招商。强化资源统筹。首创土地五色管理法，建立污染物可替代总量指标池，创新“强工贷”服务品牌，实施企业上市挂牌突破行动，新巨丰首发上市融资11.5亿元。

（二）深入实施黄河重大国家战略

把落实黄河重大国家战略作为重大政治任务，主动服务和融入国家战略。加快实施重大项目。制定黄河战略“十四五”实施方案、年度行动计划，出台《若干财政政策》，创建山东省黄河流域生态保护和高质量发展先行区。建立黄河重大国家战略重点项目库，提出重大工程、重要事项200余项。加快发展方式绿色转型。实施新一轮“四减四增”三年行动方案，严守“两高”行业能耗煤耗只减不增底线。编制实施《泰安市“十四五”绿色低碳循环发展规划》，推动国家级大宗固体废弃物综合利用示范基地建设。实施能源结构绿色低碳转型，“储能之都”“泰山锂谷”重大新能源项目加快推进。加强生态系统保护修复。完成“三区三线”划定，巩固拓展泰山区域山水林田湖草生态保护修复工程成果。完成75平方公里水土流失治理，新增造林面积5847亩。深入推进环境污染防治。开展挥发性有机物治理、大气污染“百日攻坚”行动，臭氧浓度、空气质量优良率、水环境质量指数改善幅度均居全省第1位。

（三）着力打造文化“两创”新标杆

召开全市文化旅游发展工作会议，高水平谋划推进泰山文化“两创”工作。加快推进泰山文化传承发展示范区建设。成立泰山文化传承创新与高质量发展推进委员会、泰山文化传承发展示范区建设工作领导小组，组建泰山文化研究院和研究会，开展示范区建设三年行动。成功举办2022泰山国际新闻出版合作大会，泰山国家图书版权交易中心启动运营。积极推动文旅产业融合发展。打破“门票经济”路径依赖，发展泰山文化体验游，推动文旅景点“串珠成链”，不断提高文旅产业综合效益。发展文化事业。深入实施文化惠民工程，完善提升“数字三馆”，公共文化服务体系更加完善。推动文艺创作，推出舞剧《挑山》、电影《挑山者》等一批文艺精品。不断提升社会文明程度。深入践行社会主义核心价值观，实施公民思想道德建设、市民文明素质、文明出行、志愿服务等提升工程，推出全国“最美基层民警”张连波、“齐鲁时代楷模”泰山消防救援站（群体）。

（四）推进全体人民共同富裕

坚持把工业和农业、城市和乡村作为一个整体统筹谋划，推动城乡相互融合、共同发展。全面推进乡村振兴。落实“四个不摘”要求，保持帮扶政策总体稳定，守住不发生规模性返贫底线。深入实施“藏粮于地、藏粮于技”战略，严守耕地保护红线，粮食生产平稳增长。推广“减垄增地”种植模式，高标准农田312万亩。实施“粮头食尾”“农头工尾”工程，发展现代食品产业。优化提升城市品质。新实施一批城中村、老旧小区改造项目，新增海绵城市面积8.1平方公里。新建续建一批城市道路，大力推进供水、供气、供暖“一张网”建设。持续增进民生福祉。坚持普惠民生与兜底保障一体建设，超额完成城乡公益性岗位扩容提质行动，组织上岗3.3万人。推进义务教育均衡发展，新建中小学12所。在全省率先推出“无证明社保”服务，97项社保业务全部“免证办”。

（五）坚持统筹发展与安全

把维护安全稳定贯穿经济社会发展各方面全过程，确保社会大局和谐稳定。全力做好疫情防控工作。严格落实中央和省委关于疫情防控的各项措施，科学精准做好疫情防控各项工作。及时处置3轮突发疫情，最大程度减少疫情对经济社会发展的影响。抓好安全生产。聚焦煤矿、危化品、非煤矿山、交通运输等重点行业领域，深入推进安全生产专项整治，生产安全事故、死亡人数持续保持“双下降”。持续抓好防汛备汛、森林防火、防灾减灾等各项工作。努力化解金融风险。制定出台防范化解重大金融风险问责办法，完善金融风险监测预警机制，守好金融安全底线。开展非法集资专项排查整治，严厉打击各类涉众型经济犯罪。维护社会稳定。圆满完成北京冬奥会、冬残奥会、全国“两会”、党的二十大等重大维稳安保任务。成立全国首家暴力犯罪预防中心。巩固深化政法队伍教育整顿成果，常态化整治顽瘴痼疾。开展扫黑除恶“回头看”，强化“一站式”矛盾纠纷多元化解。

三、改革与创新

紧扣省委“十大创新”行动计划重点任务，锚定“登高望远、奋力争先”奋斗目标，引导全市各级树立“有解思维”，以创新精神、改革办法和务实举措攻坚克难。

（一）推进全面深化改革

调整充实市委深改委及各专项小组成员单位，明确6名常委分别担任组长，召开深改委会议15次，审议通过改革文件33个。确定103项重点改革任务，建立“十大创新”“30项共性任务”等一系列工作台账，市级领导牵头推进25个重点改革事项。设立“泰安工作创新奖”，举办“登高望远·改革赋能”系列新闻发布会。在全省首创“敢当”改革品牌。国企改革取得阶段性成果，重组四大集团入选全省国企改革典型经验。党支部领办土地股份合作社做法在《中央改革情况交流》刊发，全环境协同育人相关做法被省委改革办以《地方改革案例》刊发推广，泰山新闻出版小镇相关做法作为“十大创新”典型案例在全省推广。

（二）优化营商环境

实施优化营商环境创新提升行动，着力打造审批环节最少、办事效率最高、投资环境最优、企业获得服务最便利的一流营商环境。启用建筑面积4万平方米的泰安市民之家，实现企业和群众“只进一扇门”“最多跑一次”。积极创建“无证明城市”，实施“绿卡”制度3.0，推动“泰好办”自助服务终端实现市县乡村四级服务站点全覆盖，持续优化企业开办“1545”服务模式，擦亮“登高望远，选择泰安”品牌。建立“纪企直通”机制，开门征集问题，直面企业诉求，营造重商亲商浓厚氛围。泰山区被确定为首批国家知识产权强县试点县。

（三）提高对外开放水平

开展“产业带+跨境电商”培育行动，获批中国（泰安）跨境电子商务综合试验区。实施开发区发展“三年攻坚”行动，积极推进泰安综合保税区项目建设。岱银集团、泰鹏集团等4家企业认定为省级公共海外仓。组织参加第三届跨国公司领导人青岛峰会和山东省连线世界500强系列活动，新签约一批外资合作项目。

附：泰安市委书记、副书记、常委名单

书　记：杨洪涛

副书记：李兰祥　于瑞波

常　委：杨洪涛　李兰祥　于瑞波　成　丽　程远军　常绪扩　刘泮英　张　颖　姜　宁　汪占军　王爱新

中共威海市委工作概况

市委书记　闫剑波

一、组织概况与党的建设

截至2022年底，全市共有基层党组织11625个，党员23.43万人。2022年，威海市坚持以习近平新时代中国特色社会主义思想为指导，深入贯彻新时代党的建设总要求，坚决落实党的建设各项工作任务，推动党建高质量发展。

（一）坚持旗帜鲜明讲政治

把政治建设摆在首位，深刻领悟“两个确立”的决定性意义，增强“四个意识”、坚定“四个自信”、坚决做到“两个维护”。把学习宣传贯彻党的二十大精神作为首要政治任务，研究出台学习宣传贯彻意见，扎实开展学习研讨、宣传宣讲。把“威海要向精致城市方向发展”作为总目标总方向总遵循，把精致城市建设、打造共同富裕先行区、争当强省建设排头兵、融入全省绿色低碳高质量发展先行区建设作为主攻方向，建立落实习近平总书记重要指示要求台账，组建调整10大重点工作指挥部和15个工作专班，每月召开统筹发展和安全工作推进会，每项工作都形成全链条闭环落实效果，做到政令畅通、令行禁止。建立10项主体责任协调推进机制，通过开展述职评议、约谈问责、用好监督清单等，压紧压实管党治党责任。

（二）持续强化理论武装

严格落实“第一议题”等制度，深化提升习近平新时代中国特色社会主义思想教育培训工程，发挥市委党校等在党员教育培训中的主渠道主阵地作用，全年市级主体班次、各类培训班次共培训干部9500余人次。建立15项党史学习教育常态化长效化机制，党史宣讲经验被新华社等主流媒体宣传推介。

（三）狠抓基层组织和干部队伍建设

出台《关于进一步加强镇（街道）基层治理能力建设的实施意见》，145个市直部门与72个镇街实现联系帮扶全覆盖，4.6万名机关企事业单位党员到居住地社区报到服务。实施村级党组织分类推进整体提升三年行动，村集体收入全部超过10万元。大力倡树“用站位、用实绩、用口碑、用廉洁”的用人导向，对疫情防控、渔船管控等任务中表现优秀的41名干部予以提拔使用，圆满完成市

县乡领导班子换届。

（四）强化正风肃纪反腐

开展不担当不作为乱作为问题等 5 项专项整治，查处违反中央八项规定精神问题 293 起、处分 192 人。扎实推进清廉威海建设，围绕中小学校配餐管理等 5 个重点领域、27 类突出问题开展专项整治，一体推进不敢腐不能腐不想腐。完成十六届市委第一轮巡察，扎实开展黄河流域生态保护和高质量发展专项巡察。深入推进“十一廉”工程，擦亮“清廉威海”廉洁文化品牌。

二、重要决策与主要工作

2022 年，威海市坚持以习近平新时代中国特色社会主义思想为指导，深入学习宣传贯彻党的二十大精神，把“威海要向精致城市方向发展”作为总目标总方向总遵循，真抓实干、攻坚克难，各项事业发展呈现良好势头，“精致城市·幸福威海”建设迈出坚实步伐，全年实现生产总值 3408.2 亿元。

（一）坚定不移推动高质量发展

树牢大抓经济的鲜明导向，积极融入全省绿色低碳高质量发展先行区建设，经济运行总体呈现稳中向好、稳中提质的发展态势。大力培育现代优势产业。加快培育八大产业集群和 10 条产业链，新增省“雁阵形”集群 2 个、省特色产业集群 1 个。推动企业冲击新目标，启动“百亿企业”培育工程，歌尔科技营收突破百亿，新培育省级以上单项冠军、专精特新、瞪羚企业 205 家，新增上市企业 3 家。狠抓招商引资和项目建设。实施“招商引资和项目建设攻坚年”活动，深入开展招商竞赛，全年实际使用外资 10.8 亿美元，新增外资企业 222 家。威高集团与通用技术集团、飞利浦公司开展合作，在高端医疗装备领域开创央企、外企、民企合作先河，填补了山东大型高端医疗装备产业空白。按照“1+6”项目清单推进 810 个重点项目，全年完成投资 1098 亿元。深入实施创新驱动发展战略。优化提升“1+4+N”创新平台体系，启动实施创新链体系建设工程，驻威高校院所与全市企业达成技术合作 138 项。举办 2022 威海“英创会”等高水平活动，入选国家、省级人才项目 51 个，新引进外国专家 252 人。加快海洋经济转型升级。深入推进海洋强市三年行动计划，实施 80 个海洋产业重点项目，新增国家级海洋牧场示范区 1 个，海洋生产总值达到 1249 亿元，占生产总值比重达到 36.6%。“海洋碳汇贷”获评省支持经济高质量发展优秀金融创新产品，全国首款海草床碳汇指数保险、渔业碳汇指数保险落地。坚定不移深化改革开放。谋划推出 20 项系统集成改革任务，形成制度创新成果 46 项，基层治理经验被中央改革办刊发，质量强市、河长制湖长制工作获国务院督查激励。扎实推进营商环境创新改革试点，各类市场主体增长 4.3%。成功举办第二届韩国（山东）进口商品博览会，有进出口实绩的企业达到 4808 家，外贸进出口总额 2095 亿元。全力释放消费活力。启动“仲夏惠民消费季”活动，入选城市“一刻钟便民生活圈”全国试点，威海卫城片区入选国家级夜间文化和旅游消费集聚区。

（二）全域推进精致城市建设

加快城市有机更新，持续开展城市体检，排查整改不精致问题 619 个，整治背街小巷 60 条，改造老旧小区 89 个，建成 3 处公共停车场、11 处口袋公园，入选首批省级城市更新试点城市。扎实推动乡村全面振兴，粮食播种面积和产量实现“双增长”，加快 20 个乡村振兴样板片区建设，开展农村人居环境整治提升五年行动，省级清洁村庄覆盖率达到 35%。扎实推进新一轮“四减四增”三年行动，狠抓环保督察反馈问题整改，高标准打好蓝天、碧水、净土保卫战，空气质量继续保持全省最优，重点河流和集中式饮用水水源地水质达标率、近岸海域水质优良比例均为 100%，好运角旅游度假区入选国家“绿水青山就是金山银山”实践创新基地。抓好基础设施“七网”建设，“国和一号”示范工程、华能高温气冷堆示范工程、文登抽水蓄能电站、莱荣高铁、桃威铁路电气化改造、新机场、乳山口大桥等重大基础设施项目稳步推进，长会口水库列入国家“十四五”水安全保障规划，全市河库水系连通工程基本完工。

（三）守牢安全底线

树牢总体国家安全观，健全统筹发展和安全推进机制，狠抓风险排查和问题化解。常态化开展扫黑除恶斗争，圆满完成重大维稳安保任务。着力防范化解金融风险，不良贷款规模及比率居全省第二、第三低位。以最小代价，精准快速处置 13 起突发疫情，进入新阶段后，及时将重心转移到保健康、防重症上，加强医疗救治能力建设、药品及物资供应等工作，有针对性地抓好农村、养老福利机构等重点区域疫情防控。落实落细安全生产十五条硬措施、“八抓 20 条”创新措施，组织四轮安全生产“百日攻坚”行动，全年生产安全事故起数、死亡人数分别下降 28.1%、26.8%，狠抓渔船管控和海上安全，未发生渔船非法越界捕捞事件。实施食品安全放心工程，食品安全评议连续三年全省第一，蝉联“国家食品安全示范城市”。扎实推进全国市域社会治理现代化试点，健全完善“热线 + 网格化”工作机制，基层治理效能明显提升。

（四）持续增进民生福祉

围绕打造共同富裕先行区，在公共服务均等化优质化上持续用力，高质量完成 20 件重点民生实事和 18 项补短板事项，梳理解决民生“微实事”562 件，连续 3 年被评为“中国最具幸福感城市”。千方百计稳定和扩大就业，开发城乡公益性岗位 1.7 万个。深入推进“双减”试点，新建改扩建中小学 8 个。实施社会保险精准扩面行动，参保人数保持稳定增长。加快健康城市建设，中医药综合改革案例成为全国典型。实施文明城市创建“十项集中攻坚行动”，95% 以上村达到县级以上文明村标准，实名注册志愿者占常住人口比例全省第一，升级完善市县镇村四级公共文化服务体系，人均文化事业费、万人拥有公共文化设施面积等6项指标位列全省第一。

三、改革与创新

（一）调整优化重点工作推进机制

围绕绿色低碳高质量发展、精致城市建设、共同富裕等领域组建调整10大重点工作指挥部和15个工作专班，完善市领导联系分包机制。指挥部指挥长、副指挥长，专班分管领导、专班主任，均由市级领导同志、相关部门主要负责同志以及市人大常委会、市政协相关负责同志担任，充分发挥顶层设计、综合协调、督促指导、工作推进等作用，有效解决资源分散、攻坚合力不足等问题。

（二）建设全龄友好型城市

获批首批全国青年发展友好型城市建设试点、国家儿童友好城市和全国积极应对人口老龄化重点联系城市，统筹推进“三城联创”启动全龄友好型城市建设，构建覆盖全人群、全生命周期的高质量公共服务体系。全市245处口袋公园、80多处综合公园实现儿童活动设施全覆盖，青年人才来威就业同比增长20%，社区养老服务设施配建率100%。

（三）深化全域精致城市建设

开展新一轮精致城市建设行动，全领域、全环节、全要素推进城乡融合和区域协调发展，推进城市体检与城市更新协同联动，努力打造精致城市“威海样板”。“用绿色和温情来打造精致城市”作为全国6个案例之一，入选世界城市日全球主场活动2022版《上海手册》。

（四）获批建设国家创新型城市

实施创新型企业培育工程，国家高新技术企业达到1370家，国家科技型中小企业达到2325家，高新技术产业产值占比达67.36%、全省第一，创新能力在全国创新城市百强中居第33位。

（五）启动实施“百亿企业”培育工程

建立“百亿企业”培育库，实施梯次激励政策，争取利用3年时间培育11家百亿企业。对年营业收入首次突破100亿元的工业企业，一次性给予1000万元资金奖励，2022年新增歌尔科技1家过百亿工业企业、总数3家。

（六）中韩“四港联动”物流一体化

以威海和韩国仁川为支点，推动威海海港、空港与仁川海港、空港“四港”互联互通、联动发展，构建东接中韩、西联欧亚和辐射国内重点地区的国际物流大通道，更好融入双循环发展格局。“四港联动”带动跨境电商增长近20%，威海口岸对韩贸易额1629.3亿元，占全国的6.8%，仅次于上海和深圳。《中韩多式联运（威海—仁川）试运行谅解备忘录》正式签署，整车运输进入实质化运作阶段，物流成本降低约30%。

（七）打造千里山海自驾旅游公路

依托威海近千公里海岸线和西部沿昆嵛山、大乳山等山景线构成的独特自然景观，打造的全国首条标准化自驾旅游公路。公路总长度1001公里，串联起全市90%以上的文旅资源，2022年暑期接待游客1778万人次，旅游总收入217亿元，同比分别增长30.2%和19%，较疫情前的2019年分别增长10.8%和14.5%，有效带动消费回暖复苏。入选山东省文化创新奖，经验被文化和旅游部发文推广。

附：威海市委书记、副书记、常委名单

书　记：闫剑波

副书记：孔凡萍　刘树军

常　委：闫剑波　孔凡萍　刘树军　姚玉辉　徐　杰　李　建　林　强　于　宁　刘裕斌　张宏璞

中共日照市委工作概况

市委书记　张　惠

一、组织概况与党的建设

日照市现有党组织11603个，其中，党委579个、党总支702个、党支部10322个，党员23.94万名。2022年，中共日照市委坚持以习近平新时代中国特色社会主义思想为指导，深入落实习近平总书记对山东工作的重要指示要求，认真贯彻新时代党的建设总要求，坚定扛起管党治党政治责任，推动党的建设取得新进展新成效。2022年度全省党风廉政建设民意调查，日照市10项指标均居第一位。

（一）持续加强思想政治建设

深学笃用习近平新时代中国特色社会主义思想，健全完善习近平总书记重要指示要求闭环落实机制，全力做好迎接党的二十大、学习宣传贯彻党的二十大精神各项工作，以实际行动坚定拥护“两个确立”、坚决做到“两个维护”。严格落实意识形态工作责任制，开展意识形态基层基础建设行动，强化网络舆情应对处置，坚决守好意识形态阵地。

（二）创新管党治党制度机制

建立“三谈一访”制度，深化“以案促廉”，创新开展“清风传家”谈心谈话，针对“一把手”、临近退休“65前”领导干部、新起步“82后”年轻干部等重点群体，分类别开展教育监督，前移监督防线，干部作风持续好转，涉干部信访下降 34.7%。

（三）着力锻造过硬干部队伍

强化“重实干重实绩重担当”的导向，积极选派干部到疫情防控、双招双引、信访维稳、乡村振兴等一线岗位接受锻炼，在急难险重任务一线提拔使用干部70名。推动优秀年轻干部常态化选育管用，新提拔80后县处级干部26名、90后科级干部350余名，开展十大重点产业链高质量发展系列专题培训，干部队伍的年龄结构得到优化、整体素质进一步提升。

（四）全面夯实基层基础

深入开展基层党建“重点攻坚年”活动，122个“强基”村、29个村改社区完成整顿攻坚，村集体经济收入10万元以上村增加22.5%、达到99%。推动城市基层党建全域提升，建立网格党支部（党小组）1029个，网格党组织覆盖率达100%。开展“党建引领•机关先行”主题活动，打造国企党建品牌矩阵，探索新业态新就业群体“党建+工建”一体推进，党组织有形有效覆盖持续扩大，各领域党建全面加强。

（五）深化清廉日照建设

严格落实中央八项规定及实施细则精神，认真践行“严真细实快”的工作作风，用好12345政务服务热线接诉即办、“以下看上”直通车、“听民声、走流程”等机制，努力从源头上解决“四风”问题。坚持不敢腐、不想腐、不能腐一体推进，持续保持惩治腐败强大震慑，坚决查处群众身边腐败和不正之风问题，开展十四届市委两轮巡察，干部清正、政府清廉、政治清明的良好政治生态更加巩固。

二、重要决策与主要工作

2022年，日照市委深入落实中央决策部署和省委工作要求，坚持以新发展理念为引领，深入落实“三新一高”要求，持续做大经济总量、提高发展质量。地区生产总值增长3.8%；规模以上工业增加值增长5.8%；固定资产投资增长3.1%；一般公共预算收入增长6.6%，税比76.2%；工业用电量增长5%；进出口增长20%；实际使用外资增长35.5%；居民人均可支配收入增长4.6%；群众满意度调查连续三年居全省第2位。

（一）牢牢稳住经济基本盘

建立经济运行实时监测、政策集成供给、赛马打擂等机制，全力以赴稳增长。推出稳中求进40条、技改专项贷、数字经济倍增等“政策包”，为市场主体减税降费超过81亿元，新增省级“专精特新”中小企业超过前3年总和。强化“项目为王”，内资招引到位资金490.8亿元，101个实施类省级重点项目年度形象投资超序时进度54.3个百分点。

（二）深化新旧动能转换

抢抓机遇，积极谋划18个事项、213个项目纳入省三年行动方案。深入实施“链长制”，聚力抓好先进钢铁制造、汽车整车及零部件、新一代信息技术、生命健康等10条重点产业链，加快建设先进制造业特色城市。日钢产能承接项目一期900万吨炼钢、250万吨炼铁工程建成，山钢日照公司获评国家级绿色工厂。日照经济技术开发区汽车产业（零部件）基地获评四星级国家新型工业化产业示范基地；世界500强项目——采埃孚北方生产基地当年签约、当年投产。

（三）着力促进城乡协调发展

加快精致城市建设，扎实推进国家生态园林城市创建，争创为城市更新省级试点市。实施新一轮县域经济高质量发展行动，谋划出台15项支持政策重点突破莒县，莒县主要经济指标增幅、经济工作考核保持各区县前列。五莲县争创为国家生态文明建设示范区、省科技创新强县。东港区、岚山区入选全国投资潜力百强区。持续推进巩固拓展脱贫攻坚成果同乡村振兴有效衔接，新建高标准农田16万亩，粮食种植面积、产量稳定在200万亩、85万吨；日照绿茶成功入选国家级培育目录；新争创省级美丽乡村示范村25个。

（四）持续推动民生改善和共同富裕

始终把以人民为中心的发展思想融入政绩观，民生支出占比保持在80%以上。扎实办好民生实事。精心组织实施省定20件、市定15件为民实事，普惠性幼儿园覆盖率达到91.45%；新增社区养老服务中心+长者餐桌31处、农村幸福院“长者食堂”879处；完成老旧小区改造137个，建成安置房15078套；启动国家食品安全示范城市创建。积极推动社会事业发展。中小学、幼儿园新投入使用17所，入选省首批职业教育改革发展成效明显市；创设城乡公益性岗位1.8万个，城镇新增就业2.95万人；九类困难群众救助保障标准再提高10%。职工和居民政策范围内医保报销比例位居全省前列；开展“德耀日照系列先模”评选，培树“厚道齐鲁地•实诚日照人”品牌。全力守护良好生态环境。深化污染防治攻坚，市区环境空气质量综合指数比上年改善3.9%，$PM_{2.5}$和PM_{10}分别下降到29μg/m^3、54μg/m^3，比上年分别改善6.5%、8.5%，优良天数增加15天、达到318天；7个国控地表水断面水质均值全部达标。

（五）切实提高城市安全治理现代化水平

因时因势优化疫情防控措施，统筹抓好医疗救治能力提升、药品保障、疫苗接种等工作，建立12345涉疫情诉求接诉即办机制，实现了“把握节奏、控制进程、拉平曲线、推后峰值、有序放开”的预期目标。持续开展隐患排查和专项治理，全年生产安全事故起数、死亡人数分别下降25%和21.6%。“一企一策”做好重点企业风险化解，实现不良贷款量率“双降”。常态化开展扫黑除恶斗争，接报刑事警情下降3.1%，社会治安群众满意度全省第2、公安机关服务群众满意度全省第1。加快创建全国法治政府建设示范市。实施信访积案化解攻坚行动，进京访下降63.1%。社会治理服务中心建设、民族团结进步创建等工作走在全国前列。

（六）高水平承办省运盛会

成功承办第25届省运会、第11届省残运会，比赛项目、参赛人数均创历史之最，金牌、奖牌、总积分创历史最好成绩，圆满实现“办赛精彩、参赛出彩、发展增彩”目标。全市人均体育场地面积达到4.78平方米、走在全国最前列，成功创建全国全民运动健身模范市。

三、改革与创新

（一）推进重点领域改革攻坚

新争创承接改革试点国家级15项、省级53项，标准地供应、产教融合发展等17项改革走在全国前列。强化数字化改革引领，开放数林指数跃居全国地级市第二位，城市综合信用指数跃居全国第三、全省第一，“爱山东·日照通”APP上线服务2800多项，建成智慧城管、智慧应急等300多个应用场景。深入开展营商环境创新提升行动，打造“一件事一次办”场景59个，“无证明办事”系统“免证办”事项5266项。国企改革三年行动评估全省第一。

（二）推动港产城融合发展

坚持把港口作为开放龙头，推动港产城深度融合发展，加快建设港口型国家物流枢纽。港口货物总吞吐量达到5.71亿吨、增长5.5%。积极打造黄河流域陆海联动转换枢纽，举办服务黄河国家战略招商合作洽谈会，与长治、安阳等沿黄城市签署战略合作协议，签约落地建邦进口矿石筛分等总投资67亿元的11个项目。加快北方能源枢纽和综合能源协同保障基地建设，500万立原油储备库、山东天然气环网日照段等项目投运。成功创建国家级跨境电商综合试验区，跨境电商进出口增长1.95倍，综保区进出口增长翻番。

（三）落实创新驱动发展战略

大力创建国家创新型城市，全社会研发经费支出占比提高到3.09%、居全省第2位，高新技术企业增长43%。坚持把产学研合作作为推动创新的核心路径，深化“城市+大学”共同体建设，全面加强与驻日照高校合作。创新人才引育“五有”机制，出台建设青年发展友好型城市20条、青年人才集聚发展9条，建立人才会客厅等制度，新引进博士、硕士研究生分别增长70%、9%，新增国家博士后科研工作站2家。

附：日照市委书记、副书记、常委名单

书　记：张　惠

副书记：李在武　王新生

常　委：张　惠　李在武　王新生　刘　军　明　铭　张克晶　郭　飞　李　波　贾　刚　张佃虎　孟　青

中共临沂市委工作概况

市委书记　任　刚

一、组织概况与党的建设

截至2022年底，临沂市共有基层党组织29203个，其中，党委1480个，党总支2725个，党支部24998个；共有党员610141名，其中，公有制单位163225名、非公有制单位32795名、社会组织3111名、农牧渔民党员288913名、学生3709名、离退休人员88151名、其他30237名，女党员124123名。

2022年，中共临沂市委坚决贯彻“全面从严治党永远在路上，党的自我革命永远在路上”的要求，自觉扛牢管党治党主体责任，把方向管大局、抓班子带队伍、转作风促落实，推动管党治党向纵深发展。

（一）狠抓责任落实

市委坚持以上率下，出台加强自身建设的20条决定、加强市委常委会自身建设的33条意见，带动各级抓党建、改作风、促落实。建立政治生态分析研判机制，定期向市级领导抄送履责提示单、向县区和市直部门发送提示函，紧盯安全生产、营商环境等23个重点领域，创新部门抓推进、纪委抓监督“双专班”模式，层层传压力促落实。

（二）强化政治统领

坚持理论与政治相贯通、政治与实践相贯通，深化“第一议题”制度，市委常委会开展集中学习41次。开展学习、调研、工作“三位一体”、“学理论、悟思想、见行动、创一流”、“讲故事、学理论”，组织各类活动10万余场次。深入学习宣传贯彻党的二十大精神，召开市委全会，研究落实意见，市级领导带头到基层联系点宣讲21场，组建市县两级宣讲团16支，组织基层宣讲队伍1800余支，开展宣讲5100余场次，受众20万人，推动党的二十大精神入脑入心。

（三）锻造高素质队伍

在考核评价上，把65个市直部门分成4组，分出“好、中、差”。在干部选用上，坚持人岗相适、能上能下，评选践行沂蒙精神好干部150名，奖励考核优秀市直部门职级名额18个，提拔和进一步使用优秀干部156名，交流调整状态一般县级干部，形成奖优罚劣鲜明导向。

（四）夯实基层基础

坚持抓党建促乡村振兴，整治117个软弱涣散村党组织。做实网格化服务管理，优化网格1.28万个。全面推开“清廉村居”建设，启动社区党建、物业整治行动，选派348名红领书记到城市社区任职，7.4万名在职党员到居住社区报到。培育“新新向党”品牌，成立行业党委44个、新业态企业党支部226个。

（五）从严正风肃纪

对照“严真细实快”要求，开展作风整顿，从政府热线、信访、舆情等看作风，从正反典型建立“工作中出问题、党建上找原因抓整改”运行机制。每两月公布招商引资、乡村振兴等7项重点工作排名，引导各级创先争优。持续纠治“四风”，查处形式主义官僚主义问题342起。一体推进不敢腐、不能腐、不想腐，全市立案3758件，移送检察机关91人。

二、重要决策与主要工作

临沂市委坚持以习近平新时代中国特色社会主义思想为指导，聚焦省委要求临沂“在鲁南经济圈发展中当引领、作示范”的定位，用党的建设坚定方向、用服务群众统领作风，深入实施现代化强市“八大战略”，全力推动“走在前、进位次、提水平”。2022年，全市完成生产总值5778.5亿元、增长4.2%，一般公共预算收入420.2亿元、同口径增长9.6%，增幅全省第4，税收占比78.7%、连续5年全省第1；规模以上工业增加值增长7%，固定资产投资增长12.3%，进出口总额增长6.7%。

（一）全力突破招商引资

坚持把招引作为连接当前和长远、存量和增量、党建和发展的关键之举，全力引建王者项目。导向上，突出“实、好、多、快”，签约项目986个、总投资4526亿元，分别增长96%和30.9%，工业、战新产业项目分别占84%和26%。推进上，市级领导带头招商，每季度召开县区委书记调度会，评出“十快十慢项目”“十佳项目”；取消市直部门招引任务，增加“争政策、争项目、争资金”考核，倒逼部门优化服务、强化争取。建设上，健全“策划生成、手续办理、要素保障、评估会审、联合推进”全生命周期服务机制，确保项目顺利实施。2022年，全市在建项目1373个，到位资金1493.8亿元。

（二）加快发展先进工业

抢抓省绿色低碳高质量发展先行区机遇，全力建设先进工业强市。2022年，全市培育规模以上工业企业3832家，完成工业产值7184.5亿元，列“全国制造业百强市”第55位。产业方面，围绕八大传统产业和战新产业，市级领导牵头成立9个专班，统筹行业全链条发展，全市传统产业完成产值5497亿元。企业方面，通过支持一批技改企业、培养一批科创企业，培育国家科技型中小企业1809家、高新技术企业1602家，高新技术产业产值占比达43.37%。科技方面，投资1亿元入股上海技术交易所，获批建设沂蒙山实验室，成为全省“十四五”期间建设的唯一一家省实验室，成功创建国家创新型城市。技能人才方面，出台职教发展10条，组建市级职业教育集团9家，超过1000家企业与职业院校建立长期合作关系。要素方面，推出银行评价激励办法、工业融资服务17条，全市存贷款余额达9797.1亿元、9013.6亿元。环境方面，建立企业家定期座谈会制度，每月开展1次“企业评部门”，由企业对部门作出评价、综合满意率98.3%。

（三）全面振兴沂蒙乡村

突出产业引领，把全市156个镇街划为“农业主导、生态文旅、工业带动、城乡融合”4类，由乡镇党委书记主抓，引导聚焦特色产业、实现错位发展。全年完成农林牧渔总产值971亿元、增加值537亿元。抓四雁工程，优选“兵支书”、年轻支书等572名，培养鸿雁人才2万名，培育农民合作社2.5万家，行政村集体收入全部超10万元。抓特色产业，培育苍山蔬菜、沂南黄瓜等18个特色产业，发展畜牧屠宰、预制菜等7大优势产业集群，产值突破1200亿元；抓住全国红色旅游融合发展试点机遇，以精品民宿为抓手，深化“好景区、好产品、好路线”建设，创建全国乡村旅游重点镇、村11个。抓精深加工，鼓励兴办多种形式加工厂，重点培育农业龙头企业，规模以上农产品加工企业2085家、居全省第1位。抓百千工程，借鉴浙江“千万工程”经验，市财政拿出18亿元，计划利用3年时间，集中建设100个示范村、整改提升1000个薄弱村。抓循环经济，创新农业废弃物循环综合利用方式，努力实现养地、减肥、减药、减碳、减污、减堆“一养、五减”目标。

（四）加快商城转型升级

坚持把商城作为服务融入“大循环”“双循环”的重要支点，加快建设“四个商城”，全年市场交易额、物流总额、网络零售额分别达5710亿元、8609亿元和451亿元。建设数字商城，新改建直播电商园区5处，快递业务量全省第一，快手农产品带货量全国第一。建设国际商城，连续举办两届RCEP区域（山东）进口商品博览会，搭建全国首个国际工程物资采购平台，临沂机场开通跨境电商出口业务，建成海外商城、海外仓15处。全年欧亚班列到发335列、增长65%，市场采购贸易方式出口679.3亿元。建设绿色商城，完成专业市场改造8处，临沂市入选首批国家综合货运枢纽补链强链城市。建设链式商城，发展地产园区9处，地产品率达40.2%。

（五）统筹推进城镇建设

把“大格局、大水面、大空间、大绿化”作为城市建设精髓，实施城市品质提升工程，中心城区常住人口达373万、建成区面积300平方公里。突出绿化牵引，推行“绿地+停车场、健身场所、农贸市场、应急避难场所”模式，新增口袋公园170处、综合公园7处。强化基础配套，落实省“七网”行动，实施重点城建项目622个、水利项目79个、交通项目40个，快速路通车里程达70公里、居全省第3位，临沂至滕州等高速公路开工建设，获评全国性综合交通枢纽城市。完善市政功能，完成雨污管网分流改造241公里，中心城区24段黑臭水体保持“长制久清”，改造老旧小区3.6万户，建设棚改安置房1.4万套。推进区域协作，沂河新区挂牌运行，谋划建设济临经济协作区，临港精品钢基地加快推进。

（六）持续增进民生福祉

牢记习近平总书记“让老区人民过上好日子”的殷切嘱托，全面落实惠民政策，民生支出占比81.3%。全力办好民生实事，城镇新增就业10.2万人，新建改扩建中小学、幼儿园50所，9类困难群体救助保障标准再提高10%。大力繁荣文化事业，以中央批复沂蒙精神内涵为契机，深入践行沂蒙精神，民族歌剧《沂蒙山》获“文华大奖”，临沭县连续61年征集高质量兵员经验全省推广；承办省第11届少数民族体育运动会、成功申办第26届省运会，启动“夜游沂河”，被列为全国红色旅游融合发展试点。坚决守牢安全底线，全市疫情转段平稳有序，空气质量指数同比改善6.3%，金融不良贷款率控制在1.23%，是全省4个未发生较大及以上事故的市之一。

三、改革与创新

（一）创新理论武装体系

结合党史学习教育常态化长效化，在理论中心组层面，开展学习、调研、工作“三位一体”；在机关层面，开展“学理论、悟思想、见行动、创一流”；在基层一线层面，开展“讲故事、学理论”。2022年，组织各类活动10万余场次，在学思践悟中汲取政治营养、凝聚奋进力量。

（二）搭建“12345•临沂首发”融媒平台

创新搭建“12345•临沂首发”平台，以“反映过一次、无需再反映”为工作标准，以信访下降、舆情下降等指标为评价依据，整合诉求渠道、强化媒体属性，实行媒体公开催办、人大政协督办、纪委监委查办，闭环推动问题解决，群众满意率达95%。

（三）实施“四雁工程”

实施“头雁”领航，坚持“重激励、严约束、及时调、掐尖选、支持干”，新选配村党组织书记2102名，评选“王传喜式好支书”134名，65%的村支书收入达到乡镇事业人员标准。实施“归雁”回引，出台人才、用地等优惠政策，贷款贴息4000万元，吸引873人回乡创业任职。实施“鸿雁”丰翼，创新“学院+中心+基地”模式，培育高素质农民和各类乡村振兴人才24万人。实施“雁阵”齐飞，坚持把农民组织起来，全市农民合作社、家庭农场、农业生产社会化组织分别达2.5万家、1.9万家和1.3万家。

（四）建立“一排底线”联席会议制度

由市级领导牵头信访、舆情、金融风险、安全生产等10条专线，设立“一排底线”联席会议办公室，实行实体化运作，对各方面的苗头性隐患即时预警，对问题突出的领域和县区精准指导，防止矛盾碰头叠加。联席会议建立以来，先后向县区发出风险提醒函20件、交办函96件，组织会商52次，排查化解各领域隐患6.6万余条、重点风险1350条，为经济社会发展创造了良好环境。

附：临沂市委书记、副书记、常委名单

书　记：任　刚

副书记：张宝亮

常　委：任　刚　张宝亮　戚　军　赵纪钢　荣红智　王世波　王秀联　薛　峰　张晓彬　隽新阳

中共德州市委工作概况

市委书记　田卫东

一、组织概况和党的建设

截至2022年底，德州市委辖11个县（市、区）党委，6个派出工委，2354个机关党组织。共有基层党委585个，党总支2448个，党支部17239个，党员324172名。

（一）聚焦凝心铸魂，强化党的创新理论武装

全面加强党的思想建设，落实“第一议题”制度，市委常委会集体学习研讨38次，市委理论中心组学习21次。发挥党校主阵地作用，组织举办党的二十大精神专题学习班，实现县处级以上干部全覆盖，指导各县市区、市直部门同步开展培训，实现乡科级以上干部全覆盖。市级举办培训班26期，培训领导干部2850人次。推选确定100名市级榜样，举办“七一”榜样专题党课暨百名榜样宣讲会，组织讲党课1.6万余堂，受众超50万人次。紧扣“构建现代产业体系”“数字强市建设”“乡村全面振兴”等重点任务，组织干部到先进地区、知名高校体悟实训，开展专题培训6期，培训学员350人次。依托镇街党校举办各类培训班22615期，培训党员28.6万人次，实现有参学能力党员培训全覆盖。实施“新时代基层干部主题培训行动”，围绕全面推进乡村振兴、党建引领基层治理等，举办各类培训班1650期次，培训基层干部5.1万人次。推动党史学习教育常态化长效化，巩固“我为群众办实事”实践成果，办好18件民生实事，民生支出199.2亿元。扎实开展“喜迎党的二十大 创新聚力当先锋”党员教育系列活动，组织“发现榜样”“我来讲党课”“我和我的支部”专题活动。为5038名党员发放“光荣在党50年”纪念章。压实意识形态工作责任，召开联席会、舆情研判会等41次，加大监测预警和问题排查力度，健全全覆盖督查体系。

（二）突出选贤任能，激励干部勇于担当奋发有为

加强对市管领导班子和领导干部的综合分析研判，围绕事业发展选干部配班子，坚持人岗相适、人事相宜，坚持好干部标准，突出把好政治关、廉洁关，大力选拔忠诚干净担当的干部，全年提拔重用干部293名、晋升职级165人次。建立政治生态分析研判和政治素质考察比对分析机制，区分“四种情形”靶向施策，推行“六化”考察方式，经验做法得到省委常委、组织部部长王宇燕同志批示肯定，获评“2021—2022年度山东组织工作创新奖”。开展干部胜任指数评价，建立健全指标体系，绘制领导干部胜任能力全景图。实施培养选拔优秀年轻干部“五年行动计划”，明确年轻干部配备“四个20%”刚性要求。建立以“两推三评”为主、其他方式为补充的优秀年轻干部选拔机制，优选科级干部100名，做优做实“塔基”工作。实施干部培养锻炼“四百工程”，共选派936名干部到相关岗位锻炼。建立多维度激励约束机制，实施容错148人，为632人澄清正名，查处诬告陷害行为19起，召回管理70名。即时表扬6批、344人次，其中42名干部得到提拔重用或晋升职级。县级班子换届合理使用受处理处分干部30人。抓实年度综合绩效考核，做到干与不干、干多干少、干好干坏不一样。做好公务员考试录用和遴选工作，2022年度面向社会公开招录公务员533名，面向本土优秀人才定向考录公务员23名，市直机关公开遴选公务员57名。强化典型选树培养，1名同志获评“全国人民满意的公务员”，7名同志获评“全省人民满意的公务员”、5个集体获评“全省人民满意的公务员集体”。

（三）聚力强基固本，提升基层党组织组织力

深化农村区域党建共同体建设，组建822个区域党建共同体，创新“三类地”开发利用改革，试点推进国企托管重点村集体资产，村集体收入5万元以下村“清零”、集体收入过10万元的村增加1013个、占比达到99.9%。提升党建引领城市基层治理效能，打造“红色物业·幸福德州”党建品牌，物业服务覆盖率达到91%，建立物业企业“四色”管理制度，开展3轮专项整治，解决突出问题1.32万个，配备专兼职网格员4.5万名，处理各类网格事件200万个。实施产业链党建联建“红链赋能”工程，市县49条关键产业链全部建立联合党委，优选1000余名党员骨干担任企业“红色首席政府服务官”，解决问题6500余件。实施新业态新就业群体“红新向党·暖心德州”工程，建成市级指导服务中心，建设439处“暖心蜂巢”。针对流动党员中人才聚集特点，创新推进“人才社区”党建，建立“人才社区”党组织136个。统筹推进机关“红色铸魂”、国企“红色引擎”、学校医院“红色引领”专项行动，各领域党建工作全面进步。

（四）从严正风肃纪，坚定不移推进全面从严治党

狠抓中央八项规定精神落实，持续纠“四风”树新风，查处享乐主义奢靡之风问题360起637人，形式主义官僚主义问题488起1538人。大力弘扬“严真细实快”作风，着力建设“五型”机关和干部队伍。在全省率先开展市级党政领导班子成员向市纪委全会述责述廉、市纪委书记与同级党政领导班子成员谈话提醒。保持反腐败高压态势，纪检监察机关立案3589件，给予党纪政务处分3840人，留置60人，移送检察机关58人。运用“四种形态”批评教育帮助和处理12888人次。探索开展常态化靶向式驻点监督，构建巡察整改和专项监督闭环体系。

（五）强化政治建设，全面压实党建工作责任

定期召开市委党建工作领导小组会议，研究部署全市党建重点工作，出台《市委党的建设工作领导小组2022年工作要点》《关于规范村改社区工作进一步提升党建引领基层治理效能的指导意见（试行）》等制度文件，更好发挥党的建设在经济社会高质量发展中的统领和保障作用。严格执行《中国共产党党内监督条例》《中国共产党廉洁自律准则》，严格落实中央八项规定及其实施细则精神和省委、市委实施办法，贯彻落实《关于新形势下党内政治生活的若干准则》，认真落实民主生活会、组织生活会、“三会一课”、民主评议党员、主题党日、请示报告等基本制度，全力支持市人大常委会、市政府、市政协和市法院、市检察院依法履职，全力支持纪委监委机关履行监督责任，全力支持工会、共青团、妇联等群团组织发挥作用，全力支持统战、宗教、武装、外事等工作提质增效，汇聚建设新时代社会主义现代化强市的强大合力。

二、重要决策与主要工作

2022年，德州市委坚持以习近平新时代中国特色社会主义思想为指导，围绕迎接党的二十大、学习宣传贯彻党的二十大精神，认真落实习近平总书记“疫情要防住、经济要稳住、发展要安全”重要指示要求，按照省第十二次党代会和省委工作部署，高效统筹疫情防控和经济社会发展，对标对表走在前，聚心聚力争一流，坚定拥护“两个确立”、坚决做到“两个维护”，高质量发展迈出坚实步伐。地区生产总值实现3633亿元、增长4.4%，一般公共预算收入235亿元、增长9.6%，增速均居全省第4位；固定资产投资1312亿元、增长18.5%，增速居全省第1位；规模以上工业增加值803亿元、增长7.8%，增速居全省第7位；实际使用外资6.4亿美元、增长41.7%，增速居全省第2位；进出口总额622亿元、增长21.4%，增速居全省第6位；城乡居民人均可支配收入27321元、增长5.8%，增速居全省第4位。

（一）主动服务和融入国家重大战略

深度融入京津冀协同发展。争取国家发改委支持德州9个重要事项、省委省政府20条“硬核”措施。设立“驻京人才飞地”，建立常态化对接央企国企机制，成功举办“央企国企德州行”等重大活动。投资62亿元的有研二期

12英寸硅片等项目加快推进，与有研集团合作共建“全国集成电路高端材料基地”。举全市之力建设天衢新区，打造全省融入京津冀协同发展“桥头堡”。全力落实黄河重大国家战略。搭建全国首个“黄河流域政务服务通办圈”。83个省、市级重点项目完成投资323亿元。启动实施全域水系连通工程和生态水系建设。实施黄河、大运河两大国家文化公园牵手工程。聘请崔愷院士团队完成88平方公里运河保护利用总体规划，启动建设大运河“一廊六片”文旅景观带、马拉松赛道、德之韵运河博物馆群等项目，打造黄河文化和运河文化的重要展示地。

（二）坚定不移推动绿色低碳高质量发展

坚持先进制造业立市强市。重点培育电子信息等七大主导产业，精选食品加工等12个标志性产业链，实体化设置产业办。“四新”经济增加值增长11.1%、居全省第2位。新增国家专精特新“小巨人”企业13家、省级179家；新增国家级制造业单项冠军企业（产品）3家、省级21家。华鲁恒升营收突破300亿元、恒丰纺织突破100亿元。设立全省首支企业上市培育促进基金，上市企业达11家，4家企业待审核。大力推进科技创新。制定“科创10条”“人才十策”，成功纳入全国创新型城市建设名单。新增高新技术企业201家，增长42.4%；国家科技型中小企业入库数量达856家，增长17%。中国（德州）知识产权保护中心通过国家验收，齐鲁工业大学（省科学院）“一院一基地一园区”建设顺利推进。在全省率先推出人才“编制池”“创业券”等创新举措，实施“十万大学生兴德计划”，入选国家重点人才工程11人，为2008年以来历年的总和。加快推进项目建设。328个市级以上项目完成投资1165亿元。173个项目发行专项债券资金214亿元，增幅居全省第2位。市体育公园、文化科技中心等一批重大基础设施加快建设。创建雨污合流整建制清零试点城市。着力建设区域消费中心城市。市委十六届三次全会通过《关于建设区域消费中心城市的意见》，全力打造天衢博览广场、“黄金三角”智慧物流园等六大消费新地标。出台人口导入9条政策、优化消费环境8项措施，在全省率先推出汽车、家电促消费政策。规模以上服务业营收增长41.5%，居全省第1位。成功举办中国－东盟市长论坛暨协同创新发展大会，打造中国北方对接东盟支点城市。

（三）全面推进乡村振兴

扛好粮食安全责任。“吨半粮”创建首年告捷，120万亩核心区小麦、玉米平均亩产分别达673公斤、818公斤，总产、单产均创历史新高，超五成地块达到“吨半粮”创建目标。全国春季农业生产暨加强冬小麦田间管理工作会议在德州召开。推广大豆玉米带状复合种植33.8万亩，占全省1/5。加快建设食品名市。农业农村部与山东省共建“中国（德州）农业食品创新产业园”加快建设，打造中国北方“食谷”和全国重要预制菜基地。省级以上农业产业化重点龙头企业达84家、省级以上现代农业产业园达12家，均居全省前列。规模以上农产品加工企业实现产值突破1100亿元，增长10.1%。获批国家食品安全示范创建市。推动城乡融合发展。实施“双镇百村”建设和“百村示范千村提升全域整治”行动，加快培育10个中心镇、11个特色小镇、100个中心村。山东乡村振兴实践研究院在德州揭牌成立。开展“县镇同权”改革，农村“三块地”国家改革试点深入推进。

（四）持续增进民生福祉

民生支出464亿元、占比81%。18件民生实事如期完成，构建“共富型”社会大救助体系经验在全国推广。9类困难群众救助保障标准再提高10%以上。开发公益性岗位3.1万个，超额完成省定任务。与山东大学齐鲁医院合作共建山东大学齐鲁医院德州医院，成功获批全省首个国家区域医疗中心。东部医疗中心、感染病防治中心、妇女儿童医院等加快建设，市级及9个县市区获全国基层中医药工作先进殊荣。德州科技职业学院等4所高校，德州高级师范学校等4所特色中学顺利推进或建成招生。市卫健委“深化医药卫生体制改革”、齐河县“促进乡村产业振兴改善农村人居环境”入选国务院督查激励。坚决贯彻中央“十五条硬措施”、省委“八抓二十条”创新举措，安全生产事故起数、死亡人数“双下降”。空气综合指数、优良水体改善幅度居全省前列，8个县进入全省空气质量改善幅度县域前10名。常态化实行市级领导“单月接访、双月上线”，在市县两级部门（单位）创新设立群众工作科或专人专岗412个，建成“一网统管、一办到底”群众诉求闭环解决机制，信访工作荣获全国先进。

三、改革与创新

2022年，德州市紧紧围绕中央改革决策部署和省委工作要求，锚定“走在前、开新局”，紧扣“十大创新”，把改革作为推动工作的方法论，推动深化改革与高质量发展深度融合、互促共进。全年新争取省级以上改革试点106项，投资领域“放管服”改革等亮点事项获李克强总理等党和国家领导人批示肯定10余次，耕地保护工作获国务院督查激励，“吨半粮”生产能力建设等改革典型做法在《人民日报》《新闻联播》等中央和省级主流媒体刊播440余篇次，全国春季农业生产现场会等10余个国家级现场会在德州市召开。在2022年度省对市改革考核中，德州市深化改革创新加分事项总成绩位于全省第四、组内第一，获得历史性突破。

（一）压实压紧改革责任

市委深改委主要负责同志认真履行“第一责任人”职责，2022年共召开深改委会议8次、专题会议5次，出台各类改革方案60余个，将省委年度改革要点和“十大创新”任务分别具体化为194项任务和471项具体措施。制定《市级领导领衔推进落实重大改革任务实施方案》，按照“谁分管谁领衔”原则，15名市级领导领衔推进70项重点改革任务和节约用水集成改革等“十大集成改革”事项。召开2次全市改革办主任会议、3次全面深化改革百日攻坚片区会议，组织开展改革“百日攻坚”和“百日竞赛”。鼓励市直部门设立改革办，切实压实各级“一把手”改革第一责任人职责，做到“改革事项有人办、改革任务有人担”。

（二）创新改革推进机制

强化督导落实机制。创新督察调度、考核评价、总结提升等“十个一”督导落实机制，开展改革全面督察7次，改审联动及专项督察27次，点名通报、红脸出汗。对承担省重点30项改革任务的市直部门开展四轮21次“一对一”调度，有力推动各领域改革任务落实落地。创新改革背书机制。制定《全面深化改革工作背书制度（试行）》，为齐河医共体改革、乐陵人才编制池、天衢新区“双线并行”审批机制背书，营造“鼓励改、允许试、包容错”的干事创业氛围。完善试点争取推进机制。制定《2022年度改革试点争取推进与总结提升实施方案》，市委改革办主要负责同志专题组织召开国家级改革试点专题调度会议，全年争取国家和省级改革试点106个。创新改革“出圈”机制。深入实施“一部门一改革，一县域一品牌”典型培育工程，制定“被党和国家领导人批示肯定、被中央、国务院正式发文表彰”等8条“出圈”标准，已有农业水价综合改革、紧密型“医共体建设”等51类改革事项达标“出圈”。

（三）营造改革强大气场

全方位、多渠道、高层次推广推介改革经验做法，打造形成一批全国全省有影响力的改革典型亮点。“一训四教”、“红色业委会”、加快建设国家职业教育创新发展高地三个典型，在中央改革办《改革情况交流》综合文稿刊发推广。城乡公益岗扩容提质行动、与齐鲁医院共建国家区域医疗中心等14项经验做法获得省委、省政府主要领导同志批示肯定。“吨半粮”生产能力创建、乡村教育高质量发展获全国人大常委会副委员长艾力更·依明巴海批示。40余篇改革典型在《新闻联播》《人民日报》刊播刊发。《德州市开展扩大农村劳动力就业集成改革不让农民在共同富裕道路上掉队》等10篇改革典型在《山东改革专报》《地方改革案例》刊发，被推荐中央改革办。

（四）全面完成重点任务

省“十大”创新任务及省30项重点改革任务全部高标准完成。深入实施“链长制”改革，11个产业办全部实体化运行，全省首发上线“德链汇”产业链供应链快捷供需平台。全国首个大面积“吨半粮”示范区首年告捷，核心区超五成地块达到“吨半粮”创建目标。制定“科创10条”，成功入选全国创新型城市建设名单。在2022年度全国省域及城市开放数林排名中获全国第一，获得城市“数开繁盛”大奖。全省率先开展“主办行＋中期流动资金贷款”模式，成功获批中央财政支持普惠金融发展示范区。推出全面推行人才政策定制权、破格权、举荐制等创新举措，打造人才新政4.0版。全省首个完成修订《村务公开目录》，率先完成县市区第三方调查督导。全市省级粮食收购贷款信用保证基金金额居全省第一，农业水价综合改革经验做法获水利部肯定。深入实施扩大农村劳动力集成改革，制定“1+1+N”系列工作方案，带动本地新增就业30余万人，以工代赈促进群众增收致富经验在全国会议作典型发言。创新设立群众工作科、群众工作专岗，建成“一网统管、一办到底”解决群众诉求系统集成平台，建立“12345+”解决群众诉求闭环机制。成功争取省级政治生态分析研判工作试点。中央党校党建教研部在德州市召开政治生态建设实践探索理论研讨会，并设立课题实践基地。“四全”型应急广播体系建设完成率居全省首位。全省率先出台中医药综合改革方案，深化按病种分值付费（DIP）改革。

附：德州市委书记、副书记、常委名单

书　记：田卫东

副书记：朱开国　苑衍刚

常　委：田卫东　朱开国　苑衍刚　彭小毛　王立爱　周　鹏　宿　胜　马广峰　赵学坤　祁小青　王福祥　樊廷雷

中共聊城市委工作概况

市委书记　李长萍

一、组织概况与党的建设

2022年，全市共有各级党组415个，中央和各级地方派出工委80个；18446个基层党组织，其中，党委1291个，总支部1309个，党支部15846个；党员338963名。

（一）深刻领悟“两个确立”的决定性意义，坚定不移做“两个维护”的忠实践行者

坚持不懈用习近平新时代中国特色社会主义思想凝心铸魂，确保各项事业始终沿着正确方向前进。常态化落实市委常委会会议“第一议题”制度，认真开展理论学习中心组集中学习，带动全市各级干部深学细悟、入脑入心。深入贯彻习近平总书记对山东工作的重要指示要求，扎实推进6大类32项具体任务。召开市第十四次党代会，谋划部署“六个新聊城”奋斗目标和一系列具体举措，认真学习贯彻省第十二次党代会精神，努力把党中央决策部署和省委工作要求转化为新时代聊城改革发展的生动实践。深入实施“习语‘聊’亮”凝心铸魂工程，构建起学习、宣传、研究、实践“四位一体”理论武装矩阵。党的二十大胜利召开后，把学习宣传贯彻党的二十大精神作为首要政治任务，通过召开市委常委会扩大会议、市委全委会等形式加强学习，举办专题学习班开展集中轮训，研究制定关于深入学习宣传贯彻党的二十大精神的决议，组建市委宣讲团进行集中宣讲，深刻领会“五个牢牢把握”的重要要求，激励全市上下坚定信心、不懈奋斗。

（二）牢记两个“永远在路上”，纵深推进全面从严治党

坚持党要管党、从严治党，为全市高质量发展提供坚强组织保证。扛牢管党治党政治责任。定期听取党委（党组）落实全面从严治党主体责任情况汇报，研究加强党的建设各项工作。严格落实意识形态工作责任制，加大治网力度，持续强化阵地管理。全力抓好省委专项巡视反馈问题整改，开展全市黄河流域生态保护和高质量发展专项巡察。锻造高素质干部队伍。落实新时代党的组织路线和好干部标准，在重大斗争一线、急难险重任务中培养锻炼干部，一批素质过硬、表现优秀的干部得到提拔重用。建强党员教育主阵地，市委党校新校区建成启用。东昌府区检察院获评全国“人民满意的公务员集体”。夯实基层基础。村党组织领办合作社达到3686家，集体收入10万元以上的村占比达到95%。推进“红旗驿站”“红色物业”和城市基层治理深度融合，物业服务、业委会组建率分别提升17.9、30.5个百分点。持之以恒正风肃纪反腐。紧盯“四风”新表现新动向，查处问题645起；深入整治群众身边腐败和不正之风，处分853人。保持惩治腐败高压态势，全市纪检监察机关立案3011件、处分3217人，震慑效应持续强化。

二、重要决策与主要工作

（一）完整准确全面贯彻新发展理念，扎实推动经济高质量发展

坚持稳字当头、稳中求进，积极应对复杂严峻的经济形势，全力克服超预期因素不利影响，努力推动经济实现质的有效提升和量的合理增长。全市生产总值同比增长4.3%，总量达到2780亿元。规模以上工业增加值增长8.5%，固定资产投资增长16.3%，社会消费品零售总额与上年持平，分别比全省高3.4、10.2、1.4个百分点，均居全省第5位；一般公共预算收入同口径增长7.4%，比全省高2.1个百分点，居全省第7位。大力建设制造业强市。聚焦20条重点产业链，抓实“链长制”，实施“助企远航”行动，制造业增加值占比达30%以上，支撑作用明显增强。新增省“十强”产业“雁阵形”集群3个、省特色产业集群2个，省级专精特新企业和单项冠军增量是上年的3倍。加快绿色转型。优化能源结构，可再生能源装机容量、累计发电量分别增长35.3%、41.6%，单位生产总值能耗超额完成下降任务。紧抓全省建设绿色低碳高质量发展先行区重大机遇，大力推进黄河流域生态保护和高质量发展，加快沿黄生态廊道建设。全国首家服务黄河重大国家战略的计量区域中心落户聊城。成功入选国家“无废城市”建设试点、国家重点区域“三线一单”协同推动减污降碳试点。全面推进乡村振兴。粮食生产实现“二十连丰”，蔬菜保持平稳增长，莘县成功创建国家小麦制种大县、农业现代化示范区，阳谷县入选国家农业绿色发展先行区。巩固拓展脱贫攻坚成果，推动3.5万脱贫人口务工就业。完成36个省级美丽乡村示范村建设任务，44个美丽宜居乡村安置区全部交房，清洁取暖改造数量居全省首位。扩大有效需求。287个省市重点项目超额完成年度投资计划，雄商高铁正式开工，济郑高铁、主城区大外环加快建设。累计发放消费券1.5亿元，拉动消费20亿元。朱雀街、东关街、米市街、铁塔商街等一批特色商圈开街运营，消费活力持续恢复。加大开放力度。招商引资到位资金、进出口总额、实际使用外资均创历史新高。中国－太平洋岛国应对气候变化合作中心挂牌运行，中国（聊城）跨境电子商务综合试验区获批，临清鲁西国际陆港海关监管场站启用，全国首个商事认证自助办理中心落户聊城。

（二）深化民主法治和文化建设，巩固团结奋斗的良好局面

坚持全过程人民民主。支持人大依法履职，重点领域立法工作有序推进，代表议案建议数量、质量均居全省前列。擦亮“有事多商量”协商品牌，积极创建“来聊投资者·界别同心汇”省级试点，汇聚各方智慧力量。创新搭建政企沟通平台“亲清会客厅”，巩固拓展“水城好商量”工作机制。纵深推进依法治市。推动领导干部述法全覆盖，新选聘法律顾问30名、法律专家库成员50名参与涉法事务，依法行政水平有效提升。“1+3”行政应诉工作模式获评全国法治政府建设示范项目，行政案件败诉率降至5%以下。促进文化繁荣。以全国文明城市创建为载体，实施文明新风“立德润心”工程，开展“最美”系列评选活动，市民文明素养不断提升。建设“书香聊城”，建成启用市图书馆新馆，打造城区“一刻钟阅读圈”。成功举办2022大运河主题旅游海外推广季启动仪式，城市影响力持续提升。

（三）坚定践行以人民为中心的发展思想，用心用情用力增进民生福祉

坚持把群众满意作为一切工作的价值取向和根本标准，切实解决群众急难愁盼问题，让发展成果更好惠及全市人民。走实群众路线。深化领导干部接听12345市民热线制度，实打实解决群众诉求。高标准建设“两代表一委员”为民工作室，在全省率先探索行业党代表工作室91处，畅通党群干群“连心桥”。办好民生实事。民生支出占比达到78.1%，重点领域支出保障有力；城镇新增就业4.4万人，超额完成年度任务。加快“健康聊城”建设，与北京积水潭医院合作共建国家区域医疗中心，县级综合医院全部达到三级医院水平。健全完善社会救助体系，居民基础养老标准、医保财政补助标准、特困群体保障标准稳步提高。改造提升敬老院13处，投入使用幸福食堂53处，养老服务体系日益健全。提升城市品质。新改建道路36条，

6 座桥梁建成通车，东昌路绿色低碳改造升级加快实施；新开工棚改 8878 套、基本建成 2 万余套，完成雨污分流改造 252.7 公里。推动名城保护整改任务落地见效，一批保护修缮和活化利用项目有序实施，千年古城焕发新活力。以“绣花功夫”管理城市，常态化整治“十乱”，精细化管理水平不断提升。

（四）增强忧患意识，筑牢安全发展底线

以“时时放心不下”的责任感统筹发展和安全，确保社会大局和谐稳定。坚决贯彻疫情防控总策略、总方针，及时有效处置多轮突发疫情，最大限度保护群众生命安全和身体健康。因时因势动态优化防控措施，努力把握节奏、控制进程、拉平曲线、推后峰值、有序放开，确保防控平稳转段。稳妥处置祥光、泉林等重点企业金融风险，高风险地方金融法人机构达到“摘帽”标准。严格落实“八抓 20 条”创新举措，生产安全事故起数、死亡人数连续 7 年“双下降”。优化生态环境，空气质量优良天数历年最多；国控考核断面全部达标。推进平安聊城建设，深入开展打击养老诈骗、电信诈骗攻坚行动，追赃挽损 1.1 亿元；国家信访局交办的1533 件重复信访事项全部化解；圆满完成党的二十大维稳安保任务，实现高质量发展和高水平安全良性互动。

三、改革与创新

（一）凝聚改革发展共识，推动全面深化改革走深走实

组织党政代表团赴青岛、烟台、威海学习考察，从解放思想入手，对照先进提升工作标准、提振精神状态。以“十大创新”为引领，高规格举办改革攻坚擂台赛，推动改革整体升维、提质增效，700 余项改革经验获省级以上肯定推广，“点菜单”式改革省级试点任务顺利通过验收。深化政务服务全生命周期“一件事”改革，建立歇业帮扶机制，持续激发市场主体活力，新增市场主体 10.3 万户，总量突破 70 万户。开设重点项目审批绿色通道，创新实施环评“打捆”审批举措，按下项目落地“快进键”。创设“企业家日”，以全市之名向为聊城发展作出贡献的广大企业家致敬，大力弘扬新时代企业家精神。推进“信用聊城”建设，信用监测排名在全国 261 个地级市中不断前移。国企改革三年行动圆满收官，市属企业营业收入、净利润分别增长 69.2%、135%，动力活力明显增强。

（二）深入实施科教兴市战略，提升经济社会发展创新力

坚持创新，一体推进创新生态、创新平台、创新人才，深入实施科教兴市、人才强市战略，全力打造鲁西重要的人才中心和创新高地。全面发展教育事业。新改建幼儿园 12 所、中小学 25 所，依托名校强校组建教育集团 28 个，基础教育保障能力全面提升。东昌学院新校区加快建设，聊城职业技术学院二期投入使用，与聊城大学校地合作持续深化。深入推进科技创新。全社会研发投入占比首超 3%，稳居全省前列；科技型中小企业、高新技术企业增量均为历年最多，增幅均居全省首位，高新技术产业产值占比达 51.96%，同比提高 3.7 个百分点；成功创建聊城山东省大学科技园。突出人才引育。深入实施“归雁兴聊”“水城优才”工程，出台人才新政 35 条、青年首套住房政策，持续优化人才发展环境。评选首届“水城英才”24 名，引进高层次人才和外国专家 74 人、高校毕业生 3 万人，创新动能更加充沛。

附：聊城市委书记、副书记、常委名单

书　记：李长萍

副书记：张百顺

常　委：李长萍　张百顺　姜传政　柳庆发　刘文强　刘昌松　郝爱军　陈　波　王　峰

中共滨州市委工作概况

市委书记　宋永祥

一、组织概况与党的建设

2022 年，滨州市共有基层党组织 14497 个，其中，党委 531 个，总支部 1139 个，党支部 12827 个。至年底，全市共有党员 265187 名，其中，女党员 59496 名，少数民族党员 820 名；党政机关和国有企事业单位党员 78256 名，非公有制经济组织和社会组织党员 18428 名，农牧渔民党员 116802 名，离退休党员 43995 名，学生党员 3484 名，其他党员 4222 名。

（一）持续加强“政治建设”

坚持不懈用习近平新时代中国特色社会主义思想凝心铸魂，以实际行动坚定拥护“两个确立”、坚决做到“两个维护”。举办党的二十大精神专题学习班，组建市委宣讲团，在全市迅速掀起学习宣传贯彻党的二十大精神的热潮。全面落实意识形态工作责任制，深化落实“第一议题”制度，市委理论学习中心组以集体学习研讨、专题学习班、专题讲座等多种形式，开展集体学习 19 次。支持市人大常委会、市政府、市政协、市监委、市法院、市检察院依法履职，发挥统一战线政治优势和群团组织政治作用，更加密切军政军民关系，形成同频共振干事业、凝心聚力抓发展的生动局面。

（二）创新实施“过程党建”

全过程抓、抓全过程，切实解决党的领导弱化、虚化、淡化问题。“全领域”组织覆盖，推动党组织建在项目、建在车间、建在网格、建在产业链。针对“1+11868”工作体系264项重点任务，组建临时党组织，“党员突击队”“红色尖刀连”成为攻坚先锋。“全链条”过程管控，把党建工作一年一述职，变成一月一提醒、一季一讲评、半年一观摩、年终一考核。开展集中督导10次、反馈问题597项。“全方位”协同推进，设置实体化的市委党建工作办公室，创新开展“千名书记谈落实省党代会精神”“千名书记谈落实二十大精神”等活动，“过程党建”已经成为滨州市鲜明党建品牌，相关做法被《人民日报》《光明日报》等媒体刊发。

（三）全面拓展“思维训练”

部署开展“山东走在前，滨州怎么办”解放思想大讨论和“在滨州、知滨州、爱滨州、建滨州”主题实践活动，举办经济工作能力提升、“领导干部的思维”“领导干部的担当”等专题培训辅导，开展“四水四定强引领，五水并举谋发展”解放思想大讨论，引领广大干部转变思想方法和思维方式，以思维之变催生行动之变、工作之变、发展之变。

（四）夯实筑牢“基层堡垒”

坚持大抓基层的鲜明导向，深化村党组织领办合作社，集体经济收入超10万元的村超90%。深化城市基层党建全域提升攻坚，持续推进“渤海红色物业”建设，做实建强网格党支部。成立外卖、直播电商、快递和交通运输等行业党委，激活新业态新就业群体党建。在3月份突发疫情中，全市15.1万名党员积极抗疫，建立临时党组织558个，组建党员突击队、先锋队、服务队等1.7万余个，基层党组织战斗堡垒作用和党员先锋模范作用充分彰显。

（五）锻造淬炼“干部铁军”

注重规范，创新建立“纵向贯通、横向协调”的监督贯通协调机制，精准运用“四种形态”，引导干部做到内容、程序、行为“三个规范”。注重激励，坚持看党性、看担当、看攻坚、看廉洁、看公论“五看”导向，大跨度、大视野、大力度选任干部。实施年轻干部梯次培养“1+3+N”工程，启动“品质滨州”年轻干部历练计划，干部队伍年龄结构更加优化、专业素养更加过硬。统筹机构编制资源，服务重大决策部署。注重关爱，积极落实“三个区分开来”，做到“组织为干部担当，上级为下级担当，让干部在一线义无反顾担当”。组织实施的滨州市心安城市心语基地建设获评全国社会心理服务十佳案例。深化关爱干部心理健康“向阳花”服务体系建设，为干部纾压鼓劲，激励干部争先向前。

二、重要决策与主要工作

2022年，中共滨州市委坚持以习近平新时代中国特色社会主义思想为指导，围绕迎接党的二十大、学习宣传贯彻党的二十大精神，深入落实党中央决策部署和省委工作要求，紧扣“疫情要防住、经济要稳住、发展要安全”重要要求，锚定“走在前、开新局”，谋划“1+11868”工作体系，以“七大变化”推动“八大品质”提升，交出“山东走在前，滨州怎么办”的优异答卷，更高水平富强滨州建设迈出坚实步伐。全市实现地区生产总值2975.15亿元，比2021年增长3.9%；一般公共预算收入占GDP比为9.3%，列全省第1位；规模以上工业营收9955亿元，列全省第3位，比2021年增长11.32%，列全省第2位；本外币存款余额增长15.69%、列全省第2位，本外币贷款余额增长13.3%、列全省第6位，存贷款余额增速为五年来最高；固定资产投资增长14.1%，列全省第6位，连续23个月保持两位数增长；就业、社保、医保、低保水平持续走在全省前列。

（一）抓好疫情防控

毫不动摇坚持“外防输入、内防反弹”总策略和“动态清零”总方针，果断处置3月份突发疫情，11天实现社会面动态清零，被国家工作组评价为疫情防控“优等生”。开展“小病毒带来大思考”复盘研讨，启动疾控体制机制改革，严格落实日常防控“4+3”要求，常态化防控体系更加完备，以科学精准防控的确定性应对疫情发生的不确定性，展现出强大的党建引领力、群众组织力、社会号召力。

（二）提升科创能级

成立全省首个实体化运行的市级科创委，规模以上工业企业研发活动覆盖率列全省第1位，全社会研发投入占GDP比重达3.49%，实现全省“两连冠”。引进本科以上大学生1.36万名，培养技能人才2.54万名。滨州医学院滨州校区扩建项目竣工招生，“五院十校N基地”科创格局更加夯实，职业院校专业产业匹配度超75%，召开全国第十届职业教育与城市发展高层对话会，职业教育滨州模式全国推广。渤海公共实训基地开园运营，承办首届全国青年数字创业大赛。

（三）加快动能转换

五大千亿级优势产业集群营收突破1.2万亿，获批轻量化铝国家新型工业化产业示范基地，轻量化铝新材料产业集群入选省战新产业集群。新增256家市级以上“专精特新”企业，总量实现当年翻番。成功创建全国千兆城市。高技术投资同比增长61.8%，列全省第3位；占全部投资的比重为12.2%，列全省第5位。“四新”经济增加值占GDP比重达38.5%，列全省第2位。

（四）做强重点项目

坚持大抓项目、抓大项目，渤中19-6凝析气田项目开工建设，滨华碳三碳四、京博动能转换综合体等百亿级项目陆续试投产。648个省市县重点项目投资超时序完成，争取专项债券资金173.5亿元，居全省前列。鲁北（滨州）风光储输一体化基地加快建设，千亿级新能源产业集群呼之欲出。

（五）夯实基建支撑

津潍高铁、济滨高铁开工建设，济高高速、沾临高速建成通车，真正实现“高速环城”。北海、邹平货运铁路专线开通，庆章高速、高商高速、G228丹东线、小清河复航等重大交通基础设施项目加快推进，“四港联动”实体化推进，滨州民用运输机场选址加快推进。超时序建设开通5G基站5000个，累计培育工业互联网平台31个，7家列入省新型数据中心建设试点。

（六）发展民生事业

锚定“一业三保七有”，织好网、兜好底、办好事，坐到群众炕头、想到群众心头、干到群众点头，打造“品质民生”。全市民生支出占比保持80%。城镇新增就业4万人，城乡公益性岗位安置2.98万人。调整提高6项医保待遇，困难群众救助标准提高10%。市人民医院西院区、市中医医院新院、市妇幼保健院（市儿童医院）全部开诊投用，每万人拥有全科医生居全省前列。“原居安养”模式全国推广，获评全国养老服务先进单位。12类197件民生实事全部完成。

（七）推动城市建设

科创、康养、高铁、南部、老城等“五大片区”加快建设，爱琴海、吾悦购物广场开业运营，黄河三角洲交易中心建成投用。改造老旧小区246个，棚户区改造开工1575套、基本建成4145套，开工、续建共21个安置区，惠及居民5.7万余户。儿童友好城市、青年发展友好型城市、康养示范城市、体育公园城市加快建设，新建各类公园32处，人均公园绿地面积列全省第1位，获“国家森林城市”称号。

（八）推进乡村振兴

粮食总产再创历史新高，沾化冬枣、中裕谷朊粉等17个产品入选第一批“好品山东”品牌。首创并推广小麦高低畦生产技术，单产提高10%以上。全市自主知识产权对虾品种占全国比重1/4。连片打造示范片区14个、创建100个市级以上美丽乡村示范村，4个县市区成功入选国家、省美丽乡村和乡风文明典型案例。脱贫攻坚成果全面巩固，城乡居民收入比缩小到1.99。

（九）守住安全底线

坚决守牢金融、安全生产、社会稳定、粮食安全等“一排底线”，金融机构不良贷款率降至1.45%。扎实推进“四查”“四改”“四提升”，生产安全事故起数和死亡人数分别比2021年下降33.3%、32.6%。坚持稳处并举，信访事项及时受理率、按期答复率均列全省第1位，“心安城市—滨州心语基地”荣获全国社会心理服务十佳案例。圆满完成北京冬奥会、党的二十大等维稳安保任务，社会大局持续和谐稳定。

三、改革与创新

以开放倒逼改革，用改革推动发展，努力改出干部精气神、改出事业新高地、改出群众满意度。

（一）大力度推进改革攻坚

启动实施改革“破零”工程，首批60项破零事项完成47项，新增国家级改革试点53项。国企改革三年行动圆满收官，新组建水务发展集团、新能源集团，十大市属企业资产总额、上交税金均增长20%以上。三元生物在创业板上市，鸿星科技、北方创信在新三板挂牌，创新新材在主板借壳上市，企业上市梯次格局初步形成。

（二）高层次扩大开放合作

招商引资到位资金突破千亿元，外贸实绩企业突破1000家，跨境电商贸易额实现翻番，获批国家级跨境电商综试区。山东港口（邹平）内陆港揭牌，滨州港、博兴内陆港、邹平保税物流中心以及惠民绳网、阳信牛肉等特色海关监管作业场所不断做大做强，滨州市连续5年跻身中国外贸百强市。

（三）全方位优化营商环境

创新开展“六个一”暖企服务，232项“便民利企”措施有效落实；打造全国第一个“信用无押金城市”，制定全省首个并联审批地方标准，政务服务事项全程网办率达98%以上；在全省率先实现“一窗受理”全覆盖，“滨周到”入选全国“政务服务优秀品牌”；滨州位列全国政商关系清白指数榜单第8位。启动实施“成就企业家梦想”行动，助力企业做大做强做久。

附：滨州市委书记、副书记、常委名单

书　记：宋永祥

副书记：李春田　梁金光

常　委：宋永祥　李春田　梁金光　张　伟　朱　俊　马俊昀　周　鸿　巩洪波　穆　杰　屈跃宽　丁　锋

中共菏泽市委工作概况

市委书记　张新文

一、组织概况与党的建设

2022年，全市共有地方党委10个，党组493个，基层党委458个，党总支529个，党支部12927个。全市共有党员393771名，其中，正式党员385630名；女党员65946名；少数民族党员2913名；新的社会阶层党员9546名。

（一）突出抓好政治建设

始终把党的政治建设摆在首位，坚定拥护“两个确立”、坚决做到“两个维护”。坚定扛牢管党治党政治责任，认真贯彻落实《党委（党组）落实全面从严治党主体责任规定》和省委实施意见，层层压紧压实各级政治责任，全面加强对各方面工作的领导。全面推进稳经济大盘、黄河重大国家战略等重点任务，确保党中央决策部署和省委工作要求落地落实。

（二）着力深化思想建设

用习近平新时代中国特色社会主义思想凝心铸魂，严格落实“第一议题”制度，第一时间跟进学习习近平总书记最新重要讲话、重要指示批示精神。全面学习、全面把握、全面落实党的二十大精神，常态化长效化推进党史学习教育，引导党员干部在常学常新中加强理论修养、在学思践悟中牢记初心使命。将意识形态工作纳入市委常委会工作要点、党建工作责任制、领导班子和领导干部目标管理，意识形态阵地管控有力有效。

（三）全面强化组织建设

坚定贯彻新时代党的组织路线，努力把各级党组织锻造得更加坚强有力。坚持好干部标准，调整市管职务职级701人次，市直部门年轻县级干部数量实现翻番。深入实施“两新”组织党建工作提升行动，加快创建党建促乡村振兴示范片区，片区内村均集体收入增长30%以上。

（四）扎实推进作风建设

大力弘扬“严真细实快”工作作风，扎实开展“五比五看”大竞赛，敢于发展、敢于领先、敢于提速成为广大党员干部的共识共为。创新实施干部综合能力提升工程暨“四学四转四提高”活动，开设“牡丹大讲堂”“乡村振兴大讲堂”，教育引导广大干部增强学习意识、提升能力本领。在全市集中开展大走访大调研活动，市县乡三级党员干部走村入户化解群众困难。驰而不息纠治“四风”，全市查处形式主义、官僚主义问题235起，给予党纪政务处分295人。

（五）从严加强纪律建设

坚持无禁区、零容忍、全覆盖，持续深化政法、国企、医疗领域腐败问题系列专项整治，切实筑牢拒腐防变纪律防线。全面完成两轮市委巡察，发现重点问题806个、移交问题线索15条，有力推动和指导被巡察党组织抓好问题整改。坚持以严的主基调强化正风肃纪反腐，紧盯重点领域、关键环节，支持纪检监察机关全面履行监督责任，立案3601起、处分3816人，移送司法机关36人，持续巩固了风清气正的政治生态。

二、重要决策与主要工作

2022年，在省委坚强领导下，菏泽市经济社会发展保持稳中有进、进中提质良好态势。全年实现地区生产总值4205亿元、同比增长4.2%；一般公共预算收入300.6亿元，同口径增长10.8%、居全省第2位；城乡居民人均可支配收入分别增长4.6%、6.9%，多项主要经济指标保持较快增长。

（一）全力营造良好社会环境

坚决落实“疫情要防住、经济要稳住、发展要安全”要求，努力为党的二十大胜利召开营造良好环境。

*一是科学抓好常态化疫情防控。*优化完善常态化疫情防控机制，强化境外来人来物和重点人员、场所、关口管控，多次经受住疫情多点散发的短期冲击。进入新阶段后，有效衔接优化防控工作二十条措施，及时转移工作重心，确保了平稳有序转段。

*二是全力稳住经济基本盘。*统筹抓好“六稳”“六保”，强化经济运行调度，扎实开展企业纾困帮扶，组建11个工作组深入一线督导服务。持续激发消费潜力，出台汽车家电促消费15条措施，开展“黄河大集”春节季等系列活动，助推线上线下消费全面恢复。

*三是牢牢守住安全发展底线。*大力化解信访积案，省级以上走访批次、人次同比分别下降34.51%、24.21%。坚决守牢金融安全底线，不良贷款率近五年首次降至全省平均水平以下。深化落实“八抓20条”安全生产创新举措，各类安全事故、死亡人数大幅“双下降”。坚决完成党的二十大维稳安保任务，实现“六个不发生、三个不出事”目标。

（二）“重点产业”突破蹚出新路子

主动对接省“十强产业”，深入实施“工业强市”战略，后来居上的产业基础更加坚实。

*一是“231”产业持续膨胀。*全流程打造生物医药、高端化工“两大核心产业”，精心培育生物医药这一首选核心产业，“一港四园”产业格局持续深化，生物医药产业规模以上企业产值三年翻番、2022年达到833亿元。现代医药港“头雁效应”凸显，两年获得药品生产许可证12个，全省占比超过1/5；累计签约项目总数50个、总投资150亿元，首个投产项目近岸蛋白攻克了信使核糖核酸领域核心原料供应“卡脖子”难题、亩均产值超10亿元。以睿鹰集团为龙头，建成全球第一条医药全产业链智能制造共享平台，新药产业化周期可压缩90%、节约成本2/3。高端化工产业提质扩能，劲海化工100万吨/年轻烃综合利用、方明化工高端尼龙弹性体等一批项目建成投产，东明石化30万吨UPC科技示范工程项目顺利推进、获批建设“山东省烯烃新材料重点实验室”，全产业链整体稳步提升。农副产品精深加工、机电设备制造、商贸物流等“三个优势产业”提档升级，农村电商异军突起，淘宝村、镇数量双双领跑全国地级市。新能源新材料、新一代信息技术、现代服务业等“一批新兴产业集群”蓬勃发展，新能源装机规模占电力总装机比重达56.9%，锂电产业强势崛起，陆上风电开发建设取得实质性进展。

*二是有效投资持续扩大。*坚持抓项目、促投资，省级重点项目数量和体量持续位居全省前列。市领导6次带队赴上海、深圳等地精准招商，新落地过亿元项目318个、到位资金490亿元。加快新旧动能转换，“四新经济”投资增长16%，省“十强”产业“雁阵形”集群达到9个。

三是创新活力持续迸发。着力加大研发投入，科技财政支出增长 67.4%。省生物医药产业创新创业共同体、现代中药领域省级实验室等加快建设，牡丹产业技术研究院成功获批省级新型研发机构。深化“产业 + 人才”引才模式，签约重点产业引才项目 287 个、引进人才 365 人。

（三）“乡村振兴”突破开启新篇章

坚持用乡村振兴统揽新时代“三农”工作。坚决扛牢粮食安全政治责任，粮食总产稳定在 150 亿斤以上。加快推进农业全产业链发展，培育省级以上特色农产品优势区 4 个、农业产业化重点龙头企业 74 家；牡丹、芍药鲜切花占全国同领域市场过半、线上市场占比达 80%；牡丹省级农业高新技术开发区建设扎实推进。把重点镇作为带动乡村发展、壮大县域经济的强力引擎，20 个重点镇一般公共预算收入同比增长 20.8%。163 个城镇开发边界外的美丽宜居乡村安置区全部提前建成交付，29.8 万群众喜迁新居。大力实施乡村建设行动，深入开展农村人居环境综合整治，扎实推进移风易俗专项行动，乡村面貌展现新气象、治理水平大幅提升。

（四）“城市功能”突破取得新进展

“三区三线”划定成果获批启用，城镇建设用地规模扩展 78%。雄商高铁菏泽段开工建设，濮新高速菏泽段建成通车，鄄郓高速、新万福河复航二期等工程扎实推进，高能级立体交通网日益完善。稳步实施 100 项重点城建工程，长江路快速通道完成总投资额的 60%。加快实施城市更新行动，新建、改造城市雨污管网 484.3 公里，完成老旧小区改造 90 个。系统推进全国文明城市、国家卫生城市等创建工作，探索构建“大城管”治理格局，城市治理效能和社会文明程度大幅跃升。

（五）“营商环境”突破呈现新气象

深入实施“营商环境创新突破攻坚年”行动，持续擦亮“菏泽服务”品牌。深化落实“企业吹哨、部门报到、市县联动”工作机制，着力深化“2 号公章”、全生命周期服务集成等改革，平均办理时限提速 67.4%。创新开展“不罚”“轻罚”试点，全面推行信用分类监管，政务失信案件实现动态清零。按照大众化、市场化、产业化、人文化、国际化“五化并举”新思路，高标准融合举办牡丹节会，“中国牡丹之都”吸引力、影响力和美誉度持续提升。

（六）统筹抓好其他各项工作

千方百计稳定就业形势，开发城乡公益性岗位 6.3 万个，城镇调查失业率控制在 5.5% 以内。全力办好人民满意教育，深入实施基层医疗卫生服务能力三年提升行动，文化、养老、社保、体育等各项民生事业取得新进展。扎实推动中央、省环保督察反馈问题整改，空气质量综合指数同比改善 3.3%，8 个国控河流断面水体优良率达 100%。着力增强全社会国防意识，构建全民国防教育工作新格局。全面提升社会治理现代化水平，常态化开展扫黑除恶专项斗争，牢牢守住了各方面工作的红线底线。

三、改革与创新

（一）工作机制更加顺畅

全面加强市委书记负总责、市级领导分工抓落实的工作格局，以改革思维、创新举措破除发展障碍，全力推动新区建设、国资国企、财税金融等工作破题起势，6 大领域 103 项改革任务全部完成。坚持顶层设计与基层探索有机结合，创新建立“改革 +”、约谈“后进”、第三方评估、督导落实闭环等工作机制，推动一系列引领性改革试点任务扎实开展，38 项国家级、98 项省级试点、21 项市级自主创新试点按照时间节点有序推进，4 个国家级试点通过验收。创新建立“改革 +”、约谈“后进”、第三方评估、督导落实闭环等工作机制，各方改革责任落实更加有力。

（二）舆论氛围更加浓厚

通过创新建立“改革 +”信息共享机制，实施改革典型培育工程，组织开展“县区委书记谈十大创新”“十大创新行动专题新闻发布会”等活动，深度挖掘推介全市改革亮点。创新推出的“手机视频办医保”等一批典型做法得到中央办公厅、中央改革办肯定推广；创新培育生物医药产业集群机制等 84 项改革典型案例被推介至省委改革办，8 篇典型经验获省委、省政府主要领导同志批示肯定，全市上下改革创新求突破的氛围更加浓厚。

（三）工作成效更加突出

鲁西新区建设加快推进，谋划打造临港智能制造等十大功能板块，高水平对外开放稳步推进。成功获批中国（菏泽）跨境电子商务综合试验区，菏泽内陆港保税物流中心（B 型）一线进出口额居全省第 2 位。持续提升企业便利化登记效能，优化升级企业开办“一窗通”系统，实现开办企业全流程、零成本、1 天内办结。通过盘活用好农村资源资产、开展土地规模化经营或托管运营等方式，拓宽村集体经济增收渠道，全市村级集体经济收入 10 万元以上的村达到 80% 以上。创新督纪联动机制，实施黄河流域生态保护和高质量发展专项监督。

附：菏泽市委书记、副书记、常委名单

书　记： 张新文

副书记： 张　伦　李春英

常　委： 张新文　张　伦　李春英　李茂楠　王　宏　王　军　臧　伟　聂元科　张　磊　周生宏　王昌华

县（市、区）委工作

济　南　市

中共济南市历下区委工作概况

区委书记　杨传军

一、组织概况与党的建设

历下区是省会济南的中心城区，面积100.89平方公里，常住人口约81.9万人，辖13个街道、138个社区。截至2022年12月底，全区共有区属党（工）委22个，基层党组织1903个，党员44308名。

2022年是党和国家发展史上具有重要里程碑意义的一年，也是历下发展史上极不寻常的一年。区委常委会坚持以习近平新时代中国特色社会主义思想为指导，深入学习贯彻党的二十大精神，全面贯彻省市党代会部署要求，围绕构建“一轴三区多园”城市发展新格局，团结带领广大党员干部群众凝心聚力、奋勇攻坚，高效统筹疫情防控和经济社会发展，国际化一流中心城区建设迈出坚实步伐。

二、主要工作与成绩

（一）始终坚持人民至上、生命至上，严格落实疫情防控各项措施

实行区街两级一体化指挥、扁平化管理，确保上级决策部署第一时间传达到基层、落实到一线。妥善应对突发疫情，全力做好核酸采样、社区管控等工作，坚决守牢群众生命健康安全底线。及时调整防控策略，完善基层医疗救治体系，有序开展疫苗接种和重点人群健康摸排，最大限度保护群众生命安全和身体健康。

（二）完整准确全面贯彻新发展理念，推动高质量发展继续领先领跑

2022年，历下区实现地区生产总值2282.9亿元、增长4.5%，一般公共预算收入161.7亿元、增长4.5%，在全国综合竞争力百强主城区榜单中列第15位。区级领导带头开展“招商服务年”活动，上门送政策、送服务，帮助企业解决实际困难。与驻区大型企业等开展联合招商、以商招商，累计引进过亿元投资项目118个，其中，世界500强项目17个、中国500强项目10个。扎实推进科创金融改革试验区（CBD片区）建设，聚焦金融服务“双创”主题，大力开展组织创新、产品创新、服务创新，“五位一体”服务体系在全市推广。

（三）大力拓展发展空间，城市功能品质不断提升

实行“大兵团”作战，共实施征收拆迁项目11个，可腾空土地3800亩、撬动投资300亿元，中央商务区西片区三个月签约腾房率达98%，中央商务区北片区一个月内完成400余户居民签约腾房；搁置数年的义和庄改造破冰启动，已完成签约358户；历时十年的水利厅项目实现签约清零，长期影响泉城风貌的东湖大厦拆除完毕，千佛山北广场拆迁全部完成，“山城互看”的美好景象即将再度重现。全区 70 个重点项目完成投资 413 亿元，超全年计划 37 个百分点，中央商务区 5 大超高层中 3 座已封顶，23 栋、106 万平方米载体建成交付。明府城片区保护提升上升为全市战略，房屋征收、规划策划、产业导入等各项工作同步推进，将最大限度恢复古城风貌、再现泉水特色，助力“泉·城文化景观”申遗。环卫市场化改革持续深化，100 条主要道路全部达到省级深度保洁示范路标准，在全市城管考核中连续保持第一。高标准建设 6 座城市公园，提升 10 条绿化景观道路，城区绿化覆盖率达 47.2%，空气质量全市排名第一，成功创建省级“两山”实践创新基地，获评全省首批生态文明强区。

（四）践行以人民为中心的发展思想，群众获得感幸福感更有保障

坚持就业优先战略，新增城镇就业 4.4 万人，稳居全市首位。新建、改扩建中小学幼儿园 12 所，新增学位 1.3 万个，教育教学质量不断提升。新建 7 处社区日间照料中心，养老服务设施运营典型做法在全省推广。着力提升医疗健康服务水平，成功创建国家级健康促进区。不断完善网格化治理模式，累计解决群众身边问题 40 余万件。持续深化“红领物业”建设，入选全国“共建美好家园”典型案例。强力推进“治重化积”行动，中央联席办交办的 167 件事项全部化解，中国盒子、诚基中心等困扰群众多年的历史遗留问题基本解决。

三、创新与经验

（一）必须处理好局部与全局的关系，坚决贯彻落实上级决策部署

深入学习贯彻党的二十大精神，以更加主动的姿态融入全国和省市发展大局，抢抓黄河重大国家战略、全国新旧动能转换综合试验区、中国（山东）自由贸易试验区、全国首个科创金融改革试验区等历史机遇，全面落实全省“深化新旧动能转换推动绿色低碳高质量发展动员大会”各项决策部署，扎实苦干、奋勇争先，努力在新时代现代化强省建设中贡献历下力量。

（二）必须处理好当前与长远的关系，不断增强经济发展后劲活力

大力实施城市有机更新，为后续项目建设提供广阔空间，有效提升城区形象品质。进一步明确济南中央商务区等重点片区发展方向，以规划为引领，以产业为导向，打造全区发展的主战场、主阵地。聚焦战略性新兴产业，发挥科创金融产业园、明湖国际信创产业园等园区平台作用，推动数字经济、生物医药和人力资源等新兴产业快速崛起。

（三）必须处理好招商与服务的关系，全力打造最优营商环境

全方位开展“招商服务年”活动，着力构建“全区抓经济、全员抓招商”的大招商格局。建立“区级领导—部门—街道”全方位包联企业机制，主动帮助企业解决困难问题，与企业开展以商招商、联合招商，形成政企协同促发展的生动局面。

（四）必须处理好发展与民生的关系，持续增进群众福祉

深入践行以人民为中心的发展思想，不断健全完善多层次、广覆盖、有质感的民生保障体系，全面提高就业、教育、养老、医疗等公共服务质效，让发展成果更多更公平地惠及全体人民。

中共济南市市中区委工作概况

济南市委常委、市中区委书记　刘　科

一、组织概况与党的建设

2022 年，市中区面积 280 平方公里，辖 17 个街道，共 116 个城市社区，23 个村改居，77 个行政村，常住人口 90.3 万人，共有基层党组织 1954 个，党员 47074 名。

（一）始终坚持绝对忠诚，永葆鲜明政治底色

坚持“第一议题”制度，第一时间传达学习、贯彻落实习近平总书记重要讲话、重要指示批示精神，全面系统学习贯彻党的二十大精神，在区委常委会会议上研究部署党建有关工作 28 次，牢牢把握工作主动权。

（二）始终坚持凝心铸魂，筑牢坚实思想根基

坚持不懈用习近平新时代中国特色社会主义思想凝心铸魂，构建党的二十大精神“1+10+N”立体化宣讲体系，全面掀起学习宣传贯彻热潮。严格落实意识形态工作责任制，对 10 个单位开展意识形态专项巡察，坚决守牢意识形态阵地。

（三）始终坚持夯基固本，构建严密组织体系

创新建立以《关于推进新时代全区基层党建工作全域提升的若干措施》为主的“1+N”体系。对 16 个村改社区开展基层党建和治理难题集中攻坚，在全市率先成立直播电商党支部等 17 个实体性党组织，深入开展“强基”村集中规范，扎实开展村“两委”班子换届“后评估”，77 个村集体经济收入超 10 万元。

（四）始终坚持正风肃纪，培育优良作风素质

全面开展“争当先锋，奋力突破提升”主题活动，大力倡导“责任在我、不等不靠、干净利索、雷厉风行”的工作状态，完善落实干部队伍“精细投影、精准画像、精确定位”全链条机制，有效运用“三位一体”工作运行体系，全面激发干事创业活力。

（五）始终坚持自我革命，严明刚性纪律规矩

坚持不敢腐、不能腐、不想腐一体推进，启动十三届区委第一轮、第二轮巡察，贯通运用“四种形态”，前两种形态达到95.1%。完善容错纠错、澄清正名等制度措施，对6人予以容错、5人予以澄清、195名干部进行“暖冬回访”，以监督执纪温度增强拒腐防变自觉。

二、主要工作与成绩

2022年，市中区坚持以习近平新时代中国特色社会主义思想为指导，深入学习宣传贯彻党的二十大精神，统筹贯彻落实“疫情要防住、经济要稳住、发展要安全”重要要求，活力品质强区建设迈上新台阶。

（一）全力提振经济发展

坚持拔高目标任务不动摇，对重点指标持续进行“分析、分解、分配”，落实到每个承担指标任务的部门单位、市场主体和企业项目，全力稳住经济基本盘、把握发展主动权，推动经济运行整体好转。2022年，完成地区生产总值1275.6亿元、增长3.1%，占全市生产总值10.6%。

（二）精心谋划战略引擎

坚持以中央活力区战略引领空间拓展，以中央商埠区战略引领城市更新，以山东能源互联网产业集聚区战略引领产业升级。中央活力区坚持“交通、产业、生态、配套”一体打造，总投资104亿元的综合立体交通体系以及总投资115亿元的中博·领创时代等项目加快推进。中央商埠区济南宾馆片区项目、上新街城市更新项目开工建设，中山公园、经四小纬二、万紫巷项目加快征迁。山东能源互联网产业集聚区产业联盟会员企业达186家，获评双省级产业集群。

（三）大力拓展发展空间

累计完成征迁2274户、62.1万平方米，出让土地1624.5亩、122.4亿元。全面加快105个在建产业项目建设和57个总投资586.3亿元的重点储备项目开工，深入推进绿地中心等30余个低效楼宇“腾笼换业”，为产业项目落地提供更优载体和更大空间。

（四）集聚壮大产业资源

全面实施“暖企、助企、兴企”行动，聚焦现代金融、数字经济、能源互联、都市工业、高端商贸五大主导产业，紧紧围绕中泰证券、中国移动山东总部、山东电工电气、阿里巴巴等“链主”企业，累计引进中交建、中建国际、中移铁通、山东铁发资本等重点项目274个，新培育山东未来网络研究院等一批重大创新平台。

（五）持续增进民生福祉

不断加大民生事业投入，民生支出达52.05亿元，占财政总支出的82.2%，22件民生实事全部完成。新增城镇就业2.4万人，建成社区养老机构13处、农村幸福院8处，新建、改扩建学校、幼儿园10处，不断提升群众幸福感、安全感、获得感。

三、创新与经验

（一）必须坚持正确政治方向

以习近平新时代中国特色社会主义思想为指导，坚定拥护“两个确立”、坚决做到“两个维护”，全面贯彻党的二十大精神，奋力扛起强省会建设的使命担当。

（二）必须坚持发展第一要务

坚持把高质量发展作为首要任务，紧紧围绕新型城市化建设这条主线，全面增强高质量发展的创新驱动力、市场竞争力，努力实现量的合理增长与质的有效提升。

（三）必须坚持问题导向

时刻保持清醒头脑和敏锐眼光，勤于发现问题、敢于正视问题、善于解决问题，努力在发现问题、分析问题和解决问题中推进高质量发展。

（四）必须坚持人民至上

始终把人民对美好生活的向往作为奋斗目标，坚决抓住人民最关心、最直接、最现实的利益问题，努力解决一批长期没有解决的难事，办好一批群众急难愁盼的实事，推动共同富裕取得更为明显的实质性进展。

（五）必须坚持改革创新

以改革创新为引领，增强创新意识、激发创新动力、优化创新环境，以理念创新、制度创新、管理创新推进技术创新、人才创新、模式创新和产业创新。

中共济南市槐荫区委工作概况

区委书记　孙常建

一、组织概况与党的建设

2022年，全区党组织1498个，其中，区委直属党（工）委26个，基层党委102个〔不含区委直属党（工）委〕、党总支64个、党支部1255个、联合党支部51个，党员总数34253名。

（一）加强党的全面领导

深刻领悟“两个确立”的决定性意义，增强“四个意识”、坚定“四个自信”、做到“两个维护”；把迎接以及学习宣传贯彻党的二十大精神作为首要政治任务，圆满完成党的二十大维稳安保任务，迅速兴起学习宣传贯彻党的二十大精神热潮。制发新一届区委工作规则、议事决策规则等制度文件；召开4次区委党的建设工作领导小组会议；区委常委会会议研究管党治党议题76个，定期听取全面从严治党工作汇报。全力以赴做好省委专项巡视“后半篇文章”。

（二）强化党的创新理论武装

深化区委常委会会议“第一议题”制度，及时跟进学习习近平总书记重要讲话、重要指示批示精神82篇；举行区委理论学习中心组集体学习研讨14次；擦亮“理响满槐”宣讲品牌，举办党的二十大精神培训班等16类培训，组织各级党课活动500余场次，不断提升各级干部政治判断力、政治领悟力、政治执行力。严格落实意识形态工作责任制，稳妥处置突发舆情敏感事件，确保民族宗教领域和谐稳定。

（三）夯实基层组织基础

组建高质量党建研究指导委员会，整治提升17个软弱涣散党组织，完成8个村改社区规范治理，实施227个三级书记领办突破项目。调整区管干部16批次、512人，引进16名科技副职，优选102名干部到急难险重岗位强筋壮骨。

（四）坚决正风肃纪反腐

驰而不息纠治“四风”，在全区倡树“严真细实快”作风。创建“槐香廉韵”品牌矩阵，一体推进不敢腐不能腐不想腐，处置问题线索486件，立案143件，给予党纪政务处分101人，移送检察机关3人，挽回经济损失1482.93万元。

二、主要工作与成绩

（一）坚定不移贯彻新发展理念，全力推动经济社会高质量发展

强力防范疫情风险，健全疫情防控指挥体系，2万多名党员干部参加疫情防控，最大限度保护人民群众生命安全和身体健康。强力推进项目建设，开展征收拆迁百日攻坚行动，累计完成签约176户、交房192户，形成净地6处；21个省级、市级重点项目全面开工，区级重点项目开工在建106个，策划包装新项目60个、总投资590亿元。强力突破双招双引，签约落地项目85个，引进16名博士、603名硕士、22名外国专家；推动山东天岳、润华物业分别在上交所科创板、港交所主板上市。强力优化营商环境，打造全省首家“省市区一体化市民服务中心”，落实政策性减税免税近40亿元，兑现企业奖励扶持资金1.4亿元。全区实现生产总值746.8亿元，同比增长3.5%，列全市第五；完成一般公共预算收入50.1亿元；规模以上工业增加值同比增长32.3%，列全市第一。获评全国首批知识产权强县建设示范区、第一批全省医养结合高质量发展创新引领区、全省基层治理试验区。

（二）坚定不移加强生态文明建设，着力打造宜居美丽城区

深入落实黄河重大国家战略，实施黄河防洪工程绿化提升和重点区域亮化工程，完成杨庄险工提升改造，构筑黄河安澜屏障。坚决打赢蓝天碧水净土保卫战，环境空气质量综合指数同比改善8.2%，投资3.08亿元开展腊山河综合整治，小清河源头水质创有监测记录以来最好水平，保障建设用地安全利用。开展全国文明典范城市创建，排查整改问题1.2万余个。

（三）坚定不移保障和改善民生，聚力增进群众福祉

高质量办结20件重点民生实事，城镇新增就业1.86万人，教育支出预算增长16.3%，民生领域支出占财政支出比重79.2%。启动市立五院周边片区等7个城市更新项目。推动基层治理提升，深化政法护航“五大行动”，创新“红色物业”十条。清理整治5000余亩耕地，槐荫区被评为“全市农村人居环境整治突出区县”。坚决守牢“一排底线”，社会大局安全稳定。

三、创新与经验

（一）完善“125510”工作指挥体系

将2022年确定为“125510高质高效落实年”，围绕以产业兴、科创兴、文化兴、生态兴、教育兴促西兴，成立5个领导小组；围绕奋战济南国际医学中心、央企总部城、智能制造产业区、百年商埠历史文化区、乡村振兴示范区“五大主战场”，成立5个指挥部；围绕实施基层党建、重点项目等“十大重点行动”，成立10个专班，建立区级领导牵头、一贯到底的落实体系。

（二）探索建立产业链党建联盟

实施“红链赋能”工程，聚焦破解产业发展“联动难、同步难、配套难”等问题，成立产业链党委和济南西站交通枢纽党建联盟，推动上下游企业开展党建联建，服务企业200余家，解决难题120余个。

（三）探索创新监督机制

建立区纪委监委、区委区政府督查、相关职能部门“1+2+N”纪督联动机制；推动纪检监察监督、人大监督、群众监督在街道村居贯通融合，创建“廉情监测站”，开展社区网格员担任“廉情监测员”试点，合力护航高质量发展。

（四）创新发展全过程人民民主

打造“代表来了”品牌，开展“民呼我应，代表有约”主题活动，提升“双联”工作质效，推动解决群众和企业“急难愁盼”问题100余项，全国人大常委会副委员长王晨对“代表来了”给予充分肯定；擦亮“商量在槐荫”品牌，建立“商量智库”，创建231个商量工作室，全年为民办实事120余件。

中共济南市天桥区委工作概况

区委书记 韩 伟

一、组织概况与党的建设

天桥区委直接管理的党（工）委22个，党组47个，各级基层党组织1557个，党员36761名。辖区共有14个街道、200个村（社区），其中，城市街道10个、城乡结合街道3个、农村街道1个，城市社区111个、村改社区41个、农村48个。

2022年，天桥区委深入贯彻落实新时代党的建设总要求，从严从实管思想强基础、抓班子带队伍、严纪律转作风，不断推动全面从严治党向纵深发展。压紧压实管党治党责任，牢固树立“抓好党建是最大政绩”理念，严格落实《区委党的建设领导小组工作要点和全面从严治党主体责任任务安排》。锻造高素质干部队伍，持续强化干部队伍建设，健全完善干部育选管用全链条机制，加强干部思想淬炼、政治历练、实践锻炼、专业训练，切实提升干部队伍研究力、创新力和执行力。全面加强基层党组织建设，完善社区干部队伍激励保障制度，全面开展村（社区）“两委”班子实绩考核和民主测评。坚持不懈正风肃纪反腐，深入开展“能力作风建设年”活动，营造想干事、敢干事、干成事的良好氛围。

二、主要工作与成绩

2022年，天桥区坚持以习近平新时代中国特色社会主义思想为指导，围绕迎接党的二十大、学习宣传贯彻党的二十大精神，坚决落实习近平总书记重要指示要求和党中央决策部署，统筹推进“五位一体”总体布局，协调推进“四个全面”战略布局，锚定“走在前、开新局”，按照省委、市委工作要求，科学谋划现代化强区建设思路目标和推进体系，高效统筹疫情防控和经济社会发展，推动各项工作取得新成效。

（一）始终坚持以习近平新时代中国特色社会主义思想统领一切工作

深化落实“第一议题”制度，统筹抓好党（工）委（党组）理论学习中心组、干部集中轮训、基层党员干部学习，实施习近平新时代中国特色社会主义思想教育培训工程。以实际行动迎接党的二十大胜利召开，迅速兴起学习宣传贯彻党的二十大精神热潮。区第十三次党代会确定了全面建设新时代社会主义现代化强区的战略定位，进一步明确了打造“六个强区”的总体思路和坚持“三轮驱动”、抓牢“三大牵引”、打好“五大战役”的策略方法，着力抓好十个方面重点工作。

（二）坚决落实“疫情要防住、经济要稳住、发展要安全”重大要求

狠抓核酸检测能力提升，狠抓医疗救治能力建设，积极推进疫苗接种工作。狠抓“六稳”“六保”任务落实，全面兑现助企纾困25条政策，深入开展“惠购天桥·乐享生活”主题促消费活动。严格落实安全生产“8抓20项”举措要求。常态化开展扫黑除恶斗争，开展治安严打整治“百日行动”。

（三）坚定不移推动绿色低碳高质量发展

2022年，天桥区实现地区生产总值713.3亿元，同比增长0.3%；完成一般公共预算收入30.4亿元，同口径下降19.9%；固定资产投资同比增长15.1%；规模以上工业营业收入同比增长11.4%；实现社会消费品零售总额457.7亿元；进出口总额完成48.5亿元，同比增长4.6%。深入推进工业强区。积极招引商贸总部，加快专业市场提档升级，做大做强黄台等40万平方米的电商产业园区。着力强化科技支撑，实施高新技术企业和科技型中小企业“双倍增”计划，研发投入占地区生产总值占比增幅达到56.3%，位列全市第3。全力打好蓝天碧水净土保卫战。实施沿黄沿河、城市干道沿线建绿增绿工程。深入推动石门孙村、小吴村、高王村“乡村振兴齐鲁样板村”创建工作。

（四）全力打造省会城市更新样板区

加快推进城市更新进度，坚持“留、改、拆”原则，梳理出拆迁改造和保留提升两大类86个项目，涉及拆迁和改造房屋面积1418.1万平方米，总投资1768亿元，惠及居民13.54万户。高效推进片区开发，主城区开工建设162万平方米，建成安置房1770套，黄台安置房项目已交付使用。高标准改造老旧小区，11个项目列入中央城镇老旧小区改造计划，涉及改造面积72.5万平方米，惠及居民1.07万户。

（五）扎实推动民生改善和共同富裕

新建、改扩建一批优质中小学和幼儿园，开工建设项目14个，新增学位7632个。持续深化校长职级制改革，管理岗平均年龄下降达10.5岁，加快推进卓越教师“进阶式”培养工程，选拔培育卓越管理者和卓越教师500余名。创新“直播带岗”招聘服务新模式，开展“就在天桥·职面未来”高校毕业生专场直播送岗活动，城镇新增就业1.6万人。扎实做好特殊群体救助工作，救助困难群众2.9万人次，发放救助金2747.2万元。高标准建设区疾控中心，14家社区卫生服务中心（卫生院）达到国家“优质服务基层行”基本标准，70家村卫生室设备配备率已达100%。康养天桥建设加快推进，街道综合养老服务中心实现全覆盖，城市社区养老服务设施覆盖率超80%。积极推动慈善事业健康发展，被授予“全国幸福家园工程示范区”。

三、创新与经验

（一）“双招双引”高效开展

聚焦“九大行动”，深入落实“152”招商机制，签约重点项目64个，总投资760亿元，上药集团山东总部等51个优质项目相继落地。全年引进外资项目10个，实际利用外资7579万美元，超额完成全年任务。深入实施“凤栖天桥”“天桥才俊”人才项目，打造“一港一街一园”全域人才生态模式，建立海外（欧洲）人才驿站，推荐申报市级以上高层次人才51人，引进外国专家15人，新增博士、硕士研究生585人。

（二）营商环境改善提升

打出资源优化、流程再造、服务提升“组合拳”，“双全双百”工程深入开展，“一网通办”扩容提质，企业全生命周期服务、不见面审批、无差别“一窗受理”等一系列创新举措，加速营商环境优化升级。2022年，行政许可事项办理时限压减62.5%、申请材料精简23%、跑腿次数减少50.1%，获评山东省深化“放管服”改革优化营商环境工作先进集体。

（三）乡村振兴扎实推动

深入推动石门孙村、小吴村、高王村“乡村振兴齐鲁样板村”创建工作，前房村被评为省级美丽乡村示范村。加快农业、就业、创业“三业富民”，促进村集体经济增收和群众致富。农业龙头企业不断壮大，新培育区级家庭农场2家，累计认证“三品一标”21个。深化美丽乡村创建，深入实施农村人居环境整治提升五年行动，全区48个村的清洁取暖、厕所革命、生活垃圾和污水处理工作扎实推进，农村人居环境质量明显提高。

（四）教育强区优势凸显

深入实施教育强区战略，12所中小学、幼儿园开工建设，7所学校投入使用，新增学位7632个；义务教育“双减”政策有效落实，卓越教师“进阶式”培养工程深入开展，教育教学成果转化成效显著；“天桥e家”家长学校开辟家庭教育新路径；标山、黄岗两大片区引进山大基础教育集团优质资源，品牌名校建设再上新台阶。

（五）科技赋能区域发展

坚持把创新作为引领发展的第一动力，加快实施创新驱动发展战略。1—11月全区高新技术产业产值占规模以上工业总产值比重达到56.9%。充分利用山东交通学院、通用技术集团、五三研究所、六三七研究所、省交通规划设计院等科研院所资源，着力构建院所、平台、企业、人才“四位一体”创新驱动格局。实施高新技术企业和科技型中小企业“双倍增”计划，新增高新技术企业69家、省级瞪羚企业25家、省市“专精特新”企业61家，全区高新技术企业数量突破360家。加快推进成果转化，完成技术交易额31.7亿元。研发投入占地区生产总值比重稳步增加，占比增幅达到56.3%，位列全市第3。

中共济南市历城区委工作概况

区委书记　张　军

一、组织概况与党的建设

2022年，历城区有农村党组织266个，社区党组织112个，机关党组织70个、党支部559个，“两新”党组织463个。辖14个街道党工委和8个区直部门党（工）委，管理党员4.3万余名。区十五次党代会选举产生的新一届区委，在省委市委的坚强领导下，坚持以习近平新时代中国特色社会主义思想为指导，深入贯彻落实新时代党的建设总要求，扎实推进党建工作全域提升攻坚，为全区各项事业发展提供坚强保障。

（一）以打造“红色动能集聚区”为抓手，着力构建“152”制度体系

“1”即研究出台《历城区关于加快打造“红色动能集聚区”实施意见》，完善“党建系数”考核体系，建立健全各领域工作制度19个，谋划实施党建项目22个，细化分解重点任务92项。“5”即深入开展农村“三强三提”、城市“强聚赋能”、行业“行兴业强”、产业链“历链升级”和新业态“新新向荣”5项党建引领工程；创新建立外卖、物流等10大行业党委，打造“新新驿站”422个、社区红色发展联盟97个。“2”即大力实施年轻干部“5300”和“数字经济人才三年行动”2项干部人才计划，建强干部队伍、筑牢人才高地，真正把党建优势、资源、成果转化为促进发展的“强动能”。

（二）坚定不移全面从严治党，着力打造廉洁文化品牌

深入贯彻落实习近平总书记关于加强同级监督的重要指示要求，创新制定《历城区加强同级监督工作的实施意见》，明确区委常委会、区人大常委会、区政府党组等“五大监督对象”，聚焦全面从严治党责任落实等20项重点工作，畅通党委监督、人大监督、行政监督等9大渠道，建立信息通报、述责述廉、风险研判、问题整改、督促检查5大机制，构建起较完备的落实制度和工作机制。着力打造廉洁文化品牌，以“历城清风”为载体，实施思想建设、文明建设、政德建设、纪律建设、阵地建设“五大强基工程”，切实增强党员和公职人员廉洁从政、廉洁用权、廉洁修身、廉洁齐家的思想自觉。不断巩固拓展落实中央八项规定及其实施细则精神成果，深入整治形式主义、官僚主义，共查处违反中央八项规定精神问题38起，给予党纪政务处分36人，为建设省会社会主义现代化强区提供了坚实政治保障。

二、主要工作与成绩

2022年，历城区坚决落实“疫情要防住、经济要稳住、发展要安全”重要要求，积极应对风险挑战，经济社会发展实现稳中向好、进中提质。实现地区生产总值1241亿元、增长3.6%；一般公共预算收入126.1亿元，同口径增长6.8%，排名跃升至全省第四；实现固定资产投资1084亿元，增长14.9%。入选全国综合竞争力百强主城区、中国工业百强区、全国投资竞争力百强区。

（一）疫情防控坚强有力

全面落实国务院联防联控第九版方案以及国“二十条”“新十条”、省“十条”，及时优化防控措施。加强亚定点医院和准亚定点医院建设，设置发热门诊（哨点）14个、病床1906张。免费发放抗原检测试剂68万份，设立愿检尽检采样点303个，日检测能力升至10万管。强化疫苗接种，优化接种服务，全区60岁以上老年人接种率达94.22%。

（二）主导产业集聚壮大

以传感器产业为突破口，聚力打造“超算数字经济生态创新圈”，和普威视等60余家头部企业注册落地，数字经济规模以上企业实现收入68.7亿元，增长82.3%。联合山东第一医科大学组建生物医药产业研究院，成功签约海瑞达、宜明生物等56个重点项目，生物医药产业实现营业收入151.9亿元，增长18.2%。高标准打造济南国际陆港，铁海联运班列实现常态化运营，贸易物流业实现营业收入1433.6亿元，增长5.6%。实施服务业企业倍增计划，营利性服务业实现收入114.9亿元，增长14.9%。

（三）区域发展更加协调

稳步推进老城更新，高标准编制洪楼广场等四大片区更新方案，加快推进洪楼国际步行街等重点项目，洪楼TOD等3个城市设计入选全省典型案例。强力推动新区提升，济南国际贸易中心启动建设，唐冶三甲医院主体封顶，13万平方米的中央公园南区即将开放。全面推进乡村振兴，深耕草莓、观赏鱼等特色产业，“三品一标”农产品认证达35个，“莓丽谷”获评全省首批“乡村振兴齐鲁样板示范区”。有序推动城乡融合，建成启用区农村产权综合交易服务平台，港九美丽乡村示范区等“四大片区”建设全面铺开。

（四）民生福祉持续加强

着力抓好普惠性、基础性、兜底性民生保障，民生支出占比达到82.6%。坚持教育优先，新建中小学、幼儿园19处，新增学位1.7万个，历城二中连续6年获评“山东省最具综合实力高级中学”，投资9亿元的彩石校区建成启用。突出就业保障，举办“民营企业招聘月”等活动50余场，新增城镇就业1.7万余人。优化公共服务，区养老服务中心正式投入运营，新东站安置区等主体完工，港沟村等保障房项目全部启动。

（五）安全底线全面筑牢

制定《信访工作十大操作规范》，扎实开展信访隐患排查、人民网留言办理等10项工作，中央信访联席办交办的两批260件重复信访事项全部化解完成；着力化解房地产领域突出矛盾风险，21个风险隐患项目基本化解。深入开展“安全生产整治提升年”等专项行动，安全生产事故起数、死亡人数分别下降48.6%、50%。深入推进新时代法治乡村建设，指导村居构建党建、经济、法治等“八大平台”，曲家村获评第九批“全国民主法治示范村”。

三、创新与经验

（一）科学谋划工作推进体系

确定建设“省会社会主义现代化强区”总目标，全面构建“4433”工作推进体系。即：突出做好“老城更新、新区提升、乡村振兴、城乡融合”四项重点工作，聚焦发展“数字经济、生物医药、贸易物流、新兴服务业”四大主导产业，聚力实施“载体建设、项目招引、产业培育”三大攻坚行动，着力强化“深化改革、人才队伍、发展环境”三大服务保障。

（二）激发激活干部活力

突出实在实干用人导向，制定施行《关于激励干部担当作为，奋勇争先推进高质量发展的实施意见》等制度举措，激励干部担当作为。常态化开展容错纠错、澄清正名工作，实施容错纠错6起8人次、澄清正名16人次，有效保护党员干部干事创业积极性。

中共济南市长清区委工作概况

区委书记　肖　辉

一、组织概况与党的建设

长清区共有140个党（工）委，193个党总支，1915个党支部，40371名党员。2022年，长清区委坚持以习近平新时代中国特色社会主义思想为指导，认真学习贯彻党的二十大精神，坚持把抓好党建作为最大政绩，全面落实新时代党的建设总要求，不断提升各领域党建工作质量，以高质量党建引领高质量发展。

（一）政治意识持续增强

始终把旗帜鲜明讲政治摆在第一位，坚定拥护“两个确立”，坚决做到“两个维护”。严格落实“第一议题”制度，深入学习贯彻习近平总书记重要讲话重要指示批示精神。全面落实意识形态责任制，网络舆情工作达到全市先进区县行列。牢记“国之大者”，从严从实抓好省委黄河战略专项巡视整改，60 项整改任务扎实推进。

（二）组织建设提质提效

在全市首创街镇基层党建评星定级制度，实施机关党建“灯亮”工程，加快城市基层党建建设，从严开展村班子“后评估”，村集体经济收入 10 万元以下村全部清零，基层基础不断夯实。全面落实支部联系点制度，各级党委（党组）班子成员建立支部联系点 562 个。

（三）队伍建设不断强化

开展干部队伍综合调研，为 621 名区管干部、183 名优秀年轻干部“精准画像”，年轻干部数量实现倍增；研究制定《长清区干部选拔任用十项原则》，发布《关于严厉打击诬告陷害行为的通告》，打击诬告陷害行为 3 起、澄清正名 25 起，激励了干部担当作为，营造了良好政治生态。

（四）从严治党深入推进

坚持严的主基调不动摇，一体推进不敢腐、不能腐、不想腐。深纠破坏营商环境问题，严格执行涉地涉矿涉路工程项目审批备案制度，最大限度减少部门自由裁量权。大力加强廉洁文化建设，绘制“长清廉洁地图”，持之以恒正风肃纪，全年受理各类信访举报同比下降 54.9%。

二、主要工作与成绩

2022 年，长清区委团结带领全区广大党员干部群众，锚定“五个坚持”“七区联动”发展思路，解放思想、务实担当，推动全区各项工作取得新的进展。全年实现地区生产总值 378.8 亿元，一般公共预算收入 23.4 亿元，固定资产投资增长 4.1%，全体居民人均可支配收入增长 4.7%。

（一）项目建设稳步推进

健全完善项目全周期管理推进机制，谋划实施 136 个重点项目，累计完成投资 267.7 亿元，4 个省级重点项目提前完成年度投资计划。绘制招商地图，建立招商项目评审决策机制，签约引进重大项目 52 个。全年实际使用外资 1.34 亿美元，进出口总额增长 78.9%。

（二）产业发展迭代升级

积极引导辖区企业开展产能协作、产业链对接，成立绿色建筑产业联盟、食品产业协会、新能源产业孵化培育及制造基地，推动传统产业转型升级。高新技术企业累计达到 211 家，数字经济类企业达到 112 家，4 家企业入选国家级专精特新小巨人企业和国家级制造业单项冠军示范企业，全年新增市级以上专精特新、瞪羚企业 92 家。

（三）大学城创新提升加快实施

持续深化校地融合，齐鲁工大国家重点实验室成果转化基地、山东交通学院产教融合中心等校地合作项目加快推进。完善创新平台体系建设，联合驻区高校共同打造中国（山东）网络视听产业基地。以打通集成果研发、中试孵化、成果落地于一体的科创链条为重点，完善科研成果就地转化机制，完成技术合同成交额 7.1 亿元。

（四）乡村振兴成效显著

完成 2.5 万亩高标准农田建设，粮食产量连续十九年丰收。特色产业不断发展壮大，初步形成“扁鹊故里、养生三宝”“四季长清、三桃一杏”等特色品牌。鼎泰牧业、永丰种业、奥克斯牧业、前沿生物等种业企业达到 27 家。建成双泉神秀谷、厚源等一批乡村旅游综合体。5 个省级美丽乡村示范村和 13 个乡村振兴齐鲁样板村建设任务全部完成。

（五）社会事业全面发展

全省规模最大的马山美丽宜居乡村建设项目 140 万平方米安置房分房到户，8683 户、29765 名群众实现“安居梦”。新建改扩建中小学幼儿园 18 处，新增优质学位 8730 个。山东中医药大学附属医院大学城医院实现整体搬迁运营。生态环境质量持续改善，获评省级生态文明建设示范区。深化社会治理，扎实开展安全生产专项整治三年行动，社会大局和安全生产形势总体平稳。

三、创新与经验

（一）以“室地”联合监督加强农村“三资”管理

针对基层农村存在的集体资源使用不明、资产经营不善、资金管理不规范等问题，与市纪委监委第二监督检查室联合开展室地专项监督检查，通过创新推行“村务卡”，创新开展“码上监督”，推广“三资”微信财务公开系统，全区农村“三资”管理更加透明，群众监督渠道更加畅通，有效维护了农村和谐稳定。2022 年，全区集体收入 50 万元以上的村（社区）由 148 个增至 218 个，集体收入增长 28%；涉农信访举报量 146 件次，同比下降 55.2%。

（二）营造选人用人良好政治生态

把公道正派选人、鲜明用人导向贯穿干部工作始终，研究制定《长清区干部选拔任用十项原则》，明确组织“怎样选干部、用干部、管干部”，干部“该干什么、不该干什么”，坚持公道正派，突出实干实绩，注重基层一线，完善知事识人体系，建立干部调整“后评估”长效机制，一批年轻干部走上领导岗位，选人用人公信力显著提升，有效推动政治生态全面重塑、明显好转。

（三）以高质量党建引领新业态新就业群体高质量发展

依托交通、市场监管、工信等部门，成立道路运输、外卖和电商直播 3 个行业党委，建立由区委“两新”工委统筹指导，引导新业态新就业群体积极参与基层治理、融入城市发展。同时，选派“党建 + 行业”指导团，开展行情恳谈会、市场分析会、政策上门等活动，加强对新业态新就业群体的联系服务，做法被《人民日报》刊发报道。

中共济南市章丘区委工作概况

区委书记　马志勇

一、组织概况与党的建设

章丘区辖17个街道、1个镇，525个行政村、67个社区。共有基层党组织3147个、党员60517名。2022年，章丘区委坚持以习近平新时代中国特色社会主义思想为指导，深入学习宣传贯彻党的二十大精神，牢记“抓好党建就是最大政绩”，突出重点、抓住关键、创新举措，推动全面从严治党不断取得新成效。

（一）突出政治引领，扛牢政治责任

强化管党治党政治自觉，坚持把管党治党纳入全区工作体系，一体推进“四责协同”。树牢正确政治方向，深入学习习近平新时代中国特色社会主义思想，区委理论学习中心组专题学习研讨15次，以实际行动坚定拥护“两个确立”、坚决做到“两个维护”。加强常委会自身建设，认真落实民主集中制等制度，议事决策更加科学高效。

（二）坚定理想信念，筑牢思想根基

把学习宣传贯彻党的二十大精神作为首要政治任务，召开区委常委会扩大会议、专题学习班等深化学习研讨。举办习近平新时代中国特色社会主义思想研修班等10个班次，培训干部3400余人次。实施党员冬春集训，轮训党员3.6万余人。严格落实意识形态和网络安全工作责任制，积极营造健康清朗网络环境。

（三）着力强基固本，夯实基层基础

聚力实施基层党建“1226”固本强基工程，配套推出10个制度性文件，建立党支部联系点789个。深化党建联合体、资源融合体、产业聚合体、治理共同体四体共建，打造各类联合体83个。全面深化抓党建促乡村振兴，第一批选拔20名“领航书记”。深化社区党建标准化，分批选派20名社区骨干到先进地区挂职锻炼。实施党建引领“精治”网格建设，动员3500余名党员干部常态化到社区服务。全面推行“行动支部”工作法，在重点工作一线成立50个行动党支部，建立“红蜂加油站”110处。

（四）加强作风建设，强化责任担当

调整完善考评体系，引导干部锤炼认真做事的可贵能力，大力弘扬“严真细实快”工作作风。完善激励机制，将高质量发展考核与干部能上能下、激励约束相挂钩。认真落实中央八项规定及其实施细则精神，持续深化纠治“四风”，查处形式主义、官僚主义问题65起78人。

（五）从严监督执纪，营造良好生态

精准用好“四种形态”1230人次，“第一种形态”运用占比73.7%。一体推进“不敢腐、不能腐、不想腐”，处置问题线索1249件，立案377件。开展容错纠错11人，澄清正名20人，关爱回访135人。深度打造“百脉清风”品牌，整合提升廉洁阵地57处。完成二届区委首轮巡察、黄河流域生态保护和高质量发展联动专项巡察，全面启动第二轮巡察。创新开展阳光问廉活动，经验做法在济南市推广。

二、主要工作与成绩

2022年，章丘区以习近平新时代中国特色社会主义思想为指导，创新实施“5+4”工作体系，高效统筹疫情防控和经济社会发展。完成生产总值1120.7亿元，规模以上工业产值1068.1亿元，固定资产投资529.7亿元，一般公共预算收入54.2亿元。位列全国综合竞争力百强新城区第48位、综合实力百强区第56位、工业百强区第65位，获评全省新旧动能转换重大工程先进县、工业十强县、科技创新强县、民营经济高质量发展先进县（市、区）。

（一）深化落实黄河战略

牢记国之大者，完善由党政主要负责同志任双组长的领导小组，编制《黄河流域生态保护和高质量发展实施方案》，健全实体化专班。制定专项监督方案，聚焦8个重点领域，实行常态化精准监督。抓好任务整改，33项整改完成，6项取得阶段性成效，建立完善制度54项。

（二）聚力提升发展质效

成立经济运行攻坚专班，抓住关键、系统施策，努力稳住经济基本盘。在工业发展上，出台6大产业链式发展指导意见，制定工业经济稳增长十项政策措施，开展“精准助企”九大行动，发放纾困贷款12.9亿元，落实新增减、退、缓各项税费34.54亿元。在项目建设上，开展“项目再提速，招商再出发”活动，2022年8个省级建设类项目年度投资完成率130.2%，24个市级建设类项目年度投资完成率114.6%。

（三）全面推动乡村振兴

推动省部共同打造试点县创建，63个重点项目完成年度建设任务，入选全国传统村落集中连片保护利用示范县。章丘大葱入选农业农村部农业品牌精品培育计划和首批“好品山东”品牌目录。深化农村“三变”改革，105个村实现股东分红3600万元，受益群众7.4万人，村集体收入50万元以上的村占比80.8%。开展农村人居环境整治提升行动，推进乡村文化振兴，新时代文明实践中心获

评省级示范中心。

（四）持续增进民生福祉

扎实办好22件民生实事，民生支出占比达84.1%。新增城镇就业7235人，城镇居民和农村居民人均可支配收入分别增长3.6%和5.6%。落实全民参保计划，职工养老、居民养老保险人数达到26.9万人、54.3万人。稳步推进安置房建设，8个项目、1.26万套按期交付。新改建和大中修农村道路191.6公里，获评全国"四好农村路"示范县。

（五）塑造全面开放格局

提升贸易投资合作质量和水平，完成货物进出口额96.9亿元，同比增长18.4%。全面深化一次办成改革，开办企业"一窗通办""一次办好"，实现半小时办结。探索"首审即批""审管联动"等机制，项目平均提早开工3个月。推进政务服务跨域办理，137项事项实现"跨省通办"、314项事项实现"全省通办"。

三、创新与经验

（一）强监督促增收，"小切口"大文章

章丘区纪委监委深化运用"小切口"工作机制，创新开展发展新型农村集体经济促进农民增收等专项监督检查，做实以工代赈项目、合同清理规范、惠农资金管理三个"微切口"，促进农民增收2.6亿元、集体增收1.5亿元，济南市"推广'室地'联合专项监督 助力乡村振兴"现场观摩会在章丘举行。

（二）强党建促发展，打造"大国重器"

伊莱特能源装备股份有限公司，把"支部建在车间里、党小组建在班组上"作为提升组织力的有效举措，提出了"身份亮在岗位上，党旗插在工地上，支部建在项目上"三位一体工作融入机制，形成了党员创先进、职工争优秀、企业上水平的生动局面，直径15.6米的"世界第一环"创下吉尼斯世界纪录。伊莱特公司抓非公党建促创新发展案例被省委主要领导签批。

（三）强信息促"商量"，建设智慧引擎

章丘区政协发挥信息化的引擎作用，打造集协商议政、委员履职、宣传展示等功能于一体的"商量有章"智慧协商平台，构建起由区政协、7个界别组、18个街镇"云商量"工作室组成的云协商体系，为政协高质高效履职插上了"智慧翅膀"。2022年8月召开的全国政协信息化工作交流会上，章丘区政协作为山东省政协系统唯一代表，作了经验交流发言。

中共济南市济阳区委工作概况

区委书记　秦　蕾

一、组织概况与党的建设

2022年，济阳区有基层党组织1553个，其中，基层党委40个，党总支43个，党支部1470个（含联合党支部82个）。党员21743名。一年来，济阳区坚持以习近平新时代中国特色社会主义思想为指导，认真学习宣传贯彻党的二十大精神，坚决落实"疫情要防住、经济要稳住、发展要安全"的总体要求，全力以赴抗疫情、稳增长、防风险、惠民生，高质量北部中心城区建设开创崭新局面，广大干部职工的精神面貌也呈现出全新气象。

（一）以"五个更加"推动全区工作

"围绕中心、服务大局"的自觉更加坚定，紧紧围绕"建设高质量北部中心城区"的中心任务，把高质量发展作为首要任务，举全区之力推进济北开发区发展，高规格举办海峡两岸产业合作建设推介会；"迎难而上、战则必胜"的斗志更加昂扬，面对外部环境动荡、新冠疫情冲击、国内经济下行等多重考验和压力，胜利打赢疫情防控阻击战，胜利打赢党的二十大维稳安保攻坚战，胜利打赢基本民生保卫战；经济数据呈现出整体回升、逐步向好的态势，净增"四上"企业36家，实施工业技改项目67个，年产值突破10亿大关企业达到5家；"脚踏实地、埋头苦干"的担当更加有力，城市品质显著提升，乡村振兴扎实推进，生态环境持续向好；"清朗实在、政通人和"的生态更加优良，区领导以身作则、率先垂范，带头践行"一线工作法"，"讲情怀、讲担当"成为全区上下一致追求。

（二）干部队伍持续优化

坚持"实在实干实绩"用人导向和新时代"好干部"标准选配干部，坚持把政治标准放在首位，进一步完善干部政治建设考察办法，进一步优化考核体系，搭建"三位一体"考核模式。坚持把培养选拔优秀年轻干部作为一项战略任务来抓，创新开展年轻干部"五线历练"提升行动。高质量举办为期两个月的全区优秀年轻干部综合素能提升培训班，举办各类培训班等16期次，培训党员干部5100余人次。

（三）强化基层组织建设

聚焦强基固本，推进党建引领乡村振兴。建立村干部动态调整“末位淘汰”机制，开展驻村第一书记和工作队“大比武”、专题培训，发展“党支部领办合作社+服务组织+农户”等多种形式，村集体收入10万元以下村全部清零。聚焦提升效能，提高城市基层党建质量。全面推进城市社区布局优化，将现有16个城市社区调整优化为25个。聚焦标准规范，加强基层党组织队伍建设，实行基层党支部“红黄蓝三色定级”动态管理，推动181个五星“红色党支部”创品牌，1020个“黄色党支部”争晋位，146个“蓝色党支部”促转化，每月开展党支部“互查互学互比”活动。

二、主要工作与成绩

（一）新旧动能转换成效显著

全年生产总值237.1亿元，同比增长3.2%，固定资产投资增长23.6%，城乡居民人均可支配收入增长4.9%。一般公共预算收入完成23.6亿元，税收占比77.1%。落实落细助企纾困各项政策举措，推动骨干企业增产扩能，实行项目“全生命周期”服务，加强创新主体培育，全力抓好稳产增收。服务业加快发展，成立新旧动能转换应急转贷基金，加速物流项目建设。

（二）不断提升城乡品质

启动黄河岸边水生态城市规划编制工作，城镇边界扩至67.92平方公里；完成银河路、育英路、乾元大街等市政道路建设，改造农村公路21公里，改造城区雨污管网12公里，改造农村清洁取暖1546户，新铺农村供水管网1299公里、污水管网455公里，建成公园游园2.6万平方米；城区5835套安置房竣工，3104户居民回迁新居；提升垃圾分类亭116处，建成密闭分类房21处，建成省级美丽乡村4个、齐鲁样板村10个、市级清洁村庄184个。将16个城市社区优化调整为25个，“红色物业”、社区治理更加精细。

（三）持续改进民生事业

全年民生支出31.1亿元，占一般公共预算支出的85.5%。疫情防控中开放发热门诊6个、诊室56间、留观床383个，改造亚定点医院、准亚定点医院和方舱医院。筹集公共租赁住房176套，发放租赁补贴501户次。新增城镇就业3096人，开放公益岗位3747个，发放稳岗返还及创业贷款4258万元。居民养老保险参保达到22.78万人，基本医疗保险覆盖率稳定在95%以上，为城乡低保、特困供养等各类救助金1.01亿元。优化教育资源配置，第二实验中学主体完工，永康街中学、滨河实验学校及西江樾、万科幼儿园投入使用，新增学位5010个。

三、创新与经验

（一）纵深推进改革开放工作

加快协同发展步伐，把起步区作为济阳发展的最大势能，建立联席会议制度，成立六大工作专班；突出交通先行，深化“放管服”改革，推进数字化改革，农业生产“托管+”模式全面铺开，“人社服务暖1℃”改革创新试点、融媒体绩效改革等均取得新进展；加大精准招商力度，海峡两岸新旧动能转换产业合作区管委会挂牌运行，新设驻菲律宾、泰国2个海外联络处。

（二）数字化推动政务服务提速提效

加强数字政府建设，政务数据加速融合共享；推动“山东通”办公平台应用全覆盖；深化电子证照应用，建成全市首家“无证明之窗”。

（三）扎实开展作风建设年活动

大力弘扬“严真细实快”工作作风，落实“大督查、大排名”工作机制，实施重点工作“闭环管理”制度；加大财政投资评审力度，强化审计监督，“三公”经费等一般性行政支出持续下降；严格落实“一岗双责”，支持纪委监委开展工作，党风廉政建设不断加强。

中共济南市莱芜区委工作概况

区委书记　焦卫星

一、组织概况与党的建设

2022年，莱芜区辖15个街镇、861个行政村居（社区），1个国家级高新技术产业开发区，1个国家农业科技园区（省级农高区），1个省级旅游度假区，总面积1739平方公里，常住人口97万人。共有党支部2522个，党员65462名。

莱芜区坚持把抓好党建作为最大政绩，以高质量党建引领高质量发展。深学细悟强信念。严格落实“第一议题”制度，全面学习、全面把握、全面落实党的二十大精神，开展理论学习中心组集体学习12次、集中培训班7期，“线上+线下”宣传宣讲推动二十大精神深入基层、深入人心，4万余名党员干部学理论、悟思想、见行动，坚定拥护“两个确立”、坚决做到“两个维护”，始终在思想上政治上行动上与党中央保持高度一致。狠抓基层筑堡垒。扎实开展党组织分类推进整体提升三年行动、“头雁领航”工程等，完成62个软弱涣散村整顿和9个村改社区规范治理，对50名村书记提级管理、专业化管理，1263名网格员纳入“党建+网格”管理体系，“两新”党建、物业党建有效覆盖，党旗在基层一线高高飘扬。实战历练壮队伍。选派243名干部到急难险重岗位历练，3900余名区直机关干部下沉基层，带动4万余名党员冲锋在前，在实战中淬炼党性、锤炼作风。

二、主要工作与成绩

2022 年，在省委省政府和市委市政府的坚强领导下，莱芜区坚持以习近平新时代中国特色社会主义思想为指导，以学习贯彻党的二十大精神为主线，锚定“走在前列、全面开创”“三个走在前”总航标，统筹疫情防控和经济社会发展，全年地区生产总值首次突破千亿元大关，达到 1005.3 亿元，工业增加值增长 18.2%、居全市第 2 位，获评山东省民营经济高质量发展先进县（区）、山东省文旅康养强县、山东省全域旅游示范区等荣誉。

（一）坚定不移抓工业，打造黄河流域先进制造业中心

始终把“工业经济”作为支撑莱芜高质量发展的根基，“以车为本、以钢为基、以药为先”的新型工业格局加速成型。产业发展进入“快车道”。谋划布局“一城、一谷、一基地”，全力打造 2 个千亿级和 1 个 500 亿级产业集群。举全区之力推进“山东重工绿色智造产业城”建设，智能网联重卡、智能叉车、安道拓实现产值 23 亿元，凯傲智能叉车（二期）等 10 个项目加快推进，智能制造与高端装备产业提质增效。战略谋划“鲁中国际生物谷”，珅诺基药业研制的阿可拉定获批上市，“鲁中国际生物谷”成功纳入全市生物医药与大健康产业“双核引领、双谷呼应”战略版图，累计引进乾肽生物等高端药企 44 家，医药产业加速裂变发展。谋划建设“精品钢与新材料产业基地”，泰钢、九羊蝉联“中国企业 500 强”，400 系不锈钢占据全国 25% 市场份额并远销海外，不锈钢与先进材料产业提质扩量。双招双引跑出“加速度”。坚持“项目至上、落地为王”，成功洽谈引进项目 210 个，100 个区级重点项目累计完成固定资产投资 188 亿元，列入省重点项目 18 个、市重点项目 47 个，9 个项目当年引进、当年投产；出台人才政策“双 30 条”，引进博士 9 人、硕士 175 人，培育泰山产业领军人才 6 名。市场主体迸发“新活力”。助企纾困 11 条政策加速落地，带动市场主体增至 12.3 万家、同比增长 13.8%；净增上规入库企业 60 家，全省百强民企达到 5 家，国家级“小巨人”、瞪羚、专精特新企业数量翻番、创历年新高。

（二）坚持不懈促改革，充分释放发展动能

以省级系统集成改革试点统筹改革全局，高质量完成 17 类 50 项具体任务，顺利通过省市验收评估。持续优化平台载体。深化功能区体制机制改革，推动莱芜高新区、雪野旅游区、莱芜农高区差异竞争、错位发展。其中，莱芜高新区在省级开发区排名前进 107 个位次。持续深化“放管服”改革。16 个重点项目实现“多证连发”，305 项政务服务事项实现“全省通办”，“泉智办”自助终端设备全面铺开，“拿地即开工”成为常态。持续推进对外开放。新培植 44 家跨境电商企业，进出口额实现 31.7 亿元，泰山钢铁印尼镍铁项目顺利投产，开放合作迈出新步伐。

（三）用心用情惠民生，不断擦亮“三感”成色

把以人民为中心的发展思想贯穿始终，民生支出占比达到 83.2%。加速城市有机更新。有序推进 13 个城市更新项目，顺利完成 33 个老旧小区、73.5 万平方米改造任务，济莱高铁建成通车，济莱间高速公路实现本地汽车点对点免费通行，互联互通更加紧密。全面推进乡村振兴。粮食产量实现“十九连丰”，农产品出口额占全市农产品 70% 以上，村集体收入十万元以上的村实现全覆盖，成功打造齐鲁样板村 21 个、省级美丽乡村示范村 5 个，入选省乡村振兴“十百千”示范创建区、“四好农村路”全国示范县。着力增进民生福祉。10 件为民办实事圆满完成，发放各类救助金 2.8 亿元、惠及群众 65.6 万人，1.2 万人成功就业，新建（改扩建）幼儿园 9 处、中学 4 处，598 处村卫生室完成标准化建设，依托“12345”市民服务热线为群众解决急难愁盼问题 17.1 万件、满意率保持在 98% 以上。坚决守牢“一排底线”。坚持“两个至上”，落实“二十条”“新十条”优化措施，快速反应、科学高效处置“4·18”“11·17”等突发疫情，最大程度保护人民生命安全和身体健康；进京、赴省访人数分别下降 26%、18.8%，安全生产事故起数、死亡人数均下降 47%，社会大局保持和谐稳定。

三、创新与经验

（一）擘画高质量发展新蓝图

坚决扛牢“为官一任、造福一方”责任担当，以做好区划调整“后半篇”文章的政治责任感和历史使命感，高质量召开莱芜区一次党代会，确立“生态立区、工业强区、创新兴区”发展战略，全力打造“黄河流域先进制造业中心”“省会城市副中心”，加快建设“实力强劲、创新引领、生态宜居、人民幸福、治理高效”的社会主义现代化新莱芜，力争到 2026 年，全区主要经济指标实现“一个突破、两个翻番”，地区生产总值突破 1500 亿元，地方财政收入、规模以上工业营业收入实现翻番，分别达到 100 亿元、3000 亿元。

（二）持续深化区属国有企业改革

坚持运营管理“集团化”、主要业务“聚焦化”、资源配置“投行化”，将 16 家一级国有企业整合，成立山东济莱控股集团，将优势可经营资产注入国有平台公司，构建多元化融资体系。济莱控股资产总额达到 288 亿元、同比增长 28%，成功创建 AA+ 信用评价等级，新增融资 39 亿元。

（三）纵深开展“作风建设年”活动

旗帜鲜明整“四风”、树新风，以“争第一、创唯一”的追求，践行“时辰可拖，日期不可拖”的操守，推动全区上下实现思想再解放、作风再转变、效率再提升、发展再提质，“一家人、一条心、一盘棋、一起干”的氛围更加浓厚。

中共济南市钢城区委工作概况

区委书记　郅　颂

一、组织概况与党的建设

钢城区总面积507平方公里，辖5个街道和1个省级经济开发区（钢城经济开发区），常住人口28.7万人。截至2022年底，有基层党组织1390个，党员22055名。

（一）压实管党治党责任

严格落实全面从严治党“两个责任”清单，推动四责协同机制运转顺畅。制定了一届区委巡察工作规划，开展了2轮巡察，问责党组织15个、党的领导干部23人。抓好省委巡视反馈意见整改落实，开展落实黄河重大国家战略、交通运输等专项监督检查，取得阶段性成效。

（二）强化思想理论武装

深入学习贯彻党的二十大精神，及时传达学习，开展干部轮训，带头宣传宣讲。深化落实“第一议题”制度，区委常委会集中学习24次，中心组集体学习研讨13次，被评为“全省先进县级党委（党组）理论学习中心组”。举办各类班次20多期，培训干部1260人次。加强意识形态工作，对15个单位开展巡察检查。

（三）夯实基层党建基础

率先实行深化街道行政管理体制改革。全面推行“有事找支部”为民服务机制，解决群众急难愁盼问题3000余件。扎实开展软弱涣散党组织整顿，一批“后进村”转化提升。创新“我当书记这一年”述评比武，推行农村党组织书记星级管理机制，出台壮大集体经济“两意见一办法”，村集体收入全部超过10万元。

（四）加强干部队伍建设

出台《新时代年轻干部培养选拔行动计划》，突出重实干、重实绩、重担当的用人导向，换届后集中调整使用干部339名，新配处级干部平均年龄比调整前区管干部平均年龄降低10岁，全区党政工作部门40岁左右区管干部配备率100%，街道班子中40岁左右干部占比50%。

（五）打造风清气正生态

坚持严的主基调不动摇，处置问题线索475件，立案120件，给予党纪政务处分97人。紧盯重点领域专项整治，查处违反中央八项规定精神问题11起11人，严查群众身边的腐败问题和不正之风29起29人。用“第一种形态”批评教育帮助311人次，占比提高39.6%。大力加强廉洁文化建设，打造“清风钢城”品牌。

二、主要工作与成绩

（一）综合实力稳步提升

2022年，全区生产总值356.4亿元，增长2.1%；一般公共预算收入增长5.3%，排名全市第4位；固定资产投资增长13.7%，排名全市第5位；实际使用外资完成全年任务的257%，排名全市第1位；建安投资增长29.5%，排名全市第2位；社会消费品零售总额增长0.3%，排名全市第6位；一般贸易进出口总额增长52%，排名全市第4位。

（二）新旧动能加快转换

抓好总投资200亿元的山钢新旧动能转换项目，数字智能炼钢、100吨转炉等项目建成投产。发展高新技术企业35家，高新技术产业产值占比40%，研发投入占比4.2%。新增规模以上工业企业23家、绿色工厂7家，新发展制造业单项冠军、“专精特新”等企业25家，8个省重点、9个市重点项目投资完成率分别达到150%、145%。实际利用外资3089万美元，完成全年任务的257%。入选全国创建“新城建”产业与应用示范基地名单，获评全市推动工业强市高质量发展表现突出单位。

（三）城市更新全域推进

济莱高铁建成通车，钢城迈入“高铁时代”。城子坡片区完成1100多户居民、130多户商铺的签约拆迁，南城子坡安置区启动建设，实现了当年谋划、当年拆迁、当年建设、当年纳统。21个老旧小区、12条城市道路、13个公园游园完成改造提升，“推窗见绿、转角入景、出门进园”成为钢城市民的生活新常态。

（四）乡村振兴提质增效

与省农科院共建山东未来畜禽种业国家现代农业产业园，构建“种质资源+集成创新+中试研发+产业培育”多维业态，助力打造“中国北方种业之都”。获评全国农机化示范区。完成3个省级美丽乡村和7个齐鲁样板示范村创建。新改建农村道路111公里，公路安防设施51公里，村道“白改黑”32万平方米。获评全省整县域推进乡村生态振兴重点县。

（五）环境质量大幅改善

环境空气质量综合指数4.34，排名全市第2，优良天数277天、优良率75.9%，获评全省深入打好污染防治攻坚战先进县。总投资10.28亿元的大汶河流域水环境综合治理项目完成主体工程，10条支流综合治理项目开工建设，城区污水综合治理、70个村的农村生活污水治理等项目基本完成，5个重点河流考核断面稳定达到或优于考核目标，城镇集中式饮用水水源水质达标率100%。煤炭压减15.79万吨，单位GDP能耗预计下降10%。

（六）民生保障更加完善

民生支出占比80%。12件民生实事办理完成。因时因势防控疫情，是全省最晚出现本土确诊病例的区县之一。

区级综合养老服务中心投入使用，幸福食堂标准提升、全域覆盖，入选全省优秀社会救助品牌。区中医医院综合楼等加快建设，新建村卫生室40处。区图书馆新馆建成启用，新建泉城书房1处、城市书房5处。群众满意度省调排名全市第5，群众安全感省调排名全市第3。12345热线考核排名全市前列。

三、创新与经验

（一）“六位一体”推进城市更新

坚持顶格推进，三级联动合力攻坚，做到快速决策、迅速执行、立竿见影；坚持规划引领，涵盖安置区、保障性租赁住房、公服设施、商业载体、市政道路、河道修复、公园绿地、老旧小区改造等内容，精准适应融资需求；坚持政策先行，科学统筹市情区况，在保障民生的前提下，解决了新老政策、新老项目的衔接；注重产业支撑，导入商业商务办公、生活保障房、产业研发中心、企业家总部等业态，为城市发展注入新的活力；注重高效融资，创新“开发性金融＋联合信贷”（“1+N”）融资模式，实现项目资金全覆盖；注重阳光征收，实行“九个一线工作法”，以人为本做好群众工作。实现了当年谋划、当年拆迁、当年建设、当年纳统。

（二）产学研融合赋能种业振兴

突出市场运作，实行政府搭台、科研机构和企业唱戏，与省农科院联合成立山东农科种业科技有限公司作为项目运营实施主体，实现了项目融资和专项债落地；突出科技引领，规划建设家畜基因编辑育种中心、动物生物安全三级实验室、兽药GLP与GCP平台、保种繁育基地等四大创新平台，打造畜禽种业全产业链新科技策源地；突出园区带动，孵化和带动一批种业、食品、药品企业的集聚和发展，建设国内一流国际有影响力的畜禽种业引领区、全省畜牧业高质量发展先行区、北方种业之都的核心展示示范区。

（三）事不避难化解历史遗留问题

坚持“不把历史遗留问题再留给历史”，成立了历史遗留问题化解、城市更新、招商引资、服务业发展四个重点工作攻坚小组，啃下了南城子坡、北城子坡等硬骨头，拉开了城市更新的大幕；逐步解决了无证建筑等一批问题，3个小区1730户具备办证条件，让“历史”问题不再“遗留”；策划包装了一批项目，通过专项债券等渠道，有效破解“融资瓶颈”；多措并举推进煤矸石处置，污染“顽疾”得到了有效整治；高质量编制国土空间规划、街区控制性详细规划，着力解决规划与发展需求不匹配的矛盾。

中共平阴县委工作概况

县委书记　王秀成

一、组织概况与党的建设

平阴县共有基层党组织1376个，其中，党（工）委58个，党总支81个，党支部1243个，共有党员25993名。

（一）党建引领更加有力

坚持“第一议题”制度，2022年县委常委会会议学习51次，县委理论学习中心组集体学习研讨15次，学习习近平总书记重要讲话、重要指示批示精神68篇。深入开展“解放思想提境界、创新突破争一流”学习讨论，扎实开展“我为群众办实事”活动，解决群众急难愁盼问题612件。制定贯彻落实党史学习教育常态化长效化的意见措施，打造“玫好平音”宣讲品牌。

（二）基层基础更加坚实

深入开展全国党建引领乡村治理试点、全省中小城市基层党建试点，坚持“三抓三促”工作思路，制定村党组织书记专业化管理办法，实施“85青雁”递进培养，储备村级后备力量1000余人，73名乡村振兴工作专员进入村“两委”班子。全面推行“支部在哪儿”数字化治理模式。坚持党建“双嵌入双服务”助推产业发展，成立阿胶、炭素等产业党委11个，打造党建联合体17个，村集体经济收入全部达到10万元以上。

（三）用人导向更加鲜明

围绕事业发展调整干部3批次240人次，晋升职级132人。实施年轻干部培养选拔“青蓝永济”工程，提拔使用24名“90后”干部。出台激励中层干部担当作为干事创业的若干措施，为县管干部储备后备人才。制定退出领导岗位的县管干部下沉基层服务方案，45名干部下沉到20多个社区、企业发挥引领作用。

（四）监督执纪更加精准

持续保持惩腐高压态势，深化运用监督执纪“四种形态”，批评教育帮助和处理866人次，第一种形态占比70.4%。2022年共处置问题线索798件，立案267件，给予党纪政务处分250人，给予12人容错减（免）责，对15起失实案例予以澄清，推动全面从严治党走深走实。健全“四风”察访机制，稳步开展十五届县委第二轮常规巡察。

二、主要工作与成绩

2022年，平阴县坚持以习近平新时代中国特色社会主义思想为指导，深入学习贯彻党的二十大精神，全力抢抓黄河重大国家战略、“强省会”建设等重大战略机遇，高效统筹疫情防控和经济社会发展，深入推进“1+684”工作体系，经济社会保持稳中向好发展态势，全县地区生产总值完成278.8亿元、增长2.7%；固定资产投资增长9.7%；一般公共预算收入迈上30亿元新台阶，增长13.8%。

（一）凝聚发展动能，经济活力持续迸发

坚持工业优先发展战略不动摇，深化制造业高质量发展三年行动，做大做强高端装备零部件、炭材料、绿色建材、大健康“两优两特”产业集群，炭材料成为继高端装备零部件之后第二个百亿级产业集群。成功举办第七届全国铸造行业职业技能竞赛，平阴铸造跻身国内顶尖行列。2022年新增国家级“专精特新”小巨人企业3家、省市级“专精特新”企业18家、省“瞪羚”企业3家，6家企业获评济南市“民营企业100强”。首次采用云直播方式举办玫瑰文化节，全网点击量突破2.5亿，平阴玫瑰获批“国家地理标志产品保护示范区”“中国地理标志产品示范品牌”。

（二）聚焦品质提升，城市面貌加速蝶变

县城空间布局不断优化，锦东政务服务区功能日益完善，滨湖生态宜居区初具规模，县城建成区面积达到23平方公里。稳步推进城市有机更新，会仙山、白庄等片区安置房建设步伐加快，新建交付安置房1536套，改造提升老旧小区35处，城区雨污分流管网覆盖率达93%。扎实开展全国文明城市创建，深化“行走城管+路长制”管理模式，平阴县被确定为全省规范户外广告和招牌设施管理试点城市。全年环境空气质量综合指数改善5.16%，5个市控以上河流断面主要污染物全部达标。

（三）补齐发展短板，乡村振兴全面起势

建设高标准农田4万亩，水肥一体化2万亩，粮食生产连续丰产丰收。大力实施全产业链培育计划，全县共有家庭农场705家、农民专业合作社825个、市级以上农业龙头企业38家。大力推进土地流转和规模化经营，土地流转率达54.03%，土地经营规模化率82.5%。扎实推进农村人居环境整治，集中创建12个乡村振兴齐鲁样板村和8个省级美丽乡村示范村，玫瑰镇入选全国“一村一品”示范村镇。

（四）巩固民生成果，社会事业显著改善

坚持人民至上，创新搭建全县防返贫监测信息平台，先后两次高效处置突发疫情，新十条出台前连续六天实现社会面清零。2022年民生支出占一般公共预算支出的80%，居民人均可支配收入增长5.3%，城镇登记失业率保持在0.3%以下。引进海亮教育等优质教育资源，新建改扩建和山学校等11所中小学校（幼儿园），平阴县入选全国义务教育优质均衡先行创建县名单。县人民医院成为国家卫健委首批“千县工程”示范单位。余热进城项目70天完成施工、供热，有力保障县城居民温暖过冬。全省社会治安满意度调查平阴县位列第39名，蝉联济南市第一。

三、创新与经验

始终把改革创新作为推动发展的源动力，深入学习贯彻习近平总书记关于全面深化改革的重要论述，巩固完善制度、扩大改革成果、提升整体效能。

（一）聚焦重点促改革

以“十大创新”行动、四项保障型改革为基础，44项改革任务全面完成。实施省级以上改革试点任务28项，其中，新增国家级试点7项、省级试点6项。平阴玫瑰全产业链发展标准化示范区通过国家评估验收，平阴玫瑰产业示范园区获评国家林业产业示范园区。智慧审计“e键体检”平台、创新“基层智慧治理”做法先后在《改革内参》、山东省《支部生活》等中央和省级刊物刊发。

（二）创新机制提效能

深化招商体制机制创新，加快推进开发区体制机制改革，建立上海、苏州两处驻外招商站，与30家企业、律所签订招商合伙人协议，新签约实体项目64个、总投资200亿元。开展“千人帮千企”活动，帮助企业解决各类问题129个，累计退税减税、缓税降费5.04亿元。持续深化商事登记审批制度改革，落实“一业一证”、即时审批等措施，新增市场主体3910家。在全市率先将20项审批事项下放至村（社区）。

（三）搭建平台促发展

深化数字平阴建设，在全市率先构建“1+3+4+N”城市大脑“平阴模式”，实现“一网管平阴”目标，入选国家数据直达基层试点、全省一体化大数据平台县级节点建设试点县、全省视频智能应用创新试点名单。创新实行每季度县委工作会议制度，推行“摘牌夺标进位”季度考核，对重点工作实行指挥部推进机制，形成高位化调度、扁平化协调、集成化攻坚、闭环式管理工作机制，推动重点工作任务高效落实。

中共商河县委工作概况

县委书记　袁长奎

一、组织概况与党的建设

中共商河县委共有县管党（工）委23个、二级党委39个、党总支42个、党支部1152个，其中，农村党组织516个，社区党组织25个。截至2022年底，全县共有党员27949名，其中，农村党员16131名、占比57.72%。

（一）建强堡垒促振兴

制定《新时代年轻干部选拔培养“麦丘计划”》，县镇换届以来136名优秀干部得到提拔和进一步使用，调整优化37名村党组织书记，一名同志荣获全省“人民满意的公务员”称号。全面推行支部评星定级，各级领导班子成员建立支部联系点412个，推动规范提升。成立快递物流、外卖、电商、互联网4个行业党委和印刷包装产业链党委，破除行业发展壁垒。打造19个乡村振兴党建联合体，探索多种金融赋能发展模式，全面消除集体收入10万元以下村。

（二）党建引领强产业

成立党建引领基层治理领导小组，全面规范社区网格设置，招录社区工作者50名，打造社区党群服务中心2个、小区党群服务站48个，提高服务水平。坚持外引内培壮大两新组织党员队伍，党组织单建率提升15个百分点。部署推进党建引领合作社“十四五”规划，打造“四位一体”合作社孵化园，12家镇级联合社、426家党支部领办合作社助力集体增收2000余万元。

二、主要工作与成绩

2022年，商河县以习近平新时代中国特色社会主义思想为指导，深入学习宣传贯彻党的二十大精神，按照中央决策部署和省、市工作安排，深化完善“一三四六”工作思路，勇当黄河战略生力军、建设北起次中心，勇当以县城为重要载体的城镇化建设排头兵、争创国家级试点县，勇当现代化济南都市圈建设急先锋、打造强省会增长极，经济社会保持了稳中向好、进中提质的良好态势。全县地区生产总值增长5.7%，地方一般公共预算收入同口径增长5.02%，固定资产投资增长14.7%，规模以上工业增加值增长8.5%，限上单位零售额增长28.2%，网零额同比增长101.4%，主要经济指标增幅保持了较好成绩，工业增加值首次超过农业增加值，经济结构发生历史性变化。

（一）产业发展全面起势

实施“四五六四六”产业发展举措，聚力打造五个百亿级特色产业集群。生物医药化工产业集群潜力凸显，力诺二期已投产，红日药业已经试生产；高端装备制造产业集群稳步发展，绿色循环经济产业园、山东胜开、海耀新能源等项目积极推进；绿色智能建筑产业集群不断壮大，中建八局二期、中交四公局一期、易通城建绿色建材研发基地一期、鼎瑞泰沣等陆续投产，东展二期工程进展顺利；一二三产融合发展产业集群突破发展，家家悦5.0供应链产业园、金沙河面业顺利投产，斯伯特、华庆农业机械等8家企业通过国家两化融合贯标A级评定；金融和现代服务业产业集群破题起势，商河金融中心主体封顶。

（二）项目建设质效并进

强化要素保障，创新项目融资体制，国家发改委反馈中长期贷款项目26个，总投资74.49亿元、贷款需求38.41亿元；申报通过11个地方政府专项债券项目，11.49亿元资金已落实到位；政策性开发性金融工具项目完成投放4个、额度5.2亿元，分别居全市第1、第2位。强化项目建设，重抓前期包装，围绕产业和基础设施等领域策划储备项目89个，总投资511.16亿元。

（三）城乡融合协同发展

推进高品质县城建设，许商综合片区七期城市更新项目开工2966套、完成年度任务的102.3%，五大城市功能性项目积极推进。投资3亿元的商德大道拓宽改造工程正式通车，济商大道中段二期工程完工，德龙烟铁路商河货运站开通运营；建设内连外畅的高品质乡村路，获评“四好农村路”全国示范县。

（四）民生事业持续改善

建立“六位一体”社区治理智慧平台，优化设置全县域1166个网格，社会治理效能更加优化。总投资7.1亿元、建筑面积12.9万平方米的教育强县项目二期加快建设，总投资18.5亿元的县人民医院新院区、县妇幼保健院、县疾控中心、“一核六翼”基层公共卫生应急中心等10个项目进展顺利。

三、创新与经验

（一）探索“以新型工业化、城市化带动农业农村现代化”的发展路径

聚焦一二三产融合，以工业带动产业协同链条，稳步推进品质原粮、温泉花卉、精致果蔬等“5+3”农业特色产业体系。山东金沙河面业正式投产后年加工小麦200万吨、相当于全县5倍的小麦年产量；同步规划建设创新产业园，打造一二三产融合发展的新高地；家家悦5.0供应链产业园顺利投产，打造辐射省会周边及京津冀市场的物流配送基地。聚焦区域融合，以高品质县城串起县域协同链条，实施城市“四大提升”“六化协同”行动，完善城市“五位一体”垂直管理体系，总投资124亿元的五大城市功

能性项目加快建设。聚焦城乡融合，以特色产业构筑镇村协同链条，成功创建国家级农村产业融合发展示范园，推行“一证保三权”，保障进城农民合法权益，累计为4430户、12545名村集体经济组织成员办理转移备案证；深化农村“三变”改革，新成立和转化农村劳务合作社343家，2022年实现收入5351.16万元。

（二）用“关键一招”推动营养食品产业迅速积厚成势

运用改革“关键一招”，以山东斯伯特生物科技有限公司为龙头，依托全县现有营养食品产业基础，聚力打造协同高效产业链。创新“以租代建”服务模式，整体出租创业基地内共计4.2万平方米的5栋标准厂房，缓解企业启动资金压力，一次性解决生产和仓储难题。规划建设总投资10亿元的印刷包装产业园，涵盖纸箱、彩印、标签等全产业链，打通营养食品产业链的包装下游。与山东大学、山东科学院等高校院所达成13项技术成果转化，搭建中科院微生物研究所、省级生物医药化工产业园等“四院四园”载体平台，满足企业对高精尖研发人才的需求。斯伯特公司的“诺特兰德”系列产品成为运动营养品全网第一品牌，建立起国内公用型保税仓库、布局海外仓库，实现了国产自主品牌运动营养食品首次出口海外。

青 岛 市

中共青岛市市南区委工作概况

区委书记 王 锋

一、组织概况与党的建设

2022年，市南区基层党组织2405个，其中，基层党委111个，总支387个，支部1907个。现有党员5.91万人。

（一）扛牢管党治党政治责任

深入学习贯彻党的二十大精神，坚持把“两个维护”作为最高政治原则，深刻领会“两个确立”的决定性意义，增强“四个意识”、坚定“四个自信”，始终在政治立场、政治方向、政治原则、政治道路上同以习近平同志为核心的党中央保持高度一致。坚持学习贯彻习近平新时代中国特色社会主义思想，严格落实“第一议题”制度，区委常委会会议传达学习习近平总书记重要讲话33次114篇，区委理论学习中心组集体学习研讨15次。锚定“国之大者”，鲜明提出建设风清气正引领区，以优良党风促政风带民风。开展2轮巡察及黄河流域高质量发展专项巡察，发现并整改问题293个。

（二）持续转作风提能力

深入开展“精神大提振、素质大提升、攻坚大突破”作风能力提升年活动，出台“十条措施”推动作风能力建设向基层延伸，277件“治重化积”案件化解275件，停滞9年的财富中心等一批重大难点问题彻底解决，二、三四季度“摘星夺旗”保持全市第五，荣获“加压奋进、进位赶超”红旗。开展单位“夺旗”、个人“摘星”考核，54个单位扛旗、授星干部316名，形成比学赶超、奋勇争先浓厚氛围。在全市2022年度高质量发展综合绩效考核中列第5位，较上年提升1个位次。

（三）全面夯实基层基础

创建“全域党建引领城市基层治理示范区”，做实505个基础网格，党建引领网格自管共治模式全市推广。坚持实干实绩导向，一线提拔处级干部229名、其中80后49名，“叫醒”“叫停”干部53名。

（四）强力正风肃纪反腐

加强党风廉政建设，严格落实中央八项规定及其实施细则精神，运用第一种形态295人次，是同期4倍。以“零容忍”惩治腐败，立案96件，党纪政务处分85人，移送司法机关8人，挽回损失5332万元。

二、主要工作与成绩

（一）发展基础更加坚实

高效统筹疫情防控和经济社会发展，科学精准抓好常态化疫情防控，推动疫情防控转段平稳有序，落实好“二十条”“新十条”等疫情防控优化措施，最大程度保护人民生命安全和身体健康，最大限度减少疫情对经济社会发展的影响。坚决扛牢稳增长政治责任，出台一系列支持经济增长政策措施，留抵退税超过12亿元、惠及企业2700余家，全区生产总值达到1496.36亿元、增长4.7%，一般公共预算收入还原留抵退税后增长5.8%，时隔五年重回百亿，税收占比达到86%；市场主体总量超过10万户，跨境电商贸易额突破25亿元，各类首店达260家，均创历史新高，新登记企业数量增幅保持全市第一；居民人均可支配收入持续增长。

（二）更新建设走在前列

51个攻坚项目全部按照时间节点完成。拆除“两山”9000平方米现有建筑、征收居民房屋45户，4849座坟墓清零，率先建成浮山市南公园，8个山头公园变身为群众休闲最佳去处，“花海市南”200余个节点花团锦簇，靓丽的风景让市南更加赏心悦目。惠及1.3万余户居民的老旧街区改造提前完工，既有建筑电梯加装222部，新增和释放停车泊位1.25万个，完成6.6万平方米违建拆除，居民生活环境大为改善。举办系列高端文化节庆活动，推出“花海市南”等12条文旅线路和12个城市音乐角“网红打卡点”，入选全省首批十大文旅康养强县。

（三）历史城区展露新颜

四方路、黄岛路、复兴里、劈柴院和中山路主街两侧整修等一批项目完工，历时9年的1075户居民房屋征收完成，百年太平路首次实现封闭管理，栈桥中山路结束多年对望顺利贯通，北方最大的裸眼3D大屏亮相，首届“上街里”啤酒节吸引游客70万人，一批国内潮流消费业态签约入驻，中山路数字化改造成为全国旅游创新案例，中山路街区入选全省城市更新试点名单，成为全省首批文物保护利用示范区、全省首批省级老字号聚集区（全省共三家）。

（四）民生保障更加完善

将区级公共预算支出的73%投向民生领域，6类20项民生实事按期完成。新增就业4.5万人，镇江路小学投入使用，连云港路小学开工，集团化办学全面启动，市南教育更加优质均衡；加强空巢老人独居安全保障，困难群体供养标准提高10%，空气质量优良率同比提升3.3%。

（五）安全稳定基础更加扎实

圆满完成冬奥会、冬残奥会、全国省市“两会”和党的二十大维稳安保工作，实现“四个零”（“零集访”“零非访”“零通报”和国家信访局分流中心“零登记”）目标。深化“暖治理”，建设社区警务驿站，创新“13515”快反机制，深入开展执法监督，司法审判质效提升，连续126天无刑事警情，全力建设法治政府示范区，依法治区工作取得新成效，社会大局保持和谐稳定。

三、创新与经验

（一）全域推进党建引领网格自管共治

市南区持续发力基层治理“微创新”，在全省范围内首创“网格自管”新范式，坚持以基层党建为引领、以居民自治为基础、以共建共治共享为目标，不断探索党建引领网格自管共治工作的新理念、新机制、新模式、新场景，着力破解“行政有效、治理无效”“上热中温下冷”等基层治理困境，全面实现“小事不出网格、大事不出社区、难事不出街道”，全面提升基层治理体系和治理能力现代化。党建引领全域网格自管共治工作得到省委副书记、市委书记陆治原同志充分肯定，并召开现场会在全市推广；太平角社区“六联共建”模式被中联部列为全国唯一城市基层党建案例。

（二）构建“全融入、全方位、全流程”行政执法协调监督体系

作为青岛市唯一的全国行政执法协调监督试点，市南区扎实推进区街全覆盖的行政执法协调监督工作体系建设，深化行政执法权力运行机制改革，进一步加强机构队伍建设、明确执法监督职责、规范协调监督内容、创新执法监督方式，创新推出“全融入、全方位、全流程”监督体系，进一步规范公正文明执法，不断提高行政执法质量和效能，提升法治政府建设水平。自试点工作开展以来，市南区执法部门被复议案件数减少34.7%，纠错率降低7.2%。

（三）创出招商打法“新模式”

首创“投创投、招创投、创投招、创投投”四位一体招商打法，运用资本合作方式，引进鑫宸实业、鲁信创投、安芙兰等国内创投头部企业，依托创投招商平台，引进苍穹数码等30余个项目。系统谋划项目招引，以系统思维统筹推进招商引资与实体经济、城市更新，以招引项目激发实体经济活力，以城市更新吸引项目落地。发挥国企招商主力作用，积极运用股权投资、债权投资等方式参与项目招引，累计投资21亿元，成功引进九天微星等17个项目。加快拓展载体空间，推进总面积100万平方米的8个现代都市产业园招商，升级改造15座老旧商务楼宇，盘活闲置载体26万平方米，原财富中心打造为涉外法务中心，原海珊制衣厂厂房变身为华通中联云芯产业园，培育远洋大厦、海航万邦等10座特色产业楼宇，新增2座亿元楼，获评中国楼宇经济（总部经济）标杆城区30强。

中共青岛市市北区委工作概况

区委书记　高　健

2022年，市北区坚持以习近平新时代中国特色社会主义思想为指导，围绕迎接党的二十大、学习宣传贯彻党的二十大精神，全面贯彻落实中央决策部署以及省委、市委工作要求，开拓创新、实干担当，繁荣美丽幸福的现代化国际城区建设实现良好开局。

一、组织概况与党的建设

截至2022年底，市北区共有基层党组织3069个，其中，党委196个，党总支51个，党支部2822个，党员83508名。

（一）坚持强化党建引领

旗帜鲜明讲政治，坚定拥护“两个确立”、坚决做到“两个维护”，切实把贯彻落实习近平总书记对山东、对青岛工作的重要指示要求，与推动市北老城区高质量发展的具体实践紧密结合起来。严格落实意识形态工作责任制，确保意识形态领域安全。认真贯彻执行民主集中制原则，不断提高决策水平。

（二）高质量抓好干部队伍建设

着眼加强换届后干部队伍建设，制定实施“北尚实干家”干部队伍建设五年规划纲要，年轻干部培养选拔“北尚薪火”工程和“北尚菁英”科长队伍建设工程。全年调整配备区管干部463名，举办各类教育培训班次10期，培训干部904人次，全区干部队伍结构初步优化、能力素质持续提升。

（三）全面加强基层党组织建设

全域推进“党建引领一网治理”强基工程，实施“书记领航”行动，高标准打造青岛城市基层党建实训基地，8个基层党组织获评市级“五星级基层党组织”。出台社区党委书记规范化管理和事业编选聘办法。建立“北尚诉办”平台，解决群众诉求9000余件。成立三大片区党建联盟，开放29处“北尚先锋·驿站”，出台加强农工商公司党建十条意见。

（四）纵深推进全面从严治党

突出政治巡察定位，开展三届区委两轮巡察和黄河流域专项巡察，精准发现整改问题206个。强化正风肃纪，一体推进“三不腐”，立案128件，给予党纪政务处分138人，运用第一种形态批评教育帮助420人次。开展疫情处置、维稳安保等专项监督检查，发现督促整改问题1076个。建设清廉市北，打造“廉洁便民”“清廉校园”等示范样板，营造风清气正政治生态。

二、主要工作与成绩

（一）综合实力明显增强

胸怀大局服务国家战略，围绕市委“三条线”重点工作，推进“两带三区”发展布局和“2+6”特色产业体系，全力打好“十四五”规划关键战。2022年，全区完成生产总值1124.45亿元，同比增长4.6%；社会消费品零售总额687.5亿元；固定资产投资增长15.9%，高技术投资增长40.2%；一般公共预算收入完成105.8亿元，增长4.3%，税收占比83.4%；货物进出口总额完成380亿元，增长20%。

（二）产业结构持续优化

聚焦全市24条重点产业，厘清符合主城发展的“2+6”特色产业，区领导担任“链长”，带头走出去开展招引，全年引进亿元以上项目98个，国家电投、山东土发集团等一批央企、省企区域总部集聚市北，浪潮大数据产业园、钢研“一院一园”等一批引领性产业项目落成。

（三）城区品质不断提升

全力推进全国文明典范城市创建，完成259处老旧小区改造、108处“微更新”项目，新增泊位1.3万个以上，依法拆除各类违建、违法户外广告32万平方米。历史城区引领老城复兴，老四方工业区等低效片区盘活利用，中央商务区综合竞争力入选“全国20强”，台东步行街入选首批省级智慧商圈试点。浮山绿道全线贯通，整治提升太平山等10座山头公园。

（四）民生保障持续改善

高质量完成15件区办实事，民生支出占比78%以上。安置城镇公益性岗位5720个。新建改扩建6所学校，增加公办学位6400余个，获评首批山东省全环境育人实验区。区妇幼保健中心开工建设，新建公立社区卫生服务中心4所。发放各类救助资金1.7亿元，升级22处居家养老社区服务站。举办文旅嘉年华活动1000场次、赛事活动500场次。切实守牢安全发展、信访维稳等“一排底线”。

三、创新与经验

（一）高效统筹疫情防控和经济社会发展

克服疫情反复、经济下行等多重压力，特别是“1102”突发疫情处置中，在市区联合现场指挥部统一指挥下，以快制快抓牢流调溯源、社区管控、隔离转运等环节，7天时间实现社会面清零。经济上实施一揽子保增长政策举措，全面落实惠企纾困政策，减税、降费及退税72亿元，市场主体总量突破20万户，主要经济指标保持良好增长势头。

（二）攻坚解决城市更新建设堵点难点

发起“房屋征收清零百日攻坚行动”，成立房屋征收和腾空房屋处置利用专班顶格推进，由区委书记挂帅，区人大常委会副主任领题攻坚，历时9年、占主城区70%的棚改征收任务全面完成，闫家山、香里、大水清沟村实现历史性清零。分别用 18 天、20 天完成南京路拓宽工程房屋征收和劲松五路打通工程商户搬离，提前 20 天完成辽阳路快速路征迁，有力保障市重点工程当年通车。

（三）区局一体合力推进邮轮港区更新改造

落实市功能区体制机制改革部署，人员资源等统一调配、一体使用、协同运作。强化与山东港口集团的协同融合，加快推动港区、园区、城区“三区互融”，建设现代化国际大都市“窗口示范区”。RCEP“鲁贸通”及国际版上线升级，成功举办第二届 RCEP 经贸合作高层论坛，开通中国北方首条中日 RCEP 快线，全力争创 RCEP 山东经贸合作示范区。

（四）推动历史城区蝶变复兴

以服务保障省旅游发展大会为己任，启动历史城区、协同区及老旧街区 46 万平方米改造，推动台东步行街、登州路啤酒街打造“世界一流、中国唯一的啤酒元素步行街”。统筹文化传承保护和新兴业态导入，高密路“沉浸式”街区开街亮相，打造出全新的文化客厅与历史城区地标。

中共青岛西海岸新区工委（黄岛区委）工作概况

青岛市委常委，西海岸新区工委书记、
黄岛区委书记　孙永红

青岛西海岸新区陆域面积 2129 平方公里，海域面积 5000 平方公里；区内有十大功能区，23 个镇街、376 个村居，总人口 257.8 万人。

一、组织概况与党的建设

2022 年，全区共有基层党组织 4709 个，区委派出工委 22 个，设立党组 49 个，非公有制经济组织党组织 1062 个、社会组织党组织 163 个；党员 102690 名。

（一）深学笃用党的二十大精神

召开常委会、全委会、专题学习班等深入学习研讨党的二十大精神，将二十大报告梳理分解，制定经略海洋、军民融合、自贸试验区、体制机制创新四个实施意见，逐项抓落实，以实际行动坚定拥护“两个确立”、坚决做到“两个维护”。

（二）在学思践悟中铸牢绝对忠诚

工委（区委）常委会组织“第一议题”学习 92 篇，理论学习中心组集体学习 18 次，推动党的创新理论入脑入心。开展党史进高校等“六进”活动，推进党史学习教育常态化长效化。意识形态、民族、宗教、保密等工作取得了新成效。

（三）筑牢新时代坚强战斗堡垒

系统推进红帆支部等“五红”建设，搭建市民“一家亲”服务平台和“诉速办”诉求解决平台，提升党建引领基层治理效能。先行试点乡村公共资源共享行动，组建 50 家共富公司，为新型农村集体经济发展提供新区打法。打造“骑先锋”党建品牌，启用 264 家“骑士驿站”，破题新业态新就业群体党建工作。组建首批 7 条重点产业链党建联盟，以党建联建推动产业耦合。

（四）在大战大考中提升干部作风能力

深入开展“作风能力提升年”活动，率先开展“一把手”谈改革，搭建“一把手”擂台，实施年轻干部成长三年培育计划，全市“摘星夺旗”考核综合成绩蝉联第一。区市场监管局荣获全国“人民满意的公务员集体”。

（五）着力打造清廉新区

持续加固中央八项规定堤坝，立案 498 件、查处“四风”问题 48 起。二届区委两轮巡察发现各类问题 684 个、移交线索 51 件。认真落实“三个区分开来”，容错纠错 3 起 4 人、澄清正名 46 起、46 人。建成 13 处廉洁文化“云展厅”，打造廉洁文化品牌。

二、主要工作与成绩

（一）高点站位谋划新区思路

深入贯彻落实习近平总书记对山东工作的重要指示要求，锚定“走在前、开新局”，召开区第二次党代会，确定建设新时代社会主义现代化示范引领区的奋斗目标，明晰“瞄准一个目标定位，实施四大国家战略，擦靓四张国际名片，强化六大关键支撑”的“一四四六”总体思路，绘就发展蓝图、吹响奋进号角。

（二）高效统筹疫情防控和经济社会发展

科学精准做好疫情防控，及时有效处置多轮散发疫情。率先实施“抗疫情、保稳定、促发展”攻坚行动，开展万名干部进万企等活动，市场主体达 42.5 万户。实施全面提质十一大行动，完成地区生产总值 4692 亿元、增长 4.8%，全市增长贡献率 36.5%；规模以上工业增加值增长 6.5%、全市增长贡献率 64.2%；一般公共预算收入 321.7 亿元、同口径增长 6.9%；外贸进出口 3260.5 亿元、增长 4.3%，占全市比重 35.8%；实际利用外资 16.5 亿美元、增长 13.9%。综合实力稳居国家级新区前三，新区及各单位荣获国家级荣誉称号 44 项，全市高质量发展综合绩效考核连续九年获优秀等次。

（三）高效推进“双招双引”

引进亿元以上项目 320 个，其中 50 亿元以上 15 个、世界 500 强项目 20 个。中国海洋大学西海岸校区等 6 所高校启用，全区在校大学生 19 万人。创新设置上海人才窗口，全省率先启动国际人才社区建设，人才总量突破78万。完成283项营商环境攻坚任务，推出“一金两贷双保险”等措施，入选首批省级质量强区和民营经济高质量发展先进区。

（四）扎实推进高水平对外开放

中日地方发展合作示范区封闭运作模式获批，日韩服贸港建成运营，新型易货贸易实现“零突破”，跨境电商进口规模全省占比近七成，入选首批省级对外开放强区。持续擦靓影视之都、音乐之岛、啤酒之城、会展之滨四张“国际名片”，《万里归途》等60部影片在新区摄制，“云上啤酒节”曝光超16亿次，青岛国际显示大会等22个大型展会成功举办。

（五）持续优化公共服务供给

新增就业8万人，居民人均可支配收入55506元，增速居全市首位。建成学校、幼儿园21所，增加学位1.5万个，获评全国义务教育优质均衡先行创建区；入选省级基层卫生健康综合试验区；获评全国智慧健康养老示范基地。启用全省首家“法律服务超市”，法治新区建设开创新局面。

三、创新与经验

（一）牢记“国之大者”，国家战略叠加赋能

经略海洋走在前列，实现海洋生产总值1846.6元、增长9.8%，占全市40.5%、全省11.8%、全国1.9%；联合国“海洋十年”海洋与气候协作中心落户。军民融合打造标杆，7项经验做法全国全省复制推广，圆满通过验收。自贸试验区引领示范，创新形成125项先进做法，5项试点创出全国经验，迈入自贸试验区第一梯队。体制机制创新活力迸发，全省综合改革试点全面铺开，新增市级以上改革试点15项、累计134项，50项经验做法复制推广。

（二）聚焦实体经济，制造强区走深走实

新开工项目868个、总投资2377亿元；23家市级制造业链主企业占据全市半壁江山，新增2个省“十强”产业“雁阵形”集群，获评全国工业百强区、创新百强区。高标准建设集成电路、新型显示、绿色低碳新材料、氢能、青岛影视基地等新兴产业专业园区，集聚芯恩、京东方、青岛光电产业园等总投资3600多亿元的75个重点项目，中国北方半导体及光电显示产业新高地加速崛起。

（三）坚持创新驱动，科技强区突破发展

37项成果获省级科学技术奖、占全省12%，新认定市级以上专精特新企业717家，高新技术企业达1100家，中科院海洋大科学研究中心等创新平台顺利推进，“仲华”热物理试验装置成为全国首个开工的“十四五”大科学装置，获评省科技创新强区。建立“科技专员+揭榜挂帅”机制，“高校校长基金”支持47个高校项目深度孵化。万人有效发明专利拥有量居国家级新区第二位，获批国家级知识产权强国建设试点示范园区、国家指示产权快速维权中心。

（四）实施城市更新建设，城市功能全面跃升

270个市区重点项目完成投资450亿元，28个老旧小区改造项目完工，15个村居安置小区交付，14处山头公园建成开放。胶州湾二隧全面开工，地铁6号线、13号线二期北段加快推进，明董、董梁高速等重大工程顺利实施，构建起畅达的综合交通体系。

（五）坚定不移推进绿色发展，生态环境持续改善

入选国家首批气候投融资试点，中欧可持续发展青岛论坛打造中欧绿色合作标杆，全国首家自然碳汇研究院落地。灵山湾获评全国首批美丽海湾优秀案例，新区获评省生态文明强区、全国自然资源节约集约示范区。建成美丽乡村示范村21个，杨家山里等2个片区创建为市级示范片区，张家楼获评首批乡村振兴齐鲁样板省级示范区。

中共青岛市崂山区委工作概况

区委书记　张元升

一、组织概况与党的建设

截至2022年底，崂山区共有党组织1635个，党员35550名，其中，党委142个，党总支74个，党支部1419个。非公有制经济组织和社会组织党组织429个，区委派出工委9个。

2022年，崂山区委坚持以习近平新时代中国特色社会主义思想为指导，深入学习贯彻党的二十大精神，坚决落实习近平总书记对山东、对青岛工作的重要指示要求，锚定“走在前、开新局”，聚焦市第十三次党代会确定的“一二三四六十”目标定位和思路举措，高标准推进“勇当排头、五区同创”，加快打造新时代社会主义现代化国际大都市的示范窗口区。

崂山区委坚持把管党治党作为最大政治责任，把学习宣传贯彻党的二十大精神作为首要政治任务，第一时间召开区委常委会、理论学习中心组传达学习，建立区委宣讲团、学习班等载体，动员全区上下兴起学习宣传贯彻热潮。坚持把政治建设摆在首位，深化“第一议题”等制度，从严落实意识形态工作责任制，以实际行动坚定拥护“两个确立”、坚决做到“两个维护”。树牢实干实绩的鲜明导向，调整区管干部305人，对28名干部实施容错、澄清正名，激励干部争当“实干家”；树牢大抓基层鲜明导向，创新实施“六基工程”，聚力抓好“基层基础建设年”100项重点任务，12个软弱涣散社区（村）全部完成整顿转化，表彰10个社区和5名社区党组织书记，打造基层基础建设“崂山”样板。树牢干净干事鲜明导向，制定对“一把手”和领导班子监督28条措施，立案147件，给予党纪政务处分160人，营造风清气正良好生态。

二、主要工作与成绩

（一）完整、准确、全面贯彻新发展理念，区域综合实力明显提升、高质量发展势头更加强劲

2022年，全区生产总值增长5.7%、区级一般公共预算收入增长8.3%、固定资产投资增长18.2%，增速均居全市首位；居民人均可支配收入65040元，增长4.9%；三次产业比例调整为0.7 ∶ 32.2 ∶ 67.1。

（二）坚持创新驱动、集群发展，“四新”经济集聚区建设全面起势

以7条产业链和4大专业园区为牵引，精准稳链固链强链，“四新”经济占GDP比重居全市首位。专业园区方面，以“5个1”机制牵引园区规划建设，虚拟现实产业园成为全市首个挂牌园区，总投资100亿元的虚拟现实整机和光学模组项目一期部分封顶，人工智能产业园形成“双算力中心”优势。创新策源方面，国家虚拟现实创新中心（青岛）获批组建，系统实施“汇智崂山”人才十大工程，新认定专精特新“小巨人”企业7家、“瞪羚”企业9家、独角兽企业1家，高新技术企业达到790家，获评全省科技创新强县、质量强县。

（三）坚持高端引领、特色发展，财富管理金融综合改革试验区核心区建设亮点纷呈

实施金融区高质量发展行动计划，全区金融业增加值增长7.1%。恒丰理财获准开业，新落户金融机构和类金融企业150家、总数超1200家。强化金融服务实体经济，设立1亿元中小微企业银行贷款风险补偿金，解决企业融资需求167.6亿元；境内上市公司总数达到14家。

（四）坚持品质引领、内涵发展，现代化国际大都市高品质新城区展露新颜

实施城市更新建设三年攻坚行动，推进194个项目110个已完工，投资完成率145%。空间布局持续优化，高质量划定“三区三线”，城镇开发边界内面积拓展至95平方公里。城市功能加速完善，海银立交桥、辽阳路快速路主线通车，打通13条未贯通道路，完成28个老旧小区改造，建成7个山头公园和11个口袋公园，新增车位5521个，浮山绿道全线贯通。深化文明典范城市创建，依法拆除违建138.2万平方米。

（五）坚持生态优先、绿色发展，生态文明建设示范区稳步推进

深入践行“绿水青山就是金山银山”的理念，出台景区生态资源保护奖补办法，中央、省环保督察信访问题办结率99.1%，297个入海排污口整治工作全部通过验收，$PM_{2.5}$、PM_{10}浓度全市最优。推动发展方式全面绿色转型，建成绿色建筑90万平方米，盘活低效工业用地670亩，成功创建国家生态文明建设示范区。

（六）坚持先行先试、引领发展，全市促进共同富裕先行区建设起步有力

乡村振兴战略深入推进，出台乡村振兴战略扶持办法，启动3个示范片区，创建省级景区化村庄4个、省市级美丽乡村示范村8个，集体经济收入过百万社区达75%。民生保障水平持续提升，全年民生投入96亿元，全面完成36项政府实事，新扩建中小学幼儿园4所、新增学位4740个，低保、特困等救助保障标准提高10%，完成保障性租赁住房5000套。社会治理能力持续增强，创新搭建“崂先办”诉求解决平台，办理满意率99.32%，我区入选2022中国社会治理百强县。

三、创新与经验

（一）聚焦实体经济振兴，加快构建现代化产业体系

启动实体经济振兴三年行动计划，聚焦做强7条重点产业链和4大专业化园区，签约落地过亿元项目93个，其中50亿元大项目16个、百亿元大项目5个；全年规模以上工业增加值增长12.3%、青岛市第一、二、三产业GDP贡献率从2021年的25.7%、73.9%调整为46.7%、53.2%，入选2022年中国工业百强区。

（二）聚焦难题攻坚破解，妥善解决一批大事难事要事

举全区之力攻坚张村河等重点片区村庄改造，实施9个社区村改，其中6个社区搬迁协议签约率100%，腾空土地5441亩，5个安置区开建。坚决打赢维稳安保攻坚战，圆满完成党的二十大、各级“两会”等重大节会保障，守牢“一排底线”，中央和省交办信访积案化解率100%，实现“六个不发生”“三个不出事”总目标。

（三）聚焦作风能力提升，深层次提升干部队伍形象气质

坚持把“作风能力提升年”活动作为全年工作的重要引擎，创新“1+9”模式，使之与经济稳增长、城市更新建设等工作紧密结合，激发干事创业精气神。坚持问题导向，刀刃向内查摆干部队伍作风能力“十大问题”，梳理解决140多项实事项目。坚持载体创新，组织开展区级领导、街道部门“擂台赛”“榜样的力量”等创优活动，开展“亮点培树工程”，推出五大领域50个工作亮点。

中共青岛市李沧区委工作概况

区委书记　张友玉

一、组织概况与党的建设

截至2022年底，李沧区共有党组织1482个，其中，街道党工委11个，区直党（工）委13个，基层党委154个，党总支31个、党支部1273个；党员34720名。

（一）大力推进党的组织和工作有效覆盖

实施“四个闪耀”党员分类管理行动，在防疫一线设立党员责任岗304个，充分发挥党员先锋模范作用。打造“李即办”诉求解决平台，优化网格党支部772个，获评市级“五星级党群服务中心”5个，党建引领基层治理成效不断提升。开展模范机关三级联建、“强党建、兴国企”等系列行动，成立全市首个新业态新就业群体综合党委，创建市级“五星级党组织”5个，基层党组织全面过硬、全面进步。

（二）着力加强干部队伍建设

开展“作风能力提升年”活动，出台《2022—2026年“李沧实干家”干部队伍建设规划》等制度13项，锻造高素质干部队伍。优化干部队伍结构，调整干部500余人，区管领导干部平均年龄下降至47.6岁。完善全链条管理机制，建立“一把手”任前告知制度，出台不胜任不适宜现职情形干部“叫醒”“叫停”办法，“叫醒”“叫停”干部13名。提升干部专业化能力，组织各类培训班次58期，培训干部1万余人次。

（三）强力推动人才工作提质增效

开展“李遇人才”计划，配套出台扶持资金奖励政策，成立区人才发展促进中心，遴选“李遇人才”菁英荟会员41人，引进各类人才13489人。打造首批“唯才唯青岛·红色家园”，探索党员、人才“双培养”机制，推动人才与党建工作深入融合。构建数智化服务平台，靶向推送人才政策304.8万次，举办创新创业赛事、创业对接活动23场，服务人才21万人次。

二、主要工作与成绩

（一）发展动能不断增强

聚焦全区“3+2+4”现代产业体系，深入开展实体经济振兴发展三年行动，2022年生产总值612.6亿元、增长2.5%。占地3500亩的新旧动能转换产业示范片区和南渠产业园蓄势待发，医养健康产业园等4个产业园区主体完工，百发海水淡化二期等新兴产业项目投产运营，园区建设加力提速。15个省市重点项目完成投资计划的163.1%，有效投资持续扩大。金水·创新产业园获评省级示范数字经济园区，主营业务收入达到131亿元，产业结构加速调整。新增国家级专精特新“小巨人”企业1家、省“专精特新”企业5家，省中子科学技术重点实验室获批建设，泰德股份成功登陆北交所，创新驱动力更加强劲。新增“四上”企业204家、增长175.7%，新登记市场主体2.8万户、增长46.5%，发展活力持续增强。

（二）招商引资成果丰硕

成立区投资促进工作领导小组，出台招商引资奖励办法，成立专业化国有招商公司，打造10支定向专业招商团队，2022年落地过亿元项目149个、总投资448.6亿元。投资102亿元的人民金服青岛中心和中化云谷项目打造数字经济园区，投资30亿元的联东U谷青岛中心项目开工建设，世界500强永旺梦乐城、中冶建工、国工新钻、龙大鲜生等一批优质项目先后落地。超前储备金丰公社等过亿元项目83个，“全员招商、全域招商”氛围更加浓厚。

（三）城区品质全面提升

高标准开展城市更新和城市建设三年攻坚行动，97个更新项目全面开工。全市首个TOD项目落地青岛北站，楼山片区完成土地整理2962亩，低效片区开发利用破题起势。戴家社区用时2个月实现全市首个整村拆迁，长涧社区提前完成拆迁任务，城中村改造压茬推进。安顺路打通工程实现当年开工、当年通车，8条未贯通道路全面通车，路网体系更加完善。打造提升公园13个，老虎山公园获得国家优质工程奖，建成林荫绿道14.3公里，李村河获评省级美丽幸福示范河湖，城区面貌焕然一新。

（四）民生福祉持续改善

牢固树立以人民为中心的发展思想，全面完成总投资18.4亿元的17件区办实事，民生支出占一般公共预算支出比重达到76.6%。全力稳就业保就业，新增城镇就业2.8万人，政策性扶持创业3567人。坚持教育优先发展，新建改扩建学校幼儿园10所，新增学位1.1万个，普高录取率大幅提高。全面深化医疗体制改革，科学精准应对多轮疫情冲击。持续加强兜底保障，建成居家养老服务站20处，发放低保、特困等民生资金5927.2万元，获评省未成年人保护试点区。深化基层治理工作成效，成功创建全省基层治理实验区、全国信访工作示范区。

三、创新与经验

（一）打造“汇心惠益”党建引领社会组织参与基层治理改革品牌

李沧区创新打造“汇心惠益”党建服务品牌，加快构建党组织统一领导、政府依法履责、各类社会组织积极协同、群众广泛参与的基层治理体系。高标准规划建设5200

平方米汇益港湾社会组织创新园，引进21家社会组织入驻，联动孵化120余家中小型社会组织。深化“评榜—发榜—揭榜—承榜—考榜”社会组织任务认领机制，开展5大类170余项服务，每年惠及群众超10万人次。工作经验被中央改革办《改革情况交流》（第29期）刊发推广。

（二）以新型社区邻里中心创新服务供给方式提升为民服务精准化、精细化水平

李沧区坚持以居民需求为导向，针对社区党群服务中心功能单一、使用效率低等问题，坚持拓展服务功能、完善服务机制、创新服务方式，创新打造新型社区邻里中心，全面提升为民服务水平。2022年打造9处新型社区邻里中心，惠及居民9.3万人。工作经验被省委改革办《山东省地方改革案例》刊发推广，沧口街道邻里中心创新服务案例荣获“全国城乡社区精细化治理案例”十佳案例奖。

中共青岛市城阳区委工作概况

区委书记　吕　鹏

一、组织概况与党的建设

截至2022年底，城阳区共有基层党组织2689个，其中，党委96个，党总支189个，党支部2404个。党组55个。党员44109名。

（一）旗帜鲜明讲政治

坚定拥护“两个确立”、坚决做到“两个维护”，带头宣讲党的二十大精神，召开区委常委会“第一议题”学习27次、理论学习中心组25次。召开区第七次党代会，明确奋力打造湾区都市活力城阳的总目标，确定加快建设“四区一园”的具体举措。

（二）扛牢管党治党政治责任

修订区委工作规则，加强区委常委会自身建设。紧紧扭住社区书记队伍建设这个“牛鼻子”，研究出台加强社区书记队伍建设十项措施，15个软弱涣散社区全部转化销号，顺德居社区经验做法被市委主要领导同志批示肯定。构建新业态新就业群体党建工作体系，被省委组织部确定为直接联系点。

（三）坚守意识形态主阵地

召开意识形态工作联席会议6次，对全区22个单位开展意识形态责任制专项检查。构建大统战格局，党外知识分子和新的社会阶层人士统战工作经验受到中央及省统战部门肯定。

（四）持续推进全面从严治党

深入推进“清廉城阳·风清日朗”清廉建设，查处“四风”问题38个，给予党纪政务处分25人；建立模拟问责制度，模拟问责11人，《“纪”语“一把手”》廉政风险提醒信做法在全市推广。

二、主要工作与成绩

（一）稳步推进实体经济和招商引资

确定6条重点产业链，下大力气招引高技术、高投入、高附加值项目，落地在谈50亿元以上项目11个、20亿元以上项目10个。其中，一期投资130亿元的12英寸先进封装项目、投资105亿元的均和服务机器人智造基地等重大项目，均实现了当年招引、当年签约、当年开工。狠抓营商环境优化，运行“城心办”服务平台，创新开展企业家早餐会，开展群团组织“暖企赋能”专项行动，实施“助企解难题、护航促发展”百日攻坚活动，实打实解决企业问题151项，擦亮了最真诚、最守信、最高效的服务型政府名片。

（二）强力推进城市更新和城市建设

城市更新建设四级联动、压茬推进，承担169个市建设项目、开工率100%，完成投资319亿元、投资完成率138%。强力推进征迁腾地，完成拆迁367.5万平方米，腾地1.3万亩。强力推动居住品质提升，投资6900万元彻底解决困扰山区居民多年的自来水入户问题，14个老旧小区完成改造。强力推进交通建设，环城北路等21条道路竣工通车，华中路一期、中车大道提前主线通车，崇阳路等6条断头路实现贯通，地铁 9 号线一期等4条线路全部开工，百年老站城阳火车站重启运营。强力推进公园城市建设，实施胶州湾岸线生态修复和桃源河整治提升，获评全市唯一省级公园城市建设试点区市。

（三）扎实推进干部作风能力提升

深入开展“作风能力提升年”活动，着力打造最团结、最清廉、最有战斗力、最在状态的干部队伍。树牢实践实干实绩鲜明导向，调整区管干部411人，街道正职平均年龄下降2.8岁，大学及以上学历占比提升20.5%。邀请企业家、投资人、咨询专家等授课38场，培训干部9300余人次。实施“优秀青年人才选育计划”，一批全国“双一流”和全球排名前100名的高校毕业生加盟城阳。开展“局长窗口服务日”“居民问政日”等活动，形成了“群众有事随时说、干部遇事马上办”的浓厚氛围，相关做法被《人民日报》报道。

（四）加快建设先进制造业集聚区

围绕6条重点产业链，高标准规划建设8个专业园区，积极招引链主企业和专业运营团队，5个园区已确定链主企业，生物医药及医疗器械等3个产业园入选市级专业园区。聚力推进科技创新和中小企业培育，取得国家级高新技术企业、国家重点“小巨人”、市级以上“专精特新”企业、

A股上市过会企业等10个“全市第一”。

（五）加快建设创新创意引领区

以企业需求为导向，“量身定制”引才政策，推出“人才购房券”“人才科创金”“人才创业险”等人才金融产品；培养国家级创新创业人才、泰山系列人才16人，完成考核目标值的313%，量质均创历史新高；新增A、B证外国人才460余人，居全省前列。实施市技术创新重点项目500余个，17项产品入选2022年青岛首批创新产品目录，数量均居全市首位。

（六）加快建设中日韩地方经贸合作先行区

放大与日韩合作独特优势，启动“APEC商务旅行卡服务直通车”业务，建成中韩科技产业协同创新基地，打造全市首个韩资企业集中办公区服务平台，解决日韩企业难题60余件，荣获2022中日韩营商环境示范城市奖。占地800亩的韩国城K茂项目已开工建设，将成片打造韩国特色街区。

（七）加快建设胶东经济圈消费中心区

按照“国际合作中心区、国际人才聚居地、时尚消费目的地、新兴产业集聚地”的功能定位，在白沙河片区全力打造青岛新中心。持续激活消费热情，“乐购城阳”促消费活动带动消费2.4亿元；吕家庄夜市网红朋友圈，荣登“2022年度全国县市夜经济繁荣百佳样本”第6位。聘请顶尖团队策划操盘节会，唱响“潮生活·夜城阳”的城市消费品牌。

（八）加快建设人文生态幸福家园

坚持办好人民满意的教育，新建、改扩建中小学34所，清华育才、青岛培文等一批一流学校投入使用，新增学位2.2万余个。青岛市中医院城阳院区开工建设，北大人民医院青岛医院入选国家区域医疗中心建设名单，以全国第一名成绩获批国家级健康促进区。将中华优秀传统文化融入基层善治，讲述美德“城阳故事”1900多个，市级以上道德模范获评数量居全市第一。坚持人与自然和谐共生，在《湿地公约》第十四届缔约方大会上发出“城阳声音”，获评第六批国家生态文明建设示范区。

三、创新与经验

（一）“两区”融合达到新高度

持续推动城阳区与高新区融合发展，通过“研发在高新、生产在城阳”的模式推动12英寸先进封装项目落地，交流调整处级以上干部4名，为高新区补充教师146名，将303项区级行政权力事项委托高新区行使，做到经济数据、项目布局、连接道路、干部交流、人员编制打通。高新区在2022年度国家高新区综合评价中，位列第13位，两年累计前进7个位次。

（二）国企改革取得新突破

将原有的20家区属国有企业，分两步走整合为一家集团公司，从制度安排上解决了国企小散弱、监管缺失等问题，更好地凝聚了全区资源，参与到社会建设中去，提升了国企造血功能，为提前解决暴雷风险奠定了基础。

（三）社区回迁取得新成效

2022年，城阳在前五年回迁10个社区的基础上，一年完成15个社区回迁，8608户群众圆了安居梦。研究出台《提升全区旧村改造安置房建设质量的指导意见》，从规划、施工、验收、配套、服务等5个方面对安置房建设进行制度化管控，确保安置房品质不低于周边区域商品房质量，让群众住得安心、放心、舒心。

中共青岛市即墨区委工作概况

区委书记　韩世军

一、组织概况与党的建设

2022年，全区有区属基层党（工）委36个，党（总）支部4400个，党员71204名。其中非公有制经济组织、社会组织党组织1869个，党员11220名。

（一）干部队伍建设工作

做好换届选举工作，圆满完成区党代会、人代会、政协会换届选举组织工作和镇领导班子换届工作。创新常态化、沉浸式一线考察干部模式，实施“青苗计划”，选拔储备150名优秀“青苗”干部到一线试用观察，表现优秀的及时选拔使用。实行区直部门分组考核，用好考核“指挥棒”；扎实开展澄清正名，制定新任职干部任后管理措施。打好疫情防控阻击战，组建党员突击队2542支，发动5万余名党员干部同心战“疫”。

（二）基层组织建设工作

探索“共联共建共富”党建引领乡村共富新路径，承接全国党建研究会来即墨调研。挂牌成立青岛农村基层党建实训基地（即墨），打造农村党建思享汇、城市党建大家说、两新党建会客厅等3个基层党组织书记交流载体。打造区党员教育活动中心，举办党的二十大精神、优秀年轻干部培训等班次14期次。出台“百村争先·全域提升”三年行动计划，持续实施“头雁领航”工程，制定村级组织规范运行和村干部权力监督约束具体措施。印发党支部“6+6”标准体系建设意见，扎实推进“红色物业”示范创建。开展“作风能力提升年”活动，搭建“千名干部联企业·万名党员联群众”和“社区一线党旗红”实践载体。

（三）人才队伍建设工作

实施“英才汇即”工程，持续实施“优秀青年人才选育计划”，加快建设高水平人才高地。集聚务实管用的优秀人才，上线“汽车产业人才地图”，实施与山东大学（青岛）等高校合作提升工程，开展“墨水河畔家乡行”活动，制定高层次人才就医、“金种子”人才培养等政策文件。

二、主要工作与成绩

2022 年，即墨区按照中央决策部署和省委工作要求，推动经济社会发展呈现良好态势。全区完成地区生产总值 1513.4 亿元，同比增长 2.6%；一般公共预算收入 119.1 亿元，增长 1.0%，是全省新旧动能转换重大工程专项评价先进区、中国工业百强区、中国投资热点城市。

（一）深入贯彻党的二十大精神，推动上级决策部署落地落实

全面加强思想政治建设，严格落实“第一议题”制度，及时召开会议传达学习党的二十大精神和习近平总书记重要指示批示精神，研究贯彻落实举措，在全区持续兴起学习宣传贯彻热潮。

（二）坚持突破海洋经济，服务青岛建设引领型现代海洋城市

构建以五大产业、四大平台、三项机制为支撑的海洋经济发展体系，服务保障崂山实验室正式入列，累计聚集“国字号”科研平台、高校院所 53 家，各类科技创新平台 92 个，促进国家深海基因库、国家深海大数据中心等项目建设，全球首艘 10 万吨级智慧渔业养殖工船“国信 1 号”、我国首艘自主航行集装箱船“智飞”号交付使用。2022 年全区海洋生产总值 553 亿元，占 GDP 比重达 36.5%。

（三）坚持壮大实体经济，服务青岛打造北部经济隆起带

聚力突破海洋、汽车、纺织服装、商贸物流、新一代信息技术、生物医药等六大主导产业，规划建设 17 个千亩专业产业园区。汽车产业汇集 4 大整车和 400 多家零部件企业，设计产能 20 万辆的奇瑞青岛乘用车项目提前 7 个月整车下线投产。全新宝来车型在即墨亮相全国首发，第 100 万辆“即墨造”一汽大众轿车正式下线；即墨纺织服装产业集群成为山东省唯一数字化改造集群代表；创新奇智成为青岛首个人工智能领域独角兽企业、国内“AI+制造”第一股。

（四）坚持区域协调发展，加快提升城市品质能级

按照“陆海统筹、两翼齐飞、中轴联动”的区域空间布局，深入实施城市更新和城市建设七大攻坚行动，地铁 7 号线二期、青岛中心城区北部通道、营流路片区等三大重点融青工程正在建设，打通了营流路等存在 20 年的交通中梗阻。老旧小区改造惠及 26 个小区、1.48 万户，新增停车泊位 5 万余个。

（五）坚持以人民为中心，把好事实事办到群众心坎上

新建成启用岘山小学、书香小学等 37 处中小学、幼儿园，新增优质学位 2.4 万个；区中医院北院区、区第二人民医院新建工程开工建设，第三人民医院综合体项目等完工，科学精准、规范高效处置突发疫情。

（六）坚持深化改革创新，打造优质高效发展环境

承担 64 项国家和省市改革试点任务、184 项省市交办改革任务，自主谋划 138 项区级改革事项，落实项目立项、用地批准手续等关键环节服务措施，推出“全省通办”事项清单，实现异地办事“马上办”。

（七）坚持全面推进乡村振兴，打造齐鲁样板先行区

深入开展农村人居环境整治，27 个省市级美丽乡村示范村开工，打造美丽庭院 5.6 万户，实施“4+4”乡村振兴示范片区建设，“国际种都”核心区实现 500 多类蔬菜、花卉种子全产业链条发展。

三、创新与经验

（一）统筹资源，激发农村发展“新动能”

在全区探索实践“共联共建共富”的党建引领乡村振兴新模式，打造多样化的乡村富裕“共同体”，经验做法先后在《半月谈》《光明日报》等刊发，成功承接全国党建研究会调研活动，得到与会领导和专家的充分肯定。

（二）担当实干，快速推进奇瑞汽车青岛基地投产

奇瑞汽车青岛基地项目签约以来，克服拆迁难度大、建设周期长、涉及环节多、疫情影响等困难，区级将各类推进会开到工地一线，各部门组成专班进驻现场办公，倒排工期制定每日施工建设计划，挂图作战持续加压推进，促进投资 130 亿元的整车厂区仅用 17 个月建成投产，比原计划提前 7 个月，创造了奇瑞全国 13 个整车工厂建设的“即墨速度”，同步在零部件产业园引进 31 个核心配套项目，本地配套率实现提升。

（三）以人民为中心，加快推进优质教育资源均衡普惠

紧紧抓住教育这一群众关注问题，区级提前研判推进，现场包联促进建设，组织家长走进建设现场监督，2022 年建成启用岘山小学、岘山中学、书香小学、书香中学、二十八中东部分校、德馨小学东部分校等 37 处中小学、幼儿园，数量创历史纪录，新增优质学位 2.4 万个，并同步谋划龙泉新高中、新兴中学等学校建设，全区优质教育资源布局更加科学合理。

中共胶州市委工作概况

青岛市委常委、胶州市委书记　张新竹

一、组织概况与党的建设

胶州共有党员60471名，基层党委286个，党总支77个，党支部2688个。其中，镇党委4个，街道党工委8个，村（社区）党组织204个。2022年新发展党员330名。非公有制经济党组织805个，党员6253名；社会组织党组织263个，党员569名。

（一）理论武装持续强化

把习近平新时代中国特色社会主义思想作为一切工作的根本遵循和行动指南，深刻领悟“两个确立”的决定性意义，增强“四个意识”、坚定“四个自信”、做到“两个维护”。严格落实“第一议题”制度，市委常委会集体学习“第一议题”44次，举办市委理论学习中心组集体学习21次。特别是，党的二十大召开后，第一时间召开市委常委会扩大会议、理论学习中心组传达学习。召开市委十五届四次全体扩大会议，审议通过《关于深入学习宣传贯彻党的二十大精神的决议》，组建市委宣讲团、专家学者宣讲团、百姓宣讲团，举办胶州市领导干部党的二十大精神专题学习班，引导全市上下把思想和行动统一到党的二十大精神上来。

（二）基层治理迭代升级

按照“党建为魂、人民为本、政商协同、平台运作”思路，建成党建引领基层治理综合服务平台，健全五级联动组织体系，划分1401个基础网格，以最小治理单元释放最大治理效能。搭建“广场夜话”居民自治平台，解决各类问题1449个，相关经验做法入选省基层党建亮点。创新党建统领城乡资源共享行动试点，盘活各类土地5.8万亩，走出乡村共治共融共富“胶州路径”。

（三）作风能力优化提升

开展“作风能力提升年”活动，出台“寻标对标 比学赶超”行动方案，开展“当龙头作表率开新局”大讨论，常态化举办镇街党委书记擂台、部门路演答辩，实施“摘星夺旗”考核机制，营造比学赶超、加压奋进的浓厚氛围。实施“双推双考双炼”，选派130名年轻干部到招商引资、城市更新等重点工作一线实践锻炼，“崇尚实干、注重实绩、不务虚功”蔚然成风。

（四）从严治党纵深推进

一体推进不敢腐、不能腐、不想腐，开展积案清理、典型案件办理“双案突破”行动，立案370件，给予党纪政务处分372人。锲而不舍纠治“四风”，开展“廉州清风”行动，查处“四风”问题31起，批评教育帮助和处理43人。落实“三个区分开来”要求，给予6名党员干部容错免（减）责处理，澄清正名22人，旗帜鲜明为担当者担当、尽职者负责。

二、主要工作与成绩

2022年，胶州市委坚持以习近平新时代中国特色社会主义思想为指导，深入学习宣传贯彻党的十九大、十九届历次全会精神和党的二十大、二十届一中全会精神，落实习近平总书记对山东、对青岛工作的重要指示要求，按照省委“六个一”发展思路、“六个更加注重”策略方法、“十二个着力”重点任务和青岛市委“一二三四六十”目标定位和思路举措，坚持党建引领开放创新改革，高效统筹发展和安全，奋力开创高质量发展新局面。2022年完成地区生产总值1541亿元，一般公共预算收入113亿元，均居全省同级城市首位；规模以上工业增加值等14项指标高于青岛平均水平，社会消费品零售总额等12项指标位列青岛前三，获得青岛市综合考核优秀等次。在2022县域高质量发展百强县中列全国第10、全省第1。

（一）坚决打牢“国之重任”，推动上合示范区全面起势

按照省委“做实、做好、做美、做响”和青岛市委“一核引领、全域联动”机制要求，坚定不移“搭平台、创模式、聚产业、强主体”，推动支持上合示范区发展写入撒马尔罕峰会宣言，成为上合组织国家多边一致认可的“一带一路”国际合作新平台，建设成果亮相第五届进博会“中国这十年”对外开放成就展。上合之珠国际博览中心建成启用，上合组织经贸学院正式挂牌。上合国际枢纽港获联合国批准国际港口代码，中欧班列到发775列、增长24.8%，居全省首位。中国国际贸易“单一窗口”上合经贸综服平台上线运营，青岛国际能源交易中心注册成立，对上合组织国家进出口额80亿元，增长100%。组团出访俄罗斯等3国，引进上合国际农业科技研发中心等总投资758亿元的24个项目。推出21项制度创新案例，全国首票中哈“关铁通”被中央改革办推广。

（二）加速壮大“新动力源”，打造临空经济发展新高地

贯彻习近平总书记“新机场是发展新的动力源”重要指示要求，按照新引擎、新平台、新城市、新中心、新基建、新能源、新生活“七个新”定位，以上合自由贸易空港申建为引领，建设极具“现代范”的胶东临空经济示范区。2022年2月24日，全省首个空港型综保区获批设立，全力做好封关验收工作。截至年底，共注册落户172家机场关联企业，芯恒源等31个总投资240亿元的项目加快推进，千亿级临空产业集群加速壮大。加快南部商务片区建设，上合国际免税城、空港商务中心、上合美食城等项

目落地，打造青岛消费新地标。完善基础配套设施，青岛中心城区北部快速通道（临空段）开工建设，李陆路、潍蓝路竣工通车，“四横六纵”路网体系加快构建。

（三）深化新旧动能转换，推动实体经济加速壮大

突出企业创新主体地位，打造以领军企业为龙头，以高新技术企业为骨干、以专精特新企业为基础的创新型产业集群，41个国家工业大类中有31个，拥有市场主体23.3万家，规模以上工业企业927家，连续三年每年净增100家左右，居全省同级城市首位，获评2022年山东省民营经济高质量发展先进县市。共有国家级专精特新“小巨人”企业26家、占青岛17.6%；省级专精特新企业64家、占青岛20%；认定首台（套）重大技术装备59个、占青岛25.4%；隐形冠军企业33家、占青岛19%，是亚洲最大的船用锅炉生产基地、国内外知名的钢结构生产基地、国内最大最先进的轮胎数字化装备基地。

（四）狠抓项目招引建设，蓄势赋能高质量发展

树牢“大抓项目、抓大项目”的鲜明导向，把项目作为经济工作的头版头条。成立投资促进委员会，设立上合新兴产业基金、浑璞半导体产业基金等5支总规模35亿元的基金，通过资本招商、园区招商、产业投资等方式，签约落户益海嘉里等一批优质项目，吉利卫星互联网等44个项目纳入省重点项目库。其中，海尔卡奥斯工业互联网生态园项目总投资130亿元，是胶州首个百亿级项目，开启了大项目时代。项目建设全面提速，95个省市重点项目开工率96.8%，完成投资897.04亿元，投资完成率达191.3%。

（五）创优城市管理体制，持续提升城市功能品质

践行“人民城市人民建，人民城市为人民”理念，构建“1+1+6+4”平台化指战体系，深入开展城乡环境大提升行动，顺利通过青岛、山东和国家人居环境整治三年行动评估验收，获评国家生态文明建设示范区。深化城市更新和城市建设三年攻坚行动，推进年度计划总投资94.6亿元的113个攻坚项目，完成42个老旧街区改造，相关做法获住建部、省住建厅推广。打通青年路等5条未贯通道路，修建19条片区配套道路，路网结构进一步完善。加快停车设施建设，新增停车泊位3328个。新改建口袋公园5处，建成15处立体绿化，绿化覆盖率达45%。全面推行“大物管”治理模式，探索开展党建引领片区联管联治试点，成立5个片区联合党委，解决问题100余项。实施“违法建设、违法用地”大整治，拆除存量违建86.7万平方米，推动市容市貌持续改善。

（六）践行人民至上理念，绘就幸福民生新画卷

10件政府实事如期完成，民生支出保持在75%以上。建立民生诉求“1234”一体化工作体系，受理各类民生诉求1.5万余条，满意率91.6%。公共服务均衡发展，新建改扩建18所中小学、幼儿园，加快推进妇幼保健院等7个医疗卫生项目，建设29处养老服务站，婴幼儿照护服务机构达到68家。社会保障优化完善，新增城镇就业2.7万人，开发城乡公益性岗位3390个，获评山东省就业环境友好型城市创建单位、退役军人政务服务国家级标准化试点市。

（七）全面加强党的建设，压实管党治党政治责任

健全全面从严治党主体责任压力传导机制，两次专题听取市委常委同志和市人大、市政府、市政协班子履行全面从严治党责任情况汇报，层层压实责任。强化政治监督，深化“一台账、两清单、双责任、双问责”监督机制，制发市委书记、市纪委书记“一封信”，对工作责任落实不到位的81名领导干部进行约谈或谈话提醒，督促“关键少数”扛起“关键之责”。完成市委第一轮巡察、黄河流域生态保护和高质量发展专项巡察暨十五届市委第二轮巡察，以强有力的政治监督推动上级部署要求落地落实。

三、创新与经验

（一）数字赋能成效显著

建成启用上合数字底座，组建上合算力联盟，Handle全球根节点基础系统与国际标识服务平台上线运行，“星火·链网”骨干节点加速应用，新认定工业互联网平台2个、智能工厂2家。作为北方唯一县市，上榜全国县域工业互联网发展TOP20榜单。锚定“上合+RCEP+工业互联网+一带一路”主攻方向，创新“5-2-1”矩阵式发展思路，推进五大任务，深化“十链合一”模式，策源建设二十大专业园区，全力申建上合工业互联网国际化特色先导区。集成电路产业园和智能装备制造产业园入选青岛十大新兴产业专业园区。

（二）营商环境优化提升

常态化举办14期企业家“早餐会”，与102位企业家面对面沟通交流，办结各类问题40项。发布“1+2+N”政策体系，即1个纲领文件、2个配套文件、N个优惠政策，打出惠企助企“组合拳”。上线“工赋上合惠企e家”云平台，4000余家企业注册上线，变“企业找政策”为“政策找企业”，让优惠政策一键直达。开展“我为企业找订单”活动，为600余家企业达成订单30余亿元，助力本土企业发展壮大。

（三）国企改革持续深化

按照“政府+平台公司+头部企业+社会资本”模式，组建注册资本200亿元、总资产规模超过1400亿元的上合控股发展集团，顺利通过AAA主体信用评级，是中国北方唯一获评的县级城市城投类公司。

（四）乡村振兴全面推进

稳妥推进土地适度规模化经营，适度规模化经营率达85.6%，培育国家级示范社14家。铺集镇入选省级农村综合性改革试点。做优八条创新驱动产业链，规划建设融合大道，加快总投资189亿元的33个涉农重点产业项目建设，柏兰、品品好入选“新一代青岛金花培育企业”。

中共平度市委工作概况

市委书记　谢兆村

一、组织概况与党的建设

平度市现有基层党组织4414个（党委399个，党总支65个，党支部3950个）。全市共有企业党组织912个（国有经济151个，集体经济29个，非公有制经济732个），机关事业单位党组织774个，社会组织党组织228个，其他党组织2500个。全市共有党员82125名。

（一）旗帜鲜明讲政治，坚决做到“两个维护”

严格落实“第一议题”制度，市委常委会带头及时传达学习习近平总书记重要讲话、重要指示批示精神，研究贯彻落实措施。深入学习宣传贯彻党的二十大精神，周密部署宣传宣讲、集中研讨、学习贯彻等工作，“打卡红色地标”成为全省唯一入选中宣部的典型。严格落实意识形态工作责任制，依法依规管理宗教事务，狠抓上级审计反馈问题整改，高质量推进全省唯一的村（社区）巡察试点，以实际行动坚定拥护“两个确立”、坚决做到“两个维护”。

（二）树牢实在实干实绩导向，大力锻造高素质“实干家”干部队伍

深入推进“作风能力提升年”活动，健全“选育管用爱”全链条体系，安排400多名干部到城市更新、园区建设等“滚烫”一线“沙场赛马”，在一线选用干部的比例达到61%。高质量完成镇领导班子换届，“80后”镇长实现全覆盖。研究出台加强镇街部门党政正职建设意见，分层实施干部队伍能力提升工程，对26名干部澄清正名、容错免责，营造“知敬知畏知暖”浓厚氛围。

（三）狠抓基层基础，着力推动基层党组织全面进步、全面过硬

扎实开展村党组织分类推进整体提升三年行动，分类提升“示范”“创优”“强基”三类村庄。强化村党组织书记专业化管理，4个村庄获评青岛市五星级农村党组织。积极做好新业态新就业群体党建工作，成立直播电商产业链党建联盟和3个行业党委，推动行业“抱团发展”。强化党建引领基层治理，在青岛率先推行信用化积分制治理模式，打造“平读心声”群众诉求源头化解智慧化平台。

（四）扛牢政治责任，坚定不移全面从严治党

驰而不息纠“四风”、转作风、树新风，严格落实中央八项规定及其实施细则精神，一体推进不敢腐、不能腐、不想腐。始终保持惩治高压态势，累计立案598件、处分756人，查处“四风”问题76起103人、群众身边腐败和作风问题121起163人。制定形式主义官僚主义问题清单30项，出台农村干部受处分薪酬调整意见，引导党员干部知敬畏、存戒惧、守底线。

二、主要工作与成绩

2022年，平度市委坚决贯彻落实党中央决策部署和省委、青岛市委工作要求，全面落实“疫情要防住、经济要稳住、发展要安全”重要要求，整体工作呈现“稳中有进、进中提质”的良好态势。固定资产投资增长10.2%，连续四年保持两位数增长，其中，制造业技改投资增长29.4%，高技术投资增长183.1%；规模以上工业总产值增长8%，规模以上工业增加值增长4%。

（一）狠抓实体经济和招商引资，不断夯实高质量发展基础

围绕智能家电、食品饮料等10条重点产业链，实施延链补链强链行动，累计签约亿元以上重点产业项目158个，落地制造业项目126个、总投资523.7亿元，同比分别增长46.5%、59.9%。24个省级重点项目、51个青岛市级重点项目，数量和投资额均创历史新高，开工率、投资完成率均为历史最好。做强“四区八园”产业发展平台，年度投资68亿元的基础配套和20个“园中园”提速建设，园区规模以上工业总产值占全市比重达到92%，贡献率超过93.6%。

（二）坚持人产城融合，加快构建城乡协同发展新格局

纵深推进城市更新和城市建设攻坚行动，144个青平两级攻坚项目完成投资69.6亿元、投资完成率达108%。50个旧改片区加快推进，24个安置房项目主体封顶20个，6个安置区2700户群众喜迁新居。构建对外交通新格局，7条国省道大中修和改扩建项目加快建设，潍烟高铁、明董高速等项目扎实推进，中欧班列顺利开通，省道217、219拓宽改建项目竣工通车。扛稳粮食安全重任，连续11年获国家超级产粮大县称号，连续10年蝉联全省产粮大县“冠军”。统筹推进“五化”工程，着力推动6大现代农业园区提质增效，建设国家首批农业现代化示范区。加快美妆在线新经济、味谷、草编工艺品等产业园区建设，打造4条百亿级涉农产业链。大泽山印象大泽、崔家集向阳红入选青岛市级乡村振兴示范片区。

（三）坚持人民至上，持续增进民生福祉

总投资53亿元的41项民生实事如期兑现，民生支出连续10年占一般公共预算支出的8成以上。坚持集团化模式优化资源配置，缩小城乡差距。20个教育集团惠及学生7.5万人，新建扩建幼儿园、中小学13所、新增学位

7280个；4个医疗集团覆盖29家卫生院、799个卫生室。持续拓展新时代文明实践深度广度，推广做实“五有五必到”等经验做法，“庄户学院”获得全国优秀志愿服务项目。打好蓝天碧水净土保卫战，稳定改善生态环境质量。

（四）深入推进服务环境优化，不断提升社会治理水平

搭建全省首家“区块链+政务服务”数据共享服务平台，全市1053项政务服务事项全部网上可办，政务服务环境满意指数测评居青岛10区市第2。健全以12345为核心的社会治理机制，把群众工作往深里抓、往实里做，群众满意度同比提高5个百分点。切实守牢信访维稳、安全生产、疫情防控等“一排底线”，社会大局保持和谐稳定。深化“信用平度”建设，创新“信易+”应用场景做法入选全省优秀案例，成功创建省级社会信用体系建设典型城市。

三、创新与经验

（一）创新打造村集体经济增收新模式

探索以市属企业为主导的“乡村公共资源+共富公司”促新型农村集体经济发展机制，从市级层面整合公共资源、谋划产业布局、打通产业链条、强化利益联结。建成青岛首家市场化运营的农村综合产权交易中心，累计完成进场挂牌业务408笔，交易额1.96亿元，最高溢价率达348%。2022年全市298个行政新村集体经济全部达到50万元以上，总收入达到3.8亿元，村均突破100万元。

（二）蹚出改革深化的新路径

协同推进30项青岛市级以上改革试点，扎实推进青岛唯一的全国宅基地制度改革试点，在青岛率先出台农村宅基地资格权认定暂行办法、使用权流转暂行办法、有偿退出指导意见等制度文件。国家城乡融合发展试验区建设相关做法获国家、省发改委高度评价。提速推进国企改革三年行动，平台公司累计完成融资877亿元、投资703亿元，分别是改制前的9.3倍、8.1倍。

（三）打造项目加快落地的良好营商环境

完善“要素跟着项目走”保障机制，累计盘活处置闲置低效和批而未供土地10554亩，完成土地供应7919亩，有力保障200余个项目加快落地；在全省率先设立“金融管家”服务站，争取上级资金28.3亿元，为700余个重点企业和项目发放贷款145亿元。

中共莱西市委工作概况

市委书记　周　科

一、组织概况与党的建设

截至2022年底，莱西市共有党员44569名，其中非公有制经济组织和社会组织党员3712名；党组织1932个，其中，党（工）委201个，党总支部85个，党支部1646个；市委直接管理党（工）委23个。2022年发展党员206名，其中非公有制经济组织和社会组织发展35名。

（一）深入学习贯彻党的二十大精神

全面理解掌握党的二十大精神实质和丰富内涵，立足莱西实际，确定建设胶东半岛次中心城市这一总定位和区域协同先行区、先进制造业新高地、绿色发展示范区、乡村振兴样板区、休闲旅游首选地、要素市场集聚中心6个具体目标，加快建设胶东半岛中心区域经济隆起带。胸怀“两个大局”，心系“国之大者”，在国家城乡融合发展试验区、莱西莱阳一体化发展等重大战略任务上主动作为，城乡融合发展试验区监测评价排名居全省第一，莱西莱阳一体化发展先行区获批全省首个区域一体化先行区。

（二）不断激活基层党组织内生动力

持续深化拓展“莱西经验”，优化新村一体化运行体制机制，96个党群服务中心实现与新村“两委”合署办公。出台《关于深化城市基层党建引领基层治理的若干措施》，成立7个重点产业链党建联盟，打造“爱莱西”党建引领诉求解决平台，推动党建与业务深度融合。制定《全面提高发展党员质量12条措施》，建立12处青年人才党支部，7个基层党组织获评青岛市五星级党组织。

（三）大力倡树实干实绩的鲜明导向

出台干部常态化考核办法，实施优化干部队伍结构三年计划，开展“作风能力提升年”活动，制定《实干作风养成十条措施》，创新无会日、无会月制度，大力推广工作专班、小分队攻坚等方法，常态化实施“我爱莱西·创造惊喜”金点子征集活动，高标准推进学习型、服务型、创新型、实干型“四型”机关创建，凝聚全市上下干事创业动力活力，莱西在青岛高质量发展综合绩效考核中位列良好等次，获得“进位显著奖”。

（四）持续营造风清气正的政治生态

把“党风廉政建设”列入常委会必学内容，创新党员干部追责问责案件简报定期通报模式，处置问题线索1085件，立案310件，给予党纪政务处分314人次。长管长严纠治“四风”，查处典型问题35起50人，通报曝光典型案例20起36人。配合做好十二届省委第二轮巡视检查工作。

二、主要工作与成绩

2022年，莱西市坚持以习近平新时代中国特色社会主义思想为指导，围绕迎接党的二十大、学习宣传贯彻党的二十大精神，在党中央和省委、青岛市委的坚强领导下，加快建设胶东半岛中心区域经济隆起带。全市生产总值增长4.6%，固定资产投资增长18%，一般公共预算收入增长8%，规模以上工业增加值增长2.8%，全体居民人均可支配收入增长4.9%。

（一）产业发展注入新动能

树牢“大抓产业、抓大产业”的鲜明导向，不断壮大以新能源汽车、通用航空等“6大战略性新兴产业”和高端食品饮料产业为主的“6+1”现代产业体系。北京汽车制造厂下线王牌MPV等5种车型，万丰钻石飞机入选青岛市通航产业链链主企业，通用航空产业园入选青岛十大新兴产业专业园区。姜山生物医药产业园加快建设，橡胶新材料与制品产业入选省“十强”产业“雁阵形”集群，食品产业集聚区获评青岛市五星级工业产业集聚区。完成处置批而未供土地和闲置土地“双五千”目标，制定出台新时代“莱聚英才”二十条措施，持续推进跨层级“一窗受理”等改革举措，不断为高质量发展提供要素保障。

（二）城市建设呈现新面貌

抓住青岛开展城市更新和城市建设三年攻坚行动契机，以创建全国文明城市和全省最洁净城区为抓手，强力发起旧城旧村、市政设施等6场硬仗，高铁新城收回土地3000多亩，草泊、岚上等旧村改造加快推进，55个老旧小区改造旧貌换新颜，213省道、214省道大中修工程提前完工，莱荣铁路加快建设。实施市级领导联片包街责任制，发起“大干500天 争创全国文明城”十大攻坚行动，拆除存量违建80多万平方米，城市形象和承载力持续提升。

（三）民生福祉取得新进展

成立两大教育集团，深化普职融通改革，青岛现代职教园集聚本专科院校8所、在校师生2.8万人。推进医疗资源均衡供给，116个村级卫生室完成标准化改造。成功举办青岛•莱西湖首届国际休闲渔乐节、环大沽河骑行等一系列特色活动，游客人数较往年增加20倍，“周末休闲去何方 莱西处处好风光”成为共识。全面统筹发展与安全，守好守牢“一排底线”，打赢“0304”疫情防控遭遇战、阻击战、歼灭战。

三、创新与经验

（一）做好“聚”的文章，创新招商引资路数打法

坚持全市招商“一盘棋”，实行重点产业链“链长制”，推行“揭榜挂帅”制度，组建“聚莱”招商工作专班，高标准启动“突破姜山”行动，依托“莱西城市会客厅”等平台大力开展产业链招商、驻外招商，全市新签约、新开工投资过亿元项目分别达到290个、165个，其中，碳一新能源、青岛地铁绿建产业园等投资过50亿元项目6个，莱西入选全国制造业百强县、全国投资竞争力百强县。

（二）做好“统”的文章，创新乡村振兴实现路径

创新实施村党组织带头人月度考核、农村党员“摘星夺旗”考评办法等一系列举措，在青岛率先选拔40名专业化新村书记提级管理，打造堪当重任的基层带头人队伍。首创“乡村公共资源+共富公司”发展机制，率先整市完成新村集体资产融合，入选全省“基层党建亮点汇”案例。宜品乳业正式投产，中建材智慧农业小镇二期投入运营，金妈妈科技入选山东省领军企业储备库，莱西入选国家乡村振兴示范县、国家农村产业融合发展示范园。建成青岛市首个瓜果盒马村，新认证全国名特优新农产品12个，叫响“莱西有礼”品牌。推进农村人居环境整治提升五年行动，创新开展“寻找最美乡村设计师”“乡村振兴红色合伙人”等活动，产芝湖、七星河2个片区入选青岛市级乡村振兴示范片区。

（三）做好“治”的文章，创新为民服务思路举措

创新“信治”模式，将志愿服务、门前“三包”等列入“道德积分”，有效激发群众主体作用。大力推广夏格庄“青云”微网格、河头店“小雨滴”志愿服务、日庄“物管农村”等经验做法，构建城区社区居委会领导的“七位一体”工作机制，着力强化基层治理效能，入选全国社会治理百强县。强化“万事有解”理念，创新建立“下沉一线办实事”工作机制，累计解决问题5000余个，相关做法在全省推广并上报中央改革办。探索建立工会联系引导劳动领域社会组织的“1+2+4”工作模式，在全国工会发展推进会上作典型发言。

淄　博　市

中共淄博市淄川区委工作概况

区委书记　田兵兵

一、组织概况与党的建设

2022年，淄川区有各级党组（党委）45个，区委派出工委9个；基层党组织2089个，其中，党委125个、党总支190个、党支部1774个；党员42621名，其中年内发展党员591名。

（一）以深入学习贯彻党的二十大精神为主线，在政治思想引领上持续用力

深学笃用习近平新时代中国特色社会主义思想，全区开展宣讲3000余场次，推动党的二十大精神落地生根。完善区委常委带头认知迭代推动实干突破的七项举措，区委书记带头领办突破项目，带动各级书记攻坚基层党建难题16项，召开基层党建专题会议11次，坚决扛起管党治党政治责任。

（二）以打造“冲在一线、创新实干”的内行干部队伍为抓手，在创新担当实干上持续用力

树立实干实绩用人导向，举办“我在一线，实干淄川”先进事迹报告会。建立干部政治素质和岗位适应度季度评价机制，逐一建立干部评价档案，推进能上能下常态化。举办8期“千名干部进名校”培训班，选派第二批6名干部到浙江桐乡体悟实训、8名科级干部挂职镇（街道）领导班子成员，抽调10名干部组建“突破太河”工作队和“支持开发区高质量发展”工作队。

（三）以完善“区、镇、村居”基层党建责任落实机制为重点，在坚持大抓基层上持续用力

开发“基层组织建设智慧监识系统”，整顿转化软弱涣散基层党组织27个。成立一线党委20个、一线支部128个，3674名微网格长、8200余名报到党员融入平急结合治理体系。稳妥推进党建引领“三变三联两个共同体”改革，经验做法入选全国农村改革试验区重点任务。试点推行社区“大党委”组建和“契约化”共建，深化“一网三联”乡村治理模式，常态化开展村党组织书记“擂台比武”“头雁论坛”。

（四）以严的基调强化正风肃纪，在党风廉政建设上持续用力

完善全面从严治党“四责协同”机制，严格落实“一台账、两清单、双责任、双问责”工作机制，动态调整282项监督清单。成立4个区信访工作专项督导组，集中开展专项化解攻坚行动。坚持以零容忍态度惩治腐败，全年共立案248件，处分264人，运用“四种形态”处理1014人次，政治生态更加风清气正。

二、主要工作与成绩

2022年，淄川区认真落实省委、市委工作部署，锚定争当全市高质量发展重要增长极目标定位，矢志担当实干、砥砺拼搏奋进，各项事业发展呈现良好势头，在全国资源枯竭城市转型绩效考核中第5次获得“优秀”等次。

（一）科学规划绘蓝图，凝心聚力实现新跃升

准确把握淄川发展的成绩、问题、优势和发力重点，确定争当全市高质量发展重要增长极“一个目标定位”，坚持产业强区、生态兴区、作风立区“三大战略自觉”，突出品质提升、发展提速“双轮驱动”，加快建设淄博南部先进制造业基地、科技创新基地、现代物流枢纽基地和全市生态文明高地、特色文化旅游高地“五个特征目标”，抓好项目建设、双招双引、改革攻坚、城市建设管理、营商环境和干部、企业家、人才队伍建设“六大保障措施”，答好富强淄川、美丽淄川、幸福淄川、实干淄川“四张答卷”，形成“一二三四五六”的工作思路，切实把新思想贯穿于发展全过程、各领域。

（二）集中精力解难题，安全发展格局实现新提升

建立人大、政协班子成员分别督导环保、安全重点工作机制，推进闲置场所、城镇燃气、经营性自建房安全整治，累计查改隐患1万余条，整改环保督察问题492件，全年空气优良天数240天、同比增长20天。深化矿山秩序专项整治，坚持“零容忍”态度打击私挖滥采行为。稳妥推进矿山国有化改革，促进矿山资源开采销售和废料处置一体化运行。推深做实“党建引领、一网三联、全员共治”社会治理模式，887个网格全部配备网格员，8200名党员干部认领服务岗位1.3万余个。开展深化新时代美德建设试点工程，涌现出刘昌法、魏心东、抗疫群体等时代榜样，“六美共建”经验做法被省委宣传部推介。推进信访积案攻坚化解，圆满完成党的二十大维稳安保任务。全面执行河湖长制，确保黄河安澜。推进土地卫片整改，坚决守住耕地保护红线，筑牢粮食安全底线。

（三）集中精力稳经济，动能转换呈现新态势

全年完成地区生产总值527.5亿元、同比增长2.4%，一般公共预算收入33.6亿元、同口径增长7.2%。全场景赋能企业发展，精准推出稳住经济发展30条、支持企业上市发展7条等一揽子纾困惠企政策，456名服务专员“送政策上门”，落实退税减费20亿元、争取529亿元政银企合作资金，全区新增国家级专精特新“小巨人”企业5家，省级专精特新企业24家、“瞪羚”企业8家。聚力突破交通瓶颈制约，济潍高速、临临高速全线推进速度最快，淄川境内和周边将有10个高速下路口，各镇办实现15分钟上高速和下高速。成立高质量发展领导小组及工业倍增、开发区高质量发展等5个指挥部，全年实施132个重点项目，总投资712亿元，数量和投资均创历史新高；新引进过亿元项目50个，省外到位资金60.3亿元，分别增长28.2%、24.6%；实际利用外资5750万美元。

（四）集中精力优作风，干部队伍展现新状态

创新成立20个一线党委、128个一线支部，开展镇街重点工作点评，2000多名党员干部奋战在道路交通、棚户区改造等重点工程项目一线，累计拆迁120万平方米、进地1.5万亩，“我在一线、实干淄川”作风品牌持续擦亮。坚持以实干实绩选人用人，推行干部政治素质和岗位适应度季度评价，探索实施年轻干部培养“567”工程，持续开展“千名干部进名校”专业提升能力行动，引导党员干部全面提升专业化、法治化、市场化、国际化水平，在老工业区高质量发展的实践中当好“冲在一线、创新实干”的内行干部。

三、创新与经验

（一）以“国之大者”为总航标铸就忠诚心

把学习宣传贯彻党的二十大精神作为首要政治任务，组织开展专题学习班，建好用好“一名领导干部+一名理论宣传骨干+一名青年干部和一名青年学生”的“112”万人宣讲矩阵，引导全区上下把思想和行动统一到党的二十大精神上来。

（二）以“第一要务”为总牵引铸就发展心

深化与山能新材料集团“一个新材料公司、一个100亿元基金、一个新材料产业研究院、1+N个主导园区”的企地战略合作。集中梳理新能源汽车及配套装备、纺织服装等8条先行先导产业链，建立“一个主导产业集群、一条先行先导产业链、一个链主企业、一批支撑项目、一个主体园区、一只产业基金、一个顾问专家团队、一个展示交流中心”发展模式，全区高新技术产值占比达到54.5%。提速争创国家级经济技术开发区，在青岛峰会向全球推介。

（三）以“造福群众”为总导向铸就百姓心

统筹抓好工业倍增富民、文旅富民、电商富民、公益送岗、直播带岗，推进教育集团化办学和城乡教育资源优化，完善三级医疗连续诊疗机制，稳步推进“三变三联两个共同体”改革，因地制宜抓好富硒、农文旅融合和食用菌产业，启动实施香菇发展“百村示范万户共富”工程，集中支持太河突破发展。

（四）以“创新实干”为总标尺铸就责任心

区委常委带头认知迭代、推动实干突破，持续完善“区级深抓深管、镇街敢抓敢管、村居能抓能管”的基层党建责任落实机制，建立基层组织建设智慧监识系统，全面推进工业倍增、交通基础设施提升、美好城市建设、乡村振兴、商城振兴、旅游富民、全员环保暨“四减四增”、党建引领社会治理等三年攻坚行动。

（五）以“争先进位”为总追求铸就上进心

召开全区“解放思想、落实突破”专题务虚会，与时俱进完善思路目标、优化发展路径，进一步明确对标秀洲桐乡、奋力冲刺百强，加快交通物流结构、产业结构、能源电力结构、动力结构“四维结构”优化转型，突出城乡统筹、全域发展、协调联动，调整优化“一廊两带”发展布局。

中共淄博市张店区委工作概况

区委书记　郭　庆

一、组织概况与党的建设

2022年，张店区共有基层党组织1426个（其中，党委112个、党总支73个、党支部1241个），党员36397人。全区坚持以习近平新时代中国特色社会主义思想为指导，深入学习贯彻落实党的二十大精神，全面深入落实新时代党的建设总要求，扎实推动各领域基层党建工作落实见效，基层党组织政治功能和组织功能不断增强。

（一）全面压实管党治党责任

坚决扛起全面从严治党“第一责任人”责任，统筹26个部门分线落实区委常委会2022年落实全面从严治党主体责任“三张清单”。对2021年度市委述职评议反馈问题，建立台账、闭环整改，已全部整改落实到位。

（二）充分发挥区委领导作用

支持人大、政协依法、依章程履行职责，加强同各民主党派、工商联和无党派人士沟通交流、合作共事。定期组织召开党建领导小组、意识形态和宣传思想工作等区委议事协调机构会议，加强党的全面领导。

（三）抓紧抓实意识形态工作

扎实开展党的二十大精神学习宣传，组织区委理论学习中心组学习12次，区委理论学习中心组被表彰为全省先进县级理论学习中心组。

（四）聚力加强基层组织建设

坚持抓基层强基固本，深化“一网三联”，打造基层党建示范点（项目）19个。在城市社区强化党建引领基层治理，推行“红色楼长制”，完善“双报到‘五个一’”制度，成立功能型党支部349个，形成服务社区长效机制。在农村加强村（社区）书记星级管理考核，开展村（社区）书记对标学习活动。

（五）抓好领导干部队伍建设

坚持实干实绩用人导向，大力选拔“狮子型”“老黄牛型”干部。完善干部常态化教育培训，开发“黄桑干部学堂”网上资源库，举办领导干部党的二十大精神专题学习班、研讨班等班次，推进干部教育常态长效。注重“一线赛马”，抽调1400余人次下沉集中隔离点、疫情指挥部和社区网格，遴选200余名干部下派村（社区）工作。

（六）聚力加强人才队伍建设

深入落实“淄博人才金政50条”，选聘67名高校人才担任企业“科技副总”，推动山东理工大学科技园扩容升级，提升校城融合成效。培养引进省级以上高层次人才13名、引进高校毕业生1万余名。

（七）切实加强作风建设

紧盯“四风”问题突出表现，开展常态化明察暗访，查处“四风”问题55起98人，对3起典型问题公开通报曝光。持续深化“中梗阻”“好人主义”“齐风护航”三大专项整治，查处“中梗阻”问题11起23人、“好人主义”问题3起3人。

（八）积极推进党风廉政建设

制定“清廉张店”品牌建设实施方案，构建“五廉一体”工作机制。高标准编制十三届区委巡察工作规划，前两轮巡察分别聚焦软弱涣散党组织、黄河流域生态保护和高质量发展政治责任开展监督，累计发现问题458个，移交问题线索30件，立案14件。

二、主要工作和成绩

2022年，张店区按照“疫情要防住、经济要稳住、发展要安全”部署，锚定“走在前、开新局”，扎实推进“创新落实年”和“三比三看”活动，高效统筹疫情防控和经济社会发展。全区地区生产总值完成804.08亿元，同比增长5.5%。国家双创示范基地建设获得国务院督查激励，成功入选“2022年度全国综合实力百强区”和“2022年度全国投资潜力百强区”，获国家级荣誉、试点26项，省级127项。

（一）着力做好“优”和“扩”两篇文章，加快塑造经济高质量发展新优势

坚持把园区建设作为产业转型发展主阵地，聘请顶尖规划设计团队对张店经济开发区进行规划设计，加快推进电子信息科创园、双创中心等一批高端产业项目建设步伐。聚焦盘活存量，规划布局六大产业板块，强力推进闲置低效用地出清，全年共腾空土地1590亩。推进总部经济“筑巢工程”和“引凤行动”，集中培育特色楼宇35座，新引进各类企业总部23家。加快推进山东省上市公司孵化聚集区建设，卓创资讯在深交所创业板成功上市，科创基金港基金管理规模达1085亿元，成功入选山东省现代服务业集聚示范区、山东省“十四五”服务业综合改革试点区。前瞻布局大数据、云计算、信息咨询等业态，“四新”经济增加值占比达到40.59%，数字经济核心产业增加值超过50亿元。优化企业梯度培育体系，2家企业被认定为国家专精特新“小巨人”企业，8家企业被认定为省级“专精特新”中小企业，4家企业被认定为省级瞪羚企业。

（二）坚定不移将改革开放进行到底，全面激发转型发展内生动力

张店区坚持把系统集成改革省级试点作为推动整体工作突破的着力点，重点推进“1+5+N”系统集成改革事项，顺利通过省委改革办验收。系统集成改革3项经验做法入选《山东地方改革案例》，累计争创国家级改革表彰认可21项，省级100余项，被评为中国改革2022年度县域改革案例。聚焦打造“五极”服务模式，创新设立企业服务中心，整合集成10余项服务职能，实现涉企服务集成化、标准化、专业化、高效化。在全省率先试点建成“无证明”城市，实现全区633个事项1139项证明材料免提交，199项事项实行“零材料”办理，累计为25万名办事群众减少提交证明材料45万余件。2022年以来，新增市场主体1.91万户。实际使用外资8884万美元，同比增长42.2%。

（三）坚持“更新老城、拓展新区”，全力推动城市品质提升

坚持系统规划、品质引领，将老城区规划为14个更新单元，滚动实施城市更新，推进博物馆、人民公园、科苑等3个片区更新改造。扎实推进火车站北广场片区建设，以最高标准规划建设还建社区，16745户住宅居民集中签约率达到99.6%，首批还迁住宅和还迁商业项目顺利启动。扎实推进全域公园城市建设“十大行动”，策划实施的24个项目全部按期完成，新增城市绿道1.28千米、生态廊道9.38千米，新建改造绿化面积103万平方米。推动物业管理向物业服务转变，大力实施“物业+”模式，推进城市管理进社区。全力推进青年发展友好型城市建设，持续提升水晶街、唐库等12家夜间经济试点街区功能品质，入选山东省青年发展友好型县域建设试点。不断增加张店公共文化服务供给，建设完成“5+N”基层综合性文化服务中心示范点8处、农家书屋提质增效点和城市书房9家、文化驿站14处。环境空气质量综合指数同比改善7.8%。

（四）持之以恒保障和改善民生，让城市更有温度、让群众生活更加美好

坚持在发展中保障和改善民生，民生相关支出占财政相关支出超过80%。加快“零工之家”建设，全年开展线上、线下招聘活动67场，实现新增城镇就业1.4万余人，成功入选山东省“就业环境友好型城市”。持续推进网格化、标准化、数字化、法治化“四化”治理，将社会信用体系建设深度嵌入社会治理体系，整合基层社会治理网格，智能平台连通率、网格化覆盖率、网格员视频在线率均达到100%，建成智慧安防小区255个。建成“张店区公共信用信息平台”，累计归集各类信用数据1.4亿余条，实施“信用+”应用场景16个。全面对标国内教育先进地区，着力解决“大班额”“大校额”，5所学校完成“民转公”，8所中小学、幼儿园建成投用，新增学位1.7万余个。全力建设健康张店，加快公立医院改革步伐，打造特色专科11个。推动优质资源下沉社区，构建2个医疗集团及6个紧密型医共体协同发展模式，实现检查检验结果临床互认共享。加快医养融合发展，全区养老机构总量达到28家，提升改造社区日间照料中心49家，托管运营社区养老服务设施39处。紧扣疫情防控这个最大变量，深入落实“4+3”常态化防控措施和“4个3”应急处置措施，防控有力有序。全面落实领导包案责任制，省、市领导挂包的信访积案化解率达到100%。

三、创新与经验

（一）重点实施“1+5+N”系统集成改革任务

“1”即以党建引领实现“打造高能级示范中心城区”的目标导向;“5”即建设智慧型、创新型、品质型、精治型、共享型“五型”城市，加快打造系统集成改革的“张店样板”;“N”即细化21个大项、66个小项具体改革任务。张店区国家双创示范基地建设获国务院督查激励，先后获全国民营经济最具活力区、全国科技进步工作先进区、全国“优秀”双创示范基地、山东省最佳投资城市、山东省社会治安综合治理先进区等荣誉。“系统集成改革”经验做法3次入选《山东地方改革案例》，入选“中国改革2022年度县域案例”。

（二）探索构建形成组织、创新、传播、督察、保障五大链条推进机制

构建改革协同“组织链”。建立“区委深改委牵头抓总、5个领域工作专班归口负责、牵头部门协调推进、责任单位具体实施”的四级组织体系，切实压紧压实各级推进改革试点主体责任。构建改革突破“创新链”。积极链接“外脑”谋划改革试点工作，邀请山东理工大学、市区党校等机构的专家学者组成智库团队，为系统集成改革决策提供高层次、高质量咨询建议。构建改革声音“传播链”。健全完善改革试点典型常态化挖掘、培育、总结、宣传、推介一体化工作体系，会同各级各部门及时提炼总结改革实践中的好做法、好经验，瞄准央媒、省媒等权威性宣传渠道，多角度、矩阵式宣传推介系统集成改革的好经验、好典型。构建改革落实“督察链”。建立区委改革办、区督查工作中心横向联动督察机制，采取书面督察与实地督察、明察与暗访相结合等方式进行，探索形成“任务交办—限时督办—约谈提醒—提出问责建议”闭环督察工作体系。构建改革要素“保障链”。强化改革试点政策保障，先后制定出台多个重要改革文件，为改革试点顺利推进提供强有力的制度支撑。

（三）以“有解思维”解码破题、靶向攻坚

围绕智慧型、创新型、品质型、精治型、共享型“五型”城市改革目标，谋划实施了一系列重大改革举措，推动改革发展深度融合、高效联动。破解数据治理之难，打造智慧型城市建设新体系。张店区统筹数字政府系统、数字经济系统、数字社会系统建设，推动数据、服务、体制机制“多点贯通”，1400余项民生服务事项实现“网上办”，数字化赋能高质量发展成效充分显现。破解城市转型发展之难，打造创新型城市建设新体系。张店区加快推动以产业活力为核心，以创新活力、创业活力为两翼，以开放活力、金融活力和人口活力为保障，以营商环境为基石的活力城市建设，全区经济社会发展呈现出趋势性、关键性、转折性变化。张店区获批全省上市公司孵化聚集区试点、全省现代服务业集聚示范区。破解城市功能完善之难，打造品质型城市建设管理新体系。张店区聚力全域公园城市建设，探索城市更新系统路径，创新城市小微改造模式，建立城市精细化管理体系，推动从空间建造到场景营造、从生产方式到生活方式的全流程变革。全区城乡生活垃圾无害化处理率达到100%，17个村（居）获评市级以上美丽乡村示范村，培育夜间经济试点街区12家，唐库文创园被评为山东省首批夜间文化和旅游消费集聚区。破解基层矛盾化解之难，打造精治型城市建设新体系。张店区着力构建全方位便民服务机制、社会诚信闭环管理应用机制、社区精准治理联动机制，创新探索社会治理网格化、标准化、数字化“三化”模式，打造智慧社区、惠民服务等11大应用场景，确保“将矛盾纠纷化解在基层，将和谐稳定创建在基层”。全区市民诉求受理效率和办理效率分别提高30%和50%，市民合理诉求满意度由85%提升至94%。破解群众满意度提升之难，打造共享型城市建设新体系。张店区聚焦“争创共同富裕示范区”目标定位，统筹改善全区民生保障，丰富医疗、健康、教育、养老等民生资源供给，让改革成果惠及广大群众。相关做法入选全省医养结合典型案例，获评山东省网络学习空间应用普及活动先进区。

中共淄博市博山区委工作概况

区委书记　路德芝

一、组织概况与党的建设

2022年，博山区共有基层党组织1599个，其中，党委106个、党总支141个、党支部1352个，党员35075名。

（一）持续强化基层党组织建设

深入开展“基层党组织建设提升年”活动，分领域打造40个“红旗党支部”，激励基层党组织“扛红旗、当先锋、作表率”。在农村，持续抓好村级组织带头人队伍提升，58名村党组织书记纳入专业化管理，8名村党组织书记获评市级“担当作为好支书”；扎实推进村级党组织分类突破整体提升三年行动，23个软弱涣散党组织“摘帽”，52个村改社区全面完成集中攻坚；持续抓党建促村级集体经济发展，成立党支部领办合作社165家、联合社1家，全面消除集体收入10万元以下村。在城市社区，在全市率先成立党建引领城市基层治理工作委员会，完善“街呼区应”工作机制，解决问题6000余个；做实做优“红色物业”，26家物业公司党组织、167个住宅小区星级物业实现全覆盖；推行社区党组织书记、副书记竞争性选拔，动态调整社区书记14名。在两新组织领域，优化区委两新工委设置，形成“1+3+N”两新组织党建工作体系；构建“党建引领、六链七联”工作机制，建立新材料、新医药、汽车部件等6条产业链党委；打造8家市级党建示范点，评选区级两新组织党建示范点61家；抓实新业态新就业群体党建，建成16处“红蜂驿站”、23个“红骑先锋区”，叫响“新心向党蜂耀颜山”党建品牌。在机关事业单位，抓好“平战融合”工作机制，2000余名机关干部下沉社区，迅速集结，助力疫情防控。

（二）持续深化党员队伍教育管理

严格落实党支部联系点制度，全区424名党员领导干部常态化联系基层支部，建立446人的巡听队伍把脉问诊基层支部。成立18处党代表工作室，高质量打造10个基层党校、12条特色培训路线、48个现场教学点，采取季度线上党课、专题培训等，实现党员轮训全覆盖。

（三）持续推深做实“一网三联”

构建“村（社区）—基础网格—微网格—中心户—群众”联动管理体系，共优化设置网格687个、微网格2576个，确定中心户11236个，实行分类建档，确保底数清、管理明。建立党员志愿服务队756支、划定党员责任岗8564个，畅通群众诉求响应机制，帮助解决实际问题7563个。激发内生动力，建立积分台账，实行“积分登记、月公示、季评比、年评优”，将积分与实物兑换、物业费抵扣、商超折扣等有机结合，通过“小积分”撬动基层治理“大动能”。

二、主要工作与成绩

（一）坚持系统思维、科学谋划，发展方向路径更加清晰

通过广泛征求意见建议，区第十三次党代会确立了锚定“产业振兴、环境优美、群众满意”三大目标，打好“工业崛起、城市更新、乡村振兴、改革开放、绿色低碳、文旅融合、共同富裕”七大攻势，建设富强优美活力博山的总体发展思路，明确了未来五年全区经济社会发展的总体要求、目标任务和重点工作。围绕产业振兴，坚持传统产业和新兴产业齐头并进，全力推动工业产业振兴；坚持把特色农业产业化作为激发乡村振兴活力的重要载体，全面促进农业高质高效、乡村宜居宜业、农民富裕富足；坚持把文旅产业作为最富活力的朝阳产业来抓，努力打造最能体现博山特色的文旅新坐标。围绕环境优美，坚持城乡一体、建管同步、统筹推进，全力推动农村群众生活环境更加优美舒适，城市居民生活得更有品位、更有尊严。围绕群众满意，坚持从群众最期盼的事做起，区镇村三级同步，下最大力气办好各项民生实事，真正让群众共享幸福美好。实行大班子领导负责制，每月召开党政联席会议，研究工作，推进落实；成立15个重点工作专班，全部由区大班子领导牵头负责，凝聚形成了目标上同心同力、行动上同向同行的强大合力。2022年，全市“9+1”重点工作落实情况中，7项工作位列全市前三，全面从严治党全市第一；完成地区生产总值269.9亿元，同比增长3.4%，固定资产投资93.06亿元，同比增长32%。

（二）坚持优扩并举、提质增效，产业振兴步伐更加扎实

高标准规划建设机电泵、汽车智造等9个特色产业园区，2023年年底前7个园区将建成投用，2个园区建设实现突破。统筹抓好科技创新、技术改造、工业互联网应用、企业上市，召开科技创新大会，158家企业入选国家科技型中小企业库，省级以上科技创新平台达到70家；累计实施技改项目173个，50个项目获批“技改贷”4.83亿元，获批项目数和金额均位居全市前列；建成4家工业互联网应用示范企业，示范带动50家企业进行数字化、智能化改造，机电泵工业互联网平台入选省级工业互联网平台，“淄博泵”入选国家“产品主数据标准服务平台”；召开金融赋能大会，积极引导企业对接资本市场，2家企业进入上市辅导，22家企业进入上市后备库。大力发展氢能源、数字经济等新经济新产业，深入实施中小企业培育壮

大行动，新增省级以上“专精特新”企业23家，省级瞪羚企业2家，“四新”经济增加值占GDP比重达到36.1%。聚焦“标准化、规模化、市场化、品牌化”，突出山地特色，实施数字赋能，加快农产品更新换代，规划建设8个乡村振兴示范片区，实施“十大提升行动”，谋划实施农业产业化项目36个，全力推进多种形式的合作社发展。推出全市首家乡村振兴贷，新增涉农贷款4.4亿元，同比增长37%；启动“百企联百村”活动，总投资37.6亿元的15个项目集中签约。

（三）坚持全域统筹、内外兼修，城乡环境面貌更加靓丽

深入实施老旧小区改造三年行动，完成涉及2.4万户的12个片区老旧小区集中改造，改造面积163万平方米。加快推进物业全覆盖全满意，专业化物业覆盖率由52%提高到100%。加快全域公园城市建设，投资3.9亿元的28个项目全部完工。改造提升城市道路17条，供水、供暖、燃气等基础设施实现整体提升。加快建设全域美丽乡村，突出抓好城乡环境大整治精细管理大提升，深入实施农村人居环境改善“五化”工程，全域推进“清底子”专项行动，成功入选全国村庄清洁行动先进县，被农业农村部、国家乡村振兴局通报表扬。突出陶瓷琉璃、山地石屋、工业遗存“三驾马车”引领作用，全力挖掘优秀传统文化，创新推出古村落乡愁怀旧等八大文旅业态，3家企业入选“山东手造•优选100”名单，颜神古镇开园，2022“文化和自然遗产日”山东主场活动暨山东非遗购物节、长城国家文化公园（山东段）建设推进会先后在博山召开。坚决落实黄河重大国家战略，严格落实全员环保、刑责治污等制度，用好智慧环保平台，全力打好蓝天碧水净土保卫战。2022年空气质量优良天数达到243天，同比增加17天，优良率66.6%；孝妇河水质主要指标达到地表水Ⅱ类标准，实现历史性突破。

（四）坚持人民至上、为民造福，群众幸福指数更加充盈

深入开展大走访和投诉件集中攻坚，健全完善“听民声聚民意抓落实保满意”常态化运行机制，解决群众问题2300余个，投诉件办理结果满意率平均保持在90%以上，位居全市前列。2022年年初确定的十大民生工程和区镇村592件民生实事全部如期完成，2022年全省群众满意度测评位列第58名，前进19名，提升位次全市第一，实现近年来最好成绩。深化“一网三联”，充分发挥微网格、中心户作用，常态化开展风险隐患排查，创新开展“十必报”、季度流动红旗评选、“六零”平安村居创建等，圆满完成党的二十大维稳安保任务。统筹优化医疗资源配置，摸清疫情防控重点人群底数，全力做好特殊群体服务保障。健全完善安全生产管理体系，深化重点行业领域隐患排查治理，安全生产事故起数、死亡人数同比分别下降18.2%、42.9%。统筹抓好食品药品安全、防范化解重大风险等工作，牢牢守住“一排底线”，社会大局持续和谐稳定。

（五）坚持党要管党、从严治党，政治生态环境更加清朗

突出抓好政治建设，严格落实“第一议题”制度，区委常委会及时学习习近平总书记重要讲话、重要指示批示精神25次，确保不折不扣贯彻落实。调整完善全面从严治党“三张清单”，积极支持区人大、区政府、区政协、区纪委监委和区法检两院履行职责，发挥新型政党制度优势和群团组织作用，坚持党管武装，凝聚形成了强大工作合力。持续强化理论武装，深入学习贯彻党的二十大精神，开展区委理论学习中心组研讨学习16次，举办专题学习班2期，创新推出“巡学述学评学”制度，成立“红色宣讲团”等8支宣讲团队，广泛开展宣讲，迅速掀起了学习宣传贯彻的热潮。严格落实意识形态责任制，上线全省首个“舆情信息收集平台”，组织会商研判60余次。驰而不息正风肃纪，建立“提示+察访+通报”工作机制，下发监督提示46份、问题通报18期，让通报成为常态。建成启用廉政教育馆，召开区镇村千名干部警示教育大会，用最新典型案例，增强广大党员干部廉洁自觉，营造了风清气正的良好氛围。

三、创新与经验

坚持重点突破、释放动力，全面推进“5+1+N”重点领域系统集成改革，创新实施“微改革”，从群众“身边小事”入手，从百姓“急难愁盼”破题，创新打造高端康养、智慧居家、集中供养三种养老服务新业态，构建以居家为基础、社区为依托、机构为补充、医养相结合的全覆盖养老服务集成体系，先后获评全省养老服务标准化示范点、山东省医养结合高质量发展创新引领县，“五以七进”养老模式在全市推广，“三个三”养老服务集成改革被中央改革办刊发推介。充分发挥国家文化出口基地作用，“遇见博山”主体展区亮相首届中国北方消费品博览会，经验做法列入《国家文化出口基地第二批创新实践案例》。全力推进优化营商环境“一号改革工程”，探索实施现场勘验“取消一批、承诺一批、上云一批、联合一批”的“四个一批”改革，累计减少勘验环节60%，缩短勘验时间80%，相关经验被《山东省优化营商环境推进政府职能转变简报》刊发推广。创新推出“裕禄为民服务城市联盟”跨区域通办品牌，与8个省230多个区县共60多个事项实现一网通办。加大企业扶持力度，730名机关干部联系服务企业1500余家，协调解决困难问题560余个。建立完善企业科技创新发展精准服务机制，指导企业制定科技创新发展计划书，实施科技型中小企业“育苗计划”以及高新技术企业“双培育工程”，190家企业申报享受研发费用加计扣除政策，同比增长50.79%。2022年，市对区全面深化改革考核成绩位列全市第二。

中共淄博市临淄区委工作概况

区委书记 周 婷

一、组织概况与党的建设

临淄区共有基层党委102个，党总支80个，党支部1690个，党员45955名。2022年，临淄区委坚持大抓基层的鲜明导向，突出基层党组织政治功能和组织力凝聚力，推动基层党建工作全域攻坚、全域提升。

（一）以党建引领村集体经济发展

将增加村集体收入列为头号工程，构建区镇村“三级书记”抓增收工作体系，梳理“6+N”主要增收路径，出台专门激励措施，分东西片区每月开展不同主题的“擂台比武”，将村集体增收纳入对镇村的年度考核，分值占比25%，378个村村均增收7.14万元。

（二）以“一张清单”守护“一排底线”

把村居可承接的6项11条“底线工作”和年内各级明确需村居承担的3项4条“重点任务”，列入年度指导清单，纳入镇村考核，考核分值不低于总分值的50%，通过月调度、季通报，引导基层守牢底线。

（三）以精网微格提升基层治理效能

全面做实基层网格化治理，组织4800余名机关党员下沉一线，设置“微网格”3518个，选派红色楼长、单元长11985名，网格标准化建设被推荐申报国家级社会治理标准化试点。在全省创新社工、网格员“两员融合”改革，组建“1+6+N”社区治理队伍，首批156名完成转任。

（四）以街巷长制改善农村人居环境

结合村党组织分类推进整体提升行动，将全区划分为42个片区，组织开展“示范村、标杆村、达标村”三级创建，区级每年拿出2000万元进行扶持，年内完成17个片区升级改造。探索推行街巷长制，组织村居党员干部带头开展“双手净家园”活动，纵深推进“清底子、见本色”环境整治，着力改善农村环境质量。

（五）以集中攻坚推进重点任务落实

深化“头雁”提升工程，推动开展党建竞标“擂台赛”31场，149名村书记纳入专业化管理。30个村改社区全面完成转型攻坚。制定新业态新就业群体《二十条意见》，成立4个行业党委，为新就业群体提供暖心服务，引导参与社区治理。抓实农村发展党员违规违纪排查，有序开展支部评星定级和党员积分管理，引导党员参与疫情防控等工作。

二、主要工作与成绩

2022年，临淄区锚定“当旗手、作标杆”的目标定位，高效统筹疫情防控和经济社会发展，推动各项工作取得新进展、迈上新台阶。上半年全市“9+1”重点工作项目评价获得7个“好”，数量居全市第1；成功入选全省工业十强县，列全国综合实力百强区第54位、中国工业百强区第60位，交上了一份厚重提气、鼓舞人心的发展答卷。

（一）全力打赢疫情防控攻坚战

高效有序处置疫情，社会面病例始终控制在6%以下，7天实现社会面清零；毫不放松抓好常态化防控，充实完善核酸采样、检测、流调追阳队伍，建设社会面管控大数据管理平台，守牢守好“外防输入”的层层防线；全力做好服务保障，疫情期间80%的工业企业实现正常生产，6.5万份保供“应急包”送入千家万户，对1314名特殊困难群体“每日一看”“每日一问”；齐心协力共克时艰，2000多名机关干部值守卡口，2万多名志愿者奋战一线，3400多名医护人员加班加点，1100多名公安干警枕戈待旦，各界累计捐款捐物3400余万元，合力守护了临淄。

（二）扎实做好“优”和“扩”两篇文章

聚焦聚力产业培育。梳理确定4条化工主导产业链、5条新兴产业链、6大传统产业集群的“456”产业链群，创新“区领导+工作专班+链主企业+专家+基金”工作模式，全面做实“链长制”。聚焦聚力项目建设。策划实施总投资1140亿元的148个重点项目，建设类项目年度开工率和投资完成率分别达到96.1%、101.6%。争取地方政府专项债项目18个，到位资金18.1亿元。聚焦聚力园区发展。完成齐鲁化工区工业园中路、翔晖路南延等道路工程，连续6年入选全国化工园区前10强，获评科技部国家火炬精细化工特色产业基地。优化完善淄博省级农高区园区规划，启动建设预制食品产业园，全力打造江北最大的预制菜调味料包生产基地。积极推动战新产业项目在临淄经济开发区布局落地，举办2022中国汽车技术转移大会，智能机器人产业园初具雏形。聚焦聚力企地融合。坚持“研究齐鲁、联合齐鲁、服务齐鲁、延伸齐鲁”的发展方针，加快推进100万吨/年大乙烯技改项目，建成投用全国最大的碳捕集利用封存CCUS项目，最大限度实现企地共赢。

（三）在解决历史遗留问题中攻城拔寨

*一是教育资源布局优化调整。*将8所农村中小学整合为4所，降低农村学位空置率，学校办学品质大幅提升。

*二是文物保护工作加速破题。*建成全省首家综合性考古基地——“北京大学山东临淄田野考古教学实习基地”。成功调整《田齐王陵保护规划》，打破城市东部发展藩篱。挂牌中华文明国家文物基因库山东分库，入选首批省级文物保护示范区创建名单。

三是征地拆迁和低效闲置用地盘活取得重大突破。齐都镇南马坊旧村拆迁基本完成拆除任务，金岭回族镇攻下金烯路两侧68户拆除难题，辛店街道盘活低效闲置用地400余亩。

（四）持之以恒保障改善民生

社会事业稳步发展。新增城镇就业6356人，政策性扶持创业2200人次。连续17年上调企业退休人员养老金，连续5年上调工伤保险定期待遇，社会化发放率保持100%。启动淵源学校等5个改扩建项目，新增学位3680个；建成2所公办幼儿园，公办园占比提高至51.7%；夏季高考一段线上线2158人，首次突破2000人大关。城乡品质加快提升。实施临淄大道西段等道路大中修，新改建农村公路40千米。加快全域公园城市建设，24个项目全部开工。扎实推进文明城市创建，综合测评成绩列全市第一位。集中打好蓝天、碧水、净土保卫战，水环境质量实现近4年来全省最好位次。社会治理更加有序。围绕“护航党的二十大”主线，构建“一个中心、四张清单、五支队伍”工作机制，圆满完成“六个不发生”“三个不出事”目标，被省委、省政府授予“党的二十大维稳安保先进集体”。

三、创新与经验

（一）扛牢改革政治责任，构建全链条推进落实机制

提升抓改革的思想自觉，精准聚焦中央改革决策部署和省委、市委工作要求，构建领导领衔、齐抓共管的责任落实矩阵，确保上级改革部署在临淄快执行、快落地、快见效；找准抓改革的靶向目标，形成系统全面的106项具体改革任务和产业转型升级、促进共同富裕、做实“网格化+数字化”等6大重点领域集成改革方案，作为全年深化改革的重要遵循。增强抓改革的驱动力量，对重点改革事项实行全程对账调度、全程跟踪督察、全程晾晒通报，每季度一调度一督察一通报。创新改革攻坚评价系数法，对完成情况实行差异化考核。创新社会监督机制，聘用优化营商环境监督员30名。2022年，临淄区获得国家级、省级表彰认可180余项，新承接国家级、省级改革试点任务27项。

（二）坚持创新驱动，推动重点领域改革走深走实

经济体制改革跑出“加速度”。实施传统产业智能化改造，以“五个优化”作为主攻方向，创新打造“企业医院”诊疗模式，被省委改革办推介；深入开展数字变革创新，规划布局智能网联汽车产业园、大数据产业园、光伏产业园、集成电路产业园等；实施创新平台搭建行动，支持企业与高校院所联合共建技术研发平台，构建“基础研究平台—工程化应用研究平台—公共服务平台—科技成果转化平台”链条式科技创新平台新格局。截至年底，临淄区省级以上科技创新平台达69家。社会体制改革夯实“定盘星”。在全省率先实行安委会和安委办实体化运作，打造“一张网、一盘棋、一股绳”的“大安监”格局，荣获“山东省应急管理系统先进集体”荣誉称号；创新矛盾调处机制，区级社会治理综合服务中心、信访接待中心、网格化服务管理中心等“七中心”合署办公，镇级实行“一所七中心”运行模式，形成了“大矛调”“大化解”格局。文化体制改革啃下“硬骨头”。编写从小学到高中的齐文化校本课程教材12册360篇章，入选山东省教育厅德育课程一体化实施典型案例。繁荣新时代文明实践文艺志愿服务活动，打造永不落幕的“齐天乐大舞台”，在中国文联文艺志愿服务工作会暨新时代文明实践文艺志愿服务工作部署推广会上向全国推广推介。民主法制改革开辟“新路径”。创新搭建“齐商量”数字协商平台，设置“齐商量”“齐悦读”“齐履职”“齐聚力”四大板块，有效拓宽政协委员履职渠道，相关经验做法在省委改革办微信公众号推广推介。纪律检查体制改革按下“快进键”。在镇办建立统一的村级公共资源交易平台，创新“银农直联+一村一账户、一张村级公务卡、一个村级账户二维码”、“1+3”无现金收支交易模式，打造“清廉村居”临淄品牌。开展“齐风护航”优化营商环境专项整治，立查党员干部违纪违法案件，推动党风政风焕然一新。

（三）深化改革惠民生，发展红利加快释放

一是让群众办事更方便。顶格推进优化营商环境“一号改革工程”，自主研发“数字店小二”云端服务系统，着力打造手续最简、环节最少、成本最低、效率最高的营商环境，相关经验做法入选山东地方改革案例上报中央改革办。

二是让群众生活更富裕。在全市率先试点“土地股份合作+全程托管服务”耕种模式，在全省率先构建形成“区县有平台、镇街有站点、村居有人员”的农村集体产权交易服务网络。

三是让群众出行更便利。完善城乡交通运输一体化服务体系，入选全省农村客货邮融合发展样板区，入选“四好农村路”全国示范县创建单位。

四是让群众教育医疗养老更有保障。探索打造集资金监管、家长选课、机构管理、质量评价等功能于一体的民办教育机构“慧服务”平台，构建课外负担检测和治理长效机制，相关做法获评全国“双减”优秀案例。开办“齐学习·女子夜校”，相关做法被全国妇联推介。探索“区招镇管村用”乡村医生遴选模式，公共卫生服务体系日趋完善。整合完善农村一站式为老服务中心27处，新增长者食堂、助餐点50处。

中共淄博市周村区委工作概况

区委书记　李德刚

一、组织概况与党的建设

2022年，周村区共有党（工）委63个，党组43个，总支37个，支部979个。共有党员23320名，其中，男党员16728名，女党员6592名；正式党员23034名，预备党员286名；汉族党员23217名，少数民族党员103名。

（一）旗帜鲜明讲政治，始终把政治建设摆在首位

坚持把学习贯彻习近平总书记重要讲话、重要指示批示作为首要政治任务和“第一议题”。2022年，区委常委会组织开展集体学习25次、区委党的建设工作领导小组会议4次，召开了区第十三次党代会、区委全委会、区委常委会党史学习教育专题民主生活会、镇（街道）党（工）委书记和区直有关工委书记全面从严治党和抓基层党建工作述职评议会议等系列重要会议，专门研究制定了全面从严治党“三张清单”。

（二）强化思想理论武装，牢牢把握意识形态领导权

深入学习宣传贯彻党的二十大精神，第一时间召开区委常委会扩大会议进行传达学习，举办专题学习班，迅速掀起学习宣传贯彻热潮。2022年，组织开展区委理论学习中心组集中学习研讨14次，举办专题报告会4次，开展“四级联学”4次。坚决维护意识形态领域安全稳定，严密防范境外宗教渗透和非法宗教活动。

（三）全面加强基层治理，基层组织和干部队伍建设持续优化

扎实开展村改社区基层党建和治理难题集中攻坚，15个试点社区稳妥有序完成转型任务，经验做法在全省现场推进会上交流发言。创新建立推行“支部建在网格、干部沉到一线”工作机制，组建功能型党支部303个，下沉干部5000余人。突出实干实绩导向，对在疫情防控工作中表现突出的24名干部及时提拔使用、晋升职级。

（四）持续正风肃纪反腐，风清气正政治生态进一步巩固

全面完成十三届区委第一轮、第二轮专项巡察，部署开展了第三轮专项巡察，查处“四风”问题36起59人，“中梗阻”问题6起7人，“好人主义”问题3起5人，损害政商关系问题7起8人，群众身边腐败和不正之风问题115起140人。用好监督执纪“四种形态”，处理处分688人，其中第一种形态占比72.5%。对3名干部实施容错，办理澄清正名案例10起，查处诬告陷害案件1起。

二、主要工作与成绩

（一）坚持高效统筹疫情防控和经济社会发展，稳中向好进中提质的发展态势更加持续巩固

坚决落实“疫情要防住、经济要稳住、发展要安全”重要要求，率先在全市完成黄码医院、智慧化接种门诊建设。推行服务企业专员制度，293名领导干部挂包402户企业，研究出台支持企业投资促进高质量发展“十条措施”，2022年，全区地区生产总值增长2.3%，一般公共预算收入扣除留抵退税因素增长19.12%，固定资产投资增长22.7%，累计为各类市场主体减税退税缓税10.12亿元。严格落实安全生产十五条、“八抓20项”举措和市安全生产21条举措，生产安全事故起数、死亡人数分别同比下降40%、40%。周村区退林还耕保障粮食安全典型做法在中央广播电视总台《新闻联播》报道。

（二）坚持完整准确全面贯彻新发展理念，老工业区新旧动能转换更加坚实有力

2022年，实施124个工业技改项目，发放技改专项贷2.9亿元，完成技改投资16.4亿元。全区新增省级“小巨人”“瞪羚”“专精特新”企业25家，高新技术企业数量突破100家，周村区被评为“全省科技创新强县”。抢抓预制菜、信息大数据等新经济风口，调整优化形成“文旅产业+‘1+3+4’八条重点产业链”，着力打造现代产业体系。启动实施总投资313.07亿元的65个重点项目，其中，43个列入市重大，13个列入省重点。全区省外到位资金48亿元，引进火山引擎区域总部等过亿元产业30个。新材料产业园成功创建省级特色产业集群，周村区被确定为全市智能装备产业链主导区县，形成了“龙头企业+产业链+专业园区+产业基金+平台”的发展格局。

（三）坚持把品质活力要求贯穿城市发展全过程，城乡环境面貌更加整洁靓丽

2022年度8个棚户区改造项目基本完成，16个项目竣工分房。实施大学城雨污和智慧供热管网工程，总投资29.94亿元的23个全域公园城市建设项目全部开工，白云湖湿地公园、天香公园等一批重点项目相继建成投用。扎实做好文明典范城市创建工作，大整治大提升考核成绩持续走在全市前列，成功举办中华老字号掌门人大会暨黄河流域老字号创新发展大会，周村区被评为省级全域旅游示范区。周村古商城被评为首批国家级旅游休闲街区、第二批国家级夜间文化和旅游消费集聚区、首批山东省老字号集聚区。全区空气质量优良天数239天，综合指数同比改善5.1%；孝妇河袁家桥断面COD、氨氮浓度达到Ⅲ类及以上优良水体标准。

（四）坚持高标准推进高品质民生建设，群众生活更加和谐幸福

启动实施“建设高品质民生促进共同富裕三年行动”，

周村区全省群众满意度测评提升12个位次。扎实开展“我为群众办实事·走千村进万户”大走访大排查大提升活动，实现入户走访率和问题解决率“两个100%”。累计民生支出22.88亿元，为群众办理民生实事10大项、20件，重大民生实事如期全面完成，淄博大学城实验小学、中和街幼儿园投入使用。创新实行“七位一体”矛盾纠纷一站式调处机制，调解各类矛盾纠纷9087件，调解成功率达98%，实现基层治理水平和群众满意度“双提升”。

三、创新与经验

（一）加速融入区域发展格局

抢抓国家黄河流域生态保护和高质量发展重大战略以及省、市区域开放融合发展新机遇，深入推进改革创新、扩大对外开放。积极融入省会经济圈一体化发展，扎实推进经十路东延工程，建成新材料科技创新谷，谋划实施总投资128.44亿元的11个济淄同城化科创大走廊重点项目，与济南市章丘区联合策划“济淄一体化发展·章周先行”文旅主题宣传推介活动，共同打造齐鲁文化旅游目的地品牌。加快大学城和淄博新区统筹融合发展，全面融入淄博主城提质增容，谋划实施中国电子服务型制造产业示范园、新华医疗智能制造及配套、山东神奇医药产业园等项目，聚力打造城市会客厅、淄博未来城。

（二）持续优化营商环境

聚焦打造优化营商环境“一号改革工程”升级版，紧盯企业侧、群众侧需求，深化政府侧“放管服”改革，抓好政务服务“一件事”集成办理，不断提升“一门”“一窗”“一网”式服务水平。持续推行证明事项和涉企经营许可事项告知承诺制，为企业发展和项目建设提供全程代办、专人追踪的“保姆式”服务。创新工程建设项目人防类审批服务事项全流程“十个合并”改革，相关做法入选第二批“有解思维”暨“十大创新”典型案例。创新开展“减材料、合流程、放事项、学业务”活动，消除审批事项中的模糊条款，做到上级规定减少的材料无例外减少、上级无明确规定的材料尽可能减少，实现材料“减无可减”。进一步明晰“管”与“服”、“亲”与“清”的关系，促进政企良性互动，塑造提升“亲而有度、清而有为”的政商关系。

（三）深入推进系统集成改革

全年召开区委深改委会议4次，研究出台2022年重点领域系统集成改革等重要改革方案，承接省级以上改革会议2次，改革试点6个，争取承接上级部门表彰推广33项。周村区获批第三批省新型智慧城市建设试点，智慧法庭平台创新经验在《人民日报》刊发。持续深化农村改革，建成农村产权交易服务站，“一责四联”长效治理机制试点运行，农村“三资”管理更加科学化、规范化、法治化。创新“全员环保”工作机制，探索生态优先、绿色赋能新路径，全行业、全链条、全领域、全社会推进生态环保工作，周村区被评为全省网格化环境监管典型示范区。以打造“清廉村居”品牌为出发点和突破口，创新清廉村务、清廉民风、清廉责任“三面协同”工作机制，村级纪检委员、监察工作站“前哨”作用发挥更充分，“清廉村居”赋能乡村振兴作用更凸显，相关做法被省纪委推广。

中共桓台县委工作概况

县委书记　林　恒

一、组织概况与党的建设

桓台县共有党委78个，党工委13个，党总支78个，党支部1147个，党员31760人，其中，农村党员14182人，女党员7373人。2022年，桓台县委坚持以习近平新时代中国特色社会主义思想为指导，深入学习宣传贯彻党的二十大精神，认真落实新时代党的建设总要求，把党的全面领导和党的建设贯穿全县各项工作的全过程和各方面，为县域高质量发展提供了强力保障。

（一）筑牢政治信仰，彰显绝对忠诚

深入学习贯彻习近平新时代中国特色社会主义思想和党的二十大精神，县委常委会第一议题传达学习总书记重要讲话、重要指示批示精神19次，县委理论学习中心组集体学习研讨13次。推出“习语桓绕”理论宣讲特色品牌，实现基层党组织和党员学习、宣讲全覆盖。坚持以实干实绩坚定拥护“两个确立”、坚决做到“两个维护”，聚焦黄河重大国家战略、“三新一高”等精准开展政治监督，扎实推动党中央决策部署落地见效。

（二）树牢实干导向，锻强干部队伍

坚持以实干实绩论英雄，创新干部日常考察机制，圆满完成县镇领导班子换届。实施年轻干部“琢玉工程”，多层次开展实践实战锻炼、专业能力培训，干部下沉一线应急工作机制得到省委组织部推介。高标准打造9个镇街党校和12条党员教育研学路线，做细做实关心关爱干部措施，容错纠错、澄清正名工作继续走在全市前列，党员干部干事劲头更加昂扬。

（三）突出党建引领，夯实组织基础

紧抓村、社区“两委”班子建设，做实村党组织书记专业化管理，常态化开展“乡村振兴”擂台比武78场，实现村“两委”成员、兼职网格员培训全覆盖。开展“双强帮带、百村晋位”专项行动，创新推行6种党支部领办合作社发展模式，探索打造农村党建综合体，整建制完成

村改社区集中攻坚，创建“品质桓台·攻坚先锋”等行业工作品牌，在全市率先成立氟硅材料产业链党委，推动新业态新就业群体党建“三圈融入”，基层党组织战斗堡垒作用越来越强。

（四）从严正风肃纪，涵养政治生态

制定关于加强县委自身建设的《决定》，编制全面从严治党工作指引，高质量完成三轮县委巡察，推动“四责”协同落实。持之以恒正风肃纪，编印《手镜——王渔洋家训解读》书籍，深入推进重点村（社区）提级监督省级试点和“清廉村居”建设市级试点工作，提升一体推进“三不腐”成效。全县查处“四风”问题74起91人，群众身边腐败和不正之风问题190起216人，村级党员干部违纪违法案件、涉“三资”信访量同比分别下降8.4%、52.8%。

二、主要工作与成绩

2022年，面对前所未有的复杂局面和严峻挑战，桓台县委始终保持定力、站位全局，高效统筹疫情防控和经济社会发展，统筹发展和安全，经济社会保持平稳健康发展。全县实现地区生产总值702亿元，一般公共预算收入42.47亿元，规模以上工业总产值1753.54亿元，跻身县域经济综合竞争力、投资潜力、科技创新、绿色发展等全国百强县榜单。

（一）凝心聚力谋发展，推动综合实力稳步提升

坚决扛牢稳大盘政治责任，全县地区生产总值同比增长3.1%，一般公共预算收入同口径增长10%，规模以上工业总产值增长8.84%。全力抢出项目建设加速度，29个新开工项目全部开工，5个市重大准备项目提前开工，民间投资占比及提高幅度全市第一。鲁中产融物流园挂牌上合示范区多式联运中心鲁中分中心，开行首列中欧班列。实施建筑业高质量发展三年行动，获评鲁班奖1项、泰山杯12项，天齐集团入围全省建筑业综合实力30强。新发展理念视角下科学发展评估位列全省前十，协调发展水平全省第一，共享发展水平全省第二，中央广播电视总台《走进县城看发展》栏目聚焦桓台，充分展现了县域发展新气象。

（二）动能转换勇突破，打造攀高蝶变强力引擎

坚持“降油增化优存量”“建链拓链扩增量”，东岳PVDF全产业链、金诚石化环氧丙烷等拓链强链项目投产或试生产，石化产业炼化比调整到6∶4，七大新兴产业链条稳步拓展，加力打造绿色高端新材料产业基地。2家企业入围“2022中国企业500强”，3家企业入围“中国制造业民营企业500强”，新增省瞪羚企业6家，累计培育国家级专精特新“小巨人”企业8家、省级“专精特新”中小企业56家、高新技术企业122家、科技型中小企业158家，东岳未来氢能获评全市首家省级独角兽企业。加速突破产业核心技术，东岳2项科技成果分别荣获省技术发明特等奖、省科技进步一等奖。

（三）城乡融合提能级，彰显精致宜居品质活力

上海路桓台段全面贯通，小清河复航工程具备通航条件，城乡环境大整治大提升、全域公园城市建设全市考核“双第一”，东岳熙悦里、唐山文体公园等高品质生活场景开放运行。马踏湖经过十余年综合治理重焕生机、对外开放，红莲湖、东猪龙河成功创建省级美丽幸福示范河湖。加快打造“桓台小麦”“桓台良种”两张名片，高标准农田实现整县制全覆盖，小麦亩产连续12年居全省县级首位，入选全省农村综合性改革试点试验县；先正达数字大田服务辐射3.2万亩耕地，梨花面业成为全省最大小麦专用粉加工企业。创建4个省级美丽乡村示范村，“一村美”逐步迈向“村村美”“全域美”。

（四）用心用情优服务，交出温暖厚重民生答卷

扎实开展高品质民生建设三年行动，民生支出占一般公共预算支出的80.5%，前三季度六大民生建设综合排名全市第一。开发城乡公益性岗位2745个，城镇新增就业6431人。健全困难群众救助体系，困难群体救助保障标准提升10%以上。聚力推进教育优质均衡发展，完成17所学校加固改造，红莲湖学校顺利招生，新增学位4500余个，城乡学校校长、教师常态化交流轮岗，高考普通本科上线率80.9%，成绩再创历史新高。稳步实施基层医疗卫生服务能力提升行动，县医院入选全国“千县工程”，全国首家基层心脑同治中心落户，4家镇卫生院创建为社区医院。建成长者食堂304家，在全市率先实现整建制全覆盖，获评全省县域养老服务体系示范县、省级家庭托育试点县。

（五）有解思维守底线，保障社会大局安定祥和

坚持以快制快，科学精准高效处置突发疫情，用最短时间、最小代价取得了最大防控效果。推行“一站式”矛盾纠纷多元化解模式，强化源头治理和积案化解，信访总量连年大幅下降。创新搭建党建引领、信用赋能的农村“一网三联”、城市社区“三联四进”基层治理框架，打造36个“信易+”应用场景，持续推进信用“五进”，入选全省党建引领乡村治理试点县。扎实开展安全生产大检查，安全生产形势持续平稳。一体推进平安桓台、法治桓台建设，常态化开展扫黑除恶斗争，社会大局保持安定有序。

三、创新与经验

（一）用心抓疫情防控，有力保障群众生命安全和身体健康

面对外部多点散发的新冠肺炎疫情，坚决贯彻党中央、国务院决策部署和省市工作要求，从快从严、群策群力、果断处置，迅疾完成平战转换，高效开展流调排查、转运隔离等工作，持续优化核酸检测方案，周密实施社会面管控，火线建成隔离方舱和大型核酸检测基地，细心保障企业生产和群众生活，3月份疫情3天实现社会面“清零”，9月份、11月份输入性疫情均得到迅速处置，为实现平稳顺利转段奠定了坚实基础。

（二）用心抓产业转型，持续推动绿色低碳高质量发展

锚定“优”和“扩”两篇文章，一张蓝图绘到底，加力推进石化产业转型升级和新兴产业延链集群，打造绿色高端新材料产业基地。年内石化产业炼化比由7∶3优化至6∶4，氟硅新材料、丙烯产业纳入省“十强”产业“雁阵形”集群，膜、氢、聚氨酯等产业提速拓展延伸，东岳26个高科技成果加速产业化，金诚石化化工产品占比、效益贡献率分别超过70%、50%，县域产业加快实现蝶变升级。

（三）用心抓品质民生，更加彰显为民服务深厚情怀

坚持以百姓心为心，最大限度解决好群众“急难愁盼”问题，加力推动幼有善育、学有优教、劳有厚得、病有良医、老有颐养、住有宜居、弱有众扶。拉起以柳泉北路为主轴的城市时尚活力带，城市形象和人居环境显著提升。一年半时间实现长者食堂全覆盖，让老年人、贫困群众每天至少吃上了一餐热饭。依托先正达数字农业服务平台，为农户提供定制套餐服务，亩均增收300元以上，农民种粮收入不断增加，日子越来越红火。

（四）用心抓社会治理，形成共建共治共享良好格局

推深做优党建引领基层治理工作，健全完善“一网三联”乡村治理模式，推动向城市社区延伸，创新引入信用体系建设，打出“爱心基金”“爱心超市”组合拳，持续拓展信用积分应用场景，让信用成为每一个桓台人的“身份证”，构建起人人有责、人人尽责、人人享有的社会治理共同体，为各项重点工作推进创造了新可能。截至年底，全县已有250余个村建成爱心基金、爱心超市，选树“美在家庭”示范村153个、标兵户1.9万户，相关经验做法得到省市委主要领导批示肯定，并在多家省级以上媒体刊发。

中共高青县委工作概况

县委书记　刘学圣

一、组织概况与党的建设

高青县共有基层党组织1078个，其中，党（工）委41个、党总支109个、党支部891个，共有党员22719名。其中，308个行政村有党委3个、党总支11个、党支部344个，10个城市社区全部成立党总支，248个“两新”组织建立党组织111个。2022年，高青县委深入贯彻习近平新时代中国特色社会主义思想，全面落实党中央关于加强党的建设和组织工作的决策部署以及省委、市委工作要求，持续推进全面从严治党向纵深发展。

（一）党员干部“两个确立”“两个维护”的思想根基更加牢固

抓好政治能力培训，组织举办主体和专题班次9期，培训干部980余人次。扎实开展新时代基层干部主题培训75场次，实现4300余名基层干部培训全覆盖。实施“12345”党员教育工作法，指导9个镇（街道）党校（党员教育中心）实现实体化运行，组织村（社区）党组织书记培训班、“今冬明春”党员教育培训、党（工）委书记讲党课等活动81场次，培训农村党员2.9万余人次。

（二）高素质专业化干部队伍建设扎实推进

围绕激活干部关键变量，建立常态化调研、嵌入式考察工作机制，开展换届后镇领导班子评估等专项调研9次，结合“基层工作日”制度，广泛开展“非提拔谈话”，全方位、多角度、立体式识别干部，优化调整领导班子和干部队伍。开展“树标尺、拉标杆、提境界”作风能力大竞赛活动，通过“书记擂台”“指挥长擂台”等形式，锤炼党员干部过硬作风本领。制定年轻干部培养选拔“三年行动计划”，建立优秀年轻干部信息库，选派260余名干部到一线实践锻炼。

（三）服务高质量发展的基层基础夯实打牢

围绕增强基层党组织组织力，构建以“千乘红”为统领，涵盖经济开发区、各镇（街道）在内的党建品牌矩阵。成立9家党建融合体，打造氟化工产业链党建样板。探索多种集体经济发展路径，村集体经济全部达到15万元以上。创新“四定四考”考核办法，举办“擂台比武”42次，91名村党组织书记纳入专业化管理，评选38个村50面“红旗”。完成27个软弱涣散基层党组织整顿转化，推动38个“双百帮带”项目落地见效。

二、主要工作与成绩

2022年，在党中央和省市委的坚强领导下，高青县委、县政府坚持以习近平新时代中国特色社会主义思想为指导，聚焦迎接党的二十大、学习宣传贯彻党的二十大精神，坚决贯彻“疫情要防住、经济要稳住、发展要安全”要求，紧紧围绕“五区建设”总体思路，凝心聚力、创新作为、突破奋进，全县经济社会发展质效实现新的有效提升，各项工作取得新进展、新成效。

（一）聚焦顶层设计，体制机制更有保障

一是召开“五区建设”推进大会，制定“五区建设”推进方案、三年行动计划和年度工作要点，建立包含300余个重点项目的动态项目库，成立五条工作线，配套“七个一”工作推进机制，确保工作接续不断向前推进。二是成立12个重点工作指挥部和7个重点工作专班，以指挥部和专班为核心推进工作、考核成绩、发现干部，工作机制更加理顺，任务推进更加有力。三是建立“基层工作日”工作制度，坚持深入践行“一线工作法”，各县级领导同志、部门单位主要负责同志，固定于每周二、周三到社区村居、企业车间、项目现场和田间地头，一线掌握实情、一线解决问题、一线推动工作。自制度执行以来，解决问题130余个。四是坚持把稳市场主体摆在突出位置，部署开展"服务企业·伴企成长"行动，31名县级领导、40名驻厂专员，挂包159家企业、24个重点项目，累计解决问题140余个。

（二）聚焦产业赋能，发展势头更为强劲

一是加快工业集群发展。实施"聚力招引 突破园区"战略，经济开发区由"一区四园"布局调整为"一区三园"布局，产业定位、产业布局更加清晰明确。建成投用黄三角药谷医疗器械产业园一期6万平方米标准化厂房，全面建成化工产业园能源中心等配套设施，启动建设医疗器械产业园二期20万平方米标准化厂房、"专精特新"企业孵化园。赫达纤维素醚等24个产业项目加快建设，2022年有17个实现投产，新增产值45亿元。深入实施"四强"产业攀登计划，全县"四强"产业企业较2021年新增6家，产值占规模以上工业总产值的比重达55.8%。培育国家级专精特新"小巨人"企业2家，实现历史性突破。成立7个产业链招商专班，签约落地四川东树、同福集团等过亿元项目39个。

二是做大做强现代农业。构建"五化"农业体系，举行"五化"农业标准发布会暨"五化"农业实施成果展示会，初步形成"五化"农业标准体系，丰实"五化"农业样板案例。注册"黄河明珠"区域公用品牌，召开黑牛产业发展大会，实施"七大提升行动"，推动黑牛全产业链发展，2022年黑牛饲养量突破10万头。依托高青黑牛、高青西红柿成功认定省级特色农产品优势区。正茂现代农业产业园预制菜生产线试生产、同福集团健康食品粮食深加工项目顺利投产，进一步拉长农产品产业链。

三是推动文农旅融合发展。围绕讲好黄河故事，大力挖掘黄河文化、早齐文化、太公文化等历史人文资源，成立黄河文化研究会，盘活搁置多年的黄河楼，启动建设黄河博物馆，成功举办"2022山东·高青黄河文化旅游季"等节庆活动20余次。

（三）聚焦品质提升，城市活力加快释放

济高高速全线通车，成为全省2022年度第一条通车的高速公路，在高青设3个出入口、1个服务区，高青到济南车程缩至1小时以内，为融入省会城市群经济圈奠定了坚实的空间基础。小清河复航工程扎实推进，基本达到通航条件，唐口大桥在全线率先建成通车。小清河集疏运体系及临港物流园区项目上升为全市重大战略，致力打造为鲁北地区物流集散中心，成为全县新的经济增长极。高商高速率先在全线完成永久占地批复，正有序推进。举办城乡融合发展专题读书班，研究明确推进县域城镇化建设的目标方向。高标准推进城市更新和设计，进一步盘活低效闲置土地，优化区域功能布局，让县城更加精美精致。扎实有序推进田镇四街改造，国有土地、集体土地安置房施工全面启动，确保群众早日回迁。17个老旧小区改造工程全面完成。

（四）聚焦品质民生，群众福祉显著增强

启动高品质民生促进共同富裕三年行动，实施6处幼儿园建设，省示范及一类园达19处，学前教育普及普惠水平居全市首位。实施农村学校布局调整，进一步整合农村教育资源。"国家学前教育普及普惠县""全国义务教育优质均衡发展县"创建工作稳步推进。高青一中成功认定为市级特色高中，2022年高考本科上线人数实现"十连增"。着力完善卫生医疗服务体系，深入实施基层医疗卫生服务能力提升行动，全面推进全国紧密型医共体试点建设，县医院南部新区感染性疾病楼主体工程完成。推出"门诊一次挂号、复诊三日免费"便民服务政策。推进医养结合先行示范县建设，"两院一体"医养结合机构5家，医养结合签约养老院5家，养老床位1383张。积极推进长者食堂建设，建成长者食堂22处。城乡公益性岗位开发及上岗1635人，安置上岗率达102%。办理创业担保贷款9179万元，为2897人次发放人才金政补贴739.5万元。

（五）聚焦党建引领，政治生态持续向好

一是大力推进"千名干部进名校"专业能力提升行动，举办全县年轻干部、黄河流域生态保护与高质量发展、强农惠农和文旅融合发展、园区创新发展与产业转型升级等5期专题培训班，培训干部320余人。二是深入推进作风能力建设，部署开展"树标尺、拉标杆、提境界"作风能力大竞赛活动，激发全县上下干事创业、争先进位的斗争精神。三是扎实开展黄河流域生态保护和高质量发展专项监督工作，查处黄河流域领域违纪违法问题68起103人。开展3轮十五届县委巡察，覆盖巡察单位31个。省委专项巡视反馈问题整改正在扎实推进。坚持挺纪在前，处置问题线索877件，结案215起，给予党纪政务处分203人。

三、创新与经验

（一）坚持改革推动，探索生态文旅新模式

积极探索生态产品价值实现工作机制，通过生态修复和环境提升，把风吹沙满天的黄河灌区沉沙池打造成天鹅湖湿地慢城，相关经验做法被省委改革办以《地方改革案例》形式上报中央改革办。依托天鹅湖湿地慢城、黄河安澜湾等生态资源优势，大力发展农旅产业，探索出一条发展旅游促进乡村振兴的新路子，《人民日报》以《家在黄河边，吃上乡村旅游饭》为题进行整版报道。聚焦文旅综合体项目建设工作，积极打造"万里黄河最高青"黄河文化旅游特色品牌。

（二）坚持制度创新，全面优化营商环境

聚焦小微企业融资难题，与省投融资担保公司、市鑫润担保公司共建省市县三级担保体系，成功创建全省首个担保体系共建先行县，设立1亿元担保风险补偿资金池，累计撬动低成本担保贷款32亿元，有力支持880家企业和4000余户农业经营主体。健全完善以"府院联动协调、职工权益保障、处置模式选择、破产程序规范、资债处理创新"为内容的五项机制，形成破产审判处置僵尸企业的

"高青模式"。

（三）坚持以人民为中心，提升群众改革获得感

聚焦义务教育优质均衡发展工作，构建"教育大脑+智慧教育"新体系，推出城乡学校同步专递课堂，农村的孩子和城区的孩子同上一堂课成为现实。创新在乡镇卫生院使用刷脸支付，参保群众在基层医疗卫生机构就医购药，实现刷脸就医结算全流程服务。强化养老托育服务，搭建形成涵盖养老机构以及长者食堂、家庭养老床位、特殊困难家庭失能人员照料和智慧消防的"五位一体"智慧养老服务平台。探索将镇街议事协商融入黄河滩区迁建社区治理，搭建迁建社区"一室一站一中心一联络点"协商平台，打造"互联网+协商议事"新模式。

（四）坚持数字化改革，推动经济社会创新发展

紧抓国家数字乡村试点县建设机遇，创新打造"数字黑牛管家"平台，提升从生产到餐桌的全流程数字化溯源服务水平，实现全产业链数字化管控。持续深化智慧法院建设，推动审判执行、诉讼服务、司法管理全流程智能化发展，向人民法院信息化4.0版稳步迈进，连续两年全省排名前十。建立新时代档案利用体系，探索"一线双导三联"工作法，获批国家数字档案馆、档案信息化提升乡村公共服务等试点。

中共沂源县委工作概况

县委书记　边江风

一、组织概况与党的建设

2022年，全县有基层党委107个，党总支91个，党支部1463个；县委派出工委7个，党组47个。党员38236名，其中，女党员7537名，党政机关事业单位党员6666名，企业党员5109名，农牧渔民党员17723名。

（一）大力加强自身建设

严格落实全面从严治党主体责任，坚定支持县人大常委会、县政府、县政协及县法院、县检察院依法履行职能，充分发挥统一战线政治优势和群团组织政治作用，凝聚形成强大工作合力。

（二）全面深化管党治党

研究制定全面从严治党"三张清单"，印发《关于加强和改进纪委对同级党委监督的意见》《县级党政领导班子成员与下一级党组织主要负责人开展廉政教育提醒工作机制》。

（三）强化干部队伍建设

高质量做好镇领导班子换届，倡树"以实干实绩论英雄"鲜明导向，更加注重在"三重一线"考察识别领导班子和领导干部，大力选拔使用"狮子型""老黄牛型"干部，先后开展干部调整8轮次、413人。加大教育培训力度，分领域开展警示教育，全覆盖开展"家庭助廉"，累计受教育党员干部超4000人次。

（四）持续巩固基层基础

开展农村发展党员违规违纪问题排查整顿工作。按照"12345"标准要求，高标准打造党代表工作室14处。实施村级党组织分类推进整体提升三年行动，强力推进"双清攻坚"。实施村书记能力、学历"双提升"工程。稳步推动村集体和村民"双增收"，出台《支持发展壮大村级集体经济十条措施》，成立村党组织领办合作社"孵化中心"，开展"携手共建"行动。

二、主要工作与成绩

2022年，沂源县始终坚持以习近平新时代中国特色社会主义思想为指导，深入学习宣传贯彻党的二十大精神，认真贯彻落实中央决策部署和省委工作要求、市委工作安排，锚定"走在前、开新局"，建立落实"66966"工作体系，有力推动各项工作突破提升、走在前列。

（一）强化政治建设，旗帜鲜明讲政治

始终保持政治定力。坚持把旗帜鲜明讲政治作为第一要求，严守党的政治纪律和政治规矩，坚决拥护"两个确立"，坚决做到"两个维护"。持续深化理论武装。把学习宣传贯彻党的二十大精神作为首要政治任务，严格落实"第一议题"制度，先后主持召开县委常委会49次，第一时间传达学习习近平总书记重要讲话和重要批示指示精神，研究贯彻落实意见。筑牢意识形态阵地。牢牢掌握党对意识形态的领导权，全面落实意识形态工作责任制，指导将宣讲课堂开设到农村果园、田间地头、基层一线。

（二）强化担当作为，凝心聚力促发展

高效统筹疫情防控和经济社会发展。始终坚持立足于有、立足于快、立足于独立作战，多轮疫情冲击之下，保持企业不停产、项目不停工、民生保障不受影响，2022年，全县地区生产总值增长7.3%、全市第2；固定资产投资增长26.7%、全市第3；规模以上工业增加值增长15.12%、全市第2，沂源获评全省高质量发展先进县。1—11月，经济运行综合评价列全市第3。加速推进新型工业化。聚焦打造新医药之都、纤维新材料之城、新能源产业高地，以创建国家级经济开发区为抓手，加快推进华源产业园等"园中园"建设；打好双招双引"七场突破战"，完善落实联合会商和落地协同"双机制"，引进过亿元项目、省外到位资金分别完成年度目标的144.4%、122.6%，其中奇耐公司与鲁阳公司完成要约收购，是2022年全省规模最大的单体外资项目。实施企业数质"双倍增”计划，推动骨干企业二次创业，2家企业获评全国专精特新“小巨人”企业。全面推动乡村振兴发展。创新探索以“为民”为出发点、“四梁八柱”为支撑点、“五双行动”为突破点、“五个振兴”为落脚点的乡村全面振兴沂源路径，分类实施镇街“两个突破”“十个整建制”，沂源被评为山东省乡村振兴示范县。加快推进果业振兴，完成32万亩果园更新改造，深入实施“一村一业”发展，所有村集体收入全部达到10万元以上。积极促进农文旅融合。大力推进“初心家园”、牛郎织女等拳头景区项目建设，2022年，全县市重大文旅项目累计完成投资14.56亿元，投资完成率118.37%。

（三）强化创新突破，激发活力强改革

深化认知迭代。创新推行认知迭代“沂源工作法”，先后举办3次成果交流会、1次成果发布会，引领带动思维变革、思路变革、机制变革，充分激活革命老区内生动力。深化改革攻坚。在全省率先推行“歇业一件事”集成服务，被列入全省开办企业“揭榜挂帅”试点。完善落实“指挥部+专班”工作体系，建立“积分制”督查机制，激励干部担当作为、“揭榜挂帅”。谋划实施八大领域系统集成改革，争取省级以上改革试点13个，改革做法受省级以上表彰认可、会议推介39个，1个案例入选中国改革2022年度地方全面深化改革典型案例。抢抓山东省“四星级新型智慧城市试点”机遇，建成数字沂源“一网统管”综合指挥平台。深化科技创新。加快实施创新兴县战略，有研发活动企业62家，研发投入11亿元。全县高新产值占比84.1%，“四强”产业增加值占比79.56%。

（四）强化服务为民，增进福祉惠民生

强力破解养老难题。针对沂源60岁以上老人占比达25.5%的实际，全域建设集“助餐、助浴、助医、助购”及文明实践、志愿服务等于一体的353处民生综合体和配餐服务点，8.5万农村老人在家门口享受品质生活，沂源县入选全省县域养老服务体系创新示范县。全力提高教育质量。启动实施教育三年提升行动，荆山中学建成投用，加快人民路小学建设，新建、改扩建学校、幼儿园8所，启动淄博电子工程学校新建项目选址论证。着力提升医疗水平。县人民医院新院建成投用，在县中医院设立颈肩腰腿痛诊疗康复中心，加快推进25处中心村卫生室建设，推进村级卫生室心电图设备配备，有效解决农村心脑血管疾病和腰腿疼痛“一急一缓”问题。大力优化宜居环境。科学划定“三区三线”，加快城市建设，北外环沂邳线、西外环华源路建成通车，县城建成区面积扩大到32.4平方千米。持续加强生态保护，强化重点区域精细化管控，2022年沂河出境断面水质达到地表水二类标准，全年生态补偿过千万；全县环境空气质量优良率74.2%，环境空气质量综合指数4.04。沂源被命名为国家生态文明建设示范区，入选2022美丽中国·深呼吸小城。持续增进民生福祉。开展高品质民生领域专项监督，推进“长者食堂”建设运营管理、初创小微企业贷款贴息政策落实等8个领域专项整治，实施中小学食堂管理、水利移民项目等10个立项监督，坚决查处群众身边的腐败和作风问题，持续提升群众获得感、满意度。

（五）强化廉洁从政，以上率下严治党

持续夯实基层基础。充分发挥党建统领作用，成立党建共同体77个，覆盖所有村居和19个城市社区、106个非公企业、22个社会组织，有关做法在中组部《组工信息》、新华社《内参选编》刊发，得到省市领导批示肯定；推深做实“一网三联”乡村精治理模式，沂源“县镇村三级重大事项合法性审查全贯通机制项目”被表彰为全国法治政府建设示范项目。狠抓干部队伍建设。大力倡树“实干实绩实效论英雄”鲜明导向，在疫情防控等“三重一线”精准考察识别干部，发现掌握优秀干部128名。实施“丰羽储备”行动，充实17名新提拔年轻干部到实体化运行指挥部一线。深入推进全面治党。持之以恒落实中央八项规定精神，坚决纠治形式主义、官僚主义，破除“中梗阻”，持续巩固风清气正的政治生态。开展优化营商环境“问诊开方”大走访活动，全力保障“一号改革工程”落实落地。注重发挥巡察“利剑”作用，以高度的政治自觉全力支持配合省委巡视工作，对国企、部门单位、镇村开展3轮巡察，部署开展黄河流域生态保护和高质量发展巡察，推动十五届县委巡察问题整改清零。完善基层治理体系，坚决扛起省、市“清廉村居”建设试点责任，明确“五清五好”建设目标，高标准建成村级事务智慧化管理平台，平台应用实现12个镇办、446个村全覆盖，所有镇办均建成农村产权交易站。

三、创新与经验

（一）坚持提高政治站位，落实各项改革决策部署

县委深改委高位推动。召开县委深改委会议4次，审议年度重要改革方案8份，听取重点领域改革进展情况12次。县委改革办链式推动。出台《关于进一步健全工作机制提升改革实效的若干措施》，建立“四位一体”推进落实、“双向联动”宣传推介、“七个一”督察考评的“427”全链条、闭环式推进落实体系。各级各部门合力推动。扛牢“一把手”抓改革主要责任，各级各部门党政主要负责同志认领76项具体改革事项，倒逼各级持续用心用力抓改革。

（二）坚持顶层设计谋划，推进重点领域改革攻坚

持续优化营商环境。出台《沂源县2022年“一号改革工程”优化营商环境任务清单》，完成138项既定改革任务。在全省率先探索市场主体歇业登记“七个一”集成服务模式。着力促进共同富裕。健全农村养老服务体系，全域规划建设353处集“助老、助餐、助浴、助医”于一体的“沂源红”幸福家园民生综合体，探索推行产业养老等多种长效运营模式，实现8.5万农村老人“养老不出村、就地享清福”。深化教育综合改革。创新校外培训机构规范办学“双随机、一公开”联合检查机制，持续巩固“双减”成效。建设县级“智慧三农”平台，高标准打造数字农业农村示范应用场景25处。

（三）坚持营造改革氛围，“激发老区内生动力”改革品牌

内宣塑态势。制发《2022年全面深化改革宣传工作方案》，刊发“沂源改革——激发革命老区内生动力”案例38期。争取凝优势。全年共计争取省级以上改革表彰认可56个，档案工作服务农村基层社会治理试点由国家档案局验收通过。表彰鼓干劲。开展2022年度激发老区内生动力推动高质量发展“十佳”改革案例评选活动，召开认知迭代成果发布会。

枣　庄　市

中共枣庄市市中区委工作概况

区委书记　宋　磊

一、组织概况与党的建设

市中区辖5个镇、6个街道，111个行政村、59个社区，总面积374平方公里，户籍总人口59.3万人，城市建成区面积52.6平方公里，城镇人口44万人。截至2022年底，全区共有114个党（工）委、61个党组、115个党总支、1159个党支部、30786名党员。

（一）加强思想政治引领

深入学习贯彻党的二十大精神，严格执行区委常委会“第一议题”制度，开展区委理论学习中心组集体学习15次，组织各类宣讲2100余场次、受众9万余人次。坚决守牢意识形态防线，召开16次会议专题研究意识形态工作，监测处置网络舆情及线索1300余条。

（二）抓实干部队伍建设

创新实施“干部赋能提升工程”，在疫情防控等一线考察使用干部，累计动议调整干部10批361人，其中，提拔重用106人，晋升职级89人。扎实推进“赢在中层”行动，完成单位内部轮岗259人次，跨单位交流46人次，努力打造一支精神状态、眼界思维、能力水平领先的高素质干部队伍。

（三）筑牢基层战斗堡垒

深化“红市中·暖万家”服务品牌建设，实行一村（社区）一品，成功创建2个全市乡村振兴培训基地。持续发展壮大村级集体经济，启动“12+N”提升攻坚三年行动，18个村收入突破100万元。

（四）深化党风廉政监督

驰而不息纠治“四风”，累计查处30起35人。开展3轮巡察，共发现重点问题263个、问题线索62个，利剑作用有效彰显。始终保持惩治腐败高压态势，坚持减存量、遏增量、保质量，立案262件，留置5人，给予党纪政务处分242人，涵养了风清气正的政治生态。

二、主要工作与成绩

2022年，市中区锚定“走在前列、全面开创”“三个走在前”的总遵循、总定位、总航标，坚决贯彻“工业强市、产业兴市”战略部署，全区地方生产总值完成311.8亿元、增长4.7%，一般公共预算收入达到27.6亿元、增长6.5%，经济社会发展保持了稳中向好、稳中提升的良好态势。

（一）经济活力显著增强

强化“四个一”招商模式，签约泉为异质结等93个项目、计划总投资560亿元。健全完善全生命周期管理服务等机制，79个实施类重点项目全部开工，项目开工率、投资率和竣工率均处于近年同期最高水平。深入开展“技改焕新四个提升”三年计划，在全市推行第一支“技改贷”，规模以上工业增加值增长8.6%，工业技改投资增长111.9%。将原有的127家国企重新组建成6家国企集团，实现板块集中、做大做强。特别是树牢平台思维，实施金融赋能，完成中汇城投集团AA级平台评级工作。

（二）城乡面貌焕然一新

围绕老城区更新、城市新区提升、市南工业区突破“三区”同建，真正使市中成为宜居宜业之城。其中，聚焦老城更新，精心实施城市品质提升三年行动，“拔钉清点”先后分3批集中拆除21处现场，完成33个老旧小区改造，提档升级11条背街小巷，新建改建18处公园绿地和口袋公园。聚焦城市西进，一体考虑商业、教育、医疗、公共服务等配套设施，西昌路地下管廊主渠全线贯通，未来易购跨境电商综合体、希尔顿逸林酒店等项目推进顺利。聚焦市南突破，与凡华教育集团签约合作共建百亿元中兴产教融合先行区，枣庄应用技术职业学院开工建设。全面推进乡村振兴，加快实施城镇环境综合整治提升行动，市级以上美丽乡村示范村覆盖率达到72.7%；全区市级以上农业龙头企业、农民专业合作社、家庭农场分别发展到67家、80家和28家。

（三）民生福祉持续增进

全区民生支出26.6亿元，占公共财政支出75.3%。成立“满意市中”工作专班，扎实开展“我为群众办实事”大走访活动，面对面收集解决基础教育等六大领域问题。倾力培育“学在市中”教育品牌，光明路中学（一期）等3所学校投入使用。持续加强医疗服务能力水平，枣庄市人民医院等重点项目加快推进，为打造区域医疗中心提供强力支撑。坚持把优化营商环境作为深化改革的一号工程，重点实施便民服务“码上办”等十大攻坚计划，为60名企业家、高端人才发放服务“绿卡”。统筹守好粮食安全、安全生产等“一排底线”，落细落实疫情防控、信访维稳、生态环保等各项工作要求，全区经济社会大局持续和谐稳定。

三、创新与经验

（一）打造社会治理新品牌

立足实战化要求，创新打造以“‘快警务’区块模式+‘掌上警务室’线上模式+‘平安守护’巡防模式”为基础的社会治理“市中模式”，累计高效处置各类警情6.9万余次，全区可防性警情同比下降42.9%，真正实现了“基层减负、治理升级、群众满意”三赢效果，全方位提升守护人民群众平安的层次和水平。

（二）探索干部激励新机制

创新开展“百名科长大家评”活动，选取经济建设类、政务和社会事业类、社会管理和执法监督类共100名科长，在市中新报等6家媒体亮身份、亮职责、亮承诺，切实提高服务质效，相关做法被新华社刊发。

（三）构建督查闭环新模式

大力推行督查闭环制度，整合区委、区政府、离退职干部等多方资源，探索成立大督查落实委员会，构建“四不两直—登记备案—现场调研—责任反馈—督促落实—梳理汇报—评价干部”的闭环督查流程，深入全区重点项目、生态环境保护、文明城市创建等现场一线，累计开展调研388次，解决问题783件，相关经验做法在中央办公厅内刊刊发。

中共枣庄市薛城区委工作概况

区委书记　巴海峰

一、组织概况与党的建设

薛城区辖4镇3街道、251个村居，总面积404平方公里，人口50.8万人。有80个基层党（工）委、103个党总支、1023个党支部、26242名党员。2022年，在省市委的正确领导下，坚持以习近平新时代中国特色社会主义思想为指引，大力加强和改进党的建设，为发展提供了坚强保障。

（一）思想政治建设扎实开展

持续强化理论武装，区委常委会开展“第一议题”学习22次、理论学习中心组学习13次，举办各类培训班10期、培训学员1000余人次。坚持把学习宣传贯彻党的二十大精神作为首要政治任务，组建宣讲团开展宣讲560余场次，掀起了学习宣传贯彻的热潮。巩固拓展党史学习教育成果，开展现场教学4万余人次，“薛思明理”宣讲团被中宣部授予2022年基层理论宣讲先进集体称号。

（二）干部队伍建设不断加强

出台一线考察识别选用干部的实施意见，实施干部专业素养提升工程，开设局长大讲堂、新薛城大讲堂，开展“赢在中层”行动、专业干部“126”集训营等活动，“改革干部选育管用机制”被《新华社内部参考》刊发。出台激浊扬清保护干部担当作为意见，有效激发了干部工作积极性。

（三）基层组织建设不断强化

实施党建聚合力工程，在全市率先成立村党组织领办合作社联盟，党支部领办合作社实现行政村全覆盖，村级集体收入全面“破十”，其中过百万元村达到24个。开展“红心驿站”专项提质行动，新建提升“红心驿站”269个，凤鸣园小区荣获全省首批“齐鲁红色物业”星级服务项目。

（四）党风廉政建设深入推进

开展营商环境、黄河流域生态保护和高质量发展专项巡察，在全市率先探索对村（社区）党组织进行分类巡察。主动接受“体检”，全力配合十二届省委第二轮巡视。驰而不息纠治“四风”，查处违反中央八项规定精神问题39起59人。以“零”容忍态度惩治腐败，给予党纪政务处分276人。

二、主要工作与成绩

2022 年，薛城区委团结带领全区党员干部群众，严格落实“疫情要防住、经济要稳住、发展要安全”重要要求，深入贯彻“工业强市、产业兴市”战略，高效统筹疫情防控和经济社会发展，现代化强区建设迈出了坚实步伐。

（一）综合实力稳步增强

全年实现生产总值 296.47 亿元、增长 4.6%，一般公共预算收入完成 24.23 亿元、增长 10%，固定资产投资增长 14.8%，城镇、农村居民人均可支配收入分别增长 5.2%、6.8%，首次跻身全国投资潜力百强区。

（二）强工兴产成效明显

深化“技改焕新”行动，夫宇食品等 9 个项目建成运营，技改投资增长 44%、全市第三。实施总投资 823.03 亿元的 85 个重点项目，开展“手续办理百日攻坚”，98 个省市区实施类重点项目提前 4 个月完成年度投资计划；新引进中科智能电气、三一智能建造等总投资 643 亿元的 66 个项目，其中过 50 亿元 5 个、过 100 亿元 3 个，百亿级项目实现历史性零突破。突出锂电产业首位度，招引超薄电子基础材料等总投资 188.03 亿元的锂电项目 10 个，为全市打造中国北方锂电之都贡献了力量。大力发展总部经济、楼宇经济，盘活闲置楼宇 4 万平方米，龙工场（鲁南）跨境电商产业园建成运营，新引进品牌名店 268 家，双子星恒太城成为鲁南商业新地标。

（三）城乡品质持续提升

坚决守好全国文明城市创建主战场，加快城市更新步伐，6 处回迁安置工程加快建设，古井片区启动拆迁，完成 56 个老旧小区、10 条城市道路改造，新建提升“口袋公园”16 处，小沙河片区成功入选省级城市更新试点片区。探索推行“一把扫帚扫全城”，改迁建农贸市场 4 处，成立区属国企兜底城区无专业化物业服务小区及城市环卫盲区，群众普遍反映“城市面貌有了大变化”。纵深推进乡村振兴，4 个建制镇全部创成“双十镇”，邹坞镇上榜全国综合实力千强镇，沙沟镇获评省级农业产业强镇；新建美丽乡村示范村 10 个，张庄村入选省级乡村旅游重点村、获评中国美丽休闲乡村。

（四）民生福祉不断增进

牢固树立“群众的事就是天大的事”理念，实施“满意薛城”创建，扎实开展“六大惠民行动”，20 件惠民实事全部完成，全年民生支出 26.47 亿元、占财政支出的 84.4%。常态化抓好疫情防控，全力做好药品供应、重点人群防护等工作。高标准打造南北两处“零工驿站”，实现了就业需求和市容提升“双受益”。实施教育康养产业发展三年攻坚突破行动，改造提升老旧学校 10 所，枣庄理工学校获评第一批省示范性中职学校，枣庄亲和源蝉联山东康养服务十佳品牌。认真抓好环保督查反馈问题整改，千山绿化工程获评省级林业生态修复保护样板工程，空气质量优良天数实现有监测数据以来最好纪录。加快法治薛城、志愿薛城、诚信薛城建设，打造了“315+X”社会信用体系，薛亮网格服务管理平台入选全国政法智能化建设创新案例，助力全市成功创建全国法治政府建设示范市，社会大局持续和谐稳定。

三、创新与经验

（一）必须准确把握形势，科学谋划工作思路

牢牢把握全区经济社会发展的阶段性特征，立足中心城区定位和主城区优势，确立了“围绕‘打造首善之区’一个目标，突出产业转型升级、城市品质提升‘两大重点’，做到坚持服从大局、市区一体、融合发展‘三个坚持’，全力实施转型发展先行区、文明宜居引领区、现代服务聚集区、教育康养示范区、枢纽经济标杆区、文化旅游特色区‘六区同建’”“1236”工作思路，确定 2022 年为“薛城首善攻坚年”，启动实施“十大攻坚行动、九大实施意见”，有效推动了各项工作齐头并进、扎实开展。

（二）必须坚持改革创新，全面激活发展动能

深化“放管服”改革，“一业一证”改革扩展至 50 个行业，创新施工许可“七证联办”，设立全市首家商圈政务便民服务站，“开工集成一件事”创新案例纳入省工改办“揭榜挂帅”目录，“静默认证”模式在全省推广。出台营商环境提升实施意见，为企业兑付政策旧账 1.01 亿元；新增省级重点研发平台 5 家，提前三个月完成柔性引才市定任务，泰山产业领军人才实现 7 年来“零”的突破。

（三）必须持续转变作风，推动工作落实见效

始终把改进作风作为推进发展的基础工程来抓，深化领导干部思想能力作风建设、执行力建设，开展“三思五查七做”活动、全员绩效考核，创新开展争政策、争项目、争资金、争荣誉和创一流“四争一创”活动，累计争取资金 30.93 亿元、荣获各类荣誉 486 项，其中“国字号”27 项，营造了事争一流、唯旗是夺的良好氛围。

中共枣庄市峄城区委工作概况

区委书记　张熙滨

一、组织概况与党的建设

2022年，峄城区位于枣庄市南部，辖5个镇2个街道，1个省级经济开发区和1个省级化工园区，共有316个行政村，15个城市社区。全区现有935个党组织，17996名党员，全年新发展党员265人。

（一）强化思想政治建设

充分发挥区委理论学习中心组示范引领作用，先后组织开展集中学习18次，研讨交流发言43人次。持续办好“峄城发展大讲堂”，邀请省内外专家教授举办专题辅导报告会4场。着力打造“峄起学习”基层理论宣讲峄城品牌，围绕学习贯彻党的二十大精神等常态化开展理论宣讲活动800余场次。创新开展“云”宣讲，策划推出“强国有我”“强基聚力”“强区兴业”等网络理论“微宣讲”22期。《枣庄市峄城区打造“峄起学习”理论宣讲品牌》成功入选《山东宣传工作（第30期）》。

（二）强化基层组织建设

牢固树立大抓基层的鲜明导向，将村党组织划分为55个示范村、229个创优村、22个强基村，分别建立台账，精准发力、进位提升。强化对村党组织书记的考察使用，大力实施村集体经济三年强村计划，扎实推进城市基层党建，成立新业态新就业群体党建服务联盟，积极打造“凝新聚力、峄路有你”党建品牌。

（三）强化干部队伍建设

牢固树立新时代好干部标准，突出实干实绩导向，加大干部交流力度。全年共调整干部81人次，晋升职级（等级）52人次。开展“赢在中层”行动，轮岗交流中层干部156人，选派53名干部到招商引资、项目建设、信访维稳等一线锻炼，25名选调生及新录用公务员全部到一线实践锻炼，区级机关干部全员下沉村居（社区）一线参与疫情防控、创城攻坚。进一步完善落实容错纠错机制，为3名同志容错纠错、澄清正名。

（四）强化政治生态建设

召开作风建设大会及问题集中曝光大会，开展“五比五看”“十问十答”作风建设活动。坚持不懈正风反腐肃纪，全区纪检监察机关立案168件，给予党纪政务处分130人；查处群众身边不正之风和腐败问题21起，处理22人；查处“四风”问题19起，处理23人。启动开展3轮区委巡察，巡察党组织25个，发现问题346个，巡察利剑更加锋利、作用更加彰显。

二、主要工作与成绩

2022年，峄城区坚持以习近平新时代中国特色社会主义思想为指导，全面学习贯彻党的二十大精神，严格按照“疫情要防住、经济要稳住、发展要安全”总体要求，克难奋进、真抓实干，高质量发展迈出坚实步伐。全区实现地区生产总值168.09亿元，一般公共预算收入11.7亿元，居民人均可支配收入增长5.6%，经济总量稳步增长。

（一）经济建设“稳中有进、质效趋优”

坚定不移实施“工业强区、产业兴区”战略，全年规模以上工业增加值增速8.1%，工业技改投资增长31.9%，制造业技改投资增长63%。4家企业完成齐鲁股权交易中心挂牌，瑞兴阻燃获批省制造业单项冠军。新一代信息技术产业聚链成群，维宏感应、尼尔半导体等项目建成投产，关联企业发展到30家。化工产业积蓄成势，润泰新材料成为全市高端化工链主企业，博瑞、康震高端原料药试生产。石榴产业生机蓬勃，省政府与广药集团成功签订战略合作协议，王老吉石榴系列产品畅销全国。2023年全区入选省级重点项目19个，为历年之最。

（二）“三农”工作“农强民富、村美民乐”

狠抓粮食生产，粮食总产量达到29.11万吨。新认证“三品一标”7个，“峄城石榴”上榜首批“好品山东”品牌，峄城现代农业产业园获省级认定。成功创建全国农作物病虫害绿色防控整建制推进县、省畜牧信息化管理示范县和“平安农机”示范县。启动省级全域旅游示范区创建，石榴融创园获评3A级景区，峄城区获评“中国最美乡村旅游目的地”“中国最美绿色休闲旅游目的地”。积极推进农业新型经营主体示范创建，市级以上示范合作社达97家、示范家庭农场68家，底阁镇九洲养鱼专业合作社获评国家农民合作社示范社。

（三）城市建设“内外兼修、宜居宜业”

围绕全国文明城市创建，加快推进栅门巷、徐楼新村等棚户区改造，完成11个老旧小区改造。铺设道路2.82万平方米，新增绿化3万平方米，翰林苑、峄州苑等12处游园公园建成开放，城区绿化覆盖率达43%。推进国家公交都市创建，优化BRT等公交路线，错时开放机关单位停车泊位730个，新增停车位2900个，群众出行更加方便快捷。建设“数智e城”，开通5G基站220处，峄城区被列为国家数据直达基层试点县，“城市大脑”项目获中国新型智慧城市创新应用大赛“智优奖”。

（四）民生事业“以民为先、温暖厚实”

民生支出占一般公共预算支出比重达到80%。深入落实稳就业各项政策，新增城镇就业3595人。改扩建学校3所，新增学位2390个，成功创建省中小学劳动教育实验区。开展文化惠民系列活动4000余场，“民俗馆里过大年”等

3个项目入选国家公共文化云网络直录播名单，柳琴戏《榴花正红》获省级金奖。扎实开展安全生产专项整治三年行动，全区安全生产形势持续稳定向好。“榴乡诉递”入选国家级典型案例。

三、创新与经验

（一）深耕特色产业链条，打造石榴产业集群

围绕石榴产业在“强链、补链、延链”上做文章，不断延长产业链条，突出石榴深加工主导地位，提升石榴“种赏加销”全产业链核心竞争力。截至2022年底，全区石榴深加工企业发展到15家，开发石榴系列产品20余种，石榴产业总产值达29.3亿元，增长32.6%。

（二）创新土地规模化生产，助力农业稳产增收

将土地规模化生产经营上升为区委区政府决策，探索出“整村入股”“股权联盟”“两区管理”“全托管”“联合体经营”等5种土地规模化生产经营模式，通过推动土地规模化生产经营，解决田地“细碎化”问题。全区实行土地规模化经营村居达到23%，新增土地规模经营5.1万亩，土地规模经营率达12%。

（三）优化项目审批服务，提升营商环境品质

坚持把优良营商环境作为先进地域文化来塑造。开展企业开办一件事一次办零成本“110”行动，规范53个高频“证照联办”场景应用，实现企业准入即准营。注重数字赋能，“峄办成”掌上政务服务平台不断优化便企工作流程，重复提交材料减少15%。峄城区全域审批服务模式被省住建厅网站刊发，“审批不出镇”做法被省工改办印发推广，优化项目审批服务助力老旧小区改造做法被住建部作为改革经验刊发，联系协作4项机制、优化营商环境的做法入选全国工商联、司法部典型事例。

中共枣庄市台儿庄区委工作概况

区委书记　彭照辉

一、组织概况与党的建设

台儿庄区辖5个镇、1个街道，总面积538.5平方公里，211个行政村（居），人口34万人，共有基层党组织731个，党员16464名。2022年，台儿庄区委深入学习贯彻习近平新时代中国特色社会主义思想和党的二十大精神，毫不动摇加强党的建设，为经济社会发展提供了坚强保障。

（一）始终坚持政治引领

坚持把学习宣传贯彻党的二十大精神作为首要政治任务，组建宣讲团、举办专题班，掀起学习宣传贯彻热潮。严格落实“第一议题”学习制度，召开区委常委会会议44次，开展理论学习中心组集体学习研讨16次，举办专题辅导报告会2场，推动习近平总书记重要讲话精神和中央决策部署在台儿庄落地生根。

（二）夯实筑牢基层基础

牢固树立大抓基层鲜明导向，深化“1+5+N”村党组织书记专业化管理，优化调整村党组织书记19名。实施村级集体经济“三年强村”计划，推进党组织领办合作社规范提升，全面完成村集体经济“破十”任务。强化党建引领，成立行业党组织6个、群团组织4个，创建市级优秀红色驿站2处；实施两新组织党建“十百千”工程，获批省级两新组织党建工作示范点1家、市级示范点2家。

（三）激发干部队伍活力

坚持新时代好干部标准，分8批次调整干部261名，新提拔重用77人，锻炼交流188人。打造全市首批“人民学习·智慧教室”，提升党员干部学习效能。注重在重大任务和实践一线识别干部，动员机关1700余人下沉网格，推动党性锻炼和作风建设走深走实。注重激励保护，查处诬告陷害2起，对4名党员干部实施容错、为5名党员干部澄清不实举报，旗帜鲜明为敢于担当的干部撑腰鼓劲。

（四）持之以恒正风肃纪

坚持严在基础、抓在日常，运用第一种形态处理173人。不定期开展专项巡察，发现并纠正问题348个。一体推进“三不腐”建设，受理问题线索302件、立案143件、党纪政务处分133人，同比分别下降17.7%、34.1%、37%。驰而不息纠治“四风”，查处相关问题24起、同比下降65.2%。积极回应群众诉求，创新“四个一”信访工作法，信访举报同比下降45%。

二、主要工作与成绩

台儿庄区以习近平新时代中国特色社会主义思想为指导，聚焦市委“工业强市、产业兴市”战略部署，高效统筹经济社会发展。2022年，15项主要经济指标中，有8项增幅居全市前三，4项增幅居全市首位，其中一般公共预算收入首次突破10亿大关，增幅14%；地区生产总值137.78亿元、同比增长5.2%。

（一）“工业突围”首年开门红

全年累计签约过亿元项目59个，省市级重点项目投资60.1亿元，完成率153.16%。实施丰元汇能、创普斯等11个锂电项目，总投资达186亿元，形成了“正负极材料—电解液—电芯—PACK组—储能装备—回收拆解”全产业链条布局。高端装备、新材料领域实施重点项目19个，投资50亿元的台儿庄城乡共生试验区项目完成签约，大运河智慧冷链物流中心、运丰良蔬蔬菜产业示范园开工建设，

“5+3”现代产业体系积厚成势。

（二）改革创新提质增效

农业农村改革成效显著，按揭大棚、按揭肉牛深受群众欢迎，新增稻改 7300 亩，培育镇域特色产业基地 5 个。国企改革三年行动圆满收官，组建 7 家区属产业集团，国企资产总额、营业收入分别增长 28%、18%。出台“产业扶持十二条”“锂电十条”“法治营商环境二十条”，建立县级干部包保规模以上工业企业、挂图作战等制度，营商环境更加优质。完善“政产学研用”体系，新建省市级平台 24 家，泰山系列人才培育居全市首位，国家博士后科研工作站、国家级高层次人才均取得“零”的突破。

（三）城乡面貌持续改善

台儿庄古城入选国家级夜间文化和旅游消费集聚区、全省“十佳智慧景区”“十佳夜游街区”，特色街区渔灯巷首月接待游客 40 万人次，点亮枣庄“夜经济”新地标。科学优化城市空间布局，高标准推进北部新区建设，推动“游客向南、市民向北”；统筹推进老旧小区、城市管网更新，改造农村清洁取暖 1.2 万户、“四好农村路”46 公里，实现美丽乡村全覆盖。新改扩建城市道路 8 条、公园游园 17 处，环城生态廊道获评省级样板工程。

（四）民生保障更加有力

全区民生支出 18.48 亿元，增长 18.2%，占一般公共预算支出 81.4%。新增城镇就业 3876 人，落实稳岗补贴 506.48 万元，稳岗 1.37 万个。推进社保精准扩面，实现应保尽保，民生保障的兜底作用更加凸显。新改扩建校园 12 个，预增学位 4980 个；夏季高考一段上线 1012 人，增幅全市第一；台儿庄籍运动员孙梦雅获 3 项世界冠军。公共卫生服务体系更加完善，省立医院集团台儿庄医院即将建成使用，区中医院完成标准化建设，泥沟镇卫生院入选全国“优质服务基层行”名单。

三、创新与经验

（一）制定更加清晰的发展路径

台儿庄区积极融入全省绿色低碳高质量发展先行区和全市“北方锂电之都”建设，立足发展实际，提出“1163”工作思路，即明确“五年脱后十”1 个目标，打赢“工业突围”1 场硬仗，实施工业产能倍增、运河文旅融合、城镇扩容提质、乡村振兴样板、陆水空铁交通、生态文明引领 6 大战略，推行直播亮屏、挂图作战、赛马选才 3 项机制，全力加快新时代社会主义现代化强区建设。

（二）明确更加精准的工作抓手

台儿庄区树立大抓工业、抓大工业鲜明导向，坚持以项目建设为支撑，紧盯工业主体培育、园区载体建设、产业集群壮大，打造“一区五园”产业布局，全力构建以锂电新能源、高端装备制造、新材料为主导的“5+3”现代产业体系。2022 年，全区规模以上工业增加值增长 10.9%，固定资产投资增长 10.8%，落地建设丰元汇能等一批大项目好项目，锂电产业营收增长 264%，高端装备、新材料等产业基础更加牢固，在全市重点项目观摩中排名全市第三、五区第一，取得了历史性突破。

（三）锻造更加扎实的工作作风

全区上下大力弘扬“严真细实快”工作作风，深入开展“五比五看”“五学五破”活动，把“百十千三”基准占比、“两个高于”基准增速作为奔跑节奏，推动“654 思维”向“321 思维”转变，以思想“破冰”引领发展“突围”。2022 年，全区 13 个重点项目实现当年建设、当年竣工，12 个省重点项目提前 4 个月完成年度投资任务，投资 105 亿元的创普斯新能源项目 3 个月签约落地建设，“台儿庄速度”不断刷新，成为“小区”实现大作为的典型。

中共枣庄市山亭区委工作概况

区委书记　王德海

一、组织概况与党的建设

2022 年，山亭区辖 9 镇 1 街道、1 个省级经济开发区、280 个行政村（居）（行政村 261 个，城市社区 19 个）。有 921 个党组织，其中，35 个党（工）委、97 个党总支、789 个党支部；党员 19530 名，其中农村党员 11078 名。

（一）强化政治担当，扛牢主体责任

区委坚决扛起全面从严治党政治责任，先后召开 34 次区委常委会会议，研究部署全面从严治党工作。严格落实“第一议题”制度，区委常委会全年共开展集中学习 21 次、理论学习中心组集体学习 12 次。制定《中共山亭区委常委会 2022 年工作要点》《中国共产党山亭区委员会工作规则》等文件。

（二）强化队伍建设，锤炼过硬能力

扎实开展“五强五比五表率”干部思想能力作风建设，从区直部门、镇街选派 2 批 43 名干部赴滕州开展为期半年的体悟实训。开展“赢在中层”行动，交流中层干部 138 人、科级干部 277 人。创新开展年轻干部择优比选，选拔 35 名优秀年轻干部作为区直部门领导班子成员重点培养对象。柔性引进高层次人才 6 人，成功创建省海外高层次专家工作站等省级以上创新平台 4 家，入选“青年人才首选山东 20 大潜力城市”。

（三）强化基层基础，夯实执政根基

强化大抓基层的鲜明导向，深入实施“三年强村”

计划，党组织领办合作社发展到239家。开展“头雁领航”“蓝青工程”行动，选派20名村书记到先进村挂职锻炼。创新开展“双创双评”“三亮三比三争”活动，评选五星党支部188个、“示范”村党组织80个，91个党支部纳入首批模范党支部创建名单。深入推进“两新”组织党建“十百千提升工程”，培育打造市级示范点3处，成立新业态新就业群体行业党委3个。

（四）强化监督执纪，营造良好环境

始终保持惩治腐败的高压态势，一体推进不敢腐、不能腐、不想腐。查处形式主义官僚主义问题14起21人，通报违反中央八项规定精神问题4起8人。激励干部担当作为，容错纠错2起2人，澄清正名5起5人。

二、主要工作与成绩

2022年，山亭区坚持“1473”总体工作思路不动摇，聚焦“工业强区、产业兴区”战略，统筹推进山亭产业突破、山亭大公园、“双十镇”和“山水林田大会战”等重点工作。全年地区生产总值实现133.15亿元，同比增长3.9%；社会消费品零售总额81.89亿元；一般公共预算收入完成8.36亿元，同比增长10.6%；固定资产投资同比增长9.4%；城乡居民人均可支配收入分别为27176元、17860元，分别增长4.4%、5.9%，经济运行呈现“稳中有进、进中趋优”的良好态势。

（一）强工业、兴产业，发展动能持续增强

聚焦“四新”产业，全年新签约过亿元项目53个，其中过10亿元14个、过50亿元4个。56个省市区三级重点项目完成投资75.2亿元，超时间进度62个百分点。投资169亿元的庄里抽水蓄能电站完成预可研评审、地质勘测。投资20亿元的中广核400兆瓦储能电站入选省储能示范项目，是省内单体最大储能设施。建立总投资59.1亿元的重点技改项目培育库，制造业技改完成投资6.7亿元，同比增长10.7%。新增规模以上工业企业10家、省级创新平台4家、瞪羚企业4家，省市级“专精特新”企业18家，博雷顿被工信部评为国家级专精特新“重点‘小巨人’”企业，核芯光电“高可靠度X射线半导体探测器与数字集成电路系统研制”项目列入国家重点研发计划。

（二）扬优势、塑品牌，乡村振兴精彩蝶变

新增省级农业龙头企业2家、农业标准化基地3处、高标准农田1万亩、优质果品1万亩，成功创建全市唯一的省级农业绿色发展先行县。新建美丽乡村44个，提升精品片区9个，“美丽庭院”全域品质提升经验全省推广。实施“三年强村”计划，村集体经营性收入过50万元的村达到68个，其中超100万元村24个。城头镇入围“全国综合实力千强镇”“全国乡村特色产业超十亿元镇”。

（三）补短板、提品质，城乡一体联动发展

枣庄翼云机场、临滕高速全面开工建设。新改建“四好农村路”66公里，新建海绵城市1.37平方公里、口袋公园10处、城市绿道20公里，建成生态街巷50条、美丽公路60公里。完成东西鲁棚改二期回迁。新建高标准人才公寓168套，新增城市供热面积47万平方米、农村清洁取暖2.16万户。实施68个自然村供水提质工程。改建城区雨污合流管网20公里。完成岩马水库增容工程，治理十字河中支等4条河道，除险加固11座小型病险水库。

（四）强保障、惠民生，幸福指数不断攀升

全年民生支出21.6亿元，占一般公共预算支出的82.2%。城乡低保等9类救助保障标准提高10%以上，完成四十中西校等3所学校改扩建，新增学位1530个，整合学校25所。创新开设生态公益岗位4215个，城镇登记失业率控制在2.5%以内。空气质量优良天数达254天，河流断面水质优良率达100%。守牢安全红线，打响“山警美、亭平安”品牌，常态化抓好“扫黑除恶”“小案侦防”，被授予“平安山东建设先进集体”，成功创成全省法治政府建设示范区，群众满意度实现全市“十四连冠”。

三、创新与经验

（一）强化干部作风，激发干事创业“新活力”

区人大常委会创新实施“履职亮屏、靶向监督”工作模式，通过政府部门“年初亮诺承诺、年中亮效问政、年末亮绩评议”三次履职亮屏，区人大依诺靶向监督、全程问效、协同发力，激发全区上下争先创优、比学赶超的干劲活力，典型经验被人民日报客户端、省人大《情况交流》《大众日报》等媒体刊发推广。区政协探索实施“百名股长您来评，赢在中层我当先”活动，以强化干部履职评议监督为统领，契入干部绩效考核管理使用机制，有力撬动中层干部干事创业的“大杠杆”，典型经验被市委、市政协主要领导批示肯定，被《新华社高管信息》等媒体刊发推广。

（二）聚焦产业振兴，蹚出经济发展“新路径”

抢抓被确定为全省数字乡村建设试点区的机遇，全力打好数字农业、数字治理、数字文旅组合拳，蹚出一条以数字化驱动乡村振兴的新模式。以突破生态产业发展为目标，率先在全省成立山东生态产品交易中心和鲁南生态银行，打通了生态产品价值转化渠道，成为全市唯一的省级生态产品价值实现机制试点区，改革案例被省委《山东改革专报》刊发，并报中央改革办。

（三）创新服务模式，打造营商环境“新高地”

在全省率先开展“沪鲁通办”业务，设立全市首个“办不成事”登记窗口，常态化推行帮办代办、企业家沙龙、不见面开标等服务机制，企业开办服务实现“按小时办”。大力推进工程建设项目竣工联合验收改革，探索实施了“433”工作模式，有力推进了竣工联合验收“一件事一次办”。“项目管家”服务典型做法在央视新闻频道《朝闻天下》栏目播出推广。

中共滕州市委工作概况

枣庄市委常委、滕州市委书记　陈永生

一、组织概况与党的建设

滕州市辖16个镇、5个街道、1个国家级经济开发区，1195个村居，总面积1495平方公里，户籍人口176.5万人，共有基层党组织3950个，党员86252名。

（一）强化主体责任落实

始终把党建工作与中心工作一体谋划落实，全年召开常委会、党建领导小组会研究部署全面从严治党工作51次。认真开展述职评议和主体责任落实情况检查，督促各级党委（党组）把主体责任扛在肩上、抓在手中。

（二）强化思想政治建设

市委常委会、市委理论学习中心组集体学习30次，始终第一时间学习领会习近平总书记重要讲话、重要指示批示精神。举办习近平新时代中国特色社会主义思想、党的二十大精神等思想能力作风建设培训班次23期，培训党员干部7900余人次。

（三）强化干部队伍建设

深入开展干部思想能力作风建设提升行动，制定全员绩效管理差异化考核方案，东郭镇党委荣获全国“人民满意的公务员集体”称号。开展“赢在中层”行动，完成内部轮岗交流1368人。突出实干实绩导向，全年调整干部152人，其中，提拔47人、重用13人，职级晋升343人。

（四）强化党建基层基础

实施“头雁领航·蓝青”工程，完成1039个行政村换届“回头看”。深入推进村集体经济三年强村计划，全面消除集体收入10万元以下村，百万元以上村达到67个。深化城市基层党建示范市建设，组建“新新向党”党建联盟，新招录城市社区专职工作者300名。

（五）强化干部作风建设

深化运用监督执纪“第一种形态”和开展党内问责，经验做法获得省纪委充分肯定。一体推进“三不腐”，创新“纪检监察协作区+专题展示教育馆”模式，营造了风清气正的政治生态。

二、主要工作与成绩

2022年，全市生产总值实现901.3亿元，增长4.2%；一般公共预算收入完成63.59亿元，增长3.7%；城乡居民人均可支配收入分别为4.37万元、2.22万元，分别增长4.9%、6.7%。入选2022年度综合实力、制造业、科技创新等10个全国百强县市，获评全省工业、文旅康养、现代流通、民营经济、建筑业5个山东省十强县，连续3年蝉联全省高质量发展先进县。

（一）大抓工业、抓大产业，发展质量明显提升

主导产业做大做强。全面压实“链长制”，规模以上工业总产值完成743.3亿元，增长7.4%，高端装备、高端化工、新材料三大主导产业营业收入分别达到300亿元、330亿元、130亿元。中小数控机床入选全国中小企业特色产业集群，煤基精细化工产业入选省特色产业集群。中材锂膜三期等6个锂电项目加快建设，积极融入枣庄锂电产业大格局。项目建设势头强劲。新招引过亿元项目148个，其中过百亿元项目4个。122个省市县重点项目提前两个月完成全年投资计划，其中36个项目纳入省重点，数量和投资额均创历史新高。园区发展提档升级。滕州经济技术开发区基础设施改造提升项目全面启动，入选全省工业互联网园区培育名单。鲁南高科技化工园区特勤消防站、智慧园区指挥中心建成运营，顺利通过省安全整治提升等级复核。高铁新区一批重大产业项目建成投产。墨子科创园高标准建设工业互联网示范基地“墨子云谷”，全力打造滕州数字经济新引擎。

（二）深化改革、创新驱动，发展活力竞相迸发

改革攻坚纵深推进。扎实推动省级系统集成改革试点县建设，50余项改革典型被中央、省级媒体宣传推广。国企改革三年行动圆满收官。对外开放步伐加快。实际到账外资1.44亿美元，增长56.3%；完成进出口总额107.59亿元，增长77.7%。创新驱动成效明显。新增国家高新技术企业36家，高新技术产业产值占比达59%。100个智能化绿色化技改项目竣工57个。新引进高层次人才45人，蝉联“山东省人才工作表现突出单位”，入选国家知识产权强县建设试点。

（三）统筹兼顾、协调推进，城乡建设全面提速

城市品质持续提升。抓好32个城市基础设施项目建设，8个片区76个老旧小区改造完成，枣庄首条穿湖隧道墨子湖隧道全线贯通，墨子大道、善国北路等18条道路实现通车。“双十镇”建设成效显著。西岗、木石双双跻身“全国百强镇”行列，东郭镇入围“全国千强镇”，龙阳镇入选全国乡村特色产业超十亿元镇，鲍沟工艺玻璃、滨湖微山湖湿地、西岗无机硅新材料获评省级特色小镇。乡村振兴迈上新台阶。夏粮总产达到44万吨，创历史新高，刷新全省小麦单产和全国优质超强筋小麦单产两项纪录，被列入全省首批6个吨粮县之一。集中打造美丽乡村精品示范区16个，获评全省乡村振兴示范县。

（四）兜牢底线、补齐短板，民生社会事业蓬勃发展

民生保障坚实有力。认真落实中央、省市疫情防控政策调整的要求，疫情平稳有序转段渡峰。10件惠民实事项目全部完成，民生支出达到83.56亿元，较上年提高1.24个百分点。成功举办第十九届红荷节、第六届滕州书展，滕州获评省级全域旅游示范区。生态环境持续改善。60个“山水林田大会战”项目全面竣工。第四污水处理厂建成运行，新增3条省级美丽幸福示范河湖，3个国控断面水质稳定达标。社会环境安定和谐。圆满完成北京冬奥会、全国“两会”和党的二十大维稳安保工作，开展安全生产大检查、夏季治安打击整治等专项行动，获评全国县域治理能力百强县。

三、创新与经验

（一）实施“七项创新突破”

围绕经济社会高质量发展，坚持抓重点、重点抓，聚焦聚力双招双引和智能化绿色化技改、加快现代高效农业和农业产业化发展、财税征收和低效闲置用地盘活、加快经济技术开发区改革转型发展、金融服务实体经济发展、强化干部思想能力作风提升和优化营商环境、信访积案化解七个方面实施创新突破，鲁化氨基新材料一体化被评为“山东省智能化技改10大优秀案例”，滕州入选国家农业现代化示范区创建名单，获评全省耕地保护激励县，滕州经济技术开发区位居省级开发区第8位，农发行全国首笔碳排放贷款在滕州落地、“滕州农贸贷”入选全国农担体系优秀案例。

（二）改革攻坚成效明显

以全省首批系统集成改革试点县建设为抓手，统筹推进产业发展全链条、企业发展全周期系统集成改革，以集成改革助力打造新材料领军企业做法在新华社、省委《山东通讯》刊发；探源海岱文明开拓文物保护利用新路径被省委改革办刊发；养老产业发展典型经验被全国人大常委会副委员长张春贤批示肯定；“凫山快乐成长营”经验做法被全国妇联、民政部充分肯定。

（三）实施科技型企业梯次培育工程

国家高新技术企业总数达到158家，高新技术产业产值占比达59%，联泓新科入选山东民营企业创新100强，恒瑞磁电、威智医药上榜山东民营企业创新潜力100强，惠众电商创业园获批国家级众创空间，鲁南化工获评省级技术创新中心。

（四）开展优化营商环境“五式工作法”

把滕州善文化作为营商环境的特色地域文化来打造，实施“沙龙式大家谈、阅卷式大家评、亮屏式承诺办、现场式即时办、点穴式大察访”，解决群众反映急难愁盼问题145件，典型做法在《人民日报》《中国纪检监察报》刊发推广。

东　营　市

中共东营市东营区委工作概况

区委书记　苟宏水

一、组织概况与党的建设

东营区是东营市的中心区，是胜利油田管理局、中国石油大学（华东）的所在地，是全市的政治、经济和文化中心。东营区是东营市副中心，辖牛庄、六户、史口、龙居4个镇和辛店、黄河路、文汇、胜园4个街道，区管面积658平方千米（不含市开发区代管520.17平方千米），常住人口54.76万人。截至2022年底，全区共有基层党组织2038个，其中，党（工）委135个，党总支70个、党支部1817个，联合党支部26个。党员45404人，其中，预备党员298人，女党员12580人，少数民族党员209人，研究生及以上学历党员1217人。2022年新发展党员279人，其中，非公企业党员87人，社会组织党员2人。

（一）坚持顶格推进，压实工作责任

在全市率先成立城乡基层治理工作委员会，下设7个专项工作组，同步指导镇街道党（工）委成立城乡基层治理工作领导小组，集中解决基层治理难点堵点问题，构建“一贯到底”的组织体系。组织开展抓党建促乡村振兴现场会、书记创新项目暨党群服务中心“迭代升级”现场会、书记创新项目路演等7次，持续传导工作压力。

（二）坚持基础导向，抓牢底线工作

启动“大起底、大整改、大提升”强基固本行动，开展基础工作党务督查10次、党内组织生活旁听巡听720余次，坚决整改问题214个，查找整改问题214项，不断补齐基层短板漏洞。落实软弱涣散基层党组织“四个一”整顿措施，解决民生问题54个，基层党组织主要问题已

全部整顿完成。针对发展党员全过程，联合滨海公安分局等部门力量，开展区级全程联审4次、2800余人，推进农村发展党员违规违纪问题排查整顿，确定入党过程中违规违纪问题43例、涉及党员42人，已全部处理完成。指导镇街道建立标准化党员档案室，对农村党员档案进行集中管理。实施“两新”组织“百千万提升工程”，培育两新党建省级示范点1个、市级示范点8个、区级示范点30个。

（三）坚持重点聚焦，推动全域跃升

深入推进村党组织分类推进整体提升，优化村级后备人才639名，培训村（社区）党组织书记、下派第一书记等580余人次，举办基层党组织书记等擂台比武260余场次，奖补资金29万元，激发创新实干、事争一流的内生动力。发挥97名第一书记和7名驻村工作队队员作用，推动帮扶资金用在一线，实施36个产业项目，助推抓党建促乡村振兴。深化油地党建联建，构建党建为统领的“151”治理体系，改建提升党群服务中心，开展公益市集56次，率先探索实施油田退休党员分类管理，推动2449名“新能人”融入共治大格局。出台社区减负10条措施，制定《社区工作者队伍五级成长体系》，新招聘105名社区工作者。

（四）坚持协同推进，共建幸福家园

实行村级集体经济“倍增共富”行动，组建村企、村社、村村党建联盟，助推村级集体经济10万元以上村达到99%、50万以上村达到32%。出台《关于推进村改社区向城市社区转型的指导意见》，完成南田社区等9个村改社区转型。深入开展“双报到”，油地单位党组织党员到社区报到，组建志愿服务队200余支，认领楼栋长、单元长，协同解决400余个民生实事，提高群众满意度和幸福感。充分发挥党代表纽带桥梁作用，创新建立党代表作用发挥“155”工作体系，开展一线调研，征求意见建议293条，推动解决实际问题。聚焦新就业群体党建，打造“红新潮·幸福家”品牌，在全国首个提出新就业群体友好型城市理念，建成全省首家县区级新业态新就业群体党群服务综合体，引导1300余名新就业群体参与基层治理，真正让群众“愿景”变成幸福“实景”。

二、主要工作与成绩

2022年，东营区委坚持以习近平新时代中国特色社会主义思想为指导，以迎接党的二十大、学习宣传贯彻党的二十大精神为主线，深入贯彻落实习近平总书记视察东营重要指示要求，抢抓黄河重大国家战略机遇，聚力打造石油科技之城、活力宜居之地、教育满意之区、吕剧文化之乡，跻身全国综合实力百强区第90位、全国投资潜力百强区第63位，入选省高质量发展进步县、省工业强县、省现代流通强县，获批创建国家农业现代化示范区，踏上了高水平现代化强区建设新征程。

（一）经济运行企稳向好

锚定“两个高于”工作目标，全力以赴保运行稳大盘，2022年全年实现地区生产总值566.85亿元，同比增长5.4%。规模以上工业增加值增长10.2%；固定资产投资增长10.4%；规模以上服务业营业收入增长16.6%；实现一般公共预算收入38.71亿元。狠抓项目建设“牛鼻子”，23个省重点、49个市重点项目投资完成率分别达到130.3%、127.8%，14个专项债项目获批额度列全市各县区第1位。强化政策推动，研究出台区级政策清单43条、财源建设49条和促进汽车、住房消费等一系列具体措施，组合式推进减税降费34.8亿元，兑现政策奖励资金3.2亿元。

（二）新旧动能转换纵深推进

做大做强优势产业和骨干企业，培育国家级专精特新“小巨人”企业7家、省级瞪羚企业6家，石油钻采装备产业集群入选国家中小企业特色产业集群，高端石油装备产业集群入选省战略性新兴产业集群。培育壮大新兴动能，“四新经济”投资占比达到36.2%，海科新源10万吨碳酸乙烯酯项目建成投产，9套产品获评第六批省级首版次高端软件。着力增强经济社会发展创新力，在2022年度山东省技术转移先进县区绩效评价中位列优秀等次，高新技术产业产值占比达到43.58%，77家企业获得高新技术企业认定，新增市级以上研发机构47家。

（三）改革开放持续深化

坚持改革与发展深度融合、高效联动，162项重点改革任务、600项“十大创新”任务扎实推进，3项国家级试点通过评估验收，50余项制度成果和改革经验在全国全省复制推广。深化“放管服”改革，大力推进“跨域办、就近办、网上办”，营商环境评价连续三年位居全市第一、全省前列，新增市场主体10587家。塑造开放型经济新优势，成功举办第十五届石油装备展，进出口同比增长43.7%，实际利用外资1.03亿美元。狠抓“双招双引”一号工程，开展油田产业链招商引资线上推介会、南京推介会等活动，引进在建项目83个、高层次人才（团队）93个，到位资金完成年度目标任务的110.1%。

（四）民生事业全面进步

坚定践行以人民为中心的发展理念，12件民生实事完成年度计划任务，民生支出占财政支出比重达到79.55%。全力稳就业保就业，城乡公益岗扩容提质创建“东营区”样板，城镇新增就业11025人。城乡低保、特困等困难群众救助保障标准提高10%以上，新建改造4处居家社区养老服务中心、9处社区老年人日间照料中心，成功创建省级未成年人保护示范区。打造完整社区5个，获评省城市社区“15分钟生活圈”标准化试点、省社区社会组织培育发展基地、省城乡社区治理创新实验区。坚决守牢民生底线，高效统筹疫情防控和经济社会发展，生产安全事故起数下降30%，$PM_{2.5}$年均值、空气优良率均达到历史最优。

三、创新与经验

（一）聚力推进高品质现代化城市建设

坚持规划引领、公共优先、高点定位，高标准实施总投资408.77亿元的111个重点城建项目，实现高品质现代化城市建设“一年有突破”，打造舒朗大气、生态宜居的魅力城区。片区化、圈层式推进14大城市片区更新，东辛片区入选省级城市更新试点片区，近20年群众期盼的油田中心医院片区棚户区改造顺利实施，科教园片区一次性拆迁面积4700余亩。坚持教育优先发展，实施5所中小学改扩新建，推动行知实验学校民办转公办，全力支持山东石油化工学院、胜利一中、胜利二中开拓发展，打造教育满意之区。强化卫生惠民，实施总投资10.8亿元的医疗机构服务能力提升项目，补齐5家医院功能短板，支持油田中心医院门急诊综合楼建设，打造区域医疗高地。把“公园城市”理念融入城市更新建设，高标准建设总面积1219亩的5处城市公园，因地制宜建设一批街头游园、口袋公园，着力打造家门口的公园、老百姓的公园。

（二）聚力深化油地融合

瞄准油田产能布局和转型方向，调优高端石油装备和油服、高端化工等“全油”产业链条，油地共建胜利泵业高新采油装备制造基地、胜利石油工程公司4万吨/年化学剂产业化产业基地，吸引9家油田供应链企业落地发展，共担服务保障国家能源安全的重大使命。油地共建高品质现代化城市，协同开展矿区资源优化整合，东营原油库和输油站提前2个月投产运营。推动油地校创新要素畅通流动，协助油田、高校成功申报省市级创新平台5家、重点人才工程7名，全国油气勘探开发技术公共创新基地开工建设，松山湖（东营）先进节能技术与材料研究院完成运营公司注册，全力服务国家级“碳谷”、碳中和联合研究院等载体落地建设。在全市率先开展油地干部双向挂职，启动人才“金桥工程”，12名油田专家成功“揭榜”地方企业技术项目，油地人才融合经验入选全国人才工作创新优秀案例。

（三）聚力突破园区发展

实施重点园区攻坚突破行动，抓好园区运行机制理顺、非核心功能疏解、空间布局优化、基础设施配套提升等打基础、利长远的关键事项，不断提升园区承载能力。东营高新区在全省率先完成核准面积调整，省政府明确优先支持高新区升级国家高新区并向科技部发函，省海洋油气钻采关键装备技术创新中心、科创小镇等平台载体加快建设，获评国家级绿色工业园区、全国和谐劳动关系创建示范工业园区、省战略性新兴产业集群。化工产业园顺利完成边界范围调整，以全市最好成绩通过省考核、以全省最好成绩通过省安全评级，新上项目将不再受制约，亿科高端树脂新材料产业园开工建设，“千亿”级生态化工园区发展根基更加稳固。

中共东营市河口区委工作概况

区委书记　赵书刚

一、组织概况与党的建设

截至2022年底，全区共有基层党组织898个，其中，基层党（工）委12个，其他党委74个，党总支33个，党支部779个；党员17447名，其中，农牧渔民党员3405名，两新组织党员1907名，离退休人员党员7506名。一年来，河口区坚持以习近平新时代中国特色社会主义思想为指导，深入学习宣传贯彻党的二十大精神，全力推进干部队伍、基层组织、党风廉政等各方面建设，为经济社会高质量发展提供了坚强保障。

（一）选优配强高素质干部队伍

全面落实新时代好干部标准，突出把好政治关、廉洁关，明确“五看二十问”评价清单，结合镇领导班子换届“回头看”、重点项目一线蹲点调研，分步骤开展政治素质考察工作，考准考实干部政治表现。实施年轻干部“培优赋能”计划，优选储备培养年轻干部人选100余名，靶向选派20名年轻干部赴“六个一线”岗位实践锻炼。实施新任职干部“履职赋能”行动，创新“导师帮带”模式，助推新任职年轻干部迅速适应岗位。分类建立干部台账，重点整顿“躺平式”干部，推动干部能上能下。完善干部监督链条，在富海集团、山东汇海医药化工有限公司2家重点民营企业试点设立干部监督驻企联络点，立足一线监督干部日常表现。

（二）统筹抓好基层组织建设

高标准谋划“喜迎二十大　建功新时代”、学习宣传贯彻党的二十大“双学双做”等系列活动，教育激励全区党员干部群众拼搏奉献、担当作为。全域推进村书记专业化管理，搭建“头雁”竞进比武擂台，实施“雏雁工程”，储备35岁以下农村后备干部335名。深入实施“四派四联四带”系统帮扶工程，深化党建引领农村“三变”改革，积极探索“跨村联建”，带动村集体增收4100万元，农民股东分红近3000万元。开展党群服务中心“迭代升级”专项行动，扎实推进党建引领幸福家园建设，持续擦亮“1+N”“河家亲”社区党建品牌矩阵。扎实开展“百千万提升工程”，山东汇海医药化工有限公司党支部获评省级两新组织党建工作示范点，选聘第二届17名油地退休干部担任两新组织“红领书记”，推动全区两新党建提质增效。

（三）全区党风廉政建设和反腐败工作实现新跨越

聚焦贯彻落实习近平总书记重要讲话、重要指示批示精神，建立全区面上和区直单位台账清单，开展全区干部作风突出问题集中整顿行动，强化营商环境监督治理，践行“两个维护”更加坚定坚决。坚持严的主基调不动摇，锲而不舍加大惩处力度，召开全区领导干部警示教育大会，开展廉洁文化建设“七个一”工作，治理腐败效能持续提升。持续整治形式主义、官僚主义，对群众深恶痛绝的不担当、不作为、慢作为、乱作为等不良习气从严查处，研发干部纪律作风评价系统，推行“码上监督”机制，驰而不息激励担当作为，激励干部放下包袱干工作、轻装上阵促发展，作风建设持续向上向好。

二、主要工作与成绩

2022 年，全区实现地区生产总值 229.98 亿元，增长 2.4%；完成一般公共预算收入 25.63 亿元，增长 0.2%；规模以上工业增加值增长 0.5%，固定资产投资增长 12.9%；社会消费品零售额 54.37 亿元，增长 1.4%；城乡居民人均可支配收入分别达到 55737 元、24626 元，增长 3.9% 和 6.2%。

（一）深入实施黄河重大国家战略，推动习近平总书记视察东营重要指示要求落地落实

坚决答好“生态保护、盐碱地农业、现代能源、安居富民”四张答卷，新能源产业园及配套码头项目进展顺利，全国首个无补贴光伏发电市场交易项目“唐正 500MW 生态高效渔光互补项目”建成并网，全区可再生能源装机容量达 1300MW；渤海圣丰耐盐碱大豆育繁推基地入选省级农业技术集成示范基地，华春 1 号、海兴农 3 号等 4 个水产新品种通过农业农村部审定；积极参与和融入黄河口国家公园创建，北部海岸带生态系统保护修复、东湖公园等项目建成投用，全区水气环境质量均居全市各县区第 1 位，成功创建为国家水土保持示范县。

（二）深入贯彻新发展理念，经济高质量发展实现新跨越

工业转型升级步伐不断加快，实施了总投资 324.5 亿元的 60 个重点产业项目和总投资 17.2 亿元的 40 个技改项目，中车大功率永磁直驱风力发电机、汇海培南类医药中间体等 18 个项目建成投产，制造业技改投资增长 41.9%，居全市第 1 位。现代农业实现集聚发展，实施了海兴农育种繁养、合悦百合等总投资 31.4 亿元的 13 个农业产业项目，深入实施“藏粮于地、藏粮于技”战略，推广大豆玉米带状复合种植 6.68 万亩，粮食播种面积达 40.71 万亩、总产达 17.21 万吨，成功获批全省畜牧业高质量发展先行县。服务业持续提质增效，河口电商产业园、直播产业基地建成投用，鸣翠湖湿地风景区成功创建为国家 4A 级旅游景区。

（三）坚定不移推进城乡统筹，城乡面貌持续改善

黄河路南片区棚户区改造加快推进，河口污水处理厂提标改造、市政排水管网综合整治及积水点改造等工程建成投用，成功获评“国家生态园林城市”。交通路网不断完善，兴河大道、黄河路东延等 7 个重大交通基础设施项目建成通车，G18 荣乌高速河口支线获省政府批复。全面推进乡村振兴，扎实开展农村人居环境整治，6 个村新入选省市级美丽乡村示范村创建名单。“油地军港场”和谐共建不断深化，五方联动、共谋发展的氛围越发浓厚。

（四）全力保障改善民生，人民群众幸福指数持续攀升

持续加大民生投入，民生支出占财政支出比重达到 73.3%，12 件民生实事全部完成年度计划，开发投放城乡公益性岗位 940 个，新增城镇就业 2688 人，城乡低保、特困等九类困难群众保障标准居全省前列。持续优化公共服务供给，区一中与胜利一中开展集团化办学，紧密型医共体建设成效显著，新增城乡幸福食堂 12 处，在全省率先建成启用拥军公寓，群众满意度实现大幅提升，位居全省第 3 位。

三、创新与经验

（一）改革工作持续深化

部署开展改革创新攻坚突破行动，新争取省级以上改革试点 8 项，“家校（园）共育”数字化项目试点通过国家评审，知识产权执法办案相关工作获评全国“优秀”等次。开办企业“揭榜挂帅”、企业全生命周期服务集成改革等试点扎实推进，在全市率先实施“政税银”合作新模式，营商环境不断优化。

（二）“双招双引”成效显著

大力开展“双招双引”，签约联欣环保可降解塑料、高登赛 3.5GWh 高效锂电池电芯产业基地等总投资 510.8 亿元的 68 个项目，落实到位资金 75.3 亿元，增长 15.4%。出台“人才新政 20 条”，启用人才公寓 24 套，全年引进高层次人才 32 人。

（三）全力推进科技创新

深入实施创新驱动发展战略，农发菌业“食用菌智慧工厂化生产关键技术研发与产业化”项目、富海集团聚砜项目入选 2022 年山东省重点研发计划，全区高新技术企业、国家科技型中小企业分别达到 47 家、56 家。举办“高校专家教授河口行”、黄河三角洲油服产业创新成果交流大会等活动 10 余场次，实施产学研项目 64 个，解决企业技术难题 100 余项。

中共东营市垦利区委工作概况

区委书记　西牧山

一、组织概况与党的建设

垦利区现有党（工）委64个，其中，镇党委5个，街道工委2个，机关事业单位党委11个，企业党委9个，派出工委8个，社区党委25个，其他党委4个。党支部923个，其中农村党支部328个。党员21033名，其中农村党员8773名。2022年，垦利区委认真落实管党治党责任，推动全面从严治党向纵深发展，为全区经济社会持续健康发展提供了坚强政治保障。

（一）坚持用习近平新时代中国特色社会主义思想凝心聚魂

深入开展党的二十大精神宣讲活动，利用新时代文明实践中心、融媒体中心等平台载体，打造“垦地有声”理论宣讲品牌。将解放思想融入各领域全过程，开设“创新大讲堂”，破解体制机制障碍、疏通发展难点堵点。实施党员教育“铸魂”培训工程，设计“渤海垦区—坨11井—黄店盖希云”党性教育线路等教学线路，组织6万名党员群众接受红色洗礼。

（二）着力锻造现代化建设需要的高素质专业化干部队伍

坚持以实干论实绩、从实绩看德才、凭德才用干部，开展“机关作风提优年”活动，组织“千名机关干部沉一线”，激励广大干部奋发有为、干事创业。加强干部队伍梯队建设，开展年轻干部“双优双培”工程，打造优秀年轻干部“蓄水池”。坚持严管与厚爱相结合，开展黄河重大国家战略专项监督，健全完善精准问责、容错纠错机制，激励各级党组织和党员干部担当作为、履职尽责。

（三）全面提升基层党建工作水平

开展全域党建分类推进整体提升三年行动，推行村干部分工备案管理，整顿转化25个软弱涣散基层党组织，培育17个“百点创优”示范点。高标准推进全省党建引领乡村治理试点，成立区委城乡基层治理委员会，新建改建69处党群服务中心，建成全省首家汽车小镇党群服务中心。深化党建引领农村产权制度改革，完成89个试点村改革，盘活集体资金3200余万元。

（四）抢抓引才机遇，构建人才集聚高地

成立区委人才工作领导小组，全面落实人才新政40条，打造特色人才集聚高地。紧抓海外人才“回流”机遇，引进印度理工学院萨胡博士等海外人才14人，2人入选省海外工程师。开展线上线下“就选东营”“直播带岗”等系列招聘活动30余场次，新引进青年大学生2648人。

二、主要工作与成绩

2022年，垦利区围绕迎接党的二十大、学习宣传贯彻党的二十大精神，全力防疫情、稳经济、保安全，经济社会保持了稳中有进、进中提质的良好态势。全年地区生产总值同比增长5.4%；固定资产投资同比增长14.1%；规模以上工业增加值增长8%；一般公共预算收入首次突破30亿元大关，同口径增长8.6%，主要经济指标增速实现了“三个高于”。

（一）产业强区全面起势

坚定“工业强区”战略，以工业提质引领产业突破、带动全局发展。发力“链条经济”，生物医药、新能源、新材料“三大链条”产值同比分别增长71%、21.5%、35.9%。做优园区载体，胜坨化工产业园以“优秀”等次通过省级化工园区复审，开发区深化标准地改革，产业层次不断提高。攻坚项目建设，省、市、区重点项目投资完成率分别达到128%、116%、106%，新签约市外项目数量、签约额、资金到账额均居全市首位。

（二）改革创新发力突破

深化重点领域改革，杨庙社区基层治理经验得到中央改革办推广，28项经验做法获得省级以上肯定认可。持续优化营商环境，在全市率先推出200个“一件事”主题服务，全区新增市场主体4721户。外资外贸稳中提质，实际使用外资达到9306万美元，创历史最高水平。强化科技创新引领，“四新”经济投资占比达到70.7%。

（三）城乡建设协调发展

扎实推进城市有机更新，实施住宅小区燃气设施建设、市政道路提升等重点项目，创建为全国第五批节水型社会建设达标县（区），在全市率先实现“两个清零”，$PM_{2.5}$指数和改善幅度均居全市首位。深入推进乡村振兴，突破盐碱地综合利用，大闸蟹、大米、莲藕全部入选省级特色农产品优势区，获批创建省级乡村振兴“十百千”示范区，入选国家级沿黄大豆优势产业集群。

（四）民生福祉持续增进

11件民生实事项目全部完成年度任务，民生支出占比达到80.3%。出台加快教育高质量发展的实施意见，与东营市一中开展联合办学。胜利油田中心医院西郊院区揭牌运营，区医院与胜利油田中心医院实现“全托管+一体化”深度合作。实施社会保障扩面提标行动，9类困难群众救助保障标准平均增幅19%。果断处置突发疫情，平稳有序推进防控措施调整，坚持不懈抓好安全生产，社会大局持续稳定。

三、创新与经验

（一）必须毫不动摇坚持党的全面领导

坚持以党的政治建设为统领，全面推进党的各方面建设，牢记“国之大者”，时刻保持高举旗帜、踔厉奋发的精神状态，坚定拥护“两个确立”，坚决做到“两个维护”。

（二）必须坚持发展是第一要务的根本要求

完整、准确、全面贯彻新发展理念，坚持生态优先、绿色发展道路，扛牢黄河流域生态保护和高质量发展重大政治责任，以干事创业的速效同增实现转型发展的量质齐升。

（三）必须坚持以人民为中心的发展思想

始终怀着的爱民、为民、惠民之心，察民情、接地气，广泛汇聚民智，多办利民惠民实事，增强公共产品和公共服务供给，在共建共享中让人民群众感受到改革发展成果，拥有更多获得感。

（四）必须强化正风肃纪反腐

坚持党风党纪一起抓，锲而不舍落实中央八项规定精神，持续深化纠治“四风”，聚焦权力集中、资金密集、资源富集领域，保持纠风反腐高压态势，营造风清气正的政治生态。

中共利津县委工作概况

县委书记　张亚东

一、组织概况与党的建设

利津县现有党（工）委49个，党总支70个，党支部1051个，党员2.12万名。2022年，利津县委深入贯彻新时代党的建设总要求，先后29次研究部署，明确28项年度重点任务，有力推动了全面从严治党向纵深发展。

（一）聚焦政治建设凝心铸魂

围绕学习贯彻习近平新时代中国特色社会主义思想、党的二十大精神等，组织各类学习41次；创新打造“理论中心组学习联盟”，组建7个列席旁听工作组、实现“巡听”全覆盖。扛牢主体责任，调度推进黄河流域生态保护和高质量发展专项巡视反馈问题整改情况，完成十四届县委第一轮常规巡察。

（二）聚焦组织建设强基固本

深化基层党建达标创优机制，完善8大领域标准化体系。建设沿黄乡村百里幸福长廊，实施5项计划、20个专项行动，打造7条农旅红环线，构筑党组织为纽带、区域联动发展新格局。实施村集体经济“双六条”工作法，10万元以上村达到92.6%。深化“乐活社区”建设，开发社区活力指数监测平台，推动30余项政务服务下沉社区。

（三）聚焦队伍建设育才造士

聚力打造深研专业知识、夯实专业能力、塑成专业思维的“三专”干部队伍，先后选派94名干部到镇街、专班、项目“三个一线”及企业、省直部门学习锻炼，树牢“看干部就要看项目、看项目就是看干部”导向。全年引进专科以上大学生已缴纳社保的2440人，较2021年增长67.8%，超过2022年参加高考人数597人、实现人才净流入。

（四）聚焦作风建设守牢底线

扎实推进专项监督工作，打造示范点6个、重点项目监督点10个。换届后第一时间召开县乡村三级廉政谈话会议，信访举报、检举控告分别同比下降42.9%、51.64%。纪检监察机关立案264件、处理123人。

二、主要工作与成绩

（一）县域经济谱新篇

一是综合实力持续提升。实施重点项目110个、总投资451亿元，列入省市重点项目41个，新增政府专项债券额度18.27亿元、增长90.3%。新引进投资过亿元项目22个、500强项目12个。2022年实现地区生产总值302.7亿元、增长7.2%；一般公共预算收入完成24.6亿元，同口径增长34.8%，规模以上工业增加值增长19.8%，固定资产投资增长18.1%。获评全省民营经济高质量发展先进县。

二是发展潜力持续增强。加快化工产业“减油增化”，实施技改项目37个，总投资109亿元的丙烷脱氢及高性能聚丙烯等一批高端化工项目顺利推进，高性能ABS树脂一体化项目竣工投产。1.65GW集中式光伏电站项目列入第三批国家大型风光基地名录；凤凰制药芪蛭益肾胶囊纳入医保“国谈”；利津数据（内容）产业园建成运营，县属国有平台未来数科公司获批工信部IDC、CDN、ISP三张全国互联网运营牌照，全县“四新”经济投资占比达到84.1%、排名东营市第1位。

三是创新活力持续释放。新增省级以上改革试点示范20项，187项审批服务事项下沉镇级办理。市级以上创新平台达到65个，规模以上工业企业研发机构覆盖率达到70%，全社会研发投入占GDP比重高出全省1.39个百分点。实施科技项目攻关“揭榜挂帅”计划，举办黄河三角洲化工新材料产业高质量发展论坛等产才对接活动，签约引进院士及团队2个，芪蛭益肾胶囊开发及产业化列入省重大科技创新工程，兴盛生物合成智能装备列入省科技示范工程。

（二）城乡建设绽新颜

一是城市更新提速扩面。有序推进城市更新，改造老旧小区14个。全面推进“两个清零、一个提标”，新建改造城市道路9.45公里、市政管网15.26公里，城市黑臭水体全面“清零”，城市生活污水处理率达到98%以上。扎实推进全国文明城市、国家园林城市创建，实施“津亮”等工程，城区绿化覆盖率提高到43.67%。爱琴海商业广场项目正式签约，瑞幸咖啡等53家名品名店落地营业。

二是乡村振兴提质增效。粮食种植面积稳定在100万亩，粮食总产量达到37.64万吨。成功落地凯盛浩丰等数字农业项目，3个农产品入选全国名特优新农产品名录。创建市级以上美丽乡村示范村14个，5个安置社区竣工投用，获评全国“四好农村路”示范县、获批创建省级现代农业产业园。

三是生态环境质量提档升级。加快沿黄生态长廊建设，新增造林1964亩，保护修复湿地650亩，治理互花米草160公顷，近岸海域水质优良率达到100%。开展新一轮“四减四增”三年行动，空气优良率、国控河流水质均居东营市首位。

（三）民生福祉绘新卷

财政用于民生支出达到28.17亿元，占一般公共预算支出的81.8%。城乡低保、特困人员基本生活标准不断提高，整体保障标准居全省前列；成立教育发展促进会，开行免费校园直通车，实施支持教育高质量提升一揽子计划，惠及师生1.73万名；总投资12.07亿元的县中心医院新院区等项目加快建设，与北京301等医院建立专科联盟3个，“三医联动”改革走在东营市前列；开展“进千村乐万家”等演出7000余场，吕剧《情满金河滩》入选“喜迎二十大、奋进新征程”全省优秀剧目展演名单。

三、创新与经验

（一）以落实落地彰显国之大者

把贯彻落实习近平总书记对山东工作和视察东营重要指示要求作为总航标、总遵循，梳理落实习近平总书记对山东工作和视察东营重要指示要求任务95项、贯彻党的二十大精神任务28项，列出工作清单，建立工作台账，每月调度推进，确保落实落地。

（二）以重点突破带动面上提升

创新推进“利华益+”模式，引进摩贝化学开展化学品交易服务，与中国化学会合作设立“利华益”化学创新奖。深化与中科院杨果研究员团队的合作，建立“政府—中科院—大型企业”的紧密合作机制，开展全基因组辅助选育、精准营养调控、高品质雪花羊肉产品研发等项目，提升黄河口雪花肉羊质量。

（三）以守牢底线护航经济发展

创新推行安全生产“领导查、查责任，专委查、查覆盖面，专家查、查关键，企业查、查本质”的“四查”工作机制，建成全省首个“河地融合、共建共管、联储双赢”综合应急物资仓库，全县事故起数、死亡人数分别下降12.5%、40%。扎实推进平安利津、法治利津建设，紧盯警情、舆情、民情、访情，强化分析研判和矛盾纠纷化解。

中共广饶县委工作概况

县委书记　陈伟颂

一、组织概况与党的建设

广饶县现有基层党（工）委76个、党支部1457个，党员30047名，其中农村党员15690名。2022年，全县上下深入学习贯彻党的二十大精神，认真贯彻新时代党的组织路线，围绕“四提五要”见行动，深入开展“作风提升年”，扎实推进干部、基层党建和人才工作创新竞进、提质增效，有力服务保障全县经济社会高质量发展。

（一）聚力建设高素质专业化干部队伍

强化干部政治素质考察，开展干部落实力评价、应对风险能力评估，考准考实干部抓落实和应对风险能力。强化干部实践历练，有计划地抽调2400余名干部下沉一线参与疫情防控等急难险重任务。探索建立“三化联管”体系，开发建设干部监督数字化平台，建立干部监督信息定期推送机制，提高干部日常监管精准度。研究制定《县管领导干部适岗度星级评价办法》，建立科学评价标准体系，实行季度分级分类评价。制定出台《关于加强领导干部“八小时外”活动监督管理办法》，探索实行干部观察员制度，在社区党群服务中心设立24个干部观察点，选聘离退休干部、社区党组织负责人等89名担任首批干部观察员，对领导干部遵守纪律规矩、社会公序良俗和廉洁自律等情况进行社会监督，相关做法在中组部《组工信息》《山东组工信息》等刊发，获评2022年度“东营组织工作创新奖”。

（二）推进基层党建创新竞进全域建强

农村党建方面，扎实开展村党组织分类推进整体提升三年行动，33个强基村全部整顿转化；建立发展农民工党员城乡联动机制，相关做法在《山东组工信息》刊发；创新开展乡村沉睡资源唤醒行动，全县所有村集体经济收入达到10万元以上，相关做法在《中国组织人事报》、山东《支部生活》刊发，全国党建研究会到广饶专题调研抓党建促乡村振兴工作。城市党建方面，深入推进全省县城城市基层党建试点工作，创新建立组织、治理、产城、资源“四个融合”体系，打造“五类生活场景”，相关做法在《人民日报》刊发；深化“红色物业”建设，相关做法在《中国城市报》刊发；承办东营市居民小区党建工作现场推进会，回迁安置小区基层社区治理样板入选“全国社会治理创新案例”、在中央电视台刊播。新兴领域党建方面，推进实施“百千万提升工程”，山东华盛橡胶有限公司获评省级两新组织党建工作示范点。创新建立离退休干部和下岗职工党员“双联双管”机制，有效解决教育管理难、发挥作用难等问题；依托大码头镇委党校高标准打造东营市基层干部学历教育成果展厅，山东开放大学批准设立基层干部学历教育省级现场教学基地；高标准打造《永恒的明灯》《严守纪律规矩 做忠诚干净担当法官》两部党课，荣获省级优秀党课；拍摄制作《纸短情长——刘燕韶》《希望田野里的“女超人”》《真理的味道》三部党员教育电视片，分别荣获市级优秀党员教育片一、二、三等奖。

（三）创新人才引育机制

高规格召开县委人才工作会议，成立由县委书记、县长任双组长的县委人才工作领导小组，对全县人才工作机构提格扩面。出台《广饶县人才引育创新2022年行动计划工作方案》，制定14项创新性措施，以人才改革创新赋能高质量发展。开展人才工作专题调研，摸排人才需求86项、项目需求35项，引进高层次人才33人、海外人才17人，推荐9人申报国家级重点人才工程，4人入选泰山产业领军人才。举办东营橡胶轮胎暨化工与新材料产业高端人才洽谈会、第十届中国大学生高分子材料创新创业大赛等人才活动17场。出台“人才新政”配套细则25项，兑现各类人才补贴2000余万元。规划建设人才公寓180套，首批67名人才拎包入住，部分户型实行常态化申请。

二、主要工作与成绩

2022年，全县实现地区生产总值781.7亿元、同比增长8%，规模以上工业增加值增长19.8%，一般公共预算收入52.1亿元、增长9.7%，居民人均可支配收入增长5.2%，主要指标增幅位居东营市五县区前列，高于全市、全省、全国平均水平。在2022年全国综合实力百强县市排名中，广饶位居第50位、较上年前移4个位次，列全省第6位。

（一）着力抓项目稳增长，经济运行稳健向好

突出抓好项目建设，实施了总投资1441.1亿元的226个重点工程项目，在东营市年终重点项目观摩评议中荣获第一名。大力开展“双招双引”，成功举办杭州推介会等系列线上线下招商活动，实际利用内资136亿元、外资1.3亿美元，中国（东营）跨境电商综试区广饶园区创建为全省首批跨境电商产业园区，35家企业入选全省外贸企业“白名单”。2022年，实现进出口790亿元、增长22.9%，占东营市的30.1%，被评为国家外贸转型升级基地、全省外贸高质量发展区。全力服务支持企业，严格落实县领导联系重点企业、主要经济部门包靠骨干企业、百名局长服务百家企业等制度，2022年累计退税、减税、缓税、降费超过50亿元，4家企业入围中国企业500强、5家入围中国民营企业500强、6家入围全球轮胎75强，广饶获评全省首批民营经济高质量发展先进县。

（二）着力抓产业提质效，发展能级快速跃升

坚持高端化、绿色化、智能化发展方向，加快打造2000亿级化工产业集群、千亿级橡胶轮胎产业集群、500亿级新兴产业集群。其中，化工产业，省政府正式同意中国中化山东化工原料基地项目选址广饶，广饶化工产业园高分通过省化转办现场复核、扩区工作顺利推进。橡胶轮胎产业，规划建设橡胶轮胎循环产业园，实施了永盛、金宇等总投资13.8亿元的7个产业升级项目。新兴产业，规划建设新产业创业园，新培育国家级“专精特新”小巨人企业1家，省瞪羚、“专精特新”企业15家，省制造业单项冠军产品2个，“四新”经济和高技术产业投资分别增长43.8%、189.8%，均居东营市五县区第1位。扎实开展工业技改提级、数字赋能增效、上“云帆”等行动，新培育市级以上智能工厂、数字化车间7个，主导产业数控化率达到90%。全力推进科技创新，建立完善“两中心、两高地、四园区”全域创新发展布局，新培育高新技术企业27家、省科技领军和“小巨人”企业4家，131家企业入选国家科技型中小企业，省级以上创新创业平台达到74家，全社会研发投入占地区生产总值比重达到2.31%，成功创建为国家知识产权强县建设示范县、全省技术转移先进县。

（三）着力抓统筹促融合，全域一体化加速推进

加快建设现代城市，结合全国县城新型城镇化建设示范、全省县（市）城市更新试点，实施总投资257亿元的重点城建项目62个，新建住宅小区5个、市政基础工程10项，在东营市率先完成城市雨污分流和黑臭水体治理，顺利通过国家卫生县城复审，持续深化全国文明城市创建。全面推进乡村振兴，坚决扛牢维护粮食安全政治责任，实施了总投资20亿元的28个农业产业化项目，新培育新型农业经营主体435家，新增省级农业产业强镇2个，大王示范片区被认定为首批乡村振兴省级示范区，广饶获评省级现代农业强县、入选省打造乡村振兴齐鲁样板示范区督查激励县。扎实推进全省全区域残垣断壁整治专项行动整

县试点，新改建“四好农村路”72公里，县级以上美丽乡村示范村达到118个。加强重大基础设施建设，高标准提升乐安大街、孙武路、綦公路等骨干道路，东青高速改扩建工程全线开工，津潍高铁广饶段启动征地迁占，小清河复航工程率先实现试通航。

（四）着力抓环境强保障，发展竞争力明显增强

坚决打好环保督察问题整改攻坚战，实施总投资18.5亿元的25项重点环保工程，圆满完成引黄超载和地下水超采治理年度任务，空气质量优良率达到73%、较上年提高3.6个百分点，炼化企业VOCs治理经验在全省推广。加快企业债务风险出清，不良贷款率持续下降，良好金融生态加速回归；深化政银企互信合作，举办政银企洽谈会、省行行长进广饶等活动，与市人行合作建设全省县域普惠金融综合示范县，存贷款余额较年初增加200亿元，全县不良贷款率降至2.35%，培育上市后备企业18家。深入实施营商环境创新提升行动，扎实推进国家政务数据直达基层试点、全省一体化大数据体系县级节点建设试点，204件事项实现“一件事、一次办”，90%以上的服务事项实现“网上办”“掌上办”。切实抓好“政企行”阳光执法监督平台试点，持续创优法治化营商环境。

（五）着力抓民生增福祉，群众生活品质不断提高

深入践行以人民为中心的发展思想，圆满办结总投资2.1亿元的10件惠民实事，财政民生投入占比达76.8%，城乡收入比降至1.93∶1，促进共同富裕基础更加坚实。坚持人民至上、生命至上，果断有力处置“10·20”等多起本土疫情，因时因势调整防控策略，最大程度保护人民生命安全和身体健康。教育、医疗、养老、社会保障水平保持全省县级前列，8所学校建成投用、新增学位7485个，2022年普通高考本科上线率90.8%、重点上线率47.9%，分别是全省平均水平的2.5倍、2.3倍，广饶一中64人获全省五大学科奥林匹克竞赛一等奖、列全省排行榜第2位，全国学前教育普及普惠县顺利通过省级验收。持续深化紧密型县域医共体建设，县人民医院入选全国首批“千县工程”县医院；新改建社区养老设施和镇街敬老院10处，广饶被评为全省县域养老服务体系创新示范县。创新和加强社会治理，优化“三个体系”运行机制，全省妇联系统“创新组织建设，参与社会治理”现场推进会在广饶召开；安全生产形势平稳，社会大局和谐稳定，被评为全国信访工作示范县、平安山东建设示范县、全省党的二十大维稳安保工作表现突出县。在2022年度群众满意度调查中，广饶居全省县级第11位，创历史最好水平。

三、创新与经验

（一）扎实开展地下水超采综合治理

结合开展国家地下水超采区综合治理试点，投资8.3亿元实施工业水源转换工程，建成总库容2300万立方米的高店水库增容工程、日供水能力15万立方米的工业水厂，铺设了130公里工业供水管网，关停259眼企业自备井，实现了工业用水由地下水向地表水转换。同时，投资12.2亿元实施淄河上游拦蓄等地下水补源和水系连通工程，每年调引长江水、黄河水2200万立方米，大幅提高地表水供应能力、有效满足工业用水需求。经国家水文部门监测，2022年三季度全县深层、浅层地下水位平均埋深分别比2021年同期上升1.34米和7.3米，相关做法由省委改革办上报中央改革办。

（二）多措并举推进挥发性有机物（VOCs）治理

针对县内挥发性有机物污染源点多、面广、量大难题，持续开展石油炼化等重点行业VOCs和橡胶轮胎行业废气治理，先后完成10家热电企业燃煤锅炉的超低排放改造、8家炼化企业的VOCs治理、25家轮胎企业的废气收集治理。广饶是全省首个全县域完成炼化企业全流程深度VOCs治理的县区，较2020年减排幅度达到56.5%，2022年7月省生态环境厅在广饶召开现场会推广治理经验。2022年全县空气质量优良率达到73%，较上年提高3.6个百分点。

烟　台　市

中共烟台市芝罘区委工作概况

区委书记　李　良

一、组织概况与党的建设

截至2022年底，芝罘区辖党（工）委161个，党总支79个，党支部1519个，全区管理党员42097名。

（一）扎实推进学习教育

指导12所街道党校（党员教育中心）开展“二十大精神进基层”社区党员集中轮训，全区开展各类培训班次363期、送教上门251期，覆盖党员3万余人。丰富党员教育形式载体，打造全国首家“榜样主题公园”，相关作品获省优秀党员教育电视片（党课）评选二等奖、三等奖。

（二）基层组织建设实现创新突破

深入开展软弱涣散基层党组织专项整治行动，抽调29名干部组建4个工作队，分片包帮12个街道，靠上精准推进整治。聚力实施“芝心港湾·幸福家园”行动，创新实施社区书记“六抓六促”培育计划，建立“三谈”“四送”机制，冷晓燕被推选为全省唯一一个社区层面二十大代表，创新党建引领网格合成服务体系，成立全市首家社区工作者管理服务中心，提前三年率先实现“每万人口配备18人”的目标。在全市观摩中总成绩第二，楚祥社区入选“十佳项目”，建昌街社区新就业群体党建工作得到市里认可；在“幸福家园”打擂评比中，大海阳、中台、塔山3个社区荣获全市“十佳示范社区”，幸福等23个社区入围全市“示范社区”，获奖数量居全市首位。

（三）干部队伍建设持续优化提升

深入开展干部执行力考察，通过近距离谈话、驻在式考察等，动态跟踪干部工作执行态度和执行成效，累计调整7批次726人次科级干部，其中提拔重用、晋升职级487人。创新干部“四荐”选用模式，累计储备“自荐”干部219人，统筹安排118名“四荐”干部到指挥部、专班进行“试岗”锻炼。考选44名中青班学员进行重点培养。创新开展“区街一体、融入下沉”全面帮促工作机制，打造“战区体制”，统筹61个部门3000余名干部下沉街道社区，进一步充实基层工作力量。

二、主要工作与成绩

（一）经济运行稳中向好

2022年，全区完成地区生产总值1173亿元，增长5%，占全市12.3%；一般公共预算收入完成74.3亿元、同口径增长10.2%，占全市11.7%，其中税收收入47.8亿元，占全市11.2%；实际使用外资28771万美元，增长17.9%；外贸进出口266.4亿元，增长26.6%；固定资产投资增长10.2%；规模以上工业增加值增长8%；完成社会消费品零售总额678.5亿元，经济社会发展保持“稳中向好、进中提质”的良好态势。

（二）发展活力持续增强

68个省市区重点项目和49个市区城建重点项目实现开复工，累计完成投资368.1亿元，为全区发展提供强力支撑。大力发展实体经济，规模以上工业增加值增长8%，全区市场主体总量突破20万家，数量稳居全市首位。创新招商体制机制，在北京、上海、深圳、济南等地成立4家专门招商机构，累计签约“三类500强”项目16个、过10亿元以上项目24个，招引硕士以上人才550余名。

（三）产业发展集聚成势

制定《城市经济发展振兴三年行动计划》，培优做强“1+5+1”现代产业体系，逐个产业链构建“1名区级领导+1个产业主管部门+1个招商专班”组织架构。大力优化产业布局，推动总部企业聚合聚集，先后引进落户国电投、字节跳动等一批区域性总部项目，获评全省引进和培育总部企业先进区。提档升级金融商贸产业，全区汇集各类各级金融机构517家，其中市级以上金融机构达到77家，金融业增加值达到115亿元；限上商贸企业近800家，社会消费品零售总额稳居全市首位。做大做强文化旅游产业，芝罘仙境特色文化街区入选国家级夜间文旅消费集聚区，全区年接待游客突破1900万人次，旅游产值突破300亿元。培强做优智能制造产业，大力推行“工业上楼”模式，规模以上工业企业达到129家。突破发展海洋经济产业，打造烟台港口供应链综合服务中心，海洋经济产值达到789亿元。重点领域改革落地见效，新争取省级以上试点26个，一批改革经验在省级以上平台推广，芝罘改革呈现多点发力的良好局面。

（四）民生福祉持续改善

持续加大民生投入力度，全年民生支出占一般公共预算支出80%左右，聚焦群众反映强烈的“急难愁盼”，千方百计筹措资金解决群众关心关切。新建、改扩建7所学校，修缮改造21个老旧小区、创建5个美好社区，改造10处农贸市场，建成5处口袋公园，基础设施更加健全、城市功能更加完善。持续拓宽重点群体就业渠道，新增就业1.2万人，发放各类就业创业补贴2970万元；加快建设各类养老设施，全区养老机构达到35家，养老床位突破5000张，新建2处社区食堂，社区养老服务更加优质便捷；低保标准动态调整，净增参保人员1.6万人，累计发放各类低保金、救助金1.2亿元。牢固树立“大抓基层、大抓网格”导向，逐个网格配强“1+X+N”治理力量，配齐社区网格员和网格助理员，有效补充基层治理力量。东南哨等11个长期未安置项目实现破题，宫家岛等安置房烂尾问题基本解决，慎礼等7个安置房项目建成交付；成功化解110个小区、35家企业不动产证“办证难”问题，困扰麦德龙15年的用地手续办理问题顺利破解。

三、创新与经验

（一）理论武装取得新成效

坚持把学懂弄通做实习近平新时代中国特色社会主义思想作为首要政治任务，开展区委理论学习中心组集体学习13次，以实际行动坚定拥护“两个确立”、坚决做到“两个维护”。深入宣传贯彻落实二十大精神，组织100余人宣讲团和理论宣讲骨干进企业、进学校、进社区、进网格，迅速掀起学习二十大精神热潮。严格落实意识形态工作责任制，开展2轮意识形态领域专项巡察，狠抓网络舆情监管，不断夯实意识形态阵地。

（二）城市更新厚积新优势

制定《城市更新攻坚突破三年行动计划》，完善城市更新总体思路，明确六大提升行动，以北部滨海黄金海岸带、夹河生态景观带和老城核心区为主要内容的“两带一核”城市更新主框架全面拉开。与中规院、中央美院等国内一流规划团队融入式合作，累计完成49项规划成果。组建12个街道战区靠上攻坚，完成征迁180万平方米，释放低效土地5700余亩。与中国银行等18家银行签订战略合作协议，主城控股集团获评全国首个“双国际投资评级”的区县级国企。健全夹河、滨海、核心城区、招商引资“3+1”指挥部体系，组建征迁、融资等8个要素保障专班，设立建筑工务中心，对所有项目实行“全天候、全过程、全方位”监管，确保把每个项目建成精品工程、廉洁工程。

（三）城市功能品质实现新变化

聚焦精致城市建设，集中开展拆违治乱、市容提升等13项工程，重点推进垃圾清运、环境卫生2项改革，高标准完成55条道路绿化综合提升，区属国企整体接管全区106个无物业小区，在9条主街、10个广场打造新春花灯盛宴，城市品质形象得到有效改善。持续擦亮全国文明城市品牌，强力攻坚突破背街小巷、绿地公园等重点领域，对全区323条街、1325条巷全部配备街巷长，全力打造精致舒美活力城市。群众满意度测评成绩升至全省16地市中心城区第2名，创历史最好成绩。

（四）管党治党取得新成效

先后召开区委常委会、党建工作领导小组会议等60次，制定区级领导和区直部门履行全面从严治党责任等6张清单，建立常委会会议定期研究调度全区“不放心”事项机制，确保管党治党各项任务落实见效。深入推进能力作风建设，全面推行街道“兵团作战法”，由区委常委、人大、政协主要领导任12个街道战区指挥长，带领59个区直部门，1200余名干部融入下沉，合力攻山头、打硬仗、亮形象。扎实开展芝水问题整治和软弱涣散基层党组织专项整治，攻坚转化23个软弱涣散基层党组织，937个问题全部完成整改。高标准承接全国基层治理专家座谈会、全省村改社区现场推进会，“五步闭环”民需服务工作经验在全国推广。扎实开展“清廉芝罘”建设，系统推进“十廉工程”41项具体任务，做到有案必查、有腐必惩，形成了有力震慑。

中共烟台市福山区委工作概况

区委书记　李金涛

一、组织概况与党的建设

福山区委辖基层党（工）委35个，党总支55个，基层党支部976个，党员23680名。2022年，福山区委坚决扛稳抓牢从严管党治党政治责任，持续推动全面从严治党向基层延伸、向纵深发展。

（一）持续强化思想教育

深入学习贯彻习近平新时代中国特色社会主义思想和党的二十大精神，认真落实“第一议题”制度，组织区委理论中心组集体学习16次，带动各级党委理论中心组学习600余次。围绕学习宣传贯彻党的二十大精神，组织开展集中宣讲1100余场次、受众10万余人次。

（二）全面夯实基层基础

主动承接党组织书记专业化管理等3项市级试点任务，完成32个村社区改制和规模优化调整，23个软弱涣散基层党组织顺利通过评估验收。全域开展城市社区“福满福山·幸福家园”党建品牌创建，理顺159个网格党支部、481个楼栋党小组。聚焦新业态行业党建，成立快递物流、外卖、直播电商3个行业党委，引导24个部门单位组建党建服务联盟。

（三）持之以恒正风肃纪反腐

深入开展“能力作风建设年”活动，健全完善区级领导挂帅的“8+2”重点工作攻坚指挥部、“蓝黄红”三色标识管理、挂图作战等机制，在全区营造起大抓执行、狠抓落实的良好氛围。驰而不息正风肃纪，深挖细查隐形变异“四风”问题29起、处理32人；严查违纪违法问题，立案98起、处分141人。用好用活“四种形态”，警示处理611人次，前两种形态占比达到94.1%。

二、主要工作与成绩

2022年，全区完成地区生产总值435.9亿元、增长5.8%，一般公共预算收入33.1亿元、同口径增长5.9%，获评“全省工业强区”“全省对外开放强区”等8个省级荣誉称号，为历年最多。

（一）持续加快新旧动能转换，发展优势显著增强

深耕汽车、装备制造、新型建材等优势产业，做大数字经济等新兴产业，全区规模以上工业企业达到247家，21家企业入选市级骨干企业倍增计划，坤泰股份在深交所成功上市。突破发展文体康养、商贸物流等服务业，冰上运动综合体成功入选“山东省冰雪运动中心”，烟台黄渤海国际陆港启动建设。倾力推进27个省市级建设类重点项目，年度完成投资101亿元、投资完成率103.7%；签约落户总投资320亿元的重点项目17个，其中“三类”500强项目6个，荣获全市“招商引资大比武”羚羊奖。实施“聚福英才计划”升级版，全区人才总量突破6.3万人。全力以赴争政策、争资金、争项目，“三争”工作综合排名全市第一。

（二）加快推进片区开发建设，城市能级不断提升

深入实施夹河新城、智造芯城“双城驱动”战略，总投资68亿元的60项基础设施工程建设加快推进，18个重点产业项目建成投产。高标准建设11.4公里的内夹河生态景观带，岸绿景美的生态景观廊道加快形成。高起点规划打造8.6平方公里的新能源汽车产业园，引进总投资213亿元的中质国检等9个引领性项目，储备重点在谈项目20个。有序推进中部老城更新，分批实施61项城建重点工程，启动总投资75亿元的高铁新区综合开发，城市功能和形象品质蝶变升级。

（三）持续增进民生福祉，群众幸福感大幅增强

新建改造20所中小学校，增加3所公办幼儿园，新增学位2800多个，实现农村小学免费校车全覆盖。完成29处示范标准村卫生室创建，区级以上示范标准化率达到79.2%。全力推进5个安置区建设，1900余户居民喜迁新居；改造完成59个老旧小区、惠及群众7525户。创新组建国有物业服务公司，全面接管无物业小区。纵深推进乡村振兴，建成高标准农田1万亩，2个镇街获评“省级农业强镇”，3个村创建“省级美丽乡村示范村”；深入实施农村基础设施“五改”“五通”，新建改造农村公路89公里，8078户农村清洁取暖改造任务顺利完成。

（四）牢固树立底线思维，社会大局和谐稳定

落实落细疫情防控措施，因时因势调整防控策略，最大限度降低疫情对经济社会发展的影响。深入开展安全生产排查整治，累计检查企业7600余家次，承办全省安全生产执法工作现场推进会。科学妥善处置台风“梅花”过境防汛抢险工作，成功抵御有水文资料以来影响最大的台风侵袭。积极开展新时代“枫桥经验”实践中心试点，村级综治工作站规范化建成率达到85%，一站式矛盾纠纷调解中心建成投用。顺利完成北京冬奥会、党的二十大等重大维稳安保任务，被评为“全省党的二十大维稳安保工作表现突出区”。

三、创新与经验

（一）探索推行全域全科网格化管理服务机制

以建设智慧城市为目标，将全区划分为1045个网格，组建600名专职网格员队伍，高标准建成城市运行中心，把疫情防控、社会治安、环境卫生等事务精准精细落实到网格，真正实现“小网格”支撑“大治理”。

（二）深化拓展与国企央企合作

以市场化思维拓展融资渠道，大力引进中铁建、中交、中冶等国企央企，合作实施重点片区综合开发、老城有序更新、城乡供水一体化、老旧小区改造等重大工程，项目总投资超过400亿元，走出了一条与国企央企合作新路子。

（三）创新构建矛盾纠纷调解机制

高标准打造区镇村三级“一站式”矛盾纠纷调解中心（站），推行“一站式”受理、“一揽子”调处、“一条龙”反馈工作运行机制，实现矛盾纠纷源头发现、多元调处、全程服务。

中共烟台市牟平区委工作概况

区委书记 殷锡瑞

2022年，牟平区委坚持以习近平新时代中国特色社会主义思想为指导，认真学习宣传贯彻党的二十大精神，坚决贯彻落实党中央决策部署和省委、市委工作要求，切实做到“疫情要防住、经济要稳住、发展要安全”，保持了稳中有进的良好态势。全年地区生产总值增长5.7%，一般公共预算收入同口径增长7.6%。

一、组织概况与党的建设

截至2022年底，牟平区委辖71个党（工）委，28个党总支，1328个党支部，共有党员39979名。

（一）从严从实加强干部队伍建设

创新开展“勇争先、走在前”集中教育整顿活动，选树表扬执行力先锋集体29个。做深做实经常性考察，扎实开展执行力专项考察，持续开展重点工作一线考察，考准考实干部实绩。加大年轻干部培养选拔力度，公开招聘30名急需紧缺专业优秀毕业生。在全区范围内遴选20名优秀年轻干部，选派18名干部到商务部、省市部门和金融机构学习锻炼，安排162名年轻干部到重点工作一线磨炼。

（二）全面夯实党的基层基础建设

实施农村党组织书记“头雁领航”工程，评选20个“头雁领航金雁村”，开展“双百联建促振兴”部门包村活动。加强党建引领城市社区“温情城市·幸福家园”建设，健全“六位一体”的温情治理体系；打造新就业群体“红牟驿家”党建品牌，成立快递物流、外卖、电商3个行业党委，谋划建设“红牟驿站”党群服务中心和28处“红牟驿家”党群服务站。

（三）坚持推动人才服务高质量发展

研究制定《关于优化提升人才服务工作的实施方案》等4个制度文件，制定生物医药产业人才新政12条，推动人才工作提质增效。建设完成2个院士工作站，发起成立烟台市生命科学与健康研究院，参与筹建烟台新药创制山东省实验室，招引2个烟台市海内外精英创业大赛获奖项目落地牟平。实施青年人才补贴“免申即享”，筹集100套人才公寓并实现入住率100%，成立涵盖35家商户的人才服务联盟。

二、主要工作与成绩

（一）聚焦打造适宜干事创业的热土，干部队伍建设实现新突破

旗帜鲜明把学习宣传贯彻党的二十大精神作为首要政治任务，深化“第一议题”制度，组织开展区委理论学习中心组集体学习20次，坚定拥护“两个确立”，坚决做到“两个维护”。坚持以重返烟台第一方阵为奋斗目标，大力弘扬“淳厚、包容、争先、敢当”的新时代牟平精神，制定出台履行全面从严治党责任任务“三张清单”，先后开展1轮常规巡察、1轮常专结合巡察，统筹推进“十廉工程”，加快锻造一支政治过硬、业务过硬、作风过硬、富有活力的干部队伍。

（二）聚焦加快新旧动能转换，构建现代产业体系实现新突破

谋划构建医药健康、黄金及贵重金属深加工“2个千亿级”和食品加工、高端装备制造、绿色建造、文化旅游“4个百亿级”产业体系四梁八柱，夯实县域经济根基。抢抓国际生命科学创新引领区建设机遇，成功布局医用同位素、干细胞与再生医学两大生物医药特色产业，承接3项国家重点研发计划成果转移转化任务，签约入驻东诚药业、陕西佰傲等项目25个，储备远大药业等项目40多个；全力支持恒邦股份实施新一轮倍增计划，主营业务收入突破500亿元，“十四五”有望成为牟平首个千亿级龙头产业。

（三）聚焦深化改革开放创新，内强外引实现新突破

深化政务服务“一网通办”、项目建设全程代办，对项目建设用地开展包含环境、水土保持等11项内容的区域评估，10个项目实现“四证齐发”。用好外来资金、外来人才、外来技术、外部市场，引进三类500强项目12个、过10亿元项目23个，集聚硕士及以上学历人才240名，争取市级以上科技立项28项，科技奖补资金2000多万元，国家科技型中小企业入库99家。

（四）聚焦城乡统筹协调发展，整体面貌形象实现新突破

统筹谋划中心区片、体育场区片、酒厂区片3大城市更新项目，总投资30亿元的中心区片城市更新项目率先启动，改造老旧小区55个、惠及居民3815户，获评住房城乡建设部“新城建”产业与应用示范基地试点。投资5亿元对30余条道路实施改造提升，7条断头路顺利贯通，投资1.8亿元的3条县级公路提升改造基本完工，达标改造“四好农村路”198公里，12个镇街、343个村实现“一元公交”。

（五）聚焦保障和改善民生，社会事业发展实现新突破

扎实开展民生领域突出问题专项整治和让群众满意活动，投入近3亿元新改扩建学校3所，投入1700多万元实施教育惠民工程，中考6个学科综合排名位列全市第一位。率先完成全市城乡公益性岗位扩容提质行动任务目标，城镇新增就业 1.9 万人，城镇登记失业率控制在 1.36%。高效统筹疫情防控和经济社会发展，深入推进“八抓 20 项”创新举措落地落实，统筹守好社会稳定、海上安全、食品安全等“一排底线”，社会大局保持和谐稳定。

三、创新与经验

（一）创新“四证齐发”模式

创新推行“四证齐发”审批模式，蓝色药谷·生命岛成为全市首个“四证齐发”项目，从土地挂牌到“四证齐发”仅用 12 个工作日，低于全省平均 32 个工作日、全国前沿 13 个工作日，“拿地即开工”模式在全市推广。

（二）创新项目全程代办服务

创新“1 个项目 +1 名帮办领导 +1 名帮办代办员 +1 个服务方案”服务模式，靠前了解项目需求，动态建立市区 76 家重点项目库，精准帮办代办项目手续，采取重点项目“帮办代办”、高频事项“跨域通办”、主体服务“一事全办”、日常业务“网上可办”等措施，变企业“来回跑”为代办员“接力跑”，为企业提供“一站式”服务。

（三）创新“带编入企”政策

聚焦构建“2 个千亿级”“4 个百亿级”产业体系四梁八柱，专门招录 11 名研究生人才，试点生物医药产业“政企联合培养、干部双向选择”模式，并每年拿出一定编制在“2+4”产业逐步推广，拓宽干部成长渠道。

中共烟台市莱山区委工作概况

区委书记　罗　建

一、组织概况与党的建设

莱山区辖基层党委 50 个，党总支 18 个，党支部 580 个，共有党员 16070 人。2022 年，莱山区切实推动学习宣传贯彻党的二十大精神往深处走、向实里做，坚定不移加强党的建设，全面从严治党取得新突破。

（一）把党的政治建设摆在首位

深化“第一议题”制度，深学细悟习近平新时代中国特色社会主义思想和系列重要讲话精神，第一时间召开区委常委会（扩大）会议、区委理论中心组集体学习、区委宣讲团动员会议，全面学习宣传贯彻党的二十大精神，以实际行动坚定拥护“两个确立”、坚决做到“两个维护”。

（二）激励干部队伍担当作为

坚持领导带头、事不避难，区四大班子领导和街道园区、部门单位主要负责人带头分包推进重点项目、重大工程、重要工作，台海核电、东方海洋、金益德等一批历史遗留问题逐步得以推进解决。坚持“放手、放权、放人”，提拔重用在项目建设、征迁拆违、疫情防控、社会稳定等重点工作中表现突出的干部 103 名、职级晋升 59 名。

（三）全力夯实基层基础

深入实施村级党组织分类推进整体提升三年行动计划，全面完成 11 个软弱涣散基层党组织专项整治。统筹推进村改社区转型，全区 24 个一类二类村提前 3 个月全部规范转型。聚力打造“清廉建设示范区”，扎实开展“庸、懒、散、慢、拖、瞒”六治行动，查摆问题 189 项、约谈干部 25 人次、追责问责 30 人，查处违反中央八项规定精神问题 11 起 16 人、侵害群众利益的腐败和作风问题 12 起 12 人。

（四）持续强化自身建设

出台《关于加强区委常委会自身建设的意见》，定期听取区人大、区政府、区政协、区法院、区检察院党组织工作汇报，积极构建大统战格局，牢牢把握意识形态主动权，全面推动党管武装高质量发展，扎实做好民族宗教、外事侨务、群团发展等工作，充分凝聚起社会各方力量。

二、主要工作与成绩

2022 年，莱山区完成地区生产总值 464.3 亿元，同比增长 5.9%；一般公共预算收入可比口径 42.5 亿元，增长 9.6%；规模以上工业增加值增长 12%，固定资产投资增长 10%，实际使用外资 2.31 亿美元。年内，获评“省科技创新强县”“省级双创示范基地”“省级农村综合性改革试点试验区”“省级县域养老服务体系创新示范区”“平安山东建设示范区”等荣誉称号。

（一）始终坚持锚定目标、迎难而上，坚定不移推进高质量发展，务实开放的现代化新莱山取得新突破

工业经济稳中提质，规划启动了莱山经济开发区“一区五园”等特色产业园区，高端装备制造产业营业收入达到 150 亿元，增长 7.7%。城市新经济增量崛起，高新技术产业产值增长 19.4%，占工业总产值比重达到 72.8%，高于全市 10.4 个百分点。房地产业平稳发展，积极稳妥推进恒大御山华府、融创壹品等项目化解处置，商品住宅库存去化周期减少 4.1 个月、降至 13.4 个月，处于合理区间。营商环境不断优化，做实做细服务企业专员、“倍增计划”“双推双促”等专项行动，组织区内企业对接万华集团、裕龙石化等大企业、大项目，达成合作意向 20 余项。

（二）始终坚持系统谋划、统筹推进，坚定不移提升城市能级水平，品质活力的现代化新莱山实现新突破

按照“北优、中融、南拓”的思路，谋划启动重点片区，研究论证了 10 大片区更新项目，邀请同济大学设计院进行高标准策划，全力打造城市发展新的战略支撑点和增长极。强力攻坚旧村改造，全面开展依法回收土地使用权工作，陈家、初家等9个难点村拆迁相继实现突破。加快打造旅游载体，成立了凤凰文旅发展集团，扎实推进凤凰山凤凰湖、长荣文创园开工建设，加快打造一批特色文旅项目。全域提升城市品质，全面推进“城乡环境大整治、精细管理大提升”行动，累计治理违建107万平方米，在烟台创建文明典范城市中贡献了莱山力量。

（三）始终坚持生态优先、守牢底线，坚定不移践行绿色低碳发展，生态和谐的现代化新莱山取得新突破

始终坚持“绿水青山就是金山银山”的理念，全年优良天数达到318天，空气优良率为87.2%。始终秉持“事要解决”和“有解思维、有理推断”的理念，健全优化“1+1+1+X”网格化管理模式，上级交办的信访积案化解率达100%。始终保持“时时放心不下”的责任感，扎实守牢“一排底线”，从严从实落实各项防疫措施。

（四）始终坚持利民为本、共建共享，坚定不移保障改善民生，美丽富裕的现代化新莱山取得新突破

民生事业全面提升，集团化办学经验做法在全市推广，成功入围全国13个、全省唯一的国家级新市民健康行动项目。精神文明全面深化，大力实施思想铸魂、文明实践、美学教育等专项行动，殡葬改革扎实推进，80%的农村常住家庭建成“美丽庭院”。乡村振兴全面推进，重点打造了41个美丽乡村、109个项目，布局生态农业示范基地等精品产业项目27个。

三、创新与经验

（一）坚持“智算汇通”“系统助人”“云算云治”并行，在全国率先开展基层综合业务平台建设

依托基层综合业务平台，实现各级各类数据共享共用、互联互通，解决一系列数据壁垒问题。按照“普适性强、用户友好、简便易用”原则设计平台界面，确保基层工作人员“应会尽会、熟练使用”。不断打磨优化、迭代升级，及时完善亟需的工具和功能，致力打造多功能、综合性的工作应用平台。年内，《朝闻天下》《半月谈》等中央媒体予以宣传推广；入选中国信息协会“数字城市创新成果与实践案例”名单，获评省级“智慧城市优秀案例”荣誉。

（二）坚持统筹兼顾、一村一策、精准施治并重，趟出“村改社区”规范化运行新路径

充分发挥党组织领导作用，建立起分工明确、环节完整、层层落实的工作机制，实现上下贯通、部门联动、合力攻坚。严格依照有关法律法规，细化操作、规范流程，确保法律法规不变通、政策执行不走样、程序步骤不出错。建立独立运行、协同共治、双向服务等一系列运行管理机制，推动村改社区高质量运行。坚持“脚步沉下去、问题浮出来、思想统起来”，最大程度尊重群众意愿、体现群众意志、赢得群众支持。年内，全省村改社区基层党建和治理难题集中攻坚工作推进会在莱山区观摩，相关经验在《山东组织工作》刊发。

（三）坚持源头分类、城乡融合、全民参与并举，全力打造生活垃圾分类改革实践样板区

设计包括投放、收运、处置等环节的全链条垃圾分类体系，打破传统垃圾分类“先分后混”等弊端。对城市、农村等不同区域设计差异化分类模式，破解垃圾分类重城市、轻农村倾向，实现垃圾分类全域推进。开展垃圾分类进社区、进学校、进企业等宣传活动，营造全民参与、多元共治的良好氛围，全区垃圾分类参与率达70%以上。年内，“莱山区城乡融合生活垃圾分类全域覆盖新模式”被省住建厅发文推广，全省农村生活垃圾分类现场观摩会在莱山区举行，华东六省一市住建厅长座谈会与会领导到莱山区调研相关做法。

中共烟台市蓬莱区委工作概况

区委书记　林钰涛

2022年，蓬莱区深入学习习近平新时代中国特色社会主义思想，全面贯彻党的二十大精神，认真落实省委十二届二次全会、烟台市委十四届三次全会安排部署，锚定“争先进位、跨越发展”目标要求，坚定不移实施“11288”战略，高效统筹疫情防控和经济社会发展，各项工作迈上新台阶。

一、组织概况与党的建设

截至2022年底，蓬莱区共有党（工）委97个，党总支60个，党支部1449个，党员36995名。2022年，蓬莱区以“双争双全”组织力提升工程为统领，聚焦聚力“五大工程”建设，推动基层党建全面提质、迭代升级。

（一）聚力实施农村党建提质增效工程

深入推进村党组织书记优化提升，健全“村级分类管理+每月考核”办法，持续锻造过硬头雁队伍。深入推进村党组织整体提升，高标准承接“乡村组织振兴齐鲁行”采风宣传，承办全市村改社区现场会，扎实开展“三资”清理，新盘活资产资源31处，对18个村级活动场所进行改造升级。

（二）聚力实施城市党建整体跃升工程

出台“人间仙境·幸福家园”和“六定六十条”规范化建设“2+7”文件，全力推动307个社区网格“一格七员、一组织、一驿站”，建立网格员选育管用“全链条”

职业体系，获评全市社区“幸福家园”十佳项目。开展红心物业“百日攻坚”，新建5个社区党群服务中心、229个网格（小区）党群服务驿站，不断提升服务精准化水平。

（三）聚力实施两新党建赋能提升工程

成立新就业群体党建服务联盟，打造34处“仙境小哥加油站”，相关做法被《人民日报》等刊发。在全市率先召开产业链党建推进会议，推动海工装备等6条产业链组建党建联盟，建成全市首家产业链党群服务中心，打造全省首个景区党建标准化实训基地。

（四）聚力实施机关企事业党建融合互促工程

创新开展“仙境先锋·红动网格”专项行动，推动121个区直党组织和3500余名党员包网格、联楼栋，开展防疫、创城等服务活动2.7万余次。抓实中小学校“三名工程”建设，培育党员名师、名班主任、名校长工作室7个。扎实开展公立医院“红色联盟医心为民”工程，打造7个党员名医名护工作室。

（五）聚力实施党组织夯基固本工程

推进五星党员培育、五星支部争创、五星党校打造，开展“学习二十大奋进新征程”等系列活动，创新推行“行动支部”工作法，相关做法被中组部调研认可；北沟镇党校获评全市镇街党校重点校，戚继光纪念馆等3处教学点获评全市首批党员教育培训基地。

二、主要工作与成绩

2022年，蓬莱区完成地区生产总值449亿元，同比增长5.2%。在全市高质量发展集中观摩评比中取得在建项目第一、建成项目第三、综合排名第三的成绩，群众满意度测评连续三年位居全省前十、夺得全市三连冠，新获得“山东首批文旅康养强县”“山东省文化和旅游产业先进县”“省现代农业强县”等荣誉称号。

（一）坚持政治站位，党的建设取得新成效

强化思想政治建设，坚持不懈用习近平新时代中国特色社会主义思想凝心铸魂。开展“大培训、大练兵、大比武、大竞赛”活动，实施“3321”优秀年轻干部“远航”计划，近200名年轻干部到一线锤炼提升。坚持“不敢腐、不能腐、不想腐”一体推进，持续深化纠治“四风”，统筹推进“十廉工程”，全面配合省委巡视工作，全年处置问题线索652起，立案194起，给予党纪政务处分208人。

（二）坚持产业提升，经济发展增添新动能

将万华新材料低碳产业园、中国海上风电国际母港作为新旧动能转换的主战场，万华、万润、泰和、上海电气等项目落地开工，法液空、爱博诺德等项目建成投产，71个省市区重点项目完成投入151.3亿元，投资完成率111%。高效落实稳经济一揽子政策措施，新增国家级“小巨人”2家，省级“专精特新”、单项冠军、独角兽和瞪羚企业78家，培育省级以上科技创新平台19处，引进各类人才约6600人，获评“山东省人才工作表现突出单位”。

（三）坚持统筹协调，城乡建设迈出新步伐

聘请参与上海五大新城和雄安新区规划设计的团队，对48.8平方公里的建成区进行深化设计，打造“古城复兴、蓬莱之心、人居提升、新城揽胜”四大片区，新改建市政道路14条，整治背街小巷105条，完成26个老旧小区、3.5公里雨污分流改造，启动实施小皂河、平山河、泥河等生态景观工程和新人民医院、体育场、图书馆等规划建设。潍烟高铁、通用机场推进顺利，东港区客滚码头投入使用。集中打造丘山谷、东方海岸果谷两个乡村振兴示范区，开展旅游路“桃李大道”建设，全年累计争取支农资金3.8亿元，同比增长31%。

（四）坚持人民至上，改善民生交出新答卷

高标准完成全国义务教育优质均衡县创建阶段性任务，投资1.59亿元推进新易三学校建设。优化医疗资源布局，建设新疾控中心、2个乡镇农村急救站，深化医疗体制改革，医共体建设全面完成。攻坚化解信访积案和不稳定因素，进京去省访分别下降54.5%和58.3%，荣获全省党的二十大维稳安保工作表现突出集体。认真贯彻安全生产“八抓20项”创新举措，一般生产安全事故起数、死亡人数分别下降50%和67%，全年未发生森林火情，成功应对台风“梅花”过境。

三、创新与经验

（一）深化指挥部体系改革

将21个指挥部压减至4个，创新实施“百日攻坚、全程攻坚”工作模式，提级解决征迁安置、项目建设等问题34个，促成18个项目提前完成既定任务目标。其中，万华新材料低碳产业园23天完成3个村、788栋住宅征迁，37天完成2730亩土地、404户村民签约补偿和土地清表，一年内两次完成化工园区扩区，创造了“蓬莱速度”“蓬莱经验”。

（二）深化国企改革

对区内所有国有企业进行重组，区管一级企业只保留城投集团，有效统筹了资源、壮大了资产，提升了抗风险能力和投融资水平，提高国有资产增值保值能力。

（三）深化“大工信”改革

增强工信局统筹各类要素能力，“横向”加强八大产业研究，“纵向”加强工业企业全生命周期服务管理，确保每户企业的需求有人听、难题有人解。

（四）深化城市管理体制改革

按照“建管分离、管干分离”的原则，搭建了督办所有城市管理事项的“大城管平台”和承办具体城管事务的“公司平台”，建立完善了“街道吹哨、部门报到”机制，有效解决各类城市管理问题5000余件。

（五）深化基层社会治理改革

以“网格化”为基础，构建起党建引领，镇街、村居、网格三级联动的社会“微治理”格局，收集处理各类数据7.1万条，排查、化解各类矛盾纠纷1700余起，提升社会治理法治化水平。

（六）深化“放管服”改革

19 个部门 611 个事项纳入无差别综合一窗受理，群众等候时间缩短 20% 以上，办理时限压缩了 40% 以上。蓬莱作为唯一一个区县级单位，承担了全省“政务服务专题研究攻关项目”。

中共龙口市委工作概况

市委书记　吕　波

2022 年，龙口市坚持以习近平新时代中国特色社会主义思想为指引，全面贯彻落实中央决策部署和山东省委、烟台市委工作要求，以“在全省率先基本建成县域现代化强市”为目标定位，以“各项工作全面领先”为奋斗取向，深入实施“215”战略，加快推进“5•10”工程，奋力打造县域高质量发展的全国先锋、北方样板、山东龙头。全年完成生产总值 1382.3 亿元、增长 6%；一般公共预算收入 113.8 亿元、同口径增长 6.8%。龙口市在全国百强县榜单中位次跃升至第九位，稳居山东省首位。

一、组织概况与党的建设

龙口市委辖 117 个基层党（工）委，1650 个党（总）支部，共有党员 50093 名。

（一）持续打造高素质干部队伍

分层分类建立优秀年轻干部信息库，探索推行党政领导干部政治素质积分制管理，以量化积分的方式严把选人用人“第一关”。坚持凭实绩选干部，建立“驻点式”调研考察新模式，优化提升“541”职级晋升模式，在烟台县域率先开展事业单位管理岗职级晋升，一大批“狮子型”闯将和“老黄牛式”干将提拔重用或晋升职级。

（二）持续提升党建引领效能

强力整治软弱涣散基层党组织，优化“五化二十法”村级运行监管制度体系，铁腕破解发展党员难题，实现 49 个 3 年不发展党员村动态清零。高质量完成中组部重点村分类管理试点任务，实行班子提级管理等 6 项“超常”措施，有效防范风险隐患。探索建立“一领五融”工作法，开展“红心示范网格”创建活动，形成党建引领城市基层精细化治理的“龙口实践”。

（三）持续强化全面从严治党

严格履行全面从严治党主体责任，严格落实中央八项规定及其实施细则精神，深入整治群众身边的腐败和作风问题，全力打造清廉建设标杆城市龙口样板。深化政治巡察，用好常规巡察、专项巡察等方式，增强对“一把手”和领导班子监督实效，打通全面从严治党“最后一公里”。

二、主要工作与成绩

（一）狠抓实体经济发展，兴旺发达的“繁荣之城”更具实力

严格实行“链长”领建、“链办”推动、“链主”企业牵引工作机制，锻精拉长高端化工、高端铝材料等“十大产业链条”，产业集群优势凸显。高效推进高端低碳绿色新材料产业园、东海生命科学产业园等六大园区建设，裕龙岛炼化一体化、国家管网 LNG 等“十大重点项目”提速建设，省市县重点项目投资总额位居烟台首位。“十大制造业领军企业”齐头并进，成功举办华为城市智能体与云产业大会、上海招商推介会等重大活动。连续三年获评全省高质量发展先进县，荣膺全省首批民营经济高质量发展先进县。

（二）坚持“以人民为中心”，物阜民丰的“幸福之城”更富暖意

统筹推进“十大民生事项”和为民服务实事落地落实，累计完成民生投入 86.6 亿元。落实就业优先、创业就业扶持政策，纵深实施教育优质均衡发展三年行动计划，扎实推进医药卫生体制改革，县、乡、村、家庭四级养老服务体系日益完善。全域推进农村拆违“三见行动”，农村人居环境整治综合成绩位居烟台第一。成功跻身全国农村综合性改革试点试验区，入围国家乡村振兴示范县创建名单。

（三）践行“绿水青山就是金山银山”，山清水秀的“美丽之城”更加靓丽

深入实施碳达峰行动方案，严格落实能耗“双控”，持续深化大气智慧管控，空气质量达到国家二级标准。深入开展国土绿化提升行动，完成数字河湖建设，打造美丽幸福河湖 9 条。统筹新城提升、老城更新和省级城市更新试点市建设，“十大城市区片”开发全面起势。成功入选山东省城市更新试点市。

（四）守牢底线要求，稳定祥和的“安全之城”更显和谐

严格执行安全检查“实名记录、终身追责”和全员“强制培训、漏训追责”制度，不断提升本质安全水平。创新网格善治模式，建立“网格化 + 智能化 + 铁脚板”的服务管理体系，全市 1036 个网格全部配齐网格力量。健全完善“一站式”矛盾纠纷多元化解机制，纵深推进常态化扫黑除恶斗争，深化巩固政法队伍教育整顿成果，严厉打击各类违法犯罪活动，社会大局安定祥和。

（五）锚定全面当先锋，向党为民的“先锋之城”更有内涵

实施红旗村庄、社区、企业等 12 个领域先锋评价行动，

打造“丹心港城·先锋龙口”党建品牌。纵深推进“能力作风建设年”活动，倡树“严真细实快”工作作风，创新开展“副局长现象”整治专项行动，风清气正心齐的干事氛围深度浓厚。

三、创新与经验

（一）创新人才引进机制

在全国首创“扎根补贴”“人才龙口服务联盟”，在烟台首创“自主培养”“亲情引才”等激励政策，吸引各类人才来龙创新创业。鼓励企业加大研发力度，搭建科学技术创新中心、华为工业互联网创新中心等创新平台，推动重点产业领域关键核心技术突破。入选国家首批创新型县（市）建设市行列。

（二）创新服务企业机制

依托山东政务服务网企业开办“一窗通”系统，实现开办企业全流程1个环节、0成本，最快“2小时办结”。创新“大专员+小专员”服务企业制度，对100户“重点纳税企业”和657户“中小企业”进行分类包帮。并出台考核办法，将企业发展质效与干部成长进步捆绑在一起，助力企业高质量发展。

（三）创新监督落实机制

创新推行“两员一网一单”基层监督体系，建立“一卡双公开、一码双机制”，制作“码上办”监督卡，张贴在全市所有办事窗口，打造营商环境专项监督“直通车”。探索打造数字化督查体系，依托全市挂图作战指挥平台，新增改版“龙e督”板块，实现督办事项实时展示、办理过程实时监督，在烟台各区市开启数字化督查先河。

中共莱阳市委工作概况

市委书记　卢春玲

2022年，莱阳市坚持以习近平新时代中国特色社会主义思想为指导，按照“11349”工作思路，高效统筹“疫情要防住、经济要稳住、发展要安全”三件大事，迎难而上、克难求进，在空前考验中交出了合格答卷。

一、组织概况与党的建设

全市共有党组48个，党组性质党委3个，党（工）委97个，党总支87个，党支部1951个，党员55023人。2022年，全面落实新时代党的建设总要求，强化党建引领这一根本，持之以恒抓基层、强基础，为全市加快突破发展提供坚强有力保障。

（一）坚定不移加强思想政治建设

严格落实“第一议题”制度，市委理论学习中心组学习研讨16次；市级领导带头参加党的二十大精神专题学习班，开展党的二十大精神宣讲280余场，覆盖3万余人，引领各级坚定拥护“两个确立”、坚决做到“两个维护”；全面排查整治14类意识形态阵地风险隐患，牢牢掌握工作主动权。

（二）着力锻造过硬干部人才队伍

实施干部队伍建设三年行动，倡树“实干、实绩、担当”导向，一线考察识别优秀干部300余名；实施全覆盖、全浸入“大培训、大练兵”，分批培训各级干部万余人次，选派65名优秀年轻干部到急难险重一线岗位锻炼培养，组织22名干部到浙江桐乡开展为期近2个月的对标精训，有力促进干部队伍赋能提升、快速成长。

（三）不断夯实基层战斗堡垒

实施基层基础提升三年行动，聚力打造“五润融合、善治梨乡”品牌，分领域开展农村、城市社区、机关党建提升行动，完成71个软弱涣散村党组织整治、9个村社区转型，建成烟台首家党员教育管理服务中心；以“红润梨乡·幸福家园”城市党建品牌为牵引，推动网格党支部全覆盖，改扩建服务阵地1.6万平方米。

（四）持之以恒正风肃纪反腐

开展“能力作风建设年”活动，在基层党建、经济运行等12个领域进行大竞赛、大比武，掀起了比学赶超、进位争先的热潮。扎实推进“清廉梨乡”建设，开展系列警示教育活动，对重点岗位开展诊断分析，排查廉政风险点551个，配套建立高风险岗位定期调整等制度；完成三轮常规巡察，严肃查处一批违纪违法案件，风清气正的政治生态持续巩固。

二、主要工作与成绩

2022年，地区生产总值增长4.1%，一般公共预算收入24.36亿元、可比增长8.8%，固定资产投资增长8%，规模以上工业增加值增长9%，居民人均可支配收入31835元、增长5.7%。烟台市委、市政府专门出台支持莱阳突破发展的意见，给予12项政策支持；获批全省首个区域一体化发展先行区、烟台首个省级衔接乡村振兴集中推进区，入选全国农产品数字化百强县、省农产品加工业高质量发展先行县、省现代流通十强县、全省法治政府建设示范市。

（一）新旧动能实现加速转换

出台支持制造业发展12条、支持金融业发展18条等“政策包”，4个省级、16个烟台市级重点项目投资完成率分别达到140.8%、126.3%，签约引进10亿元以上项目23个、三类500强项目15个。绿色食品产业强势突破，新规划建设千亩预制菜产业园，实施春雪调理鸡产品、龙大美食预制菜、天府预制菜等“倍增计划”，莱阳农副食品深加工入围省特色优势食品产业集群，“中国预制菜之乡”名片更加响亮。新能源汽车、高端装备制造、高端化工“三大新兴产业”加速崛起，山东重工集团三次在莱阳市召开潍柴新能源商用车发展推进会，全力实施“2515战略”，全年产销1.4万辆、实现营收14亿元；海尔智慧厨电年产量突破180万台，荣获全球“工业4.0奖”；省级化工园区仅用21天完成扩区批复，创造了“莱阳速度”。现代物流、文化旅游、清洁能源“三大未来产业”全面提速，胶东智慧物流港建设“多点开花”，6个项目建成投用；与中科院合作共建白垩盛世数字文旅创新产业新城，国家地质公园博物馆主体建设接近尾声；与国电投签订全面战略合作协议，“1+3+3+X”主导产业体系快速起势。

（二）重点板块支撑作用明显增强

实施开发区、乡村振兴、丁字湾滨海新区、城市更新和建设管理“四大突破”工程，开发区新修建道路12公里、布局5G基站212个，新引进过亿元项目24个；按照“一极引领、多片示范、全域推进”的工作路径，有序推进姜疃衔接乡村振兴集中推进区建设，创建“六He”乡村振兴区域品牌和“红舟逐浪、He舟共济”党建品牌，高标准建设“四带六片一红旗”，努力在农业高质量发展、美丽乡村建设、推动共同富裕、实现共享幸福上走在前、当示范；调整丁字湾滨海新区规划，“保交楼”区域有序复工；梗阻城市发展二十多年的大寺街等12条“断头路”成功打通，改造老旧小区18个，文莱高速两条连接线和榆院线、蓬黄线部分路段改造建成通车，实现城市面貌改善与扩容提质有机融合。

（三）“一排底线”守得更牢更紧

累计投入民生资金39.2亿元、占财政支出的82%，实施市疾控中心和妇幼保健院迁建工程，新建改建学校及幼儿园4所。坚持“早、快、准、实、严”防控策略，连续打赢多场防疫阻击战，政策优化后迅速将工作重心转到保健康、防重症上来，全力守护群众生命安全。狠抓本质安全提升和15个重点行业领域排查整治，安全生产事故同比下降57%。大气污染防治攻坚取得显著成效，空气质量首次达到国家二级标准。

三、创新与经验

（一）推动特色优势产业在全国走在前列、创出品牌

立足莱阳农业产业化起步早、食品产业基础好的优势，借力预制菜发展新风口，组建全省首个县级预制菜产业联盟，出台支持加快预制菜产业发展18条政策，春雪食品、龙大美食上榜中国预制菜领军企业50强，春雪“上鲜鸡肉”、龙大美食“小酥肉”、天府“一刻厨神”等预制菜品迅速走红。2022年莱阳绿色食品产业首次迈上800亿元台阶，其中预制菜产业规模达到80亿元、实现倍增，中国“云厨房”、世界“菜篮子”——“莱阳味道”飘香海内外。

（二）全面叫响乡村振兴“红舟逐浪、He舟共济”党建品牌和“六He”区域品牌

立足莱阳农业大市的实际，突出姜疃省级衔接乡村振兴集中推进区“一极引领”，实施乡村振兴赋能中心等项目38个、完工24个，以“零问题”通过省级考核验收，巩固脱贫成果“示范区”、乡村振兴“先行区”、共同富裕“样板区”和共享幸福“试验区”取得实质性突破；全域推广“产业联盟+龙头企业+合作社+基地+农户”莱阳模式，央视新闻联播以4分35秒的时长对莱阳市以预制菜产业高质量发展引领乡村振兴的典型做法进行深度报道。

中共莱州市委工作概况

市委书记　李勇刚

一、组织概况与党的建设

2022年，莱州市现辖基层党组织2597个，其中，党（工）委100个，党总支108个，党支部2389个，党员65225名。

（一）突出抓好思想政治建设

始终把干部教育培训作为建设高素质干部队伍的先导性、基础性、战略性工程，组织开展领导干部党的二十大精神专题学习班3期，举办各类主体班次20个，举办“云峰大讲堂”4期，培训干部6000余人次。

（二）突出抓好干部队伍建设

大力倡树“不论资格论贡献，不看存量看增量，不吃老本立新功，领导无功便是过”的鲜明导向，坚持注重实绩、考用结合，组织无任用推荐优秀年轻干部，加大选拔任用力度，提拔重用247人、晋升职级96人，加强干部轮岗交流，分期分批轮岗交流科级干部191人，干部队伍结构得到优化。

（三）突出抓好基层组织建设

深化农村干事创业，连续14年开展农村干部干事创业活动，对全市村庄考核排名全市通报，评选200个干事创业先进村庄、3个农村干事创业红旗镇街。实施经济倍增计划，成立540个党支部领办合作社、38个联合社，连片开发73个集体经济项目。深入推进整体提升三年行动，对全市村级党组织评星定级、分类攻坚，全面完成15个村改社区，整治软弱涣散基层党组织79个。

二、主要工作与成绩

（一）综合实力再上台阶

突出经济指标刚性要求，对各项指标逐项打开、精准推进，全市经济运行保持了稳中有进的良好态势。全年完成地区生产总值 770.7 亿元，增长 5%；一般公共预算收入 46.3 亿元，增长 10.2%；规模以上工业增加值增长 19%；规模以上固定资产投资增长 9.4%；实际使用外资 1.22 亿美元，增长 2.7%；外贸进出口 168 亿元，增长 19.5%；规模以上服务业营业收入 18.7 亿元，增长 9.5%。

（二）动能转换加快推进

大力推动黄金、机械制造、汽车零部件、石材、文化旅游、海洋经济 6 大传统产业转型升级，纱岭金矿、三山岛北部海域金矿、明宇产研一体化、鲁达智能化梦工厂、海上风电与海洋牧场融合发展试验等一批重点项目加快建设。培育壮大新能源、新材料、新港口、新城市“四新”经济新增长极，签订总投资超过 700 亿元的新能源及配套产业开发合作协议，省内陆上单体规模最大的华电 600 兆瓦光伏发电等新能源项目开工建设，完成莱州港 2 个泊位集装箱业务改造，莱州港区疏港铁路纳入省重点基础设施项目，投资 47.5 亿元的华电科工、阳光新能源装备制造项目开工建设，启动实施总投资 30 亿元的城市更新和总投资 80 亿元的城西区建设项目，鼓楼街片区纳入省级城市更新试点。

（三）群众满意大幅提升

整合优化 300 个城市治理网格、4850 个基础治理单元，实现党员干部联系群众、“双报到”、文明城市创建、城市综合治理“四网合一”，扎实做好党员干部常态化联系服务群众，帮助群众解决问题 4.6 万件。在 2022 年全省群众满意度测评中，位居全省第 8 名、烟台市第 2 名，分别较 2021 年提升了 16 个和 3 个位次。

（四）社会大局和谐稳定

扎实做好疫情防控，及时精准调整防控策略，不断提升医疗救治等疫情防控能力，快速高效处置多次疫情风险。扎实开展信访积案攻坚化解行动，市级领导每天接访实行 AB 角制度，刑事、治安警情分别下降 16.9%、19.1%，社会大局持续稳定。投入 1000 多万元建成安全生产智慧化监管平台，深入开展各领域风险隐患排查整治，发展环境更加和谐。打好蓝天、碧水、净土保卫战，空气质量不断提升，完成入海排污口整改销号，生态环境质量持续改善。

三、创新与经验

（一）始终抓牢政治建设，把准正确前进方向

*一是持续强化理论武装。*深入学习宣传贯彻党的二十大精神，组织市委常委会“第一议题”学习研究 14 次、市委理论学习中心组学习 17 次，组织各级开展党的二十大精神宣讲 1200 余场次。

*二是始终严守纪律规矩。*全力配合做好省委巡视工作，上轮省委巡视反馈问题、省审计厅反馈问题按整改要求有序推进。严格落实保密工作责任制，开展 2 次全市保密风险隐患大排查，实现全市机关单位全覆盖。

*三是坚决抓牢意识形态。*组织召开 6 次意识形态工作会议、联席会议，深入开展网上舆情风险隐患排查整改专项行动，将意识形态工作要求贯穿安全生产、疫情防控和经济社会发展各领域、全过程。

（二）始终抓牢目标任务，提升经济质量效益

*一是“三重”工作加速突破。*突出重点片区、重点工程、重点项目对经济发展的带动作用，不断强化发展载体支撑。重点片区方面，银海化工产业园完成基础设施建设投资 11 亿元，总投资 30.8 亿元的 8 家化工企业入园发展并开工建设；临港临电产业园完成港前路、疏港路道路整治和港区改造升级，滨海污水处理厂扩建、华电蒸汽管线、园区外延道路等工程快速推进；绿色建材产业园完成 3 个矿权摘牌，成立石材行业协会，石材会展中心修缮、园区基础设施建设等有序推进；其他片区规划编制、基础设施、招商引资、项目建设等工作全面铺开。重点工程方面，全速推进总投资 301.9 亿元的 35 个重点工程，16 个工程开工建设，潍烟高铁莱州站实现全线站房首个封顶。重点项目方面，7 个省级、16 个烟台市级、52 个莱州县级重点项目完成投资分别超时间进度 28.7、27.4、28.2 个百分点，6 个项目纳入省重点基础设施项目。

*二是改革创新亮点纷呈。*实施十大改革攻坚行动，争取省级以上改革试点 13 个，政务服务“大篷车”、项目审批制度改革等做法在省市推广，粮食系统、城市管理、民办学校等领域改革初见成效。11 家企业入围烟台倍增计划，亚通精工上市首发过会，培育国家专精特新“小巨人”3 家、省级专精特新企业 21 家，新增规模以上工业企业 32 家。

*三是营商环境持续优化。*整合成立城市运行中心，大力推行“四证齐发”“五证齐发”，项目整体审批时限压缩 1/3 以上，开展 5 次“企业评部门、企业评干部、基层评干部”活动。

（三）始终抓牢从严治党，打造良好政治生态

*一是聚焦作风改进提升。*以“干部队伍建设、考核、督查”为主抓手，建立干部评价交流、考核激励、督查落实机制，召开 2 次市镇村三级干部作风建设大会，激励干部勇争一流、唯旗是夺。

*二是聚焦干部队伍建设。*始终坚持正确选人用人导向，不断健全完善干部执行力考核档案，将考核结果与干部评优树先、职级晋升、选拔任用相挂钩，切实激发党员干部干事创业热情。健全完善澄清保护机制，严厉打击诬告陷害行为，扎实做好“一信双查”，让党员干部心无旁骛担当实干。

*三是聚焦监督执纪问责。*深入推进清廉莱州建设，坚

持“功夫在平时、监督在日常”，加强对党员干部的警示教育，强化“四风”新表现、形式主义官僚主义、侵害群众利益等方面专项治理，一体推进“三不腐”体制机制建设，大力营造清正廉洁、为民务实的政治生态。

中共招远市委工作概况

市委书记　王彦博

2022年，招远市委始终坚持以习近平新时代中国特色社会主义思想为指导，深入学习宣传贯彻党的二十大精神，坚决落实党中央决策部署和省委、烟台市委工作要求，干成了一批固本培元、积势蓄能的大事要事，推进了一批夯实基础、利于长远的重点工作，荣获全国综合竞争力、全国制造业、中国县域经济、中国工业4个“百强县”。

一、组织概况与党的建设

招远市委辖82个党（工）委，31个党总支，1486个党支部，党员44613名。一年来，全市积极务实地推动基层组织党建工作落地，推行“行动支部”工作法，在重点工作一线成立临时党支部432个，设置党员先锋岗658个；实施“五星联创”工程，区分不同领域党组织和党员队伍特点，选树各领域样板党支部100个；高标准完成14个村的村改社区工作，北岔河村改案例入选全省攻坚试点工作案例；圆满承办全省抓党建促乡村振兴现场推进会议和乡村组织振兴齐鲁行调研组现场观摩等活动；拓展“招即办”平台功能，创新推动综合执法进小区，国企兜底实现物业全覆盖，打造示范社区8个；常态化开展“书记擂台比武”，举办各类培训班12期，1200余人次参训。

二、主要工作与成绩

（一）坚定不移强化政治建设

严格落实“第一议题”制度，每次习近平总书记发表重要讲话、作出重要指示后，都第一时间跟进学习领会、研究贯彻措施，真正做到了忠诚核心、维护核心、看齐核心。建立健全大督查、大比武、大考核“三大督导体系”，用好挂图作战、“蓝黄红”三色标识管理、干部执行力档案等“三大激励机制”，营造出“想干事、会干事、干成事、干大事、不出事”的浓厚氛围，无论是在疫情防控紧要关头，还是统筹经济社会发展关键时刻，市几大班子勠力同心、团结奋进，镇街和部门“一把手”干字当头、吃苦在先，全市上下形成了干事一盘棋、发展一股劲的生动局面。

（二）坚定不移强化经济建设

确立了打造中国金都、绿色能源名城、植物基名城的“一都两城”产业地标，明确了全力做强黄金这一特色产业，重点打造以新能源产业为代表的战略性新兴产业，升级发展大健康、轮胎及汽车制造服务、新材料三大优势产业，稳定发展现代农业、现代服务业两大基础产业的“1+1+3+2”产业体系。总投资1200亿元的核电项目前期工作全面启动，华达农光互补、400兆瓦海上光伏项目启动建设，豌豆蛋白领域整合提升稳步推进。全年黄金产量70万两、恢复至正常年份的70%，2022年8月成功举办第十五届“黄金节”，签约总投资51亿元的10个高含金量项目。新培育国家级“小巨人”、省级瞪羚企业、山东省新材料领军企业50强各1家，市级瞪羚企业40家，省市级“专精特新”企业68家，均创历史最好成绩。

（三）坚定不移强化民生建设

组建实体运行的城市精细化管理委员会，强力整治占道经营、乱搭乱建等“城市病”，完成18条城区道路、3座过街天桥建设，115户棚改尾留户实现攻坚清零，34所义务教育学校实现课后服务全覆盖。依托国有平台农鑫公司，撬动10亿元社会资本投入30个重点农业项目，跻身乡村振兴“十百千”工程省级示范创建县和省农产品出口产业集聚区，是烟台唯一入选区市。2022年，群众满意度测评列全省第15位、烟台第4位。

（四）坚定不移强化党的建设

牢固树立大抓基层的鲜明导向，市级领导班子成员带头分包“难点村”，实现3年以上不发展党员村动态清零；深入开展软弱涣散基层党组织专项整治攻坚，26个软弱涣散问题突出村顺利通过验收；“金品红社·幸福家园”“新心相融·红耀金都”等党建品牌创出经验，党建引领作用更加明显。以建设“清廉金都”为主线，统筹推进“十廉工程”，坚决扎牢不能腐的笼子，巩固风清气正的政治生态。

三、创新与经验

（一）强化政治建设，护好政治生态“绿水青山”

深入学习宣传贯彻落实党的二十大精神，深刻领悟“两个确立”的决定性意义，坚决做到“两个维护”，严格执行党内政治生活若干准则，严格执行民主集中制，旗帜鲜明支持人大、政府、政协等工作，以民主集中汇聚发展合力。调优配强干部队伍，以“金都赋能”干部培训工程为主线，打造“金都周末讲坛”“金鹰计划”等系列培训品牌，累计培训干部49500余名，分类别建立优秀干部信息库，优秀年轻干部储备库数量达到217名。

（二）加力资本运作，打造经济发展“金山银山”

提出了用“财政的钱”做好“三保”、用“争取的钱”建设基础设施、用“基金的钱”培育产业的“三类资金”

工作思路，在财政刚性支出尤其紧张的形势下，民生改善支出不降反升、达到79%，争取专项债券、政策性开发性金融工具项目12个，对接国有平台低利率市场化融资110亿元，已设立和筹备设立总规模近90亿的山东毅达创业投资基金、银河泓旭股权投资基金等6支基金，重点投向“1+1+3+2”产业体系，为产业重塑导入金融活水。

（三）守牢一排底线，确保社会稳定“不动如山”

坚决抓牢安全生产，严格落实“八抓20条”创新措施，严厉打击利用废弃矿井盗采行为，全市安全事故起数下降37.5%。坚决维护社会稳定，进京访、烟台交办初次信访事项、骨头案钉子案、上级交办农民工欠薪案件化解率均达到100%，圆满完成党的二十大维稳安保任务，获评“全省党的二十大维稳安保工作表现突出县”、全国信访工作示范县等荣誉称号。

中共栖霞市委工作概况

烟台市委常委、栖霞市委书记　包　华

一、组织概况与党的建设

2022年，栖霞市共有党组织1590个，其中，党（工）委59个，党总支28个，党支部1503个，共有党员39702名。

（一）坚定站稳政治立场

强化理论武装，认真落实“第一议题”制度，坚持不懈以习近平新时代中国特色社会主义思想凝心聚魂，组织理论学习中心组集体学习24次。保持政治定力，将学习宣传贯彻党的二十大精神作为首要政治任务，市级领导带头宣讲，带动各级党组织累计宣讲1400余次。加强纪律建设，认真执行民主集中制、保密工作责任制，认真落实廉洁从政各项规定，深入改进作风，密切联系群众，抓好家风建设，树立良好形象。

（二）全面加强党的建设

坚决扛牢主体责任，把党的建设贯穿经济社会发展全过程，召开党建工作领导小组会议4次，制定《履行全面从严治党责任任务清单》，压紧压实主体责任和“一岗双责”。全面加强组织建设，大力选拔政治过硬、对党忠诚的干部，尤其加大重要任务、重大斗争以及关键吃劲岗位表现突出干部的使用力度，一线提拔晋升469人，树立起“以发展论英雄、以实绩论功过”的鲜明导向。加大年轻干部选拔培养力度，年轻镇街党政正职占比32.1%。狠抓基层组织建设，整治软弱涣散村176个，打造2个村级组织规模调整试点，全域创建“红润栖霞·幸福家园”党建品牌。

（三）坚持不懈正风肃纪

深入落实中央八项规定及其实施细则精神，突出工程建设领域廉政监督，制作廉政警示片《“贪”塌》，组织111名部门单位“一把手”集体廉政谈话，聘请20名“廉洁住建”监督员，确保重点工程建设廉政安全。开展中小学食堂管理、惠农惠民资金虚报冒领、涉法涉诉类信访办理难等22项监督检查451次，督促整改问题547个，下发纪检监察建议26份，推动健全规章制度28项。

二、主要工作与成绩

2022年，栖霞市地区生产总值为291.81亿元，同比增长4.0%；一般公共预算收入13.32亿元，增长2.5%，增长率居烟台市前三位。

（一）树牢项目为王

强力推进总投资411.9亿元的80个重点项目，年度完成投资144.7亿元；成立元融、元汇两个国有平台公司，拓宽融资渠道，做实资金保障，超前谋划2023年总投资224.2亿元的90个重点项目，是多年来项目谋划最早、数量最多、质量最好、推进最快的一年。

（二）推进乡村振兴

制定乡村振兴“1+5+10+2”规划实施体系，加快农村基础设施建设，投资6.34亿元实施84条238.8公里农村公路改造，投资2.5亿元铺设城乡供水管网6643公里，完成410个村自来水联网、惠及群众6.9万户，新增农村改厕2595户，镇街改厕服务站实现全覆盖，12个村入围省“十百千”示范村创建名单。

（三）突破城市建设

老城区完成所有14条主干路大修、打通3条断头路，同步实现雨污分流全覆盖；完成三个区域1600户征迁任务，启动盘活3处闲置烂尾工程；精心实施“三河”治理，改造完成“两个广场”，配套完善公共服务设施。规划6平方公里新城区，城区面积由18平方公里扩容到24平方公里，布局的红色文化人才培训基地、新人民医院等项目加快推进，一年拉起建设框架。

（四）改善民生福祉

深入践行以人民为中心的发展思想，全年投入民生资金34亿元，聚焦教育、医疗、供暖三大民生短板，投资4.5亿元按省级标准开工建设新一中，投资6.5亿元按三级综合标准开工建设新人民医院，投资5.8亿元的中医医院新院区主体完工，投资4.3亿元建造取暖设施，新增集中供暖70万平方米，兑现了“年内城区供暖全覆盖”的承诺。

（五）维护和谐稳定

严格履行安全生产工作责任，持续深入开展安全生产专项整治三年行动和大排查大整治行动，安全生产事故数量同比下降50%。科学做好疫情防控，累计投入3.5亿元，按省市要求配强防控力量，坚决执行二十条优化措施和“新十条”。以“时时放心不下”的责任感，坚决守牢社会稳定、食品药品、金融风险等一排底线，圆满完成党的二十大等关键时期安保任务。

三、创新与经验

（一）明确发展路径

自觉对标对表习近平总书记重要讲话和重要指示精神，按照省委“6612”“三个十”工作要求，市委“1+233”工作体系、“五个更高”目标要求、“六个观念”思想方法、“十个发展新突破”重点任务，以及对栖霞生态立市、项目兴市、工业强市、农业稳市的要求，锚定栖霞市第十五次党代会确定的“1+235”总体部署，以党的建设为统领，紧紧扭住高质量发展和人民满意两个目标，全力推动乡村振兴、城市建设、园区发展三个突破，切实做强改革创新、营商环境、社会治理、生态文明、风险防控五个保障，确保全市上下思想同心、目标同向。

（二）突破工业发展

召开全市工业经济突破动员大会，澄清了生态功能涵养区发展工业受限、工业短板可以通过发展服务业来弥补的认识误区，凝聚形成“抓工业就是抓就业、就是抓财政、就是抓民生、就是抓稳定”的广泛共识，吹响了“工业强市”冲锋号。做强园区载体，按照“一年拉框架、两年出形象、三年成体系”的目标，高标准打造松山产业园，盘活闲置厂房3万平方米，为高质量项目落户腾出空间。狠抓招商引资，实行重点产业招商“链长制”和项目联审机制，新引进工业项目16个，是多年来最好成绩。

（三）创新推进机制

牢记“空谈误国、实干兴邦”，建立10个指挥部、6个工作专班的“10+6”工作体系，实行“一项任务、一名领导、一个专班、一套机制、一抓到底”推进机制，市级领导挂帅出征、以上率下，全部实体运行、集中办公，并根据形势适时进行调整，实现工作具体化、项目化、清单化、责任化、高效化。成立综合督导考核委员会，建立挂图作战平台，对重点工作每月一督导、每季一观摩、定期打擂台，确保中央部署和省市要求在栖霞落地生根、开花结果。

中共海阳市委工作概况

市委书记　刘海彬

2022年，海阳市深入贯彻党中央决策部署和省委、烟台市委工作要求，坚决落实“疫情要防住、经济要稳住、发展要安全”总要求，各项事业实现了稳中提质、稳中向好的良好态势。

一、组织概况与党的建设

全市共有党组织1561个，其中，党（工）委51个，党总支19个，党支部1491个。全市共有党员50549人，其中，建制村党员28592人，新中国成立前老党员共250人。

（一）严格规范抓牢党建基础

研究制定《关于从严做好农村发展党员工作的七条制度措施》，全年发展党员565人。深入推进“五星联创”工程，选树推荐105个样板党支部。高标准建成郭城镇省级示范乡镇党校，获评“烟台首批党员教育培训基地”。

（二）全面管理抓实农村党建

扎实开展村党组织书记专业化管理，确定首批人选103名实行“一人一档、提级管理”。全域推进村级建制调整优化，高标准推进22个城中村、13个已翻牌社区进行村改社区转型攻坚。全面启动“阳光三资”规范行动，推动集体“三资”规范化管理。

（三）优化提升夯实城市党建

强化党建引领城市治理，推进“情暖雷乡·幸福家园”社区党建品牌建设。创新推动新业态新就业群体党建，开展“十大暖新行动”，打造17 处暖新驿站。做实清洁能源、航空航天2 个产业链党委，形成“政务服务党委+产业服务中心党组+产业链党委”三位一体发展模式。

（四）选优配强锻造干部队伍

创新开展“让组织放心、让群众满意、让企业满意”的“一放心两满意”主题活动，建立干部执行力常态化考察工作机制，先后评选表彰20个“干事创业好班子”、96名“干部执行力先锋标兵”。

二、主要工作与成绩

2022 年，全市完成地区生产总值 497.7 亿元、增长 4.5%，固定资产投资增长 4%，一般公共预算收入 30.01 亿元、同口径增长 6.3%，外贸进出口 137 亿元、增长 18.2%，实际使用外资 1.2 亿美元、增长 32.3%，获评 2022 中国县域发展潜力百强县。

（一）抢抓机遇力推新旧动能转换

清洁能源产业聚能发展，清洁能源总装机容量达 477 万千瓦，占山东省 6.12%，占烟台市 43.12%；2022 年发电 245 亿千瓦时，约占全省清洁能源发电量 20%，“双碳”经济走在了全国前列。航空航天产业持续突破。年内成功保障了海上发射 3 次，东方航天港海上发射列入中国航天白皮书，航空航天产业集群被评为省级战略性新兴产业集群。新材料、毛衫针织、装备制造、食品加工等优势产业均实现提质发展。

（二）全力保障推进重点工程重点项目建设

全市 11 个省级重点项目、22 个烟台市级重点项目投资完成率分别达到 106.1%、105.1%。山东核电核能供暖项目代表烟台市，接受了省新旧动能转换“五年取得突破”重点项目现场观摩。海阳核电二期 3 号 4 号机组、“东方慧眼”星座等 120 余个重点项目、重大工程加快推进，在烟台市二季度、三季度重点项目视频观摩中综合成绩均列第 2 名，核电 3 号机组、海上风电 V 场址项目荣获烟台市重点项目建设“羚羊奖”。

（三）不遗余力推进改革深化创新

纵深推进“放管服”改革，持续简化审批流程，常态化实施“四证齐发”，涉及项目 8 个。启用新政务服务中心，全市 781 项政务服务事项进驻大厅，实现“只进一扇门，办成所有事”，同时，组建了烟台首个“市政综合服务中心”。

（四）统筹推进城乡建设一体发展

全面展开全国文明城市创建工作，2022 年在烟台 14 个区市测评成绩中列第 3 名。统筹推进棚改清零、老旧小区改造提升等工作，城市面貌日新月异。扎实开展高标准农田建设、高标推进美丽乡村建设，农村发展活力与日俱增。2022 年全市农产品网络零售额 13.1 亿元，成功入围全国农产品数字化百强县。

（五）持久不懈全面紧绷安全发展底线

安全生产稳定可控，未发生较大以上安全生产事故。信访维稳取得实效，国家、省信访局交办的积案均已化解。生态环境不断优化，全年空气质量优良天数达到 330 天。牢牢守住社会治安、舆情管控、食药安全等“一排底线”。

（六）持续紧抓保障增进民生福祉

统筹推进 69 件惠民利群实事，12345 政务服务热线办理满意率达 96.42%。市人民医院内科大楼、育才幼儿园等民生项目加快建设，持续健全养老、社保、兜底保障等服务体系，群众满意指数、幸福指数不断提升。

三、创新与经验

（一）抢抓“双碳”战略机遇，加快清洁能源产业发展

坚持以资源换产业，充分发挥核、风、光等场址资源优势，牵引清洁能源产业集聚发展，已集聚项目 51 个、总投资约 3631 亿元，国电投半岛南海上风电 V 风场项目实现当年签约、当年开工、当年投运，清洁能源总装机容量达 477 万千瓦。海阳创出全省县域清洁能源装机容量第一、发出全省第一度核电、发出全省第一度海上风电、发出全球第一度深远海光电、实现全国第一次核能“零碳”供暖“五个第一”。

（二）抢抓航天强国战略机遇，加快航空航天产业发展

抢抓我国首次海上发射成功的机遇，以商业发射为引领，快速培育航空航天产业，累计落地产业项目 15 个，总投资约 263.7 亿元。成功保障我国首次运载火箭海上“一站式”发射、首次近岸海上发射、捷龙三号运载火箭首飞，实现了火箭总装、总测、出港、发射一体化的历史性突破。成功举办东方航天港产业发展大会，李德仁院士工作站落户东方航天港。

潍　坊　市

中共潍坊市潍城区委工作概况

区委书记　刘金国

一、组织概况与党的建设

2022年，潍城区辖6个街道、1个省级开发区、2个发展服务中心，169个行政村、86个社区，总面积270平方公里，常住人口53.32万人。全区共有基层党组织1061个，其中，党委111个，党总支47个，党支部903个；党员23621名。

（一）全面加强政治建设

把党的政治建设摆在首位，严格落实“第一议题”制度，区委常委会传达学习30次，区委理论中心组学习研讨14次。深入学习贯彻党的二十大精神，在各类媒体平台发布稿件350余篇。

（二）夯实基层组织基础

成立区委基层治理工委，创新“红色物业+红色业委会”，经验做法在《人民日报》刊发，被市委、市政府通报表扬。成立乡村振兴党建联盟，实施“党建统领　四社共建”土地流转促村集体增收项目，村集体亩均增收200余元，村民亩均收益提高300元以上，农业农村部现场调研并给予充分肯定。

（三）打造高素质专业化干部队伍

在工作一线考察识别优秀干部474人，提拔重用93人，职级等级晋升381人。坚持先行先试、敢为人先，在全市率先开展事业单位管理岗位职员等级晋升工作，晋升232人，激发全区广大党员干部干事创业热情。

（四）深入开展正风肃纪

精准运用监督执纪“四种形态”，批评教育帮助和处理党员干部322人次，其中第一、二种形态占比95.4%。“推进村级巡察”做法被中央纪委国家监委网站和《大众日报》宣传报道。

二、主要工作与成绩

（一）产业结构不断优化

中南产业园等67个产业项目完成投资37.6亿元，14个省、市级重点项目完成年度计划投资的131.2%，9个地方政府专项债券项目完成投资18亿元，实现固定资产投资110亿元。引进磁浮轨道交通、特殊设备等研发生产线，打造全国顶尖的磁浮交通设备研发生产基地，磁浮产业基地项目一期完成主体施工；引进上海快仓智能科技等智能机器人企业，加快打造高端智能机器人产业基地。全面落实“六个一”平台招引新机制，全区新签约重点项目102个，合同投资额775亿元，引进500强和百亿元以上项目12个，到位省外资金75亿元，实现地区生产总值370.8亿元。

（二）城市能级全面提升

谋划总投资317亿元的50个城市更新项目，获得银行授信30.5亿元；投资3亿元，启动向阳路、老城墙遗址公园提升改造工程，对松园子古民居进行保护修缮。投资2.5亿元，完成91个老旧小区改造提升，惠及居民1.8万户。十笏园片区改造项目获“泰山杯”一等奖。三大棚改安置区加快建设，仅用5天完成赫家村棚改搬迁，群众居住环境不断改善。

（三）民生福祉持续增进

民生领域支出占一般公共预算支出的82%，居民人均可支配收入增长6.1%。投资18.6亿元，新建24处学校、幼儿园，新增学位1.5万个；在全市率先完成5所“公参民”学校改革，获省教育厅通报表扬。望留卫生院、杏埠卫生院完成改造提升，总投资15.3亿元的区人民医院项目主体验收。开发公益性岗位1895个，新增城镇就业4283人。建成和平零工客栈和人力资源服务产业园，提供就业岗位1万余个，相关做法在全省推广。

（四）创新能力有效增强

科技型中小企业入库97家，高新技术产业产值占比45.7%。2个项目入选省重大科技创新工程，自主研发的大功率晶体激光芯片实现国产化替代；大洋泊车股份有限公司等3家企业获评国家级专精特新“小巨人”企业，潍坊东方钢管有限公司获评省级单项冠军企业，实现全区零的突破；智迈德股份有限公司入选山东民营企业创新100强，鲁欧智造（山东）高端装备科技有限公司获全市第一届博士后创新创业大赛一等奖，潍坊尚德服饰有限公司等9家企业获评市级“隐形冠军”企业，市级以上创新平台达到

219 家，完成规模以上工业总产值 137 亿元。

（五）社会大局和谐稳定

面对年初新冠疫情，仅用 7 天实现了社会面“动态清零”，22 天全面解封。持续推进信访积案化解，攻克了 31 起房地产领域难题，中央信访联席办交办的 117 件“治重化积”信访事项全部化解。圆满完成党的二十大等重要时期维稳安保任务，获评“平安山东建设示范区”。

三、创新与经验

（一）加强基层社会治理创新

将全区划分为 416 个网格，配备专兼职网格员 1213 名，构建起“一体化运作、一站式受理、一揽子解决、一条龙服务”的工作流程，矛盾纠纷调解成功率达 98% 以上。成立全市首家物业纠纷诉调中心，打造“枝叶关情·潍美家园”物业服务品牌；探索国有平台公司提升物业管理新模式，实现由“社区兜底”向“专业服务”转型升级。

（二）强化金融赋能实体经济

注资 3 亿元，提升国有融资担保公司融资担保能力，为企业提供担保 2.2 亿元；召开银企对接会 30 余次，对接企业 2300 余家次，帮助 2100 余家企业贷款 87 亿元。招商银行、广发银行等金融机构相继落户，全区金融机构达到 62 家，税收同比增长 129%。

（三）深化改革提升服务效能

130 项改革任务扎实推进，省级以上试点达到 26 个。解决光电芯片“卡脖子”科技难题经验上报中央改革办，“双减”、惠民政务服务、物业服务品牌入选国家和省级典型案例。在全市率先开展“三型达标”创建行动，210 项“就近办”、100 项“门口办”事项下放街道和社区办理。率先实施市场主体“拿照即营业”改革，工业项目 100% 实现“拿地即开工”。深入实施服务企业专员制度，帮助企业解决问题 1500 余个。聚力打造人才高地，新引进高端技术人才 201 人、青年人才 3968 人，潍坊先进光电芯片研究院获评省人才工作表现突出单位。

中共潍坊市寒亭区委工作概况

区委书记　滕双兴

一、组织概况与党的建设

2022 年，寒亭区委辖党委 51 个，党工委 7 个，党总支 25 个，党支部 923 个，党员 21779 名。潍坊经济开发区党工委辖党委 30 个，党工委 2 个，党总支 3 个，党支部 235 个，党员 4958 名。

（一）切实加强思想政治建设

坚持把学懂弄通做实习近平新时代中国特色社会主义思想作为必修课，对习近平总书记重要讲话、重要指示批示精神，第一时间跟进学习、研究贯彻措施，切实增强“四个意识”，坚定“四个自信”，做到“两个维护”。党的二十大闭幕后，立即传达学习会议精神，成立区委宣讲团，开展进机关、进企业、进社区、进校园活动，把学习宣传贯彻引向深入。

（二）全力夯实基层基础

在城市社区，深化实施“社区赋能、书记赋权”工程，区、街、社区三级书记每月面对面“联动议事”，现场解决民生焦点问题 84 项，相关做法被新华社、《人民日报》推介。在农村，建立“双激励双挂钩”机制，推动村干部履职与政治、经济待遇更好挂钩，405 个村集体经济收入全部稳定达到 10 万元以上，1 名村党支部书记获评全国人民满意的公务员。

（三）不断提升干部队伍建设水平

大力倡树“实在、实干、实力、实绩”工作导向，设立“比学赶超、唯实惟先”荣誉墙，涵养“事争一流、唯旗是夺”的精气神，跨境电商、城市更新等工作走在全市、全省前列。加大一线跟踪考察干部力度，先后在疫情防控、信访维稳、乡村振兴等一线提拔重用干部 75 人。开展“学政策、学业务、争当专家型干部”活动，100 余名业务标兵上讲台，干部素质能力进一步提升。

（四）持续深化正风肃纪

驰而不息纠治“四风”，坚持“三不腐”一体推进，精准运用“四种形态”，保持惩治腐败高压态势，政治生态更加清明。认真落实“三个区分开来”，先后为 12 名党员干部容错正名，真正为敢于担当作为的干部撑腰鼓劲。出台《关于加强新时代廉洁文化建设的若干措施》，全方位打造“清廉寒亭”廉洁文化品牌。

二、主要工作与成绩

（一）疫情防控有力有效

坚决落实中央、省、市防控策略方针，“二十条”发布前全区没有确诊病例。围绕外防输入，创新建立机关干部和楼道长“1+1”结对机制，构建起平战融合网格治理体系；围绕内防反弹，全省首家新建独立院区的市级公共卫生临床中心竣工投用，在城区率先建成方舱隔离点；围绕企业运行，第一时间选派203名机关干部进驻企业，筛选50家企业纳入保供“白名单”，有效保障了正常运转。

（二）新旧动能加快转换

按照“聚焦前沿、打造生态、沿链聚合、集群发展”的理念，持续推动新兴产业做大做强。潍坊光电显示材料产业园1、2生产线基本具备点火条件，将打造成为国内单体最大的OLED载板生产基地，相关技术打破国际“卡脖子”垄断；山东环渤海算力中心签约入驻14家企业，建成后将助力潍坊算力规模占全省比重由4%提升至15%。深入实施创新驱动发展战略，新增专精特新、隐形冠军、瞪羚、制造业单项冠军企业61家，其中3家上榜国家级专精特新“小巨人”名单，全区高新技术产业产值占比提高6.9个百分点。

（三）乡村振兴战略扎实推进

把保障粮食安全作为重要政治责任，海水稻基地亩产实现四连增，成功举办盐碱地综合利用国际大会。农综区核心区建设成效明显，国际种业研发集聚区二期等项目投入使用，2个街道获评省级农业产业强镇，8家合作社获评“2022中国农民合作社500强”。深入实施乡村建设行动，率先完成整县制农村生活污水治理任务，1个街道创建为乡村振兴齐鲁样板省级示范区。

（四）城市品质持续提升

聘请中规院编制完成《寒亭区城市更新实施规划》，中央商务区生态廊道、雨水箱涵、主干路网基本成型，占地320亩的起步区加快建设，高铁新片区长途客运站、公交场站主体完工。城市功能不断完善，率先在全市实现城区黑臭水体、雨污混流“双清零”，“六馆一中心”主体封顶，口袋公园总量达到156处。率先组建城市服务集团，初步形成“八大服务板块”，打通了服务群众“最后一米”。

（五）改革开放持续深化

统筹抓好深化改革各项工作，新承接省级及以上试点13个。创新搭建数字赋能金融平台，帮助168家中小微企业获银行授信6.21亿元；深化实施“早餐倾听会”制度，书记区长轮流与企业家共用早餐、共商发展，帮助223家企业解决问题203个。外资外贸量质齐升，进出口总额、实际利用外资分别突破100亿元、1亿美元大关，均达历史最高水平。

（六）民生事业全面发展

聚焦聚力群众关心关注的实事、难事，一件接着一件办、一年接着一年干，群众满意度测评成绩进入全省前30。以打造“教育强区”为目标，全市唯一教育现代化综合创新示范学校——北辰中学建成招生。加快健康寒亭建设，全区首个参照三甲标准建设的北辰医院竣工投用。坚决守好“一排底线”，环境空气质量改善幅度居全省县市区前10名，信访工作考核位居潍坊市第一位。

三、创新与经验

（一）创新建立数字赋能金融“白名单”制度

创新搭建数字赋能金融平台，运用政务数据、社会数据、第三方数据为企业融资增信，变无形数据资源为有形信贷证明，解决“企业贷不了、银行不敢贷”的信任错位问题。平台3月31日上线试运行，先后帮助168家中小微企业获银行授信6.21亿元。

（二）打造“百园之区”

按照生态和谐、服务民生的原则，利用三年时间在街角巷尾、城市空地建设“口袋公园”，把“年画”“风筝”等寒亭地域文化、人文元素融入其中，并科学设置儿童娱乐、老人休闲、健身运动等多样空间。已建成口袋公园156处，实现“百园之区”建设目标。

（三）率先组建城市服务集团

着眼于打造低成本、高质量的城市服务生态，寒亭区在全市率先组建城市服务集团，充分利用产业链思维、智慧化手段整合城市产业链条和基础单元，重塑服务体系、拓展服务领域。截至2022年底，已初步形成以农牧全产业链体系为核心、供应链金融新模式为主线的“八大服务板块”，涵盖应急保供、食品安全、商业便民等内容，半年营业额超30亿元，有效助推了城市服务高质量发展。

中共潍坊市坊子区委工作概况

区委书记 周洪刚

一、组织概况与党的建设

2022年，坊子区共有10个党（工）委、51个基层党委、26个党总支、853个党支部、21089名党员，其中，农牧渔民党员8253名，公有制经济单位在岗职工党员5885名，非公有制经济单位和社会组织在岗职工党员2717名，离退休党员3616名，其他党员618名。

（一）坚持忠诚为魂，旗帜鲜明讲政治

始终把讲政治摆在首要位置，坚持学懂弄通做实习近平新时代中国特色社会主义思想，组织区委理论学习中心组学习12次，带动各级党委（党组）开展集体学习900余次，实现对72个党组织中心组学习巡听全覆盖。深入学习贯彻党的二十大精神，全年开展专题宣传宣讲活动160余场次，受众1万余人次，确保党的二十大精神在坊子落地生根、开花结果。

（二）坚持从严从实，高质量建设干部队伍

引进“双一流”高校毕业生8名，提拔或进一步使用表现突出的年轻干部26名，22名35岁以下年轻干部进入街道(发展区)领导班子。创新领导干部日常政治体检办法，细化25项指标，对12个区管班子、209名科级干部进行全覆盖政治体检。创新建立公务员先进典型储备库，已入库优秀个人63名、集体24个，相关做法在《组织人事报》刊发。

（三）坚持固本强基，激发基层治理新活力

开展“五清五化”专项行动，高标准完成首批40%村“红色阵地”标准化创建，收入10万元以下的村集体全部清零。创新实施“五红工程”精细城市治理，开发“e网强垒”平台，建成全市首家区级新就业群体党群服务中心，建立“睦邻客厅”158个、“红色业委会”176个，物业企业党组织覆盖率达到100%。“睦邻党建”做法获评全省城市党建典型案例，“智慧管家”平台获评中央级政法融媒公共服务二等奖。

二、主要工作与成绩

2022年，坊子区坚持以习近平新时代中国特色社会主义思想为指导，围绕迎接党的二十大、学习宣传贯彻党的二十大精神，深入贯彻习近平总书记对山东、对潍坊工作的重要指示要求，坚决贯彻落实党中央决策部署和省委、市委工作安排，牢牢抓住“疫情要防住、经济要稳住、发展要安全”三件大事，坚定不移抓好全面从严治党，各项工作取得新成效。2022年，全区实现地区生产总值220.95亿元，增长3.7%；社会消费品零售总额、一般公共预算收入、居民人均可支配收入三项指标增幅居全市前三位。

（一）奋力推动经济高质量发展

实施经济总量跨越专项行动，明确元宇宙、智能装备、新能源汽车电子、新材料等新产业新赛道，实行清单化、项目化、专班化推进机制，加快做大经济总量。加大招商引资力度，高标准打造元宇宙配套产业园、国际智造城等8个重点园区，年内新签约总投资55亿元的中电建新型储能、鸢漫数字影像等43个项目。开展服务业高质量发展攻坚行动，年内新纳统贸易企业66家，服务业营业收入增长12.8%，批、零、住、餐四个行业收入增速位居全市前列。实施总投资66.1亿元的技改项目41个，全区制造业技改项目投资增长达53.4%。新获批市级以上“专精特新”等五类优质企业67家，新增数量全市最多。全区高新技术企业发展到115家，高新技术产业产值246.3亿元，占全区工业总产值达61.1%。

（二）全面提升城市能级活力

积极谋划构建“东融”“西联”“南优”“北跨”的城市发展格局，统筹推进主城提质增容、老城更新换代、全域精细化管理。抓好“一镇三城两园”建设，完成坊茨小镇10平方公里片区城市更新、一马路修建性详规和地下管网专项规划，实施核心区综合管网改造，启动投资2.2亿元的胶济铁路博物馆建设。超前谋划启动了总投资5.2亿元的志远路上跨胶济铁路桥建设，顺利完成非涉铁部分招投标，打破制约发展瓶颈。完成投资11.5亿元，实施10条城市道路、73.5公里雨污分流和21项海绵城市改造等重点工程，开展城乡环境综合整治，不断提升城市功能品质。

（三）加快打造乡村振兴坊子样板

探索实施5种现代农业园区发展模式，全区现代农业园区发展到95家，玉泉洼入选国家级农村产业融合发展示范园，坊子区成功获评乡村振兴齐鲁样板示范区和省级现代农业产业园创建主体，是全省唯一同时获得这两项荣誉的县市区，获批上级扶持资金5000万元。加快建设潍安路、北海路、潍汶河3条乡村振兴产业带，获评山东省2022年度“两全两高”农业机械化示范县。创建玉泉洼、马司乡村振兴样板片区，成功试点党建引领大田托管模式，5个试点村集体收入增加30%，“强村富民”组织化初见成效。

（四）倾情倾力保障改善民生

全力增加民生供给，投资6.9亿元新改扩建3所中小学、13所幼儿园、学前公办率提高31个百分点，新建区人民医院妇儿楼、2处医养结合中心、2处康复中心，向社会免费开放5所学校体育场所，沿河铺装塑胶健身步道，新建20座城区公厕、8处口袋公园。聚焦人民群众急难愁盼问题，开发社会管理“一网统管”平台，实施18个老旧小区改造，为近4000户居民解决不动产证办理历史遗留问题。探索“居民点单、政府买单”新模式，开展“我为群众办实事”大走访、“民生微实事”活动，全年共解决群众急难愁盼问题1.4万余件。创新实施以12345政务热线大数据为主体的人大监督评议机制，市民投诉办理满意率达到95.4%。

（五）全力守牢一排底线

全力以赴抓好疫情防控，全面提升“六种能力”，成功处置三次突发疫情，最大限度减少疫情对经济社会和群众生活的影响。坚决打好污染防治攻坚战，空气优良天数增加到297天、创历年最佳，3处省市河流断面稳定达标，市控以上断面水环境质量指数排名全市第3。用心用力抓好信访维稳，圆满完成党的二十大、冬奥会等重大活动维稳安保任务。积极主动防范金融风险，加快国企重组整合，政府和国企债务风险安全可控。

三、创新与经验

（一）聚力机制创新，夯实项目突破“基础桩”

创新项目全生命周期服务推进机制，精准把关9个关键环节，对总投资643亿元的214个项目实现全方位、全链条、全流程服务，做法入选全省“揭榜挂帅”改革创新试点。

（二）聚力政策赋能，打造科技创新“强引擎”

探索“政府+N”“研究院+公司”等新型科技平台发展模式，新增市级以上研发平台16处，水动力平台正式列入崂山实验室核心平台，形成创新、产业、人才“三链”融合发展模式，做法在全省宣传推广。

（三）聚力政务改革，开辟为民服务“新场景”

创新实施“3+3+1”政务+警务一窗通办服务体系，推动184项公安业务融入三级政务服务中心和企业警务服务中心，打通群众服务“最后一公里”，得到省公安厅主要领导批示肯定，省公安改革工作简报刊发推广。

中共潍坊市奎文区委工作概况

区委书记　周　俊

一、组织概况与党的建设

2022年，奎文区辖8处街道、67个社区。有1111个基层党组织，其中，102个基层党委、52个党总支、957个党支部，党员22424名。

（一）旗帜鲜明讲政治

坚持用习近平新时代中国特色社会主义思想武装头脑、指导实践、推动工作，坚定拥护“两个确立”、坚决做到“两个维护”。加强政府系统党的建设，严格落实意识形态工作责任制，切实把党的全面领导贯穿到政府工作各领域各方面各环节。

（二）依法行政履职责

主动接受人大法律监督、工作监督和政协民主监督，高度重视监察监督、司法监督、审计监督、舆论监督，进一步提高建议提案办理质量。深化行政执法体制改革，推行柔性执法和轻微违法免罚，让执法既有力度又有温度。

（三）勤政为民践初心

深化服务企业专员制度，及时足额兑现各项优惠政策，把企业的“麻烦事”当成政府的“分内事”，做到“有求必应、无事不扰”。用好用活政务服务便民热线、网上平台、网格化管理等方式，及时回应解决群众关切。大兴调查研究之风，深入基层一线，察实情、办实事、求实效，以良好政风推动发展、服务人民。

（四）勇于担当抓落实

坚持真抓实干、马上就办、干就干好，以“时时放心不下”换来“事事放得下心”。紧扣重点项目、重点工程、重要事项，强化督查调度、会办协调和跟踪问效，提高政府系统干事效率。全面落实鼓励激励、容错纠错机制，为担当者担当、为干事者撑腰，切实激发新作为、凝聚新合力。

（五）廉洁从政树形象

认真履行全面从严治党主体责任，深入推进政府系统党风廉政建设，严肃查处侵害群众利益问题。从严落实过紧日子要求，严控“三公”经费和一般性支出，把每一分钱都用在“刀刃”上。严格落实中央八项规定及其实施细则精神，力戒形式主义、官僚主义，树立为民务实清廉高效的良好形象。

二、主要工作与成绩

（一）综合实力稳中有进

地区生产总值增速高于全市平均水平，固定资产投资增长25%，一般公共预算收入完成28.37亿元、增幅四区第一，规模以上工业增加值增长9.5%，社会消费品零售总额完成259亿元，居民人均可支配收入达到5.6万元。“项目建设突破年”扎实推进，潍州金谷、云创金谷等131个重点项目实现投资135亿元，完成年度计划的120%；蓝湾智谷、潍坊金融产业园等12大园区建设全面加速，新增产业载体43万平方米。新增地方政府专项债券15.67亿元。成功签约海天智能、国药集团等“十强”产业项目55个、总投资380亿元，到位省外资金102.6亿元，舒珍堂医药、云针科技等24个项目落地开工。楼宇经济发展质效不断提高，税收过亿元楼宇达10栋。新引进品牌首店20家，新增服务业纳统企业89家，“惠享潍坊消费季”等系列活动成功举办，中兴商业街获评省级示范步行街，巾帼家政广场获评省级现代服务业集聚示范区。设立全市首个区县级金融工作委员会，新引进兴业银行、渤海财险等金融机构10家，辖区金融机构各项贷款余额达1160亿元，金融业税收增长10.7%。浩泰机械智造项目、沈潍幕墙智能工厂顺利投产，青岛啤酒智能化新工厂完成选址，全区工业投资增长29%。

（二）发展潜能深度释放

工程建设项目审批时限压缩40%以上，重点项目“拿地即开工”，38类主题事项“拿证即营业”。深入实施“无证明城市”建设，身份证、营业执照等33项证明纳入免提交清单，157项事项实行承诺制。深化“云踏勘”改革，踏勘时限平均压减5个工作日，提速70%以上。新增市场主体1.8万户。伟大工贸等3家企业获评省级“专精特新”中小企业，弘嘉孚等2家企业获评省“瞪羚”企业，新增高新技术企业8家。创新平台加快建设，齐鲁创智特色小镇成为省级创新创业类特色小镇，智慧油客获评省“一企一技术”研发中心。创新资源加速集聚，新签约落地科研院所4家，引进外国专家人才10名、高端技术人才36名、海外留学人才37名。获评省技术转移先进县（市、区）。跨境电商产业园入驻企业30余家，跨境电商进出口额超20亿元；新增外贸实绩企业20家，外贸进出口完成90亿元、增长30%，实际利用外资9000万美元，获评“山东省对外开放强县”。

（三）城市品质精致精细

实施“城市品质提升年”活动，坚持规划引领、产城融合，中建院、中规院等国家级规划设计团队深度参与，潍坊中学片区、农商行片区等12个片区规划高质量编制。转播台、泰华等7个片区获批银行授信突破150亿元。突出强强联合，与中交、中铁等10余家央企签约合作，吸引央企投资42亿元。强化征迁攻坚，探索实施房票政策，新华甲巷片区、人民医院片区征迁顺利推进，庄家工业园、北虞旧村等19个地块全面清零、腾空土地1130余亩。投资8.6亿元，对市政设施进行系统提升。新建成四平路（玉泉街至金宝街段）、双羊街等主次干道14条，蓝翔街、南苑路（潍胶路以北段）等10条道路加快建设。雨污分流、海绵城市建设顺利实施，新建、改造口袋公园、园林小品8处，新增品质公厕10座。新划非机动车停车区1900处，规范整治门头牌匾、施工围挡4000处，清理违章搭建1500处，“综合执法派驻站点”实现社区全覆盖。9个小区供热水力平衡改造提前完成，14个换热站完成升级改造。开展“净土润空”行动，道路积尘负荷治理成效明显，空气优良天数达到285天，获评“山东省生态文明强县”。

（四）群众福祉不断提升

投资4.2亿元，新开工建设奎文中学、三英幼儿园等13所中小学、幼儿园，对22所学校校舍、14所学校运动场地、15所学校外墙保温进行改造，新增装配式教室60间，更新教学设备1.8万件，为全区中小学生免费配发制服。新增学位6000余个，新招录教师529名。区人力资源产业园建成运营，“零工客栈”服务零工超24万人次。新开发公益性岗位526个，全年新增就业4900人，零就业家庭保持动态清零。累计发放就业补助2464万元、失业金2908万元，减征失业保险854万元。新安置退役军人148名，发放退役军人创业贴息贷款1995万元。投资3.2亿元，对111个老旧小区进行改造，惠及居民2.2万户。5个老旧小区自来水改造工程基本完工。庄家、武家等31个安置房建设项目加快推进，完成分房2230套。举办首届网络房展会，成交房屋242套。开展自建房安全专项整治，高标准整改经营性自建房1149栋。投资3000余万元，对金融街配套设施进行全面升级改造。“国企领办·红色物业”接管老旧小区40个，经验做法被省住建厅推广。新建体育设施100套，开展全民健身活动130场次。全省首家艺术版权交易中心在奎文区设立，建成24小时便民智慧借阅点20处、“超然书房”60处，开展“送福进万家”等文化惠民活动600余场次，苇湾社区、李家社区获评全国“书香社区”，我区获评“2022年全国书香城市（区县级）”。3家医疗机构开展中医医保支付试点，15个中医病种纳入医保支付范围。医学院附属医院教学科研病房楼建成投用，市人民医院急救综合楼和内科院区加快建设，新建成东关街道社区卫生服务中心、北苑街道社区卫生延伸服务点，新增“全民艾健康示范点”20处，获评全国基层中医药工作先进单位、全省基层卫生健康综合示范区。潍坊正大光明老年病医院建成投用，13家养老机构全部完成智慧养老改造，失能失智、半失能老人家庭照护床位达到440张。城市低保标准提高至898元。

三、创新与经验

突出科教创新，赋能高质量发展。坚持科技是第一生产力、人才是第一资源、创新是第一动力，着力推动教育优先发展、改革创新向纵深推进，持续为高质量发展蓄势赋能。

（一）办好人民满意的教育

深入推进教育高质量发展“三年攻坚行动”，加快卧龙学校、宏伟学校等6所学校建设步伐，建成启用育才学校二期、奎文中学，扩增教室150间，新增中小学学位5000个。新建公办幼儿园10所，新增学前教育学位2000个。实施教育强师计划，推行集团化办学机制，新招录教师400名以上，推动师资配置更加优质均衡。争创国家义务教育优质均衡区、国家学前教育普及普惠区。指导辖区职业培训学校提升师资力量、加强规范管理，支持培训学校与人力资源公司合作共建，积极组织承办职业技能大赛，提升职业教育质量。强化政校企合作，支持山东信息职业技术学院、潍坊职业学院等高等院校与辖区企业合作成立实践基地，开展“订单式”人才培养，打造产教融合示范区。

（二）大力支持科技创新

深入实施创新驱动发展战略，全面贯彻“科技强省27条”，推动产业链、创新链、资金链和人才链深度融合、高效联动。实施高新技术企业培育工程，评价入库科技型中小微企业90家以上，新增高新技术企业5家。实施规模以上工业企业研发提升工程，扶持龙头企业牵头组建创新联合体，新增省市工业设计研发中心、重点实验室等创新平台6家，年内技改投资增长10%以上。常态化开展产学研合作和科技项目精准培育，引导和鼓励各类创业投资、担保机构、产业基金与辖区科技孵化器、众创空间合作，提高科技成果转化和产业化水平，积极争创省科技创新强县。

（三）持续释放改革潜能

坚持用好改革“关键一招”，突出企业视角、群众立场、用户思维，用“五极”服务塑造最优发展环境。实施“一号改革工程”优化营商环境攻坚年，全面落实减税降费政策，严肃查处破坏发展环境行为，构建亲清统一的新型政商关系。加快国有经济布局优化和结构调整，让国有企业轻装上阵、聚焦主业、加速发展。大力弘扬企业家精神，主动为民营企业解难题、办实事，让企业时刻感受到党和政府的关怀与温暖。全面加快“无证明城市”建设，下沉街道办理政务服务事项增加到60项，“拿证即营业”事项扩增到50项，“云踏勘”事项拓展到60项，在街道、社区布设政务服务自助终端20台。全年新增市场主体1.5万户以上。

中共青州市委工作概况

市委书记　宋伟伟

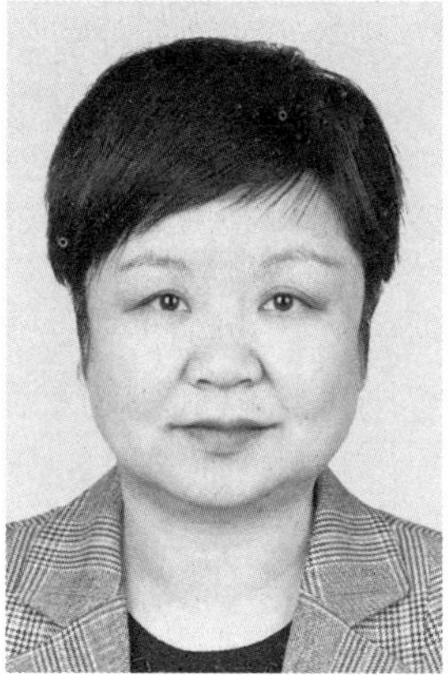

一、组织概况与党的建设

青州市现辖4个街道、8个镇、1个省级经济开发区；基层党组织3020个，其中，党委225个、党总支47个、党支部2748个；党员61540人。2022年，青州市委认真践行新时代党的建设总要求，牢固树立抓好党建是最大政绩理念，坚决扛牢管党治党政治责任、主体责任，为经济社会高质量发展提供了坚强组织保证。

（一）突出加强党的政治建设

坚持以党的政治建设为统领，把学习宣传贯彻党的二十大精神作为首要政治任务，在全面学习、全面把握、全面落实上下功夫，迅速掀起学习宣传贯彻热潮，以实际行动坚定拥护“两个确立”、坚决做到“两个维护”。

（二）不断夯实意识形态工作基础

严格落实意识形态工作责任制，强化专题调度研究，突出抓好中央督查、省委巡视反馈意见整改落实，对8个单位开展意识形态工作责任制专项检查，意识形态领域总体安全稳定。

（三）全面夯实基层组织基础

开展“基层组织建设攻坚年”活动，实施村党组织带头人“头雁领航”工程，推行村党组织书记提级述职制度，整顿转化软弱涣散村党组织74个。加强新业态新就业群体党建，建成鸢都轻骑兵驿站50家，两新组织“两个覆盖”质量不断提升。

（四）打造高素质专业化干部队伍

坚持实干实绩选人用人导向，新提拔“85后”干部128人、占比48%，全日制大学以上学历干部162人、占比60%，干部队伍结构大幅优化。倡导以做学问的态度研究工作，开办“青州干部大讲堂”25期，带动“稷下学堂”等一系列小课堂开讲，形成“大兴学习之风”，经验做法在新华社《内参选编》刊发。

（五）狠抓干部纪律作风建设

扎实开展“作风建设整顿年”活动，持续纠治“四风”，查处问题92起、处分177人。对27名党员干部实行容错处理、澄清正名，有效激励干部担当作为。坚持严的主基调，运用“四种形态”处理1598人次，立案356件、处分418人，连续第三次被中央纪委国家监委案件审理室确定为工作联系点。

二、主要工作与成绩

2022年，青州市完成地区生产总值703.3亿元、一般公共预算收入51.1亿元，规模以上工业实现产值1264.1亿元。成功入选国家乡村振兴示范县创建名单，获评全国信访工作示范县、全省文旅康养强县、全省医养结合高质量发展创新引领县、全省现代流通强县、全省建筑业综合实力10强县等30多项省级以上荣誉。

（一）全力推动经济社会高质量发展

加快建设工业强市，做实“优”“扩”两篇文章，实施重点技改项目128个，完成技改投资92亿元；新增国家专精特新“小巨人”企业7家、省级“专精特新”“瞪羚”企业26家、数量均列潍坊市第1位。加快布局新产业、新赛道，确定智慧航空航天、工程机械、高端装备及智能网联等3条产业链，宇信光机成品机床、聚能国际半导体等项目顺利推进。坚持要素跟着项目走，梳理102个重点项目全部落实包靠领导和专班，31个省市重点项目投资完成率143.5%。深入推进金融兴市，千方百计扩大金融供给，贷款余额达到773.5亿元、较年初新增81.9亿元，创历史新高。城投集团获主体信用等级2A+。加快企业上市步伐，建立上市企业储备库，雷腾动力等11家企业签订上市辅导协议。大力发展特色产业，成功举办潍坊旅游发展大会，青州古城、青州不夜城分别入选国家和省级夜间文化和旅游消费集聚区。“青州花卉”以全省现代农业第1名成绩入选十强产业“雁阵形”集群。入选全省县域养老服务体系创新示范县。与山东中医药大学开展战略合作，加快中医药大健康产业园、尧王中药配方颗粒项目建设，获评全国基层中医药工作先进单位。

（二）全面推进乡村振兴

创新打造“一村一品、一镇一号”数商兴农模式，建设农产品数字交易平台，获评全国农产品数字化百强县。大力发展现代种业，华盛农业以头部企业入选国家农作物种业企业“破难题”阵型。深入开展农村人居环境整治，全面完成农村黑臭水体治理，承办潍坊市农村人居环境整治现场会。扎实开展“五清强基回头看”，排查清理各类问题9.7万余个，村级集体经济实力不断增强。

（三）全面深化改革开放

争创省级以上改革成果 258 项、试点示范 29 个；深化“放管服”改革，编制电子证照“用证”事项清单 756 项，实现“跨域通办”事项 477 项。新天保智慧供应链获评中国服务业企业 500 强、被认定为现代物流总部企业，均为全市唯一，港天物流获评四星级物流企业，泓德物流园获评省三级物流园区。

（四）切实保障和改善民生

持续增进民生福祉，民生支出占比达到 81.3%。新建改扩建中小学幼儿园 14 所，提升改造乡村幼儿园 132 所。4 家公立医院全部取得互联网牌照，异地就医联网结算实现全覆盖。新增城镇就业 1 万余人，入选全省就业环境友好型城市创建名单。建设 10 处口袋公园，新增公园绿地 1.8 万平方米。启动建设“志愿者之城”，志愿服务队伍达 1500 余支、16 万余人。巩固全国文明城市、国家卫生城市创建成果，顺利通过国家复审。

（五）坚决守好“一排底线”

认真贯彻落实中央和省市疫情防控措施，全力应对疫情冲击，最大限度保护了人民群众生命安全。创新实施积分制管理、红黄牌警示等制度机制，安全生产形势稳定向好。获评全省党的二十大维稳安保工作突出县市区。空气质量优良天数达到 288 天、同比增加 24 天，增加天数列潍坊市第 2 位。

三、创新与经验

（一）创新构建全链条康养体系

强化政策扶持、做大产业集群、优化服务供给，以高端医疗装备、现代中医药、文旅康养为重点，构建机构、居家协调衔接，线上、线下精准匹配，中西医结合、防治养一体的康养服务体系，打造生态宜居“康养之都”，获评全省文旅康养强县、全省医养结合高质量发展创新引领县，相关做法被省委改革办刊发推广，入选中国改革 2022 年度地方全面深化改革典型案例。

（二）建设“志愿者之城”助力基层治理现代化

坚持开展志愿服务与创新社会治理相结合，通过建强队伍、完善机制、优化服务，全力打造“志愿者之城”，实现志愿服务与基层治理最大“协同效应”，不断提升基层治理现代化水平。已注册志愿者 16 万余人，成立基层志愿服务队 1500 余支，开展志愿服务活动 1.44 万场次，打造“长者乐堂”等活动品牌 40 个，解决群众诉求 2 万余件，19 个志愿服务典型获评全省“四个最美”，高山爱心诊所项目获批全国最佳志愿服务项目。

中共诸城市委工作概况

市委书记　张建伟

一、组织概况与党的建设

诸城市总面积 2151.4 平方公里，辖 10 个镇、3 个街道、4 个市属重点片区，1 个省级经济开发区，259 个社区，常住人口 105.6 万人。全市共有基层党组织 3513 个，其中，基层党委 370 个、党总支 73 个、党支部 3070 个；党员 71865 名，2022 年新发展党员 810 名。诸城市委坚持以习近平新时代中国特色社会主义思想为指导，充分发挥党建统领作用，为经济社会发展提供了坚强政治保证。

（一）从严加强政治建设

严格落实“第一议题”制度，深入学习宣传贯彻党的二十大精神，及时跟进学习习近平总书记最新重要讲话、重要指示精神，不断提高政治判断力、政治领悟力、政治执行力，坚定拥护“两个确立”、坚决做到“两个维护”。

（二）从严加强组织建设

深化“支部建在网格上”，入选省党建引领乡村治理试点。坚持干事导向，制发表扬通报 54 期，提拔重用和晋升职级 232 人次；提升党管人才效能，入选国家级人才 3 人、省泰山人才 5 人。

（三）从严正风肃纪反腐

坚持激励与约束并重，为 10 名党员干部容错纠错、8 名干部澄清正名。运用监督执纪“四种形态”批评教育帮助和处理 1817 人次。查处“四风”问题 107 起 166 人，查处群众身边腐败和不正之风问题 204 起 306 人。

二、主要工作与成绩

全年实现地区生产总值 805.5 亿元，同比增长 3.8%。连续两年获国务院督查激励，连续三年被省政府表彰为高质量发展先进县，中宣部“走进县城看发展”进行了专题报道。

（一）加快推动产业转型

建设提升十大产业园区，与北汽福田签约共建 2 平方公里的专用车特种车基地，汽车及零部件产业集群入选省“十强”产业“雁阵形”集群；新引进根源生物等 8 个强链补链项目，生物医药全产业实现利润 8.2 亿元。获评全省唯一的预制菜特色优势食品产业强县。

（二）统筹推进五大振兴

粮食总产量稳定在15亿斤以上。充分发挥新时代文明实践中心功能，弘扬大舜孝德文化、尽美红色文化。整治残垣断壁和荒芜宅基地2200余处，累计创建省级美丽乡村27个，潍坊市级美丽乡村133个，创建美丽庭院示范户2.9万户。

（三）积极推进城市提升

完成8个棚改旧改项目回迁安置，完成11个片区60万平方米的供热设施改造，规划建设21处口袋公园，248个老旧小区实现“红色物业”全覆盖。潍坊至董家口港铁路已列入省综合路网规划，省道217朱诸线改造工程提前2个月竣工通车。

（四）持续增进民生福祉

规划新建幼儿园11所。市人民医院入选国家首批“千县工程”县级医院名录。开展60余场“炫艺龙城”全民综艺大赛。发放失业保险稳岗返还“免申即享”3824万元，惠及岗位9.9万个。累计受理企业和群众各类诉求11.9万件，响应率100%，群众满意率98.08%。

（五）坚决守牢一排底线

妥善应对多次突发疫情。生产安全事故起数、死亡人数实现“双下降”。圆满完成党的二十大维稳安保任务。不良贷款率继续保持潍坊各县市最低水平。空气质量优良天数达到292天，三里庄饮用水水源地水质达标率100%，完成全市215家涉危废单位量化达标考核。

三、创新与经验

大力实施“产业强市、工业优先”战略，持续做好优存量、扩增量、提质量“三篇文章”，经济社会发展取得新成效。获批首批省民营经济高质量发展先进县、省工业十强县。

（一）稳步实施工业优先战略

聚力打造县域特色产业集群，商用车及零部件产业、现代食品加工产业入选省主导产业集群，健康食品及预制菜加工产业集群入围全省特色产业集群综合评价前10名。推动企业深耕细作争当冠军，对97家骨干龙头企业划型服务，规模以上工业企业纳统502家，国家级专精特新“小巨人”企业达到10家。把项目建设作为检验干部作风主战场，推行指挥部制，全年新建续建投资过亿元项目159个，32个项目列入省、市重大重点项目。

（二）大力推进动能转换

大力实施“三换三名一赋能”，加快电商换市、机器换人、空间换地，积极培育名企、名品、名牌，全面强化数字赋能，有9个关键核心技术项目列入省“揭榜挂帅”榜单，2家企业入选省民营企业百强，省级工业互联网平台达到5个。抓牢优化营商环境“一号改革工程”，38项改革经验全省推广，深入推进“拿地即开工”，谷雨项目35天实现“五证同发”，印发实施全省首份县级《“首违不罚”事项清单》，被评为全国营商环境百强县。激发创新活力点燃发展引擎，实施“一企一平台”工程，推进科技型企业规模、质量“双提升”，新增高新技术企业40家，获评国家知识产权强县建设示范县。

（三）探索推进股份合作制改革

创新实施“股份合作三步曲”，持续拓展创新“诸城模式”，深化“支部建在网格上”，推动1690个社区网格党支部扎实履行7项职责，实现发展和服务向社区聚集、治理向网格聚焦，入选全省基层治理实验区。做实“党组织引领合作社”，发展土地股份型、资产整合型、劳务服务型、生产经营型“四大合作”，带动发展适度规模经营71万亩，粮食播种面积、单产、总产实现“三增加”。推进“千企兴千社”，与中化集团先正达等头部企业深度合作，构建“党组织+股份合作社+涉农龙头企业”利益共同体，社会化服务主体发展到1281家，建设各类现代农业园区22.9万亩。

中共寿光市委工作概况

市委书记　赵绪春

一、组织概况与党的建设

2022年，寿光市总面积2072平方公里，辖14处镇街，1个省级开发区，共有968个行政村，户籍人口111万人。共有基层党组织2672个，其中，党工委9个，党委142个，党总支64个，党支部2457个，党员69983名。

（一）圆满完成县镇领导班子换届工作

组织召开寿光市第十五次党代会、第十八届人代会、第十一届政协会，指导全市9个镇完成领导班子换届。开展换届后镇街领导班子建设专题调研，围绕换届后领导班子运行、年轻干部队伍建设和关心关爱基层干部3个方面，赴镇街区了解情况，听取建议。

（二）实施年轻干部梯次培养工程

印发《选派年轻干部到基层一线实践锻炼管理办法（试行）》，选派23名优秀年轻干部到上级部门、镇街园区挂职锻炼。新招录招聘公务员和“优才计划”人员130人，为镇街和市直部门单位补充了新鲜血液。深入疫情防控一线考察识别干部，对表现突出的48名干部提拔重用或晋升职级，树立鲜明用人导向。

（三）强化党建引领基层治理

每季度举办“争红旗 当先锋”擂台赛，成立19家“优秀村党组织书记工作室”，向50个重点村选派“法治副书记”，育强乡村振兴头雁队伍。成立孙家集街道马疃片区等一批党建共同体，与河北雄安开展跨区域党建联建，推动跨区域资源整合、抱团发展；开展组织联建强堡垒、干部联系强治理“双联双强”工作，推动融入城市网格治理；推进新业态党建，成立快递、外卖送餐、直播电商等4个行业党委，设立菜乡暖“新”慈善关爱基金，建设55处“菜乡红驿站”。

（四）推进高层次人才聚集

实施重点产业人才工程，10人入选国家级重点人才工程、6人入选省级重点人才工程，引进外国专家7人，转化科技人才成果12项，落地北化—默锐科技创新工程中心等科创平台4个。启动实施“贾思勰·新农人行动”，分类建立人才库10万余人。开发“桑梓寿光”在外人才服务码，扫码即享68项人才优惠服务。建立“一对一”人才服务专员制度，配备36名人才服务专员，解决人才子女入学、住房安居等问题56个。

二、主要工作与成绩

2022年，寿光市委全面贯彻省委、市委工作部署，严格落实“疫情要防住、经济要稳住、发展要安全”的要求，经济社会保持稳健发展态势，金融机构各项存款余额达到1578亿元、居全省县域第1位，实现一般公共预算收入98.3亿元、列全省县域第3位，完成地区生产总值1002.1亿元、列全省县域第5位。从一粒种子到一盘好菜的蔬菜产业体系建设典型经验入选中央迎接二十大“奋进新时代”主题成就展，在群众满意度调查中位居全省第二位、全市第一位，连续三年以全省前三名的成绩被省政府确定为高质量发展先进县。

（一）坚持拓展创新、塑造优势，在推进全面乡村振兴上实现新突破

主动融入潍坊国家农综区，成功入选省级乡村振兴齐鲁样板示范区和乡村振兴示范市。现代农业更具竞争力。聚力建设全国蔬菜产业综合服务基地，自主研发并获得植物新品种权保护的蔬菜品种178个，7项行业标准获农业农村部发布实施，成功举办菜博会、种博会和智慧农业装备博览会，蔬菜种业集团、三木种苗成为国家级育繁推一体化企业，成为国家级区域性良种繁育基地、全省首批现代农业强县。城乡环境更具吸引力。深入开展人居环境整治提升五年行动，7个村新创成省级美丽乡村示范村，农村改厕和农房安全工作经验被农业农村部推广。乡风文明更具引领力。扎实推进文明实践理论政策走心、思想道德引领等“六大行动”，农村移风易俗做法全国推介，学习书屋、志愿嘉许激励机制被中宣部、中央文明办肯定推广，“乡村阅读季”三项指标均居全国第一。

（二）坚持转型升级、产业强市，在加速新旧动能转换上实现新突破

扎实开展产业强市三年攻坚行动，全力构建“1511”特色产业体系，高端化工产业集群入选省“十强”产业雁阵形集群。全力以赴拼项目。实际投资过亿元项目达到86个，新纳统过亿元项目102个，34个项目入选省市重大重点项目。千方百计抓招引。实施“产业链招商”和“园区招商”双轮驱动，前瞻布局元宇宙、氢能、储能等新产业，总投资150亿元的新能源综合利用等一批新业态项目签约落地，新签约过亿元项目45个。坚持不懈强企业。实施骨干企业品牌提升、中小企业成长、“小升规”培育“三大工程”，上市企业7家、股票10支，3家企业入选中国企业500强，5家企业入选省工业百强、全部进入中国制造业企业500强，省级以上优质企业达到153家。

（三）坚持精雕细琢、建管并重，在提升城市功能品质上实现新突破

新建10个口袋公园、40个市民服务驿站，工人体育场建成投用，30个城市更新项目、棚改工程稳妥推进。农圣街弥河大桥提前竣工通车，小清河复航寿光段率先具备试通航条件，津潍高铁（京沪二线）寿光段正式动工建设，“陆海河空铁”立体化交通格局逐步形成。全力抓好环保督察反馈问题整改，实施31项大气治理工程，空气质量综合指数同比改善3.5%，被列为全省首批“整县域推进乡村生态振兴工作”重点打造区域。

（四）坚持补齐短板、强化弱项，在增进群众民生福祉上实现新突破

始终把改善民生作为根本出发点，将财政收入的80%以上优先用于保障民生，全方位解决群众“急难愁盼”问题。公共服务全面提质。建成投用巨能小学等16所学校，潍坊科技学院入选全省高校“三全育人”示范校，10人被北大清华录取；16处卫生院全部达到国家“优质服务基层行”标准，国家基层卫生健康综合试验区评估列全国第2位。民生保障全面提档。大力实施“就业富民、解困助民”两大工程，新增城镇就业1.05万人，发放创业担保贷款3.4亿元，医疗保险参保率达到96.1%，城乡低保等9类救助标准再提高10%以上、是近十年来的最大幅度。治理效能全面提升。坚持全民动员，以最短时间、最小代价实现了疫情高效防控、平稳渡峰；持续开展警示教育、打非治违、风险隐患排查整治“三个专项行动”，成为全省县级唯一的安全生产“互联网+监管”建设试点；严格落实“四级书记抓信访”，各类信访事项化解率达到96%，以全省第一名的成绩荣获“全国信访工作示范县”，被省委省政府表彰为党的二十大维稳安保工作表现突出的县市。

（五）坚持党要管党、从严治党，在营造干事创业氛围上实现新突破

实施村党组织书记“头雁领航”工程，成立19家“优秀村党组织书记工作室”，“头雁领航”赋能乡村振兴做法入选全省典型案例。完成配合省委巡视各项任务，制定激励干部担当干事的八条措施，选派138名年轻干部到上级部门、镇街一线吃劲岗位等跟班学习或实践锻炼，对疫情防控一线担当作为、表现突出的45名干部提拔重用或晋升职级，严厉打击诬告陷害、不实举报等行为，做到了为担当者担当。实施“监督护廉、清源固廉、正风育廉”三项行动，紧盯“四风”易发问题等开展专项察访，巩固风清气正的政治生态。强力攻坚“10·50·10”重点工作，深入开展“看项目、看亮点、看变化，比士气、比干劲、比作风”竞赛，干事创业的拼抢干劲进一步迸发。

三、创新与经验

2022年，寿光紧盯省委“十大创新”重点任务，聚焦“争试点、做示范、打品牌”攻坚主线，改革工作全面发力、多点突破，蔬菜保供做法是全市唯一、全省第三个获得中央刊发的改革案例。

（一）突出主责主业，扛牢大抓改革政治责任

把2022年作为改革工作提升年，全面压实各项工作任务。在寿光市级层面确定了126项年度重点改革任务和39项省级综合改革试点年度重点突破事项，寿光市委常委会会议先后12次研究改革工作；在镇街层面确定了30项“用改革思维解决薄弱环节和突出矛盾”的改革创新事项，由各镇街党政“一把手”领衔突破；在部门层面确定了87项“一部门一改革一品牌”事项集中突破，凝聚起抓改革的强烈共识。

（二）突出机制保障，树立大抓改革鲜明导向

持续加强体制机制建设，切实把改革“后半篇”文章抓到底。年初，在作风竞赛考核120分总分中，赋予改革15分权重，实行一季度一打分评议。年中，每月20日专题调度重点改革情况，利用5月、9月“改革督察月”对40多个单位进行了督察调研，挖掘提炼的改革经验有5项被省委办公厅刊发、有20项得到省部级领导批示肯定。年底，突出干事对账，以寿光市委、市政府名义对30名“改革尖兵”进行了表扬。

（三）突出发展主线，营造大抓改革浓厚氛围

紧扣高质量发展主题，以改革“关键一招”打通堵点、攻克难点、培育亮点。创新推进“无证明城市”“百姓购房通”等20多项民生微改革事项，争取国家知识产权强县等省级以上试点25个，在全国农业科技现代化先行县共建工作考评位列第1名，《寿光市打造民族种业“中国芯”》成为全省改革试点成果表彰对象。

中共安丘市委工作概况

市委书记　贾勤清

一、组织概况与党的建设

安丘市现有232个基层党（工）委，43个党组，233个党总支，2645个党支部，61520名党员。

（一）加强领导班子和干部队伍建设

扎实开展“转作风、优环境、促发展”主题活动，每月举办1次“四比”擂台赛，以作风大转变推动环境大优化、工作大提升。科学规范选人用人，实施年轻干部“双百”战略培养和“123”梯次配备计划，选派100余名年轻干部到信访维稳等一线历练。加大干部教育培训力度，开设青云大讲堂、局长讲堂等各类培训班64期，培训5800人次。

（二）加强党的基层组织和党员队伍建设

深入开展“基层基础提升年”行动，压实镇、社区、村三级书记10条责任，调整撤换不称职村党组织书记24人，整治软弱涣散问题192项，推动基层党组织全面过硬。扎实推进市域社会治理现代化试点，实体化运行219个小区党支部，调整设立32个城市社区，扩充社区工作者280名，以高水平党建引领高效能治理。

（三）加强党风廉政建设和反腐败工作

强化执纪问责，累计运用“四种形态”批评教育帮助和处理1828人次，给予党纪政务处分448人。加强廉政教育，分批次组织开展党纪法规和警示教育102场，教育党员干部、公职人员8100多人次。整治顽瘴痼疾，深入纠治“四风”问题，累计查处违反中央八项规定精神、群众身边不正之风等问题209起。

二、主要工作与成绩

2022年，安丘市坚持以党的二十大精神为指引，在中央、省委和潍坊市委的坚强领导下，锚定“一一五四一”工作思路和“751”工作目标，决战黄金五年、冲刺第一方阵，在空前考验中交出了优异答卷。全市完成地区生产总值424亿元，同比增长4.5%；实现一般公共预算收入30.3亿元，增幅-3.3%；完成固定资产投资282.5亿元，增长22.5%。

（一）决战工业实现新突破

提档搭园区，紧盯4个主导产业，高标准规划建设“一区四园”，打造生态、筑巢引凤。提质抓招引，新引进过亿元项目92个，新开工项目57个，新增总部企业9家。提速建项目，日世食品等48个项目建成投产，18个项目入选省级重点项目，3个项目入选省数字经济重点项目。提效育企业，实施过千万元技改项目50个，新增省级单项冠军2家，专精特新7家，国家级专精特新“小巨人”企业3家。

（二）做强农业彰显新成效

规划建设国家农综区开放发展示范区、农业国际贸易高质量发展基地等5个国字号平台，加快推进正大蛋业、中粮面业等37个链主项目，农产品精深加工率达到45%。深化“安品味来”区域公用品牌，新增“三品一标”农产品22个，石埠子草莓、柘山蜜薯获生态原产地保护产品认定，蔬菜出口货值占潍坊比重持续保持在60%以上。深入开展农村人居环境整治提升五年行动，10个镇村入选省第二批乡村振兴示范镇村，4个村被评为省级美丽乡村示范村。

（三）深化改革迈出新步伐

新政务服务大厅主体完工，“党建+N全科网格”等创新经验被省级以上层面宣传推介。坚持要素跟着项目走，清理批而未供土地4913.7亩，盘活低效闲置用地638亩。刚性落实减税降费等涉企优惠政策，争取上级补助资金30亿元、政府专项债券11.5亿元，兑现政策性奖补资金3300余万元。建成投用全省首家县级高层次人才服务站，设立尹伟伦院士工作站，引进泰山产业领军人才等高端人才62人。

（四）民生福祉取得新进展

实施重点民生工程40个，乐源大道东延、文化路南延等路网工程竣工通车，改造老旧小区102个，对城区186个无物业管理小区全覆盖托管。新改扩建中小学幼儿园15处，加快市立医院、市中医院新院建设，19家乡镇卫生院全部达到“一级甲等”。发放创业担保贷款1.5亿元，开发公益性岗位6100余个，城镇新增就业6600余人。开展安全生产大起底行动，未发生较大及以上安全事故。2022年，群众满意度测评列全省第12位。

三、创新与经验

（一）加强党的领导，筑牢政治保障

深入学习贯彻党的二十大精神，学懂弄通做实习近平新时代中国特色社会主义思想，坚定拥护“两个确立”，坚决做到“两个维护”。坚持严的基调不动摇，压实管党治党“两个责任”，依法用权、慎独慎微，切实把权力关进制度的笼子，持续营造风清气正的政治生态。

（二）聚焦重点关键，提升发展质效

锚定“一一五四一”工作思路和“751”工作目标，全力全速决战工业，做好两篇文章、攻坚四个产业，以工业发力崛起引领经济冲刺突围；提质提效做强农业，突出园区带农、质量兴农、品牌强农、科技赋农、服务促农，加快推动农业产业现代化，持续擦亮农业金质招牌；同步同化提升城乡，加快推进产城融合，打造近悦远来的品质城市。

（三）深化改革创新，激发动力活力

抓牢改革开放这一“突破点”，深耕改革试验田，筑造开放新高地，打造更多的安丘经验、安丘样板。强化科技创新这一“爆发点”，搭建高能级创新平台、培育高水平创新企业、引进高层次创新人才，以一流的创新生态聚集创新资源、催生创新成果。守好底线红线这一“根本点”，守牢安全生产、生态环保、信访维稳等“一排底线”。

（四）强化宗旨意识，增进民生福祉

持续加大民生投入力度，加快推进道路交通、教育医疗等民生工程建设，不断提升群众幸福感、满意度。坚持把稳就业放在更加突出位置，实施公益性岗位扩容提质行动，全力保障高校毕业生、退役军人等重点群体就业。建设分层分类救助体系，常态化走访摸排困难群众，适时提高城乡低保、特困人员救助供养等保障标准，兜牢基本民生底线。

中共高密市委工作概况

市委书记　王文琦

一、组织概况与党的建设

高密市面积1523平方公里，辖7个镇、3个街道、1个省级经济开发区、910个行政村(居)，人口89.5万人。共设7个党工委、241个党委、104个党总支和2454个党支部，党员56130名。2022年，高密市委坚持以习近平新时代中国特色社会主义思想为指导，认真落实新时代党的建设总要求，全面加强党的领导，以党的政治建设统领党的建设各项工作，为经济社会高质量发展提供了坚强组织保证。

（一）深学笃用习近平新时代中国特色社会主义思想

严格落实“第一议题”制度，对习近平总书记发表的重要讲话、作出的重要指示批示第一时间传达学习贯彻，举行常委会集体学习30次，理论学习中心组集体学习研讨12次，培训党员干部12.1万人次，开展各类宣讲2100多场次，以实际行动坚定拥护“两个确立”、坚决做到“两个维护”。

（二）迅速兴起党的二十大精神学习宣传贯彻热潮

把学习宣传贯彻党的二十大精神作为首要政治任务，召开全委会、务虚会、党外人士代表会议深入学习贯彻，县级班子成员带头、宣讲团成员多层次宣讲，在主流媒体策划开展全方位、立体化宣传报道，切实把广大党员干部群众的思想和行动统一到党的二十大精神上来。

（三）全面夯实基层基础

实施“织网·扎根”行动，推行“德邻客厅”社区议事协商工作模式，组织28名优秀干部到后进村“揭榜挂帅”，深化部门联村、村企联合、社村联动做法入选全省农村党建推荐案例。

（四）打造高素质干部队伍

扎实组织“大培训大练兵大比武”，实行公务员职级及事业单位职员等级晋升积分制管理，细化落实即时奖励、能上能下等激励机制，选派440多名业务骨干和后备干部到攻坚一线锻炼，开展重点项目攻坚“揭榜挂帅”行动，历练了“严真细实快”的工作作风。

（五）深化党风廉政建设和反腐败斗争

全力支持配合省委巡视工作，紧盯重点领域、关键权力加强日常监督，精准运用“四种形态”批评教育帮助和处理1564人次，常委扩大会议4次点名通报作风建设情况，实施党内问责和监察问责20起、33人，一体推进“三不腐”，立案317件、处分367人。

二、主要工作与成绩

2022年，高密市委全面落实党中央决策部署和省委、潍坊市委工作安排，确立“担当实干、走在前列”目标和加快建设富强和谐充满活力的现代化临港新城定位，谋划实施“12393”思路举措，深入开展项目建设年、作风建设年、攻坚突破年，高效统筹疫情防控和经济社会发展，统筹发展和安全，推动高质量发展取得新成效。全年实现地区生产总值646.78亿元、同比增长4.3%，一般公共预算收入54.5亿元，固定资产投资同比增长22.6%。在2022中国县域发展潜力百强县中居第29位、全国投资竞争力百强县中居第73位、全国县域经济基本竞争力百强县中居第75位、全国综合竞争力百强县中居第98位。

（一）产业转型升级成效明显

坚定不移实施“工业立市、产业兴市、智造强市、临港新城”战略，着力推动机械装备、纺织服装、安防用品等产业改造升级，加快智能机器人、生物医药等新兴产业规模发展，全年规模以上工业增加值同比增长14.9%。精准扶持服务企业，豪迈入围省高端装备行业领军10强、省科技领军企业，孚日入选国家知识产权优势企业，星宇入选省“十强”产业集群领军企业库，银鹰等3家企业上榜省第一批“好品山东”品牌名单，金永和等3家企业获得海关AEO高级认证，交运燃气公司在香港联交所主板上市。着力提升临港经济区等“3+X”园区能级，仁和化工园投资35.9亿元的友道化学、友泉化学、孚日宣威和星宇高性能合成胶乳等项目顺利投产，新开工荣昊临空港智慧电商物流城等总投资480亿元的102个项目，豪迈碳化硅热交换器等33个省、市级重点项目完成投资100亿元以上。

（二）乡村振兴全面推进

坚决扛牢粮食安全重任，突出加强稳产保供，全年粮食总产突破17.6亿斤。高标准开展农村人居环境整治，创建省级美丽乡村示范村27个、省级清洁村庄235个，姜庄镇、王家官庄村等12个镇村入选省第三批乡村振兴“十百千”示范镇、示范村，被确定为省“残垣断壁整治”试点县。推动文旅深度融合发展，红高粱小镇获评国家4A级旅游景区、山东省特色小镇，姜庄镇入选全国非遗旅游小镇、手工艺赋能乡村振兴的“姜庄路径”在全省发文推广，莫言文学馆主体建成并通过验收，前冢子头遗址“考古中国”项目首次将高密历史上溯到距今5000年前。

（三）民生品质切实提升

大力实施城市更新，配合潍青高速高密段正式通车、明董高速高密段主线路基贯通，打通家纺路、花园街等断头路，完成雨污分流改造35公里，深入开展全国文明城市创建大会战，实现城市面貌显著改观。着力提升群众满意度，新建21所学校幼儿园，推动社会福利中心投入运营，完成51个老旧小区改造、4个片区回迁、1.3万多户农村清洁取暖改造，以潍坊市第1名成绩入选山东省就业环境友好型城市，在2022年山东省基本公共服务群众满意度调查中进入全省前30名。全面优化生态环境，实施浸胶手套、制鞋、家具等重点行业系统整治，环保督察问题整改取得阶段性成效，北胶莱河水质达到地表水四类标准，空气优良天数同比增加25天。

（四）改革开放持续深化

纵深推进重点领域改革，豪迈新时期产业工人队伍建设改革做法被中央改革办座谈会推介，县域共青团基层组织改革、宅基地改革走在全省前列，争取上级资金45.2亿元、专项债43亿元，获得国家级荣誉称号21个、省级荣誉称号39个。高质量开展“双招双引”，实施“深耕青岛”专项行动，落地乐聚机器人等新经济新产业项目12个，新增省外到位资金124亿元；创新实施“金巢”工程，新引进高端人才（团队）67人。塑造全面开放新格局，引进世界500强ADM公司投资建设蔚之蓝生物科技项目，科乐收债转股增资7688万美元获得商务部认定，中骏世界城建成运营，全福元高密公司10处门店全部开业运营，完成进出口总额179.8亿元，实际到账外资9459万美元。

（五）基层治理创新加强

科学精准抓好疫情防控，坚定不移落实中央、省市疫情防控策略方针和各个阶段方案措施要求，最大程度保护了人民生命安全和身体健康。举全市之力打好国企债务风险化解攻坚战，积极争取省、市支持，调动和集聚一切资源力量，取得重要阶段性成效。深化信访综合治理，强力推进信访积案化解攻坚，创新周二镇街“书记访谈日”和

“平安小院”基层治理模式，信访稳定形势创历年最好。坚持不懈抓好安全生产，打赢了应对50年一遇强降雨硬仗，守住了政治安全、食品药品安全等“一排底线”，营造了安定祥和的社会环境。

三、创新与经验

（一）创新落实服务企业专员制度

开展服务企业家周，举办企业家大会和科技创新与人才发展峰会，重要会议企业家坐“C位”，聘请中国工程院院士单忠德等12名院士、领军人物为高密发展咨询顾问，营造了“尊重企业家、爱护企业家、成就企业家”的浓厚氛围。组织1300名服务企业专员常态化到1780家企业上门走访，每月9日开展“服务企业家日”活动，创新“1+3+N”服务企业专员派单制，帮助企业解决问题1.8万多个，争取各类惠企政策资金6000多万元，31家企业入围省、市民营企业百强，国家和省、市制造业“单项冠军”“隐形冠军”“瞪羚企业”“专精特新”达到122家。

（二）探索全链条稳粮增收新路径

实施“建良田、育良种、推良法、铸良品”四轮驱动，“菲达6号”填补潍坊近20年没有小麦新品种空白，中央电视台13次专题报道高密稳产保供做法，连续三年成功举办高密小麦文化节，粮食播种面积、产量稳居潍坊市第一，连续16年获“全国产粮大县”奖励。

（三）探索实施“八位一体”一站式交通事故调处机制

聚焦交通领域群众急难愁盼，设立交通事故调处中心，集成行政调解、人民调解、司法调解、保险理赔等八类功能，实行一平台接收、多元化调处、全链条解决，建立“3公里出警半径服务圈”，引入刑事速裁法庭将原来平均150天的诉讼周期缩减至7天，完善事故伤员救助体系，交通事故引发的信访量占比从50%下降到零，被省委改革办认定改革创新成果。

（四）创新“平安小院”治理模式推动矛盾纠纷就地化解

依托15个镇级综治中心分别打造“一站式”综合调处平台，每处平台整合综治、司法等12个站所职能，入驻部门骨干、专业律师等5支以上专业化调解队伍，集成20余项服务，高标准规范基础设施配套，因地制宜打造密水街道“邻里服务中心”、姜庄镇“邻亲百家”等各具特色的调节品牌，切实将问题解决在当地、人员吸附在基层。2022年，各镇街“平安小院”共接待群众1.8万人次，化解矛盾纠纷4723起，调解成功率98.3%，全市走访总量同比下降35.3%，获得全省信访工作先进集体，相关做法得到省委领导签批认可。

中共昌邑市委工作概况

市委书记　李玉祥

一、组织概况与党的建设

2022年，昌邑市辖3处街道、6个镇，19个城市社区，690个行政村。共有1911个基层党组织，其中，176个基层党委、54个党总支、1681个党支部，党员40545名。

（一）持续强化理论武装

开展党员进党校培训223场次，举办“潍水大讲堂”等线上线下学习培训36期，培训党员干部6.5万人次。《黄金交通线》荣获全国党员教育电视片一等奖，纪录片《碧海丹心朱树屏》荣获全省最高奖项特别奖。

（二）着力提升基层组织力

深化党建引领城乡社区网格化治理，创新“支部建在小区、干部下沉网格”机制。加强临时党组织、流动党组织管理，在中组部调研临时党组织建设工作座谈会上作交流发言。

（三）打造高素质专业化干部队伍

严格落实新时期好干部标准，一线识别储备干部123人。在潍坊市率先实施年轻干部“双挂双炼”能力提升工程，选派80名优秀年轻干部上下交流、实践锻炼。深入开展“作风建设提升年”，评选孺子牛、老黄牛、拓荒牛“三牛式”干部120人，1人获评省“人民满意的公务员”，7名基层党组织书记、11名党员分别获评潍坊市“好支书”“好党员”。

（四）深入推进人才强市战略

实施“潍水英才”聚集计划，新增入选齐鲁系列行业人才14人，1人获“2022中国·潍坊国际人才创新创业大赛”一等奖，1个项目获评泰山产业领军人才蓝色专项。创新开展“智联百校、赋能发展”活动，引进高端技术人才（团队）60人，潍坊生态环保材料与技术研究院成为全省唯一具备国家CMA认证资质的研究院所。

二、主要工作与成绩

2022年，实现地区生产总值554.5亿元，固定资产投资增长22.8%，进口额增长115.8%，在潍坊市反馈的34项主要经济指标中，18项指标增幅高于潍坊市平均水平，8项指标增幅列8县市第1位；城乡居民收入比缩小到 1.73 ∶ 1，为潍坊市最低。

（一）"1552" 先进制造产业集群形成规模优势

1000 亿级高端化工、500 亿级装备制造、500 亿级预制菜、200 亿级纺织印染 "1552" 先进制造业产业集群形成规模，海洋精细化工特色产业集群被认定为省级特色产业集群，新增潍坊市级以上 "专精特新"、单项冠军等企业 25 家。总投资 1069 亿元的 183 个重大重点项目超额完成年度投资计划，17 个项目入选潍坊市级重点项目，18 个项目入选省级重点项目，新签约百亿元、世界 500 强、中国 500 强大项目 7 个。

（二）乡村振兴全面起势

粮食播种面积 128 万亩，总产量 10.8 亿斤，获评省粮油绿色高质高效行动示范县。现代农业产业园入选第二批省级现代农业产业园，大姜融合产业示范园等 3 个项目纳入省乡村振兴重大项目库第四批入库项目名单，柳疃镇入选国家农业产业强镇创建名单。马渠村入选中组部红色美丽乡村试点村，围子街道党建综合体入选全省党建综合阵地试点，青阜村、大陆村为全省抓党建促乡村振兴现场推进会提供观摩现场。

（三）民生事业取得更实成果

民生支出占比保持在 80% 以上。投入 5.3 亿元，新建改扩建中小学 8 处、幼儿园 9 处，圆满完成义务教育阶段学校 "民转公" 任务，在潍坊市率先实现课后服务义务教育阶段全覆盖，昌邑作为潍坊唯一、全省 5 个县市之一，被教育部确定为 "全国义务教育优质均衡先行创建县"。牵头成立全省首家职业健康协会，3 处乡镇卫生院被国家卫健委评为 "群众满意的乡镇卫生院"。持续扩大社保覆盖面，城乡居民养老保险实现征缴金额、人均缴费额 "双提升"。

（四）安全发展底线更加稳固

构建平战融合指挥体系，持续加强疫情防控能力建设，构筑护佑人民生命健康安全坚实防线。空气优良天数达到 295 天，国控断面水环境质量居潍坊市第 1 位，受污染耕地、重点建设用地安全利用率达到 100%。安全生产事故起数和死亡人数实现 "双下降"。严格落实县级领导公开接访制度，创新 "邑谈即和" 矛盾纠纷调处机制，社会大局保持和谐稳定。

三、创新与经验

（一）构建新能源产业体系

加快推进投资 36 亿元的海洋牧场与三峡海上风电、投资 58.5 亿元的国华海上风电等重大重点项目，三峡海上风电成为全省首个一次性全容量并网的平价海上风电项目，三峡陆上风电启用 8.5 兆瓦风机创下国内单机容量之最。

（二）加快推进城市更新

借势潍坊国家城市更新试点，规划建设总投资 200 亿元的文山、滨河等 6 个城市更新片区，争取全省首笔县域城市更新 "银团贷款" 授信 15 亿元。组织开展 3 轮大兵团作战、集中征迁，原汽车站等 3 个片区 1064 户 25 天全部签约，23 个城建 "清零" 项目完成清零 10 个，一举破解了存在 10 多年的历史遗留问题，创造了依法征迁、阳光征迁、和谐征迁、高效征迁的 "昌邑速度"。

（三）深化重点领域改革

新争取省级以上改革试点 19 个，70 多项改革创新成果获得省级以上肯定推广，海洋种业创新、农村生活污水治理改革案例被省委改革办上报至中央改革办，盐碱地改良模式获自然资源部部长批示肯定，革命文物保护利用 "昌邑模式" 获评全省文化创新最高奖——第五届山东省文化创新奖，档案工作服务农村基层社会治理试点代表潍坊市通过国家档案馆验收，"小环卫" 做成 "大产业" 入选省级乡村振兴齐鲁样板典型案例。

中共临朐县委工作概况

县委书记　刘艳芳

一、组织概况与党的建设

临朐县总面积 1831 平方千米，辖 14 处镇（街、园、区），349 个行政村，19 个城市社区，2022 年末总人口 92.4 万人。全县共有基层党组织 2676 个，其中，党（工）委 207 个、党总支 369 个、党支部 2100 个，党员 53200 名，其中农村党员 28390 名。

（一）建设高素质专业化干部队伍

坚持把政治标准摆在首位，常态化到疫情防控、乡村振兴、项目建设等工作一线开展考察，对政治上不合格的 "一票否决"，成功争取全市政治素质考察试点。突出实干用人导向，坚持 "三用三不用" 原则，提拔和进一步使用 95 人，晋升公务员职级和事业单位管理岗位等级 101 人。加强年轻干部战略储备，提拔和进一步使用 "90 后" 干部 16 名，为县直部门班子配备专业干部 16 名，提拔和进一步使用党外干部 5 人、女干部 18 人；分批次组织 187 名部门、镇街年轻干部开展轮岗锻炼；落实 "青年优秀人才引进计划"，选聘 19 名优秀毕业生到县直事业单位工作；全年新考录公务员 115 名（含公检法 19 人）、招录选调生 6 名。创新开展 "六比六树" 活动，每季度组织擂台比武，引导各级争一流、唯旗是夺，全县党员干部比学赶超、争先创优的精气神明显提升。严格落实“三个区分开来”，及时为11人澄清正名，保护了党员干部的干事激情。加强和提升公务员工作，1人被评为“全省人民满意的公务员”。

（二）全面提升基层党组织组织力

部署开展“三基建设年”活动，建立360°全域党建网格协同治理机制，4609个党建网格覆盖全县各领域，试点推行“一键呼叫”，实现“群众吹哨、网格报到”，健全完善村党组织书记“十必议十必看”、党员“五比五验”点验等制度，评选优秀网格员100名，成立网格服务党建联盟；深入推进抓党建促乡村振兴，全县村集体经济收入10万元、20万元以上村达到100%、88%，100万元以上村达24.9%；扎实推进城市基层党建攻坚赶超，实体化运行19个城市社区，新招录243名社区工作者；组建3个行业党委、8个新业态党支部、4个产业链党组织或党建联盟，进一步扩大了党的组织和工作覆盖；在机关、教育、医疗卫生等领域开展党建品牌创建活动，深化打造各类党建品牌61个；全年发展党员545名，建成省市县三级党代表工作室21个，7名党组织书记、14名党员被评为“担当作为好书记”“实干奉献好党员”，全面完成农村发展党员违规违纪问题排查整顿，为866名老党员颁发“光荣在党50年”纪念章。

（三）持续加强党员干部教育培训

突出抓好党的二十大精神学习教育，主持召开县委常委会落实“第一议题”制度23次、县委理论学习中心组学习12次，举办党的二十大精神专题学习班、研讨班，组织各镇（街、园、区）、县直部门（单位）跟进举办培训班，引导广大党员干部坚定拥护“两个确立”、坚决做到“两个维护”；着眼提升干部素质能力，深化“临朐大讲堂”，举办科级干部进修班等各类重点班次11期，培训干部2300余人次，推动干部认知迭代、理念升维、能力重构、作风重塑。依托县镇两级党校培训各级党员3.5万余人，开发党员教育讲师“网约平台”。

（四）集聚各方面优秀人才

深入实施博士人才回引工程，全年引育市级以上高层次人才55人，外国专家6人，青年人才4221人；全职引进1名俄罗斯科学院院士，自主培育1名俄罗斯自然科学院外籍院士，1个院士项目在省人才创新发展大会主会场签约，获评全省招商引资招才引智先进县；新增省级以上创新平台13处、市级以上创新平台30处，备案市级新型研发机构2家，全县省级以上平台达到71家，市级以上平台297家；出台加强和改进新时代临朐人才工作的“人才新政13条”，发放“人才贷”4000万元，兑现各类人才政策资金980余万元。

二、主要工作与成绩

2022年，全县地区生产总值409亿元，同比增长4.4%；一般公共预算收入24.7亿元，同口径增长2.6%，完成预算度居12县市区第1位；347家规模以上工业企业增加值139.4亿元，增长3.7%；固定资产投资增长22.5%，高于全市9.8个百分点；进出口总额81.2亿元，增长19.2%；金融机构本外币各项贷款余额512.4亿元，增长16.1%。在潍坊市2022年高质量发展综合绩效考核中取得第2名的历史最佳，群众满意度调查获得全省第10名、全市第3名的好成绩，成功争创为中国精细化工出口基地、中国天然氧吧、国家级生态文明建设示范区、全国信访工作示范县、中国门窗之都、全国休闲农业重点县。

（一）坚定不移拼发展，工业经济实现提速蝶变

大力实施“工业强县、产业兴县”战略，着力做好“优存量”“扩增量”两篇文章。

*一是提速产业升级。*聚焦高端铝加工、新材料、高端食品、绿色建材、装备制造五大优势产业，着力培育区域性产业地标和品牌，特别是在铝加工产业方面，以“突破华建”战略为抓手，以“一园一院五中心六基地”为载体，大力实施“一十百千”工程，全县规模以上铝型材企业发展到48家，年产能达到180万吨，关联配套企业460多家，集群年产值420多亿元，成功入选省级特色产业集群。

*二是突出企业培育。*实施“百企扩能”“千企赋能”“万企节能”三大行动，持续推进“1236”主体企业培育。加快推进总投资169.9亿元的151个技改项目，113个项目列入省“万项技改”项目库，完成技改及新上项目投入123.8亿元。出台助企纾困30条、稳经济50条等系列措施，组织1050名服务专员包靠1170家企业，落实组合式税费优惠12.7亿元；新认定市级以上专精特新、单项冠军、高新技术等企业125家，数量为历年之最；新增省级工业设计中心6家、省“一企一技术”研发中心5家，数量均居8县市第一。加快整县屋顶光伏试点等能源保障项目建设，铺设余热利用管网10.8公里，雷奥双气联产项目顺利投产。

*三是大抓项目建设。*坚定不移实施大项目带动战略，全链条布局“双招双引”，打造产业展示中心、编制招商图谱，新签约过亿元项目36个，省外到位资金128.8亿元，实现进出口总额80亿元，全年到账外资1亿美元；全力抓好人才招引，引育市级以上重点人才24人，其中全职院士2人，1人入选省一事一议引进顶尖人才。153个重点项目实现投资245亿元，完成年度计划的106.5%，29个项目入选省重大重点项目，争取专项债券额度16.6亿元，均居全市第一。

（二）持之以恒提品质，城市能级活力加快跃迁

深入贯彻习近平总书记“推进以县城为重要载体的城镇化建设”指示要求，坚定不移走生态优先、绿色发展、城乡统筹道路，一座山水相连、魅力无限、活力时尚的花园城市初步形成。

*一是优化城市功能布局。*高标准编制城市更新专项规划，年度成片开发方案获省政府批复。坚持以河为轴、两翼腾飞，优化调整城市功能区，顺利完成龙泉片区、双沟

片区搬迁工作，扎实推进海岳新区、滨河新区等大片区开发，城市会客厅、海岳国际产创基地等一批精品项目快速推进。

二是提升城市宜居品质。新建提升创新路、方山路等城区道路13条，优化提升核心路口11处，黄海线大中修、克黄线提升、济青高速东段、山旺互通连接线等工程全部完成。扎实推进13个片区、1.8万套安置楼建设，新开工房地产开发面积75.7万平方米，完成老旧小区改造23万平方米，完成9条道路、16.7公里的雨污分流改造任务，新铺设供气、供水、供热管网92.3公里，新增供热面积100万平方米，新增城区绿化面积28万平方米，城市功能更加完善。

三是增强城市时尚活力。持续丰富城市业态，繁荣发展夜经济，因地制宜打造中百巷子、沙滩公园、朐城老街等特色街区，加快临朐电商众创家园等人才创新创业平台建设，引进青年人才4221人，同比增长27.9%，成功入选山东省青年发展友好型县域试点。

（三）更大力度固根基，乡村振兴取得全面突破

围绕创新提升“三个模式”，坚持农业农村优先发展，加快建设宜居宜业和美乡村。

一是发展特色产业。全面落实粮食安全党政同责，新建高标准农田1.4万亩，收获粮食41.8万亩、16.7万吨，播种面积、总产实现“双增”，圆满完成上级下达的任务目标。突出抓好以大樱桃为重点的林果业和以奶牛为重点的畜牧业两个百亿级产业集群，组织实施乡村振兴项目18个，更新改造果树面积8万亩，大樱桃等特色农产品完成交易值65亿元，创历史新高，辛寨街道等3处镇街获评省级产业强镇。聚焦打造“临朐一桌好饭”品牌，加快发展预制菜产业，投资20亿元的“中国团餐第一品牌”千喜鹤中央厨房项目落地建设。

二是推进乡村建设。组织实施农村基础设施网建设行动，加快完善水、电、路、气等设施，推进农村基础设施建设提档升级。科学推进村庄规划建设，组织实施人居环境整治百村提升、全域美丽乡村百村创建、乡村振兴示范村百村示范“三百”工程，全方位提升农村环境，着力描绘一幅“村村是景点、处处是景观”的美丽画卷。

三是加强乡村治理。做大村集体经济，所有行政村集体收入均达到10万元以上。深化移风易俗活动，加强乡风文明建设，着力培育文明乡风、良好家风、淳朴民风，推动乡村治理效能持续提升。

（四）倾情倾力惠民生，人民生活品质不断提高

深入践行以人民为中心的发展思想，完成民生支出40.4亿元，增长12.5%，占一般公共预算支出的84.6%。

一是加力推动共同富裕。开发各类就业岗位1.7万个，落实补贴3000多万元，高标准打造“零工客栈”，以困难群体就业增收促就业形势稳定。实施职业技能提升行动，开展各类技能培训6744人次，发放技能提升补贴500余万元，以劳动者素质提升缓解结构性就业矛盾。全覆盖做好兜底保障，牢牢守住防返贫致贫底线，累计发放各类救助金1.1亿元。

二是优化公共服务供给。坚持教育优先发展，建成投用中小学幼儿园14处，新增学位1.54万个，将5处高中整合为3处，完成2所“公参民”学校改制，办学体制进一步优化。大力推进“健康临朐”建设，高标准打造冶源、辛寨2处县域医疗服务次中心，为385处村卫生室配备智慧化康复理疗设备。抓好文化惠民，推进非遗进景区，举办潍坊市民文化节、星空露营节等惠民文化演出508场次，县文化中心场馆全部投入使用，争创全市唯一的省“非遗在社区”试点。

三是提质提标社会保障。按照先急后缓、试点先行原则，优先考虑偏远重点乡镇，高标准打造首批50个“幸福来临”惠民综合体，惠及群众11.5万人。健全社会保险、救助、养老体系，新增企业参保职工8742人，动态做好鳏寡孤独、留守儿童、残疾人等弱势群体的关爱帮扶，推进家庭智能适老化改造，发放各类救助资金1.3亿元。

（五）毫不放松守底线，安全发展形势巩固向稳

统筹发展和安全，坚决守好安全生产、社会稳定等“一排底线”，确保社会大局安定祥和。

一是加强社会治理。常态化开展扫黑除恶斗争，实施打击养老诈骗等系列行动，创新推进调解工作室等多元解纷品牌建设，社会面保持和谐稳定。坚持“三级书记”抓信访，强力推进治重化积，中央和省交办的429件积案全部化解。

二是强化生态保护。围绕放大生态优势，全力抓好环保问题整改，第二轮中央环保督察、省环保督察交办的174件案件全部整改到位。狠抓污染治理，全县空气优良天数较上年同期增加22天，水环境指标全市第一，重点建设用地安全利用率达100%。

三是筑牢安全底线。着力防范化解重大风险，不良贷款率始终低于全市平均水平，政府和国企债务安全稳健。抓实安全生产，严格落实国务院十五条硬措施、“八抓20条”创新举措，持续抓好26个重点行业领域的隐患排查和整改巩固，坚决杜绝较大事故。

三、创新与经验

（一）注重“三抓联动”，扛牢改革创新主体责任

一是顶格思维抓统筹。组织实施34项县级领导领衔事项、126项年度重点改革任务和86项“一部门一改革创新”事项，全力以赴争试点、争资源、争荣誉，创特色、创典型、创品牌。

二是创新机制抓推进。以“四个十”和“六比六树”活动为抓手，搭建“改革创新擂台赛”，开展改革“月考核”，组建“改革专班”，配备168名改革专员，工作推进机制不断优化。

三是上下联动抓氛围。承办市委全面深化改革西片区工作推进会议，圆满完成3次省委改革办来临调研任务；创新“媒体+督察”机制，设立“改革创新大比武”专栏，发布“改革创新红榜”，改革氛围更加浓厚。

（二）突出“五大重点”，激发改革创新发展活力

*一是以改革推进动能转换。*实施“链长制”改革，打造高端食品加工等5个百千亿级产业集群，铝加工产业入选省特色产业集群，创新经验被《人民日报》刊发。探索开展“百企扩能”“千企赋能”“万企节能”行动，153个重点项目超额完成年度投资计划，29个项目入选省重大重点项目，排名全市第一。

*二是以改革助力对外开放。*成功创建全省唯一的“中国精细化工出口基地”，获批省级跨境电商产业园，全年到账外资完成计划任务的125%。

*三是以改革优化营商环境。*深入落实服务企业专员制度，出台助企纾困30条措施，“零见面”审批、“全年无休不打烊”、“开工一件事”等改革在省级推介。

*四是以改革提升民生福祉。*谋划打造首批50个“幸福来临”惠民综合体，惠及群众11.5万人；零工客栈、“一把手”走流程、“六方会商”纠纷调处机制等创新经验被国家、省级主管部门推广，在群众满意度调查中获得全省第10名、全市第3名。

*五是以改革优化社会治理。*创新“三级书记”抓信访机制，中央和省交办的429件积案全部化解，是全市唯一、全省两个没有发生进京访登记的县市区之一，获评全国信访工作示范县。

（三）部署“三项举措”，强化典型经验宣传推广

*一是加强改革品牌培育。*筛选储备创新成果20项，重点打造县域“生态警务”体系等十大“改革创新示范品牌”，切实激发改革创新热情。

*二是开展试点示范攻坚行动。*新承接国家级试点7个、省级试点32个，成功争创全省唯一的中央财政国土绿化试点、县域“中国天然氧吧”，全市唯一的国家级生态文明建设示范区、全国休闲农业重点县。

*三是加大典型经验推广。*25项改革得到省市领导批示，180余项创新做法在省以上层面宣传推介，打造党建“共富联盟”被《山东改革简报》刊发，“教育均衡一体发展”经验上报中央改革办。

中共昌乐县委工作概况

县委书记　王　骁

一、组织概况与党的建设

2022年，昌乐县共有1890个基层党组织，其中，党委120个，党总支154个，党支部1616个；共有党员38853名，其中农村党员18507名。

（一）坚持用党的创新理论凝心聚魂

将习近平新时代中国特色社会主义思想、党的二十大精神作为主课，举办党校主体班次3期，培训党员干部127人；创新“沉浸式”党员教育培训模式，开发音乐党课《百年风华　党史如歌》等20余部特色课程，培训党员1万余人次。完善政治素质考察办法，识别政治过硬、实绩突出干部200余名。开展专业能力培训，对镇（街、区）165名科级以上干部全覆盖培训。

（二）锻造高素质专业化干部队伍

实施“周总结、旬分析、月通报”工作评价机制，将全县4500余名干部全部纳入评价范围，干部每周一记实、单位每旬一分析、县委每月一通报，激励干部担当作为。大力培养年轻干部，新招录年轻公务员、选调生82名，选聘“优才计划”27名；为295名年轻干部配备政治导师、业务导师。坚持严管厚爱并重，对3名干部进行提醒函询，对9名单位主要负责同志开展任中审计，对6个单位开展选人用人检查，通报表扬或嘉奖记功公务员420人。

（三）推动基层党组织全面过硬

制定基层党组织和党员队伍整体提升三年行动计划，率先在全市启动乡村振兴擂台比武，农民日报、光明日报等媒体刊发推介。探索“党建引领·联村共建”发展模式，中组部来昌乐开展“乡村组织振兴齐鲁行”活动，全省抓党建促乡村振兴现场会参观了昌乐的现场，并在昌乐召开会议。培育“红色暖流”新业态新就业群体党建品牌，成立直播电商等3个行业党委，建成潍坊市首家直播电商党群服务中心、落户全省首家抖音当上珠宝行业运营中心。深化离退休干部党建品牌，2处“四就近”服务综合体入选全市综合体示范点。

（四）集聚高质量发展急需优秀人才

实施“桑梓人才·鸿雁回归”工程，回引在外人才900余人。采取“产业专班+镇街+企业”模式，引进高端专家人才70人。做好重点人才项目申报，1人入选泰山产业领军人才。实施“鸢都·昌乐英才”计划，评选各领域英才87人，培养高技能人才118人、青年创业人才22人。抓好人才平台建设，新建1处省级海外高层次人才工作站，32处市级以上科创平台。出台人才兴昌“新十条”，创新实行“柔性引才”“新业态人才”普惠性补贴。

二、主要工作与成绩

2022年，昌乐县坚持以习近平新时代中国特色社会主义思想为指导，深入学习贯彻党的二十大精神，坚决做到“疫情要防住、经济要稳住、发展要安全”，整体工作全面推进、重点工作实现突破。城乡环卫一体化工作居全省第1名，基本公共服务满意度居全省第5名，被授予平安山东建设示范县、省级农产品加工业高质量发展先行县等荣誉称号。全国文明城市创建居潍坊市年度标准化测评第1名；在全省20个提名城市中居第4名，比2021年提升8个位次。

（一）科学精准抓好疫情防控

疫情防控转段前，毫不动摇贯彻“三个坚定不移”，十余起疫情全部及时“动态清零”，全县未“封城”、未“静默”、未大面积停工停产。未雨绸缪做好医疗资源配置，转段后医疗系统未受到冲击，最大程度保护了群众生命安全和身体健康。

（二）经济发展稳中有进

全县完成地区生产总值423.4亿元、一般公共预算收入28.5亿元。坚持“工业立县、工业强县”不动摇，新增规模以上工业企业30家、高新技术企业18家、省级以上专精特新等企业19家，国家级制造业单项冠军企业总数达到4家、居全市第一，2家企业跻身中国制造业民营企业500强。

（三）加快推进乡村全面振兴

新增省级农业龙头企业3家、农民合作社123家、家庭农场276家，培育国家级示范社1家，省级26家、数量全市第一。加快农村基础设施建设，76个村庄完成供水管网改造提升，新建“四好农村路”170公里。1个街道和8个村入选第二批省乡村振兴“十百千”示范工程。

（四）城市品质全面提升

加快城市更新，实施9条道路翻新，完成12处地块“拆迁清零”，小丹河“一河两路”贯通。开展拆围建绿、“绿满乡村”行动，累计拆除围挡、院墙1.9万平方米，新建城市绿地175万平方米、“口袋公园”12处；新栽植各类绿化苗木1140余万株，建成“花海”16处。

（五）民生福祉持续增进

民生支出32.5亿元，居民人均可支配收入同比增长6.2%。新增市场主体2.3万户、城镇就业6151人，发放创业担保贷款1.6亿元。新建改建小学幼儿园5所，增加公办学位5120个。基本医疗保险参保率99.66%，9类困难群众保障标准均提高10%以上，3000余名特困人员全部实现政府兜底保障。

（六）改革开放不断深化

新争取13项省级以上试点，20项改革经验被省级以上主管部门刊发推广。申易物流项目入选国家多式联运示范工程，成功举办海峡两岸高端装备产业合作发展大会和线上宝石博览会，省内首家抖音电商珠宝行业运营中心落户昌乐。引进1家世界500强企业落户，组织总投资309.53亿元的33个项目集中签约。

（七）坚决守牢“一排底线”

深化“8抓20条”创新举措，安全生产事故数量同比下降37.5%。空气质量优良天数占比首次突破80%，省控、市控断面水环境质量稳居全市前列。常态化开展领导干部公开接访，圆满完成中央、省交办“治重化积”任务。县公安局荣获“全国优秀公安局”称号。

三、创新与经验

聚焦基层网格多重管理、多网运行等实际问题，对工作力量、资金、资源等进行系统集成改革，推动基层治理走深走实。在2022年6月份全省政法委书记培训班上介绍典型经验。

（一）多网融合，实现一网管全域

将原本分散的党建、疫情防控、政法综治、城市治理和社会保障等网格进行统一整合，按照“权随责走、费随事转”的原则，整合警务助理、农产品质量监管员、计生专干等人员和资金，通过人员、资源、资金整合，实现“多网融合、一网运行”。

（二）厘清职责，打通服务群众“最后一米”

建立网格事项清单，明确网格员基础信息采集、社情民意收集、矛盾纠纷化解等职责任务。推行一巡查、二遍访、三必到、四必访、五必报“12345”工作法，及时发现收集群众诉求，同步跟进解决，2022年解决民生诉求540余件，排查化解矛盾纠纷850余起。

（三）筑强堡垒，基层党组织建设更加完善

建立“镇街党（工）委—社区党委—网格党支部—楼院党小组—党员中心户”组织架构，将党组织触角延伸到居民身边，率先在潍坊市制定小区党支部工作规范，成立137个实体化小区党支部，实现288个居民小区全覆盖，建立居民小区党群服务站165处，具备党员教育、便民服务、民主议事3项基本功能，有效密切了党群关系和邻里关系，组织、力量、服务等各项工作取得明显成效。

济　宁　市

中共济宁市任城区委工作概况

区委书记　张令华

2022 年，任城区坚持以习近平新时代中国特色社会主义思想为指导，以迎接党的二十大、学习宣传贯彻党的二十大精神为主线，全面落实“疫情要防住、经济要稳住、发展要安全”重大要求，高效统筹疫情防控和经济社会发展，全区经济社会高质量发展取得新成效。

一、组织概况与党的建设

截至 2022 年底，任城区共有基层党组织 2342 个，其中，党（工）委 195 个，党总支 104 个，党支部 2043 个，党员 45354 名。任城区委坚决扛牢管党治党政治责任，坚持把抓好党建作为最大政绩，突出抓基层、强基础、严作风，持之以恒推进全面从严治党向纵深发展。

（一）坚持不懈加强理论武装

严格落实“第一议题”制度，及时跟进学习习近平总书记系列重要讲话和指示精神，区委常委会开展集中学习 18 次，理论学习中心组学习 12 次。持续巩固深化拓展党史学习教育成果，深化“两中心一平台”融合模式，开展党史学习教育宣讲活动 120 余场，组织举办各类培训班 14 期。

（二）全面提升基层党组织建设

坚持固根基、补短板、创特色，开展村（社区）书记“擂台比武”活动，全区村集体经济收入全部超过 10 万元，84 个村集体收入超过 50 万元。“楼长”制典型做法被《新华每日电讯》头版点赞，竹竿巷社区被确定为“省市县”三级联创模范机关工作基层党组织联系点。太白路商圈党委获评山东省先进基层党组织、山东省两新组织党建工作示范点。

（三）切实加强干部队伍建设

常委会全年 13 次研究干部任用问题，提拔干部 116 人、进一步使用干部 30 人，交流任职干部 69 人，一批德才兼备、敢于担当、实绩突出的干部被选拔到各级领导岗位。搭建“干部夜校”“运河红 • 初心讲堂”双平台，累计培训 1.2 万余人次。

（四）大力推进正风肃纪反腐

发挥巡察利剑作用，扎实开展两轮常规巡察和黄河流域生态保护和高质量发展专项巡察，发现重点问题 289 个，移交问题线索 34 条。坚持以严的基调强化正风肃纪，立案 458 起，处分 484 人，严肃查办一批严重违纪违法案件。

二、主要工作与成绩

2022 年，任城区实现地区生产总值 612.8 亿元，一般公共预算收入 71.6 亿元，城乡居民人均可支配收入分别完成 49225 元、22624 元，限额以上社会消费品零售总额完成 176.84 亿元。

（一）产业升级步伐稳健

深入推进助企攀登，52 家攀登企业完成营业收入 120 亿元，平均营收增长 10%，新增国家级专精特新“小巨人”企业 4 家，省级专精特新企业 14 家、“瞪羚”企业 1 家。规模以上工业增加值同比增长 4%，工业技改投资增长 38%。商贸服务业加快复苏，太白楼路智慧商圈入选全省首批智慧商圈试点，爱客多入选全国商贸物流重点联系企业，海能电商产业园获评国家电子商务示范基地，9 处便民生活圈获评国家级建设试点。港航经济加速突破，全国内河首个智慧化集装箱港口龙拱港一期竣工运营、二期泊位工程完成建设，跃进港 6#、7# 泊位完成升级改造。

（二）创新活力充分激发

全面深化改革持续推进，承接国家级和省级改革试点 18 个，全国县域共青团基层组织改革获评优秀试点，“水电气暖讯”统一报装、一网通办的做法被国家发展改革委点赞肯定，加入 9 省 16 县“跨域通办”大联盟，实现 22 个省 260 个市“跨域通办”。不断健全创新平台，新招引“中字头”“国字号”大院大所 5 家，建成省级以上创新平台 5 家，申报高新技术企业 64 家，招引高新技术企业 7 家。

（三）城市品质明显提升

济北新区、高铁新城加速融合，共青团路北延高铁连接线桥梁段建成通车，新华路、机电一路等 18 条道路实现贯通，高铁北站站前枢纽工程全面竣工验收。全力推进美丽宜居社区建设和棚改项目，10 个边界外社区全部竣工交房，18 个边界内项目建成销号，1.6 万户居民喜迁新居。不断提升城市品质，改造老旧小区 21 个，改造合流制建筑小区178个，完成海关路等68条道路雨污分流改造，铺设雨污管网24.85公里，新改建口袋公园23处、城区公厕22座，新增公共停车场10处、绿地面积2.7万平方米。

（四）民生福祉持续增进

深入实施“全民创业就业服务行动”，城镇新增就业2.1万余人，实施“创e贷”稳就业专项行动，发放创业贷款3.29亿元，仙营社区获评国家级“充分就业社区”。聚焦“一老一小”，社区养老服务设施配建率100%；新增托位1501个，区妇幼保健院福佑托育园获评省级示范性托育服务机构。突出优质均衡，6所学校、幼儿园建成使用，新增学位4100个，4所农村中小学纳入名校教育集团管理。深化“文化两创”，入选全省“非遗在社区”工作试点县，“运河记忆”历史文化街区完成改造提升。

三、创新与经验

（一）创新运河新城核心区一体化综合开发模式

充分借鉴国内先进地区经验与做法，策划启动运河新城核心区一体化综合开发项目，携手世界500强企业—中国交通建设股份有限公司，以投资人+EPC方式，做好基础设施、公建配套、安置房建设、产业导入、城市运营等内容。通过增强新城“自我造血功能”，实现运河新城核心区投资、建设、管理、运营、服务自平衡，探索出一条不增加政府债务的“封闭运作、自负盈亏”模式。运河新城核心区一体化综合开发进展顺利，高压管廊项目创七项全国全省之最。

（二）健全完善“多网融合，一网统筹”社会治理工作格局

在区、镇街、村社区三级网格化组织体系的基础上，以楼栋长、楼宇长和街巷长划分9864个“三长”微网格，以商务楼宇和产业园区划分29个专属网格，实现全覆盖、无缝隙管理。实施“网格吹哨、部门报到”，推动公共服务资源力量和综合执法力量“双下沉”，全区下沉人员1112人，其中，执法人员756人、公共服务人员356人，有效解决了基层面临的“权力有限”“看得见管不了”等难题。2022年，任城区入选“全省基层治理实验区”，获“平安山东建设示范区”。

（三）全域推行“村居善治”“信用+”模式

在全区471个村（社区）全面铺开信用建设，广泛发动群众参与环卫保洁、疫情防控、民意收集、矛盾调解等各项村级工作。组建各类“信用+”志愿服务队伍3000余支，累计招募各类志愿者52万余人次，开展“信用+”志愿服务活动50000余场次。在市场监管、住建、综合执法等37个行业领域推行信用监管，全面归集140余家部门单位信用信息1亿余条，综合形成全区18.37万家企业、商户信用等级。2022年，任城区被确定为“全省基层治理实验区”，入围“山东省信用建设典型城市创建区”。

中共济宁市兖州区委工作概况

区委书记　王　庆

2022年，兖州区坚持以习近平新时代中国特色社会主义思想为指导，深入学习宣传贯彻党的二十大精神，坚决落实中央决策部署和省委、市委工作要求，解放思想、拼搏实干，经济社会发展和党的建设取得显著成绩，获评全国自然资源节约集约示范县、山东省工业强县、全省民营经济高质量发展先进区、全省农产品加工业高质量发展先行县、全省外贸高质量发展区，均为全市唯一。

一、组织概况与党的建设

截至2022年底，全区共有1707个党组织，党委144个，党总支132个，基层党支部1421个，党员38434名。

（一）强化思想政治建设

深入学习宣传贯彻党的二十大精神，自觉增强“四个意识”、坚定“四个自信”、坚定拥护“两个确立”、坚决做到“两个维护”，始终在思想上政治上行动上同以习近平同志为核心的党中央保持高度一致。严格落实“第一议题”制度，第一时间传达学习习近平总书记重要讲话、重要指示精神，研究贯彻落实措施。深入学习宣传贯彻党的二十大精神，组织开展多种形式的学习宣传活动，推动党的二十大精神入脑入心、走深走实。深入学习贯彻习近平新时代中国特色社会主义思想，共举办专题报告会6场，主体班次10期，累计培训党员干部9200余人次。健全完善党史学习教育长效机制，举办各类培训班次15期。严格落实意识形态工作责任制，全区意识形态领域平稳可控。

（二）推进基层党组织全面进步全面过硬

实施新一轮基层党建三年行动计划，开展“国企联片、民企联村”助力乡村振兴行动，成立“兴村富民”党建联盟，推动基层党组织全面进步全面过硬。高标准打造新业态新就业群体党群服务中心，设立139家“兖新苑”常态化服务点，兖州区被确定为全省5个新业态新就业群体党建工作联系点之一。深化拓展“两新”组织党建“红色引擎”，相继成立红色金融、红色物业、红色农机、食品医药产业链党建联盟和律师行业党委。实施“实践提能”“4个100”工程，选派优秀干部到攀登企业、基层一线实践锻炼，全面提升干部履职能力，打造忠诚干净担当的干部队伍。

（三）深入推进党风廉政建设

从严落实中央八项规定精神，明确规范政商交往18条正负面清单，持续深化纠治“四风”，重点纠治形式主义官僚主义，坚决破除特权思想和特权行为。坚持“三不腐”一体推进，扎实推进廉洁文化建设，引导党员干部知敬畏、存戒惧、守底线。

二、主要工作与成绩

（一）新旧动能转换成效明显

2022年，全区完成地区生产总值600.14亿元、增长4.3%，一般公共预算收入50.26亿元、增长1.1%。县域经济高质量发展差异化评价前进13个位次，列全省第37位。坚定不移大抓产业、大抓先进制造业。深入推进“干部助企攀登”，创新开展“书记区长企业家恳谈日”活动，规模以上工业增加值增长6.4%，制造业占GDP比重达36.7%、提高1.7个百分点，新增国家“小巨人”、单项冠军企业4家，省“专精特新”、单项冠军企业17家，智能农机装备、粮油精深加工分别入选山东省特色产业集群、特色优势食品产业集群。宁德时代新能源电池产业基地、今麦郎北方食品产业园等一批重大项目签约落地，今麦郎高速挂面生产线、益海嘉里小麦加工等一批大项目建成投产。提高科技创新能力，新增52家高新技术企业，新建省级以上创新平台13家，7家企业入选全省首批“科技小巨人”企业，2家企业关键技术获省科技进步一等奖。增强园区发展能级。工业园区获评全市唯一、全省首批工业互联网园区、绿色低碳园区。颜店新城拉开“六纵七横”路网框架，建成启用污水处理厂，规划建设颜店科技产业园，着力打造千亿级新能源产业基地。加快推进国际陆港建设，山东港口陆海国际物流集团设立全市唯一内陆港。纵深推进改革开放。新争取省级以上改革试点22项，29项创新做法获国家部委发文推广，54项工作经验被省直部门发文推广，2篇改革经验上报中央改革办。对外开放稳中提质，实际利用外资1.26亿美元、增长26%，实现进出口总额190亿元、增长15.5%。

（二）城市承载能力持续增强

济宁新机场即将完工，济微高速南段、新327国道全线、洸府河堤顶路建成通车，济曲快速路快速推进，直达济宁主城区的91、92路公交车顺利开通，交通枢纽地位进一步巩固。新建改造城区主次干道14条，完成22个老旧小区、18个合流制建筑小区和62公里城区道路雨污分流改造。民兵训练基地交付使用，市民文化中心加快建设。扎实推进乡村振兴，扛牢粮食安全责任，实施国家制种大县项目，新建高标准农田3.6万亩。牛楼小镇获批中国美丽休闲乡村、国家级农村产业融合发展示范园，兖州区获评山东省乡村振兴示范区。

（三）人民生活品质不断提升

财政预算内民生支出占比达到78.8%，城乡低保、特困供养、困难残疾人等救助标准提高10%以上。就业创业稳步扩大，社会保障托底有力，健康兖州建设深入推进，成功承办2022年世界青年技能日主题活动启动仪式，入选2021年“青年人才首选山东20大潜力城市”，获评山东省文物大县，被确定为“省级家庭托育试点县”。办好人民满意教育，在全市率先成立教育高质量发展指挥部，召开教育“二次创业”动员大会，设立尚贤教育基金，改革教学评价机制，区级财政教育投入增长10.8%，高考本科录取率提高5.2个百分点、全市排名前进3个位次。

（四）安全发展基础更加坚实

科学抓好常态化疫情防控，因时因势优化防控措施，核酸检测、医疗救治、药品保障等能力全面提升，众志成城打赢疫情防控遭遇战、阻击战。安全生产形势持续平稳，兖州区获评济宁市重点时段安全生产工作先进集体。空气环境质量达到历年最好水平，获评“省级生态文明建设示范区”。加强和创新基层社会治理，做实“多网合一”网格化服务管理，群众诉求办理回访满意率达到99.2%。完成党的二十大、北京“双奥”、全国“两会”等重大维稳安保任务，2022年未发生进京访。深化平安兖州建设，推进常态化扫黑除恶，刑事警情同比下降26.2%，为五年来最低。

三、创新与经验

（一）出台“两稳一保”九条硬核措施，切实稳定经济大盘

超前应对疫情影响和经济下行压力，及时研究出台《济宁市兖州区稳增长稳市场主体保就业九条措施》，区财政拿出专项资金，提振家电、汽车等重点领域消费，支持企业发展，激发市场活力，稳定经济大盘，全区经济运行呈现稳中有进、进中提质的良好态势。2022年，新登记市场主体6915户、总量9.7万户，其中企业2.5万家、规模以上工业企业174家，形成大企业快速扩张、骨干企业持续跃升、中小企业“专精特新”发展的新格局。

（二）开展“书记区长企业家恳谈日”活动，加快建设制造强区

做实做强制造强区建设指挥部，深化干部助企攀登活动，按照“要素跟着项目走”要求，综合76家攀登企业发展情况，建立重点项目、要素需求、困难问题和企业档案“三库一档案”。创新开展“书记区长企业家恳谈日”活动，逐个镇街与企业家面对面座谈、“零距离”交流，全年举办恳谈活动8次，解决企业困难问题126个，保障土地供应4060亩，新增制造业贷款24亿元。2022年，全区规模以上工业营收达到885亿元，规模以上工业增加值增长6.4%。

（三）创新实施“1048”计划，推动作风转变任务落实

实体化运作干部队伍建设指挥部，将2022年确定为“干部作风转变年”“二次创业突破年”，创新制定“1048”计划，实施思想大解放、服务大提升等“十大行动”，开展擂台比武、改革攻坚等“四项活动”，建立一月一述职、

一季一考评等“八项措施”，干部队伍建设指挥部增设督查考核专班，实行重点工作督查、领导干部考核、干部队伍建设归口管理、一体运行，推进党员干部解放思想、改革创新、狠抓落实。

中共曲阜市委工作概况

市委书记　李　丽

2022年，曲阜市委以习近平新时代中国特色社会主义思想为指导，围绕迎接党的二十大、学习宣传贯彻党的二十大精神，认真贯彻落实习近平总书记视察山东视察曲阜重要讲话重要指示批示精神，锚定“走在前、开新局”，聚焦“东方圣城·幸福曲阜”建设，大力实施“六大战略”，聚力推进“八大攻坚”，高点定位奋斗目标，创新谋划发展任务，高效统筹疫情防控和经济社会发展，事争一流、唯旗是夺，新时代现代化强市建设迈出坚实步伐。全年完成地区生产总值427.25亿元、增长4.6%，固定资产投资130.01亿元、增长16.3%，一般公共预算收入22.9亿元、其中税收收入15.8亿元。获国家乡村振兴示范县、省县域经济高质量发展进步县、省首批文旅康养强县、省建筑业跨越发展县等称号。

一、组织概况与党的建设

截至2022年底，全区共有1813个基层党组织，其中，党（工）委111个、党总支部113个、党支部1589个；党员39098名，其中农村（社区）党员16879名。

担当实干、勇争一流，全力推动党的建设实现新提升新突破。曲阜市委始终把党的政治建设摆在首位，实施新一轮基层组织建设三年行动计划，推进中组部党建引领乡村治理试点建设，创新实施“两创示范强基工程”，建立“1+6”制度体系，推进优秀传统文化融入党的“五大建设”，“1234”治理模式入选全国社会治理创新案例。在全省率先成立共富联盟公司，推动集体、村民“双增收”，做法被《人民日报》刊发。村改社区工作做法纳入全省典型案例。突出选人用人“三个导向”，落实“六个标尺”和“五要五不”原则，实体化运行干部队伍建设指挥部，出台提升干部作风建设“十条措施”，常态化开展“换届回头看”“一线看担当”“政声人去后”专题调研，实施干部大培训“1+N”工程，在县市区率先开展“向组织说说心里话”恳谈活动，1人获评“山东省人民满意的公务员”，建立“争先创优榜”“后进提升榜”，《人民日报》专题报道曲阜“六争一创”评选工作。坚定不移正风肃纪反腐，驰而不息纠治“四风”，一体推进“三不腐”，查处“四风”问题63起75人，立案查处重点领域、关键岗位违纪违法问题270起263人，顺利办结2起重大职务违法案件，挽回经济损失8000余万元。深化以案促改，推动公安、教体、供销等领域完善制度20余项，政治生态持续向好。

二、主要工作与成绩

（一）动能转换实现新突破

坚持“大抓产业、大抓制造业”，17个省级重点项目完成投资67.4亿元，规模以上工业企业达187家、增加值增长6.3%，制造业技改投资增长53.4%。新增省级以上优质工业企业32家。强化“2+3”主导产业培育，东宏管业新型防腐钢管、天博汽车电子、博通微电子等31个项目建成投产。新签约亿元以上项目32个，其中过5亿元7个，投资50亿元的金龙零碳交通科技园、投资11亿元的德国大陆汽车电子产业基地等项目签约落地。

（二）文化“两创”再结新硕果

深入推进文化“两创”，成立全国首家文化“两创”研究院，打造文化“两创”示范点58个。高标准承办2022山东省旅游发展大会、国际孔子文化节、尼山世界文明论坛、中日韩三国文化部长会议等重大活动，实现办好一次会、带动一座城。大力推进尼山片区规划建设，鲁源小镇首开区、耕读书院一期、曲师大西校区等建成运营。曲阜市入选中国县域旅游发展潜力百强县市首位、中国最美县域榜单。

（三）城乡建设展现新面貌

实施重点城建项目15个，商品房销售面积77.22万平方米；机场连接线、东104大沂河桥、盛文路等建成通车，济曲快速路加快建设。深化全国文明典范城市创建，市容环境更加干净整洁。扎实推进乡村振兴，规模以上农业龙头企业160家，成为全省畜牧业高质量发展先行县，新建省市级美丽乡村25个，尼山区域国土绿化示范项目造林1.22万亩，创成省级“绿水青山就是金山银山”实践创新基地。

（四）民生保障达到新水平

始终坚持人民至上、生命至上，坚决打赢疫情防控阻击战，组建上下一体指挥体系，从快从紧从严落实疫情防控各项措施，统筹抓好群众生活就医保障、物流保通保畅、企业生产经营、市场保供稳价，有效应对多轮新冠疫情，最大程度保障群众生命安全和身体健康，市疫情防控工作得到省市指挥部的充分肯定。聚焦聚力教育、医疗、康养“三大高地”建设，办实办好十件民生事项，入选省就业环境友好型城市试点，成为省医养结合高质量发展创新引领县、全省全环境育人实验区、省级食品安全市；创新“网格化+信息化”模式，提高社区治理精细化水平，“和为贵”社会治理品牌化有效提升。建成基层站101处，作为全省唯一在全国基层应急预案体系试点工作座谈会上作交流发言。

（五）品牌争创涌现新亮点

坚持把“三争”工作作为曲阜发展生命线，超前谋划、靠上争取，争取省级以上政策项目142项。政策性开发性金融工具投放金额4.92亿元。持续深化改革创新，优化营商环境，形成“一业一证”全领域改革和行政审批业务县级行业标准，新增国家级试点13项、省级试点28项，文化科技融合、居家社区养老婴幼儿照护服务等30余项工作得到省级以上发文推广。

三、创新与经验

创新荒山造林模式，推进群众稳岗增收。严格落实“五个专门”措施，推行“工程造林+乡村绿化队+村护林队+村民公益岗”模式，以国土绿化、全域土地综合整治、生态修复等工程项目建设为抓手，把植树造林与农民增收相结合，与碳汇造林相结合，与矿山修复相结合，放大生态效益，建立荒山绿化长效机制，努力实现荒山增绿、群众增收、公益增岗互促共赢，促进农民农村共同富裕，不断推动绿水青山就是金山银山生动实践走深走实。尼山区域国土绿化试点示范项目获评国家首批山东省唯一中央财政支持国土绿化试点示范项目。

中共邹城市委工作概况

市委书记　远义彬

2022年，邹城市坚持以习近平新时代中国特色社会主义思想为指导，深入学习宣传贯彻党的二十大精神，锚定“走在前、开新局”，聚焦“全省进10强、全国进30强”奋斗目标，实施工业化城镇化双轮驱动战略，打开争先进位和高质量发展新局面。年内完成地区生产总值1009.1亿元、增长5%，一般公共预算收入85.7亿元、增长1.8%。获评省县域经济高质量发展先进县、省民营经济高质量发展先进县、省生态文明强县、省建筑业强县、省文化和旅游产业先进县、省人才工作表现突出单位，位列全国县域经济百强县第49位。

一、组织概况与党的建设

截至2022年底，邹城市基层党组织共2562个，其中，党（工）委169个，党总支178个，党支部2215个。党员63379名，其中农村党员22313名。

（一）全面夯实基层基础

深入实施“党建引领·强基赋能”计划，举办“赛马攻擂·扛旗夺标”擂台赛，38个强基村全部转化提升，所有村集体收入全部达到10万元以上。开发“邹全办”智慧社区服务平台，打造“泉小哥”“钢好有你”等城市党建品牌，“管得宽”入选全国基层党建创新典型案例。培育“红色堡垒”示范党支部20个、特色党支部10个，全省模范机关建设现场会在邹城召开。建立新就业群体“12345”党建工作机制，新业态行业党委实现有效覆盖。

（二）锻造过硬干部队伍

实施内输外送计划，选派30名年轻干部到国家部委、省直机关和国企挂职锻炼，选派200名干部到15个指挥部和78个专班历练，干部队伍能力素质明显提升。以中组部公务员平时考核联系点建设为契机，把平时考核结果记入领导干部考核档案，与评先树优、干部使用、激励奖励“三挂钩”，实现以考促干、以考促优，邹城作为全省唯一代表在全国干部考核工作座谈会上发言。

（三）强力正风肃纪反腐

完善全面从严治党履责记实系统，形成全面覆盖、常态长效的监督合力。持之以恒纠治“四风”，查处典型问题79起105人。深化村集体“三资”问题专项整治，重拳惩治私挖盗采砂石违法行为，查处群众身边腐败和不正之风问题299起348人，“码上举报”、村级纪检委员“三把关、三报告”等经验做法被中纪委推广。

二、主要工作与成绩

（一）坚持工业强市，加快推进产业兴市

聚焦“1+5”主导产业，深入开展全链条助企攀登十大行动，支持89家攀登企业新上总投资349亿元的90个增产扩能项目，实现营收645亿元、增长23.5%，12家企业营收10亿元以上，20家企业入选国家级、省级专精特新企业，煤基化工耦合氢能源低碳化示范产业基地入选省“十四五”重大支撑性引领性项目。积极争创国家级经济开发区，邹城经济开发区入选省级开发区高质量发展百强，被评为国家级绿色工业园区，入选全国“水效领跑者”名单。

（二）坚持以人为本，加快建设“双百”城市

聚焦百万人口规模、一百平方公里“双百”城市目标，高起点推进孟子湖片区开发，实施13公里环湖路建设，建成投用工人文化宫等项目；高标准更新老城，实施5个1000亩以上大片区开发，完成23处、88万平方米老旧小区改造；实施“两孟”历史街区等项目，擦亮国家历史文化名城名片；高质量完善城市配套，完成6条道路建设、25条道路雨污分流改造、40万平方米道路绿化提升；获评国家节水型城市，以全省第5名的成绩通过全国文明城市年度测评。

（三）深化城乡融合，全面推进乡村振兴

完成5万亩高标准农田建设，粮食产量达到47.3万吨，获评国家秸秆综合利用重点县、全国农作物病虫害绿色防控示范基地。推动食用菌全产业链升级，种植面积2600万平方米、年产鲜菇38万吨，创成省级农高区，获评省特色农产品优势区。持续提升7大乡村振兴示范片区，美丽乡村覆盖率达80%，大束片区获评首批乡村振兴齐鲁样板省级示范区。建立160支乡村物业队，“邹乡物业·城心为农”品牌入选全国农村公共服务优秀成果。

（四）强化改革创新，持续激发动力活力

深化全省先行示范区综合改革试点建设，新增42项国家级、省级试点，158项经验做法在国家、省级层面宣传推广。健全技术创新体系，国家级高新技术企业达到87家，国家科技型中小企业123家；新增省级以上科创平台11家，获批全省唯一的智能过程控制技术创新中心、智慧化工园区科技示范工程，以全省第1名的成绩通过全国首批创新型县市验收。

（五）增进民生福祉，提升群众获得感

开发城乡公益性岗位6241个，新增城镇就业7000人。实施6个教育园区工程，新增学位7530个。开展人民医院、中医院、妇幼保健院“三甲”同创，20家镇街卫生院全部达到国家标准。深化县域养老服务体系创新示范市创建，各类养老服务设施达到290处。创新未成年人保护工作体系，获评全国未成年人保护试点县。守牢疫情防控、安全生产、生态环保等“一排底线”，全市社会大局持续和谐稳定。

三、创新与经验

（一）构建现代化产业生态体系，建设京沪廊道先进制造集聚区

按照产业规划引领、链主企业带动、配套产业集群发展的思路，推动产业链、创新链、人才链深度融合，实施兖矿能源智慧制造园区、恒信50万吨乙醇、济宁港航新能源船舶制造基地等重大项目，聚力打造两个千亿产业集群、六个百亿板块，推动规模总量、产业集群、创新能力、产业生态“四个跃升”。2022年规模以上工业企业营收971.2亿元、增长20.9%，位列全国工业百强县第56位、制造业百强县第68位。

（二）创新实施“两榜制”“三大排名”，激励干部干事创业

设立争先进位、后进提升“两榜”，对镇街和部门领导班子正负面履职行为量化排名，激发干部干事创业积极性，经验做法在《中国组织人事报》刊发。开展镇街同职位领导干部、部门同系统领导干部、全员绩效考核“三大排名”，实现同类干部能排名、同岗位干部能比较，经验做法被省委组织部推广。

（三）创设“九大专员”公益性岗位，实现民生保障与基层治理“双赢”

创新设立生态护林员、道路专管员等“九大专员”，推动农村脱贫享受政策人口、低收入人口、残疾人、城镇零就业家庭人员、大龄失业人员，成为有稳定收入的就业群体，经验做法得到时任省委书记李干杰批示肯定。

中共微山县委工作概况

县委书记　李　勇

2022年，微山县坚持以习近平新时代中国特色社会主义思想为指导，围绕迎接党的二十大、学习宣传贯彻党的二十大精神，高效统筹疫情防控和经济社会发展，锚定“走在前、开新局”，围绕“打造产业强县、建设大美微山”，转作风、提效能、抓落实、树形象，各项工作争一流、争第一、争唯一，获得省级以上荣誉87项，其中国家级11项。全县呈现出经济加快恢复、民生持续改善、社会和谐稳定、政治风清气正、整体向上向好发展态势。

一、组织概况与党的建设

微山县下辖15个乡镇街道、1个省级经济开发区，285个行政村、19个社区，户籍人口73.3万人、常住人口61.34万人。微山县基层党组织共1672个，其中，党（工）委107个，党总支133个，党支部1432个，党员33872名。

（一）抓好干部队伍建设

认真贯彻新时代“20字”好干部标准，坚持选人用人“三个导向”“六个标尺”和“五要五不”原则，完成县乡领导班子换届。加强干部党性教育和能力培养，创新开设“周末课堂”，举办干部培训主体班次8期，培训干部787人次。广泛开展干部调研，发现储备优秀干部370余名；调整交流干部275人次，优化县直单位干部年龄结构；实施“扬帆微山湖”年轻干部培养工程，选派48名年轻干部进行双向交流实践锻炼。南四湖管理委员会被评为全省“人民满意的公务员集体”。

（二）全面夯实基层基础

深入实施“1521”强基聚能工程，全面加强基层党组织建设，分批次开展285名村党组织书记培训，打造“一懂两爱三过硬”领头雁队伍。全面推行“一领三治”治理模式，深化“支部建在船上、堡垒连在线上”流动党员管理模式，成立微山湖“三原色”区域党建联盟，打造微山湖党建示范区。树牢“五个意识”抓城市党建，推进“红帆驿站”“红色物业”，居民小区建立党支部覆盖率100%。

明确“两新”组织、国企、学校、医院各领域党建任务清单、工作要点。3196名县直机关干部下沉包保网格，开展疫情防控。

（三）加强作风建设

坚定不移转作风、持之以恒树新风，开展“转作风、守纪律、讲规矩、抓执行”专项行动，坚持每季度召开一次作风建设大会，指名道姓曝光典型案例，切实改进会风、文风、话风、事风。广泛开展“解放思想大讨论”等系列活动，电视台将镜头对准基层一线，增设“爱我家乡、创业微山、教育振兴”等专题栏目。公开“奋斗榜”“鞭策榜”，推动各领域工作出圈出彩。重拳整治“八不说”，多说“怎么行”，不说“不能办”，破除思维定势，快推、快办、快落实。

（四）深入推进廉政建设

坚持“三不腐”一体推进，实行问题线索、案件办理“红黄蓝”等级动态管理机制，处置问题线索897件，立案233件、给予党纪政务处分211人。充分彰显巡察“利剑”作用，顺利完成十五届县委第一轮巡察、黄河流域专项巡察。大力推进廉洁文化建设，拍摄警示教育片3部，教育引导全县党员干部知敬畏、存戒惧、守底线。

二、主要工作与成绩

2022年，全县实现地区生产总值444.28亿元、增长4.1%，一般公共预算收入28亿元、增长20.4%，社会消费品零售总额增长1.3%，新增“四上”企业150家，完成外贸进出口30亿元、增长60%，居民人均可支配收入增长4.5%，金融机构存贷款余额分别达到375亿元、195亿元，存贷比52%。

（一）建设现代化新型工业强县

开展“干部助企攀登”活动，新增规模以上工业企业12家，制造业技改投资40.4亿元、增速42.3%，54家重点帮扶企业总营收超30亿元，新增省市专精特新企业、单项冠军、瞪羚企业27家，总数达到53家。打造优势产业集群，培育稀土新材料、锂电新能源、现代中医药、新一代信息产业等战略性新兴产业，中稀（山东）稀土公司总部变更到微山，稀土永磁材料2000吨生产线全面投产，稀土精矿前处理、稀土金属及合金材料等项目加快推进；以派智新能源、派智电子、锂离子动力电池等为代表的新能源产业基地不断壮大；总投资17.8亿元的康源堂大健康产业园项目加快建设，打造集中医康养于一体的全产业链条；悦久、佳佑、微山湖电子叠加发力，总投资10亿元的春锦数字经济信息谷项目一期即将竣工，新一代信息技术产业实现营收5.2亿元。

（二）建设绿色高效农渔强县

推动农渔业向规模化、标准化、智能化、品牌化发展，组建品牌建设专班，举办微山湖美食节，启动马坡“济宁菜篮子”工程，全县规模以上农业龙头企业发展到106家，完成农产品“三品认证”120个，46个产品入选“济宁礼飨”优质农产品名录，农民专业合作社、家庭农场、社会化服务组织分别发展到1150家、427家和98家，昭阳街道（大闸蟹）入选第十二批全国“一村一品”示范村镇。渔业生态化养殖规模达到22万亩，微山湖现代渔业产业园项目成为智慧化渔业标杆，国家级水产健康养殖及生态养殖示范区通过省级现场考核验收。与京东、盒马等平台展开合作，宏达水产出口日本，远华食品走进青岛峰会。

（三）建设享誉闻名文旅强县

微山湖旅游区成功创建5A级景区，南阳古镇成功创建4A级景区，微山文旅品牌在省文旅大会上大放异彩，成功举办微山湖荷花节、微山湖电音节，更多公交专线和旅游航线开通，智慧旅游不断完善，积极争创省级全域旅游示范区。累计接待游客101.68万人次，实现旅游综合收入超6.15亿元。积极发掘大运河文化，推进老运河保护与开发，大运河微山湖博物馆入选国家“十四五”文化保护传承利用工程项目库，全省唯一。按照“生态+文旅+康养+托育”思路，积极打造淮海经济区养老托育高地。

（四）建设多式联运港航强县

按照市党代会“建设微山亿吨大港”要求，谋划“一港五区”发展格局，一区一策、内联外引、先易后难、分步实施，成立微山湖投资发展集团作为投资主体，编制港航产业发展规划，专题论证韩庄港、曹庄港、港航物流园等项目，深挖与济宁能源集团、枣矿集团、徐钢集团等大型企业战略合作潜力。全县32家港口码头整合至24家，韩庄作业区南区项目开工在即，留庄作业区南方港、微山作业区浚源港进入资产重组阶段，加快建设“绿色化、智能化、标准化、现代化”港口。

（五）不断增进民生新福祉

实施教育普惠工程，召开微山县教育振兴大会，出台《微山县教育振兴三年行动计划》，让微山孩子应上尽上、教师应招尽招、学校应建尽建、待遇应保尽保。推进跨区域集团化办学，启动中小学建设项目16个，新增班额204个、学位7210个，学前教育公办率、普惠性幼儿园覆盖率均居济宁市前列，集团化办学推动义务教育优质均衡发展做法得到济宁市委书记批示肯定。成立“微子教育基金”，募集善款1100万元。实施全民健康工程，总投资12亿元的县人民医院新院区完成主体建设，县人民医院与千佛山医院成立专科联盟，全力推进三级医院创建工作，完成县中医院改造提升工程。全县托育机构发展至32家，新增托位890个，完成年度托位任务的127%；创建“水乡荷都·康养微山”养老服务品牌，新增医养结合型床位544张，叙福居·康养城项目投入运营，驩城镇尹洼村入选2022年全国示范性老年友好型社区。实施社会保障工程，全面落实就业优先政策，新增城镇就业2463人，城镇登记失业率保持在4%以内。完善县乡村三级社会救助体系，累计发放救助金13760余万元，开展“微爱至家”服务项目，为全县2663名分散供养特困人员购买社会化照护服务。开设湖西公交车、120急救服务，逐步改善湖区群众交通、医疗条件。实施文化提升工程，县文化中心进行数字化提升并免费开放，开展“送戏下乡”570场，文化生活日益丰富。

三、创新与经验

坚持创新驱动发展，完成高新技术企业申报44家，设立省博士后创新实践基地、省级乡村振兴专家服务基地，创建省级创新平台4个、累计达到36个，引进科研院所、高等院校4家，与深圳电子科技大成立招才引智工作站，与上海海洋大学共建生态渔业研究院。实体化运作县科技、人才招引工作指挥部，成立微山湖人才协会，举办微湖英才联谊会、出台人才回流政策，实施人才安居工程，申报国家和省市重点人才工程10人，获评泰山产业领军人才1人，引进海外人才、青年人才2000余人，“赢在济宁”高层次人才大赛获奖3人，打造环南四湖科创高地和人才聚集地。

坚持“发展为要、项目为王”，明确方向、把握关键，不断增强发展动能。重点项目实现新突破。成立20余个重点项目攻坚专班，建立全县重点项目库，强化工作调度，推动项目建设提速。滚动开展“三个一批”活动，累计签约项目105个、总投资380亿元。招商引资取得新成效。开展五大百亿产业集群专题招商，探索“云招商”、产业链招商新模式，先后举办8次集中签约、集中开工活动，总投资120亿元的41个优质项目相继落地。营商环境得到新提升。推行“全程网办、半日办结”，全面推广电子营业执照，稳步推进“证照分离”，积极扩展“一业一证”，创新实施工程项目“模拟审批”，设立营商环境奖，工程建设项目“三证合一”做法全省推广。

中共鱼台县委工作概况

县委书记　朱贵友

一、组织概况与党的建设

2022年，全县共有基层党组织970个，其中，县委直属党（工）委20个，功能性党工委6个，县直部门机关党委12个、党总支20个，村级党组织265个，城市社区党委10个，流动党员党委2个，行业党委2个，其他各领域党支部633个。共有中共党员22371名，其中农村党员11823名。

（一）基层党组织建设

深入开展农村“三资”清理和合同规范工作，清理规范合同11798个，清收退赔承包费1606万元，被省纪委监委定为“三资”提级监督省级试点县。成功申报争取中央财政扶持村级集体经济项目资金2500万元，建立健全集体经济发展“蓝黄红”挂牌管理制度。2022年，234个村集体经济全部超10万元，突破50万元的村70个、占比29.9%。

（二）认真落实党委意识形态主体责任

县委常委会专题研究意识形态工作，将意识形态工作履职情况纳入领导班子和领导干部考核，纳入县级巡察专项检查，召开1次领导小组会议，3次工作联席会议，推动意识形态工作常态化。强化党对宗教工作的领导，依法依规管理宗教事务。

（三）坚持不懈正风肃纪反腐

坚持不敢腐、不能腐、不想腐一体推进，惩治震慑、制度约束、提高觉悟一体发力，将正风肃纪反腐与深化改革、完善制度、促进治理贯通起来。全县纪检监察机关共立案221件，给予党纪政务处分234人，同比分别下降21.7%、12.7%，查处群众身边腐败和作风问题203起236人。

二、主要工作与成绩

2022年，鱼台县委坚持以习近平新时代中国特色社会主义思想为指导，认真贯彻党的二十大精神，锚定“确保中游，争创一流”目标不动摇，以“抓作风 强执行 创一流”活动为统领，以综合考核为抓手，以作风建设为切入，高效统筹疫情防控和经济社会发展，有力推动鱼台争先进位、跨越赶超。2022年地区生产总值233.17亿元，增长4.4%；一般公共预算收入13.6亿元，增长8.5%；固定资产投资增长11.2%；居民人均可支配收入增长7.1%。在2021年全省县市区基本公共服务满意度调查排名提升31个位次的基础上，再次提升15个位次，居全省16。获全国信访工作示范县和全国科普示范县等称号。

（一）坚定不移推动高质量发展

总投资55亿元的庚彩新材料高端化工及其单体项目，打破化工项目落地周期记录，进入全面施工阶段；总投资100亿元的山东亘元锂电材料一体化项目成功签约；被授予全市三季度招商引资流动红旗。坚持书记、县长带队到企业现场办公制度，现场办公26次，解决重点问题56个，累计梳理问题诉求295项并全部办结，统筹解决土地指标1263亩、融资需求2.8亿元。

（二）坚定不移推进乡村全面振兴

实施全域水系生态治理，争取到国开行、农发行长期低息融资22.35亿元，对全县7条入南四湖的河流，实施清淤疏浚、以堤带路和经济林绿化等工程，建成“河畅、水清、堤固、路通、岸绿、景美”的美丽河湖。以“积分制”为抓手，扎实开展“三个大比武”活动，把农村垃圾分类、改厕、美丽庭院、生活污水治理、主街道“窄改宽”等重点工作串起来联动抓，推动农村人居环境全面提升。成功入选省整县域推进乡村生态振兴重点县。被农业农村部列为秸秆利用重点县。

（三）坚定不移推进社会治理精细化

将现有村级活动场所，改造为集办公、超市、快递、公厕、卫生室、幸福食堂等功能于一体的党群服务中心（邻里中心），为群众提供“一站式、综合化”服务，现已改造完成160处，2023年一季度实现234个行政村全覆盖；在2021年选取7349名城乡“两长”的基础上，2022年又增选小区长80名，广泛参与基层社会治理，明确“四大员”职责，健全表彰激励长效机制。2022年4月6日，时任省委李干杰书记到王鲁镇惠园社区调研时，对“两长”工作给予充分肯定。

三、创新与经验

（一）推进教育资源整合改革

坚持“小学就近、初中就优”，实施城区、镇驻地教育布局规划调整和农村中小学资源整合，全县农村小学由71所整合为29所，撤销42所，撤并率达59%；全县12处农村初中，已完成5所农村初中进城，撤并率42%。通过聚小为大、集弱为强，集中形成优质教育资源，最终实现大部分初中进城、多数小学入镇目标，促进教育资源优质均衡发展。

（二）深化巩固医共体改革成果

将县医院和中医院人财物整合为总医院，以此为龙头，建立起县乡村医共体，试行医保基金“打包支付、结余留用、超支合理分担”支付方式改革，实行“医保、医药、医疗”三医改革、“医防、医体、医养”三医联动，推动由以治病为中心向以健康为中心转变。2021、2022两年看病就医满意度在全省前移67个位次。2022年4月6日，时任省委书记李干杰在县总医院北院区调研时给予充分肯定。鱼台医改做法被省委办公厅《今日信息》专报刊发。县域医共体建设获评山东省深化医改十大创新举措。

（三）维护老年人合法权益

组织老人、子女与村委会签订赡养老人三方协议，充分发挥村委会平台担保作用，把赡养由道德层面的“软约束”转化为协议“硬要求”。同时，整合国家基础养老金，于每年春节、中秋节前，以现金形式发放给老人，确保一方健在的老年人每月不低于300元，双方健在的每月不低于500元的零花钱。全县9921名70岁以上不与子女共同居住的老年人，均已签订三方协议，2022年，累计收取赡养费2349万元，加上基础养老金986万元，全部按时足额发放到位，在全社会树立了“人人讲孝道，村村树孝风”的良好风气。该做法被评为2022年度全省养老服务领域创新典型案例，并被省民政厅正式发文推广。

（四）推行商业、住宅房屋结算凭证政策

针对“三不动、低一等”即开发商房子卖不动、百姓房子拆不动、政府土地拍不动，群众集中住在回迁小区觉着低人一等的突出问题，全面推行商业、住宅房屋结算凭证政策，安置户可用结算凭证到城区自由选择购买商品房，拍卖土地时，开发商可用结算凭证抵付土地款，实行以“物换物”增加房地产开发商拿地的积极性，缓解财政资金压力，实现一举多赢。2022年，共实施商业、住房结算凭证拆迁安置2批、681户，发行结算凭证842张、总额5.4亿元，节约拆迁安置成本1.25亿元。

中共金乡县委工作概况

县委书记　郑士民

2022年，金乡县全面落实中央、省、市工作部署，紧扣“一二三四五”发展路径，推动县域高质量发展，赋能现代化强县建设。成功入选第三批国家农业绿色发展先行区创建名单，获评全省乡村振兴战略专项评价先进县。

一、组组概况与党的建设

全县共有17个基层党（工）委、1217个党支部、30443名党员，其中，镇党委9个，街道党工委4个，非公有制经济组织党委1个，县直机关党工委1个，县离退休干部党工委1个、社会组织党工委1个。

健全完善“第一议题”制度，制定出台《县委常委会议事决策规则》《金乡县意识形态领域安全风险防控预案》等制度文件，迅速掀起学习宣传贯彻党的二十大精神热潮。开展“村村比武、月月提升”活动，启动村级党群服务中心攻坚提升三年行动，实施“红领小区、红心管家、红帆社工、红色商圈”四红工程，赋能乡村振兴。坚持“六个标尺”“三个导向”，建立“发现储备、培养锻炼、选拔使用、监督管理”闭环机制，提拔重用一线干部121名。完成十五届县委第一轮巡察、黄河流域生态保护和高质量发展专项巡察，启动十五届县委第二轮巡察，开展“对标先模补差距·警钟长鸣守底线”廉洁教育活动，形成反腐败斗争的强大合力和整体效应。

二、主要工作与成绩

（一）首位力度抓产业，经济发展质效并举

创建国家千亿级园区，不断优化“一区四园”发展格局，完善港航码头等园区基础设施配套，食品产业园大蒜出口企业联合体被农业部认定为2022年农业国际贸易高质量发展基地，新材料产业园获批国家绿色工业园区，园区平台实现新提升。启动实施"链主"企业培育三年行动计划，精心绘制链条图谱，建立"一图三库"任务清单，强化"群长+链长"推进机制，精细化学品产业集群入选省"十强产业""雁阵形"集群库，产业培育实现新进展。以"双百工程"为主抓手，组建企业招商联盟，打造"蒜小宝"招商平台，建立"云招商"模式，全县新签约重大项目57个，项目建设取得新成效。深入推进助企攀登工程，"一企一策"助推企业扩产能、提效能，企业发展焕发新活力。全县营业收入过50亿元企业1家、过10亿元企业6家，国家级专精特新"小巨人"企业3家。

（二）精致建设提品质，城市魅力日益彰显

强力推进创城"十大提升行动"，常态化开展"周五创城日"活动，文明城市创建更加深入。实施城市老旧小区、雨污分流等更新行动，实现城市运行"一网统管"，加快打造联通东西、贯穿南北的交通路网体系，精致城市建设更富成效。开展"四减四增""清四乱""绿满金乡"等行动，新增绿化面积75万余平方米，获省级生态文明建设示范区，生态环境底色更加靓丽。

（三）塑强优势促振兴，农业农村加快发展

完成15.11万亩高标准农田建设，获评高标准农田整县推进示范县，金乡（大蒜）被认定为第二批区域性良种繁育基地，农业质效稳步提升。启动实施农村人居环境整治提升三年攻坚行动，大力推进"四好农村路"提质增效行动，美丽乡村加快建设。大力扶持培育农业新型经营主体，新增农民专业合作社105家、家庭农场147家，15家合作社列入省级农民合作社示范社，依托各村产业优势持续发展壮大村集体经济，村集体收入全部超过10万元，强村富民再上台阶。

（四）牢记宗旨谋福祉，民生事业稳步推进

实施全民参保计划，社会保险、医疗保险基本实现全覆盖，启动建设"一心四点"县域医养结合养老项目，获评全省县域养老服务体系创新示范县，深入实施就业创业三年行动计划，持续开展网络招聘、"码上"就业，社会保障更加坚实。成立5个城乡教研联盟，组建职业教育集团，加快疾控中心大楼、东城医院等建设，"四位一体"打造"15分钟数字文化圈"，创建"小树林听戏"群众文化活动品牌，公共服务更加优质。建立健全县镇村"三级书记抓信访"责任制度，推动"一站式"矛盾纠纷化解平台全域覆盖，打造"霄消气""春风化雨""蒜大姐"等一批社会治理品牌，创新自治、法治、德治"三治融合"乡村治理体系，金乡县"五位一体"法治乡村建设经验在济宁市推广，社会治理更加完善。

三、创新与经验

重点领域改革不断深化。更大力度争试点、创亮点、树样板，6大领域30项改革事项全面推动。承接国家级试点6个、省级试点15个，党代表"码上监督"、大蒜产业链发展等43项创新做法被央视新闻联播、《人民日报》等主流媒体报道。科技创新能力不断增强。入库科技型中小企业109家，新增国家高新技术企业35家。新签约"中字头""国字号"大院大所5家，新增省级及以上创新平台8家。打造"南才北引周转仓"，创立"青年人才蓄水池"，在北京创建全市首家"人才飞地孵化中心"，组建北京—金乡博士联盟，开创鲁南地区飞地孵化模式先例。政务服务环境持续优化。实施行政许可事项清单化管理，开展全域电子证照应用，建立"123"群众服务事项帮办机制，扩建"金钥匙服务团队"，创新实施的开工审批"一件事"和"审批+地名+门牌"改革，分别被列入第一批、第二批省级"揭榜挂帅"改革创新试点名单。

中共嘉祥县委工作概况

县委书记　樊庆显

2022年，中共嘉祥县委坚持以习近平新时代中国特色社会主义思想为指导，深入学习贯彻党的二十大精神，坚持稳中求进的工作总基调，完整、准确、全面贯彻新发展理念，紧扣高质量发展主题，全面推进"两个统筹"，锚定"走在前、开新局"，奋力建设新时代"强富和美"新嘉祥。

一、组织概况与党的建设

截至2022年底，全县共有基层党组织1409个，其中，党（工）委103个，党总支50个，党支部1211个，联合党支部45个。党员3.2万名，其中，农村党员1.72万名、占比54.01%；城市社区党员2014名，占比6.30%。党员总数中，预备党员704名，占比2.2%；女党员5917名，占比18.5%；少数民族党员130名，占比0.41%；35岁及以下党员5151名，占比16.1%。

（一）全面提升基层组织建设

组织2500余名干部深入学习贯彻党的二十大精神，并将党的二十大精神和习近平总书记最新论述融入干部政德教育。推进新时代基层干部主题培训行动，举办主体班次9期，培训干部1845人；创新"部门镇街点题、党校送教上门"活动，举办专题班次32期。建强村级带头人队伍，选聘72名"特聘组织员"，回引113人返乡创业、任职。推进村党组织分类推进整体提升三年行动，114个"示范"

村、219个"创优"村、25个"强基"村晋位升级。开展"三资"清理，完善、清理合同471份，收回土地867亩，增加集体收入191.1万元，358个村集体收入全部过10万元。实施"三领三争"行动，村党组织领办土地股份合作社264家，流转土地4.8万亩，各村成立"党员操心人"队伍和文明银行。坚持党建引领基层治理，将全县划分7849个红色网格，"一网三联五清单"做法被评为全国第四批乡村治理典型案例。创建省级中小城市党建工作试点县，完成23个社区拆分及2个村改社区任务，18个社区落实公共场所，新招录157名社区工作者。成立快递外卖等4个行业党委，选聘76名骑手兼任社区工作者。

（二）扎实推进干部队伍建设

推进党员教育工作体系标准化建设，开展农村发展党员违规违纪排查整顿，打造"红色暖流"流动党员服务管理品牌和党代表为民服务品牌。开展调研21次，选派20名考察员到一线嵌入式考察，表扬干部492人次、集体100个，1人被评为全省"人民满意的公务员"。建立13个干部信息库，选拔528名优秀年轻干部组建"青年干部突击队"，到疫情防控、安保维稳等一线实践锻炼。在全县开展中层干部轮岗交流，交流中层干部302名。为新录用公务员逐人建立"成长档案"，建立"1+2导师"传帮带制度。

（三）纵深推进党风廉政建设和反腐败工作

保持惩治腐败的强大力量，紧盯"关键少数"，突出重点领域和重点问题，全县纪检监察机关共处置问题线索928件，立案301件，给予党纪政务处分313人，涉嫌犯罪移送检察机关5人，挽回经济损失1100余万元。深化纪律作风整顿，查处违反中央八项规定精神问题19起，党纪政务处分22人。用好以下看上"直通车"机制，建立44个监测点，查处形式主义、官僚主义问题15起19人。深入整治群众身边腐败和作风问题，共查处群众身边腐败和作风问题138起，处理171人，给予党纪政务处分112人。巩固深化扫黑除恶专项斗争和政法队伍教育整顿成果，查处涉黑涉恶腐败和"保护伞"问题10起12人。

二、主要工作与成绩

全年实现地区生产总值259亿元、增长5%，完成一般公共预算收入18.05亿元、增长3%，社会消费品零售总额148.4亿元、增长2.5%，城乡居民人均可支配收入分别增长5%、6%。

（一）加快产业转型升级

集中精力大抓产业、大抓先进制造业，强力推进经开区"一区三园"建设，重点打造有机颜料、碳基新材料、装配式建筑、新能源电池、冰雪运动服饰、新一代信息技术六大核心产业链，全县优质工业企业发展到29家，规模以上工业企业达到222家，新增省级专精特新企业10家。出台《服务攀登企业家十条》系列政策措施，创新开展"早餐会"解决企业实际问题，59家攀登企业实现营收190.7亿元、增长21.7%。新建高标准农田10万亩，粮食总产保持在13亿斤以上。省级现代农业产业园顺利通过认定，20个按揭农业（畜牧业）项目全面完工。规模大豆种子企业发展到22家，新增省级以上大豆植物新品种10个，获批创建全国大豆科技自强示范县。规模以上服务业企业发展到53家，营收增长16.5%，全县网络销售额突破9.2亿元。广泛开展促消费活动，带动消费4000万元。

（二）科学统筹城乡发展

"三区三线"划定成果正式启用，新增城镇建设用地空间1.24万亩。鲁南区域灭火与应急救援中心、鲜农都农商综合体等公建项目相继投用。城市智慧排水管控平台建成运行，城市黑臭水体实现动态清零。优化城市社区布局，指导33个小区成立业主委员会，建设物业服务样板小区6个、智慧安防小区111个。S244、S319等干线公路建设顺利推进，G327南环段改造竣工通车，新建及改造提升农村公路108.3公里，养护县乡重点道路155公里。县镇村三级物流服务体系更加健全，新建配送中心、分拨中心和网点451个。扎实开展"蓝天碧水净土"保卫战，空气综合指数同比改善8.1%，优良天数达到69.4%、提升8.4个百分点。严格落实"河湖长制"，深化水质保障专项行动，重点河流断面持续稳定达标。

（三）倾力增进民生福祉

10件民生实事基本完成。累计支出民生资金36.3亿元，占一般公共预算支出的80.1%。新增城镇就业2760人，开发公益性岗位6344个，失业率控制在1.9%以内。扎实推进"一老一小"工程，新增托位847个、完成率106%。举办"书香润祥城"系列全民阅读活动，完成送戏送电影下乡5863场。社会治理创新升级。"一拨就灵"群众诉求点单办理改革试点通过省级验收，"一网三联五清单"精细化治理做法获评全国乡村治理典型案例。扎实开展信访积案"百日攻坚"专项活动，交警大队、祥城派出所分别获评"全国公安机关爱民模范集体""全省枫桥式公安派出所"。食品药品安全、防灾减灾、应急管理等工作不断加强，安全生产形势持续向好。

三、创新与经验

（一）强化示范引领，凝聚改革合力

坚持"一把手"抓改革和改革抓"一把手"机制，县委主要负责同志以身作则、率先垂范，主持召开县委深改委会议2次、专题推进会4次，审议出台各类改革文件16项。坚持实施县党政领导和县人大常委会、县政协主要负责人抓"改革创新突破项目"和镇（街）党（工）委书记、县直部门单位主要负责人领衔改革创新事项制度，筛选确定了县级领导抓"改革创新突破项目"16项、部门改革创新事项75项，形成了"一级带着一级干、一级做给一级看"的改革工作推进格局。

（二）强化重点攻坚，增强改革质效

积极对标对表上级改革决策部署任务，结合县域实际，制定《县委深改委2022年工作要点》，聚焦经济领域、社会领域、民生领域等重点领域，涉及“放管服”、农业农村、医疗卫生等30项重点改革任务圆满完成；以省委深改委30项共性重点改革事项为主导，建立台账、压实责任，集中攻坚、全力突破，所有事项总体进展顺利；以承担的省级“点菜单”式改革试点为牵引，聚焦企业群众全生命周期的热点难点问题，集中开展“群众点菜、政府送菜上菜”行动，特别是在破解用地、人才、企业开工、助企帮扶等方面取得较大进展，探索丧事“零跑腿”服务新模式被省委改革办上报中央改革办，试点获得全市唯一“优秀”档次。

（三）强化一流意识，打响改革品牌

常态化开展争试点、争领导批示、争发文推广、争现场会或典型发言等“四争”工作，创新建立“重大对上争取事项提醒单”制度，持续在全县实行改革“一票肯定”考核办法，不断激发各级各部门奋力创先争优、全力对上争取的责任感和积极性。2022年以来，新承接全省党建综合阵地建设、村（社区）集体“三资”提级监督等省级试点21项；攻坚卡脖子技术发展大豆种业、农村危房改造等22项经验得到部委和省厅刊发推广；作为全省唯一，同时获评农业农村部“2021—2022年度全国畜牧业统计监测工作综合评估—生产监测县和市场监测县”2项“优秀”；争取“全国四好农村路”等国家级荣誉12项；人民日报、中央电视台等点赞嘉祥22次；承接省部级现场会或典型发言10次；嘉祥县发展大豆种业助力乡村振兴经验做法，获得省委省政府主要领导批示肯定；嘉祥县推进装配式建筑发展增强产业集聚效应经验做法，获得省政府领导批示肯定。

中共汶上县委工作概况

济宁市委常委、汶上县委书记　高永干

2022年，中共汶上县委坚持以习近平新时代中国特色社会主义思想为指导，围绕喜迎党的二十大、学习宣传贯彻党的二十大精神，认真落实党中央决策部署和省委、市委工作要求，高效统筹疫情防控和经济社会发展，团结带领全县广大干部群众“为汶上加油干”，推动各项工作取得新进展新成效，新时代现代化强县建设迈出坚实步伐。

一、组织概况与党的建设

汶上县委下辖基层党委154个、党工委8个，其中，乡镇党委12个，街道党工委3个，其他党（工）委147个；党总支127个，党支部1468个，其中“两新”组织党支部291个。全县党员35865名，其中，农村党员18509名，城市社区党员1860名，“两新”组织党员1858名。

（一）坚持不懈用党的理论武装党员干部

深入学习贯彻党的二十大精神，深刻领悟“两个确立”的决定性意义，以实际行动增强“四个意识”、坚定“四个自信”、坚决做到“两个维护”，锻造政治忠诚、理想坚定的党员队伍。开展“五项行动”，推动党建引领“红色物业”融入城市社区治理，打造镇街党校“示范校”、策划《党委书记谈党建》《我来讲党课》等专栏。深化全域党建联盟，建成全市首家党建“融”中心，推进优秀传统文化融入基层党建，有关做法被新华社《高管信息》《中国组织人事报》“学习强国”“城市先锋行”“鲁祖轩”刊发。

（二）推动基层党组织全面进步全面过硬

认真落实党建统领推进“双基”工作三年行动计划，制定《汶上县村党组织书记绩效考核实施办法》，在北京、浙江等地成立“归雁回引”工作站。推进村党组织分类推进整体提升三年行动，全县所有行政村集体收入均超过10万元，超过50万元的村占比44.25%，三星级党支部全覆盖，五星级党支部达30%以上。招录社区工作者165名，出台《汶上县城市社区工作者绩效考核办法（试行）》，推动250名社区工作者定岗网格全面提升基层治理水平。实施两新组织党建“红帆领航”行动，深化“企业片、商业圈、产业链、行业线”党建共同体建设。推进“百千万示范提升工程”，创建市级“两新”组织“双强六好”党建示范点28个、县级“两新”组织“双强六好”党建示范点17个。冯德昊等9人被评为济宁市干事创业先锋党员、林毅等7人被评为济宁市干事创业优秀党组织书记、汶上街道莲花湖村党委等6个基层党组织被评为济宁市干事创业先进党组织。

（三）紧贴发展抓好领导班子和干部队伍建设

按照市委“六个标尺”“三个导向”选人用人要求，紧紧围绕发展所需选用干部，2022年全县共调整干部9个批次，提拔（进一步使用）124人，晋升职级86人。成立干部队伍建设指挥部，深入镇街、部门开展蹲点调研，全方位、深层次、多角度扫描检视，准确发现“良马”、揪出“劣马”，经验做法被《中国组织人事报》刊发，被山西省委组织部官方推广。畅通“上挂、下训、交流”渠道，轮岗交流县直部门中层干部262名，组织全县893名干部下沉村居防疫一线，集中抽调96名业务骨干到挂图作战、制造业强县等指挥部跟班锻炼，选派10名干部到“北上广深”一线城市蹲点招商，增强干部推动发展、服务群众、防范化解风险的本领。开展“最美榜样”“最美榜样集体”评选，县法院林娜同志获评全国“人民满意的公务员”，成为26年来济宁市获得该项荣誉的第一人。创新实行“党员干部约谈组织部长”制度，畅通干部诉求表达渠道。严肃查处诬告陷害行为，及时为2名受到不实举报的干部澄清正名，旗帜鲜明为担当者担当、为负责者负责。

（四）着力强化人才对发展的支撑保障作用

成立科技、人才招引指挥部，形成“1+3+5”工作推进模式，“一揽子”解决项目申报、人才引育、科技成果转化等问题，获评泰山产业领军人才、省重点扶持区域引进急需紧缺人才等省级人才8人，引进硕士研究生139人、大学生2900余人。坚持以赛引才、以赛选才，组织3家创业企业、26个创业团队参加“赢在济宁”高层次人才创新创业大赛，举办第二届“赢在汶上”高层次人才创业大赛，征集创业项目50个，新增产学研合作协议20项。不断培育壮大创新主体，获评省级博士后创新实践基地等省级平台4家、市级平台14家，招引大院大所4家。积极推行企业新型学徒制技能人才培训，促成济宁技师学院和山东汉峰新材料有限公司、济宁职业技术学院和七七服饰股份有限公司签订校企合作协议，“订单式”培养技能人才。持续提升人才服务水平，为人才企业办理“人才贷”1000万元，统筹人才周转住房246套，为429名人才落实政策补贴487.6万元。

二、主要工作与成绩

2022年，全县地区生产总值完成267亿元，增长4.5%；一般公共预算收入完成18.8亿元，增长3%；规模以上工业增加值增长11.4%，综合实力显著增强。

（一）产业发展质效并举

深入实施“产业立县、制造强县”战略，围绕“3423”产业布局，持续做大产业规模、做优产业结构、做强产业尖兵，全面提升产业集群能级。制定三大产业三年推进计划，“一链一策”提升11条核心产业链，扬州李尔、西曼克机器人、汉峰新材料等15个标志性、引领性产业项目建成投产，荣获全省建筑业跨越发展县。现代服务业扩量提质，缘起中都、奥特莱斯商业综合体、万达集团文旅综合体签约落地，古城田园、白石昙山景区被评为3A级景区，获省级全域旅游示范区。

（二）项目建设加速推进

始终把招商引资作为“一号工程”，紧盯产业链上下游、中字号国字头、新风口和就业密集型企业“四个方向”，优化“3+2”招商处，全年到位内资71.8亿元，信敏惠化工、湘硕化工等38个产业项目提速推进。创新“区中园+工业地产”模式，齐驱汽车、电子信息制造、时尚智造等产业园加快建设，化工产业园被列为全国31家发展农药产能重点园区之一。深入实施“七网”建设行动，总投资770亿元的42个重大基础设施工程加快建设，新机场连接线顺利竣工通车，泉河大道西延顺利完工。科学编制现代水网，泉河南支拦蓄工程、水系连通及农村水系综合整治工程如期完工，全国节水型社会建设达标县顺利通过水利部复核。

（三）城市品质全面提升

以长远眼光、宏阔视野划定“三区三线”，绘好城市发展“一张蓝图”，泉河新城核心区完成城市设计，与中建交通签订战略协议。以全局思维、精致理念推动城市建设，强力推进路网畅通、有机更新、裸露土地治理、公共服务提升系列工程，10个棚改和社区建设项目完成回迁安置，1.5万名群众喜迁新居。整体打包、组团实施89个老旧小区72.9万平方米改造，7869户居民生活环境焕然一新。新为民服务中心、森林公园、全民健身公园投入使用，新增“四小工程”11处，提升了城市颜值。

（四）美丽乡村更加宜居

坚持用“工业思维”抓农业，高标准农田基本实现全覆盖，粮食生产再获丰收，汶上芦花鸡被农业农村部列入农业品牌精品培育计划，获评国家制种大县、省级耕地保护激励县。统筹乡村基础设施和公共服务布局，新建提升城乡供水管网67公里，农村改厕、清洁取暖超额完成年度任务，“四好农村路”高质量发展经验做法被交通运输部发文推广。创新推行“信用+人居环境”治理模式，创建省市级美丽乡村18个，美丽庭院覆盖率达30%，入选全国乡村建设评价样本县。

（五）民生福祉不断增进

千方百计援企稳岗扩就业，开发城乡公益性岗位4613个，城镇新增就业2710人。稳步提高社会保障标准，社会救助标准实现“18连增”。聚焦教育强县建设，做好“建教学管”四篇文章，西和园中学等6所中小学改扩建项目加快推进，新增学位1980个。大力提升医疗服务水平，县二院新院区建成使用，标准化医保服务站实现镇村全覆盖。坚持“有一办一、举一反三、未诉先办”，创新打造“汶诉即办”社会治理平台，实现问题诉求抢着办、即时办。全面推进依法治县，“谁执法谁普法”履职评议、推行法治建设党委巡察全覆盖列入全省试点。

（六）社会大局和谐稳定

坚持“外防输入、内防疏漏”，准确把握“二十条”“新十条”措施，着力“保健康、防重症”，最大限度保护人民生命健康。严格落实国务院“15条硬措施”和省委、省政府“八抓20项”创新举措，持续深化矿山、危化品、防汛等领域隐患排查，经营性自建房、农村危房鉴定率、整治率实现“两个100%”。持续深入打好蓝天、碧水、净土保卫战，国控泉河考核断面、饮用水源地水质稳定达标。坚持“有解思维”，开展信访积案攻坚化解和突出领域专项整治，顺利完成党的二十大、全国“两会”等重大活动服务保障工作，社会大局保持和谐稳定。

三、创新与经验

（一）财金融合改革试点助力乡村振兴

以山东省财政金融政策融合支持乡村振兴试点县为契机，用活用好财政金融政策融合“工具箱”。发挥财政资金杠杆作用，整合各类涉农资金21亿元，吸引金融资本下乡。采用“奖补资金＋银行信贷”组合方式，从风险补偿、财政奖补、金融创新等多点发力，推动芦花鸡、甘薯两大农业特色产业提速发展，打造全国全省有影响力的农产品品牌，探索出一条“财金融合、强产富民”的新路子，真正做到财金助农，强产富民。相关经验做法被中共山东省委全面深化改革委员会办公室《改革与制度创新》刊发。

（二）深化全国“护童成长”试点，打造“汶暖童心”改革品牌

按照“1+N”思路，高标准打造未成年人保护救助中心，推进社会救助站、社工服务站与未保工作站阵地融合、力量整合、资源共享。积极探索“社区＋未保”“养老＋未保”等多种模式，打造全方位、多层次、多样化服务阵地。探索实行“云平台＋网格化”管理服务模式，救助帮扶各类困难儿童5000人次，改造“希望小屋”67个，为394名残疾儿童进行免费康复治疗，让困难儿童和家庭收获幸福、点亮希望，同时构建家庭、学校、社会、网络、司法全方位衔接、全链条协同、全维度保护的良性机制，为推进县域未保工作高质量发展提供了“汶上样板”。

中共泗水县委工作概况

县委书记　赵　鑫

2022年，泗水县委坚持以习近平新时代中国特色社会主义思想为指导，全面贯彻落实党的二十大精神，以作风建设赋能高质量发展，持续深化“1+2345”工作体系，各项工作取得新成效。全县实现地区生产总值216.07亿元，同比增长4.4%；一般公共预算收入完成13.3亿元，同比增长8.5%；城乡居民收入分别同比增长5.3%、8.0%。

一、组织概况与党的建设

泗水县辖2个街道、11个镇和1个省级经济开发区，403个行政村（社区）。现有基层党组织1265个，其中，党委57个，总支部133个，党支部1134个；党员30417名。

（一）在铸魂赋能中选优配强，锻造高素质专业化干部队伍

创新多维赋能模式，3.4万余名干部通过“线上＋线下”夜校、大讲堂模式，得到教育培训，1200余名干部通过“五个一批”培养锻炼工程，得到摔打锤炼，做法被新华社报道。坚持为事业发展选人，创新打造“泉乡菁英擂台赛”等干部脱颖而出的平台，储备“优苗”300名，精选“青年干部标兵”63名，做法被《光明日报》报道。1名选调生被评为“全省百名优秀选调生”，1名干部被授予“全国优秀共青团干部”。实体化运行干部队伍建设指挥部，常态化调研部门单位、指挥部116个，建立作风、实绩、信访、舆情4本台账，月月通报排名，推动干部作风大提升。中组部调研公务员工作，泗水县作交流发言。坚持事业为上、人岗相适，一批实干担当的干部得到提拔重用、晋升职级，树牢了“吃苦者吃香、有为者有位”的鲜明导向。

（二）在全域建强中跃迁提升，夯实基层党建根基

推进党的基层组织建设三年行动计划，抓牢村党组织书记队伍建设这个关键，建立“23188”村党组织书记监督管理体系，将80名村党组织书记纳入高素质专业化管理，1典型村经验被《新华每日电讯》报道，“抓党建促乡村振兴”工作被国家《乡村振兴简报》刊发，全国党建研究会专题到泗水调研。探索突破基层治理传统模式，创新扁平化治理机制，入围全国基层党建创新典型案例，“城市三长”做法被新华社报道。坚持将品牌培树作为提升党建工作质效的重要抓手，建成模范机关省级示范点3个，“党建＋”助企攀登模式被《经济日报》刊发，省“强基队”济宁工作队产业振兴观摩会在泗水召开。深化创先争优，《青山不负》获中组部征集活动二等奖，纪录片《答卷人》获省级特别奖、最佳策划奖，10部新媒体作品被《中国组织人事报》等平台发布。

（三）在蓄力创新中加速引才，激发人才工作活力

深化产才融合，落地7个高层次人才创业项目，入选泰山产业领军人才1人、齐鲁乡村之星8人，建成省创新平台4处。举办高层次人才创业大赛，与省人才发展集团签约，成为全市首个合作并共建高层次科创基地的县。广聚青年英才，累计引进“蓄水池”人才30名。实施“校地共享菁英”计划，开辟引博入企新路径。组建“周末工程师”青年助企服务队，解决技术难题60余个，助力企业提高效益1600万元。建成全省第一家实体运作的清华大学乡村振兴工作站，入选全国第一批“百校联百县兴千村”结对名单，乡村振兴合伙人、“泗郎回乡”工程被《光明日报》《中国组织人事报》报道，《山东组工信息》3次刊发泗水人才工作经验做法。

二、主要工作与成绩

（一）产业发展支撑有力

坚定不移大抓产业、大抓制造业，出台《支持工业经济高质量发展十项政策措施》等政策。开展干部“助企攀登”活动，攀登企业扩增到44家。推进优质企业、幼苗企业“两培育”工程，新增专精特新国家级“小巨人”3家、省级14家、省级“瞪羚”企业6家，提前两年完成倍增任务；成功入选山东省特色优势食品产业集聚区。实施科技型企业、高新技术企业“双倍增”行动，34家企业已完成高企申报。实施“人才＋项目”产才融合工程，引进高层次人才创业项目 7 个、高层次人才 17 人。

（二）有效投资持续扩大

坚持招商引资“天字号”工程不动摇，新签约亿元以上项目 20 个，其中十亿元以上项目 4 个、五亿元以上项目 4 个。打好专班全流程服务、要素跟着项目走、晨会制等服务保障“组合拳”，6 个省级、14 个市级重点产业项目均超额完成年度投资计划，仲都乡村振兴示范片区项目、汇川汽车部件项目分别获评济宁市“五佳”乡村振兴项目、“十佳”招商引资项目。

（三）乡村振兴成效显著

成功创建省乡村振兴“十百千”示范县，龙湾湖片区获批首批山东省乡村振兴齐鲁样板省级示范区，泗水现代农业（甘薯）产业园成功入选国家现代农业产业园创建名单。清华大学乡村振兴工作站建成投用；盘活农村闲置宅基地经验做法获省农业农村厅发文推广。

（四）发展基础不断夯实

坚持“山水园林、生态宜居”城市发展定位，积极推进泗北生态新城建设和老城更新，新开工商品房面积 55.1 万平方米，37 个老旧小区改造项目和 12 个小城镇建设项目全部完工。新增城区集中供暖 20 万平方米、实施农村清洁取暖改造 1284 户，50 公里乡村道路提升工程、75 公里“户户通”工程、6 座危桥改造工程顺利完工。

（五）民生福祉持续增进

全年民生支出占财政总支出的 81.9%，教育、医疗、社保、文化、“一老一小”等各项事业全面发展。常态化开展“走基层、转作风、办实事”大走访活动，县级领导带头入村头、下地头倾听民意、化解矛盾、落实政策。因时因势优化调整疫情防控措施，从严从实做好安全生产、生态环保、信访维稳等底线工作，社会大局持续安定祥和。

（六）管党治党从严从实

坚决扛牢管党治党政治责任，深入开展“作风建设年”活动，建立“四本台账”，创新晨会制度，用好“红黄旗”奖惩，及时跟进工作落实情况。创新党建引领扁平化社会治理新模式，入选全国基层党建创新典型案例。创新“线上＋线下”干部夜校和“泉乡菁英擂台赛”，形成具有区域影响力的干部教育培训、发现识别新机制。常态化开展作风察访、干部调研，针对性实行警示教育、日常监督，风清气正的政治生态初步形成。

三、创新与经验

（一）探索乡村振兴新路径

抢抓山东省乡村振兴政策集成改革试点机遇，以龙湾湖乡村振兴示范区为试点，通过深化农村宅基地改革、实施乡村振兴“合伙人”招募、开展校地合作、搭建金融支持服务体系，推动机制体制更加衔接配套、成熟定型。2022 年 7 月，该试点顺利通过省中期评估；11 月，泗水县试点经验被国家乡村振兴局发文推广，获省委主要领导批示肯定。

（二）构建社会治理新模式

创新党建引领扁平化社会治理模式，深化农村“三级党建网格”和城市“三长制”，常态化开展“走基层、转作风、办实事”大走访活动，组建“泗好办”村（社区）千支暖心小分队，直插基层群众身边解决急难愁盼问题，入选全国基层党建创新典型案例，获省委领导批示肯定。

（三）打造干部队伍建设新格局

弘扬“苦干不苦熬、奋力争上游”新时代泗水精神，建立部门单位工作正负面台账、重点信访工作台账、网络舆情台账、常态化察访问题台账“四本台账”，用好“蓝黄红”牌奖惩，县委常委会每月听取情况汇报，每季度颁发“红黄旗”，严格过程管控、责任落实、即时奖惩。高位运行干部队伍建设指挥部，常态化开展干部调研和作风察访。创新干部夜校培训模式，培训党员干部 3.4 万人次，有效解决干部“真懂会干”问题。

中共梁山县委工作概况

县委书记　谷永强

2022 年，梁山县高举习近平新时代中国特色社会主义思想伟大旗帜，全面贯彻党的二十大精神，紧紧围绕讲政治、谋发展、惠民生、守底线“四个工作重心”，聚焦“七个梁山”建设，统筹疫情防控和经济社会发展，团结奋斗、共克时艰，完成年度目标任务。

一、组织概况与党的建设

梁山县共有基层党（工）委 59 个，派出党（工）委 7 个，党总支 53 个，党支部 1381 个，党员 37047 名。

（一）着力压实管党治党责任

建立基层党建工作指挥部推进机制，建立书记责任清单、书记突破项目、述职评议考核“3 项机制”，召开 4 次县委党的建设工作领导小组会议，坚持基层党建工作周清单周通报、月例会、季通报和党务干部业务月测试“4 项制度”，建立“五基达标、三优争创”评价体系，促进全县基层党建工作不断提档升级。

（二）打造高素质专业化干部队伍

突出搭建平台淬炼干部。实施干部能力提升计划，累计培训干部 6200 余人次，抽调 5600 余人次县直机关干部参与疫情防控工作，选派729名干部到“三重”工作指挥部学习锻炼，10名干部到县管国有企业挂职锻炼，组织155名年轻干部开展“村情大调研、写作大比武”活动。突出实干实绩识别干部。开展8次干部专题调研，印发18期通报，掌握163名优秀干部，48名表现一般干部。突出严管厚爱激励干部。开展“四比四强四提升”活动，建立“亮工作、晒实绩、大排名”机制，组织4次干部排名；强化日常监督，提醒54人次、函询3人、诫勉1人；加大对乡镇干部关心关爱力度，率先完成提高乡镇工作补贴20%的任务目标。突出鲜明导向使用干部。研究制定公务员、事业单位管理岗位职员职级晋升把握原则和《关于推动干部交流的实施意见》，共调整干部82名，晋升职级39名，交流干部121名。

（三）着力夯实基层基础

党员管理严格化。建立党代表“1+8+N”工作机制，规范提升20处工作室；高质量完成农村发展党员违规违纪问题排查整顿，处理处置当事人292名、责任人303名。头雁管理专业化。组织415名村党组织书记开展挂职锻炼，推选108名党员“共富先锋”，相关做法均在《中国组织人事报》刊发。集体增收多元化。推行“四个一”党支部领办合作社工作模式，成立13个党支部领办合作社联盟基地，培植383个规范社，入社土地21.91万亩。社会治理融合化。打造“‘0537’有事找书记”党群服务品牌，党建引领老旧小区改造经验被《半月谈》刊发；推进“四融四力”新村融合工作模式，培树56个新村融合示范典型，在全市率先完成村改社区基层党建和治理难题集中攻坚；建立黄河滩区“六同”治理模式，经验做法被《新华社每日电讯》《山东通讯》刊发。新业态党建常态化。成立快递、外卖、货运物流、直播电商行业党委和党建工作联盟，常态化开展“十大攻坚行动”，推动新就业群体融入基层治理，《支部生活》《半月谈》刊发相关经验做法。

（四）深入推进党风廉政建设

开展干部作风“五纠五树”活动，锲而不舍纠治“四风”顽瘴痼疾，坚决整治违反中央八项规定精神问题，党风政风持续向上向好。紧盯统筹疫情防控和经济社会发展、黄河重大国家战略、中央惠农政策落实、维稳安保、安全生产等重点工作，强化监督检查，扎实推进政治监督具体化、精准化、常态化。开展群众身边腐败和不正之风专项整治，聚焦村（社区）集体“三资”管理、中小学校配餐（食堂）管理、不动产登记办证难、虚报冒领惠农惠民（养老社保、就业培训）补贴资金等“四项重点”问题开展专项整治，有力整治群众身边“蝇贪”。组织开展十五届县委第一轮、第二轮常规巡察、黄河流域生态保护和高质量发展专项巡察。

二、主要工作与成绩

2022年，全县完成地区生产总值286.46亿元，按可比价计算，比上年增长3.9%。实现一般公共预算收入16.3亿元，地方一般公共预算支出48.21亿元，社会消费品零售总额132.3亿元。城镇居民人均可支配收入37016元，农村居民人均可支配收入21075元。

（一）现代产业体系加快构筑，县域综合实力不断增强

制造业强县纵深推进。全县新增规模以上工业企业39家，达到278家，居全市第1位。现代服务业量质齐升。港航物流产业加速成长，梁山港货物集疏港量达1800万吨，营业收入达78亿元。全面启动水泊梁山景区创5A工作，预计旅游总收入达6.6亿元。全县金融机构存贷款余额分别为592亿元、288亿元，分别较年初增长14.4%、10.51%。现代农业稳中增强。新创建2个省级农业产业强镇、2个省级特色优势食品产业强镇，大路口乡被认定为省级乡村振兴示范乡，8个村庄被认定为省级乡村振兴示范村。新建高标准农田3.5万亩，粮食总产62万吨，入选2022年度粮油绿色高质高效行动示范县。创新活力不断激发。新增国家高新技术企业40家，国家专精特新“小巨人”企业2家，省级“专精特新”中小企业、瞪羚企业、制造业单项冠军17家。争项目争资金取得突破。入选省市重点项目26个，通泰高端智能装备制造等9个项目建成投产。签约投资过亿元项目45个、到位内资70亿元，实际利用外资5000万美元、同比增长59.03%。

（二）城乡面貌绽放新姿，功能品质大幅提升

完成“三区三线”划定工作，划定城镇开发边界11.4万亩。开展城市更新行动，4.83公里市政道路和121.25公里老旧小区雨污分流改造工程全面完工，14个老旧小区改造任务提前完成。2687套、36.27万平方米棚改安置房基本建成。济梁路、金线岭路、天魁路、麒麟路及龟山桥、凤山桥、永乐桥开放通行。镇村环境不断改善。小安山镇运河新村社区、新合社区完成建设，1079户群众喜迁新居。深入实施农村人居环境整治提升五年行动，创成2个省级、12个市级美丽乡村示范村，创建“美丽庭院”2.38万户，完成农村公路新改建工程57.87公里。交通基础设施建设有序推进。京雄商高铁梁山段黄河特大桥开工建设。鄄郓高速、济广高速改扩建工程全线开工，德单高速、济梁高速加快推进。梁济运河“三改二”航道养护疏浚工程全面完成，梁山港入选国家多式联运示范工程。

（三）污染防治扎实有力，生态底色更加鲜明

推进工业污染源提标改造、挥发性有机物重点行业深度治理和工地、道路扬尘整治，完成农村清洁取暖改造8000户，空气质量综合指数、$PM_{2.5}$浓度分别改善9.5%、14.3%，改善率均居全市第1位。开展全域水环境综合治理，严格落实黄河流域横向生态补偿机制，积极推进南四湖—东平湖流域联防联控，完成97处农村生活污水、63条黑臭水体治理任务，水污染防治考核居全市第1位。严厉打击黄河流域固体废物非法转移、倾倒等违法犯罪行为，土壤生态环境得到有力保障。完成节能减排目标，成功创建2022年度全省县域节水型社会。

（四）社会事业协同共进，民生福祉持续增进

社会保障不断健全。新增城镇就业2722人，安置城乡公益性岗位5081人，为744人发放创业担保贷款1.31亿元。城乡低保人员、特困人员等9类困难群众救助保障标准实现提标，发放各类救助保障资金1.71亿元。医保待遇持续提高，药品和高值医用耗材平均降价50%以上。公共服务优质均衡。教育资源扩容提质，京师华宇高级中学、县实验高级中学投入使用，17处乡镇小学教育资源完成整合，夏季高考本科上线突破2500人大关，再创历史新高。医疗卫生服务能力不断增强，县人民医院新院区医养健康项目加快建设，梁山街道社区卫生服务中心新院区、县人民医院妇产儿科大楼投入使用，8家基层医疗卫生机构完成升级改造。文化惠民工程深入实施，开展送戏下乡626场、送电影下乡7123场。社会治理精准高效。认真贯彻落实安全生产15条硬措施和“八抓20条”创新举措，安全生产形势稳定向好。坚持人民至上、生命至上，全县上下众志成城、团结一心，坚决高效、干净彻底打赢疫情防控歼灭战。

三、创新与经验

（一）必须坚持旗帜鲜明讲政治、坚决做到“两个维护”

全面贯彻习近平新时代中国特色社会主义思想，始终做到党中央有号召、梁山有行动，总书记有指示、我们有落实，确保梁山各项事业方向正确、行稳致远。

（二）必须坚持发展“第一要务”、工业“第一支撑”

牢记发展是解决一切问题的“金钥匙”、加快发展是当前梁山最硬的道理和最根本的任务，全面贯彻新发展理念，强化“工业立县”主导地位，坚定不移发展先进制造业，推动经济社会高质量发展。

（三）必须坚持人民至上、民生为先

践行以人民为中心的发展思想，做到发展为了人民、发展依靠人民、发展成果由人民共享，不断满足人民对美好生活的向往。

（四）必须坚持以改革破阻力、以开放增活力

坚持创新“第一动力”，用好改革开放“关键一招”，持续解放思想，鼓励创新创造，破除体制弊端，解决难题壁垒，释放发展活力，确保梁山在新一轮发展中赢得主动。

（五）必须统筹发展和安全、守牢安全底线

牢固树立总体国家安全观，强化底线思维，增强忧患意识，敢于斗争、善于斗争，积极应对各种风险与挑战，筑牢安全屏障。

（六）必须坚持党要管党、全面从严治党

坚持和加强党的全面领导，大力弘扬伟大建党精神，深入推进新时代党的建设新的伟大工程，不断增强各级党组织的创造力、凝聚力、战斗力，锻造一支忠诚干净担当的干部队伍，为现代化建设提供坚强政治保证。

泰　安　市

中共泰安市泰山区委工作概况

区委书记　张培峰

一、组织概况与党的建设

泰山区是泰安市委、市政府驻地，辖5个街道、2个镇，115个行政村、75个社区。总面积336平方公里，总人口80万人。共有基层党组织1463个，其中，党委133个，党总支55个，党支部1275个，党员30989名。

（一）干部队伍作风建设

实施机关作风集中整顿和“强作风、优环境、惠民生、促发展”活动，开展“作风五问”大讨论，着力解决影响全区发展大局、制约工作落实、群众反映强烈的作风顽疾，推动营造平稳健康的发展环境。

（二）领导班子建设

健全完善《“三重一大”事项决策办法》《落实全面从严治党主体责任联席会议议事规则》等党的领导制度体系，创新“观摩学习+集体研讨”等学习形式，组织开展区委理论学习中心组集体学习14次，举办报告会3场。顺利完成人大、政府、政协换届工作，2名同志分别被授予全国、全省“人民满意的公务员”称号，1个单位被授予全省“人民满意的公务员集体”称号。

（三）基层组织建设

成立外卖等行业党委5个、党组织15个、工青妇组织39家，建设红“新”先锋驿站8处，打造“泰山红‘新’”党建品牌，全省外卖行业党建现场观摩会议在泰山区举办。扎实推进村“两委”换届回头看、乡村振兴擂台比武，成

立农村党支部领办合作社服务中心，探索“红链共富”模式助推集体经济发展。

二、主要工作与成绩

2022年，泰山区委坚持以习近平新时代中国特色社会主义思想为指导，围绕“当标杆、作表率，打造首善之区”目标要求，坚持“11645”发展思路，创新实施“领导干部带头、全覆盖激励考核、清单式落实”工作机制，新时代社会主义现代化强区建设迈出坚实步伐。2022年，全区实现生产总值520亿元、增长3.6%；实现一般公共预算收入28.4亿元，税收占比88.5%，收入质量居全省前列；“四上”企业同口径增长147家、新注册企业市场主体6375户，居全市第1；固定资产投资增长22%，居全市第2；外贸进出口额达81亿元，实际利用外资1.1亿美元，均居全市前列。获全国科普示范区、国家知识产权强县试点县（区）、全国投资潜力百强区、全国民族团结进步示范区等省级以上荣誉90多项，20余项经验在全省、全国推广，3项工作获省委省政府督查激励。

（一）积极落实黄河国家战略

加强项目统筹谋划，双创中心等15个项目列入市级黄河流域生态保护和高质量发展重点项目库，实现投资15.8亿元，完成率106%。持续打好蓝天、碧水、净土保卫战，优良天数比例、$PM_{2.5}$改善率均居全市前列；省控明堂河水质达到三类水标准。加快芝田河、大汶河提升改造项目建设，巩固拓展泰山区域山水林田湖草生态修复工程试点成果。高质量完成1万亩农村水价改革、3平方公里水土保持治理任务，安家庄水土保持科技示范园创建为国家级示范园。

（二）加快推进新型工业化

锚定“打造都市工业主阵地、当好工业产业‘路由器’”目标定位，大力实施工业倍增计划，新型工业化建设取得明显成效。发力都市工业。制定13条产业链发展专项行动计划，建立完善推进新型工业化各类机制28项，组建数字经济、现代食品、矿山装备产业链商会3家。抓实项目建设。策划工业类项目133个，成功签约东华软件、威高等国内500强企业，新引进过亿元项目63个，合同引资额211.6亿元。水发集团等5家区域总部落户泰山区，5个数字经济产业项目入选省数字经济重点项目名单，数量占全市33.3%。做优特色园区。谋划建设泰山数谷、高端装备科技制造园等8个特色园区；泰山数谷先行区通过泰山软件、教育装备、星斗科技等5个园区，招引入驻企业126家，在谈企业40余家，营业收入达到26亿元。夯实要素保障。深入推进“两库两清单”政策保障机制，探索“免申即享”新模式，出台“强工业”惠企政策46项，组织开展银企对接活动11次，为76家企业发放贷款110余亿元。促进现代服务业提速发展。聚焦总部经济、软件研发、现代金融等5大核心产业，规划建设现代服务业集聚区，招引企业80余家，岱铭研发检测中心等一批过亿元服务业项目签约落地。规模以上服务业营收、现代服务业增加值分别占全市36.4%、25.8%。

（三）着力推进共同富裕

坚持再难也要保民生，2022年民生支出达20.5亿元，占一般公共预算支出的76.5%。投入资金4.6亿元，及时处置3轮突发疫情，精准管控风险区95个、43.24万人次，构筑起泰城疫情安全防线。为民所办10件实事全面完成，安置城乡公益性岗位2048人，实现新增就业7920人。深入实施乡村振兴战略，成功争创省级乡村振兴示范区，省级乡村振兴示范乡镇、示范村分别为2个、8个。

（四）全力实施城市更新

实施城中村改造47个片区，涉及267个小区、435万平方米、4.8万余户，改造规模全省第一。松园小区改造项目被列为国家级老旧小区改造联系点，顺利完成“中国人居环境奖”申报。举行2次开工仪式，15个城中村改造项目全部完成回迁用地腾空、市级审批备案，12个项目回迁工程已开工，开工面积130万平方米，完成投资47.7亿元。举办首届房产展销会，6家企业成功摘得省级“泰山杯”奖11项，创历史最好成绩，获奖企业和数量均居全市第一。加快建设城市路网，明堂路建成通车，S103东岳胜境旅游公路稳步推进，双龙路、谢过城大街具备通车条件。

（五）更好统筹发展与安全

圆满完成北京冬奥会、全国“两会”、党的二十大等重大安保维稳任务，被省委、省政府表彰为“党的二十大维稳安保先进单位”。深入开展各领域风险隐患排查整治，守好守牢安全生产、社会稳定、国土保护、金融风险等一排底线，大官庄社区、岳麓社区分别被评为国家级、省级综合减灾示范社区。

三、创新与经验

（一）创新“公益代位注销”机制

持续推进商事制度改革，坚持机制创新，探索拓展市场主体退出路径，创新推出“公益代位注销”模式，填补国内“公益注销”制度空白，泰山区被确定为全省唯一“代位注销”县级试点区域。

（二）创新老旧小区改造模式

创新实施老旧小区改造“6+”举措，打造老旧小区改造“泰山”模式，2022年，泰山区完成改造面积435万平方米，改造规模位列全省县（市、区）第一。典型经验在全国经验交流会上宣传推广，被省委省政府评为“十大扩需求”典型案例。

（三）创新实施工业企业梯次培育

实施小微初创企业“启航”、规模以上潜力企业“雏鹰”、领军企业培育“航母”“三大行动”，推动工业企业稳进提质。2022年，新增国家级专精特新“小巨人”5家、省级制造业单项冠军4家；培育省级“专精特新”中小企业18家、同比增长100%；岱银集团被认定为省级绿色工厂、省级公共海外仓;《纺织服装产业动能转换的泰山实践》案例获时任省委书记李干杰签批。

中共泰安市岱岳区委工作概况

区委副书记　刘国成

一、组织概况与党的建设

岱岳区辖2个街道、9个镇，共有基层党组织1318个，其中，区管党委21个，基层党委117个，党总支66个，党支部1260个，共有党员39203名。

2022年，岱岳区深入学习习近平新时代中国特色社会主义思想，全面贯彻党的二十大精神，持续推动组织工作提质增效。制定《关于在新型工业化强区建设等重大任务、重点工作一线培养考察使用干部的实施意见》等文件，树牢实干实绩导向，聚力打造担当强区建设重任的干部队伍。抓实党建引领基层治理，创新开展抓党建壮大村集体经济促乡村振兴、村党组织书记“集团化”管理考核、党建引领网格化治理等工作，全面增强各级党组织政治功能和组织功能。全面构建人才引育新格局，实施精准引才、平台育才、服务留才三项行动，引进国家级高层次人才1人、外国专家4人、博士8人、硕士194人。新建市级以上重点实验室4家，新型研发机构、工程技术研究中心2家。累计发放“人才贷”1700万元。《新华社“国内动态清样”》《半月谈》等中央级媒体平台先后刊发岱岳区典型做法。

二、主要工作与成绩

2022年，岱岳区坚持以习近平新时代中国特色社会主义思想为指导，坚决落实党中央决策部署，以及省委、市委工作要求，新时代社会主义现代化强区建设迈出坚实步伐。

（一）新型工业化实现新突破

坚持把新型工业化作为发展之本、强区之基、富民之要，成立工业推进委员会，全面推行“链长制”，持续做大产业、做强企业、做优园区，规模以上工业增加值增长6%，工业税收增幅列全市第1位，工业税收占比达到46.2%。玻璃纤维新材料产业集群入选省特色产业集群，玻璃纤维新材料特色小镇入选省特色小镇，新材料和新型建材产业集群列入省“十强”产业“雁阵形”集群储备库。泰山石膏被认定为省“十强”产业集群领军企业和国家知识产权优势企业。山东铁鹰获批国家级制造业单项冠军。是全省唯一同时获评首批科技创新强县、技术转移先进县两项荣誉的县（市、区）。

（二）现代服务业取得新进展

成功举办首届全市文化旅游发展大会，被确定为省文旅康养强县、省全域旅游示范区、省文物大县。“岩岩泰山•青青岱岳”精品旅游产业集群获省“十强”产业“雁阵形”集群专项激励，泰山非遗小镇入选全国非遗与旅游融合发展优选项目名录。引进民生银行岱岳支行等金融企业4家、总数65家，金融业实现税收3.3亿元、同比增长20%。蓝海股权泰安资本赋能中心落户，新增区域股权交易市场挂牌企业10家、达到53家，泰石节能主板上市报山东证监局辅导。

（三）乡村振兴开创新局面

九女峰示范区被确定为首批省乡村振兴齐鲁样板省级示范区。成功列入国家现代农业产业园创建名单、国家奶业生产能力提升整县推进试点县、全省整县推进乡村生态振兴重点示范县。粮食单产居全省136个县市区第4位。夏张镇、大汶口镇被评为省级农业产业强镇。岳洋合作社被评为全国巾帼现代农业科技示范基地，泰山黄精文化产业园入选全省新旧动能转换重大产业攻关项目名单，金兰乳业入选全省民族镇村产业化品牌集聚地培育名单。

（四）项目建设展现新速度

新签约项目100个，总投资518亿元。新策划项目333个，87个列入市重点。省市区三级145个重点项目累计完成投资267亿元，65个项目竣工投产或运营，华伟重工等80个项目加快建设。19个项目纳入省级重点项目，历史最多、质量最好。累计对上争取资金14亿元、增长18%，省级以上荣誉95项、试点31个。

（五）城乡建设呈现新面貌

高标准规划设计24平方公里西部新城，打造产城融合的高品质公园城市，实施42项基础设施项目，列入省公园城市建设试点。13个城中村改造项目加快推进，改造老旧小区13个，惠及1万余人。铺开“七星”和美社区创建，重塑网格化治理新机制。巩固全国文明城市创建成果。道朗镇成功创建省级“绿水青山就是金山银山”实践创新基地。

（六）民生福祉实现新改善

推进省社会救助综合改革试验区建设，成功创建为省县域养老服务体系创新示范区，圣康养老服务中心被评为省养老服务标准化示范点。成功创建省全环境育人实验区，入选省智慧教育示范区创建名单。获评省社会信用体系建设典型城市、省基层治理实验区。

三、创新与经验

（一）创新集团化管理考核，激发村党组织书记干事创业新活力

打破以往乡镇（街道）管理村党组织书记传统链条，由区级提级管理，对村党组织书记进行直接督导考核，将村党组织书记管理与村集体经济收入相挂钩，按照收入划分集团，坚持同一“集团”同台竞赛，增强村党组织书记竞争积极性。实现了“支部有作为、党员起作用、集体增收入、群众得实惠”。2022年，全区464个村集体（含27个村改社区）平均收入达到34.5万元，全部超过10万元，50万元以上的村达到107个，顺利完成“清零倍增”目标任务。相关经验做法在《人民日报》等媒体介绍。

（二）创建“七星”和美社区，提升基层治理现代化水平

聚力打造好班子、好队伍、好业委、好物业、好制度、好环境、好风尚“七个好”社区（小区），搭建为民协商、矛盾调处化解等4个平台，推动后进社区班子、社区环境等5项整治，提升全区网格化服务管理工作水平和网格员队伍素质能力，基层治理现代化水平不断提升。相关经验做法在《山东政法简报》等刊物刊发，被省住房和城乡建设厅发文推广。

中共新泰市委工作概况

市委书记　宋鸿鹏

一、组织概况与党的建设

新泰市辖20个乡镇街道、839个行政村、41个城市社区，共有基层党组织3032个，党员70801名。

（一）理论学习凝心聚魂

以学习贯彻党的二十大精神为主线，深化习近平新时代中国特色社会主义思想教育培训工程，实施干部教育培训统筹管理，举办党的二十大精神专题学习班、“新泰菁英”中青年干部培训班等10期培训班次，各级领导干部带头宣讲300余场。

（二）管党治党全面从严

市委常委会带头履行全面从严治党主体责任，班子成员严格落实“一岗双责”，召开常委会等研究党建工作23次、研究意识形态工作20次，推送主体责任项目62个、监督责任项目43个，构建起“一级抓一级、层层抓落实”的党建工作格局。

（三）基层基础巩固夯实

扎实推进村级党组织分类推进整体提升三年行动，深入实施“211”工程，对10个软弱涣散党组织进行专项整治。深入开展农村集体“三资”清理和宅基地审查规范提升行动，清理出土地等资源1.22万亩，实现村集体直接增收2669万元。开展红色物业集中攻坚，培树“红色物业”示范小区4个。

（四）干部队伍优化提升

落实《党政领导干部选拔任用工作条例》等政策法规，深化干部政治素质考察，提拔重用106名在新型工业化强市建设、疫情防控等重点工作岗位表现突出的干部。实施“优选储备”计划，选派260名年轻干部到省级以上机关、疫情防控和重点项目一线实践锻炼，提拔重用35岁以下年轻干部37人。

（五）作风建设持续加强

推进机关作风集中整顿，开展“百企千人评科长”“登高望远·我最美”系列活动，出台干部待岗管理办法，待岗管理15名干部。健全完善容错纠错体系，建立“可容不可容”清单，容错纠错2人，为6名干部澄清正名。深化纠治“四风”，一体推进“三不腐”，立案查处280件313人，党纪政务处分295人。

二、主要工作与成绩

2022年，新泰市大力实施“以经济建设为中心，工业为核心，项目建设为重心”“三心”战略，新时代“五个新泰”建设实现良好开局。新泰居全国综合实力百强县市第69位、新型城镇化质量百强县市第42位。

（一）“工业新泰”跑出新速度

聚全市之力做大做强高端装备制造、高端化工、新能源及装备、新能源车辆及工程机械、新一代信息技术、农产品（食品）加工6大支撑产业，新增规模以上工业企业57家、国家级专精特新“小巨人”企业7家。新巨丰科技成功登陆创业板，吉利远程本途新能源商用车项目仅用时7个月实现整车下线，智能起重机械产业入选山东省特色产业集群。全市规模以上工业营业收入、增加值分别增长9.2%、11.9%。

（二）“创新新泰”迸发新活力

坚持以改革破难题，推进“无证明城市”建设，100余项改革创新成果走在全国全省前列，新泰入选国家政务数据直达基层试点市。成立“人才集团”，实施“青云人才计划”，清华大学乡村振兴工作站新泰站正式建成投入使用，飞扬化工入选泰安首个省海外高层次专家人才工作站。国家高新技术企业、科技型中小企业分别达到117家、177家。新泰获评全省社会科学普及示范市，居全国科技创新百强县市第30位。

（三）“美丽新泰”绘出新画卷

一体推进城乡规划、建设、治理，启用“三区三线”

划定成果，G205 改建、“两清零一提标”等项目加快建设，城市建成区面积达到 69.88 平方公里，城镇化率 60.38%。推进乡村振兴先行区扩点增面行动，集中整治 100 个人居环境后进村，新增省市县三级美丽乡村 39 个，获评全国休闲农业重点县。

（四）“幸福新泰”交出新答卷

千方百计解决群众急难愁盼问题，财政支出的 81.6% 投向民生领域。新增城镇就业 1.1 万人，城镇登记失业率 1.31%。齐鲁医药学院第一医院等项目加快建设，建成 3 处县域医疗次中心。新建体育健身广场、多功能运动场 25 处，新改扩建学校 12 处。在全国率先建设县级道德模范工作站，入选山东好人 9 人。在全市开展“迎接李林雨烈士回家”活动，泰安市拥军兴武现场观摩会在新泰市召开。

（五）“法治新泰”实现新提升

一体推进法治政府、法治社会建设，全面提升法治建设水平。积极推进“八五”普法，在全省率先建立以公职律师为主的党政法律顾问制度，组织开展护航“十大工程”、安民“十大行动”，实施政法护航助企惠商等“六大工程”。创新打造“信用+”应用场景，在全省创新打通信用平台与建行“裕农快贷”系统壁垒，在全国县级城市信用监测月度排名中跃升至第 2 位。

三、创新与经验

（一）全域化党建引领

坚持党建为纲、纲举目张，大力实施“党建领航”工程。建立产业链“推进委党委—产业链党总支—企业、商（协）会党支部”三级架构，党建链赋能产业链，切实将党建力量转化为发展力量。坚持党建引领网格治理，构建“市—镇—村社区—网格—党员联户”五级治理体系，开展“双敲双扫”“入户走访·解忧纾困”行动，建立起“网格吹哨、部门报到”“部门推送、网格落实”双向联动机制，全年解决群众诉求 6.3 万余件，96% 以上的群众诉求在乡镇街道、村（社区）得到解决。

（二）精准化项目招引

用好北京、上海、深圳、青岛 4 个招商专班和开发区 5 个投资招商部，统筹项目策划专班、招商专班、要素保障专班等各方力量，紧盯与全市主导产业和重点产业链关联度高的优质企业，开展链式招商、精准招商，全年策划项目 209 个，签约优质项目 125 个，新开工建设项目 190 个。

（三）系统化服务推进

高标准成立工业推进委、推进办，调整 29 名县级领导任产业链链长、副链长，深化“1+1+1”包保、产业链专班帮扶以及人大、政协联系企业等制度，强化督查督办，形成闭环，先后解决问题 750 余个，确保各项部署要求不折不扣落到实处。

（四）多元化要素保障

坚持“要素跟着项目走”，成立资金、土地、法律等 10 个要素服务专班，组建惠泰、财金、城发 3 个专业投资平台，建立山东道恒、浙商中拓等供应链平台，搭建起服务产业发展、项目建设的载体，全方位解决项目推进过程中的各类难题。新泰获评中央财政支持普惠金融发展示范区。

中共肥城市委工作概况

市委书记 张 莉

2022 年，在省委、省政府和泰安市委、市政府的坚强领导下，围绕迎接党的二十大、学习宣传贯彻党的二十大精神，创新实干、奋勇争先，经济社会发展打开新局面、迈上新台阶，获评全国民族团结进步示范市、全省民营经济高质量发展先进县、省现代农业强县、省级生态文明示范区等称号。

一、组织概况与党的建设

全市共有基层党组织 2280 个，其中，基层党委 165 个、党总支 65 个、党支部 2050 个，有党员 64325 名。2022 年，面对疫情防控和改革发展稳定的艰巨任务，履职尽责、担当作为，攻坚克难、守正创新，党的建设和组织工作取得新进展新成效。

（一）牢固坚持政治统领，组织优势更加明显

在疫情防控大考之中，14 个镇街、587 个村、42 个社区党组织坚决守牢第一道防线，124 个市直部门单位、4300 余名报到党员，参与 410 余个居民小区核酸检测采样、执勤值守等工作，践行人民至上的初心使命。召开庆祝建党 101 周年大会及系列活动，评选表扬 100 名优秀共产党员和 100 个先进基层党组织。

（二）着眼事业发展需要，选优培强干部队伍

实施领导干部“赋能提升”工程，统筹开展新时代基层干部主题培训、主体班次、专题班次 80 余期，累计培训 8000 余人次。健全年轻干部“育选管用”全链条机制，优选储备“85 后”副县级干部 1 名、“90 后”正科级干部 5 名，选派 10 名年轻干部到省级以上部门挂职锻炼，41 名年轻干部到产业链、城乡基层治理、疫情防控等一线实践锻炼。强化干部政治素质考察和日常了解，对 1800 余名干部深入谈心谈话，从实事、实情、实绩中为干部精准“画像”。

（三）坚持抓基层强基础，夯实筑牢党建根基

深化评星定级管理，五星级党支部达到 700 个。实施村集体经济“十大模式、百村示范、全域提升”工程，打造党支部领办合作社孵化中心，全市村集体经济收入总量达3.89亿元，增幅15.56%；村均收入达66.19万元，增幅15.56%。实施产业链党建“红色引擎行动”，成立20个产业链专班党支部、17个党建联盟。成立快递、外卖等新业态新就业群体行业党委，创建“红心速递”“桃都先锋骑手”等党建品牌，打造“桃都先锋驿站”220余处。

（四）大力精准引智聚才，创新活力全面迸发

探索企业“举荐制”、专家“组阁制”、顾问“双聘制”人才引育模式，成功吸引集聚各类高精尖缺人才85名，自主培育齐鲁系列人才工程10人。扎实做好青年人才来肥、留肥、回肥“三篇文章”，开展“双向推·精准送”高校毕业生就业服务活动，引进本科以上大学生4197人。全力推进人才平台建设，创建市级以上人才载体平台23个，石横特钢成功创建国家级企业技术中心。

二、主要工作与成绩

（一）深入实施新型工业化强市战略，加快新旧动能转换

立足实际，集合最优力量、集聚最优资源、集成最优服务，着力构建“321X”现代产业体系。2022年，完成规模以上工业总产值699.1亿元。完成建筑业产值890亿元、增长10%；锂电新材料产业产值突破百亿、同比增长6倍以上；环氧高端化工产业产值、营收分别增长28%、27.8%。实施总投资777亿元的500个实施类项目，27个纳入省级项目库，72个项目在省市重点项目签约仪式上签约，落地开工69个。做优服务保障，全年减税降费15.5亿元、对上争取资金31.5亿元；发行专项债券项目29个、到位16.1亿元；5家企业启动上市，岳海新材料“新三板”挂牌，新增直接融资5.4亿元、同比增长9倍以上。

（二）坚持农业农村优先发展，全面推进乡村振兴

坚决扛牢粮食安全政治责任，粮食生产实现“二十连丰”。与山东农业大学深度合作，搭建农业现代化产业服务联盟，共建全国农业科技现代化先行县，研发的“山农116”“山农糯麦1号”创全国特殊用途小麦单产最高纪录。完善推广“减垄增地”种植模式，累计铺开10万亩，年增产粮食2000万斤。大力发展现代食品产业，梯次培植40家规模企业，加快建设阿洛酮糖淀粉深加工等投资64.1亿元的23个优质项目。“肥城桃”入选全国农业品牌精品培育计划、省首批“好品山东”品牌。持续巩固全国村庄清洁行动先进县成果，创建美丽乡村示范村267个，美丽乡村标准化覆盖率达到85%。创新实施村集体经济“十大模式、百村示范、全域提升”工程，村集体收入全部稳定在10万元以上。农村集体产权纳入公共资源平台规范交易，经验做法在全省推广。

（三）扎实推进共同富裕，提高人民生活水平

科学编制主城区有机更新规划、北部科创新城城市设计、东部建安总部经济区规划，投资7.2亿元实施城区改造提升工程，加快推进济微高速、泰东高速、仪阳通用机场等重大项目建设，聚力打造综合承载力、公共服务力更强的现代化城市。主动融入泰山文化传承发展示范区，中宣部“礼赞新时代·奋进新征程”公益电影放映活动在肥城市启动。晒书城遗址等12处文物点列入第六批省级文保单位，“五埠伙大门”成功争创全国非遗旅游景区、省级文明旅游示范单位，“非遗工坊助力乡村振兴”入选全省非遗保护十大亮点。全市居民人均可支配收入36596元、增长4.9%，民生支出56.9亿元，占一般公共预算支出的82.2%。发放稳岗返还、就业创业补贴1.1亿元，新增城镇就业8300人。高考本科上线率达75%、高出全省37个百分点。

（四）统筹发展与安全，维护稳定社会环境

建立常态化疫情防控指挥体系，果断处置4起输入性疫情，严格执行“乙类乙管”政策措施，15分钟诊疗服务圈做法在央视播出。扎实开展危化品、加油站、煤矿等重点领域专项整治，建设“数字应急”平台，实现“五级视频”互联互通，全年未发生较大以上生产安全事故。实施新一轮“四减四增”三年行动，深入打好污染防治攻坚战，环境空气质量综合指数同比改善5.8%，省控出境断面水质年均值达到地表水四类水质。创新建立“信访问题面对面、干群关系心连心”工作模式，信访总量同比下降15.8%。

三、创新与经验

（一）重点改革纵深推进

争取实施10个国家级、24个省级试点，探索推出更多肥城经验。全国县域共青团基层组织改革试点以“优秀”等次通过团中央评估验收、受到省委改革督察通报表扬。“政府主推、技术主导、企业主为”的县域工业互联网发展模式，被中央办公厅《专报信息》采用，市工业互联网创新中心获评国家级边缘数据中心。

（二）创新动能加速释放

深入推进高新技术、科技型中小企业“双倍增”计划，总数分别达到126家、168家，高新技术产业产值占比达到70%。蔚蓝科技钠离子电池正极材料制备技术全球领先，中储国能300MW压缩空气储能电站列入国家能源领域首台（套）重大技术装备项目。石横特钢入选国家智能制造示范工厂，上榜国家企业技术中心名单；联谊工程塑料入选国家级制造业单项冠军，总数达到6家；3家入选国家级专精特新“小巨人”企业，总数达到6家，实现倍增，21家入选省级专精特新企业、3家被认定为省级瞪羚企业，总数分别达到76家、11家。创新实施“君子英才”工程，出台人才“新八条”，重点遴选海外融智、双创领军等7类高端人才，列支1000万元专项经费，新引进“高精尖缺”人才102名。

（三）营商环境不断优化

创新实施工业经济“金十条”、服务保障“新十条”，累计拨付奖励资金2.5亿元，为企业纾困解难、降本增效；

加快推进“开工一件事”“用地清单制”等重点任务落地，升级投资项目全周期服务 2.0 版，为华劲锂电正极材料、道福新材料等 101 个重点招商项目量身制定全流程清单，“桃小美”帮代办品牌获评全省唯一政务服务领域“山东优质品牌”。深入开展“我为企业办实事”活动，对企业遇到的困难问题，专班服务、提级办理、有需必应，协调解决问题 360 多个。

（四）开放水平显著提升

支持重点企业开拓国际市场，外资外贸实现较大突破，全年实际利用外资 1.11 亿美元；跨境电商备案企业达到 45 家、完成交易额 13.4 亿元，泰鹏集团被认定为省级公共海外仓。

中共宁阳县委工作概况

县委书记　王立军

一、组织概况与党的建设

宁阳县共有各类党组织 1906 个，其中，党（工）委 97 个，党总支 153 个，党支部 1656 个，党员 47716 名；乡镇（街道）党（工）委 13 个，非公有制经济组织和社会组织党工委 1 个，村级党组织 553 个。

2022 年，坚持以党的政治建设为统领，深化新时代党的创新理论武装，举办全县领导干部党的二十大精神专题学习班等重点班次，实施党员“红色细胞”行动，组织开展专题主题党日，制作下发大会精神思维导图、流动党员“鸿雁礼包”等学习材料，引导广大党员、干部把思想和行动统一到大会精神上来。用好党校主阵地，提升泰安党支部工作指导中心、宁阳乡村振兴宣教中心特色阵地，推进“攻济打援”指挥部旧址红色旅游项目建设，增强学习教育实效。

树立正确的选人用人导向，高标准完成县乡领导班子换届，调优配强农高区、高新区等“三区四园”和部分县直部门、县属国有企业领导班子，加强年轻干部选育管用。开展县直部门单位领导班子和领导干部大调研，首批组织 74 名优秀年轻干部上下交流，在发展一线多岗位历练。开展公务员工作强基行动，深入推进公务员法贯彻落实。优化高质量发展综合绩效考核，加强重点工作月度考核。严格干部监督管理，扎实开展“三晒一评一公开”工作，不定期评选不担当不作为的单位和个人，激励干部干事创业。

树立大抓基层鲜明导向，深化抓党建促乡村振兴，实施村党组织分类推进整体提升三年行动，开展乡村振兴“五好”村党支部创建，组建乡村组织振兴示范片区“党建共同体”，攻坚壮大村集体经济，整合资金 1368 万元带项目集中投向 45 个薄弱村。深化抓党建促基层治理，将城市社区由 13 个调整优化为 30 个，划分 1353 个微网格，完善社区联系包保制度，建设提升社区党群服务中心，与华为公司合作建设信息化平台，数字赋能提升社区治理精细化水平。推进新业态行业党建，成立直播电商、道路运输、快递、外卖等行业党委。统筹加强机关、国有企业、离退休干部等各领域党建工作。落实党支部评星定级管理制度，开展党代表工作室规范提升行动，加强和改进党员教育管理。基层党建经验做法在新华社、《光明日报》等媒体刊发。

提升人才助推高质量发展效能，贯彻落实中央和省委、市委人才工作会议精神，召开县委人才工作会议，推进实施乡镇（街道、园区）党委书记人才工作项目，推荐申报国家级、省级人才 17 人，推荐齐鲁乡村之星 9 人，实施青年人才引进计划、机关企事业单位“人才回引计划”“技能兴宁”行动，统筹推进人才引进培育使用。宁阳县获评山东省第六批科技副职工作先进单位，人才工作做法受到《光明日报》《中国组织人事报》《大众日报》等媒体关注。

二、主要工作与成绩

2022 年，在党中央和省委、市委坚强领导下，新一届县委坚持以习近平新时代中国特色社会主义思想为指导，团结带领全县各级党组织和广大党员干部群众，坚持“123456”总体工作思路，登高望远、奋力争先，只争朝夕、大干快上，全面推进“大强富美安”社会主义现代化新宁阳建设，各项工作取得新成绩。2022 年，全县实现社会生产总值 297.21 亿元、增长 4.5%；完成一般公共预算收入 15.6 亿元，其中税收收入 12 亿元，同口径分别增长 21.1%、11.8%；固定资产投资增长 20.9%。先后获山东省高质量发展进步县、全省农业绿色发展先行县、省级农村客货邮融合发展样板县等称号。

（一）聚力培强工业经济

坚持“发展第一、工业第一”，以新型工业化为主攻方向，成立副县级工业化和数字化建设中心，实体化运行工业推进委员会，全面推行“链长制”，全县规模以上工业总产值突破 300 亿元大关。规划建设亚荣新材料、天和食品级包装材料、恒信氢能、中京智能、医药等特色产业园，培植高端化工、高端装备制造、新能源、绿色建材等主导产业，高端化工产业产值突破百亿元。深化企业梯次培植“520”行动，全县营收过亿元、纳税过千万元企业分别达到 58 家、34 家；建设数字宁阳（华为）赋能中心，实施首批 9 家企业数字化改造，数字经济核心产业增加值增速达到586%；推动规模以上工业企业研发机构全覆盖，新增国家高新技术企业16家、国家级“小巨人”1家、省级单项冠军2家、省级“专精特新”18家；亚荣生物募集首轮Pre-IPO融资，迪尔化工实现当年上市辅导签约、当年提报北交所审核问询，已在北交所过会。全力攻坚项目，建立“谋划、签约、开工、竣工”四张清单，实行“招商+投资”市场化运作模式，累计签约项目123个、策划项目342个、开工项目140个、竣工项目65个，亚荣高端阻燃剂、超威极板智能化生产等项目投产达效。

（二）聚焦深化改革创新

组建高新区、农高区，把四个乡镇园区上升到县级层面推进，推动产业向园区集聚。实施国企战略性重组和专业化整合，完成4家集团公司组建，加快构建“1+6+2”国企改革新格局。创新服务保障机制，设立企业家接待日，成立要素保障领导小组，选派68名机关干部到企业兼职，为企业纾困解难。持续深化“放管服”改革，开展“无证明城市”建设，推行不见面审批、一网通办等高效审批模式，市场主体总数达到5.9万家。设立扶持资金打造2个电商示范镇、50个示范村，在全省率先出台刺激汽车消费等政策，向高层次人才及军人发放购房券，全县社会消费品零售总额增幅列泰安市第一位。设立高层次人才引进专项编制，拿出事业单位60%的用编计划，招引硕士研究生以上学历人才200多名；建立“揭榜挂帅”引才机制，1名海外专家荣获中国政府友谊奖。

（三）加快推进城乡建设

以创建全国文明城市为总抓手，一体推进绿化、美化、亮化、文化，完成9条道路改造提升、5条城区河道整治、145处老旧小区雨污分流改造、4处绿地公园建设等工程，科学划定城市停车位2.7万处，加快补齐基础设施短板。以绣花功夫精细管护城市，建立城市管护、联合执法长效机制，城区深度保洁率达到78%。以示范区创建为基点，实施“四清三化五提升”行动。争取到全省农村综合性改革试点，获得2000万元首批扶持资金。加快发展现代农业，农林牧渔业总产值增长6.8%、规模以上农产品加工企业营收增长20.6%。积极创建农产品品牌，宁阳大枣被评为省知名农产品区域公用品牌，“三品一标”达到57个。推动农旅融合发展，策划“农业+文旅”项目13个，凤仙山、彩山、华东野战军“攻济打援”指挥部旧址等项目开工建设。持续改善农村人居环境，在泰安市率先实现黑臭水体动态清零，新增20个省市级美丽乡村示范村、6个景区化村庄。被评为全国农作物病虫害绿色防控整建制推进县、全省秸秆综合利用重点县。

（四）持续增进民生福祉

2022年，民生领域财政支出占比达84.1%。巩固拓展脱贫攻坚成果，新纳入监测帮扶20户70人，发展扶贫项目24个，牢牢守住不发生规模性返贫的底线。鼓励支持群众创业就业增收，全体居民人均可支配收入30323元、增长5.7%。设立县委书记信箱，实现群众诉求快速办理。推进教体事业高质量发展三年行动，大数据招生、家庭教育等工作走在全省前列。发展中医药事业，县中医院迁建暨医养中心项目，被确定为泰安市唯一的“省级基层卫生健康综合试验区”。在全省率先建立大病商业补充医疗保险制度，不断提升社区养老服务水平。把符合条件的退役士兵全部安置到事业单位，为泰安市唯一。成立宁阳历史文化促进会，举办“宁阳人为什么那么血性”等系列活动，开展致敬英雄活动，推动“坚毅、敢当、实干、创新”新时代宁阳精神浸润人心。深入践行社会主义核心价值观，“五为”志愿服务做法被中宣部刊发推广。塑造有情怀、有担当、有血性的新时代宁阳人，“信义兄弟”事迹在《人民日报》刊发。

（五）守好守牢“一排底线”

守牢疫情防控底线，建立常态化疫情防控指挥体系和平急转换机制，科学精准做好疫情防控工作，因时因势调整疫情防控措施，高效完成发热门诊扩容、ICU病房增设，投入300万元对新冠类药品进行政府补贴，向重点人群免费发放“健康包”。全力维护社会稳定，深入推进法治宁阳建设，开展信访隐患“大排查、大起底、大化解”活动，385件重点信访事项化解94%；推进常态化扫黑除恶斗争，重拳打击盗采砂石资源行为。全力抓好安全生产，开展安全隐患大排查大整治、一月一专项整治、农村风险点排查整治等活动，聘请省市专家对危化品企业开展驻点监管，所有煤矿完成综采和支护技改，燃气用户均落实“两阀、两人”责任，组建危化品等8支县级专业应急救援队伍，提升应急处置能力。持续改善生态环境。打好蓝天、碧水、净土三大保卫战，“两打专项”典型案例被生态环境部通报表扬。

三、创新与经验

（一）大抓工业，数字赋能，创新推动新型工业化建设

全县上下突出“产业宁阳”意识，牢固树立“不抓工业就是无效，不抓企业培植和项目建设就是无知，抓不好企业培植和项目建设就是无能”的要求，在泰安市率先成立副县级工业化和数字化建设中心，与县工业推进委合署办公，全面推行“链长制”，打造“4+3+X”产业体系。投资4700万元，建设全国首个与华为合作的县级数字赋能中心，搭建起服务全县企业的工业互联网赋能平台，以“两化融合”为抓手，加快制造业“智改数转”步伐，推动数字经济与实体经济融合发展。

（二）构建社区“微网格”，有力提升城乡社区善治水平

宁阳县围绕破解城市社区规模过大、服务半径过长、群众诉求不畅等难题，以城市社区党建改革为引领，实施“精网细格”工程，构建起“多网合一、一网统管、一网通办”的网格化治理体系。截至年底，全县已细划微网格1353个，通过微网格服务为群众解决难题2.3万余件，相关经验做法被新华社、省电视台等媒体宣传推广。

（三）创新人才"引育留用"机制，打造产才融合发展新高地

宁阳县坚持人才优先发展战略，健全人才政策体系，创新人才"引、育、留、用"机制，为绿色低碳高质量发展提供了人才支撑。2022 年拿出 200 个以上事业编制专项引进高层次青年人才，采取"县聘企用"模式，吸引硕博青年人才到企业紧缺岗位工作，服务期满 5 年后可继续留在企业或回事业单位，有效解决了企业引才难、留才难的问题。加大高端人才储备和申报力度，全县省级以上高层次人才达 80 人，其中引进海外院士 5 人，一位院士获"中国政府友谊奖"。

（四）创新就业保障机制，构建"大就业"格局

宁阳县坚持以"扩大受益面、提高获得感"为目标，从构建体系、强化服务、兜底保障入手，着力化解"就业难"和"招工难"结构性矛盾，引领形成齐抓共管的"大就业"工作格局。建立"一站式"服务机制，构建优质就业环境，健全就业公共服务体系，拓展就业服务的广度、深度和力度，加强劳动者权益保障。强化退役军人就业保障，2022 年符合政府安排工作条件的 26 名退役士兵全部安置在事业单位。兜牢困难群体就业底线，探索特殊群体就业服务，开展"如康家园 • 向阳花"残疾人就业帮扶行动。开展创业服务质效提升行动，建立帮扶绿色通道，新拓展青年见习基地 10 个，吸纳见习人员 128 名，发放见习补贴 70. 71 万元，全年发放创业担保贷款 7871 万元、创业补贴 126. 9 万元。

中共东平县委工作概况

县委书记　马焕军

一、组织概况与党的建设

全县共有基层党组织 1846 个，其中，党（工）委 79 个，党总支 126 个，党支部 1641 个，共有党员 44860 名。2022 年，东平县委坚持以习近平新时代中国特色社会主义思想为指导，全面落实新时代党的建设总要求，持续夯实思想根基，坚决扛牢主体责任，推动党的建设各项工作取得新成效。

（一）思想政治建设持续深化

坚持把政治建设摆在首位，以深入学习宣传贯彻党的二十大精神为引领，教育引导全县各级党组织和党员干部不断提高政治判断力、政治领悟力、政治执行力。严格落实"第一议题"制度，召开县委常委会会议 58 次、县委理论学习中心组学习 13 次。全面落实意识形态工作责任制，舆情信息工作位居全省 45 个县市区直报点前列。

（二）基层战斗堡垒更加坚实

坚持大抓基层的鲜明导向，对 706 个行政村分类管理、整体提升，整顿软弱涣散村党组织 50 个，建成村级新时代文明实践站 703 个。探索党建片区"擂台比武"机制，创新"露天党委""三社联营"模式，全市深化土地托管服务暨村党组织领办合作社工作推进会在东平召开。依托城市社区划分 80 个片区网格、341 个小区网格，建设党建慧治服务中心、红色物业、"暖心驿站"等，县域社会基层治理成效明显提升。

（三）干部队伍作风显著改善

深入开展全县机关作风集中整顿活动，举办党员干部教育培训班 6 类 15 期，共计培训 1300 余人次，打造忠诚干净担当的高素质干部队伍。坚持以实绩论英雄、凭实干用干部，一大批在疫情防控、特色农业、项目建设等重点工作、吃劲岗位上的干部得到提拔重用，营造苦干实干、奋力争先的浓厚氛围。

（四）政治生态建设更加有力

坚决落实中央八项规定及其实施细则精神，深化纠治"四风"，零容忍反腐惩恶，持续营造风清气正的政治生态。一年来，查处形式主义官僚主义问题 18 起 34 人、享乐主义奢靡之风问题 14 起 15 人、"六项重点"突出问题 21 起 28 人，澄清保护 4 起 5 人，真正为实干者撑腰、为担当者鼓劲。

二、主要工作与成绩

抢抓黄河重大国家战略和全省绿色低碳高质量发展先行区机遇，聚焦"打造黄河流域生态保护和高质量发展示范区"目标，深入贯彻"生态立县、产业兴县、绿色发展"战略，全县经济社会发展取得新成效。2022 年，完成生产总值 254. 9 亿元，增长 4. 3%；完成一般公共预算收入 14. 8 亿元，增长 8. 2%；固定资产投资增长 20. 9%；规模工业增加值增长 12. 2%；城镇、农村居民人均可支配收入分别达到 38054 元、21541 元，分别增长 4. 4%、6. 7%。

（一）绿色发展彰显新优势

主动融入国家和省、市发展大局，突出东平湖特殊地位，统筹推进大治理、大保护、大发展。生态底色更加靓丽。总投资 527. 3 亿元的 186 个黄河战略重点项目稳步实施，完成荒山造林 3000 亩，稻屯洼城市湿地公园、东平湖滨湖湿地公园成为生态新地标，青头潜鸭、震旦鸦雀等极危物种安家东平湖，2 家矿山企业纳入第四批省级绿色矿山名录。安澜屏障坚决筑牢。投资 4700 余万元完成金山坝迎汛除险工程，统筹实施东平湖洪水南排工程、黄河防汛道路建设，投资 1. 6 亿元实施沿湖排涝河治理、中小河道治理项目，积极推进东平湖清淤增容、金山坝以西居民迁建等工程，实现河湖安澜。“两山”通道快速转化。东平湖亮化、大宋不夜城、冰雪乐园等成为新亮点，东平湖入选山东省生态旅游区创建名单，全国“行走大运河”全民健身健步走活动成功举办，2022 年，全县共接待游客 682 万人次，实现旅游综合收入 37.6 亿元。泰安港老湖作业区化肥、煤炭等货物流通量达 120 余万吨，节约运费 2/3 以上，绿水青山源源不断转化为金山银山。

（二）经济发展释放新动能

牢固树立“项目为王”理念，以项目调结构、稳增长、促发展。新型工业提质增效。锚定绿色建材、食品加工、生物医药等主导产业，精细加工、机械工具、服装加工等优势产业，成立 13 个重点产业链专班，以链式思维推动产业发展，43 个工业技改项目扎实推进，润银生物、汉昂医药等 5 家企业列入国家级、省级供应链白名单企业，新增规模工业企业 20 家、省“专精特新”“瞪羚”企业 6 家。重点项目加快推进。对总投资 583 亿元的 80 个“四个一批”项目，挂图作战、插旗推进。兖矿泰安港公铁水联运物流园列入省重大项目，泰东高速公路、山钢集团东平铁矿、高端金属表面处理循环经济产业园等重点项目进展顺利，陇东—山东 ±800 千伏特高压直流工程、中兴电力 2×100 万千瓦超超临界燃煤电厂项目稳步实施。特色农业蓬勃发展。新建高标准农田 7.6 万亩，粮食产量稳定在 13 亿斤以上，成功评定为国家级大豆制种大县。梯门镇、东平街道、沙河站镇等 6 乡镇设施农业多点开花，高效农业示范园、特色农业示范带效益突出。州城黄河鲤、新湖藕虾混养、商老庄稻虾套养等特色水产养殖加快发展，国家级水产健康养殖和生态养殖示范区成功创建。

（三）民生福祉得到新提升

坚持以人民为中心的发展思想，稳步推进各项社会事业发展，全县民生支出占一般公共预算支出的 86.3%，10 件为民实事全部兑现。千方百计“解民忧”。为 115 个小区、12714 户居民解决不动产证办理难题，在城区设置 1.7 万个停车位，对 175 个小区评星定级，盘活体育会展中心、文秀大剧院、东原阁等城建闲置资产项目，农村饮水、老旧小区改造等群众关心问题基本解决。满腔热情“暖民心”。县医疗中心、县人民医院分院、县中医院附属楼项目建设快速推进，县人民医院成功入围全国首批“千县工程”县医院。2022 年，高考本科上线 3145 人、重点上线 842 人，3 人被清华大学录取。全县城镇新增就业 5770 人，开发公益性岗位 4680 个，发放各项社保待遇 14.98 亿元，医保基金支出 6.9 亿元。筑牢底线“保民安”。抓实新冠疫情防控，迅速及时开展核酸检测、流调溯源等，守护人民生命健康。常态化开展扫黑除恶，治安、刑事警情分别下降 61.5%、54.7%，全县进京访、赴省访分别同比下降 91%、74%，被推荐为全国信访工作示范县。统筹做好安全生产、金融风险防控、森林防火、防汛备汛等工作，确保社会大局和谐稳定。

三、创新与经验

（一）坚持创新机制，激活强劲发展动能

实行“夺旗争先”季度考核，开展“东原讲坛”9 期，镇街党政正职“授红旗、亮黄旗”140 余人次；设立村支部书记乡村振兴擂台，划分一二三类，40 名优秀支部书记受到表扬，倒逼全县干部争先创优。建立重点工作调度机制，每周召开党政联席会议，每月听取各级各部门主要负责人汇报，抓实“链长 + 专员 + 专班”工作机制，形成大干快上发展热潮。强化改革创新，工程项目全面实行“有地即开工”“拿地即发证”服务模式，将 70 家国有企业整合为 4 家集团公司，实现国资国企规范管理。

（二）坚持产业先行，扎实推进乡村振兴

聚焦“富民强村”，实施设施农业、生态渔业“双 30 万亩”发展计划。新流转土地 12 万亩，新建果蔬大棚 5.2 万亩，亩均效益 2.5 万元。东平湖 25 万亩大水面发展现代渔业，湖外 5 万亩发展小龙虾、鳜鱼、鲈鱼等规模化养殖。2022 年，706 个村集体收入 2.1 亿元，村均 30 万元，比 2021 年增长 28.9%。建设占地 1341 亩的现代食品产业园，重点布局健康食品、宠物食品、生态渔业等，推动产业链延伸，打造百亿特色产业集群。

（三）坚持有解思维，全力攻坚发展难题

严格落实上级“十四五”时期沿黄重点地区发展工业的政策要求，坚持问题导向，建立开发区、司法、工信等部门联动机制，充分发挥会计事务所、律师事务所等中介组织力量，成立重点企业纾困和僵尸企业处置工作专班，创新“府院联动、政府搭桥、平台收购”模式，先后攻坚处置 17 家企业的闲置低效资产，盘活土地 1658 亩，走出一条经济新常态下“盘活存量、腾笼换鸟、提质增效”的新路子。

威　海　市

中共威海市环翠区委工作概况

区委书记　张　刚

2022 年，环翠区坚持以习近平新时代中国特色社会主义思想为指引，认真学习宣传贯彻党的二十大精神，坚决落实党中央决策部署和省委、市委工作安排，完整、准确、全面贯彻新发展理念，统筹发展和安全，努力做到“六个走在全省前列”，共同富裕先行示范区建设迈出坚实步伐。年内，完成生产总值 443.08 亿元，同比增长 1.6%；城镇和农村居民人均可支配收入分别达到 57815 元、26242 元，同比增长 3.6%、5.7%。

一、组织概况与党的建设

截至 2022 年底，环翠区有党组织 1240 个，其中，环翠区委 1 个，党工委 9 个，党委 104 个，党总支 84 个，基层党支部 1042 个，党组 44 个。

（一）突出政治引领，夯实思想根基

健全机制抓规范。坚持把学习贯彻习近平新时代中国特色社会主义思想摆在突出位置，围绕党的创新理论，建立读书班、专题学习班等教育培训机制，提升党员干部理论素养，培优干部政治素质。制定《“学思链行 常学笃行”党员教育培训品牌创建计划实施方案》，完善教育指导、管理考核、创新实践等机制，面向广大党员常态化开展理想信念教育、革命传统教育和党风党纪教育，切实做到学深悟透、入脑入心。建强阵地促提升。大力推进党员教育“十个一”工程，着力打造羊亭党校省级“示范校”，带动创建“一镇街一主题”党员教育品牌，选优配强镇街党校工作力量，组建 28 人专业师资队伍，开发课程案例、现场教学点近 30 个，2022 年举办各类培训 160 余期，培训党员 1.2 万余人次。丰富资源聚共识。全面建成“1+7+N”党员红色教育体系，实现对全区 87 处红色印迹的抢救保护利用，累计接待学员 4.6 万余人次，赓续红色血脉。组织开展“迎盛会、感党恩、强党性”等系列活动，邀请老党员、老支书等各领域党员代表广泛参与，先后举办“四史”宣讲、微型党课等 380 余场。

（二）聚焦“育选用管”，锻造过硬队伍

注重“育”强干部。注重精准施教，研究制定全区干部教育培训计划，组织开展各层面、各领域培训 45 期；举办中青年干部培训班、科级干部任职培训班，选拔 30 名优秀年轻干部到基层一线和吃劲岗位实践锻炼，育强干部综合能力素质。注重“选”准干部。深入全区 61 个部门、9 个镇街开展专题调研，累计访谈 1500 余人次，形成专题调研报告 70 份，考准干部“平时”实绩；在疫情防控、二十大维稳安保等重点任务和重要节点，通过“蹲点”调研等方式，考准干部“战时”担当，为区委选人用人提供参考。注重“用”好干部。围绕中心重点任务，统筹抓好人员调配，积极应对疫情挑战，累计调配 4200 余人次干部下沉镇街社区和关键岗位，并建立防疫人员定期轮转机制，1200 余人次参与常态化疫情防控工作；抽调精干力量组建远遥浅海科技湾区筹委会及优化营商环境等工作专班，调配 116 名干部参与二十大维稳安保工作，有效服务经济发展，保障社会稳定。注重“管”严干部。从严做好区党代会、政协会、人代会换届风气监督，建立环翠区干部监督工作联席会议制度并召开第一次全体会议，积极稳妥做好党的二十大信访稳定工作，全面强化干部兼职（任职）自查清理、因私出国（境）备案管理等日常监督工作。

（三）强化基层党建，凝聚发展合力

持续推进抓党建促乡村振兴。一村一策扎实开展村党组织分类推进整体提升行动，全区 6 个软弱涣散村党组织全部销号；抓好村干部专业化管理，组织全区 46 名在职村干部接受大中专学历教育，105 名村书记逐一“打擂比武”；组建 10 处乡村共富党建联盟，开发“链乡”APP、城乡共富小程序，吸纳 300 余家单位、企业、社会组织参与共建，全区 105 个村集体经济收入已全部达到 10 万元以上。创新提升城市治理效能。在全市率先成立区委基层党建引领基层治理工作委员会，深化党建引领下的“1+5”社区治理共同体建设，全面推广党组织领导下的“1+8+N”社区应急响应体系，相关做法获市委主要领导批示肯定并在国家和省级平台宣传报道。成立新业态新就业群体党建联盟、直播电商产业共创联合党委，组建新兴领域行业协会，打造街区服务阵地 150 余处，选聘“流动小巷管家”311

名，有效促进新兴业态集聚发展，助力城市共建共治。打造过硬支部和党员队伍。深入推进党支部评星定级管理，选树表彰21个五星级党支部，两星级以下党支部全面清零；推出“尖刀排”临时党支部品牌，先后在疫情防控和重大项目攻坚一线成立110余个临时党支部，持续提升支部工作质效；不断加大发展党员工作力度，全年共发展党员376名，8个三年以上未发展党员村全部销号。

二、主要工作与成绩

（一）全面贯彻新发展理念，地区发展能级进一步跃升

紧盯新材料、高端装备制造等特色优势产业，引导企业膨胀扩张，净增规模以上工业企业27家，省级制造业单项冠军、专精特新、瞪羚企业和绿色工厂29家，宝威新材料、化工机械入选国家专精特新“小巨人”，邦德股份在北交所成功上市。全年新增科技型中小企业76家、高新技术企业70家、市级以上创新平台19家，高新技术产业产值比重达到78%。海王旋流器获评省级技术创新示范企业，新北洋数码等4家企业入选省级科技领军企业，海鑫新材料等4家企业入选全省首批科技小巨人，广泰机场快反消防车等3个项目获评中国优秀工业设计奖、“省长杯”工业设计大赛奖。全力推动各类消费券政策落地，累计发放家电、汽车、文旅等消费券2000余万元，拉动消费约5亿元。文旅产业深度融合发展，卫城片区获评国家夜间文旅消费集聚区，里口山成功创建省级旅游民宿集聚区。探索“一图一库两个抓手”工作机制，建立全区楼宇经济数据库，累计盘活楼宇资源7.6万平方米。环翠区成功蝉联县域经济高质量发展先进县，入选全省民营经济先进县，跻身全省工业强县、质量强县、科技创新强县、对外开放强县。

（二）推进区域协调发展，城乡功能品质进一步优化

推进39项区级城建重点工程、14项海绵城市项目，累计修改建道路39.8公里，新增、改造绿化面积14.6万平方米。完成3个老旧小区改造，3个旧村改造项目顺利回迁、1279户村民喜迁新居。创建省级清洁村庄37个，新建垃圾分类房43座，实现城乡生活垃圾“四分类”全覆盖，“两个清零、一个提标”率先在全省通过验收。持续深化“两清三化”行动，累计盘活闲置农房539栋、集体资产23处、低效农用地2100亩，清理残垣断壁16处，进一步拓展农村发展空间。

（三）践行人民至上理念，群众幸福指数进一步攀升

9大类、94项为民实事顺利收官，实施民生“微实事”135项，创设公益性岗位737个，城镇新增就业4800人。建成“如康家园”5处，新建社区食堂、农村老年餐桌28处，打造儿童友好实践基地、青年发展友好型阵地等场所19处，入选全省未成年人保护试点区、青年发展友好型县域试点。深入推进“双减”改革，新续建中小学校2所、幼儿园5所，获评全省劳动教育试验区、智慧教育示范区。顺利完成环翠区中医医院建设，省级医共体中心药房试点成功落户。巩固拓展脱贫攻坚成果与乡村振兴有效衔接，全区所有村集体经济收入均达到10万元以上。

（四）坚持统筹发展和安全，社会稳定大局进一步巩固

狠抓新冠疫情防控各项工作，探索推行公共场所“红黄牌”“联合执法”等制度，建强流调追踪、隔离转运、采样检测等队伍，以最小代价、最快速度，打赢“0307”“1025”“1127”等多轮疫情阻击战。深入推进安全生产专项整治三年行动、自建房专项整治行动、住宅小区储藏室（车库）安全使用专项整治行动，累计排查整改隐患1万余项，全区没有发生较大及以上生产安全事故。集中开展起底式、全覆盖风险隐患排查，圆满完成党的二十大、北京冬奥会、全国“两会”、省第十二次党代会等重要时期维稳安保任务。

三、创新与经验

（一）着力放大改革综合效应

争取省级以上改革试点10个，里口山生态文明建设典型经验被省委改革办上报中央改革办，环翠楼街道东北村社区入选住建部全国“加强物业管理 共建美好家园”典型案例，文化公益创投入选中央宣传部、文化和旅游部、国家发改委基层公共文化服务高质量发展典型案例。实施“双百双全”一件事集成改革90项，在全省率先实行施工许可类审批“七证合一”。深入开展“营在环翠”上门惠企行动，创新开展重点企业“一企一册”政策汇编行动，累计走访企业5000余家次、破解问题1147项，获评全省深化“放管服”改革优化营商环境工作先进集体。

（二）着力突出科技创新驱动

高标准打造远遥浅海科技湾区，组建湾区建设筹备委员会，举办智慧海洋与科技湾区融合发展推进会，累计招引高端项目42个，落地建成国家海水利用工程技术（威海）中心、威海激光通信先进技术研究院、海洋无人装备与技术联合创新中心等海洋科创平台，国内首个海洋主题的科技类展馆——威海海洋科技馆投入运营。选聘14名驻威高校专家教授到企业挂职“科技副总”，组建由两院院士领衔的海洋经济发展专家咨询委员会，新增省级以上高层次人才14人，青年人才引进数量实现两位数增长。

（三）着力夯实基层组织基础

深入推进党建引领下的居民自治、信用融合、行业协同、网格支撑、城乡互促的“1+5”社区治理共同体建设，相关经验在《中国组织人事报》《山东组织工作》等平台刊发。总结疫情防控等工作经验，构筑党组织领导下的“1+8+N”社区应急响应体系，切实提升基层自治能力。全域推行“党建引领、片区融合、组团共建”发展模式，打造 10 处乡村共富党建联盟实践样板，300 余家机关、企业等参与共建，推动集体经济不断发展壮大。

中共威海市文登区委工作概况

区委书记　乔新跃

一、组织概况与党的建设

全区共有基层党委 84 个，党总支 42 个，党支部 1958 个，党员 44907 名。

2022 年，文登区委始终坚持以习近平新时代中国特色社会主义思想统领一切工作，深入学习宣传贯彻党的二十大精神，严格落实“第一议题”制度，不折不扣落实习近平总书记重要指示批示精神和党中央决策部署和省委工作要求，以实际行动坚定拥护“两个确立”、坚决做到“两个维护”。坚定扛牢全面从严治党责任，树牢大抓基层导向，探索构建“1+5+N”农村党建工作体系，44 个软弱涣散村党组织全部销号，建设 14 处镇级领办合作社联合社，集体经济 10 万元以下村清零。实施“文暖新锋”党建行动，建成 235 个新就业群体服务驿站，金田阳光集团获评全国“小个专”党建试点。聚焦打造高素质干部队伍，建立经常性考察调研机制，创新开展“年轻干部活动日”，相关案例入选《山东省年轻干部工作案例选编》。开展“转作风、提效能、办实事”专项行动，集中整治不担当不作为乱作为、作风简单粗暴漠视群众利益、酒杯中的奢靡之风等“四风”问题；加强新时代廉洁文化建设，打造“清廉文登”廉洁文化品牌，一体推进不敢腐、不能腐、不想腐，相关经验做法得到中央纪委国家监委宣传部调研组的充分肯定。

二、主要工作和成绩

（一）经济发展稳中向好

大力实施“工业倍增”行动，汽车机电、新能源新材料、医药及健康食品、电子信息四大主导产业量稳质升，天润工业、亘元新材料、潍柴新能源商用车等链主企业发展迅速，25 家企业被认定为省级以上专精特新“小巨人”、制造业单项冠军企业，获评全省民营经济高质量发展先进县。狠抓招商引资和项目建设，新引进过亿元或千万美元项目 48 个。做优产业发展载体，省级化工园区顺利通过验收，西部工业园启动建设。强化创新驱动，加快建设电子信息研究院等公共创新平台，亘元新材料与青岛科技大学签订全省单笔最高金额的校企合作项目，全区科技型中小企业 256 家，国家高新技术企业 136 家。推进高水平对外开放，华坦供应链与东非商贸物流中心商会签署经贸合作备忘录，多式联运中心暨配套产业园入选国家级多式联运示范工程。

（二）城乡品质加快提升

坚持全域精致理念，加快城市有机更新，实施 84 项城建重点工程，新建改造道路 16 条，改造老旧小区 12 个，莱荣高铁施工进度居全线前列，文登抽水蓄能电站 1、2 号机组投产发电。推动乡村全面振兴，顺利完成西洋参“药食同源”试点任务，西洋参小镇被认定为首批乡村振兴齐鲁样板省级示范区，宋村镇被评为国家级农业产业强镇，全国“百校联百县兴千村”行动启动仪式暨全国乡村建设现场培训班在文举行。坚持生态环保优先，扎实开展“两个清零、一个提标”，改造雨污分流管网 86.5 公里，提前完成污水处理厂提标改造，黑臭水体实现全域动态清零；实施新一轮“四减四增”三年行动，环境空气质量继续稳居全省前列。

（三）民生福祉持续改善

实施 84 项重点民生实事，办理民生“微实事”105 件，城镇和农村居民人均可支配收入分别增长 3.1% 和 5.0%。坚持就业优先战略，开发安置城乡公益岗位 3820 人，新增城镇就业 5500 人，入选山东省就业环境友好型城市。办好人民满意教育，金山中学、文登一中建成投用，有序落实“双减”政策，被评为首批山东省全环境育人实验区、职业教育改革发展成效明显县。实施文化惠民工程，威海卫所博物馆、文登学人著述馆建成开放。健全多层次社会保障体系，城乡低保、特困人员等 9 类救助对象保障标准全部提高 10% 以上。深化国家中医药综合改革实验区建设，整骨医院入选全省首批中医药特色专科医院。高度重视群众诉求办理，创新“先解决问题再厘清责任”和“重点问题提级督办”工作机制，政务服务热线受理量同比减少 7.4%。及时防范化解疫情防控、安全生产、渔船管控、森林防火等各类风险隐患，圆满完成党的二十大维稳安保任务，社会大局和谐稳定。

三、创新与经验

（一）创新实施服务企业“四张清单”

聚焦解决企业发展和项目建设中的难点、堵点，创新推出问题诉求、技术需求、资金需求、配套需求的涉企服务“四张清单”，建立“收集—分类—办理—跟踪—问效”全程闭环机制，打造“随时反映、即时交办、实时跟踪、限时反馈”的工作链条，提升了企业的获得感。

（二）推行人才编制“蓄水池”制度

创新人才引进培育模式，成立工业振兴发展研究院，拿出 50 个事业编制，采取政企联合培养、挂职锻炼的方式，根据企业需求引进人才，引进的人才在试用期结束考核合格后，既可以选择留在企业，也可以选择回体制内，打通人才流动的体制屏障。2022 年，新引进培育高层次人才 35 人，获评“山东省人才工作表现突出单位”称号。

（三）围绕“三个精致”，打造乡村建设新模式

将“精致”理念融入乡村建设全过程，明确精致田园、精致村庄、精致庭院三个创建任务，开展农村人居环境提升行动，加强农村基础设施建设，创新推行“精致庭院”星级评定办法，逐步解决制约乡村发展的突出问题，相关经验做法在全国“百校联百县兴千村”行动启动仪式暨全国乡村建设现场培训班上交流。

（四）创推睦邻互助养老服务模式

探索通过邻里互助方式解决农村老人日常照料问题，将村内闲置房屋改造成睦邻互助点，从村干部、网格员中招募互助员，定期开展上门探视、电话问候、应急处置等服务，同步导入幸福餐桌、医疗服务、志愿活动等资源，满足老人吃饭、就医及文化需求，累计建成睦邻互助点 225 处，2600 名老人实现“养老不离村”，经验做法入选全国第四批农村公共服务典型案例。

中共荣成市委工作概况

市委书记　徐　明

一、组织概况与党的建设

截至 2022 年底，全市共有党工委 18 个，党委 128 个，党总支 60 个，党支部 2248 个；正式党员 56031 人，预备党员 686 人，其中，女性党员 11098 人，少数民族党员 57 人。

（一）旗帜鲜明讲政治

坚持以习近平新时代中国特色社会主义思想统领一切工作，严格落实“第一议题”制度，牢记“国之大者”，坚定不移贯彻执行党中央决策部署和省委、市委工作安排。把学习宣传贯彻党的二十大精神作为首要政治任务，举办专题学习班，开展专题学习、基层宣讲 1300 多场次，推动学习宣传贯彻走深走实，引导全市上下深刻领悟“两个确立”的决定性意义，以实际行动坚定拥护“两个确立”，坚决做到“两个维护”。

（二）坚决扛牢管党治党政治责任

认真贯彻新时代党的建设总要求和新时代党的组织路线，建立完善“4+4+X”干部考核指标体系，扎实开展干部上派下挂、交流锻炼、结构优化等工作，全面推行“村情地图”“抓镇（街道）促村”等机制，制定软弱涣散村党组织整顿成效评估、农村干部教育管理考核全链条机制等意见，抓牢抓实干部队伍，夯实基层组织基础，为推动各项工作提供坚强政治保证和组织保证。

（三）持之以恒推进全面从严治党

组织开展干部作风大改进行动和大兴学习研究之风活动，梳理提出靶向纠治的“十种做派”和改进作风的“十项规范”，建立党政班子每月提报不担当不作为问题线索等工作机制，鲜明倡树“强化执行力、全面促提升，领导要带头、干部要争先，作风要扎实、措施要务实”的工作主基调，有力推动了干部作风持续转变、干事氛围持续深化，确保上级部署要求在荣成落地生根、开花结果。

二、主要工作与成绩

2022 年，荣成市深入学习贯彻习近平新时代中国特色社会主义思想和党的二十大精神，全面落实习近平总书记对山东工作的重要指示要求，按照党中央决策部署和省市工作安排，创新实干、担当作为，经济社会各项事业发展取得了新成效。全年完成地区生产总值 1030.6 亿元，一般公共预算收入 54.5 亿元，实际利用外资 12287 万美元，外贸进出口总值 450.2 亿，城镇和农村居民人均可支配收入分别达到 54193 元和 29500 元。

（一）着力推动高质量发展蹄疾步稳

紧紧围绕省“十强产业”，鲜明提出聚焦聚力产业强市、工业带动、突破发展海洋经济的工作思路重点，梳理确定“5+2”七大产业链，用产业链、创新链、供应链、生态链思维，统筹推进企业发展和双招双引，谋划规划建设提升 8 个特色专业园区，集成优化专业园区、科技创新、营商环境等产业生态，培育做强产业集群，建设现代化产业体系。荣成市获评全省文旅康养十强县、生态文明十强县、现代农业十强县、质量十强县，好运角成功创建国家级旅游度假区和国家“两山”实践创新基地，歌尔科技营收突破百亿，百合股份成功上市，全市规模以上工业增加值增长 31%，实现经济质的有效提升和量的合理增长。

（二）着力推动高品质生活提质增效

坚持在发展中保障和改善民生，用心用情用力解决群众急难愁盼，切实提高群众幸福感获得感安全感。2022 年，高标准实施 23 项城建重点工程，推进莱荣高铁、通用机场等重大基础设施建设，有序推进城市有机更新，化解城市“成长中的烦恼”，被评为全国新型城镇化质量百强县；实施 43 项民生实事、25 项微实事，全市民生投入占财政收入比重达 86.1%，“海螺姑娘”特困供养服务入选全省优秀社会救助品牌，全市高考本科上线率达 96.6%，新组建的医疗集团有效推动了医疗资源整合共享。

（三）着力推动高效能治理精准精细

坚持共建共治共享理念，成立社区管理服务中心，创新党建引领、居民自治、物业协同、信用融合、网格支撑“五位一体”社区治理共同体，组建“小巷管家”“社区通”队伍，常态化开展“社区大家谈”、居民会客厅等活动，发动群众共建共治共享，相关经验被中央改革办摘选刊发。深化“信用＋社会治理”模式，推动社会治理服务中心与社会信用中心职能集成，健全信用联动、网格管理、“哨号联动”等工作机制，推动源头防治、群防群治，在威海市群众满意度调查中居各区市首位。

三、创新与经验

（一）打造“荣归故里、成就未来”城市品牌

谋划实施“荣归故里”计划，提出以“城市合伙人”理念，面向荣成本土、外地来荣、荣成在外能人等各类群体，出台关心关爱企业家20条、荣聚英才21条等意见，设立并举办首届荣成“企业家日”，在全省县级率先搭建企业一体化服务平台，常态化开展“下午茶”畅聊、“金点子”献策、院士专家荣成行等活动，大力弘扬企业家精神，提振高质量发展信心，举办7场产业链招商大会，全方位推介“荣归故里、成就未来”城市品牌，荣成市获评2022中国企业家幸福感最强市、首批国家创新型城市、全国科技创新百强县。

（二）打造省“双试点”改革“荣成范例”

深入贯彻省“十大创新”部署，高标准推进省级系统集成改革和综合改革“双试点”工作，谋划推出产业转型、精致城市、乡村振兴、改善民生、社会治理等28项、85个具体改革任务，争创省级以上改革试点63个，推广亮点经验62项，全面增强经济社会发展创新力，系统集成改革做法被省委改革办作为典型上报中央改革办，系统集成改革试点验收评估成绩列全省第一。

中共乳山市委工作概况

市委书记　刘奎忠

一、组织概况与党的建设

乳山市总面积1665平方公里，常住人口44.65万人，辖1个省级经济开发区和1个省级旅游度假区、14个镇、1个街道、601个行政村。截至2022年底，市委辖85个基层党（工）委、1448个党支部，共有党员40820名，大专以上学历占27.4%，35岁以下占9%，女党员占17.3%。

2022年，乳山市委以习近平新时代中国特色社会主义思想为指导，认真学习宣传贯彻党的二十大精神，深入落实习近平总书记对山东工作的重要指示要求，锚定省委“走在前、开新局”和威海市委“五化”部署要求，切实扛起管党治党政治责任，推动全面从严治党各项制度落地、落细、落实。

（一）持续加强思想政治建设

把学习贯彻习近平总书记系列重要讲话和重要指示批示精神作为重要政治任务，严格落实“第一议题”制度，第一时间跟进学习、研究落实。召开市委十五届四次全会，迅速掀起学习宣传贯彻党的二十大精神热潮，推动党的二十大精神进企业、进农村、进机关、进基层、进学校、进社区，引导全市上下深刻领悟“两个确立”的决定性意义，不断增强“四个意识”、坚定“四个自信”、坚决做到“两个维护”。

（二）全面夯实基层党组织根基

实施城市社区党建分类管理，构建“镇街—社区—网格—物业”多方联动社区治理服务体系。实施村党组织分类推进整体提升三年行动、“村改社区”基层党建和治理难题集中攻坚行动，深化“红色头雁”工程，持续加强驻村工作力量建设，全市软弱涣散基层党组织实现清零。

（三）打造高素质干部队伍

坚持党管干部原则，突出实干实绩鲜明导向，注重在急难险重任务一线考察识别干部，先后提拔重用218人次。加大年轻干部培养选拔力度，引进青年优秀人才78人，实施“精育扶壮”计划，培养优秀年轻干部230余人次。加大结构性干部选拔力度，新提拔女干部29人，党外干部10人，35岁以下年轻干部35人。

（四）推动党风政风持续好转

召开全市干部作风能力建设动员大会，大兴“学习研究、求真务实、团结拼搏、改革创新、廉洁守纪”五种作风，深化干部作风大改进、“不担当、不作为”问题专项整治行动，持续纠治“四风”，查处形式主义、官僚主义问题38起。在威海市率先探索试用简易程序审理案件79起。强化派驻监督，精准运用监督执纪“第一种形态”704人次，依托马石山、胶东育儿所等红色教育基地，抓好廉政文化建设和廉政宣传教育，不断营造风清气正的政治生态。

二、主要工作与成绩

2022年，乳山市委坚决贯彻落实习近平总书记视察山东重要讲话、重要指示批示精神，认真落实全省“三个十大”行动计划，深入落实威海市“支持乳山加快突破、跨越赶超”要求，召开市委第十五次党代会，谋划提出“五化五区”发展方向和目标定位，确立“年年有进步、三年大变样、五年求突破”阶段性任务，为乳山高质量发展指

明方向。2022年地区生产总值321.83亿元，同比增长2.1%；固定资产投资191.2亿元，同比增长3%。工业用电量、规模以上工业企业利润总额、建筑业总产值等多项指标增速均列威海市四区市第一，经济发展呈现稳中求进、进中向好的良好态势。

三、创新与经验

2022年，乳山市委深入贯彻落实各级部署要求，高效做好“两个统筹”，推动各项工作创新突破、全面提升。

（一）区域经济平稳健康发展

依托半岛南海上风场资源优势，培育壮大海上风电装备制造产业，乳山成为省内在建项目最多、建设速度最快、产业链条最全的海上风电装备制造产业基地。开展“招商引资和项目建设攻坚年”活动，新签约项目84个、开工项目65个、投产项目47个，省级、威海市级重点项目投资完成率分别达到129.67%、110.65%。实施企业冲击新目标三年行动、优质中小企业梯度培育计划，17家企业获批威海市级“专精特新”企业，16家企业获批省级“专精特新”企业，获批数量创历史新高，4家企业获批国家专精特新“小巨人”企业，实现了从无到有的突破。

（二）改革开放创新持续深化

坚持以系统集成改革激发全域创新活力，开展“改革百日攻坚行动”，共争创省级以上改革试点22个、现场会4个、发文表彰和推广82项，质量和数量均实现“双突破”。深度融入威海市“1+4+N”创新平台体系，与哈尔滨工业大学、齐鲁工业大学等高校开展产学研合作项目20项。持续扩大对外开放，2022年全市外贸进出口总额达到67.3亿元。

（三）城乡融合发展加快推进

扎实推进精致城市建设，实施9大类38项城建重点工程，莱荣高铁乳山段、乳山口大桥建设有序推进，乳山港泊位新建和升级改造工程稳步实施。深入推进“两个清零、一个提标”工作，全域黑臭水体动态清零，完成退化林修复和低效林改造8000亩，环境空气质量在全省县市区中排名第7位，城市功能品质显著提升，生态环境持续改善。全面推进乡村振兴，新建高标准农田5万亩，主要农作物良种覆盖率达到98%，获评全省耕地保护激励县。“乳山蓝莓”“乳山大姜”入选2022年第一批全国名特优新农产品名录，乳山牡蛎和海洋花生、坚果制品上榜第一批“好品山东”品牌名单，国家地理标志证明商标达到25个，获评省级农业绿色发展先行县、农产品出口产业集聚区。持续开展农村人居环境整治五年行动，创建省级清洁村庄216个，威海市级清洁村庄持续全覆盖，获评全国“四好农村路”示范县。

（四）民生福祉持续增进

不断加大民生投入，民生支出占一般公共预算支出达84.4%。揭牌成立全省首家县域家长大学，“三高、六病”三级协同、医防融合的一体化服务体系基本建立，持续关注城乡低保等特殊群体生活保障，救助保障标准较上年度提高10%。健全完善“4+2”政务服务热线工作体系，民生诉求实现“一网通办”，按期办结率100%，在全省群众满意度调查中列威海四区市第1名。

（五）安全底线进一步巩固

牢固树立总体国家安全观，加强疫情防控指挥体系建设，成功应对“0307”“0404”等疫情冲击，取得疫情防控阶段性胜利。开展安全生产“四位一体”等专项整治行动，督导检查各类生产经营单位12602家次，发现并整改问题隐患5513项。持续抓好海上安全、金融安全、食品安全、防火防汛等工作，常态化开展扫黑除恶斗争，巩固深化政法队伍教育整顿成果，圆满完成党的二十大、全国“两会”等重要节点维稳安保任务，全市135件重点信访积案全部化解，为经济社会高质量发展营造安定祥和的环境。

日 照 市

中共日照市东港区委工作概况

区委书记 刘祥龙

一、组织概况与党的建设

东港区现辖3个街道、6个镇和空港经济开发区，共462个村社区。截至2022年底，共有党组织1790个，其中，基层党委74个、党总支部113个、党支部1603个，党员43489名。

（一）强化政治建设，坚定理想信念

严格落实“第一议题”制度，组织集体学习30余次、交流研讨13次，及时跟进学习习近平新时代中国特色社会主义思想和习近平总书记重要讲话、重要指示批示精神。以学习贯彻党的二十大精神为主线，深入实施习近平新时代中国特色社会主义思想培训工程，举办专题培训47期，累计参训8900余人次，引导广大党员干部从政治上认识问题、把握大局，不断提高政治判断力、政治领悟力、政治执行力。

（二）强化队伍建设，提高干部素质

牢固树立“凭实绩、重公论、看担当”的选人用人导向，优先选用政治素质好、业务能力强、实绩突出的干部。换届以来共调整科级干部543人次，提拔重用干部241人，“35岁”以下科级干部占比较换届前增长68.9%，干部年龄结构持续优化。部署开展“学先进、强本领，争第一、走在前”大讨论和干部能力素质提升行动，突出教育培训、实践锻炼、竞赛比武，选派21名干部到基层挂职锻炼、驻点招商，推动干部练就干事创业的硬本领。

（三）强化组织建设，夯实基层堡垒

创新开展“四联共促”活动，“两代表一委员”、两新组织等结对帮扶75个村，推动乡村振兴向全域提升扩展。坚持以城带乡，组建“碧海茶乡”等乡村振兴党建共同体30余个，做法被新华网、半月谈刊发。深化城市基层党建全域攻坚，构建区委“抓”、街道“统”、社区“治”、网格“兜”的四级联动体系，建成网格党群驿家366个。实施新就业群体“暖蜂工程”，建设暖蜂驿家102个，吸纳180余名“快递小哥”担任兼职网格员，经验做法被省委组织部推广。

（四）强化纪律建设，从严管党治党

深化“四责协同”机制，高质量完成十五届区委第一轮、第二轮巡察，扎实开展粮食购销领域腐败、“酒杯中的奢靡之风”等问题专项整治，全年共立查案件263起，给予党纪政务处分310人，始终保持了惩治腐败的高压态势。扎实开展同级监督省级试点，区委主要负责同志与19个部门单位“一把手”开展“红脸出汗”谈心谈话，以政治家访的形式与12位区级领导及家属交心谈话，把严管厚爱从“工作圈”延伸到“生活圈”。

二、主要工作与成绩

2022年，全区实现地区生产总值612亿元，增长2%；完成一般公共预算收入49.04亿元，增长8.3%，税收占比89.7%，收入总量、增幅、质量均居全市首位，东港区入选全国投资潜力百强区、全省“十大对外开放强县”。

（一）真抓实干促发展，加快推进动能转换

出台服务业发展、楼宇经济、工业经济等10项政策措施，梳理确定8大产业链，整合港口、钢铁、银行、国企等资源，积极走出去、引进来，新签约来画科技等项目94个。深化“港产城”融合发展，中央活力区18座重点楼宇实现税收30亿元，20个重点项目完成投资43亿元。持续优化“一区多园”布局，加快推进总投资22.6亿元的高质量发展示范区项目，比特电子“退城进园”，力山特、德汇新基建等项目投产达效，凌越科技、海旭天成等项目落地开工。全面实施乡村振兴战略，加快推进国家农业科技园建设，市级以上美丽乡村覆盖率居全市第一，全区“三品一标”认证数达148个，东港区被评为省级特色农产品优势区。

（二）蹄疾步稳抓改革，不断积蓄创新活力

深化重点领域改革，重点推动100余项改革创新事项，新争取国家级试点6个、省级试点26个，“碳汇”经验做法上报中央改革办，“小型水库管理”创新做法被省委改革办刊发。深化“港好办”政务服务品牌，企业开办“1环节、零成本、分钟制”办结，“无证明办事”实现295类证明材料免提交，新增市场主体2.07万户。深化“城市+大学”共同体建设，16家企业与25所高校建立合作关系，新增省市级以上“专精特新”“瞪羚”企业48家，国科创星被认定国家级众创空间。

（三）共建共享惠民生，切实增进群众福祉

加快城市更新步伐，70个老旧小区完成改造提升，17个城中村改造安置区建设进展顺利，日照路西片区城市更新项目入选省级试点。积极推进15件为民实事，海曲小学、枣庄路小学投入使用，普惠性幼儿园覆盖率达到86%；建成运营城市书房17处，启用东港区体育中心，圆满完成第25届省运会、第11届残运会承办任务；开发城乡公益性岗位3110个，城镇新增就业6000余人。牢固树立“绿水青山就是金山银山”理念，深入打好“污染防治攻坚战”，空气质量优良率、$PM_{2.5}$平均浓度及改善幅度均居全市首位，东港区成功创建省级“两山”实践创新基地。

（四）全力以赴防风险，高效统筹发展与安全

以安全生产专项整治三年行动为抓手，认真落实“十五条硬措施”和“八抓20条”创新举措，做细做实安全生产督查专员制度，安全生产事故起数和死亡人数实现“双下降”。组建区委基层治理工作委员会，探索开展石臼街道城市社区治理改革，津海社区被评为全国先进基层群众性自治组织，东港区获评全省基层治理实验区。实施信访积案攻坚行动，建立区级领导AB角坐班接访制度，国家和省、市交办信访积案和重复信访事项化解率为93.8%，东港区被评为“平安山东建设示范区”。

三、创新与经验

总结一年来的成功实践，主要得益于以下几点：一是始终坚持高效统筹疫情防控和经济社会发展，全面落实“疫情要防住、经济要稳住、发展要安全”要求，快速有效处置4起突发疫情，守住了不发生规模性疫情的底线。二是始终坚持事争一流、唯旗是夺的工作标准，提出“三区同建、三个前列”奋斗目标，动员全区上下扛牢主城担当，争第一、走在前，全面做好稳增长、促改革、调结构、惠民生等各项工作，营造形成不甘落后、奋勇争先的工作局面。三是坚持稳中求进工作总基调，完整、准确、全面贯彻新发展理念，着力推动经济高质量发展，加快推进重点项目建设，全力促进政策集中发力，稳住了经济运行“基本盘”。四是坚持以人民为中心的发展理念，财政支出八成以上用于保障和改善民生，织密扎牢覆盖“人的一生”民生保障网，把民生愿景绘制成幸福实景，提高了群众幸福感、满意度。五是坚持党建引领凝聚合力，充分发挥区委总揽全局、协调各方的领导核心作用，实行区级领导分线作战、带头包保镇街道和重点工作机制，调动起各条战线、各领域参与经济社会发展的主动性和积极性，为全区各项事业发展提供了坚强保证。

中共日照市岚山区委工作概况

区委书记　焦春锋

2022年，在省委和市委的坚强领导下，区委常委会团结带领全区广大党员干部群众，深入学习贯彻习近平新时代中国特色社会主义思想、十九届历次全会精神和党的二十大精神，认真落实中央决策部署和省委、市委工作要求，聚焦“走在前、开新局”，坚持“事争一流、唯旗是夺”，开拓创新，锐意进取，经济社会持续健康快速发展。

一、组织概况与党的建设

全区辖9个乡镇街道，共有基层党组织1359个、党员30540人。一年来，岚山区委纵深推进全面从严治党，持续深化“四责协同”机制，建立“3+3”责任落实体系，党的建设各项工作取得新成效。

（一）基层党组织全面进步

牢树大抓基层鲜明导向，部署开展基层党建“攻坚提质年”活动，扎实实施支部评星定级行动，78个基层党组织晋星提档，16个“强基村”党组织“有效清零”。持续开展“五面红旗”村评选活动，探索“茶香巨峰”联合社、“双社联合”土地托管、“村居众筹”等特色做法，村集体收入全面跨过10万元大关。创新产业链党建工作，建立钢铁产业链“党委+联盟”组织架构，建成启用钢铁产业党群服务中心，实现党建工作与经济发展同频共振。

（二）干部队伍建设全面加强

严格落实新时代好干部标准，高质量完成县乡领导班子换届工作。深入学习宣传贯彻党的二十大精神，创新打造“红辉新语”宣讲品牌，组织开展专题宣讲3600余场次。着力构建“8+N”能力提升工作体系，成立“党员教育教材开发基地”，创新举办“岚山讲堂”42期，带动全区“今天我来讲”活动800余场次。实行重点工作一线淬炼机制，抽调78名年轻干部到产业专班等一线历练本领，做实“专班式”培养锻炼。深化科级干部“1+5”动态管理考核体系，高兴镇获评全省“人民满意的公务员集体”。

（三）党员干部作风全面转变

始终坚持严的主基调不动摇，以钉钉子精神纠“四风”树新风，扎实开展“酒杯中的奢靡之风”等专项整治，不断推动党风政风向好向善。坚持以零容忍态度惩治腐败，创新建立农村基层信访举报办理“三联”工作机制，严厉打击侵害群众利益的突出问题。深化“廉洁岚山”建设，创作大型吕剧《清歌行》等作品，部署召开“清风传家”谈心谈话会等活动，全面奏响反腐倡廉“清风颂”。

二、主要工作与成绩

2022年，全区实现地区生产总值590.3亿元、增长4.1%，一般公共预算收入同口径增长6.3%，成功跻身全国投资潜力百强区、中国工业百强区。

（一）聚力新旧动能转换，着力构建现代化经济体系

强化产业“链式”发展思维，成立钢铁、化工等产业专班，工业总产值完成2320亿元、占全市58.7%。树牢“项目为王”理念，实行“全员找线索、领导抓招商、专业推项目”，新招引5000万元以上项目52个、总投资305亿元，日钢产能承接一期600万吨炼钢工程等项目完成建设，疏港铁路、山钢铁路专用线建成通车。强化数字赋能，日钢工业互联网平台获评省级工业互联网平台，软件和信息技术服务业纳统企业实现“零突破”，岚山区获评国家数据直达基层试点。坚持创新制胜，挂牌成立钢铁产业研究院等高能级平台，科技型中小企业入库176家，众山生物获评国家级专精特新“小巨人”企业。

（二）聚力城乡融合发展，统筹打造美丽宜居新家园

聚焦建设整洁、精致、人文城市，深入开展城市更新行动和城市双修，40项重点工程完成投资约20亿元，整治提升道路7条，交付安置房6500余套，高标准打造绿色生态长廊40公里，城市环境品质不断提升。全面推进乡村振兴，高水平规划建设白云朝元乡村振兴示范片区，招引孵化首家抹茶企业，茶叶科创示范园、万泽丰三文鱼产业科创基地等项目加快实施，新建市级以上美丽乡村279个，岚山区被认定为第三批国家级农村产业融合发展示范园。始终把生态环境保护挺在前面，国控断面水质均值达标，钢铁产业集群获评省级整体清洁生产审核创新试点，新增优良天数37天，连续两年达到国家空气质量二级标准。

（三）聚力深化改革开放，全面集聚发展动能优势

把改革作为推动发展“关键一招”，新争创承接国家级改革试点4项，“电子发票”国家级试点通过验收，“三变三破”提升村集体经济“硬实力”做法被中办信息刊发。聚焦打造一流营商环境，出台服务企业十条措施，全面推广应用企业开办“一窗通”，“1+3+N”全域政务服务体系入选全国金典案例。围绕“全方位培养、引进、用好人才”，创新开展支持全产业链发展“蓝领计划”，引进创新创业团队12个、创新人才81名，国家级重点人才工程实现历史性突破。坚持高水平对外开放，港口货物吞吐量达2.49亿吨，外贸进出口总额突破430亿元，全区实际纳统到账外资1.92亿美元、增长465%。

（四）聚力厚植为民情怀，切实践行为民服务宗旨

始终把人民群众对美好生活的向往作为奋斗目标，近九成的财政支出投向民生事业，18项民生实事全面落实，岚山区在全省136个区县中群众满意度测评居第13位，前进4个位次。倾力守护“一老一小”，被评为全省示范性居家社区养老服务网络建设基地和全省未成年人保护试点区。聚力突破高中教育，成立教育联盟，岚山一中本科过线率超80%，被教育部评为“网络学习空间应用普及活动优秀区域”。全力打造“健康岚山”，区公共卫生服务中心建成启用，区镇村分级诊疗服务网络实现全域覆盖。全面提升精神文明建设水平，扎实开展文化惠民系列活动，成功举办日照绿茶文化休闲旅游节等活动300余场，移风易俗工作经验在省级会议上作典型交流发言。

（五）聚力守好“一排底线”，坚决筑牢发展安全屏障

全面落实优化疫情防控二十条措施，创新建立疫情防控专员机制，搭建区疫情防控信息系统，购置使用全市首个移动方舱核酸检测实验室，截至11月13日没有发生本土病例，最大限度保护群众安全。深入开展安全隐患专项排查整治，创新对重点企业实行“流动+驻点”监管，安全生产形势持续稳定向好。全面启动食安城市创建工作，建立从“茶园”到“茶杯”质量安全溯源体系，顺利完成省级食品安全区年度检查迎查工作。纵深推进社会治理，创新“四必须三落实五步闭环”初信初访办理等机制，探索开展镇域社会稳定风险评估，“万所联万会”机制做法入选全国工商联、司法部典型事例，成功侦破中央政法委、公安部“双督办”养老诈骗案，获评“平安山东建设示范区”。

三、创新与经验

（一）创新打造钢铁产业高质量发展新高地

坚持圈链融合、扩圈强链协同发展，积极推动钢铁产业链“拓链升级”，加快钢铁生态圈“集聚成势”，形成以山钢日照公司、日钢集团两大“链主”企业为龙头，集冶炼—精深加工—下游延伸产业于一体的产业发展新模式，岚山区钢铁产能集中度居全国第四位，成为日照市首个千亿级产业集群和国家先进制造业、现代服务业融合发展试点区。

（二）创新“三变三破”工作法，多发展模式壮大农村集体经济

树立系统思维，变“被动”为“主动”，加快建立村集体收入稳定增长机制，高效促进强村富民，破解“动力不足”问题。坚持一村一策，通过发展壮大优势特色产业等方式，向山水林田等资源要发展，变“资源”为“资产”，破解“路径单一”问题。统筹用好资金等要素扶持，变“输血”为“造血”，持续增强村集体经济“造血”功能，破解“后劲不足”问题。

（三）探索“岚山讲堂”新模式，全面推进干部能力提升

坚持“以讲促学、以学促用”，创新设立“岚山讲堂”，由区级领导和镇街部门主要负责同志，立足基层工作实际，利用晚上空余时间进行登台讲课，倒逼钻研工作业务，督促工作履职担当，以干部“学习力”赋能工作“服务力”。同时，创新“大讲堂+小讲堂”模式，在全区各单位同步开设“今天我来讲”等小讲堂，发动全体职工参与，在全区营造浓厚学习氛围。

（四）实施镇域风险评估新机制，提高风险预测预警预防能力

创新“镇街自研自判、部门他研他判、专班共研共判”模式，对各乡镇街道十大方面风险隐患，列出“一张清单”，明确评估内容、评估程序、评估方法、评估责任主体、评估结果运用等，强化跟踪督导和结果运用，全面提高风险预测预警预防能力，实现社会稳定工作从被动处置向主动防范转变。

（五）创新“链上党建”组织模式，以党建联盟带动钢铁产业蓬勃发展

依托钢铁产业链党建联盟，联合企业、科研院所和区直部门，成立钢铁产业链党建联盟，坚持组织建在链上、人才聚在链上、服务嵌在链上，打通链上企业信息壁垒，以党建链串联产业链、赋能创新链、提升价值链，带动链上企业联建共建，让党旗在钢铁产业高质量发展主战场上高高飘扬。

中共五莲县委工作概况

县委书记　武光锋

2022年，五莲县坚持以习近平新时代中国特色社会主义思想为指导，全面贯彻落实党的二十大精神，深入贯彻中央决策部署，落实省委、市委工作要求，锚定“一四五一”总体工作思路，团结奋斗、锐意进取，现代化锦绣五莲建设全面起势。争创为国家生态文明建设示范区、全国信访工作示范县、全国清洁村庄行动先进县、省乡村振兴示范县、全省县域养老服务体系创新示范县、省生态产品价值实现机制试点县、省首批“整县域推进乡村生态振兴”重点打造区域和科技创新强县。全年实现地区生产总值增长3.2%，固定资产投资增长8.7%，进出口总值增长13.5%，农村、城镇居民人均可支配收入分别同比增长7.2%和5.2%。

一、组织概况与党的建设

五莲县总面积1497平方公里，辖12个乡镇（街道）和日照市北经济开发区、五莲山旅游度假区2个省级园区，共561个村（居、社区），50.88万人。基层党组织1708个，其中，乡镇（街道）党（工）委12个，城市社区党委14个，农村党支部627个，农村新村党总支14个，机关事业单位党组织393个，非公企业党组织288个，社会组织党组织68个。党员44854名，其中农村党员23850名。

（一）坚定不移推进全面从严治党

创新建设从严治党责任智慧督导平台，聚焦落实习近平总书记重要指示和上级决策部署，成立17个督查专班，督查670次，解决问题1700余个，争创为全省纪检监察信访举报工作示范点，重点项目“嵌入式”监督被省纪委监委推广。

（二）坚定不移学习宣传贯彻党的二十大精神

坚持把深入学习宣传贯彻党的二十大精神作为首要政治任务，第一时间召开县委常委会扩大会议学习党的二十大精神，研究贯彻落实意见；迅速组织党员干部分批参加省委、市委、县委举办的专题学习班，县委常委带头到基层宣讲党的二十大精神，带动全县面上宣讲960余场次，在全县迅速掀起了学习宣传贯彻热潮。

（三）坚定不移加强基层组织建设

把2022年确定为基层党建“全域提升攻坚年”，开展年轻干部“精培优选”、城市社区网格化建设等“七个专项行动”，构建山区特色活力党建工作体系。建成支部领办合作社孵化中心，大力推进村党支部领办合作社，新增339家，实现行政村全覆盖，做法在全省抓党建促乡村振兴现场推进会议上作为全省4个典型县区之一作经验发言。

（四）坚定不移加强干部队伍建设

倡树“重实绩、重品德、重一线、重评价”的“四重导向”，适应性调整干部348名。创新实施“理论学习提升、业务技能培训、岗位练兵比武、创新经验推广、模范机关创建”五大工程，开展党建夜谈、青年夜校，实施“雏鹰计划”，推动干部到招商引资一线等“六个一线”实践锻炼，有关做法被《中国组织人事报》刊发。

（五）作风建设效果显著

创新开展“转作风、强担当、创一流”活动，配套实施大抓落实、狠抓落实10条措施和“一把手”面对面访谈等创新办法，举办“亮剑比拼”擂台赛，以作风转变为工作落实保驾护航。创新实施“廉润五莲”系统工程，建成全省首个年轻干部廉洁教育基地。

二、主要工作与成绩

（一）项目招引建设取得新突破

创新“招引专班＋旗舰店”开放招引新模式，组建5个开放招引工作专班，常驻胶东经济圈、京津冀、长三角、珠三角、中西部地区，并在北京、上海、深圳、武汉、青岛等重点城市布局锦绣五莲形象展示“旗舰店”，全力答好招引抢答题、推介必答题、好品营销附加题。2022年招引推进项目84个，总投资374亿元，到位资金41亿元，均创近年来新高。

（二）产业转型升级加快推进

跟进省市重点产业“链长制”部署，落实“五个一”推进机制，全力膨胀汽车、石材等8大重点产业。实施工业和技改项目136个，完成投资55亿元，24个项目进入全市百项技改项目，高新技术产业产值占规模以上工业总产值的56%。加快铸造产业转型升级，8家铸造企业实施总投资8630万元的技术改造。

（三）农业农村现代化稳步推进

扎实推进农村人居环境整治提升五年行动，全域达到清洁村庄标准，省市级美丽乡村达410个，占村庄总数的2/3，成功创建全国村庄清洁行动先进县。高标准推进农村饮水改造提升和农村生活污水治理，全省东部片区农村生活污水治理现场推进会议在五莲县召开。扎实推动巩固拓展脱贫攻坚成果同乡村振兴有效衔接，成功争取中央专项彩票公益金项目。

（四）生态价值转化起势见效

成立县委生态文明建设办公室，组建“两山”理论实践创新新高地工作专班，统筹开展县乡村三级GEP核算，推动形成生态价值清单。依托国企搭建“两山”生态价值转化实体化平台，集中收储和规模开发生态资源，推动生态产品从“无价”到“有价”，争创为山东省生态产品价值实现机制试点县。

（五）民生福祉持续改善

全面启动教育振兴三年行动，创建为首批职业教育改革发展成效明显县、省学前教育教研基地。扎实做好社会保障，推出“招工就业地图”等援企稳岗创新举措，全县登记失业率控制在3.5%以下。打造“锦绣五莲·老有善养”品牌，农村幸福院“长者食堂”实现全覆盖，服务农村老年人近2万人，做法被国家民政部、发改委推广。

三、创新与经验

（一）“二二二一”服务模式点燃助企发展“红色引擎”

创新建立红色服务专员、党员流动服务队“两支队伍”，聘请经济发展顾问、优化营商环境监督员“两大参谋助手”，推出企业家宁静日、企业家接待日“两个企业日”，搭建“莲企通”APP“一大为企服务平台”，充分调动起党员、高端人才、“两代表一委员”各方力量，下沉企业、精准服务，做到“企业需求在哪里，服务就跟到哪里”，有效助力企业发展。累计帮助企业解决困难700余个，做法被时任省委主要领导同志批阅肯定。

（二）“科技强县”战略引领“十大创新”齐头并进

把“科技强县”作为县域发展“四大战略”，统筹推进科技研发、人才引育等10个方面创新，成功争创首批山东省科技创新强县。创新企业梯次培育模式，新增省级“专精特新”“瞪羚”企业23家、市级52家。

（三）深化国企改革营收力、竞争力获得“新跃升”

深入实施国企改革三年行动，梳理细化国企改革任务57项，县属国企从7家优化整合为3家，营业收入同比增长76.4%，上交税金同比增长105.8%。

（四）数字化进程不断加快，发展生态持续优化

一次办好率、到现场办理次数1次以内率、可网办率和可全程网办率均实现100%，全面实现“一网统管、一网通办、一网协同”，“无证明办事”做法上榜省新型智慧城市“优政领域”优秀案例。落实施工许可“豁免审批”制度，推出股权变更登记“集成办”改革，时限由5.5个工作日压缩到0.5个工作日。

中共莒县县委工作概况

县委书记　王　霞

2022年，莒县县委坚持以习近平新时代中国特色社会主义思想为指导，深入学习贯彻党的二十大精神，坚决落实“疫情要防住、经济要稳住、发展要安全”要求，锚定“走在前、开新局”，抢抓市委、市政府突破莒县重大机遇，高质量发展实现新突破。全县地区生产总值增长6%，一般公共预算收入可比增长6.3%。2022年全省群众满意度电话调查，莒县总成绩居全省第6位。

一、组织概况与党的建设

莒县辖20个乡镇（街道）、1个省级经济开发区，共16个城市社区、149个行政村、1195个自然村，人口116.7万人，面积1821平方公里。基层党组织3205个，党员61981人，其中农村党员36265人。莒县认真贯彻新时代党的建设总要求和新时代党的组织路线，全面加强党的建设，以高质量党建引领高质量发展。

（一）政治建设坚定有力

坚持把政治建设摆在首位，不断提高政治判断力、政治领悟力、政治执行力，始终在政治立场、政治方向、政治原则、政治道路上同以习近平同志为核心的党中央保持高度一致。牢记“国之大者”，深入贯彻习近平总书记对山东工作重要指示批示精神和省委、市委工作要求，坚决抓好生态环境保护、耕地保护、安全发展等重点工作。强化理论武装，深化“第一议题”、理论学习中心组学习等制度，第一时间学习贯彻习近平总书记重要讲话、重要指示批示精神。2022年，召开县委常委会会议40次，组织集体学习20次、理论中心组交流研讨14次。扎实开展党的二十大精神宣传宣讲活动，组建县委宣讲团，发挥新时

代文明实践中心等平台作用，推动党的二十大精神进机关、进企事业单位、进城乡社区、进校园、进“两新”组织。

（二）基层组织全面过硬

扎实开展基层党建“重点攻坚年”，创新设立基层党建协作区，深化“协作区”“擂台赛”“红黄榜”“公心节”“议事·学习日”等机制，推动基层党组织全面进步、全面过硬。2022年，85个“强基村”全部整顿转化完成，三年以上不发展党员村动态清零，村集体收入5万元以下村全部清零，10万元以上村达1009个、增长44.8%。城市基层党建加快突破，“两新”组织、机关、国有企业、学校、医院等领域基层党建全面加强。坚持新时代好干部标准，统筹抓好党员干部、企业家、村党支部书记、人才队伍建设，充分激发干部队伍积极性和创造活力。

（三）清廉莒县建设扎实推进

深入“转作风、强服务、促发展”，引导党员干部“四当四不当”，全力服务群众、服务企业、服务基层。深化纪检监察体制改革，持续提升“纪检监察协作区”运转水平，加快“清廉村居”建设，用好“四位一体”闭环管控机制。莒县纪委监委被表彰为“全国纪检监察系统先进集体”。深入推进作风建设，驰而不息纠“四风”树新风，加大典型问题通报曝光力度，持续释放“严实硬”强烈信号。坚持严管厚爱结合，为13名党员干部容错纠错，为11人澄清正名，做到为担当者担当、为负责者负责。发挥巡察“利剑”作用，完成十五届县委两轮巡察，不敢腐、不能腐、不想腐的综合效应持续放大。

二、主要工作与成绩

（一）工业经济加速突破

坚持把工业经济作为突破莒县的核心支撑，深入实施建链补链强链行动，绿色化工新材料、专用车及零部件、农副产品精深加工、新型建材、新一代信息技术五大主导产业加速壮大。烃醛类精细化工产业集群入选省级“十强”产业“雁阵形”集群，生态塑料智造特色产业集群入选省特色产业集群。全县规模以上工业企业达到266家，2022年产值增长21.7%。园区功能不断提升，海右化工产业园基础设施配套工程、经济开发区核心区基础设施配套工程顺利推进。加快新旧动能转换，全县新招引过亿元项目55个，总投资266.8亿元；实施工业技改项目90个、“两化”融合项目33个，高新技术产业产值增长9.86%；总投资597亿元的108个省、市、县重点项目顺利推进，超额完成年度投资计划。

（二）城乡面貌显著提升

高标准推进老城更新，改造老旧小区26个、1543户，建成街头公园和城市绿地7处，完成日照路等12条道路沿线提升，拓通沭水街等17条道路，建成雨水、雨污分流管网21公里。新城内涵不断提升，全民健身中心、凯达大酒店等29个重点项目加快推进，莒县体育馆等30个项目建成启用。城乡基础设施不断完善，投资18亿元建成城乡供水一体化工程，投资1.2亿元建设智慧公交项目，新改建农村公路180公里，完成225省道路面修复工程，实施各类水利工程333处，建成沭河上游堤防加固工程。统筹水资源、水环境、水生态治理，水质指数居全市第1位、首次进入全省前20位，沭河饮用水水源地被国家生态环境部评估认定为优秀水源地，莒县被评为全国水土保持示范县、全国首批深化小型水库管理体制改革样板县、全国自然资源节约集约示范县。着力改善村容村貌，累计完成农村改厕19.8万户、“户户通”875个村、农村生活污水治理359个村，创建国家级生态乡镇7个、省级生态乡镇16个、市级以上生态村312个，省级美丽乡村示范村45个、市级美丽乡村712个。重大基础设施加快推进，京沪高铁辅助通道完成可研报告，董梁高速、206国道绕城段改建、220省道西延、高铁站客运换乘枢纽等工程加快推进。

（三）乡村振兴成效明显

坚定扛起农业大县担当，累计建成高标准农田98万亩，粮食播种面积85.71万亩，全年粮食总产量39.38万吨，莒县争创为山东省第三批乡村振兴“十百千”示范创建县、第二批省级现代农业产业园、全省首批畜牧业高质量发展先行县、省级耕地保护激励县。招贤示范区被认定为首批乡村振兴齐鲁样板省级示范区，统筹推进龙山衔接乡村振兴集中推进区，全力打造碁山镇省级农村综合性改革试点试验区。全县“三品一标”认证达到146个、国家地理标志证明商标达到16个。果庄镇入选全国“一村一品”示范村镇，浮来山街道、峤山镇、招贤镇争创为省级农业产业强镇。世界500强泰森食品中国首个智慧工厂建成投产，海通茧丝绸、三兴粮油入选首批“好品山东”品牌，纪华家禽“东禽1号麻鸡”配套系创建为山东省2022年唯一通过国家畜禽遗传资源委员会现场审核的配套系。

（四）文化旅游融合发展

坚持优秀传统文化创造性转化、创新性发展，擦亮“三千年古城、四千年银杏、五千年文字”金字招牌，获评省级全域旅游示范区、省级文化和旅游消费试点县、省级文化和旅游资源普查试点县。莒国古城主体工程完工，老舍茶馆、盘古跨境电商等一批优质商户成功入驻，莒国古城被确定为省级夜间文化和旅游消费集聚区，“千年莒文化之旅”线路入选全国乡村旅游重点推介线路。启动浮来山东片区农旅项目规划开发，浮来青生态茶园入选中国华侨国际文化交流基地，嗡嗡乐园争创为省级工业旅游示范基地，桑园镇柏庄古村入选全省首批红色文化特色村，莒县过门笺、莒绘入选“山东手造·优选100”。

（五）民生福祉持续增强

2022年民生支出57.15亿元，占一般公共预算支出的85.09%。着力优化公共服务供给。坚持教育优先发展，新建续建中小学、幼儿园14处，新增学位6515个，12万名中小学生享受课后延时服务，3.8万名学生享受集中配餐，莒县被评为山东省全环境育人实验区。千方百计稳定和扩大就业，发放创业担保贷款15.5亿元，开发两批城乡公益性岗位7241个。持续兜牢社会保障底线，城乡低保等各类救助标准提高10%以上。医疗服务水平不断提升，县人民医院、中医院两个医共体高效运行，21个乡镇卫生院全部达到省级服务能力提升标准，莒县被评为全省基层卫生健康试验区，在全国做好农村地区疫情防控和健康服务视频部署会上作了交流发言。着力解决好群众的“急难愁盼”。16件为民办实事项目全部完成。建成农村幸福院780处，1.8万名老年人实现阳光助餐，建成城市社区养老服务中心17处、实现对157个住宅小区全覆盖。为2.7万名适龄妇女进行“两癌”免费筛查，对195名贫困“两癌”妇女进行救助，为1.1万名儿童进行免费窝沟封闭，对14.6万名中小学生进行脊柱侧弯和视力状况筛查。

三、创新与经验

坚持以改革破解体制机制障碍、以创新激发动力活力，创新建立“一榜一擂两库三单”改革工作推进机制，全县24项改革经验获省级以上发文推广、18项经验获省级以上现场会推介、117项经验被省有关部门刊发推广，承担省级以上改革试点47项。深化营商环境改革，探索建立县乡一体政务服务体系，行政审批效率提高近1.5倍，拿地即开工做法被省委改革办上报中央改革办。积极创建“万企兴万村”行动典型县，200余家企业参与“万企兴万村”，投入资金达78亿元，受益群众12万余人。全国政协副主席、全国工商联主席高云龙作出批示予以肯定，莒县作为唯一县级党委在全国工商联系统2022年社会服务工作会议上作典型发言，全省“万企兴万村”行动推进会在莒县召开。共青团基层组织改革试点工作，被团中央表彰为优秀，并作为全国唯一县级团委在全国改革动员部署会议上作典型发言。莒县自主开展改革探索的做法，被省委改革办《“点菜单”式改革省级试点综合验收评估报告》予以表扬。全国全省烟叶高质量发展现场观摩会议、全省碧水积分公众护水平台现场观摩会议，分别在莒县召开。

临　沂　市

中共临沂市兰山区委工作概况

区委书记　孙德士

一、组织概况与党的建设

兰山区现有基层党组织2745个，党员56866名。2022年，兰山区全面贯彻新时代党的组织路线，担当作为、狠抓落实，为全区经济社会高质量发展提供坚强组织保障。

（一）旗帜鲜明讲政治，强化思想政治建设

开展第一议题、理论学习中心组学习等38次，第一时间传达学习习近平总书记重要指示要求，认真抓好贯彻落实，以实际行动坚定拥护“两个确立”、坚决做到“两个维护”。用好学习调研工作“三位一体”，开展“讲故事学理论”等活动7200余场次，全面学习、全面把握、全面落实党的二十大精神，推动党史学习教育常态化长效化。

（二）坚持好干部标准，打造过硬干部队伍

开展干部队伍建设“六个一”行动，举办各类培训班次18期、培训干部1328人，679名干部纳入人才库。树立实干实绩用人导向，调整干部293人，其中提拔32人，进一步使用75人。

（三）加强基层党建，持续夯实执政根基

实施党建引领三项攻坚创新，强化城市社区党建，新建小区业委会250个，组建率达到76.8%。加强新业态、新就业群体党建，成立直播电商、快递等4个行业党委。开展“后进班子整顿”，集中整治软弱涣散村党组织6个，农村基层党组织持续增强。统筹推进机关、学校、国企等领域基层党建工作，高标准发展党员620名。

（四）强化人才引育，增添发展新动能

出台7条区级人才新政，开展“百名博士进兰山”、青年优才引进等活动，引进外国专家人才团队25名，招引博士41名、硕士290名、大学生1.4万名。获评国家级海外高层次人才1名，新增泰山产业领军人才2名。

（五）全面从严治党，营造良好政治生态

严格落实中央八项规定精神，科学运用“四种形态”，查处违反中央八项规定精神问题54起，查处形式主义、官僚主义问题35件。加强党风廉政建设，处置问题线索1105件，立案379件，处分322人，留置6人。

二、主要工作与成绩

2022年，兰山区以迎接、学习、宣传、贯彻党的二十大精神为主线，全面贯彻党中央决策部署和省委、市委工作安排，锚定“首善之区”战略定位，突出“三大任务”，统筹“五项工作”，持续“四个保障”，高效统筹疫情防控和经济社会发展，全面开启新时代社会主义现代化强区建设新局面。全年完成地区生产总值1357.8亿元、同比增长4.2%，一般公共预算收入117.6亿元、同口径增长7.1%。

（一）商城转型蹚出新路

以现代物流城建设为牵引，实施“六大工程”，建设“四个商城”，推进“商仓流园”一体化发展，全年实现市场交易额2900亿元、物流总额6300亿元、网络零售额320亿元，获评全国首批综合货运枢纽补链强链城市、全省现代流通强区。建成中通鲁南物流智造产业园等7个现代商贸物流项目，新增标准仓100万平方米。推广“新明辉模式”，培育电商平台企业5个，新建直播电商园区、电商专营区31处。临沂港跨境电商综合服务平台上线运营，完成市场采购贸易出口13.4亿美元、同比增长33.7%。建设供应链产业园，落地入驻3家数字科技公司、5家供应链平台公司，沂链通、沂商惠2个供应链金融平台投入运营。

（二）战新产业破题起势

聚焦新材料、新能源赛道，建设战新产业园区，招引落地沂新精密电子玻璃、沂康中硼药用玻璃、钛时代复合钛锂电池、曜灵时代异质结太阳能电池、纬景储能锌铁液流电池5个战新产业项目，总投资170亿元，战新产业实现“从无到有”新突破。

（三）传统产业迭代升级

聚焦建设“先进制造业强区”，加快木业、食品、医药、机械制造等优势产业提档升级，规模以上工业企业达到707家，完成工业总产值1000.5亿元、增长16.7%，完成技改投资71亿元、增长18.8%。新增国家级“小巨人”企业1家、省级制造业单项冠军企业3家、省市“专精特新”企业69家。

（四）城市品质持续提升

聚焦做精城市、做优基建、做强文旅，推进前十社区等12个重点片区征收清障，完成征收330万平方米。改造完成89个老旧小区，提升6条市政道路，建成28处口袋公园，新建1处百亩复合式公园，新增绿化面积80万平方米。大力发展水上旅游、夜间旅游，建设“水韵琅琊·夜游沂河”项目，沂州里特色商业街入选全国非遗与旅游融合发展优选项目名录。

（五）乡村振兴扎实推进

坚持抓乡村振兴、促共同富裕，建设城乡融合示范区。发展都市农业、科技农业，招引中电投新农创等项目，打造天基玫瑰湖等农文旅融合项目，获评省级现代农业产业园。推进农村人居环境整治五年提升行动，市级以上美丽乡村示范村达到57个，全国水系连通及水美乡村试点县建设获评全省唯一“优秀”等级。

（六）改革创新全面深化

实施“市区一体化创新工程”，突破“城市社区治理集成改革”，取得国家级改革创新成果7项、省级20项。深化“一窗受理”改革，系统集成15项高频事项，建设全省首个不见面自助踏勘平台“兰山智慧踏勘云”，市场主体达到47.7万家，注册商标总量达到10万件。加快推进以企业为主体的政产学研平台建设，高新技术企业新增100家，入库科技型中小企业354家，新建省级新型研发机构2家、院士工作站2家。

（七）群众福祉持续增进

站稳群众立场，厚植民生情怀，办好20件民生实事，民生支出占比87.9%，居民人均可支配收入达到36750元。建强用好“12345•兰山首发”平台，创新党建引领基层社会治理“1+N”工作体系，实施九大攻坚行动，不断提升群众满意度。守牢疫情防控、安全生产、生态环保等一排底线，安全生产事故起数下降50%、死亡人数下降12.5%，社会大局和谐稳定。

三、创新与经验

（一）创新征收清障新方法

坚持走好群众路线，创新“政府主导、群众主体、公开透明、依法征收”的工作思路，建立征收工作保障机制、推进机制、考核机制，邀请群众全程参与政策制定，高质量完成理工大学、公路货运物流枢纽产业园等重点项目征收任务，仅用80天时间完成临沂城近几年最大的城中村——前十片区征收清障工作，拆迁面积82万平方米。

（二）创新项目建设新模式

坚持“项目为王”理念，创新“项目攻坚、实干争先”竞赛活动，总投资366.6亿元的36个省市重点项目完成投资123.8亿元，投资完成率超过158%；创新全员招商、资本招商、以商招商等模式，压实区级领导、区直部门和镇街主要负责人招引任务，全年签约项目89个，合同金额达到530.5亿元。

（三）创新区域发展新路径

坚持把城乡融合、区域协调结合起来，立足区域资源优势、发展基础，在城区西部、北部和老城区规划建设产城融合示范区、城乡融合示范区、城市更新样板区，一体推进、协同发展，构建错位发展、整体提升的发展新格局。

中共临沂市罗庄区委工作概况

区委书记　彭　波

一、组织概况与党的建设

罗庄区现辖5个街道、3个镇、1个省级经济开发区，135个村（社区），面积500平方公里，户籍人口68万人。现有党（工）委112个、党总支172个、党支部1191个，联合党支部21个，临时党支部1个，党员27342名。

（一）持续强化理论武装

坚持第一时间传达学习习近平总书记重要讲话、重要指示批示精神，全面贯彻落实党的二十大精神，区委常委会探索“4+1”学习模式，入选全省党委（党组）理论学习中心组学习先进典型；组织党的二十大精神专题培训班，实现科级干部全覆盖。全面推进“3+1”理论武装体系，组织各类活动4000余场次，完成调研报告438篇。

（二）加强干部队伍建设

坚持实干实绩导向，提拔重用干部191人、晋升职级171人次，澄清保护6起13人。制定《进一步健全年轻干部常态化培养机制的实施方案》，启动“青衿履方·建功罗庄”优秀年轻公务员培育工程，创新实施产业创新区先锋队暨年轻干部、青年企业家培养计划，具体经验做法被市委组织部推广。

（三）抓实基层组织建设

开展16个后进班子集中攻坚，实现班子由“乱”到“治”。“党建＋五小为民”工作模式、万通社区治理模式等做法入选全国创新案例，村务“阳光票决”办法等做法被《乡村干部报》等国家级媒体刊发。

（四）全面从严管党治党

完成十五届区委第一轮常规巡察和专项巡察，发现问题296个、线索11条。深入开展“六比六赛”、“严真细实快”转作风、干部作风整顿等活动，推动转作风、提能力、树形象。一体推进不敢腐、不能腐、不想腐，立查案件212件，给予党纪政务处分211人次。

二、主要工作与成绩

2022年，全区完成地区生产总值428.7亿元，同比增长2.8%；一般公共预算收入26.6亿元，同口径增长3.8%；完成社会消费品零售总额284.1亿元，固定资产投资增长13.3%。

（一）动能转换深入推进

不锈钢、医养健康、机械装备三大主导产业产值占比52%，比2021年提高8个百分点。罗欣药业研发的替戈拉生片获批上市，成为山东省首个国家Ⅰ类创新药，入选全市高质量发展观摩“十大好项目”。新签约项目53个，超过前三年签约项目总和；圣戈班新材料等34个项目建成投产，苏科医药产业园等42个项目落地开工。落地建设华为（罗庄）工业智能创新中心，18家企业完成智能化改造。新增国家级专精特新“小巨人”企业2家，实现零的突破。全区高新技术产值占比达到61.3%，提高12.6个百分点，获评“山东省技术转移先进县区”。

（二）城乡建设提质增效

“三湖一城”完成投资32亿元，完成土地征收4400余亩、出让2700余亩，盛能湖片区典型经验做法被全省推广。沂河路高架全线通车，沂蒙南路全线贯通，通达南路开工建设，14条道路完成改造提升，新建城市“三供一排”管网73.8公里。新建提升综合公园、口袋公园27处，百花湖公园入选“全市十大城建好项目”。创建省市美丽乡村示范村10个，培育规模以上农产品加工企业18家，“菇婆婆”食用菌入选“好品山东”品牌。在全市乡村振兴观摩中取得第6名、是历年来最好成绩，爱亿农预制菜获同类项目第2名。

（三）改革创新不断深化

对标省“十大创新”行动，持续深化重点领域改革，完成6个省级以上试点改革任务，14项改革创新经验全省推广。开展“对标全省一流”优环境活动，开展“一件事一次办”等32项改革，960个事项实现“无证明”办理，76项政务服务实现集成化办理。市场主体总量达到11万家，居全市第2位。

（四）民生福祉持续增进

民生支出占总支出82.5%，达到历年来最高水平。新建续建中小学、幼儿园15所，新增学位1.25万个，高考普通本科进线率继续领跑全市。新增城镇就业6430人，九类困难群体救助保障标准提高10%，低保等救助标准实现13年连增。巩固拓展脱贫攻坚成果，持续保障1.02万户、2.23万名脱贫人口不返贫。新建改造村居文化中心、文化广场66个。“快乐星期天”文明实践项目入选全国志愿服务项目典型案例。

（五）“一排底线”守好守牢

全面落实党中央关于疫情防控的战略部署，因时因势优化调整防控措施，及时处置突发疫情23起。安全生产持续稳定，未发生较大及以上安全事故。空气质量综合指数同比改善10.6%，优良天数增加26天、达到264天，连续四年实现稳步提升。完成14个生活污水和黑臭水体治理工程，省市控重点河流断面水质全面达标。圆满完成党的二十大安保维稳任务，“一排底线”在全市排名中夺得“红旗”。

三、创新与经验

（一）旗帜鲜明讲政治

坚持以习近平新时代中国特色社会主义思想统领各项工作，认真执行党中央决策部署和省委、市委工作要求，自觉把罗庄一切工作从政治上考量、在大局下行事，坚定拥护“两个确立”、坚决做到“两个维护”。

（二）坚定不移谋发展

把新发展理念贯穿到发展的各领域、全过程，围绕“争当全省新旧动能转换示范区”定位，确立“一区三城”发展目标、“五大战略”实施路径，统筹兼顾、创新突破、攻坚克难，用有力发展应对企业关停、疫情叠加等带来的风险考验。

（三）用心用情惠民生

把造福人民作为最重要的政绩，把群众关心的问题作为工作导向，围绕群众所思所盼、所忧所急，扎实做好就业、教育、医疗、养老等民生领域重点工作，努力让发展成果更多更公平惠及全体人民。

（四）改进作风抓落实

强化“工作上出问题，党建上找原因”运行机制，坚持用党建引领强化作风建设，用作风整顿切入抓党建、促工作，推动中央决策部署和省市区工作要求落地落实。

中共临沂市河东区委工作概况

区委书记　姚运明

一、组织概况与党的建设

河东区辖11个镇（街道）、288个行政村（社区）、539个自然村，人口90.8万人，面积834平方公里。省级沂河新区成立后，现实际管辖6个镇街、173个行政村（社区）、327个自然村，年末常住人口54.1万人，面积509平方公里。截至2022年底，有党组织1202个，党（工）委7个，党组40个，党总支128个，党支部984个，党员23785名。

（一）着力深化理论武装

把学习宣传贯彻党的二十大精神作为首要政治任务，认真落实“第一议题”制度，先后召开区委常委会（扩大）会议56次，研究议题313个，传达学习习近平总书记重要讲话精神38次，开展区委理论中心组集体学习研讨26次。全力构建“3+1”理论武装体系，扎实开展“讲故事、学理论”活动，全年讲学指导1308次，宣讲3386场，引导党员干部知行合一、以知促行。

（二）强化纪律和作风建设

深化政治巡察，全力配合省委第十二巡视组开展常规巡视，按时保质提供相关材料。启动十五届区委巡察，开展2轮常规巡察、1轮专项巡察、1轮交叉巡察，发现问题1068个、线索85条。全面开展农村发展党员违规违纪排查整顿工作，发现“四类问题”线索141个，处理问题党员141名，相关责任人163人。组织开展涉组涉干信访集中攻坚行动，化解信访积案26起。驰而不息落实中央八项规定及其实施细则精神，查处违反中央八项规定精神和“四风”问题34起46人。加大问题线索处置力度，处置问题线索989件，同比增长75.7%；立案224件，给予党纪政务处分238人，其中科级干部21人次，同比增长61.5%。

（三）严格落实意识形态工作责任

对17个区直部门意识形态工作进行专项检查，对意识形态11大领域、6类重点人群进行全面梳理排查，定期分析研判舆情热点和风险隐患。健全完善舆情处置闭环机制，成功处置舆情119起，同比下降31.6%，处置化解率100%。其中市交办涉河东舆情48期，同比下降28.3%。

（四）坚持正确选人用人标准

把配强班子、选好干部与推动发展更好地结合起来，对67个领导班子和910余名领导干部进行综合分析研判，结合实际调整干部11批次、120人。加强国企干部队伍建设，研究制定《区管国有企业干部人事管理办法》，重用国企干部3人、调任2人、轮岗交流5人。严厉打击诬告陷害，按照“三个区分开来”，澄清正名41人、容错纠错7人，最大程度保护党员干部干事创业积极性。

（五）着力夯实基层党建根基

部署开展党的基层组织建设创新年活动，探索创新村集体增收路径，实施“党建引领·国企赋能”行动，持续深化城市治理“合伙人”模式和党建引领小区（网格）睦邻自治模式，扎实开展“头雁领航”工程，专业化书记占比达到66%、两委成员占比达到60%。创新“国企+党支部”领办合作社模式，共托管土地股份合作社61家、面积3.1万亩，村集体整体增收270余万元、平均增收4.5万元，惠及农户3.9万人。

二、主要工作与成绩

2022年，河东区坚持以习近平新时代中国特色社会主义思想为指导，坚决贯彻落实中央及省委、市委工作部署，锚定市第十四次党代会对河东提出的“立足两河之间优越空间，推动城市更靓、乡村更美、产业更优，建设品质河东”的目标要求，全面实施“品质河东”发展战略，全力推进“六大行动”，大干快上、奋勇向前，全区社会大局和谐稳定，经济社会发展呈现出稳中向好、进中提质的良好态势。

（一）产业大强铿锵有力

重点项目加快建设，实施区级重点项目75个，其中9个入选省重大、重点项目，欧达、万德福2个省重大项目连续两个季度入选全市“十快”项目。骨干企业不断壮大，新培育省“瞪羚”企业、制造业单项冠军企业3家，省、市级“专精特新”中小企业达到34家，规模以上工业企业亩均税收11万元。产业转型持续深化，实施技改项目83个，其中14个项目列入省市重点技改项目，完成投资36.13亿元，增长52%，全市第2。商城转型步伐加快，临沂国际金属生态城二期等4个“退城入园”项目加快推进，全年完成商城市场交易额639.9亿元。

（二）城市更新迈开大步

城市更新步伐加速推进，完成征收拆迁面积183万平方米，实现土地供应面积2217亩，盘活利用低效土地444亩。加快基础设施建设，投资3.9亿元，完成8条道路建设，北京路公园建设加快推进，新建“口袋”公园22处、面积15.5万平方米。汤头温泉特色小镇入选省特色小镇，沂州古城获评省级夜间文化和旅游消费聚集区，琅琊园城市书房入选省“最美城市书房”。

（三）乡村赋值全面起势

坚决保障粮食安全，新建高标准农田6000亩，2万亩高标准农田建设工程通过市级验收。全力推进实施“十大招引”，成功招引涉农龙头企业项目34个、总投资超26亿元，70%以上行政村集体收入超50万元。推动农业适度规模经营，新发展农民合作社25个、家庭农场46家；争创市级长三角农产品供应基地8家，培育过10亿元链主企业2个，被评为2022年省级现代农业产业园。

（四）全域创新活力迸发

全面深化改革攻坚，37个部门单位的56项改革成果获得国家级、省级推广。突出企业创新主体地位，组织申报高新技术企业62家，完成评价入库科技型中小企业105家，打造省市级技术创新中心、重点实验室等6家。持续扩大对外开放，预计全年实现进出口总额63.8亿元，实际利用外资7100万美元，获评“全省对外开放强县”。加大电商发展力度，新签约电商项目7个，新增网络店铺1261家，实现网络零售额51.6亿元，居全市第二名。

（五）惠民升级显著增进

面对经济下行和财政压力，坚持优先保障民生，全年完成民生支出35.3亿元，占财政支出的81.45%。投资14.5亿元建设教育项目21处；区第一人民医院、区精神卫生中心等医疗项目加快推进；困难群众救助标准实现“十三连增”；养老服务典型经验被民政部宣传推广。

（六）忠诚领航破浪前行

项目化推进党的建设，抓紧抓实31项重点突破项目、十大创新工程。强化“后进村整治”，在5个市级后进村基础上，又排出11个区级、46个镇级后进村集中攻坚，已全部完成转化。深化“头雁领航”工程，专业化书记、两委成员占比分别达到66%、60%，居全市前列。全面从严管党治党，坚持严的基调不动摇，扎实开展“三定、三比、三亮”活动，作风建设持续好转，政治生态不断优化。

三、创新与经验

2022年，河东区委坚持以习近平新时代中国特色社会主义思想为指引，认真贯彻落实中央改革决策部署、省委“十大创新”行动和市委“系统集成改革年”工作要求，扎实开展“全域创新”“重点突破”“打擂攻坚”三大行动，推动各项改革不断取得新突破，整体呈现“全面发力、多点突破、成效显著、纵深推进”的良好局面。全年取得省级以上改革创新成果56项，比2021年多15项，《全面深化供销社综合改革探索供销服务与乡村振兴互促互进之路》《突出“五项引领”激活思想政治工作根本源泉》被中央办公厅采用，全国县域共青团基层组织改革试点被评为“优秀”等次。

（一）扎实推进县域共青团基层组织改革

探索“选、育、管、用”“四环闭合”团干部管理体系，创新推出“区镇村＋社会领域”“3+N”基层团干部配备模式，建立任期承诺、实绩纪实、不胜任退出三项机制，以改革夯实共青团基础，激发共青团活力。在加强团的工作力量选用、生存资源化社会化等方面，结合河东实际，探索了有益做法和实践经验，《探索建立团干部“链式”管理新体系》入选共青团中央《县域共青团基层组织改革案例选编》；经团山东省委评估推荐、团中央复核，改革试点工作被评为“优秀”等次，作为全市唯一县区获得省委改革办第三季度督察表扬。

（二）深化供销社综合改革

坚持从“三农”工作大局出发，以打造为农服务综合服务平台为引领，全面深化供销合作社综合改革，实现了供销合作事业高质量发展，为农服务成效显著提升，探索出一条县区供销社改革与乡村振兴互促共进之路。2022年9月，相关改革信息《山东省临沂市全面深化供销社综合改革探索供销服务与乡村振兴互促互进之路》被中央办公厅采用。

（三）做深做细做实思想政治工作

突出思想、政治、精神、创新、质效“五项引领”，着力固根基、强党建、亮底色、树特色、促发展，做深做细新时代思想政治工作，汇聚起奋力在全国革命老区现代化进程中走在前的强大力量。2022年10月，《突出“五项引领”激活思想政治工作根本源泉》经验做法案例被中央办公厅采用。

中共沂南县委工作概况

县委书记　侯占夫

一、组织概况与党的建设

沂南县总面积1719平方公里，辖14个乡镇、1个街道和1个省级经济开发区，296个行政村（社区），98万人。现有基层党(工)委71个、党（总）支部2047个，党员52334名。

（一）加强党的政治建设

深入学习贯彻党的二十大精神，高效构建“3+1”理论武装工作体系，坚持“第一议题”制度，学深悟透习近平总书记重要论述。严格落实意识形态责任制，严格宗教管理，落实前端防控措施，守牢意识形态安全和网络安全底线。健全“我为群众办实事”长效机制，全面推进42项民生实事，民生福祉不断提升。严格落实党内法规执行责任制，落实述法制度，推动法治建设工作规范化、常态化。

（二）夯实基层组织基础

开展农村党建“筑基”攻坚，改建提升272处村级场所，投入2365万元扎实开展农村后进班子整治，农村发展基础不断夯实。完成11个村改社区集中攻坚任务，建成60处网格支部活动阵地，公开考选60名网格党支部书记，城市基层治理架构不断明晰。实施新业态新就业群体党建提升行动，推动成立直播电商、快递物流、外卖3个行业党委，宠物食品产业链党委，新业态党组织34家，党建引领企业发展能力不断增强。

（三）强化纪律作风建设

组织开展党员干部作风整顿活动，持续纠治“四风”，累计查处“四风”问题74起、84人。推进清廉沂南体系建设，创新“场景式”清廉教育，营造风清气正良好风气。推进政治监督活页试点工作，2022年立案审查调查330件，党纪政务处分350人。

二、主要工作与成绩

2022年，沂南县锚定“建设工农联动、城乡融合试验区”发展定位，确定“六个一”总体思路，围绕建设更加富裕美好沂南目标，高效统筹疫情防控和经济社会发展，系统实施工业突破县域崛起、城乡融合乡村振兴、党建引领创先争优三大战略，全县经济社会各项事业取得新成效。2022年综合群众满意度全省第31位，位列临沂市各县区第1位。全县实现地区生产总值290亿元、增长4.4%；实现一般公共预算收入21.5亿元，增长15.2%；完成规模以上工业总产值454.3亿元、增长13.86%，实现工业税收9.7亿元；固定资产投资增长20.3%。

（一）工业经济筑基起势

实施“345”工业强县计划，出台支持工业强县23条、预制菜发展12条、稳经济·作贡献11条、“飞地经济”等政策，强力推进项目建设、链式发展、招大培强等八大突破。树牢“项目为王”理念，全力以赴抓招商，签约市外项目55个、总投资131.2亿元。举行重点项目集中签约开工仪式4次，组织开展“五比五赛”活动，集中攻坚总投资699亿元的72个重点项目。规划建设产城融合示范区，搭建高质量“一区多园”发展平台。常态化组织政银企对接，引进高层次人才120余名，东岳机械、舜天化工入选省瞪羚企业和国家级专精特新“小巨人”企业，畜禽食品加工入选省“十强”产业“雁阵形”集群。2022年，全县纳税过千万元企业达到38家，舜天集团纳税实现过亿元。

（二）城乡建设融合发展

建立“1630”城乡融合工作体系，推进精致城市提级、镇域扩容提质、乡村建设提速等八大行动，加快做好县内工农城乡融合、市县互动融合、融入长三角等先进地区“三篇文章”。编制《沂南县城乡融合发展规划（2022—2035年）》，坚持“做精县城、做靓周边、做优乡镇、做活村居”四位一体思路，推动工农互促、城乡互补。完成城区棚改拆迁尾子清零，推进城市更新示范区建设，界湖公园投入使用，城建工作再上新台阶。实施“十百全”村级提升工程，建立“六个一”推进机制，规划建设卧龙源城乡融合示范区和十大乡村振兴片区，以区域突破带动全域提升。

（三）党建引领展现作为

系统实施思想铸魂、固本强基、能力提升等五大工程，聚力打造“阳都先锋”“清廉沂南”“高效沂南”等六大品牌，创新实施党建引领十项措施，党建各项工作全面进步。全面落实管党治党责任，完善全面从严治党“三张清单”，严肃党内政治生活，巡视巡察、述职评议等问题整改全部完成。充分发挥红色资源优势，创新“唱红歌、跟党走”载体建设，沂蒙红色金融展馆、山东战邮展馆投入使用。构建“1+6+N”小区网格治理体系，开展“雁阵型”村居建设，组织基础不断夯实。实施“3530”年轻干部双百成长计划，开展公务员职级晋升竞争择优，树立鲜明选人用人导向。

三、创新与经验

（一）创新实施乡村振兴合伙人制度

建立“党建引领、统战聚力、工农互促、共同富裕”合伙人制度，构建“123456”工作体系，走出一条“企业发展、集体增收、群众受益、乡村振兴”有效路径。2022年，共有813家合伙企业与296个行政村达成合作意向，撬动社会资本19.7亿元，年可增加村集体收入2413.6万元，受益群众3.6万户，时任山东省委书记李干杰等多位省市领导给予充分肯定。

（二）创新建立“书记首发对话会”制度

完善“12345•沂南首发”群众诉求办理机制，县委主要负责同志每月组织召开“书记首发对话会”，听取上月群众诉求办理后三名的镇街、部门主要负责同志落后原因分析、下步工作打算，通过建立倒逼机制，推动群众合理诉求加快办理。

（三）大力发展预制菜产业

抢抓预制菜发展风口，依托传统优势食品产业，发布沂南县十大预制菜品牌，推进食品产业转型升级、预制菜产业提质增效，被中国肉类协会授予“中国预制菜供应基地”称号。

（四）建立“五个一”链长制

牢固树立产业链思维，系统梳理沂南发展优势和特色产业，明确食品、新材料、制鞋玩具（体育用品）、新能源（电子信息、高端装备）、医药和文旅康养5条产业链，每条产业链建立“五个一”链长制，一名县级领导牵头，一个专班推进，一个产业规划引领，一个国有公司保障，一套政策支持，延链补链强链，打造特色鲜明、优势明显、竞争力强的现代产业集群。

（五）搭建园区承载平台

把沂南经济开发区、大庄镇、辛集镇整体谋划、一体布局，建设产城融合示范区，发展区域经济，统筹食品、新材料等8个产业园区和医药健康、新能源、新材料三个产业招引专班，明确主攻方向、集中资源要素，推动优势产业集群发展，打造工业发展主引擎、县域经济副中心。

（六）举办“智汇沂南·创新发展”大会

邀请沂南籍以及在沂南工作过的各领域知名人士共商沂南发展大计，放大智圣品牌优势，以“智汇沂南·创新发展”大会为依托，搭建联络感情、对话交流、共谋发展的平台，共签约项目45个、总投资243.55亿元。

（七）创新选人用人机制

创新实施“3530”年轻干部双百成长计划，选取35岁以下科级干部、30岁以下中层骨干开展“六个一线”场景实践锻炼，创新做法被省委组织部肯定推广，典型经验被《山东新闻联播》报道。开展公务员职级晋升竞争择优，畅通县委管理的三级调研员晋升二级调研员、县直部门非主职干部中的一级主任科员晋升四级调研员通道，典型做法被省委组织部刊发推广。

（八）开展“雁阵型”村居建设

每个乡镇组建1个村级党组织联合体，强村带弱村、先富帮后富，县级设立1500万元专项资金，通过组建联合党委强化党建引领、推动企业下沉与村级利益联结、打造公信村居提升治理效能，打通组织、治理、发展“三个体系”，激发乡村振兴内生动力。

（九）建设紧密型县域医共体

以县级公立医院为龙头、乡镇卫生院为基础、村卫生室为网底，组建三大医疗健康服务集团，形成全域覆盖、全网共享、全时可用、全程可控的医疗公共服务体系，守牢疫情防控底线，成为临沂市唯一一个没有因为疫情封控的县城。

（十）创新“场景式”清廉教育

选取违纪违法典型案例，创作情景剧《一碗米粥》《跟着共产党走》等讲演作品，采取讲故事的方法，用沉浸式的方式，实现文艺创作和红色廉洁文化的深度融合，省委常委、省纪委书记夏红民同志到沂南调研并给予充分肯定。

中共郯城县委工作概况

县委书记　王立军

一、组织概况与党的建设

郯城县辖14个乡镇（街道、开发区）和1个省级经济开发区，114个行政村、16个城市社区，104万人。全县有基层党（工）委32个，党总支185个、党支部1760个，党员3.9万名。

（一）强化思想政治引领

将学习宣传贯彻党的二十大精神作为首要政治任务，开展专题培训2期、集中宣讲500余场次，打响“声入基层•理响郯城”品牌。严抓意识形态工作，加强对宗教管理，郯城县被确定为全省铸牢中华民族共同体意识示范创建试点县和全省唯一宗教活动场所优化布局试点县。

（二）夯实基层组织基础

持续加强农村、城市社区和“两新”组织党建，全县专业化书记、专业化“两委”成员占比分别达64%、28%，24个后进村考核位次全部前移，配备小区党支部书记45名、社区工作者413名，在全省村改社区基层党建和治理难题集中攻坚行动现场推进会上作交流发言。

（三）打造过硬干部队伍

在全市率先开展事业单位职员等级晋升，连续举办四期“担当作为”先进事迹报告会，1人被评为“全国人民满意的公务员”。选拔30名90后科级干部和95后年轻干部到城市社区担任青年红领书记，创新“四型四制”人才发展体系做法被中央电视台报道。

（四）加强党风廉政建设

部署开展作风建设“三年攻坚行动”，查处违反中央八项规定精神问题47起49人、形式主义官僚主义案件50起56人、侵害群众利益的不正之风和腐败问题423起427人。保持反腐高压态势，共立案309件314人，留置7人，移送司法机关16人。

二、主要工作与成绩

2022年，郯城县委坚持以习近平新时代中国特色社会主义思想为指导，紧紧围绕打造对接长三角“三步走”先行区定位，坚持以党的建设为引领、以深化改革为动力、以社会稳定为支撑，突出工业强县、城建突破、乡村振兴、生态提升、民生保障等重点工作，全力以赴推动经济社会高质量发展，各项工作取得新进展新成效。全年完成生产总值385.1亿元、增长4.7%，一般公共预算收入17亿元、同口径增长9.7%，固定资产投资增长19.7%，社会消费品零售总额142.5亿元、增长1.5%，全体居民人均可支配收入3.3万元、同比增长5.4%。

（一）动能转换取得新突破

全力打好“工业强县建设三年行动”收官战，出台《关于支持工业经济高质量发展的若干措施》等一揽子政策性文件，工业技改投资增长62.7%、居全市第3，新认定市级专精特新中小企业18家、省级17家、国家级2家。创新“3+1+N”招商机制，共签约项目73个、总投资456亿元。开展重点项目建设“百日会战”“百日攻坚”行动，扩大有效投资连续两次在全市扛红旗，在全市推动高质量发展现场交流会上总成绩排第4，万华禾香板业进入“十大好项目”名单。

（二）城乡面貌发生新变化

部署开展城建突破“十百千万”攻坚行动，“一城五片区”全面拉开框架，鲁商城市广场主体完工，政务服务中心投入使用，东北片区生态融合综合开发项目进入全市十大城建好项目名单。开展省级文明城市创建，完成老旧小区改造21个，铺设供热管道11.12公里，铺设城乡污水管网101公里。优化路网体系，全国“四好农村路”高质量发展现场会在郯城县召开，205国道郯城绕城段改建被确定为全国19个路基面长期性能观测点之一。

（三）乡村振兴开创新局面

创新实施“八大工程”，新建长三角优质农产品供应基地10个、新认证“三品一标”农产品3个，李庄钢木家具、红花中国结等小微产业园稳步建设，刘湖村“博士巷”被列入全省村级“文明乡风建设”典型案例，被认定为“山东省优质小麦区域性良种繁育基地”；国家级电子商务进农村综合示范项目通过省级中期绩效验收，成绩居全省第3、全市第1；全省小麦机收减损技术培训班和全省“三夏”机械化生产现场会暨小麦机收减损主题月启动仪式在郯城县举行。

（四）民生事业实现新进展

全县民生支出43.57亿元，占一般公共预算支出86%，群众满意度调查成绩居全省前列、全市第2。作为全市城乡公益性岗位扩容提质行动唯一试点县，打造“郯城公益岗”品牌，在全省率先完成全年设岗上岗计划。高考成绩持续稳定在全市第一方阵，1人考入清华大学，特别控制线人数和一段线人数较2021年分别增加39人、499人。沭河水利风景区成为山东唯一获批的国家级水利风景区。

（五）社会治理得到新加强

开展“守底线百日攻坚”行动，对10条专线分线作战。成功打赢“10·14”疫情防控遭遇战，4天实现社会面动态清零，被省疾控中心领导评为“优秀答卷”。开展“信访积案化解攻坚年”活动，进京访排名居全省第60位，获评“治重化积”全国先进集体荣誉称号。建立“12345·郯城首发”平台，实行“五级督办”，推动群众诉求及时解决。推进夏季社会治安整治“百日行动”“护航行动”，全省网安工作现场会在郯城县召开。

三、创新与经验

（一）坚持把党的领导贯穿始终

把党的政治建设摆在首位，不断抓基层、打基础，打造了一系列特色亮点，为各项工作提供了坚强保障。其中，围绕贯彻落实党的二十大精神，加快构建“3+1”理论武装体系，县委理论学习中心组连续3次被评为山东省“先进县级党委理论学习中心组”；大力推进全省村改社区集中攻坚试点，在全省村改社区基层党建和治理难题集中攻坚行动现场推进会上作交流发言。

（二）坚持以作风建设推动落实

坚持把作风建设作为推动各项工作的政治起点、逻辑起点、实践起点，部署加强干部作风建设“三年攻坚行动”，持续开展对标赶超活动，充分激发党员干部干事创业精气神。2022年，地区生产总值、固定资产投资、社会消费品零售总额增幅分别位居全市第6、第2、第1位；共争取上级资金36.67亿元，比上一年度增加7.42亿元；在全市推动高质量发展现场交流会上总成绩排第4，取得历史最好成绩。

（三）坚持用改革思维创新发展

面对经济下行和疫情反复冲击的多重压力，坚持以改革创新思维推动工作，实施“12630”总体思路，一批改革创新经验走在全国全省前列，47项被省级以上部门发文推广，9项被省级以上会议推介。其中，《山东郯城深入推进学校体育改革发展》被中央办公厅综合刊发，推进乡村振兴保障体系系统集成改革省级试点在省委改革办评估验收中获得“优秀”等次，“4+N+1”财政金融服务模式获评2022年度全省财政金融创新项目。

中共沂水县委工作概况

县委书记　陈士贤

一、组织概况与党的建设

沂水县总面积2434.8平方公里，辖18个乡镇（街道）、1个省级经济开发区，人口120万人，共有基层党组织2842个，党员61728人。2022年，全县深入学习领会习近平总书记关于党的建设和组织工作的重要论述，全面扛牢从严治党主体责任，以高质量党建引领全县高质量发展。

（一）抓好理论武装

坚持学习、调研、工作“三位一体”，落实“第一议题”“每会必学”制度，县委理论学习中心组集体学习研讨17次，“第一议题”学习24次，各级党委（党组）理论学习中心组共认领调研课题1025个，开展“讲故事、学理论”活动6200场次，组织“七讲七进”宣讲2623场次，受众200余万人次。

（二）扛牢主体责任

建立“第一台账”，调度督导习近平重要指示批示精神贯彻落实情况7次。制定2022年党建工作要点，建立主体责任、监督落实、问责追责“三张清单”，问责管党治党不力党组织书记12名。严格落实意识形态责任制，组织召开意识形态专题会议6次。推动构建大统战工作格局，“万企兴万村”行动经验做法入选省工商联典型案例；加强宗教事务管理，完成基督教聚会点撤并改3处，3处清真寺全部完成去“阿化”整改。

（三）锻造严实作风

按照市委“专业+作风”要求，抓好“4321”建设，上好四个“第一课”，即“安全第一课”“廉政第一课”“思想作风第一课”“纪律作风第一课”；开展三项活动，即“党建引领·共同成长”品牌创建培树活动、“强县有我”解放思想大讨论活动、党员干部纪律作风集中整顿活动；培树两个导向，即项目为王、企业为尊、发展为先、实干为要的干事创业导向和干字当头、实字托底、实事求是、干事创业的选人用人导向；建立一项机制，即重点工作包保推进机制，实施2022年度“231”工程，对20项重点工作重大工程、34家重点企业、118个重点项目，全部落实包保县领导和工作专班，建立重点企业（项目）全流程服务管理、闭环式问题化解机制，设立“龙虎榜”，推动各项工作高效落实。

（四）夯实基层基础

以打造“党群同心”党建品牌为总抓手，实施“党建双领”工程，党支部领办合作社，358个行政村集体收入全部实现10万元以上，其中过50万元的达到52%；党支部领办志愿服务队，打造寸草心志愿服务品牌。深入抓好“四雁工程”，深化县委提级考核村（社区）党组织书记，创新县委提级管理村级班子机制，推动基层党组织建设全面进步、全面过硬。

（五）激励干事创业

强化一线识别考察干部机制，2022年提拔重用干部242名，34个集体、103名优秀个人纳入“1020”递进培养库，真正让有为者有位、优秀者优先。持续正风肃纪反腐，立案263件264人。严格落实“三个区分开来”，为29名干部进行了澄清正名，对4名干部进行了容错纠错，营造了干事创业良好氛围。

二、主要工作与成绩

2022年，沂水县坚持以习近平新时代中国特色社会主义思想为指导，认真贯彻中央决策部署和省委、市委工作要求，按照“12676”的总体工作思路，全力实施工业强县、农业稳县、科教兴县、生态立县、商贸富县、文旅活县、依法治县七县建设战略行动，推进经济社会高质量发展。全年实现地区生产总值544.2亿元、增长4.9%，完成一般公共预算收入26.2亿元、增长10.7%，进出口总额增长16.3%，居民人均可支配收入增长5.9%。新获评中国创新百强县、全国投资潜力百强县、全国绿色发展百强县、全国县域旅游综合实力百强县、全国信访工作示范县、省现代农业十强县、省文旅康养强县、全省县域经济高质量发展先进县。

（一）工业经济稳固向好

坚持工业强县首位战略，设立1.6亿元工业高质量发展专项资金，出台工业十条、金融十条、服务十条、人才十条等助企政策，加快构建高端食品、装备制造、纺织服装和战新“3+1”产业体系。坚持招商引资一号工程，新引进过亿元项目36个，投资过百亿元的正威先进碳材料产业园项目成功落地。召开企业家座谈会、银政企对接会，创新企业家餐叙制度，全力扶企助企惠企，规模以上工业产值增长15.7%，培植纳税过亿元企业7家。

（二）农业基础持续夯实

坚实农业农村优先发展，推进乡村振兴示范区、美丽乡村示范区、衔接乡村振兴集中推进区“三区同建”，新增现代农业园区18处，新培育长三角农产品供应基地11处。开展农村信用体系建设试点，构建“信用+乡村治理”机制，实现了经济和治理“双进步”，中央政研室《简报》刊发。

（三）科教创新动力更足

新培育国家级专精特新“小巨人”企业3家，省制造业单项冠军企业2家，高新技术产业产值占比达到58%。实施教育“一十双百”培育工程，对首批10名名校长、100名名班主任和100名名师进行了表彰，让全县最美的地方是校园，把最好的待遇给老师。

（四）美丽沂水底色更靓

深化污染防治，空气优良天数全市第1，省控以上地表水考核断面稳定达标。建设乡村区域能源中心，健全农村废弃物综合利用体系，获评全省秸秆综合利用绩效评价优秀县。

（五）商贸流通塑成优势

编制商业网点规划，制定促消费系列措施，创建淘宝镇1个、淘宝村4个，被评为全省农村客货邮融合发展样板县。落实稳外资稳外贸系列举措，进出口额过亿元企业达到12家。

（六）文化旅游深度融合

整合红绿蓝古资源，实施旅游项目21个，加快建设“红绿相映·多彩沂水”精品旅游线路，接待游客695万人次、旅游总收入72亿元。

（七）法治建设扎实推进

创新实施县乡两级协调监督行政执法试点，村居（社区）法律顾问实现全覆盖，国家级涉案企业合规改革试点被评为优秀等次。坚持天道酬勤，守好一排底线，安全事故同比下降27%，刑事发案同比下降21%，不良贷款率0.56%，市省京三级访全市最少。

（八）民生福祉持续增进

坚持以人民为中心的发展思想，推动由兜底民生向品质民生迈进，民生支出占比83.1%。新增城镇就业9550人，开发城乡公益性岗位6890个。加强困难群体动态监测，发放救助金及各类补贴3.6亿元。提升公共卫生服务，获评国家慢性病综合防控示范区。抓好全国文明城市创建，总投资81亿元组织实施6大类、50项城建重点工程，新建改造城区道路10.7公里，实施老旧小区改造40个，建设改造口袋公园24处。实施“照我回家”工程，安装路灯3.4万盏，亮化镇村道路1500余公里，让群众安全出行、平安回家，社会一致好评。

三、创新与经验

（一）加强产业生态创新

积极实施产业链式发展系统集成改革，创新实行企业家餐叙制度，淀粉糖及休闲食品产业入选省特色产业集群。

（二）加强要素保障创新

积极推进金融改革，创新“碳排放”质押贷款模式，经验入选全省普惠金融典型案例；积极构建农村现代商贸流通服务网络，被纳入县域流通服务网络强县培育名单。

（三）加强科技研发创新

在全省率先实行科技指导员制度，经验被省科技厅刊发。沂水清沂山集团院士工作站胡永康院士推进高端特种油行业发展建议被省委主要领导肯定批示。

（四）加强人才引育创新

推进“才智沂水”建设，入选全省“青年人才首选山东20强城市”。

（五）加强数字变革创新

新争取国家级国家政务数据直达基层试点、省级一体化大数据平台县级节点建设试点、视频智能应用试点。深入推进省新型智慧城市试点，智慧水利、智慧医疗等经验入选省大数据局优秀案例。

（六）加强营商环境创新

积极实施涉案企业合规改革第二批国家级试点，顺利通过验收，被确定为优秀等次。施工许可“一件事一次办”被省工改办通报肯定，被确定为省级创新市场主体住所（经营场所）登记模式试点、省级“一表申请”表单智慧供给试点。

（七）加强民生改革创新

深化提升“惠民礼葬”改革、婚俗改革，经验被国家乡村振兴局简报刊发；积极实施寸草心志愿服务行动，经验被民政部肯定推广。

（八）加强文化宣传创新

设立“沂河文艺奖”，大型红色舞台剧《红石崮》获评全省优秀展演剧目。

（九）加强推进落实创新

开展县镇村“三级联动”打擂比武机制，经验被市委主要领导批示肯定。疫情防控经验被中央农办简报刊发。

（十）加强风险防控创新

创新信访“四初”办理机制、信访责任专项监督制度。持续提升安全生产监管能力水平经验被应急部《应急管理简报》刊发。

中共兰陵县委工作概况

县委书记　王康亮

一、组织概况与党的建设

2022年，兰陵县总面积1724平方公里，辖17个乡镇（街道）、1个经济开发区，609个行政村（社区），人口146.2万人。有基层党组织2512个，党员49141人。

（一）加强党的政治建设

坚持把学习宣传贯彻党的二十大精神作为头等大事和首要政治任务，坚定拥护

“两个确立”，坚决做到“两个维护”。严格落实“第一议题”“每会必学”制度，持续深化“三位一体”学习模式，县委理论学习中心组开展集体学习12次，中心组成员在省级以上媒体发表署名文章13篇，形成调研成果16篇、制度性成果89个；各级理论学习中心组开展调研1278场次，形成调研报告1204篇。

（二）夯实基层组织建设

规范农村基层党建，对16个后进班子逐村制定方案开展整顿，改造提升村级党群服务中心144个，推动驻村第一书记和工作队新发展产业项目106个，新成立党支部领办合作社58个，行政村集体收入全部达到10万元以上。提升城市基层党建，新建物业服务企业党组织2个、累计完成21个，实现全覆盖；选派37名“红领书记”到城市社区和“两新”组织任职，“抓党建促发展、优服务提成效”作用逐步彰显。

（三）强化干部队伍建设

坚持实干实绩用人导向，选拔使用表现突出干部175人。落实“三个区分开来”要求，加大容错纠错、减责免责、澄清正名力度，实施容错纠错8起，打击诬告陷害信访举报行为14起。实施“青锐工程”，掌握25岁左右优秀干部117人，择优选派20名到重要岗位研学实践。启动“兰陵人才主题月”等系列活动37个，全年引进高层次人才28名；培育省级人才10名、市级人才39名；引进海外人才3名、硕士研究生113名。

（四）狠抓纪律作风建设

创新开展“五查五转五提升”作风整顿活动，征集“我为群众办实事”民生事项436件，完成433件，完成率99.3%。强化各类专项整治和日常监督检查，运用“四种形态”，批评教育帮助和处理1777人次，其中第一、第二种形态占比90.9%。坚持严的主基调不放松，驰而不息纠治“四风”，查处形式主义官僚主义问题53起83人。全县共处置问题线索1364件，立查案件371起419人，给予党纪政务处分409人。

二、主要工作与成绩

2022年，全县实现地区生产总值340亿元、同比增长4.3%，一般公共预算收入24.8亿元、同口径增长9.5%，固定资产投资179.7亿元、同比增长19.2%，进出口总额113.2亿元、同比增长80.9%。

（一）坚持转型升级，工业经济量质齐升

聚焦建设“鲁南经济圈工业强县”，秉持链式发展理念，坚定信心、集中精力、大抓工业，依托“一区多园”，梳理形成“8+1+7”产业链集群，实施链式经济攀登行动，全年规模以上工业企业总产值249.1亿元、同比增长5.1%。坚持“项目为王、招商为要”，把招商引资作为“一号工程”，新签约项目57个，其中过50亿元项目2个、500强项目3个。深度融入全市“科创走廊”建设，完成技改70项，认定国家级高新技术企业38家。

（二）坚持强基固本，乡村振兴提效扩能

持续深化“四雁工程”，调优选配“头雁”175名，落地“归雁”项目315个，创办“鸿雁”经济主体489家，获评国家、省市级合作社示范社44家。巩固壮大农业经济，稳定粮食播种面积149.2万亩、总产66.9万吨；培育预制菜链上企业455家，年产量300余万吨、产值过100亿元。全面提升村居品质，整治市“百千工程”村居100个，创建省市级美丽乡村24个。

（三）坚持内外兼修，城市面貌绽焕新颜

深入推进“六城同建”，投资54.2亿元，实施城建重点工程57个，在全市城建观摩评比中综合成绩排名第1，其中兰溪湿地公园荣获十大城建好项目第1名。开展拆迁改造项目扫尾攻坚行动，用时100余天，扫除城区12个片区286户拆迁尾子，同步完成东城新区扫尾87户、兰陵王城二期征收576户。打造“口袋公园”8处、总面积7.3万平方米，完成棚改项目4个，实施老旧小区改造8个，城市保障显著增强。

（四）坚持人民至上，民生福祉普惠共享

实施更加积极的就业政策，发放创业担保贷款7129万元，新增城镇就业8645人。文教事业蓬勃发展，普惠性幼儿园覆盖率96.07%，夏季高考本科进线5072人，创历史最好成绩；推动普职融通协调发展，获评省“首批职业教育改革发展成效明显县”。加强社会治理，推动“12345·兰陵首发”与网格化服务管理深度融合，解决群众诉求23.9万件、满意度95.6%。系统推进生态文明建设，空气质量综合指数4.43，优良天数280天，成功创建全国自然资源节约集约示范县。

三、创新与经验

（一）代村共富、为民造福

聚焦“发挥乡村振兴领头雁作用、打造共同富裕示范区”目标，以党建引领为核心，以改革创新为突破，坚持农业优先、“农文旅商”融合发展，不断赋能集体经济发展，探索出了“依靠发展壮大村集体经济，鼓励支持村民自主创业就业，实现共同富裕”的新型集体化模式，带动2.6万余名农民实现增收致富。2022年12月，《求是》刊发了“代村共富”实践经验。

（二）职业教育、提质培优

锚定“创新、融合、协同”的职教发展思路，加大政策、资金、人才支持力度，建立全市首家县级公共实训中心，推进职业教育与县域经济社会发展相匹配，教育链、人才链与产业链、创新链有效衔接，形成职业教育“多园共进、人才共育、命运共通”的“1+N”融合发展新模式。2022年4月，省教育厅授予兰陵县“全省首批职业教育改革发展成效明显的县”称号。

（三）“三青项目”、增势赋能

实施以培养农村青年党员、青年干部、青年人才为目标的“三青项目”，建立“‘蓄水池’选拔、‘三平台’育人、

‘闭环式’管理、‘人尽其才’用人”的全链条机制。发展青年党员335名，培养后备干部2267名，选树“乡村好青年”创业示范基地34家，累计带动1.26万名社员增收2.96亿元。

中共费县县委工作概况

县委书记　徐立峰

一、组织概况与党的建设

截至2022年底，全县共有基层党委15个，县委派出工委5个、党组45个，党支部1415个，党员39628名。

（一）加强思想政治建设

认真落实“第一议题”制度，举办党的二十大精神培训班等各类主体班次37期，培训干部1.8万余人次；组织各级党组织开展学习宣传教育，培训基层党员3.9万余人次；组织“七讲七进”宣讲6000余场次，受众55万人。

（二）锻造过硬干部队伍

坚持新时代好干部标准，围绕“专业、精深、时尚”，累计提拔重用159人，晋升613人；实施“1211”新时代青年干部培育工程，乡镇党政领导班子年轻干部配备率全市第一。累计实施容错纠错8起8人，澄清正名19起19人，更好激发干部担当作为；探索公务员平时考核与优秀等次名额挂钩制度，1人获评“山东省人民满意的公务员”。

（三）夯实基层党建基础

开展村级“两大一争”一体化考核，创新“码上公开”“四议两公开”预审备案机制，深化党建引领网格化治理，推进后进班子集中攻坚，开展“三结合三提升”行动，381个行政村集体收入全部超过10万元，其中超过20万元的占62%，超过50万元的占26%。优化调整村改社区18个，新设立纯城市社区13个；成立全市首个木业产业链党委，实施党建引领“四链四航”工程，入选全国第六届基层党建创新案例。

（四）营造良好政治生态

深入开展“严真细实快”作风整顿，建立廉洁自律承诺制，作风效能不断提升，“数字清廉村居”模式在全市推广，省纪委开展专题调研。一体推进“三不”建设，开展三轮次县委巡察。

二、主要工作与成绩

2022年，全县地区生产总值首次突破500亿元大关，增长4.4%；实现一般公共预算收入32.5亿元，同口径达到35.4亿元，居全市第2位、九县第1位，增长11%；获评全市唯一的省级民营经济高质量发展先进县。

（一）坚持加快经济发展不放松，高质量发展稳步推进

部署实施“六大专项行动”，突出抓好“六个一批”，全年完成规模以上工业总产值615.8亿元，增长9.7%。城西木业产业园加快建设，成功举办广州木业推介会、木业产业发展高端人才论坛，莫干山等一批高档定制家居项目相继落地，全省装机规模最大的沂蒙抽水蓄能电站全面投产。19个省市重点项目完成投资53.4亿元，年度投资完成率163.3%。深入开展“招商引资突破年”活动，全年签约项目60个，合同资金241.5亿元，到位市外资金112亿元，锐世PET—CT、益海嘉里包装产业园等一批大好项目签约落地。构建“三环绕城”发展格局，规划建设5平方公里山水生态新城，祊河北岸快速通道建成通车，被评为全国“四好农村路”示范县。

（二）坚持全面深化改革不停步，创新驱动成效显著

坚持“十大创新”全域化引领、共性任务一体化落实、自主改革差异化推进，荣获国家级、省级认定改革成果78项，新增国家级试点4个、省级试点11个，3项国家级试点顺利通过验收。培育省级“专精特新”中小企业13家、市级12家，新增高新技术企业31家、总数达92家，培育国家科技型中小企业93家，产值过亿元企业达到97家，纳税过千万元企业达到52家，比2021年增加16家。

（三）坚持推进共同富裕不松劲，乡村振兴全面起势

加快建设示范片区，“流苏核韵”示范区相关做法在第一届全国革命老区乡村发展论坛上推广；加快培育特色产业，规划建设优农科技孵化产业园，新增1个国家级产业强镇、2个全国乡村特色产业超十亿元镇；加快推进科技兴农，实施“四雁”工程，与省农科院共建开展“百名博士下基层”行动，入选“百校联百县兴千村”名单；加快打造美丽乡村，创建省级景区化村庄4个，打造大青山—文峰山精品旅游线路，获评省级全域旅游示范区。出台加快镇域经济发展的指导意见，推动乡镇错位发展、重点突破、整体提升，在全市“十强”乡镇评选斩获7个席位，数量居全市第2位。

（四）坚持维护大局稳定不懈怠，社会治理持续深化

全年民生支出50.8亿元，占比80.3%。创新开展城市公交免费乘坐、“一老一小”幸福家园建设、老年人免费洗衣服务，推行“网格+数字”治理模式，入选全省基层治理实验区；搭建“12345·费县首发”平台，实行“首发督办、群众评判”，开展“领导干部进首发”活动，相关做法全市推广；创新实行“信访接待下基层、解决诉求到一线”制度，疫情防控、安全生产等底线工作总体平稳，

被评为全省党的二十大维稳安保工作表现突出县区。

（五）坚持责任担当落实不缺位，干事激情有效激发

建立"5+1"工作线，由四大班子领导牵头抓总，构建"决策—执行—督查—奖惩"完整闭环，实行"清单督查、赋星授旗"推进模式，做到"任务项目化、项目清单化、清单责任化、责任奖惩化"，推动各级担当作为、狠抓落实，有效激发了全县上下事争一流、唯旗是夺的责任担当。

三、创新与经验

（一）创新乡村美德信用金融转化机制

以新时代美德建设为载体，以乡村治理积分制为抓手，建立"美德、信用、金融"元素链接转化机制，以普惠金融"硬实力"撬动乡村善治"软环境"，有效激发农民群众践行文明风尚、参与社会治理、发展乡村经济的关键积极作用，打通物质文明和精神文明协调发展、物质富裕与精神富有良性互动的新通道。费县在全省统筹推进美德山东和信用山东建设座谈会上作典型发言，有关做法入选省农业农村厅、省地方金融监管局典型案例。

（二）打造全过程人民民主实践创新基层样本

认真践行人民至上的执政理念，以"全过程"为破题点，创新完善人民民主深度融入选举、协商、决策、管理、监督五个环节的机制制度，探索形成全链条、全方位、全覆盖的全过程人民民主基层实践路径。省委副书记、省长周乃翔走访调研肯定费县人大代表联络站联系群众工作，改革课题获得2022年度山东省社科普及应用研究项目立项，《人民日报》予以宣传报道。

（三）推进城镇土地使用税差别化改革试点

用好用足试点政策，建立高起点推动、高质量推进、高效能联动机制，以差别化税收政策这根"小缰绳"，牵住土地要素保障"牛鼻子"，积极探索土地要素配置改革新路径。省财政厅等四部门吸收借鉴费县试点经验，《山东工业经济运行》《山东政务信息》予以推介。

（四）创新建立"数字村务"乡村治理体系

以移动互联网为载体，以农村干部群众为主体，推行群众用章"一次办好"、村务审批"一网通办"、村务村情"一码通晓"、权力监督"一键直达""四个一"智能治理模式，运用数字技术赋能乡村公共服务，蹚出将数字价值转换为基层治理效能的新路径。改革案例获得农业农村部领导肯定性批示，入选省委农办、省农业农村厅典型案例。

中共平邑县委工作概况

县委书记　郑戏元

一、组织概况与党的建设

2022年，平邑县辖13个镇、1个街道、1个省级经济开发区，555个行政村（社区），人口112万人。共有79个党（工）委、126个党总支、1706个党支部，党员48371名。县委坚持把抓好党建作为最大政绩，深入贯彻落实新时代党的建设总要求，紧盯目标、勇担使命，坚决扛起主体责任，全力推进全面从严治党向纵深发展，切实推动党建工作各项任务落实落细。

（一）时刻保持政治坚定

始终把学习宣传贯彻习近平新时代中国特色社会主义思想和党的二十大精神作为首要政治任务，坚持管党不松手、治党不手软，始终树牢"四个意识"、坚定"四个自信"、做到"两个维护"。坚持中心导向和需求导向，扎实开展二十大精神宣讲，组织宣讲队伍开展专题宣讲1000余场次，受众30万余人次，确保党的二十大精神入脑入心、走深走实。扎实做好宣传舆论引导和意识形态工作，意识形态领域呈现向上向好态势。

（二）加强干部队伍建设

始终坚持"讲政治、重基层、凭实绩"的用人导向，拓宽选人用人视野，坚持激励和监督结合、严管厚爱与奖优罚劣并重，加大在疫情防控、乡村振兴、项目建设、招商引资等重点工作中表现突出干部的使用力度，调整干部25人次，组织40名优秀年轻干部实施"优选优培"计划，激励干部担当作为，切实推动营造干事创业浓厚氛围。

（三）筑牢基层战斗堡垒

牢固树立大抓基层的鲜明导向，把基层党组织建设成为有效实现党的领导的坚强战斗堡垒，深入开展基层党建"创先争优"、村改社区试点攻坚、后进班子集中整顿，大力实施村级"头雁领航、青雁跟飞、雏雁选育"三大工程，培育五星级党组织412个，对60个集体经济薄弱村集中攻坚，所有行政村集体收入突破10万元。创新社区党建联动12345热线模式，相关做法入选民政部基层治理和全国党建典型案例。

（四）扎实推进作风整顿

持续推进解放思想，持之以恒纠治"四风"，制发《平邑县党员干部作风整顿活动实施方案》，紧紧围绕“锻造一流作风、营造一流生态、创造一流成绩”的任务目标，聚焦“庸懒散慢浮”等作风问题，创新建立动态调整、提级关注、倒逼整改、长效提升“四项机制”，切实把作风建设推向深入。2022年以来全县共查处形式主义、官僚主义问题27起28人，享乐主义、奢靡之风问题52起56人。

二、主要工作与成绩

2022年，全县完成地区生产总值296.6亿元，社会消费品零售总额214.7亿元，实现一般公共预算收入16.2亿元，固定资产投资增长10%，规模以上工业增加值增长10.6%。

（一）科学谋划发展思路

立足市域副中心城市高质量发展目标要求，科学谋划确立了“1148”工作思路，作为全县发展的总定位、总规划、总路径。狠抓市委、市政府出台支持平邑县加快市域副中心城市高质量发展的战略机遇，深入实施“八大攻坚行动”“三争”“四场擂台赛”，奏响高质量发展最强音。

（二）全力以赴稳经济运行

坚持稳中求进工作总基调，围绕构建“3+3+3”现代产业体系，推动六大传统产业改造提升，实现工业总产值165.02亿元、增长22.2%。全力推进126个省市县重点项目建设，开工率84.92%，投资完成率54.02%。持续推进产业招商、园区招商、专班招商，累计开展招商活动578次，其中走出去147次，请进来431次，共签约项目63个，合同利用资金270亿元，其中工业项目占比达到79%。

（三）聚力提升城市品质

聚焦市域居住副中心发展定位，扎实推进品质城市建设，实施总投资145.6亿元的31个城建项目，进一步完善功能配套，提升城市承载力。实施33个老旧小区改造，新建改造街头绿地公园4处、垃圾中转站23座、公厕58座，兴水河片区改造和兴水河综合治理稳步推进。建成5个城市片区、176个基础网格，442个县城小区实现事有人管、人有专责。

（四）深入推进乡村振兴

开展乡村振兴攻坚行动，扎实推进农业农村各项工作。11家基地成功申报第二批市级长三角优质农产品供应基地。完成22.5万亩小麦收获、42.94万亩夏播任务，新获批中央预算内资金高标准农田建设项目4万亩。深化改革集成，获批全国第二轮土地承包到期后再延长30年试点，“三链同构”集成打造乡村振兴共同体、“一核四链”种业创新典型案例得到上级批示肯定。实施美丽乡村示范村“三级联创”机制，分别打造省市县美丽乡村示范村4个、9个、50个。

（五）加强和增进民生福祉

认真践行以人民为中心的发展思想，切实解决人民群众急难愁盼问题。深入开展“我为群众办实事”活动，突出办好“十件”民生实事，投资15.23亿元开工建设16个民生项目，实现城镇新增就业4069人。9类困难群体救助标准提高10%，实现全县16处“如康家园”养老服务全覆盖，群众获得感、幸福感、安全感进一步增强。

（六）统筹抓好发展和安全

树牢总体国家安全观，全面压实防风险、保安全、护稳定责任，获评全省2021年度守牢发展和安全底线先进县。严格落实常态化疫情防控各项措施，迅速扑灭多次输入型病例传播。创新形成“1+21”工作机制，深入开展重点领域风险隐患排查整治，累计排查整改隐患14878条，关停取缔企业7家，全县未发生较大及以上事故。开展矛盾纠纷排查化解百日攻坚行动，市交办信访积案化解率全市排名第二。深化12345热线改革，用好“平邑首发”，收集解决诉求问题，提升群众满意度，维护社会稳定。

三、创新与经验

（一）做大做强种业链“农业芯”

以玉米、金银花中药材等地方特色品种为选育重点，持续开展农业“芯片”攻关行动，闯出了一条以科企融合为核心，育、繁、推、服四链叠加的“一核四链”种业发展新模式。累计选育作物新品种41个，推广2.2亿亩，产生社会经济效益达230亿元。

（二）“三链同构”集成打造乡村振兴共同体

创新推动乡村振兴政策链、产业链、治理链“三链同构”，集成打造政策协同高效、产业深度融合、治理多维联动的乡村振兴共同体。九间棚村智慧农旅创新实践案例被评为“山东省数字乡村发展创新实践典型案例”。

（三）创新探索社区矫正“队建制”集成改革管理模式

坚持把确保社区矫正安全稳定作为巩固提升基层治理能力的重要一环，以社区矫正“队建制”改革为突破口，集成打造全省首支独立列户立编、公检法司集成联动的县级社区矫正大队，投资300万元打造县级“智慧矫正中心”，实现执法作业全流程智慧化，稳步提升社区矫正全过程监管能力，最大程度降低了矫正对象再犯罪率。

（四）创新构建社会化养老服务新格局

坚持政策导向、问题导向，以“保障基本、循序渐进、开拓创新”为基本原则，突出系统集成，形成了“党政主导，社会参与，多元共建，一体发展”的养老服务新格局，有效满足了多层次养老服务需求。打破镇域限制，整合养老资源，建设中心敬老院4处、镇（街）养老机构8处、日间照料中心17处、幸福院115处、助餐食堂43处，全面提升了养老服务的有效供给。

（五）“全域党建、全科网格”构建城乡社区治理新体系

平邑街道按照“区域全覆盖，服务全科目”原则，创新全域党建、全科网格运行管理模式，依托街道、片区、村居、网格四级架构，系统搭建“新型社会治理服务中心—片区党群e家会客厅—社区居委会—网格服务站”四级治

理网格，全面开创“小事不出家门，大事不出村居，难事不出街道”的基层社会治理新格局。社会矛盾隐患不断减少，进京访总数同比实现“四连降”，群众诉求办结率达到99.74%，群众社会安全感满意度同比提升17%。

中共莒南县委工作概况

莒南县委书记、临沂临港经济开发区
党工委书记　黄慧林

一、组织概况与党的建设

2022年，莒南县辖16个镇街，272个行政村（社区），108万人。共有基层党组织2241个，其中，党（工）委117个，党总支244个，党支部1880个；党员64844人，其中农村党员34710人、新中国成立前老党员323人。

（一）全面从严管党治党

将全面从严治党履职情况纳入综合考核内容，先后召开30次县委常委会、4次党建领导小组会研究部署。明确全面从严治党重点突破项目27个，推动县委主体责任、主要负责同志第一责任人责任和纪委监委监督责任贯通联动、一体落实。严守政治纪律和政治规矩，坚决推动中央和省市委各项决策部署在莒南落地生根。强化执纪监督，全面推进营商环境、“12345”热线办理、疫情防控、安全生产等领域专项监督，查处违规违纪问题520余起，处理630余人。突出抓早抓小，纪检监察机关运用“四种形态”批评教育帮助和处理1246人次。

（二）强化思想政治建设

深入学习宣传贯彻习近平新时代中国特色社会主义思想和党的二十大精神，开展各类宣讲650余场次；举办各类主体班次、重点班次33个，培训党员干部7000余人次。严格落实“第一议题”制度，县委常委会开展学习28次，县委理论学习中心组开展集中学习研讨15次。县委主要负责同志带头认领学习调研课题、带头讲党课，带动全县各级理论中心组开展“三位一体”学习研讨560余次，形成调研报告370篇。严格落实意识形态工作责任制，先后召开8次常委会、2次意识形态和宣传思想工作领导小组会议、4次意识形态工作联席会议研究部署意识形态工作。

（三）锻造过硬干部队伍

鲜明树立重实干重实绩重担当的用人导向，先后提拔重用、调任以及职级（等级）晋升649人次，有效激发了干部干事创业内生动力。全面实施一把手“上讲台”制度，将80名“一把手”纳入兼职师资队伍，倒逼专业能力提升。探索领导干部能上能下、退班子转任职级公务员作用发挥、新录用公务员三年跟踪培养、中层干部“两定两述一评”日常管理和跨单位竞岗交流、年轻干部“七炼七强”赋能行动、组织信访“要素式”查核等创新做法，相关经验被中组部、省委组织部信息刊发。

（四）夯实基层战斗堡垒

深入推进22个市县后进村整治，在全市率先完成攻坚任务。聚力“村居转型”，探索“四分”工作法，在全市率先全面完成村改社区转型提升，相关经验入选全省试点工作案例汇编。深化党代表任期制和党代会常任制，建立“一会十制一室五保障”机制，推动党代表常态化发挥作用。创新开展党（工）委书记抓基层党建“述认识、摆位次、评等次”工作，全面增强抓基层党建工作的主动性。先后承担中组部红色美丽村庄建设、省委组织部党建综合阵地建设等市级以上试点5项，承接全省党员教育工作推进会等市级以上现场会4个。

（五）持续深化作风建设

在全市率先开展以“五树五整”为主题的纪律作风整顿提升活动，组织专项检查70余次，发现问题线索30个，处理41人，公开曝光作风问题7起24人。按照市委统一部署，接续开展纪律作风整顿活动，建立“由事看作风”机制，聚焦7个重点领域进行治理，进一步转作风、提效能、树形象。从严整治“四风”，用好“直通车”机制，梳理上报问题80个。查处形式主义、官僚主义问题31个、处分9人，查处享乐奢靡问题42个、处分25人。

二、主要工作与成绩

2022年，全县实现地区生产总值283.71亿元，同比增长4.5%；规模以上工业企业实现总产值662.25亿元，同比增长13.5%；完成一般公共预算收入21亿元，同口径增长14.4%；固定资产投资增长10.5%。

（一）产业基础更加坚实

实施“工业强县”战略，投资23.7亿元的162万吨高端不锈钢项目建成投产，投资100亿元的300万吨不锈钢合金材料项目扎实推进；“十强”产业集群领军企业达到4家，占全市的1/3；新增国家级专精特新“小巨人”企业2家、省级“专精特新”企业17家、省级“单项冠军”1家、省级瞪羚企业4家。

（二）项目建设更加高效

扎实推进47个县级以上重大项目，4个省级、13个市级重大项目全部开工。实行“全员线索＋专业招商”机制，成立3个驻外招商组，新签约项目64个，其中过10亿元项目4个，已开工55个，到位市外资金90亿元。

（三）改革动力更加充足

深入开展“争跑抢”活动，积极对外联络、对上争跑，先后争取国家级改革创新成果10项、省级49项，新增国家级改革试点3项、省级12项；争取上级无偿资金4.6亿元、专项债资金10.16亿元、政策性开发性金融工具资金1.28亿元、设备购置更新贷款资金1514万元、政策性银行贷款19.4亿元，为推动经济社会高质量发展提供了有力支撑。

（四）乡村振兴更加深入

被列入全国县域流通服务网络强县培育名单，成功争创全国水系连通及水美乡村建设县、国家级花生优势特色产业集群。成功争创全省整县域推进乡村生态振兴重点县、认定“省级现代农业产业园”，被评为省农产品加工高质量发展先行县、全省粮油绿色高质量高效行动示范县。党支部领办合作社经验做法被中央《新闻联播》报道。

（五）城市建设更加精致

对6大城市片区进行扫尾攻坚，十泉路北片区仅用1个月时间就完成任务，西一路大曲流河段成功打通。推进总投资87.6亿元的10类重点城建项目，县医院北院区、一小北校区等重点项目建成启用。建设口袋公园7处，提升城区道路27条，打通断头路14条，改造积水点13处，新增绿化9.3万平方米。被列为省第一批大数据平台县级节点建设试点县，荣获“2022中国领军智慧县级城市奖”。

（六）民生保障更加有力

树牢以人民为中心的发展理念，实现民生支出54.3亿元，占一般公共预算支出的87%，居民人均可支配收入达到29321元，增长5.5%。结合群众满意度工作，创新“12345•莒南首发”，受理诉求11.6万件，响应率91.24%、群众满意率92.88%。

（七）发展底线更加牢固

统筹疫情防控和经济社会发展，有力应对处置3起突发疫情；认真落实“二十条”“新十条”，确保平稳有序转段渡峰。全县空气质量综合指数4.32，改善率全市第1，$PM_{2.5}$年均值全市第2；省控以上河流断面同比改善率全市第2；不良贷款化解量居全市第1；安全生产事故起数、死亡人数分别下降40%、44.4%；无刑事警情日246天。

三、创新与经验

（一）探索实施组织信访“要素式”查核机制

设置党员发展、基层组织两类要素登记表，分别明确6种、7种常见信访情形；每类登记表设计案件受理、查核等6个关键环节，明确32个关键要素，有效解决了组织信访查核不规范、办理质量不高等问题，推动全县组织信访量同比下降了41%，查处诬告陷害25起，澄清正名42人。经验做法在全市发文推广，荣获全市组织工作创新奖。

（二）创新开展农业社会化服务综合改革

深入总结首批国家级供销合作社综合改革试点经验，创新构建全民合作、全程服务、全域流通“三个体系”，打通种、产、销“三个环节”，以全领域全链条服务，推动乡村全面振兴。经验做法被央视《新闻联播》头条报道，莒南县被国家标准委确定为国家级农业社会化服务标准化试点县。

（三）率先开展跨行业水权交易

聚焦管水、治水、用水三大主体任务，以深化水利领域改革为总抓手，围绕破解新发展条件下的用水供需矛盾，积极探索开展跨行业水权交易，在全省率先制定《莒南县水权交易实施办法》，明确取用水户对节约出来的水资源的收益权，通过水权交易盘活用水存量、引导节水投入，促进水资源优化配置和高效利用。相关经验做法被水利部《水利改革动态》刊发并报中央改革办。

中共蒙阴县委工作概况

县委书记　王丽云

一、组织概况与党的建设

蒙阴县辖10个乡镇（街道），1个省级经济开发区、1个云蒙湖生态区、366个行政村，总人口58.04万人。截至2022年12月底，共有基层党组织1434个，其中，党（工）委78个，党总支126个，党支部1230个，党员30937人。

（一）持续加强政治建设

将学习宣传贯彻党的二十大精神作为首要政治任务，坚持全面学习、全面把握、全面落实，成立32人的县委宣讲团广泛开展宣讲，开展“讲故事、学理论”活动5100余场。抓实“第一议题”制度，第一时间传达学习贯彻习近平总书记重要讲话、重要指示批示精神。积极创新学习形式，开展深度学习，真正带着问题学、理论研讨学、形成专题学，切实把学习成果转化为推动工作的强大动力。

（二）全面夯实基层基础

部署开展党建十大创新行动，创新村级发展质量县乡联动一体考核，重点优化城市社区治理，坚持建体系、优服务，将城区网格优化调整为9个网格，建立无人管理小区兜底管理机制，推动执法力量下沉，实现多网合一、一网融合。深化机关党建“四步评查”工作机制，创新停破产企业党组织管理，实行社会组织党建筑基提质，推动基层党组织全面进步、全面过硬。

（三）锻造过硬干部队伍

坚持“五重四不唯”用人导向，注重在生态文明建设、疫情防控等一线锻炼干部、选拔干部，对7个担当作为好班子、12名担当作为好干部进行了表扬，临沂市生态环境局蒙阴县分局被评为山东省“人民满意的公务员集体”。出台年轻干部“青雁工程”培养提升计划，提拔35岁左右年轻干部10名。发布人才新政“金七条”，为15名高层次人才发放“人才金卡”。

（四）持之以恒正风肃纪

认真落实中央八项规定及其实施细则精神，持续纠治“四风”，查处违反“四风”问题28起37人，给予党纪政务处分20人，成为山东省同级监督试点县。扎实推进清廉村居建设，强化“三资”管理、“三务”公开，规范权力运行，擦亮“崮乡清风”廉洁文化品牌。全力配合做好省委第五巡视组巡视工作。

二、主要工作与成绩

（一）综合实力实现新跃升

2022年，全县完成地区生产总值206.78亿元，一般公共预算收入11.7亿元，同口径增长8.1%；固定资产投资增长17%；社会消费品零售总额90亿元；城乡居民人均可支配收入30401元，增长5.5%。

（二）生态文明增创新优势

成为山东省生态文明强县、省级建立健全生态产品价值实现机制试点，在全国生态产品价值实现机制经验交流会、中国生态文明论坛南昌年会上作典型发言。与中国环科院合作，发布了全省首份县域GEP核算报告，探索了生态资源产权、补偿收益权、预期收益权“三权”抵押贷款特色模式。《以生物多样性保护促进沂蒙老区实现共同富裕》入选全国生物多样性保护优秀典型案例。

（三）动能转换取得新突破

开展“招商引资突破年”活动，成功签约项目63个，其中500强项目2个，过10亿元项目6个，与华润集团合作的润蒙抽水蓄能电站计划总投资70亿元，是蒙阴历史上单体投资规模最大的项目。大力实施生态工业强县战略，产值过亿元企业达到28家，税收过百万元企业达到41家，新增“小升规”企业19家。济临经济协作区在蒙阴揭牌。

（四）乡村振兴迈上新台阶

统筹政策资金资源，稳步推进片区建设，党组织领办合作社“双领双全”模式全面推广，在全省率先成立县级联合总社，开展果园托管服务11万亩，成为全国农民合作社质量提升整县推进试点重点县、全国退役军人村支书培育试点县、全国休闲农业重点县、省级全域旅游示范区，“两山”理论实践型模式入选全省十种乡村振兴模式。

（五）民生事业达到新水平

全面落实惠民政策，民生支出达到33.7亿元，增长7%。与海亮集团共建乡村教育振兴综合实践区，提升全县教育教学水平。古城综合改造、汶河公园被评为全市十大城建好项目。205国道县城至常路段大中修工程、张台线县城至蒙山段大修工程竣工通车。“一排底线”11个专班扎实工作，有效统筹疫情防控和经济社会发展，全力抓好安全生产、森林防火等工作，全县社会大局和谐稳定。

三、创新与经验

（一）驰而不息抓作风建设，干部作风持续向紧向实向优转变

部署开展“提境界、勇担当、促跨越”作风建设活动，认真落实全市党员干部作风整顿要求，县委常委以上率下，带头到一线调研，梳理分析分管领域突出问题，指导部门单位完善整治方案，推动作风建设走深走实。各乡镇街区和县直部门单位主要负责同志亲自抓、具体管，班子成员严格履行“一岗双责”，全县96个单位、530名班子成员查摆问题6429个。由县级领导牵头，专班化推进砂石名木资源、营商环境、12345热线办理、社会帮扶、基本医疗、违法建设“六大专项整治”，取得了明显成效，12345热线办理、营商环境评价居全市第1位，在全省群众满意度调查中居全市第6位。

（二）创新县乡联动一体考核，激发村级干事创业热情

聚焦科学精准，突出务实管用，打破“县考镇、镇考村”传统模式，创新开展村级发展质量县乡联动一体考核。根据全县重点任务、中心工作，优化指标设置，按照县乡各占50%的比例，对全县366个行政村一体赋分、统一排名，并将考核结果与村级表彰、专业化管理、乡镇党委抓基层党建述职评议考核相结合，激励村级创先争优、干事创业，有效促进了党建和重点工作有机融合。蒙阴县成为全省抓党建促乡村振兴创新突破项目联系点，在全省抓党建促乡村振兴现场推进会上作典型发言。

中共临沭县委工作概况

县委书记 张 雷

一、组织概况与党的建设

临沭县辖7个镇，2个街道，1个省级经济开发区、1个新型工业化实验区和1个省级风景名胜区，244个行政村居，人口68.26万人，面积1010平方公里。有50个党（工）委，34416名党员，其中，9个镇街党（工）委，223个行政村党组织，43个城市社区党组织，农村党员18923名。

2022年，全县各级党组织深入贯彻新时代党的建设总要求，以党的政治建设为统领，全面推进党的思想建设、组织建设、作风建设、纪律建设，坚定不移把全面从严治党向纵深推进，巩固发展风清气正的良好政治生态。

（一）突出理论武装，思想政治工作守正创新

县委常委会会议“第一议题”跟进学习36次，理论学习中心组学习研讨15次，示范带动各级党委（党组）理论中心组不断强化理论学习；深化习近平新时代中国特色社会主义思想教育培训工程，组织实施基层党员进党校工程，累计培训党员3.5万人。举办2期党的二十大精神专题学习班，教育引导全县领导干部深刻领悟党的二十大关于党和国家事业发展大政方针和战略部署。加强干部队伍专业化建设，累计举办“沭河干部大讲堂”23期，开设党校主体班次、重点专题培训（研讨）班28期。

（二）塑强干部队伍，干事创业力量不断壮大

坚持新时代“好干部”标准，以实绩论英雄凭实绩用干部，调整干部308名，晋升干部73名，年度考核嘉奖368人，记三等功67人。开展“青锐兴沭”专业化干部培育三年行动，首批确定40名培育对象，选派到26个重点项目、国有企业等“最前线”进行实践锻炼，对表现优秀的10名干部提拔使用。开展“老骥伏枥展风采”活动，首批选派18名退出领导岗位干部或专业特长人员，参与到城市建设、疫情防控等指挥部工作，充分发挥专业优势和经验优势，结对帮带年轻干部，推动干部队伍形成青蓝相继的生动局面。

（三）立足强基固本，基层党建质量整体提升

实施党员发展质量提升行动，破解3年及以上不发展党员村33个。建立健全农村干部“选、育、管、用”全周期专业化管理机制，调整撤换不胜任不作为村干部83名、选配党组织书记26名，48名村党组织书记新纳入专业化管理，遴选20名优秀村党组织书记到镇街七办五中心挂职。推动各领域党建均衡发展，开展机关“党建联盟”创建，按照“1+1”或“1+N”形式组建“党建联盟”38个。成立县直播电商、县快递物流、县外卖3个行业党委，美团、饿了么等26个党支部，不断推动“新新”党建扎实开展。

（四）全面从严治党，政治生态更加风清气正

坚持严的主基调不动摇，充分发挥巡察利剑作用，完成十三届县委两轮巡察，开展十二届县委巡视巡察整改情况“回头看”，建立县委常委会专题听取巡察整改情况汇报制度。做实专项监督，围绕营商环境、12345热线等领域立案146起，给予党纪政务处分137人，约谈362人次。聚焦标本兼治，一体推进“三不腐”，立案273起，处分306人。建立“由事看作风”机制，查处“四风”问题41起，处分48人。

二、主要工作与成绩

2022年，全县各级认真践行习近平新时代中国特色社会主义思想，深入学习贯彻党的二十大精神，加快建设“鲁南高质量发展先行区、沂蒙老区‘好日子’示范区、精致美丽卫星城”，高效统筹“疫情要防住、经济要稳住、发展要安全”三件大事，“强富和美”现代化临沭建设开局良好。实现地区生产总值249.5亿元，增长5%；完成一般公共预算收入19.2亿元、同口径增长11.5%；规模以上工业增加值增长12.2%；固定资产投资增长15.6%；居民人均可支配收入达34957元，增长5.6%；进出口总额63.6亿元，多项主要经济指标进入全市第一方阵。

（一）经济运行稳中提质

招大引强成果丰硕。坚持按“图”索骥、靠“谱”招商，绘制10幅产业链招商图谱，县级领导各认领过亿元招商任务，新签约项目70个，总投资395亿元，实现签约、落地项目数量“双翻番”。招引世界500强和央企项目6个，过50亿元项目2个，一批大项目、好项目纷至沓来。动能转换质效明显。大力发展“四新”经济，获评省级专精特新企业18家、瞪羚企业4家。坚持“行业抓龙头、分级抓骨干”，获评国家级“小巨人”、单项冠军示范企业3家。实施“百企转型、百项技改”工程，金正阳入选“省绿色化技改十大优秀案例”。科技创新活力迸发。加快建设“科技创新示范县”，实施高新技术企业五年倍增计划、创新平台三年全覆盖行动，市级以上创新平台达190个，金正大获评全国重点实验室，全省11个、全市唯一。

（二）乡村振兴起势见效

创新实施“双强双增”工程，带动380个村集体和村民增收1亿余元。探索“双社联办”“多社联合”新模式，成立党支部领办合作社268家，行政村集体收入全部超过10万元。推进现代农业产业园、农产品加工产业园、冷链物流产业园“三园同建”，链式培育柳编、红薯等特色产业，

成功创建省级现代农业产业园。创新引入乡村职业经理人，成立乡创文旅公司，培育新型经营主体500余家。深入开展“千村示范、万村整治”工程，创建省级美丽乡村示范村16个，1镇8村入选全省乡村振兴“十百千”工程示范创建名单。

（三）民生福祉均衡发展

完成民生支出41亿元，占财政支出的84.3%。社会保障更有“温度”。新增城镇就业6909人，安置公益性岗位4530个，稳岗2.6万人。“三保”有力有效，财政管理绩效综合评价居全国第41位，获财政部奖励600万元。公共服务更有“力度”。新增学位9900个，创建市级“智慧化校园”40个，职业教育高考连续20年全市第一。城市更新更有“厚度”。启动“两大片区”“十大项目”建设，实施小城镇三年提升行动，增强城镇承载力。获评“山东省就业环境友好型城市”建设单位，成功创建国家健康县，国家学前教育普及普惠县通过省验收，无责任退兵经验获省委、省政府、省军区推广，以上四项工作均为全市唯一。

三、创新与经验

（一）开展“五链统筹”科技创新赋能行动

打造创新链、产业链、人才链、资金链、政策链“五链统筹”科技创新体系，多元协同共建研发平台，与史丹利、碧桂园、山田新材料等大型企业联合建设新型肥料、高端装备、新材料等公共研发平台，实现资源集成和共建共享。在全市率先成立人才发展集团、人才协会、技术市场协会，形成“三位一体”成果转化机制。

（二）探索“一村带九村”区域协同振兴模式

建设红色朱村“一村带九村”好日子示范片区，对片区村居整体规划打造，“一村一品”特色化提升，成功创建省级“绿水青山就是金山银山”实践创新基地。探索“五联六动”（“五联”即：党建联抓、产业联建、事务联议、治理联动、成果联享；“六动”即：党委推动、支部牵动、政策驱动、产业拉动、村村互动、村民主动）区域协同振兴新路径，带动朱村年均增收500多万元、周边村增收1200多万元。

德　州　市

中共德州市德城区委工作概况

区委书记　张泽中

一、组织概况与党的建设

德城区是德州市主城区，辖2个镇、5个街道办事处，总面积263平方公里，总人口70万人。共有64个城市社区、60个行政村，96个党委（党工委），92个党总支，998个党支部，党员25556人。2022年，德城区深入贯彻新时代党的建设总要求，坚决扛牢全面从严治党主体责任，不断推动全面从严治党向纵深发展。

（一）加强思想建设

严格落实“第一议题”制度，区委常委会集中学习19次，区委理论学习中心组集体学习研讨12次。突出抓好习近平新时代中国特色社会主义思想、党的十九届六中全会和党的二十大精神教育培训，举办主体班次7个，培训学员550人次。严格落实意识形态工作责任制，坚持网上网下统筹，加强阵地建设和舆情管控，意识形态领域总体平稳向好。

（二）压实主体责任

修订区委常委会议事决策规则、“三重一大”事项决策办法等4项制度，组织召开区委常委会会议40次，及时研究落实全面从严治党责任。制定区委常委班子及成员责任清单，逐级传导压力，形成了“定责明责—知责履责—督责问责”责任闭环。开展区委巡察3轮，自觉接受省委常规巡视，坚决抓好整改“后半篇文章”。

（三）夯实基层基础

全市“红色物业”建设现场会在德城召开，被省委组织部确定为“深化城市基层党建引领城市基层治理”直接联系点。打造农村区域党建共同体12个，60个行政村集体经济均超过17万元、28个超过50万元。抓实新业态新就业群体党建，建设42处“暖心蜂巢”，经验做法在中组部组工信息刊发。

（四）优化政治生态

全方位全链条推进政治生态分析研判试点，探索建立360°信息采集+研交改闭环管理制度，构建“分析研判—反馈交办—整改提升—抽查检验”工作机制，到德城调研的中央党校专家给予充分肯定。全力支持纪检监察机关监督执纪问责，始终保持惩治腐败高压态势，政治生态持续向好。

二、主要工作与成绩

2022年，在省委、市委坚强领导下，坚持以习近平新时代中国特色社会主义思想为指导，统筹推进疫情防控和经济社会发展，深入推进“七大攻坚战”，坚持“两个高于”、持续“走在前列”，“首善之区”建设迈出坚实步伐。实现地区生产总值480.9亿元、首次跃居全市首位，完成一般公共预算收入35.1亿元、居全市第2位，多项主要经济指标位居全市前列。

（一）扎实推动高质量发展

坚定不移推动实体经济发展，规模以上工业增加值增长10.6%、居全市第2位，华鲁恒升营收突破300亿元。滚动实施工业重点技改项目55个，累计完成投资34亿元。规模以上工业企业新增15家、达到137家，挂牌上市企业新增5家、达到25家。60个区级重点项目完成投资86.3亿元，其中27个省、市重点完成投资71亿元。开展“六大消费行动”，完成社会消费品零售总额188.3亿元，居全市首位，增速居全市第3位。实际利用外资4018.6万美元，完成货物进出口总值66亿元，获评“山东省十大对外开放强县”。新开工过亿元项目41个，到位资金38.6亿元，京东星谷智能物流园、华科半导体等一批项目成功落户。

（二）大力推进城乡融合发展

强力推进“四改一拆”，南陈庄等29个地块加快征迁，14个实现“清零”，腾空土地2000余亩；前小屯等12个棚改项目有序推进；改造老旧小区67个，城市更新经验做法获周乃翔省长批示肯定。新建“四小”工程7处，运河大道改造、三八路西穿工程有序推进。综合运用联合执法进小区、“三无”小区嫁接物业、“街长制”等措施，累计拆违2万余平方米，升级改造农贸市场5个，小区物业服务实现全覆盖。深入推进特色镇、中心村建设，3万亩“吨半粮”核心区建设成效显著，获评全国主要农作物生产全程机械化示范区。

（三）锐意深化改革创新

新承接省级以上试点14项，“行业审、全面改”审计模式等86项改革经验在省级以上媒体推广，振兴乡村教育改革措施被全国人大常委会副委员长艾力更·依明巴海批示肯定。新增省级“专精特新”企业12家，格瑞德技术中心建成国家企业技术中心，获评全省技术转移先进区。用好“天衢英才计划”，1人入选国家级重点人才工程、2人入选省泰山产业领军人才，获评“青年人才首选山东20大潜力城市”。率先推行“直播+政务”，“批发办”改革经验在省级媒体推广。常态化开展企业纾困解难活动，新增市场主体1.2万余家、居全市首位。

（四）持续增进民生福祉

实施16所中小学改造提升工程，前魏等3所公办幼儿园投入使用，获评全省首批全环境育人实验区。区妇幼保健院新院区等4个医疗项目加快建设，率先推行医疗人才“区有镇管村用”机制，被确定为全省公立医院综合改革示范单位。生态廊道、大运河博物馆群等项目有序推进，7处明德书屋建成开放。新增城镇就业5100人，开发“五大类”城乡公益岗1100个。企业养老保险新增扩面4800人，社会大救助体系不断健全。入选全省未成年人保护试点县（市、区）。创新推行信访听证“五步工作法”，深化“网格+警格+民兵”共建，着力推进“五治融合”，获评省级基层治理试验区。

（五）牢牢守住“一排底线”

完整准确全面落实疫情防控优化措施，多次经受疫情防控考验，扁平化指挥、全社会动员、体系化应对能力进一步提升。持之以恒抓环保，完成全年清洁取暖改造7570户，建成“口袋公园”12个，改造雨污分流管网60公里。深化非法宗教专项整治行动，民族宗教工作走在全市前列。推进安全生产“五责共治”，未发生较大及以上安全生产事故，天衢街道获评“全国119消防先进集体”。连续2年实现本地原发性非法集资案件零发生。

三、创新与经验

（一）必须坚持领导带头、以上率下

领导干部示范带头是一种榜样的力量，是最好的执行力。工作中，区委常委带头干在先、走在前，坚持用身影指挥人，自觉践行“一线工作法”，在七大攻坚战、创城迎检、信访维稳等重点工作中，既当指挥员、又当战斗员，以“关键少数”带动“绝大多数”，一批征迁安置领域历史遗留问题得到妥善解决，南陈庄、杨家圈等地块征收实现重大突破。

（二）必须坚持以人为本、为民造福

江山就是人民，人民就是江山。只有认真践行以人民为中心的发展思想，倾听群众呼声，尊重群众意愿，坚持让利于民，才能赢得人民群众的认可和拥护。比如，德城区在征迁中，按照“就高不就低、市场化定价”原则，平房院落1∶0.97置换，楼房套内1∶1置换，补偿安置政策全市最优。坚持“就近就地”，拿出“黄金”地块建设安置房，实现群众从“要我搬”到“我要搬”的转变。

中共德州市陵城区委工作概况

区委书记　张传军

一、组织概况与党的建设

2022 年，陵城区辖 13 个乡镇（街区），690 个社区（村），其中，城市社区 12 个，行政村 678 个。全区基层党组织 1689 个，其中，党委（党工委）33 个，党总支 199 个，党支部 1457 个，党员 24727 名。

（一）全面夯实基层党组织基础

实施“头雁领航　群雁齐飞”雁阵工程，在全市率先开展村党组织书记专业化管理，经验做法被人民网等媒体报道。开展“百企结百村”行动，成立党建共同体电商基地，实现销售收入 2300 余万元。推进农村“三类地”开发利用，流转土地 15.8 万亩全程托管，678 个村集体收入突破 20 万元。

（二）打造“陵诚治”城市治理品牌

推进精诚协作治理，实施“红色家园合伙人”共建行动，推动街道、物业企业等 8 类、60 余个治理主体签订共建协议。锻塑勤诚过硬工作队伍，打造“星火”书记工作室，12 名社区书记围绕建设红色物业等重点工作提能聚智。创新“社区工作者 + 新业态新就业群体”网格员体系，选聘 3350 名红色楼道长。打造热诚全面服务模式，105 个居民小区物业企业党组织覆盖率、业委会党组织组建率等全部达到 100%。

（三）党员教育管理水平有效提升

规范化建设提升 13 处镇街党校，打造榜样主题馆等 60 个现场教学基地，实现阵地建设全域提升。集中开展村两委成员大专学历考前辅导等工作，推动“两委”成员学历提升。统筹开展“我来讲党课”“灯塔 5 周年”等系列活动，分别选树镇级、区级、市级榜样典型 125 名、85 名、4 名，教育引导广大党员学榜样、当榜样。

（四）推动各领域基层党建工作全面提升

举办机关企事业单位党支部书记“专业大比武”，优化打造 73 个机关党建品牌、30 个中小学校“四强四好”品牌，4 所学校获全市中小学校“一校一品”示范校。试点打造“陵距离”双报到工作站，将“双报到”单位调整为 103 个，更新 5104 名在职党员居住信息，推动“双报到”工作走深走实。设立老年大学教学点，为 5 个“银耀陵城”老干部志愿服务示范工作室授牌，西街社区离退休党支部荣获“德州市‘银领先锋’离退休干部党支部”称号。

二、主要工作与成绩

2022 年，陵城区坚持以习近平新时代中国特色社会主义思想为指导，牢牢把握“疫情要防住、经济要稳住、发展要安全”重要要求，坚定不移推进“十大奋进行动”这个阶段性举措，各领域工作取得积极成效。2022 年，全区地区生产总值同比增长 4.8%。一般公共预算收入同比增长 18.27%。固定资产投资同比增长 24.5%。进出口总额 28.5 亿元，同比增长 45%；实际利用外资同比增长 222%。

（一）深入推动工业强区

坚持创新驱动，积极培育优秀企业，壮大特色产业集群。10 家企业入选省“专精特新”中小企业，39 家企业获批山东省创新型中小企业，18 家企业获批国家级高新技术企业。德州恒丰集团新增累计营业收入过百亿元。纺织服装特色产业集群入选 2022 年度山东省特色产业集群、德州市区域主导产业集群。山东得洲科技获全国纺织先进集体。省会经济圈区域分中心项目入选全国一体化工业大数据山东云中心试点名单，全市唯一。

（二）全面推进乡村振兴

落实最严格的耕地保护制度，获省级耕地保护激励县表彰。“吨半粮”生产能力创建首年告捷，核心区小麦、玉米平均亩产分别达到 647.8 公斤、866.89 公斤。成功举办国家级制种大县小麦新品种展示评价观摩会。大豆产业入选国家级大豆优势特色产业集群项目，争取中央资金 3950 万元。争取 1.5 亿元的农村人居环境整治专项债券资金。农村厕所革命典型做法和以政府购买服务聘请社会第三方开展改厕后续管护的做法在全省、全市总结推广。

（三）坚持以人民为中心的发展思想

投资 2.09 亿元实施学前教育综合提升项目，新建 8 所幼儿园，增加 3630 个学位；投资 700 余万元实施“农村薄弱学校能力提升”项目，办学条件全面改观。区传染病防控中心、精神卫生中心完成验收；国学大师石学敏院士传承工作室落户陵城。西南片区入选省级城市更新试点；启动实施总投资 18.09 亿元、1700 余亩的政府周边 3 大核心片区棚改拆迁，受益居民 2002 户。城乡公益性岗位实现提质扩容，4472 人全部上岗。

三、创新与经验

（一）“吨半粮”创建首年告捷

成立工作领导小组，建设了“三级书记”指挥田 694 个、面积 1.6 万亩。首创“张榜揭榜”制，划定 2 处千亩试验区，吸引有能力有资源有技术的经营主体运营。超额完成 6 万亩大豆玉米带状复合种植任务。经实打测产，核心区小麦、玉米平均亩产分别达到647.8公斤、866.89公斤。“吨半粮”建设典型做法被全国人大常委会副委员长艾力更·依明巴海同志，全国人大常委会党组成员、秘书长杨振武同志批示，中央新闻联播、农民日报、山东新闻联播等媒体进行专题报道。

（二）人大代表助力乡村振兴

陵城区人大代表常委会立足宣传阐释好、桥梁纽带好、依法监督好、助力实施好、取得效果好“五个好”目标，组织带领全区1076名人大代表投身乡村振兴主战场，当好宣讲员、战斗员、服务员、监督员，在打造乡村振兴样板中践行全过程人民民主、展现人大代表担当、促进《乡村振兴法》实施。相关经验做法被全国人大常委会副委员长武维华同志批示。

（三）营商环境持续优化

成立“企业服务中心”，打造“一厅、一员、一图、一通道”的“四个一”企业服务体系，帮办各类审批手续5940余件（次）。建成全市首个建设项目审管互动平台，创新推行“1+2+N”审批服务模式，为232个重点项目实施容缺办理。在全市率先推行项目“施工分段许可”、企业“迁移一件事”服务、市场主体“歇业一件事”服务、“免证办”改革等事项，全力打造营商环境“升级版”。扎实推进中心镇“县镇同权”综合改革试点，按照创新性原则在中心镇成立区审批服务局中心镇分局，实现区级审批业务事项、办理人员“双下沉”。

（四）枫桥经验“陵县模式”持续创新

创新“一站式”矛调中心，实现群众办事“全链条”。统筹住建、人社、民政等10余个群众诉求量较大的部门单位，创新“大、中、小”三级闭环管理、群众诉求“五级督办”等机制，做到“前端”一站式受理、“中端”一揽子调处、“后端”一链条督办。同时，通过“一窗受理、集成服务、一次办结”服务新模式，实现群众办事“最多跑一地、最多跑一次”的目标。2022年，陵城区县域内由村（社区）上行至乡镇（街道）的矛盾纠纷数量同比下降28%，由乡镇（街道）上行至区的矛盾数量同比下降40%。先后获评全省重大决策社会稳定风险评估规范化试点县（市、区）、全省党的二十大维稳安保工作表现突出县（市、区）、全国信访工作示范区。

中共乐陵市委工作概况

市委书记　王晓勇

一、组织概况与党的建设

2022年，乐陵市辖9镇3乡4个街道，130个行政村，9个城市社区，户籍总人口70.16万人。全市现有基层党（工）委129个，党总支81个，党支部1815个，现有党员28504名，其中农村党员14123名。

始终坚定扛牢全面从严治党主体责任，不断完善制度、强化监督、激励担当，不断加强党的政治建设、组织建设、思想建设、作风建设和纪律建设，以强有力的党建工作建强队伍、转变作风、凝聚合力、加快发展。

（一）旗帜鲜明讲政治

始终坚持把习近平新时代中国特色社会主义思想作为一切工作的根本遵循和行动指南，始终把政治建设摆在首位，不断增强“四个意识”，坚定“四个自信”，做到“两个维护”，确保各项事业始终沿着正确政治方向前进。严格落实“第一议题”制度，推动理论武装走深走实。完善持续学习宣传工作机制，推动党史学习教育常态化、长效化。

（二）抓紧抓实政治生态建设

把政治生态建设作为“一号工程”，出台《关于把政治生态建设作为各级党委（党组）“一号工程”的意见》，加强组织领导，以风清气正的政治生态护航经济社会高质量发展。纪检监察和组织系统受理涉组涉干信访举报分别下降32.3%、70.27%。同级监督、人大监督和审计监督协同联动成为省级联系点和典型案例。

（三）持续推进干部作风转变

积极倡树“严真细实快”的优良作风，坚决整治“四风”，全力打造“五型”机关和干部队伍。深入开展激励干部“暖心护航”行动，一体推进容错纠错、澄清正名和查处诬告陷害工作。对28名干部和1个党组织实施容错纠错，为60名干部和1个党组织澄清正名，查处诬告陷害1起2人，促使犯错的党员干部从“有错”到“有为”转变。实施“薪火、淬火、星火”三大工程，用好用活即时奖励，全方位激发广大党员干部干事创业热情。

（四）从严从实正风肃纪

精准运用监督执纪“四种形态”，运用第一、第二种形态分别涉及836人次、324人次，合计占比96%，实现了由“惩治极少数”向“管住大多数”拓展。创新建立县乡村纪检监察工作一体化管理片区联动协作机制。在德州率先成立以市委书记为组长的市委巡察工作领导小组，强化巡察结果运用。

二、主要工作与成绩

2022年，全市上下在新一届市委的坚强领导下，拼搏实干、实中求快，迈出了建设现代化区域性中心城市的坚实步伐，乐陵市在德州综合考评中获得一等奖。全年实现生产总值283.2亿元，按可比价格计算，比上年增长4.1%。全年完成一般公共预算收入14.87亿元，同口径增长8.1%，城乡居民人均可支配收入26623元，增长5.5%。2022年荣获“省深入打好污染防治攻坚战先进县”“省法治政府建设示范县”“省首批‘三减控三高’特色项目县”“2022年高标准农田整县推进示范县”“省深耕体育产业打造特色体育名城”“省肉牛养殖大县”“整县域推进乡村生态振兴重点县”等荣誉称号。

（一）“乐享生活、乐在乐陵”城市品牌绽放新风采

十大民生实事持续实施。城市更新全面推进，6个片区完成征收搬迁，实现当年拆迁、当年结算、当年安置。城乡公益岗开发任务提前超额完成。高考本科上线人数“八年八连增”。实现省级卫生乡镇全覆盖。入选大学生“返家乡”社会实践活动重点开展县国家试点，省级“三减控三高”特色项目县、全域旅游示范区创建单位。更优美的人居环境，更均衡的教育医疗，更扎实的社会保障，更和谐的城市文明，让越来越多的老乡从远方“回家”，越来越多的孩子在这里“出发”，越来越多的优秀人才来这里“逐梦”。

（二）特色体育名城引领区和食品名市示范区增强新动能

高端体育装备和马铃薯研发项目连获省科技进步一等奖，创造县域科技的“乐陵现象”。成功举办首届“体总杯”全国体操团体锦标赛。泰山体育获批德州唯一的省级科技成果转化中试示范基地、海外高层次人才工作站，联合组建省体育产业集团，打造万亿级体育产业核心引擎。星光糖业获批省级工程研究中心，实现全省食糖出口“零的突破”。培育“国企+园区+共享平台”，进军预制菜“新蓝海”。让名城名市成为悦动枣乡脉搏新名片，让群众拥有更多“舌尖上的幸福”，健康低碳理念更加深入人心。

（三）乡村振兴和数字经济样板汇聚新优势

成功举办首届“大国农匠”全国农民技能大赛。粮食生产实现“二十连丰”。获省高标准农田整县推进示范县、首批省级整县域推进乡村生态振兴重点县。省级现代农业产业园、杨安镇乡村振兴齐鲁样板省级示范区通过验收。“乐快”工程创建德州首个国家级农村物流服务品牌。乐陵市作为唯一县级代表在全国“四好农村路”工作会议上作典型发言。在德州率先开展全域土地综合治理试点。引进山东大学首家县域人工智能研究院、鲁北数字产业园，推动智慧城市加快建设，经济发展“换道超车”。

（四）改革、绿色和治理转型培塑新环境

创新实施青年经济顾问团、全生命周期项目帮扶、首席政府服务官、人才编制“周转池”等制度。获国家EOD项目、省级建立健全生态产品价值实现机制、药食同源商品进口通关便利化改革、首批省级商业秘密保护创新等省级以上改革试点31项。德龙烟铁路乐陵货运场站正式启用。循环经济示范园获全国第一批整体清洁生产审核创新试点、省级生态工业园区。获省级深入打好污染防治攻坚战先进县、法治政府建设示范县。优越的政策环境，良好的营商环境，和谐的社会环境，吸引更多名企强企来乐投资。

三、创新与经验

（一）自主开展省级农村改革试验区建设工作系统集成改革

乐陵市自主开展省级农村改革试验区建设工作系统集成改革。成立专门领导小组，定期调度工作进度，每项试验任务实行“一名市级领导主抓、一个部门单位牵头、一个工作专班负责、一项推进实施计划、一套考核奖惩措施”方式全力推进，制发《关于推进“党建统领、三治融合”乡村治理体系建设的实施意见》等29 个政策性文件，制定《乐陵市省级农村改革试验区成果转化清单》，举办各类培训班 12 期。

（二）“乐快”工程成为客货邮融合发展全国样板

乐陵市抢抓交通强国建设机遇，以构建“区域性物流枢纽中心”为目标，坚持“政府引导+市场化运作+资源整合”，着力打造“乐快”工程，构建“县乡村”三级快递物流体系、推进客货邮融合发展，全省率先实现村村通快递、村村通公交。工作做法获国家邮政局主要领导批示肯定，成为2022年交通运输部农村客货邮融合发展9个典型案例之一，全省唯一。

中共禹城市委工作概况

市委书记 滕海强

一、组织概况与党的建设

2022年，禹城市组建93处区域党建共同体，覆盖全部544个行政村；72个市直部门、95家涉农企业结对帮扶，为共同体提供政策、资金、项目支持；实施物业“四色”管理；探索红链赋能，成立4条标志性产业链行业党委，畜牧产业链党建案例被中宣部《党建》杂志推广。依托现代产业学院，举办主体班次18期，培训各级干部1.2万人次；规范提升11处镇街党校，精心打造57处现场教学基地，提升党员教育质量，“智慧型”干部不断涌现。

二、主要工作与成绩

（一）夯实三大基石

锚定“先进制造业强市”，夯实高端产业、科技创新、绿色发展三大基石，全力打造高端制造业新城。

一是高端产业扩总量。围绕“3+X”现代产业体系，培育全域园区体系，力促产业高端化、全域高新化，获评国家工业“三品”（增品种，提品质，创品牌）战略示范城市。大豆蛋白加工基地全球最大，风电主轴、功能糖市场占有率全国最高，通裕重工、保龄宝跻身全省十强产业领军企业；通裕重工成为风电产业“隐形冠军”，《焦点访谈》专题报道；福航环保等10家企业被认定为国家、省专精特新企业；迈特力、百龙创园获评省制造业单项冠军产品；大健康产业园获评示范型省级数字经济园区；微焓科技投入生产，成为德州首个卫星组件项目。

二是科技创新蓄动能。德州高新区创新能力居国家第29位、德州第一。国家级高新技术企业增加22家，达到62家，同比增长50%，增量为前三年总和；科技中小企业增加30家，达到90家；新增创新平台17家，总量突破200家；与山东大学合作，争创省级开放式大学科技园。禹城市高价值发明专利259项，总数居德州首位；德州高新区有效发明专利增长一倍，达到665项；通过全省技术转移转化先进县市考核，成果转化能力居全省前20位。成立德州首家县级人才发展集团，建成人力资源服务产业园，四海汇才智社区一期开启销售，获评“青年人才首选山东20大潜力城市”。连续8年召开科技人才大会，累计发放补助资金1.8亿元。

三是绿色发展促转型。打造“风电、装配式建筑、新能源汽车、环保设备、绿色能源”五大绿色产业链条，福航环保被认定为第四批国家级专精特新“小巨人”企业；培育“风力发电、光伏发电、垃圾发电、污泥发电、沼气发电、生物质发电”等六大绿色能源板块，绿色产值占比达55%；新能源发电同比增长61%，占全社会用电量的比重达到22%。

（二）狠抓项目建设

高效推进重点项目。确定90个重点项目，总投资814.6亿元；争取山东省级重点项目20个，德州市级重点项目9个。持续优化营商环境。创新实施“项目经理+项目审批一张图”制度，推动企业开办、项目审批等事项“一链办理”；完善“禹快办”营商环境平台，高频行政许可事项办理流程申请资料、审批环节、审批时限，压缩比例分别达到30%、40%和80%。全力加强要素保障。直接融资规模长期保持德州首位，通裕重工发行可转债14.85亿元，保龄宝非公开发行股票5.88亿元已获批复，11家企业在区域股权市场挂牌上市；推进李三尖水库增容扩容工程，施女湖即将蓄水，多源保障工业用水。

（三）推进乡村振兴

扛旗稳粮增豆。推行“四二式”大豆玉米带状复合种植模式，种植面积全国第4、全省第1，以亩产165.1公斤的优异成绩，位列全国高产竞赛“金豆王”（带状复合种植）第1名；举办国家级现场会7次。实施“书记抓粮”，10万亩吨半粮核心区夏粮最高亩产816.7公斤、秋粮最高亩产956.2公斤，创历史新高。耕地保护工作入选国务院大督查土地计划指标奖励名单（全国17个之一），获省级耕地保护激励成效突出县称号，奖励建设用地1500亩。扛旗三产融合。获评国家农村产业融合发展示范园，入选国家级沿黄小麦产业集群、沿黄大豆产业集群；“麦谷两熟”入选国家优质地理产品典型案例，全省第一例、全国第九例；法国贝勒集团注资3.96亿元，与禹城市君君乳酪合作，成为首批中欧互认品牌；视界牧业获评国家级生态农场。扛旗城乡融合。房寺镇跻身全国千强镇，位列297位；建立多元化乡村绿化投资模式，完成任务数的2.5倍。

（四）增进民生福祉

提升城市品质。实施城建民生项目85个，完成投资28亿元，任务量是前三年的总和；在建高速45公里、雨污分流95公里、公路133公里，分别占德州的1/2、1/3、1/6；大绿化近万亩，占德州市1/5；环城水系呼之欲出，配套建设环城马拉松赛道。补齐民生短板。加快学校建设，新增学位1000个，高考重点本科上线增加34.2%；“大西环”跨京沪铁路转体桥顺利完成转体，为国内最重单墩双幅宽体无合龙段转体桥梁。

三、创新与经验

（一）审时度势、先知先觉

禹城市始终在“国之大者”中找坐标，在省市大局中找定位，超前谋划绿色发展，拥有全省唯一的国家级绿色产业示范基地、全省首批生态工业园区，掌握了绿色发展的先发优势。

（二）上下同心、抢抓机遇

禹城市充分利用京津冀协同发展、黄河重大国家战略、省会经济圈等多项发展战略的叠加优势，明确高端制造业新城定位，全力延链聚合、打造集群，县域经济发展后劲不断增强。

（三）因时通变、求实创新

禹城市树牢“求实创新”总基调，引导干部求真务实、踏实干事，因时通变、创新求变，一批能打硬仗、善打胜仗的干部得到重用，锻造了高素质干部队伍。

中共宁津县委工作概况

县委书记　高善玉

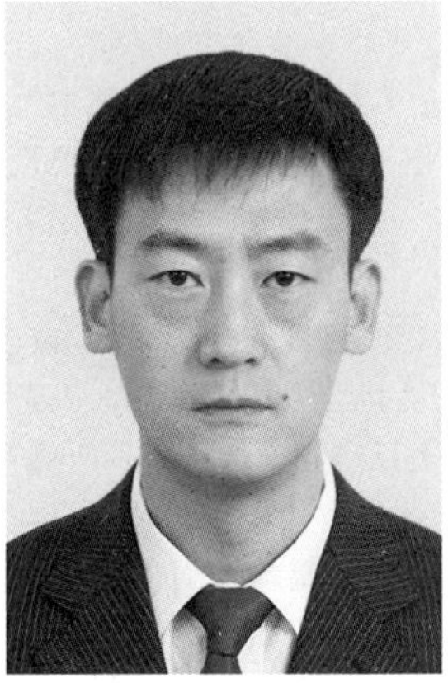

一、组织概况与党的建设

（一）组织概况

截至2022年底，全县共有乡镇党委10个，街道党工委2个，省级开发区党工委1个，县直机关工委1个，教育工委1个；党支部1462个、党总支212个、机关党委19个，国有企业党委3个。其中，农村党支部812个，城市社区党总支（党委）9个；机关党支部297个，非公企业党支部199个。全县共有党员21467名。

（二）党的建设

全面从严治党纵深推进。着力健全完善全面从严治党制度体系，精准运用“四种形态”，一体推进“三不”，持之以恒正风肃纪反腐，持续推动全面从严治党向纵深发展。基层组织不断夯实。打造农村区域党建共同体65个，深化“权力清单 + 智慧村务”模式，创新打造“智慧村情”系统，全面提升乡村治理智慧化工作水平。作风建设持续深化。抓牢政治生态建设“一号工程”，大力传承和弘扬山东渤海军区教导旅“敢扛硬扛死扛”的斗争精神，全面营造风清气正的政治生态。深入开展“五争五比”大竞赛，激发全县上下“事争一流、唯旗是夺”的拼搏干劲，全年累计争取各类资金35.4亿元、同比增长30.7%；获得省级以上荣誉称号、领导批示、发文推广等282项，其中国家级21项。

二、主要工作与成绩

2022年，全县上下坚持以习近平新时代中国特色社会主义思想为指导，深入学习宣传贯彻党的二十大精神，坚决落实“疫情要防住、经济要稳住、发展要安全”的重要要求，锚定推动高质量发展、创造高品质生活目标，凝心聚力、苦干实干，奋力开创“活力新城、幸福宁津”建设新局面。全年实现地区生产总值281.7亿元、增长3.8%，实现一般公共预算收入10.3亿元、同口径增长18.6%，规模以上工业企业增加值增长4.8%，固定资产投资增长2%，城镇居民和农村居民人均可支配收入分别增长4.6%、7.1%。

（一）高质量发展迸发蓬勃活力

工业结构更优化。在全市率先成立产业办，推动链长制实体化运行。实施产业链招商，先后引进过亿元项目33个、总投资144.4亿元，新开工项目40个、到位资金62.6亿元。实施了总投资203.6亿元的31个县级重点项目，入选省重大项目3个、历年最多。国家级专精特新“小巨人”企业实现零的突破，新增国家高新技术企业17家，新增省级专精特新企业11家、瞪羚企业2家、单项冠军企业1家，新增规模以上工业企业27家。入选“国家知识产权强县建设试点县”、全市企业全生命周期服务集成改革试点，被评为省第一批DCMM贯标试点县，获评省级工业互联网园区。农业盘子更稳固。6.1万亩高标准农田项目通过市级验收，入选省高标准农田整县推进示范县、2022年度省级粮油绿色高质高效行动示范县。在全市率先开展农业水价综合改革，经验做法被新华社《国内动态清样》刊发、水利部发文推广。着力打造“津尽悠味”品牌，“三品一标”农产品达到75种，28家合作社、家庭农场列入全市新型农业经营主体“三百”提升工程，获批创建全国绿色食品原料标准化生产基地、全省唯一。荣获省数字乡村典型案例和乡村振兴专题赛全国二等奖。服务业势头更强劲。县乡村三级电子商务公共服务体系日益完善，拥有淘宝镇3个、淘宝村8个，均为全市最多。开展“百日千企消费季”等活动，全年实现社会消费品零售总额101.98亿元。成功举办第三届德州市旅游发展大会。

（二）高品质生活彰显为民情怀

城市更新交出新答卷。实施了总投资113.3亿元的145个城建项目，完成22个老旧小区改造工程，2条国省干线和13条城区道路建成通车，“两清零、一提标”年度任务全部完成，“国家园林城市”创建通过省初评验收。乡村建设蹚出新路子。大力实施“强镇固基”三年行动，加快推进“双镇百村”建设，探索出农村“三类地”改革的“王世英模式”，打响农村人居环境整治提升擂台赛，创建省级美丽乡村示范村10个、市级5个，特色镇张大庄镇入选山东省第三批乡村振兴“十百千”工程示范创建镇，全市“双镇百村”建设现场观摩考评会在宁津县召开。民生保障迈出新步伐。实施“名师、名校、名校长”“三名”工程，启动总投资10.5亿元的10个学校项目建设，入选全省教育协同创新试点，产教融合“厂中校”典型做法获评“山东省职业教育成果奖特等奖”并被推荐到中央改革办。与省市级医院建立紧密型医联体，全市首家山东医保大健康慢病管理服务中心正式启用，“智慧中医药”入选国家中医药综合改革示范区“揭榜挂帅”改革项目，县医院入选全国胸痛中心“心电一张网”首个县级试点，“舒心就医”入选中国新型智慧城市建设百佳案例。获评全省基层治理社区（村）级实验点县。“1253”以工代赈工作法得到国家发改委推广。安全发展守出新高度。全年未发生较大生产安全事故，2022年空气质量优良天数、改善率均居全市第2，获评“全国信访工作示范县”“党的二十大维稳安保工作表现突出县（市、区）”。

三、创新与经验

（一）探索全域数字化集成改革，激活县域高质量发展最优动能

将数字化改革作为抢抓战略先机、开创发展新局的关键之举，坚持顶层抓、抓顶层，加速抢占数字经济新赛道、拓展智慧城市新场景、探索政府运行新模式，着力培养“数字干部”、引育“数字人才”、打造“数字市民”，牵引撬动各领域改革。先后入选全省DCMM贯标试点、全省数字乡村试点、全省新型智慧城市建设试点、省级新型数据中心试点和省级数字经济园区、省级工业互联网园区。

（二）创新四项机制，探索农业水价综合改革新路径

深入贯彻落实习近平总书记关于推进农业节水的重要论述，创新水权分配、水价形成、节水奖补、工程管护四项机制，打造了“以水定产、核量到户”“以水定价、节水到户”“以水定给、激励到户”“以水定效、责任到户”新路径。改革后，每亩年均节水25立方米、全县年均节水量2000万立方米，亩次灌溉费用成本下降20%以上、全县每年减少农业水费负担146万元。

（三）创新推进“三类地”开发利用，打造“三园共建”乡村振兴路径

抢抓全市农村“三类地”改革政策机遇，坚持“完全尊重农民意愿，保障农民土地承包权和集体经济组织成员身份权益不变，确保农民能够持续从土地和集体资产增值收益中获益”的原则，系统推进农用地规模经营、闲散地盘活利用、“飞地”抱团发展，探索出“农业园促增收、工业园带致富、新家园聚幸福”“三园共建”乡村振兴路径。2022年以来，实现拆旧村庄16个，腾出“飞地”指标1418亩，复垦土地1794亩、整理废弃地1143亩；3426户、12397名群众搬进新家园，乡镇驻地面积增加1.2平方公里，城镇化率提高3个百分点。

（四）建设电梯“厂中校”，打造产业工人“后备军”

紧紧围绕五金机械制造和家具制造“一金一木”两大特色产业集群，立足电梯产业优势，探索推行“工学结合、知行合一”产教融合“厂中校”模式，实现学校教育到工厂就业“无缝式”衔接，走出一条高素质产业工人培养新路径。近年来，累计培养高素质电梯专业人才1500余人，助力本地企业争创省级以上创新平台15个，专利总量220余件，经验做法获评“山东省职业教育成果奖特等奖”，并被推荐到中央改革办。

中共庆云县委工作概况

县委书记　刘　涛

一、组织概况与党的建设

庆云县委辖15个基层党（工）委，下设党总支67个，党支部712个，共有党员14407名。2022年，庆云县委牢记新时代党的建设总要求，持之以恒推进全面从严治党，深入推进新时代党的建设新的伟大工程。

（一）营造良好政治生态

坚持把政治生态建设作为各级党委（党组）“一号工程”，大力倡树“严真细实快”的工作作风，着力打造“五型”机关和干部队伍。优化完善领导班子星级化管理和全员考核，对21个优秀领导班子晋升星级。扎实推进“五争五比”活动，共争取上级无偿资金11.3亿元，争取新增专项债券资金9.25亿元，创历年来争取专项债券新高。实现改革“出圈”7项，争取省级改革试点7项，历年来最多。

（二）建强基层战斗堡垒

牢固树立大抓基层鲜明导向，开展农村基层党组织分类推进整体提升三年行动，实施村级治理“阳光工程”，农村党组织书记规范化管理效能得到全面提升。扎实开展“民意零距离”“双报到”行动，累计走访群众3.4万余人次，解决民意诉求6300余条。探索产业链党建联建“新模式”，成立8大产业链联合党委，以党建引领推动产业链固链强链补链。强化两新组织党建工作示范点培育，全面加强“红色物业·幸福庆云”建设，党建引领基层治理水平进一步提升。

（三）锻造过硬干部队伍

扎实开展“我说提醒卡·作风大转变”等系列特色活

动，举办 7 期“庆云大讲堂”，累计培训干部 1100 余人次。实施优秀年轻干部培养选拔五年行动计划，选派 191 名干部到招商引资、疫情防控等急难险重工作一线实践锻炼。坚持严管厚爱结合，激励约束并重，严格落实“三个区分开来”，对 8 名干部予以容错纠错，对 60 名干部予以澄清正名，查处诬告陷害 1 人。

二、主要工作与成绩

2022 年，在省委和市委的坚强领导下，庆云县坚持以习近平新时代中国特色社会主义思想为指导，坚决贯彻习近平总书记重要指示要求和党中央决策部署，认真落实省第十二次党代会、市第十六次党代会精神，锚定“走在前、开新局”，高效统筹疫情防控和经济社会发展，坚持“快就是担当”，笃行“干才能落实”，各项工作取得新突破，获评 2022 中国县域发展潜力百强县。

（一）全力做好疫情防控，经济发展稳中提质

以最短时间、最快节奏控制住疫情，及时转换节奏，强力推动经济发展。经济运行好于预期，多数指标增速高于省市平均水平。全县新增市场主体增长 5.9%，各项贷款余额增长 20%，货物进出口总额增长 219.5%，均居全市第 1 名。电商网络零售额实现 15.57 亿元，继续位居全市县域首位。固定资产投资增长 18.5%，其中民间投资占比 74.3%、居全市第 2 名。高技术产业投资增长 233.6%，制造业技改投资增长 41.6%，全社会用电量增长 11.64%，工业用电量增长 8.4%，均位居全市第 3 名。一般公共预算收入同口径增长 13.8%，规模以上工业增加值增长 9%，高技术产业占比 7.8%，均居全市第 4 名。在 2022 年度全市高质量发展综合考核中取得小组排名第 3，综合排名 2 等的历史最好成绩。

（二）强化产城融合发展，庆云城市更加宜居

实施“东融西提南延北扩中优”战略，编制城建五年计划，强化产城融合发展理念，城市交通体系更加畅通，绿化美化效果进一步彰显，商品房网签面积 81.5 万平方米，呈现小城市大增量的“庆云现象”。教育质量全市领先，“渤海教育名城”品牌越来越响亮；医疗水平不断提升，庆云作为全市唯一县区入选省级基层卫生健康综合试验区。不断完善社会大救助网络体系，以“小城大爱”品牌助推“全民慈善”做法得到省委主要领导批示肯定；“三帮一”扶贫助学暨医养救助慈善双基金项目荣获“中华慈善品牌”项目荣誉称号。安全生产形势持续稳定，不良贷款余额全市最低，获评平安山东建设示范县。

（三）全面推进乡村振兴，镇村建设幸福和美

坚持农业农村优先发展，推动农业稳产增产、农民稳步增收、农村稳定安宁。实施“强镇固基”三年行动，高标准完成中心镇、特色小镇和中心村规划编制，成功举办乡村振兴暨“双镇百村”重点项目开工、竣工、签约仪式，项目总投资 40 亿元。投资 1.59 亿元新建农村公路 118 公里，投资 5000 万元实施农村自来水管网改造，全县 118 家医保定点卫生室标准化建设实现全覆盖，农村公共服务水平不断提升。聚焦“八清零一提升”，全面打响农村人居环境整治提升“争先赛”，乡村面貌焕然一新。完善落实防止返贫监测帮扶机制，持续巩固脱贫攻坚成果。实施农村区域党建共同体提质增效行动，实施“双联双助”工程，打造农村区域党建共同体 52 个，党支部领办合作社 311 个，开展农村“三资”管理专项整治。开展“反对浪费、文明办事”移风易俗专项行动，深入推进绿色殡葬改革，推动形成文明乡风、良好家风、淳朴民风。

三、创新与经验

（一）抢抓机遇，锚定新兴产业强势突破

抢抓锂电新能源产业发展新赛道，编制《庆云县锂电新能源产业发展规划》，确立了“1612”发展目标，中庆新能源产业园逐渐成形；绿能环宇成为山东第一个国家级动力电池回收利用“白名单”企业，有利于构建全县动力电池循环产业体系，打造新的“城市富矿”。扎实开展技改提质增效行动，新增省级高新技术企业 12 家，15 家企业获评省级“专精特新”企业，12 家企业获评市级“专精特新”企业，总量位居全市前列，数量历年最多。创建华北电力元器件云仓，电力装备企业和加油站“两个市场、两种资源”融合共进，引导电力装备企业转型充电桩行业，推动能源供应绿色转型。绿色化工、体育器材、新材料等产业产值分别增长 32.59%、25%、19.7%。领先康体智慧看台座椅亮相卡塔尔世界杯赛场，进一步擦亮国家体育产业示范基地品牌。

（二）多措并举，促进农业高质高效发展

扎实推进“吨半粮”生产能力和高标准农田建设，粮食总产 31.66 万吨，再创历史新高。成功举办第五届“庆丰收迎盛会”农民丰收节。做大做强国家现代农业产业园，水发渤海国际农产品交易中心、农产品（食品）加工产业园等项目加快建设，农业全产业链条不断健全。数字农业云平台入选省级大数据创新应用典型案例，数字赋能园区建设成为全国现代农业产业园建设培训班教学案例。庆云大叶香菜获批农产品地理标志认定登上《人民日报》头版，“庆云县 5.2 万亩高产示范区玉米喜获丰收”“庆云县盐碱地长出高产米”两则消息在党的二十大期间两次登上中央电视台《新闻联播》，实现建县以来《人民日报》头版和央视《新闻联播》宣传零的突破。

（三）真抓实干，深化改革践行使命担当

坚持既当全县改革工作的“指挥长”又当“施工队长”，建立领导领衔、督导通报、落后约谈等机制，率先完成省重点督导落实的 30 项改革任务，推进县级领导领衔的 52 项任务和 120 项年度改革任务快速落实。各部门单位均设立改革办，实行专人负责制；强化改革宣传推介，“放管服”等 58 项改革经验在全国推广；盐碱地改良等改革典型 26 次登上《人民日报》头版和央视《新闻联播》等国家级媒体，实现历史性突破；构建慈善事业新路径等 11 项改革案例

得到省委、市委主要领导批示肯定；入选公安部、国家体育总局优秀改革事项12项；承办海峡两岸中医药文化交流等国家、省市现场会15次；争取省级以上改革试点12项，全县上下议改革、谋改革、抓改革的氛围空前高涨。

中共临邑县委工作概况

县委书记 张 旗

一、组织概况与党的建设

临邑县辖8个镇、1个乡、3个街道，基层党组织1538个，其中，党（工）委61个，党总支139个，党支部1307个。党员2.7万名，其中农村党员1.2万名。2022年，临邑县基层党建工作通过补短板、强基础、创品牌三步走，实现了基层党建工作固本强基补短板、提质增效创品牌的效果。

（一）筑牢思想根基，夯实工作基础

县委理论学习中心组集体学习17次，带动党委（党组）理论学习中心组学习1300余次，推动全县政治理论学习制度化、规范化、常态化。开展党支部评星定级管理，评定五星级党支部281个，全县各党委（党组）班子成员建立支部联系点258个。开展基层党建领域“揭榜挂帅”攻关行动。设置农村、城市等4大领域、11个榜单，12个党（工）委共确定攻坚课题24项。

（二）全面提升城市基层党建引领城市基层效能

全县统一调整划分网格1204个。推进社区工作者“选育管用”职业体系建设，招录150名社区专职工作者，打造“社区专职工作者—两委成员—党组织书记”传动链。完善“1+N”党群服务矩阵，全县各街道（小区）党群服务站点覆盖率已达到70%，打造5个社区党群服务中心。集中攻坚“红色物业”建设，抓实物业服务企业“四色管理”，集中推进“10个一”美好家园创建行动。

（三）深入实施“两新”组织党建工作提升行动

抓实“两新”组织党建，出台落实关心关爱10项措施，打造60处“爱心邑空间”。成立4个行业党委，建立年度任务清单，督促开展活动。深化拓展“两新”组织党建“百千万提升工程”，创建70家县级示范点。打造1处园区党群服务中心，2处商圈党建示范点，推动融入城市基层治理。

二、主要工作与成绩

2022年，临邑县坚持工业强县、建设富强临邑，抢抓机遇、建设开放临邑，水绿新城、建设美丽临邑，强基固本、建设幸福临邑，经济社会发展实现新突破。实现生产总值321.4亿元，增长4.5%；一般公共预算收入增长17.79%、排名德州市第3位，其中税收收入增长22.3%、排名德州市第1位；固定资产投资增长22.9%；城镇和农村居民人均可支配收入分别增长4.6%、7%。获评国家残疾儿童早期干预试点、山东省县域普惠金融综合示范县、山东省乡镇商贸中心建设引领县、山东省乡村好青年工作示范县、山东省智慧社区试点、山东省铸牢中华民族共同体意识示范创建试点县，争取国家、省级以上试点、荣誉35项，中央广播电视总台32次报道“点赞”临邑。

（一）坚持工业强县，在工业经济高质量发展上走在前列

项目建设创历史新高。5批集中开工项目64个、总投资超288亿元。3家企业获评国家专精特新“小巨人”企业，8家企业获批省级瞪羚企业，17家企业荣获市级科技进步奖，均为德州市最多。全年纳税过千万元企业35家、过亿元企业5家，7家企业获评德州市税收突出贡献奖、德州市最多。

（二）坚持对外开放，在全方位融入济南上走在前列

建设济南工业园、济南高新技术产业园，新引进济南项目17个，联合济南高校组织实施重大科研项目8项、转化科技成果15项，放大了“研发在济南、转化在临邑”效应。出台《突破临南三年行动实施意见》，举全县之力突破临南，打造对接济南桥头堡。

（三）发展现代农业，乡村振兴多点突破

“吨半粮”核心区小麦、玉米双双刷新德州市粮食单产最高纪录，分别位列山东省第4位、第2位，全年粮食亩产达1870.4公斤，勇夺德州市总粮王。魏德东获评山东省唯一的“全国十佳农民”。粮食高产创建做法获省领导批示。在中心镇德平镇设立县行政审批服务局临北分局，受理便民惠企事项923项，德州市最多；在特色小镇临南镇，启动夏口街整建制开发和番茄小镇建设；前杨村被农业农村部评为“全国‘一村一品’示范村”。

（四）全面深化改革，发展活力更加迸发

“细化改造联合审查机制”典型做法被住建部《工程建设项目审批制度改革工作》刊发，经验在全国推广。14个部门单位争取省级以上试点16项，推出了工程建设项目联合验收、“一块田”等一批改革事项，社会组织党建、农村清洁取暖建设、食品安全、区划地名等4项工作在山东省会议上作典型推广，县检察院的检侦互动闭环办案模式等10项创新成果入选省级以上优秀案例。

（五）扎实推进民生实事，群众幸福感满意度大幅攀升

在山东省群众满意度调查排名中提升48个位次，是

省内上升幅度最大的县市区之一。新增城镇就业 3893 人。投入 1400 万元，在山东省率先为 1.4 万名适龄女孩免费接种 HPV 疫苗。启动集团化办学，新建花园路幼儿园、小学投入使用。创新社会治理，成立“邑心为民”服务中心，实施“种子工程”等 9 大项目，平安领域创建个数、满意度测评参与率均列德州市第一。试点普惠型养老，新建 5 处社区养老服务中心，建成 30 处“暖心食堂”，为老人提供“1 元”配餐服务。获批国家“合理膳食，营养惠万家”示范区、山东省唯一。

三、创新与经验

（一）以“四化”加快建设工业强县

专业化招商，变全员招商为专业招商、精准招商。工业投资增长 38.6%，8 批通过论证项目 56 个、总投资 169.7 亿元，5 批集中开工项目 64 个、总投资超 288 亿元。园区化运营，重点打造精细化工产业园、半导体产业园、电子信息产业园、高端装备产业园、食品加工产业园等大园区，构建全产业链生态。对标深圳“华为松山湖”，引进芯邑半导体封测项目，实现从晶元到终端产品的全产业链覆盖，半导体产业实现从无到有、集群崛起。模块化集成，依托全县 29 家省级以上专精特新企业，一个企业打造一个产业园，建设 29 个专精特新产业园。实体化服务，在德州市率先成立企业服务中心，选派 126 名年轻干部担任红色“CGO”，为 136 家规模以上企业提供管家式服务，同时，在人才、上市、科技等 5 方面出台政策，县财政每年拿出 5000 万元支持企业高质量发展。

（二）创新“为民股份”发展模式

在德州市首个、山东省第二个成立乡镇国有投资公司，将村庄闲散资源、零散资金集中起来，把“资源变资产、资产变资金、资金变股份”，运用现代金融手段壮大村集体收入，推动强村共富，助力乡村振兴。3 个乡镇试点投入 1200 万元，持续壮大村级收益，做法在中组部《组工信息》刊发推广。

（三）坚决扛牢“吨半粮”创建大旗

创新“田管家”模式，依托“党建联合体 + 党支部 + 合作社 + 农业社会化服务组织”，全面推广农业生产托管服务，核心区发展各类新型经营主体 541 家。开展“粮王”大赛评选，县财政列支 200 万元奖励资金。与中国农业大学、山东产研现代农业研究院共建“吨半粮”建设实验站，建设 2 万亩高标准小麦良种繁育基地。

（四）全面深化重点领域改革

深化“县镇同权”改革，在中心镇德平镇设立县政务服务中心临北分中心，创新“德管佳”服务品牌，实现网上面对面办理业务。在全省首创工程建设项目“四线并行、全域联办”审批模式、证照三联办“链长制”，4 次在全省现场会上作典型发言。推动行政审批机构效能改革，204 个事项实现“一件事一次办”，1025 项证明材料“免提交”“拿地即开工”“验收即拿证”常态化。

中共齐河县委工作概况

县委书记　孙修炜

一、组织概况与党的建设

齐河县共有基层党组织 2027 个，其中，党（工）委 94 个，基层党支部 1933 个，党员 35986 名。2022 年，齐河县委深入贯彻新时代党的建设总要求，认真履行管党治党政治责任，纵深推进党的领导全覆盖、党的组织全覆盖、党的工作全覆盖、全面从严治党全覆盖，以高质量党建引领保障高质量发展，承接“全省中小城市党建工作试点”“全省党建综合阵地试点”等 5 项省级党建工作试点任务，省级试点全市最多。

（一）突出强化政治引领

抓紧抓牢政治建设，出台《关于进一步加强新时代干部队伍政治能力建设的实施办法》《齐河县政治生态分析研判实施办法》《齐河县县管干部政治素质考察办法》等系列文件，进一步完善政治建设方面的制度体系，努力打造具有高超政治判断力、政治领悟力、政治执行力的党员干部队伍。认真落实中央决策部署和上级党委工作要求，特别是深入贯彻习近平总书记视察山东重要指示要求，聚焦黄河流域生态保护和高质量发展主题主线，系统谋划全县工作开展，有力推动重大国家战略落地；积极配合省委开展专项巡视，工作成效得到省委巡视组充分肯定。抓实政治生态建设“一号工程”，一体推进全面从严治党和激励干事创业，有效带动各领域工作水平提升。

（二）持续加强理论武装

把学懂弄通做实习近平新时代中国特色社会主义思想作为重大政治任务，认真落实“第一议题”制度，县委常委会、县委理论学习中心组带头开展集体学习研讨 36 次，及时跟进学习习近平总书记最新重要讲话、重要指示批示精神。深入学习贯彻党的二十大精神，开展各类宣讲活动 150 余场次，在全县兴起学习宣传贯彻热潮。持续推动党史学习教育常态化长效化，举办“齐河大讲堂”5 期、各类主题培训班 22 批次，培训党员干部 1.2 万余人次。

（三）着力建强干部队伍

牢固树立以实绩论英雄、凭实绩用干部的鲜明导向，突出事业为上、以事择人，大力选拔敢于负责、勇于担当、善于作为、实绩突出的干部，市对县综合考核成绩拿到第一的每个部门单位，择优推荐1—2名优秀年轻干部到乡镇任副科级职务。大力培养优秀年轻干部，选派81名干部到镇街“七办五中心”任职，镇街35岁以下科级干部占比由13.2%提升到35.98%。强化及时奖励，对争创荣誉称号表现突出的98个单位、38名个人进行通报表扬，做到有功即奖、奖在平时，营造崇尚先进、勇于担当的浓厚氛围。建立干部实践锻炼机制，制定《关于规范跟班学习、挂职锻炼管理保障的意见》，选派129名干部到上级部门、京津冀等先进地区和央企国企挂职实训。落实激励干部改革创新担当作为的相关要求，开展澄清正名83起、容错纠错18起，有效保护了干部干事创业积极性。

（四）全面夯实基层基础

树立大抓基层鲜明导向，创新推出“红心向党，齐心为民”“红齐”党建品牌，带动各领域党建工作创先争优。做实区域党建联合体党组织，成立党总支112个，健全党建联合体18项职责清单和分工、轮值等4项运转制度，公开选聘274名基层治理专岗人员，党建联合体全部实现实体化运转，在全市深化农村区域党建联合体建设推进会议上作典型发言，相关做法得到省委组织部刊发。探索农村党组织书记专业化管理，出台《关心关爱农村党组织书记十条措施》《农村党组织书记“一排底线”考核沟通协调机制实施方案》，建立岗位准入、级别管理、待遇保障、教育培训、正向激励、考核评价、退出机制7项制度，着力打造一支想干事、会干事、不出事的“头雁”队伍。实施村级集体经济倍增计划，开展农村基层治理“百日攻坚”，清理清欠闲散地1.2万亩，清偿债权500.54万元，全县所有村集体收入全部达到20万元。全覆盖建立实体化网格（小区）党支部，创新实施城市居民网格（小区）党组织书记专业化管理，制定小区（网格）党支部权责清单，推动网格划分到楼到单元，构建起“社区—小区—楼宇—楼道”四级组织体系，入选山东省标准化试点项目。实施新业态新就业群体“红新向党”工程，高标准打造全省首个新业态新就业群体党群服务中心。

（五）大力推进作风转变

积极倡树“扎实、落实、务实、实效”的工作作风，深入开展干部作风大提升活动，先后出台《关于深化“扎实、落实、务实、实效”作风建设的实施意见》《关于在全县开展干部作风大提升活动的实施意见》《关于落实“严真细实快”“八用八不用”要求加强“四实”作风建设打造“五型”机关和干部队伍的决定》等文件，扎实推进“五型”机关和干部队伍试点工作，评选“示范单位”12个、“先进单位”13个、“五零”岗位10个，开展打造“五型”机关和干部队伍工作“百日竞赛”行动，以作风建设新成效汇聚发展新动能。坚持“不争第一就是在混”的理念，制定出台《关于深入贯彻落实习近平总书记“三个走在前”重要指示要求争创一流工作业绩的实施意见》，围绕19个方面重点工作，细化94项具体指标，持续对标先进、比学赶超。深化完善“立即办好”工作机制，对重点工作全程跟踪、对账销号，确保高质高效落实。

（六）深入推进廉政建设

注重抓早抓小，第一、二种形态占比92.4%，红脸出汗成为“新常态”，党员干部知敬畏、存戒惧、守底线政治自觉不断提升。保持“零容忍”态势，立查违纪违法案件328件，党纪政务处分341人，有效发挥了震慑作用。突出问题导向，扎实开展农村党员干部重点领域专项整治、重点职能部门科室和基层站所负责人“四风”问题专项整治，重点解决基层“微腐败”、部门“中梗阻”等问题。创新推行清廉乡村“码上监督”实现全覆盖，倒逼村干部严守纪律、廉洁履职。

二、主要工作与成绩

2022年，齐河县坚持以习近平新时代中国特色社会主义思想为指导，深入贯彻习近平总书记重要指示要求和党中央决策部署，围绕迎接党的二十大、学习宣传贯彻党的二十大精神，团结带领全县广大党员干部群众，加压务实奋进，经济社会实现高质量发展。在全国，连续8年跻身全国综合实力百强县，同步入选全国绿色发展、投资潜力、科技创新、新型城镇化质量百强县。在全省，成功入选全省高质量发展先进县，同步进入全省民营经济高质量发展、现代农业、文旅康养、生态文明、现代流通“十强县”，获得“十强县”数量在山东省最多。先后荣获国家级荣誉称号15项、省级26项，14个省级以上会议活动在齐河举办。以全国第一、全省唯一的成绩入选全国乡村振兴重点工作督查激励县，同步入选山东省耕地保护、安全生产、医药卫生、生态环境、水利建设、文旅产业、养老服务、质量强省、农村客货邮融合发展、智慧场景打造智慧城市建设、体育消费试点等11个督查激励县。

（一）经济发展稳中向好

2022年，全县完成地区生产总值430亿元、增长5.5%，一般公共预算收入46.09亿元、增长15%，总量均居德州市第1、增幅均居山东省前列。农业总产值112亿元、增长5.5%，规模以上固定资产投资增长25.8%，规模以上服务业营业收入97.6亿元、增长98%，限上零售额60亿元、增长20%，总量、增幅均居德州市第1。金融机构存款余额470亿元、增长11.1%，贷款余额410亿元、增长20.2%，总量、增幅均居德州市前3，存贷比86.8%、位居德州市第1。社会消费品零售总额132亿元，增长2%、位居德州市第1。实际利用外资1.59亿美元、增长126.39%，是德州历史上首个突破1亿美元的县。城镇登记失业率2.8%，新增城镇就业人口7600人，均居全市第1。商品房销售面积121.91万平方米、增长1%，总量位居全市第1、增幅位居全市第2。城镇居民人均可支配收入34370元、增长6%，农村居民人均可支配收入21510元、增长8%，均居全市前2位。外贸进出口总额60亿元、增长28.8%，总量、增幅均居全市前3。在德州市两次观摩综合评议中均获得高分第1名。

（二）产业强县量质齐升

现代化新型工业强县加速崛起。龙头企业永锋集团连续5年跻身中国企业500强，在2022年山东企业百强榜单中排名第16位；与全球最大钢铁企业宝武集团合作，加快建设总投资300亿元的德瑞智能制造产业园，构建千亿级钢铁智能制造生态圈，再造两个新永锋；中国化工500强、主板上市公司金能科技积极推动产业延链，4万吨山梨酸钾项目开工建设，15万吨氨纶和20万吨可降解塑料项目加快推进，3年完成投资100亿元，再造两个新金能。大力发展高端装备制造、新能源汽车、生命健康等新兴产业，全县纳税过千万元企业达到89家，入选第二批山东省省级双创示范基地名单。绿色优质高效现代化农业强县全面起势。大力开展“吨半粮”创建，2022年粮食总产达到28.75亿斤、比2021年增产1.05亿斤；“吨半粮”核心区平均亩产1546.33公斤，率先实现20万亩全国最大面积集中连片“吨半粮”生产能力。在全国产粮大县中率先实现烘干仓储设施乡镇全覆盖。全国春季农业生产工作会议等5个省级以上农业生产领域现场会在齐河召开。与山东农业大学签约共建全国唯一的小麦育种全国重点实验室、小麦产业研究院，加快建成国内最大小麦制种基地、成果展示基地和种源基地。国家现代农业产业园顺利通过中期评估，成功申报黄河流域（山东）现代农业科学城创建县，获评全省乡村振兴示范创建县。享誉全国文旅强县优势凸显。国家A级景区已达到9处，黄河文化博物馆群、冰雪世界、黄河水街等重点文旅项目有序推进，精品旅游产业集群入选山东省“十强”产业“雁阵形”集群专项激励名单，山东省共4个、德州市唯一，获评全国县域旅游发展潜力百佳县、山东省文旅康养强县，入选山东省级夜间文化和旅游消费集聚区。2022年共接待游客377万人次，旅游收入18.4亿元。

（三）改革开放动能强劲

深入推进改革攻坚。创新推行18项集成改革、26项微改革，新承接国家级试点5个、省级17个，80余个典型事项获省级以上推广。城投集团晋级2A+、4家国企晋级2A级，资产总额超700亿元。引进名品名店200余家，常住人口净增4万人。大力开展双招双引。举办9次集中签约、开工活动，落地项目56个、总投资461.1亿元，新签项目数、投资总额、亩均税收均创历史新高，其中世界500强、中国500强、行业领军企业项目24个。实施重点项目130个，总投资1714.54亿元，其中，省级重大项目6个、新旧动能转换优选项目3个、重点基础设施项目9个。引育国家级、省级重点人才工程专家6人，引进专科以上青年人才4000余人，获评山东省人才工作表现突出单位，入选“青年人才首选山东城市20强”，均为德州市唯一。深度融入区域经济布局。积极融入“一带一路”，借势RCEP和山东自由贸易试验区建设，新增外贸实绩企业25家，8家物流区域结算中心投入运营，拉动规模以上服务业营收增长114.83%。抢抓“强省会”建设机遇，立足济南都市圈“核心圈层”功能定位，主动引进省会公共服务资源创业创新主体，山大产业园、济南大学中德工业设计创新园、山东文化艺术职业学院新校区等项目加快实施；京台高速齐河段改扩建工程、济南大西环齐河段建成通车，齐州黄河大桥开工前各项准备工作基本完成，带动济齐加速融合。持续优化营商环境。常态化推行并联审批、容缺受理，项目平均落地周期压减到36天，102个项目实现拿地即开工、验收即拿证。在全省首推全链条智能审批，入选全国政务服务软实力数字化实践典型案例。积极推动县镇同权改革，经济开发区、黄河国际生态城便民服务分中心投入运营，经验在德州市推广。创新建立优化法治化营商环境协作对接机制，被全国工商联和最高法评为全国沟通联系机制典型事例。争取上级无偿资金14.8亿元、债券资金17.63亿元，10个政策性开发性金融工具项目、78个制造业中长期贷款项目通过审核，排名全市首位。

（四）城乡建设全面提速

着力提升城市能级。锚定百万人口城市目标，积极推进智慧城镇化、绿色城镇化、均衡城镇化、双向城镇化。坚持以一线城市标准规划、建设和管理齐河，用好“大城建”模式，实施重点城建工程686项，完成城区13条道路、188个小区“雨污分流”改造，新建改建管网420余公里；新建人行步道55公里，增设停车位5000余个。高标准建设文化科技艺术中心、便民服务中心、未来城金融商务港等16个重点项目，中央商务区加快起势，城市功能更加完善。全国文明城市创建深入推进，顺利通过全省中期测评。全面建设宜居乡村。深入开展农村人居环境“百村示范、千村提升、全域整治”行动，全域推进城乡环卫一体化，获评全国村庄清洁行动先进县。投资27.6亿元，对4条主要县乡道路实施改造升级，新建改建农村道路130公里，入选“四好农村路”全国示范县。全面推行城乡公交一体化，实现“城乡一体、全域免费”。持续擦亮生态底色。坚决打赢污染防治攻坚战，全县$PM_{2.5}$浓度在山东省内陆县市区中率先达到国家二级标准，降至34微克/立方米，改善幅度列全省内陆县市区首位，空气优良天数有统计以来历史最好；实施老赵牛河、倪伦河等9条河道改造提升工程，6条水系获评省、市美丽幸福示范河湖，入选水利部水系连通及水美乡村建设县，获评全国“绿水青山就是金山银山”实践创新基地，山东省黄河流域生态文明示范建设工作现场会在齐河县召开。

（五）民生福祉持续增进

牢记“齐河人民的利益是最大的利益”，持续加大民生投入，民生支出54.79亿元、增长24.87%，占总支出的83%，办好民生实事。在2022年山东省群众满意度测评中，排名全省第18位、上升21个位次，在鲁西北地区（德州、聊城、济南）排名第1位；居住环境、社会治安、基本医疗、文体生活、基础教育、社会帮扶6个单项奖均排名德州市第1位。加快推进“幼有善育、学有优教”。深入实施学校建设三年攻坚行动，12处中小学、幼儿园建成投用，新增学位2.4万余个，基础教育更加优质均衡。投资28亿元建设齐河一中生态城校区，硬件条件达到全省一流水平；投资13亿元启动职业中专扩建，高中学段扩招2400人，实现孩子愿读尽读。新招聘教师1200人，全县师生比跻身山东省前列。中央厨房覆盖城区15处中小学、为2.2万名学生统一配餐；校园“微循环”公交专线辐射城区8所中小学，日均免费接送学生3000余人次，得到群众广泛好评。加快推进“病有良医、老有颐养”。县人民医院新院区、省妇幼保健院齐河院区建成启用，新增医疗服务面积35万平方米、床位3500张，学科能力省内县域领先，高端设备总量省内县域最多。成立医疗卫生集团，新招聘医务工作者637人，构建起以县级医院为龙头，覆盖14所乡镇卫生院、400个村级卫生室的医疗服务共同体，县域分级诊疗机制初步成型。改造提升县社会福利中心及6处乡镇敬老院，新改建农村幸福院76处，成功创建全国智慧健康养老示范基地、全省县域养老服务体系创新示范县。加快推进“劳有厚得、弱有众扶”。全面落实就业优先政策，新增城镇就业10478人；设立城乡环卫、助残助弱等“齐享”公益岗7100余个，更多群众就地就业增收。完善县乡村三级社会救助体系，累计发放社会救助金1.4亿元，监护帮扶困难儿童1019名，获评山东省特困人员监护试点县。

三、创新与经验

（一）坚持党建引领

深入贯彻新时代党的建设总要求，把抓好党建作为最大政绩，不断强化县乡村三级干部队伍建设，持之以恒改善工作作风，纵深推进党的领导全覆盖、党的组织全覆盖、党的工作全覆盖、全面从严治党全覆盖，为全县高质量发展打下了坚实政治基础。

（二）发扬“有解思维”

用好改革开放“关键一招”，在更大范围、更宽领域、更深层次谋改革、促开放、优环境。持之以恒转变思想、更新观念，按照“有利于全县大局、有利于发展、有利于群众”原则，在国企改革、项目建设、营商环境、乡村振兴等方面展现出了高超的思想境界、先进的思维理念、高昂的干劲拼劲，有效破解了改革发展中的各项瓶颈制约。

（三）树牢民本思想

常态化开展“我为群众办实事、社情民意大走访”活动，党群干群关系更加密切。紧紧围绕人民群众的心头之困、生活之急、发展之忧，从群众最关心、最直接、最现实的事入手，聚焦各类“急难愁盼”，持续加大民生投入，做实做细各项工作，民生举措更有温度，民生行动更暖民心，进一步厚植了党的执政基础、凝聚了发展合力。

（四）锻炼过硬作风

坚持“不争第一就是在混”的理念，大力倡树“扎实、落实、务实、实效”的“四实”作风、发扬“有第一就争、有红旗就扛，有先进就学、有经验就借，有问题就改、有短板就补”的“六有”精神，强化“今天再晚也是早、明天再早也是晚”的“早晚”意识，深化完善“立即办好”工作机制，推动各项工作高质高效落实。

中共平原县委工作概况

县委书记　王玉东

一、组织概况与党的建设

2022年，平原县有基层党工委55个，党总支214个，基层党支部1423个，党员27611名。平原县委坚持把抓党建作为最大政绩，务实进取、创新担当，党的建设取得新成效、再上新台阶。

（一）从严抓思想政治建设

自觉把政治建设摆在首位，一切从政治上考量、大局下行动，坚定拥护“两个确立”，坚决做到“两个维护”。毫不放松抓好理论武装，县委常委会组织集中学习、交流研讨23次。深入宣传贯彻党的二十大精神，开展理论宣讲活动300余场次。

（二）从严抓基层组织建设

启动“平原红”党建品牌创建工程，打造65个区域党建联合体、15家强村共富公司（工坊），村级集体经济年增收全部达10万元以上。建立“三联”帮包机制，6100余名党员干部与5万余户群众结对认亲，打通联系服务群众“最后一米”。

（三）从严抓干部队伍建设

建立政治生态分析研判机制，多维度为领导班子“画像”。常态化开展“谈心谈话”，及时解开思想疙瘩，干部队伍心齐气顺劲足。坚持围绕事业选用干部，即时调整干部15批次，24名35岁以下年轻干部走上领导岗位，能者上、平者让、庸者下蔚然成风。

（四）从严抓党风廉政建设

重拳整治不正之风和腐败问题，纪检监察机关自办案件297人次，党纪政务处分350人次，基层群众信访举报率下降46.2%。坚持尽职免责，对18人容错纠错，为67人澄清正名，干事创业热情充分迸发。

二、主要工作与成绩

2022年，平原县坚持以习近平新时代中国特色社会主义思想为指导，锚定“打响六大品牌，建设幸福新平原”奋斗目标，事争一流，唯旗是夺，经济社会事业发生由内到外深刻变化。GDP 增速、工业增加值增速、外贸固稳提质等主要经济指标均居全市首位。在 2022 年度市对县综合考核中获得组内第 1、“一等奖”和“进步奖”三项荣誉。

（一）新旧动能加快转换

绿色化工、农副产品精深加工两大产业产值双双过百亿，实现历史突破。重点企业累计纳税 13.51 亿元，增长 8.7%。其中，2 家企业纳税过亿元，实现零的突破。27 个项目列入省市重点，历年最多。14 个专项债项目获批发行，获批额度 12.68 亿元，在全市省直管县中列第 1 位。

（二）“三大平台”全面起势

投资 500 亿元的中国（德州）农业食品创新产业园扬帆起航。起步区一次性流转土地 4100 亩，首批总投资 81.24 亿元同福三产融合、山东乡村振兴实践研究院等 8 个项目落户建设，立足中国北方、辐射全国、面向世界的国际食品谷已经崛起。开发区“二次创业”强势开局。面积东扩 20 平方公里，投资体量达 198 亿元，为未来 20 年发展留足空间。在 2022 年度考核中，开发区全省排名提升 36 位、全市提升 5 位。“恩城再突破”全面推进。谋划实施项目 35 个，3 年投资体量达 47 亿元，全力打造全市第一中心镇。

（三）“三农”发展阔步前行

开展“百万奖粮王、助力吨半粮”等系列活动，粮食平均亩产 1241.7 公斤，总产 21.8 亿斤，均创历史新高。宜瑞安五星项目竣工投产，军粮食品、金益食品等 5 个重点农业产业项目加速建设，农业附加值不断提升。在全省 478 个“我最喜爱的乡村齐鲁样板”评选中，桃园示范区、王庙镇张官店村分列第 1、第 9 位。

（四）城市品质显著提升

实施秀水润城工程，图书档案馆竣工投用，“十里花廊”美不胜收。省道 323 平原段改建工程成功立项并加快推进，将进一步拉大城市框架，彻底解决大车穿城问题。以“3+N”城市组成要素为突破口，全面启动“四城联创”，城市更靓丽、群众更幸福。

（五）民生福祉持续增进

全年民生支出 26.6 亿元，占财政总支出的 83%。“12345”市民热线群众满意率跨入全市前 3 位。县医院内科综合楼、新妇幼保健院建成投用，创建全国群众满意的乡镇卫生院 4 处。开发公益性岗位 2492 个，超额完成任务。改造老旧小区 39 个，受益群众 2400 余户。

（六）发展底线不断稳固

立足“早、快、狠、准、实”，高效打赢 4 轮本土新冠疫情。毫不放松抓好生态环境保护，空气质量综合指数同比改善 2.9%，优良天数同比改善 8.1%。常态化做好信访维稳、扫黑除恶、养老反诈、食药安全等工作，社会大局持续和谐稳定。

（七）自身建设渐入佳境

全域推进机关自身建设，在业务大讲堂、工作大比武、“五型”机关创建等活动中锤炼培养干部，在改革发展、安保维稳一线展现“坚韧、团结、厚德、朴实”的平原精神，焕发出“一件事、一群人、一条心、一起拼、一定赢”的平原团队风采。

三、创新与经验

（一）以制度创新守底线

创新推行“职工查隐患、老板掏红包”制度，激励企业员工主动参与事故隐患排查整治，得到省委主要领导同志认可。2022 年，全县共有 254 家企业开展职工查隐患奖励活动，累计奖励 7385 人次，发放奖金 55.42 万元，重大安全生产事故保持零发生。

（二）以理念创新优环境

大力倡树优化营商环境“三种理念”，在全省率先开发“码上监督”智慧平台、首创政邮合作“居家办”服务模式，尊商、亲商、爱商、惠商之风劲吹平原大地。2022 年，全县新引进项目 41 个，新开工项目 40 个，同比增长 1.7 倍和 3.1 倍。

（三）以机制创新促落实

围绕中心工作，推行以“马上办”督查部为依托的督导机制，以县委常委会会议每月调度为手段的调度机制，以“11710”为抓手的推进机制，以即时奖惩为内容的激励机制，确保各项工作落地生根、开花结果。

（四）以平台创新惠民生

全国首创“平原好人”新风公益基金，广泛发动仁人志士、新乡贤能人捐赠善款，搭建起社会各界反哺家乡、奉献爱心、回报社会的公益平台。累计募集基金 2500 余万元，发放使用 1100 万元，直接受益群众 5 万余人，弘扬新风尚，传播正能量。

中共夏津县委工作概况

县委书记　沙淑红

一、组织概况与党的建设

2022 年，全县共有党组织 1181 个，其中，中共市属县委员会 1 个，党（工）委 22 个，党总支 161 个，党支部 997 个。有党员 25675 名，其中，预备党员 1008 名，占党员总数的 3.93%；女性党员 4986 名，占党员总数的 19.42%；大学本科以上学历党员 4866 名，占党员总数的 18.95%。

（一）推动全面从严治党向纵深发展

严格落实述责述廉制度和民主集中制，“三重一大”事项全部提交集体研究，建立全县村党组织书记备案管理和重大事项报告制度。大力整顿软弱涣散党组织，将33个软弱涣散村、14个后进村纳入“强基”村范围进行整顿，整改问题204件。成立86处商量办公室，选派194名班子成员、科级干部担任“社区服务专员”，累计开展商量议事活动630余场次，12345物业投诉同比下降13%。

（二）加强高素质专业化干部队伍建设

启动年轻干部“薪火计划”，提拔重用35岁以下年轻干部32人。开展“全员大学习、岗位大练兵、业务大比武”活动，共组织100余名科长、7名局长上讲台授课。开展年轻干部“四挂三提”活动，选派50余名年轻干部到一线挂职锻炼。建立并落实干部考察家访制度和小区党组织评价制度，实现了对干部“德”的全面考察。做深做实全员谈话，全覆盖谈话90个单位1000余名领导干部，全面掌握领导班子运行情况和干部工作实绩、思想动态。

（三）推动基层党组织全面进步、全面过硬

全县新发展党员488名，建成党代表工作室14个，入驻党代表200余人，通报表扬91个“五面红旗村”“红旗机关党建品牌”等先进集体，137名各领域“最美一线党员”，为357名老党员颁发“光荣在党50年”纪念章。发展壮大村级集体经济，举办全县党组织领办合作社收益分红大会，3个乡镇12个村的党支部领办合作社喜提现金分红555.9万元。推动党建共同体提质增效，共组建88个党建共同体，覆盖470个行政村，83个机关单位、293家企业与共同体结对共建，累计梳理帮扶事项900余条，共建项目60余个。

二、主要工作与成绩

2022年，夏津县以习近平新时代中国特色社会主义思想为指导，深入宣传贯彻落实党的二十大精神，统筹疫情防控和经济社会发展，坚决落实好“疫情要防住、经济要稳住、发展要安全”重要要求，全力建设新时代社会主义现代化新夏津。

（一）提升工业水平，培育引擎新动能

以三大主导产业为抓手，做好主导产业园区规划，做大做强产业集群。选取35家成长性好、独具特色的规模以下企业，建立培育库进行重点培植。实施规模以上工业企业科技创新能力提升行动，落实好“市科创十条政策”，推动企业加大研发投入，全县研发经费支出总量达到5亿元以上，增幅20%以上，研发经费投入强度达到2.3%以上。加大科技型中小企业培育力度，建立61家的优质中小企业培育库。

（二）聚焦乡村强振兴，提升农业现代化

严格落实粮食安全党政同责，坚持书记抓粮，创建“吨半粮”核心区11.3万亩，推行“四合联动、四策集成”，平均亩产1602公斤，创大田单产新高。发放耕地地力保护等补贴资金1.23亿元，全县小麦、玉米完全成本保险投保率位居全市前列。大力扶持龙头企业发展，市级以上农业产业化龙头企业发展到21家，投资10.5亿元的央厨智慧港项目落地建设，为全市首个省重大预制菜项目；新希望六和生猪屠宰项目建成投产，全县生猪存栏54万头。实施农村公路改造提升工程，实施路网改造提升工程65公里、路网延伸通达工程25公里、养护大中修工程115公里、乡村道路安保工程20公里。常态化推进农村人居环境整治，持续抓好危房、旱厕改造和污水治理。

（三）服务保障民生，回应群众新期盼

谋划实施全县十大民生工程，民生支出始终占财政支出的80%左右。实施40公里的雨污管网改造，完成第一污水处理厂扩容建设工程。确定2022年为“棚改项目集中安置年”，发行棚改专项债券9.48亿元，实施29个老旧小区改造。统筹推进2处公办幼儿园建设。持续加大对县职业中专高质量发展的支持力度。深入推进“健康夏津”建设，以县域指挥医共体合作协议为支撑，实现全县医疗服务均等化。启动投资12亿元的医疗中心项目。全县12家中心村卫生室建设完成。实施公共文化服务体系建设提升工程。争取到中央预算内投资资金2000万元，改造提升夏津黄河故道古桑树群文化公园项目。

（四）守牢发展底线，防患化解新挑战

在安全生产领域。坚决打好安全生产专项整治三年行动收官战，全县各级各部门累计查改隐患5400余项，立案225起，实施行政处罚222.175万元。在意识形态领域。重点完善涉意识形态舆情会商研判和应对处置工作机制，将宗教工作纳入意识形态工作责任制。在生态环境领域。落实减污降碳总要求，持续推进空气质量提升。落实水污染防治年度任务，推动县域水环境质量持续改善。完善危险废物收集经营体系，加强危险废物监管力度。

三、创新与经验

（一）着力健全CGO+产业链长制

将优化营商环境发展办公室升格为正科级事业单位，办公室设在县委办公室，实体化运转。建立15个“CGO”服务团队，实行“1名县级领导、1名县直部门副职、2名科长、2名乡镇人员”靠上帮扶模式，实现对265家规模以上企业、全县3457家纳税企业的帮扶对接。把全部执法行为纳入“智慧护航APP”数据库进行统一监管，解决执法部门各自审批、各自为政等问题。

（二）着力打造“一站式”矛盾纠纷调解中心

立足全县“大调解”模式，将全县470个村（社区）细化成1750个子网格，在14个乡镇（街道）设立“一站式”矛盾纠纷调解中心牌子。2022年，共受理群众诉求283970件，办结率99.47%，满意率98.93%。

（三）着力完善“1+3+N”党建引领城市基层治理体系

以119个小区党支部实体化运行为引领，1935名红

色管家、97 个红色业委会、32 个物业企业党组织为支撑，红色商铺、“双报到”单位等为补充，完善“1+3+N”党建引领城市基层治理体系。

中共武城县委工作概况

县委书记　朱恩鹤

一、组织概况与党的建设

2022 年，武城县有基层党（工）委 18 个，党总支 92 个，党支部 886 个，党员 18761 名。其中，镇党委 7 个，党工委 5 个，行政村党（总）支部 335 个，农村党员 10128 名。

武城县认真落实新时代党的建设总要求，扛牢管党治党政治责任，以党的政治建设统领党的建设各项工作，以党的自我革命纵深推进全面从严治党。

（一）把政治建设摆在首位

坚持把学习宣传贯彻党的二十大精神作为首要政治任务，完整、准确、全面领会和把握党的二十大精神，深刻领悟“两个确立”的决定性意义，坚决做到“两个维护”，始终在思想上政治上行动上同党中央保持高度一致。

（二）理论武装不断深化

严格落实“第一议题”制度，及时学习习近平总书记重要讲话、重要指示批示和党中央作出的每一项重大决策部署。坚持理论武装同常态化长效化开展党史学习教育相结合，创新“学‘习’金句一刻钟”，打造“习语贝言”理论宣讲品牌，被“学习强国”宣传推广。

（三）基层组织全面建强

加强村级带头人队伍建设，打造 51 个区域党建联合体，盘活 3000 余亩闲散废弃地，村级集体经济不断壮大。全面推广“红色合伙人”机制，110 家“合伙人”遍布城区精准服务居民。在全市率先将党建工作融入产业领域，成立暖通空调、辣椒、玻璃钢产业链党委，被央视《新闻 30 分》等媒体报道。

（四）政治生态持续优化

抓实政治生态建设“一号工程”，打造“五型”机关和高素质干部队伍，培养党员干部“严真细实快”的工作习惯，在 2022 年全市电话调查中，干部作风得分全市第一。完成对 5 个镇街区、13 个县直部门单位及 105 个村级党组织的“政治体检”，710 个问题整改扎实推进。创新建立“两办”督查 + 纪委监督的“三督合一”联动机制，助推 157 项重点工作落实见效。

二、主要工作与成绩

2022 年，武城县坚持以习近平新时代中国特色社会主义思想为指导，围绕迎接党的二十大、学习宣传贯彻党的二十大精神，全面落实“疫情要防住、经济要稳住、发展要安全”的重大要求，比学赶超、实干争先，全县经济社会发展稳中有进、进中向好。荣获全国农产品产地冷藏保鲜整县推进实施县、全国信访工作示范县、中建电商“全国产品供应基地”“空调安装劳务基地”、全省粮食绿色高质高效行动示范县、省级“四好农村路”示范县等省级（含）以上荣誉称号。

（一）新旧动能加速转换，经济发展稳中提质

*一是产业集群加速培强。*暖通空调产业获评市级主导产业集群，全国首支暖通空调产业高质量发展指数上线运行，与中检集团合作建设国内最大的暖通空调检测中心，被中建集团授予“全国产品供应基地”和“空调安装劳务基地”称号，华辉公司全部建成投产后将成为武城县首家营收过百亿企业。

*二是发展后劲持续增强。*总投资 120 亿元的 24 个过亿元项目签约落地。高端装备、军民融合等具有“造血”功能的“区中园”“园中园”加快建设。在专精特新“小巨人”企业、省制造业单项冠军、省级绿色工厂、省级智能化工厂等方面均实现了“零的突破”。

*三是营商环境向优向好。*推出招投标“大白话”20 条、投资建设“零基础标准化模板”50 项，被国家发改委推广。在全市率先推出“收件即受理”政务服务，平均减少办事时间 40% 以上。新增市场主体 4828 户。

（二）乡村振兴扎实推进，农业农村全面发展

*一是现代农业提质增效。*粮食生产实现“二十连丰”。粮食产后“代烘干、代储存、代加工”及手机预售粮服务等做法被央视《新闻联播》、新华社重点报道。被列为“2022 年农产品产地冷藏保鲜整县推进实施县”国家级试点，为全市唯一。

*二是“双镇百村”稳步推进。*鲁权屯镇中心镇基础设施加速建设，“县镇同权”综合改革做法被《朝闻天下》等央视媒体报道；四女寺镇全力打造“运河孝德古镇”，获评省级农业产业强镇。

*三是城乡融合蹄疾步稳。*新改建“四好”农村路 87 公里，实现村村通公交。在全市率先完成农村供水工程管理体制改革任务，被省水利厅“红榜”推广。创新三级联动公共就业服务网络，经验做法全省推广。

（三）始终坚持人民至上，扎实推动共同富裕

一是社会事业全面进步。“十项民生实事”稳步推进。入选“全省首批示范性居家社区养老服务网络建设地区”，全市唯一。县域紧密型医共体改革不断深化，初步构建起

“基层首诊、双向转诊、急慢分治、上下联动”的分级诊疗模式，入选国家卫健委典型案例。

*二是城市更加精致宜居。*总投资过百亿元的83个城建重点项目有序推进。大力推进“三路”“三网”绿化提升，城区绿化率达34.1%。完成19公里道路、50个小区雨污分流，城市内涝有效缓解。实施清淤疏浚工程18公里，城区水系全线贯通。

*三是社会大局和谐稳定。*坚持统筹发展和安全，守牢疫情防控、安全生产等“一排底线”，获评全国信访工作示范县。深化“12345+信访窗口+社会治理+作风管理”系统集成改革，12345市民热线成绩连续四年位列全市首位。

三、创新与经验

（一）全面深化改革

细化推进重点改革任务144项，15项工作达到省考市“出圈”标准，“红色业委会”城市基层治理机制被中央改革办重点推广，“网格微法庭”等21项改革经验被国家部委全国推广，“高端装备产业园高质量发展”经验作为全省典型案例报送中央改革办。典型经验被中央、省级主要媒体宣传报道2700余次，其中央视《新闻联播》8次，《新闻30分》等其他央视栏目43次。

（二）“金融保粮”模式

武城县紧紧围绕省市“吨半粮”工作部署，瞄准资金制约瓶颈，用好财政金融工具，创新金融服务手段，打好“金融贷”“粮食商行+”“保险+期货”系列“组合拳”，初步构建起粮食全链条金融保障机制。在全市首创农机具贷款和农业生产托管贷，土地经营权抵押贷款、股权质押贷款余额均居全省前列。玉米“保险+期货”项目成功入选第三届全球减贫案例，武城改革走上国际舞台。

聊　城　市

中共聊城市东昌府区委工作概况

区委书记　马军权

一、组织概况与党的建设

2022年，东昌府区辖9个镇、5个街道、1个嘉明经济开发区，总面积949平方千米，年末常住人口106.27万人。全区有10个党工委、198个党委、187个党总支、2071个党支部，42355名中共党员。

（一）强化理论武装

深化落实“第一议题”制度，对习近平总书记发表的重要讲话、作出的重要指示精神，第一时间传达学习，研究贯彻落实意见。2022年，区委常委会集中学习35次，区委理论学习中心组集体学习研讨13次，带动全区各级中心组学习1400余次。举办科级干部进修班、中青年干部培训班、新提拔任职科级干部培训班等主体班次，举办线上线下培训36期、培训12881人次。完善持续学习宣传等工作机制，推动党史学习教育常态化、长效化。

（二）落实管党治党责任

定期听取落实全面从严治党主体责任情况汇报，研究党建工作。高质量召开区委常委会、党史学习教育专题民主生活会。扎实开展全面从严治党述职评议和全面从严治党考核，促进责任落实。

（三）抓牢意识形态工作

召开区委常委会会议、区委意识形态和宣传思想工作领导小组会议，研究解决重大问题。积极推进意识形态领域“五排查五整治”，对全区意识形态阵地实行挂牌管理，加强网络意识形态建设，清理违规网站ICP备案34个。壮大主流思想舆论，在省级以上主流媒体刊播稿件2000余篇。积极做好统筹疫情防控和经济运行宣传引导，加大权威疫情信息发布力度。深化“五为”文明实践志愿服务，开展各类文明实践活动6000余次，发布志愿服务项目316个。

（四）加强干部队伍建设

坚持好干部标准，动态做好干部选拔任用工作，注重在重大斗争一线考察识别干部。加大年轻干部培养选拔力度，“80”后县级干部3名，“90”后科级干部增加至76名。女干部、少数民族干部、党外干部进一步配齐配强。组织开展优秀中青年干部培训活动，不断充实后备力量。

（五）夯实基层组织建设

做实基层党建，发展壮大村集体经济，122个村集体收入超过10万元，50个村超过50万元。全域提升城市基层党建，街道全部成立红色物业党建联盟。209家非公企业和42家社会组织纳入日常管理，实现“两新”组织党的组织和工作全覆盖。

二、主要工作与成绩

2022年，全区实现生产总值541.80亿元，同比增长3.8%；社会消费品零售额335.91亿元，同比增长0.5%；全体居民人均可支配收入同比增长5.3%；固定资产投资同比增长14.5%；一般公共预算收入45.91亿元，同比增长4.0%。入选2022年度全国综合实力百强区、全国科技创新百强区、全国投资潜力百强区。

（一）推动经济高质量发展

黄河重大国家战略落实落细。建立黄河流域生态保护和高质量发展工作推进机制，印发《中共东昌府区委关于深入学习贯彻习近平总书记重要讲话精神 扎实推动黄河流域生态保护和高质量发展的决定》，统一思想认识，强化使命担当，确保黄河国家战略在东昌府区落实落地。乡村振兴扎实推进。粮食种植面积、产量实现“双增长”，荣获第二批省级区域良种繁育基地称号。累计投资8000万元，完成4.5万亩高标准农田建设。发挥扶贫项目（资产）带动作用，存量项目实现收益1184余万元，助力8533户脱贫群众持续增收。强化品牌建设，10家企业被授权使用“聊·胜一筹！”区域性公用品牌，“三品一标”认证企业35家、农产品156个，认证面积60万亩。推进美丽乡村示范村建设，侯营镇顾庄村等5个省级美丽乡村示范村顺利完工。实体经济蓄势聚力。新增国家级小微企业创业创新示范基地1家，新增国家级单项冠军企业1家、省级2家，新增省级“专精特新”企业13家。消费市场信心提振。规模以上现代服务业、高技术服务业企业分别达到46家、16家，占全市的比重均超过40%。发放家电、汽车、契税消费券3932万元，拉动消费5亿元。

（二）改善人民生活品质

着力办好民生实事。开展“首善之区·一诺千金”活动，以干部工作的“快节奏”给老百姓创造悠闲惬意的“慢生活”。市民热线受理工单18万余件，综合满意率99.26%。城镇新增就业5500人，城镇登记失业人数低于市控目标。推行集团化办学，成立4个教育集团，依托名校师资品牌，促进教育优质均衡发展。开通首批“春苗直通车”线路34条、服务站点145个，解决幼儿“接送难”问题。14个镇（街道）、开发区的151个村（社区）实现医保业务下沉全覆盖。持续提升城市品质。高标准实施城市道路桥梁建设工程，开工城市道路24条、桥梁5座。改造雨污分流管网17.5公里。新开工棚改任务2370套，基本建成2848套，完成6868套，完成比例全市第一。完成27个老旧小区改造任务，群众居住条件持续改善。强力推进全国文明城市创建工作，开展县级干部“走街”活动，实时整改相关问题。推动“信义东昌府”建设，广泛开展志愿服务活动，市民素质和城市文明程度逐步提升。丰富文旅产品供给。开展铁塔天街、东关街、米市街改造提升，打造朱雀街等标志性夜经济消费场景，推出一批特色鲜明的网红店、打卡地。建设一批社区书房、文化驿站等新型公共文化空间。实施文化惠民工程，强化镇（街道）、村（社区）公共文化服务场所与新时代文明实践阵地共建共享。开展文化惠民演出，丰富群众精神文化生活。

（三）深化改革扩大开放

深化重点领域改革。加大改革典型培育和宣传力度，获得全市改革攻坚擂台赛第一名，取得省级以上改革成果150余项。深化实施重点项目“3+2”审批模式，助力重点项目加速落地。创新推出“六朵云”不见面服务模式，持续扩大“跨域通办”范围，加入“一窗·全国跨省通办联盟”，与省内外23个县（市、区）签订跨省事项协议。持续抓好“双招双引”。组织参加市重点产业专题推介会，招商引资到位资金45亿元，签约项目41个。开展“水城优才”“归雁兴聊”等人才引进工程，认定高层次人才42人，引进硕士研究生265名，海外留学人员15名，新增泰山产业领军人才1名、水城英才1名。扎实做好稳外资外贸工作。进出口总额27亿元。实施外贸“扶优扶强”计划，建立中小微企业“服务员”工作模式。

（四）积极提升创新力

加快数字化转型步伐。推进两化融合，争创省级数字经济重点项目库企业1家，市级两化融合管理体系贯标试点企业2家。数字经济产业园、京东数字智能物流港等项目加快推进，河姆渡成功申报省级服务业创新中心，聊云数据湖成功申报山东省新型数据中心边缘数据中心试点，数字经济集聚效应正在形成。借助华为（聊城）数字产业创新中心技术优势，推动制造企业数字化改造提升，交付验收7个重点合作项目，累计完成80家企业数字化诊断。

三、创新与经验

（一）加大改革工作力度

推进六大领域体制改革，谋划信义东昌府、安全生产协会、信访工作机制、“首善之区·一诺千金”等一批具体改革事项，承担的4项国家试点、26项省市级试点稳步推进，43项改革经验在全国推广、78项改革经验在省市推广。

（二）推进重点工作落实

坚持重要事项请示报告制度，完善上级重要批示件办理、督查办法，以“保争提做”作风抓好各项工作落实。聚焦统筹疫情防控和经济社会发展、落实黄河重大国家战略等部署，具体化、精准化、常态化开展督促检查和政治监督。

（三）保持经济稳中求进

抓实经济运行调度，发挥县级领导帮包作用，开展“万企大走访，助力解难题”活动，释放消费潜力活力，全区经济呈现稳中有进、进中提质良好态势。

（四）加强民主法治建设

发展全过程人民民主，支持和保障人大及其常委会发挥作用，健全各项制度机制，扩大人民有序政治参与。支持人民政协协商民主建设，开展政协工作数字化提升工程，提高委员履职成效。充分发挥群团组织桥梁纽带作用。做好新时代统战工作。树牢司法为民理念，推动“有事来聊”、15分钟公共法律服务圈等工作，全面依法治区成效明显。

（五）深化纪律作风建设

抓好党内法规贯彻落实，养成尊规学规守规用规的良好习惯。严格落实中央八项规定及其实施细则精神，坚持严管厚爱相结合。扎实开展第十四届区委巡察工作。加强廉政教育建设，实施“青廉工程”，组织开展各类警示教育活动，提升广大党员干部的廉政意识。

中共聊城市茌平区委工作概况

区委书记　孙荣军

一、组织概况与党的建设

2022年，茌平区共有党委135个，党总支50个，党支部1436个，党员32364名。

（一）思想政治更加坚定

严格执行“第一议题”制度，深入学习宣传贯彻党的二十大精神，深刻感悟“两个确立”的决定性意义，进一步增强“四个意识”、坚定“四个自信”，坚决做到“两个维护”。2022年，全区各级党委（党组）理论学习中心组共开展集体学习研讨700余次，举办党的二十大精神主题宣讲240余场，通过各类主体班次培训党员1.5万余人次，有力推进了学思用贯通、知信行统一。

（二）基层基础更加稳固

认真履行抓基层党建主体责任，健全完善县级党政班子成员联系点制度，实行村党组织书记县级备案管理，建立党支部联系点324个，选派驻村第一书记和抓党建促乡村振兴工作队员75名，定期开展基层党建季度观摩和村党组织书记“擂台比武”，推选218个五星级党支部，从严发展党员470名。加快建设高素质专业化干部队伍，出台《聊城市茌平区“领跑者”高素质干部队伍建设规划》，晋升职级93人次，提拔重用干部60人次。

（三）工作作风更加优良

保持“作风建设永远在路上”的韧劲，专题开展解放思想、事争一流暨“强作风、勇担当、提效能”活动，聚焦“慵、懒、散、浮、软、小、贪”七个方面突出问题，组织全区上下查纠整改深层次作风问题1.6万余项。持续推进精文简会，下发文件同比下降5.1%，召开大规模会议同比下降5.9%。驰而不息纠治形式主义、官僚主义，查处违反中央八项规定精神问题69起、群众身边不正之风和腐败问题156起。旗帜鲜明落实“三个区分开来”，为受到不实举报的11名党员干部澄清正名。

（四）纪律建设更加严明

深入推进各类监督贯通联动，被省纪委监委机关确定为同级监督试点。一体推进“不敢腐、不能腐、不想腐”，保持惩治腐败高压态势，处置问题线索632件；坚持纪严于法、抓早抓小，约谈党员干部1730人次，谈话提醒186人次；深入推进新时代廉洁文化建设，打造促廉、醒廉、说廉、倡廉、正廉、传廉、讲廉“七廉”工程，开展廉政专题教育677人次。高质量配合完成十二届省委第二轮巡视工作。部署开展两轮常规巡察。

二、主要工作与成绩

（一）经济运行稳中向好，发展潜力蓄势提升

经济发展稳中提质。实现生产总值369.88亿元、增速4.5%，完成一般公共预算收入30.4亿元，实现规模以上工业总产值1216.8亿元、同比增长13.4%，高新技术产业产值占比提高到65.9%；规模以上工业增加值增幅9.6%，贡献率全市第一。产业转型提速增效。2022年，推动80个技改项目建设，技改投资总量全市领先，新增“两化”融合和DCMM贯标试点企业19家、省级工业互联网标杆工厂1家、智能化工厂2个、数字化车间3个。项目建设势头强劲。深入推进经济开发区、高端产业聚集区、高铁新区“三区同建”，2022年招引过亿元项目23个，谋划实施113个重点项目、总投资591亿元。两次夺得全市重点项目观摩头名，信发聚氯乙烯、瑞捷新材料等一大批项目顺利建成或投产，铝及铝加工、绿色化工产值分别突破800亿元和130亿元。

（二）乡村振兴扎实推进，农业农村更加繁荣

农业生产稳健发展。新建高标准农田5万亩，超额完成大豆玉米复合种植任务，粮食生产实现“二十连丰”。获批市级以上农业龙头企业2家、现代农业园5处，新增“三品一标”认证农产品22个。入选全省十大乡镇商贸中心建设引领县、全国县域流通服务网络强县。乡村建设成效明显。超前完成5个美丽宜居安置区建设任务，新建、修缮“四好农村路”336公里，实现清洁取暖改造、旱改厕愿改尽改，成功构建起覆盖城乡的供水“一张网”。基层基础持续夯实。强化返贫动态监测，实现2036名脱贫人口就业。实施基层党建“红色领航”工程，建设提升62处党群服务中心。打响党组织领办合作社品牌，所有新村集体收入全部超过50万元。

（三）政治社会安定和谐，短板弱项加快补齐

民生事业全面进步。累计投入民生领域财政资金46亿元，新增城镇就业4942人，常住人口医保参保率达到99.1%。完成一中新校搬迁、棚改回迁安置、雨污分流改造、文化惠民活动等一大批民生实事，居民公共服务满意度进位至全省第60位。基层治理更趋完善。深入推进“十乱”

整治行动，市容环境秩序明显改进。深化党建引领红色物业建设，开展“城市管理进社区”活动，选招聘社区工作者165人。发展安全更好统筹。快速有效处置多轮突发疫情，安全事故起数、死亡人数大幅下降，全部完成省、市交办的信访积案化解，空气环境质量顺利实现“双退出”（退出全省后20、退出全市后3）目标，国控出水断面水质稳定达标，圆满完成党的二十大维稳安保任务，意识形态、金融安全等“一排底线”全面守牢。

三、创新与经验

（一）讲好茌平改革故事

围绕营商环境、乡村振兴、绿色低碳高质量发展等重点领域和关键环节，推出重点项目建设服务直通车、党建引领乡村产业振兴体系化建设等一批制度成果，涌现出信发循环经济、“智慧水务”、和美邻里等一批创新经验。

（二）传递茌平改革声音

围绕“四争一创”主题主线，深入挖掘改革创新经验，综合利用各种资源途径，为茌平改革发声、代言，形成一大批叫得响、过得硬的“四争一创”成果。2022年，取得“四争一创”成果99项。其中，中央和国家部委发文推广21项，省级以上领导批示肯定9件。

（三）打响茌平改革品牌

将打造近悦远来的金牌营商环境作为书记领衔项目，推行施工许可“1241”模式，开启“极简办”新时代。持续挖掘推广耿店村改革创新经验，《学习与研究》刊发耿店村依托大棚产业推进乡村全面振兴的实践做法与经验启示。派驻监督改革案例上报中央改革办，并入选中纪委深化纪检监察体制改革特色案例。

中共临清市委工作概况

市委书记　刘培国

一、组织概况与党的建设

2022年，临清市有基层党委151个、派出工委9个，其中，镇（街道）党（工）委16个；党总支72个，党支部1643个；党员34361名。

（一）全面加强政治建设

坚持以习近平新时代中国特色社会主义思想为指导，创新党员教育载体，完善农村“党员夜会”制度，搭建起教育党员、组织群众、推进工作的综合性平台。健全“为民办实事”协调推进工作机制，组建工作专班，着力解决部门之间推诿扯皮的问题。

（二）全面打造高素质专业化干部队伍

倡树重实干重实绩重担当用人导向，完善干部选育管用机制，全覆盖开展日常无任用干部调研工作。建立“担当作为、攻坚克难”和“重点帮扶”两个干部库，探索公务员平时考核“千分制”管理办法，盘活干部资源、激励担当作为。综合运用巡察、审计、纪检监督、信访等渠道，动态性、经常性了解干部表现。扎实做好换届风气监督后续工作，严格执行干部档案的任前审核。常态化开展中青年干部培训，开设黄河国家战略专题研讨班、全市领导干部能力提升研讨班等干部教育班次，举办“水城论坛•运河名城大讲堂”“组工干部大学堂”，提升各级领导干部政治素质和履职能力。

（三）全面增强基层党组织政治功能和组织功能

聚焦群众反映问题，开展“党员一盏灯　企业一份情”“党员一粒种”爱心课堂、“美丽乡村日”等集中行动，募集捐款660万元，安装路灯3.57万盏，在26个村设立了留守儿童“爱心课堂”。建立农村入党积极分子“育管培考”机制，提升发展党员质量。围绕村级班子建设，开展8轮“提级述职”、84次“擂台比武”，对10名新村党组织书记进行专业化管理，对77个后进村进行专项整顿。指导92个行政村逐村制定壮大村集体经济“项目书”，建设28处党代表工作室和为民工作室，创新“四单制”办事联结机制。实施“九大温新行动”，开展社区工作者“青蓝结对”，建立物业服务“红黄黑”牌制度，物业企业党组织覆盖率达到100%。深入推进“新火聊圆”行动，建立轴承产业链综合党委，成立10个链上党支部。

二、主要工作与成绩

2022年，临清市坚持以“4+1”五项重点工作为主线，大力实施三年攻坚十大行动，推动经济社会发展取得了新进展、新成效。生产总值完成282.08亿元，增长3.9%；固定资产投资增长20.3%；一般公共预算收入完成20亿元，同口径增长7%；城乡居民人均可支配收入分别达到32968元和18544元，分别增长5.2%、6.9%。

（一）民生福祉不断增进

全年民生支出达到40亿元，占比82.6%。实现城镇新增就业5497人，开展补贴性职业技能培训7251人，开发城乡公益性岗位6244个，发放创业担保贷款1.37亿元。打造“五化三型”社会救助综合改革实验区，“救助来临•清楚办理”被评为省优秀社会救助品牌。医保工作站在聊城率先实现村居（社区）全覆盖，创新“五办”模式被评为全省医保经办管理服务规范提升优秀案例。健全“为民办实事”工作机制，构建诉求收集、分析会诊、转办解决、反馈抽查的工作闭环，办理群众诉求7.3万余件。深入实施解决大班额、薄弱学校提升建设项目，新建校舍3.28

万平方米。举办省第三届票友大赛暨京剧艺术创新发展现场会。圆满完成党的二十大、北京冬奥会等时间节点安保维稳任务，高质量推进市社会治安综合治理服务中心建设，“一站式”矛盾调解中心实体化规范化运行。被评为全国第十批民族团结进步示范市，确定为第二批全省铸牢中华民族共同体意识示范创建试点。

（二）发展质量显著提升

坚定实施制造业强市战略，全年225户规模以上工业企业实现工业总产值385.3亿元，同比增长4.6%，规模以上工业增加值增长7.2%。制造业技改项目122个，完成投资21亿元。坚持园区化、数字化、高端化、品牌化、绿色化发展方向，轴承产业被认定为工信部中小企业特色产业集群，轴承智造小镇入选省级小微企业双创示范基地，建成全国首个轴承行业标识解析二级节点，省轴承产业高质量发展现场会、数字赋能实体经济山东行轴承行业专场活动在临清召开。新增重点小巨人企业1家、国家“小巨人”企业2家、省“专精特新”中小企业18家、省瞪羚企业3家、省级工业设计中心6家、省级单项冠军企业（产品）4家，2家企业入围“好品山东”区域品牌，数量均居聊城前3位。加快“上云用数赋智”步伐，新建5G基站371处，新增上云企业199家，轴承产业链数字经济总部项目成功入选省数字经济重点项目，建设全国首个轴承行业工业互联网标识解析二级节点。雄商高铁、德上高速临清连接线开工建设，济临高速、临濮高速加快前期手续办理。

（三）城乡面貌显著改善

以省级城市更新试点建设为契机，完成5个片区4088户房屋征收；交付回迁小区6个，改造老旧小区28个，打通“断头路”7条，实施示范路提升3条，建成“口袋公园”6处；实施雨污分流九大工程，建设管网58.2公里；增绿补绿1.3万平方米，升级改造公厕50个，新增供热面积123.6万平方米。整合组建共享营业厅，实现水电暖气“一站式”服务。建立物业服务“红黄黑”牌制度，开展户外广告专项整治行动，主次干道、背街小巷深度保洁面积达到341万平方米，推进全国文明城市、国家历史文化名城、国家园林城市创建，市容市貌持续向好。大力构建全域旅游格局，魏湾镇李圈村获评省级红色文化特色村、景区化村庄，清平星火红色教育基地成功创建为3A级景区，刘垓子镇孔集村获评省红色革命老区村；宛园景区入选省级夜间文化和旅游消费集聚区、省中小学生研学实践教育基地。生态环境日益改善，强力推进河湖“清四乱”，彭楼灌区干渠成功创建省级美丽幸福示范河湖。

（四）乡村振兴加快推进

加快高标准农田整县推进示范创建，投资2.78亿元，新建高标准农田14.3万亩，粮食总产超过90万吨，实现二十连丰。重要农产品实现有效供给，猪牛羊禽存栏量和渔业产量持续稳定。脱贫攻坚成果持续巩固，投入各级衔接资金1.5亿元，实施各类项目54个，保障乡村振兴项目用地362.8亩，4910名脱贫人口实现务工就业，“两不愁三保障”和饮水安全水平持续提升。大力发展农业特色产业，临清桑黄列入聊城“新三宝”，入选“全国名特优新农产品”名录、省知名农产品区域公用品牌，君博牛肉入选省知名农产品企业产品品牌，润林牧业成为聊城唯一入选国家畜禽种业阵型企业。23家合作社、1家家庭农场被认定为省级示范社、示范场，数量居聊城前列。成功举办第三届中国桑黄产业发展大会，承办2022鲁台港澳现代农业交流合作现场会。农村环境显著改善，强力推进农村人居环境整治和路域环境提升，完成20个省级、61个聊城市级美丽乡村建设；新建农村公路400公里，获评“四好农村路”全国示范县。实施农村饮水安全提升、城乡供水一体化保障项目，改造管网2320公里，受益群众2.3万户，农村饮水实现提质提效。新增农村清洁取暖用户4.36万户。完成272个“垃圾不落地”试点村建设，开创城乡环卫一体化新模式，农村环境面貌有了大的改善。

（五）改革活力加速释放

认真落实“十大创新”行动，开展“点菜单”式改革，推进年度改革任务158项，新增省级以上改革试点51个，其中国家级试点6个。取得省级以上改革成果120余项。持续深化“放管服”改革，新政务服务大厅正式启用，实现依申请政务服务事项“应进必进”。着力优化营商环境，扩大“拿地即开工”“交房即办证”“建成即使用”应用范围，市场主体达到8.3万户，同比增加5828户，实现逆势增长。强化人才引领，入选国家级人才工程1人，泰山产业领军人才2人，实现高层次人才自主培育“零”突破。

三、创新与经验

（一）创新实施企业全生命周期服务“一件事”改革

深入开展“双全双百”工程，坚持“一事思维、一链办理、一网通办、一次办好”原则，集成企业注册开办到清算退出全过程中15个应用场景，建立企业全生命周期服务中心，提供“专班、专员、专线、专网、自助专区、专项勘验”六大服务，打造了“流程清晰、服务快捷、集成办理”的行政审批特色品牌。“清快办”机制运行以来，仅登记环节就为企业节省30000多个工作日、1000余万元办事成本。

（二）创新“公司+专班”招商机制

在聊城市率先组建专业招商公司，成立轴承、纺织服装、电子信息、医养文旅、新材料新技术5大产业招商专班，通过组建专业化招商队伍、绘制产业“招商图谱”、建立产业项目线索库，聚焦现有产业补链、强链、延链，开展“精准招商”，实行“招落一体”服务机制，对项目招引、落地、建设、投产全过程负责，确保项目引进高质量、落地高效率、投产高效益。2022年签约过亿元项目39个，到位资金42亿元，制造业外资增长248%。

（三）建设鲁西国际陆港

深挖“内陆港”比较优势，与山东省港口集团共建鲁西国际陆港。举办鲁西国际陆港“冀鲁豫”协同发展论坛，聊城首个海关监管场站正式启用，多式联运和“一单制”业务运量在省内排名双第一，成信迪拜、新腾威非洲农业海外仓被认定为省级跨境电商公共海外仓和山东品牌商品展示中心，三和集团获评省重点培育的贸易双循环试点企业。实施投资106亿元的“港产城”一体化项目，建设铁路延伸线、保税物流中心、港航产业大厦等配套设施，构建对接省会经济圈、服务京津冀的区域性现代物流中心。海关监管场站已“封关运行”，把“出海口”搬到企业“家门口”，货物通关时间缩减到2小时，每个集装箱节省物流成本30%，发送量连续8年居全省内陆港首位。制造业日韩资占比达到44.6%，新增省重点培育公共海外仓2家。

（四）打造中国轴承产业新高地

加快轴承产业园区化、高端化、绿色化发展步伐，建设轴承智造小镇、君安轴承产业港等一批现代轴承产业园，培育轴承生产贸易企业4000余家，形成完善的轴承产业链条，带动就业近20万人，成为全国轴承五大产业集聚区之一，烟店轴承市场年交易额500余亿元，占全国交易量的30%以上，被评为全国重点镇、中国轴承贸易之都、山东省“百亿大镇”、省级跨境电商产业集聚区。

中共阳谷县委工作概况

县委书记　彭志国

一、组织概况与党的建设

2022年，阳谷县委下设基层党组织1959个，其中，党（工）委112个、党总支228个，党支部1619个，党员36157名。全县非公有制企业中，单独建立党组织108个，建立联合党组织15个；社会组织中单独建立党组织25个，建立联合党组织1个。

（一）压紧压实管党治党责任

始终把政治建设摆在首位，县委常委会定期研究全面从严治党工作，带头开展履职谈话、廉政谈话，强化党内监督，督促责任落实，形成管党治党整体合力。高起点高标准谋划开展县委十四届巡察工作，对59个村级党组织开展政治巡察，巡察利剑效应进一步放大。始终坚持党的全面领导，严格落实县委常委会主体责任，全力做好意识形态、宗教、精神文明建设、统一战线、安保维稳等各项重点工作，全县经济社会发展大局整体安定祥和。

（二）强力夯实基层组织基础

持续抓实基层党组织建设，150个“示范”村、181个“创优”村、27个“强基”村分类提升。探索“公司+三级合作社”模式，形成西湖镇镇村产业化联合体和“乡悦安镇”“乐享定水”“布见不散”等一批特色品牌。持续提升党建引领城市基层治理效能，全域推进“红色物业”建设，培训物业企业党组织负责人、业委会成员16次、710余人次，创新打造“红色议事厅”“老梁工作室”“墨香谷南”等社区党建特色服务品牌。

（三）全面筑牢思想政治根基

县委班子率先垂范，带动全县各级理论学习中心组学习700余次，有力推动各级领导干部及时用党的先进理论武装头脑、指导实践。擦亮“景阳新声”宣讲品牌，组建8支百人宣讲团，围绕党的二十大精神等主题宣讲1200余场、覆盖4万余人；开展“奋进新征程　建功新时代”系列主题宣传，举办富民强县“七七工程”新闻发布会15场次。

二、主要工作与成绩

2022年，阳谷县坚持稳字当头、稳中求进，努力推动经济持续健康高质量发展。成功获评山东省民营经济高质量发展先进县、山东省农业绿色发展先行县等20余项国家级、省级荣誉。

（一）重大风险挑战有序化解

面对新凤祥集团突发债务风险，县委、县政府坚持运用市场化、法制化手段，成功引进世界500强厦门建发集团托管祥光铜业、行业领军企业山东健康养老集团经营伏城医养中心、亚洲最大的私募股权投资机构太盟投资集团收购凤祥股份，切断了食品板块、医养板块风险链条，保障了新凤祥集团各板块稳定运行。

（二）制造业强县建设有力推进

深入开展制造业强县三年攻坚突破行动，全面实施“链长制”。全年规模以上工业企业实现产值551.1亿元，光电信息、食品加工、塑料化工等主导产业产值分别增长9%、11%、25%，构建了“低、中、高、特高压电缆+光棒、光纤、光缆、光电元器件”“制浆、造纸、印刷、传媒”“养殖、屠宰、熟食、预制菜、物流”等完整产业链条，实现了全产业“吃干榨净”。

（三）乡村振兴全面起势

加快推进美丽乡村建设步伐，建成省级美丽乡村示范村5个、市级11个，10个村庄入选全省第三批乡村振兴“十百千”工程示范村创建单位，3个村庄获评全省景区化村庄。完成347个自然村农村饮水智能化改造提升、36个行政村生活污水治理、4.8万户清洁取暖改造。实施发展壮大村级集体经济“1201”工程，农业生产托管43万亩，358个行政村集体收入均超10万元。农村电商孵化中心实现乡镇（街道）全覆盖，网络零售额达15亿元。

（四）城市品质显著提升

投资13.5亿元，改造提升城区道路32条，铺设改造雨污分流管网90公里，均为历年来数量最多、投资最大。棚改回迁开工3758套，交付安置4054套，改造老旧小区11个、985户。新增保洁面积4.9万平方米，新增供热面积21万平方米。县图书馆改造、城市书房建设加快推进，儿童公园、体育公园等一批大型广场公园建成投用，加快推进“书香阳谷”“活力阳谷”建设，有力满足人民群众日益增长的精神文化追求。

（五）民生保障更加有力

支出财政资金36.7亿元，争取专项债券资金19.1亿元，全部投入民生领域。新改扩建9所中小学、幼儿园，增加公办学位5730个。创建市级精品国医堂1处，改扩建乡镇卫生院3处，建成基层医保工作站60个。新增城镇就业5256人，选聘公益岗6157人，发放创业担保贷款8535万元。阳谷县成功入选“青年人才首选山东20大潜力城市”“山东省就业环境友好型城市”建设单位。

三、创新与经验

（一）民营经济高质量发展

竭力扶持骨干龙头企业做大做强，华泰化工、金蔡伦集团等骨干企业不断发展壮大。坚持“抓大不放小”，狠抓中小微企业扶持，首贷培植企业数量连续三年居全市第1位，累计为819家中小微企业发放贷款77.7亿元。新增省级“专精特新”企业78家、“领跑者”企业5家、质量标杆企业2家，数量均居全市首位。

（二）农业产业提质增效

成功打造13个吨粮镇、40个吨半粮示范区，粮食单产居全市第1位。培育全国乡村特色产业超十亿元镇2个、“一村一品”示范村镇1个，国家级生态农场1个，省级农业产业强镇2个、农业产业化重点龙头企业5家。2家合作社入选中国农业合作社500强。成功获批创建国家农业绿色发展先行区，累计获评全国农作物病虫绿色防控整建制推进县等12个国家级、省级荣誉。

（三）特色产业园区蓬勃发展

坚持“产业链+专业园”思路，培植壮大绿色食品产业园、现代装备制造产业园、双创产业园等一批特色专业园区，构建了“边建边招商、建成即满员”滚动式发展良好格局。阳谷经济开发区在全省综合评价中，连续四年位次前移，始终稳居全省前50位、全市第1位；并且顺利通过沿黄重点地区合规工业园区审核，成功入选全省首批中国（山东）自由贸易试验区联动创新区。

中共莘县县委工作概况

县委书记　孙奇宏

一、组织概况与党的建设

截至2022年底，莘县共有2808个基层党组织，270个基层党委，177个党总支，2325个党支部，党员50229名，其中农村党支部1152个。

（一）坚持强基固本，基层基础全面夯实

开展“我来讲党课”活动164场，参与党员11000余人，制作《光芒》党员教育片。研究制定《莘县村级党组织分类推进整体提升三年行动工作方案（2022—2024年）》，高标准实施农村基层党建“分类推进、整体提升”行动，排查出“强基”村78个、“创优”村549个、“示范”村229个。组织开展“百村结对共建”促发展和“党建领航，先锋1+1”县直机关结对共建活动，2个流动党委、15个县直单位和88个村党组织通过两个平台实现了互联共建、共同发展。

（二）规范干部选用，干部队伍全面提升

构建一线选人用人、无任用推荐、领导干部实名举荐、年终综合考核奖惩“四位一体”选拔任用干部全链条机制。建立到社区考察干部机制，“赋予”干部考察组“建议权”“否决权”，有效发挥干部考察组在选人用人工作中的重要作用。2022年县委组织部到22个城市社区对106名人选进行延伸考察，“夜访”考察150余人次，26人被纳入优秀党员干部管理库。抽调2000余名县直干部到疫情防控一线开展摸排、值守。扎实推动高素质专业化干部队伍建设，在县直部门（单位）全年共分18批次调整干部368人次。

（三）优化人才服务，营造爱才环境

制定引才工作责任清单，明确4大类15项重点任务，压实“一把手”抓“第一资源”责任。优化政策供给，制定《推进高质量“双招双引”工作意见》，出台《莘县高层次人才周转编制管理使用办法》，形成一整套管长远、管全局的工作制度。2022年，引进9名海外留学人员、大学生3279人、硕士研究生117人。规划建设聊城鲁西经济开发区、莘县省级农业高新技术开发区、莘县省级化工产业园和莘县高铁新城“三区一城”4个引才“强磁场”，吸引人才向食品、农业、化工、城建等县域重点产业聚集。

二、主要工作与成绩

2022 年，全县实现生产总值完成 271 亿元，固定资产投资完成 115.05 亿元，社会消费品零售总额完成 50.6 亿元，居民人均可支配收入达到 23506 元，一般公共预算收入完成 13.23 亿元，金融机构存贷款余额分别达到 574.98 亿元、288.88 亿元。莘县被评为国家级农业现代化示范区、国家级小麦制种大县、全国电子商务进农村综合示范县省现代农业强县。

(一)动能转换聚势突破

深入开展“项目提质年”活动，发行专项债券 17.26 亿元，77 个省市县重点项目全部完成年度投资计划，35 个项目竣工投产。嘉华股份成功上市，一诺生物进入上市辅导期。新增省级“专精特新”、科技小巨人、创新示范企业 7 家，新增科技型中小企业 62 家、高新技术企业 16 家。新增上云企业 136 家，农村电商网络销售额达到 30 亿元。

(二)改革开放持续深化

开展企业全生命周期集成改革，实行“一件事”集成化、场景化服务；“上门服务 • 联合会客”高效惠企、警务工作站“一门通办”机制省级“点菜单”式改革试点通过验收并在全省推广。新签约过亿元项目 52 个，过 10 亿元项目 4 个，招商引资实际到位资金 45 亿元；新引进青年人才 3279 人，新增高技能人才 631 人。全力稳住外贸外资，外贸进出口总额完成 11.5 亿元，实际使用外资 2345 万美元。

(三)乡村振兴全面推进

全县粮食播种面积 172.8 万亩，建成高标准农田 10 万亩，总产达 19.97 亿斤，完成纯作大豆种植面积 1.05 万亩，大豆玉米带状复合种植面积 1.42 万亩，全县共实施全环节大田托管面积 20 万亩，实现了农户、村集体和托管企业三方共赢。建设高标准日光温室 2000 座，瓜菜菌总产量达到 520 万吨，嘉华股份入选中国农业企业 500 强，“三品一标”总数达到 348 个，种苗繁育能力达到 18 亿株。“莘县香瓜”入选全国名特优新农产品名录。“莘县香瓜栽培系统”入选省首批农业文化遗产资源名录。成功创建省级美丽乡村示范村 4 个、市级 12 个，实施衔接乡村振兴项目 55 个。建成新时代文明实践中心、所、站、家庭站 2659 处，全县建成新时代文明实践基地、志愿服务站（点、岗）1200 多个，形成了“1+24+N”网格矩阵。全县 856 个行政村集体经济收入全部突破 10 万元，其中 50 万元以上村庄达到 99 个；村级集体经济收入总额 16.4 亿元，村均 19.15 万元。

(四)民生保障扎实有力

城镇新增就业 5156 人，开发城乡公益性岗位 8512 个。社会救助保障标准比上年提高 10%，社区养老服务设施配建率达到 100%。深入创建国家义务教育优质均衡发展县，新增学位 4560 个，高考本科上线 4816 人，实现全市“二十三”连冠；组织群众性文化活动 8406 场，开展志愿服务上万场次。

三、创新与经验

(一)“四链共育”做优种子种苗“生态圈”

创新推进种子种苗研发链、繁育链、推广链、服务链“四链”共育，现代种业政产学研实现深度融合，拥有自主知识产权且通过国家审定登记的大田作物品种、蔬菜品种分别达到 32 个、30 个。

(二)警务服务 24 小时“一门通办”

大力整合接处警、巡逻防范、便民服务、机关保卫、反恐处突等多种职能，探索建立了 24 小时接处警、24 小时多警种业务一门通办、24 小时城区视频巡查防控、24 小时机关保卫“4 个 24 小时”智慧警务新模式，打造成“全时空守护平安，零距离服务群众”的新型警务改革新亮点。

(三)营商环境“后评价”监督“莘县样本”

莘县纪委创新将日常监督与问需于企相结合，建立了“部门自查”与“企业评议”双向联动、“线下会客”与“线上监督”多维覆盖、“跟踪帮办”与“上门走访”一体服务、“督导问效”与“考核评价”双向发力的营商环境“后评价”监督闭环链条，营造合力监督护航营商环境的大格局，各项惠企政策实现直达快享、应享尽享。

中共东阿县委工作概况

县委书记　祁学兰

一、组织概况与党的建设

2022 年，东阿县共有党(工)委 132 个、党总支 44 个、党支部 1162 个、党员 23680 名。其中，农村党支部 500 个、党员 11687 名；城市社区党委 12 个，党员 1561 名；“两新”党组织 63 个，包括非公企业党组织 59 个，社会党组织 4 个，共有党员 688 名；机关党（工）委 31 个，党总支 18 个，党支部 476 个，党员 7862 名。

(一)压紧压实管党治党责任

研究制定县委常委会工作要点、落实全面从严治党主体责任任务安排，进一步明确目标、传导压力。召开县委常委会会议，专题听取县人大、县政府、县政协等 6 个党组履行全面从严治党责任情况汇报，集中对 2021 年度考核排名靠后的镇街和县直部门主要负责人进行了约谈。常委班子扛牢全面从严治党主体责任，逐级对班子成员及下级党组织书记进行履职谈话和廉政谈话，推动形成了全面从严治党整体合力。

（二）着力锻造高素质干部队伍

建立担当作为干部库、优秀专业化干部储备库，健全“四个一批”选人机制，加强对干部专业化素养、干事创业能力的精准化、差异化培养，切实打造一支高素质专业化的干部队伍。激励干部担当作为，坚持严管厚爱结合、激励约束并重，精准运用“四种形态”，为4名干部澄清正名。健全党管人才工作，实施新时代人才强县战略，引进海外人才9人、青年人才1592人，2人成功入选泰山产业领军人才，7名企业家被评为全市优秀企业家。

（三）全面加强基层党组织建设

实施“四体共创”行动，创优农村党建联合体，在全市率先建立新村规范运行工作机制，69个新村全部实现集中办公、服务下沉，东阿县被确定为全省“党建引领乡村治理”试点县，姜楼镇被确定为全省“党建综合阵地”试点镇；创优社区党建综合体，以县医院老旧小区改造为样板，开展“红色物业·聊来温暖”行动，高标准打造集综合治理、智慧社区、网格管理等功能一体的党群服务站试点；创优机关党建融合体，组建行业领域党代表工作室4个、镇街代表委员工作室10个，分层次分领域培树党建典型，“半月谈”工作法、“雷锋邮路”等服务品牌在全县推广；创优非公党建共同体，聘请35名快递、外卖小哥担任“找茬员”，引导新业态新就业群体融入基层治理。

二、主要工作与成绩

（一）经济运行稳中向好

全县生产总值增长4.5%，规模以上工业增加值增长7.2%，固定资产投资增长20%，社会消费品零售总额增长0.5%。高技术产业投资增幅、占比分别为120%、10%，均居全市前3位。“四新”经济增加值增速17%，高技术产业投资增幅、占比分别为120%、10%，均居全市前3位，制造业技改投资增幅90%，稳居全市首位。一般公共预算收入完成14.74亿元，同口径增长7.4%。居民人均可支配收入达到22590元，同比增长5%。

（二）现代产业全面起势

大力实施“四百”突破工程，阿胶及“阿胶+”产业入选省“十强”产业“雁阵形”集群储备库，阿华医疗获评省质量标杆企业，蓝天七色获授省“一企一技术”研发中心，东阿钢球精密轴承钢球项目填补国内空白，蓝天七色入选全省第一批总部企业。东阿县检验检测中心填补了全省县级农作物种业检验领域空白。入选全国“农产品数字化百强县”，位列第53位。东阿阿胶入选“中国好礼”国礼品牌、首批“好品山东”品牌和“山东手造·优选100名单”。全年网络零售额18亿元，增长25%，居全市第3位。

（三）改革开放硕果累累

取得省级以上改革成果147项，48项国家级经验做法在全国推广，2项案例报送中央改革办，33次在省级以上会议作典型发言。营商环境取得突破性进展，创新推出惠企优才“黄金十条”、惠企政策一本通，建立涵盖19个领域314项事项的“免罚”“轻罚”动态清单。对外开放取得高水平发展，进出口总额超13亿元，创历史新高。实际使用外资3566万美元，是上年的2.74倍。东阿钢球、海天七彩亮相第三届跨国公司领导人青岛峰会。

（四）民生福祉全面提升

新增城镇就业3292人，发放创业担保贷款7545万元，扶持市场主体368户，带动就业人数682人。城乡低保、孤儿及困境儿童生活补贴、居民基础养老金标准分别提高15%、10%、6.7%。新改扩建幼儿园2所、中小学3所，增加学位2000个。

三、创新与经验

东阿县围绕“共同抓好大保护、协同推进大治理”，加强顶层设计，优化资源配置，构建起“统筹联动、相互促进、标本兼治、专业高效”的司法保障体系，筑牢黄河流域生态环境安全屏障。被确定为全省环境资源审判机制综合改革试点。

（一）推进政法、司法、执法贯通有效衔接，形成保障合力

成立由县委书记任组长的黄河流域生态环境司法保障领导小组，公安、检察、法院、司法、水利、自然资源、生态环境等九部门紧密协作，确保执法司法密切衔接、生态保护齐抓共管。设立全国首个专环资审判巡回法庭，累计受理案件32件；组建专职办案团队，先后起诉破坏环境、滥伐林木等犯罪24人。建立环资案件公、检、法常态协调机制，明确公安机关立案时听取河务、环保等专业部门意见，案件进展情况及时通报检察院、法院。

（二）建立预防、打击、监督立体化体系，完善保障机制

在沿黄堤防安装高清监控12处，及时发现并纠治露天烧烤、乱倒垃圾、破坏防护设施等行为；制定《黄河生态水系湿地生态保护公益诉讼实施办法》，实地踏勘10余次，发现问题隐患20余件。组织公安局、河务局水政监察等部门开展专项打击整治行动，重点打击乱采、乱建、乱排等违法犯罪行为，斩断危害黄河生态非法利益链条。开展黄河流域环境资源专项执法监督，调取执法卷宗460余份，监督立案3起，督促8起案件当事人补交水资源税款108万余元。

（三）强化宣传、修复、服务三方联动，提升保护质效

依托“保护母亲河”法制长廊、黄河法治文化广场，积极开展黄河生态教育进校园、法律顾问“沿着黄河去普法”活动，引导群众自觉爱护黄河生态环境。建立山东省黄河流域首个生态环境司法修复基地，督促涉案责任人履行补种树木、恢复生态的责任和义务；聘请山东大学法学院教授为顾问，科学实施修复措施。发挥政法机关专业优势，打造“九顶艾”“老张”“金牛”等一批特色品牌调解室，及时排查化解黄河沿线矛盾纠纷问题；为每个企业指定一名政法干警对口帮扶，帮助挽回经济损失2000余万元。

中共冠县县委工作概况

县委书记 张学宏

一、组织概况与党的建设

2022年，冠县共有108个基层党委，7个党工委，94个党总支，1554个基层党支部，其中，农村党支部745个，“两新”组织党支部193个。全县党员35431人，其中农村党员20535人。

（一）加强思想政治建设

把学习贯彻党的二十大精神作为首要政治任务，先后召开县委常委扩大会议、县委十五届二次全会，出台《中共冠县县委关于深入学习宣传贯彻党的二十大精神的决议》。创新“码”上学和“一三四六”工作推进法，擦亮“习语‘冠’通”宣讲品牌，常态化开展理论宣讲、“中国梦·新时代·新征程”百姓巡回宣讲等，共完成各级各类宣讲4500余场，受众超10万人。县委被评为全省先进县级党委（党组）理论学习中心组。

（二）加强基层组织建设

大力实施“头雁领航、消薄倍增、堡垒聚力”三大工程，选出35名优秀村党组织书记享受副科级干部待遇。推行“党组织领办合作社+农业生产托管服务”增收模式，全面消除村集体经济收入10万元以下的村庄。整顿提升软弱涣散村党组织28个。组织振兴考核成绩全市第一。全省党建赋能个体私营企业高质量发展现场会成功召开。

（三）加强干部队伍建设

鲜明树立重实干重实绩的用人导向，在全市率先开展事业单位职员等级首次晋升工作，坚持在重点工作和基层一线选拔使用干部。全力推进年轻干部培养“158”工程，年轻干部配备率全市最高。

（四）加强纪律作风建设

驰而不息纠正“四风”，查处“四风”问题72起80人，持续释放纠“四风”、树新风的强烈信号。旗帜鲜明支持纪检监察机关履行职责，深入推进“三不”一体机制建设。打造廉洁文化阵地，完善轻处分快查快结工作机制，对4起案例容错纠错，对6起不实举报澄清正名。

二、主要工作与成绩

2022年，全县实现地区生产总值262.57亿元，增长4.8%；一般公共预算收入完成12.89亿元，同口径增长6.3%；固定资产投资93.9亿元，增长17.2%；规模以上工业增加值44.7亿元，增长7.1%；全体居民人均可支配收入23640元，增长6.1%。荣获国家全域森林康养试点建设县、全国农产品数字化百强县等10多个省级以上荣誉称号。

（一）产业能级得到新跃升

以“链长制”统领产业发展，钢板产业入选山东省特色产业集群。建成全市首个工业互联网标识解析二级节点。成功申报省级技改奖补项目4个、市级13个，均居全市第1位。新增市级“专精特新”中小企业20家、省级19家，创历年新高。冠洲集团获评国家级制造业单项冠军，百佳食品、肯石重工获评省级制造业单项冠军。

（二）项目建设实现新突破

实施重点项目86个，其中14个项目入选省重点、16个项目列入市实施类项目，均列全市第2位。发行政府专项债券16.5亿元，列全市第3位。招商签约过亿元项目46个、到位资金42.5亿元，引进国药集团、江苏国泰集团等一批知名企业。实际使用外资5291万美元，位居全市前列。冠州国际陆港项目启动建设，接轨方案已获批复。

（三）乡村振兴展现新面貌

新建高标准农田8万亩，粮食生产实现面积、单产、总产“三个增长”，大豆玉米带状复合种植全市领先。新增全国名特优新农产品3个，“三品一标”认证农产品16个，省知名农产品品牌2个，5个市级现代农业产业园通过认定。成功举办中国·冠县灵芝全产业链高质量发展大会，被授予中国“灵芝生产强县”称号。完成70个村庄生活污水治理，创建省级美丽乡村示范村4个、市级15个。新增全程托管服务面积14万亩。

（四）金融赋能释放新活力

贷款新增40个亿，普惠贷款新增15个亿，政策性银行授信30个亿，列全市第2位。全县不良贷款余额降至3.8亿元，不良贷款率降至1.5%，均为近十年来最低。聘请24家市级银行行长担任县政府金融顾问。研发上线全省首个县级综合性金融服务平台，线上发放贷款2亿。成功争取省农担公司、省投融资担保集团30亿元和50亿元担保额度。成为全市首个“担保体系共建先行县”。

（五）民生福祉达到新水平

民生支出37.6亿元，占一般公共预算支出的82.8%。投资3.2亿元，新建扩建学校11所；夏季高考上线率、录取率创历史新高，全市高考前十名冠县占2名。投资3.4亿元扩建净水厂，全县群众饮水实现同网同源。医保服务在全省率先实现村级全覆盖。邯济铁路冠县客运站改造顺利实施。完成清泉河亮化提升，清泉廊桥建成通车。空气优良天数264天，达到五年来最好水平。居住环境群众满意度列全市第1位。全力打造“冠通人和·花开满冠”基层社会治理品牌和“春风化雨·枝叶‘冠’情”矛调品牌，诉讼量降幅全省第1位。

三、创新与经验

（一）构建大平台，解决“谁唱戏、唱啥戏”的问题

围绕“顶层设计、系统谋划、高位推动、协调推进”的16字工作方针，制定目标，建立机制，县、乡、村三级“一把手”高度重视，亲力亲为，金融工作专班全力推动。2022年争取省农担30个亿、省融担50个亿的担保额度，争取政策性银行授信30个亿。

（二）搭建大舞台，解决“唱好戏、唱精品戏”的问题

打造县乡村千名金融人才队伍，选拔100名金融干部组成金融辅导团，专业做好金融宣讲；选派27名金融干部到18个镇街挂职，专职做好金融服务；选培860名村级金融专员，专门做好金融服务。11家银行联系18个镇街的1160个站点，开展进企下乡活动110次，对接市场主体30万家次，完成授信176亿，到位资金116亿元。政府拿出6.2亿元财政性存款对银行进行激励。

（三）创建云平台，解决群众“既能看戏、又能点戏”的问题

在全国创新研发上线“冠县乡村振兴金融服务平台”，做到了“线上任意选、下单随时点、银行快抢单”的创新服务模式，真正让群众享受到贷款最简单、最快捷、最省钱的“云服务”。润昌农商行一年为群众减少利息费用4550万元。2022年，全县新增贷款40亿元、普惠贷款15亿元，政策性银行授信30亿元，有力破解了各类市场主体融资难、融资贵、融资慢的问题。

中共高唐县委工作概况

县委书记　杨新胜

一、组织概况与党的建设

2022年，高唐县共有基层党委112个，派出工委6个，镇（街道）党（工）委12个，基层党总支127个，党支部1541个；党员30880名，其中农村党员17963名。

（一）不断加强党的政治建设

始终把党的政治建设摆在首要位置，深入学习贯彻习近平新时代中国特色社会主义思想和党的二十大精神，严格落实“第一议题”制度，切实筑牢政治思想根基。健全落实习近平总书记重要指示要求台账，扎实推动党中央决策部署和省委、市委工作要求落地落实，以实际行动坚定拥护“两个确立”、坚决做到“两个维护”。坚定扛牢管党治党政治责任，推动全面从严治党在各领域各方面各环节全覆盖。

（二）着力锻造高素质干部队伍

坚持新时代好干部标准，牢固树立重实干重实绩重担当的鲜明用人导向，突出政治素质考察和实绩考核，配备结构优功能强的好班子。2022年，全县累计调整干部280名、晋升职级61人次；对25个县直部门（单位）主要负责人进行了调整；新提拔35岁左右年轻干部占提拔总数的40.4%。

（三）持续夯实基层基础

深入落实全省村级党组织分类推进整体提升三年行动计划，将159个行政村党组织划分为47个“示范”村党组织、100个“创优”村党组织、12个“强基”村党组织，行政村集体收入全部过10万元。构建“五方联动”城市基层治理工作机制，4家国企物业公司入驻49个老旧小区开展专业化物业服务。新建3个新业态行业党委，两新组织党建起势向好。

（四）驰而不息正风肃纪反腐

坚持无禁区、全覆盖、零容忍，一体推进“三不腐”。2022年，全县共处置问题线索671件，查处形式主义、官僚主义问题36起，查处享乐主义、奢靡之风问题25起。在全县开展“提境界、强担当、抓落实、创一流”作风能力大提升专项行动，持续营造风清气正干事创业的良好氛围。

二、主要工作与成绩

2022 年，高唐县委聚焦“加速崛起、再塑辉煌”目标定位，坚持“创新引领，产业兴县、制造业强县建设”主攻方向，聚力实施“九大攻坚突破”，各项工作取得积极成效。全县实现生产总值 180.18 亿元，同比增长 5%；完成一般公共预算收入 11.7 亿元，同口径增长 9%；固定资产投资 72.9 亿元，同比增长 20.5%；全体居民人均可支配收入 25788 元，同比增长 5.8%。获全市 2022 年度高质量发展综合绩效考核二等奖、争先进位奖。

（一）经济运行企稳向好

持续用好政策、机制、平台、金融、要素“五项赋能”，加力推动产业转型升级。创新实施常委会“一会一商”、干部常态化挂包企业、重点项目“四位一体”联动服务等工作机制，助推企业做大做强。2022 年，规模以上工业增加值增速 10.2%；完成制造业技改投资 15.71 亿元，同比增长 44.1%；完成高技术产业投资 8.71 亿元，同比增长 281.9%；新增国家级专精特新“小巨人”企业 2 家、省级 8 家，省级制造业单项冠军企业 3 家、“瞪羚”企业 1 家；实施县级以上重点项目 80 个，其中省市级重点项目 26 个。

（二）乡村振兴谱写新篇

坚持“乡村兴则高唐兴”理念，一体推进新型工业集聚区、现代农业示范区、美丽乡村居住区“三区共建”。粮食生产实现面积、单产、总产“三增”。建成 1 个省级、3 个市级现代农业产业园。成功举办全国农服进万家暨农业生产托管万里行走进山东高唐等大型活动，获批全国农民合作社质量提升整县推进试点重点县、全省高标准农田整县推进示范县。建成 4 个省级、12 个市级美丽乡村示范村。

（三）改革开放活力迸发

106 项改革经验获省级以上肯定推广，承接 19 项省级以上改革试点，顺利通过全省“点菜单”式改革试点评估验收。耕地保护工作突出、土地节约集约利用成效明显，获国务院办公厅督查激励通报。行政审批实现 8 个“在全省率先”、6 个“在全市率先”。新签约亿元以上项目 28 个，进出口实绩企业首次突破 100 家，实际利用外资 4739 万美元，同比增长 68.9%。

（四）民生品质持续提升

33 项重点民生项目和 10 件品质民生要事落地落实，民生支出占比连续六年超过 80%。新增就业 4974 人。新建、改扩建学校 7 所，建成高唐第三中学，改造提升高唐一中。建成县应急医疗救护中心，标准化村卫生室达到 90 家。完成城区 6 条主要路段 34 公里雨污分流工程。省道 S242 改建工程全面建成通车。建设“四好农村路”153 公里，完成 325 个村供水管网改造提升。因时因势调整防控措施，科学精准处置多轮新冠肺炎疫情。生态环境不断优化，空气质量综合污染指数同比改善 4.9%。探索开展“一站两所、三调融合、四队联动”基层依法治理新模式，社会大局持续和谐稳定。

三、创新与经验

（一）依托节约集约用地方式构建土地保护管理新格局

通过实施项目联审机制、“弹性年期出让”用地政策、集体经营性建设用地入市制度，提高土地亩均效益。探索土地资源立体开发利用模式，利用工业集聚区建设 3 层及以上高标准厂房，为企业办理不动产转移预告登记，进一步盘活存量土地。通过田长制常态巡查整改、积极谋划“占补平衡”“增减挂钩”等，实现耕保发展双丰收。该经验做法被国务院发文表扬，获 1000 亩用地计划指标支持。

（二）探索小农户和现代农业发展有机衔接新路径

高唐县大力培育服务主体，将小农户手中分散的土地集中起来实行全程托管或半程托管，推动土地适度规模经营。实施机制、平台、科技、金融、人才“五管齐下”，探索出“国有企业 + 村集体 + 农户”“民营企业 + 村党支部领办合作社 + 农户”“合作社联合社 + 公司 + 农户”等一组行之有效的生产托管模式，实现农业生产效率、粮食产量质量、村集体和村民收入“三提升”。该经验做法入选《2022 年全国农业社会化服务典型》。

（三）打造城市基础设施“发现即维修”高唐模式

高唐县以被确定为“点菜单”式省级改革试点为契机，深度对接群众需求，通过微信公众号、电视台、爱高唐 APP 等渠道，广泛征求意见建议，建立“民需菜单”。开发市政基础设施“随手拍”小程序，发动群众发现问题随时拍照上传，建立上报、派遣、分类处置、反馈结案、归档、考核“六步闭环工作法”，让“损坏”不过夜。该经验做法作为全省地方改革典型案例上报中央改革办。

滨　州　市

中共滨州市滨城区委工作概况

区委书记　单纪亮

一、组织概况与党的建设

截至2022年底，全区共有党委（工委）88个、党总支220个、党支部1597个、党员37934人。

（一）抓好理论武装

2022年，滨城区委集中开展党的创新理论培训，深化实施“习近平新时代中国特色社会主义思想教育培训工程”，举办“建设更高水平富强滨州，滨城怎么办”解放思想大讨论专题读书班，组织“山东走在前，滨州怎么办”解放思想大讨论专题读书班（滨城分会场）、滨州市领导干部党的二十大精神专题学习班（滨城分会场），在职区级领导、科级干部通过专题辅导、专家辅导、分散自学等方式进行理论学习。

（二）领导班子和干部队伍建设

推进实施四大工程，健全完善干部“选育用管”闭环链条。实施干部清单导航工程。构建领导班子和领导干部“差异化、立体化、动态化、信息化”四化联动考核体系，建立“目标清单、正负面清单、政治素质清单、综合评价清单”，正负面清单相关做法在《中国组织人事报》刊载。实施年轻干部培育工程。选拔62名优秀年轻干部重点培养，搭建7个“一线练兵场”选拔年轻干部挂职锻炼，相关做法在《山东组工信息》刊载。实施干部赋能培优工程。举办“滨城干部讲堂”5期、开设主体班次5期，培训各级干部3000余人次。实施干部关爱激励工程。完善一线考察跟踪识别干部机制，掌握一线表现突出干部107人。加强干部心理健康服务，打造“116滨城心动力”干部心理健康特色品牌，相关做法在新华社《内部参考》刊载，并获市委书记宋永祥签批。探索完善公务员先进典型培养机制，彭李街道获全省“人民满意的公务员集体”称号。

（三）基层组织建设

抓党建促乡村振兴，实施“百联工程”，选派100个机关企事业单位结对帮包100个村，培育50个示范村、整顿50个强基村；实施“头雁领航”工程，确定82名行政村党组织书记，76名自然村党支部书记（党小组长）纳入专业化管理；实施新村融合工程，建设“6+N”党群服务中心48处，完成16处；实施集体经济提质增效工程，规划打造7处党建引领乡村振兴示范片区，推进全区207家村党组织领办合作社规范化建设，15家被评为“全市首批示范社”，“组织力”变“生产力”做法得到市委书记宋永祥签批。规划打造6处乡村振兴示范片区，“红领黄河”党建联盟引领特色产业抱团发展做法在央视《晚间新闻》报道；“百联工程”等做法被《中国组织人事报》、“共产党员”公众号刊载。推进党建引领城市基层精细化治理。深化“红色家园”建设，开展网格（小区）党支部、业主委员会公开承诺，751个网格（小区）党支部、业主委员会共公开承诺事项2473个，经验做法被《人民日报》报道；打造660个“红格里”网格党群服务站，覆盖率95%；探索实施党支部领办城市社区合作社，相关做法在《半月谈》刊载；深耕“红色物业”建设，专业化物业服务覆盖率90.25%，业主委员会组建率67.5%，物业企业党组织覆盖率100%。统筹推进各领域党建工作。实施两新组织“红色引擎”示范提升工程，区级两新组织示范培育对象命名实现全覆盖，9家被命名为市级两新组织示范点。推进新业态新就业群体党建工作，成立直播电商、外卖送餐2个行业党委并发展党员10名、入党积极分子59名，建设“向阳花之家”党群服务驿站46处，“强基、赋能、暖新、共治”四项行动做法，获市委书记宋永祥签批肯定，在《山东组工信息》刊发、《山东新闻联播》播出。

二、主要工作与成绩

（一）坚持全面从严、自我革命，党建统领纲举目张，报出高水平的党建报表

持续深化政治建设。坚定拥护“两个确立”，坚决做到“两个维护”，自觉在思想上、政治上、行动上同以习近平同志为核心的党中央保持高度一致。严格落实意识形态工作责任制，将意识形态工作纳入全区落实全面从严治党主体责任考核和十届区委巡察整改重要内容。持续加强和改进新时代统战工作，开展“一街道·一特色”“一党派（团体）·一品牌”活动。夯实基层党建。突出“过程党建”，实施“双领双提”行动。抓党建促乡村振兴全面起势，实施“百联工程”、头雁领航工程、村集体经济破茧工程，总投资2000万元的6个中央扶持资金项目全面推进，打造党建引领乡村振兴示范片区。开展“强基、赋能、暖新、共治”四大行动，成立外卖送餐、直播电商2个行业党委，建成使用46处“向阳花之家”党群服务驿站。锻造过硬队伍。推进干部清单导航、年轻干部培育、干部赋能培优、干部关爱激励四大工程。强化考核激励，构建领导班子和领导干部“差异化、立体化、动态化、信息化”四化联动考核体系，全区79个单位、904名科级干部全部制定差异化目标清单。倡树导向，建立正负面清单工作机制，收集正面清单491项，负面清单121项。

（二）坚持工业强区、产业富区，报出高水平的经济报表

经济大盘持续稳固。坚持稳字当头、稳中求进，主要经济指标运行在合理区间。2022年，全区实现地区生产总值546.76亿元，同比增长3.9%。全区固定资产投资同比增长12.7%。完成一般公共预算收入45.03亿元，列全市第2位。全区规模以上服务业实现营业收入88.0亿元，同比增长53.3%，均列全市第一位。全体、城镇、农村居民人均可支配收入分别为39383元、44693元、23108元，总量分列全市第1、第1、第2。科创能级持续增强。新增高新技术企业19家，获评全省首批科技小巨人企业3家、省级技术创新示范企业2家，新增省级工业设计中心、“一企一技术”研发中心3家。华纺、亚光2家品牌上榜重点培育纺织服装百家品牌名单，侨昌入选国家级智能制造优秀场景，滨化获评国家智能制造示范工厂，中裕科技创新入列“山东十年成果”，中裕食品获评省级双创示范基地。获评首批国家知识产权强县建设示范县（区）。新旧动能加快转换。国家级专精特新“小巨人”企业、省级专精特新中小企业、市级专精特新中小企业年内分别新增3家、13家、22家。三元生物赤藓糖醇、博远重工悬臂梁施工装备市场占有率全球第一；滨化集团、中海沥青、东瑞化工等7家企业主导产品市场占有率全国第一。三元生物成为全市首家在创业板上市企业，融资规模列创业板首发融资第9位、山东第1位。全区主板上市企业3家，新三板挂牌企业2家，区域股权挂牌企业24家。集中开工重大项目20个，64个省市区重点项目完成投资181.94亿元，山东超越年产500万只中容量超级电容器、中柔新材料年产1000吨柔性屏材料等项目试生产，三元生物年产5万吨赤藓糖醇项目建成运行。

（三）坚持解放思想、改革开放，报出高水平的生态报表

争先劲头更足。开展“建设更高水平富强滨州，滨城怎么办”解放思想大讨论和“在知爱建”主题实践活动。全区受到市级以上领导批示肯定的工作39项；承办全市法院未成年人保护工作现场推进会等市级以上现场经验交流会、观摩会53次，在市以上层级会议典型发言29次；获市级以上表彰奖励或通报表扬91项；争创国家级改革试点11项，验收5项。开放力度更大。5家企业入选全省首批电商生态链企业“白名单”，2家企业入选山东省重点培育跨境电商平台（产业园），总量居全市第1位。推动外贸保稳提质，发行全市首笔境外债券2820万美元，完成进出口总额124亿元。深化招才引智，引进高端专家21人、本科及以上人才2980人，入选“青年人才首选山东20强城市”，获批全省青年发展友好型县域建设试点。市场环境更优。深化“放管服”改革，擦亮“滨周到”服务品牌，在全市率先完成行政许可事项清单编制。“不见面审批”事项达90%以上，企业设立登记平均用时控制在0.5个工作日，30项审批事项下沉乡镇（社区）。创建省级技术标准创新中心2个。

（四）坚持生态优先、绿色发展，报出高水平的平安报表

科学精准抓疫情防控。建立全域常态化核酸检测机制，24小时最大检测能力达3.28万管。设置区“一点两区”医院，满足重点群体就医需求，投资1000万元提标改造区方舱医院为亚定点医院。坚持不懈抓综治稳定。开展稳评进村居入社区工作349项，覆盖率100%，位列全市第1位。建成高标准社会治理“四中心”，打造“两统一融”社会治理品牌，受到中央政法委和全国扫黑办督导组高度评价及肯定。弘扬新时代“枫桥经验”，疑难案件化解率95%以上。优化提升“全科大网格”建设，推动新就业群体融入城市基层治理。圆满完成北京冬奥会、冬残奥会等重要节点维稳安保工作，被市委推荐为“全省党的二十大维稳安保先进县（区）”。开展“四位一体”安全生产专项整治三年行动。打好蓝天、碧水、净土保卫战，代表全市迎接中央环保督查“回头看”问题整改销号复核，通过验收，北城污水处理厂提标改造工程主体完工，完成43处黄河“四乱”问题整治，落实国家节水行动工作获省水利厅通报表扬。全面提标水和大气“两个指标”体系，空气质量综合指数同比改善4.6%。新建雨污管网19.7千米，完成147个村农村生活污水、11条农村黑臭水体治理任务，获评首批省级绿色社区26个，创建市级森林村居5个。防范化解金融风险，不良贷款率处于全市最低水平。

（五）坚持城乡统筹、人民至上，报出高水平的民生报表

社会事业稳步提升。累计完成民生支出37.75亿元，占一般公共预算支出81.4%。城镇新增就业6588人，入选全省就业环境友好型城市建设试点。投用小区配套幼儿园5所，新建、改扩建乡镇（街道）卫生院5处。居民门诊慢性病报销比例提高到65%，9类困难群体救助标准提高10%以上。获批全国家庭养老床位和政府购买居家养老试点、省级家庭托育试点区、省级未成年人保护试点区。城市内涵更加丰富。抓好“四个环境”建设。新增或提升绿化面积34万平方米。完成21个城中村改造协议签订、27个老旧小区改造，新建大梅、郭集2个安置区，续建11个安置区，交付安置房2669套。全国文明城市、儿童友好型城市、青年友好型城市、康养示范城市、国家体育公园城市等创建推进，被确定为省级青年发展友好型县域试点，承办全省体育公园城市现场会观摩活动。乡村振兴推进。新增农业产业化省级重点龙头企业3家、市级现代农业示范园3家、“三品一标”产品15个，获评全省农产品加工业高质量发展先行县（区），入选2022年全国农业现代化示范区创建名单。开展农村人居环境整治，建成省级示范村9个、市级示范村5个。做好农村改厕后续管护，完成提升村居273个。壮大村级集体经济，年收入10万元以下村全部“清零”，获评全国农村集体产权制度改革工作先进集体。

三、创新与经验

（一）主动改革，压实改革责任

紧跟中央、省委和市委的改革步伐，科学系统谋划，高效统筹推进。形成“深改委、专项小组、改革办、改革创新研究中心”四位一体工作体系，层层压实改革“第一责任人”责任。出台《中共滨城区委全面深化改革委员会2022年工作要点》《中共滨城区委全面深化改革委员会办公室推进全面深化改革工作机制》等系列文件，形成“1+8”系统集成改革推进机制。累计召开深改委会议4次，专项小组会议12次，制发改革文件13项。

（二）精准改革，强化督促指导

承接落实134项省市委深改委重点改革任务，聚焦省30项共性改革任务，组织召开全区考核指标专题研讨会，压实改革任务，建立完善档案。调度全面深化改革考核全流程监测台账6次，各项改革任务按照时间节点有序推进。滨城区作为全市唯一县区代表，改革档案工作接受省委改革办第三季度现场督导，得到省委督导组肯定。完成行政许可事项清单编制，获评全省深化放管服改革优化营商环境工作先进集体。新增市场主体1.45万家、增长15.2%。三元生物赤藓糖醇、博远重工悬臂梁施工装备市场占有率全球首位；7家企业主导产品市场占有率全国首位。三元生物成为全市首家在创业板上市企业。中裕科技创新入列“山东十年成果”，中裕食品获授山东第一批“好品山东”品牌。

（三）集成改革，打造改革亮点

创新少数民族聚居社区工作机制、中裕模式推动粮食产业高质量发展、以“原居养老”作答“银发之考”经验做法3项工作获得省委主要领导批示肯定；督促协调相关部门在中央级或国家刊物发表改革文章31篇。在党中央各部门、国务院组成部门等机构考核中获得优秀或列前3名的改革事项22项；争创国家级改革试点12项，验收7项，督促协调相关部门以省委改革办《地方改革案例》《山东改革专报》报中央改革办的案例典型2篇。黄河流域生态保护和高质量发展战略的滨城改革实践案例入选《中国改革年鉴》。协办滨州改革“破零”工程启动暨企业融资上市专题研讨会、2022年滨州市改革创新能力提升暨“双型”城市建设专题培训班。省委改革办、省委政研室4次到滨城区专题调研，滨州改革“破零”工程获省委改革办十大创新督察报告表扬。

中共滨州市沾化区委工作概况

区委书记　袁志勇

一、组织概况与党的建设

2022年，沾化区委直属党（工）委32个、城市社区党委10个，党总支24个、党支部969个，党员23304名。其中，农村党支部438个，农村党员13556名。沾化区始终坚持以党建统领经济社会发展各项工作，狠抓过程党建，全面提升基层组织组织力、凝聚力、战斗力。

（一）党员教育管理能力迅速提升

持续做好农村党员分类管理试点工作。打造“雁阵式”农村党员分类管理模式，经验做法被《人民日报》《组织人事报》等中央级媒体宣传推介，获市委书记宋永祥，组织部部长、统战部部长周鸿签批。高质量完成农村发展党员违规违纪排查整顿工作。抓好摸底排查、综合认定、组织处理等关键环节，排查农村党员3887人，研究出台《发展党员责任人责任追究办法》，守好发展党员底线。开展“山东走在前，滨州怎么办”解放思想大讨论活动。抓实“动员部署、集中学习、外出考察、研讨交流、阶段小结”5个阶段，进一步凝聚全区发展共识，提振党员干部精神气。

（二）推进乡村振兴全面进步

创新实施的“党建阳·全域破10”村集体稳定增收光伏项目，实现全区438个村村集体收入全部突破10万元，在村集体稳定增收方面走在全市前列。创新搭建“一村一码”“一季一晒”“一事一议”全景式村级监督体系，相关经验做法在《山东组织工作》刊发推广，入选市委改革办决策参考改革案例，获得市委主要领导签批肯定。首创“头雁领航乡村振兴”村党支部书记创业大赛，得到组织部部长、统战部部长周鸿高度评价。

（三）城市基层治理效能创新体系

探索城市社区“平战结合”治理体系。建立“一联双包双下沉”常态化帮扶机制，从区直部门抽调2065名干部下沉12个镇街，全力筑牢疫情防控红色防线。开展物业领域突出问题专项整治行动。对全区175个小区逐个摸排，制定《物业领域突出问题专项整治行动方案》，牵头成立物业专项整治工作专班，依托区委“一联双包双下沉”工作机制，集中优势力量开展攻坚，全力推进红色物业提质增效。建立“红色管家”小区微治理模式。创新实施推广“红色管家”，建立“街道—社区—红色管家—楼长—楼道长—居民”的“微治理”服务体系，推动社区治理再上新水平。

（四）其他领域党建工作扩面提质

推进新业态新就业群体党建工作。成立快递物流、外卖、直播电商3大行业党委，打造“向阳花红色驿站”10个，服务新业态新就业群体1800余人次。推进党建赋能“产业链”联盟建设攻坚。以全区7大重点产业链为抓手，依托“链主”企业、“链上”企业党组织和产业链专班，探索构建“133”产业链党建联盟运行机制。深化模范机关建设和“标杆支部”创建。结合党支部评星定级管理，开展基层党组织对标提升，打造“标杆党支部”38个，推动机关党建走在前列。

二、主要工作与成绩

2022年全区地区生产总值增长5.6%，规模以上工业增加值增长20.4%，固定资产投资增长25.6%，工业投资增长85.1%，工业技改投资增长101.1%，一般公共预算收入16.26亿元、同口径增长25%，社会消费品零售总额增长2%，增幅均列县市区第1位。群众满意度测评在全省136个县（市、区）中排名27位、列全市第1位。

（一）强化政治担当，落实党建主体责任

组织区委理论学习中心组集体学习14次，开展党的二十大精神宣讲156场次。探索构建“四向印证、三方比对”干部选拔任用模式，提拔重用干部101名、晋升职级104名。开展农村“三务三资”阳光报告会，累计公开村级事务5871项，答复群众现场满意率100%。严格落实全面从严治党政治责任，开展集体廉政谈话、个人廉政谈话，“面对面”压实责任、传导压力。严格落实中央八项规定精神，查处“四风”问题18起22人，查处群众身边不正之风和腐败问题30起34人。

（二）履职尽责，推动高质量发展

加快推进新旧动能转换，实施化工新材料、精细氧化铝、新能源新材料产业“三三倍增”计划，全面推行“链长制”，投资283亿元实施延链补链强链项目40个。高质量开展招商引资，21个项目签约落地，到位资金119亿元，利用外资5833万美元。全面深化改革创新，打造“‘沾’先一步”改革特色品牌，41项经验做法在国家级刊物发文推广。出台“稳中求进”高质量发展51条政策措施，落实减税降费11.8亿元。

（三）优化资源配置，统筹推进城乡发展

城市品质提升三年行动圆满收官，大福源、全福元等商业综合体项目开业运营，改造棚户区9处、老旧小区55个，城区供热提升工程更新供热管线30千米，开展文明城市创建，城市功能进一步完善。投资1.02亿元开展农村人居环境整治提升，创建市级以上美丽乡村示范村14个。沾临高速、G340沾化绕城段建成通车，升级改造主干线62.25千米，交通路网体系更加便捷完善。

（四）坚持人民至上，保障改善民生

2022年全区民生支出26.98亿元、占总支出的81.06%。聚焦“保健康、防重症”，扎实做好新形势下疫情防控各项工作，最大程度保护人民群众生命安全和身体健康。坚持教育优先发展，投资3.8亿元新建、改扩建幼儿园9所、城区中小学5所。投资1.02亿元整治提升农村人居环境，创建市级以上美丽乡村示范村14个。全省率先启动城乡公益岗扩容提质行动，开发公益岗3062个，新增城镇就业3500人。圆满完成北京冬奥会、党的二十大等安保维稳任务，社会大局和谐稳定。

三、创新与经验

2022年，滨州市沾化区坚持以习近平新时代中国特色社会主义思想为指导，认真贯彻落实省市改革部署，推动改革创新与高质量发展深度融合，为建设更高水平富强滨州贡献沾化力量。

（一）品牌引领改革，擦亮改革底色

打造“‘沾’先一步”改革特色品牌，制作改革亮点宣传画册，组织34个单位开展“一把手谈改革”活动，发言视频在电视新闻、政府网站等平台专栏播发，营造改革创新、干事创业浓厚氛围。机构编制“监考评”等31项经验做法在国家级刊物发文推广，乡村治理经验做法获中央农村工作领导小组发文表扬，城乡公益性岗位、“二代冬枣”种植等经验做法得到时任省委主要领导3次签批，未成年人思想道德建设工作在中央文明办考核中列全国第2名，在农业农村部2021—2022年度畜牧业统计监测工作综合评估中获评优秀县区。

（二）项目驱动改革，激活经济动能

实施主导产业“三三倍增”计划，全面推行工业重点产业“链长制”，典型经验在《山东新闻联播》宣传推广。开展“项目建设年”活动，全力攻坚总投资539亿元的项目92个，18个省重点、23个市重点项目超额完成年度投资计划，中海精细化工40万吨丙烷脱氢等20个项目达到生产条件。

（三）服务营商改革，环境蝶变跃升

开发“这一‘沾’•事好办”直通车APP，全区依申请事项网办率、全程网办率达100%，340个事项实现“跨省通办”；开展“暖心惠企”遍访服务活动，728名干部实地遍访市场主体2.8万家。深化商事制度改革，新增各类市场主体6052家。综合运用“府院联动”、调整利用等方式，盘活长期停产企业18家、闲置低效土地8803亩，新增建设用地指标2515亩。

（四）释放改革红利，赋能乡村振兴

实施沾化冬枣“双增双提”工程，新建大棚30171亩、改良“沾冬2号”20741亩，举办第24届沾化冬枣节“云游沾化”农博会，冬枣产业产值突破50亿元，枣农人均纯收入提高2000元，国家级农产品产地冷藏保鲜整县推进试点通过验收；首部渔鼓戏电影《枣乡喜事》获中国优秀戏曲电影等3项国家级荣誉。开展城乡公益性岗位扩容提质行动，消纳农村剩余劳动力和城镇长期失业人员就业3046人，累计发放补贴2759万元，是全省第一个启动、第一个上岗、第一个发放补贴的县区。创新构建“过程党建”统领村级治理全景式监督体系，开发微信“清廉村居·码上监督”系统，全区438个村（居）村务“线上”公开、“扫码”可见，定期召开村级“三务三资”阳光报告会，成功化解农村信访积案13件。

中共邹平市委工作概况

市委书记　吕明涛

一、组织概况与党的建设

2022年，邹平市有56个基层党（工）委，196个党总支，2238个党支部，49609名党员。

（一）强化政治建设

市委常委会开展“第一议题”学习33次、理论中心组学习12次，及时跟进学习习近平总书记重要讲话和指示批示精神。深入学习宣传贯彻党的二十大精神，开展线上、线下宣讲千余场，受众80余万人次。认真抓好黄河流域生态保护和高质量发展专项巡视整改，制定58项整改措施并按时序推进。

（二）筑牢基层组织

迎接中组部“乡村组织振兴齐鲁行”，“民主议政日”制度得到调研组高度评价。开展“七化三好”党建引领示范小区创建行动，城市社区实现党支部全覆盖。开展机关党建“三化提升”行动，市直机关实现党建品牌全覆盖，26家党政机关成为国家级节约型机关。承办全省机关党建与业务工作深度融合现场观摩会，“党建带队建”工作得到省直机关工委肯定。

（三）锻强干部队伍

坚持正确选人用人导向，累计提拔重用、晋升职级156人。大力实施年轻干部“春笋计划”，提拔“90后”年轻干部23人。严厉打击恶意诬告陷害行为，为32名干部澄清正名。

（四）深化正风肃纪

驰而不息纠治“四风”，查处享乐主义奢靡之风问题59起，查处形式主义官僚主义问题42起。精准运用“四种形态”抓早抓小，第一种形态占比达78.5%。持续巩固反腐高压态势，查处侵害群众利益问题148起。开展4轮常规巡察、提级交叉专项巡察，经验做法在《中国纪检监察报》刊发。

二、主要工作与成绩

2022年，邹平市委坚持以习近平新时代中国特色社会主义思想为指导，深入学习宣传贯彻党的二十大精神，认真贯彻落实党中央决策部署和省委、滨州市委工作要求，深入践行黄河重大国家战略，经济社会各项事业取得新进展、再创新业绩。全年完成地区生产总值644亿元、同比增长2.7%，实现一般公共预算收入79.1亿元、同比增长0.3%，连续19年入选全国综合实力百强县。

（一）工业质效实现新跃升

坚持工业立市不动摇，产业质量跃步升级，获评全省首批工业十强县。产业结构深度优化。坚决贯彻落实省委、省政府重大决策部署，提前完成3家钢铁企业产能关停任务，得到省委、省政府肯定；全力抓产业、稳大盘，工业体量逆势增长，继续保持全省县域前列，2022年实现规模以上工业总产值3057亿元、较2021年增长17亿元，规模以上工业营收达到4031亿元、同比增长21.37%。产业优势更加突出。巩固铝业优势，邹平高端铝产业集群营收3000亿元、同比增长10%，中高端铝制品占比达75%、提高5个百分点，邹平新材料“轻量化铝”获评工信部“国家新型工业化产业示范基地”，成为山东省区域最大的再生铝生产基地，宏发铝业获评国家级绿色工厂；提升传统产业，实施工业技改全覆盖行动，技改投资同比增长41.6%，位于滨州前列，魏桥纺织绿色智能车间生产线实现5项“世界首创”，获评国家智能制造示范工厂。持续壮大四新经济，新医药产业园建成投产，搭建起300亿级医药产业框架；大展纳米碳纳米管粉体市场占有率全球第2，恒嘉高纯精细氧化铝业内第3，步入倍增成长黄金阶段。发展后劲持续增强。实施总投资467亿元的87个省市县三级重点项目，年内完成投资166亿元，超出计划30个百分点，固定资产投资同比增长22.6%，位于滨州前列。获得滨州党建引领高质量发展项目现场观摩会第一名。

（二）服务业发展展现新气象

提升服务业水平，促进生产生活向优转变。2022年规模以上服务业营收35.2亿元、同比增长6.2%，限上社零额28.2亿元、同比增长6.9%。物流业态更加丰富。货运铁路开通运营，山东港口（邹平）内陆港同步揭牌，济高高速建成通车，小清河复航有序推进，加快构建“两高、两铁、四路、一河、一机场”交通格局。金融服务更具效能。新增银行2家、总数达18家，创新新材上市，长寿花食品、恒嘉高纯均上市辅导备案，上市企业6家、种子企业31家，入选山东省级上市公司孵化聚集区试点。商贸服务更加优质。梁邹金街、圣豪悠乐里建成启用，工业邻里中心完成65万平方米拆迁，蓝海御华大饭店开业运营，群众生活更便捷、舒适。

（三）三农工作谱写新篇章

顺利通过全省乡村振兴政策集成改革试点中期评估，乡村振兴亮点纷呈。农业质效更高。高标准农田率先在全省实现整县制全覆盖，经验做法被《人民日报》《新闻联播》刊发；大豆玉米带状复合种植亩产创全省最高纪录，粮食生产实现“十九连丰”，夏粮单产、总产均列全省前列；获评全国农作物病虫害绿色防控整建制推进县，入选全国县域流通服务网络强县培育名单、全国五星基层农技推广机构名单。农村环境更美。农村清洁取暖实现全覆盖，农村旱厕改造实现愿改尽改，人居环境全面改善。农民收入更多。开展“实体强村”行动，集体收入10万元以上村实现全覆盖、50万元以上村达到46%，农村居民人均可支配收入高于滨州、全省、全国平均水平。

（四）城市面貌发生新变化

坚持适度超前谋划基础设施建设，入选全省首批城市更新试点，是全省8个城市之一。基础设施加快完善。老旧小区改造率84%；完成7项集中供热改造提升工程，城区实现集中供热、一体管理；城南地表水厂建成投用，饮用水源全面改善；完成历史遗留拆迁697户，打通交通堵点17处，15条重点市政道路实现当年通车。城市管理更加精细。加快全国文明城市创建，21个无人管理小区由国有物业公司统一管理，垃圾清运模式在全省推广。城市环境持续优化。城区空气优良天数达288天，空气优良率提升7.5个百分点，水环境质量指数居滨州首位。

（五）文化内涵焕发新活力

坚持深耕文化内涵、深化文明实践，不断提升邹平发展软实力。在全省创新实施耕读联盟计划，举办范公读书文化节、伏生诗会，《尚书》协会邹平分会揭牌。成立滨州首家县级社科专家委员会，在深圳建立全省首个跨区域新时代文明实践交流平台。启动省级全域旅游示范区创建，齐东古城遗址黄河文化园获评AAA级旅游景区，全年接待游客158.63万人次、旅游综合收入13.88亿元。

（六）惠企服务取得新提升

创新建立“五个零”服务机制，打造全国县级最优营商环境。新增市场主体1.2万余家、规模以上工业企业62家。魏桥创业集团销售收入历史性突破5000亿元，连续11年上榜世界500强，位列第199位，较2021年提升83个位次，连续12年蝉联山东民营企业100强榜首。政企沟通“零距离”。在城市中轴线设立优秀企业旗帜广场，成立滨州首家县级企业家协会，常态开展政企沟通。问题解决“零推诿”。开展政府精准服务进企业活动，解决历史遗留问题500余个。办事效率“零延误”。推行“企业全生命周期集成服务”“一辆车办审批”等，审批时间压缩85%，经验做法被新华社、《人民日报》刊发。企业发展“零负担”。推送170条惠企政策、320条不罚轻罚清单，为企业退税减税降费31.3亿元，为滨州最多。负面行为“零容忍”。设立263家企业营商环境监测点，查处破坏营商环境问题27起，政企关系更加“亲清”“融畅”。

（七）改革赋能迈出新步伐

以对标深圳综合改革试点为总领，坚持工作中找问题、党建上找原因、改革中找办法。对标深圳综合改革深入推进。选派137名干部赴深圳、上海、合肥等地体悟实训，161项政务服务事项与宝安区实现“跨省通办”。科技创新活力更足。人才专项资金由2000万元提高至1亿元，成立10亿元人才创业基金，制定41条人才新政，打造全国县级市最好人才环境；全社会研发投入占GDP比重达4.69%，分别高于全省、全国2.35、2.25个百分点，获评全省技术转移先进县，4家企业获评国家级专精特新“小巨人”。重要改革加速推进。整合成立四大国有集团，融资、管理、市场运营能力全面增强；深化经开区体制机制改革，经开区国家、省考核分别上升47位、50位。对外开放更加主动。新签约项目50个，到位市外资金150亿元，为滨州最多；实际利用外资2.18亿美元，占滨州1/3以上；外贸进出口同比增长29.1%，增幅创近五年新高。

（八）安全发展得到新巩固

严格落实“八抓20项”，守牢“一排底线”，生产安全事故起数、死亡人数实现双下降。本外币贷款余额历史性突破800亿元，不良贷款率下降至1.09%，创历史新低。有效应对多轮疫情冲击，被国家指导组评价为疫情防控“优等生”。圆满完成冬奥会、党的二十大维稳安保任务，初信初访办理率、信访按期办结率均达100%。

（九）民生福祉获得新增进

坚持共同富裕、共享发展，全年民生支出88.2亿元，占一般公共预算支出84.8%，省群众满意度测评较2021年上升51个位次。全面扩大就业。建成滨州首家“线上、线下”公益性零工市场，城镇新增就业6847人，超额完成目标任务。全面做强保障。社保、医保、低保水平保持全省第一方阵，养老服务设施覆盖率100%，初步形成5分钟养老服务圈。全面做优服务。在滨州率先设立教育发展基金，新增义务教育学位6005个，中考成绩滨州第一，高考成绩再获突破；鲁中职业学院新校主体完工，邹平被评为“山东省首批职业教育改革发展成效明显的市”；市人民医院新院主体完工，落户9个名医工作室，医保服务站点在滨州率先实现城乡全覆盖。

三、创新与经验

2022年是新一届邹平市委班子履职的开局之年，面对新形势、新任务，邹平市委提出“11269”工作思路，建立“1+9+N”工程“督考用”一体化推进机制，坚持以改革促争先、以实干解难题、以服务强保障，全面掀起富强文明新邹平建设的崭新篇章。

（一）解放思想，改革争先

以对标深圳综合改革试点为总领，站在全国、全省、全市“三张地图”旁找差距、找短板，分批次选派干部赴深圳体悟实训、跟班锻炼，将先进地区的经验做法转化为邹平发展实践，推动邹平综合实力保持滨州领先、走在全省前列、冲刺全国百强第一方阵。国资国企改革，将31家一级国有企业整合成为4大国有集团，资产更集约、管理更科学、经营更规范。经开区体制机制改革，推动经开区人权、事权、财权全面改革规范，邹平经开区国家、省级排名实现“双跃升”。人才政策改革，调整建立两大人才基金，制定发布41条人才新政，打造全国县级市最优的人才环境。“1+4”土地经营改革，发挥党建引领，突出合作社、农户、供销社、金融机构专业作用，推动村集体和农民同步增收致富，全年合作经营土地4万亩，试点的5个镇162个村平均增收24.7万元。

（二）实干引领，锻强队伍

抓住干部这个“关键”，坚持在重大任务面前看干部，用实干担当来解决难题。完成历史遗留拆迁697户，打通交通堵点17处，实现群众满意、城市畅通、干部成长“多赢”。邹平货运铁路开通运营，山东港口（邹平）内陆港同步揭牌，大宗货物运输迈入铁路时代。城南地表水厂通水运行，群众饮水更有保障、城市发展打开空间。济高高速顺利通车，15条重点市政道路实现当年投用，立体综合交通网络更加完善。改造老旧小区113个，完成供热提升1200万平方米，入选全省首批城市更新试点。

（三）惠企服务，激发活力

邹平市委提出“尊重企业家、厚待投资者、服务纳税人”理念，政府和企业之间关系更加亲情融畅、互动更加良性紧密。政府更加有为。提出“五个零”服务机制，服务理念更加主动、服务方式更加科学、服务速度更加高效、服务保障更加有力。企业更加担当。面对产能转移、疫情防控、经济下行等多重冲击，邹平企业主动作为，推动邹平工业经济平稳运行，在累计关停转移钢铁产能1738万吨、电解铝产能40.7万吨、焦化产能35万吨情况下，规模以上工业总产值、规模以上工业营收保持双增长，其中魏桥创业集团营业收入历史性突破5000亿元，创新新材成功上市；邹平企业在社会事业面前靠前担当，面对群众关心的教育问题，邹平企业捐赠200余万元发展教育，建成渤海实验学校。

中共惠民县委工作概况

县委书记　王　玮

一、组织概况与党的建设

2022年，惠民县有28个基层党（工）委，174个党总支，2202个党支部，全县党员34860人。其中，女党员6595人，占党员总数的18.92%；少数民族党员50人，占党员总数的0.14%；35岁以下党员5102人，占党员总数的14.64%。

惠民县始终牢固树立“强党建”思维，突出抓好“过程党建”，坚持工作中找问题、党建上找原因、改革中找办法，以党建统领经济社会发展各项工作。

（一）加强思想政治建设

坚持把政治建设摆在首位，坚持不懈用习近平新时代中国特色社会主义思想凝心铸魂，不断提高政治判断力、政治领悟力、政治执行力，以实际行动坚定拥护“两个确立”、坚决做到“两个维护”。严格落实“第一议题”制度，县委理论学习中心组开展集体学习19次。全面落实意识形态工作责任制，妥善处置各类涉惠舆情108起，全县意识形态领域稳定向好。

（二）夯实基层战斗堡垒

抓牢基层基础。坚持大抓基层，实施支部活动场所规范提升、村集体增收等九大攻坚行动，投入1500万元新建村级活动场所71个、修缮提升560个，党组织领办合作社达360家，带动村集体增收4000万元。抓实品牌建设。以“党建领航·品质惠民”为统领，在县级层面打造新型党员联户、“红色蜂巢”城市基层治理、“12610”干部日常监管等5项创新性工作；在乡镇层面打造“红管家·惠生活”等14项亮点工作，形成“1+5+14”品牌矩阵，基层党组织的凝聚力、战斗力不断增强。抓细基层防线。3月，突发疫情，选派1322名干部下沉村居、社区一线积极抗疫，建立临时党组织14个，组建服务小队16支，让党旗飘扬在疫情防控一线，基层党组织战斗堡垒作用和党员先锋模范作用得到充分彰显。

（三）锻造过硬干部队伍

按照看党性、看担当、看攻坚、看廉洁、看公论“五看”原则，大跨度、大视野、大力度选任干部，先后提拔重用干部149人。实施“432+581”梯次培养使用计划，先后举办年轻干部能力素质提升培训班、年轻干部“筑基提能”培训班，选派120余名优秀年轻干部到重点工作一线挂职锻炼，全面加强结构性干部储备。深入开展“山东走在前，滨州怎么办”解放思想大讨论和“在知爱建”主题实践活动，倡树“严真细实快”工作作风，树牢“马上办、立即办、抓紧办”的思维方式和行为习惯，干部队伍执行力、落实力显著提升。

（四）强化党风廉政建设

创新实施干部监督工作联动会议制度，以党内监督为主导，促进各类监督贯通协同，引导干部做到内容、程序、行为“三个规范”。全年运用“四种形态”批评教育帮助和处理1032人次，一、二种形态占93.3%。旗帜鲜明为敢于担当者担当，实施容错免责18起，对12起不实举报予以澄清正名，对举报人依法依规进行处理。创新实施“阳光村居聚民心、护航乡村惠民生”乡村治理工程，推动阳光党务、村务、财务、村容、村风“五位一体”同建共创，全县涉农资金信访同比下降67%，有效杜绝基层微腐败发生。

二、主要工作与成绩

（一）坚持思想政治建设，理想信念根基持续夯实

把学习宣传贯彻党的二十大精神作为首要政治任务，用好县委常委会、县委理论学习中心组专题会、党的二十大精神宣讲报告会等主渠道形式，讲好“惠民大讲堂”“千名书记讲党课”等主旋律课堂。开展“喜迎二十大·建功新时代”“滨州这十年·惠民”主题新闻发布会等系列活动，组织举办党的二十大精神专题学习班，在全县迅速掀起学习宣传贯彻党的二十大精神的热潮，党员干部政治更加坚定、目标更加清晰、行动更加自觉。

（二）坚持高质量发展第一要务，新旧动能转换持续深化

聚焦七大重点产业，组建八个产业专班，实施以县领导为“链长”和以龙头企业为“链主”的双链式“链长制”，推动企业培龙头、龙头带产业、产业延链条、链条成集群、集群建园区，成功举办中国绳网大会惠民峰会、全国铝型材链式集聚发展经验线上交流会，惠民（绳网）特色产业集群入选山东省特色产业集群综合评价前10名，绳网产业成功入选省2022年度十强“雁阵形”产业集群。项目建设加快推进，建立产业办对接项目、联商会评审项目、落地办推进项目的招商工作体系，成功签约魏桥一体化成型及PACK总成项目、创新年产50万吨再生铝项目、江苏亨通高端铝及铝合金电缆项目等延链补链项目，全年累计新签约、新立项项目27个，计划总投资154.74亿元，其中过10亿元项目5个；新开工项目22个，计划总投资110.95亿元。基础设施布局不断优化，惠归路改扩建工程全线贯通，章庆高速、商高高速、滨淄大桥等重大交通基础设施项目加快推进；济滨高铁惠民段率先完成先行用地交付任务，实现开工建设。

（三）坚持共建共治共享，城乡面貌持续改善

高标准推进规划编制，初步完成县域国土空间总体规划，“三区三线”划定成果正式启用。统筹抓好老城区、新城区主轴片区规划，完成创新创业大厦、文化传媒中心、金融中心等项目规划设计。谋划新城重点项目21个，总投资100亿元，投资20亿元的万达广场城市综合体项目奠基动工，福苑商业街楼座工程完工。加快推进文明创建，推动新时代文明实践阵地“提质扩面”，实现县镇村三级文明实践阵地“五有”全覆盖。农业基础持续夯实，粮食总产量突破92.9万吨，实现连年丰产丰收；新建高标准农田9.9万亩，累计建成高标准农田95.1万亩；作为全市唯一县区，惠民县农村产业融合发展示范园被认定为国家级农村产业融合发展示范园。

（四）坚持问题导向深化改革，发展动力持续增强

推进重点领域改革攻坚，组建城投集团、壮大财金集团、充实农投公司，国企改革持续深化；基层内审经验做法在全省推广，全省内部审计工作创新高质量发展经验交流暨现场观摩会在惠民县召开。金融环境持续向好，引进齐鲁、东营两家银行，全县信贷投放增量、扩面、提质成效明显，不良率较年初下降2.24个百分点，实现5年来最低。树牢“让企业和企业家舒服”理念，扎实开展优化营商环境创新提升行动，推出改革举措222项，全年新增各类市场主体8404户，实有各类市场主体5.61万户，同比增长14.21%，擦亮“滨周到·惠办事”服务品牌。开展跨境电商业务，跨境电商交易额实现6亿元，超额完成年度目标任务。培育壮大外贸企业，新增进出口实绩企业25家，外贸进出口完成26.2亿元，同比增长12.35%。

（五）坚持在发展中保障和改善民生，民生福祉持续增进

全县一般公共预算民生支出35.1亿元，占比81.6%，增长4.8%。全力稳就业保就业，实现城镇新增就业5560人，城镇登记失业率控制在3%以内，何坊街道刘集社区成功创建国家级充分就业社区。实施教育高品质提升三年行动，实施“初中进城”工程，一中东校区扩建、职业中专二期等项目开工建设，一实东校区、三实西校区等项目建成投用，普惠性幼儿园覆盖率85.38%，本科上线率65.19%，实现三年连增。搭建智慧养老服务平台，20家养老服务机构实现24小时全周期网上监管，经验做法被中央电视台《新闻联播》报道。推动治理重复信访、化解信访积案，中央信访联席办交办惠民县114起案件全部化解；圆满完成北京冬奥会、冬残奥会、党的二十大等维稳安保任务，实现“六个不发生、三个不出事”目标，为经济社会发展创造良好环境。

三、创新与经验

坚持把改革创新作为发展的第一动力，保持创新创优、敢试敢闯的进取精神，提高资源配置效率、调动各方积极性，破除体制机制障碍，为全县高质量发展注入强劲动力。

(一)严抓改革主体责任落实

严格履行“第一责任人”职责，牵头制定县委深改委《2022年工作要点》，梳理5项重点改革任务、62项基层改革任务以及承接省市118项改革要点，形成“5+62+118”改革任务体系。制定《改革典型报送积分办法》，创新“督查、调研、改革”联动机制，督查发现问题，调研分析问题，改革解决问题，挖掘形成工作亮点。2022年，共实施国家级改革试点4项、省级改革试点10项。

(二)推动改革创新提质增效

承办全省审计系统现场观摩会，内部审计经验做法全省推广；党委信息典型经验在中办《秘书工作》刊发。国有企业加速向强，创建城投集团，壮大财金集团，充实农投公司，国有资本市场化、专业化运作能力持续增强。强化人才保障，实施“十百千人才”引进工程，全市公共就业和人才服务重点工作推进会在惠民召开，博士后创新实践基地建设实现县域破“零”。

(三)数字赋能实现新突破

推动国家数字乡村试点县建设，省级推进大会作典型发言，国家级试点验收工作稳步进展。加强数字应用，推出全域旅游手绘地图，加速文旅数字化转型。创新数字服务，实施阳光村居工程，党务村务运行更加规范透明；用好“全科大网格”信息系统，实现线上流转、线下办理无缝对接。2022年，累计办理群众诉求5.72万件，办结率稳定在99%以上。

中共阳信县委工作概况

县委书记 郑令健

一、组织概况与党的建设

2022年，阳信县辖10个乡镇(街道)，320个行政村和9个城市社区，共有18个党(工)委，122个党总支，969个党支部，22999名党员。

(一)政治建设更加有力

把学习宣传贯彻党的二十大精神作为首要政治任务，深入开展解放思想大讨论暨“在知爱建”主题实践活动，体悟实训、对标对表91次，县委理论学习中心组集中学习11次，培训党员干部9400余人次。严格落实意识形态工作责任制，平台发稿1.5万篇，省级以上媒体发稿500余篇，融媒体中心新闻“四力”位居全市前3名。舆情管控应对有力，出台《重大决策事项舆情风险评估实施办法》，有效破解“旧闻新炒”“行业潜规”问题，未出现重大舆情。

(二)党建引领成效显著

企业党建方面，推行“链长制+工作专班”“1+8+N”模式，成立产业链党建联盟，党组织覆盖生产车间和班组，服务好现有产业做大做强，支持好主导产业做优做专。农村党建方面，实施“四有保障”提升工程，实现村村都有场所，村级收入均达10万元以上。城市党建方面，成功搭建“街道+社区+网格+N个楼栋”的“3+N”四级组织体系，新建党群服务中心、养老服务站点25处。坚持将过程党建融入疫情防控，抽调83名党员干部脱产办公，1.2万名党员干部下沉一线，累计开展全员核酸108轮3393万人次，隔离1.1万人次，核酸检测能力由1.2万管/日提升至5.56万管/日，被国家和省市评价为“行动迅速、处置果断、效果最好”。

(三)队伍建设扎实推进

坚持把“在状态”作为干部队伍建设的主线，树牢“实践、实干、实绩”用人导向，实施“1332”大考评体系，“常规考核+专项考察”精准识别干部，“指挥部+专班”一线历练干部，调整干部424人次，其中，提拔重用139人次，晋升职级38人次。抓实干部本领提升，举办工作片(社区)书记“实操实训”班，“两推、三测、四炼”年轻干部识别培养模式作为全市唯一入选全省典型案例。

(四)管党治党全面加强

持续正风肃纪反腐，实施“五个一批”作风提升行动，开展“班子作风职工评·监督落实促提升”活动，372名部门领导班子成员接受民主评议。发挥巡察监督作用，构建“1+6+5+N”监督体系，查处违纪违法案件87起。完成十四届县委第一、第二轮巡察，一体推进“三不腐”，处置问题线索379件，立案170件，挽回经济损失3400余万元。驰而不息纠治“四风”，查处违反中央八项规定精神问题50起75人，党纪政务处分41人；查处侵害群众利益问题164起204人，党纪政务处分112人。

二、主要工作与成绩

2022年，直面疫情多轮冲击、市场需求收缩等多重考验，在中央和省委、市委的坚强领导下，阳信县委统揽全局、把关定向，坚持以习近平新时代中国特色社会主义思想为指导，全面贯彻落实党的二十大精神和习近平总书记视察山东重要指示要求，统筹推进疫情防控和经济社会发展“两手抓、两不误”，全县经济社会发展呈现出稳中有进、进中提质的良好态势。

(一)经济发展提质增效

始终做到服务现有产业做大做强，支持主导产业做优做专，推行“链长制+工作专班”“1+8+N”模式，确定“针状焦+负极材料+锂电池”链条式发展思路，总投资78.8亿元的瑞阳、京阳、联化等重点项目稳步推进，瑞阳一期负极材料成品生产线试生产，京阳科技募投项目推进顺利，锂电池产业园完成标准厂房建设。铝深加工产业纵深推进，20万吨轻合金材料项目投产运营，45万吨再生铝项目完成立项，10栋5.5万平方米标准厂房全面建成。新型化工产业持续壮大，化工园区通过省级验收，获得扩区调整资格；巨久能源产值在35.6亿元基础上实现翻番，达71.8亿元；科宇能源产值在14.2亿元基础上增至47.5亿元，同比增长234.76%。电子信息产业加速成长，长威电子产值突破8亿元、同比增长9.5%，获评省级企业技术中心；10栋8.7万平方米标准厂房建成投产，6家企业实现“拎包入住”。全年实现GDP273亿元，同比增长4.6%；工业总产值559亿元，净增105.1亿元，同比增长20.4%；工业增加值、本外币贷款余额分别增长13.4%和27%，市政府通报的26项主要经济指标有15项列全市前3位。

（二）营商环境优化升级

始终坚持“让企业和企业家舒服”理念，2.2万平方米审批服务大厅建成使用，在全市率先实现321个事项“全省通办”、140个事项“跨省通办”；新增各类市场主体7796户，同比增长13.7%，列全市第2位；作为全市首批县区通过《土地征收成片开发方案》，21个省市重点项目1915亩用地需求得以保障；6小时办齐瑞阳11项手续、7小时办齐京阳34项手续，真正实现“拿地即开工”。

（三）城乡面貌焕然一新

加力推进乡村振兴。抓好以肉牛、鸭梨、民俗为特色的“3+N”产业振兴布局。肉牛产业明确“种养加一体推动、一二三产融合发展”思路，建设规模养殖、屠宰、加工、冷链、皮革、生物质等22个全产业链项目，国家现代农业产业园获批认定，进境肉类指定监管场地通过海关总署验收；牛智谷产业园建成投产，中粮、首农、北控等84家企业签约入驻；联合京东打造物流牛肉一体化供应链，2022年全县实现外贸进出口36.4亿元，增幅57.6%，居全市七县市区首位。鸭梨产业按照“保老、建新、促长”思路，联合京东生鲜打造“阳信鸭梨”公共区域品牌，发展现代梨园1.2万亩，鸭梨出口中东、欧盟。民俗产业秉承提档、规范、进园理念，完成8家古典家具企业纳统，拉动限上零售额增速提升12.1个百分点。推动“水林田湖草沙”综合治理、系统治理、源头治理，完成452个自然村生活污水治理，全面消除29条农村黑臭水体，重点河流断面21项指标均值达到地表水Ⅳ类标准。全面提升城市能级。阳城国际酒店重整并承托蓝海运营，圣豪购物等城市综合体项目重新启动；解决滨阳大道覆土问题，实现全幅通车；秦口河（阳信段）综合治理工程提前5个月完工，雁洲湖水库完成试蓄水，大济河项目、幸福河综合整治等5个项目加速推进，获评山东省水土保持高质量发展三年强基行动试点县。

（四）民生事业持续改善

民生支出27.3亿元，占一般公共预算支出的83.6%，总量和增幅达历年新高。抓实民生保障。高中教育集团化办学再结硕果，1人获全市高考状元，2人考入清华大学，普通一段线上线1780人，增幅列全市第1位；在全市率先建成智慧中药房，“两癌”筛查、孕前优生检查检测率均达100%；全年实现城镇新增就业4479人，成效列7县（市、区）首位；加快推进5G建设，实现城区、乡镇驻地5G网络全覆盖，农村覆盖率达80%以上，移动阳信公司作为全省唯一中国移动县级“乡村振兴先进集体”推评；开展“十百千”暖心走访行动，累计走访群众14.9万户，妥善解决各类问题1639个，413条建议列入县委、县政府决策；安置区“湖畔嘉苑”提前交工并分房到户，群众满意度逐步攀升。

（五）发展底线更加牢固

深入开展风险隐患大排查大整治“清仓见底”专项行动，聚焦疫情防控、社会治理、生态环保等22个重点领域集中攻坚，建立政策、问题、路径、化解“四张清单”，115个类别、195项具体问题销号落实。守牢不发生系统性金融风险底线，处置不良贷款4.4亿元，不良率、不良贷款保持双降。建设“平安阳信”，被省信访局推荐争创“全国信访工作示范县”。建设“法治阳信”，探索推进法治督察、法治巡察、法治考核“三措并举”，经验做法被中央全面依法治国委员会办公室推广。

三、创新与经验

县委把关定向，四大班子齐上阵，系统谋划“双十”（推进十大领域改革任务、攻坚十项重点考核指标）改革任务，细分专项改革任务173项，分管县级干部和55个牵头单位具体落实。承接的省市132项改革事项、27项省共性改革事项全部落实到位，获得省级以上改革创新成果19项，14项工作被央媒宣传报道，2项试点通过国家评估验收，1项工作被收录省《改革与制度创新》。

（一）国家现代农业产业园通过评估验收

抢抓入选山东省沿黄肉牛产业集群优势，依托进境肉类指定监管场地，以“牛智谷”产业园为中心，建成现代化农业产业园，以生态肉牛为主导产业，集中力量、集聚资源、集成政策，总投资21.35亿元，重点推动实施五大工程24个重点项目，推动生态肉牛产业集群化发展，通过国家现代农业产业园评估验收。

（二）全省铸牢中华民族共同体意识示范创建试点通过验收

坚持把民族工作作为“一把手”工程，将“过程党建”融入“全省铸牢中华民族共同体意识示范创建”试点全过程、各环节，构建“1+14+N”五级创建网格体系，实现创建全域全员全覆盖。打好民族团结“党建、产业、亲情、法治、机制”五张牌，持续擦亮全国民族团结进步模范集体，通过全省铸牢中华民族共同体意识示范创建试点。

（三）法治建设工作经验做法得到省委领导批示肯定

阳信县始终坚持“依法有法办、有法依法办”的法治思想，法治阳信、法治政府、法治社会建设一体推进，探索推进法治督察、法治巡察、法治考核“三措并举”，成为推动全县法治建设工作的有力抓手，获评全国公共法律服务工作先进集体、全省法治政府建设示范县、全省法治创建先进县等称号。相关经验做法在中央全面依法治国委员会办公室工作简报刊发，得到省委政法委主要领导批示肯定。

中共无棣县委工作概况

县委书记 郑振亮

一、组织概况与党的建设

2022年，无棣县有基层党（工）委32个（县委直属党工委26个）。其中，镇（街道）党（工）委12个，园区党工委4个，县直机关党(工)委6个，企业党委10个；党总支104个、党支部1210个，党员24922名。

（一）落实管党治党责任

健全党委主体责任、纪委监督责任、书记第一责任、领导班子成员“一岗双责”的“四责协同”机制，县委常委会研究全面从严治党工作19次，听取班子成员履行管党治党责任情况汇报2次。落实“过程党建”要求，印发《中共无棣县委党的建设工作领导小组2022年工作要点》，制定落实全面从严治党主体责任年度任务安排，建立“月提醒、季讲评、季观摩”机制，构建全周期闭环链条，带动基层党组织书记将党建工作抓在经常、融入日常。对基层党工委全面从严治党责任落实情况开展检查抽查，层层传导压力。

（二）深化思想政治建设

深化落实“第一议题”制度，县委理论学习中心组开展学习研讨、读书班等学习17次。深入学习宣传贯彻党的二十大精神，开展巡回宣讲12场次、集中宣讲2900余场次。严格落实意识形态工作责任制，开展2轮专项巡察，县委常委会专题研究3次。完善大统战格局，全市率先成立少数民族村乡村振兴服务队，建立跨区域民族团结进步创建联盟、打造“红石榴”品牌等工作走在全市前列。

（三）抓好基层组织建设

实施头雁领航、强基赋能、兴业聚力、集体共富四项工程，举办乡村振兴“擂台比武”37次，回引农村人才510名，41个“强基村”108项重点难点问题全部化解，培育村党组织领办合作社市级示范社10家，建设农业产业项目7个，集体收入10万元以上村达91%，争创农村集体经营性建设用地入市全国试点县。全市率先完成村改社区集中攻坚试点，经验做法入选省委组织部典型案例。组建“帮棣好”等党建联盟，服务企业、服务发展，机关党建工作走在全市、全省前列。

（四）打造“三专”干部队伍

坚持看党性、看担当、看攻坚、看廉洁、看公论“五看”导向，在重点工作、重点项目一线提拔重用干部102人。开展党的二十大精神专题学习班、中青年干部培训班、“三专”能力提升班，培训干部3000余人次。实施年轻干部“青苗工程”，12个镇（街道）“86后”科级干部较年初增加26人、增长率36.1%，“90后”科级干部较年初增加11人、增长率78.6%；全县党政工作部门41岁以下班子成员数量较年初增加15人，配备率达86.1%。开展容错纠错4起3人，澄清正名11人，严肃处理诬告行为，激励干部担当作为。

（五）加强党风廉政建设

在全市率先开展“清风护航”驻点监督，建立“村务监督一点通”监督平台，开展“三廉”工程，打造“古邑廉韵·清风无棣”廉洁文化品牌。突出政治巡察定位，对15个单位开展黄河流域生态保护和高质量发展专项巡察。突出重点精准惩治腐败，全年全县纪检监察机关立案237件，党纪政务处分227人。持之以恒纠“四风”、树新风，查处形式主义官僚主义问题25起、党纪政务处分8人，查处享乐主义奢靡之风22起33人、党纪政务处分28人。

二、主要工作与成绩

2022年，无棣县坚持把学习贯彻党的二十大精神与落实省委、市委部署要求结合起来，团结带领全县党员干部群众，高效统筹推进疫情防控和经济社会发展，有效应对多轮疫情冲击，扛住经济下行巨大压力，推动“强优富美”新无棣大发展、打造鲁北港产城融合新高地实现精彩开局。

（一）经济发展进中提质

开展稳住经济基本盘百日攻坚行动，盯住“量幅比”，强化“干算报”，主要经济指标增速持续高于全市平均水平。全年实现地区生产总值284.5亿元，增长4%，增速列全市第三位；同口径完成一般公共预算收入21.2亿元，增长2.3%；居民人均可支配收入增长5.9%，增速列全市第一位；金融机构本外币存款余额较年初增长20.3%，增速列全市第一位；进出口总额增长52.5%，增速列全市第二位；固定资产投资增长15.3%、规模以上工业增加值增长5.6%、贷款余额增长21.5%，增速均列全市第三位。

（二）项目建设全面提速

坚持“项目为王”，大抓项目、抓大项目，实施投资500万元以上项目164个，86个省市县重点项目完成投资151亿元，完成年度投资计划的149%，惠广5万吨纤维素醚、亿博润新材料等15个过亿元项目建成投产，投资56亿元的万润锂电一期、投资8.7亿元的鲁渝博创120万吨氢氧化铝项目当年开工、当年投产、当年纳统。争取各类转移支付资金 21.82 亿元，增长 30.9%。争取专项债券 21.55 亿元，居省财政直管县首位。

（三）动能转换成效明显

新增规模以上工业企业 28 家，高新技术企业 32 家、省制造业高端品牌培育企业 6 家、省“专精特新”中小企业 8 家、省“瞪羚企业”3 家。鲁北智慧锂电新能源产业基地入选全省“十四五”12 个新旧动能转换重大支撑项目。智能电气产业入选全省特色产业集群。北方创信挂牌“新三板”。新增省级企业技术中心 2 家、国家地理标志证明商标 3 件。鲁北、鑫岳、无棣贝瓷入选中国品牌价值评价榜。

（四）重点改革突破有力

新争取承接国家、省市级改革试点 5 个，8 项改革创新工作获党中央、国务院部委认可，41 项改革经验获省直部门发文推广，“创新落实‘四水四定’打造‘现代五网’水利体系”案例上报中央改革办，“四个一线”工作法完成漳卫新河河口段清淤清障、盐碱地综合开发等经验做法，得到省委、省政府主要领导批示肯定。7 个省级以上现场会议在无棣县召开，获全国科普示范县、全国未成年人保护示范县、国家级棉花制种大县等 9 项省级以上称号。

（五）乡村振兴提质增效

推动巩固脱贫攻坚成果与乡村振兴有效衔接，新建衔接项目 58 个、涉及资金 4694 万元。建成高标准农田 9 万亩，新增市级以上农业产业化重点龙头企业 6 家，创成省级现代农业产业园，车王镇入选全国“一村一品”示范村镇。创建美丽乡村示范片区 2 个、省级美丽乡村示范村 5 个、市级 9 个、县级 24 个，新建美丽庭院 5865 户。创新城乡环卫一体化运行机制，投资 7000 万元，新建垃圾中转站 3 处。完成清洁取暖 18399 户，在全市率先实现全覆盖。完成 212 个村生活污水治理，在全市率先完成整县推进任务。

（六）民生保障更加坚实

全年民生支出 30.4 亿元，占比 83%。新增城镇就业 3863 人，创设城乡公益性岗位 3516 个，发放创业担保贷款 9231 万元。建成基层医保服务站 217 家，实现县域全覆盖。完成 3 家敬老院改造提升，棣丰街道馨泰社区成为全国示范性老年友好型社区。建成县生命纪念园，建设公益性公墓 21 处。县医院内科楼、县妇幼保健院、县中心医院建设完成。实施教育优质资源提升工程，公开招聘教师 274 人，2 处报告厅、3 处幼儿园投入使用。

（七）风险防控扎实有效

生态环境持续改善，$PM_{2.5}$浓度较 2021 年改善 9.5%，大气、水环境改善率居全市首位。金融风险显著降低，累计处置不良贷款 2.51 亿元，不良贷款率降至 1.55%。安全生产保障有力，开展安全生产明察暗访、三项行动、百日攻坚等活动，检查企业 4137 家次，消除隐患 8375 条。疫情防控科学高效，以最短时间、最小代价处置多轮多点突发疫情，累计接种新冠病毒疫苗 116 万剂，在全市率先超额完成省定各项任务指标。疫情防控政策优化调整后，科学精准落实优化措施，全力做好药品供应、亚定点医院、定点医院和重症监护床位建设。开展“治重化积”百日攻坚行动，圆满完成北京冬奥会、党的二十大等维稳安保任务，社会大局持续和谐稳定。

三、创新与经验

（一）创新落实“四水四定”原则，全力打造“现代五网”水利体系

深入贯彻落实黄河流域生态保护和高质量发展战略，立足解决水资源短缺和洪涝灾害并存难题，按照“扩容增储、引疏并举、城乡协同、向海取水、集约优先”思路，创新“科学蓄水网、高效调水网、统筹供水网、绿色增水网、生态节水网”的“现代五网”建设，构建起布局合理、生态良好，引排得当、循环通畅，蓄泄兼筹、丰枯调剂，多源互补、调控自如的现代水网，为县域防洪安全、供水安全、粮食安全、生态安全提供坚强保障。相关经验做法被作为典型案例上报中央改革办。漳卫新河河口段“抢、战、移、运”应急清淤工程经验做法，得到省委、省政府主要领导批示肯定。

（二）创新土地监管模式，装上“千里眼”精准护良田

聚焦国土空间管理的难点、堵点，瞄准改革创新、数字赋能的核心标靶，坚持向改革要出路、向数字要未来，坚持数字变革创新，通过构建“业务数字化、数字业务化”的土地监管双轮驱动模式，用数字说话、用数字决策、用数字管理、用数字创新，打通部门之间的业务阻隔，推动流程再造、数据共享和资源整合，全面提升自然资源治理能力现代化水平，蹚出一条以数字化变革撬动自然资源“空间智治”的新路子，相关做法得到上级部门肯定。7 月 31 日，山东省时空大数据平台建设及应用现场会在无棣县召开，相关模式获专家组高度评价。9 月 30 日，《中国自然资源报》专题报道无棣县先进经验做法。

（三）全国首创三条“无障碍通道”，破解精神障碍人员救治照护难题

以省级社会救助综合改革试验区创建为契机，整合政策、机构、资金、资源，实施“六爱六护·无忧工程”，在全国率先打通救助、救治、自立 3 条“无障碍通道”，构建起集救治康复、日常关爱、保障监护于一体的保障体系，为全县 2668 名持证精神病患“平时有人管、病时有人医”全面兜底，形成“医治疾病、重塑人生、解放家庭、维护和谐”多赢局面。经验做法在新华社《山东要情动态》、新华社《高管信息（山东）》《大众日报》等刊物刊发。

中共博兴县委工作概况

县委书记 高志国

一、组织概况与党的建设

中共博兴县委下辖34个党（工）委、115个党总支、1574个党支部，33780名党员。2022年，县委牢固树立“抓好党建是最大政绩”理念，以深化“过程党建”为抓手，注重从工作上找问题、党建上找原因、改革中找办法，推动党建工作贯穿各领域各方面各环节，促进党建与业务深度融合，以高质量党建带动高质量发展。

（一）政治建设深入推进

严格落实“第一议题”制度，第一时间传达学习习近平总书记重要讲话、重要指示批示精神，县委理论学习中心组开展集体学习研讨、讲座18次。坚持把学习宣传贯彻党的二十大精神作为首要政治任务，精心组织、周密部署，切实把广大党员干部群众的思想和行动高度统一到党的二十大精神上来。严格落实意识形态工作责任制，县委常委会专题研究意识形态工作4次，健全完善重大突发舆情“六个第一时间”“五个统一”工作措施，筑牢意识形态安全防线。不断深化民主法治建设，全面加强依法治县，扎实做好新时代民族宗教工作，不断释放群团组织活力，巩固和发展最广泛的爱国统一战线，推动军民融合深度发展。

（二）基层党建不断夯实

建立“13510”过程党建机制，坚持月查访、季讲评、书记领题攻坚、党务提级督查，推动党建优势转化为发展优势。以博兴县被列为省委组织部基层党建工作创新突破项目联系点为契机，启动创建“兴博学堂”品牌，扎实推进12个镇（街道）党校（党员教育中心）规范化建设，打造新型镇村党员教育管理体系。开展“乡村振兴大比武”，实施“五方结对、联盟共建”三年行动，建成厨具共富、红韵文旅等13个党建共建联盟，抱团推动村集体经济提质增效。围绕做实基层社会治理，打造“爱博兴家”城市社区党建品牌，1万余名党员干部融入“平急结合”基层治理体系。坚持“党建+产业”，出台产业链党建红盟“12条”，组建外卖、直播电商行业党委，精准服务新业态群体。

（三）干部人才工作更加有力

深入推进“五讲五比”作风建设百日行动和“山东走在前、滨州怎么办、博兴怎么干”解放思想大讨论活动，设置双招双引、民生诉求、项目建设等八大“擂台榜”，引导广大干部在“急难险重”工作一线“赛马打擂”。创建“兴博心动力”关爱品牌，完善干部谈心谈话制度，分级开展全覆盖谈心谈话5000余人次。坚持新时代好干部标准，树立重实绩实干导向，探索“双测双考双印证”“相马”模式，实施年轻干部“兴博优培”计划，新提拔35岁以下年轻干部51人，干部队伍结构更趋优化。实施科技领军人才领航、青年人才集聚、博兴工匠铸造3项人才工程，入选国家级、省级重点人才工程3人，引进硕博士215人，新增技能人才5136人。

（四）全面从严治党纵深开展

落实“一台账、两清单、双责任、双问责”监督机制，及时跟进疫情防控、黄河重大国家战略等重大任务落实，开展专项监督检查86轮次，反馈问题1064个。注重抓早抓小、防微杜渐，精准运用第一、二种形态处理1102人次。始终保持正风肃纪高压态势，办结问题线索863人次，立案228起，处分326人；查处违反中央八项规定精神问题24起，批评教育帮助和处理47人。充分发挥巡察“利剑”作用，十四届县委第一、二轮巡察发现重点问题159个、问题线索7条，政治监督震慑力充分彰显。

二、主要工作与成绩

2022年，博兴县深入贯彻落实习近平新时代中国特色社会主义思想，以迎接党的二十大、学习宣传贯彻党的二十大精神为主线，全面落实习近平总书记对山东工作的重要指示要求，认真贯彻省市有关工作部署，聚焦聚力“1261”工作思路，坚持党建引领、规划先行、项目支撑、政策驱动、制度保障，推动经济社会始终保持稳中向好发展态势。全年地区生产总值456.8亿元，同比增长3.7%；财政总收入80.65亿元，同比增长26.5%；其中一般公共预算收入34.82亿元，同口径增长11.5%。

（一）产业活力加速释放

落实“要素跟着项目走”机制，对76个省市县重点项目，逐一压紧压实包保责任，集中力量抓推进、抓见效，完成年度投资计划的156%。在全省县级层面率先实施重点产业产业链“链长制”，成立由县委、县政府主要负责同志担任双组长的“链长制”领导小组，整合社会资源，优化产业生态，推动产业加快转型发展。全年规模以上工业实现营业收入1911.4亿元，实现规模以上工业总产值1800亿元、同比增长9%。京博、香驰、渤海、永鑫4家企业上榜“中国民营企业500强”。博兴县获评全省民营经济高质量发展先进县，是全市唯一获此奖项的县区。在全市率先成立县委科技创新委员会，启动实施科技创新三年行动，推行科技型企业梯次培育计划，全县国家级专精特新“小巨人”企业、高新技术企业分别达5家、103家，被评为省技术转移先进县。

（二）改革开放蹄疾步稳

深入实施改革“破零”工程，谋划重点改革事项133项，形成便民热线“接诉即办”等一批实践成果。深化“信用博兴”建设，出台市场主体信用分级分类管理办法，争创省社会信用体系建设典型城市。改组县财金集团等5家国有集团公司，加快推动国有企业专业化运作、市场化运营。坚持不懈招大引强、招新引优，2个世界500强项目落地开工，累计到位市外资金121.1亿元，实际利用外资11431万美元。全县有进出口实绩的企业达210家以上，进出口总额实现483.7亿元，连续7年稳居全市首位。

（三）城乡融合全面提质

启动总投资近70亿元的“城市更新”三年行动，改造老旧小区73个、棚户区3个，新政务服务中心、金融商务大厦竣工投用，城市配套功能更趋完善。小清河博兴港以下段率先通航，沾临高速正式通车。推进乡村振兴三年行动，投资58亿元实施77个重点项目，通过首批乡村振兴齐鲁样板省级示范区验收。实施“藏粮于地、藏粮于技”战略，全县粮食总产突破10亿斤，成功创建全省高标准农田整县推进示范县，大豆产业入选国家级沿黄大豆产业集群。乔庄镇、店子镇、湾头村蝉联全国乡村特色产业十亿元镇和亿元村。加快建设园林景区化村庄，统筹推进美丽乡村“十百千”等工程，累计创建市级以上美丽乡村示范村55个。投资24亿元启动农村公路提升改造三年行动，累计改造提升县乡村道及村庄主次街道190千米，成功创建“四好农村路”省级示范县。

（四）社会事业成效明显

始终把增进人民福祉作为根本出发点和落脚点，民生支出占比保持在80%以上。推进“健康博兴”建设三年行动，获评全国全民运动健身模范县。深化全国文明城市创建，全面开展“仁孝博兴·志愿之城”志愿服务三年行动，引导全社会形成良好文明风尚。实施移风易俗攻坚行动，承办全省婚丧习俗改革研讨会，婚丧习俗改革工作做法被民政部及省领导签批肯定。

（五）红线底线更加稳固

着力统筹发展与安全，深化安全生产“八抓20条”措施，抓实县镇一体化执法，常态化开展安全生产大检查、“突击夜查·媒体曝光”，共计18.4万人参与“安全法规进法人·十万职工大培训”，安全生产形势保持稳定。做好“增信贷、降不良、打逃债、防风险”各项工作，县农商行成功退出央行评级高风险金融机构名单。深化“平安博兴”创建，常态化推进扫黑除恶斗争，圆满完成重大活动维稳安保任务，被评为全国信访工作示范县、平安山东建设示范县。

三、创新与经验

博兴县始终坚持把创新作为引领发展的第一动力，坚持创新在全县现代化建设全局中的核心地位，加快经济社会高质量发展。

（一）加强顶层设计，深化体制创新

将经济社会发展重点工作划分为12条工作线，实行县级领导分工负责、分线作战机制，画好“思维导图”，明确“任务清单”，先后启动实施工业稳增长提质效、乡村振兴、科技创新等一系列“三年行动”计划，坚持专班推进、定期调度，营造比学赶超浓厚氛围。

（二）加深党建赋能，助推产业发展

探索“党建引领＋企业主导＋人才赋能”的产教融合新模式，从科技镇长团、在外博兴籍专家中遴选115名博士，成立石油化工等8个产业链博士团，举行产业发展“巡诊”62场次，参与实施产学研合作42项，其中2项入选省重大科技创新工程；指导企业获得发明专利37项、制定行业标准9项，持续赋能企业转型发展。

（三）加速理念更新，优化营商环境

创新开展民营企业“评镇（街道）、评部门、评科长”活动，评价结果作为全县高质量发展综合绩效考核、干部评先树优的重要参考。全年组织400余名民企负责人分别对12个镇（街道）、15个县直部门以及9名涉企科室负责人开展评议，结果现场公开，问题反馈整改，全程跟踪督办，并对得分后3名的单位主要负责人进行约谈，以市场主体评价倒逼服务能力和服务效能提升。

菏 泽 市

中共菏泽市牡丹区委工作概况

区委书记 尹茂林

一、组织概况与党的建设

截至2022年底，牡丹区共有党组织1831个，党员42642名，其中，党委119个、党总支131个、党支部1584个、联合党支部14个。

（一）牢牢把准政治方向

坚持以习近平新时代中国特色社会主义思想为指导，始终把党的政治建设放在首位，坚定拥护“两个确立”、坚决做到“两个维护”，始终在思想上、政治上、行动上同以习近平同志为核心的党中央保持高度一致。深入学习贯彻党的二十大精神，开展各类宣讲2600余场，全面掀起学习宣传贯彻热潮。不折不扣落实黄河重大国家战略，统筹做好黄河安澜、节约用水、生态保护等各项工作，顺利完成省委黄河流域生态保护专项巡视反馈意见集中整改，做好巡视“后半篇文章”。

（二）加强基层组织建设

制定印发“全区党的建设工作领导小组”工作要点，召开区委常委会、党的建设工作领导小组会等专题研究党建工作10余次。全面推行城市党建“街道党工委一社区党委一小区（网格）党支部”三级组织架构，研究制定“村级党组织书记专业化管理实施意见”。构建全程化考核评价机制，开展乡村振兴“擂台比武”45次，进一步激发村党组织书记干事创业激情。

（三）发挥党建引领作用

建立党建引领基层治理领导协调机制，探索实施党内组织生活“巡视巡听”制度，推动基层党建工作重点任务落实。统筹推进党建引领基层治理智慧管理平台建设，创新“红色驿站”“红韵牡丹”党建品牌。深入开展农村基层党建分类推进整体提升三年行动，摸排确定30个“强基”村，落实“四个一”帮包机制。深化以党建引领促乡村振兴示范片区“五个融合”建设，壮大村集体经济，发展联村共建项目35个，片区村集体经济收入全部达16万以上。支持引导村党组织领办合作社，使用“强村贷”资金2669万元，发展项目33个。

二、主要工作与成绩

（一）经济社会稳中向好

统筹疫情防控和经济社会发展，全年实现地区生产总值432.4亿元、增长4.3%，完成一般公共预算收入27.7亿元。签约过亿元项目48个，入选省、市重点项目20个，完成固定资产投资200亿元、增长35%，争取地方政府专项债券15.33亿元。城乡居民人均可支配收入达到36542元、18481元，分别增长4%、6.8%。

（二）产业结构持续优化

农业产业融合发展，粮食总产稳定在13亿斤以上，小麦亩均单产创历史新高。牡丹特色产业入选省“十强”产业“雁阵型”集群，芍药鲜切花实现“井喷式”增长，销售额占全国50%以上，亚洲最大的昆明国际花卉拍卖交易中心在牡丹区设立分中心。新增规模以上工业企业32家，获批高新技术企业12家、省级“专精特新”企业10家，牡丹区绿色休闲食品特色产业集群获评山东省综合评价前10名。全年社会消费品零售总额达到291亿元、市场交易额927亿元，保税物流中心（B型）新入驻企业数量和通关金额均实现翻番，进出口总值排名全省第2位。“牡丹传说+”传承发展探索模式入选“山东省非遗保护十大亮点工作”，“菏泽牡丹花开踏青游”入选全国乡村旅游精品线路。

（三）城市功能加快完善

建立“1+4+5+N”工作机制，城建历史遗留问题化解三年攻坚行动首战告捷，采购用于回迁安置的存量商品房1444套，交付城市安置房5720套75.36万平方米、城市边界外安置房3233套47.5万平方米。探索实施城市规划区内房屋精准征收，消除城区危旧房屋安全隐患，促进城市有机更新。扎实推进全国文明城市创建，调整全区29名县级领导干部和112个区直包联单位参与网格、路段、区域包联工作，开展东方红大街线杆线缆专项整治，做法得到市政府和社会各界的充分肯定。在全市率先推行“1+2+N”一核多元“红色物业”治理模式，“物业服务+养老服务”被列为“全省物业养老示范”典型。

（四）乡村振兴稳步推进

巩固拓展脱贫攻坚成果，投入乡村振兴衔接资金1.2亿元，实施产业和基础设施项目61个；扎实做好防返贫动态监测，新纳入监测帮扶对象46户189人。培育省级农业产业强镇1个、省级乡土产业名品村5个，完成“三品一标”认证8个，沙土镇被评为全国“一村一品”示范镇。获批省级现代农业产业园创建主体，设立牡丹省级农业高新技术产业开发区，填补菏泽市没有省级农高区的空白。推进农村人居环境综合整治，实施人居环境九大专项行动，创建省级美丽乡村5个、市级美丽乡村18个。11个美丽宜居乡村安置区项目全部如期建成交付。

三、创新与经验

（一）政治建设是方向统领

深学笃用习近平新时代中国特色社会主义思想，召开区委常委会45次，开展理论学习中心组集中学习研讨13次，举办“牡丹讲坛”报告会3期，严格落实“第一议题”制度，第一时间跟进学习习近平总书记最新重要讲话精神和党中央决策部署。成功召开区第五次党代会，新一届区委常委班子赴大黄集镇安陵革命历史博物馆开展“赓续红色血脉、汲取奋进力量”主题教育，重温入党誓词、砥砺奋进斗志，走好新的赶考之路。

（二）改革创新是根本动力

深入推进“放管服”改革，持续推行“一窗受理”集成服务，再造关联事项“一链办理”主题服务流程，餐饮服务领域“综合监管一件事”“揭榜挂帅”获得省级改革试点评比第一名。二级以上医疗机构实现DRG付费全覆盖，“可视化医保服务站”实现镇街全覆盖，“手机视频办医保”服务新模式被中央广播电视总台报道。创新探索小区治理服务“一核双驱”机制，典型做法被《人民日报内参》刊发。《菏泽市牡丹区加快打造食品产业集群新高地》被选为2022年山东省“十大创新”改革案例报中央改革办。不断提升科技创新能力，获批建设市级技术创新中心1家、市级重点实验室15家，引进外国专家3名，获评泰山产业领军人才1名。

（三）作风建设是重要保证

组织开展“作风建设提升年”活动，大力整治形式主义、官僚主义，持之以恒纠治“四风”，探索“纪委书记直通车”模式，举办二期《问政牡丹区》电视问政。推进以案促改、以案促治，开展各类政治教育、纪法教育等120余场，组织各镇街、各部门主要负责人家属参观市廉政教育馆，发放廉政提示卡300余份，发挥好警示教育强震慑、固防线作用。

中共菏泽市定陶区委工作概况

区委书记　朱中华

一、组织概况与党的建设

2022年，定陶区辖9个镇、2个街道办事处和一个省级经济开发区，762平方公里，74.7万亩耕地，64万人。共有基层党组织1159个，其中，镇街党（工）委11个，区直党（工）委8个，基层党委69个（含机关党委、村社党委），党总支104个，党支部986个。年底有党员27826名，其中，农村党员14623名，城市社区党员1125名，两新组织党员391名，国有企业党员823名，机关事业单位党员10864名。一年来，定陶区委牢固树立抓好党建是最大政绩的理念，坚持不懈推动全面从严治党向纵深发展、向基层延伸。

（一）以党的创新理论筑牢思想根基

深入学习习近平新时代中国特色社会主义思想，统筹开展“喜迎党的二十大 创新聚力当先锋”“发现榜样”“我来讲党课”系列党员教育活动，举办党的二十大精神专题学习等各类培训18次，党员讲党课1056场次；开展党员全员进党校“红色熔炉”培训班237期，培训党员2.7万人次；创新举办《陶里争辉·榜样的力量》特别栏目，得到市领导的高度认可。

（二）牢牢扛起党建主体责任

深入贯彻落实《党委（党组）落实全面从严治党主体责任规定》，召开区委常委会研究部署党建工作21次，签发镇街交办单4次，约谈镇街书记5名，鲜明树立抓书记、书记抓导向。大力推进工作规范与创新，被省级以上媒体报道47篇。代表菏泽市顺利迎接省级党建检查考核。严格落实意识形态工作责任制，健全舆情处置工作机制，开展网络舆情风险排查2轮，处置网络舆情96条，意识形态阵地管控有力有效。

（三）以务实举措夯实基层战斗堡垒

扎实开展村党组织书记“擂台比武”，高标准创建抓党建促乡村振兴示范片区11个，推进国有公司引领集体经济发展、村党组织领建创业车间等集体增收模式，81%的村集体收入达到10万元以上。落实为民服务五项机制，实体化运转城市小区党支部47个，创建新就业群体“陶小哥”党建品牌，142名新就业群体纳入“城市治理合伙人”。

（四）以鲜明导向打造过硬干部队伍

鲜明凭实绩用干部用人导向，全年调整干部 17 批、473 人次。开展专项一线纪实考察 3 次，使用一线干部 36 名。优化年轻干部队伍结构，全区 36 岁以下镇街党政领导班子成员占 65.6%，党政正职占 27.3%，占比位居全市第一。对 2021 年度表现优秀的 400 名公务员进行奖励表彰。

（五）持续推进党风廉政建设

大力弘扬“严真细实快”工作作风，深化整治形式主义、官僚主义顽瘴痼疾，查处“四风”问题 28 起 46 人，基层不正之风 47 起 58 人。持续加大审查调查力度，立案 340 件，党纪政务处分 352 人，扎实做好市委巡察反馈问题整改落实，制定完善制度 11 项，35 项整改任务均取得阶段性成效。

二、主要工作与成绩

2022 年，在以习近平同志为核心的党中央总揽全局、领航掌舵下，定陶区在省委、市委的坚强领导和全区各级党组织的支持监督下，紧紧围绕“建设现代化富美大市新区”目标，担当作为、扎实苦干，全区各项工作实现稳中趋进、进中向好。全年实现地区生产总值 271.5 亿元、可比增长 5.7%，规模以上工业增加值增长 11.3%、固定资产投资增长 38.7%，完成进出口 13 亿元、增长 18.7%，均居全市第三；一般公共预算收入 16.6 亿元，增长 10.7%。完成社会消费品零售总额 157.8 亿元，同比增长 1.5%，居全市第一。实际利用外资 8189 万美元，引进总量居全市第二。城乡居民人均可支配收入为 31180 元、18232 元，同比增长 5.3%、7.5%，分别居全市第一、第二。

（一）产业发展实现新突破

积极打造生物医药、农副产品精深加工、新能源新材料、现代服务业“1+3”特色产业体系，新签约过亿元项目 35 个，落地项目 28 个，在经济社会发展现场观摩评比中综合成绩位居全市第一名。新增国家级专精特新“小巨人”企业 1 家、省级专精特新中小企业 9 家、省级瞪羚企业 2 家、国家级高新技术企业 10 家，新认定创新平台 31 个，其中省级创新平台认定个数占全市的 1/4。山东二叶无菌粉针剂车间被认定为省级数字化车间，为全市两个省级数字化车间之一。

（二）城乡建设取得新成效

新建城区道路 8 条，新铺设雨污管网 22.5 千米，黑臭水体、雨污合流管网改造“两清零”目标在全市率先提前完成。新建改建农村公路 154 千米，铺设农村供水管网 136 千米，完成 1.5 万户供水提升工作，新建高标准农田 12.1 万亩，建设进度综合排名全市第一。新认定省级乡土特色名品村 15 个、特色农产品优势区 1 个，马集镇新好农牧养殖基地入选国家级生猪产能调控基地。新建和优化升级创业车间 106 个，基本实现行政村全覆盖，经验做法被省第十二次党代会报告吸纳采用。常态化推进农村人居环境整治提升，累计打造示范村 110 个、省级美丽乡村示范村 22 个，人居环境综合考核排名位居全市前列。

（三）民生福祉得到新改善

新建、改扩建学校 3 所，新增学位 3880 个，培训教师 19179 人次，本科上线率实现“六连增”，被认定为全省首批 20 个全环境育人实验区之一。建成可视化医保基层便民服务站 17 家，手机视频办医保工作走在全市前列。送戏曲、送电影下乡 4500 余场次，现代戏《公鸡过寿》斩获全国群众文艺领域政府最高奖项“群星奖”，被省政府通报表扬。两夹弦民间艺术“创精品、惠群众”荣获山东省民间文化艺术之乡建设典型案例。发放各类社会救助资金 1.3 亿元、优抚资金 5245 万元。新增就业 4452 人，失业人员实现再就业 2040 人。建成棚改安置区 221.6 万平方米，交付 12777 套，近 4 万拆迁居民实现了回迁安居，大规模的棚改安置工作全面完成。

三、创新与经验

持续深化“放管服”改革，在全市率先实现“一业一证”改革延伸至镇街，依申请政务服务事项可全程网办率达 100%，完善“全生命周期”服务，从项目手续办理、开工建设、竣工验收等环节压缩时间、提高效率，企业代位注销、歇业备案制度经验做法入选全省优化营商环境典型案例。制定经济运行分析调度、政府重要经济决策企业家咨询、银企对接合作、每周现场观摩调度、“编外副总”等服务机制，营商环境持续向优向好。

中共曹县县委工作概况

县委书记　赵福龙

一、组织概况与党的建设

曹县共有基层党组织 2291 个，其中，党（工）委 87 个、党总支 301 个、党支部 1903 个；共建立流动党员党组织 12 个，其中，流动党员党委 2 个、流动党员党支部 10 个；共有党员 55036 名，其中，村（社区）党员 37109 名、占 67.4%，少数民族党员 1046 名、占比 1.9%。2022 年，曹县各级党组织坚决贯彻落实新时代党的建设总要求，基层党建水平显著提升。

（一）基层党组织组织力全面提升

创建市级“红色品牌”示范点 359 个，建设市级县域示范片区 7 处，形成产业品牌 11 个。全年集体经济收入 5

万元以上村实现全覆盖，其中 10 万元以上村达到 91. 1%、50 万元以上村达到 18. 9%，分别比上年提高了 6. 1、6. 3 个百分点。

（二）干部队伍建设全面加强

坚持好干部标准，调整县管干部职务职级 190 人次。持续强化干部教育培训，举办各类培训班 18 期，培训各级干部 7578 人，干部能力素质明显提升。

（三）党风廉政建设全面加强

坚持不懈正风肃纪，牢牢把握监督执纪“四种形态”，2022 年处置问题线索 1299 件，立案 505 件，给予党纪政务处分 548 人。村（社区）巡察典型经验做法先后被省纪委监委内部工作网和《山东巡视巡察》刊发。《曹县皮影颂清风》短视频被中央纪委国家监委采用。

二、主要工作与成绩

2022 年，在市委、市政府的坚强领导下，曹县高效统筹疫情防控和经济社会发展，经济社会保持平稳健康发展势头。全县实现地区生产总值 546. 3 亿元、增长 3%。完成一般公共预算收入 26. 1 亿元、可比增长 0. 2%。固定资产投资 209. 5 亿元、居全市第一位，增长 30. 6%。金融机构各项存款余额达到 709. 9 亿元、居全市第 2 位，较年初增加 75. 2 亿元；贷款余额达到 389. 6 亿元、居全市第 1 位，较年初增加 33. 1 亿元。城乡居民人均可支配收入分别增长 3. 9%、6. 3%。新获评全国农产品数字化百强县、全国县域经济投资潜力百强县、全省民营经济高质量发展先进县、全省现代流通十强县、全省现代农业十强县、全省建筑业跨越发展县、全省“就业环境友好型城市”等荣誉称号，是全省 20 个耕地保护激励县区之一，“数字赋能驱动型”路径模式入选全省乡村振兴十条路径之一；4 个镇入选 2022 年全国乡村特色产业超十亿元镇名单，总数居全国各县区第 1 位。

（一）招商引资和项目建设成效明显

全年签约过亿元项目 104 个、总投资 609. 5 亿元，其中过 10 亿元项目 15 个，新开工项目 57 个，在建项目 67 个，新投产项目 31 个，形成了投产一批、在建一批、开工一批、签约一批、储备一批的梯次推进格局。

（二）工业经济平稳运行

全年规模以上工业企业达到 408 家；规模以上工业增加值增长 7. 4%；实施制造业技改项目 79 个，完成投资 42. 3 亿元、居全市第 2 位，增长 38. 2%。

（三）主导产业集聚发展

形成了以高端化工、生物医药、光电机电、农副产品精深加工和商贸物流业为主的现代产业体系。化工园区通过省级复核验收。省“专精特新”中小企业、省“瞪羚”企业分别达到 31 家、5 家。圣奥化工被评为国家级制造业单项冠军示范企业，并入选全省“十强”产业集群领军企业。现代轻工纺织产业集群入选第四批山东省“十强”产业“雁阵形”集群名单。

（四）发展动能充分释放

完成市级以上改革试点 58 项，粮食生产典型经验被中央督查专报、山东改革专报刊发推广，曹县在全市改革工作推进会上作了典型发言。着力推动外贸外资平稳发展，外贸企业达到 395 家，占全市的 40% 以上；实现进出口总额 103. 7 亿元，其中出口额 102. 7 亿元、居全市第一位；完成签约外资项目 7 个，合同利用外资 3 亿美元，实际利用外资达 5129 万美元，增长 14. 9%。

（五）乡村振兴全面推进

粮食产量突破 30 亿斤、实现十九年连增。国家级“一村一品”示范镇达到 3 个，省农业产业强镇达到 6 个，省乡村振兴示范镇 2 个、示范村（社区）14 个。

（六）城市品质持续提升

坚持高标准谋划，高效率推进，形成“东延”“西扩”“南进”“北控”“中优”城市发展格局。新建、续建城区道路 10 条，投资 10. 8 亿元实施城区管网雨污分流。雄商高铁、济商高速、徐民高速开工建设，阳新高速通车，由 1 条普通铁路、2 条高铁、5 条高速、8 条国省道构成的立体交通网络将加速形成。

（七）民生福祉大幅增进

大力实施“名师名科名校名校长”“名医名科名院名院长”工程，入选市级以上名师 4 人、名校长 4 人、基层名医 4 人。县人民医院综合竞争力居全国县级医院第 54 位、全省第 2 位。曹县在省政协加强新就业形态劳动者权益保障月度协商会上作了典型发言。

三、创新与经验

（一）基层党建亮点纷呈

一是创新实施“党建 +807”工程。形成了以村级产业项目为支撑的村级集体经济长效增收机制，已孕育产业项目 1134 个，带动村集体增收 420 余万元。相关做法先后被新华社内部参考、半月谈等采用推广。

二是大力推进抓党建促乡村振兴示范片区建设。通过党组织联建促进资源整合、发展融合，规划建设抓党建促乡村振兴示范片区 27 处，涵盖 289 个村、66. 2 万余人，打造高效益产业项目 39 个，创建市级示范片区 8 个，产业发展质效进一步提升。

三是着力打造党建引领网格化治理体系。制定《关于进一步深化网格整合构建全县基层社会治理“一张网”的实施方案》，将城市社区划分为 253 个网格，配备网格员 253 名，常态化下沉网格及时化解网格内矛盾问题，累计化解矛盾纠纷 2300 余件。全市社区党建现场推进会在曹县召开。

（二）电商发展势头强劲

全县淘宝镇村分别达到 21 个、176 个，占全省的 1/10、1/5，居全省国家级电商示范县第 1 位；省委主要领导对《山东曹县发展电商的密码解读》作出肯定批示；电商企业外设店铺回迁典型经验被省政府发文推广；中小企业孵化园被认定全省重点培育跨境电商产业园，电子商务特色产业集群成功入选2022年度全省特色产业集群名单。

（三）营商环境不断优化

创新实行重点企业重点项目包保帮办制、城建和交通基础设施工程指挥部制、执法检查备案制等工作机制，企业办事时限压缩了81%，新开办企业当天完成，在全市作了典型发言。市场主体逆势增长，新增市场主体19110户、达到13.6万户，均居全市第2位，企业新增5530家、居全市第2位，总数达到4.6万家、居全市第1位。

中共单县县委工作概况

县委书记　耿振华

2022年，面对错综复杂的国内外形势，单县县委坚持以习近平新时代中国特色社会主义思想为指导，团结带领全县广大党员干部群众，全面贯彻党的二十大和二十届一中全会精神，既做疫情防控的“优等生”，又做经济社会发展的“排头兵”，在湖西大地上发出了“重点突破、争创一流”的时代最强音，书写了“六大突破、四个保障”的生动实践。

一、组织概况与党的建设

单县辖18个乡镇、4个街道、1个省级经济技术开发区、1个浮龙湖生态文化旅游开发区，509个行政村（居），总面积1702平方公里，总人口127.5万人。全县共有党组织1603个，其中，党（工）委100个，党组50个，党总支36个，党支部1417个，共有党员50215名。

（一）思想政治建设

始终把党的政治建设摆在首位，把迎接、庆祝、贯彻党的二十大胜利召开作为全年工作的主题主线。迅速传达学习党的二十大精神，利用理论学习中心组、报告会、广播电视等多种形式开展宣传宣讲，累计宣讲284场次，受众2万余人次。严格落实“第一议题”制度，第一时间跟进学习习近平总书记最新重要讲话精神和党中央决策部署。累计召开县委常委会、县委理论学习中心组集体学习41次、研讨交流14次，理论更加清醒，政治更加坚定，信仰更加纯粹。利用县乡村新时代文明实践场所常态化开展各类宣传教育活动，主流舆论阵地不断巩固壮大。举行“单县这十年”主题发布会，全面展现习近平新时代中国特色社会主义思想在单县落地生根的非凡十年。

（二）作风建设

树立“务实、担当、创新、高效”作风标准，要求关键少数做“五种人”，提出“乡镇发展十问”，召开高质量发展综合绩效考核总结大会，重奖发展功臣，全县干部作风焕然一新，干事创业热情空前高涨。召开“转作风树形象争一流抓落实”动员大会，描画“十类反面典型”，要求党员干部“扪心四问”，展开了一场直面问题、刀刃向内的自我革命。严格落实政治体检、纠错容错、谈心谈话、健康查体、中层轮岗等制度，激活了干部“一池春水”。印发《实施意见》，在全县范围内开展作风建设提升行动，共查处“四风”问题33起56人，党纪政务处分28人，通报3起9人。

（三）组织建设

统筹用好各类型、各年龄段干部，建立“重点突破、一线赛马”干部提拔激励机制，在一线重点领域提拔干部3批95人，调整科级干部201人，提拔重用113人、晋升职级305人，干部队伍更有干劲、更有奔头。深入开展村集体经济“双领双增”行动，高标准规划建设22个示范片区，485个村全部突破5万元，其中412个村突破10万元，24个“县委书记工程村”突破50万元。深入开展农村基层党建分类推进整体提升三年行动，每季度开展“擂台比武”，评选75名县级“头雁”书记，将485个村划分为“示范”“创优”“强基”三种类型，重点提升，全面进步。

（四）反腐倡廉建设

严格落实党委主体责任和纪委监督责任，细化责任清单，持续加压传导。始终保持高压态势加大惩治力度，持续释放反腐败高压信号。全年共立案327起，党纪政务处分341人，其中党内严重警告124人，开除党籍39人，采取留置措施3人。精准运用监督执纪“四种形态”，运用占比分别为71.3%、24.4%、1.7%、2.6%，结构分布得到显著优化。

二、主要工作与成绩

（一）产业发展积厚成势

坚持“工业立县、产业强县”战略不动摇，大力实施重点产业发展五年攻坚突破行动，2022年，五大主导产业及一批新兴和提升改造产业实现营业收入360亿元、同比增长30%，“五年攻坚突破，第一年全面起势”目标如期完成。招大商、稳大盘，大投资、大建设，新签约项目143个、总投资393.3亿元，其中过亿元项目75个、过10亿元项目16个；新落地项目77个、总投资106.3亿元，其中过亿元项目40个，过10亿元项目4个。供应工业用地2976亩，增加1936.39亩，增长186%；保障批复各类项目用地3468亩，增长194%。扎实开展僵尸企业清理工作，探索形成破产清算、“腾笼换鸟”等多种成功模式，盘活土地2680亩，为产业突破奠定了基础。

（二）城乡面貌日新月异

以城带乡、以乡促城、城乡融合，推动现代城市和美丽乡村交相辉映。单曹高速、济商高速启动征地清障，菏徐铁路纳入建设规划，完成5条道路贯通工程，交通网络体系更加多元、更加立体。全面启动全国文明城市创建工作，城市内涵进一步提升。大力实施雨污管网攻坚行动，在全市率先实现雨污合流管网整县制清零。合理使用“金边银角”，建成8处口袋公园。积极推进“书香单县”建设，完成文化中心选址和概念规划。投资3亿元建设220千伏变电站1处，全域供电保障能力显著提升。启动农村人居环境整治提升五年行动，建成美丽乡村示范片区5个、美丽庭院3.6万户，铺修农村公路130公里，疏浚沟渠304公里、埋设涵管26.7公里，解决易涝面积30万亩，乡村嬗变由表及里、美丽整洁。移风易俗工作深入推进，在全市率先举办新时代文明实践集体婚礼，引发热烈反响。

（三）乡村振兴韧性十足

加快推进农业强县建设，建成高标准农田16.9万亩，夏粮总产11.01亿斤。79个乡村振兴项目注入资金1.34亿元，浮龙湖衔接推进区建设进展迅速，林台古镇、浮北市集等一批文旅融合项目加快推进。高标准建设羊肉汤文化产业园和全国最大的青山羊保种育种创新示范基地，创设青山羊产业链保险，推动“青山羊贷”落地，打造特色鲜明的区域产业集群。新增市级以上农业龙头企业5家、新增农民专业合作社119家、新增家庭农场106家，培育“一村一品”示范村21个，新增“三品一标”认证产品11个，全县70家规模以上农副产品加工企业完成营业收入84亿元，增速28.76%。

（四）民生福祉更加殷实

教育高地取得新突破。高中教育教学质量和高考成绩大幅提升，名校、重点院校、本科、高考专项、职教高考等五方面录取人数均创历史新高。稳步推进11所中小学改扩建项目，成立中小学联盟19个，城乡义务教育办学水平更加均衡。职业教育持续优化，职教产业园建设加快推进，职业中专获得全国职业院校技能大赛“分布式光伏系统的装调与运维”项目金牌。单县一中排球队勇夺全国体育传统项目学校联赛冠军，单县一中被评为“全国排球高水平后备人才基地”。医疗卫生高地迈上新台阶。深化卫生健康事业改革，制定出台6个配套文件，推动“三医联动改革”落到实处、见到实效。扎实推进县域医共体建设，创建省市级重点专科34个，国家标准版胸痛中心等“六大中心”建成运营。深入开展“医疗质量安全提升年”活动，选派32名“业务院长”到镇街帮扶，在基层医疗卫生机构设立特色专科43个，23家镇街卫生院全部通过一级乙等以上评审。群众“急难愁盼”得到新解决。建立困难群众主动发现机制，城乡低保、特困人员等困难群体保障标准提高10%以上。深入落实稳岗扩就业各项措施，城镇新增就业8700人。21个城镇老旧小区改造顺利完成，惠及1.7万户、5万人。筹集资金13.6亿元，完成棚改安置房6209套。美丽宜居乡村建设稳妥推进，1.4万户、4.2万人住上新房。大沙河水库重点工程建设克服重重困难，顺利实现蓄水，49.23万人的安全饮水问题得到有效解决。

三、创新与经验

对标对表、破立并举，2项国家级改革试点、14项省级试点扎实推进，数字防疫、村党支部领办创办合作社等4项改革经验被市委、市政府主要领导批示肯定。建立“学校、家庭、社会、网络”四位一体工作机制，被确定为全省三个全环境立德树人试点县之一。作为3个代表县区之一，在全省抓党建促乡村振兴现场推进会议上作典型发言。全省生活垃圾分类工作现场会、全市基层党建创新试点工作现场推进会等相继在单县召开。单县科技馆顺利通过国家AAAA级景区验收。单县红十字会应急救护服务中心荣获“全国红十字模范单位”称号。浮岗镇小王庄村被农业农村部推介为2022年中国美丽休闲乡村。制定发放7个“政策包”，“上门服务、清单服务、精准服务”“首席服务官”制度深入实施，营商环境焕然一新。强力推动财税金融改革，到位地方政府专项债券13.58亿元、上级无偿资金42.26亿元。坚定不移打造“鲁苏豫皖四省八县交界区域科技人才创新高地”，制定吸附更强、黏性更高的人才新政20条，引进省级以上高端人才22人，获评全省人才工作先进单位。建成院士工作站等省市级以上科研平台59个，省级新型研发机构1个，荣获全省技术转移先进县。

中共成武县委工作概况

县委书记　黄福常

一、组织概况与党的建设

成武县辖11个镇、2个街道、1个省级经济开发区，469个行政村（居），人口72万人，总面积988.1平方公里。共有基层党组织1421个，基层党（工）委68个，其中，镇党委11个、街道党工委2个；党总支103个，党支部1242个；全县共有党员32845名，其中农村党员16984名。

（一）干部作风务实担当

坚持好干部标准，调整干部26批次、623人，提拔重用、职级晋升219人；注重选育结构性干部，选派39名优秀年轻干部到镇街任职锻炼；交流科级干部186人，让干部到“新岗位”焕发“新活力”，相关经验做法被中组部、新华社、人民日报报道。

（二）全域提升扎实开展

新建镇级党校10个、城市社区党群服务中心10个，基层党校实现规范提升，被省委组织部确定为乡镇（街道）党校规范化建设联系点；开展三资清理、土地流转等工作，探索了国有经济引领村级集体经济发展壮大的新路径；提升党员发展工作规范化、制度化水平，在全市率先开展农村党员档案县级统一管理；开展“红色物业”创建活动，推进园区产业链党建示范集群建设，城市党建工作实现创新突破，全市基层党建创新试点工作现场推进会、机关党建与业务工作深度融合发展座谈会相继在成武召开，“星级共产党员户挂牌”等做法被中组部、省委组织部、人民日报、新华社、中国组织人事报接续报道。

（三）从严治党精准有效

持续深化政治监督，同级监督体系经验做法被新华社刊发；精准有力纠治“四风”，严肃查处不作为、慢作为、假作为问题，通报曝光17起；坚持以严的基调强化正风肃纪，2022年全县纪检监察机关立案309件，党纪政务处分395人。“科学分类、直接巡村、专项整治、巡乡带村”村级巡察四步法得到中央、省委巡视办高度认可，黄河国家战略专项监督、“一两双双”工作机制被《中国环境监察》刊发，“三六三”驻点监督新模式被市纪委、市委改革办在全市推广，成武县被评为重点村（社区）提级监督省级试点县，全县党风政风持续向好，政治生态风清气正。

二、主要工作与成绩

2022年，面对新冠肺炎疫情冲击和错综复杂的宏观环境，成武县高效统筹疫情防控和经济社会发展，大力实施“八大工程”，迎难而上、精准高效，拼得努力、干得精彩，交出了一份极为可贵的答卷。实现地区生产总值197.3亿元，增长6.3%，增速居全市第一；规模以上工业增加值增长20.4%，增速全市第一；工业用电量增长10.9%，增速全市第一；一般公共预算收入同口径增长20.6%，增速全市第三，其中税收收入增速全市第二；固定资产投资增长39.1%，增速全市第二；城乡居民人均可支配收入31842元、18109元，分别增长5.1%、7.2%。

（一）工业经济提质扩量

新增规模以上工业企业64家，销售收入过亿元工业企业达到41家，其中新增过5亿元企业5家、过10亿元企业4家。完成工业技改项目28个，制造业技改投资增幅稳居全市前列。新增市级以上创新平台32个、达到99个，新增省级“瞪羚”企业1家、达到5家，新增省级“专精特新”企业4家、达到20家，新增国家级专精特新“小巨人”企业3家。机电设备制造产业列入省“十强”产业“雁阵形”集群专项激励名单，生物医药、精细化工、机电装备、农副产品深加工四大产业链条更加完备。

（二）城市品质持续提升

推进公园、道路绿化景观建设，有序实施“一街一品”树种增绿工程，新建、提升各类城市公园6个；持续抓好雨污水管网、老旧小区改造、水生态修复治理等工程，城市建设和生态环境保护工作被中央广播电视总台新闻频道、新华社报道；全面打造“古郜成武、月光水城”文化旅游品牌，“水上公交”开通运营，灯光亮化绚丽多彩，成功举办“水韵新城、乐惠成武”“月光水城”惠民消费季等文旅惠民活动，郜城水街被评为“市级夜间文化旅游消费集聚区”，“伯乐故里、水韵新城”吸引力、影响力和美誉度持续提升。

（三）乡村振兴全面铺开

大力实施“百企入村、万人就业”工程，新招引94家小微企业入驻农村，新增农村群众就近就业3000余人；稳步实施“四大种养基地”工程，高标准建设现代农业科技示范园1处、现代特色农业产业园10处，市级以上农产品龙头企业达到34家，新增农民合作社95家、达到2436家，形成了一批“龙头+合作社+基地+农户”的富民产业链条新模式。新建村级活动场所106个，全县469个村级阵地全面提档升级；提升改造“四好农村路”310千米，全市“四好农村路”工作现场会在成武召开。全县农村人居环境整治率达到100%，农村生活污水“零直排”即将实现全覆盖。

（四）民生保障持续改善

城乡居民基本养老保险实现全覆盖，全市城乡公益性岗位扩容提质工作推进会在成武召开；持续提升教育教学质量，高考本科录取人数增幅和录取率增幅均列全市第一位，成武县成功入选全省智慧教育示范区创建单位；在全省率先完成县域紧密型医共体建设，乡村医养结合“温情驿站”经验做法作为改革典型推送至中央改革办；创新开展“倡树文明新风、争做时代楷模”活动2700余次，累计评选“美德之星”1.2万余名，“少儿微心愿”等相关经验做法被中央广播电视总台、新华社、山东宣传等媒体报道，全市倡树新时代美德健康生活方式现场会在成武召开。

三、创新与经验

（一）构建产业链党建综合体，引领园区高质量发展

成武县坚持以高质量党建引领高质量发展，按照“工业园区化、园区产业化、产业链条化、服务常态化”工作思路，以高质量党建引领园区产业链条式发展，探索推进产业链链长制，畅通了产业链、供应链，有效推动了全县工业经济高质量发展，经验做法被山东改革宣传报道。

（二）创新食品安全监管新途径，守护群众舌尖安全

为解决食品行业卫生环境差、安全隐患较大、群众消费信心不足等问题，成武县搭建智慧平台，创新推行智慧监管平台，健全食品安全监管体系，织密食品安全立体防护网，着力守护好人民群众“舌尖上的安全”，2022年，成武县被评为“山东省食品安全县”。

中共巨野县委工作概况

县委书记　冯艳丽

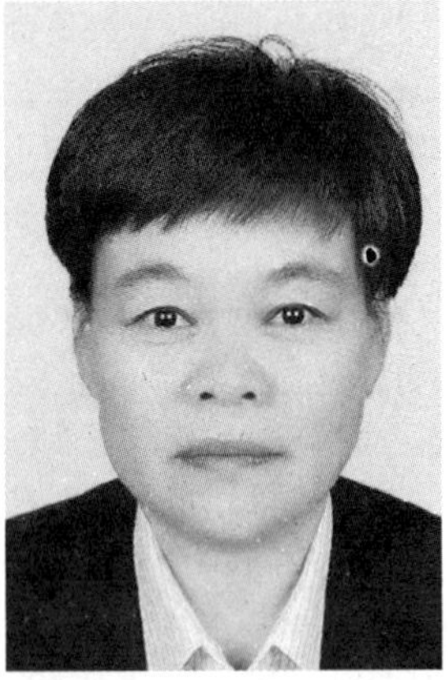

一、组织概况与党的建设

2022年，巨野县共有基层党（工）委28处，党支部1615个，党员40812名。

（一）全面加强党的政治建设

坚定拥护“两个确立”、坚决做到“两个维护”。认真落实“第一议题”制度，开展“第一议题”学习34次，组织县委理论学习中心组集体学习14次，第一时间跟进学习习近平总书记重要讲话、重要指示精神。排查整治意识形态领域风险隐患，思想阵地得到巩固加强。

（二）不断加强干部队伍建设

坚持以实绩论英雄、凭实绩用干部，积极构建“绩由事考、人以绩论”的用人机制，把敢干事、能干事的干部选出来、用起来。2022年，先后提拔重用科级干部106人、交流42人，晋升职级505人，比学赶超、创先争优氛围更加浓厚。

（三）着力加强基层组织建设

深入开展“回引人才助力乡村振兴”活动，常态化举办乡村振兴“擂台比武”。扎实推进村党组织分类推进整体提升三年行动，前王庄村建成全国红色美丽村庄。探索集体经济发展新路径，成立镇级国有公司4个、村级子公司56个，村党组织领办合作社501家。健全为民服务五项机制，提升城市基层党建引领基层治理效能。基层党建典型做法被《中国组织人事报》《中国城市报》等媒体刊发。

（四）持续推进全面从严治党

全面落实从严治党主体责任，扎实推进党风廉政建设。持之以恒纠治“四风”，查处问题34起、52人，给予党纪政务处分46人。坚持以严的基调强化正风肃纪，立案377件，给予党纪政务处分370人，采取留置措施3人。

二、主要工作与成绩

2022年，巨野县坚持以习近平新时代中国特色社会主义思想为指导，拼搏奋斗、开拓进取，各项工作取得新进展、迈上新台阶。实现地区生产总值424.85亿元，增长5.7%；完成一般公共预算收入33.57亿元，增长6.6%，总量全市第三；城乡居民人均可支配收入达到34092元、18222元，分别增长4.5%、7%。

（一）产业发展势头良好

对接省“十强”和市“231”产业，确立五大主导产业，由“一煤独大”向五大主导产业并举转变。出台“黄金32条”优惠政策，围绕重点产业延链、补链，签约过亿元项目132个，增长187%；落地过亿元项目96个，增长210%，省重点项目新列入和总数居全市第一位，产业集群优势逐步显现。文旅品牌持续壮大，制定两日游、三日游精品路线，成立麟州文化旅游发展有限公司，青龙山景区、县博物馆被确定为国家3A级旅游景区，核桃园镇付庙村入选省乡村旅游重点村。

（二）乡村振兴全面推进

高标准规划建设2个乡村振兴衔接推进区和4个乡村振兴示范片区，入选山东省农村综合性改革试点试验县。建设高标准农田11万亩，粮食总产13.4亿斤。省级现代农业产业园建设基本完成，规模以上农副产品加工企业达到86家，完成主营业务收入83亿元。肉鸭产业规模位居全国前列，蛋鸡存栏量全省第一，大蒜出口量全国第一。围绕“农村美”目标，建成美丽乡村196个、“美丽庭院”2.5万户，人居环境综合整治工作常年保持全市第一。

（三）城市面貌更加靓丽

编制城市风貌提升规划，启动麒麟大道、洙水河公园等城市风貌提升项目7个；新增绿化面积17.8万平方米，新增集中供热面积64万平方米，城区黑臭水体动态清零。有序供应建设用地，房地产市场保持健康态势。建设“智慧物业”20个，打造“智慧工地”7个，扬尘治理工作全市第一。树立“大城管”理念，全面启动“五城同创”，管理水平明显提升。

（四）民生福祉有效保障

民生支出占比达到82.6%。新建、改扩建学校31处，招聘教师500名。基本医保、大病保险、医疗救助三重保障水平持续提高，城乡低保、特困供养等救助标准提高10%。建成残疾人“如康家园”10处。深入开展蓝天、碧水、净土三大保卫战，环境空气综合质量指数同比改善7.8%，水环境质量持续改善，土壤环境质量总体稳定。常态化开展扫黑除恶专项斗争，深入开展夏季治安打击整治“百日行动”，全力化解信访积案，圆满完成“二十大”期间维稳安保任务，社会大局保持和谐稳定。

三、创新与经验

（一）党建引领城市基层治理成效突出

按照社区15分钟党群服务圈标准，探索“沿街临路选址—开发商代建—所有权归县政府—街道进行使用”建设模式，高标准规划建设22处5000—10000平方米的社区党群服务中心。选优配强城市社区党委班子，健全服务机制，坚持共建共治共享，探索出了一条具有巨野特色的县城城市党建引领城市基层治理新路径。

（二）优化营商环境效果明显

制定优化营商环境15条措施，先后出台了“店小二”服务、县级领导帮包企业（项目）、为重点企业颁发“惠商证”、行政执法检查事前备案、1—20日设为企业宁静日、利用麟智法APP实现执法全过程监督、每周召开企业恳谈会、一企一法律顾问、银行联系企业、企业家培训、麟州智库专家指导企业发展等一系列优化营商环境的真措施、硬措施，得到企业家的一致好评，在全市优化营商环境工作中起到了示范性、引领性作用。深化“放管服”和“一次办好”改革，全程网办事项占比98%，一窗受理事项占比99%，即办即结事项达到82.6%以上。

（三）绿色低碳转型扎实推进

积极推进历史遗留矿山生态修复，打造采煤塌陷地治理示范案例。聚焦灾害治理、资源回收、装备升级、智能开采等，不断推进煤炭资源开发集约节约利用水平，确保矿业高质量发展，荣获全国自然资源节约集约示范县称号。经验做法被国家发改委、省委办公厅转发。

（四）水资源节约集约利用持续加强

大力推进农业、工业、生活等领域节水，全面提升水资源利用效率。因地制宜推广和普及农业节水技术，提高农业灌溉用水计量率，严格限制高耗水工业项目的审批和建设，全县工业用水重复利用率达到85%以上，荣获全国节水型社会建设达标县称号。

中共郓城县委工作概况

县委书记　姜凌刚

一、组织概况与党的建设

郓城县共有85个基层党（工）委，219个党总支，1816个党支部，50919名党员。2022年，全县各级坚持以习近平新时代中国特色社会主义思想为指导，紧紧围绕新时代党的建设总要求，坚定不移全面从严管党治党，基层党建工作取得积极成效。

（一）持续深化政治引领

深入学习贯彻党的二十大精神，严格落实“第一议题”制度，县委理论学习中心组集体学习研讨12次，带动各级开展1000余次，及时跟进学习习近平总书记重要讲话精神，引导全县上下坚定拥护“两个确立”，坚决做到“两个维护”。县委书记姜凌刚当选党的二十大代表，2人当选全国人大代表，8人当选省人大代表，1人当选省政协委员，当选人数、当选层级实现了新突破。

（二）全面释放党建活力

实施村党组织带头人“头雁领航”工程，公开村党组织书记民生实事“亮诺、践诺”2764项，5个功能型党建示范片区成效明显，带动集体增收350余万元。持续开展“第一书记喊你回家”等活动，被人民日报评为“献礼建党百年”基层党建与民生发展优秀案例。党建引领基层治理、干部“选育管用”等做法被《人民日报》、新华社宣传报道。

（三）着力强化队伍建设

大力弘扬“踏实、扎实、朴实、老实，敢想、敢干、敢担、敢战”务实创新作风，全面落实新时代好干部标准，累计调整干部17批次、741人。始终坚持以“零容忍”态度惩治腐败，精准运用“四种形态”处置干部1526人次，其中第一种形态占比71%，惩治极少数、教育大多数的成效不断显现，全县上下人心思齐、人心思干、人心思上的氛围更加浓厚。

二、主要工作与成绩

2022年，郓城县深入学习贯彻党的二十大精神，聚焦旗帜鲜明讲政治、一心一意谋发展、坚持不懈惠民生“三个工作重心”，“实”字当头，“敢”字为先，迎难而上，苦干实干，经济社会发展各项事业取得明显成效。实现地区生产总值514.5亿元、增长2.5%，总量位居全市第二；一般公共预算收入达到37.3亿元、增长6.2%，总量位居全市第一、全省各县市第19位，比2021年前进3个位次；城乡居民人均可支配收入分别达到33563元、18378元，增长4.2%、6.5%；县级税收30.2亿元，总量位居全市第一；规模以上工业企业发展到424家，总量位居全市第二；规模以上工业总产值达到684.7亿元、增长8.1%，工业增加值增速达到6.2%，主要经济指标继续保持全市领先。

（一）疫情防控扎实有效

坚持人民至上、生命至上，果断处置“8•28”“9•14”等10余轮输入性突发疫情，精准消除40余次输入性病例扩散风险。累计发动2.6万多名党员干部奔赴抗疫一线，开展核酸检测7500万人次，以最小代价、最短时间打好了疫情防控阻击战，在全省、全市疫情防控最吃劲的时期，未向上级申请一名医护人员支援，完全依靠自身力量稳住疫情防控工作局面，处置做法得到省、市领导和专家组肯定。

（二）经济发展稳中有进

着力在招大引强、提档升级、培育动能上精准发力，新增“四上”企业140家、达到630家。入选省级重点项目11个、市级8个，数量创历年之最。县经济开发区、县化工产业园通过省级合规工业园区认定，县化工产业园纳入全国智慧化工园区创建范围。以纺织产业为突破口，推动传统产业提档升级，带动30多家纺织重点企业向非棉化、多元化转型。新增省级以上专精特新企业9家、高新技术企业 15 家，恒基集团入围“2022 鲁企 300 强”。郓城入选全市上市公司孵化聚集区试点。

（三）城市功能显著提升

以全国文明城市创建为抓手，深入实施雨污分流治理、老旧小区提升等 14 个专项行动。新建续建城区道路 18 条、11.8 千米，新建改造雨污管网 48 千米，整治提升背街小巷 103 条，改造提升老旧小区 19 处、惠及群众 2 万多人。持续巩固“三小车辆”治理成果，城乡公交一体化达到省 5A 级标准。建成投用游客集散中心、老年大学等重点工程，鲁西南战役指挥部旧址纪念馆入选全省首批中华优秀文化专题实践教学基地。

（四）乡村振兴成效明显

稳步实施“1+11+N”乡村振兴框架体系，整县制推进高标准农田建设，总量达到 143 万亩，粮食总产超过 26 亿斤，被认定为国家级小麦制种大县。新增新型农业经营主体 152 家、达到 5773 家，新建成省级美丽乡村示范村 5 个，新增市级以上文明村 46 个，美丽庭院达到 2.8 万户。耕地保护工作成效列全省第二名，获评“省级耕地保护激励县”。张营－丁里长示范区入选首批乡村振兴齐鲁样板省级示范区。

（五）民生福祉持续增加

围绕办好满意的教育，纵深推进便民教育、激发教师队伍活力、提高教育教学质量 3 项工程，全省教育招生考试工作调研会在郓城召开。围绕提供优质的医养，探索组建县域紧密医共体试点，县人民医院入选国家“千县工程”名单。围绕打造舒畅的交通，新提标升级农村公路 150 余千米，郓城新河航道获省发改委批复立项，被评为全国“四好农村路”示范县。群众满意度由 2021 年全省 107 名上升 48 个位次、达到 59 名，上升幅度全市第一、全省第七，实现了连续两年的大幅提升。

（六）发展底线不断筑牢

扎实开展扬尘治理、“四清”等攻坚行动，$PM_{2.5}$ 平均浓度全市最优，$PM_{2.5}$ 和 PM_{10} 改善率位居全市第二，3 条出境河流断面水质达到地表水四类水质标准。深入推进安全生产专项整治三年行动，安全生产事故起数下降 50%、死亡人数下降 57.1%。强化“有解”“归零”思维，重塑信访接访流程圆满完成重点时间节点维稳安保任务。同时，牢牢守住金融风险等底线红线，常态化推进扫黑除恶斗争，群众满意度和安全感不断增强。

三、创新与经验

（一）持续开展“大调研”活动

连续两年开展“大调研”活动，坚持以系统思维谋划全局，扎实开展调查研究，踏实谋划全年工作。全县各级各部门立足工作实际，突出“定目标、找差距、挖根源、理路径、明重点、强措施”六要素，深入基层一线和企业，广泛听取意见建议，找问题、出对策、办实事、求突破，先后形成制度机制 100 余项，全面激发事争一流、唯旗是夺的精气神。

（二）扎实开展作风、法治、文明“三个建设年”活动

坚持以作风建设激发创业动力、以法治建设释放市场活力、以文明建设汇聚发展合力，让广大党员干部在“工作谋划、攻坚克难、为民服务、优化环境、正风肃纪”上锤炼作风、检验作风，扎实做好党委政府法治水平提升、重点案件攻破、行政专项执法、全民法治教育等 4 项重点工作，大力弘扬诚实守信、遵守法纪、崇尚科学、节俭朴实“文明四风”，制约郓城县快速高质发展的一批矛盾问题得到有效破解。

（三）积极探索“枫桥经验”郓城实践

开展城建领域信访问题攻坚，在全县 51 个开发区块成立“四个一工作专班”（一名县级干部、一名局长、一名开发企业负责人、一名属地领导班子成员），创新推行“四个一模式”（开好一次见面会、发放一张联系卡、建立一套工作台账、制订一个整改计划），县委书记带头在全县公开联系方式，建机制、强措施、压责任。

中共鄄城县委工作概况

县委书记　孙　伟

2022 年，鄄城县委坚持以习近平新时代中国特色社会主义思想为指导，深入学习宣传贯彻党的二十大精神，紧紧围绕建设“现代农业大县、新型工业强县、文化旅游名县”目标任务，以“一二三四”工作目标为统领，以“十条工作主线”为方向，统筹推进疫情防控和经济社会发展，扎实做好稳增长、调结构、促改革、优生态、惠民生、防风险等各项工作，主要经济指标增速位居全市前列。获评山东省县域经济高质量发展进步县，入选稷夏全国县域经济投资潜力百强县，位列第 39 名。

一、组织概况与党的建设

鄄城县辖 17 个镇街，1 个省级经济开发区，1682 个基层党组织，385 个行政村基层党组织，5 个城市社区党委，37161 名党员。2022 年，鄄城县委坚持党建引领，创新探索以“阵地建设”“干部培育”“集体增收”“品牌打造”为载体的“四位一体”工作模式，推动党建工作全面从严、全面进步、全面过硬。

（一）聚焦阵地建设“规范化”，筑牢党建引领的“桥头堡”

分类做好村党组织三年行动计划，深入开展党支部规范化建设，29个强基村问题全部整改完成，全县385个村级活动场所实现楼房化全覆盖。高标准打造2个1000平方米以上社区党群服务中心，5个社区达到300平方米以上。17个镇街实现了党校全覆盖，其中3个镇的党校建设达到了省级标准化要求。

（二）聚焦干部培育“择优化”，用好党建引领的“带头人”

深入推进“薪火工程”，持续完善干部考核评价体系，做深做实干部政治素质考察，先后举办了新任职科级干部培训班、中青年干部培训班、新型智慧城市建设专题培训班等班次，63名村党组织书记纳入专业化管理，199人次干部得到调整，300余名高端人才柔性引进。

（三）聚焦集体增收“多样化”，夯实党建引领的“硬支撑”

探索建立镇村两级国有企业盘活村级资源，积极推广“大田托管”运行模式，鄄城县凤凰镇已构建1个镇级国企+4个村级子公司的试点布局，大周寺村丰禾凰品发展有限公司已初见成效，各中央财政扶持资金项目建设正有序推进，全县385个行政村集体收入全部5万元以上。

（四）聚焦品牌打造“效应化”，激发党建引领的“新活力”

按照“一带四区”规划，指导15个镇打造“一镇一品”特色品牌示范片区，动员3个县属国企帮扶6个市级示范片区创建点。旧城镇“黄河情·高效农业示范片区”、彭楼镇中药材示范片区、阎什镇红旗高扬示范片区已基本建设完成，富春镇发制品特色产业示范片区已初见成效。

二、主要工作与成绩

2022年，鄄城县地区生产总值达到293.5亿元，同比增长4.5%；实现一般公共预算收入15.89亿元，同比增长12.3%；城乡居民人均可支配收入分别为30240元、17596元，同比增长4.8%、7.3%。

（一）乡村振兴获得新成果

把握黄河重大国家战略机遇，聚焦农业强、农村美、农民富，现代农业产业园建成投产，中药材战略储备库、农博智慧城等一批农业“新六产”项目稳步推进，菏泽众客、中禾健元、鸿翔牧业等农业龙头企业强劲发力，新型农业经营主体迅速崛起，农民专业合作社发展到4399家，全县土地流转规模已达到59.17万亩，红船毛木耳、彭楼油菜、什集绿色韭菜、彩虹吊西瓜及古泉无公害西红柿等五处基地蓬勃发展，大埝镇被评为省级农业产业强镇，阎什镇被认定为省级乡村振兴示范镇。

（二）城镇建设取得新业绩

坚持规划引领，全县15个镇国土空间规划编制已有初步成果，中心城区水网、交通、物流、停车场等基础设施建设一体化科学有序推进，全年新增绿化面积15.1万平方米、街头公园5处，新铺设雨污水管网33.5千米，江南学府、时代馨苑等片区建设有序推进，鄄郓高速、濮新高速及两座黄河公路大桥建设顺利，鄄菏公路、金堤路、旅游路等道路改造提升加速推进，濮水公园、历山公园、金山公园公共设施更加完善，文化馆、图书馆等市民休闲区域服务功能逐步强化。

（三）民生福祉实现新提升

聚焦提升教育卫生、文化体育、社会保障、社会治理等基本公共服务，积极实施职业教育创新发展高地工程、大班额学校建设工程等四项工程，全面完成古泉、箕山等8处卫生院升级改造，4月份、9月份、11月份出现的聚集性疫情都得到快速有效的处置，全县城乡居民养老保险参保人数达到52.1万人，新增返乡创业5147人。全县空气质量$PM_{2.5}$、PM_{10}同比改善8.16%、8.99%；孔河岩断面总体为四类水质，达到省约束目标。圆满完成北京冬奥会、全国“两会”、党的二十大等维稳安保任务，全县群众信访登记件数、人次相比同期分别下降11.93%、17.23%。

三、创新与经验

（一）确立了一个正确思路

牢记习近平总书记视察菏泽殷殷嘱托，围绕建设“现代农业大县、新型工业强县、文化旅游名县”的奋斗目标，立足发展新起点，在县第十五次党代会上确立了“一二三四”的发展思路。以“十条工作主线”为抓手谋篇布局，涵盖党的建设、深化改革、安全生产、信访维稳、生态环保、乡村振兴、产业项目、招商引资、文化旅游、城镇化建设等十项重点工作，建立定期调度、专项督导、科学考核等机制，开启了鄄城“跨越赶超、后来居上”新征程。

（二）谋划了一批产业项目

着力强龙头、补链条、聚集群，全年外出招商114次、线上签约5次，“一区四园”产业平台和“一体四翼”产业布局扎实推进。特别是将生物医药和新能源新材料等战略新兴产业作为发展重点，比如以龙蟠山东科技产业园为核心的新能源新材料产业异军突起，龙蟠山东科技产业园项目涵盖7期项目，前三期项目产销两旺，四至六期项目均将于年底投产，七期项目计划6月底开工。同时，全球知名的锂离子电池负极材料生产企业贝特瑞公司拟在鄄城投资建厂，江苏华盛电解液添加剂项目也正在对接中。随着这些项目陆续落地建设、投产达效，将形成涵盖“锂电池正、负极材料—电解液—电极基材—锂电隔膜—锂电池回收”的较为完备的锂电产业链，推动锂电产业集群向千亿级产值迈进。

（三）创新了一批体制机制

聚焦突破体制机制藩篱，持续释放改革活力，形成一系列可复制可推广的改革创新成果。比如，以“十条工作主线”为抓手，抓住了工作中的主要矛盾和主要方面，解决了“重点干什么”的问题。以“企业秘书”制度为抓手，扎实做好疫情防控和工业经济平稳运行，解决了“应该怎么干”的问题。注册资金2.85亿元创建鄄城县财金投资集团有限公司，持续盘活县内闲置资源及低效企业，解决项目用地紧张难题。除此之外，党建+乡村振兴、“一区四园”等一批经验做法，先后被新华社、省委办公厅、省委改革办等宣传推广。

中共东明县委工作概况

县委书记　孙迁国

一、组织概况与党的建设

2022年，东明县辖12个乡镇、2个街道，408个村（居），总人口88万人。共有基层党（工）委36个，党总支144个，党支部1300个，党员34823名。

（一）狠抓政治建设，强化思想引领

始终把政治建设放在首要位置，坚持不懈用习近平新时代中国特色社会主义思想和党的二十大精神凝心铸魂。严格落实“第一议题”制度，县委常委会研究工作，首先学习习近平总书记有关重要论述。守牢意识形态主阵地，各类负面舆情同比下降29.8%。

（二）狠抓基层党建，夯实组织基础

始终把抓好党建作为最大政绩，狠抓基层组织建设，51个城市党支部实体化运转，21个滩区多村融合村台全部成立新村党委，14个抓党建促乡村振兴示范片区稳步推进，343个村集体经济收入超过10万元。

（三）狠抓队伍建设，激发干事活力

加强干部选育管用，调整干部14批次216人。加强干部教育管理，开办培训班次12个，培训党员4.3万人次。抓好人才工作，创建市级以上创新研发平台102家，柔性引进各类专家人才4593人。

（四）从严正风肃纪，净化政治生态

锲而不舍纠治“四风”，查处“四风”问题38起，给予党纪政务处分41人。坚持“零容忍”态势惩治腐败，立案340起，党纪政务处分362人，同时，抓好巡视、巡察、审计反馈问题整改工作，政治生态持续优化。

二、主要工作与成绩

2022年，东明县坚持以习近平新时代中国特色社会主义思想为指导，高效统筹发展和安全，大力推进主体功能区战略，经济社会持续健康发展。全县地区生产总值突破500亿元大关，总量稳居菏泽市前三位；完成一般公共预算收入29.6亿元、增长20.2%，增幅居全市第一位；全部税收98.6亿元、增长42.3%，总量居全市第一位；规模以上工业营业收入1481亿元，总量居全市第一位；进出口总额325亿元，占全市总量的一半以上。

（一）北工南农全面起势

主动融入黄河重大国家战略，按照“北工南农”总体思路，统筹空间布局，优化要素配置，功能区建设加力提速。“北工”整体跃升，全力抓好项目建设，累计实施重点项目60个。劲海化工100万吨资源综合利用、旭阳集团己内酰胺一体化、瑞华新材料轻芳烃联产等项目竣工投产；东明县医药产业园、瑞纶新材料等项目加快建设；东明石化30万吨UPC科技试验工程开工建设，重点项目保持梯次推进格局。“南农”强势开局，将东新农场作为“南农”发展的战略支撑点，加速实施东新农场、东新公社、东新小镇“三新田园”建设，驻地424户拆迁工作已全部完成，收回土地3500亩，与山东杨湖酒业、解氏药业、蓝城集团签订战略合作协议，发展优质高粱、牡丹、芍药等特色种植，土地效益全面提升。滩区“清四乱”、旧村复垦全面完成，滩区发展潜能被彻底激活。

（二）改革活力充分释放

创新建立“改革+”“四位一体”协作、全流程联合督察等工作机制，加快推进重点领域改革，105项年度改革任务、30项全省共性攻坚任务、19项省级以上试点工作有序推进。深入实施“营商环境创新提升”行动，着力深化“证照分离”、全生命周期集成等改革，积极建设“无证明之县”，“明快办”品牌更加响亮。

（三）城市面貌显著改善

用好“大城建”模式，实施重点城建工程33项，新建改建三八路、解放路等城区道路9条，242个城区雨污分流改造工程彻底实现“两清零、一提标”；北部新区城市设计、控制性详细规划加紧修编，县融媒体中心、大剧院、综合体育馆等重点项目加快建设，新区建设全面起势；持续抓好片区征迁工作，北王寨、淄博工业园、三袁两赵等片区征迁项目稳步推进。

（四）乡村潜能有效激发

坚决扛牢粮食安全政治责任，粮食总产稳定在20亿斤以上。扎实开展乡村建设行动，菜园集、大屯“两新”融合示范区工程主体完工，大屯、刘楼全域土地综合整治工作稳步推进，“陆圈－武胜”示范区顺利通过省级验收，被认定为首批山东省乡村振兴齐鲁样板省级示范区。农村人居环境整体面貌显著改善，弱电整治等典型经验做法在全市推广。

（五）民生福祉持续增进

努力办好人民满意教育，新建、续建中小学校、幼儿园14处；扎实推进“民转公”工作，压减民办义务教育学校在校生2.2万人；创新实施“公交助学、合校并点”工程，惠及学生4000余人。全力加快县妇幼保健院儿保楼、县中医院新院区、县第三人民医院新院区建设，医疗服务水平不断提高。

三、创新与经验

（一）积极探索、创新作为，主体功能区建设全面起势

东明县坚持因地制宜、统筹规划，实行“宜工则工、宜农则农”，将北部5镇划为工业发展区、南部9乡镇划为生态保护区，研究出台一系列政策文件，建立起工业反哺农业、绿色农业发展、生态环境治理三项机制。在北部功能区，围绕延链补链强链，狠抓重点项目建设，持续提升园区承载能级；在南部功能区，坚持以东新农场为战略支撑点，大力发展现代农业，蹚出了沿黄地区绿色低碳发展路子。

（二）完善机制、加大力度，滩建后续工作加速推进

东明县聚焦滩区迁建后半篇文章，依托滩区土地、人口、生态优势，着力推行创新基层治理体系、创新产业发展路径、创新服务供给模式、创新生态治理机制“四创”模式，一体推进新村治理、产业就业、公共服务和生态环境建设，促进滩区一二三产协同发展，构建起新村融合发展新路径，昔日黄河滩区旧貌换新颜。

高校党委工作

山东大学党委工作概况

党委书记　郭新立

一、组织概况

山东大学党委所属二级单位党组织72个，其中，党委66个，直属党总支3个，直属党支部3个；基层党组织1194个。现有党员总数28333人，其中，教职工党员9845人，学生党员15387人（本科3494人，研究生11893人），离退休党员2852人，流动党员249人。

二、主要工作与成绩

2022年，山东大学不断增强用习近平新时代中国特色社会主义思想“金钥匙”指导办学治校的政治自觉，紧扣学习宣传贯彻党的二十大精神主题主线，深刻领悟“两个确立”的决定性意义，增强“四个意识”、坚定“四个自信”、坚决做到“两个维护”，持续以高质量党建引领学校高质量发展。

（一）把牢政治建设统领作用，充分彰显党的领导优势

认真贯彻落实党委领导下的校长负责制和民主集中制，聚焦从根本上破解“两张皮”，深化完善学校党委、学院党委、党支部、党员“四个作用”的特色模式。深入落实“第一议题”制度，2022年度组织校级党委理论学习中心组学习13次，谋划提出推动立德树人和七大战略提档升级的战略思路。全面学习、全面把握、全面落实党的二十大精神取得阶段性成果，《光明日报》整版报道学校的先进经验做法。加强党的创新理论研究阐释，3个智库入选“中国智库索引”高校百强智库。深化中央巡视整改，高质量完成配合国家审计工作，扎实推动意识形态工作责任制和网络舆情应对管理落深落细，党的全面领导显著增强。

（二）发挥思想建设引领作用，全面提升立德树人成效

开展“五育协同育人工程”，承担3项教育部“时代新人铸魂工程”，创建“1+1”心理健康教育工作机制，全面提升学生体质健康水平，毕业生就业率达97%。深化“三全育人”综合改革，建立辅导员“1+N”制度体系，“大思政”工作格局进一步优化完善。“四新”建设和专业“优特新”建设扎实推进，创刊《新文科理论与实践》，国家级一流本科专业建设点总数位列全国第六，高水平慕课数量居全国第五。持续打造“五堂一院”拔尖创新人才培养升级版，获评首批国家级创新创业学院。山大学子连续五年获宝钢优秀学生特等奖，大学生竞赛排行榜成绩稳居国内高校前列。

（三）深入实施人才强校战略，建强高素质干部人才队伍

坚持干部人才“双轮驱动”，出台《关于加强和改进新时代人才工作的实施意见》，谋划校领导班子、中层领导班子、科级干部队伍建设的实招硬招，督促深化人事人才体制机制2.0改革。强化干部培养历练，针对性培养交流106人，校内双向挂职58人，校外挂职锻炼57人。战略人才队伍不断壮大，新增4位双聘院士、14位领军人才、58位“四青”人才，增量居全国高校前列，1个团队获评“全国高校黄大年式教师团队”。全面加强师德师风建设，严把教师聘用考核政治关、品德关，开展教师思政状况专项调研，2022年度发展专任教师党员33人，其中高层次人才6人。

（四）筑牢基层党建根基，强化党建引领基层治理

推动基层党建与疫情防控、安全稳定、事业发展深度融合。注重各领域党建工作精准分类指导，建立基层党建工作联系点，优化二级单位党建考核体系，开展规范党务工作专项行动，7个基层党组织入选全国和山东省党建工作“双创”培育创建单位。强化党建引领基层治理，出台附属医院、校属企业、离退休等领域党支部工作指导标准，着力增强基层党组织政治功能和组织功能。

（五）从严从实推进作风建设，持续增强纪律规矩意识

召开2022年全面从严治党工作会，深入落实“一办法三清单”。严格贯彻中央八项规定及其细则精神，坚持不懈纠治“四风”，制度化落实“一线规则”，制定实施《校领导联系学院工作实施细则（试行）》《进一步精简会议、提高会议质量的若干措施》，深入破解形式主义、官僚主义。开展廉政风险排查防控专项行动，建立党委、纪委共同约谈机制，严肃问责。扛牢纪检监察体制改革政治责任，制定《山东大学纪检监察机构改革方案》，实现一校三地“机构、职能、人员”一体化，经验做法先后13次被中纪委专题报道。

（六）织密织牢校园安全防线，全力维护校园安全稳定

贯彻总体国家安全观，坚持“3D”工作法，健全完善“1+8+8”安全管理机制，探索形成“1+N”网格化管理服务体系，实现安全专项巡视全覆盖。创新完善学校统筹、校区为主的应急处置体系，圆满完成“万人转运、9月最难开学季、平稳度过年底感染高峰、顺利组织研究生入学考试”等急难险重任务，动态调整学校防控策略，加强内协外联，从严从实做好疫情防控工作。全面建设平安山大，坚持以政治安全为本，持续优化各项安全工作，不断提升防范化解安全风险的能力，坚守学校安全发展底线。

三、创新与经验

（一）必须坚定拥护“两个确立”、坚决做到“两个维护”作为最高政治原则和根本政治规矩，牢记“国之大者”，坚持社会主义办学方向，贯彻党的教育方针，确保为党育人、为国育才等决策部署落地生根。

（二）必须坚定不移全面从严治党，充分发挥政治引领和政治保障作用，统筹推动立德树人和发展战略提档升级，更好服务“国之大者”。

（三）必须坚定不移贯彻以人民为中心的发展思想，把以师生为本、为师生服务作为重要任务，充分回应人民对高质量高等教育的迫切需求。

（四）必须坚定不移打创新牌、走开放路，以创新优化制度供给、以开放激发内生动力，全面提升治理现代化水平，深入探索“中国特色、世界一流、山大模式”的发展之路。

（五）必须坚定不移弘扬“团结奋斗、真抓实干”的风尚，永葆“追求卓越、只争朝夕”的精神状态，增强历史主动，奋力谱写中国式现代化的山大篇章。

附：党委书记、副书记、常委名单

书　记：郭新立

副书记：李术才　张永兵　陈向阳　王君松　陈宏伟

常　委：郭新立　李术才　张永兵　韩圣浩　芦延华　陈向阳　刘建亚　王君松　陈宏伟　吴　臻　易　凡　桑晓旻　曲明军

中国海洋大学党委工作概况

党委书记　田　辉

一、组织概况

中国海洋大学是一所海洋和水产学科特色显著、学科门类齐全的教育部直属重点综合性大学，是国家“985工程”和“211工程”重点建设高校，2017年入选国家“世界一流大学建设高校”（A类）。

截至2022年底，学校共有教职工4025人，在校生34000余人。学校党委下设二级党组织32个；基层党支部460个，其中，教职工党支部162个，学生党支部298个。共有党员13462人，其中，教职工党员2960人，学生党员10502人。

二、主要工作与成绩

（一）坚持政治统领，坚决贯彻落实习近平总书记重要讲话精神，深入学习宣传贯彻党的二十大精神

深入学习贯彻习近平总书记考察三亚海洋研究院重要讲话精神。2022年4月10日，习近平总书记到中国海洋大学三亚海洋研究院考察并发表重要讲话。学校党委作出关于深入学习宣传贯彻习近平总书记考察三亚海洋研究院重要讲话精神的决定，制定分解落实方案，全力抓好贯彻落实，切实转化为推动学校高质量发展的强大动力。

深入学习宣传贯彻党的二十大精神。制定实施迎接学习贯彻党的二十大方案，时任山东省委书记李干杰到校宣讲党的二十大精神，精心组织安排推动，迅速兴起学习宣传贯彻热潮。推动党的二十大精神进教材、进课堂、进头脑，切实把师生的思想统一到党的二十大精神上来。

把习近平总书记重要指示批示精神和党的二十大精神贯彻落实到第十一次党代会筹备全过程。成立学校第十一次党代会筹备工作领导小组，扎实做好第十一次党代会代表选举和第十一届党委委员、纪委委员候选人酝酿推荐等各项筹备工作。坚持政治性、全局性、战略性、创新性、科学性、民主性，高水平高质量起草党委工作报告、纪委工作报告，将贯彻落实习近平总书记重要指示批示精神和党的二十大精神作为主线贯穿其中，为学校贯彻党的二十大精神提供战略安排和总施工图，为引领推动学校未来发展提供纲领性文件。

（二）坚持全面从严治党，党的领导和党的建设全面加强

党的政治建设不断深化。深入落实学校党委关于加强党的政治建设的实施方案，坚持和完善党委领导下的校长负责制，严格执行“第一议题”、重大事项请示报告制度，严格执行议事决策制度。成立、调整校级议事协调机构19个，增强党委把方向、管大局、议大事能力。

宣传思想文化工作扎实有效。组织党委理论学习中心组集中学习12次。完成《中国海洋大学史》初稿。成立百年校庆筹备工作委员会及校庆工作办公室，启动百年校庆筹备工作。积极探索引领青年大学生成长的“海味”文化育人模式，工作案例被中央教育工作领导小组秘书组刊发。

干部队伍建设规范有力。完成学校行政领导班子换届，优化班子成员分工。完成12个院、系行政班子换届及届中调整。新提拔中层干部38名，完成30名中层干部试用期满转正考核、45名中层干部岗位调整。选派12名优秀干部人才赴校外挂职交流。

基层党组织建设不断加强。学校党委入选“全省党建工作示范高校”培育创建单位，水产学院党委等6个基层党组织入选全国、全省党建工作标杆院系、样板支部培育创建单位。1个党支部通过第二批全国高校党建工作样板支部验收。新发展党员2100人。

全面从严治党向纵深推进。制定政治监督重点任务清单，深化政治监督，健全完善巡察整改日常监督机制，开展巡察整改“回头看”。深化整治“四风”顽瘴痼疾，开展作风建设提升行动，营造风清气正、干事创业的良好政治生态。

疫情防控和校园安全稳定工作扎实有力。坚决落实党中央决策部署，建立多方协同、校地联动、平战结合、高效有力的防控工作体系，始终让党旗高高飘扬在防控一线，团结带领广大师生员工齐心协力、众志成城，坚决打赢世纪疫情的阻击战、遭遇战、防控战，有力保障维护了师生生命健康。统筹抓好各类安全工作，实现重大时间节点零事故，打赢了校园政治保卫战，确保校园和谐稳定。

（三）坚持抓好重点工作，特色显著的世界一流大学建设取得重要成就

人才培养取得新成效。扎实推进“三全育人”，入选教育部“一站式”学生社区综合管理模式建设自主试点单位。16个专业入选国家级一流本科专业建设点，9个专业入选山东省一流本科专业建设点，入选国家工程硕博士培养改革专项首批试点高校，32项教学成果获省级教学成果奖。

学科实力取得新提升。大力推进“特色登顶”“生命提升”“工科跨越”“文科繁荣”“基础夯实”“交叉创新”等学科建设举措，海洋科学和水产再次入选国家“世界一流”建设学科。海洋科学、水产、食品科学与工程、生物学等学科取得出色成绩。

科研工作实现新提高。科研经费连续两年突破9亿元大关。国家自然科学基金各类项目立项首次突破200项。包振民院士获光华工程科技奖、2022年度山东省科学技术最高奖，刘勇教授获“科学探索奖”，崔洪芝教授获2021年度青岛市科学技术最高奖。联合申报的全国海洋食品领域唯一的全国重点实验室获立项建设。

服务国家重大需求和经济社会发展展现新作为。牵头筹建的崂山实验室挂牌成立。着力打造蓝色种业中心，推进建设海工装备创新中心，两个实验室入选山东省高等学校文科实验室。抗肿瘤Ⅰ类新药BG136成为国际首个进入临床试验的免疫抗肿瘤海洋多糖类药物。与海尔集团等知名企业深入开展校企合作，服务齐鲁取得新成效。高质量完成定点帮扶云南绿春任务目标，助力乡村全面振兴。

积极拓展对外开放新格局。与汉堡大学等14所境外高校和科研院所签署合作协议。海洋大数据与人工智能学科创新引智基地获批立项，“111计划”引智基地总数达7个。扩大“海上丝绸之路”沿线国家及海洋岛国的优秀来华留学生源，培养“知华友华”国际人才。

支撑保障能力得到新增强。西海岸校区一期建成并投入使用，首批5个学院、7000余名师生整体搬迁进驻。占地约70亩的三亚海洋研究院二期项目获立项批复，即将开工建设。4.8万平方米的生命科技大楼主体封顶。“东方红2”船大修工程启动实施，“东方红3”船高水平运行。新一轮“四方共建”扎实推进。

民生问题解决取得新突破。与北京师范大学签署共同管理附属实验学校协议，附属实验学校将于2023年建成开学。完成浮山校区教师公寓、西海岸校区教师公寓的选房工作和崂山区产权型、租赁型人才住房配售配租工作。崂山校区中海苑学生宿舍投入使用。

三、创新与经验

学校党委认真学习贯彻习近平总书记关于教育的重要论述，深入落实《深化新时代教育评价改革总体方案》部署要求，聚焦师德师风、教育教学、分类指导、水平贡献等方面，充分发挥人才评价“指挥棒”作用，进一步调动发挥教师活力和动力，推动建设一支高素质专业化创新型教师队伍。

（一）聚焦师德师风，严格落实第一标准

出台师德考核办法，健全日常考察和年度考核相结合的师德考核体系，将师德师风建设贯穿职称评审、岗位聘用、人才引进等教师管理服务全过程。修订职称评聘文件，完善评聘程序，将师德考核结果作为前置程序、首要依据，做到“逢评必审”，严格落实“一票否决”。建立师德考核负面清单和典型案例通报制度，强化警示教育，引导教师做到以德立身、以德立学、以德施教。

（二）聚焦主责主业，注重教育教学实绩

全面落实教授为本科生上课制度；取消按照科研论文数量作为申报教学突出类高级职称前提条件的限制；优化教学评价指标设置，将参加教学比赛、建设一流本科课程等纳入评价范围；加强教研项目评价，对教学突出类教师单列晋升指标。青年教师晋升高一级职称，至少须有一年担任辅导员、班主任等学生工作经历。

（三）聚焦分类指导，完善多元评价体系

按照“理科”“工科”“人文”“社科”“体育艺术”和“教学业绩突出”等类别分别设置职称申报要求。实施思政课教师职称评定单列指标、单设标准、单独评审，为思政课教师开辟职称评聘“绿色通道”。规范学术论文指标使用，将论文发表数量和引用情况、期刊影响因子等仅作为评价参考，不以论文相关指标作为前置条件和判断的直接依据。完善“代表性成果”评价机制，将项目报告、技术报告、教学成果等纳入考评范围。完善同行专家评审机制，建立结构合理、专业齐全的外审专家库。

（四）聚焦成果价值，突出实际贡献导向

鼓励教师开展“从 0 到 1”的重大基础研究和“卡脖子”关键技术攻关，对于取得重大基础研究和前沿技术突破、解决重大工程技术难题、在经济社会事业发展中作出重大贡献的教师，可破格参评，不受论文、项目等成果数量限制。更加注重成果实际贡献，引导教师加强科研成果转化，服务地方经济社会发展。完善科研成果转化业绩的考核，建立科技成果转移转化绩效评价机制，将专利和科技成果转化等纳入评价内容；充分认可人文社科领域教师在智库建设等方面的贡献，将决策咨询报告采用情况等作为重要评价指标。

附：党委书记、副书记、常委名单

书　记：田　辉

副书记：于志刚　张　静　卢光志　杨茂椿

常　委：田　辉　于志刚　张　静　卢光志　杨茂椿　王剑敏　刘　勇　范其伟

中国石油大学（华东）党委工作概况

党委书记　王　勇

一、组织概况与党的建设

中国石油大学（华东）始建于 1953 年，是教育部直属全国重点大学，是国家“211 工程”重点建设和开展“985 工程优势学科创新平台”建设的高校。2017 年、2022 年均进入国家“双一流”建设高校行列。截至 2022 年 12 月，学校已形成“两校区一园区”（青岛唐岛湾校区、古镇口校区以及东营科教园区）的办学格局。

学校党委下设 22 个院级党委，截至 2022 年 12 月，全校党员 11717 人，其中，在岗职工党员 2498 人（教师党员 1319 人），离退休党员 878 人，其他党员 21 人，学生党员 8320 人（在校本科生党员 3398 人，研究生党员 4922 人）。全年发展党员 1990 人，其中，在岗职工 18 人，学生 1972 人。

2022 年，中国石油大学（华东）深入学习贯彻习近平新时代中国特色社会主义思想和党的二十大精神，坚持党建统领、改革先行、优化布局、合作发展的办学思路，坚持特色发展、内涵发展，奋力推进高质量发展，学校各项事业取得显著进展，全面开启了建设中国特色能源领域世界一流大学的新征程。

（一）学习宣传贯彻党的二十大精神

2022 年，学校将学习宣传贯彻党的二十大精神作为全校的首要政治任务，开展党的二十大精神专题培训，完整、准确、全面领会党的二十大精神。邀请知名专家学者开展专题讲座，遴选优秀代表参加全国和山东省党员教育示范培训班，利用中国教育干部网络学院等平台开展网络培训，积极推动学校领导和各级党组织书记以讲党课、专题辅导报告、组织生活会和专题研讨会等形式宣传贯彻党的二十大精神。为全校党支部配发学习用书，督促党支部开展主题党日活动，兴起学习宣传贯彻党的二十大精神热潮。

（二）召开学校第十二次党代会

全面回顾总结了第十一次党代会以来所取得的显著办学成就，提出建设中国特色能源领域世界一流大学的奋斗目标、基本内涵、战略安排，对未来五年学校高质量发展的重点任务作出了全面部署，对坚定不移全面加强新时代党的建设提出明确要求。第十二次党代会提出的“坚持特色发展、内涵发展，奋力推进高质量发展，建设中国特色能源领域世界一流大学”是学校党委全面贯彻落实习近平总书记“能源的饭碗必须端在自己手里”殷殷嘱托作出的一项关系全局的重大战略考量，也是学校面对党和国家的新期盼、高等教育的新形势、服务国家能源战略的新使命展现出的历史自觉与时代担当，标定了学校发展新的历史方位和奋斗目标。

（三）干部队伍进一步优化

坚持党管干部、民主集中制、德才兼备、注重实绩、任人唯贤、人岗相适的原则，突出贡献导向和为事业选人用人的工作导向，协助教育部完成学校行政领导班子换届，完成部分单位的干部调整配备和中层干部试用期考核。通过干部换届与岗位调整，推动干部队伍建设水平实现整体提升，为学校高质量发展提供坚强组织保证。

（四）基层党建成效显著

压实基层党建工作责任，推进“对标争先”建设计划，“国家－省级－校级”三级培育体系更加完善。推进基层党组织规范化、制度化和标准化建设，基层党组织的政治功能和组织力不断增强，以高质量党建引领高质量发展取得新成绩。学校党委入选山东省党建工作示范高校，2个学院党委入选全国和山东省党建工作标杆院系，4个党支部入选全国和山东省党建工作样板支部，研究生纵向党支部建设的典型经验做法得到省委主要领导的肯定性批示。

（五）全面从严治党深入推进

着力完善校院两级落实全面从严治党“主体责任清单”和党风廉政建设责任分工，压紧严实各级党组织管党治党政治责任，推动党委主体责任、纪委监督责任贯通协同。对4个二级党委开展常规巡察，完成首轮校内巡察全覆盖，对发现的具体问题以有力措施推动整改。着力推进监督精准高效，将推动定点帮扶、黄河流域生态保护和高质量发展等任务落实情况纳入政治监督活页，建立台账清单，推动责任有力有效落实。通过扎实有效的巡察和监督，推动解决了一些事关学校高质量发展、师生关注度高的现实问题，有力有效地推进全面从严治党向基层党组织延伸拓展，营造了清正廉洁、追求卓越的校园氛围。

二、主要工作与成绩

截至2022年底，学校有矿产普查与勘探、油气井工程、油气田开发工程、化学工艺、油气储运工程5个国家重点学科，以及地球探测与信息技术、工业催化2个国家重点（培育）学科。工程学、化学、材料科学、地球科学、计算机科学、环境与生态学、社会科学总论7个学科领域进入ESI全球学科排名前1%，其中工程学、化学、地球科学学科进入ESI全球学科排名前1‰。石油与天然气工程、地质资源与地质工程2个一级学科入选国家“双一流”建设计划。截至2022年12月，学校有14个博士学位授权一级学科，7个博士学位授权自主设置二级学科，9个博士学位授权自主设置交叉学科，4种博士专业学位授权类别，33个硕士学位授权一级学科，15种硕士专业学位授权类别，70个本科专业，11个博士后流动站。

2022年，学校全面贯彻人才强校战略，构建人才汇聚的高地，深入实施“光华学者计划”人才引育工程，面向海内外著名高校和科研机构等招聘教师和师资博士后108人，新增国家级重点人才工程入选者6人，山东省重点人才工程入选者25人，其中，国家杰出青年科学基金获得者1人，长江学者讲席学者1人，国家重点研发计划首席科学家1人，国家优秀青年科学基金获得者4人。勘查技术与工程专业教师团队入选第二批“全国高校黄大年式教师团队”，1人获中国青年科技奖，1人获中华国际科学交流基金会杰出工程师奖，2人获中国石油和化学工业联合会青年科技突出贡献奖。

学校依托油气学科优势，推动新型学科发展，持续强化省部级科研平台布局，“智能油田教育部工程研究中心”获批立项建设，“海上丝路海洋资源环境组网观测技术创新中心”获批自然资源部工程技术创新中心，石油化工节能降碳技术与装备山东省工程研究中心获认定。能源经济与政策研究院获批首批山东省社科理论重点研究基地，“黄河三角洲生态保护和高质量发展研究院”入选山东省高等学校服务黄河国家战略特色项目（一类）。

年内，学校新签订科研项目1430项。获批国家自然基金109项，其中重点类项目5项；获批油气领域首个国家自然科学基金基础科学中心项目；获批国家重点研发计划项目4项、课题4项；承担中国工程院院地合作重大咨询项目；牵头获批山东省重大科技创新工程项目2项。

学校获省部级科技奖励90项，其中特等奖／一等奖32项，牵头获得教育部科技进步一等奖2项。发表SCI、EI、CSSCI、SSCI检索论文4000余篇，授权发明专利964件。

学校服务能源行业及地区经济发展，签署合作协议24项。其中，与中国石油集团东方地球物理勘探有限责任公司共建“国家油气地球物理勘探技术创新中心”，与昆仑数智科技有限责任公司、歌尔股份有限公司共建青岛软件学院。学校不断提升国际合作层次，全年与亚琛工业大学、惠灵顿维多利亚大学等11所国际知名高校和高等教育机构新建合作伙伴关系，签署战略合作协议25项。

积极推进“爱党爱国、崇尚学术、追求卓越”的大学文化建设，巩固深化省级文明校园建设成果，顺利通过省级文明校园复查。以迎接70周年校庆为契机，组织策划学校纪录片、宣传片等拍摄，出台校庆视觉识别系统方案，推进小黄山地质公园和院士墙（林）建设。黄岛讲坛、思创论坛、胜华交响乐团等校园文化品牌影响力持续扩大，校史馆入选青岛市社会科学普及教育基地，师生员工干事创业的精神面貌明显提升，凝聚力与向心力进一步增强。

三、创新与经验

（一）注重政治统领，落实管党治党政治责任

层层召开全面从严治党会议，指导推动基层党建工作。完善校院两级落实全面从严治党“主体责任清单”，组织院级党委书记履行全面从严治党责任和抓基层党建工作述职评议考核，不断夯实管党治党政治责任。坚持政治巡察定位，有力推动全面从严治党向基层延伸拓展。

（二）注重举旗铸魂，筑牢意识形态安全防线

把学习宣传贯彻习近平新时代中国特色社会主义思想和党的二十大精神作为首要政治任务，将学习转化为推动学校发展的内生动力，推进党的二十大精神入脑入心见行见效。严格落实意识形态工作责任制，定期分析研判、统筹部署安排，不断加强阵地管理。完善舆情突发事件应急预案，与地方教育和网信部门强化联动，有效处置化解舆情风险。

（三）注重质量提升，夯实基层党建根基

持续推进基层党组织规范化、制度化和标准化建设，基层党组织的政治功能和组织力不断增强，学校党委入选山东省党建工作示范高校，以高质量党建引领高质量发展取得新的成绩。

（四）注重精准发力，促进校园清风正气

持续健全“横到边、纵到底、一体化”的监督体系，强化政治监督，推动责任有力有效落实。围绕重点领域下沉监督，深入疫情防控、师德师风、资产管理、非学历教育等重点领域实地检查，逐项推动发现问题整改到位。坚持纠树并举，强化校训校风、教风学风、师德师风和家教家风建设，巩固学校清正廉洁的育人环境。

附：党委书记、副书记、常委名单

书　记：王　勇

副书记：郝　芳　万云波　吴强明　马国顺

常　委：王　勇　郝　芳　李兆敏　张玲玲　操应长　万云波　吴强明　周　鹏　马国顺　张卫东　赵放辉　蒋文春

哈尔滨工业大学（威海）党委工作概况

党委书记　张淑娣

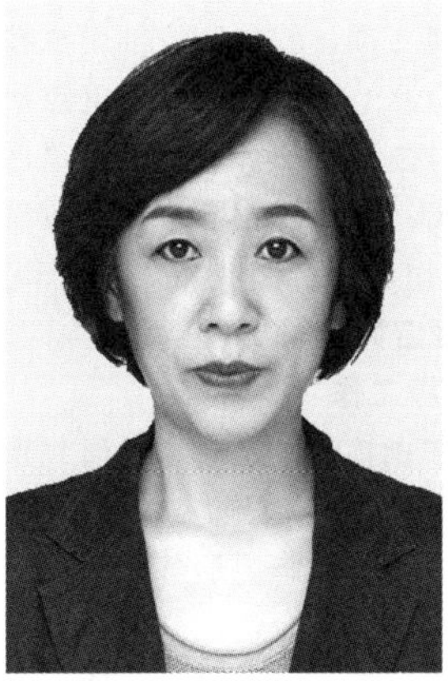

一、组织概况与党的建设

哈尔滨工业大学（威海）（以下简称威海校区）创建于1985年，由工业和信息化部、山东省人民政府、威海市人民政府三方共建。

威海校区目前设有11个学院、1个教学部，42个本科专业（含9个新工科专业和1个中外合作办学项目）。现有基层党委11个、党总支4个、基层党支部138个。共有党员2905人，其中教职工党员（含非正式编）727人、离退休党员100人、学生党员2078人。

2022年校区党委强化政治引领，将学习宣传贯彻党的二十大精神贯穿全年工作，组建由校区党委书记担任组长、各类师生代表50人构成的校区宣讲团，累计开展宣讲30余场，组织各类座谈会5次，在全媒体平台开展专题报道20余篇。通过校院两级党委理论中心组、党委会“第一议题”、党支部“三会一课”，实现各级各类教职工学习培训全覆盖。面向本科生持续开设“习近平新时代中国特色社会主义思想概论课”，将党的二十大精神融入思政课程和课程思政，掀起学习党的二十大精神的热潮。

持续深化基层党建“月提示、月检查、月例会、月公开”，落实基层党委书记抓党建述职、党支部考核和党支部书记述职评议考核。创造性建立党建联合体工作模式，大力推动党务工作者队伍建设。加强党支部标准化规范化建设，积极探索“支部+”创新模式。1学院党委入选省党建工作标杆院系，2支部入选省党建工作样板支部。

二、主要工作与成绩

2022年是党的二十大胜利召开之年，威海校区党委始终坚持以习近平新时代中国特色社会主义思想为指导，以习近平总书记致哈工大建校100周年贺信精神为引领，在山东省委和哈工大党委的正确领导下，主动融入山东省“走在前、开新局”现代化强省建设，以巡视整改落实促进内涵式建设，统筹抓好疫情防控和各项事业发展，团结带领全体师生员工投身学校新百年卓越发展之路，校区各项工作实现了新发展、取得了新进步。

（一）凝聚共识推动各项事业高质量发展

校区党委以“治理效能提升年”为抓手，凝共识、破难题、促发展，有力推动各项事业高质量发展。本科招生录取分数全国高校综合排名上升到第29位，8个学院推免生“双一流”生源占比100%，获山东省本科教学成果特等奖1项、一等奖2项。海洋科学一级学科博士点获批，5名教师入选全球顶尖科学家科学影响力排行榜，1个实验室获批工信部重点实验室。年度科研到账经费3.1亿元，获批国家重点研发计划项目2项、驻鲁高校部属高校“十四五”服务山东重点建设项目1项，牵头国家重点研发计划课题3项，1项目获省科技进步一等奖。创新“产业技术研究院+”校地合作模式，创新创业园培育产业技术研究院11家，孵化高科技公司和创客团队40多家，汇聚高端科技人才200余人，年度合同额11.2亿元。

（二）众志成城抓好疫情防控工作

校区党委成立疫情防控工作指挥部，及时科学研判形势，精准调整防控要求，持续优化防控措施，900余名教职员工持续参与长达9个月的疫情防控志愿服务，有效阻击新冠肺炎疫情向校园蔓延，实现防控政策放开前校园整体安全稳定和师生零感染。统筹协调、精心组织，线上线下教学平稳有序，研究生入学考试顺利进行。广大校友和社会各界积极捐款捐物合计人民币290余万元，共同筑起抗击疫情的坚强防线。

（三）培根铸魂筑牢大学生思想根基

稳步推进教育部“一站式”学生社区综合管理模式建设试点，领导力量、思政力量、管理力量和服务力量下沉一线，推动“三全育人”走深走实，特色书院育人模式获评省教学成果一等奖。优化思政实践课教学方案，成立研究生思想政治教育办公室，获评1项山东省十佳典型案例，1人获中国大学生自强之星，1人获山东省优秀团员。大学生累计获省部级以上创新创业竞赛奖励860项，在10余项国家级赛事中均获得最高奖，1研究生团队获全国“互联网+”大赛金奖。

（四）引育并举打造高水平师资队伍

坚持党管人才，深入推进人事制度和教育综合评价改革，设立特聘教师岗位序列，创新管理人员激励模式，激发师资队伍干事创业动力。切实发挥“卓越”青年人才领航工作站“强引领、促交流、搭平台”作用，举办青年人才发展论坛，组织青年人才走访企业开展对接，推进青年科学家工作室建设、青年拔尖人才选聘计划、教学拔尖人才计划。6人入选山东省泰山学者青年专家，1人获评“齐鲁最美教师”，1人获山东海洋强省突出贡献奖，1团队获评山东青年创新突击队。

（五）贺信引领党建工作提质增效

坚持以贺信精神为引领，推进全面从严治党向纵深发展，接受学校党委巡视并积极落实整改。坚持党管宣传、党管意识形态，不断筑牢意识形态工作防线。推进媒体融合加强阵地建设，全媒体平台累计发表作品1200余篇，在《大众日报》“学习强国”等省级以上媒体开展宣传38篇。1作品入选省教育系统新闻宣传优秀案例，2项活动入选省教育厅教育品牌，涌现出一批先进师生典型代表。

三、创新与经验

“追光问星”构建“沉浸式”入党启蒙教育体系。“追光”即追寻真理之光，坚定理想信念；“问星”即问道于星，汲取榜样力量。校区党委聚焦“为党育人、为国育才”，将入党启蒙教育工作关口前移，精心制作专题片《追问》，撰写《致新生的一封信》，与录取通知书同步送达新生；将入党启蒙教育与专业教育、生涯规划教育深度融合，发动党政干部和专业教师广泛参与；将灌输式党课变为个性化定制，结合专业特色、国家重大需求和区域经济发展的时代需要，设计学生喜爱的教育形式。满18周岁的团员新生递交入党申请的比例达92.4%。

附：党委书记、副书记、委员名单

书　记：张淑娣

副书记：赵国亮　王彦岩

委　员：张淑娣　钟诗胜　赵国亮　张文丛　王彦岩　赵常信　张　颖　周志权　马海鹰　张军平

山东农业大学党委工作概况

党委书记　徐剑波

一、组织概况

截至2022年底，在校生34546人，其中，本科生28967人，博士、硕士研究生5579人，继续教育类学生23925人。现有教职工2531人，教师中有教授、副教授1067人，中国科学院院士1人，中国工程院院士2人，长江学者特聘教授1人，青年长江学者2人，国家杰出青年科学基金获得者6人，国家优秀青年科学基金获得者3人，国家万人计划领军人才4人，青年拔尖人才2人，国家“百千万人才工程”入选者10人，国家有突出贡献的中青年专家5人，全国专业技术杰出人才1人，国家级教学名师4人，其他国家级领军人才6人，神农青年英才3人；“长江学者和创新团队发展计划”创新团队2个，国家级教学团队3个；山东省“一事一议”引进顶尖人才1人，泰山人才工程专家70余人，其中泰山学者优势特色学科人才团队领军人才1人，泰山学者攀登专家5人、特聘专家21人、青年专家29人，泰山产业领军人才20人。学校党委下设基层党委、工委、直属党总支30个，党支部230个；党员6432人，其中，教工党员1759人，学生党员3893人，离退休党员780人。

二、主要工作与成绩

（一）坚持把学习宣传贯彻党的二十大精神贯穿始终

2022年，山东农业大学党委把迎接学习宣传贯彻党的二十大精神作为贯穿全年工作的主题主线，营造喜迎党的二十大浓厚氛围，及时组织收看收听、学习研讨大会精神，印发《关于深入学习宣传贯彻党的二十大精神的通知》等文件，组建党员领导干部、理论骨干、青年师生、党支部书记、先优典型“五位一体”宣讲团，各级宣讲团成员宣讲40余场。举办专题培训班、建立专题网站、配发学习资料、开辟学习专栏、组织知识竞赛，着力在全面学习、全面把握、全面落实上下功夫，切实把全校师生的思想统一到党的二十大精神上来。深入把握党的二十大提出的新目标新任务，特别是关于教育、科技、人才、“三农”工作的新部署新要求，科学谋划推进学校工作，推动党的二十大精神在学校落地生根。

（二）强化党的创新理论学习

持续加强习近平新时代中国特色社会主义思想的学习宣传教育，深化落实“第一议题”制度，习近平总书记发表重要讲话、作出重要指示批示后，学校党委常委会及时传达学习、研究贯彻措施。党委理论学习中心组学习15次，带动25个院级党委理论学习中心组学习研讨400余次。持续抓好“学习强国”推广使用，平台活跃度位居省属高校前列。印发《关于推动党史学习教育常态化长效化的实施办法》，巩固拓展党史学习教育成果，引导师生坚定“以史为鉴、开创未来”的信仰信念信心。

（三）人才培养质量不断提高

新增国家级一流专业建设点2个、省级一流专业建设点12个，新增学士学位授予专业2个。获评全省教育综合改革和制度创新优秀案例1项，获批省教学改革研究项目15项，其中重大专项1项、重点项目7项。获省级教学成果奖18项，其中特等奖2项、一等奖6项，2项教学成果获农业农村部推介。获第八届中国国际“互联网+”大赛金奖4项，金奖数量位列全国高校第12位、山东省高校首位。获第九届省科创大赛一等奖9项，位列山东省高校首位。涌现出中国大学生自强之星、齐鲁最美大学生、省优秀大学生创业者、省优秀共青团员、省青年志愿服务先进集体等先优典型。学校获评2021年度全国易班共建优秀高校，入选国家级创新创业教育实践基地、省双创示范基地。

（四）高层次人才队伍不断壮大

选聘各类优秀人才149人，其中博士122人，博士教师中达到学校五层次以上占比72.4%。招聘博士后37人，7人获国家博士后基金资助。1名国家级海外引才计划入选者顺利备案入职，3名省部级重点人才工程入选者达成全职聘用协议。24人次入选国家级、省级各类重大人才工程，1个团队荣获第26届中国青年五四奖章集体，1个团队入选全国高校黄大年式教师团队，涌现出中国青年科技奖、齐鲁杰出人才提名奖、山东省创新榜样、齐鲁巾帼十大科技创新之星等一批“大先生”。学校位列全国普通本科院校教师教学发展指数（2022版）第90位、省属高校首位，获评2021年度山东省人才工作表现突出单位。

（五）科技创新能力持续攀升

作物生物学国家重点实验室成功重组为小麦育种全国重点实验室。新增省部级平台25个，其中首批国家种质资源库1个、农业农村部重点实验室2个。作物种质创新与精准设计育种综合体建设项目获批国家“十四五”教育强国项目，省苹果技术创新中心、3个省重点实验室绩效评估均获优秀。获各类纵向科研项目482项，经费3.44亿元，其中3项国家重点研发计划、4项省重点研发计划；省自然基金立项数首次破百，获批省杰青2项、优青3项，均创历史新高。科技成果培育成绩喜人，获省科技进步一等奖1项、自然科学二等奖1项。获授权专利384项，获植物新品种权12个，审定新品种20个，1项成果入选“十年来中国农业科技的30个标志性成就”，山农糯麦1号再创国内外特殊用途小麦品种高产纪录。学校位列《2022年度中国高校科技进步贡献100强》第45位。

三、创新与经验

（一）学科建设取得历史性突破

在第五轮学科评估中，作物学、园艺学、生物学学科取得历史性最好成绩。农林学科再次入选QS世界大学学科排行榜200强，生物及生物化学首次进入ESI全球排名前1%，ESI前1%学科增至5个，其中植物与动物科学进入前1‰。农学、兽医学2个学科入选软科2022世界一流学科前50强，11个学科入选2022软科中国最好学科排名。

（二）开放办学创新局面

与联合国工业发展组织投资司共筹《联合宣言》。推进与韩国国立济州大学、斯洛伐克农业大学签署校际合作备忘录，与澳大利亚麦考瑞大学签署“3+1”本硕连读学分认证协议，与德国埃森经济管理应用技术大学签署新合作办学协议。获批教育部“中外高水平大学学生交流计划”3项，新增学生联合培养项目1项，修订、续签中英食品合作办学协议。推进实质性教育科技合作，获批国家级外专项目1项、科技部中国—斯洛伐克交流项目1项，新增国际联合实验室2个。

（三）服务社会能力显著提升

出台主动服务黄河国家战略实施方案，2个项目入选省服务黄河重大国家战略一类项目，是唯一一个获评2个一类项目的山东高校。深化与宁夏生产力促进中心合作，加入宁夏高校院所技术转移联盟，与潍坊市、沂水县等 10 余个市县区签署合作协议，与种业集团、金正大等 20 多家企业深化合作，服务区域经济社会发展能力不断增强。全年对外签订技术服务等项目 478 项、金额 9691.4 万元，成果转化项目 25 项、金额 1102.8 万元，10 人入选省现代农业产业技术体系副首席专家，21 项技术成果入选 2022 年山东省农业主推技术。学校获评全国首批乡村产业振兴带头人培育“头雁”项目培育基地、省高等学校科技成果转化和技术转移基地。

附：党委书记、副书记、常委名单

书　记：徐剑波

副书记：冷畅俭　嵇景涛　张　然

常　委：徐剑波　冷畅俭　嵇景涛　张　然　辛　杰　李向东　高立明　刘　戈　单国杰　王　勇　史文宪　李广松　张铁成

山东师范大学党委工作概况

党委书记　冯继康

一、组织概况与党的建设

山东师范大学是省属重点高校、省内首批重点建设应用基础型人才培养特色名校、省部共建高校，入选山东省高水平大学“冲一流”建设高校。学校有千佛山和长清湖两个校区，现有 22 个学院（部），67 个招生本科专业，15 个博士学位授权一级学科、1 个博士专业学位授权点。学校党委下设 32 个院级单位党委（直属党支部），383 个党支部，共有 8940 名党员。

2022 年，山东师范大学党委坚持以政治建设为统领，坚决扛牢全面从严治党主体责任，不断提升基层党建工作能力和水平，坚持不懈推进党风廉政建设，为学校事业高质量发展提供坚强政治保障。

深入开展学习宣传贯彻党的二十大精神系列活动，成立校内宣讲团和大学生博士宣讲团，依托全国重点马克思主义学院等平台举办面向全国的高层次学术研讨会、集体备课会，深入推动党的二十大精神进教材、进课堂、进头脑。常态化推动党史学习教育，印发贯彻落实“第一议题”制度的通知，全年组织党委理论学习中心组集体学习 13 次。

树立“一盘棋”思想，不断强化系统工作思维和“全周期管理”理念，抓好“两个责任”贯通协同，抓牢风腐一体纠治，抓实日常监督贯通联动，持续构建大监督格局。制定全面从严治党责任清单，推进作风建设专项行动，开展重点领域廉政问题专项整治等工作。成立“山东师范大学廉洁文化研究中心”，精心打造“廉政大讲堂”“青廉课堂”，坚持开展“敬廉崇洁”校园廉洁文化系列活动，持续做强“清风师大”品牌。

二、主要工作与成绩

坚持以习近平新时代中国特色社会主义思想为指导，紧扣高质量发展主题，科学统筹疫情防控和事业发展，人才引培质量、科研创新和社会服务能力、思政育人水平持续提升，山东省属高校排头兵地位进一步巩固。2022 年度省属本科高校高质量发展绩效考核中列一类高校优秀等次第一名，实现四次优秀、三连冠的目标。

（一）学科实力进一步增强

第五轮学科评估取得历史性突破，1 个学科成功跻身 A 类梯队；B+ 学科由 3 个增加至 4 个，上榜学科数由 17 个增加至 23 个。学校新增 2 个 ESI 前 1% 学科，总数达到 7 个；24 个学科上榜 2022 软科中国最好学科排名，成为唯一具有 2 个前 10% 上榜学科的省属高校。学校自然指数最好排位上升至国内高校第 38 位。

（二）专业优势进一步强化

12 个专业新入选国家级一流本科专业建设点，8 个专业新入选省级一流本科专业建设点；国家级一流专业建设点达到 40 个，省级一流专业建设点 11 个，国家级一流专业建设点数量居全省高校第 2 位、省属高校首位。3 个专业通过中学教育第二级认证，总数达到 7 个。学校本科招生省内最低分连续三年居省属高校首位。

（三）“四大”建设进一步突破

教育部人文社科重点研究基地（齐鲁文化研究院）以历史最好成绩通过教育部评估，山东首个艺术类高等教育中外合作办学机构赫尔岑国际艺术学院获批招生。全职引进国际顶尖心理学家、德国国家科学院院士霍梅尔团队，实现学校全职引进院士零的突破；新入选国家级、省级重点人才工程 19 人。国家社科基金项目立项 41 项，立项经费连续 3 年突破千万元大关，人文社科核心指标进入全国 50 强；全年累计承担科技类纵向项目 200 项，立项经费和到账经费均首次突破 1 亿元，并且时隔 15 年再次作为依托单位获批国家杰出青年科学基金项目。作为第一完成单位申报的 27 项成果获省教学成果奖，其中特等奖 1 项，一等奖 10 项；33 项成果获省社科优秀成果奖，9 项成果获省科学技术奖，获奖数量再创新高，位居省属高校首位。

（四）服务发展能力进一步提升

深化校企校地校校合作，与10余家政府单位建立战略合作关系，入选教育部师范教育协同提质计划。聚焦服务国家重大战略需求，依托黄河流域“两省一区”高校教师教学发展研究院、山东省碳中和研究院、东营研究院、黄河盐生植物研究院等机构，深入开展黄河流域生态保护、耐盐碱作物研发，获批2个山东省高等学校黄河流域生态保护和高质量发展协同创新中心、4个山东省高校实验室、4个山东省高校特色实验室。加快打造资政服务新高地，产出省级以上应用类成果47篇，其中被中央内参采用17篇，获中央领导批示4次，《智库成果专报》被省委主要领导批示19期。

三、创新与经验

（一）创新开展大学生思政工作

获批全省普通高等教育课程思政教学研究示范中心，入选首批国家级创新创业教育实践基地建设单位，入选山东省首批中华优秀传统文化传承示范校、山东省三全育人示范校，1个项目入选高校思政工作精品项目，思政工作经验做法被教育部以工作参阅形式推广转发。在校学生先后获中国大学生自强之星、中国电信奖学金等荣誉，在“挑战杯”等各类创新创业竞赛中再获殊荣，连续6年登上央视春晚舞台。

（二）深化改革创新步伐

学校党委坚持把教育评价改革作为教育领域综合改革的总牵引，以“4+X”模式为总抓手，深入推进学校评价、教师评价、干部评价、学生评价四个重点领域评价改革，重点完善7个制度体系、推进25个方面改革、构建1个评价系统，科学构建党委领导下的校长负责制，以职能部门和院系为依托，以学术委员会、教代会、理事会等为支撑的现代化大学内部治理体系，形成“党委领导、校长负责、教授治学、民主管理”的治理格局，内部治理体系和治理能力现代化水平进一步提升，工作做法被省委教育工作领导小组办公室工作简报、教育厅网站转发，得到省委领导和各高校的高度评价。

（三）党建业务深度融合，为学校高质量发展蓄力新动能

开展“党建业务融合提升年”活动，实施全面深化党建与业务融合发展的意见，明确5个领域的具体融合路径，重点提出11项工作任务和责任分工。以专班形式督导落实情况，重点工作按季度督办。实施党建与业务贯通融合的考评机制，建立任务清单、量化考评指标。强化系统思维、品牌意识和典型带动，依托基层党建品牌工程、“五好三强”过硬党支部、党员“先锋出彩行动”，持续提升基层党组织建设标准化规范化水平，6个单位入选全国、全省党建工作标杆院系、样板支部。

附：党委书记、副书记、常委名单

书　记：冯继康

副书记：曾庆良

常　委：冯继康　曾庆良　王传奎　万光侠　周　婧　许双庆　张茂聪

烟台大学党委工作概况

党委书记　张殿臣

一、组织概况与党的建设

烟台大学党委下设6个基层党委、20个党总支、171个基层党支部。党员5947人，其中，在职教职工党员1660人、离退休职工党员491人、学生党员3774人，其他22人。

2022年，烟台大学抓牢抓实党的政治建设和思想建设，深入学习贯彻习近平新时代中国特色社会主义思想，举办党的二十大精神专题学习班，成立党的二十大精神宣讲团，集中宣讲52场次。出台加强思想政治工作实施意见，一体化构建“12345”思想政治工作体系。获评第三届省级文明校园、全省首批中华优秀传统文化传承示范校、山东省民族团结进步示范单位。纵深推进全面从严治党。以高度的政治自觉做好省委审计、重点领域廉政问题整改落实，开展十二届省委烟台大学党委第一轮校内巡察。获批山东省第二批党建工作示范高校培育创建单位，获评全国样板支部1个、省标杆院系1个、省样板支部2个。为党育人，为国育才，培养新时代担当青年。69人应征入伍，44人志愿服务西部，学校获评全国西部计划工作考核优秀等次和全国“三下乡”社会实践活动优秀单位。

二、主要工作与成绩

（一）坚守育人初心，人才培养质量稳步提升

全面贯彻党的教育方针，落实立德树人根本任务。新增国家级、省级一流本科专业建设点10个，总数达到32个，占招生专业数的55%。3个专业通过工程教育专业认证。获批省教学成果奖9项，省教学改革研究项目16项。新增核科学与技术硕士学位授权一级学科。新增2个本升硕项目、4个博士联合培养和联合博导项目。

不断加强学生创新能力培养。获第十七届“挑战杯”全国大学生课外学术科技作品竞赛特等奖 1 项、二等奖 2 项、三等奖 1 项，首次入列“挑战杯”发起高校。获第十三届“挑战杯”山东省大学生创业计划竞赛金奖 1 项、银奖 5 项。学校位列 2017—2021 年全国高校大学生竞赛排行榜第 128 位，2021 年居省属高校第 7 位。

（二）强化办学特色，学科科研实力明显增强

加快推进“强特色”高水平大学和“优势特色”高水平学科建设。材料科学学科首次进入 ESI 全球前 1%、总数达到 4 个。学校到 2022 年底自然指数位居内地高校第 130 位，达到全球学术排名第 530 位，同比提升 32 位、287 位。立项国家级科研项目 45 项、省部级科研项目 101 项，立项横向科研项目 385 项，获省级奖励 10 项。发表高水平学术论文 1427 篇，出版高水平学术著作 14 部。授权专利 342 件、转移转化 21 项。技术交易合同总额 7242 万元，同比增长 46%。新增省部级科研创新平台 16 个、省非物质文化遗产研究基地 2 个。“分子药理和药物评价”教育部重点实验室顺利通过评估。联合研发的中国首个治疗抑郁症 1 类化学新药获批上市。1 项校企合作案例入选全国“校企合作·双百计划”典型案例。

（三）强化队伍建设，人才干部能力素质不断增强

坚持人才强校，全面加强人才引育和干部选育用管。新增“火炬计划”入选者、俄罗斯科学院院士 1 人，国家“百千万人才工程”入选者 1 人，省部级人才 11 人次。成功举办首届博士论坛，引进博士 200 余人、博士占比达 60% 以上。获批省教育系统劳模和优秀人才创新工作室 1 个，省首批科普工作室 3 个。抓好干部选育用管。高质量完成中层领导班子换届和处级干部选拔工作。加强优秀年轻干部选配力度，新选拔科级干部中 35 岁以下占比达 66. 7%。选派 29 名干部、教师参加校内双向挂职锻炼，15 名干部参加“四进”攻坚和安全生产专项督导等校外挂职锻炼。

（四）树牢宗旨意识，民生保障和管理服务效能持续优化

加快推进治理体系和治理能力现代化建设，构建具有烟大特色的“一体四翼”教育评价改革与内部管理新模式。完成定编定岗定责工作，人员机构设置与事业发展需求的契合度切实提高。印发实施“十四五”事业发展专项规划。妥善做好校内家属区住房腾空和处置工作，完成 12 项重点民生工程，生活服务设施明显改善。科教园区 21 个建筑单体全部封顶，工程总进度完成约 70%。获批烟台市海绵城市示范城市建设项目。

三、创新与经验

（一）深化改革创新，持续完善内部治理体系

深化新时代教育评价改革，构建起以重点业绩绩点评价制度为主体，中层单位、教师、干部、学生考核评价为着力点，具有烟大特色的“一体四翼”教育评价改革与内部管理新模式，获评全省教育综合改革和制度创新十大典型案例。

（二）坚持底线思维，全力营造安全稳定发展环境

强化组织领导，细化工作举措，制定安全整治工作实施方案，及时调整学校疫情防控政策，全面强化督导检查，有效经受住疫情考验，实现各领域安全“零事故”。学校获评全省校园安全工作先进集体。

（三）强化有组织科研，全面提升学校核心竞争力

坚持科技服务地方、专业对接地方、智库引领地方、人才支撑地方，构建科研工作激励机制，年度科研项目到账总经费首次突破 2 亿元。1 项成果入选《国家哲学社会科学成果文库》。学校至 2022 年底自然指数位居内地高校第 130 位，同比提升 32 位，学术影响力快速提升。

附：党委书记、副书记、常委名单

书　记：张殿臣

副书记：段培永　郭建国

常　委：张殿臣　段培永　郭建国　孙祥斌　宋中民　郝曙光　王　强　毕可志　冯素玲　王泽光　于秀国

青岛大学党委工作概况

党委书记　胡金焱

一、组织概况

青岛大学是山东省属重点综合大学，山东省首批应用基础型人才培养特色名校建设单位。现有 34 个学院和医学部，79 个本科招生专业，涵盖 12 个学科门类。有 10 个博士后流动站，14 个一级学科博士点，3 种博士专业学位类型；41 个一级学科硕士点，28 种硕士专业学位类型。在校生 41000 余人，其中，研究生 11000 余人，本科生 30000 余人，留学生 600 余人。下设 44 个党委、13 个党总支、498 个党支部。有党员 11903 名，正式党员 9478 名。其中，在岗教职工党员 4860 名，离退休教职工党员 1301 名，学生党员 5742 人。

二、主要工作与成绩

（一）深入学习贯彻党的二十大精神，全面从严治党向纵深推进

2022年，青岛大学把习近平新时代中国特色社会主义思想作为一切工作的根本遵循和行动指南，持续在学懂、弄通、做实上下功夫。制定党的二十大精神学习宣传贯彻工作方案，领导班子成员深入联系学院、部门和班级宣讲党的二十大精神30余次，组织专题学习座谈会10余次。严格落实“第一议题”制度，党委常委会第一时间传达学习、研究落实习近平总书记重要讲话、重要指示批示。学校党委充分发挥党委示范带动作用，组织校党委理论学习中心组全年按计划完成学习12次，交流发言55人次，开展巡听督学，加强基层指导，年度巡听督学约30次，印发《青大学习简报》12期。开展“议事决策规范提升年”回头看，对各学院（部）执行党委会会议、党政联席会议议事规则情况进行自查整改，推动构建权责明晰、运转高效的议事决策机制。加强党组织建设，基层党建水平不断提升。1个党支部获评国家级党建工作样板支部，1项党建调研成果获青岛市党建研究会重点调研课题优秀成果。着眼于学校高质量发展需要，抓好后继有人这个大计，制定“十四五”人才队伍和中层干部建设规划，注重选拔年轻干部和具有专业背景的干部。加强干部教育培训，选派干部挂职锻炼，强化干部监督管理，着力打造“四型”干部队伍。坚持马克思主义在高校意识形态领域的指导地位，牢牢把握高校意识形态工作的领导权，把意识形态工作与中心工作紧密结合，同部署、同落实、同检查、同考核。加强政治引领，强化政治共识，打造“同心时光”等统战工作品牌，画好统一战线最大“同心圆”。坚持正风肃纪，严格落实党风廉政建设责任。强化监督执纪问责，坚定不移纠正“四风”。深入开展纪律警示教育，筑牢党员干部思想防线。

（二）坚持精准防控，统筹校园教育教学和安全稳定

成立统筹疫情防控和安全稳定工作专班，建立统筹疫情防控和安全稳定工作调度机制。做好疫情防控重点人群人员摸排、疫情防控知识宣教、发热人员应急处置、防疫物资调配管理、校园环境消毒消杀、服务人员防控培训等有关工作。推进12345校园安全管理体系建设，全面提升校园综合防范能力和智慧安防能力。加强国家安全和保密工作，推进保密工作与业务工作相融合，提高保密工作人防、物防、技防水平，有效维护国家秘密安全。

（三）人才培养质量实现新提高

坚持立德树人根本任务，深入落实一流本科行动方案，持续深化教育教学改革，加快推进“四个融合”，构建一流本科人才培养工作体系。新增国家级一流本科专业建设点7个、省级15个，4个专业通过专业认证；获批省级课程思政示范中心1项、课程思政示范课程7门；获批省级教改项目重大项目1项、重点项目17项、面上项目10项。获批山东省第九届教学成果奖特等奖1项，一等奖6项，二等奖12项。入选教育部首批国家级创新创业学院建设单位，获批教育部虚拟教研室建设试点1个。新增省级现代产业学院1个；本科招生省属高校投档分数线前10名专业占了6个、前20名专业占了10个。本科生深造率38.64%，30余名学生荣获“全国优秀大学生志愿服务西部计划志愿者”“中国大学生自强之星”“山东高校最美大学生年度人物”“齐鲁最美大学生”“山东青年创新榜样”等称号。

（四）学科建设事业取得新成绩

加强学科顶层设计，出台“十四五”学科建设规划及推进学科集群建设的实施意见，加快实施学科集群发展战略和学科交叉融合发展战略，努力打造“点上有高峰、面上有高原”的学科生态。新增社会科学和农业科学2个学科进入全球排名前1%，进入全球前1%的学科总数12个；17个学科入选2022软科世界一流学科排行榜；27个学科入选2022软科中国最好学科排行榜；17个学科入选USNews2023年世界大学学科排行榜。

（五）科学研究能力实现新突破

获批国家级科研项目202项，其中，国家自然科学重点项目3项，重点研发课题4项，国家自然科学基金149项，国家社科基金重大项目1项，国家社科基金21项，国家艺术基金1项；省部级科研项目200余项；发表高水平论文5565篇，高被引论文总数582篇，1篇论文入选中国百篇最具影响国际学术论文。新入选省青创团队30个，新增科技创新平台33个，其中教育部工程研究中心1个。获批教育部科学技术二等奖1项、山东省科学技术奖8项、中纺联科技一等奖2项、首次获得中国专利优秀奖1项。出版学术著作41部，科研到账经费3.5亿元。

（六）服务社会发展迈出新步伐

深入贯彻落实习近平总书记视察山东重要讲话和重要指示精神，主动对接服务国家和区域重大战略需求，在服务国家和地方经济社会发展中展现责任担当。编制服务山东、青岛高质量发展行动计划（2022—2025），服务山东、青岛“十三五”发展蓝皮书，得到省委、省政府和市委、市政府主要领导肯定性批示；与地方政府、高校、企业等签署战略合作协议7项，推动落地子协议4项，签订横向合作协议396项，累计合同经费2.65亿元；实现科研成果转化91项；与海尔集团、海信集团合作共建机器人智能交互技术教育部工程研究中心；5G远程机器人手术团队获批山东省重点研发计划重大科技创新工程项目；与国家电投集团中央研究院共建核科学与技术学院，共同推动核科学与技术专业人才培养；与山东省港口集团合作，促进前沿技术赋能“智慧港口”建设；融入和服务黄河流域生态保护和高质量发展，成立黄河流域纺织服装校企科技创新联盟，举办新医科创新发展论坛暨黄河流域医学教育高质量发展研讨会；服务上合示范区建设，加快推进上合经贸学院筹建工作，与青岛海关共建上合经贸研究中心，面向93个国家3000余人开展援外培训和经贸培训，打造高

端智库；威海创新研究院连续2年在省科技厅考核中获评优秀等级，青岛肿瘤研究院被评为省级新型研发机构；开展“建言青岛，美美与共”我为青岛发展建言献策，为推动青岛高质量发展提供智力支撑。

三、创新与经验

（一）以党建引领事业发展

深入实施党建定向导航工程，坚持遵循“四结合、六规范、六保障、四个有”党建工作思路，加强规范化建设，夯实工作基础。“四结合”基本原则，即：总体要求与分类指导相结合，问题导向与典型引领相结合，上级支持与自我提升相结合，落实责任与推进工作相结合。“六规范”基本做法，即：规范理论学习、规范组织设置、规范制度落实、规范责任履行、规范教育管理、规范载体建设，从而实现“六保障”基本任务，即：思想保障、体系保障、机制保障、动力保障、基础保障、阵地保障。最终达成“四个有”工作目标，即：行动有规范、学习有样板、赶超有目标、干事有活力。党建定向导航、保驾护航的作用持续显现。

（二）构建一二三四五育人体系

准确把握时代烙印，以体制机制落实立德树人根本任务；“校家社生”横向协同、“校院班生”纵向联动，集结最广泛系统的全员育人统一战线；过程贯通衔接，促进育人目标评价和落实具象化；融合发展，打造全域育人共同体。立足十大育人体系，依托五大协同育人平台，价值引领成效显著，培育青大特色育人品牌集群，理论研究和成果丰富，育人质量得到明显提升。

（三）推动学科产业融合发展

围绕青岛产业和经济社会发展，打造七大学科发展集群。面向人民生命健康，面向重大、多发疾病基础与应用研究，打造“生命与健康+”学科群；围绕纺织产业转型升级，服务纺织服装万亿级产业链，打造以纺织学科为牵引的“纺织+”学科群；围绕新一代信息技术，以解决新一代信息技术、经济、管理、环境等社会重大复杂性问题为牵引，打造“系统科学+”学科群；围绕服务基础教育发展，打造“师范教育+”学科群；围绕服务文化传承与创新，打造“文化创意+”学科群；围绕经济社会发展的制度与机制创新，打造“经管与社会治理+”学科群，在服务区域经济社会发展的同时实现自身高质量发展。

附：党委书记、副书记、常委名单

书　记： 胡金焱

副书记： 夏东伟　杜方波

常　委： 胡金焱　夏东伟　杜方波　李　军　于永明　范玉斌　刘彩云　肖江南　孔伟金　吴世珍　徐龙飞

曲阜师范大学党委工作概况

党委书记　邢　光

一、组织概况与党的建设

曲阜师范大学党委下设32个院级单位党组织，140个党支部，5706名党员，其中，在职教职工党员1921名，学生党员3235名，离退休党员550名。

（一）深入学习贯彻党的二十大精神

2022年，曲阜师范大学领导班子分批参加省领导干部党的二十大精神专题学习班，党委常委会传达学习10余次，对中层干部集中学习培训做出安排，成立三支宣讲队伍。召开学校第九次党代会，部署推动学校高质量发展的“九项重点任务”和党建“六大工程”，扎实推动党的二十大精神落地见效。

（二）领导班子建设更加坚强

加强自身建设，制定《关于进一步加强党委常委会自身建设的意见》。坚持和完善党委领导下的校长负责制，严格执行民主集中制和“三重一大”决策制度，召开党委常委会40次、校长办公会15次，研究审议“三重一大”事项共计97次。

（三）凝心聚魂成效更加显著

严格落实常委会“第一议题”和党委理论学习中心组学习制度，党委理论学习中心组集体学习12次，党委常委会“第一议题”理论学习23次。严格落实意识形态工作责任制，召开意识形态工作专题常委会2次、领导小组会议4次，开展跨部门会商研判6次。常态化开展专项督查，启动校内巡察。严格落实班子成员讲思政课制度，推动形成育人合力。

（四）党的组织基础更加牢固

深化党支部建设规范提升行动，修订支部《考核办法》，开展学院党组织议事决策规范提升专项整治。党员突击队千余人奋战疫情防控一线。完成2021年新提任105名处级干部试用期满考核。7名干部参加上级调训和专题培训，18人次赴上级主管部门、知名高校、“四进”工作专班、第一书记工作队任职挂职锻炼。引进高层次人才21人。

（五）作风建设更加有力

制定工作方案，集中开展作风建设专项行动。学校领导深入学院开展调研。严格落实中央八项规定精神，紧盯

"四风"新表现新变种，持续开展党风政风专项整治行动、重点岗位关键环节廉政风险排查防控、"酒杯中的奢靡之风"、三类"四风"突出问题专项治理，形成廉政风险防控清单，主动发现问题线索2个，给予党内警告1人，党内严重警告1人。

二、主要工作与成绩

（一）人才培养迈上新台阶

新增10个国家级一流本科专业建设点和10个省级一流本科专业建设点，国家级一流本科专业建设点总数达28个。完成全校《全日制本科人才培养方案》修订工作。评选校级教学成果奖68项，获批山东省教学成果奖22项。新增省研究生联合培养优秀基地4个，获批省研究生科研创新实践项目2项、课程思政示范课程3项。2022届本科毕业生、硕博毕业生的总体就业落实率分别为89.57%和92.23%。

（二）学科发展呈现新生态

制定《高水平学科建设实施方案》，启动"475"学科建设计划，优化"雁阵式"学科发展体系。外国语言文学、化学、世界史入选省精准培育博士学位授权点。主动布局生态学等七个博士一级学科，服务黄河流域生态保护和高质量发展、文化"两创"和乡村振兴战略。17个学科上榜"2022软科中国最好学科排名"，教育学连续5年全国高校排名前10%。

（三）科研创新取得新突破

获批国家社科基金项目34项，其中重大招标项目2项。获批教育部人文社科项目16项，连续5年位列山东省属高校第1位。获批国家自然科学基金34项，其中重点项目1项。获批山东省自然科学基金53项，发表高水平SCI论文1098篇，首次在《Nature》上发表学术成果。获授权专利202件，转让技术秘密及技术专利28项。签订横向科技合作项目80余项，合同经费4091万元。

（四）师资队伍建设取得新进展

引进各类人员114人，入职高层次人才21人，专任博士教师占比由2021年的57%提升到60%。新聘专业技术职务172人，其中教授31人，副教授84人。启动2022年岗位设置与聘用工作，新聘二级教授38人、三级教授80人。新增泰山学者特聘专家3人、青年专家7人。2人获批国家领军人才省级配套支持150万元。14名高层次人才获属地高层次人才补贴。

（五）文化传承创新凸显新亮点

挂牌成立尼山世界儒学中心研究基地、山东省乡村振兴体育研究院、儒家伦理与美好生活研究中心等研究机构，入选省社科理论重点研究基地2个。启动《儒学百科全书》编纂工作，获资助金额300余万元。柔性引进特聘教授5人。获批传统文化类国家级项目5项，省部项目20余项。

（六）服务社会迈向新高度

出台《主动服务黄河国家战略实施方案》《服务新时代科技强省战略实施方案》。获批省服务黄河重大战略特色项目1项、国家级项目1项，省部级项目10余项。开展黄河生态文化全国书法名家邀请展。

三、创新与经验

（一）必须坚持党的全面领导

只有不断推进新时代党的建设新的伟大工程，全面落实学校党委管党治党、正风反腐、办学治校主体责任，推动全面从严治党向纵深发展，才能在高水平大学建设征程中把准航向、保持定力，攻坚克难、行稳致远。

（二）必须坚持师生至上

只有真正把"以师生为中心"的发展思想作为办学治校最坚定的理念，汇聚师生最广泛的奋进力量，才能让教师实现更崇高的价值，让学生获得更全面的发展。

（三）必须坚持立德树人

只有把立德树人成效作为检验学校一切工作的根本标准，形成全员全过程全方位育人大格局，才能为培养堪当大任的时代新人提供坚定支撑和不竭动力。

（四）必须坚持特色一流

只有走内涵式高质量发展道路，以一流学科为引领，守底色、固本色、强特色，在不同领域和方向勇于争创一流，才能在激烈竞争之中立于不败、抢得先机、赢得未来。

附：党委书记、副书记、常委名单

书　记：邢　光

副书记：张洪海　李志红　卢国强

常　委：邢　光　张洪海　李志红　卢国强　胡钦晓　李兆祥　胡凡刚　刘　刚　陈　刚　纪洪涛　路学堂　王明科　孙祥广

山东中医药大学党委工作概况

党委书记　武继彪

一、组织概况与党的建设

2022年，学校党委下设2个附属医院党委和36个党总支（学校二级单位党组织中含4个党委，19个党总支），315个党支部，共有党员8192人，其中，在职教职工党员2453人，学生党员4857人，占全日制普通在校生总数的22%。

在学校党委的正确领导下，将学习宣传贯彻党的二十大精神作为首要政治任务，强化学习培训、研究阐释、理论宣讲，迅速掀起宣传贯彻热潮。激发基层党组织活力，顺利完成党支部换届选举工作，推动基层党支部建设全面过硬。坚持正确选人用人导向，高质量完成处科级干部选拔任用工作。完成党的二十大代表和省第十二次党代会代表校内推选，1人当选党的二十大代表，1人当选省第十二次党代会代表。落实全面从严治党主体责任，打造特色鲜明的廉洁教育文化品牌。

二、主要工作与成绩

（一）推动疫情防控和安全发展取得“新实效”

统筹做好校园出入管控、核酸检测、流调溯源、环境消杀、物资保障等工作，维护良好教育教学环境。用心用情开展“暖心工程”，搭建接诉即办的“校内12345”平台。充分发挥学校安全工作委员会作用，全力维护二十大期间教育安全稳定，统筹做好政治安全、意识形态安全、实验室安全、人身财产安全等，开展安全隐患排查整治，扎实开展安全知识培训、消防逃生和安全演练，提高师生应急处置能力，努力构建更高水平“平安校园”。

（二）中医药人才培养质量取得“新成绩”

加强专业内涵建设，国家级一流本科专业增至10个，数量位列全国中医药院校第四。坚持以评促建、以评促改，高质量通过教育部对中药学专业认证。强化临床思维，承办山东省大学生临床技能大赛（中医赛道），中医学专业获A赛道、B赛道特等奖以及团体金奖。推进产教融合，建成3个省级现代产业学院。加强研究生教育内涵建设，统招博士全部实行“硕博连读”“申请考核制”。强化创新创业教育，荣获第八届“互联网+”国赛金奖，也是中医药院校在本届大赛的唯一金奖。

（三）学科建设和科研创新取得“新进展”

加强学科建设，积极申报省中医药重点学科15个并全部入选，申报国家中医药管理局高水平中医药重点学科8个。中医学在2022年GDI一流学科排名中列全国第三，毒理学与药理学进入ESI全球前1%。强化科研项目管理，承担国家重点研发计划项目1项，获国家自然科学基金项目33项，省自然科学基金项目32项，其中山东省优秀青年科学基金项目（简称“省青优”）1项，实现自主培养省优青项目历史性突破。

（四）积极打造中医药高层次人才“新高地”

推进优秀人才集聚，录用博士70人，柔性引进特聘专家4人。加强博士后流动站建设，招收青年博士后130人，获批国家、省博士后基金16人次。强化高层次人才建设，新增国医大师1名、全国名中医2名、岐黄学者3名、青年岐黄学者4名、山东省名老中医（药）专家6名、山东省高校“青创人才引育计划”建设团队8个。

（五）推动中医药健康服务取得“新成效”

附属医院获批国家中医药传承创新中心，入选国家区域医疗中心输出医院。第二附属医院获批中西医协同“旗舰”医院试点项目建设单位。附属眼科医院获省中医药特色专科医院，并积极打造国内中西医结合眼科防治标杆医院。附属医院大学城医院正式运行，与附属医院实现科室共建，为大学城医院提供优质医疗服务。

（六）科教融合、产教融合取得“新成果”

国际医学中心校区正式启用，1890名学生顺利入驻。积极推动青岛海洋中药研究院建设，青岛中医药科学院获批山东省新型研发机构、山东省博士后创新实践基地。推进鲁澳中医药产业研究院建设，预计7月份交付使用。推进校地校企合作，与德州市、财金集团、建邦集团等签署战略合作协议。推动产学研协同创新，成立全球首家石墨烯医学研究院。学校入选省新一轮科技成果转化综合试点单位。

（七）中医药文化传承创新谱写“新篇章”

强化中医药文化研究阐释，积极打造尼山世界中医药论坛、泰山论灸、沂山论“健”“三山系列”特色品牌，隆重举办扁鹊中医药文化节。学校获山东省首批中华优秀传统文化传承示范校，在首批山东省中医药文化宣传教育基地评估中获优秀等次。加强中医药文化与文献研究，《近代名医医著大成》获中华中医药学会科学技术奖学术著作奖一等奖。

（八）中医药“走出去”战略迈出“新步伐”

积极探索“互联网+中医药”远程国际教育培训新模式。加强平台建设，国家中医药服务出口基地再次获批中央支持服务贸易创新发展专项资金100万元。积极参加2022年中国国际服务贸易交易会和山东—白俄罗斯中医药产业合作交流会。获批教育部新青年全球胜任力人才培养项目。

三、创新与经验

（一）以解放思想推进高等教育高质量发展

贯彻落实习近平新时代中国特色社会主义思想，践行“两个维护”的内在要求。增强危机意识和忧患意识，为发展松绑，让改革发力，以思想的解放、观念的变革最大限度地激发发展的动力活力。团结师生医护员工，在传承发展中医药实践中“趟地雷阵、涉深水区、啃硬骨头”，在各种考验中勇当攻坚克难的奋斗者，努力推动学校内涵建设和高质量发展。

（二）完善高校高质量发展运行机制

完善党委领导下的校长负责制，牢记省委“五年左右把山东中医药大学办成国内一流中医药院校”的殷殷嘱托。做学懂弄通做实践行的“领头雁”，为学校广大师生党员做好榜样和示范。充分调动全校师生员工的积极性、主动性、创造性，形成一心一意谋发展、聚精会神搞建设的强大合力，汇聚推动学校事业发展的强大合力。

（三）聚焦“四个面向”服务经济社会和健康中国战略

坚持“四个面向”，以扎实的工作成效践行初心使命。

发挥特色优势，主动服务乡村振兴，深度融入黄河流域生态保护和高质量发展战略，为实现经济高质量发展作出中医药更大的贡献。适应社会需求，推进学科专业对接社会需求，培养造就高素质专业化复合型人才。面向人民生命健康。加快建设国家中医药传承创新中心、全国一流中西医结合医院、全国中西医结合眼科标杆医院。

（四）推动中医药资源优势转化为发展优势

坚持在推动一流学科建设、在提高人才培养质量、在科技创新科教融合、在中医药文化传承创新发展、在深化校地校企合作、服务经济社会发展、在中医药医疗服务能力提升等方面走在前列，切实把中医药资源优势转化为发展优势，切实把教育教学、科学研究、中医药文化、医疗服务优势转化为健康产业创新发展优势。

附：党委书记、副书记、委员名单

书　记：武继彪

副书记：高树中　田立新

委　员：武继彪　高树中　田立新　王振国　金　锋　王丽丽　艾　邸　王文姮　梁红卫

山东科技大学党委工作概况

党委书记　罗公利

一、组织概况与党的建设

山东科技大学党委下设2个校区党委、28个分党委（含斯威本学院）、1个直属党支部、6个党总支、339个党支部，有在岗教职工党员2289人、离退休教职工党员749人、学生党员6274人。

（一）扎实做好安全稳定工作

落实意识形态工作责任制，制定《贯彻落实〈党委（党组）意识形态工作责任制实施办法〉的实施细则》，完成省委教育工委意识形态专项督查迎检工作，对10个中层党组织开展意识形态专项巡察。加强校园安全风险分级管控和隐患排查治理，建设应急指挥中心、安全教育基地和智慧安防体系。落实落细疫情防控措施，维护校园安全稳定。学校获评“全省校园安全工作先进集体”。

（二）持续加强理论武装

制定《学习宣传贯彻党的二十大精神工作方案》《贯彻落实党的二十大精神战略安排和行动方案》。推荐产生1名党的二十大代表，开展党的二十大精神宣讲450余次，开通专题学习网站，立项课题121项，开展党的二十大精神研究阐释。发挥校党委理论学习中心组示范作用，落实“第一议题”制度，开展集体学习19次。举办“泰山讲坛”3期，“山海泉”理论宣讲团开展宣讲80次。推进各媒体平台融合发展，获批首批山东教育融媒体建设试点单位，2项案例入选山东教育系统新闻宣传工作优秀案例，获评“山东教育政务新媒体综合力二十强单位”。

（三）加强干部队伍建设

坚持新时代党的组织路线，落实中层干部队伍建设规划，加大优秀年轻干部培养使用力度，制定《加强年轻干部队伍建设实施办法》。举办领导干部暑期高端培训班，选派27名干部教师参加双向交流任职、第一书记、驻村工作队、“四进”等挂职锻炼。1个案例入选山东省年轻干部工作案例。

（四）加强组织建设

开展新时代党建“双创”工作，获评山东省党建工作“示范高校”培育创建单位，4个基层党组织获批全国、全省高校党建工作“标杆院系”和“样板支部”培育创建单位，1个学院党委经验做法入选全国高校党建“一融双高”典型案例并在全国高校思想政治工作网展示推广，学校党委书记突破项目和1个中层党组织书记突破项目获评省优秀突破项目。制定《基层党建“三红三创”行动实施方案》，开展“红色领航、红色堡垒、红色先锋”行动，评定五星级党支部103个，2个党支部案例分别入选全国高校教师党支部党建创新案例和全省高校主题党日案例。

（五）推进全面从严治党工作

制定《落实全面从严治党主体责任任务清单》，召开全面从严治党工作会议，建立“政治监督活页”。修订学校《贯彻落实中央八项规定精神实施办法》，开展贯彻落实中央八项规定精神监督检查。开展重点领域廉政问题专项整治，进行党员领导干部廉政谈话，“山海泉”廉政宣讲团开展专题宣讲14次，举办“青廉课堂”。大力倡树“严真细实快”的工作作风，驰而不息纠治“四风”，制定《作风建设专项行动实施方案》，开展党风政风和工作作风专项整治。学校在全省纪检监察工作座谈会上作典型发言。

（六）加强统战和群团工作

加强民主党派和统战团体建设，成立民建支部、归国华侨联合会。做好统战成员参政议政、建言献策等工作，20项建议获省市领导批示或被全国政协、省政协采纳。召开六届三次“双代会”，获评“山东省教育慈善奖先进单位”。制定《关于进一步加强党建带团建工作的实施意见》，召开第五次学代会、第三次研代会，获评全国暑期“三下乡”社会实践活动优秀单位。

二、主要工作与成绩

（一）坚持深化改革，提升学校内部治理效能

2022 年，山东科技大学深入实施“管理创新工程”，系统推进教育评价改革，获评山东省“2022 年度教育综合改革与制度创新”十大典型案例。深化人事人才制度改革，加强教师分类管理，创新实施“直聘制”“直通车”“教学骨干”等聘任制。完善人才评价考核制度，制定《高层次人才考核细则》，完成高层次人才考核工作。深化公有住房租赁改革，探索“动态调整、有偿使用”科研用房管理模式，在全省高校资产财务会议上作典型发言。加强理事会、校友会建设，基金会被评为 5A 级社会组织，接收社会捐赠 5100 余万元。

（二）坚持特色发展，加强学科专业建设

深入实施“学科筑峰工程”，制定《高水平学科建设方案》，建立 446“雁阵式”学科体系，在全国第五轮学科评估中实现高水平学科建设突破。在 2022 年软科“世界一流学科”排名中，学校 15 个学科上榜，4 个学科进入世界百强，2 个学科进入世界排名前 50；“中国最好学科”排名中，安全科学与工程进入全国前 10%。服务国家黄河战略、“双碳”战略和海洋战略，自主设置生态环境安全、碳中和科学与工程、储能科学及工程、海洋技术与装备等交叉学科。健全学位授权点动态调整机制，加强数理化生等基础学科建设，获批化学硕士一级学科，开展法学等 7 个博士点培育工作，完成地质学等 8 个学位点合格评估专家论证。出台《特色文科振兴行动计划》及配套办法。

（三）坚持立德树人，全面提升人才培养质量

坚持“五育”并举，成立学生教育与发展研究中心，打造《大学生创新创业思维与实践》等教育品牌，开设劳动教育课程。大学生创新创业训练计划项目获批国家级立项 120 项，位居省属高校首位；学科竞赛国赛获奖 1285 人次，首获“挑战杯”全国大学生课外学术科技作品竞赛一等奖。落实就业优先政策和就业“一把手”工程，毕业生初次去向落实率 81.93%，深造率 36.84%，学校在教育部高校毕业生就业工作视频座谈会上作典型发言。实施研究生教育创新计划和质量提升计划，获省级优质研究生课程 10 项、优质专业学位教学案例库 10 项、研究生优秀成果奖 31 项。加强研究生招生管理，招收博士生 121 人、硕士生 3214 人。在全省高校研究生教育综合评价中学校名列省属高校第一。

（四）坚持精准施策，着力打造高水平人才队伍

深入实施“一流人才强校工程”，遴选“山海英才”第四、五层次人才 12 人。6 人入选国家级人才工程项目，23 人入选省部级人才工程项目，实现自主培养高层次人才新的突破。柔性引进国家级领军人才 3 人。学校在全省教育工作会议上作典型发言。实施教育教学导航计划，培养和提升青年教师教育教学能力，1 人获评霍英东教育基金会高校教育教学奖，在省高校青年教师教学比赛、教师教学创新大赛中获奖 11 项，在全国教师教学创新大赛中获二等奖 1 项。

（五）坚持创新驱动，持续提升社会服务能力

强化有组织科研，获国家重点研发计划政府间国际科技创新合作项目、国家自然科学基金重点基金、国家社科基金重点项目等国家级重点科研项目 7 项，省重大科技创新工程项目、重大基础研究项目 3 项，签订千万级横向和成果转化技术开发合同 3 项，单项横向科研项目合同经费首次突破 2 千万元。科研立项 1625 项，其中国家级项目 134 项，合同经费首次突破 5 亿元，实到经费 3.24 亿元。发表 SCI 收录论文 2470 篇，EI 收录论文 2882 篇，ISTP 收录论文 74 篇，ESI 高被引论文 422 篇；发表 CSSCI、SSCI 收录论文 113 篇。获厅局级以上奖励 51 项，其中山东省科技奖一等奖 1 项、二等奖 6 项。获批智能光电器件与计量技术山东省工程研究中心、“山东数字经济研究基地”山东省社科理论重点研究基地等科研平台 20 个。转化项目 83 项，合同经费 6577 万元，到账经费 2984 万元。智库成果被市级及以上机关采纳 20 篇。国家大学科技园入选省级专家服务基地，获批中央引导地方科技发展专项资金项目；培育专精特新企业 3 家、高新技术企业 3 家，新入驻科技企业 24 家，在园企业 197 家。与烟台等 5 地政府签订校地合作协议，与中国安全生产科学研究院等 10 个单位开展科教合作，与青岛地铁集团有限公司等 25 家企业开展校企合作，推进“海信班”“歌尔班”“以萨班”等产学融合育人。

（六）坚持对外开放，提升国际化办学水平

实施“国际化水平提升工程”，面向上合组织国家建设 2 个国际研究中心。申报国家留学基金委碳中和国际联合培养创新型项目，获批新青年全球胜任力人才培养项目，引进 3 门国外高水平大学课程，招收中国籍斯威本科技大学国际留学生 25 名，在籍国际生 873 人。拓宽海外高端人才引进渠道，建设“111 计划”引智基地，获批科技部、教育部和山东省高端外国专家项目 4 项，引进 5 名高层次外国专家。在聘外籍教师 108 人，1 人获西海岸新区“最美国际友人”称号。

（七）坚持共建共享，构建平安和谐校园

实施“校园文化建设工程”，制作《筑梦远航》宣传片等 10 余件，举办“喜迎二十大 永远跟党走 奋进新征程”艺术作品展，天齐合唱团参演中国文联“与人民同行”——纪念毛泽东同志《在延安文艺座谈会上的讲话》发表 80 周年特别节目、央视《闪亮的名字——2022 最美教师》大型公益活动。图书信息中心、工程实训中心、艺体楼建成投入使用，智能无人系统创新研究院竣工验收。建设智慧校园，入选山东省“智慧教育示范校”创建单位。开展实验室安全分类分级，推进大型仪器设备共享共用。推动图书、档案数字化信息化建设，获评中国煤炭工业协会档案管理先进单位，入选省档案工作创新示范案例。推进学生公寓改造升级，学生宿舍安装空调 7900 余台，实现空调全覆盖。学校获评第三届“省级文明校园”，获评首批“山东省绿色学校”，入选全国节水型高校典型案例。

三、创新与经验

（一）健全青年人才培养机制，打造高水平人才队伍

着力制度创新。新设置山海英才第五层次，实施杰出青年培育办法，建立起从省部级青年人才到国家级优秀青年人才的成长体系。着力及时储备。“菁英计划”A类人才不受年度招聘计划限制，新遴选51人纳入培育，发挥高层次人才团队“传帮带”作用。着力优化环境。“山海英才工程”人才直接聘任为教授，“菁英计划”A、B类聘为学术教授、副教授。设置直聘制，取得标志性成果可直接聘到高级岗位。

（二）创新科技体制机制，打造新能源科创高地

积极响应国家“双碳”战略，加强有组织科研，率先成立“政府+学校+行业+企业”四方联动的国内首个新能源学院—储能技术学院，打造以产业为引领、人才为支撑、科技为核心的科研组织新模式。汇聚各类创新资源，成立山东省储能技术创新联盟和山东省储能学会，获批省铝离子动力和储能技术协同创新中心等高水平科研平台4个。以攻关大项目为着力点，联合承担山东省重大创新工程项目，中标山东能源集团合同经费超千万元的煤炭地下气化技术研究示范项目等。

（三）加强研究生思政教育，探索“实践+科创+文化”新模式

把思政教育贯穿研究生培养全过程，探索“实践+科创+文化”思政教育新模式。打造“实践+”思政课堂，组织学生走进特色社会实践，锤炼思想品格。打造“科创+”思政课堂，聘请科学家、企业家担任德育导师，将党支部设在创新团队。打造“文化+”思政课堂，开展红色文化作品创作，建设文化研学基地，培育优秀文化品牌。典型做法被新华社、《人民日报》《光明日报》等30余家主流媒体报道。

附：党委书记、副书记、常委名单

书　记：罗公利

副书记：姚庆国　尹　华

常　委：罗公利　姚庆国　尹　华　周东华　夏侯雪娇　孙鹤汀　曾庆田　李克周　陈　涛

青岛科技大学党委工作概况

党委书记　李兴伟

一、组织概况与党的建设

青岛科技大学是一所以工为主，理、工、文、经、管、医、法、艺、教等学科协调发展、特色鲜明的多科性大学。拥有5个博士一级学科，5个博士后科研流动站，24个硕士一级学科，16个硕士专业学位类别，76个本科专业。

截至2022年底，青岛科技大学有教职工2895人，全日制在校生36906人，其中，博士、硕士研究生6199人，本、专科生30614人；全校共有党员5980人（正式党员4376人），其中，在职教职工党员1912人（占职工总数的66.04%），离退休教职工党员640人，学生党员3139人（占在校生总数的8.5%）。学校党委下设有15个分党委、14个党总支，2个直属党支部，252个基层党支部。

（一）加强党对学校工作的全面领导

深入学习贯彻党的二十大精神，党委领导班子带头为师生作宣讲辅导，校内开展宣讲共计60余场。落实“第一议题”和党委理论学习中心组学习制度，全年学习26次。召开学校第十一次党代会，确定建设“特色鲜明、走在前列”的高水平大学发展定位。召开全面从严治党工作会议等多项重大活动，4个党组织获评全国、全省“双创”培育创建单位。

（二）坚持党委领导下的校长负责制

认真贯彻落实民主集中制和“三重一大”决策制度，修订学校《党委常委会议事规则》《校长办公会议事规则》。全年召开党委常委会43次、研究议题203项；召开校长办公会21次、研究议题111项；围绕人才强校、学科建设等召开各类专题会议20余次，第一时间形成会议纪要并督导落实。

（三）完善思想政治工作大格局

构建三全育人格局，推进“一站式”学生社区服务。获批教育部高校思想政治工作精品项目，4名教师获在青高校“十佳思政名师”“十佳辅导员”等称号。典型经验被中央电视台、《光明日报》等国家和省级以上重要媒体宣传报道24次。

（四）落实意识形态工作责任制

制定《意识形态工作责任制考核及问责措施》等制度，加强意识形态阵地建设，全年审核备案各类报告会105场，将271个校院两级媒体平台纳入宣传阵地管理。

（五）激发干部队伍担当作为

选优配强党委领导班子，推荐4名干部到“兄弟”高校担任正副职，聘请国内3位知名专家学者担任二级单位负责人。提任干部中层正职5人，调整中层干部31人，提任科级辅导员44人。选拔109名干部、教师纳入“蓄水池”工程，选派50余名干部、教师参加校内外双向挂职。

二、主要工作与成绩

（一）坚持特色发展，加强以学科建设为引领的高质量发展

学科建设水平稳步提升。化工学科获评第五轮学科评估B+，ESI排名由1.84‰提升至1.378‰，学科国际影响力不断增强。制定高水平学科建设方案和12个学科建设任务书，开展学科布局优化与调整，建立“雁阵式”学科发展体系。

人才培养能力显著提高。国家级一流本科专业建设点总数达24个。获首批国家级虚拟教研室试点建设项目立项1项，第九届山东省教学成果特等奖1项，一等奖3项；“互联网+”大赛全国总决赛银奖4项、铜奖1项，“挑战杯”全国一等奖1项；获评山东体育强省建设先进集体；校团委获评全国五四红旗团委。首期卓越工程师班开班。深化对外交流合作，新增比利时布鲁塞尔自由大学等4所国外合作高校。

科技创新水平持续提级。15名教师入围全球前2%顶尖科学家榜单。纵向经费突破1亿元，获批国家级项目60项、省部级77项。荣获中国工业大奖、省科技进步一等奖2项，高等学校科学研究优秀成果二等奖2项、青岛市科学技术最高奖等5项，军工立项合同经费首次突破3000万元。新增省部级平台1个，省重点实验室1个，省高等学校实验室等12个。自然指数排名中，学校位列内地高校第64位。

社会服务能力不断增强。与淄博共建并启用教科产融合学院，与济宁、枣庄、德州等地共建校地融合创新发展中心。新签合同近300项，合同额9.2亿元，与山东亘元生物科技有限公司签订山东省单笔金额最高的7.7亿元成果转化项目。“新工科高校精准科技成果转移转化模式”获批中央引导地方专项重大项目立项支持。在2022年中国高校专利转让排行榜中位居全国52位。

师资队伍建设成效显著。引育国家级人才（团队）5人（个），其中国家杰出青年2人、教育部长江学者“讲席学者”1人，新入选泰山学者特聘专家1人、泰山学者青年专家9人，1人入选山东省高层次人才“筑峰计划”，1人入选山东省海外优秀青年。顺利完成职称评聘工作，评定教授22人、副教授84人。学校师德师风建设典型案例获评省十佳案例。

（二）加强全员质量管理，全面推动治理能力现代化建设

优化内部治理体系。起草《关于加强治理体系和治理能力现代化建设的实施意见》，建立全员质量管理体系架构。完成规范性文件、合同及重大决策事项合法性审核860余项，在全省高校率先启动“接诉即办”工作。围绕年度重点工作、会议决议、领导批示等下发督办件107件。将审计厅反馈的34项主要问题，细化为92个具体整改事项，逐项整改落实。

统筹疫情防控与安全稳定。严格落实上级疫情防控要求，建立“1+6”工作机制，成立指挥部办公室和6个工作专班，出台《常态化疫情防控工作方案》等系列制度。推进智慧校园安防建设，启用人员闸机系统、人员轨迹系统，维护校园治安秩序。学校获评山东最佳社会声誉高校、全省校园安全工作先进集体、山东省首批绿色校园等。

提高民生保障能力。对部分学生宿舍、教室、实验室进行修缮，推进学生宿舍（公寓）空调安装。打通科萃苑教师公寓至学校内部的民生路。完善“一库一表一图”建设，基本完成智慧化校园建设。走访慰问离退休老同志220余人次。募捐资金1573万元、物资价值733万元，基金会出资600万元对泰凯英专用轮胎进行股权投资。预算可支配收入较上年增加4559万元。

三、创新与经验

（一）抓好党的建设是保证

要坚持以习近平新时代中国特色社会主义思想为指导，以党的二十大精神为指引，推动党建引领高质量发展。

（二）明确目标定位是前提

学校发展必须主动对接国家、省重大发展战略和区域经济社会发展需求，坚持“三大战略”，推进“六个新跃升”，建设“特色鲜明、走在前列”的高水平大学。

（三）文化传承创新是灵魂

“科大精神”“橡胶品格”“五有理念”等是青岛科技大学多年来积淀的优秀文化，是学校的优良“家风”，必须长期坚持并不断创新。

（四）人才培养质量是根本

人才培养质量是衡量办学水平的重要标准，必须对接产业发展需求，深化产教融合，建好“四新”专业，提升人才培养质量。

（五）师资队伍建设是基础

人才是第一资源，要做好高水平人才引育，请“大师”，要强化师德师风建设，用“人师”，要着力提升教师教学水平，育“名师”。

（六）社会力量支持是保障

高校发展离不开政府、企业、行业的支持，不断优化和完善校地、校企协同育人工作机制，是学校实现高质量发展的重要保障。

附：党委书记、副书记、常委名单

书　记：李兴伟

副书记：陈克正　李　勇　沈文青

常　委：李兴伟　陈克正　李　勇　沈文青　吕万翔　丁　林　李志波　李少远　刘明永　罗细亮　张洪坤　朱敬义　秦　姣

青岛理工大学党委工作概况

党委书记　王亚军

一、组织概况与党的建设

青岛理工大学是一所以工为主、理工结合，土木工程、机械制造、建筑规划、市政工程、环境能源学科特色鲜明，理工经管文法艺等学科协调发展的多科性大学。学校是国家首批地方高校“111计划”建设单位、全国首批深化创新创业教育改革示范高校、全国首批国家级创新创业教育实践基地、首批全国“三全育人”综合改革试点单位、山东省首批高水平大学“强特色”建设高校。

截至2022年底，校党委下设13个分党委、5个党总支，共有党员4687名，其中，教职工党员1566名，学生党员2842名，离退休党员279名。

（一）把党的政治建设摆在首要位置

加强党对学校工作的全面领导，严明党的政治纪律和政治规矩，落实党委领导下的校长负责制。召开党委常委会51次、研究议题352项，其中研究从严治党议题144项。党委议事协调机构运行顺畅、有效发挥作用。实现校内巡察全覆盖，巡察工作案例入选省巡察优秀案例。落实党委班子成员联系学院、支部制度，指导督导二级基层党组织领导班子成员落实“一岗双责”，努力形成全面从严治党的整体政治合力。

（二）强化以党的创新理论武装头脑

把学习宣传贯彻二十大精神作为首要政治任务，用习近平新时代中国特色社会主义思想凝心铸魂。认真组织党员干部师生收看党的二十大开幕会，聆听习近平总书记所作的工作报告。及时制定学习贯彻落实党的二十大精神系列工作方案。党委班子成员带头深入基层、带头宣讲16场；党委常委会第一议题学习46次，党委理论中心组组织学习14次，发布学习指导12期，落实列席学习旁听制度。

（三）抓牢宣传思想和意识形态工作

始终坚持用习近平新时代中国特色社会主义思想铸魂育人。《党建赋能驱动立德树人“红色引擎”》工作经验被光明日报宣传报道。与社会媒体联动合作，《新闻宣传助力服务国家重大战略》入选山东教育系统新闻宣传工作优秀案例。严格落实意识形态工作责任制、层层签订工作责任书。专题研究意识形态工作17次，制定出台意识形态、网络意识形态工作实施细则。组织开展专项督查，完成意识形态校内巡察全覆盖。

（四）增强党组织政治功能组织功能

抓好基层党建，着力增强基层党组织政治功能、组织功能。认真组织学习贯彻落实基层组织工作条例，持续开展基层党建提质创优工程五大行动。完善、修订涉及基层党建工作制度21项。完成党建主体责任年度专项督导和上级的工作考核，2个书记抓基层党建突破项目入选省优秀成果汇编。获批1个全国党建工作样板支部、1个全省党建工作标杆院系、2个全省党建工作样板支部、1个青岛市五星级基层党组织。1个党支部工作案例入选全国和山东高校示范案例集。

（五）坚持以严的基调强化正风肃纪

倡树“严真细实快”的工作作风，按计划完成三类“四风”专项整治。落实党风廉政建设责任制，召开党风廉政建设工作会议，签订党风廉政建设责任书，层层压实责任。健全重点领域廉政风险防控体系。重视纪检监察干部队伍建设和纪检监察干部能力提升，一体推进“三不腐”。严肃认真做好重点领域廉政问题专项整治和审计整改工作。修订师德师风考核办法，把师德师风建设和考核工作走实走深。

（六）以高度政治责任维护安全稳定

制定实施迎接党的二十大安保维稳工作方案，成立维稳安保指挥部，落实安全责任制，坚决守牢“一排底线”。从校管党费中划拨30万元用于疫情防控工作，成立7个临时党支部、组建12个党小组。不断健全完善防控工作机制和应急处置体系，顺利完成重要时间节点和校园封控期间的疫情防控工作，确保疫情舆情双安全。

二、主要工作与成绩

（一）加强新时代干部人才队伍建设

做好部分处科级干部选拔任用工作，加大优秀年轻干部和专业人才发现培养使用力度，选拔任用处科级干部132人，干部年龄层次、学历结构得到优化。引进158名青年博士，其中引育高层次人才13人。选派29名干部参加第一书记、“强基”工作队、“四进”工作队等工作。

（二）教育教学质量取得新发展

坚持五育并举，持续深化“三全育人”综合改革和本科教育教学改革，获评省本科教改研究重大专项、重点项目及面上项目 15 项，获国家级、省级教学比赛奖 15 项，获第九届省教学成果奖 20 项；新增网络空间安全等 4 个本科专业；新增国家和省级一流本科专业建设点 16 个，首批上线国家高等教育智慧教育平台在线开放课程 126 门。

（三）创新人才培养取得新成效

获批全国首批国家级创新创业教育实践基地，山东省大学生创新训练项目 262 项，位居山东高校首位。首次荣获山东省大学生“互联网 +”大学生创新创业大赛筑梦之旅赛道优胜奖，获省级金银铜奖 12 项；获挑战杯大学生创业竞赛 9 项省级奖项；获省大学生科技创新大赛 13 项奖项。深入实施“第二课堂成绩单”制度，12 支队伍入围“三下乡”社会团中央专项团队，获评全国大学生“三下乡”社会实践优秀单位。

（四）科技创新能力取得新突破

持续实施“12350”工程，获批国家级项目 58 项，连续两年获批国家“万人计划”领军人才，国家杰青实现零的突破，获省杰优青 4 项，3 人入选全球高被引科学家、2 人入选中国高被引学者；获各类科研奖励 53 项，其中省部级以上奖励 14 项；连续三届获中国专利优秀奖和省专利一等奖；获批纵向项目 160 项，其中国家级项目 58 项、省部级项目 94 项，科研项目与奖励再获新高。获批山东省空间碎片监测与低轨卫星组网重点实验室、城市信息模型（CIM）山东省工程研究中心。

（五）学科建设发展再上新水平

强化学科梯队建设，确定学校“345”学科发展矩阵，增列土木水利专业博士学位授权点、材料与化工等 6 个硕士学位授权点招生；机械工程省级联合培养项目被列为服务黄河流域生态环境保护与高质量发展国家战略专项，土木水利、机械工程获推山东省工程硕博士培养改革试点，应用经济学、物理学、计算机科学与技术入选山东省科教融合协同育人联合体，工程学和材料科学学科分别进入 ESI 全球前 3‰和 1%，化学潜力值为 0.798。

（六）办学治校水平取得新成效

修订重大事项风险评估制度，完善学校总法律顾问制度，开展学校依法治理改革试点，决策更加科学民主完善。开展规章制度“废改立”工作，修订订立规范性文件 150 余项，学校内控体系建设进一步加强，现代大学制度体系进一步健全完善。

（七）幸福理工建设开创新局面

完成三批次人才住房常态化配售工作，实现理工嘉苑幼儿园顺利启用并普惠招生，持续关心关爱离退休老同志生活与健康，扎实做好精准资助和资助育人，创建“青理 e 办”平台，着力解决师生急难愁盼问题，师生的满意度、幸福感、安全感不断提升。

三、创新与经验

（一）深化人才培养模式改革

持续推进现代产业学院建设，立项培育建设 3 个校级现代产业学院，青岛理工大学—潍柴现代产业学院获批省现代产业学院。全面推进土木工程、机械设计制造及其自动化、计算机科学与技术等 7 个卓越工程师教育培养计划。建设完成学校虚拟仿真实验教学平台和 5 个校级虚拟仿真实验教学重点项目，获批教育部产学合作协同育人项目 40 项。

（二）积极服务国家发展战略

主动融入黄河流域生态保护和高质量发展，制定出台实施工作方案，与沿黄流域省区其他 8 所高校和 4 家企事业单位共同发起成立黄河流域生态环境保护联合创新中心，《光明日报》、新华社、《人民日报》等媒体报道 50 余篇次，省政府网站要闻发布相关消息。获批省服务黄河重大国家战略特色项目 2 项，获批 3 个省高等学校服务黄河流域生态保护和高质量发展协同创新中心。

附：党委书记、副书记、常委名单

书　记：王亚军

副书记：谭秀森　李国华　杨兴昌

常　委：王亚军　谭秀森　李国华　杨兴昌
　　　　齐德义　尹东峰　王在泉　张　凯
　　　　李长河　陈　伟　郭建锋　王　维

山东理工大学党委工作概况

党委书记　胡兴禹

一、组织概况与党的建设

山东理工大学创建于 1956 年，是一所以理工为主的多科性大学，拥有学士、硕士、博士学位授予权。设有 27 个学院、26 个校级研究院，学科专业涵盖 9 个学科门类，拥有 75 个本科招生专业、25 个硕士学位授权一级学科、4 个博士学位授权一级学科。2022 年，全日制在校生 39107 人，教职工 2925 人，专任教师 2176 人。全校共设 18 个党委、8 个党总支、4 个直属党支部，下设

230个党支部。全校共有党员6216人，其中，在职教职工党员1949人，学生党员3752人，离退休教职工党员515人。学校党委认真履行管党治党、办学治校主体责任，为学校事业发展提供坚强组织保障。

（一）科学谋划学校未来发展

召开学校第四次党代会，坚持以高质量党建引领学校事业高质量发展，明确“183522”的发展目标与工作思路，部署“1+1225”的工作任务，科学谋划未来五年发展蓝图。

（二）扛牢管党治党主体责任

加强校党委领导班子建设，制定《关于进一步加强常委会自身建设的意见》。完善校党委领导班子成员全面从严治党责任清单，压实二级党组织责任，制定学校《2022年全面从严治党工作要点》，专题研究全面从严治党工作5次。深化巡视巡察整改和成果运用，认真完成省委巡视整改工作任务。

（三）旗帜鲜明加强政治建设

深入学习宣传贯彻党的二十大精神，校党委书记为师生作第一讲，推进“点单式”集中宣讲巡讲，在全校掀起学习宣传贯彻党的二十大精神热潮。认真贯彻落实党委领导下的校长负责制，召开党委常委会会议45次。强化政治监督，严格落实上级对“一把手”和领导班子监督要求。

（四）坚持不懈强化理论武装

落实“第一议题”制度，校党委理论学习中心组集体学习12次。加强师德师风建设，获批第二批山东省教师实践教育基地。推动思政工作改革创新，获批省级思政示范课程9门。选树先进典型，1人被中宣部评为“基层理论宣讲先进个人”，1人获评“山东学校思政课教师年度人物”，1人获评山东高校辅导员年度人物。严格落实意识形态责任制，专题研究意识形态工作6次，建立阵地管理制度10项。

（五）推进组织和干部队伍建设

推进党建示范创建和质量创优，开展党支部评星定级和专项督导检查，获批全国、全省党建工作样板支部培育创建单位3个。加强干部队伍建设，制定学校《关于加强年轻干部培养选拔工作的若干措施》等，调整中层干部10人，选派13名干部外出挂职锻炼。推动基层党组织和党员干部在干事创业、疫情防控中“当先锋、作表率”。

（六）持之以恒狠抓作风建设

开展“作风建设年”专项行动和党风政风专项整治，制定《进一步加强和改进作风建设的若干措施》。利用校长信箱、校领导接待日、职能部门与学生面对面、“连心桥”微信群等平台，常态化听取师生意见建议。开展“我为师生办实事”实践活动，办结重点实事项目52项。

（七）深入推进党风廉政建设

开展重点领域关键环节廉政风险防控专项整治，完成省重点领域廉政问题反馈意见整改，完成财务风险排查整治部署工作。对7个学院开展巡察，基本实现学院基层党组织巡察全覆盖。推进“清廉山理工”建设实施方案，开展“稷下清风讲堂”“青廉课堂”，举办“清廉如水”文化作品展。强化以案明纪，开展廉政谈话，教育党员干部深刻汲取违纪违法案件教训。持续推进正风肃纪反腐，运用“第一种形态”批评教育帮助29人次，运用“第四种形态”处理1人。

二、主要工作与成绩

（一）人才培养质量稳步提升

落实立德树人根本任务，构建“大思政”工作格局，不断推进“三全育人”体系。推进以“学生为中心”的教学范式改革，获批省级教学成果奖22项、省本科教改项目22项，获批国家社科基金高校思想政治理论课研究专项1项、省课程思政示范课程9门。加强专业建设，新增8个国家级、10个省级一流本科专业建设点，8个专业通过工程教育专业认证。加强教学创新，获全国高校教师教学创新大赛一等奖1项。推进产教融合，获批省级现代产业学院1个。完善创新创业教育体系，学生获国家级奖项345项。加强就业工作，毕业生总体就业去向落实率达到90%以上。

（二）学科建设成效明显

深入实施优势学科强化战略，在聚焦农业工程、机械工程学科基础上向现代农业装备领域再聚焦。农业科学学科进入全球排名前1%，4个学科入选省博士学位授权点精准培育学科，确定3个校级博士点培育学科。第五轮学科评估结果较上一轮取得较大进步，农业工程、化学工程与技术、机械工程3个学科评估成绩为B档次。完成2022年学位授权点动态调整、专业学位领域设置工作。

（三）人才工作水平不断提升

实施人才优先精准发展战略，引进省部级以上人才12人，实现国家“四青”人才零的突破。培育省部级人才8人，入选泰山学者青年专家9人，引进优秀青年博士88人，首次入选科技部“高端外国专家引进计划”“神农青年英才”“澳门青年学者”各1人。进站博士后36人，出站17人，4人获批博士后基金面上二等资助。

（四）科学研究取得新进展

强化有组织科研，获批国家级科研项目60项，获省部级以上科技奖励31项、社科奖励10项。加强科研平台建设，获批国家知识产权信息服务中心、首批省专利导航基地、省数据开放创新实验室、省高校实验室（中心）11个、省高校协同创新中心4个。加快成果转化，2项技术经评估1.4亿元以作价入股方式实现转化，签订1000万以上重大横向课题3项。

（五）服务社会取得新成效

主动对接省市重大战略，出台服务济淄同城化科创大走廊先行区建设实施方案、服务黄河流域生态保护和高质量发展行动方案，2个项目入选省高校服务黄河重大国家战略特色项目。加强“环理工大学创业创新带”建设，齐创大厦奠基开工。积极服务乡村振兴重大战略，遴选20

个乡村产业振兴基地。坚持融合发展，与企业、地方签约共建研发平台 13 个，选派“科技副总”151 人次。

（六）扎实做好疫情防控工作

认真落实上级防控要求，及时研判、动态调整学校防疫政策，努力守好校园疫情防控安全底线。

三、创新与经验

深化教师评价改革，激发内生动力活力。坚持以人为本，科学设置各类教师岗位，将教师岗位分类设置为教学为主型、教学科研型、科研为主型、成果转化型四种类型，为激发教师活力、人尽其才奠定良好基础。坚持“不拘一格降人才”，建立教授、副教授直聘制度和教授确认、破格制度，打通青年人才成长通道，人才成长的路径不断拓宽。坚持完善多元评价，师德为先，加大对教学业绩和能力的评价，注重教师的业绩、贡献、水平和潜力，对教学、科研、创新创业等同等对待，评聘标准更加科学精准。教师评价改革入选全省教育综合改革和制度创新典型案例。

附：党委书记、副书记、常委名单

书　记：胡兴禹

副书记：邓昌亮　杨　赟

常　委：胡兴禹　邓昌亮　杨　赟　苏守波　聂法良　郭庆兵　陈盛伟　崔焕勇　丛海林　陈　靖　麻国升　刘兴清　吕延苹

济南大学党委工作概况

党委书记　刘春华

一、组织概况与党的建设

济南大学是山东省人民政府和教育部共建的综合性大学、山东省重点建设的高水平大学“冲一流”建设高校。设 26 个学院，有博士后科研流动站 3 个、一级学科博士学位授权点 5 个、一级学科硕士学位授权点 25 个。学科专业涵盖 10 个门类。全日制在校学生 38000 余人。学校党委下设 10 个部门，有 30 个分党委，254 个党支部，党员 7361 人。

（一）加强思想建设

坚持以习近平新时代中国特色社会主义思想培根铸魂，制发《2022 年理论学习安排》，组织理论学习中心组集体学习、专题研讨 17 次，开展“第一议题”学习 26 次。印发《关于深入学习宣传贯彻党的二十大精神的通知》，通过成立宣讲团、组织专题学习班、开展主题宣讲等形式，深入学习宣传贯彻党的二十大精神。坚持从严从实抓牢意识形态工作，修订《进一步加强和改进意识形态工作责任制实施细则》，加强队伍建设，强化预警管理。完善网络信息与安全管理工作机制，落实“三审三校”制度，做好信息发布监管。强化阵地管理，严格落实报告会、论坛等“一会一报”制度，维护学校和谐稳定局面。

（二）加强政治建设

成功召开学校第四次党代会，选举产生新一届党委领导班子，提出“一二三”发展思路和“四五六”战略部署，确定了今后五年和更长一个时期学校发展的战略目标和主要任务。以服务黄河重大国家战略为抓手，全面落实省“十四五”规划实施创新试点任务，统筹推进学校“十四五”规划和“双高”建设。召开 43 次党委常委会，研究学校重要事项、协调推进重要工作。发挥考核“指挥棒”作用，开展部门、学院、中层干部年度工作考核，激发干事创业内生动力。强化校内巡察监督，开展学校第四届党委首轮巡察，稳步推进重点工作督查，确保各项政策措施落实落地。

（三）加强组织建设

配合省委组织部，完成学校新一届党委换届人选和新提拔省属高校正副职人选的推荐考察工作。完成基层党委、党支部换届工作，严格落实学院党委会、党政联席会议事决策规则。配齐学院组织员，实现教师党支部书记“双带头人”全覆盖。推动党支部标准化规范化建设，开展党支部创新立项和评星定级，获批全国党建工作样板支部 1 个、全省党建工作标杆党委 1 个、全省党建工作样板支部 2 个。选派 8 人参加省“四进”、安全生产专项督导等工作，5 人担任“第一书记”，2 人担任民办高校党建工作指导员，8 人担当科技副职。探索校内职能部门和学院干部相互挂职锻炼机制，选派 15 名优秀年轻干部校内双向挂职锻炼。

（四）加强纪律和作风建设

严格落实主体责任，制定《2022 年全面从严治党工作任务分工意见》，召开 3 次会议研究全面从严治党工作。支持纪委履行监督责任，加强对“一把手”和领导班子监督，开展各类监督检查 10 余次。持之以恒落实中央八项规定精神，开展“严真细实快”作风建设专项行动，锲而不舍纠治“四风”。开展“三廉三进”主题教育，印发《廉政教育明白手册》，扎实开展警示教育。

二、主要工作与成绩

（一）人才培养和教育教学工作

加强思想政治教育，获评省首批“三全育人”暨全环境立德树人示范校，获省学校思想政治理论课教学比赛特等奖、全省高校思想政治工作案例一等奖各1项。加强专业建设，获批国家级、省级一流本科专业建设点3个、13个，1个专业通过认证，7个专业纳入师范生教育教学能力免试认定范围。强化协同育人，获批省现代产业学院1个、教育部产学合作协同育人项目14项。加强研究生教育，招收1871名研究生，获批省级优质课程36门，获评省级优秀联合培养基地2个，研究生发表高水平论文540篇。推进创新创业教育，学生首次获“挑战杯”主赛道全国特等奖。

（二）学科建设和科学研究工作

优化学科布局和学位授权体系，新增一级学科硕士学位授权点1个。4个学位点入选省博士学位授权点精准培育建设项目，调整获批硕士专业学位授权点3个。科研工作扎实开展，获批国家自然科学基金常规项目51项、国际社科基金项目16项，获省部级以上科研奖励18项，首次获鲁迅文学奖、丁玲文学奖，获评国家级专利导航工程支撑服务机构建设单位。

（三）人才队伍建设工作

加大人才引进力度，引进各类人才121人，其中国家级人才3人、省级人才2人、优秀博士116人。深化人才共引共享共用机制，按新机制引进各类人才31人，其中省级及以上高层次人才5人。强化师资培育，自主培育国家级人才3人、省级人才18人，获评“全国高校黄大年式教师团队”1个、“山东省教书育人楷模”1人。

（四）疫情防控工作

健全疫情防控工作领导小组和应急处置工作领导组，召开疫情防控工作会议74次，确保统一指挥、统一行动。健全防控措施，动态完善工作方案，加强校地联动、人员培训、应急演练，持续提升应急处置能力。有序开展核酸检测、新冠疫苗接种等工作，做好校园封闭管理，强化服务保障，维护校园安全稳定。

三、创新与经验

（一）创新党建形式，筑牢师生生命健康安全防线

新冠疫情防控形势严峻期间，学校严格按照属地要求，实行校园封闭管理。为精准高效落实好疫情防控政策，学校党委将校园划分为7个责任片区，由校领导牵头成立7个临时党支部。各临时党支部第一时间下沉防控一线，深入学生宿舍，认真开展风险点巡查值守、核酸检测秩序维持、食堂用餐引导、学生心理疏导等工作，让党旗在疫情防控第一线高高飘扬，为打赢疫情防控阻击战提供坚强组织保证。

（二）加强理论政策研究，推动统战工作创新开展

学校党委高度重视统战理论与实践创新研究工作，依托学科专业和人才智力优势，组建统战理论研究专家库，设立统战工作理论研究基地，建立全方位开放式的科研协作模式，产出一批高质量研究成果，获2022年度全省统战理论政策研究优秀成果二、三等奖各1项，获批山东省“铸牢中华民族共同体意识研究基地”，学校连续5年获省、市统战理论政策研究先进单位称号。

附：党委书记、副书记、常委名单

书　记：刘春华

副书记：刘宗明　查玉喜　杨景波

常　委：刘春华　刘宗明　查玉喜　杨景波
张　勇　续　铁　商　华　王　霞
李　强　黄加栋　贾海宁　滕　晋
徐庆国

聊城大学党委工作概况

党委书记　关延平

一、组织概况与党的建设

聊城大学现有28个党委，17个党总支，234个党支部。党员5734名，其中，在职教职工党员2315名，离退休党员528名，学生党员3153名，其他60名。

（一）理论武装走深走实

组织开展喜迎党的二十大系列活动，2个项目入选山东教育展示传播“品牌系列”。印发《关于深入学习宣传贯彻党的二十大精神工作方案的通知》，成立3支宣讲队伍开展校内宣讲，发布宣传报道100多篇次。深化落实党史学习教育常态化长效化工作机制重点任务，打造“红色云展厅”“思政年历”思政育人新品牌，经验做法被省委教育工作领导小组以工作简报形式向全省宣传推广；优化“星火影院”红色教育平台，积极打造“行走的青年思政课”。

（二）基层党组织建设持续加强

实行学校党委领导班子成员基层党建工作联系点制度，优化院级党组织党建考核，指导152个基层党支部完成换届选举，教师党支部书记“双带头人”实现100%全覆盖。在基层党组织和全体党员中深入开展“靓丽树”活动，进一步增强党员的党性意识、责任意识、自律意识和服务

意识。推进基层党建工作示范创建和质量创优，实施校级党建工作标杆学院和样板支部培育工程，入选全国、全省党建工作“双创”项目4个，获批全省教育系统党建研究课题7项，获评全省高校党组织书记抓基层党建突破项目优秀成果2项。

（三）干部队伍年轻化专业化成效明显

全校25个学院全部配齐党委书记、专职副书记、组织员，切实加强学院党务工作队伍建设。组织党员、干部专题学习党的二十大精神，开展系列干部教育培训，提升干部政治素质和谋发展抓落实能力；推进干部实践锻炼，选派30余名干部教师挂职锻炼、服务基层。扎实推进年轻干部工作，出台加强年轻干部工作具体措施，实施科级管理岗位人员选用工作，推进优化干部队伍结构梯队，年轻干部工作典型做法在全省示范推广。

（四）意识形态阵地更加牢固

强化全面领导和政治把关，出台实施人才培养、教师评聘、干部选拔等改革措施27项。定期研判解决意识形态领域新问题，强化舆情应对工作机制，经验做法被省教育厅通过工作简报形式向全省推广，并入选山东省教育厅宣传工作优秀案例，在全省高校重大外宣成果考核中获满分成绩，宣传工作年度总考核第5名。制定实施《宣传阵地建设与管理办法》等制度文件，对10个学院党组织开展意识形态专项巡察。加强思想文化阵地管理，严格落实“一会一报”制度，建设11个品牌文化驿站与11个品牌文化建设项目。

（五）党风廉政建设扎实推进

扎实开展加强作风建设专项行动及党风政风、师德师风、重点领域廉政问题等专项整治，提出推动作风建设专项行动5个方面23项工作要求，大力倡树“严真细实快”工作作风。发挥巡察“利剑”作用，先后2轮对10个院级党组织开展政治巡察。项目化督办重点工作任务44项。开展廉政风险重点部位和关键环节立项监督14项、专项监督13项。组织开展干部廉政警示教育、政德教育，常态化举办廉洁教育活动。

二、主要工作与成绩

（一）人才培养质量稳步提升

新增国家级、省级一流本科专业建设点10个。通过工程教育认证专业1个、教育部师范类认证专业3个，高水平专业数量占本科专业的40.5%。获省级教学成果奖24项，首次获得省级职业教育类教学成果奖一等奖。建成马克思主义理论一级学科硕士点，1门思政课程获批山东省一流本科课程，5门课程被评为省普通高等教育课程思政示范课程，获批山东省课程思政教学研究示范中心。165名学生入选西部计划和中国青年志愿者扶贫接力计划研究生支教团，单年人数再创新高。

（二）师资队伍建设成效显著

全职引进博士（教授）108人，柔性引进特聘教授7人，新增高层次人才15人，高水平师资队伍建设做法经验获省领导批阅。入选山东省高等学校青创计划团队10个、山东省高校黄大年式教师团队1个。职称评聘和绩效分配综合改革持续强化，制度供给更加充分，绩效分配更加公平合理。师德师风机制建设持续改进，评选校级最美教师、教书育人楷模10名，1名教师入选省级最美教师和教书育人楷模评选200强。

（三）学科科研能力明显增强

遴选培育12个“冲一流”“强特色”学科，全球ESI排名前1%学科达到4个，自然指数排名居山东省属高校第7位；全国高校第149位，较上次提升8个名次。科研平台建设成效明显，获批山东省数据开放创新应用实验室、山东省高等学校实验室体系、省社科理论重点研究基地、省高等学校工程研究中心12个，入选省高校青年创新团队发展计划4个。获国家社科基金各类项目12项，青年科学基金项目14项，省自然科学基金立项数量在山东省硕士学位授予单位中位居首位，横向课题立项数量和经费创历史新高。

（四）对外交流不断拓展

挂牌成立聊城大学科技园，首批企业顺利入驻。70名高层次人才作为“科技副总”进驻企业，一批科技研发成果获得产业一线广泛应用。获批山东省高等学校科技成果转化和技术转移基地、山东省科技成果转化综合试点单位。获批高校服务黄河重大国家战略项目1个，山东省高等学校服务黄河流域生态保护和高质量发展协同创新中心、山东省学校黄河文化传承指导中心3个。成立区域国别研究院。“中国—太平洋岛国应对气候变化合作中心”揭牌运营，办公机构设在聊城大学，是学校历史上第一个国字号合作交流平台。首次获批2022年国际中文教育研究课题2项，实现聊城大学语合中心国际中文教育课题零的突破。首次获批科技部科技援外项目1项，实施中外合作办学项目1项，国际合作研究平台（项目）17项，开展教育援外项目1项。

（五）支撑保障体系更加有力

调整学校修建性详细规划，完成西校商贸综合体的装修改造、西校区快递中心扩建和西校区北田径场改造升级等工程，升级校园摆渡车和共享单车，实施明德公寓北区老旧小区改造、教工餐厅择址新建等民心工程，建设10000平方米高标准的球类场地。顺利通过山东省节水型高校复核，获评山东省绿色学校。

三、创新与经验

（一）创新人才引育模式

改革“光岳人才”遴选制度设计，192名人员入选“光岳人才工程”，推进新入职教师能力培养、教学骨干能力提升和学科带头人培育“三大工程”，实现博士教师、副高以上教师“双千”突破，获批泰山学者青年专家4人，数量居山东省硕士学位授权高校首位，学校教师队伍建设数量与质量迈入新境界。

（二）创新应用型人才培养模式

修订本科专业人才培养方案，嵌入微专业课程模块，构建新型跨学科专业课程设置模式；探索实施拔尖创新、卓越计划和交叉复合等人才培养模式；开展“说理念”“说专业”“说课程”应用型人才培养质量提升系列行动。出台《科教融合协同育人联合体建设实施方案》，构建高效协同研究生育人机制。

（三）创新地方高校服务模式

高起点建设黄河学研究院，发布国内首个“黄河流域产业质量指数”，整合相关学科科研平台，聚合相关学科人才，强化对黄河的综合研究、交叉研究和协同研究，积极为国家重大战略实施、山东黄河流域生态保护和高质量发展提供聊城大学方案、做出聊城大学贡献。

附：党委书记、副书记、常委名单

书　记：关延平

副书记：王昭风　胡海泉　房增福

常　委：关延平　王昭风　胡海泉　房增福　赵明吉　白成林　李兆俊　白　青　庄　波　苏明海

山东建筑大学党委工作概况

党委书记　陈国前

一、组织概况

山东建筑大学是一所以工为主，以土木建筑学科为特色，工理管文法艺多学科交叉渗透、协调发展的应用研究型大学。学校设有20个学院（部），64个本科专业，拥有1个博士后科研流动站，1个博士人才培养项目，18个硕士学位授权一级学科，全日制在校生2.7万余人。

学校设有二级单位基层党组织27个（党委20个、党总支4个、直属党支部3个），基层党支部242个，共有党员5673名（在职教工党员1804名、离退休党员549名、学生党员3320名）。

二、主要工作和成绩

（一）党建引领力不断增强

党的政治建设更为坚实。2022年，山东建筑大学坚持以习近平新时代中国特色社会主义思想为指导，深刻领悟“两个确立”的决定性意义，坚决做到“两个维护”。落实全面从严治党主体责任，召开2022年度全面从严治党工作会议。坚持党委领导下的校长负责制，认真执行党委会、校长办公会议事规则，修订贯彻落实“三重一大”决策制度实施办法。

宣传和意识形态工作更加深入。深入学习宣传贯彻党的二十大精神，多层次开展宣讲活动，《人民日报》刊发教师理论文章。落实第一议题制度、党委理论中心组学习规则，巩固党史学习教育成效。全年省级以上媒体报道400余次，首获“全国品牌影响力本科高校”，在山东教育系统新闻宣传工作评比中列省属高校第6名。落实意识形态工作责任制，完成校内巡查全覆盖。

思想政治工作成效更加显著。成立教师工作委员会，开展师德专项整治，1人获“山东省教书育人楷模”。配齐建强思政课教师和辅导员队伍，1人获全省优秀思政课教师，1人获“山东高校辅导员年度人物”。获批全省高校“三全育人”暨全环境立德树人示范校培育建设单位，获批教育部高校思想政治工作精品项目。

干部队伍与党的基层组织建设不断加强。加强干部队伍建设，中层干部年龄、学历等结构进一步优化。年轻干部工作督导评估考核列全省高校科研院所第5位。实施党建提质赋能计划，获批立项省级“标杆院系”1个、“样板党支部”2个，获评省高校党委书记、院系党组织书记抓基层党建突破项目优秀成果各1项。

人才队伍力量显著增强。坚持党管人才，高校党委书记人才工作项目评估连续两年获“好”等次。坚持引育并举，实现国家级人才称号新增量，首获国家级人才项目2项，获批省引进顶尖人才“一事一议”项目经费2000万元。

党风廉政建设和反腐败工作持续强化。完善党风廉政建设协同机制，不断深化政治监督，做好日常监督，压实职能监督。加强廉洁文化建设，深化“青莲”品牌载体。学校纪委、监察专员办公室在省纪委监委派驻机构重点工作考核（评价）中被确定为优秀等次。

全过程人民民主扎实推进。加强统战团体队伍建设，党外人士参政议政作用不断加强。召开九届二次教职工代表大会暨工会会员代表大会。做好离退休干部精准服务、作用发挥。团学组织引领力进一步提升，获评山东省“红旗团委”及省“五四红旗团支部”1个。

（二）内涵建设水平有新提升

教育教学水平稳步提高。推进一流本科专业建设，获评国家级一流专业建设点4个、省级10个，获省本科教育教学成果奖8项、省教学改革研究项目立项15项。积极推进研究生教学改革建设，新增硕士学位授权点2个，获省研究生教育教学成果奖5项。

（三）学科建设和科研创新水平再上新台阶

编制高水平学科建设方案，雁阵式学科建设体系基本形成。获省级政府科学技术奖5项，首次在《Nature》上发表重要研究成果，实现国家重点研发计划重点专项、国家艺术基金青年创作人才项目突破。全年实现科研经费到账 1.53 亿元，单个横向课题到账经费 300 万元，创历史新高。

（四）学生教育管理水平得到新加强

完善学生工作“两考核一评价”育人体系，建设学生心理危机预警信息库。加强国防教育，获征兵工作先进单位。获评教育部“一站式”学生社区自主试点单位、省高校学生公寓管理先进单位。获评国家级优秀实践团队、“山东省青年服务志愿先进集体”，入选山东青年创新榜样 2 人。

（五）社会服务形成新突破

主动融入国家、省市重大战略，成立黄河流域生态保护和城乡高质量发展研究院（筹），共建现代产业学院 7 个、产业创新研究院 1 个。与政府、大型企业签订战略合作协议 48 项。学校科研团队为海南红塘湾酒店平移工程提供技术支持，创造国内首例不规则扇形布置拖车迁移建筑的最大最重记录。

（六）服务保障能力不断提升

深化推进教育评价改革，新修立制度 50 项，获评省教育综合改革和制度创新十大典型案例。落实安全工作责任制，建成山东高校首批警务室示范点。推进校园基础设施建设，获批教育部、水利部校园节水典型案例，获省首批“绿色学校”。入选省教育系统信息化建设应用典型案例。

三、创新与经验

（一）省属本科高校高质量发展绩效考核获得优秀等次

学校党委统筹部署，结合年度重点任务落实和“十四五”发展规划推进，制定反馈问题整改落实方案，补短板、强弱项，精准推进各项工作高质量发展，学校“四新”专业建设、高层次人才引进培养、代表性科研成果等多项考核指标得分名列前茅。

（二）烟台产学研基地取得新进展

高质量推进烟台产学研基地工程建设，一期工程 19 栋建筑单体主体全部封顶，其他配套建设正加速推进。健全工作机制，制定专业及学生入驻计划、学生搬迁方案，开展智能化建设和运行保障工作。对接烟台产业发展需求，开展交流合作，吸引 19 项重要合作签约落地。

附：党委书记、副书记、委员名单

书　记：陈国前

副书记：于德湖　祖爱民

委　员：陈国前　于德湖　祖爱民　许记中　宋　涛　郭益灵　邱立平　李　青　李建军　董从银　徐广利

鲁东大学党委工作概况

党委书记　王　庆

一、组织概况与党的建设

鲁东大学党委下设 25 个党委、6 个党总支、173 个党支部，共有党员 5292 名，其中，在岗教职工党员 1493 名、离退休党员 341 名、学生党员 3447 名。

（一）政治建设和思想建设全面加强

落实“第一议题”制度，党委常委会集体学习 26 次，党委理论学习中心组开展集体学习研讨交流 13 次、专家辅导 5 次。组织“红色云展厅”进校园活动，推动党史学习教育常态化长效化。新增省理论人才“百人工程”3 人，入选“烟台市学习之星”6 人，学校获评省首批红色文化传承示范校，连续四年获评省级文明校园。开展意识形态专项巡察，无负面舆情。

（二）基层党组织建设成效显著

修订基层党组织建设标准，开展“五星联创”工程，实施党支部评星定级管理。获批全国党建工作样板支部 2 个，山东党建工作标杆院系 1 个、样板支部 2 个，2 项全国党建“双创”工作创建项目顺利通过验收，9 项党建工作案例获中国教育报、灯塔党建在线、省委教育工委宣传推广。

（三）全面从严治党持续走深走实

胜利召开中国共产党鲁东大学第三次代表大会，制定《关于深入学习宣传贯彻党的二十大精神的决定》《关于认真学习宣传贯彻学校第三次党代会精神的决定》。深化巡视整改成果，出台规范性文件 88 个。贯彻上级决策部署 240 件，落实重大事项请示报告 46 次，跟进督办 20 项年度重点工作，公开督查通报 17 期，督查室、巡察办利剑作用充分发挥。

二、主要工作与成绩

（一）学科和学位点建设持续加强

水利环境海洋、芯片与集成电路、教师教育、食品药品与现代农业、文化传承创新传播五大学科群建设集群效应凸显，在全国第五轮学科评估中，共有 8 个一级学科和 3 个专业学位类别上榜 C 类，总数比第四轮增加 7 个。ESI 学科建设持续加强，化学学科首次进入 ESI 全球前 1%，工程学学科连续4年稳定在全球前1%。制定《博士学位授予单位攻坚行动方案（2022—2025年）》，重点建设水利工程、教育博士学位点，学位授权结构持续优化。

（二）人才培养质量稳步提升

新增国家级一流本科专业建设点4个、省级9个，总数分别达到14个、17个。获批中国高等教育教学研究项目2项、教育部产学合作协同育人项目26项、省教学改革研究项目17项、省研究生联合培养示范基地2个；立项省教育教学资源建设项目12个、省级以上创新创业训练计划项目83个。获评省研究生创新成果奖12项。孵化创新创业团队21个，获省级以上学科竞赛奖励965项。学校荣获省“互联网+”大学生创新创业大赛、省“挑战杯”大学生创业计划竞赛的优胜杯和优秀组织奖，位列全国高校竞赛排名第179位、师范类高校第15位。

（三）科研工作不断加强

高水平科研平台团队不断涌现，建成省部级科研平台7个、厅局级10个，立项省部级纵向科研项目93项、国家级45项，实现国家重点研发计划项目零的突破。获评“中国好技术”奖、中国机械工业科学技术奖、省非物质文化遗产保护优秀成果奖各1项，2个参与项目成果分别获省科技进步一等奖、国家海洋科学技术奖一等奖。

（四）人才队伍建设成效显著

坚持引育并举，全职引进韩国科学技术院院士1人并启动其依托鲁东大学入选的国家级人才工程，1名泰山学者青年专家期满考核“优秀”直接晋升为特聘专家，培育泰山学者青年专家4人、省海外科技人才C类青年拔尖人才2人，省级人才称号新增1人。具有国家级、省级人才称号专家分别达到70人次、100人次。省高校青年创新团队新增9个。

（五）服务地方工作打造新高地

编制《滨海核电温排水监测预测技术手册》，首次对国家相关技术应用进行系统规范。省海上航天装备技术创新中心连续3次服务保障海上卫星发射任务，实现海上热发射技术新突破。校地校企共建创新平台（技术联盟）5个，承担横向科研项目213项，转化专利（技术）项目56项，到账横向项目经费首次突破亿元。获评省级技术转移服务机构绩效评价优秀等级、省新一轮科技成果转化综合试点单位，连续第五年入选“支持烟台发展突出贡献单位”。

三、创新与经验

（一）充分发挥党建引领作用，推进学校事业高质量发展

学校党委入选山东党建工作示范高校培育创建单位。学校疫情防控经验做法获山东电视台播报，在全省国际学生入境返校工作会议上作典型经验交流。首倡全省高校地理联合野外实习思政育人模式，获评全国高校思想政治工作精品项目。获准参选“全国三八红旗集体”“全国巾帼文明岗”“全国巾帼建功标兵”，2个团队分别入选省教育系统模范职工小家、省三八红旗集体。

（二）践行“四个服务”时代使命，服务和融入新发展格局

制定《服务黄河流域生态保护和高质量发展行动方案（2022—2025年）》，主动融入绿色低碳高质量发展先行区建设大局。组建黄河三角洲资源环境安全保障协同创新中心，入选省高校服务黄河重大国家战略一类项目。提出《关于加强黄河三角洲耐盐碱植物资源开发与利用的建议》，被全国政协采用。开展沿黄流域“童语同音”推普教育培训，获评省语言文字工作先进集体1个。

（三）深化学校综合改革，推进治理能力现代化

制定《合同管理办法（试行）》，严格法人代表授权监管，学校获评全省学生“学宪法、讲宪法”活动先进单位。强化绩效审计导向，审计定案31项，审减资金505万元，内控制度和风险评估效能持续提升。40项典型改革创新经验被省级及以上部门（媒体）宣传报道和推广。

附：党委书记、副书记、常委名单

书　记：王　庆

副书记：李合亮　马东太　吴　君

常　委：王　庆　李合亮　马东太　吴　君
钱国旗　尹　鹏　岳远彬　陈　厚
向　平　毕研强　吴旺宗　丛　涛
王业兵

青岛农业大学党委工作概况

党委书记　郭善利

一、组织概况与党的建设

青岛农业大学党委下设24个分党委，5个党总支，158个党支部。共有党员3817人，其中，教工党员1462人，学生党员2024人，离退休党员331人。

2022年，校党委坚持以习近平新时代中国特色社会主义思想为指导，深入学习宣传贯彻党的二十大精神，坚定拥护“两个确立”、坚决做到“两个维护”。开展“沿着总书记的足迹”专题学习活动，凝聚起服务黄河重大国家战略、推动学校快速高质量发展共识。健全校院两级领导班子成员联系基层党支部制度，实施党支部评星定级、教师党支部质量提升工程，获全国党建工作样板支部培育创建单位1个，获山东党建工作标杆院系、样板支部培育创建单位3个。加强干部实践锻炼，选派41名党员干部校外挂职。完成意识形态年度考核、第二轮校内意识形态工作专项巡察与整改工作，牢牢掌握意识形态工作的领导权、管理权、话语权。深化全面从严治党，顺利完成重点领域廉政问题专项督查，一体推进“三不腐”。支持统战成员积极参政议政、建言献策，被中央统战部、中国侨联采用3项。

二、主要工作与成绩

2022年是学校加快实施“十四五”发展战略规划、全力推进高质量发展的关键一年。学校坚持“抓党建、谋发展、稳开拓、守底线”，统筹疫情防控和事业发展，推动事业再上新台阶。

（一）综合实力不断增强

学科核心竞争力持续提升，工程学、环境科学与生态学首次进入全球ESI学科排名前1%，获山东省博士点精准培育学科4个，位列省属高校第二位。人才支撑坚强有力，获第二批“全国高校黄大年式教师团队”1个、省教书育人楷模称号1人、入选2022年全球前2%顶尖科学家榜单12人。科技创新能力大幅提升，国家自然科学基金立项数位居省属高校第四位，首次获批国家杰青项目；获得省部级以上科研奖励13项；获批省部级科研平台5个。服务社会发展成果丰硕，深度融入黄河国家重大战略，与农高区共建黄河三角洲盐碱地农业研究生培养基地、黄河三角洲智能农机装备基地，成立了黄河三角洲盐碱地农业研究院，入选国家盐碱地农业科技创新联盟副理事长单位；14名在读研究生入选青岛市科技特派员，开创了研究生科技特派员的先例。国际交流合作步伐不断加快，获批动物医学专业“5+0”本科双学位中外合作办学项目；获全国首批“中非现代农业技术交流示范和培训联合中心”；获山东省教育国际交流工作先进单位。

（二）人才培养质量不断提高

思政工作富有成效，获批省级课程思政教学研究示范中心1个、教育部高校思政课教师研究专项1个。本科教育质量持续提升，新增国家级、省级一流专业建设点14个；食品科学与工程专业顺利通过认证；获省级教学成果奖一等奖1项；获批省级现代产业学院1个、省级新旧动能转换公共实训基地1个；获教育部“一站式”学生社区综合管理模式建设自主试点单位。研究生教育成果丰硕，获批省研究生教育教学成果一等奖2项；获批国家级科技小院24个，位居全国第8位、山东高校首位；在2022年度省属高校研究生教育综合评价考核中，获省属硕士研究生培养高校组A等次。创新创业和实践育人能力不断提升，获批国家级、省级大学生创新创业训练计划项目139项，获批项目数连续四年保持增长。5项学科竞赛实现国家级奖项零的突破、首次在中国国际“互联网+”大学生创新创业大赛国际赛道获得国家级奖项。获全国文化科技卫生“三下乡”服务标兵称号1个。继续教育工作量质双增，成立青岛农业大学乡村振兴学院，获农业农村部乡村振兴“耕耘者”培训项目。

（三）治理水平实现新提升

文化治理提速升级，获评全省首批中华优秀传统文化传承示范校。依法治校全面推进，获批山东省依法治理试点高校。教育评价改革持续推进，初步构建起科学合理的教育评价体系。校属企业改制工作迈出坚实步伐，完成资产经营有限公司工商登记。校园信息化建设持续推进，建成教师个人数据中心“一张表”。物业社会化改革不断深入，确定物业服务公司。持续深化民主管理。

（四）服务保障体系不断健全

完成学生宿舍智慧洗浴建设项目、城阳校区图书馆升级改造项目，提升智慧化服务水平。对全校实验室进行安全分级分类管理，有力保障实验室安全。疫情防控有力有效，筑牢“外防输入、内防扩散”坚固防线，切实保障师生健康。平安校园建设不断加强，构建“横向到边、纵向到底、责任到人”的安全稳定工作格局。

三、创新与经验

（一）坚持党建工作统领全局

充分发挥党委领导核心作用，把党要管党、从严治党落实到办学治校全过程，切实以高质量党建引领学校事业实现高质量发展。

（二）坚持服务“国之大者”

主动对接国家和地方重大发展战略需求，充分发挥自身人才和智力优势，围绕国家地区需求开展科研创新与社会服务，切实增强解决综合、重大、长远问题的能力和水平，推进学校综合实力不断提升。

（三）坚持改革创新

始终遵循高等教育发展规律，坚持问题导向与系统观念，自觉运用改革思维谋划和推动工作，以深化改革破除体制机制障碍，激发创新驱动内生动力，确保学校保持发展活力。

附：党委书记、副书记、委员名单

书　记： 郭善利

副书记： 刘新民　王庆军　单连岱

委　员： 郭善利　刘新民　王庆军　单连岱　刘明瑛　牟少岩　刘春霞　田义轲　赵金山　王永健　初　磊　慕乾伟

临沂大学党委工作概况

党委书记 王焕良

一、组织概况与党的建设

临沂大学是山东省属普通高校、山东省教育厅与临沂市共建高校、山东省应用型本科高校建设首批支持高校。现设有24个学院、2个分校区；在招本科专业76个，涵盖12大学科门类；5个硕士授权一级学科、11个硕士专业学位授权类别；全日制在校生45220人，其中，硕士研究生590人、本科生33057人、国际生134人；教职工2777人，其中，专任教师2270人、博士教师821人。基层党委28个，党支部212个，党员5157人，其中，学生党员2703人、离退休教工党员608人。2022年新发展党员900人。

（一）思政工作特色品牌不断彰显

全覆盖、立体化、浸入式学习宣传贯彻党的二十大精神。出台《加强和改进“第一议题”学习制度》，推动理论武装向基层延伸。党史学习教育理论成果入选山东省《以史为鉴向未来》党史学习教育汇编。牢牢把握意识形态工作领导权，严格落实意识形态责任制，建立意识形态负面清单，出台舆情管理实施办法，组建舆情信息员队伍，强化意识形态阵地管理。承办山东社科论坛2022——新时代沂蒙精神传承发展研讨会，提出弘扬沂蒙精神“十大行动”倡议，获批首批山东省红色文化传承示范校，入选第二批省师德涵养基地，入选教育部高校原创文化精品推广行动计划。

（二）班子建设和基层党建全面过硬

出台加强党委自身建设意见、院级党委班子建设实施意见，开展“议事决策规范提升年”回头看，实行重大决策事项风险评估制度，制定学院党委会、党政联席会议事规则范本。推动党建与业务深度融合，完善党建考核评价标准，组织3轮党建工作督查，开展校内巡察。完成全部党支部换届，教师党支部书记“双带头人”达100%，获评全国样板支部1个、省标杆学院和样板支部各1个。

（三）全面从严治党取得扎实成效

建立政治监督活页，制定“三排查三整治”若干措施。完善大监督协同联动机制，开展合作办学、校企合作等专项审计，获评全省教育审计先进集体。开展作风建设专项行动，践行“严真细实快”工作作风。一体推进“三不腐”，制定廉洁文化建设实施方案，开设“青廉课堂”，开展重点领域廉政问题整治等4个专项行动，严肃整治师生身边“微腐败”和不正之风。

（四）疫情防控科学精准有力有效

统筹疫情防控、舆情防范和校园安全，坚持适度超前、适度从严，建立规范化、标准化、流程化、清单化防控体系，构建校地联动应急处置机制，有效处置突发疫情，最大程度保护师生健康，最大限度减少疫情影响。认真落实“二十条”和“新十条”，及时调整优化防控措施，顺利度过危险期，平稳转入新阶段。疫情防控工作多次在省市会议作典型发言。

（五）服务师生扎实有效

深入开展“我为群众办实事”实践活动，疫情期间积极开展“四个暖心服务”，持续开展“送西部学子回家过年”活动。制定教职工荣休制度。建设“临大12345”校内信访服务平台，构建四级信息员制度，实行“接诉即办”，妥善解决宿舍空调、校医院、校区取暖和学生公寓改造等师生急盼问题。

二、主要工作与成绩

（一）构建“雁阵式”学科发展体系

制定高水平学科建设方案，继化学学科之后，工程学学科进入ESI全球前1%。新增地理学一级学科硕士点，新增一流专业建设点国家级4个、省级6个，5个专业完成认证进校考查。入选省高校青创团队9个，获批省级研究平台9个，获批山东省外事发展与研究智库1个。

（二）区域人才高地不断巩固

实施人才工作党委书记“一把手”工程，举办首届高层次人才云端论坛，引进省部级及以上人才13人，新入选“泰山学者”工程6人，新增高水平领军人才19人次，引育高水平博士166人。完善沂蒙学者人才工程实施与管理办法，新遴选沂蒙学者27人。组织300余人到企业挂职。

（三）教育教学改革持续深化

获得省级教学成果奖14项，入选全省高校教育综合改革和制度创新十大典型案例。新增省级现代产业学院1个，入选国家级研究生专业学位教学案例库1个。获批1个省研究生联合培养示范基地、3个国家级支持建设“科技小院”。规范继续教育校外教学点建设。获批中外交流项目等4项、中外合作办学项目1项，新增中外合作办学平台2个。

（四）服务地方作出新贡献

主动服务黄河重大国家战略，获批省高校服务黄河流域生态保护和高质量发展协同创新中心1个、“高校服务黄河重大国家战略项目”二类项目1个。参与主办2期“才聚沂蒙、智汇琅琊”项目对接会，获批省级科技成果转化综合试点单位。获批全国乡村产业振兴带头人培育“头雁”项目培育机构。校地共建医学院正式运行。

三、创新与经验

构建校地企人才共引共享机制。落实临沂市委市政府“才聚沂蒙”行动有关政策、措施，将学校人才纳入临沂市人才优惠扶持政策。出台《临沂大学校企共享人才管理办法》《临沂大学产业教授管理办法》，发挥大学人才集聚和平台优势，主动对接地方产业、行业，构建“政府出政策、企业出资金、学校出编制”的校地企人才共引共享机制，即构建“身份在大学、工作在企业、成果校企共享”的引人用人机制，为政府和企业引进高端人才提供平台支持。学校已与临沂市人民医院等单位共引共享6名高层次人才，其中市校共引外籍院士1名。

附：党委书记、副书记、委员名单

书　记：王焕良

副书记：张书圣　刘占仁　黄富峰

委　员：王焕良　张书圣　刘占仁　黄富峰　张立富　马凤岗　池福安　崔晓红　郑秀文　谭文清　袁荣开　白金山

山东财经大学党委工作概况

党委书记　王邵军

2022年，山东财经大学党委坚持以习近平新时代中国特色社会主义思想为指导，全面贯彻党的二十大精神，坚决落实党中央、省委、省政府决策部署，统筹做好疫情防控和学校高质量发展，时任省委书记李干杰来校调研并召开教师座谈会，极大地鼓舞了全体师生员工的干事创业的干劲和信心。

一、组织概况与党的建设

山东财经大学是财政部、教育部、山东省共建高校，以经济学和管理学学科为主，兼有文、法、理、工、教育、艺术八大学科门类。学校现有燕山、舜耕、圣井三个校区，占地3000余亩。学校拥有完善的现代化教学基础设施和实验设备。现有国家级实验教学示范中心1个，省级实验教学示范中心3个，省级实验室21个。校舍建筑总面积98.2万平方米，教学科研仪器设备总值2.58亿元。图书馆藏书347.9万册，电子图书743万册。学校现设有24个教学院（部），全日制在校本科生、研究生3万余人。拥有62个本科专业，其中，国家级一流本科专业建设点29个，省级一流本科专业建设点20个，国家级一流本科专业建设点占本科专业总数比例位居省属高校首位。拥有应用经济学博士后科研流动站，应用经济学、工商管理、管理科学与工程、统计学4个一级学科博士学位授权点，11个一级学科硕士学位授权点，20种硕士专业学位类别。

（一）扎实推进政治建设

全校师生坚持不懈用习近平新时代中国特色社会主义思想凝心铸魂，胸怀“两个大局”、牢记“国之大者”、坚定拥护“两个确立”、坚决做到“两个维护”。不断强化理论武装。各级党组织坚持把学习贯彻党的二十大精神作为首要政治任务，制定学习宣传贯彻意见，成立宣讲团，采取多种形式进行“全覆盖”培训学习。

（二）严格落实意识形态责任，筑牢意识形态阵地

接受省委教育工委意识形态工作专项督查，积极做好专项整改和后半篇文章。全力增强基层党组织凝聚力战斗力。顺利完成基层党委换届选举工作；创新完善“党建与业务双提升工作坊”机制，推动党建与业务工作深度融合；获批“2022年高校思想政治工作精品项目”。纵深推进全面从严治党工作。召开全面从严治党工作会议；开展第二、三轮巡察工作，持续深入纠“四风”树新风，推动健全完善作风建设长效机制；开展“官气”十足、“衙门做派”等专项整治行动。

二、主要工作与成绩

（一）学科建设持续推进

制定《高水平学科建设方案》，确定“344”多学科相互支撑、重点突出、协调发展、梯次分明的雁阵式学科建设体系；应用经济学、工商管理入围山东省“811”工程备选建设学科；积极申报“乡村振兴学”自主设置交叉学科（已获教育部批准备案），成为国内第一家设立“乡村振兴学”交叉学科高校。

（二）人才培养质量稳步提升

获得第九届省级教学成果奖特等奖2项，一等奖12项，二等奖11项，特等奖和一等奖数量居省属高校首位；入选国家级一流本科专业建设点29个、省级一流本科专业建设点20个，国家级一流本科专业建设点占比位居省属高校第1位；获“挑战杯”一等奖1项、“创青春”大赛全国银奖1项、铜奖1项；学校入选国家级创新创业学院建设单位，创新创业教育学院被认定为国家级创新创业学院；本科最低录取位次列省属高校第2位。

（三）服务山东成效显著

持续打造服务山东社会经济发展的“财大品牌”。与中国社会科学院共同成立乡村文化研究院，发布中国首部乡村文化蓝皮书《中国乡村文化发展报告（2018—2021）》；发布海洋经济蓝皮书《中国海洋经济发展报告

（2021—2022）》；获批党和国家领导人批示2件、国务院采纳2件，省部级领导批示15件；4项成果获第一届山东省人民政府决策咨询奖，数量位居全省高校首位；省教育厅在山东财经大学设立省教育服务黄河国家战略研究院，设立3个服务黄河流域生态保护和高质量发展协同创新中心。

（四）科研实现新突破

首次入选《国家哲学社会科学成果文库》；获批国家社科基金重大项目2项；获批国家社科基金一般项目和青年项目21项，立项数量位列省属高校并列第1位、全国财经类高校并列第5位；获批教育部人文社科研究项目15项，立项数量位列全国高校第29位；获山东省社会科学优秀成果奖28项、突出贡献奖和学科新秀奖各1人、科学技术青年奖1人、商务部研究成果奖1项。

（五）人才引育高质高效

全职引进海外高校高层次人才1人，引进特聘教授4人、高水平人才5人，柔性引进外聘教授13人，引进青年博士30余人；管理科学与工程教师团队入选全国高校黄大年式教师团队；6人入选山东省“泰山学者”工程人选，1人入选自然资源部高层次科技人才创新工程，3名专家入选财政部人才库，4名专家入选山东省智库高端人才，1名专家荣获山东省留学人员回国创业奖，13支团队入选山东省高校青年创新团队发展计划；学校党委书记人才工作项目获评优秀等级，入选山东省人才工作表现突出单位，获得山东省委、省政府通报表彰（省属高校仅3所）。

（六）综合改革不断深化

实施职称评聘改革，完成第二轮全员岗位聘用期满考核和第三轮全员岗位聘用工作；深化学部制改革，成立公共管理与法学学部、信息学部；在省内率先启动AACSB认证工作，正式成为AACSB联盟教育类会员。

（七）开放办学格局不断拓展

与济南市共建“东亚文化之都研究智库”，联合举办“东亚文化与城市发展”研讨会；中加、中新三个合作办学项目通过教育厅合作办学评估，与法国高等对外贸易学院达成合作办学项目意向；获评全国雅思突出贡献考点奖。

（八）保障条件日益完善

主校区图书馆项目获中国建筑工程质量鲁班奖。完成各校区硬件设施设备修整修缮工作，建设完成“健康驿站”；获评首批“山东省绿色学校”，获评“山东省高校能源管理与节能减排先进单位”，获评济南市“2021年度五星级平安单位”。

（九）文化建设蓬勃向上

隆重举办建校70周年暨合并建校10周年庆祝大会，举办系列学术报告及校庆系列丛书、《光荣与梦想》宣传片、“数字藏品”发布仪式，举办“梦想花开新时代”校庆演唱会。

三、创新与经验

（一）打造财经大学党建特色品牌

学校党委积极探索党建工作新举措，努力构建党建新格局，打响财经大学党建品牌：先后获评山东教育系统先进基层党组织、山东组织工作创新奖；在全省高校率先实行党员量化积分管理，并且牵头制定全省高校三级党建考核评价标准及考核办法；在全国高校党的建设工作会议上作经验交流。

（二）新财经人才培养实现新突破

落实立德树人根本任务，推进思政课程、课堂思政、实践思政相向而行。新上金融科技、智能会计、低碳经济管理、大数据、人工智能、国际经济发展合作等新型交叉专业，“乡村振兴学”自主设置交叉学科又获教育部批准备案，通过新文科建设和专业改革，创新人才培养方案，拓展学科视野，促进交叉融合，加快培养新时代财经领域优秀人才。

（三）服务山东行动实现创新突破

发挥财经智库优势，以服务山东为己任，围绕服务乡村振兴、服务新旧动能转换、服务对外新高地建设、服务海洋强省战略、服务绿色低碳转型发展等山东重大战略，强化“有组织的科研”，强化校地合作、校企合作。在人工智能、区块链、碳中和、金融科技、乡村振兴、区域国别研究、智能社会治理等优势领域，建设跨学科重大创新规划平台体系。

（四）深化内部治理改革实现创新突破

学校成立经济学部、黄河商学院、公共管理与法学学部、信息学部4个学部，实现资源配置逐步整合、共享和优化，学科交叉融合，教师、学术教学活动融通等，真正发挥其在学科建设、专业建设、人才培育社会服务方面的凝聚、整合作用。

附：党委书记、副书记、委员名单

书　记：王邵军

副书记：张培国

委　员：王邵军　张培国　陈晓兰　张书学
张　新　陶　虎　王福岱　谢申祥

齐鲁工业大学（山东省科学院）党委工作概况

党委书记 王英龙

一、组织概况与党的建设

齐鲁工业大学（山东省科学院）[以下简称“校（院）”]是山东省重点建设的应用研究型大学，山东省最大的综合性自然科学研究机构，山东省属高校高水平大学“冲一流”建设高校。现有26个教学科研单位，其中，学部14家，学院、研究院、分院12家。现有全日制在校本科生30167人、研究生3866人。拥有博士学位授权一级学科1个、硕士学位授权一级学科5个，山东省高峰学科1个、优势特色学科1个，省一流学科3个。现有教职工3581人，其中，副高级以上专业技术职务人员1624人，博士1526人，中国工程院院士、“双聘”院士、外籍院士10人，国家级领军人才72人次，省部级人才134人次。党委下设27个二级党委，共有291个党支部、7274名党员，其中学生党员3989人。

2022年，学校党委坚持以习近平新时代中国特色社会主义思想为指导，坚决落实省委、省政府科教融合战略部署，严格履行管党治党主体责任，不断深化各领域综合改革，为建设国内一流、国际有影响的应用研究型大学提供坚强组织保障。

（一）加强政治建设

严格落实党委领导下的校长（院长）负责制，制定党委和班子成员年度全面从严治党责任清单。坚决贯彻执行民主集中制，严格落实党委会会议议事规则和“三重一大”集体决策制度，建立健全学部（院）议事规则，出台《学部主任办公会会议议事规则（试行）》。

（二）强化理论武装，筑牢思想根基

坚持把学懂弄通做实习近平新时代中国特色社会主义思想作为首要政治任务，全面系统学习党的二十大精神。规范落实“第一议题”和党委理论学习中心组学习制度，党委班子成员带头讲党课、上思政课。制定深入学习宣传党的二十大精神的工作方案，构建“1+3+3”特色宣讲矩阵。持续推进政治理论学习常态化制度化长效化，实现教职工理论学习全覆盖。

（三）坚持社会主义办学方向，牢牢把握意识形态工作领导权

严格落实意识形态工作责任制。定期组织召开意识形态工作联席会议和领导小组会议，制定《意识形态工作负面清单》。完成对4个二级党委意识形态工作专项巡察。强化意识形态阵地管控，健全完善网络舆情引导处置机制，密切关注师生思想动态，强化师生思想引领，及时排查处理各类舆情。获评“省教育政务新媒体综合实力二十强”等称号。健全完善思政育人大格局，组织首届山东省本科高校课程思政教学比赛。获评全省学校思政课教学设计大赛中获特等奖1项，一等奖1项，二等奖2项；全省思想政治工作优秀案例二等奖1项。

（四）全面夯实基层党建基础，激发组织活力

持续完善三级党建质量标准体系，制定《二级党委党建工作质量标准》《党支部工作质量标准》，开展规范化建设巩固提升行动，基层党建工作运行机制更加健全。持续开展党建特色品牌培育，获批全省党建“示范高校”，1个基层党委获批全省党建“标杆院系”，3个支部获批全国党建工作“样板支部”、2个支部获全省党建工作“样板支部”。

（五）抓好干部队伍建设，精准识人用人

严格落实《党政领导干部选拔任用条例》，扎实做好干部试用期满考核，对4个二级党委开展选人用人专项检查。健全完善干部教育培训体系，制定《关于加强干部教育培训体系的实施意见》，通过干部大讲堂、专题学习班、交流挂职等多渠道多方式抓好干部培养工作。干部工作有关做法，入选全省干部工作案例选编。校（院）产生党的二十大代表1名、省第十二次党代会代表2名、高校党代表会议代表10名。

（六）推进党风廉政建设，营造良好政治生态

开展党风政风专项整治行动，查摆、梳理问题17项，制定整改措施27项，整改过程中制定规章制度68项。开展加强作风建设专项行动，查摆梳理问题339项，制定整改措施506项。健全三级纪检工作体系，在21个二级单位设立纪委。进一步完善信访举报、线索管理和案件查办的分级处理机制。开展重点领域廉政问题专项整治，构建廉洁教育体系，被省教育厅宣传报道。按计划完成对4个二级党委常规巡察，抓实问题整改，做好巡察“后半篇文章”。

二、主要工作与成绩

（一）深入推进改革攻坚，治理体系不断完善

深化“学部制”改革和两级管理体制改革，制定权力下放清单，出台《财务两级核算办法》《收入分配指导意见（试行）》等文件，推动学部（学院）“类法人”管理、一体化管理，二级单位生机活力不断激发。强化全口径预算管理改革，初步建成各学部一体化财务管理体制，财务精细化管理水平进一步提高。制定《发展类项目管理办法》，完善发展类预算项目库，资源配置体系更加优化。

（二）强化责任担当，筑牢安全稳定一排底线

全力构建“大安全”工作格局。制定《安全稳定工作责任分工方案》。聚焦重点领域开展安全风险隐患大排查大整治、安全生产月等活动。与公安部门共同设计、联手打造高标准警务室，山东省副省长、公安厅厅长范华平对警务室建设成效和校（院）安全稳定各项工作给予高度评价。慎终如始抓好疫情防控。党委会专题研究疫情防控工作10次。健全疫情防控指挥体系，成立突发疫情处置专班，实行班子成员AB角制度，建立起“校（院）整体统筹、各校区校自为战、学部（学院）作为战斗单元”的应急处置体系。科学精准及时落实好防疫工作要求，做到常态化疫情防控和突发疫情应急处置顺畅切换连接，平战结合动态管理校园，保障疫情防控校园管理有力有序开展。

（三）精准对接服务发展，科技创新支撑能力全面提升

制定《支撑黄河流域生态保护和高质量发展实施方案》《关于〈山东深化新旧动能转换推动绿色低碳高质量发展分工方案〉的落实意见》。与崂山国家实验室共建“海洋传感器研发中心”，与鹏城国家实验室、济南市人民政府签署筹建济南网络节点合作协议；高标准启动建设省国际顶尖科学家工作室和山东省基础科学研究中心（计算机科学）；牵头建设黄河流域“数据立方”基础设施；超算互联网工程上线。年度科研经费合同额超过12.4亿元，科技成果转化合同额达2.57亿元。获山东省科技进步一等奖2项、自然科学二等奖1项、技术发明二等奖1项、科技进步二等奖4项。

（四）深化教育教学改革，人才培养质量稳步提高

健全完善专业动态调整机制，新增7国家级一流本科专业7个、省级一流本科专业9个，4个专业通过工程教育认证；获省第九届高等教育类教学成果奖11项，其中特等奖1项；获“互联网+”大赛全国总决赛金奖2项，位居全国第29位。

（五）推进学科内涵发展，学科整体实力显著增强

顺利通过博士授权单位与博士点加强建设审核。新增ESI全球前1%学科1个，ESI全球前1%学科达到5个。13个学科上榜软科中国最好学科排行榜，连续6年呈持续稳定增长趋势。

（六）深入推进实施“齐鲁科教英才工程”，高层次人才数量快速增长

优化高层次人才引进机制，打造两级人才建设体系，全年新增国家级人才2人、泰山学者重点人才工程人选23人、泰山产业人选5人。成立教师工作委员会，健全教师荣誉体系，选树培育校（院）首批“黄大年式教师团队”5个；吉兴香获评2022年“中国青年女科学家”“山东省教书育人楷模”“齐鲁最美科技工作者”称号；李天铎当选俄罗斯自然科学院外籍院士；王瑞明等2个团队获批省劳模创新工作室，人才引领事业发展集聚效应充分彰显。

（七）不断深化开放合作，国际化水平加速推进

新建国际合作平台5个，新增14个海外合作机构，山东省与乌克兰交流合作研究中心被评为全省12家优秀国别区域研究中心；国际合作项目取得突出成绩，获批校（院）外国合预算经费约5111万元，2名外国专家分获“中国政府友谊奖”及“齐鲁友谊奖”，校（院）获评2022年全国雅思考点突出贡献奖。

三、创新与经验

（一）坚持党的领导，扎根中国大地办大学

作为中国特色社会主义大学，政治性是第一属性，必须坚持党对校（院）的绝对领导，把牢社会主义办学方向，全面贯彻党的教育、科技方针，持续推动中央决策部署和省委工作要求在校（院）落地生根。

（二）发挥科教优势，服务区域发展战略

要充分发挥高校（科研院所）平台、资源优势，聚焦“十大创新”，不断强化特色优势与山东战略布局的深度对接，着力提升原始创新能力，努力在关键领域产出一批高水平科研成果，为经济社会发展提供工大（科院）智慧。

（三）深化科教融合，提升协同育人能力

科教融合是推动高等教育高质量发展的有效举措，是培养高素质、创新型人才的必然选择。要全力推进大部制改革、校院两级管理体制改革、绩效分配改革、职称评聘制度改革等各项改革，坚决破除体制机制束缚，将科研优势转化为育人优势，充分激发办学活力。

附：党委书记、副书记、委员名单

书　记：王英龙

副书记：刘永波　吴衍涛

委　员：王英龙　刘永波　吴衍涛　马文才　任　民　房克乐　曹茂永　乔丙武　刘　玉　侯连涛　张以刚

山东第一医科大学（山东省医学科学院）党委工作概况

党委书记　韩金祥

一、组织概况与党的建设

山东第一医科大学（山东省医学科学院）是山东省重点建设高校和高水平大学建设项目“冲一流”高校，也是全省最大的医学科学研究机构。共有基层党委29个，党总支38个，党支部477个，党员11636人。

2022年，山东第一医科大学（山东省医学科学院）党委坚持以习近平新时代中国特色社会主义思想为指导，深入学习宣传贯彻党的二十大精神，在省委、省政府的领导下，认真履行全面从严治党主体责任，坚持抓思想从严、抓管党从严、抓治吏从严、抓作风从严、抓执纪从严、抓反腐从严，将管党治党各项任务落到实处，为校（院）高质量发展提供坚强组织保障。

二、主要工作与成绩

（一）深入学习宣传贯彻党的二十大精神

坚持把学习宣传贯彻党的二十大精神作为当前和今后一个时期的首要政治任务，与贯彻落实省十二次党代会精神紧密结合，组织师生医护员工集中收看党的二十大开幕会盛况，及时下发《关于深入学习宣传贯彻党的二十大精神的通知》，组建校（院）学习贯彻党的二十大精神宣讲团，省委常委、宣传部部长白玉刚为广大师生医护员工作专题宣讲报告，党委领导班子成员、知名专家教授带头开展对象化、分众化、互动化宣讲。各基层党组织努力增强学习宣传的针对性和实效性，讲党课超过500场次，切实凝聚起“牢记嘱托走在前，勇担使命开新局”的磅礴力量。

（二）坚持党建引领，党的建设全面加强

全面落实新时代党的建设总要求，加强政治建设，校（院）党委认真履行全面从严治党主体责任，举办党委理论学习中心组（扩大）读书班，党委理论中心组集体学习15次，带头为广大党员干部讲党课，发挥示范引领作用。加强思想建设，严格落实意识形态工作责任制，确保意识形态领域绝对安全，全年无重大舆情发生。加强组织建设，在全省组织部长会议上作典型发言，1名同志当选省第十二次党代会代表，完成2名副厅级干部任职推荐工作、3所直属单位领导班子调整和校（院）中层正职管理人员岗位竞聘工作。抓实党组织书记抓基层党建述职评议考核工作，实施“领航工程”，推动形成全员、全过程、全方位育人的责任体系。做好党外知识分子思想政治工作，充分发挥党外人士积极作用。加强制度建设，年内出台党建、业务等方面的规章制度91项。加强党风廉政建设，成立党委巡察工作领导小组办公室，年内对6个二级学院党组织开展巡察。加强纪检监察队伍建设，开展警示教育，筑牢拒腐防变坚固防线。加强作风建设，严格执行中央八项规定精神和省委实施办法，“三公”经费维持较低水平。做好疫情防控工作，保障校园和医疗机构安全。选派600余人次驰援省内外疫情防控一线，涌现出“齐鲁时代楷模”白晓卉等先进典型。

（三）科教融合、改革创新持续深化，综合实力大幅跃升

出台《关于深化校院两级管理体制“放管服”改革的实施意见》，重点在绩效分配、预算管理、评聘考核等三个层面深化改革，着力推动实现发展动力模式由“校（院）车头牵引”向“学院动车组驱动”的转变。制定《医教协同嵌合式发展管理办法》，在附属中心医院加挂临床药学院牌子，积极推进第一附属医院与临床麻醉专业、放射学院与省医学影像研究所的嵌合式发展，实现交叉融合、协同育人，进一步释放融合红利。人工智能与大数据学院积极与附属医院合作打造“医学+AI”研究特色，成为新医科建设重要推动力量。学科建设成效显著。新增免疫学、微生物学两个学科进入ESI全球排名前1%学科，ESI全球前1%学科总数8个，居全国独立医学院校第7位；新增临床医学学科进入ESI全球排名前1‰。在中国医学院校科技量值排名中，校（院）列全国第18位，在全国独立医学院校排名第7，学科排名及影响力持续提升。

（四）全面落实立德树人根本任务，教育教学水平显著提升

大力实施“本科教育提升计划”，开展“专业强化、金课建设、名师培养、质量保障”等十大内涵建设提升工程，不断完善临床医学卓越班、生物医学科学泰山班培养方案，人才培养质量显著提升。增加国家级、省级一流本科专业建设点9个，现有省级以上一流本科专业建设点占所有专业的54.9%。新增硕士学位授权一级学科2个。录取博士研究生56人、硕士研究生1208人，较上年分别增长86.67%和12.79%，均高于全省平均增幅。接受来华留学生高等教育质量现场认证，获得教育部专家组高度评价；获批教育部中外合作办学项目1项，实现零的突破，并首次录取来华留学博士研究生，来华留学教育工作总体上已处于国内医科院校先进行列。

（五）自主创新水平加速提升，服务新旧动能转换能力明显增强

实施“学术提升计划”，2022年新上国家级项目128项，其中国家自然科学基金由2020年的81项增长至118

项，增幅45.68%，资助经费由2020年的3064万元增长至4500万元，增幅46.87%；获科技部重点研发计划课题5项，经费2966万元。史伟云教授获何梁何利基金科学与技术进步奖。获省科学技术发明奖一等奖1项，省科技进步奖一等奖2项。与浙江大学等联合争创全国重点实验室，加快推进北京大学山东脑科学与类脑研究院建设；全省首个动物生物安全三级（P3）实验室建设积极推进；新增省新型研发机构等科研平台21个。校地、校企合作不断深化，牵头联合黄河流域14所公办独立医学院校共同发起组建黄河流域医学院校联盟，入选省高等学校服务黄河重大国家战略一类特色项目。在济南市加快推进与中国中医科学院广安门医院、树兰医院等济南国际医学中心项目的合作，在泰安推进生物医药产业科技园等重点项目建设，推进全省卫生健康事业发展提速升级。

（六）坚持“引育并举”，高层次人才队伍规模日益壮大

继续实施人才引进（提升）计划，引进高层次人才209人，其中，领军人才1人、拔尖人才4人、骨干人才27人。聘请中国科学院院士陆林教授担任校（院）长。柔性引进国家杰青、长江学者特聘专家等国家级人才8人。招收统招博士后66人。吸纳优秀博士人才177人。2022年引进人才获批国家自然科学基金项目数超过65%，其中科创中心人才承担项目29项，占比达到校（院）的25%。各类人才快速成长，1人当选俄罗斯自然科学院外籍院士，2人获批国家“万人计划”青年拔尖人才，1人获中国青年科技奖，50人入选“泰山学者”人才工程，占全省获批人数的1/10以上。

（七）坚持以人民健康为中心，医疗防治水平持续提升

坚持以服务健康中国、健康山东为己任，积极构建覆盖全省的山东第一医科大学医疗体系。全年各直属附属医院门诊总量780余万人次、入院病人65万余人次、手术30万余台次。根据全国三级公立医院绩效考核结果，附属省立医院和第一附属医院分列全国第20位和44位，比上次分别上升4和44个位次。在中国医院科技量值排行榜上，附属省立医院排名第32位，较2020年度提升15个位次；附属肿瘤医院列肿瘤专科医院第6位。在复旦大学中国医院声誉排行榜上，多个医院学科稳居全国前十或获提名。国家临床医学研究中心和区域医疗中心创建工作稳步推进。疾病防治能力持续增强，职业病、皮肤性病、寄生虫病、肿瘤、辐射防护、罕少见病等防治工作进展顺利。

三、创新与经验

创新打造“领航工程”特色品牌。为充分发挥基层党组织战斗堡垒作用和党员干部先锋模范作用，积极构建“三全育人”大格局，率先提出并全力推动“领航工程”工作实施，校（院）有142个教职工党支部与501个学生班级全面建立起紧密联系，形成教职工党支部普遍联系班级和服务学生长效机制，在服务、引导学生上出实策、办实事、求实效，实现党建工作与事业发展深度融合、相互促进。不断推动制度化、规范化建设，制定《基层党支部联系学生班级“领航工程”实施方案》《关于开展“领航工程——深入学习宣传贯彻党的二十大精神”主题活动的通知》等制度和主题活动方案10余项，持续深入推进实施。

2022年，开展一系列丰富多彩的“领航工程”活动500余次，在引导学生树立正确观念，专注成长成才方面发挥积极作用。每个支部主动向学生公开手机号码、微信和邮箱等，加强日常联系，主要从自身优势出发，为学生提供各具特色的指导帮助，更把实施“领航工程”作为持续转变工作作风的重要抓手，主动服务师生、主动解决问题。机关党支部注重突出思想引领，从思想建设、文化建设、班风建设、学风建设等方面促进班级建设新提升；教学、科研党支部注重对学生的学业引导，积极吸收学生加入研究团队，培养他们的科学精神和专业思维；管理服务部门党支部注重突出服务主责，组织开展饮食、卫生、安全等方面的沉浸式体验活动，把解决学生的实际问题作为联系活动的重点内容，让同学们深刻体会到学校用心用情关爱学生的实际举措。校（院）积极推进各附属医院党支部与学生班级建立联系，更好地发挥党建引领作用。活动获得强烈反响，党委书记韩金祥接受《大众日报》·山东党建云平台“党建会客厅”专访，并在《大众日报》发表署名文章；先进经验被《光明日报》《中国青年报》《大众日报》、山东卫视等中央和山东省主流媒体宣传报道；入选“走在前 作表率”省直机关党建成果展党建与业务工作深度融合典型案例，社会影响力不断扩大。

附：党委书记、副书记、委员名单

书　记： 韩金祥

副书记： 吕晓黎　刘思全

委　员： 韩金祥　吕晓黎　刘思全　张福仁　王鹏程　刘东平　张贤雷　李　栋　王宇轩　安　琨

滨州医学院党委工作概况

党委书记　车先礼

一、组织概况与党的建设

滨州医学院是山东省应用型本科高校、山东省省市共建高校、山东省博士学位授予立项建设单位，现有烟台、滨州2个校区和直属附属三甲医院5所，设有16个院（系）、35个本科专业、7个硕士学位授权一级学科、9个硕士专业学位授权点。全日制在校生17793人，其中，本科生15538人、硕士研究生1919人、留学生336人。校党委下设党总支（党委）20个，党支部165个；截至2022年底，全校党员4159名（含直属附院），其中，离退休教职工党员393人，在岗教职工党员1865人，学生党员1901人。

强化党的全面领导，推进党建“第一责任”和推动发展“第一要务”的有机融合，扎实开展意识形态领域问题、重点领域廉政问题、安全风险隐患排查整治。学习宣传贯彻党的二十大精神，举办座谈会2次，开展集中学习6次、专题培训班3次，召开主题班团会320余次；成立党的二十大精神宣讲团，开展集中宣讲33场。聚焦学好、用好、讲好习近平新时代中国特色社会主义思想，安排“第一议题”学习17次，开展校院两级理论中心组学习218次、教职工政治理论学习184次。深入推进全面从严治党，制定《2022年度落实党风廉政建设责任清单》，倡树“严真细实快”工作作风。严格落实意识形态责任制，积极构建大宣传工作格局，强化阵地管理与舆情处置，意识形态领域安全稳定。全面加强基层党组织建设，通过第二批全国高校样板党支部和首批全省高校标杆院系、样板党支部验收，获批全省高校标杆院系1个、样板党支部1个。严格落实“双培养”制度，8人参加乡村振兴工作任务，20人参加“四进”攻坚，6人次被评为优秀个人。做好统战、离退休、工会工作，获全省统战宣传先进单位、省级教育系统女职工建功立业标兵岗称号，6人获省三八红旗手等称号。

二、主要工作与成绩

（一）教育教学

假肢矫形工程专业通过ISPO国际专业认证，临床医学、口腔医学获批国家级一流本科专业建设点，获批省级一流本科专业建设点5个。1人获国家级教师教学创新大赛二等奖；获省级教师教学创新大赛奖项12项；获省级第九届高校青年教师教学比赛一、二等奖6项；获省级教学成果奖14项，其中特等奖一项。“2.5+2.5”教学模式不断深化，临床医学实现全覆盖。口腔医学技术产业学院获批山东省现代产业学院；获批教育部产学合作协同育人项目81项，立项国家级、省级大学生创新创业训练计划183项。在全省13个硕士高校研究生教育综合评价中被评为A等级。

（二）人才师资队伍建设

招聘博士48人、辅导员12名；新增泰山学者特聘专家1人、泰山学者青年专家4人；山东省外专双百计划专家1人，入选数量列全省高校中第15位，到账人才项目经费1351万元。全省高校党委书记人才工作项目评估获评“好”的等次。

（三）综合管理改革

健全以章程为核心的现代大学制度体系，完善奖励绩效实施办法、预算绩效评价体系建设，获分类考核预算绩效管理工作第1名。完善医教研一体化发展模式，滨州附院创建国家博士后科研工作站，获批国家胸痛中心，入选全国三级公立医院绩效考核“全国百强”；附属滨州市中医医院4个专科入选第二批齐鲁中医药优势专科集群，通过三级甲等中医医院复审。

（四）社会服务

入选省教育厅服务黄河重大国家战略特色项目1项。牵头制定国家级行业团体标准2项，入选山东省体卫融合试点项目5项。实施“天使之旅——先心病患儿筛查行动”等公益项目10余项，获省级青年志愿服务项目大赛银奖2项。选派74人开展援外、援青、援渝等帮扶工作。因时因势优化疫情防控措施，在筑牢校园疫情防控防线的基础上，助力地方开展防疫抗疫等工作。

（五）基础设施与服务保障

平安校园、智慧校园一体化建设稳步推进，获批省级“智慧教育示范校”，获评第三届省级文明校园，入选首批“山东省绿色学校”名单。

三、创新与经验

（一）聚焦优势特色，学科建设取得新进展

临床医学ESI全球排名升至3.902‰；药理学与毒理学学科进入ESI前1%，排名升至0.868‰；临床医学、基础医学、药学进入软科2022中国最好学科排名前50%，口腔医学、护理学进入GDI大学一流学科排行榜前50%，口腔医学居全省高校第2位；药学获批硕士学位授权一级学科。学校进入软科中国医科实力A大学行列。

（二）坚持创新驱动，科学研究实现新突破

获批国家自然科学基金项23项、国家社科基金后期资助项目1项、教育部人文社科计划2项，年度科研经费总额8803万元。获批省级工程研究中心1项，获资助100

万元；获批山东省高校重点实验室、山东省高校特色实验室等各类科研平台12项。发表SCI、CSSCI及卓越期刊等收录论文940余篇；授权专利86项，完成科技成果转化7项，获批山东省高校科技成果转化和技术转移基地。

（三）深化交流合作，校地共建再结硕果

统筹推进省市共建合作备忘录和校地共建协议的落实，滨州校区7.2万余平方米建设项目竣工启用，滨州附院周边28亩地发展用地完成征迁工作，附属滨州市中医医院新院10月开诊。与德国柏林健康与运动学院合办的康复治疗学专业中外合作办学项目获批，首届招生77人；获批中国港澳台地区本科学生招生资质。

附：党委书记、副书记、委员名单

书　记：车先礼

副书记：赵升田　孙祥军

委　员：车先礼　赵升田　孙祥军　吕长俊　王广成　赵景刚　田　梗　周连顺　张玉龙

潍坊医学院党委工作概况

党委书记　刘　军

一、组织概况

潍坊医学院建于1951年，是一所本科生、硕士生、博士生及留学生等办学层次齐全、教育特色鲜明的省属高等医学院校。现有浮烟山和虞河两个校区，教职工1500余人，全日制在校生16000余人；19个学院，34个本科专业，1个公共卫生危机管理博士人才培养项目，11个硕士学位授权一级学科，8个硕士专业学位授权点；5个国家级一流本科专业建设点，20个省级一流本科专业建设点；临床医学学科位列ESI全球前5‰、为“省一流学科”，公共卫生与预防医学学科为省属高校“高水平学科”，药理学与毒理学学科位列ESI全球前1%；直属附属医院2所，非直属附属医院12所，省级研究生联合培养基地14个。学校党委下设党总支（党委）25个，党支部177个，共有党员3294名，其中，教职工党员2065名，学生党员1229名。

二、主要工作与成绩

（一）党建引领作用更加稳固

深入学习宣传贯彻党的二十大精神，完善“第一议题”学习制度，组建“四级”宣讲队，推进“三进”工作走深走实。健全“德医相融、双向贯通、多维协同”全环境立德树人工作体系，学校获批省高校首批“三全育人”示范校。牢牢掌握意识形态工作领导权，全覆盖对校内各党总支（党委）开展意识形态巡察。学校第四次党代会确定“1128”发展思路，顺利实现“好班子、好报告、好风气”目标。学校获2021年度全省“一报告两评议”优秀单位，党委书记抓基层党建突破项目被省委教育工委评为2021年度优秀成果，获批全国全省党建样板支部、标杆院系4个。

（二）医科大学建设扎实推进

升格大学工作优先纳入山东省“十四五”高校设置规划。用足用好省市共建政策，主动融入服务黄河国家战略，联合成立“黄河流域医学院校联盟”，获批省高校服务黄河重大国家战略特色项目2个、服务黄河流域生态保护和高质量发展协同创新中心2个。全省高校服务高质量发展绩效考核中获优秀等次。学校在2022软科中国医药类大学排名第36位，连续稳步上升。

（三）人才培养质量持续提高

新增列中医学等3个本科专业，获批5个国家级、10个省级一流本科专业建设点。获批省级教学成果奖17项，其中特等奖2项、一等奖5项。学生在山东省大学生医学技术技能大赛临床医学专业赛道获得团体金奖。新增临沂市人民医院为学校非直属附属医院。全省博士学位论文抽检连续4年、硕士学位论文抽检连续8年合格率100%。新建中科院心理研究所等5个研究生联合培养基地。改革课堂教学质量评价，中国教育报以《传承督导基因　擦亮督导品牌》报道学校教学督导成效。

（四）核心竞争实力大幅提升

学校获批博士学位授予精准培育单位，公共卫生、临床2个精准培育学科。省一流学科临床医学持续保持ESI全球前1%。出台支持人才创新发展20条措施，引进学科带头人4名，高水平团队1个，新增“泰山学者”特聘专家1名、青年专家5名，获批“青创人才引育团队”9个，引育优秀博士70余名。《光明日报》等媒体专题报道学校人才引育工作经验。获批省高校实验室、重点实验室、特色实验室7个，工程技术研究中心2个。获批国家自然科学基金等各类科研项目180余项，获省科技进步奖一等奖、二等奖各1项。

（五）社会服务能力显著增强

积极服务健康中国战略，公共卫生博士人才团队10批165人次、潍坊医学院附属医院19支队伍1090人次、306名检验护理专业队员，助力全国多地疫情防控。稳步推进附属医院三甲医院复审，获批省医药卫生重点学科8个、重点实验室3个，开展新技术新项目80项。附属医院成立全国首家“麻醉创新诊疗中心”，生殖医院通过国家级 2 项人类辅助生殖技术试运行现场评审，眼科中心成为国内首批一站式玻璃体腔注药实践基地。

（六）内部治理体系渐趋完善

深入推进依法治校，慎终如始抓好疫情防控和校园安全。加快推进 13、14 号学生公寓、第二田径场等建设项目，完成智能化快递中心、校医院搬迁建设、离退休教职工活动中心修缮等项目。建立“一对一”就业帮扶，升级“建议诉求”互动平台，全面落实师生暖心服务举措。学校获评“山东省绿色学校”“山东省智慧教育示范校”，连续三年获评省级文明校园。

三、创新与经验

（一）党建引领推动学校高质量发展

学校党委坚决扛牢办学治校主体责任，持续锤炼“把方向、作决策、抓落实”的政治本领，在事关学校办学方向及高质量发展核心要素上把关定向、科学决策、推动落实。召开第四次党代会，提出“1128”发展思路，锚定高水平医科大学奋斗目标，以高质量党建为引领，聚焦升格医科大学、增列博士学位授予单位两大攻坚任务，着力实施教育质量提升等八大工程。

（二）深化省市共建与校地融合发展

发挥人才优势、学科优势和医疗优势，落实潍坊市服务企业专员制度，做到“暖企·扶企·强企”。聚焦人民健康发挥专家智库作用，完成省委改革办委托的医疗健康重大项目评估。山东省发展改革委网站以《潍坊医学院以应用型大学建设，驱动服务地方长效发展》为题，报道学校校地融合发展成效。

附：党委书记、副书记、委员名单

书　记： 刘　军

副书记： 管英俊　张建华

委　员： 刘　军　管英俊　张建华　卢国华　王承高　梁淑娟　孔令军　成　敏　田玉胜　王世群　刘汉波

济宁医学院党委工作概况

党委书记　高哲学

一、组织概况

济宁医学院创建于 1952 年，是省属普通本科高等医科院校。学校党委下设 6 个分党委，16 个党总支，131 个党支部。共有党员 2896 名，其中在职教工党员 827 名，离退休教工党员 203 名，学生党员 1866 名。

学校现有济宁太白湖校区、任城校区和日照校区，与济宁国家高新区共建教学科技园，占地总面积 115 万平方米，建筑面积 47 万平方米，有 1 所直属附院，13 所非隶属附院，196 个实践教学基地。现有专任教师 1268 人，高级职称教师 616 人，博士、硕士研究生导师 499 人；面向全国 29 个省（市、区）招生，现有全日制在校生 17000 余人；设有 19 个教学单位，36 个本科专业，其中国家级一流本科专业 2 个、省级一流本科专业 18 个；有国家级一流本科课程 2 门、省级一流本科课程 20 门，临床医学学科保持 ESI 全球排名前 1%；设有临床医学一级学科专业硕士学位授权点。

中华医学会行为医学分会、山东省医学会行为医学分会、山东省神经科学学会和山东省医学会法医学分会挂靠学校，主办的《中华行为医学与脑科学杂志》《中华诊断学电子杂志》和《济宁医学院学报》面向国内外公开发行。

二、主要工作与成绩

2022 年，在省委、省政府正确领导下，学校坚持以习近平新时代中国特色社会主义思想为指导，深入学习贯彻党的二十大精神，巩固拓展党史学习教育成果，坚持社会主义办学方向，落实立德树人根本任务，以庆祝建校 70 周年为契机，按照“创新引领、重点突破、特色发展、全面提升”总基调，紧盯“争一流、提位次、上台阶、树形象”工作目标，统筹疫情防控和改革发展，各项事业取得新成效。

（一）党建和意识形态工作全面加强

深入学习贯彻党的二十大精神，实施“四项工程”，推动“六个融合”，党建、业务“双融双促”；落实意识形态工作责任制，开展校内巡察；实施支部书记质量攻坚和骨干培养计划，1 个支部通过“全国党建工作样板支部”验收，获全省高校党委书记抓基层党建突破项目优秀成果；

落实中青年干部配备提升计划，建设年轻干部信息库，启动校内双向交流挂职；强化党风廉政建设，加强对“一把手”和领导班子监督，完成重点领域廉政问题整治。

（二）教育教学改革持续深化

持续实施“四个一”工程，新增国家级一流本科专业1个、省级一流本科专业6个，培育第三批国家级、省级一流本科课程23门；推进应用型本科高校建设，新增现代产业学院13个；深化产教协同育人，立项2022年首批教育部产学合作协同育人项目23项；实施课堂教学改革年活动，获首届省本科高等学校课程思政教学比赛三等奖2项；学生获得省级以上奖励99项、322人次。

（三）核心竞争力不断提升

临床医学ESI学科潜力值达到1.997，增幅29%，继续保持全球排名前1%并位次前移；构建“345雁阵式”学科发展体系，获省中医药重点学科、省医药卫生重点学科各3个；开展硕士学位授权点精准培育，获批扶持经费3000万元；立项国家级项目20项、省级项目36项，获第十二届山东省青年科技奖1项、第三十五届山东省社会科学优秀成果二等奖1项；获批省新一轮科技成果转化综合试点单位及省高等学校科技成果转化和技术转移基地，完成技术合同登记9项，交易金额1200余万元，实现新突破。

（四）师资队伍建设成效明显

深化人才强校战略，录用优秀博士75人，获批泰山学者青年专家1人、全国中医临床优秀人才研修项目培养对象1人；选树先进典型，发挥示范引领，获评“山东学校优秀思政课教师”1人、“山东高校优秀辅导员”1人；成立党委教师工作委员会，开展“树师德、正师风”专项整治活动，健全师德师风建设长效机制；强化教师教学能力提升培训，培训4000余人次。

（五）内部治理体系更加完善

加强制度建设，梳理部门、单位职责，编制规章制度汇编、工作规范和办事流程；推进依法治校，制定重大决策事项合法性审查办法；实施“岗位胜任力提升年”活动，干部职工综合素质不断提升；举办庆祝建校70周年大会，扩建校史馆，编制《济宁医学院70年》；贯彻落实绿色发展理念，荣获“山东省绿色学校”称号，太白湖校区学生公寓、食堂及配套设施项目奠基开工，获批“山东省智慧教育示范校”创建单位，图书自助借还系统覆盖“三区一园”，完成智慧教室一期建设工程，办学条件持续改善。

（六）社会服务能力不断增强

主动服务国家战略需求，参加黄河流域医学院校联盟，获省高等学校服务黄河重大国家战略特色二类项目；深化校地、校企合作，与日照市人民政府、鲁南制药、辰欣药业等签订战略合作协议，稳步推进日照附属医院、司法鉴定中心日照分中心等项目；附属医院连续4年全国三级综合公立医院绩效考核国家监测指标等级A+，连续3年山东省卫生事业单位绩效考核优秀；司法鉴定中心顺利通过CMA&CNAS二合一换证评审，实现法医病理专业全覆盖。

三、创新与经验

（一）以高质量党建引领学校高质量发展

实施基层党组织设置优化调整工程、党务工作者素质能力提升工程、对标争先党建品牌培育创建工程、党建工作绩效全面考核评价工程等“四项工程”，推动党建工作与教育教学相融合、与人才强校战略相融合，与服务学生成长成才相融合等“六个融合”，实现党建和业务“多融双促”，切实推动学校事业改革发展。

（二）全面提升干部、教师队伍综合素质岗位胜任力

以开展“岗位胜任力提升年”活动为契机，培养高素质管理和专业技术干部队伍，持续激发干事创业的精气神，全面提升干部、教师队伍的政治能力、业务能力、创新能力、抓落实能力，汇聚各方智慧力量，开创事业发展新局面。

（三）疫情防控工作成效显著

严格落实上级疫情防控决策部署和属地要求，构建“三级网格化防控体系”，建立“四项工作机制”，落实落细校门管理、核酸检测、线上教学等十一项措施，在实施“乙类乙管”政策前，全校师生员工“零感染”，有效确保师生员工生命安全和身体健康。充分发挥医学院校优势，选派81名志愿者赴济南、聊城等地参加疫情流调，派出2000余名医务人员支援西藏、上海和省内部分地市疫情防控和医疗救治，为疫情防控贡献“济医”力量。

附：党委书记、副书记、委员名单

书　记：高哲学

副书记：姚庆强　张贤雷

委　员：高哲学　姚庆强　张贤雷　郭辰夫　于景科　王慧云　甘立军　曲相艳　陈晓东

山东艺术学院党委工作概况

党委书记　王洪禹

一、组织概况与党的建设

山东艺术学院党委现下辖17个院级单位党组织、66个党支部。2022年，学校党委坚持以习近平新时代中国特色社会主义思想为指导，深入学习贯彻党的二十大精神，全面贯彻落实新时代党的建设总要求和新时代党的组织路线，以党的政治建设为统领，把党要管党、从严治党的要求落实落细，坚持不懈把全面从严治党向纵深推进，为推动学校事业高质量发展提供坚强保障。

（一）带头落实管党治党责任

制定年度党政工作要点和改革创新重点项目实施方案。第一议题学习30次，党委理论中心组学习12次。召开党委会54次，专题研究全面从严治党工作2次。制定学校全面从严治党主体责任清单，推进全面从严治党责任细化落实，62项重点任务全部完成。组织开展党组织书记履行全面从严治党责任和抓基层党建述职评议考核工作、院级单位党组织书记向纪委全会述责述廉工作，推进全面从严治党向基层延伸。

（二）加强政治建设

深入学习宣传贯彻党的二十大精神，宣讲86场，覆盖4600人次；分层次培训908人次。召开第三次党代会，选举产生新一届党委、纪委。建立政治监督活页。制定《巡察整改工作成效评估暂行办法》，开展新一轮校内巡察。书记、院长牵头成立安全工作领导小组和疫情防控工作专班，筑牢学校安全防线。

（三）加强思想建设

巩固拓展党史学习教育成果，推动党史学习教育常态化长效化。建立二级党组织理论学习中心组巡听旁听制度。成立课程思政教学研究中心及建设工作领导小组，承担省级教改项目重大子课题1项，获批省级本科课程思政建设示范课程2门。承办第十三届全国艺术院校思想政治理论课教学研讨会。完成意识形态工作专项督查及整改工作，修订《意识形态工作责任制实施细则》，开展新一轮意识形态专项巡察。

（四）加强组织建设

印发《关于加强班子自身建设的意见》，打造坚强有力的党委班子。建立基层党组织书记工作例会制度。开展院级单位党组织议事规则落实情况专项督导。开展党支部换届工作，持续开展党支部评星定级。完成年度260名党员发展计划。2个基层党组织获评省“标杆院系”和“样板支部”。举办高质量发展专题培训班、暑期干部培训班。制定2022年年轻干部配备计划，选配业务中层干部7人和正科级干部43人。通过疫情防控、历史遗留问题处置化解、申博攻坚以及对突发、危急事件的处理，磨练提升干部队伍战斗力。

（五）加强作风建设

持续巩固落实中央八项规定精神及其实施细则成果，修订相关规章制度3项。开展党风政风专项整治行动，整治问题17项。开展加强作风建设专项行动，倡树严真细实快工作作风。开展“师德建设教育月”和师德师风专项整治活动，制定师德考核实施办法、负面清单和失范行为处理办法。开展科研诚信专项整治行动，制定科研诚信负面清单。

（六）加强纪律建设

开展廉政风险排查防控工作，排查廉政风险点100项，其中重点岗位、关键环节风险点56项，逐项制定防控措施。开展重点领域廉政问题专项整治，整治问题22项。制定《党风廉政建设和反腐败工作协调小组工作办法（试行）》，加强工作协调，一体推进“三不腐”。制定《关于加强新时代廉洁文化建设的实施意见》，分层分类举办50余场次“青廉课堂”。召开党风廉政教育警示大会，向科级以上干部发放《党员干部廉洁自律提示卡》。

（七）巡视、审计整改情况

积极推进巡视整改，巡视整改成效实地评估获得好评。制定巡视整改实地评估反馈意见整改方案，完成整改任务14项。制定审计整改方案，完成整改任务77项。巡视、审计整改完成率分别达到82.4%、97.5%。

二、主要工作与成绩

（一）聚焦内涵建设，推动学校事业高质量发展

稳步提升教育质量。新增国家级一流本科专业建设点7个、省级3个，国家级一流本科专业数量占比居全省第三位。获批省级教改项目7项，其中重点项目4项；省级本科一流课程11门、课程思政建设示范课程2门；上线国家级、省级各类教学平台优质课程22门。获评省第九届教学成果奖7项，创历史最好成绩。获省思政课教学设计大赛奖3项、教师教学创新奖2项、大学生创业计划竞赛奖2项。获批中华优秀传统文化传承示范校、中华经典诵吟特色学校、教师实践教育基地。完成学位授权点周期性合格评估工作，研究生教育综合评价获评B等次。获批省研究生导师和教育教学资源项目18项。

着力增强学科实力。统筹推进申博各项工作顺利开展，包括生均经费在内的申博基本条件全部达标。分别制定学科、博士学位精准培育学科、一级学科建设发展实施方案；

制定一流学科建设管理办法、建设经费管理办法，学科建设动态监测与考评办法。在第五轮学科评估中，获评B类学科4个；在全国专业学位水平评估中，获评B类及以上领域5个，其中一个领域为A-。

推动产出高质量科研创作成果。完善科研管理制度12项。获评省重点实验室1个，实现历史突破；获批省高校文科实验室4个。获批国家社科基金艺术学项目3项，省部级科研项目14项、厅局级55项；省级科研团队3个。获批厅局级以上科研成果奖19项，其中省部级奖励4项。教师发表核心及以上论文126篇，其中C刊论文87篇，创近三年来新高。《齐鲁艺苑》入选山东省高等学校期刊高质量发展建设项目。获批国家艺术基金项目3项，为山东省获批项目最多的单位。申报国家艺术基金项目66项，数量为历年最高。师生在省部级以上艺术展演与竞赛中获奖160余项。14件作品入围“筑梦——我们的新时代美术摄影作品展”，参展数量高居榜首；《蹴鞠巾帼》入围“荷花奖”古典舞终评，实现山东省古典舞创作的重大突破；2个剧目入围全国青少年戏曲教育教学成果展示活动；3个项目入选山东省“十四五”重点文艺创作项目。

积极开展社会服务。制定“三个走在前”落实方案和服务黄河流域生态保护和高质量发展实施方案，2个项目获评山东省高校服务黄河重大国家战略特色项目。现代数字创意产业学院获市校融合发展战略工程项目支持资金150万元。连续四年参加央视春晚，参演节目8个。与省委宣传部联合策划和宣发《领航》MV；参演联合国教科文组织孔子教育奖颁奖典礼开幕式。开展全国非物质文化遗产传承人、山东地方戏曲茂腔表演人才专项培训。18支团队参加暑期“三下乡”社会实践活动，7支团队获评全国、省级重点团队。

持续优化人才队伍。制定实施党委会听取人才工作专项报告制度、学校领导联系专家制度。修订专业技术岗位评聘实施意见，制定绩效工资分配办法。引进人才39人，其中高层次人才10人。获评泰山学者青年专家1人。评选表彰干事创业先进集体10个、先进工作者10人，“四有”好老师10人，卓越贡献奖1项。

深入推进开放办学。与日照市人民政府签署战略合作框架协议，与山东中铁文旅集团、北京川儒文化有限公司、济南市城市建设集团开展战略合作。建设“校友之家”；校友捐赠资金150万元、防疫物资35万余件。制定外事工作相关制度7项，获批教育部留学培训基地。新增国外合作院校5所，签署国际交流合作协议7项，深化原有交流项目2项。承办中日韩大学生线上音乐演奏会；参加“中俄艺术高校联盟”成立十周年以及中国—东盟艺术高校联盟系列活动。40多名学生代表参与线上国际交流。

巩固提升治理效能。召开第七届教职工代表大会暨第六届工会会员代表大会第二次会议，征集提案39件。对130余项制度整理分类，汇编成册。开展“访企拓岗”促就业专项活动和12场招聘会，84.55%本科生落实毕业去向。发挥社团优势，3000余师生志愿服务11616.7小时。推进长清校区校园的测绘、部分建设用地土地证办理、艺苑小区房产证办理以及文东校区生活区业主委员会成立工作。健全完善学校基本建设和基础保障联动机制。严格预算绩效管理和评估。加强政府采购管理、水电暖精细化管理。开展涉及合作、采购、基建、食堂等事项的专项审计工作。学校获评山东省首批绿色学校、山东省节水型高校。

不断增进民生福祉。提升办学条件，复工建设艺术实践中心；完成40余项校园提升改造工程及修缮项目。足额发放思政课教师岗位津贴和辅导员绩效工资，按月兑现发放无房职工住房补贴473人。完善家庭经济困难学生家访制度；发放各类奖助学金2672.01万元。完成第三批“我为师生办实事”实践活动立项项目。多举措推动食堂饭菜提质降价。

（二）聚焦能力提升，打造高素质干部队伍

调整优化干部队伍结构。学校党委制定了2022年年轻干部配备提升计划，并专题听取了2021年度“一报告两评议”结果和学校年轻干部队伍分析的情况汇报，对年轻干部工作做出安排部署。出台《关于进一步加强年轻干部培养选拔工作的若干措施》，进一步破除年轻干部选拔任用的部分障碍。全年新选配业务中层干部7人和正科级干部43人，干部选任程序规范健全，干部选任认可度和满意度逐年提升。

强化日常教育管理监督。组织全体中层干部赴全国干部教育培训基地——浙江大学开展提升政治能力和履职素养高质量发展培训班。严格执行干部监督管理规定，细化管理监督项目，精准有效运用“四种形态”尤其是“第一种形态”，严肃对干部的日常管理监督。

在实战中锻炼提升干部队伍素质。通过组织开展疫情防控、历史遗留问题处置化解、申博攻坚以及对校考问题的处理，磨练干部队伍战斗力，提升团结协作能力，凝聚干事创业合力。

三、创新与经验

（一）推动党建业务工作深度融合

制定实施《2022年党政工作要点》《党建工作计划和重点任务清单》《改革创新重点项目实施方案》《部门、单位业绩考核办法》，党建与业务工作同谋划、同部署、同推进、同考核。坚持党建引领，“六艺育人”成果丰硕。舞蹈学院师生参加中国文联等主办的“新歌唱新疆”——2022优秀原创歌曲演唱会；以学校师生为主体拍摄的影片《兴安岭上》获第35届电影金鸡奖最佳中小成本故事片提名；“喜迎二十大、奋进新征程”——2022“闳美山艺”毕业展演季举办演出、造型艺术展、新媒体作品展31场次，在专业教学创作中深度融合思想政治教育。

（二）深入贯彻落实省委、省政府重大决策部署

制定实施学校《“三个走在前”落实方案》《服务黄河流域生态保护和高质量发展实施方案》，研究确定20余项重点项目。助力建强文化文艺新鲁军，1 部原创舞蹈作品入围第十三届中国舞蹈“荷花奖”古典舞终评，是山东唯一入选单位；4 部舞蹈作品入围全国民族民间舞创作作品汇演，是华东片区入选作品最多单位；3 个项目获批 2022 年度国家艺术基金，是全省获批项目最多单位。主动服务地方经济社会发展，与日照等地市、山东省中铁文旅集团等签署战略合作协议。致力齐鲁文化传承创新，承接文旅部全国非遗传承人研修研培计划项目——山东地方戏曲小剧种茂腔表演人才培训班、鲁绣研修班。

（三）党建引领高质量发展取得新成绩

新增国家级、省级一流本科专业建设点 10 个；获评工信部、教育部“5G+ 智慧教育”应用试点项目，是全国唯一由艺术院校牵头的项目；荣获山东省第三十五届社会科学优秀成果奖评选中获一等奖 1 项，三等奖 2 项；3 个项目入选山东省“十四五”重点文艺创作项目；获批 4 个山东省高等学校文科实验室。31 件作品入选中国艺术节全国优秀美术作品展、优秀书法篆刻作品展，第 15 届全军美术作品展览等国家级艺术展览，充分展现了学校教学与创作水平。

附：党委书记、副书记、委员名单

书　记：王洪禹

副书记：杨西国

委　员：王洪禹　杨西国　胡凤莹　荆　雷　苏茂兴　孔　亮　孔宪坤

山东工艺美术学院党委工作概况

党委书记　何思清

一、组织概况与党的建设

山东工艺美术学院是全国独立设置的公办艺术院校中唯一一所设计类大学，是国家“十三五”产教融合发展工程规划建设单位、山东省 2017—2023 年博士学位授予立项建设单位、山东省应用型本科高校建设首批支持单位、山东省文化创意产业与智能制造设计创新创业共同体建设单位。学校党委以习近平新时代中国特色社会主义思想为指导，全面贯彻落实党的二十大精神，深刻领悟“两个确立”的决定性意义，不断增强“四个意识”、坚定“四个自信”、坚决做到“两个维护”，坚持社会主义办学方向，落实立德树人根本任务，强化办学特色，加快推进高水平艺术与设计大学建设。学校党委由 9 名委员组成，设 19 个党总支、2 个直属党支部、67 个党支部，共有 1122 名党员。

（一）旗帜鲜明讲政治，领航学校发展正确方向

严格执行党委领导下的校长负责制，规范完善学校议事决策制度和程序，健全完善学校党政主要领导沟通交流、协调配合机制。巩固深化省委巡视整改成果，健全校内巡察工作制度，持续推进经济责任审计、重点领域廉政问题督查问题整改落实。印发职能配置、内设机构和人员编制“三定”方案，深入推进体制机制改革。牢牢掌握意识形态工作领导权，做好意识形态工作专项督查整改，妥善防范处置舆情、疫情，做到疫情防控和舆情管控“双管控”“双确保”。

（二）坚持铸魂强基，夯实办学发展思想基础

深入学习宣传贯彻党的二十大精神，印发《实施方案》，分层推进党的二十大精神学习培训、集中宣讲，精心开展“砥砺奋进守初心，青春献礼二十大”主题教育实践活动，切实推进党的二十大精神走深走实、入脑入心。立足办学特色和专业优势，持续推动党史学习教育常态化长效化，高质量示范开展“第一议题”学习 18 次、理论中心组集中学习研讨 12 次。领导班子专题研究思想政治工作、思政课建设，定期听、讲思政课、形势政策课。成立思想政治教育研究中心、新媒体联盟，组织“两创美育进思政课堂”，合作挂牌“大思政课数字影像制品研创中心”，开设“思政 + 传统手艺”等 4 个工作室，组织“红色云展厅”等多项校园文化活动，构建起“大思政”工作新格局。

（三）落实组织路线，加强干部队伍和基层党组织建设

坚持党管干部、党管人才，强化干部队伍建设，提拔处级干部 62 名、科级干部 56 名，激发干事创业活力。加强基层党组织规范化建设，基层党务干部配备率和院系党组织党政交叉任职率 100%，“双带头人”教师党支部书记配备率 90%。增强基层党组织政治功能和组织功能，组建防疫突击队、志愿队 60 个，组织评选“师德标兵”“三八红旗手”等 7 项荣誉。开展“党内法规学习年”、党务工作者“当先锋、作表率”主题实践活动，抓实党建突破项目 22 个，1 名党员专家获第二届齐鲁杰出人才提名奖，1 个党支部获评省“样板党支部”建设单位。

（四）抓实管党治党责任，深化正风肃纪反腐

严格遵守中央八项规定精神，持续纠治“四风”，开展三类“四风”突出问题靶向纠治行动，“官气”十足、“衙门做派”、效率低下问题专项整治，“不作为、慢作为、乱作为”专项整治，“严真细实快”作风建设专项行动等。开展处科级干部廉政谈话 189 人次，处置问题线索 4 件，开除党籍、党内警告、诫勉谈话各 1 人。深化廉洁警示教育，落实“以案促改”，举办“青廉课堂”，教育引导党员干部树牢底线意识、规矩意识，着力营造风清气正的校园政治生态。

二、主要工作与成绩

2022年，学校党委加强工作谋划、强化工作措施、狠抓工作落实，各项工作取得新的进展和成效。

（一）深化教学改革，人才培养质量持续提高

以应用能力培养为导向，优化课程设置，动态调整完善人才培养方案，不断完善“创新与实践”教学体系，强化“专业、课程、教材”一体化建设。获批国家级虚拟教研室1个，国家级优秀教材奖励教材1种，省级普通高等教育一流教材4种，省级课程思政示范课程2门，省级教改立项5项，教育教学能力显著提高。在“互联网+”大学生创新创业大赛、全国艺术院校大学生创新创业大赛、国家级大学生创新创业训练计划等国家级、省级重要赛事中屡获奖项。

（二）强化人才支撑，学科专业建设一体化推进

实施人才强校战略，坚持引育并举，打造高素质人才队伍。2022年新增齐鲁杰出人才提名奖1人、泰山学者青年专家1人。建立多元化引才机制，柔性引进学科带头人1人，公开招聘引进海外人才、双一流院校毕业生多名。搭建泰山学者团队、六艺学者团队、青创引育团队等多个青年教师成长平台。以“山东省高峰学科”建设为龙头，学科建设取得新进展，设计学在上海软科“中国最好学科排名”中稳居全国前4%，2022年位居全国同类学科第六位。专业建设取得新成就，3个专业获批国家级一流本科专业建设点，8个专业获批山东省省级一流本科专业建设点，2个专业获批新兴特设本科专业。

（三）加强科研交流，社会服务领域持续拓展

完善科研制度体系建设，开展国内国际学术交流，不断提升科研内生动力。获批国家社科基金各类项目立项3项、国家艺术基金资助项目2项、教育部人文社会科学研究项目立项2项、文旅部文化旅游宏观决策课题1项，成功举办2022国际设计素养学术大会等系列学术活动。主动对接国家和山东省重大发展战略，服务社会的贡献度彰显度持续增强。承担“奋进新时代”主题成就展、第五届中国国际进口博览会山东展区等的设计服务工作，完成“山东手造 青春力量”2022设计艺术博览会、中华手造发展峰会、首届“振兴传统工艺·鲁班杯”等任务。参与省委宣传部“黄河大集”工作，举办“黄河岸边是家乡”新文艺青年创意作品展，获批山东省高等学校服务黄河流域生态保护和高质量发展协同创新中心。

三、创新与经验

山东工艺美术学院学习贯彻习近平总书记关于“推动中华优秀传统文化创造性转化、创新性发展”的重要指示精神，发挥学科专业优势，出台《服务“山东手造”推进工程的实施方案》，成立工作专班，明确“16项重点工作”“四大工程”，纳入学校“十四五”规划与学年重点工作，精准助力“山东手造”破题见效。举办“山东手造 青春力量”2022设计艺术博览会，成功申办首届中华传统工艺大会，主办首届“振兴传统工艺·鲁班杯”大赛，承办中华手造发展峰会，全面助力第三届国际文旅博览会，充分激发传统工艺蓄势破圈的动能；培育“工美手造”设计师品牌店并入驻山东手造（济南）展示中心，助推“山东手造”进高速公路服务区、进景区、进商超、进酒店、进非遗工坊，参与“泰山设计杯”山东手造创新设计大赛等活动，建设山东手造·文创成果展示平台，全方位展现传统手造精品力作，用青春力量传承文化根脉。学校荣获第三届国际文化旅游博览会、首届中华传统工艺大会优秀组织单位奖、十佳展示体验窗口奖项、优秀展区奖项；2人获先进个人称号。

附：党委书记、副书记、委员名单

书　记：何思清

副书记：潘鲁生　苗登宇

委　员：何思清　潘鲁生　苗登宇　苗新民　董占军　韩世春　孙大刚　韩文涛　许　磊

山东体育学院党委工作概况

党委书记　王　毅

一、组织概况与党的建设

山东体育学院是全国首批体育专业硕士学位研究生和体育学硕士一级学科授予权单位，2017—2022年博士授权立项建设单位。设13个教学机构，包括国家足球学院、国家篮球学院、中国举重学院、中国橄榄球学院和1所附属中学（山东省体育实验中学），设23个本科专业。学校党委由9名委员组成，下设21个党总支、70个党支部，共有党员1232名，包括在职教职工党员553名、离退休教职工党员246名、学生党员433名。

2022年，学校认真学习宣传贯彻党的二十大精神，召开第四次党代会，选举产生新一届党委班子和纪委班子；调整日照校区党建工作领导小组，成立离退休干部党委，完成90个党总支、党支部换届选举；完成党组织书记抓党建突破项目21个，通过全国党建工作样板支部验收1个，获省党建工作标杆院系培育创建单位2个；完成科级干部调整与选拔任免工作，加强年轻干部培养和储备；落实全面从严治党主体责任和监督责任，开展作风建设专项行动、党风政风专项整治行动、重点领域廉政问题专项整治行动。

二、主要工作与成绩

（一）喜迎二十大系列活动与志愿服务

以喜迎党的二十大和庆祝建团100周年为契机，在全校组织开展主题教育系列活动；35名师生参编参演的《伟大征程——庆祝中国共产党成立100周年大型情景史诗》获中宣部“五个一工程”特别奖；200余名师生参与服务第25届省运会和第11届省残运会，被评为志愿服务工作先进单位；13名学生成为服务西部计划志愿者，暑期“三下乡”志愿服务活动共获国家级奖项12项、省级奖项11项，国防宣教队入选团中央志愿服务示范团队。

（二）服务黄河重大国家战略

发起成立黄河流域体育健康产业高质量发展共同体，时任副省长孙继业出席成立大会并讲话；成功举办首届全国体育健康产业高峰论坛，获30多家媒体报道；成功举办黄河流域体育科技大讲堂（第一期），有关项目入选山东省高校服务黄河重大国家战略项目库；获批高校服务黄河流域协同创新中心2个，与济南市新旧动能转换起步区等签订战略合作协议，共建国家体育新经济产业发展研究基地，助力体育产业高质量发展。

（三）学科专业

统筹推进高质量发展绩效考核、应用型高校建设、高水平学科建设和博士立项单位建设等工作，体育学学科评估和体育专硕首次参评取得优异成绩；运动训练、体育经济与管理2个专业新入选国家级一流本科专业建设点，健康服务与管理、舞蹈表演2个专业新入选省级一流本科专业建设点；组织申报智能体育工程、康复治疗学、运动能力开发等新专业。

（四）教育教学

深入推进课程思政和体育思政建设，入选教育部在线教育研究中心“拓金计划”课程2门，新增山东省高等学校在线开放课程3门；获批省级教学成果奖7项，国家级教学成果奖1项；获批山东省本科高校教学改革研究项目5项。获批山东省智慧教育示范校创建单位，建成省级现代产业学院1个。2021级学子张常鸿获评“齐鲁最美大学生”，获推全国“大学生年度人物”。

（五）招生就业

本科招生实现一段录取线上全部一志愿录取，录取硕士研究生348人。启动实施“访企拓岗促就业专项行动”，校领导走访144家用人单位，拓展5617个就业岗位；承办第四届山东省体育类毕业生就业线上推介会暨“就选山东”医养健康产业专场招聘会，联合举办教育部“24365校园招聘会”体育服务行业专场招聘活动，开展2022年冬季线上双选会。2022届本科毕业生初次就业去向落实率达到全省最高等次。

（六）竞赛训练

参与服务北京冬奥会，做好亚运会速度轮滑、卡巴迪等项目的国家集训队备战工作，被授予备战东京奥运会橄榄球水球项目突出贡献单位、体育强省建设先进集体等称号；完善学生裁判员审批工作，审批各项目学生二、三级裁判员860人次，新获8个项目一级裁判员的培训、考核、审批授权资格；在全国比赛中共获8金7银25铜，师生代表山东省参加2022全国军事课教学活动展示获团体总分第一名。

（七）科学研究

获批纵向课题30项（其中省部级18项），1个项目获“中央引导地方资金项目”经费资助100万元；获批横向课题6项；完成结题29项；荣获省科技进步一等奖、省社会科学优秀成果一等奖等奖项，1个团队获山东省高等学校青创科技计划创新团队立项支持，有关人员获山东省青年科技奖、东京奥运会卓越贡献、全国幼儿体育专家、齐鲁巾帼科技创新之星、省科普领衔专家等；承办第十二届全国体育科学大会并获大会贡献奖，举办国际和全国性学术论坛15次；入选首批国家体育科普基地，新增省级以上平台13个；学报入选山东省高校期刊A类建设项目。

（八）社会服务

依托设在学校的山东省大中小学体育教指委秘书处、学生体质健康促进中心、校园足球发展研究中心等平台，协助研制政策文件，对近万名大中小学生进行体质评测；组织2307所特色学校足球活动与校园足球夏令营选拔，男子U16组获全国冠军；成立山东省青少年脊柱健康促进中心，服务1万多人，获评省妇联“最受妇女儿童欢迎的社会服务项目”；与省疾控中心共研运动干预技术，与山东健康集团共建山东省青少年运动与健康促进中心。

（九）疫情防控

从严从紧抓好常态化疫情防控，完善联防联控机制，落实“四方”责任，细化防控措施和应急预案，用心用情开展“四个暖心”服务；疫情防控进入新阶段后，认真落实“二十条”“新十条”和“乙类乙管”总体方案，因时因势优化完善防控政策，有序组织上万名学子安全离校、平安返乡。

三、创新与经验

（一）坚持以高质量党建引领高质量发展

深入贯彻新时代党的建设总要求，加强党建工作创新，全面提高党建工作质量，构筑坚强战斗堡垒，真正把党的政治优势、组织优势转化为推动学校高质量发展的强大动力。

（二）坚持“对接需求、协同创新、集聚特色”发展理念

持续推进“体育+”人才培养供给侧结构性改革，以协同创新为途径做强体育学学科专业，以体育为特色服务国家重大战略和经济社会发展需求。

（三）坚持依法治校

把依法治理作为学校治理的基本理念和基本方式，坚持章程统领地位，健全民主管理制度，切实解决师生关心的热点难点问题。

附：党委书记、副书记、委员名单

书　记：王　毅

副书记：毛莉虹　张云龙

委　员：王　毅　毛莉虹　张云龙　任继滨　张疆之　孙乐为　张佃波　任　杰　连增威

山东工商学院党委工作概况

党委书记　白光昭

一、组织概况与党的建设

2022年，山东工商学院党委深入学习贯彻党的二十大精神，锚定省委“走在前、开新局”任务要求，紧紧围绕“一个中心、两条主线、四个统领”工作布局，团结一心、迎难而上、踔厉奋发、勇毅前行，党的建设持续深化，特色建设成效显著，重点工作扎实推进，校园环境全面优化，学校工作不断呈现新亮点，改革发展不断取得新突破。

山东工商学院，原名中国煤炭经济学院，2003年2月经教育部批准更为现名。学校现有17个二级院（部），16个特色研究机构，3个山东省协同创新中心，8个山东省高等学校科研创新平台，1个山东省示范工程技术研究中心，1个山东省社科理论重点研究基地。学校党委下设16个分党委，4个党总支。全校共有党支部142个，党员3260人，其中，在职教职工党员939人，离退休教职工党员163人，学生党员2158人。

（一）管党治党全面从严

深入推进党建工作经常化制度化规范化，深化落实每周一党委会、每月初党建工作例会、学期末阶段性总结、年底述职评议考核。召开全面从严治党工作会议，党委会定期研究全面从严治党工作，领导班子成员深入基层开展全面从严治党调研。

（二）干部队伍建设持续加强

修订《处科级干部选拔任用工作规定》，制定《2022年度年轻干部配备提升计划》。突出政治标准，考准考实干部政治素质，持续健全干部政治素质档案，强化考核导向和结果运用。

（三）党建基层基础不断夯实

理顺二级院（部）议事决策机制，制定议事决策清单。纵深推进二级党组织主力军作用发挥工作机制，荣获全国全省标杆院系、样板支部3个，2个全国党建工作样板支部顺利通过验收。坚持“三发”原则（全员发动、重点发现、优秀发展），100%申请入党班级170个，典型做法被教育厅宣传推广。

二、主要工作与成绩

（一）贯彻习近平总书记重要指示批示精神

锚定“三个走在前”。认真学习贯彻习近平总书记在深入推动黄河流域生态保护和高质量发展座谈会上的重要讲话精神和视察山东重要指示要求，出台“三个走在前”行动方案，获批黄河流域绿色金融与低碳转型发展、黄河文化与生态保护数字智能技术2个协同创新中心，获批省高等学校服务黄河重大国家战略特色项目立项。

谋划长远发展。编制完成“十四五”发展规划和专项规划，形成较为科学、系统、完整的“1+8+X”的规划体系。出台《山东工商学院高质量发展取得标志性进展重大建设工程实施方案》，全面加强内涵建设，进一步提升高质量发展水平。

（二）高质量发展成效明显

特色建设续写新篇章。党委聚焦财商教育办学特色和财富管理学科特色，推进“学科+财富管理”融合发展，把特色建设融入和贯穿学校各项工作之中。打造财商教育特色的专业体系、课程体系、课外协同育人体系、学科支撑体系、开放办学体系，构建“素质+专业+创新创业+财商教育”人才培养模式，全国首批获批慈善管理本科专业，“研究生财富管理学术论坛”获批省级科研创新实践项目，“彰显财商教育特色、突出两能力两素养的财经类应用型人才培养体系探索与实践”获山东省第九届教学成果奖一等奖。“智能计算与金融大数据重点实验室”获批山东省高等学校重点实验室，联合经济管理出版社推出“新时代财富管理研究文库”，举办或承办第四届中国第三次分配高峰论坛、中国（烟台）国际黄金论坛等。

内涵发展再获突破。学科建设成效明显，学校在第五轮全国学科评估中取得历史性突破，5个学科进入2022软

科中国最好学科排名。人才引进实现新突破，全职引进高层次人才4人，柔性引进高层次人才1人，2人入选泰山学者青年专家。新增一流本科专业建设点国家级6个、省级5个。获批省级教学成果奖8项，教育部首批虚拟教研室、首批计算机课程思政虚拟教研室建设试点各1个。获批省第二批大众创业万众创新示范基地，获“互联网+”大学生创新创业大赛国赛银奖、铜奖各1项，省赛金银铜奖各2项。1名毕业生获评“全国最美基层高校毕业生”称号。

（三）重点工作推进有力

疫情防控平稳有序。统筹疫情防控和教育教学各项工作，严格落实各项常态化防控措施，完成师生全员核酸检测采样127轮211.6万人次、环境采样任务171轮2.2万个，完成师生疫苗接种56092剂次，启动新冠疫苗第四针加强剂次接种。

科研水平持续提升。获国家“两金”18项，其中国家社科12项首次“破十”。发表论文424篇，其中SCI、SSCI、EI、CSSCI收录224篇，ESI高被引论文9篇，人大复印全文转载1篇。获批省特色项目1个，省协同创新中心2个，省社科理论重点研究基地、工程研究中心、大数据赋能与应用创新实验室各1个，省高校实验室5个，省高校工程研究中心2个。科研进账经费2321.06万元。

开放办学不断扩大。与烟台市委政法委、芝罘区人民政府等开展战略合作，与捷瑞数字科技等12家企业深度合作。高等学历继续教育在校生规模达17828人，办学收入3783万余元。新增国际合作院校5所，加入国际商学院联盟。

师生为本深入人心。完成学生公寓修缮等17项民生工程。扎实推进智慧校园建设，建立智慧校园项目储备库，建成山商企业微信一站式移动服务平台。获评山东省绿色学校、山东省节水型高校。

三、创新与经验

（一）坚持守正创新，激发干部活力

完善干部考核评价体系，优化考核指标，对考评制度、考评内容、考评指标等方面进行大胆尝试和创新，推行“五必法”考实干部政治素质，开展“躺平式干部”专项整治，进一步树立起担当作为、崇尚实干的鲜明导向。构建科学高效的选人用人机制，认真落实好干部标准。加大“平台历练”“挂职培训”等力度，选派优秀年轻干部参加上级培训、选派干部到基层艰苦岗位、疫情防控一线等挂职历练。疫情期间，学校广大党员干部积极加入党员抗疫先锋队，以责任担当扛起党员旗帜，以实际行动践行初心使命。

（二）深化思政改革，打造育人高地

加强思政课和课程思政体制机制建设，构建“大思政”工作格局，把思想政治工作贯穿教育教学全过程。党委班子成员带头学习、带头讲课，全校党员领导干部和辅导员通过专题培训，加强对“新思想”的学习，提高思想政治教育工作能力和水平。党委并对全校教师提出“三结合三着力”的思政课、课程思政教学理念，全面提升思想政治工作质量。获第二届山东省学校思想政治理论课教学比赛二等奖3项，首届省思政课教学设计大赛特等奖3项、二等奖1项，首届全国高校计算机课程思政教学案例设计大赛一等奖、二等奖各1项。获省普通高等教育课程思政教学研究示范中心1个、省普通本科教育课程思政示范课程3门。

附：党委书记、副书记、委员名单

书　记：白光昭

副书记：杨同毅　郭金创

委　员：白光昭　杨同毅　郭金创　张宗伟　龙希利　刘　冰　王艳明　刘向锋　张京磊　石永昌　张延东

山东交通学院党委工作概况

党委书记　王焕斌

一、组织概况与党的建设

山东交通学院是一所以培养综合交通人才为办学特色的全日制普通本科高校，是山东省与交通运输部共建高校、山东省高等教育应用型人才培养特色名校立项建设单位、山东省“高水平学科”建设高校、山东省应用型本科高校建设首批支持单位。学校党委下设25个基层党委（党总支）；共165个党支部，在职教工党支部101个、离退休教工党支部10个、学生党支部54个；共有党员3861名，在职教工党员1400名、离退休教工党员283名、学生党员2152名。

（一）思想政治工作更加深入

深入学习贯彻党的二十大精神，开展形式多样的理论宣讲，入选省教育厅“致敬品牌　献礼二十大”展示传播活动。持续推动党史学习教育常态化长效化，工作经验入选省党史学习教育实践成果选编。

（二）基层党组织建设更加有力

组织实施“议事决策规范提升巩固年”活动，有效提升基层党组织的政治功能。完成130个党支部换届调整，增强党组织的战斗力；规范党员发展程序，提高党员发展质量。

（三）干部队伍建设更加优化

完成2022年处级领导班子和处级干部届中调整工作，完善中层领导班子和中层领导干部考核制度，建立干部综合考核评价体系。实施干部能力提升工程，选派22名优秀干部挂职锻炼，举办干部培训班10次。

（四）全面从严治党成效更加显著

召开全面从严治党工作会议，制定“三个责任清单”，推进13项61条年度任务落地落实。构建“校－院－支部”三级责任链条，成立党委巡察工作机构，推动全面从严治党向纵深发展。以“管理服务质量提升年”活动为主线，与党风政风专项整治、典型“四风”问题专项整治相结合，强化作风建设。落实党风廉政建设责任制，强化日常监督和专项监督。

（五）意识形态阵地更加巩固

构建“一主两翼五维”意识形态工作机制，压实基层意识形态工作责任。落实意识形态工作责任制专项督查整改，20项反馈问题清仓见底，58条整改措施见实效；加强网络舆情疏导，完善舆情监测研判和快速反应机制。

（六）统战群团工作全面加强

高质量做好民族宗教工作，维护团结和谐稳定。做好离退休工作。召开第八届教职工代表大会暨工会会员代表大会。加强共青团建设，提升共青团的战斗力。

二、主要工作与成绩

（一）筑牢疫情防控防线

健全指挥体系，按照“人、物、环境”三链同防，落实落地各项防疫措施。加强校园管控，完善“一日三检”“缺勤缺课追踪”“异常症状监测”等制度，落实闭环管理；及时处置阳性病例，避免发生规模性疫情。加强服务保障，配齐生活和防疫物资，做好学生离校返乡和心理健康教育，落实“接诉即办”要求。

（二）提高人才培养质量

构建“1357”思想政治工作体系，成立课程思政教学研究中心，获省级课程思政示范课8门、省高校课程思政教学改革研究项目2项。稳步推进专业课程建设，新增省一流专业7个、“四新”专业3个；获省级教学成果奖特等奖1项、一等奖2项、二等奖8项；获国家级A类教学比赛二等奖1项，省级青教赛及教学创新大赛一等奖2项、二等奖2项、三等奖4项。研究生教育呈现新面貌，获批省硕士授予单位精准培育项目；连续6年通过硕士学位论文省级抽检，获“硕士学位论文抽检工作成效显著单位”；获研究生教育省级教学成果奖一等奖、二等奖各1项。加强国际合作交流，设立博士研究生联合培养基地，积极搭建交流合作平台，促进教学科研、学术交流等多方面的合作共享。招生就业工作显著优化，非夏季高考生占比压减至25.8%，降低11%；拓展就业岗位，2022届本专科毕业生总体毕业去向落实率90.93%。创新创业工作再创佳绩，学生获高水平创新创业竞赛国家级获奖124项，提升53%；在中国高等教育学会发布的年度全国普通高校大学生竞赛分析报告中，学校位居全国222位，提升288个名次。

（三）推进高质量内涵发展

学科建设提质增效，构建“134N”型学科梯队建设体系，持续优化学科布局。人才队伍建设成效显著，全职引进长江学者特聘教授1人，培养国家级人才1人，入选交通运输部青年科技英才2人，全年引进优秀青年博士50人。科研创新能力显著提升，获山东省科学技术进步一等奖；获批国家“两金”项目5项，省部级科研项目44项，首获千万元级横向科研项目；到账科研经费1.45亿元，连续4年突破亿元大关。

（四）提升社会服务成效

新增3个现代产业学院，交通物流现代产业学院入选省级现代产业学院建设名单。推进“威海市海事海商法律研究中心”“产教融合创新中心”“鲁咯交通研究院”建设，进一步深化和拓展校政、校地、校校合作。不断提高船员培训、继续教育、校属企业的社会效益和经济效益。

三、创新与经验

（一）坚持党建引领，全面提升学校党建质量

实施首批党建工作培育创建工程，培育校级党建工作标杆院系2个、样板支部6个、“双带头人”教师党支部书记工作室3个、组织员工作室2个，推进学校基层党组织全面进步、全面过硬。

（二）举办共产党宣言展，打造党性教育新高地

筹建共产党宣言主题展馆，全方位梳理《共产党宣言》在中国特别是在山东的传播脉络，加强专业研究，深挖藏品学术价值，引导广大党员干部群众从党的非凡历程中感悟马克思主义的真理力量，增强听党话、跟党走的思想自觉和行动自觉。

（三）发挥专业优势，服务经济社会发展

主动瞄准“黄河国家战略”重大战略需求，出台《服务黄河国家战略行动方案》，获批山东高校服务黄河重大国家战略项目2项，居同类高校首位；“黄河流域交通可持续发展重点实验室”和“黄河流域交通发展协同创新中心”获批立项，服务国家重大需求的能力不断提高。

附：党委书记、副书记、委员名单

书　记：王焕斌

副书记：陈松岩　李贞涛

委　员：王焕斌　陈松岩　李贞涛　刘世杰
曲同军　姜华平　来逢波　张化祥
赵德健　田杰昌　王晨晖　周颜玲

山东警察学院党委工作概况

党委书记　韩　锋

一、组织概况

中共山东警察学院委员会由中共山东省委教育工委和山东省公安厅党委领导，加强对学校工作的全面领导，落实全面从严治党主体责任，坚持党委领导下的校长负责制，全面推进党的建设，将党建工作融入教育教学、人才培养、科研服务等各项业务工作中，推动党建工作规范化提升，切实增强基层党组织的政治功能、组织功能。学校党委下设1个离退休工作处党委，11个党总支，53个党支部，共有党员1291人，其中，教职工党员502人，离退休党员261人，学生党员528人。获评全国高校样板党支部1个，全省高校样板党支部4个，省级“双带头人”党支部书记工作室1个，校级样板党支部30个。

二、主要工作与成绩

学校党委在省委、省政府、省委教育工委、省公安厅党委的正确领导下，认真贯彻落实习近平新时代中国特色社会主义思想，深入贯彻党的二十大精神，按照省委、省政府部署安排，积极推进“十四五”发展规划和全国重点公安院校、应用型本科高校建设，重点抓牢党建、教育、教学、科研、社会服务等方面工作，全面推进内涵式高质量发展，多个方面实现历史性突破。

扎实推进党史学习教育常态化长效化，将“六史”学习教育融入日常、抓在经常。落实党委理论学习中心组、第一议题学习等制度，推进习近平新时代中国特色社会主义思想、习近平法治思想“三进”。开展第二轮校内巡察和意识形态专项巡察。推进基层党建规范化提升，常态化开展党支部评星定级和党员量化管理。新增省级样板支部1个。完善全面从严治党责任体系，认真落实省委巡视、巡视整改成效实地评估、重点领域廉政风险专项整治、建设工程项目专项审计、财务风险排查专项整治和财务治理等反馈问题整改。强化党风廉政和新时代廉洁文化建设，开展“青廉课堂”“清廉警院”纪法教育月等活动，建设警院特色廉洁文化。推动学科专业内涵和特色建设，新增省级一流本科专业建设点2个，完成第五轮人才培养方案修订。推进实验实训平台建设，获批2个省大数据创新实验室。加强教材建设，出版教材5部。实施课程考核改革，推动线上课程建设。获全省高校教师各类教学竞赛三等奖以上4人次。注重学生实战应用能力培养，提升人才培养质量。组织4000余名学生深入公安机关实习、见习，推动实战化教学。加强双创教育，组织194人参加“挑战杯”、数学建模、网络技能等各类比赛，获奖50余人次。推动校局、校地合作，构建协同育人体系。新成立8个非在编科研机构。获省部级科研项目6项，厅局、校级79项，新签横向合同44项，科研经费总额630万元。教职工发表论文86篇，出版著作7部，获知识产权授权5项，实现成果转移转化4项。服务公安实战，完成国内外培训任务。完成中组部、公安部等下达的各类在职民警培训任务24期，培训学员1709人次。完成秘鲁、斯里兰卡、佛得角、尼日利亚等国执法人员线上培训班4期，培训外警学员184名。加强队伍建设，调整选拔处级领导干部77人，招聘博士33人，引进人才5人。选派40余名同志参加“第一书记”等工作。获公安部“公安教育工作先进集体”1个、“先进教师”1人，全省“黄大年式教学团队”1个，齐鲁公安英才拔尖型人才21人。

三、创新与经验

（一）坚持公安院校的政治属性不动摇，全面加强政治建设

学校坚持把政治建设放在首位，强化各项工作的政治引领。坚持党对学校工作的全面领导，认真贯彻落实党中央各项重大决策部署，坚持党的教育方针和社会主义办学方向，构建思想政治工作大格局，加强师生思想政治工作。一方面，加强教师师德师风建设、警察意识教育、作风纪律教育，把政治标准作为人才引进、选人用人、干部考核、党员教育的第一标准，构建全方位的政治教育体系、理论学习体系，不断提升教职员工的政治能力；另一方面，加强学生的忠诚教育、警察意识教育、爱国主义、集体主义教育，强化马克思主义意识形态主阵地作用，落实警务化管理要求，严格一日生活制度，强化警察意识和作风纪律养成，切实提升政治意识、政治素质和政治能力。

（二）打造“教学练战研”五位一体的人才培养模式

学校坚持政治建警、政治建校原则，坚持公安实战需求导向和“实战有所需，教学必有应”的理念，积极主动服务公安基层，大力培养应用型实战警务人才。在校内不断完善实验、实训等教学设施，推进实验实训综合平台建设，推动实战化教学改革和专任教师到公安机关挂职锻炼制度，着力提升教师实战化教学能力，不断完善学生实战应用能力体系，按照习近平总书记提出的“对党忠诚、服务人民、执法公正、纪律严明”的总要求，以“厚基础，宽口径，重实用，强素质”为基本原则构建课程体系，努力培养政治素质、业务素质、身体素质、作风纪律等全面过硬的新时代公安事业接班人。

（三）积极推进校局合作，完善全警协同育人机制

学校在省公安厅党委统一领导下，加强与基层公安机

关全方位交流合作，不断创新合作交流平台，在队伍教育训练、法律、法规、技术服务、科研创新、联合办案等方面深度合作。与各级公安机关联合成立研究院1个，研究中心1个，设立教学实习基地、科研基地、思政实践教学基地、志愿者服务基地等约100个。每年组织毕业生实习约1500人，专业实习、见习约3000人，应基层公安机关邀请，组织专任教师参与案件侦查、预审、法律服务、调研咨询等工作，组织学生参加大型活动安保志愿者服务和学生社团骨干参与数据导侦、网络安全技术服务等辅助办案工作。同时，定期邀请公安业务骨干来校授课交流，聘任驻校教官、兼职教官120余人。

（四）创新构建黄河流域公安院校合作发展机制

学校主动服从服务国家黄河战略，联合黄河流域公安院校、公安机关及部分域外高校、科研单位，围绕黄河流域生态保护和高质量发展这一主题，瞄准公安院校、公安机关的政治站位，加强教学、科研、学术、人才培养、教育教学、公安执法等方面的交流合作，举办黄河流域公安院校警务论坛、网络空间安全技能挑战赛、网络安全与执法专业创新发展研讨会等活动，汇集沿黄流域公安院校、公安机关的智慧，促进沿黄公安院校教育教学资源共享，推动黄河流域协同治理和沿黄公安院校的高质量发展，取得丰硕成果。

附：党委书记、副书记、委员名单

书　记：韩　锋

副书记：毕可志　隋从容

委　员：韩　锋　毕可志　隋从容　徐仲成　王桂媛　刘大为　刘克振　吕绍忠　贺曙敏　李亦农

山东政法学院党委工作概况

党委书记　张祥云

一、组织概况与党的建设

山东政法学院创建于1955年7月，是山东省人民政府领导、山东省教育厅主管的以法学为特色的全日制普通本科高等院校。学校有教职工925人，其中，专任教师副高以上237人、硕士以上663人，研究生导师82名，全日制在校生11889人。学校党委下设基层党委1个，党总支20个，基层党支部101个。其中，在岗教职工党支部60个，离退休党支部5个，学生党支部36个。学校共有党员2252人，其中，在岗教职工党员666人，离退休党员175人，学生党员1362人。

（一）政治建设持续加强

分层次召开宣传贯彻党的二十大精神等专题培训班6期、培训2200余人。召开学校第三次党代会，确定“12357”发展思路和建设新时代高水平政法类大学的奋斗目标。制定《党委及领导班子成员年度定量任务清单》《关于推动党建与业务深度融合的意见》，修订《贯彻落实“三重一大”决策制度实施办法》。编纂《高校党代会工作流程参考手册》，获省委教育工委推广。

（二）宣传思想和意识形态工作扎实推进

出台《推动党史学习教育常态化长效化实施意见》，党委会“第一议题”学习36次，党委中心组集体学习13次，发布基层党组织学习指导9期，政治理论学习巡听旁听实现全覆盖。举办意识形态和网络新媒体工作队伍培训2期，发布网络舆情提示单14期。落实思政课教师岗位津贴、辅导员绩效工资。获评全省教育系统新闻宣传工作优秀案例。

（三）基层党组织和干部队伍建设力度持续加大

成立离退休干部党委，建立基层党建工作联系点制度，发展党员800人。首次举办暑期干部培训班，采取定性与定量相结合方式优化中层领导班子和中层干部考核，1名基层党员当选山东省第十二次党代会代表。学校获评2021年度省属高校干部选拔任用“一报告两评议”优秀单位、省教育工委2021年度党内统计优秀报表单位，获批山东党建工作样板支部培育创建单位1个，入选全省教育系统党建突破项目示范案例和全省高校精品党课三等奖各1项。

（四）作风和纪律建设持续深化

大力倡树“严真细实快”工作作风，扎实开展党风政风、形式主义、官僚主义和重点领域廉政问题等专项整治行动，自觉接受和配合经济责任审计，开展中央、省委巡视反馈意见整改落实情况“回头看”，校内巡察实现全覆盖。

（五）统战、群团工作水平不断提高

学校1人当选山东省政协常委、委员，3人分别当选山东省、济南市和历下区政协委员，获评山东省女职工建功立业标兵岗、山东省最美家庭各1项，学校获评山东教育慈善奖先进单位。

二、主要工作与成绩

（一）高质量发展重点工作持续推进

硕士学位授予单位建设关键指标全部达标，完成研究生教育新址装修改造并投入使用，获评省级优质研究生课程等荣誉16项，获评连续6年无“存在问题论文”单位、硕士学位论文抽检工作成效显著单位。应用型大学建设、本科教学工作审核评估、新时代教育评价改革等迎评促建工作强化推进。

（二）教育教学内涵建设持续深化

律师学院获评省级现代产业学院。成立网络空间数字取证技术工程研究中心、法庭科学特色实验室和社会治理法治工程实验室（文科实验室），获批山东省高等学校工程研究中心、特色实验室和文科实验室。新增省级一流专业建设点2个、第一批“十四五”职业教育省级规划教材1本、教育部优秀劳动教育教学案例1项，获评省级本科教学改革研究项目重大专项1项、重点项目和面上项目各2项，获评省级课程思政示范课程、省社区教育优秀课程资源、省优秀共享课程、省在线教学优秀案例等6项。录取研究生143人、本专科新生2985人，省内录取分数线位列省属本科高校第11位。学生获评省级以上奖项159项，获评2022年“全国向上向善好青年”荣誉称号1人。

（三）大科研工作格局持续完善

获批国家社会科学基金项目立项1项，省级社会科学优秀成果奖2项，省级法学优秀成果奖19项，入选山东省高等学校青创团队计划2个。《政法论丛》获批山东省高等学校期刊高质量发展建设项目“A”类立项。

（四）人才强校战略持续深入

引进高层次人才19人。新增山东省十大优秀中青年法学家、全国司法鉴定专家库专家、省委政法委省法学会习近平法治思想研究基地首席专家各1人，获评省级教学成果奖、首届全省学校思政课教学设计大赛特等奖等教学奖项11项。

（五）社会服务工作持续拓展

新增菏泽市人大常委会、东营市人大常委会2个立法研究服务基地。智库成果获国家机关、政府有关部门等采纳30余项。主办承办第二届黄河战略法治保障论坛，成立“黄河流域高等院校黄河战略法治保障协同创新中心”“黄河流域高等院校研学联盟”，“黄河流域高等院校法治人才培养联盟”入选山东省服务黄河重大国家战略项目库。司法鉴定中心运用DNA比对技术服务国家“无名烈士寻亲”工作取得实质性突破并在央视宣传报道，法律援助中心工作入选“献礼二十大”山东教育展示传播品牌。建成研究生教育中心和明德楼2所社会培训基地，承办首期全省行政执法类公务员能力提升示范培训班等社会培训。

（六）服务保障质效持续提升

统筹推进疫情防控和事业发展。依法治校、信息保障、图书文献、财务资产、后勤保卫等工作规范有序。学校获评山东省首批红色文化传承示范校、山东省绿色学校、全省校园安全工作先进集体和个人、济南市四星级平安单位。

三、创新与经验

（一）必须坚持党的领导

坚持社会主义办学方向，全面贯彻党的教育方针，认真履行管党治党、办学治校主体责任，为事业发展提供坚强保证。

（二）必须坚持立德树人

坚持为党育人、为国育才，秉持以学生发展为主的育人理念，努力培养德智体美劳全面发展的社会主义建设者和接班人。

（三）必须坚持改革创新

坚持运用改革思维谋划工作，用创新理念推动发展，敢为人先、大胆探索，增强办学活力，释放发展动能，形成加快发展的不竭动力。

（四）必须坚持扎根地方

坚持立足山东，面向全国，充分发挥学科人才优势，主动对接服务国家和区域重大战略，在服务中获得资源、赢得支持，在贡献中展现作为、赢得发展。

（五）必须坚持师生为本

坚持以人民为中心，努力为师生办实事、谋福利，发挥广大师生员工的主动性和创造性，为事业发展汇聚强大合力。

（六）必须坚持从严治党

坚持推进全面从严治党向纵深发展，推进党建和业务深度融合，用高水平党建引领和保障事业高质量发展。

附：党委书记、副书记、委员名单

书　记：张祥云

副书记：赵　斌　王　瑛

委　员：张祥云　赵　斌　王　瑛　孙会海　林　爽　蒋海升　胡晓清　窦衍瑞　张　翚　化　涛　张传伟

齐鲁师范学院党委工作概况

党委书记　林松柏

一、组织概况与党的建设

齐鲁师范学院现有章丘和历下两个校区，占地面积1200余亩，校舍建筑总面积31.86万平方米，固定资产总值12.34亿元。设有15个学院，全日制在校生17500余名。设有17个党委、3个党总支、75个党支部，共有党员1897名，其中，在职教工党员704名，离退休党员190名，学生党员1003名。2022年新发展党员540名，其中教工党员14名。

（一）政治建设全面加强

把深入学习宣传贯彻党的二十大精神作为贯穿全年的首要政治任务，深刻领悟“两个确立”的决定性意义，增强“四个意识”，坚定“四个自信”，坚决做到“两个维护”。坚持社会主义办学方向，落实立德树人根本任务，坚守为党育人、为国育才。加强党的全面领导，充分发挥管党治党、办学治校的主体责任。

（二）宣传思想和意识形态工作富有成效

精心组织“第一议题”和党委理论学习中心组学习，以高质量理论学习和理论创新凝心铸魂。切实加强对意识形态工作的统一领导，落实意识形态工作责任制，守好意识形态安全底线。积极创新宣传工作，增强学校的社会影响力和美誉度。加强落实“大思政课”建设，积极推进课程思政质量建设工程。

（三）党组织建设坚强有力

胜利召开学校第三次党代会，选举产生新一届学校党委，确定“一四四五一”发展方略。实施党建引领行动，推进党建与业务工作同谋划、同部署、同推进、同考核。实施“党建+”，开展“评星定级”，创新“10+N”基层党组织书记抓党建工作述职评议制度，推进党建工作责任制落实。

（四）党风廉政建设从严从实

落实全面从严治党责任，强化纪律教育、警示教育，持续开展廉政风险排查防控。落实中央八项规定精神更加严格，整治形式主义、官僚主义更加深入，校园廉洁文化建设更加有效，推动干部作风建设更加严实。扎实做好巡视实地评估、审计整改、重点领域廉政问题专项整改等工作。

二、主要工作与成绩

（一）人才培养水平明显提升

健全完善基于OBE理念的“三全育人”一体化体系，完成新一轮专业人才培养方案及课程大纲的修订工作，构建起特色鲜明、重点突出、行之有效的全员、全程、全方位育人格局。启动实施教育范式变革行动，进一步推动由“知识范式”向“能力范式”转换的教育教学改革，健全完善“三二一”应用型人才培养体系，不断加强“诊断式督导、靶向式改进”的质量保障机制。师范类专业认证工作位居同类院校前列。

（二）学科建设与科研创新成绩突出

启动实施重点学科建设行动，完成校级重点学科遴选，形成重点突出、梯次分明的“雁阵式”学科发展体系。获批厅级以上课题54项，山东省本科教学改革研究项目8项；获山东省第三十五届社会科学优秀成果奖二等奖1项；累计获省教学成果奖一等奖7项、二等奖3项，教师获各类高水平教学比赛奖励共10项。获批地厅级科研创新平台5个，入选山东省“科技成果转化综合试点单位”。构建全世界第一个近饱和的玉米EMS突变体库，玉米高蛋白项目研究成果登上《Nature》。

（三）综合改革持续深化

学校以优化教育评价改革为抓手，持续推进综合改革。突出教师师德师风和教学工作业绩评价，坚决破除“五唯”倾向，构建多维度、全方位学术业绩评价机制。实行分类评价、同行评价与综合评价相结合，不断提高职称评审评价的科学性。以“学生中心、产出导向、持续改进”为指导，注重过程性评价与结果性评价相结合，实现全过程纵向评价和全要素横向评价。启动新一轮“三定”工作，深化人才聘任改革行动，实施部门、单位绩效考核，释放二级单位办学活力。

（四）社会服务能力不断提高

作为全省唯一一所“双名工程”国家级基地和齐鲁名师名校长、山东省中小学互联网+教师专业发展工程的唯一承办单位，签订国培、省培、市培、县培、校培合同18个，完成国培项目及12项山东省级培训项目的组织实施工作，拓展市县校及外省省级培训项目，实现国家—省—市—县—校五级培训的全覆盖。签订横向合同73项，对接绿色化工产业，建成省内领先的功能化妆品工程研究中心、分析检测中心。积极推广“P-G-S”模式下的传统武术进校园，辐射带动全国11省市800余所学校，受益教师近3000人，学生约70万人。

（五）服务黄河重大国家战略成果丰硕

制定服务黄河重大国家战略实施方案，建立工作台账，加强调度督导。承担黄河文化研究领域省部级以上纵向科研项目3项、横向科研项目4项；获批6项山东省本科高校黄河重大国家战略课程思政优秀案例；获批山东省高等学校黄河流域生态保护和高质量发展协同创新中心和山东省高等学校服务黄河重大国家战略特色项目；与平阴县等10个沿黄区县合作26项山东省教师教育协同创新项目；组建教师专业发展共同体，开展教育志愿服务。

三、创新与经验

（一）党建引领推动学校高质量发展

学校坚持做到党建与中心工作同频共振，把党建作为实现新时代学校高质量发展的重要内容，着力提升基层党组织功能，以“OKR理念”构建党建工作考核体系，强化党建和业务工作的一体推进、深度融合。全面提升党支部标准化规范化建设，星级评定党支部，发挥党支部战斗堡垒作用。

（二）营造浓厚校园文化氛围

坚持正确导向，突出节点教育，强化典礼育人，将“文化育人”融入学生培养全过程。加强校园文化建设，推进齐鲁文化特色建设创新，构建以“君子文化”为特色的校园文化。构建“334”社会服务体系，开展文明实践志愿服务5000余人次。

（三）深化改革激发活力

深入推进评价体系、机构编制管理、校内分配制度、工作作风、管理信息化等“五大改革”，聚焦影响学校发展的堵点难点，在重点领域、关键环节，精准靶向施策，破立并举，激发创新活力，提高改革的针对性、精准性、实效性。

附：党委书记、副书记、委员名单

书　记： 林松柏

副书记： 秦梦华　赵　敏

委　员： 林松柏　秦梦华　赵　敏　李伯伟　高明辉　孙　正　宋新刚　杨　磊　孙　磊

山东青年政治学院党委工作概况

党委书记　魏艳菊

一、组织概况与党的建设

山东青年政治学院现有教职工 938 人，其中，具有博士学位 148 人，高级专业技术职务教师 337 人。58 个本、专科专业，其中 47 个本科专业（含 9 个职业本科专业），全日制在校生 19761 人。下设 11 个基层党委，4 个党总支，3 个直属党支部，98 个基层党支部。现有党员 2057 名，其中，教职工党员 716 名，退休教工党员 144 名，学生党员 1197 名。

（一）持续兴起学习宣传贯彻党的二十大精神热潮

将迎接党的二十大、学习宣传贯彻党的二十大精神作为全年首要政治任务。认真组织开展党的二十大精神学习宣传贯彻活动，深入推进党的二十大精神进教材、进课堂、进头脑。统筹抓好学习培训和宣传宣讲，党委班子成员带头学、带头讲，开展“书记第一讲”，讲好学校第一课，形成校院两级党委引领学、党员干部带头学、全体师生踊跃学的浓厚氛围，掀起学习宣传贯彻党的二十大精神热潮。

（二）思想政治根基切实筑牢

强化政治理论武装，坚持用习近平新时代中国特色社会主义思想铸魂育人，及时跟进开展“第一议题”、深入系统开展党委理论中心组学习，实现院（系）级党组织巡听旁听全覆盖。推进党史学习教育常态化长效化，创新打造“艺术党课”，案例入选省委党史学习教育成果选编。传承红色基因，打造三位一体红色文化育人模式，获评省首批红色文化传承示范校。

（三）基层组织建设全面过硬

着力增强基层党组织政治功能和组织力凝聚力。选优配强基层党务工作队伍，实现“双带头人”全覆盖。分类开展党务工作培训，推进支部评星定级，创新党员教育培养体系。开展党员发展专项督导，完成党员发展计划，教职工党员占比突破 80%。新增全国党建工作标杆院系和样板支部各 1 个、省级样板支部 1 个，入选教育部典型案例 1 个。

（四）干部人才队伍不断加强

加强干部队伍建设，聚焦成长四“炼”，打造四维联动机制，多岗位交流、多渠道培养锻炼干部，健全考核机制，相关做法入选《山东省年轻干部案例选编》。坚持党管人才，修订职称评聘办法，实现评聘、直聘、揭榜制、直通车并行互通，深化人才评价改革，人才育、引、管、用和激励保障机制不断完善。

（五）全面从严治党纵深推进

扛牢全面从严治党主体责任，压紧压实意识形态责任，全覆盖开展专项巡察，年内未发生意识形态事件。坚持严的主基调，狠抓纪律建设，强化问题导向，以政治巡视巡察、经责审计、重点领域廉政风险等问题整改为抓手，推动全面从严治党向基层延伸。开展作风建设专项行动，大力倡树“严真细实快”工作作风，巩固“我为师生办实事”活动成果。加强廉洁文化建设，实施新时代“清廉山青”建设工程，获省纪委监委主要领导肯定性批示。

二、主要工作与成绩

（一）高质量发展取得新突破

深化应用型本科高校建设，实施“343”应用型学科建设，新增省级一流本科专业建设点 4 个，省级及以上一流本科专业建设点达 12 个。持续推进产教融合，新增省级现代产业学院 2 个。助力乡村振兴，获第五届省文化创新奖第一名。积极融入省部共建职教高地建设，跨境电子商务等 4 个职业本科专业获批备案，职业本科专业数量增至 9 个，获批省职业教育教学创新团队 2 个、省级新技术研发中心 3 个，入选“十四五”职业教育省级规划教材 1 部。加快推进数字化战略行动，获批山东省智慧教育示范区（校）。

（二）人才培养质量稳步提升

加强应用型本科专业建设，深化新文科建设，打造“大数据 +”“外语 +”等复合型专业 13 个，全面推进面向行业办学，升级改造传统专业 17 个。获评省课程优秀共享课程二等奖 2 项，39 门课程精品在线开放课程作为首批课程上线国家高等教育智慧教育平台。获省第九届教学成果奖一等奖 1 项、二等奖 2 项。实施“百千万”工程，开展职业技能提升行动，学校获批省创客示范学校、省大数据创新人才基地，学生创业孵化基地获评省第二批双创示范基地、青年众创基地获评山东省首批“雏凤”巢。获批教育部第一期就业育人项目5项，国家级、省级大学生创新创业训练计划项目32项，在全省毕业生就业工作推进会上作典型发言。

（三）服务保障不断提质增效

积极拓宽收入渠道，学校全年收入总额5.32亿元，较上年增幅17.03%，再创历史新高。综合楼、11号学生公寓、毓秀山山体运动公园三期运动场地顺利通过竣工验收，办学条件持续改善。综合管理服务能力不断提升，学校先后获评首批“山东省绿色学校”、省高校物业管理先进单位、省高校伙食管理工作先进单位、省高校节能管理工作先进单位、全省教育系统“模范教工之家”等。

（四）安全稳定防线全面筑牢

慎终如始高效统筹疫情防控和校园安全稳定，全力守护师生生命健康。完善应急处置机制，以快制快、精准防控，在驻济高校疫情防控工作会上作典型发言，工作举措在驻济高校推广。深化“平安山青”建设，全年无安全责任事故发生。获评山东省学校安全工作先进集体，连续四年获济南市四星级平安单位。

三、创新与经验

（一）思政工作持续守正创新

实施思政质量提升工程，完善全环境立德树人体系，入选全省高校“三全育人”暨全环境立德树人示范校培育建设单位。创新打造“青年政治”人才培养体系，获省级教学成果一等奖。2门课程获省级课程思政示范课，2人获教育部思政研究专项、省教改重点项目，2人获省级思政课教学、教学设计比赛二等奖，1人获评“山东高校辅导员年度人物”。

（二）教师队伍建设卓有成效

坚持师德第一标准，突出业绩导向，深化破“五唯”，实行“直聘”“直通车”“揭榜制”等申报制度，拓宽专业技术职务晋升绿色通道。创新完善教师评价和绩效激励机制，完善“51251”人才工程，获评山东省高等学校科技计划创新团队1个，山东省教书育人楷模、建功立业标兵、山东青年创新榜样各1人。

（三）服务社会能力显著增强

按照“团队→平台→项目→成果”循环发展路径，着力实施有组织科研，山东省志愿服务研究基地获批山东省社科理论重点研究基地，实现山东青年政治学院省级社会科学研究平台新突破，公共外交研究院被省外办评审认定为山东省外事研究与发展智库。获批省高校实验体系建设平台5个，省非遗研究基地2个。立项省社科规划、省自科等省部级以上项目67项，3个项目分获国家艺术基金、教育部人文社科思政课教师专项和全国教育科学规划教育部重点项目立项。服务黄河流域高质量发展，编创推出大型舞蹈诗画《大河奔流》，入选第十五届山东国际大众艺术节演出剧目。获批服务黄河战略研究项目11项、省“黄河流域生态保护和教育高质量发展”教育教学专项5项、省舞台艺术青年人才创作扶持项目1项。

附：党委书记、副书记、委员名单

书　记：魏艳菊

副书记：张书明　高　峰

委　员：魏艳菊　张书明　高　峰　王林山　刘　涛　崔连富　李玉英　蒋涛涛　张　杰

山东女子学院党委工作概况

党委书记　郭翠芬

一、组织概况与党的建设

山东女子学院是由教育部和山东省人民政府批准、山东省人民政府领导的全日制普通本科女子高等院校，是山东省唯一一所女子院校、全国三所女子普通本科院校之一。学校坚持服务地方经济社会和妇女儿童发展的办学宗旨，以实施普通高等学历教育为主，兼有妇女干部培训、成人教育、职业资格培训、幼儿园骨干教师培训等职能。学校设有基层党委、党总支16个，党支部77个，中共党员1734人。其中，在职教职工党员675人，退休教职工党员90人，学生党员969人。

2022年，学校党委始终坚持以党的政治建设为统领，推进全面从严治党，认真贯彻落实新时代党的建设总要求和新时代党的组织路线，深入学习贯彻党的二十大精神，以党建引领学校内涵式发展。锚定“走在前、开新局”目标，抓牢党委主体责任，推动完成6项、57个全面从严治党年度任务，制定党史学习教育常态化长效化实施方案，学校层面为师生办实事7项。落实意识形态责任制，党委会6次研究部署意识形态工作，对8个单位开展意识形态工作校内巡察，制定管理细则，筑牢“三微一端”阵地，严格“一会一报”，全年累计审批104次。

开展“议事决策规范提升年”回头看，促进基层党组织议事决策科学规范。制定《党员积分量化管理办法》等制度6项，获批2项高校党组织书记抓基层党建突破项目优秀成果；完成基层党组织增补选，增补24名基层党委、党总支委员，37名党支部委员。完成2个全国全省党建工作样板支部验收，新获批3个全国全省“双创”培育创建单位，党建创新工作取得新进展。狠抓新时代干部人才工作，大力培养高素质干部特别是优秀年轻干部，选派33名年轻干部参加培训、实践锻炼。紧抓干部教育培训，举办处级干部读书班和科级干部培训，培训500余人次。坚持党管人才，落实党委听取人才工作专项报告制度。抓好巡视反馈问题整改以及党风政风、重点领域廉政问题、作风建设、人才政策落实及资金绩效审计等专项整治，成立专班，建立台账，销号管理，完善制度35项。制定巡察规划，扎实开展校内巡察。落实中央八项规定及其实施细则精神，压缩办公经费，节俭办校庆，以优良作风推动学校发展。

二、主要工作与成绩

（一）落实立德树人根本任务，提升人才培养质量

突出人才培养，持续优化全环境育人体系，不断深化教育教学改革，获批1个国家级、3个省级一流本科专业建设点。深化产教融合，成立乡村振兴产业学院。深化课堂教学改革，获第九届省级教学成果奖7项，入选第二批山东省智慧教育示范校。扎实推进思想政治工作，专题研究制定《马克思主义学院“十四五”事业发展规划》，获批省级课程思政立项3门，1人获全省高校网络教育名师。组织师生参加各级各类学科竞赛，获国家级一等奖9项、二等奖33项、三等奖38项，省级一等奖82项、二等奖157项。

（二）加强学科建设，增强科研创新和服务地方经济社会发展能力

统筹加强学科建设，完成第一轮重点学科建设终期评估，出台《山东女子学院重点学科建设方案（2023—2025年）》，构建“336”雁阵式学科梯队，启动第二轮重点学科建设。拓展联合培养研究生合作高校1所。获得省社会科学优秀成果奖三等奖2项、市社会科学优秀成果奖4项、省人力资源科研成果奖1项、市优秀科技工作者2人。学报凸显办刊特色，获批省高校期刊高质量发展建设项目。主动对接区域经济社会发展需要，出台服务地方经济社会发展行动计划、主动服务黄河国家战略实施方案等，获批省服务黄河流域生态保护和高质量发展协同创新中心1个、山东省高等学校文科实验室2个、山东省高等学校工程研究中心2个、济南市工程研究中心1个，1项研究报告获省领导批示。

（三）优化教师队伍，全面促进学校师资均衡发展

加强师德师风建设，建立师德建设专家库，遴选首批校内师德专家29人。加强师资队伍建设，新增专任教师53名，引进高层次人才40余人，访学研修4人，双师型教师比例达49.5%，配齐配强思政课教师和辅导员队伍，师资队伍结构进一步优化。2022年度新增教师在职读博13人，9人在职取得博士学位。

三、创新与经验

（一）坚持党建统领、攻坚克难

坚定不移加强党的全面领导，坚定不移推动全面从严治党，以党建引领各项工作“求突破、开新局”，在各方面充分发挥基层党组织战斗堡垒作用，为学校事业发展提供坚强的政治和组织保障。

（二）坚持深化改革、精准发力

深化教学改革，优化师资队伍建设，完善科研管理机制与奖励办法，推动应用型人才培养模式改革，汇聚起改革发展的强大能量。

（三）坚持科学发展、凝心聚力

研究制定“336”雁阵式学科梯队，科学布局专业发展；建立“1+6+2+N”的楼宇网格工作模式，全方位协同育人，推进应用型本科高校建设，促进学校高质量发展。

附：党委书记、副书记、委员名单

书　记：郭翠芬

副书记：李光红　王淑霞

委　员：郭翠芬　李光红　王淑霞　贺兴利
富元斋　李　君　王　鲁

德州学院党委工作概况

党委书记　车　滨

一、组织概况与党的建设

德州学院现有专任教师1500人，教授119人，副教授413人，具有博士学位教师516人，兼职博士、硕士研究生导师174名。全日制在校本科生、联合培养研究生、学历留学生24000人。学校党委下设20个基层党委、6个党总支，48个教师党支部、55个学生党支部、37个管理教辅单位党支部和13个离退休党支部。共有党员3557人，在职教工党员1129人，学生党员1921人，离退休党员507人。

（一）持之以恒抓好理论武装

开展“喜迎党的二十大 奋进新征程”主题教育活动，把迎接学习宣传贯彻党的二十大精神作为全年工作主线，利用校园网、信仰长廊、宣讲报告等形式，把学习贯彻习近平新时代中国特色社会主义思想和党的二十大精神融入教育教学全过程。严格执行党委理论学习中心组学习规定和第一议题制度，党委会开展“第一议题”学习34次，理论中心组举行专题研讨17次。

（二）维护学校意识形态领域安全

专题研究意识形态工作5次，召开意识形态研判、网络舆情研判会议，修订完善工作制度5项，建立舆情信息员队伍。开展第四轮校内巡察，配合省委做好意识形态专项检查，审批“一会一报”51项，组织专题培训4期，开展实战演练4次。成立德州市“铸牢中华民族共同体意识”研究基地，开展系列课题研究，获国家民委社会科学研究成果奖一等奖。

（三）推进党建工作机制科学化规范化

完善“1432”党建特色工作机制，坚持和加强党对高校的全面领导这一主线，构建校党委、院（系）党组织、基层党支部、党员上下贯通的四级党建工作体系，抓实院（系）党组织议事决策、党支部评星定级、党员积分管理三个载体，实现增强党组织政治功能、组织功能和推进事业发展两大目标。以党支部评星定级和党员积分管理为抓手，推进党支部标准化规范化建设。推进“一融双高”建设，深入开展党建“双创”工作，4个基层党组织入选全国、全省党建“双创”工作培育创建单位。获批2项省党建课题，《党旗下的誓言》被评为山东省“优秀党课”。

（四）打造高素质干部人才队伍

实施年轻干部素质能力提升计划，35岁以下科级干部达到新提拔干部的59%，干部年龄结构、学历结构和人员储备向好。抓实党委书记人才工作项目，完善引育并举机制，遴选学校第二批“天衢英才”6人，引进省级及以上高层次人才6人，博士104人，资助37人在外攻读博士、5人博士后在站，具有博士学位的教师达到34.47%；打造高水平学科团队，1人入选山东省泰山产业领军人才，1人荣获“齐鲁巾帼科技创新之星”，1人入选“山东省智库高端人才”，2个科研团队获批山东青创团队。

（五）坚持推进作风纪律建设

严格落实中央八项规定及其实施细则精神，开展“严真细实快”作风建设专项行动，排查整治形式主义、官僚主义。落实联系服务专家教授、青年师生制度，开展校领导与师生面对面活动20多次，经常听取师生意见建议，解决校园民生事项254件。支持纪检监察机关开展工作，加强廉洁文化建设，严肃查处违纪违规问题，一体推进不敢腐、不能腐、不想腐。

二、主要工作与成绩

学校认真贯彻习近平总书记对山东工作的重要指示要求，扎实落实省委、省政府决策部署，聚焦高质量发展，不断推进学校各项工作取得新进展、新成效。

（一）学科专业建设取得新成果

加强学科平台建设和科学研究，获批省高校重点实验室等7个省级科研平台，获批国家自然科学基金6项、省部级40项，年度科研经费1.1亿元，获省科技进步奖二等奖、省社会科学优秀成果三等奖各1项。巩固本科教育教学地位，2个专业通过教育部师范类专业认证，专业群建设项目入选省黄河重大国家战略特色项目，84门在线开放课程在国家高等教育智慧平台首批上线，入选中国高等教育博览会“校企合作双百计划”典型案例，获批省本科教学改革研究项目9项、中国高等教育学会教改课题3项，13名教师在省思政课教学比赛、省教师教学创新大赛、省青教赛中获奖，其中特等奖1项。学生参加山东省大学生科技创新大赛、中国“互联网+”大学生创新创业大赛等标志性学科竞赛，获国家级获奖65项，省级获奖357项。获批团中央实践育人工作课题，获批2022年全国暑期“三下乡”社会实践“镜头中的三下乡”优秀组织单位。

（二）服务社会能力取得新进展

制定实施“三个走在前”落实方案、服务黄河国家战略实施方案、落实省第十二次党代会精神任务分工方案，制定强化内涵建设、推进学校高质量发展的若干措施，推动学校转型发展、内涵发展、高质量发展。与德州市签署《城校融合发展合作框架协议》等六份协议，成立德州博士俱乐部。新建6个博士工作站，开展技术开发、技术转让、技术咨询等300项，17项智库报告被省、市有关部门采用。服务德州基础教育事业发展，1785名师范生到6个县市区实习支教。服务乡村振兴战略，组织教授、博士到农村一线指导生产，举办“粮食高产创建与乡村振兴”高峰论坛，助力德州“吨半粮”工程。与德州企事业单位合作成立黄河流域工业气体污染防治联合研究院，共同开展环保治理和清洁生产技术研发与推广。入选省属高等院校科技成果转化综合试点单位。

（三）国际交流合作取得新成效

获批中外合作办学机构——德州学院别尔哥罗德食品科学学院，东盟研究中心获批教育部高校国别和区域研究备案中心。举办“黄河—湄公河流域地方合作讲堂”，成为山东省首家承办国务院侨办“网上外派教师试点”项目单位，获批教育部中外语言交流合作中心“汉语桥”项目，打造对接东盟特色智库平台获2022年度全省社科联系统工作创新案例，获批2022年度山东省外事研究与发展智库课题5项。组织中俄“德州·全球青年伙伴云端交流会”、组织参加“黄河湾”国际青年汉语大赛等系列对外文化交流活动，积极传播中华优秀传统文化。

（四）校园建设水平得到新提升

加强警务室、大学生事务与发展中心、心理健康教育与咨询中心“一室两中心”建设，建成老年大学，师生服务环境进一步优化。推进校园文化建设，获批山东省首批“中华优秀传统文化传承示范校”，举办国侨办2022年中华文化大乐园项目。推动媒体融合建设，获批山东教育融媒体建设重点培育单位，获评全省教育系统新闻宣传工作优秀案例，获批高雅艺术进校园活动“音乐会类”项目。

三、创新与经验

（一）实现学校事业高质量发展，必须坚持用习近平新时代中国特色社会主义思想凝心铸魂

要坚持用马克思主义中国化时代化最新成果武装头脑、指导实践、推动工作，以科学理论指引前进方向，锚定内涵式发展的科学路径、增强风险挑战的应对能力、激发推动前进的强劲动力，将地方高校转型发展之路走得更实、行得更稳。

（二）实现学校事业高质量发展，必须坚持党对学校工作的全面领导

要始终坚定社会主义办学方向，确保党对学校工作的全面领导，坚持立德树人根本任务，牢记为党育人、为国育才使命，主动融入党和国家发展大局，不断提升对区域经济社会发展的贡献度、支撑度。

（三）实现学校事业高质量发展，必须抢抓机遇、开拓创新，强优补弱、特色发展

要增强发展的紧迫感，加强前瞻性战略布局，突出应用导向，坚持错位发展。要坚持特色培育的持续性，巩固优势、强化弱项、补足短板、挖掘亮点，推动学科专业结构逐步优化、布局日趋合理、特色逐步凝练。

附：党委书记、副书记、委员名单

书　记： 车　滨

副书记： 赵长林　王金利

委　员： 车　滨　赵长林　王金利　张明征　迟沂军　李永平　张存峰　徐　静　杨恩红　任立春

潍坊学院党委工作概况

党委书记　李　东

一、组织概况与党的建设

潍坊学院是一所省属全日制综合类普通本科院校。学校设有26个教学单位、71个本科专业，有教职工2061人、全日制普通在校生24783人。学校党委下设2个党委、25个党总支，党总支（党委）下设99个教工党支部、33个学生党支部。现有党员2830名，其中，在职教职工党员1272名、学生党员1056名、离退休教职工党员502名。

（一）深入学习宣传贯彻党的二十大精神

把学习宣传贯彻党的二十大精神作为首要政治任务，开展系列主题宣传教育活动，上线专题网站，组建3个宣讲团，实现宣讲全覆盖。出台贯彻落实党的二十大精神加快推进高质量发展意见，配套制定推进落实措施。

（二）构建高质量党建工作体系

加强政治能力建设，深入实施政治监督意见。贯彻执行民主集中制和党委领导下的校长负责制，制定落实“三重一大”决策制度实施办法。深入落实《中国共产党普通高等学校基层组织工作条例》，制定实施年度党建要点。完成党组织换届，配备专职组织员24名，实现党支部书记“双带头人”全覆盖。优化党员教师“双培养”，规范共青团“推优入党”工作。组织“一院一品”品牌创建，育建全国、全省样板支部8个。召开六届一次“双代会”。新成立致公党学校支部、老教授协会。1个团组织获评全国五四红旗团支部。

（三）打造“大思政”工作格局

坚持用习近平新时代中国特色社会主义思想凝心铸魂，出台“第一议题”学习制度、党总支（党委）理论学习中心组学习列席旁听制度，党委会、校长办公会“第一议题”学习40次，党委理论学习中心组集体学习13次。深入实施“七四五”全环境育人工程。加强马克思主义学院建设，全面开设《习近平新时代中国特色社会主义思想概论》，获省思政课、课程思政教学比赛特等奖1项、一等奖5项。压紧压实意识形态责任制，配合做好省委意识形态专项督查及反馈问题整改。

（四）加强干部选拔任用管理

完成中层领导班子和处科级干部换届调整，新提拔处级干部79名、科级干部164名。持续推进落实干部队伍建设五年规划。出台加强专业型年轻干部选拔培养使用意见，21名专业技术人员直接提任二级学院院长、副院长，43名博士到管理部门挂职或担任院长助理。坚持严管和厚爱结合、激励和约束并重，落实“三个区分开来”，严格干部教育监督管理。

（五）深化全面从严治党和党风廉政建设

学院召开全面从严治党暨党风廉政建设会议、党风廉政警示教育大会，制定实施同级监督、会商通报重要情况等办法。建立政治监督活页，廉政风险防控等长效机制进一步健全。实施“严真细实快”作风建设意见、作风建设专项行动，开展党风政风等专项整治，完成高校重点领域廉政问题、省纪委监督谈话反馈问题整改，推动作风整体提升。

二、主要工作和成绩

（一）疫情防控和校园安全稳定

准确把握并认真落实上级和属地疫情防控政策，健全完善校院两级指挥系统，动态优化学校防控方案、应急预案、实战手册，科学精准落实核酸检测、校门管理、信息摸排、教育教学、暖心服务等防控要求。健全“四网一体”长效机制，深入开展安全隐患排查整治。加强值班值守，确保节假日期间和重要时期校园安全稳定，学校全年未发生重大安全事故。

（二）人才培养

新增本科专业1个、省一流专业2个，完成师范专业认证进校考查3个，获省级教学成果一、二等奖3项。新建智能制造工程实训中心。校企共建专业增至66个、占比91.7%。新增市级产业学院、获推申报国家“专精特新”产业学院各1个，正筹建产业学院2个。校院两级走访企业416家，建立就业实习基地200余家。毕业生就业率超过90%，高质量就业比重达到47.05%。

（三）学科建设与科研创新

实施申硕攻坚行动，全力提升核心数据，推动3个专业学位点完成目标任务。分层建设“3重点、4培育、5扶持”“雁阵式”应用型学科群，新增6个省级、7个市级科研创新平台。获批市厅级以上科研项目163项，横向到账经费2.49亿元。建设“科教产融合创新中心”，先期入驻12个校企联合研发机构，带动企业投入研发经费9000余万元。

（四）人才和师资队伍建设

出台新时代“人才强校”战略实施意见、教师“准聘制”实施办法，引培博士113人，引进国家级高层次人才、山东省有突出贡献专家等8人。遴选“双师型”教师662人，建成培养基地32个。入选山东省高等学校青年创新团队发展计划3个、市有突出贡献专家2人。健全完善校地校企人才共享共用机制，有关经验做法被列为全省典型。

三、创新与经验

（一）深入推进高质量发展

聚焦十大核心指标，加快推进应用型本科高校建设进程，可量化指标达到总体建设目标的75%以上。出台服务黄河国家战略行动计划，发起成立沿黄高校金石书画研究与创新发展联盟。施行“三个走在前”落实方案，确立“创新创优”主题，实施2大核心任务、10项重点工作、51个要点事项和206项具体任务，年度任务中可观测指标高质量完成率92.69%。学校获2022年度省属事业单位服务高质量发展绩效考核“优秀”等次。

（二）深入推进内部治理能力提升

制定各学院规划，形成“十四五”发展“1+11+N”规划体系。不断深化新时代教育评价改革，新建修订规章制度90余项。2次完善议事协调机构。全面深化依法治校，出台总法律顾问制度实施办法。完成第二轮聘期届满考核和第三轮全员竞聘上岗。大力拓展增收渠道，办学经费突破10亿元。

（三）深入推进校城融合发展

促成省市共建合作备忘录和滨海校区建设签约，潍坊市出台《关于支持潍坊学院建设高水平应用型大学的实施意见》。制定实施专项工作方案，“校城融合”潍坊学院特色进一步彰显。大力服务乡村振兴，入选全国乡村振兴高校联盟。建设潍坊企业家学院，开展“企业家进校园活动”46场次。

附：党委书记、副书记、委员名单

书　记：李　东

副书记：冯滨鲁　徐　梅

委　员：李　东　冯滨鲁　徐　梅　马茜华　朱猷武　王旭升　王建新　王成端　李英德　李连成　单振涛

泰山学院党委工作概况

党委书记　范　真

一、组织概况与党的建设

泰山学院现有教职工1500余人，其中，专任教师1100余人，高级职称450余人，全日制普通在校生1.72万人。现有15个二级学院，67个本科专业，涵盖九大学科门类。学校党委下设21个党委（党总支），116个师生党支部，师生党员3181人。

（一）坚持党的全面领导

认真学习贯彻党的二十大精神，巩固拓展党史学习教育成果，常态化学习落实到位。落实立德树人根本任务，坚持用习近平新时代中国特色社会主义思想培根铸魂。严格执行党委领导下的校长负责制和民主集中制，召开党委会32次、院长办公会29次。

（二）意识形态阵地不断巩固

严格落实意识形态工作责任制，设置意识形态工作专门机构。认真做好省意识形态专项督查及整改工作。严格落实“一会一报”制度，规范三审三校及新闻信息发布流程，强化对新媒体平台的管理。开展网络舆情实战演练，学校获评网络安全考核山东省优秀单位。

（三）全面从严治党持续深入

开展“严真细实快”作风建设专项行动。完成领导干部个人事项随机抽查、全覆盖核查。综合运用“四种形态”，强化警示教育，邀请专家作廉政报告，组织中层及以上干部观看警示教育片5部。完成2021年度审计发现问题综合整改。积极配合开展党委书记、院长任期履行经济责任情况审计，认真推动重点领域廉政问题整改，持续开展巡视反馈问题整改。

二、主要工作与成绩

（一）硕士学位授予单位和学科建设成效初步显现

核心指标达到历史新高。学校生师比15.8∶1，博士专任教师和硕士及以上专任教师占比分别为38.7%和90.3%，师均年科研经费19.1万元，生均办学经费4.6万元。

内涵建设成效显著。成立学科建设与研究生处。新增联合培养硕士研究生单位3个、省批硕士研究生帮扶计划25名、导师84名。柔性引进特聘教授1人，全职引进泰山学者特聘教授1人、产业领军人才1人、深圳市高层次人才1人、省职业教育青年技能名师1人。新增博士110人。完成第二聘期竞聘上岗，新聘各级教师、教辅岗位515人，其中，教授三级岗4人、教授四级岗24人、副教授三级岗92人。

学科平台建设打开局面。制定《泰山学院学科梯队建设实施方案》，形成“3+4+5”学科梯队建设体系，成立11支校级科研团队。获批中国旅游研究院山岳旅游研究基地、山东省社科理论重点研究基地、山东省高等学校实验室、山东省高等学校工程研究中心等8个高水平科研平台。新增山东省高等学校青年创新团队1个。

（二）应用型本科高校建设扎实推进

专业建设持续加强。新增国家级一流专业建设点1个，省级一流专业建设点2个，4个师范类专业接受教育部认证专家考查。新增“四新”专业3个，申报、备案校企合作专业15个。遴选8个微专业开展试点工作。获批本科层次中外合作办学项目1个。

教育教学改革不断加强。获山东省教学成果奖6项，获批山东省职业教育教学改革项目1项，获批教育部协同育人项目96项。20门课程成功上线省课程联盟平台，7门课程入选2022年社区优秀课程资源。遴选8部优秀教材再版、12部优秀教材资助出版。选派1075名师范生参加泰安市实习支教、128名学生参加援疆实习支教。

人才培养再结硕果。学校被评为全国大学生第二课堂活动共建单位。构建“导师＋团队＋项目＋基地”工作机制，获全国性学科竞赛决赛国家级奖励228项、省级奖励1569项，获大学生科创大赛省级奖励18项，获国家级、省级大学生创新创业训练计划项目49项。获第十届山东省师范生从业技能大赛一等奖8项、首届山东省高校大学生讲思政课比赛一等奖1项。录取新生4455人，招收国际学生45名。

（三）科研创新能力持续提高

科研项目成果再创佳绩。获批中央引导地方科技发展资金项目立项1项。获批国家级项目7项、省部级项目17项，纵向经费313.7万元。新立项横向科研项目515项，到账经费10267.4万元。取得各类科研成果728项，其中被SCI、EI、SSCI、CSSCI收录166篇。授权专利46项，转化专利11项。出版著作类成果49部。

服务国家战略持续推进。出台《泰山学院主动服务黄河国家战略实施方案》，构建适应黄河国家战略的重点学科专业3个，组建服务黄河流域产业学院6个，引进服务黄河领域博士25人、省部级高层次人才1人，建设“智慧黄河”省级科研平台2个，保护黄河流域生态治理项目10个，推动黄河流域绿色生态农业项目4项。

三、创新与经验

（一）基层党组织建设更加有力

召开基层党建工作会议2次，开展二级学院议事规则“记实推进”行动、二级学院党委书记政治能力提升计划和抓党建笔谈活动，组织评选10个五星级党支部，评选建设5个校级“双带头人”工作室。1个二级学院党委、1个教师党支部分别获批全省标杆院系、样板支部培育创建单位。创新“党支部+老年社团”离退休基层党建模式，打造“夕阳红”党建工作品牌。全年发展党员820人。

（二）大学生思想政治工作不断加强

加强思政课程建设，成立泰安市大中小学思政课一体化建设指导中心，1名教师获“首届全省学校思政课教学设计大赛”特等奖、3名教师获一等奖。成立泰山学院思想政治工作创新发展中心，探索思政课教师和辅导员联合培训、双向提升机制。推进课程思政建设，修订完善课程思政教学大纲，获批1门省级课程思政示范课程。扎实推进新时代德育系统工程，着力构建全环境育人新格局。3个班级被评为省先进班集体，14名同学获评省优秀学生干部，29名同学获评省优秀学生。投入90万元建成“一站式”学生社区服务中心。

（三）统一战线政治基础更加牢固

持续巩固“一党派一品牌”特色项目创建。遴选推荐省级无党派代表人士5名。1名教师当选为全国人大代表，3名委员被评为泰安市履职优秀委员，1名委员被评为岱岳区“最美政协委员”。与泰安市联合成立铸牢中华民族共同体意识研究中心，先后承担省民宗委重点委托课题1项、厅级课题1项，《中华民族交往交流交融史料汇编·山东卷》主线课题、支线课题各1项，设计布置专题展馆6处。

附：党委书记、副书记、委员名单

书　记： 范　真

副书记： 彭淑贞　贾　军

委　员： 范　真　彭淑贞　贾　军　王雷亭　于鸿远　李亮科　李　峰　田杰昌　王光杰　刘明合

枣庄学院党委工作概况

党委书记　曹胜强

一、组织概况与党的建设

枣庄学院是一所省属全日制综合性普通本科院校，现有市中、薛城两个校区，设有22个教学院（部），68个本科专业，涵盖十大学科门类，全日制本专科在校生19123人。学校党委下设2个党委、25个党总支，96个党支部。全校共有党员2543人，其中，在岗教职工党员969人，离退休教职工党员162人，学生党员1452人。

（一）政治引领坚强有力

坚持把党的领导贯穿办学治校全过程，校党委全面领导学校工作，坚持并严格执行党委领导下的校长负责制，按照“集体领导、民主集中、个别酝酿、会议决定”的原则决策重大事项。指导制定《关于全面推进2022年高质量发展重点工作的意见》，推动7个方面19项重点任务攻坚突破，取得显著成效。

（二）理论武装持续深化

持续深入学习习近平新时代中国特色社会主义思想，突出党的二十大精神学习重点，规范落实“第一议题”学习和党委理论学习中心组学习制度，全年组织集中学习和专题讨论等一百余场次，累计受众2万余人次。延伸学习要求，推行二级党组织理论学习中心组学习列席旁听制度，以听促学、以督促学，切实促进学习规范化制度化。

（三）基层组织稳步夯实

抓基层阵地建设，实现教工党支部书记“双带头人”全覆盖，省级样板支部增至4个。落实新时代好干部标准，《精准选种育苗助力年轻干部选任工作》入选《山东省年轻干部工作案例选编》，获批山东省高校党委书记抓基层党建突破项目优秀成果1个，选人用人工作受省委组织部通报表扬。

（四）全面从严治党不断向纵深发展

加强纪律作风建设，先后启动党风政风、师德师风等5项专项整治活动，完成对6个二级学院党组织巡察“回头看”，完成学校财务、工程和19名已调整领导干部经济责任审计等工作，涵养了风清气正、担当实干的政治生态。青廉课堂、政治监督活页等工作纳入省纪委工作试点。

（五）意识形态工作扎实有效

认真落实意识形态工作责任制，制定意识形态工作负面清单，组织舆情应对与处置能力提升专题干部培训班，组建“157”意识形态教育和管理队伍，严守线上线下阵地，意识形态工作提高到新水平。

二、主要工作与成绩

（一）应用型大学建设取得新突破

以现代产业学院建设为抓手，不断深化产教融合内涵，强化与领军企业、“链主”企业等大型企业和高水平科研机构的合作，推动形成平台共建、人才共育、成果共享的合作机制。建成现代产业学院11个，锂电产业学院入选省级现代产业学院，现代农业生物技术产业学院入选工信部中小企业发展促进中心专精特新产业学院，新增省级教学成果奖4项。

（二）全环境育人取得新进展

坚持以习近平新时代中国特色社会主义思想为指导，推动用党的创新理论铸魂育人，构建全环境育人的大思政格局。抓实思政课堂主阵地，获全省思政课教学设计大赛特等奖1项、一等奖2项，全省思想政治理论课教学比赛二等奖2项，省级“课程思政”示范课程1门。发挥援疆实习支教思政大课堂作用，继续选派410名师生赴新疆喀什地区开展实习支教，获评“山东援疆志愿服务先进集体”，援疆支教专题片在央视发现之旅节目播出。

（三）科技创新能力持续增强

强化学科内涵发展，推动实施“133”重点学科建设。新增省高校科研平台6个、“青年创新团队支持计划”团队4个。立项国家级科研项目10项，省部级科研项目26项，接受企事业单位委托课题837项，到账总经费超过2亿元。转化科技成果67项，转化经费4800余万元，实现历史新高，学校入选省级技术转移转化服务机构。

（四）社会服务能力明显增强

坚持立足地方、服务地方理念，精准聚焦地方特色产业，与枣庄市及地方企业建立产学研合作机构110余个，深入实施第一书记、挂职“企业副总”“美育浸润计划”等志愿帮扶行动，不断提升服务地方的显示度。成立枣庄文史研究院等智库，深入开展地方优秀传统文化研究阐释。世界语版中国文化研究与传播系列丛书增加至10部，获“中华优秀传统文化传承示范校”。

（五）开放办学格局日益优化

积极探索疫情防控常态化形势下国际交流合作新模式，提高与境外高校合作的广度和深度。新增友好交流学校与机构8所，在俄罗斯成立欧洲首个“海外教学实践基地”。获批港澳台地区本科生招生资质，获批中外合作办学本科项目1项、合作交流项目4项；承办国际会议2场。荣获“山东省教育国际交流先进单位”称号。

三、创新与经验

（一）“152”体系推进治理体系和治理能力现代化

以习近平新时代中国特色社会主义思想为指导，全局性谋划现代大学制度建设，健全以章程为核心的制度体系，完善以政治为统领的民主决策机制、多元治理机制、评价牵引机制、风险防控机制、权利保护机制5个工作机制，强化以服务为导向的组织管理能力、多元投入保障能力两种能力建设，整体性推进学校治理能力现代化，形成有利于提高资源配置和发展质效、调动各方积极性的“152”治理体系，全面推动学校各项事业实现高质量内涵式发展。

（二）人才强校战略驱动教师队伍高质量发展

学校实施人才强校战略，推出“博士论坛”引才“金名片”，打造“青檀学者”育才“金钥匙”，创新“4+2”分型聘用体系“金导向”，驱动人才队伍高质量发展。新增俄罗斯外籍院士1人、泰山产业领军人才1人、长江学者1人、青年博士87人，学校专任教师硕士以上学位占比达到93.98%，其中博士学位教师占比达到35.49%。通过“三挂职、三指导、三服务”等，即挂职锻炼、挂职科技特派员、挂职科技副总，指导实习、指导实训、指导毕业设计，工程技术服务、横向课题服务、技术培训服务等系列途径，提升教师工程实践能力，“双师双能型”教师占比达50.20%。

附：党委书记、副书记、委员名单

书　记：曹胜强

副书记：李文喜　曾宪明

委　员：曹胜强　李文喜　曾宪明　李目海　路绪剑　丰　雷　安　涛　张昌林　林　勇

滨州学院党委工作概况

党委书记 李长海

一、组织概况与党的建设

滨州学院是山东省人民政府直属的全日制综合性普通本科院校。学校前身是始建于1954年的北镇师范学校，1958年升格为北镇师范专科学校、开始举办专科教育，1983年更名为滨州师范专科学校，2004年经教育部批准改建为滨州学院，2021年被国务院学位委员会批准成为硕士学位授予单位。2022年，学校党委下设20个党总支、1个基层党委，党总支、基层党委下设87个教工党支部、37个学生党支部，共有党员2604人，其中在职教职工党员970人、学生党员1375人、离退休教职工党员259人。

始终把抓好党建作为最大的政绩，全面落实新时代党的建设总要求和新时代党的组织路线，始终把加强政治建设摆在突出位置，深刻领悟“两个确立”的决定性意义，增强“四个意识”、坚定“四个自信”、坚决做到“两个维护”。

把学习习近平新时代中国特色社会主义思想和党的二十大精神作为首要政治任务，组织开展“喜迎党的二十大 创新聚力当先锋”等系列宣传教育活动；制作推荐10部党课视频，获全省高校“精品党课”三等奖1项、“我和我的支部”优秀作品1部，1个党总支入选滨州市党员教育基地。

认真学习贯彻习近平总书记在深入推动黄河流域生态保护和高质量发展座谈会上重要讲话精神和视察山东重要指示要求，结合学校实际，打造黄河三角洲文化、生态、孙子等领域科研特色品牌，建好山东省黄河三角洲生态环境重点实验室，获批山东省高等学校服务黄河流域生态保护和高质量发展协同创新中心1个，“黄河三角洲贝壳堤生态系统退化特征及其修复技术”入选山东省高等学校服务黄河重大国家战略特色项目，《致力区域生态保护 服务黄河国家战略》获山东省“深入推动黄河流域生态保护和高质量发展竞赛活动”“生态保护修复类”典型案例。

坚持用习近平新时代中国特色社会主义思想铸魂育人，定期专题研究思政课建设工作，推动思政课改革创新；培育思政课“专题研究”等精品项目，开辟“第二课堂”新阵地，马克思主义理论研究和建设工程重点教材课程覆盖率100%；遴选校级课程思政教学研究示范中心5个、示范专业10个、示范课程21门，获批省级课程思政示范课程2门。

严格落实意识形态工作责任制，牢牢把握意识形态工作的领导权管理权话语权。严格落实中央八项规定及其实施细则精神，开展党风政风和“四风”专项整治行动，落实校领导“五联系”制度，办好校园民生实事，做好“双代会”提案落实，及时解决师生群众急难愁盼的现实问题。推进“放管服”改革，强化服务意识和服务能力，推进智慧校园建设，深度应用OA办公系统，精简会议文件，减轻基层负担。

制定关于推进全面从严治党主体责任落实的具体措施，贯彻落实《党委（党组）落实全面从严治党主体责任规定》；落实党风廉政建设责任制，加强新时代廉洁文化建设，开展廉政教育，提升廉政教育宣传力度。加强干部队伍建设，严格干部选任，规范选任程序，学校干部选拔任用“一报告两评议”评议结果为优秀；优化干部队伍结构，重视年轻干部和专业型干部选拔培养，强化干部教育培训、实践锻炼，选派25名干部担任省派“第一书记”、参加“四进”攻坚、驻村“第一书记”工作专班、民办高校党建工作指导员、教育厅及“兄弟”高校挂职等，23人次考核优秀或受挂职单位表彰表扬；加强基层组织建设，获评省级“双创”项目2个、获批高校党委书记和院系党组织书记抓基层党建突破项目优秀成果各1项，发展新党员750人。

二、主要工作与成绩

推进航空内涵建设，出台《2022年航空内涵建设工作方案》，打造交通运输工程、航空宇航科学与技术2个龙头学科和交通运输专业硕士学位授权点，培养航空人才专业51个，占比57%；航空类教师578人，占比51%；立项航空类科研项目188项，其中国家级17项、省部级56项；出版著作25部，发表论文270篇，授权专利225项，获得市厅级以上科研成果奖52项；建有山东省航空材料与器件工程技术研究中心等14个科研平台、航空发动机研究所等26个科研机构，仪器设备总值1.45亿元；拥有中国民航局民用航空器驾驶员执照理论考试考点等6个行业资质平台；立项建设航空水上训练中心，推进141航校建设，完成航校主体公司组建、航校资质申请、机库等航校基础设施建设工作。

狠抓人才培养质量，新增1个国家级、3个省级一流本科专业建设点，省级以上一流本科专业建设点12个，占比20.7%。新上人工智能、航空航天工程2个本科专业，“四新”专业占比48.3%。1个工科专业、3个师范专业接受专家进校考查，2个师范专业通过二级认证。获批1个中外合作办学本科项目并招生。新增省级课程思政示范课程2门、省级思政“金课”1门。立项省教改重点项目4项，获得省级高等教育教学成果奖一等奖、二等奖各1

项，省级职业类教学成果奖一等奖2项。1个产业学院入选全省重点建设产业学院，80%的二级学院实现与企业共建产业学院。立项国家级、省级大学生创新创业训练计划项目120项，立项数量在Ⅱ类高校中排名第4。学生学科竞赛成果入围全国普通本科高校大学生竞赛榜单前300名，2022届毕业生去向落实率87.5%、考研录取率27.4%，人才培养升值空间居国内高校前列。

坚持人才优先发展战略，出台《关于进一步加强人才工作的意见》，成立人才引进专家委员会，实施党委书记人才工作项目，落实党委联系服务专家制度；实施领军人才支持计划、杰出人才支持计划、优秀青年人才支持计划；开展特聘岗位竞聘，聘用“杰出人才”“优秀青年人才”26名，新增泰山学者、特聘教授、航空类高技能人才各1人，引进博士等高层次人才63人，博士学位教师占比34.7%，“双师型”教师占比39.1%，青年教师在全省高水平教学比赛中获奖18项；获批2022年度山东省高等学校青创团队4个，省级教科研团队达18个。

以学科建设为抓手，实施“学科强基筑峰工程”，制定《高水平学科建设方案》，打造“一体两翼三支撑”高水平应用型学科布局，建设“345”雁阵式学科发展体系，交通运输、资源与环境学位点顺利招生，13个培育学位点达到申请基本条件；完成研究生导师遴选工作，获批首届研究生招生指标75个。

科技创新能力持续提升，获批山东省教育厅重点实验室1个和特色实验室3个、工信厅创新实验室1个，与企业联合申报“山东省软件工程技术中心”。立项国家级科研项目5项，省部级课题40项。到账各类科研经费近1亿元；出版专著12部，发表高水平学术论文223篇，其中SCI129篇、SCIE8篇、SSCI7篇、EI12篇；授权发明专利97项，实用新型专利48项，外观设计2项；成果转移转化15项，到账41.6万元；举办国际学术研讨会、泰山科技论坛、渤海科技论坛等大型学术会议11场次。

三、创新与经验

旗帜鲜明讲政治，严格遵守党的政治纪律、政治规矩，从严抓实理论武装，坚决贯彻落实习近平总书记的重要指示批示精神、中央决策部署，不断提高政治判断力、政治领悟力、政治执行力。

全面、完整、准确贯彻新发展理念，落实省委、省政府“六个一”发展思路、“六个更加注重”策略方法、“十二个着力”重点任务等决策部署，把新发展理念贯穿学校事业发展全过程和各领域，科学谋划、找准定位，聚力实现学校高质量发展。

坚持做大做强做优航空特色品牌，航空办学条件更加完善，人才培养产业链更加健全；高标准开启硕士研究生教育，全面实施“研究生教育质量建设工程”，初步建成研究生教育培养制度体系。完成更名山东航空学院工作全部建设任务，迎接教育部专家进校工作准备就绪。

附：党委书记、副书记、委员名单

书　记：李长海

副书记：宋淑平

委　员：李长海　宋淑平　胡　波　李伟年　杨玉森　郭新伟　孙银河　李继峰　索向兴　林晓全

菏泽学院党委工作概况

党委书记　衣玉琛

一、组织概况与党的建设

菏泽学院党委下设21个基层党委、2个党总支、88个教工党支部、12个离退休干部党支部、34个学生党支部。截至2022年底，有党员2936名，其中，在职教工党员1186名、离退休教工党员458名、学生党员1292名。全年发展预备党员600名。

学校党委坚持以习近平新时代中国特色社会主义思想为指导，按照新时代党的建设总要求，认真履行管党治党主体责任，全面提高党建工作质量。

始终把政治建设摆在首位，切实加强党委班子自身建设。制定学校落实省第十二次党代会精神重点任务责任分工方案，推进落实50项重点任务。开展党的二十大精神专题培训和系列宣讲活动，市委书记张新文和校党委书记衣玉琛面向全校师生作专题辅导报告。组织党委会“第一议题”学习26次、校党委中心组理论学习13次，实施二级单位党委理论学习中心组旁听制度。制定党史学习教育常态化长效化措施，巩固“四史”学习教育成果。认真落实党委领导下的校长负责制，制定《菏泽学院党委书记和校长经常性沟通制度》，提高决策民主化、科学化水平。强化思政体系建设，获得省课程思政教学改革和示范课程项目5项，1人获评山东学校思政课教师年度人物。全面落实意识形态工作责任制，加强意识形态阵地建设。

配齐配强专职组织员，开展党支部规范化、标准化建设，全面推行党支部星级评定。深入实施基层党建“双创”“双培育”工作，首批党建工作标杆（院）系、样板党支部顺利通过验收，获批省第二批样板党支部1个。深入开展系列党员教育活动，完成3000余名入党积极分子、

600余名发展对象的培训。

完善干部选任程序和机制，2022年选拔调整干部75人，干部队伍结构有效改善、干事创业活力明显增强。实施干部素质能力提升工程，分级分类开展各类培训，举办6期干部大讲堂，推动干部校内外挂职锻炼。开展加强作风建设专项行动，进一步整改作风突出问题13项，倡树“严真细实快”工作作风。深入开展“我为群众办实事”活动，全年完成民生实事163项。

制定学校全面从严治党工作计划和责任清单，召开全面从严治党工作会议，层层压实党风廉政建设责任。开展第六轮校内巡察，实现本届党委巡察工作全覆盖，推动全面从严治党向基层延伸、向纵深推进。

二、主要工作与成绩

（一）学校转型发展迈出新步伐

贯彻落实《关于进一步加快学校转型发展的意见》，以现代产业学院建设为抓手，深化产教融合、校企合作，新成立中德智能制造产业学院、睿鹰生物医药产业学院、山东大健康产业学院。优化专业结构，积极对接地方产业需求，推进“四新”专业建设。扎实推进专业认证，汉语言文学、物理学、化学3个师范专业进入专家进校考查阶段，生物工程、机械电子工程、自动化3个专业进入工程教育认证申请评审环节。

（二）师资队伍建设取得新成效

加强师资能力培养，选派9人访学进修、14人攻读博士学位、600余人参加其他各类进修。突出教师应用能力建设，选派27人参加业界锻炼，新建“双师型”教师培训基地5处。强化师德建设机制，成立校党委教师工作委员会。组织教师参加省级以上教学竞赛活动，获得省高校青年教师教学比赛二等奖、全国高校外语教学大赛山东赛区英语综合课组二等奖等多项荣誉。

（三）人才培养质量有新提高

强化课程建设和课堂教学改革，获批省教学成果奖5项、省职业教育教改项目1项。重视实践教学，新建校级教学实习基地15个，完成3400余名学生的实习支教工作。配优配齐专职辅导员队伍，提高素质能力，1人荣获山东高校优秀辅导员称号。提升创新创业和就业工作质量，学生获省级及以上学科竞赛奖励979项，毕业生就业落实率80.56%。

（四）科研创新工作展现新亮点

修订《科研项目经费管理办法》等文件，完善科研制度体系。加强高层次科研项目申报，获批国家级项目6项、省部级项目27项，纵向课题到账经费2156万元。强化科研平台建设，新增6个省级科研平台，学校获批山东省科技成果转化综合试点单位。与山东卫视、市委宣传部联合拍摄《黄河归故》文献纪录片。加强硕士学位授予学科点培育，联合培养研究生数量增至18人，硕士生导师新增16人。教师应用科研能力明显增强，横向课题立项33个，合同金额达1586万元。

（五）开放合作办学呈现新态势

加强校友会、理事会、教育发展基金会建设，争取校友企业、理事单位等捐赠资金到账320余万元，银校合作增加资金投入389万元，整合社会资源价值人民币3000余万元。持续扩大国际交流成果，加强与白俄罗斯国立大学、俄罗斯东北联邦大学等院校在硕博联合培养、学术研究等领域的深度交流。新签友好学校4个，总数达81所；新聘海智专家4人，总数达到51人。推进中外合作办学，中白联合办学的物理学专业实现首次招生。

（六）办学基本条件获得新改善

加大基础建设力度，新建成4栋学生公寓楼，建筑面积4万余平方米；为学生公寓安装空调3100余台，进一步改善学生住宿条件。加快学校模拟法庭建设，推动教学设施设备维修改造。加强校园管网改造，完成雨污分流工程。完善智慧校园平台建设，建立网上办事大厅，实现内部管理信息化和数据共享，学校办学基本条件得到进一步改善。

（七）安全稳定局面得到新巩固

深入贯彻落实党中央部署及省委工作要求，坚决扛牢疫情防控工作责任，坚持科学精准防控，全年召开疫情防控领导小组会议、工作调度会议等14次，扎实做好校园管控、核酸检测、症状监测等重点工作，织牢织密校园疫情防控防线。强化校园安全网格化管理，构建起平安校园“全员参与、群防群治”工作格局。组织防灾减灾月、消防安全月等系列教育活动，开展消防培训和各类应急演练。加大人防、物防、技防建设投入，整修重建校园围墙，加装摄像头和防护网，启用智能门禁系统。完成校园警务室建设，警校联动工作机制不断完善。健全应急工作机制，加强值班值守，巩固了校园安全稳定大局。

三、创新与经验

（一）实施人才兴校战略，创新人才工作机制

大力实施人才兴校第一战略和人才引育第一工程，出台《关于进一步加强和改进人才工作的意见》，扎实开展2022年党委书记抓人才项目。创新人才引育工作奖惩机制，强化宣传，广泛联络，凝聚引育合力，积极开展“我为人才引育做贡献”活动。抓好人才服务工作，为引进专家选配服务专员，协调地方部门帮助解决引进人才在住房、子女入学、配偶安置等方面的后顾之忧。加强校地人才合作，柔性或全职聘用高层次专家3人，1人被评为菏泽市有突出贡献的中青年专家。聘用高层次专家3人，全年新增博士74人，全校博士304人，创历史新高。

（二）加快校城融合发展，增强服务地方能力

加快校城融合发展，编印《菏泽学院服务地方手册》，形成服务地方人才库、专利库、项目库。与定陶区、曹县、成武县、鄄城县等区县签订战略合作协议，开展服务地方暨访企拓岗行动。选派175名优秀教师到企业挂职科技副

总，扎实开展百名博士教授走基层活动。获批省高素质农民培育培训基地，承办山东省大数据背景下数字化乡村建设高级研修班，选派32名科技特派员开展科教助农。承办市转业军官培训等各类专业技术人员培训，为地方发展培养实用型人才。

（三）推进教育评价改革，提升内部治理水平

深化校院二级管理机制，明确各部门权限下放清单。召开四届四次教代会暨工代会、第四届学代会，推进依法民主办学。推进教育评价改革，建立健全师德考核、教师职称评聘、学生发展和科研等评价体系。坚持以岗定薪、按劳取酬、优劳优酬，完成绩效工资改革。制定创收增收奖励激励办法，全年创收增收4400余万元。开展学校专项内部审计，全年完成各类审计项目202项，审计资金约5698万元。推动后勤社会化改革，加强节能减排工作，学校被评为山东省节水型高校。

附：党委书记、副书记、委员名单

书　记： 衣玉琛

副书记： 孙建昌　赵汝坤

委　员： 衣玉琛　孙建昌　赵汝坤　孟令美　黄济民　周广彦　李龙蛟　宁继红　袁宗建　谷朝勇

济宁学院党委工作概况

党委书记　杨天梅

一、组织概况与党的建设

济宁学院是一所省属全日制普通本科院校，设有18个教学单位，50个本科专业、22个专科专业，涵盖经济学、法学、教育学、文学、历史学、理学、工学、管理学、艺术学等9大学科门类。现有全日制普通本专科在校生24155人，教职工1233人。

学院党委下设17个分党委，3个党总支，78个党支部。共有党员2755人，其中，在职教工党员840人，离退休党员319人，学生党员1530人，其他党员66人。

认真落实“第一议题”制度，党委会传达学习习近平总书记重要讲话重要指示批示精神及省委部署要求39次，党委理论中心组开展集体学习9次。深入学习宣传贯彻党的二十大精神，组建46人宣讲团，实现线上线下宣讲全覆盖。认真贯彻落实省委“严真细实快”工作要求，开展作风建设专项行动、干部作风“庸懒散”专项整治活动、重点领域廉政问题专项整治行动，启动第三批校内巡察工作。启动中层领导班子换届调整。党建工作成效显著，1个二级党委入选“全省党建工作标杆院系”培育创建单位，1个党支部入选“全省党建工作样板支部”培育创建单位，1个二级党委案例入选全省高校党组织书记抓基层党建突破项目优秀成果，1个党支部案例入选省委教育工委主题党日优秀案例选编。学校获省首批“中华优秀传统文化传承示范校”“山东省绿色学校”称号，被确定为山东省师德涵养基地。

二、主要工作与成绩

（一）高质量发展路径更加明晰

认真贯彻落实习近平总书记关于山东“三个走在前”重要指示精神，制定《济宁学院“三个走在前”落实方案》。确定2022年为全校“工作全面提升年”，从党建工作质量、教学质量、科研能力、人才引进、管理水平等11个方面谋划提升路径。召开学校第二次党代会，提出“1385”发展战略，谋划今后五年乃至更长时期的发展战略、奋斗目标和重点任务。编制《应用型本科高校建设方案》，制定三年发展的总目标和年度目标任务。编制《高水平学科建设方案》，构建“345”雁阵式学科专业发展体系。

（二）体制机制改革不断深化

制定重大事项决策听证制度、人才工作领导小组议事规则，修订“三重一大”决策制度。成立法治工作领导小组，建立法治工作年度报告制度和考核制度。完善优秀青年教师职称直聘、破格晋升制度，平稳有序完成聘期考核、职称评聘等工作。实施校地校企人才共享计划。开展首届立德树人突出贡献奖评选活动。成立“学生诉求接办工作专班”，开设“学生诉求征集”平台，接诉即办。

（三）教育教学取得新成效

成立现代港航产业学院等校级现代产业学院8家，组织申报工信部专精特新产业学院1家，50个本科专业全部实现校企合作共建。新增省级一流本科专业2个。强化教师教学能力和教学团队提升，获省级教师教学比赛一等奖1项、二等奖4项、三等奖5项，获省级教学成果奖二等奖1项，获批省级本科高校教学改革立项6项。强化虚拟教研室等基层教学组织建设，成立国家级虚拟教研室工作站2处。全面推进师范专业认证和工程教育认证工作，3个专业获得师范专业认证受理，7个专业启动工程教育专业认证申请工作。

（四）人才培养凸显新亮点

加强学生社团制度建设，出台《济宁学院学生社团建设管理办法》。1个社团荣获省高校“活力社团”，1支团队入选暑期社会实践全国重点团队，5支团队入选省级重点团队。鼓励引导学生参加高水平学科竞赛，2022获国家级学科竞赛奖励74项，省级194项。完成2022年招生录取工作，生源质量稳中有升，本科占比显著提升。开展“访企拓岗促就业”专项行动，书记校长等校领导开拓就业岗位1200余个，各二级学院新开拓就业岗位5200余个。2022届毕业生毕业去向落实率83.33%。

（五）科技创新工作再结硕果

获批科研立项157项。科研到账经费1036.375万元，同比增长30.62%，科研经费到账金额首次突破千万元。获批国家自然科学青年基金项目2项、国家社科基金后期资助项目1项、省部级项目20项、市厅级科研项目48项。发表论文200余篇。授权发明专利31件。自然指数排名进入中国大陆地区高校TOP200，省内高校排名第15名。研究生联合培养基地顺利通过教育厅考核验收。获批省高校文科实验室1个，省高校特色实验室1个，省高校工程研究中心2个。

（六）人才引育工作成效显著

年度引育博士及以上高层次人才37人，柔性引进国内外知名专家、企业高级专业技术人员33人，其中，长江学者1人、“千人计划”领军人才1人、“万人计划”领军人才2人、“泰山学者”特聘教授2人、省突贡专家2人、省级教学名师2人、齐鲁文化名家1人。1个团队获批山东省高校青年科技创新团队，1人获评山东省“泰山学者”青年专家，1人获评山东省泰山产业领军人才。

（七）服务社会能力不断提升

主动服务黄河国家战略，获批省高校服务黄河国家战略特色项目1个、省高等学校黄河流域生态保护和高质量发展协同创新中心1个、省教育科学“黄河流域生态保护和教育高质量发展”教育教学专项3项。与37家本地大型企业建立战略合作关系，与24家企事业单位签订技术合同。新增产学研基地2处。入选省市智库、专家库92人次，选派第一书记等23人次。学校被济宁市委市政府授予2022年度“支持济宁发展突出贡献单位”。

（八）校园安全工作持续推进

成立安全稳定领导小组，组织安全培训8次、校园安全大检查7次、专项检查58次，投入近1000万元整改安全隐患。成立实验室安全工作领导小组，聘任实验室安全督查员19名。全力筑牢疫情防控安全防线，制订（修订）防控方案、预案、制度措施等37件。在政策放开前，全校实现了零感染。

三、创新与经验

（一）坚持“五育并举”

全面修订人才培养方案和教学大纲，构建以学生为主的培养模式和评价体系。全面落实教育部思政课程、军事课程、劳动课程等改革政策，充分发挥第一课堂和第二课堂融合育人作用。推进40个专业183门课程的课堂教学改革，实施505门课程云阅卷改革。成立课程思政教学研究中心，课程思政工作2次被中国教育报专题报道。

（二）坚持依法治校

成立法治工作领导小组，发布《法治宣传教育第八个五年规划》《法治工作考核办法》。将法治工作列为考核指标。建立法治工作报告制度。发布规范性文件目录，出台规范性文件52件。

（三）坚持特色发展

学校坚持科学发展、特色发展、对标发展、借力发展，在突出儒家文化办学特色构建三位一体文化育人体系、援疆支教铸师魂促团结、对接产业需求着力打造学科平台和科研团队、实行“四张清单”深化校院两级管理改革、实施人才强校战略不断推进人才队伍建设等方面形成了特色做法。

附：党委书记、副书记、委员名单

书　记：杨天梅

副书记：王清明　丰家雷

委　员：杨天梅　王清明　丰家雷　李凡路　尹春光　赵　明　孔繁润　张永强　刘克非

山东开放大学党委工作概况

党委书记　刘龙海

一、组织概况与党的建设

山东开放大学是以“互联网+”为特征，以新一代信息技术为支撑，以体系办学为载体，强化应用型人才培养特色，大规模应用线上线下相结合的混合式教学模式开展学历教育与非学历教育，服务全民终身学习的新型高等学校。学校党委班子成员9人，党委下设7个党总支，1个分党委，29个党支部，共有党员379人，其中，在职党员241人，离退休党员114人，学生党员24人。

（一）理论学习持续加强

深入学习贯彻习近平新时代中国特色社会主义思想和党的二十大精神。落实“第一议题”制度，坚持党委理论学习中心组学习制度，共组织集中学习13次，开展现场教学1次。组建学习贯彻党的二十大精神宣讲团，举办“深入学习贯彻党的二十大精神”网络培训专题班，扎实开展学习宣传教育活动。

（二）党史学习教育常态化长效化扎实推进

制定《中共山东开放大学委员会贯彻落实〈关于推动党史学习教育常态化长效化的意见〉实施方案》，巩固拓展党史学习教育成果。深入开展“我为师生员工办实事”实践活动，完成“我为师生员工办实事”实践活动项目90余项，切实解决师生群众急难愁盼问题。

（三）基层党建基础不断夯实

提高党支部标准化规范化建设，认真执行“三会一课”等制度，扎实推进支部评星定级管理，确定3个五星级党支部，19个四星级党支部。组织召开2次党建工作领导小组会议、9次党总支书记会议，确定年度党总支书记抓基层党建突破项目8个，切实抓好基层党建工作。

（四）干部队伍建设持续优化

做好干部管理、监督、教育培训工作，将6名干部纳入监察官等级首次确定范围。制定《关于加强对“一把手”和领导班子监督的实施办法》等制度，进一步强化对领导干部的监督管理，规范和制约权力运行。

（五）人才队伍建设成效显著

2022年招聘教师岗位博士4人、硕士60人，解决“倒挂”现象，破解了制约学校发展的难题。2022年度评选骨干教师、优秀中青年教师共计6名。

（六）党风廉政建设持续深化

层层压实责任，分级签订《党风廉政建设责任书》。扎实落实巡视、审计、专项督查整改任务，开展第一轮校内巡察，坚持问题导向，建立长效机制。驰而不息纠治“四风”，营造风清气正的良好氛围。落实省委和省纪委发扬“严真细实快”工作作风要求，在全校开展“严肃工作纪律 加强作风建设”专项整治。

（七）意识形态主动权牢牢把握

扎实做好省委意识形态责任制专项督查工作，在全校开展意识形态工作校内巡察，强化思想文化阵地管理和网上舆论引导，弘扬主旋律，传播正能量。

（八）继续教育“大思政”格局有力构建

积极构建继续教育“大思政”工作格局，完善思政工作制度，推进思政课程和课程思政建设，修订“三全育人”工作实施方案，制定并落实校领导班子成员带头上思政课制度，努力加强学校及全省开大系统思政工作。

二、主要工作与成绩

（一）锚定“走在前、开新局”，开放大学建设实现新突破

综合改革与体系建设全力推进。开展全省开大办学体系建设专题调研，指导各市、县开放大学建设。截至2022年底，5个市级开放大学综合改革（建设）方案已经印发，6个区县开放大学获批成立。

高新校区改造提升稳步推进。稳步推进基层干部学历教育综合楼建设项目建设。成立高新校区改造提升项目规划与立项专项工作小组，全力推动山东省全民终身学习中心建设项目立项。

发起成立黄河流域九省区开放大学联盟。主动对接黄河流域生态保护和高质量发展国家战略，倡议并邀请黄河流域九省区12所开放大学成立联盟，为更好服务黄河流域生态保护和高质量发展等国家战略搭建新平台。

山东老年开放大学获批成立。加快老年教育学院建设和平台资源建设，完善山东老年开放大学办学和服务体系建设，构建覆盖全省城乡的老年教育办学和服务体系，办成老百姓身边的新型老年大学。

（二）聚焦“高质量、内涵式”，开创高质量发展新局面

学历教育稳步发展。开放教育稳步发展，录取72093人，持续提升育人质量。成人教育质量不断提升，录取14155人，优化专业设置，确定38个招生专业，3个专业获教育部批准备案。基层干部学历教育加速发展，2022年录取学员5430人，完成18门课程团队和47门课程的建设。

非学历教育创新发展。成立山东省社区教育专家委员会和山东省社区教育指导服务中心家庭教育研究中心，深入社区开展“智慧助老，银龄乐学”活动，辐射培训52万人。面向全省审计机关专业技术人员开展计算机审计中级培训，2022年度累计培训2500人次、30万学时。获批“山东省专业技术人员继续教育基地”，近2.7万人注册学习，完成86万学时培训。

提升治理能力和水平。做好规章制度“立改废释”工作，开展第三轮聘期中期专业技术岗位竞聘，召开教职工代表大会，认真做好统战、共青团、离退休老干部、财务、审计、后勤工作，校园安全网格化管理顺利推进。保持省级文明单位称号。学校成功入选山东省第二批“山东省绿色学校”。

三、创新与经验

（一）全面加强党的领导

充分发挥党委管党治党、办学治校中的领导作用，坚持党委领导下的校长负责制，推动学校事业高质量发展。

（二）坚持特色发展道路

突出成人教育特色，提升学历教育办学质量，创新发展非学历教育，形成差异化竞争优势。

（三）强化顶层设计引领

坚持问题导向，强化顶层设计，统筹谋划、突出重点、推进落实，确保学校各项改革措施落实落地。

附：党委书记、副书记、委员名单

书　记：刘龙海

副书记：徐文谋　陈英芳

委　员：刘龙海　徐文谋　陈英芳　刘兆东　谢明浩　庄维平　谭　征　宿　超　吕文波

山东农业工程学院党委工作概况

党委书记　张鸿波

一、组织概况与党的建设

山东农业工程学院是一所省属全日制普通本科院校，学院党委下设2个基层党委，15个党总支，78个党支部，共有党员1611人，其中，在职党员595人，离退休党员186人，学生党员830人。全年新发展党员300名。

（一）政治理论武装不断增强

坚持用习近平新时代中国特色社会主义思想铸魂育人，建立健全党史学习常态化工作机制，推动党史学习进校园、进教材、进课堂、进头脑。举办处级以上干部暑期读书班、党支部书记和组织员能力提升专题网络培训班。严格落实“第一议题”制度，党委会“第一议题”学习28次，党委理论学习中心组集中学习12次。

（二）全面学习宣传贯彻党的二十大精神

制定实施方案，成立党的二十大精神宣讲团，构建“党委书记—党总支书记—党支部书记—思政教师—辅导员—学生骨干”六级多元宣讲体系，二十大精神宣讲实现全覆盖。开展党务工作者学习宣传贯彻党的二十大精神主题实践活动，通过校领导集中宣讲、支部专题研讨、主题征文、知识竞赛等多种形式，全面掀起学习宣传贯彻党的二十大精神热潮。

（三）全面管党治党持续加强

胜利召开学校第四次党代会，选举产生学院第四届党委和纪委，大会提出“1451”重点任务目标，为全面推进高水平应用型大学建设绘就美好蓝图。落实全面从严治党政治责任，压实党风廉政建设主体责任，处级干部做出廉政承诺。支持学校纪委从严执纪问责，运用监督执纪“四种形态”，推进全面从严治党向纵深发展。

（四）基层党建根基不断夯实

实施党支部建设规范提升行动，完成党支部评星定级。实施党组织书记政治能力提升计划、教师党支部书记“双带头人”队伍质量攻坚计划、党支部书记骨干培养计划，推进党建与业务工作有机融合。获全省优秀党员教育电视片三等奖1项，全省高校“精品党课”三等奖1项，全省“我和我的支部”优秀作品1项。提拔科级干部43人，正处级干部5人，干部队伍结构进一步改善。

（五）意识形态底线更加牢固

全面落实意识形态工作责任制，坚持意识形态工作校内巡察全覆盖，完善思想文化阵地管理制度。开展网络舆情突发事件模拟演练，不断提升应急处置能力。加强立体宣传网络体系建设，利用微信、微博等全媒体矩阵及时发布权威信息，在省级以上媒体宣传报道43次，知名度和美誉度显著提升。

（六）作风建设持续深化

组织开展“严真细实快”作风建设专项行动，开展“四风”突出问题整治、重点领域廉政问题自查自纠。严格落实中央八项规定及其实施细则精神，尤其在元旦、春节等重要节点，提醒基层党组织和党员、干部抓好贯彻执行。加强新时代廉洁文化建设，分级分层开展警示教育，开设“青廉课堂”，举办廉洁文化作品展，营造了风清气正的校园文化氛围。

二、主要工作与成绩

（一）应用型本科高校建设取得新成效

制定应用型本科高校建设实施方案，举办专题干部培训班，开展“应用型本科建设大讨论”。推进课堂教学改革，实行全过程学业评价；加强课程资源建设，引进线上课程1000余门。与波兰奥波莱技术大学合作举办的环境生态工程专业本科教育项目获教育部批准招生。获省级教学成果奖4项，立项教育部协同育人项目2项，新增驻淄高校品牌专业1个。学科竞赛方面，荣获国家级一等奖5项、二等奖10项、三等奖13项，省级一等奖24项、二等奖47项、三等奖67项，充分展现了应用型人才培养的良好成效。

（二）服务社会能力实现新提升

成立乡村振兴服务团，赴济南、青岛、滨州等地开展乡村振兴农业科技大推广大服务行动，培训科技人员2000余人。承办山东社科论坛、泰山科技论坛，举办全省乡村振兴专题示范培训班，培训全省乡镇长80人。举办农业农村部乡村产业振兴带头人“头雁”培育项目，首批培训195名产业振兴带头人。获批山东省高等学校服务黄河流域生态保护和高质量发展协同创新中心1个，高校服务黄河重大国家战略特色项目1个，立项黄河流域相关省级课题14项。落实省委、省政府重大决策部署，全年派出干部22人，参加“第一书记和驻村工作队”“四进”工作队等，派驻工作实绩突出。

（三）科技工作开创新局面

全年立项科研项目136项，同比增长142.86%；到账科研经费962.8万元，同比增长311.28%。科技成果转化率26.3%。获批山东省高等学校特色实验室1个、重点实验室 1 个，山东省现代农业产业技术体系羊产业技术体系环境控制岗位专家团队 1 支和山东省高等学校青创团队 1 支。教职工发表论文 126 篇，出版专著 1 部，授权专利 37 项，软件著作权 39 项，获科研奖励 3 项。学校当选山东省绿色农业促进会理事长单位。

（四）师资队伍建设实现新突破

召开学校第一次人才工作会议，实施党委书记人才工作项目，引进博士、高级职称人才 23 人。全职引进泰山产业领军人才 1 名。实施“卓越计划”人才工程和教师培养“五项行动计划”，选派教师到企业挂职锻炼，“双师双能型”教师达 49.28%。获评齐鲁巾帼科技创新之星 1 人，山东省教育系统女职工建功立业标兵 1 人；山东省第九届高校青年教师教学比赛一等奖 1 项、三等奖 1 项、优秀奖 2 项。

（五）“三全”育人凸显新特色

强化思想引领，校院两级党组织书记、院长为师生讲思政课、党课近百次；开展思想政治理论实践教学，获思政教学比赛国家级奖项 1 项、省级奖项 6 项。获首届全省高校大学生讲思政课公开课展示活动非专业组一等奖 1 项、二等奖 2 项。2022 年录取新生 5621 人，成人高考录取 7156 人。落实“四全”就业育人措施，新建就业实训基地 13 个，毕业生毕业去向落实率 94.69%。

三、创新与经验

（一）坚持党的全面领导

坚持党对学校工作的全面领导，严格落实党委领导下的校长负责制，确保党的领导体现到办学治校各领域，积极推进党建与业务融合，发挥好党建引领作用，为学校高质量发展提供坚强政治保证。

（二）加强治理体系建设

设立发展规划与学科建设处、合作发展处，整合资产管理处、实验室管理中心，调整教师工作部，设立教师工作委员会，机构设置更加科学，职能分工更加合理。新建及修订制度 67 项，制度体系不断完善。制定实施综合考核办法，将考核结果与部门单位绩效分配挂钩，办学活力得到激发。2022 年获“山东省绿色学校”称号。

（三）加强思想作风建设

重视思想引领，持续激发干部职工勇担使命、奋发有为的内生动力。凝练形成“艰苦奋斗、自强不息”的山东农业工程学院精神，不断增强师生对学院的认同感和自豪感，教职员工精神面貌焕然一新，干事创业热情显著增强。

附：党委书记、副书记、委员名单

书　记：张鸿波

副书记：李进京　张业赏

委　员：张鸿波　李进京　张业赏　黄晓彦　杨玖庆　郑华美　周吉鹏　牛化振　韩　娟

山东管理学院党委工作概况

党委书记　冯庆禄

一、组织概况

学校是一所特色鲜明的省属普通本科高校，创建于 1938 年，2013 年经教育部、省政府批准由山东省工会管理干部学院改建为山东管理学院。设有 43 个教学单位、处室，招生专业 44 个，全日制在校生 11303 人。学校党委下设 13 个党总支、78 个党支部，教工党员 608 人，学生党员 767 人，离退休党员 84 人。

二、主要工作与成绩

2022 年，学校坚持以习近平新时代中国特色社会主义思想为指导，深入学习贯彻党的二十大精神，认真落实党中央决策部署和省委、省政府工作要求，高效统筹疫情防控和学校事业发展，成功获评省级文明校园，各项工作不断创新创优，办学水平和综合实力得到稳步提升。

（一）党建和思政工作扎实有效

深入学习贯彻落实党的二十大精神，成立学习党的二十大精神宣讲团，2 人入选省委教育工委党的二十大精神宣讲团成员。扎实推进党史学习教育常态化制度化，开展校内巡察和作风建设专项行动，完成经济责任审计、重点领域廉政问题专项整治，纵深推进全面从严治党。成功获批全省党建工作样板支部培育创建单位，获评高校院系党组织书记抓基层党建突破项目优秀成果，劳动关系学院荣获山东省五一劳动奖状。

（二）应用型本科高校建设成效明显

全面落实人才培养中心地位，扎实做好教育部本科教学工作合格评估整改工作，持续加强应用型本科高校建设。审计学专业获批国家级一流本科专业建设点，市场营销专业获批省级一流本科专业建设点。大数据现代产业学院成功入选 2022 年山东省现代产业学院建设名单，获山东省教学成果奖 5 项，获批山东省本科教学改革研究项目 8 项，2 门课程上线“学习强国”平台，教育部产学合作协同育人项目立项 37 项，获山东省高校青年教师教学比赛一等奖 3 项，获山东省高校教师教学创新大赛奖项 11 项。学校获批“山东省创客之家”。

（三）科研创新和社会服务能力不断增强

深入推进有组织科研，立项国家级项目4项，首获国家自然科学基金面上项目，获批教育部人文社科研究项目3项，2项成果获省领导肯定性批示。获批山东省高校文科实验室2个、山东省大数据产业创新中心1个、山东省高等学校科技计划创新团队1个，获批黄河流域和谐劳动关系构建协同创新中心，被授予全国山东琴书艺术传承与发展实践基地。

（四）师资队伍建设持续优化

深入实施“人才强校”战略，制定党委书记人才项目，加强人才制度建设，修订高层次人才引进与管理办法、教职工攻读博士研究生管理办法、“双师双能型”教师队伍建设与管理办法等。全年引育高层次人才28人，认定“双师双能型”教师59人，派出38名教师到知名高校、企业、省总工会开展进修助课、实践锻炼。1人获省教育系统女职工建功立业标兵称号。

（五）学生教育管理工作卓有成效

积极开展劳动育人活动，引领式育人效果显著。大力实施学风建设精品工程，建立“接诉即办”机制，设立易班校园521学生线上诉求受理平。设立24小时心理服务热线，搭建校医合作绿色通道。

（六）校园综合保障能力不断提升

劳模教学综合楼项目主体工程顺利完成，5#、6#学生公寓项目有序推进。学校获评“山东省节水型高校”“山东省绿色学校”、济南市“园林式单位”。建成标准化数据中心机房，构建一站式网络服务平台。

（七）疫情防控工作取得重大胜利

学校党委始终将师生员工的生命安全和身体健康作为疫情防控的第一要务，不断优化疫情防控组织体系和工作机制，成为“乙类甲管”期间驻济高校中唯一一所学生零感染的高校。

三、创新与经验

（一）全面推进“大思政课”建设

切实推动“三全育人”工作落地落实，承办第二届全省学校思政课教学比赛，获首届全省思政课教学设计大赛特等奖2项、一等奖1项，全省思想政治理论课教学比赛一等奖2项，入选山东省普通高等教育课程思政示范课程2门，1人荣获山东学校优秀思政课教师称号。推进易班校本化建设，构建网络思政新格局。

（二）工会和劳动特色愈加彰显

聚焦工会与劳动教育优势，不断打造特色品牌，成为山东省普通高等学校劳动教育教学指导委员会秘书长单位。劳动关系、财务管理专业在2022中国大学一流专业排名（应用型）中获评6星级专业。全年承办各类工会干部培训班29期，累计培训学员人数近3000人，《工会基础知识微课堂》获评全省基层干部培训优秀网络课程，上线灯塔党建在线平台。筹划编撰省总工会委托项目《中国工运通史·山东卷》和《齐鲁巾帼劳模展风采：山东省女劳模群体百年发展研究报告》，被全国总工会列为与高校协同育人工匠学院参考案例。1人荣获“山东省新时代岗位建功劳动竞赛标兵个人”荣誉称号。

（三）获评第三届省级文明校园

学校被授予第三届省级文明校园。将文明校园创建纳入整体发展规划，校园环境更加优美、文化气息更加浓厚。学校入选省教育厅融媒建设重点培育单位，荣获中国教育报“教育新闻宣传先进单位”称号。

附：党委书记、副书记、委员名单

书　记：冯庆禄

副书记：韩作生　李明勇

委　员：冯庆禄　韩作生　李明勇　杨茂奎
董以涛　邹坤萍　郭丕宽　潘　峰

文 章 选 编

在中国式现代化新征程上展现山东担当

省委书记　林　武

党的二十大擘画了全面建成社会主义现代化强国、以中国式现代化全面推进中华民族伟大复兴的宏伟蓝图，吹响了奋进新征程的时代号角。习近平总书记就推进中国式现代化发表一系列重要讲话、作出一系列重要论述，深刻阐述了中国式现代化的一系列重大理论和实践问题，鲜明提出了中国式现代化的中国特色、本质要求、重大原则，深入分析了推进中国式现代化需要处理好的若干重大关系，科学指明了建设什么样的社会主义现代化强国、怎样建设社会主义现代化强国的实现路径，极大丰富和发展了中国式现代化理论，为我们提供了行动指南和根本遵循。

中国式现代化理论是科学社会主义的最新重大成果，贯穿着马克思主义关于人类发展前途命运的哲学观点，蕴含着辩证唯物主义和历史唯物主义的世界观和方法论，彰显着我们党坚持"两个结合"、推进马克思主义中国化时代化的坚定自信。实践充分证明，中国式现代化符合我国实际、顺应群众期盼、契合时代要求，充分体现了社会主义制度的优越性，是强国建设、民族复兴的康庄大道。新征程上，山东将坚持以党的二十大精神为指引，全面学习、全面把握、全面落实习近平总书记关于中国式现代化的重要论述，担当实干、积极探索，在中国式现代化新征程上展现山东担当，奋力谱写新时代社会主义现代化强省建设新篇章。

一、中国式现代化是中国共产党领导的社会主义现代化，必须坚定维护党中央权威和集中统一领导

习近平总书记指出，党的领导直接关系中国式现代化的根本方向、前途命运、最终成败。中国共产党领导是中国特色社会主义最本质的特征，是中国特色社会主义制度的最大优势，决定中国式现代化的根本性质。推进中国式现代化，必须毫不动摇坚持和加强党的领导，全面、系统、整体地加以落实，把党的领导贯彻到现代化建设各领域各方面各环节，确保中国式现代化的正确方向。

*必须坚定不移维护习近平总书记的核心地位。*党的十八大以来，面对世所罕见、史所罕见的风险挑战，习近平总书记以宏阔战略视野、强大战略定力、高超战略运筹，带领我们取得一次又一次胜利。新时代十年的伟大变革充分证明，习近平总书记是全党全军全国各族人民的坚强核心、英明领袖、伟大统帅，是主心骨、顶梁柱、定盘星。无论什么时候，都必须坚定不移维护习近平总书记党中央的核心、全党的核心地位，坚定不移维护党中央权威和集中统一领导，坚持以党的旗帜为旗帜、以党的方向为方向、以党的意志为意志，时时处处事事同以习近平同志为核心的党中央保持高度一致，始终坚定拥护"两个确立"、坚决做到"两个维护"。

*必须坚定不移深学笃用习近平新时代中国特色社会主义思想。*习近平总书记关于中国式现代化的重要论述，蕴含着深厚的道理学理哲理，贯穿着科学的立场观点方法，是习近平新时代中国特色社会主义思想的重要组成部分，

丰富了马克思主义中国化时代化最新成果。我们深切感到，习近平新时代中国特色社会主义思想是推进中国式现代化的根本指引，能够凝聚起建设中国式现代化的磅礴力量。无论什么时候，都必须以习近平新时代中国特色社会主义思想为指导，学深悟透贯穿其中的立场观点方法，自觉用以指导解决实际问题，切实把真理力量转化为推进中国式现代化的实践伟力。

必须坚定不移贯彻落实党中央决策部署。中国式现代化涉及经济社会发展方方面面，我们必须胸怀“国之大者”，牢固树立全国一盘棋思想，在全局中定位、在大局下行动。无论什么时候，都必须不折不扣落实党中央决策部署，一切工作都要以贯彻党中央决策部署为前提，党中央提倡的坚决响应、党中央决定的坚决照办、党中央禁止的坚决不做，努力做到既为一域增光、更为全局添彩。

二、推进中国式现代化是开创性、探索性事业，必须因地制宜创造性地开拓发展

习近平总书记深刻指出，推进中国式现代化是一个探索性事业，还有许多未知领域，需要我们在实践中去大胆探索，通过改革创新来推动事业发展。实践中我们体会到，中国式现代化没有先例可循，越向前推进，面临的未知领域和新的课题越多，各地情况千差万别，必须从实际出发，创造性推进落实。

山东作为经济大省、人口大省，东西双向互济，陆海统筹联动，三次产业齐头并进，城乡区域协调发展，是我国重要的工业基地和北方地区经济发展的战略支点，在推进中国式现代化上有必要也有条件展现大省担当。习近平总书记要求我们“努力在服务和融入新发展格局上走在前、在增强经济社会发展创新力上走在前、在推动黄河流域生态保护和高质量发展上走在前，不断改善人民生活、促进共同富裕，开创新时代社会主义现代化强省建设新局面”。聚焦落实习近平总书记重要指示要求，山东省第十二次党代会提出了加快建设“强、富、高、优、美”新时代社会主义现代化强省的奋斗目标。我们一定牢记嘱托、锚定目标，因时而动、顺势而为，抢抓战略机遇，把握战略主动，奋力谱写中国式现代化山东篇章。

聚力实现“经济实力强”。经济实力是现代化的根基。山东GDP全国第三，在经济上具备“挑大梁”的基础和优势，我们将深化新旧动能转换，打造绿色低碳高质量发展先行区，实现由大到强战略性转变。一是强企业。发挥山东特色优势，持续壮大市场主体规模，打造一批具有核心竞争力的世界一流企业。二是强产业。全面提升传统产业，聚力突破新兴产业，培育壮大“十强”现代优势产业，打造世界级先进钢铁、高端铝业、现代轻工纺织基地和绿色化工产业集群。三是强科教。充分发挥崂山实验室引领作用，加快关键核心技术攻关，争当国家高水平科技自立自强排头兵。四是强人才。深入实施泰山、齐鲁人才工程，大力集聚战略科学家，加快建设人才强省。五是强环境。深化“放管服”改革，确保营商环境整体水平持续走在全国前列。

聚力实现“人民群众富”。人民富裕是现代化的重要衡量标准。我们将聚焦推动共同富裕，努力实现3个目标：一是收入水平更高。实施居民收入、中等收入群体10年“双倍增”行动，多措并举增加居民经营性、财产性收入。开展多层次试点示范，支持有条件的市探索建设共同富裕先行区。二是公共服务更好。持续优化教育、医疗、养老、托幼等公共服务供给，加快建设全国乡村教育振兴先行区、医养结合示范省。三是社保兜底更牢。加强基础性、普惠性、兜底性民生建设，健全多层次社会保障体系，织牢基本民生保障网。

聚力实现“文明程度高”。物质富足、精神富有是社会主义现代化的根本要求。山东是中华文明发祥地之一和儒家思想发源地，在推动精神文明建设上具有显著优势。我们将狠抓4个方面：一是道德文明显著提高。加快建设新时代美德山东，擦亮“厚道齐鲁地、美德山东人”道德名片。二是文化“两创”成效显著。推进尼山世界儒学中心建设，高水平建设文化体验廊道、文化传承发展片区，打造文化“两创”新标杆。三是文艺精品不断涌现。实施“齐鲁文艺高峰”计划，推出更多精品力作，培养造就一批名家大师。四是文化产业提质升级。做强“好客山东好品山东”公共品牌，打造千亿级优势文化产业集群和国际著名文化旅游目的地。

聚力实现“治理效能优”。治理体系和治理能力现代化是中国式现代化的重要内容。我们将加快完善社会治理体系，努力实现3个目标：一是发展更安全。全面贯彻总体国家安全观，守好守牢粮食、能源、金融、安全生产等“一排底线”，建设更高水平的平安山东。二是法治更有效。一体推进法治山东、法治政府、法治社会建设，把各领域各方面工作纳入法治轨道，保障和促进社会公平正义。三是社会更和谐。坚持和发展新时代“枫桥经验”，完善矛盾纠纷多元化解机制，加快市域社会治理现代化。

聚力实现“生态环境美”。人与自然和谐共生是中国式现代化的重要特征。我们将坚定践行“两山论”，重点实现3个目标：一是排放大幅降低。实施碳达峰十大工程和能源转型发展九大工程，协同推进降碳、减污、扩绿、增长，促进经济社会发展全面绿色转型。二是污染有效治理。深入推进蓝天、碧水、净土保卫战，基本消除重污染天气，推动城市建成区雨污合流管网、黑臭水体动态清零。三是生态持续改善。坚持山水林田湖草沙系统治理，协同推进黄河三角洲湿地修复、生态补水和生物多样性保护，打造黄河下游绿色生态廊道，建设科学绿化试点示范省。

三、推进中国式现代化是一个系统工程，必须更加注重科学的策略方法

习近平总书记强调，推进中国式现代化是一个系统工程，需要统筹兼顾、系统谋划、整体推进，正确处理好顶

层设计与实践探索、战略与策略、守正与创新、效率与公平、活力与秩序、自立自强与对外开放等一系列重大关系。这“六个方面重大关系”，坚持理论和实践相结合、战略和战术相贯通、世界观和方法论相统一，既讲怎么看、又讲怎么干，是我们推进中国式现代化的重要遵循、重要法宝，必须用心学习、用心领悟、用心实践。

必须坚持实事求是。山东各市发展基础和条件不同，在推进现代化建设上，需要破解的难题和工作重点也不一样，必须因地制宜、精准施策，把“真”和“实”作为一切工作的生命线。要尊重客观规律，注重把握胶东、鲁中、鲁西等不同地区的差异性，切实找准工作的着力点，在发挥比较优势中彰显地方特色。

必须坚持统筹兼顾。山东正处在爬坡过坎、转型升级的关键阶段，越是向纵深推进，面临“既要、又要、还要”的多难局面就越多，必须全面落实中央“六个更好统筹”的要求，推动各项工作步调协同、相向而行。要坚持系统观念，既立足山东当前、解决现实紧迫问题，又着眼强省建设长远、完成既定战略目标，在把握好各项工作的关联性中，争取综合效益最佳。

必须坚持改革创新。推进中国式现代化是一项前无古人的开创性事业，面临很多未知领域，要坚定不移向改革创新要动力、要活力。必须坚定落实习近平总书记“在增强经济社会发展创新力上走在前”的重要指示要求，大力弘扬敢想敢干、敢为人先的精神，纵深推进重点领域改革，持续深化“十大创新”行动，靠改革创新突破难点、打通堵点、消除痛点，不断开拓新空间、推动新突破。

必须坚持底线思维。推进中国式现代化绝不会一帆风顺，必然会遇到各种可以预料和难以预料的风险挑战、艰难险阻甚至惊涛骇浪。必须增强忧患意识，居安思危、未雨绸缪，积极主动防范和化解重大风险；必须敢于斗争、善于斗争，着力增强攻难关、迎挑战、抗打压能力，通过顽强斗争开创山东各项工作新局面。

四、中国式现代化是全体人民共建共享的现代化，必须始终坚持团结奋斗

习近平总书记多次强调，团结就是力量，奋斗开创未来。推进中国式现代化是造福亿万人民的宏伟事业，也需要亿万人民为之付出辛劳和智慧，必须广泛动员各领域各层面，形成心往一处想、劲往一处使的生动局面。

紧紧依靠人民群众。中国式现代化是以人民为中心的现代化，人民是推进中国式现代化的最根本依靠力量。要坚持人民主体地位，始终相信人民、依靠人民，尊重群众的首创精神，在推进山东高质量发展中激发齐鲁儿女创造伟力。要更好集中群众智慧，把加强顶层设计和坚持问计于民统一起来，最大限度汇集民智，把群众智慧转化为推动山东发展的政策举措。要善于凝聚群众力量，把人民群众最广泛地团结在党的周围，大力弘扬沂蒙精神，始终同人民想在一起、干在一起，党群一心、同舟共济，共建共享中国式现代化的发展成果。

打造过硬干部队伍。推进中国式现代化，关键是打造一支政治过硬、适应新时代要求、具备领导现代化建设能力的干部队伍。要强化能力提升，深入实施年轻干部“789”工程，注重在基层一线磨砺干部，不断提高应对重大挑战、抵御重大风险、克服重大阻力、解决重大矛盾的能力本领。要强化专业素养，持续深化“山东干部讲堂”，开展务实管用的专业化能力培训，着力提高干部的专业能力、专业精神。要强化担当作为，坚持“三个区分开来”，创造良好制度环境和价值导向，激励山东各级干部在中国式现代化中创新进取、担当作为。

激发全社会创造活力。只有充分调动社会各方面积极性、主动性、创造性，才能不断积蓄前进动能，释放发展活力。要强化政治引领，广泛凝聚共识，团结一切可以团结的力量，调动一切可以调动的积极因素，形成推进工作的强大合力。要优化发展环境，深入实施营商环境创新提升行动，加快“无证明之省”建设，推动有效市场和有为政府更好结合。要创新激励机制，不断激发全社会干事创业活力，让干部敢为、地方敢闯、企业敢干、群众敢首创，汇聚起中国式现代化的磅礴伟力，为探索中国式现代化路径作出山东贡献。

全面学习把握落实党的二十大精神
奋力推进新时代社会主义现代化强省建设

省委副书记、省长 周乃翔

习近平总书记强调，全党要在全面学习、全面把握、全面落实上下功夫，坚定不移把党的二十大提出的目标任务落到实处，奋力夺取全面建设社会主义现代化国家新胜利。我们省政府党组要深入学习领会，切实把思想和行动统一到习近平总书记重要指示要求上来，统一到党的二十大精神上来，推动政府各项工作提质增效，奋力推进新时代社会主义现代化强省建设。

一、深刻领悟“两个确立”的决定性意义

党的二十大是一次高举旗帜、凝聚力量、团结奋进的大会，取得重大政治成果、理论成果和实践成果。所有成果中，最重要、最根本的，就是再次宣示了“两个确立”的决定性意义。“两个确立”是历史选择、人心所向、时代必然。党的百年奋斗史告诉我们，目标越是远大，风险挑战越是严峻，使命任务越是艰巨，就越需要坚强领导核心的掌舵领航。回顾新时代十年，习近平总书记在风云变幻中举旗定向、掌舵领航，在大战大考中指挥若定、运筹帷幄，在惊涛骇浪中力挽狂澜、砥柱中流，充分彰显了作为马克思主义政治家、思想家、战略家的恢弘气魄、远见卓识、雄韬伟略，不愧为党的核心、人民领袖、军队统帅。实践充分证明，“两个确立”是党在新时代取得的最重大的政治成果、最重要的历史经验，已经牢牢刻印在全党全军全国各族人民的心坎上，是党应对一切不确定性的最大确定性、最大底气、最大保证。

新征程上，我们要坚定不移做“两个确立”的拥护者、践行者、捍卫者。思想上要始终同心同向，时刻牢记习近平总书记、党中央是新时代新征程上最可靠、最坚强的主心骨，任何时候、任何情况下都要忠诚核心、拥戴核心、维护核心、捍卫核心。政治上要做到坚定坚决，把“两个维护”作为最高政治原则和根本政治规矩，落实到实际工作中、体现到一言一行上，不断提高政治判断力、政治领悟力、政治执行力，始终在政治立场、政治方向、政治原则、政治道路上同以习近平同志为核心的党中央保持高度一致。行动上要时刻对标对表，对习近平总书记要求的、党中央部署的坚决落实好，习近平总书记反对的、党中央禁止的坚决不做，确保贯彻执行不偏向、不变通、不走样，以实际行动坚定拥护“两个确立”、坚决做到“两个维护”。

二、坚持不懈用习近平新时代中国特色社会主义思想凝心铸魂

党的二十大对习近平新时代中国特色社会主义思想作了深入阐述，重点对“两个结合”“六个必须坚持”作出系统论述。对“两个结合”，我们要从根本路径、根本要求的高度来把握，深刻认识习近平新时代中国特色社会主义思想是坚持“两个结合”的典范，以全新的视野深化了对共产党执政规律、社会主义建设规律、人类社会发展规律的认识，是当代中国马克思主义、二十一世纪马克思主义，是中华文化和中国精神的时代精华，实现了马克思主义中国化时代化新的飞跃。对“六个必须坚持”，我们要从世界观和方法论的高度来把握，充分认识其深刻揭示了习近平新时代中国特色社会主义思想根本的政治立场、彻底的理论品格、独有的精神气质和科学的思想方法，必将有力指导推动新时代新征程党和国家事业蓬勃发展。

我们要持续深入学懂弄通做实习近平新时代中国特色社会主义思想，坚持不懈用这一光辉思想凝心铸魂，把握运用好“六个必须坚持”的世界观和方法论，不断从中找到谋划发展、破解难题的“定盘星”“指南针”“金钥匙”。要不断优化完善常态化学习贯彻机制，坚持用习近平新时代中国特色社会主义思想统一思想、统一意志、统一行动，做到学思用贯通、知信行合一，自觉把这一科学思想转化为坚定理想、锤炼党性和指导实践、推动工作的强大力量。

三、全力推动中国式现代化“山东实践”迈出坚实步伐

党的二十大科学擘画了以中国式现代化推进中华民族伟大复兴的宏伟蓝图，系统阐述了中国式现代化五个方面的中国特色、九个方面的本质要求和需要牢牢把握的五条

重大原则，内涵丰富、意义深刻，是一个系统完整的有机整体，标志着我们党对中国式现代化的认识提升到一个新的高度。我体会，我们走的中国式现代化道路，既是世界上最难的，也是最伟大的，它扎根中国大地，切合中国实际，具有深层的理论逻辑、历史逻辑和实践逻辑，彰显了全人类共同价值，创造了人类文明新形态，为人类实现现代化提供了新的选择。中国14亿多人口整体迈进现代化社会，规模将超过现有发达国家人口的总和，这将彻底改写现代化的世界版图，在人类历史上是一件影响深远的大事。

对山东来讲，我们走好中国式现代化道路，目标明确、路径清晰，就是按照习近平总书记对山东工作的重要指示要求，锚定“走在前、开新局”，坚定不移推进新时代社会主义现代化强省建设。2022年8月，在习近平总书记和党中央关怀下，国务院以“国发18号文”印发了《关于支持山东深化新旧动能转换 推动绿色低碳高质量发展的意见》，明确支持山东建设绿色低碳高质量发展先行区。这是党中央提出“双碳”战略以来，全国第一个以绿色低碳高质量发展为主题的战略布局；是新中国成立以来，第一个以国发文件赋予山东的重大战略任务。我们要按照省委部署要求，以建设绿色低碳高质量发展先行区为总抓手，按照“三年行动计划”部署，细化时间表、路线图、施工图，落实项目清单、政策清单、责任清单，一步一个脚印推进，确保取得实实在在的成效，不断开创现代化强省建设新局面。

四、坚定践行以人民为中心的发展思想

习近平总书记在党的二十大报告中深刻指出，治国有常，利民为本，为民造福是立党为公、执政为民的本质要求；强调，必须坚持在发展中保障和改善民生，鼓励共同奋斗创造美好生活，不断实现人民对美好生活的向往；强调，始终保持同人民群众的血肉联系，始终接受人民批评和监督，始终同人民同呼吸、共命运、心连心。这些重要要求，诠释了党的初心使命，体现了人民至上的价值取向，饱含着真挚的为民情怀，蕴含着对人民群众的无限深情，为全党树立了光辉榜样。

我们要牢记习近平总书记殷殷嘱托，时刻以党和人民事业为重，把以人民为中心的发展思想落实到想问题、作决策、抓工作的全过程、各方面，坚持在发展中保障和改善民生，扎实促进共同富裕。一是坚定站稳人民立场。始终保持党同人民群众的血肉联系，把群众安危冷暖放在心上，多深入群众、深入基层开展调研，充分尊重群众意愿，广泛调动群众的积极性、主动性、创造性。二是持续增进民生福祉。聚焦群众“急难愁盼”问题，采取更多惠民生、暖民心举措，扎实办好就业、教育、医疗、社保、住房、养老、托幼等民生实事，全心全意干好为山东人民谋利益、谋幸福的工作。当前，疫情防控进入新阶段，工作重心转向保健康、防重症，对群众的用药需求、医疗救治、疫苗接种、生活物资保障等工作，一定要抓细抓实抓到位，最大程度保护群众生命安全和身体健康。三是全面推进乡村振兴。做好“三农”各项工作，乡村振兴是重心，增加农民收入是中心任务。要大力发展富民产业，千方百计拓宽增收致富渠道，一体推进农业农村现代化，加快建设农业强省。

五、坚持发扬斗争精神应对风险挑战

习近平总书记在党的二十大报告中，把“务必敢于斗争、善于斗争”作为“三个务必”之一，郑重向全党提出；把“坚持发扬斗争精神”作为前进道路上必须牢牢把握的重大原则之一；强调，增强全党全国各族人民的志气、骨气、底气，不信邪、不怕鬼、不怕压，知难而进、迎难而上，统筹发展和安全，全力战胜前进道路上各种困难和挑战，依靠顽强斗争打开事业发展新天地。这些重大政治要求、重大原则，充分彰显了百年大党坚定的战略自信和高度的战略清醒，充分彰显了中国共产党人自警自励的政治智慧和求真务实的政治品格，充分彰显了新时代中国共产党人强烈的历史自觉和责任担当。

历史反复证明，以斗争求安全则安全存，以妥协求安全则安全亡；以斗争谋发展则发展兴，以妥协谋发展则发展衰。我们必须发扬斗争精神、增强斗争本领，勇于担当、攻坚克难，全力防范化解各类风险挑战。一是敢于较真碰硬。矛盾问题所在，就是斗争所向。关键是突出问题导向，跟着问题走、奔着问题去，真刀真枪向问题宣战，拿出务实管用的真招实策破解难题、推动发展。二是加强工作统筹。全面落实“六个统筹”的要求，以统筹之策应对非常之难，确保疫情防控有力有效，经济社会正常运转，社会大局和谐稳定。三是做到真抓实干。对党中央决策部署，对省委工作要求，对我们既定的目标任务，都要以钉钉子精神坚韧不拔抓落实，以改革创新精神破解工作中的难题，有效应对重大挑战、抵御重大风险、克服重大阻力、解决重大矛盾，不断取得新的更大成绩。

六、坚决扛牢全面从严治党和意识形态工作重大政治责任

习近平总书记在党的二十大报告中，对全面从严治党作出新部署、提出新要求，强调全面从严治党永远在路上，党的自我革命永远在路上；强调全面从严治党是党永葆生机活力、走好新的赶考之路的必由之路，充分彰显了依靠党的自我革命跳出历史周期率的鲜明态度和坚定决心，必将推动我们党建设得更加坚强有力。习近平总书记对意识形态工作高度重视，强调意识形态工作是为国家立心、为民族立魂的工作；强调意识形态工作的领导权任何时候都不能旁落。这为我们做好新时代意识形态工作提供了根本遵循。

2022年，大家认真履行“一岗双责”，做了大量卓有成效的工作，省政府党组、政府系统全面从严治党和意识

形态工作取得扎实进展和成效。明年经济社会发展任务艰巨繁重，对做好全面从严治党和意识形态工作，提出了新的更高要求。我们要全面落实新时代党的建设总要求，始终绷紧从严从紧这根弦，加强党组自身建设，严肃党内政治生活。要认真落实关于加强和维护党中央集中统一领导的若干规定，严守党的纪律规矩，锲而不舍落实中央八项规定及其实施细则精神和省委实施办法，持续深化纠治“四风”，严于律己、严负其责、严管所辖，以永远在路上的坚韧执着推进全面从严治党向纵深发展。要严格落实意识形态工作责任制，强化建设社会主义意识形态的政治担当，全面落实意识形态工作各项任务，做好网络意识形态工作，守住管好各类意识形态阵地，切实维护好意识形态安全。

坚定拥护“两个确立” 坚决做到“两个维护” 推动党的二十大精神在青岛落地落实

省委副书记、青岛市委书记 陆治原

党的二十大是在全党全国各族人民迈上全面建设社会主义现代化国家新征程、向第二个百年奋斗目标进军的关键时刻召开的一次十分重要的大会，在党和国家发展进程中具有极其重大的历史意义。我们把学习宣传贯彻党的二十大精神作为当前和今后一个时期的首要政治任务，深刻领会习近平总书记提出的“五个牢牢把握”重要要求，认真落实省委十二届二次全会部署，贯彻落实《中共山东省委关于深入学习宣传贯彻党的二十大精神的决议》，持续在全面学习、全面把握、全面落实上下功夫，坚定拥护“两个确立”，坚决做到“两个维护”，坚定不移把党的二十大提出的目标任务落到实处，奋力开创新时代社会主义现代化国际大都市建设新局面。

一、准确把握丰富内涵，切实把思想和行动统一到党的二十大精神上来

党的二十大报告是党团结带领全国各族人民夺取中国特色社会主义新胜利的政治宣言和行动纲领。我们全面准确学习领会报告的丰富内涵，引导广大党员干部群众切实把思想和行动统一到大会精神上来，着力做到“七个聚焦”。一是聚焦到习近平总书记是党中央的核心、全党的核心，习近平新时代中国特色社会主义思想是党必须长期坚持的指导思想上，深刻领悟“两个确立”的决定性意义，增强“四个意识”、坚定“四个自信”、做到“两个维护”，自觉在思想上政治上行动上同以习近平同志为核心的党中央保持高度一致。二是聚焦到党的十九大以来的重大成就和新时代10年的伟大变革上，深刻领悟新时代10年的伟大变革在党史、新中国史、改革开放史、社会主义发展史、中华民族发展史上的里程碑意义，鼓舞和激励全市人民在新时代新征程上踔厉奋发、笃行不怠，奋力谱写全面建设社会主义现代化国家的青岛篇章。三是聚焦到把握好马克思主义中国化时代化最新成果的世界观和方法论，坚持好、运用好贯穿其中的立场观点方法上，深刻领悟“两个结合”“六个坚持”，做习近平新时代中国特色社会主义思想的坚定信仰者和忠实实践者。四是聚焦到中国式现代化在理论和实践的创新突破上，深刻领悟“五个方面中国特色”“九个方面本质要求”“五条重大原则”，增强走中国式现代化道路的坚定信心，积极投身中国式现代化建设的伟大实践。五是聚焦到贯彻落实党的二十大作出的重大决策部署上，统筹推进“五位一体”总体布局、协调推进“四个全面”战略布局，找准结合点发力点，一步一个脚印把党的二十大作出的重大决策部署付诸行动、见诸成效。六是聚焦到以习近平同志为核心的新一届中央领导集体是深受全党全国各族人民拥护和信赖的领导集体上，坚决维护以习近平同志为核心的党中央权威和集中统一领导，始终在党中央集中统一领导下开展工作，做到党中央提倡的坚决响应、党中央决定的坚决照办、党中央禁止的坚决不做。七是聚焦到习近平总书记是全党拥护、人民爱戴、当之无愧的党的领袖上，深刻领悟有习近平总书记领航掌舵，是我们战胜各种艰难险阻、成就新的历史伟业的最大底气和力量源泉，更加坚定地忠诚核心、维护核心、紧跟核心、捍卫核心。

二、强化“走在前、开新局”的使命担当，把党的二十大精神转化为做好青岛工作的生动实践

我们把学习贯彻党的二十大精神与深入贯彻习近平总书记对山东、对青岛工作重要指示要求紧密结合起来，与

落实省、市党代会部署紧密结合起来，锚定“走在前、开新局”，进一步完善发展思路，以打造现代产业先行城市、引领型现代海洋城市、国际化创新型城市、国际门户枢纽城市、宜居宜业宜游高品质湾区城市、现代化治理样板城市“六个城市”为支撑，加快建设新时代社会主义现代化国际大都市，以实干实绩推动党的二十大精神在青岛落地生根、开花结果。

一是坚定拥护“两个确立”、坚决做到“两个维护”。始终把坚定拥护“两个确立”作为最高政治原则和根本政治规矩。思想上同心同向，增强对“两个确立”的政治认同、思想认同、理论认同、情感认同，把“两个维护”融入血脉、铸入灵魂，在党的旗帜下团结成“一块坚硬的钢铁”、步调一致向前进。政治上坚定坚决，不断增强政治判断力、政治领悟力、政治执行力，在重大问题上做到头脑特别清醒、眼睛特别明亮、行动特别坚决。行动上紧跟紧随，不折不扣贯彻落实习近平总书记重要指示要求、党中央决策部署，扛牢建设上合示范区、山东自由贸易试验区青岛片区等“国之重任”，深入落实绿色低碳高质量发展、黄河流域生态保护和高质量发展、经略海洋、乡村振兴等国家战略，坚定不移沿着习近平总书记指引的方向奋勇前进。

二是坚持不懈用习近平新时代中国特色社会主义思想凝心铸魂。深刻领会习近平新时代中国特色社会主义思想的道理学理哲理，自觉用中国化时代化的马克思主义武装头脑、指导实践、推动工作。全面系统“学”。把学习习近平新时代中国特色社会主义思想，与学习党的二十大精神结合起来，与学习《习近平谈治国理政》一二三四卷结合起来，与学习总书记对山东、对青岛工作的重要指示要求结合起来，原原本本学，逐字逐句学，做到全面学习、深入把握、入脑入心。融会贯通“悟”。紧密联系历史和现实、理论和实践、国际和国内，全面系统掌握党的创新理论的丰富内涵、核心要义，做到知其言更知其义、知其然更知其所以然，悟透贯通其中的历史逻辑、理论逻辑、实践逻辑。结合实际“用”。准确把握“六个坚持”蕴含的政治智慧、规律启示、策略方法，紧密结合工作实际，深入学习、加强运用，不断完善工作思路，改进工作打法，推动全市各项工作更加符合客观规律、顺应时代要求、回应群众期盼。

三是扎实推进中国式现代化的青岛实践。以党的二十大精神为指引，深入贯彻落实习近平总书记关于中国式现代化的重要论述，在中国式现代化新征程上展现青岛担当。聚焦聚力推动高质量发展。完整、准确、全面贯彻新发展理念，坚持把发展经济的着力点放在实体经济上，持续深化新旧动能转换，坚定不移抓实体经济和招商引资，加快布局建设一批新兴产业专业园区，不断壮大智能家电、轨道交通、集成电路、虚拟现实、新型显示等24条重点产业链，走出具有青岛特色的高质量发展之路。聚焦聚力深化改革开放。纵深推进国资民企、数字青岛、功能区等重点领域改革创新，深入实施科教兴市、人才强市、创新驱动发展战略，发挥海陆空铁“四港联动”优势，用好高能级开放平台，推进高水平制度型开放，提升贸易投资自由化便利化水平，更好服务和融入新发展格局。聚焦聚力民主政治建设。积极发展全过程人民民主，支持人大、政协依法依章程履行职能，坚持和完善大统战工作格局，健全基层群众自治制度，扩大人民有序政治参与。聚焦聚力法治青岛建设。坚持全面依法治市，加快重点领域地方立法，以创建全国法治政府建设示范市为契机，深化法治政府建设，持续推进政法领域改革，加强法治宣传教育，使尊法学法守法用法在全社会蔚然成风。聚焦聚力促进共同富裕。牢固树立以人民为中心的发展思想，千方百计解决好群众关心的急难愁盼问题，扎实办好民生实事，提高民生保障水平。加快推进农业农村现代化，全力打造乡村振兴齐鲁样板先行区，努力创造更多看得见、摸得着、感受得到的共同富裕成果。聚焦聚力生态文明建设。深化“四减四增”行动，加快发展方式绿色转型，以更高标准打好蓝天、碧水、净土保卫战，稳妥有序推进碳达峰碳中和，促进人与自然和谐共生。聚焦聚力提升城市文明高度。坚持以社会主义核心价值观为引领，实施新时代公民道德建设工程，开展市民文明素养、科学素养提升行动，扩大和改善公共文化服务供给，培育壮大文化产业，不断增强城市软实力。聚焦聚力维护社会安全稳定。增强“时时放心不下”的责任感，严密防范化解政治安全领域风险隐患，坚决守好安全生产、生态环保、金融安全、社会稳定等安全底线，努力建设更高水平的平安青岛。

四是坚定不移推进全面从严治党。时刻牢记全面从严治党永远在路上，党的自我革命永远在路上，深入贯彻新时代党的建设总要求和新时代党的组织路线，弘扬伟大建党精神，坚持和加强党的全面领导，推动全面从严治党不断向纵深发展。加强党的政治建设，坚持以政治建设为统领，严明政治纪律和政治规矩，强化政治监督，健全贯彻落实习近平总书记重要指示要求工作机制，确保党中央决策部署在青岛落地生根。全面夯实基层基础，牢固树立大抓基层的鲜明导向，深化拓展“莱西会议”经验，做实做优“青诉即办”诉求解决平台体系，把全市4.2万个基层党组织建成坚强战斗堡垒。着力锻造“实干家”干部队伍，突出实干实绩的鲜明导向，完善“育选管用”全链条工作机制，常态化开展“书记擂台”“局长擂台”等活动，注重从疫情防控、城市更新建设、经济发展、维稳信访等急难险重工作一线发现识别和选拔使用干部，打造忠诚干净担当的高素质专业化干部队伍。着力正风肃纪反腐，坚持严的基调不动摇，锲而不舍落实中央八项规定精神，驰而不息纠“四风”树新风，一体推进不敢腐、不能腐、不想腐，营造风清气正的政治生态。

三、持续激发干事创业的精气神，推动党的二十大精神落地见效

牢牢把握团结奋斗时代要求，持之以恒改进作风、提升能力，深化细化党的二十大目标任务的落实举措，久久

为功、善作善成，推动各项工作不断取得新突破。一是持之以恒拉高标杆、争先进位。保持“事争一流、唯旗是夺”精神状态，对标先进、学习先进，推动经济、文化、社会、生态、党建等各领域工作纵向有进步、横向有进位，努力在全省勇当龙头、在全国争先进位、在全球彰显特色。二是持之以恒创新打法、推动落实。压实工作责任，明确主攻方向，坚持项目化、清单化、责任化推进，用好打擂台、调度、督导、观摩、考核、通报、排名、激励、问责等手段，打出更多推动工作落实的“组合拳”，确保各项工作取得实实在在的成效。三是持之以恒真抓实干、务求实效。强化思想淬炼、政治历练、实践锻炼、专业训练，推动全市各级党员干部练就“铁肩膀”，能挑“千斤担”，不断增强斗争本领，提高解决难题的韧劲，妥善化解各类矛盾问题。四是持之以恒以上率下、示范引领。发挥好“关键少数”作用，带头讲政治、带头谋发展、带头办实事、带头抓问效，一级做给一级看、一级带着一级干，时时处处当表率、作示范，做到既为一域增光，又为全局添彩。

我们将把学习贯彻党的二十大精神与做好当前工作结合起来，坚决落实“疫情要防住、经济要稳住、发展要安全”要求，高效统筹疫情防控和经济社会发展，扎实做好扩投资、稳工业、促消费、稳外贸外资等工作，努力完成全年目标任务，认真谋划好明年工作，为新时代社会主义现代化强省建设多作贡献。

不断开拓新时代统战工作新局面

省委常委、统战部部长 徐海荣

习近平总书记在中央统战工作会议上的重要讲话高屋建瓴、思想深邃、内涵丰富，具有深刻的历史洞察力、重要的理论引领力、强大的实践指导力，是一篇闪耀着马克思主义真理光芒的纲领性文献，为做好新时代统战工作指明了前进方向、提供了根本遵循。我们要从历史、理论、实践三个维度，系统把握重要讲话的内在逻辑，完整准确全面贯彻落实，以实际行动坚定拥护“两个确立”、坚决做到“两个维护”。

一、深刻把握习近平总书记重要讲话的历史逻辑，自觉担负起发展壮大新时代爱国统一战线的历史重任

统一战线是党的总路线总政策的重要组成部分，在革命、建设、改革的不同历史时期，我们党先后建立国民革命联合战线、工农民主统一战线、抗日民族统一战线、人民民主统一战线、新时期爱国统一战线，最大限度地凝聚起无坚不摧的革命力量、建设力量、改革力量，为夺取新民主主义革命胜利、推进社会主义革命和建设、开创改革开放和社会主义现代化建设新局面发挥了重要法宝作用。

党的十八大以来，习近平总书记从人心向背、力量对比的战略高度深刻阐释统一战线的法宝地位。在庆祝中国共产党成立100周年大会上，习近平总书记概括了“九个必须”的根本要求，强调“以史为鉴、开创未来，必须加强中华儿女大团结”。《中共中央关于党的百年奋斗重大成就和历史经验的决议》概括了“十个坚持”的历史经验，强调要“坚持统一战线”。在这次中央统战工作会议上，习近平总书记统筹中华民族伟大复兴战略全局和世界百年未有之大变局，以深邃的历史思维、宏阔的历史视野，全面回顾统一战线百年光辉历程，创造性地用“三个更加重要”深刻阐释新时代统一战线的历史方位和重大意义，为统一战线重要法宝地位注入了新的时代内涵。

我们要自觉把统一战线放到“两个一百年”奋斗目标中来思考，放到两个大局中来审视，深刻理解发展壮大新时代爱国统一战线的重大意义，不断增强做好新时代统战工作的使命感责任感。深刻领会习近平总书记关于“统一战线在维护国家主权、安全、发展利益上的作用更加重要”的重大论断，团结一切可以团结的力量，调动一切可以调动的积极因素，为战胜各种艰难险阻、应对各种风险挑战作出积极贡献。深刻领会习近平总书记关于“统一战线在围绕中心、服务大局上的作用更加重要”的重大论断，始终做到党的中心工作推进到哪里，统一战线就跟进到哪里，为全面建设社会主义现代化国家、实现中华民族伟大复兴汇聚磅礴伟力。深刻领会习近平总书记关于“统一战线在增强党的阶级基础、扩大党的群众基础上的作用更加重要”的重大论断，推进统战工作不断向基层延伸、向社会拓展、向网络覆盖，最大限度地扩大团结联系的半径，把统一战线广大成员紧密团结在党的周围，不断巩固党的执政基础。

二、深刻把握习近平总书记重要讲话的理论逻辑，切实做到学思用贯通、知信行统一

党的十八大以来，习近平总书记坚持把马克思主义统一战线基本原理同中国具体实际相结合、同中华优秀传统文化相结合，就加强和改进统战工作提出一系列新理念新思想新战略，深刻回答了新时代为什么需要统一战线、需要什么样的统一战线、怎样巩固发展统一战线等重大问题，形成了关于做好新时代党的统一战线工作的重要思想。在中央统战工作会议上，习近平总书记用“十二个必须”对关于做好新时代党的统一战线工作的重要思想作出全面深刻阐述，形成了系统完整、逻辑严密、内涵丰富的科学理论体系。

这一重要思想坚持把马克思主义统一战线理论作为理论起点、逻辑起点、价值起点，立足中国特色社会主义新时代这个最大的实际，创造性提出统战工作“必须解决好人心和力量问题”“必须正确处理一致性和多样性关系”“必须坚持好发展好完善好中国新型政党制度”“必须以铸牢中华民族共同体意识为党的民族工作主线”“必须坚持我国宗教中国化方向”“构建党委统一领导、统战部门牵头协调、有关方面各负其责的大统战工作格局”等一系列重大论断，立足时代之基、回答时代之问、引领时代之变，实现了马克思主义统一战线理论同中国实际相结合新的历史飞跃。这一重要思想扎根中华优秀传统文化沃土，创造性转化、创新性发展了“大一统”“天下为公”“兼容并蓄”“和而不同”等中华优秀传统文化思想精华，实现了马克思主义统一战线理论与中华优秀传统文化的赓续传承和有机结合，充盈着浓郁的中国味、深厚的中华情。

我们要切实用习近平总书记关于做好新时代党的统一战线工作的重要思想武装头脑、指导实践、推动工作。在学懂上下功夫，坚持原原本本学、反反复复学，通篇研读、逐句琢磨，深刻领会精神实质、切实把握核心要义。在弄通上下功夫，与学习党史、统一战线史结合起来，与山东统战工作实际结合起来，对重要论述、重大判断、重点举措既要知其言更要知其义，既要知其然更要知其所以然。在做实上下功夫，正确把握固守圆心和扩大共识、潜绩和显绩、原则性和灵活性、团结和斗争四个关系，不断提高做好新时代统战工作的能力和水平，把学习成果转化为做好新时代统战工作的行动自觉。

三、深刻把握习近平总书记重要讲话的实践逻辑，推动新时代统战工作走在前、开新局

党的十八大以来，以习近平同志为核心的党中央把统一战线工作摆在治国理政的重要位置，召开中央统战工作会议、中央民族工作会议、全国宗教工作会议、中央新疆工作座谈会、中央西藏工作座谈会等一系列重要会议，制定出台《中国共产党统一战线工作条例》《中国共产党政治协商工作条例》和各领域统战工作的重要法规文件，对新时代统战工作作出全面部署。各级统战部门坚决贯彻落实党中央决策部署，守正创新、开拓进取，不断促进政党关系、民族关系、宗教关系、阶层关系、海内外同胞关系和谐，各领域工作取得新进展，统一战线呈现出团结、奋进、开拓、活跃的良好局面。

在这次中央统战工作会议上，习近平总书记立足党的百年统战实践特别是党的十八大以来统战工作实践，对新时代爱国统一战线作出顶层设计，科学阐释新时代统一战线的基本任务，强调要做好新时代党的民族工作、做好新时代宗教工作、坚持和完善中国共产党领导的多党合作和政治协商制度、加强党外知识分子和新的社会阶层人士统战工作、促进非公有制经济健康发展和非公有制经济人士健康成长、发挥港澳台和海外统战工作争取人心的作用、做好网络统战工作等，纲举目张、引领方向，为做好新时代统战工作提供了根本指针。

我们要全面对标对表习近平总书记重要讲话精神，在补短板上下功夫，在敢担当上作表率，在善作为上动脑筋，努力推动山东统战工作走在前、开新局。突出问题导向抓落实，认真查摆全省统一战线各领域工作的薄弱环节，列出问题清单、建立工作台账，以钉钉子精神抓好整改，推动全省统战工作提质增效。强化实干担当抓落实，突出实干、实绩、实践导向，拉高标杆、加压奋进，苦干实干、事争一流，切实把责任担起来、把工作落下去。防范化解风险隐患抓落实，牢固树立总体国家安全观，以时时放心不下的责任感，深入排查统战领域风险隐患，用大概率思维应对小概率事件，既防“黑天鹅”也防“灰犀牛”，牢牢守住不发生系统性风险的底线。守正创新抓落实，始终坚持党对统战工作的集中统一领导，始终坚持围绕中心、服务大局，大力推进全省统战工作思路理念、方式方法和体制机制创新，不断开创新时代山东统战工作新局面，以优异成绩迎接党的二十大胜利召开。

扎实推动新时代纪检监察工作高质量发展

省委常委、省纪委书记、省监委主任 夏红民

党的二十大报告指出，高质量发展是全面建设社会主义现代化国家的首要任务。纪检监察机关要深入学习贯彻党的二十大精神，忠实履行党章和宪法赋予的职责，坚定不移推动纪检监察工作高质量发展，为全面建设社会主义现代化国家、全面推进中华民族伟大复兴提供坚强保障。

一、推动纪检监察工作高质量发展，是纪检监察机关在党的自我革命中担当职责使命的关键之举、决胜之要

习近平总书记在党的二十大报告中指出，必须持之以恒推进全面从严治党，深入推进新时代党的建设新的伟大工程，以党的自我革命引领社会革命。纪检监察队伍是推进党的自我革命的重要力量，要带头发扬彻底的自我革命精神，以高质量纪检监察工作助力党的自我净化、自我完善、自我革新、自我提高，确保党永远不变质、不变色、不变味。

推动纪检监察工作高质量发展，是坚定拥护“两个确立”、坚决做到“两个维护”的必然要求。“两个确立”是党在新时代取得的重大政治成果，是推动党和国家事业取得历史性成就、发生历史性变革的决定性因素，必须毫不动摇、始终坚持。纪检监察机关肩负着维护党中央权威和集中统一领导的重大使命，必须深刻领悟“两个确立”的决定性意义，做“两个维护”的忠实践行者和坚定捍卫者，不断提高政治监督的精准度和实效性，做到习近平总书记重要指示批示到哪里、党中央决策部署到哪里，政治监督就跟进到哪里，以高质量政治监督推动各级党组织和党员、干部把坚定拥护“两个确立”体现在坚决做到“两个维护”的实际行动上。

*推动纪检监察工作高质量发展，是巩固拓展反腐败斗争压倒性胜利的现实需要。*习近平总书记强调，腐败是危害党的生命力和战斗力的最大毒瘤，反腐败是最彻底的自我革命。当前，反腐败斗争取得压倒性胜利并全面巩固，但形势依然严峻复杂，面临不少顽固性、多发性问题，铲除腐败滋生土壤任务依然艰巨。纪检监察机关作为开展反腐败斗争的专门力量，必须深化对管党治党规律、反腐败斗争规律的认识，加强对新型腐败、隐性腐败的分析研究，提高一体推进不敢腐、不能腐、不想腐能力和水平，以高质量的战略战术、策略打法，坚决打赢反腐败斗争攻坚战持久战。

*推动纪检监察工作高质量发展，是践行以人民为中心发展思想的具体行动。*进入新发展阶段，人民群众对更高品质生活、实现共同富裕的追求更加强烈，从“有没有”向“好不好”的转变愈加明显。纪检监察机关作为人民群众根本利益的忠实守护者，必须紧紧抓住人民群众最关心最直接最现实的利益问题，持续整治群众身边的腐败和不正之风，推动解决好人民群众急难愁盼问题，以执纪执法为民、纠风治乱为民、反腐惩恶为民的新成效，助推人民群众现代生活品质、共同富裕质量实现新跃升。

*推动纪检监察工作高质量发展，是完善党的自我革命制度规范体系的题中之义。*健全党统一领导、全面覆盖、权威高效的监督体系，是完善党的自我革命制度规范体系的重要内容。纪检监察监督在党和国家监督体系中处于主干位置，既要高质量统筹衔接纪律监督、监察监督、派驻监督、巡视监督，加强对权力运行的制约和监督，完善防治腐败滋生蔓延的体制机制，又要强化纪委监委监督的协助引导推动功能，高质量推动各类监督贯通协调、形成合力，使监督优势更好地转化为治理效能。

二、准确把握纪检监察工作高质量发展的内涵要义，确保方向正确、行稳致远

高质量发展是具体的、实践的。新时代全面从严治党“十年磨一剑”的革命性锻造，进一步深化了对纪检监察工作高质量发展的规律性认识。纪检监察工作高质量发展的衡量标准、评判尺度，至少应包括“精准定位、稳中求进、规范有序、系统协同、务实高效”五个方面。

*精准定位是纪检监察工作高质量发展的基础前提。*推动高质量发展，必然要求融入大局、找准定位、有效履职。纪检监察机关作为政治机关，首要的是坚守政治定位，凡事首先从政治上看，从坚定拥护“两个确立”、坚决做到“两个维护”的高度去思考问题、分析问题，把坚持党中央集中统一领导作为最高政治原则去推动工作、督促落实，发

现政治问题、纠正政治偏差、彰显政治效果。要立足基本职责定位，围绕党和国家工作大局发挥监督保障执行、促进完善发展作用，把正风肃纪反腐与深化改革、完善制度、优化治理、推动发展贯通起来，以高质量监督助力现代化建设。

*稳中求进是纪检监察工作高质量发展的总基调。*高质量发展是更可持续、更加健康、更有后劲的发展。纪检监察工作向纵深推进，必须稳中求进、坚定稳妥。“稳”是前提、是基础，一方面要保持战略定力，牢记全面从严治党永远在路上、党的自我革命永远在路上，坚持以严的基调强化正风肃纪，以零容忍态度反腐惩恶，稳高压态势、稳惩治力度、稳从严氛围、稳干部群众预期；另一方面要强化底线思维，守牢案件质量、办案安全、舆情风险等底线，坚决防范化解各种风险隐患。“进”是目标、是方向，要把握新时代新要求，适应新形势新任务，研究新情况新问题，以一体推进不敢腐、不能腐、不想腐深化标本兼治，以强有力监督促进高效能治理，以深化改革创新提升监督执纪执法水平，以综合运用政策策略增强惩治效果，以久久为功的韧劲持续净化政治生态，不断开辟纪检监察工作高质量发展新境界。

*规范有序是纪检监察工作高质量发展的基本要求。*纪检监察工作高质量发展，本身就是规范化、法治化、正规化水平不断提升的过程。要全面推进纪检监察机构、职能、权限、程序、责任法定化，做好纪检监察法规制度“立改废释”，完善程序类、实体类、协作类、束权类等制度，加强法规制度评估清理和备案审查，制定并完善监督执纪执法工作规范和指南，构建上下一致、配套完备、科学严密的纪检监察制度体系。强化制度刚性执行，严肃纠治有制度不落实、有规定不遵守的人和事，真正让制度“带电”“长牙”。

*系统协同是纪检监察工作高质量发展的应有之义。*高质量发展更加注重系统性、整体性、协同性。全面从严治党是系统工程，必须着眼前瞻性思考、全局性谋划、整体性推进，把主体责任、监督责任、协助职责统筹起来，推动健全各负其责、统一协调的管党治党责任格局。要以系统观念深化纪检监察体制改革，一体推进纪律检查体制改革、国家监察体制改革、纪检监察机构改革，深化派驻机构改革，提升监督全覆盖有效性。要统筹推进各领域反腐败斗争，用好“全周期管理”方式，坚持不敢腐、不能腐、不想腐一体推进，同时发力、同向发力、综合发力，使严厉惩治、规范权力、教育引导紧密结合、协调联动，不断取得更多制度性成果和更大治理效能。

*务实高效是纪检监察工作高质量发展的检验标准。*高质量发展必然要求更重实际、更高效率、更好效果。要坚持把实事求是作为生命线，一切从实际出发，发现什么性质问题就按什么性质对待，查证多少问题就处理多少问题。着力提高工作效率，在保证办案质量安全的前提下，集中力量、重点突破，快查快处快结，提质提速提效。要注重提升综合效果，既敢监督、办好案，又统筹把握政治大局、经济社会发展大局，贯通融合纪法情理，精准运用“四种形态”，把高质量体现到政治效果、纪法效果、社会效果的有机统一上。

三、全面落实纪检监察工作高质量发展的实践要求，推动守正创新、勇开新局

纪检监察工作高质量发展是一个持续提升、不断突破、永无止境的过程，必须与时俱进优化思路举措、方式方法，推动各项工作更加科学、精准、有效。

*注重履行监督第一职责与服务发展第一要务相统一。*发展是党执政兴国的第一要务，监督只有顺应发展、助力发展、服务发展，才有目标和价值。要聚焦“国之大者”，推进政治监督具体化、精准化、常态化，当好稳定发展、提振发展、促进发展的冲锋队、督战队，以高质量监督服务保障经济社会高质量发展。山东各级纪检监察机关将围绕党的二十大作出的战略部署，紧盯习近平总书记对山东工作提出的“三个走在前”重要指示要求，紧盯“疫情要防住、经济要稳住、发展要安全”，加强监督检查、巡视巡察，深化运用“一台账、两清单、双责任、双问责”监督机制，建好用好政治监督活页，扎实开展黄河流域生态保护和高质量发展专项监督，确保习近平总书记重要指示批示和党中央重大决策部署落地落实。

*注重正风肃纪反腐与激励担当作为相统一。*惩治震慑与激励保护是监督执纪执法的一体两面。一方面，要坚持有贪必肃、有腐必惩。坚决查处政治问题和经济问题交织的腐败，坚决防止领导干部成为利益集团和权势团体的代言人、代理人，坚决治理政商勾连破坏政治生态和经济发展环境问题，持续深化国企、金融、政法等重点领域反腐败工作，更加有力遏制增量，更加有效清除存量；坚持党性党风党纪一起抓，持续深化纠治“四风”，重点纠治形式主义、官僚主义，坚决破除特权思想和特权行为。另一方面，要认真落实“三个区分开来”。区分对待改革创新中的失误过错，积极开展容错纠错，树立支持干事者、保护创新者、宽容失误者、打击诬告者、严惩腐败者的鲜明导向。山东省纪委监委出台关于激励干部担当作为实施容错纠错的办法和问责工作规程，用足用好第一种形态，改进谈话函询的方式方法，健全尽职免责、失职追责、精准问责长效机制，积极营造干事担当的浓厚氛围。

*注重依规依纪依法与深化改革创新相统一。*推动纪检监察工作高质量发展，要严格依规依纪依法，坚持守正创新，推动理念创新、机制创新、工作创新、方法创新，不断提升纪检监察工作创新力。纪检监察机关要有效发挥组织作用和系统优势，通过优化领导分工、调整职能职责、整合要素资源，推动省、市、县、乡纪检监察机构上下联动，机关、派驻、巡视巡察左右衔接；建好用好监督贯通应用平台、巡视巡察综合信息管理系统等，加强对各类监督信息的统一管理、综合分析、集中研判，以信息化手段为监

督赋能。

*注重发挥专责监督作用与强化协助引导推动功能相统一。*构建系统集成、协同高效的监督体系，是纪检监察工作高质量发展的重要目标任务。要做强专责监督，发挥纪委监委监督的协助引导推动功能，以党内监督为主导促进各类监督力量整合、工作融合。纪检监察机关要制定进一步加强纪律监督、监察监督、派驻监督、巡视监督统筹衔接的具体措施，探索完善“室组地巡”联动监督、“室组（企、校）地”联合监督办案机制；主动加强与人大监督、民主监督、行政监督、司法监督、舆论监督等贯通协调，健全同政法、行政执法、审计、财会、统计、金融监管、法治督察等监督主体的协作配合制度，汇聚各类监督整体合力。

*注重提升履职能力与接受最严格的约束和监督相统一。*纪检监察干部既要敢于斗争、善于斗争，练就监督执纪执法的真功夫，又要秉公执纪、规范用权，做遵纪守法的标杆。要把学习宣传贯彻党的二十大精神作为首要政治任务，在全面学习、全面把握、全面落实上下功夫，认真领悟党的二十大提出的新思想新论断、作出的新部署新要求，坚决贯彻落实党中央全面从严治党战略部署，牢记“三个务必”，以高度政治自觉和饱满精神状态把党的二十大精神落到实处。一以贯之用党的创新理论凝心铸魂，牢牢把握习近平新时代中国特色社会主义思想的世界观和方法论，坚持和运用好贯穿其中的立场观点方法，确保新时代纪检监察工作正确方向。带头加强政治建设，深入开展“规范化法治化正规化建设年”活动，强化专业培训、实战练兵，不断提升以法治思维、法治方式强化监督、惩治腐败、建好队伍的能力和水平。坚持将“三不腐”一体推进理念贯穿纪检监察干部队伍建设，强化系统内部督查、监督调研，构建“大内控”工作格局，刀刃向内、防止“灯下黑”，着力锻造忠诚坚定、担当尽责、遵纪守法、清正廉洁的纪检监察铁军。

练就过硬作风　奋力守正创新

省委常委、宣传部部长　白玉刚

2022年是党的二十大召开之年，是进入全面建设社会主义现代化国家、向第二个百年奋斗目标进军新征程的重要一年，做好宣传思想工作要求更高、责任更大。深入学习贯彻党的十九届六中全会精神，唱响迎接宣传贯彻党的二十大的主流思想舆论，激励广大干部群众以昂扬的精神状态，奋进新征程、建功新时代，需要宣传思想战线更加自觉主动地围绕中心、服务大局，以更高标准落实“举旗帜、聚民心、育新人、兴文化、展形象”使命任务，练就过硬作风，奋力守正创新，充分展现新气象新作为。

一、练就过硬作风、奋力守正创新，必须深刻认识和把握宣传思想工作在全局中的重大意义和作用

宣传思想工作说到底是做人的工作，是在人的头脑当中搞建设。《中国共产党宣传工作条例》明确指出，党委宣传部是主管意识形态方面工作的职能部门，是社会主义精神文明建设的牵头协调部门。无论是意识形态工作还是精神文明建设，都是着眼于人的思想观念、精神面貌、文明风尚、行为规范等方面的建设，着力于人的头脑的工作，更具根本性、战略性、全局性。

要深刻认识宣传思想工作是为国家立心、为民族立魂的工作，事关党的前途命运、事关国家长治久安、事关民族凝聚力和向心力。意识形态作为一定社会的观念上层建筑，以观念形态存在，却并不虚，每项工作都是实在的、真实的、具体的，每时每刻都在影响人的思想、左右人的行为、影响人的价值取向。衡量一名领导干部是否政治成熟，一个重要方面就是看重不重视、善不善抓宣传思想工作。要深刻认识宣传思想工作是日积月累、久久为功的工作，思想领域建设非一日之功，必须抓在平常、融入日常、常抓不懈。它不像抓经济、上项目、搞工程那样立竿见影，却是一切工作的生命线，可有可无、可抓可不抓地做宣传思想工作，长此以往，必然会造成思想观念、舆论生态、道德行为等方面的混乱，进而影响经济发展和社会稳定。要深刻认识宣传思想工作是敢于斗争、敢于胜利的工作，意识形态领域是看不见硝烟的战场，意识形态安全是最基础的政治安全，必须打好主动仗、掌握主动权。面对百年未有之大变局加速演进的新形势，各种风险隐患交织叠加，向意识形态领域传导压力加大，意识形态这根弦绷得不紧，必然会造成工作被动、阵地失守。要深刻认识宣传思想工

作是政治性、专业性很强的工作，没有几把刷子是干不了的，没有高素质、好把式、真功夫是干不出漂亮活的。宣传思想工作最考验党员干部的素质能力，必须坚定拥护“两个确立”，坚决做到“两个维护”，始终胸怀“国之大者”，善于察大势、应变局、观未来，切实提高政治判断力、政治领悟力、政治执行力。

二、练就过硬作风、奋力守正创新，必须把党的创新理论作为安身立命之本，更加自觉坚定地武装头脑、指导实践、推动工作

教育者首先要受教育，武装别人首先要把自己武装起来。习近平新时代中国特色社会主义思想是当代中国马克思主义、21世纪马克思主义，是中华文化和中国精神的时代精华，是做好一切工作的思想旗帜和行动指南。宣传干部要把学懂弄通做实习近平新时代中国特色社会主义思想作为基本要求、看家本领，带头做党的创新理论的坚定信仰者、忠诚实践者。理论功底打不牢，做起工作来就容易跑偏、走调。

打牢理论功底，基础在“学”，必须在“学”上下功夫。要拿出时间学。不拿出时间来学，肯定学不扎实、学不深刻。宣传思想工作时时处处事事是政治，如果不把科学理论装在自己脑袋里，只是寄托在手机存、网上查，就难以指导工作、把好方向、兜住底线，更不用说守正创新了。要原原本本学。学不学原文，效果大不一样，只有在学原文中才会有深切的体悟、感受、领会，才能更好指导和推动工作实践。要通过读原著、学原文，形成自己的理论认识和判断，不能浏览几篇理论文章就当学习了，那些只能作为学原文的补充和参考。要反复思考学。学而不思则罔，思而不学则殆。没有思考的学习是机械的记忆，只会是复读机、传声筒，难以对工作产生指导作用。要在深入思考中加深认识和领悟，知其然更知其所以然。要带着问题学。理论是用来解决问题的，不是拿来做样子的。新时代新阶段面临许多新情况新问题，只有善于发现问题、找到问题，然后用理论去分析问题，找出解决问题的办法，才是真正的学深悟透做实。要用政治执行力检验学。宣传部门是党委工作部门，是干具体事的，不能把“我学了”当“学好了”，要用工作实践展现理论水平、认知能力和思想觉悟。政治判断力、政治领悟力最终得看政治执行力，用政治执行力来检验。

三、练就过硬作风、奋力守正创新，必须拿成效说话，用群众的文化获得感幸福感安全感衡量

宣传思想工作与其他领域工作有所不同，更讲究形式、方法、手段，但所有的形式、方法、手段，都是为目的、内容、成效服务的，都要看是不是促进形成了良好道德风尚和行为规范，是不是增强了群众的文化获得感、幸福感、安全感，而不能简单看发了多少文件、开了多少会议、搞了多少活动。

群众的文化获得感幸福感安全感是具体实在的。一首好歌、一本好书、一部好剧、一场好报告，都能给人好的文化体验和精神满足。随着物质生活水平提高，人们精神文化需求越来越多样、要求越来越高，有文化娱乐层面的，也有思想、精神、心理层面的，需要我们准确把握、精准施策，把增强群众文化获得感幸福感安全感落在具体事、具体项目、具体政策上，通过解决群众的“急难愁盼”，更好实现促进满足人民文化需求和增强人民精神力量相统一，而不能简单泛化、概念化。群众的文化获得感幸福感安全感是能感受到的。宣传思想工作对象是人，每一项工作部署、每一个活动开展、每一部文艺创作，效果好不好，基层群众的反馈最说明问题，不能自说自话、不管老百姓的感受。要经常深入基层、走近群众，多与群众唠嗑，听听群众怎么说的，看看工作有没有落到群众中，也可平时从亲人朋友中听听意见，这样就会对自己的工作是否管用有效，有一个客观评判，从而找到改进方向。群众的文化获得感幸福感安全感是可评价考量的。对群众的实际感受，不仅要定性，还要定量，有更加直观全面务实的评价，不能大而化之、以偏概之。比如媒体宣传要看发了多少稿，更要看群众的点击点赞率；文艺作品要看获了什么奖，更要看群众的认可度和口碑值；文化惠民要看办了什么事，更要看惠及了多少人等等。要增强受众意识、注重换位思考，建立以人民为中心的工作评价体系，推动各项宣传思想工作更好地聚焦群众、服务群众、赢得群众。

四、练就过硬作风、奋力守正创新，必须始终把握守正这个根本、创新这个关键，全面加强创新力建设

守正创新是党的十九大以来习近平总书记对宣传思想工作提出的明确要求。“守正”就要把好正确的政治方向、舆论导向和价值取向，把好宣传思想工作的“时度效”，在大是大非面前旗帜鲜明、立场坚定、坚决斗争；“创新”就要面对新阶段新特征特别是新技术新应用新变化，积极应变、主动求变，研究新情况、解决新问题、创造新经验，不因循守旧、墨守成规。守正与创新是辩证统一的，守正是创新的前提，创新是为了更好地守正，不创新从根本上说也守不住“正”。

要加强理念创新。一味的老脑筋、老经验已经不适应时代的发展变化，要拓宽思路视野，善于跳出宣传从外部看，跳出山东从全国看，把握大局大势，站在全局的高度思考谋划工作；要立足“两个战场”，统筹网上和网下，推动主力军向主战场转移，切实掌握网上工作主动权；要用好“两把钥匙”，既重视物质力量又重视精神力量，既帮助群众解决实际问题又帮助解决思想问题，让我们的工作更加暖心润心聚心；要注重贯通融合，有效整合各方资源力量，加强对上对外沟通协作，下“一盘棋”，打整体战，

任何单打独斗都是不可取的。要加强手段创新。所有工作都要在创新的过程当中落实，落不下去、落不好，就要问问为什么、怎么办。凡事都要有招，这招不行就要换一招，不能一条道走到黑，这个“招”就是创新。要抓住数字化时代机遇，推进宣传文化领域的数字变革和创新，主动运用新技术新应用新场景，用数字赋能媒体建设、赋能宣传教育、赋能文明实践、赋能文艺创作、赋能文化产业。要加强基层工作创新。宣传思想工作的主体在基层，创新的重心也在基层。要加强基层宣传文化阵地建设，推动县级融媒体中心成为融合各项公共服务的总服务台，推动新时代文明实践中心（所、站）成为群众身边的文化服务综合体。要形成一批群众最爱看的公众号、最爱去的文化服务和志愿服务站点、最爱参加的宣传文化活动、最爱参与的文化体验项目，让“四个最爱”成为基层宣传文化的鲜亮标识。

五、练就过硬作风、奋力守正创新，必须坚持“严真细实快”，打造政治过硬、本领高强、求实创新、能打胜仗的干部队伍

“政治路线确定之后，干部就是决定的因素”。面对新的形势任务，宣传干部要自觉加强思想淬炼、政治历练、实践锻炼、业务训练，真正练出几块腹肌，练就几把刷子，以过硬素质和作风，推动各项宣传思想工作守正创新、提质增效。

要在执行落实中历练干部。说了就算、定了就办，马上办、兜底办，干就负好责、做就做到位，力戒形式主义官僚主义。要发挥“关键少数”作用，带头强执行、抓落实，层层传导责任压力。要在急难险重中考验干部。刀在石上磨，人在事上练，考察检验干部既要看平时，更要看战时、看关键时刻。要深化“四力”教育实践，激励干部担苦、担难、担重、担险，经风雨、壮筋骨、长才干。要以工作质效评价干部。“严真细实快”反映着素质能力和人品事品，体现着工作标准和质量效果，要强化目标导向、问题导向、结果导向，既要看干了什么，更要看干成了什么，建立完善绩效考核机制，树立实干实绩、争先创优的鲜明导向。要用纪律规矩管好干部。坚持党管宣传、党管意识形态、党管媒体，严格落实全面从严治党主体责任和“一岗双责”，严明政治纪律和政治规矩，加强警示教育和日常监督，用制度管人管事，确保干部能干事、不出事，营造干事创业、风清气正的良好政治生态。

树立践行正确政绩观

省委常委、组织部部长　王宇燕

党的十八大以来，习近平总书记围绕树立正确政绩观作出一系列重要论述，科学回答了“政绩为谁而树、树什么样的政绩、怎样树好政绩”等重大理论和实践问题，体现了对新时代党的建设和干部队伍建设规律的深邃思考和深刻把握。在2022年春季学期中央党校（国家行政学院）中青年干部培训班开班式上，习近平总书记再次强调，树立和践行正确政绩观。新时代呼唤新作为，新征程要有新气象。开启实现第二个百年奋斗目标新征程，市县乡领导班子换届后一大批干部走上新的领导岗位，必须深入学习贯彻习近平总书记重要指示精神，教育引导各级干部准确把握正确政绩观的丰富内涵和实践要求，以实干担当创造经得起实践、人民、历史检验的实绩。

一、深刻认识新时代领导干部肩负的职责使命，解决好“政绩为谁而树”的问题

习近平总书记在党的十九届六中全会上指出，全党要牢记中国共产党是什么、要干什么这个根本问题。党员领导干部既要从理论逻辑、历史逻辑、实践逻辑上来认识把握，更要联系实际明确“工作为谁而干、政绩为谁而树”，坚定扛起新时代赋予的责任担当。

牢牢把握走上新的赶考之路的时代方位。从实现中华民族伟大复兴中国梦的历史进程看，一代代共产党人接续奋斗，创造了不同历史时期的辉煌成就，中国特色社会主义进入新时代，意气风发向着全面建成社会主义现代化强国的第二个百年奋斗目标迈进，中华民族伟大复兴展现出前所未有的光明前景。新时代新征程上，必须始终站在事业发展的历史潮头，接过时代的接力棒，拼搏实干、一步一个脚印把宏伟蓝图变为现实。

牢牢把握坚持人民至上的价值标准。从实现人民对美好生活向往的奋斗目标看，我们党自成立之日起，就把人

民放在心中最高位置，把人民幸福镌刻在自己的旗帜上，无论党和人民事业发展到什么阶段，都时刻牢记和回答好“我是谁、为了谁、依靠谁”这个重大命题。新时代新征程上，必须始终践行以人民为中心的发展思想，与群众想在一起、干在一起，真正实现好、维护好、发展好最广大人民根本利益。

牢牢把握继续推进新时代党的建设新的伟大工程的政治责任。从巩固党的长期执政地位的重大使命看，在百年奋斗历程中，我们党团结带领全国各族人民艰苦奋斗、勇毅前行，中华民族迎来了从站起来、富起来到强起来的伟大飞跃，每一次飞跃都充分证明了办好中国的事情关键在党，中国共产党始终是风雨来袭时中国人民最可靠、最坚强的主心骨。新时代新征程上，必须始终弘扬伟大建党精神，不论从事什么工作，都首先考虑是不是有利于坚持和加强党的全面领导、有利于筑牢党的长期执政根基，把党锻造得更加坚强有力。

牢牢把握开创新时代社会主义现代化强省建设新局面的实践要求。从贯彻落实习近平总书记对山东工作的重要指示要求看，每当山东发展的关键时期，习近平总书记都作出一系列重要指示，为山东指明前进方向、提供科学指引、注入强大动力。新时代新征程上，必须始终牢记习近平总书记的殷殷嘱托，锚定“走在前列、全面开创”“三个走在前”总遵循、总定位、总航标，聚焦山东省委既有工作部署和“六个一”发展思路、“六个更加注重”策略方法、“十二个着力”重点任务，攻坚克难、创新突破，书写齐鲁画卷新篇章。

二、坚持实践实干实效，解决好“树什么样的政绩”的问题

习近平总书记强调，业绩都是干出来的，真干才能真出业绩、出真业绩。面对新形势新任务，党员干部必须正确把握实干实绩实效导向，以真抓实干的实际行动干出一番实打实的业绩。

坚持对党忠诚、政治过硬。最根本的是坚定拥护“两个确立”、坚决做到“两个维护”，这是检验干部忠诚度的“试金石”，也是干工作、出业绩必须坚守的政治方向。坚定政治站位，心怀“国之大者”，积极主动同习近平总书记重要指示要求对标对表。坚持在大局下行动，自觉把本地区本部门工作放到党和国家事业发展全局中来谋划推进，做到既为一域争光，又为全局添彩。善于创造性开展工作，把中央精神和具体实际结合起来，有针对性提出研究问题、开展工作的具体措施。

坚持为民造福、群众满意。“金杯银杯不如老百姓的口碑，金奖银奖不如老百姓的夸奖”，做好工作、干出政绩，需要悟透以人民为中心的发展思想，把人民至上理念内化于心、外化于行。做到以百姓心为心，想问题、作决策、办事情，先想一想群众在想什么、盼什么、愁什么，考虑群众的感受，尊重群众的意愿。主动培养与群众的感情，锻炼做群众工作的能力，能够坐在老百姓的炕头，蹲在老百姓的地头，讲老百姓听得懂的话。善于和群众一起工作，积极争取群众的理解、支持、参与，做群众愿意跟着跑的“火车头”。

坚持推动高质量发展。新发展理念是把握新发展阶段、构建新发展格局的行动指南，也是检验干部政绩是否符合时代要求的重要标尺。完整、准确、全面贯彻新发展理念，坚持一切从实际出发，发挥本地区资源禀赋、产业基础等比较优势，因地制宜明确发展思路，探索富有特色的高质量发展路子。统筹发展和安全，统筹疫情防控和经济社会发展，多做防患于未然的工作，守牢粮食安全、能源安全、产业链供应链安全、金融安全、安全生产、生态环境安全等“一排底线”。

坚持功在当下、利在长远。正确处理显绩和潜绩的关系，涵养“功成不必在我”的境界格局和“功成必定有我”的责任担当。保持敢于担当、奋发有为的精神状态，把心放在工作上、把工作放在心上，扎扎实实做好自己担负的每一项任务，做到我的岗位我负责、我在岗位请放心。坚持求真务实、久久为功，认真思考“在任上能干什么、为将来能留下什么”，做好“瞻前”“顾后”的工作，把手中的接力棒传递好。

坚持管党治党、为党兴党。牢固树立抓好党建就是最大政绩的理念，把管党治党责任落实得好不好，作为衡量党员领导干部履职尽责情况的关键一条，教育引导领导干部扛起主责、抓好主业、当好主角，坚持严的主基调不动摇，推动全面从严治党向纵深推进。突出问题导向，认真查找影响和制约本地本部门党建工作的突出问题、关键环节和深层次原因，细化工作措施，把每条战线、每个领域、每个环节的党建工作抓具体抓深入，提升党建工作整体水平。

三、自觉加强修养锻炼，解决好“怎样树好政绩”的问题

树立正确政绩观，不是一蹴而就、一劳永逸的，而是终身课题。党员干部要持续强化自我修炼，提高综合素养和实践能力，以过硬本领创出新业绩、作出新贡献。

砥砺坚强党性。树立和践行正确政绩观，起决定性作用的是党性。必须深学细悟习近平新时代中国特色社会主义思想，修好共产党人的“心学”。学出对党忠诚，深刻领悟“两个确立”的决定性意义，不断提高政治判断力、政治领悟力、政治执行力。学出坚定信念，自觉把人生理想融入到党和人民事业之中，把为人民幸福而奋斗作为自己最大的幸福。学出自觉行动，不折不扣把习近平总书记重要指示要求和党中央各项决策部署落到实处。

锤炼过硬作风。主动运用党的历史经验砥砺前行，更好地激发建功新时代的精气神。坚持实事求是的思想路线，练好调查研究基本功，使思路措施符合客观实际。走好新时代党的群众路线，深入研究和把握新形势下群众工作的特点和规律，做到哪里有群众需要、就在哪里创造业绩。

发扬斗争精神，在机遇面前主动出击，在困难面前迎难而上，在风险面前积极应对，始终掌握工作主动。

增强能力本领。坚持知行合一、学做结合，依靠实践长才干、出业绩。提升专业能力，坚持缺什么补什么，有针对性丰富知识储备，增强专业素质，克服“本领恐慌”“能力不足”。提升实战能力，坚持干一行、学一行、懂一行、专一行、爱一行，真正成为行家里手。提升抓落实能力，倡树“严真细实快”工作作风，倡导“马上就办、干就干好”的理念，确保事事有声、件件落地。

把握策略方法。注重把战略的坚定性和策略的灵活性结合起来，不断提高工作质效。处理好主观与客观的关系，遵循事物发展规律，不但看干了什么，更看干得怎么样，防止形式主义、官僚主义。处理好系统与精准的关系，做到谋划时能够统揽大局、操作中能够细致精当，以绣花功夫把各项工作做扎实、做到位。处理好做好与讲好的关系，既当指挥员、战斗员，把工作做出色；又当宣传员、引导员，把工作讲精彩，调动方方面面的积极性。

严守纪律底线。正确看待和使用手中的权力，做到清白做人、干净做事、坦荡为官。坚持公正用权，清醒认识权力姓公不姓私，心怀如临深渊、如履薄冰的谨慎。坚持依法用权，善于运用法治思维和法治方式谋事干事，习惯在被约束的环境中工作和生活。坚持为民用权，强化权为民所赋的意识，始终把权力用在为民办事、为民造福上。坚持廉洁用权，牢记清廉是福、贪欲是祸的道理，明白什么事能做、什么事不能做，以内无妄思保证外无妄动。

以科学方法推动各项任务落实落地

省委常委、济南市委书记　刘　强

习近平总书记指出，“无论抓什么工作，最紧要的就是掌握正确的世界观和方法论。”省委明确提出，把“六个一”发展思路和“六个更加注重”策略方法长期坚持下去，把工作抓紧抓实抓到位。把习近平总书记的重要指示要求和党中央重大决策部署贯彻好，把省委工作要求执行好，把强省会建设的美好蓝图变为现实，必须运用马克思主义的立场、观点和方法，全面、系统、辩证地看问题、做决策、抓工作。具体来讲，就是要做到“突出重点、讲求细节、压实责任、形成闭环”。

一、突出重点

当前，我们面临着艰巨繁重的改革发展稳定任务，往往要面对“既要、还要、又要、更要”等多难选择，必须既讲“两点论”，又讲“重点论”，优先解决主要矛盾和矛盾的主要方面，抓纲带目、以点带面，以重点突破带动整体工作提升。

善于从全局出发把握重点。习近平总书记重要指示要求和党中央决策部署，省委、省政府工作要求，市委、市政府具体安排，都是要抓好的工作重点。各级各部门都要紧紧围绕这些重点谋划工作，搞明白国家和省需要我们做什么、我们必须做什么，放大坐标找准位置，弄清楚单项工作在全国、全省以及副省级城市中是什么位次，与先进地区的差距在哪里、原因是什么，从而找到改进提升工作的有效路径。比如，加快建设济南新旧动能转换起步区，不仅有利于推动济南产业转型升级、拓展城市空间，更是落实黄河国家战略、加快山东新旧动能转换综合试验区建设的重要抓手。各级各部门要提高站位，把握好“四个新”目标定位，推进好“五个着力”重点任务，努力做到既为一域争光，又为全局添彩。

善于在发展中把握重点。一切事物都处在永不停息的运动、变化和发展过程中，同一项工作在不同阶段也会有不同的重点任务，要把握规律，因时而谋，有针对性地确定战术打法。面对“3•29”疫情冲击，前期紧紧盯住“社会面清零”这个主要矛盾，坚决落实各项应急处置措施；随着清零目标实现，及时调整策略，转入常态化防控。在整个过程中，按照省委“5+1”工作部署，优化“4个源头”，擦亮“3个探头”，努力降低疫情对经济发展的冲击。做任何工作，只要抓住不同时期、不同条件下的重点，准确识变、科学应变、主动求变，就能有的放矢、精准施策，取得最好成效。

善于以前瞻的视角把握重点。面对日新月异的发展变化，谁见事早、行动快，谁就能抢占先机、掌握主动、赢得未来。必须准确把握发展趋势和态势，超前谋划事关未来发展的问题，下好“先手棋”。从当前我国区域协调发展的情况看，中心城市带动都市圈，进而带动城市群发展，已经成为必然趋势。各级各部门要顺应大势、放大格局，

自觉把工作放到济南都市圈、山东半岛城市群中来把握，谋划一批产业、经贸、人文等合作交流的重点事项，不断提升济南的辐射带动力。随着新一代数字技术的广泛应用，将掀起新一轮科技革命和产业革命，我们要顺应数字时代的变革，从数字产业化、产业数字化、城市治理数字化、市民生活数字化四个方面，加快推进数字济南建设，努力在数字化浪潮中抢占制高点。

二、讲求细节

细节决定成败，一项工作没有取得预期效果，原因有很多，但一定存在细节没做好的因素。各级干部要明白“致广大而尽精微”的道理，认真负责对待每一个细节和小事，防止“细节中的魔鬼”损害大局。

把工作细化到最小单元。抓工作不能浮在面上、大而化之，必须细致细究，把工作落细落小。围绕落实省第十二次党代会部署的十二项重点任务、“三个十”行动，我们结合济南实际细化为十个方面任务、198 项具体工作。具体到每一个地方、部门来讲，也要把自身承担的任务深化细化，落到最小单元。我们围绕稳经济大盘打出了一套政策组合拳，有些政策企业反映效果很好，但也有个别政策落不了地，很重要的原因就是政策失之于“粗”、失之于“虚”。比如，有的政策设定门槛过高，导致发布初期符合条件的企业数量较少；有的政策资金返还的是上一年度的缴纳额，企业获得感不强。当前，经济运行越来越呈现短期化特征，既要加强宏观层面调控，更要注重细节上的把控，强化对先行指标、具体结构指标的调度分析，及时精准施策，确保政策举措发力适当靠前。

把每个细节做到最优。做任何工作，都要有精益求精的态度，有求真较真的精神，把每一个细节都做扎实、做到位。比如，对于农村人居环境整治，要从改厕、改水、改暖和治理生活垃圾、生活污水等细节抓起，推动人居环境整治由村庄向庭院、由厅堂向角落步步深入。比如，90% 以上的安全生产事故是人为因素造成的，如果把作业细节盯紧了、把隐患及时消除了，较大程度上是可以避免的。必须落实省委安全生产“8 抓 20 项”创新举措要求，最大程度上减少事故发生。每一名干部都要养成注重细节的习惯，从一点一滴做起，从错别字、标点符号抓起，让极端负责、细致细究真正成为自觉。

注重系统集成、整体衔接。细节并非独立的存在，而是整体中的部分。如果只看秋毫、不见舆薪，每一个看似正确的细节，堆积起来也可能是错误的结果。2020 年国家营商环境评价中，济南位列全国第 9 位，成绩值得肯定。但从更高标准来衡量，我们还需在数据共享、系统衔接、部门协同、制度完善、交互畅通五个方面，加强整体集成。当前不少部门出台了一系列“放管服”政策，单从部门看政策是好的，但基层也反映有的政策之间互不协调，甚至相互打架，原因就是没有做好系统衔接。抓细节要坚持以系统思维来谋划，注重统筹协调，特别是注意各细节间的整体性、协同性，坚决防止“合成谬误”。

三、压实责任

责任决定成效。有些工作之所以效果不够好，一个重要原因就是责任不明确。必须加快构建权责清晰、科学高效的责任体系，引导全市上下明责、履责、负责、尽责，切实把该担的责任担起来、把该抓的工作抓起来。

明确责任分工。每一项工作都要建立横到边、纵到底的责任制，层层压实党委政府、行业部门和每个人的责任。对每一项任务分工，如果单纯列出一堆的责任单位，就成了谁都负责、谁都不负责，必须明确牵头单位，牵头单位就是主攻手，就是负责兜底的。各区县（功能区）作为工作推进最前线，既要落实好主体责任，也要落实好属地责任，全力抓好本辖区内的各项工作。领导干部要以身作则，发挥好“关键少数”作用，不能当甩手掌柜。对重点工作，主要负责同志要亲自谋划部署、推进落实，既挂帅、又出征；班子成员要履行“一岗双责”，抓好分管领域工作落实。

严格完成时限。每一项工作、任务，都要明确时间节点、路径设计和具体要求。对于确定的事情，要早动手、快落实，在规定时限内，确保质量的前提下尽量往前赶，坚决防止平时不作为、该交账了搞突击，甚至乱作为。责任落实还要坚持实事求是，把各方面的情况搞真实，一就是一、二就是二，宁要不完美的真实，不要不真实的完美。对有些工作而言，战机稍纵即逝，必须把握好工作的时度效。像在防汛防洪方面，应急短信要在预警发出 20 分钟内发送到群众手机上，如果发晚了就起不到应有的预警作用。

密切协同配合。有些工作涉及多个领域，靠某个部门“单打独斗”是不行的。像新旧动能转换起步区、科创金融改革试验区建设，不仅是起步区、科技、金融等部门的责任，更是全市各级的共同责任。各级各部门要牢固树立“一盘棋”思想，自觉服从服务全市大局，按照“加强链接、填补真空”要求，既分兵把口，又加强协同，坚决反对本位主义、部门主义，做到分工不分家、补位不缺位，宁可向前一步形成交叉，也不能后退一步造成空档。

强化激励约束。责任落实得怎么样，很重要的是用好考核奖惩手段，树立公平公正、赏罚分明的鲜明导向。近期，我们对在疫情防控中表现优秀、表现突出的干部进行表扬，一批优秀干部进入组织视野；同时，也对个别关键时刻掉链子的干部作了组织处理。要健全科学精准的责任评价和考核奖惩体系，定好规矩、划出红线，谁的责任落实不好，谁的工作拖了后腿、影响了大局，就要严肃追究谁的责任。对责任落实到位、工作成效明显的，要大张旗鼓予以表扬。表扬既是激励，也是一种无形的约束，被树为典型了，公开表扬了，就应当有更大的动力和压力把工作做好。

四、形成闭环

干任何工作，都要有结果，这就需要加强闭环管理，坚持具象化、可量化、可评估，建立“任务部署、建立台账、督导考核、评估问效、成果巩固”的全链条工作推进体系，确保件件有着落、事事有回音，坚决避免“把说了当做了、把做了当做成了、把做过了当做好了”。

坚持清单化、台账化管理。对每项重点工作都要制定具体行动方案，逐条逐项拉出任务清单，分层分级建立工作台账，确保每项任务都有台账可查、完成情况可随时掌握。比如，对于“十四五”各专项规划，要把五年目标任务细化到每个年度，把年度目标细化到季度、把季度目标分解到月度，细化时间节点，明确各级各部门的责任，确保有效落实。同时，对领导交办的工作，要健全报告、督办制度，有关责任部门和负责同志要及时报告进展情况，不能泥牛入海、杳无音信。

坚持项目化、工程化推进。抓工作要善于找准抓手、找到落点。加快重点产业培育，要“敲开核桃”，打开来看，搞清楚每个产业的规模、企业数量和产业链的短板，精准绘出产业链地图，按图索骥，不能搞“大呼隆”。不管多么复杂的工作，都要把任务细化分解为一个个具体的、实实在在的项目，完善指标体系、工作体系、政策体系、责任体系，让每项任务看得见、摸得着、可操作。要善于以工程化方式来推进，对每项任务都要明确时间表、路线图，按标施工、挂图作战，一个节点一个节点推进，确保落实到位。

坚持过程化、动态化督导。部署了工作、出台了政策不是终点，关键要做好抓落实的“后半篇文章”。比如，在政策落实方面，省里出台了4批政策包、284条措施，济南市结合实际也陆续制定了一系列政策，要及时跟进督导评估，既要看政策落实有没有中梗阻问题，也要看政策本身是否符合实际，根据评估情况及时调整优化完善。比如，在全国文明典范城市创建方面，要严格对照创建标准，及时开展督导检查，形成“发现问题—处置问题—监督整改”的工作闭环。对部署的每项工作、发布的每项政策，都要开展动态督导、过程评估，发现问题、及时解决。督导评估既要善于“找刺”，也要帮着“拔刺”，对一些跨地区跨部门跨层次、基层自身无法解决的事项，要提级办理、统筹协调，问题不除、决不收兵。

深入学习贯彻党的二十大精神
为推动经济社会高质量发展凝聚智慧力量

省委常委、副省长　曾赞荣

党的二十大报告擘画了全面建设社会主义现代化国家、以中国式现代化全面推进中华民族伟大复兴的宏伟蓝图，吹响了奋进新征程的时代号角。我们要全面学习把握落实党的二十大精神，坚持与学习贯彻习近平总书记系列重要讲话、重要指示批示精神结合起来，与学习贯彻习近平总书记对山东工作的重要指示要求结合起来，与学习贯彻省委十二届二次全会精神结合起来，学思用贯通，知信行统一，推动全省经济社会高质量发展不断取得新成效。

一、深刻把握过去五年工作和新时代十年伟大变革的重大意义，坚持和加强党的全面领导

习近平总书记在党的二十大报告中全面总结了党的十九大以来5年的工作和新时代10年的伟大变革，科学谋划了未来5年乃至更长时期党和国家事业发展的目标任务和大政方针，“原创性思想”指引方向，“变革性实践”开拓新局，“突破性进展”彰显担当，“标志性成果”坚定信心。实践证明，党的十八大以来取得的历史性成就、发生的历史性变革，最根本的在于有以习近平同志为核心的党中央坚强领导，有习近平新时代中国特色社会主义思想科学指导。党确立习近平同志党中央的核心、全党的核心地位，确立习近平新时代中国特色社会主义思想的指导地位，反映了全党全军全国各族人民共同心愿，对新时代党和国家事业发展、对推进中华民族伟大复兴历史进程具有决定性意义。在新时代新征程上，我们必须深刻领悟“两个确立”的决定性意义，坚定不移维护习近平总书记党中央的核心、全党的核心地位，进一步学懂弄通做实习近平新时代中国特色社会主义思想，不断增强政治判断力、政治领悟力、政治执行力，切实把思想和行动统一到党的二十大精神上来，统一到习近平总书记重要讲话精神上来，以实际行动增强“四个意识”、坚定“四个自信”、做到“两个维护”。

二、深刻把握习近平新时代中国特色社会主义思想的世界观和方法论，始终用以凝心聚魂

实践没有止境，理论创新也没有止境。不断谱写马克思主义中国化时代化新篇章，是当代中国共产党人的庄严历史责任。继续推进实践基础上的理论创新，首先要把握好习近平新时代中国特色社会主义思想的世界观和方法论，坚持好、运用好贯穿其中的立场观点方法。党的二十大报告用“六个必须坚持”作了概括和阐述，即必须坚持人民至上、坚持自信自立、坚持守正创新、坚持问题导向、坚持系统观念、坚持胸怀天下。这六个方面，是总结党的理论创新实践得出的规律性认识，深刻揭示了习近平新时代中国特色社会主义思想的理论品格和鲜明特质。如果一个组织、一个党员能够做到这六个方面，心里始终装着人民、唯独没有自己，既不封闭僵化、也不食洋不化，既不回避矛盾、又善于解决问题，既把握好全局和局部、又兼顾好当前和长远，这样就没有打不赢的仗、过不去的坎，而且越是形势复杂、挑战严峻，越能奋勇前进、走向胜利。我们要进一步增强政治自觉、思想自觉、行动自觉，把习近平新时代中国特色社会主义思想贯彻落实到党和国家工作各方面全过程，让这一思想在新时代伟大实践中彰显出更加强大的真理力量和实践伟力。

三、深刻把握以中国式现代化推进中华民族伟大复兴的使命任务，扎实推动经济社会高质量发展

习近平总书记指出，从现在起，我们党的中心任务是“团结带领全国各族人民全面建成社会主义现代化强国、实现第二个百年奋斗目标，以中国式现代化全面推进中华民族伟大复兴”。中国式现代化，是中国共产党领导的社会主义现代化，既有各国现代化的共同特征，更有基于自己国情的中国特色。我们要深刻领会把握中国式现代化的中国特色、本质要求和推进中国式现代化建设的重大原则，坚持以中国式现代化指导各项工作，为全面推进中华民族伟大复兴作出山东贡献、体现山东担当。特别是，党中央、国务院赋予山东深化新旧动能转换、建设绿色低碳高质量发展先行区的重大使命，为我们探索富有特色的新时代现代化强省建设提供了重大战略抓手和重大历史机遇。我们要用中国式现代化的成功经验指引山东工作实践，深入实施黄河重大国家战略，认真贯彻国务院《关于支持山东深化新旧动能转换推动绿色低碳高质量发展的意见》（国发18号文）要求，锚定“走在前、开新局”，着眼国家所需、山东所能，系统谋划思路目标、重点任务和政策举措，努力推动先行区建设开好局、起好步，奋力推动全省经济社会高质量发展。

四、深刻把握以人民为中心的发展思想，不断增进民生福祉

为民造福是立党为公、执政为民的本质要求，必须坚持在发展中保障和改善民生，鼓励共同奋斗创造美好生活，不断实现人民对美好生活的向往。新时代10年来，我们党团结带领人民，攻克了许多长期没有解决的难题，办成了许多事关长远的大事要事，比如完成脱贫攻坚、全面建成小康社会的历史任务，实现第一个百年奋斗目标；坚持人民至上、生命至上，坚持动态清零不动摇，开展抗击疫情人民战争、总体战、阻击战，最大限度保护了人民生命安全和身体健康，统筹疫情防控和经济社会发展取得重大积极成果，等等，这些都是我们党坚持人民至上、践行初心使命的实际行动和具体体现。我们要深入贯彻以人民为中心的发展思想，坚持尽力而为、量力而行，加强普惠性、基础性、兜底性民生建设，增强均衡性和可及性，扎实推进共同富裕。一方面，以实现共同富裕为目标，积极解决地区差距、城乡差距、收入差距等问题，推动社会全面进步和人的全面发展，更好满足人民群众对美好生活的向往；另一方面，持续加大财政投入力度，不断完善教育、医疗、就业、社保等政策，增进民生福祉，提高人民生活品质，让人民群众更多享受到高质量发展成果。

五、深刻把握以伟大自我革命引领伟大社会革命的重要要求，纵深推进全面从严治党

全面建设社会主义现代化国家、全面推进中华民族伟大复兴，关键在党。党的十八大以来，在以习近平同志为核心的党中央带领我们解决了党内许多突出问题，但党面临的考验和危险将长期存在。习近平总书记反复告诫我们：全面从严治党永远在路上，党的自我革命永远在路上，决不能有松劲歇脚、疲劳厌战的情绪，必须持之以恒推进全面从严治党，深入推进新时代党的建设新的伟大工程，以党的自我革命引领社会革命。我体会，自我革命是“刀刃向内”的政治担当，革的是自己的“命”，扫的是自身的“尘”，最有效的方式就是从我做起、以上率下，一级示范给一级看、一级带领着一级干，带动实现“全员覆盖”。党的十八大以来，以习近平同志为核心的党中央坚持率先垂范、以上率下，推动自我革命向纵深推进，引领全社会涵养风清气正的政治生态、同心同行的政治自觉。作为党员领导干部，必须坚持以身作则、当好“关键少数”，在政治立场、理想信念、斗争精神、组织纪律等各方面作对标对表的“领头雁”。特别是要带头遵守党章党规党纪，锲而不舍加强自身建设，不断锤炼党性修养，铸牢信仰宗旨；自觉把纪律规矩挺在前面，守牢廉洁从政底线，把严的标准、严的措施、严的纪律贯穿始终，做到心有所畏、言有所戒、行有所止；严格落实“一岗双责”，把党建与业务同谋划、同部署、同推进，抓好分管领域的党的建设，切实做到守

土有责、守土负责、守土尽责，把党的自我革命要求持续推向深入。

六、深刻把握团结奋斗的时代要求，切实推动各项工作再上新台阶

党的十八大以来，习近平总书记多次强调，世界百年未有之大变局加速演进，世界之变、时代之变、历史之变正以前所未有的方式展开，这是改革开放以来从未遇到过的。我们必须紧密团结在以习近平同志为核心的党中央周围，全面贯彻习近平新时代中国特色社会主义思想，深入学习贯彻党的二十大精神，坚定信心、同心同德，埋头苦干、奋勇前进，牢记“三个务必”，依靠全党全国人民的意志和力量，战胜一切可以预见和难以预见的风险挑战。尤其是在当前形势下，我们要坚持系统观念和底线思维，既要有防范风险的先手，也要有应对和化解风险挑战的高招；既要打好防范和抵御风险的有准备之战，也要打好化险为夷、转危为机的战略主动战，进一步统筹好疫情防控和经济社会发展，统筹好发展和安全，坚决打好疫情防控、经济社会发展、安全生产等硬仗，全面做好改革发展稳定各项工作，奋力推进新时代社会主义现代化强省建设。

以党的二十大精神为指引 推动学习贯彻习近平法治思想走深走实

省委常委、政法委书记 李 猛

伟大时代孕育伟大思想，伟大思想引领伟大征程。党的二十大高举中国特色社会主义伟大旗帜，全面展现“中国之治”、系统阐述“中国之理”、鲜明宣示“中国之路”、科学回答“中国之问”，进一步丰富和升华了习近平新时代中国特色社会主义思想，为奋力开创以中国式现代化全面推进中华民族伟大复兴历史新伟业，指明了前进方向、确立了行动纲领。大会报告首次把“坚持全面依法治国，推进法治中国建设”作为专章论述、专门部署，科学擘画开启新征程坚持和发展中国特色社会主义宏伟壮阔的法治蓝图，凸显了法治建设在全面建设社会主义现代化国家中的重要地位，深化了对中国共产党依法执政规律、社会主义法治建设规律、人类社会法治文明发展规律的认识，进一步丰富和发展了习近平法治思想，进一步宣示了我们党矢志不渝推进法治中国建设的坚定决心。山东政法系统将按照中央部署和省委要求，认真学习宣传贯彻党的二十大精神，以党的二十大精神为指引，坚持学思用贯通、知信行统一，推动学习贯彻习近平法治思想走深走实，奋力谱写以习近平法治思想引领新时代政法工作高质量发展新篇章，为开创新时代社会主义现代化强省建设新局面贡献政法力量。

一、从“两个确立”深刻认识习近平法治思想的重大意义，深入实施学习贯彻习近平法治思想全覆盖工程

进入新时代，党和国家面临的形势之复杂、斗争之严峻、改革发展稳定任务之艰巨世所罕见、史所罕见，正是因为确立了习近平同志党中央的核心、全党的核心地位，确立了习近平新时代中国特色社会主义思想的指导地位，党才有力解决了影响党长期执政、国家长治久安、人民幸福安康的突出矛盾和问题，消除了党、国家、军队内部存在的严重隐患，从根本上确保实现中华民族伟大复兴进入了不可逆转的历史进程。“两个确立”是党在新时代取得的重大政治成果，是推动党和国家事业取得历史性成就、发生历史性变革的决定性因素，是新征程上战胜一切艰难险阻、应对一切不确定性的最大确定性、最大底气、最大保证。习近平法治思想是习近平新时代中国特色社会主义思想的重要组成部分，习近平总书记作为党中央的核心、全党的核心，顺应实现中华民族伟大复兴时代要求，以厉行法治的坚定意志、奉法强国的雄才大略、依规治党的远见卓识，深刻回答了新时代为什么实行全面依法治国、怎样实行全面依法治国等一系列重大问题，创新发展了中国特色社会主义法治理论，实现了马克思主义法治理论中国化时代化的新飞跃，推动法治中国建设开创新局面，为新时代党和国家事业发展提供了坚实法治保障。认真学习宣传贯彻党的二十大精神，就要深刻领悟“两个确立”的决定性意义，坚持习近平法治思想在新时代全面依法治国中的指导地位，进一步增强学习贯彻的自觉性、坚定性。

近年来，山东全面实施学习贯彻习近平法治思想全覆盖工程，将习近平法治思想作为党委（党组）理论学习中心组学习的重点内容，纳入党校（行政学院）、干部学院重点课程，组织专题培训班和政治轮训班，开展“百名法学家百场报告会”“法治文化基层行”等活动，取得良好成效。山东政法系统将把习近平法治思想作为学习宣传贯彻党的二十大精神的重点内容，坚持“三个突出”，持续推动深化学习贯彻习近平法治思想全覆盖工程。一是突出领导干部这个“关键少数”。推动各级领导干部深入开展专题式、研讨式学习，紧密联系法治中国建设的伟大历史进程和取得的历史成就，完整、准确、全面领会党的二十大关于全面依法治国的新论述新部署，带头深刻把握、深入践行习近平法治思想，更好发挥法治固根本、稳预期、利长远的保障作用，不断提升法治思维和依法办事能力。二是突出机关和高校“两个重点”。将习近平法治思想纳入党员教育体系，作为各级党政机关集中性和经常性学习的重要内容，推动广大党员干部深学之、笃信之、践行之。推动在高校法学类专业全面开设《习近平法治思想概论》课程，支持有条件的高校面向全体学生开设习近平法治思想公共选修课，引导广大青年学生树立对中国特色社会主义法治道路的坚定信念，积极投身全面依法治国实践。三是突出“八五”普法这个“重要依托”。充分发挥各级普法阵地和平台作用，推动习近平法治思想学习宣传不断向基层延伸，引导广大人民群众努力做社会主义法治的忠实崇尚者、自觉遵守者、坚定捍卫者。

二、从“两个结合”深刻认识习近平法治思想的理论逻辑，积极加强习近平法治思想研究阐释

党的二十大报告深刻指出，只有把马克思主义基本原理同中国具体实际相结合、同中华优秀传统文化相结合，坚持运用辩证唯物主义和历史唯物主义，才能正确回答时代和实践提出的重大问题，才能始终保持马克思主义的蓬勃生机和旺盛活力。“两个结合”深化了我们党对坚持和发展马克思主义的规律性认识，为进一步推动党的理论创新、不断开辟马克思主义中国化时代化新境界提供了科学指引。习近平法治思想植根中国特色社会主义法治实践沃土，坚持解放思想、实事求是、与时俱进、求真务实，运用马克思主义法治基本原理科学回答中国之问、世界之问、人民之问、时代之问，深入挖掘和传承中华优秀传统法律文化，既开辟了马克思主义法治理论中国化时代化新境界，又赋予了中华法治文明新活力，是践行“两个结合”的光辉范例。

近年来，山东政法系统深刻认识习近平法治思想形成的理论逻辑，系统把握丰富内涵和精神实质，深刻领悟其科学性、真理性、开创性，积极组织加强研究阐释，省委主要领导同志带头发表理论文章，全省共形成相关研究成果500余件，居省级法学会前列。近期，山东省在省法学会挂牌成立山东省习近平法治思想研究基地，该基地是山东省习近平新时代中国特色社会主义思想研究中心的基地，是39家“山东省社科理论重点研究基地”之一。山东省将紧密结合学习宣传贯彻党的二十大精神，充分发挥基地凝聚全省法学法律界专家学者的优势，聚焦“三个重点”，积极加强习近平法治思想研究阐释。一是重点加强对习近平法治思想原创性贡献的研究。围绕“十一个坚持”，深入研读习近平总书记《论坚持全面依法治国》等经典文献，深入研读党的二十大报告关于全面依法治国的战略部署，深入研究阐释其中的一系列具有时代性、原创性、标识性的新概念新论断新命题，深入研究阐释习近平法治思想的理论体系、话语体系、教材体系，深刻把握这一科学思想鲜明的理论品格和时代精神。二是重点加强对习近平法治思想立场观点方法的研究。认真学习把握党的二十大报告所阐述的习近平新时代中国特色社会主义思想的世界观、方法论和贯穿其中的立场观点方法，深入研究阐释习近平法治思想所蕴含的深邃政理、法理和学理，掌握习近平法治思想的科学方法，增强科学思维能力，提高分析法治建设复杂现象、处理法治实践复杂问题的本领。三是重点加强对新时代新征程推进法治中国建设重大理论和实践问题的研究。坚持以习近平法治思想为指导，紧密结合法治山东建设实践，深入研究把握法治中国建设面临的形势新变化和实践新要求，聚焦全面推进国家各方面工作法治化、在法治轨道上全面建设社会主义现代化国家，积极推进实践基础上的理论创新，为谱写马克思主义法治理论中国化时代化新篇章提供实践和理论支撑。

三、从“两个维护”深刻认识习近平法治思想的政治导向，始终确保新时代政法工作的正确方向

《中共中央关于认真学习宣传贯彻党的二十大精神的决定》强调，全党必须深刻领悟“两个确立”的决定性意义，更加自觉地维护习近平总书记党中央的核心、全党的核心地位，更加自觉地维护以习近平同志为核心的党中央权威和集中统一领导，全面贯彻习近平新时代中国特色社会主义思想，坚定不移在思想上政治上行动上同以习近平同志为核心的党中央保持高度一致。“两个维护”是马克思主义政党理论的当代体现，是新时代全党在革命性锻造中形成的共同意志，是新时代新征程上把中国特色社会主义事业推向前进的根本政治保证。习近平法治思想强调，党的领导是推进全面依法治国的根本保证。坚持中国特色社会主义法治道路，最根本的是坚持中国共产党的领导。这与“两个维护”精神同源、内核同质、目标同向，做到“两个维护”，就要坚持党对新时代全面依法治国的领导；坚持党对新时代全面依法治国的领导，就要坚决做到“两个维护”。

近年来，山东政法系统坚持举旗定向，毫不动摇地坚持党对政法工作的绝对领导，以贯彻落实《中国共产党政

法工作条例》及省委贯彻落实若干措施为契机，不断健全党领导政法工作的制度机制，确保把“两个维护”的根本要求贯彻到政法工作各方面和全过程，确保刀把子牢牢掌握在党和人民手中。认真学习宣传贯彻党的二十大精神，必须深刻领悟“两个确立”的决定性意义，增强“四个意识”、坚定“四个自信”、做到“两个维护”，更加深刻认识和把握习近平法治思想的鲜明政治导向，做到“三个强化”，始终确保新时代政法工作的正确方向。一是强化地方各级党委对政法工作的领导。紧扣坚持党对政法工作的绝对领导这一根本要求，突出县级以上地方党委领导本地区政法工作的主体责任，健全和落实党委定期研究政法工作、统筹政法队伍建设、加强对政法机关的巡视巡察等制度机制，确保党中央关于政法工作的大政方针和决策部署不折不扣落实到位，在政治立场、政治方向、政治原则、政治道路上始终同以习近平同志为核心的党中央保持高度一致。二是强化党委政法委统筹协调职能。坚持议大事、抓大事、谋全局，进一步健全和落实党委政法委员会全体会议、重大事项请示报告等制度，指导推动政法单位党的建设和政法队伍建设，开展政治督察、执法监督、纪律作风督查巡查等制度机制，保证党的路线方针政策和党中央重大决策部署在政法系统全面贯彻落实，保障全面依法治国方略深入推进实施。三是强化政法单位党组（党委）主体责任。严格落实政法单位党组（党委）领导本单位或者本系统政法工作的主体责任，坚持把方向、管大局、保落实，特别要坚决压实全面从严管党治警主体责任，弘扬伟大建党精神，增强斗争本领，持续巩固深化政法队伍教育整顿成果，努力建设忠诚干净担当的新时代政法铁军。

四、从“两个大局”深刻认识习近平法治思想的实践要求，努力建设更高水平的平安山东法治山东

统筹中华民族伟大复兴战略全局和世界百年未有之大变局，是以习近平同志为核心的党中央站在全局和战略高度作出的重大战略判断，是谋划新时代各项工作的基本出发点。党的二十大报告深刻指出，改革开放和社会主义现代化建设深入推进，实现中华民族伟大复兴进入了不可逆转的历史进程。当前，世界百年未有之大变局加速演进，我国发展进入战略机遇和风险挑战并存、不确定难预料因素增多的时期。“两个大局”相互交织、相互激荡、相互影响，新时代新征程党所肩负的使命任务惟其艰巨而更显伟大和光荣。

近年来，山东政法系统坚持以习近平新时代中国特色社会主义思想为指导，深入学习贯彻习近平法治思想，认真落实习近平总书记对政法工作、山东工作的重要指示要求，胸怀“两个大局”，牢记“国之大者”，坚定维护国家政治安全，深入开展扫黑除恶斗争，积极开展市域社会治理现代化试点，持续深化政法改革，积极服务保障统筹疫情防控和经济社会发展，平安山东法治山东建设迈向更高水平，为新时代社会主义现代化强省建设创造了安全的政治环境、稳定的社会环境、公正的法治环境、优质的服务环境。认真学习宣传贯彻党的二十大精神，山东政法系统将更加深入贯彻习近平法治思想的实践要求，聚焦新时代新征程党的使命任务和现代化强省建设的任务部署，锚定“走在前、开新局”，突出“三个着力”，努力建设更高水平的平安山东法治山东。一是着力维护国家安全和社会稳定。坚定不移贯彻总体国家安全观，严密防范各类重大风险隐患，严厉打击敌对势力渗透、破坏、颠覆、分裂活动，坚定维护国家政权安全、制度安全、意识形态安全。强化社会治安整体防控，常态化开展扫黑除恶斗争，依法严惩群众反映强烈的各类违法犯罪活动，切实维护社会大局持续稳定。深入推进市域社会治理现代化，坚持和发展新时代“枫桥经验”，健全共建共治共享的社会治理制度，不断提升社会治理效能。二是着力推进全面依法治省。深入落实中央“一规划两纲要”，坚持法治山东、法治政府、法治社会一体建设，推动各项任务协调推进。推动加强重点领域立法，充分发挥执法司法的反馈作用，助力地方立法工作。深化司法体制综合配套改革，全面准确落实司法责任制，规范司法权力运行，推动严格公正司法，努力让人民群众在每一个司法案件中感受到公平正义。深入推进“八五”普法，努力使尊法学法守法用法在全社会蔚然成风。三是着力服务保障高质量发展。完整、准确、全面贯彻新发展理念，围绕构建高水平社会主义市场经济体制、建设现代化产业体系、全面推进乡村振兴、建设绿色低碳高质量发展先行区、推进高水平对外开放等，加强优质法治供给，进一步营造市场化、法治化、国际化营商环境，助推山东在服务和融入新发展格局上走在前、在增强经济社会发展创新力上走在前、在推动黄河流域生态保护和高质量发展上走在前。

坚持政治统领　发挥职能优势　推动省直机关党的建设高质量发展

省委常委、秘书长　张海波

2022年，全省机关党的建设工作坚持以习近平新时代中国特色社会主义思想为指导，深入学习贯彻党的二十大精神，聚焦新时代党的建设总要求，认真扎实做好工作，为新时代社会主义现代化强省建设提供了有力保证。

一是强化理论武装，政治建设走深走实。始终把做到"两个维护"作为机关党的建设首要任务，深学笃用习近平新时代中国特色社会主义思想，深入学习宣传贯彻党的二十大精神，不断健全完善"第一议题"、理论学习中心组学习等制度，深化青年理论学习提升工程，有效推动了党的创新理论入脑入心、凝心铸魂。

二是注重强基固本，基层基础更加夯实。牢固树立"一切工作到支部"的鲜明导向，全方位实施党支部标准化规范化建设提升工程，推动基层党组织全面进步、全面过硬，涌现出了"我们支部圆桌会""党建红点亮工业蓝"等一批叫得响、推得开的支部工作品牌。基层组织力全面提升，特别是在疫情防控工作中，广大机关党员干部闻令而动、逆行而上，主动深入农村、社区、街道参与各项工作，基层党组织的战斗堡垒和党员的先锋模范作用充分彰显。

三是牢记"国之大者"，服务中心扎实有效。坚持围绕中心、服务大局，聚焦重大国家战略和省委重点工作，积极搭建党建与业务深度融合的平台载体，开展了一系列创先争优、技能竞赛等活动，一大批机关党员干部深入项目建设、信访维稳、安全生产等一线建功立业，党建的引领保障作用有效发挥。

四是严格正风肃纪，精神状态昂扬向上。坚持全面从严主基调，大力倡树"严真细实快"工作作风，持续纠治"四风"，有效解决机关纪委虚化弱化等问题，创新贯通运用监督执纪"四种形态"，担当作为、干事创业的良好氛围进一步形成。

五是有效传导压力，责任落实比较有力。省委常委会带头扛牢党建责任，每年定期听取机关党的建设工作情况汇报，研究部署工作措施。各部门单位结合实际，将机关党的建设工作的决策部署具体化。各级机关工委聚焦主责主业，规划、组织、推动各项任务落实，上下联动推进模范机关建设，抓机关党的建设工作的合力进一步增强。

这些成绩的取得，根本在于习近平新时代中国特色社会主义思想的科学指引，在于省委的坚强领导，在于各级各部门单位党委（党组）的高度重视，在于广大机关党务干部的辛勤努力。

2023年是全面贯彻落实党的二十大精神的开局之年，是我省绿色低碳高质量发展先行区建设的起步之年，也是全面提高机关党的建设质量的重要一年。机关党的建设工作的总体要求是，坚持以习近平新时代中国特色社会主义思想为指导，以学习宣传贯彻党的二十大精神为主线，扎实开展习近平新时代中国特色社会主义思想主题教育，锚定"走在前、开新局"，落实新时代党的建设总要求，坚持对标先进争一流、调查研究摸实情、问题导向抓攻坚、融合发展促创新，不断推动机关党的建设高质量发展，努力在当好"三个表率"（在深入学习贯彻习近平新时代中国特色社会主义思想上作表率，在始终同党中央保持高度一致上作表率，在坚决贯彻落实党中央各项决策部署上作表率）、建设模范机关上展现新作为，为扎实推动中国式现代化山东实践作出新贡献。

一、坚持政治统领、高举思想旗帜，永葆政治机关的鲜明本色

重视和加强党的政治建设，是我们党的显著特点和独特优势，也是党的十八大以来全面从严治党的成功经验。机关党的建设必须坚持以政治建设为统领，在打造过硬政治机关上狠下功夫。

*一要以扎实的理论武装坚定政治信仰。*理论上清醒，政治上才能坚定。要把学习贯彻习近平新时代中国特色社会主义思想作为首要政治任务，推动学习贯彻往深里走、往实里走。要丰富学习载体。突出线上、线下相结合，充分发挥"第一议题"制度、党组（党委）理论学习中心组的领学促学作用，加大现场教学、案例教学力度，采取更多生动深刻、形式多样的方式，提升学习的吸引力。要制

定更具科学性、实用性的指导规程、评价标准和考核办法，防止简单以学习次数、笔记篇数、打卡积分等衡量学习效果。要盯住重点群体。深入推进青年理论学习提升工程，用足用好“青年学习会”等平台，全面实行领导班子成员领学机制，党组（党委）书记带头到青年党员中宣讲，推动形成大抓青年群体学习的浓厚氛围。要抓好成果转化。发扬理论联系实际的学风，建好用好学习成果转化平台和机制，引导广大党员聚焦中心工作、专业能力开展学习。中央将部署开展主题教育，各级各部门单位要精心组织实施，务求取得良好成效。

*二要以严肃的纪律规矩恪守政治忠诚。*遵规守纪是对党忠诚的基本要求，要把“两个维护”作为最高政治原则和根本政治规矩，引导党员干部把讲政治的要求转化为内在自觉。在执行上要坚决，时刻绷紧纪律规矩这根弦，凡是党章党规所要求的，都要不打折扣去遵守、去执行。要严格执行请示报告制度，凡是重大事项，都要及时按程序请示报告，决不允许“想当然”“马后炮”。在落实上要细致，切实把“两个维护”落实到履职尽责的各方面全过程，不论是筹办活动、出台政策，还是到基层调研，都要严格规范管理。在督导上要严格，把落实“两个维护”情况作为各类巡查检查的重中之重，以有力的监督保障政治建设向纵深推进。

*三要以高度的大局意识强化政治担当。*习近平总书记强调，忠诚不是挂在嘴上、写在纸上的，而是要体现在实际行动上。要把坚决贯彻落实党中央决策部署和总书记指示要求作为重要政治责任，强化政治担当，带头推进落实。要把牢坐标方向。我们开展一切工作，都要自觉同习近平总书记重要指示批示精神对表对标，认真落实省委的各项工作要求，确保方向不偏、目标不散。要发扬斗争精神。针对习近平总书记指出的政治意识淡化、党的领导弱化、党建工作虚化、责任落实软化等问题，敢于迎难而上、勇于攻坚克难，推动全面从严治党的要求贯穿到党的事业各方面。要完善工作机制。各部门单位都建立习近平总书记关于本领域工作重要指示批示对标政治台账，完善全链条落实机制，定期开展“回头看”，以落实成效检验“两个维护”。这项工作，要作为党建述职评议的重要内容。

二、把握规律特点、找准职能定位，推动机关党的建设高质量发展

习近平总书记对机关党的建设提出了“高质量发展”的重要指示要求，明确了“围绕中心、建设队伍、服务群众”的职能定位，为新时代机关党的建设指明了根本方向。要不断加深学习理解，采取扎实有效措施，把高质量发展的要求体现到机关党的建设各方面、全过程。

*一要在围绕中心上有更大作为。*机关党的建设只有围绕中心、服务大局，才有旺盛生命力。要围绕中心谋划工作。时刻关注党中央和省委在关心什么、强调什么，围绕黄河重大国家战略、乡村振兴，以及绿色低碳高质量发展先行区建设、加力提速工业经济高质量发展等重点工作，明确党建目标、谋划党建思路、制定党建措施，做到省委工作部署到哪里、党建工作就跟进到哪里。要围绕中心开展活动。找准党建与业务的结合点，谋划一批竞赛比武、比学赶超、党员先锋岗等活动，建立产业链党建协作机制，深化劳动和技能竞赛，推动机关与产业链企业结对共建。要围绕中心考核评价。做实机关党的建设与业务联动式评价工作，科学设置评价体系、评价标准，真正实现模范机关评选、绩效考核、评先评优等的“一体融合”。

*二要在建设队伍上有更大作为。*建设高素质的干部队伍，是贯彻新时代党的组织路线的重要内容。要把做好机关党的建设工作与打造过硬干部队伍结合起来，更好地激励干部担当作为。要树立鲜明导向激励党员干部。坚持正确的选人用人导向，注重把干部推向急难险重的第一线经风雨、练担当，认真做好“四进”攻坚、上挂下派等工作，不断提升党员干部能力本领。要打造坚强堡垒培育党员干部。坚持抓两头、带中间，深入组织实施党组织梯级创建工程，排查整顿“空壳”党支部，大力推进示范支部、过硬支部建设。坚持建机制、强功能，制定党支部功能评价标准，为建设过硬支部提供指导。要强化管理监督约束党员干部。坚持严字当头，紧盯机关权力、资金、资源集中的重点岗位和关键环节，完善防控措施，堵塞制度漏洞。要精准运用监督执纪“四种形态”特别是“第一种形态”，加强机关纪委规范化建设，深化机关纪委书记述职评议工作，推动部门单位机关纪委全力履责尽责。

*三要在服务群众上有更大作为。*开展机关党的建设各项工作，都要坚持以人民为中心，必须把服务群众作为出发点和落脚点。要畅通联系服务群众渠道。深入开展“机关接地气、干部走基层”活动，大力推行“一线工作法”，在更大范围推行基层联系点制度，做到问计于民、问需于民。落实“开门决策”制度，完善民生重大决策征求群众和专家意见制度，凡涉及群众重大利益的决策事项，都要实行专家咨询、听证协商、社会公示制度。要积极回应解决群众诉求。扎实开展“以下看上”专题调研，完善“我为群众办实事”长效机制，深入推进“双联共建”“双报到”工作，推动机关党的建设融入基层治理常态化。聚焦企业呼声高、群众反映多的事项攻坚突破，持续深入推进放管服改革，推动更多服务事项“网上办”、遇到缺项“容缺办”、不用出门“掌上办”。要严惩侵犯群众权益行为。坚决整治群众身边腐败和不正之风，持续深化扫黑除恶专项行动，认真做好群众信访反映问题化解工作，切实维护好群众权益。

三、强化守正创新、勇于探索实践，增强机关党的建设工作科学性精准性

推进新时代机关党的建设，必须坚持与时俱进、开拓创新，以更加有效的思路方法，推动各方面工作提质增效。

*一要坚持对标先进争一流。*机关党的建设不能平推平庸，必须坚持高标准、高定位，做到事争一流、唯旗是夺。

要对标明方向。就是要向习近平总书记对机关党的建设工作的要求对标，向中央和国家机关工委、全国同行先进对标，以更高的站位来谋划开展工作，不断提升工作的质量和层次。要定标走在前。就是要落实省委“保五争三奔第一”要求，对于有明确评价指标的工作，有红旗就扛、有第一就争，坚决“拔头筹”；对于没有明确评价指标的工作，要搞清楚我们的工作在全国和全省的位次、处在什么水平，明确主攻方向和重点任务。要夺标抓落实。就是要坚持干字为先、实字为要，对确定的各项对标任务，实行“工作项目化、项目清单化、清单责任化、责任时效化”，抓好推进落实，确保达标见效。

二要坚持调查研究摸实情。机关党的建设要坚持调研开路，把功夫下到察实情、出实招、办实事、求实效上。要突出调研重点。紧紧围绕如何推动党建和业务融合、提升基层组织力、改进机关党的建设工作考核机制、创新党内政治生活方式等重点工作，精准深入开展调研，提出务实管用的实招、硬招。要改进调研方式。建立领导干部领题调研制度，采取集中座谈、重点访谈、“四不两直”、现场观摩等灵活多样的方式开展深度调研，真正做到“解剖麻雀”。要用好调研成果。健全“年初研究确定题目、年中督促推进、年底评比表扬”调研工作机制，推动调研环环相扣、稳步推进，真正使调研成果得到转化应用。

三要坚持问题导向抓攻坚。问题是时代的声音，要把问题作为提升工作水平的重要突破口，采取有效措施补齐短板、加固底板。要明确问题所在。目前，机关党的建设还存在不少问题，可以概括为“六个不实”：一是政治建设抓得不实，学习浅表化、碎片化，政治纪律和政治规矩执行还不够严格；二是主体责任压得不实，压力传导不到位，党建专业能力有欠缺；三是基层基础夯得不实，基层组织的组织力不够强，功能发挥不到位；四是党建业务贴得不实，“两张皮”问题还比较突出；五是作风面貌改得不实，不担当不作为、慵懒散等问题依然存在；六是改革创新谋得不实，党建活动形式单一，难以适应网络化、信息化的大趋势。对于这些问题，必须高度重视，作为当前和今后一个时期工作的着力点，强力攻坚，务求实效。要树立有解思维。坚持“万事有解”“事要解决”理念，发扬自我革命和斗争精神，不为困难找借口、多为成功想办法，坚决杜绝问题“年年述、年年改、年年不见效果”。要着眼常态长效。坚持把“当下改”与“长久立”结合起来，把工作中的好经验好做法用制度机制固定下来，以制度管经常、管长久。要完善“部署—调度—评价—反馈—整改”闭环工作机制，动真碰硬、认真较真，推动问题解决。

四要坚持融合发展促创新。加强党的领导，要求我们打破机关党的建设和机关工委的“自我封闭”“自我循环”，加强与各方面、各领域的融合，构建全面系统的机关党建工作格局。要注重纵向上的贯通。要聚焦推动机关党的建设高质量发展，加强对各级工委的业务交流、指导。要加强对上汇报沟通，学习先进经验，争取上级支持；要注重横向上的联通。进一步打开视野，拓宽工作半径，强化机关党建工作与其他领域工作的协同联动，借鉴其他领域的工作方法、工作经验，加强与其他部门资源统筹、成果共享，联合开展相关督查、调研等活动。要注重内部的融通。就是推动党建和业务工作深度融合，按照习近平总书记提出的党建与业务一起部署、一起推进、一起检查、一起考核“四个一起”的指示要求，找准结合点、谋实新举措，不断构建融合的机制、搭建融合的载体、丰富融合的手段，推动机关党建和业务工作相互促进。

四、扛牢政治责任、拧紧责任链条，形成齐抓共管工作格局

加强和改进机关党的建设，说到底是个强化责任担当问题。要强化抓机关党建是本职、不抓机关党建是失职、抓不好机关党建是渎职的理念，切实担负起推进机关党的建设的政治责任。

一要压实主体责任。紧紧抓住责任制这个“牛鼻子”，构建主体明晰、有机协同、层层传导的五级党建责任落实机制。机关工委要履行好统一领导机关党的工作的职责，加强统筹谋划、工作指导、督促检查，不断提高机关党的建设工作的针对性、实效性。党组（党委）书记要履行好“第一责任人”的职责，做到亲自谋划设计、亲自破解难题、亲自督导落实。班子成员要落实好“一岗双责”，抓好职责范围内的党建工作，不能认为自己不分管，就当“甩手掌柜”。机关党委书记、专职副书记要履行好直接责任，做精主责主业，成为行家里手。基层党支部书记是推动党建任务落实的具体责任人，要增强履职意识，把党建工作落到具体、落到实处。

二要充实工作力量。当前，机关党务工作的担子越来越重、专业性越来越强，要加紧打造一支政治强、业务精、作风好的党务干部队伍。各部门单位要注重配齐配强党务干部，不断优化队伍年龄、专业、经历等结构，始终保持机关党务干部队伍的生机活力。机关工委要持续开展党务干部定期轮训，对于新任党支部书记，落实好6个月内集训的要求。打铁必须自身硬，工委系统干部要切实加强自身建设，钻研业务、锤炼作风，为大家当好表率。要严格落实机关党委专职副书记列席部门党组（党委）重要会议制度，加大党务干部的培养使用力度，为他们开展工作创造良好环境。

三要抓实督导考核。机关工委要制定专门办法，构建明责、督责、考责一体化责任落实机制。要年初明责。机关工委和各部门单位都要制定履行机关党的建设主体责任清单，进一步明责任、定任务、提要求，牵引带动党建责任落实。要常态督责。树立“全员抓督查”的理念，不仅工委督查室要督，其他各处室也要就相关领域工作开展督促调度。要年底考责。进一步优化改进考核体系，研究经常性考核和年底综合考核相结合的具体办法，切实把工作抓在平时、严在经常。

狠抓“关键少数” 彰显“头雁效应”
烟台市充分发挥领导干部示范表率作用引领蓄力崛起

省委常委、烟台市委书记 江 成

习近平总书记指出，全面建设社会主义现代化国家，全面推进中华民族伟大复兴，关键在党，关键在人。烟台市紧紧抓住市级领导班子成员和区市“一把手”这些“关键少数”，突出市委常委表率作用，带头明方向明规矩明底线、强担当强本领强执行，为打造“山东发展重要增长极”凝聚起强大合力。2022年，全市实现地区生产总值9515.86亿元、增长5.1%，增幅居全省首位；一般公共预算收入、规模以上工业增加值、固定资产投资等主要经济指标增幅均高于全省全国，在山东省2022年高质量发展综合绩效考核中位居第一。

一、高扬思想引领“风向标”，让“关键少数”把牢“关键方向”

习近平总书记指出，“政治上的坚定源于理论上的清醒”。烟台市坚持把学习贯彻习近平新时代中国特色社会主义思想作为首要政治任务，从市委常委做起，充分发挥示范作用，自觉强化思想建设，始终站稳政治立场、坚定政治方向，带动全市上下坚定拥护“两个确立”、坚决做到“两个维护”。

*一是扎实开展中心组学习，促进“关键少数”深入学。*研究制定《全市县处级以上党委（党组、工委）理论学习中心组2022年理论学习安排意见》，将习近平新时代中国特色社会主义思想、习近平总书记重要指示批示和讲话精神全面纳入中心组学习计划。2022年，市委理论学习中心组先后开展16次集体学习研讨，带动县处级以上中心组学习1749次。创新建立中心组列席旁听制度，重点强化对区市中心组学习的督导指导，在派员旁听基础上，零距离发现问题并向“一把手”面对面反馈意见，推动学习提质增效、领导班子成员真学深学，已实现对16区市中心组学习列席旁听全覆盖。

*二是严格执行“第一议题”制度，保证“关键少数”及时学。*市委常委会带头示范，每次召开会议，都将习近平总书记发表的重要讲话、作出的重要指示批示作为第一项议程，第一时间传达学习、研究贯彻落实措施。明确要求各区市“一把手”将执行“第一议题”制度作为履行全面从严治党责任的“硬指标”，通过党（工）委常委会（工委会）会议，及时组织领导班子成员认真学习贯彻，确保时刻以党的创新理论武装头脑、指导实践、推动工作。

*三是带头落实宣传宣讲责任，做到“关键少数”领着学。*将党政领导班子成员到党校（行政学院）、高等院校或基层单位讲党课、作形势政策报告纳入全面从严治党考核内容，强化刚性约束。组织和宣传部门建立定期提醒机制，采取集中调度和内部公示等形式，督促市级党政领导班子成员及时完成讲党课、作形势政策报告等领学任务。2022年，在市级党政领导班子成员带动下，各级领导干部讲党课、作形势政策报告分别达到9100多次、1600多次。

二、打造攻坚克难“冲锋队”，让“关键少数”发挥“关键作用”

“关键时刻冲得上去、危难关头豁得出来，才是真正的共产党人。”烟台市认真践行“一线工作法”，市级领导班子成员沉到一线攻坚克难，以率先垂范的实际行动感染人、打动人、号召人。

*一是聚焦中心工作，推动“关键少数”知重负重“带头干”。*坚持把服务企业发展、培育壮大产业链、全国文明典范城市创建、农村人居环境整治提升等常规性重点工作纳入市级领导班子成员常态化调研督导范畴，明确目标、压实责任，有力保证各项工作扎实有效推进。比如，在全国文明典范城市创建方面，24名市级领导班子成员带头包保街道网格，累计下沉722次、整改问题1.8万个；再如，市级领导班子成员带头落实服务企业专员制度，带动市县乡三级1855名领导干部联系服务3139家重点企业，解决问题3700多个；再如，11名市级领导班子成员担任产业链链长，聚焦9＋N产业集群及16条重点产业链抓招引，分链条、分行业、分领域逐个突破，各产业链共签约市外投资项目308个、计划总投资4369.48亿元。

*二是突出关键节点，推动“关键少数”挂帅出去“勇攻坚”。*注重在重要时间节点发挥市级领导班子成员攻坚作用，压上担子、拧紧发条，签订责任状、立下军令状，

全面激发潜能动力。比如，在2022年起步阶段，强力推进“双节”攻坚，筛选梳理了产业项目、专业园区等10个领域32项重中之重攻坚事项，逐项明确2022年元旦、春节2个节点的攻坚目标，市级领导班子成员逐项领衔担当，有力推动起步领先、强势开局；再如，年中盘点阶段，聚焦聚力“大干三十天、决胜上半年”，市级领导班子成员身先士卒、亲自挂帅，每周调度、现场督导，对经济运行和经济活力情况、实际使用外资、“三争”工作等逐项研究、推动落实，带动全市上下全速攻坚、持续攻坚。

*三是紧盯急难险重，推动“关键少数”责无旁贷“冲在前”。*建立市级领导班子成员重大紧急任务包保机制，在疫情防控、安全生产、社会稳定、护林防火、防汛备汛等应急处置中当好中流砥柱、彰显责任担当。比如，为做好疫情防控工作，创新建立五大片区指挥体系，由市级领导任指挥长，下沉一线提级指挥，快速高效处置多轮本土疫情；再如，在入汛降水相较历年偏多79.4%的情况下，市级领导班子成员分包重点水库河道，在强降雨关键节点全部下沉，盯住33个重要点位巡查督导，指导防汛备汛，发现解决问题，有力保证全市安全度汛；再如，在安全生产方面，市级党政领导班子成员和人大、政协主要负责同志带头分包16区市、48家矿山和危化企业，市人大常委会副主任、市政协副主席下沉区市驻点督导，现场协调解决安全问题，全市安全事故起数和死亡人数按可比口径同比分别下降26.8%、30%。

三、搭建比武竞赛“大擂台”，让“关键少数”激发“关键动力”

紧紧围绕各项工作“保三争二奔第一”目标，坚持日常考核与年度考核并重、正向激励与反向鞭策结合，让“关键少数”人人肩上有压力、身上有动力，不断激发干事创业主动性和积极性。

*一是实施“三色管理”，切实传导压力。*以周、月、季、半年等为周期，对全市各项重点工作完成情况开展评定，“好中差”以“蓝黄红”三色进行标识，对“红色”标识的视情通报公示，连续两次“红色”标识的由牵头单位作出书面检查，相关情况记入执行力档案。区市和部门“蓝黄红”标识情况直接与分管和联系的市级领导班子成员挂钩，作为先进推荐和考核评优的重要依据。

*二是组织“登台述职”，严格兑现承诺。*建立重点工作承诺践诺机制，年初公示承诺事项，定期调度相关进展。市级党政领导班子成员带头登台汇报承诺事项完成情况，并接受评价；区市“一把手”结合当年承诺事项完成情况登台汇报，未按时间节点完成的，向市委、市政府作出书面检查，并在全市大会上提出目标措施、表明赶上决心。在全市半年工作总结分析会上，市委各常委、各副市长分别登台汇报了年初“三明三强”大会承诺事项和分管领域重点工作完成情况、存在问题及下步打算，与会区市和部门进行了打分；3名综合考核排名靠后或单项工作垫底的区市“一把手”，上台作了表态发言。

*三是开展“赛马打擂”，激励争先进位。*结合项目“百日攻坚”活动，每季度设1次擂台进行量化打分、排定名次，并在内部通报；连续2次排名后三位的由组织部门牵头，联合纪检监察机关下发警示函；对“赛马打擂”领先的单位或个人，授“羚羊奖”，落后的授“蜗牛奖”，并根据排名情况确定全市性会议座次，名次靠后的专设“鞭策席”，对应分管领域考核不理想的市级党政领导班子成员作出专门说明，切实做到鞭打“蜗牛”、激励“快牛”、形成“奔牛”。上半年，工作总结分析会按照半年指标完成情况安排各区市“一把手”座次，树立了“有为者有位”的鲜明导向。

四、用心守好种好“责任田”，让“关键少数”担起“关键职责”

坚持把责任牢牢扛在肩上，全面提高“关键少数”责任意识，切实把该担的担子担起来、该负的责任负起来。

*一是强化顶层设计，提醒“关键少数”知责明责。*修订完善《中国共产党烟台市委员会工作规则》《中共烟台市委关于加强市委常委会自身建设的意见》《中国共产党烟台市委员会常务委员会议事决策规则》《中共烟台市委常委会及其成员职责清单》等，明确市委常委应当履行的职责，促进各项工作规范开展。围绕进一步落实全面从严治党责任，系统梳理有关文件规定内容，制定了市委常委会、市委书记、市委常委履行全面从严治党责任三张任务清单，对“一把手”和领导班子成员分别列明具体要求，抓实抓细“第一责任人”职责和“一岗双责”。

*二是强化职能发挥，引导“关键少数”担责负责。*突出市委常委会会议和市政府常务会议在重大事项、重要工作中的决策作用，明确规定“市委议事决策的法定会议为市委常委会会议，市政府议事决策的法定会议为市政府常务会议，不能以专题会、议事协调机构会议等代替市委常委会会议、市政府常务会议决策”，坚持科学民主决策，充分凝聚集体智慧和力量，形成责任共担良好局面。2022年，市委常委会会议、市政府常务会议分别研究重要议题284个、292个，同比增长16.4%、29.8%。狠抓决策落地落实，对市委全会、市委常委会会议等确定的重点工作、重要任务，及时进行分解细化，全部明确牵头市级领导班子成员，变以往部门负责为市级领导班子成员担责，督导落实也从“督部门”转变为“督领导”。2022年，共确定990多项由市级领导班子成员领衔落实的全市性重点工作。

*三是强化述职评议，督促“关键少数”履责尽责。*坚持市级领导班子成员带头，每年开展述职述廉，市委常委会每半年至少听取1次领导班子成员履职情况，着重突出抓全面从严治党内容。突出区市“一把手”这一重点，每年召开区市党（工）委书记全面从严治党述责述廉和抓基层党建工作述职评议会议，对书记抓基层党建“立项制”、“书记亮诺履职十大实事”、书记人才工作项目等进行系统盘点，督促其尽心尽力工作、全力以赴履责。

五、拧紧纪律作风“安全阀”，让“关键少数”接受“关键监督”

严管就是厚爱。烟台市坚持把“关键少数”作为党风廉政建设重点对象，突出严的主基调、实的硬举措，着力开展重点警示、重点教育和重点监督，努力营造风清气正的良好政治生态。

一是常态化进行警示教育，狠敲“廉政钟”。坚持常委会会议“常敲打”，市委主要负责同志把在常委会会议上强调纪律规矩和廉政建设作为常规动作，不论是否安排相关议题，都会进行警示提醒，同时组织学习《党员干部廉洁自律提示卡》，要求班子成员经常深查细照、时刻保持警醒，做到有则改之、无则加勉。针对年初市级领导班子成员变动较大的实际情况，专门制定《烟台市领导干部廉洁用权“十严禁”》，划定廉洁用权十条“硬杠杠”，首先在市委常委会会议上下发，督促常委会领导班子成员带头执行、自觉培养廉洁自律道德操守。坚持在市委常委会会议和全市性重要会议上播放警示教育片，先后在有关会议上播放《深渊》《作风警鉴》《对不起》等8部警示教育片，有效增强了“关键少数”廉洁自律意识和拒腐防变能力。

二是创造性加强纪律监督，念好“紧箍咒”。研究制定《加强对“一把手”和领导班子监督“两清单一台账”》，聚焦“一把手”“同级领导班子”“下级领导班子”明确细化监督内容、监督措施，做到落实“有参照”、监督“有靶向”。出台《关于进一步加强和改进同级监督的十项措施》，明确当面提醒谈话、函询签字背书、抄送纪检监察建议等具体措施，采取“当面＋书面”提示形式，推动同级监督具体化、规范化、常态化。市纪委监委主要负责同志结合本市黄河流域生态保护和高质量发展专项监督发现的问题，面对面向有关市委常委进行日常履责提示，发放政治监督书面提示，督促扛牢责任，推动整改落实。

三是全方位消除风险隐患，筑牢“防火墙”。严格落实领导干部个人有关事项报告制度，市委主要负责同志每年年初对市级领导班子成员和区市“一把手”报告表逐个审签，发现问题及时提醒。剑指工程招投标廉治难题，通过有力有效监督，从源头上防范“关键少数”违规插手干预、以权谋私、利益输送等问题，在对城市快速路、妇幼保健院等10余个工程项目招投标监督中，推动建设单位全国首创“异地、多地、多倍、多轮”评委抽取新模式，在防范工程招投标廉洁风险上闯出新路子。

党建典型

企业党建

凝心聚力　强根铸魂
以高质量党建引领高质量发展

山东省国有资产投资控股有限公司
党委书记　栾　健

山东省国有资产投资控股有限公司党委（以下简称“山东国投党委”）坚持以习近平新时代中国特色社会主义思想为指导，坚决扛牢管党治党政治责任，把党的全面领导贯穿工作全局，发挥党组织在推动改革发展中的战斗堡垒作用，以高质量党建凝聚发展合力、引领高质量发展。2022年实现营业收入1191.81亿元、利润总额45.09亿元、净利润37.82亿元，同比分别增长23.46%、12.12%、7.47%，始终保持效益稳健增长和高质量发展良好态势。

一、持续强根铸魂，毫不动摇坚持党的全面领导

山东国投党委把坚定拥护“两个确立”、坚决做到“两个维护”作为最高政治原则和根本政治规矩，推动对党忠诚更加坚定自觉。

（一）突出政治建设

以党的政治建设为统领推进全面从严治党，组织学习贯彻习近平新时代中国特色社会主义思想和党的二十大精神专题培训，开展党代表进基层专题宣讲活动，推动党的二十大精神全覆盖深扎根。通过“三会一课”、主题党日等多种形式常态化长效化开展党史学习教育，引导广大党员从党的百年奋斗历程中汲取智慧和力量，不断坚定历史自信、增强政治自觉。抓严抓实党内政治生活，强化党员日常监督管理，全年开展对3户党委的政治巡查、完成对120余个党支部党建工作现场督导。

（二）突出党建引领

坚持“两个一以贯之”，在完善公司治理中加强党的领导，落实党建入章工作要求，坚持和完善“双向进入、交叉任职”领导体制，全面推动党委前置研究讨论事项、“三重一大”事项、董事会经理层决策事项、授权管理事项衔接配套、有机统一。在扎实推进国企改革三年行动中，建立“三基三创两融入”党建工作体系，推动党建和业务深度融合、同频共振，获评《国企》杂志年度全国国企党建研究优秀成果。

（三）突出政治站位

山东国投党委认真贯彻落实中央和省委决策部署，聚焦主责主业，高站位高标准谋划推进工作。抢抓重大战略机遇，锚定“走在前、开新局”，紧盯全省绿色低碳高质量发展要求，提升自主创新能力、优化产业投资布局、提升发展效益效率，与山东大学研究共建黄河流域生态保护和高质量发展协同创新中心，推进“中鲁远洋国际金枪鱼创新产业园”等省级重点项目建设，培育超越科技、华特环保为代表的一批专精特新“小巨人”企业、瞪羚企业，全面推动创新发展、科学发展。

二、聚力固本强基，锻造坚强有力的战斗堡垒

坚持夯实基层基础，构筑坚强有力的组织体系，把基层党组织建设成为有效实现党的领导的坚强战斗堡垒。

（一）抓实组织建设

围绕改革发展抓牢组织建设，创新“支部建在连上”方式，灵活设置联合党支部、临时党支部，公司所属各车间班组、工程项目、服务窗口、远洋船队、保险队伍等设立党支部190个，党组织覆盖率达100%。坚持抓标杆、抓示范、抓引领，建立烟台党建工作协作区，推动协作区内12个党组织活动共联、资源共享、品牌共创，发挥党建示范点典型引领作用，激发公司整体党建工作活力。

（二）抓实队伍建设

注重从生产一线、青年职工和高知群体中培养储备发展对象，在重大项目、重要任务中考察党员、锻炼队伍，深化“双培养一输送”机制，做到重要岗位有党员、主要骨干是党员、关键时刻见党员。开展学习贯彻习近平总书记关于国有企业改革发展和党的建设的重要论述培训30场次，培训党员4100余人。持续开展书记讲党课、书记抓党建突破项目，多维度提升书记“党建基本功”。做好制度“废改立”，制定《加强党务工作者培养使用的管理办法》等制度规范12项。

（三）抓实党性教育

把党章学习培训、党规党纪教育、党的宗旨和作风教育、政德教育等内容贯穿于党员教育全过程，引导和推动党员干部提高思想觉悟、精神境界、道德修养。用好革命传统教育，组织党员干部赴莱芜、沂蒙、胶东等党性教育基地接受红色教育，追寻红色印记，重温奋斗故事，凝聚奋进力量。2022年各级党员领导干部讲党课495次，开展现场革命教育140余场。

三、突出融合互促，以实际行动坚守初心践行使命

坚持把党建引领发展、融入发展、保障发展作为工作核心和主线，以高质量党建引领保障高质量发展。

（一）强化榜样引领

围绕管理提升、技术攻坚、降本增效等重点任务，强化党员“扛红旗、树标杆”责任担当，涌现了党的二十大代表、全国劳动模范李文和张显义、“马百万”、于治楼等基层先进典型。深入开展“党员亮身份”“揭榜挂帅”等活动，达因药业“王龙江创新工作室”、超越信息“党员科学家工作站”等9个创新工作室成为公司科技创新“桥头堡”。设立党员先锋岗557个、划分党员责任区320个，德州银行齐河支行、华特集团达因药业党支部分别获评全国青年文明号、全省先进基层党组织先进模范。

（二）强化品牌引领

实施党建品牌创建行动，构建党委品牌领航、支部品牌支撑的“1+N”党建品牌体系，共打造基层党建品牌193个，提炼党建工作典型案例19个，“五红”党建矩阵、“红心永固·从容有为”等党建品牌先后入选《国企》党建百佳案例和优秀组织建设案例。2022年围绕“党旗飘扬 国投榜样”主题，全面宣传14户基层党委在聚力改革攻坚、推进高质量发展中涌现的先进事迹和取得的重大进展、重要成果，进一步凝聚了广大职工奋进新时代的信心和力量。

（三）强化创新引领

以基层党建突破项目为抓手，破解各单位党建堵点、难点问题，形成了党建融入改革、年轻党员培养等一批抓党建促发展的优秀创新成果。用“党建链”串起创新链产业链，5户单位与高等院校、科研院所开展党建联建，推动科技创新、产业升级和成果转化，公司党建创新融合的品牌影响力持续提升。

深入实施“价值·筑梦”党建工程 打通国企党建价值创造路径

山东铁路投资控股集团有限公司
党委书记　姜长兴

山东铁路投资控股集团有限公司党委坚持以习近平新时代中国特色社会主义思想为指导，深入学习宣传贯彻党的二十大精神，统筹建设和发展两大主轴，全面实施“价值·筑梦”党建工程，以“筑梦”为主题，以“价值”为主线，聚力打通党建工作价值创造的“七个路径”，为国有企业提升党建价值创造力提供了可借鉴的铁投方案。2022年，高铁线路开通1条、开工3条、在建6条，全省高铁通车里程达到2446公里、稳居全国前列，黄东联络线的建成通车，实现了济南站、济南西站、济南东站“三站直通”；资产规模突破3800亿元，是2018年成立之初的近3倍；营业收入超过100亿元，各项经营指标良好。

一、强化政治领导力，锻造价值创造的根本

聚焦提高政治判断力、政治领悟力，组织中心组学习12次，举办专题读书班2期，不断提高政治敏锐性和鉴别力；深入学习宣传贯彻党的二十大精神，举行报告会2场，分级分类组织专题培训，坚定拥护“两个确立”、坚决做到“两个维护”。聚焦提高政治执行力，召开党委会40次，

研究事项 171 个，切实发挥把方向、管大局、保落实作用；准确把握省第十二次党代会确定的今后五年的重点任务，围绕“构建高效畅达的综合立体交通网”等目标，建立“走在前、开新局”对标落实机制。

二、强化思想引领力，熔铸价值创造的先导

打好宣传“组合拳”。牢牢把握意识形态工作主动权，刊发《山东铁投信息》12 期，在集团内网、外网和微信公众号发布信息 800 多条，在《大众日报》等发布稿件 20 多篇。持续唱响主旋律。深入开展“发现榜样”活动，一名员工当选省级“创新榜样”。举行“中国梦·新时代·新征程”百姓宣讲活动，在省属企业比赛中斩获三等奖 2 项、优秀奖 1 项。1 部作品荣获全省优秀党员教育电视片三等奖。策划“红心向党·学习强国”读书活动，征集阅读书目 190 条、读书心得 53 篇，引导青年员工养成读书学习好习惯。

三、强化管理协同力，夯实价值创造的平台

在制度上，制定《关于加强和改进混合所有制企业党建工作的实施意见（试行）》《关于在完善公司治理中加强党的领导的意见》，完善党的领导融入公司治理的体制机制。在考核上，修订、细化党建考核指标，坚持将考核结果纳入权属单位绩效考核，压紧压实工作责任。在监督上，建立健全纪检、党群、审计、法务、财务等有关部门协作机制，推动党内监督和审计监督、财务监督等各类监督贯通协同。在技术上，加快信息化平台建设，打造涵盖集团党建和各项办公业务的全方位信息化协同管理平台。

四、强化中心融入力，搭好价值创造的载体

围绕加快构建“四横六纵”现代化高铁网、加快实现高质量发展这个中心，打造“三化”党建，激发党建工作效能。实施党建项目化。用抓项目建设的系统方法，聚焦改革发展中的重点、堵点和难点，深入开展“党建 + 项目攻关”活动，通过立项、实施、评估，完成选题、做题、破题 13 个。推动党建有形化。深入开展党建互联共建、对标提升，以价值作为试金石，在潍烟、莱荣高铁建设一线组织参建单位党组织开展党建互联共建 56 次，在集团内部动员各权属单位一线党支部开展对标提升 15 次。实现党建品牌化。以“价值·筑梦”为核心理念，打造党建品牌 59 个，实现“一党委一品牌、一支部一品牌”，推动集团党建品牌由“分散创建”向“系统管理”升级、由“点上出彩”向“面上开花”转变。“价值·筑梦”党建工程实践经验，被山东省属企业党建思想政治工作研究会评为 2022 年度党建思想政治工作优秀研究成果二等奖。

五、强化队伍战斗力，激发价值创造的动力

健全完善优秀年轻干部培养选拔使用机制，选拔任用年轻干部 3 人。招聘各专业岗位人才 24 名，为集团加快转型升级补充新鲜血液。有序引导各类人才在集团内部合理流动，从基层竞聘选拔集团机关人员 7 人，3 名机关人员和 3 名基层干部实现“双向任职”。实施员工素质提升工程，举办 4 期铁投大讲堂、1 期党组织书记培训、1 批次新员工培训、10 余场专题讲座。加强专业技术职务评审，中级及以上专业技术职务资格人员 320 人，占集团职工总数的 61%。

六、强化文化涵养力，筑牢价值创造的支撑

升级企业文化体系。突出铁投元素、汲取红色元素、融入时代元素，总结提炼集团优秀文化因子，形成以“筑道齐鲁、筑梦未来”为使命愿景的企业文化体系，更好构筑铁投精神、铁投价值、铁投力量。丰富企业文化活动。开展“企业文化 + 安全”“企业文化 + 质量”“企业文化 + 廉政”等活动，挖掘安全文化、质量文化、廉洁文化等分项文化内涵，让企业文化赋能企业发展。利用集团入驻新办公大楼之机，高标准打造企业展厅，改善“职工之家”，建设 2 个党员活动室。全面加强精神文明建设。集团本部成功申报省级文明单位，1 家权属单位成功申报省属企业文明单位，集团本部和权属单位全部建成文明单位。

七、强化纪律保障力，净化价值创造的环境

落实“一台账、两清单、双责任、双问责”监督机制，围绕安全生产、农民工工资发放等开展监督检查。对权属单位山东铁路有限公司党委开展巡察，实现巡察全覆盖。加强对干部廉洁从业行为的记录跟踪，及时更新集团党委管理的 68 名党员领导干部和 14 名关键岗位人员的廉政档案。常态化开展履职谈话和廉政谈话，举办“齐鲁好家风”主题展，组织年轻干部参观山东省廉政教育馆、观看警示教育片，向集团党委管理干部发放《党员干部廉洁自律提示卡》68 份。开展形式主义官僚主义问题专项纠治，形成问题台账并销号管理。

实施“强三力 创一流”党建工程 探索高质量党建引领高质量发展新途径

山东颐养健康产业发展集团有限公司
党委书记 周 峰

山东颐养健康产业发展集团有限公司（以下简称山东健康）党委围绕“建设世界一流健康产业集团”目标，把提升党组织组织力、创新力、执行力作为引领企业高质量发展的着力点，积极探索党建与生产经营深度融合路径，形成一批有特色、可推广的实践成果，助推山东健康稳健发展。2022 年，山东健康实现营业收入 370 亿元、利润 6.2 亿元，同比分别增长 60.2%、56.6%，营业收入进入省属企业前 10 位，成为“健康强省”战略引领者。

一、全面深化整合融合，持续提升党组织组织力

夯实党组织政治功能和组织力，用统一的党建工作体系来统一思想、意志、行动，推动山东健康资产整合、产业耦合、人才聚合、文化融合。

（一）健全规范党建工作体系

针对党建工作标准不一、各成体系、质量参差不齐等问题，出台党建工作规范性文件 146 个，实现各项工作“有据可依、有人监督、有人考核、有奖有惩”。规范党支部“六个过硬”和五星级标准体系，制定 99 条考核标准细则，对 30 个相对落后支部“靶向治疗”，山东健康过硬党支部占比达 97%，康力医疗党支部被党中央评为全国先进基层党组织。坚持定量考核和定性评价相结合，制定党建工作责任制考核细则，考核结果纳入经营业绩考核 30%。在省属企业首次细化出党建工作 204 项“负面清单”，纳入“揭榜挂帅”榜单，强化任务落实。

（二）发挥党组织重组整合主心骨作用

针对整合重组过程中产权关系复杂、人员五湖四海、企业文化多元等问题，及时建立健全各级党组织，把党建统领作为整合成功的关键，高质高效完成近千亿元资产整合重组。2.6 万职工同心同向，山东健康呈现出欣欣向荣、人心思上、干事创业生动局面。

（三）锻造服务国之大者硬核力量

党建统领企业高质量发展，确立“三年三步走”高质量发展规划。主动融入双循环发展格局和国家重大发展战略布局，以开放视野合资合作，构建形成立足山东、面向全国、放眼全球的发展格局。山东健康产业拓展至全省 16 市和全国 13 个省（直辖市、自治区），初步构建形成妇孕婴幼、青少年、中老年全生命周期健康产业体系。

二、积极推动创新创造，持续增强党组织创新力

坚持把创新创造摆在突出位置，充分发挥基层党组织和广大党员主动性和创造性，补短板、强弱项、攻难点、求突破。

（一）深入开展特色品牌建设

大力实施“同心多元”战略，加快发展健康农业、健康医养、健康装备、健康置业、健康资本、健康物业、健康水业及中医药产业，投资建成引领行业先进水平的济南医院暨颐养中心、国家级医药应急物资储备中心等一批实体产业，改造提升一批医疗机构，托管运营一批康养综合体项目，加快发展一批中医药特色产业项目。研究制定山东健康《基层党建品牌建设工作指引》，突出理念创新、机制创新、方式创新，培育出淄博医院急诊党支部“‘急’流勇进、‘药’你健康”等一批叫得响、过得硬、有特色的党建品牌。

（二）发挥党员创新创效引领作用

落实全省“十大创新”行动，制定《科技创新指导意见》等多项制度，完成 120 项年度重点创新项目，以创新驱动山东健康高质量发展。深化“十百千”活动，完成 1000 个党员岗位创新创效优秀项目，实现创效 2.62 亿元，带动形成“千人创新、万人创效”局面。山东健康入选“山东创新力品牌”企业，新华医疗公司蒸汽灭菌器获得中国灭菌设备领域第一张美国食品药品管理局认证证书，入选国务院科改示范企业。

（三）弘扬企业文化凝聚发展合力

在解放思想、实践探索中强化思想统一、文化认同，锤炼形成“健康至上、服务至诚”核心文化理念；“党建为统领、健康为核心、医疗作保障、产业强支撑、服务赢市场”发展策略；文化涵养、精神滋养、生命颐养、体育助养“四养并重”发展路径；“以改提优、以优固强、以强培大”发展思路；“高质量引领、市场化举措、齐鲁式特色”发展定位，为建设世界一流健康产业集团积累精神财富、厚植发展根基。

三、聚焦提升能力素质，持续增强党组织执行力

坚持把干部队伍素质提升作为发展关键，着力打造底气厚实、锐气洋溢、朝气蓬勃、正气充盈创业团队。

（一）强化思想政治引领

各级党组织严格落实“第一议题”制度，认真学习贯彻党的二十大精神，及时跟进学习习近平总书记重要讲话

和重要指示批示精神，持续用党的创新理论武装头脑。发挥党员先锋模范作用，落实“人民至上、生命至上”，疫情期间抽调7800人次支援相关省市和省属企业抗疫，累计核酸检测4000多万人次。

（二）健全人才引进培育机制

成立山东健康党委党校，建立百名优秀党务工作者人才库，举办培训班4期，将257名党务工作者轮训一遍。实施“领翔”“展翼”“新羽”培训工程，培训企业管理人员246名，构建数量充足、梯队合理、专业突出“人才生态圈”。完善人才“引、用、育、留”机制，多形式、多渠道引进中医药、科研等方面急需的专业领军和青年人才19名，推动高层次人才引领产业发展。

（三）持续推进作风建设

落实“严真细实快”要求，扎实开展思想、作风、工作“三整顿”活动，干部队伍境界、标准、能力、效率、士气持续提升。紧盯“四风”新动向新表现，开展落实中央八项规定精神专项监督检查，发现问题60余条，针对问题全部限期整改。落实首问负责制、限期办结制、月度通报制，对重点工作任务全部纳入督查督办，推动工作落实。

“融党建”引领企业高质量发展

枣庄矿业（集团）有限责任公司
党委书记 侯宇刚

枣庄矿业（集团）有限责任公司（以下简称枣矿集团）党委深入贯彻全国国有企业党的建设工作会议和党的二十大精神，立足适应新时代国企改革发展和党建工作新要求，聚焦增强政治功能和组织功能，认真践行山东能源集团“双入双创”党建工作模式要求，深耕细作，守正创新，着力打造以“融领”“融合”“融心”为主要内涵的“融党建”品牌，推动了党建工作在落实中加强、在传承中创新、在深化中提升，形成了以“融党建”为核心的“1+N+N”党建红色矩阵，有效促进了党建工作与生产经营深度融入融合，以高质量党建引领高质量发展。13个党建品牌入选中国煤炭行业党建工作品牌案例，4个党建案例入选山东省属企业百佳党建案例，并在《国企党建研究》中发表，在全省国有企业年度党建突破项目评选中枣矿集团党委获评一等奖，国企改革三年行动51项重点任务全部完成，三项制度改革经验在省属企业宣传推介。全年在产能核增、历史遗留问题风险化解、干部人才队伍建设等方面实现“十大历史性新突破”，创出经济效益、主导产业收入、人均效益等“十项历史最好成绩”。

一、注重“融领”，提升引领力，把握大局稳方向

坚持加强党的领导和完善公司治理相统一，把党的领导融入公司治理各环节，保证企业正确发展方向。聚焦强化政治领导。枣矿集团及权属、控股公司全面实现党建入章，形成“双向进入、交叉任职”领导体制，并建立“第一议题”、党委研究决定清单和前置研究讨论清单等制度，推动党组织领导作用发挥组织化、制度化、具体化。聚焦强化思想引领。立足枣矿集团历史文化、红色资源和发展实践，以“百年枣矿红色印记”为主题，系统打造“一本大事记、一部纪录片、一座纪念馆、一场实物展、一台红色话剧、一张红色家谱”六大载体，让党员干部和职工群众身临其境受教育。聚焦强化组织保障。坚持做到企业发展到哪里党组织就跟进到哪里，做到党组织应建尽建、党组织书记应配尽配，党的建设与生产经营同部署、同统筹、同落实、同考核，做到党建工作和企业发展精准对接、同向聚合。

二、注重“融合”，提升组织力，赋能发展高质量

聚焦党组织建设和功能作用发挥、组织力提升，坚持“六化”驱动，促进党建工作与生产经营深度融合。坚持以系统化管理驱动融合。把企业生产“PDCA质量循环”管理方法导入党建工作，进一步细化标准、规范流程、落实有效，做到党建与生产经营同步推进，并与班子绩效考核挂钩，使党建工作成为“硬指标”。坚持以标准化管理驱动融合。把标准化管理理念引入党建工作，对照党章党规等党内规章制度编印组织工作和党支部工作标准化手册，推行党支部书记履职认证和党支部评星定级管理，组织党支部书记论坛、擂台赛和党内基础工作情景演练比赛等，强力提升专业能力。坚持以项目化管理驱动融合。运用项目攻关和管理创新思维，变生产经营难题为党建课题，先后涌现“五小五大”“红旗设备诊所”“双细胞工程”等170余个基层党建示范案例，首创党建品牌发布会，宣传推介党员“红色印记”等50个党建特色品牌，形成枣矿特色“1+N+N”党建红色矩阵。坚持以标杆化管理驱动融合。运用标杆管理理论，发挥头雁效应，激励引导基层党组织立标、达标、创标，持续总结创新，形成你追我赶、竞相超越的生动局面。坚持以有形化管理驱动融合。深化“1+1+N”党员联系服务职工群众，实施“民情心记”、建立党员“红色印记”，同步深化“党员先锋岗”“党员责任区”、党员“众创联盟”“智汇新动能”等党员模范带头亮身份活动。坚持以信息化管理驱动融合。融入党建信息化

发展趋势，运用大数据、云平台等信息技术，构建枣矿“智慧党建”平台、“枣矿干部云平台”“智慧纪检大数据综合管理系统”等，推动党建工作信息化水平不断提升。

三、注重“融心”，提升保障力，汇聚发展新合力

聚焦营造和谐发展环境，抓实群众工作，维护职工利益，履行社会责任，促进内外协调联动。围绕发展“凝心”。常态化开展“团结一致向前看、凝心聚力谋发展”主题教育、“解放思想、变革求新”大讨论、“思想大解放、作风大改进、能力大提升”教育实践等活动，大力弘扬南泥湾、焦裕禄、亮剑“三种精神”，切实把全员共识凝聚起来、潜能挖掘出来、精神提振起来。围绕发展“聚力”。集中组织过硬党支部创建和评星定级，评定五星级党支部98家，过硬党支部比例达97%以上，76家党支部被上级党委评为过硬党支部。常态化实施“培玉奖学”“金秋助学”。加强党建带团建，开展“转型突破青年当先”青春建功实践、青年突击队竞赛，开展“雷锋精神薪火传、青春建功新枣矿”志愿服务，最大限度集聚发展正能量。围绕发展“育才”。落实大学生员工培养“琢玉工程”十年规划和优秀年轻干部“31789”培养工程，实行“‘青蓝相继’336蹲苗计划”、“智能装备工程师”队伍创建、多向挂职锻炼等“一揽子”利好政策，专项开展90后年轻干部延伸培养、精准选拔；采取“党校+高校”“园区+企业”的培训方式，组织党员干部学习培训，开启头脑风暴，激荡创新思维。

构建“三工程　一体系”党建模式凝聚高质量发展合力

山东省农村信用社联合社临沂审计中心
党委书记　刘永法

山东省农村信用社联合社临沂审计中心（以下简称临沂审计中心）党委坚持以习近平新时代中国特色社会主义思想为指导，团结带领辖内12家农商银行党委，牢固树立“以党建为中心”的发展理念，全面推进“政治引领、组织塑形、融合互促、责任保障”工程体系建设，以高质量党建引领高质量发展。截至2022年末，各项存款余额2723亿元，各项贷款余额1837亿元，缴纳税款15.7亿元，各项监管指标全部达标并持续改善向好，经营质效不断提升。2019以来，在省联社综合考评中，临沂审计中心连续三年位居第一名；在2022年度临沂市市级银行业金融机构考评中被评为优秀等次。

一、实施“凝心铸魂”工程，把舵定向强引领

（一）坚定拥护“两个确立”

认真落实“第一议题”，及时跟进学习习近平总书记关于经济金融和国有企业党的建设重要论述，不断提高政治判断力、政治领悟力、政治执行力。制定贯彻落实党的二十大精神工作方案，举办学习班、宣讲辅导93次，推动党的二十大精神进网点、进基层。

（二）着力强化理论武装

开展“学理论、悟思想、见行动、创一流”活动，构建学习、研讨、调研与工作“3+1”理论武装体系，临沂全市农商银行各级党委理论学习中心组开展调研式学习研讨28次，增强学用结合能力。

（三）提升特色教育成效

用好临沂地区丰富红色资源，开展中华优秀传统文化、革命文化、社会主义先进文化、廉洁文化和农信“大挎包”优良传统“五项教育”90次、参与1.87万人次，实现行业特色教育“横到边、纵到底”。建设李金玉“大挎包”优良传统教育基地，获评省属企业首批爱国主义教育基地。

二、实施“固本强基”工程，组织塑形筑堡垒

开展支部建设“系列工程”，不断增强基层党组织政治功能和组织功能。

（一）抓好标准化党支部固化规范

围绕“组织建设、组织生活、党员教育、作用发挥、保障机制”五个标准化要求，依托“灯塔-党建在线”平台和系统内基层党建管理系统，加强过程管控，实现党内组织生活经常、认真、严肃。

（二）推进过硬党支部深化创建

聚焦“政治、班子、队伍、作风、制度、业绩”六个过硬标准，开展联学联建活动78次，创建过硬党支部293个，占比66.29%，打造省属企业过硬党支部示范点2家。

（三）促进品牌党支部优化提升

按照“四型五有”类别，培育品牌党支部405个，形成高点定位、整体提升的党建品牌矩阵。

（四）做好星级评定衔接

明确支部星级评定标准和程序，分别评选五星、四星、三星级党支部81个、199个、162个，党支部梯队建设、梯次配备更趋合理。

三、实施“融合聚力”工程，立足服务促发展

从机制保障、载体建设、关心关爱聚焦用力，推动党建业务融合互促。

（一）深化党建共建机制

紧跟国家政策导向，主动融入地方发展大局，从党委、支部两个层面深化共建共联，2022年度新增共建单位1633个。围绕临沂市金改试验区建设，与市农业农村局开展党建共建，推广支持乡村振兴五大系列70余款信贷产品，完成农区“无感授信”228.48万户、707.19亿元；选派1408名客户经理开展驻村办公，打通金融服务“最后一公里”。

（二）搭建先锋载体平台

多形式开展“党旗在基层一线高高飘扬”活动，营造创先争优氛围。发挥党员攻坚作用，运用大数据、区块链等技术，打造集“政务办理、信贷业务、查询缴费”等功能为一体的乡村振兴综合服务平台，以科技赋能普惠金融服务；组建金融辅导队26支，蹲点帮扶小微企业，金融辅导考核被市政府评为优秀等次；成立党员移动服务队387支，配备流动银行车，在商区、集市现场办理业务15万笔，实现服务“零距离、面对面”。

（三）激发队伍内生动力

聚力员工关心关爱，全面推进党支部“精神、学习、工作、生活、廉洁”五大家园建设，定期选树优秀案例，凝聚员工队伍踔厉奋发的精神力量，相关做法被《工人日报》报道。

四、健全“责任保障”体系，拧紧链条保落实

牢牢牵住党建工作责任落实“牛鼻子”，用好用活考核“指挥棒”，以考促干、以考促效。

（一）强化党委书记主责主业意识

制定党建工作责任制考核办法，将党建工作纳入领导班子和成员考核，分值占比20%，全面压实管党治党责任。

（二）夯实职能部门履职能力建设

完善部门设置和人员配备制度，按不低于职工总数1%比例配齐专职党务人员，定期进行业务指导和交流辅导，开展集中轮训85人次，提高岗位履职能力。

（三）突出支部书记党内角色定位

深入推进“双培养”工程，404名中层管理人员经选举担任党支部书记，占比91.4%；健全“任职先认证、持证再上岗”模式，开展党支部书记集中轮训620人次，提升政治素养和业务能力，基层党支部书记全部通过任职资格考试，确保支部书记会干事、能干事、干成事。

红盾赋能　助燃企业发展引擎

山东振邦保安服务有限责任公司
党委书记　孙久涛

山东振邦保安服务有限责任公司成立于1988年，原为济南市公安局直接领导和开办的保安服务企业，2014年完成机构改革和企业改制。公司下设分子公司20余家，在济南队伍规模25000余人。公司党委成立于2002年，现有党支部7个，党员125人，流动党员400余人。

山东振邦保安公司党委以“红心表忠诚，铸盾为平安”为宗旨，打造振邦“红盾”党建品牌，党建引领助力企业高质量发展成效显著。近年来，振邦保安公司荣获“全国十佳保安公司”“全国先进保安公司”“全国五一劳动奖状”“全国青年文明号”“全国进城务工先进集体”等荣誉，跻身“山东十大服务品牌”“山东知名品牌”“山东社会责任最具影响力企业”之列。2022年，被济南市委两新工委确定为“济南市两新组织党建工作示范点”。

一、打造“红盾”品牌，展现“红盾”四度

山东振邦保安公司党委强化党建引领作用，着力提升“红盾”的亮度、硬度、力度和温度。配强班子提亮度，公司董事长任党委书记，总裁任党委副书记，常务副总裁、副总裁任党委委员，行政领导班子10人中4人任职党委领导班子成员，100%实现党组织领导班子成员与经营管理层“双向进入、交叉任职”，全面参与公司发展的重大问题决策。7个党支部落实“1+1+1”组建模式，各支部书记由分公司负责人担任，支部委员由中层干部担任，熟悉党务工作的青年党员骨干作为党务工作者，确保班子搭建的年龄结构及职级安排合规合理。建强队伍提硬度。将党性教育、业务培训纳入骨干培养体系，打通党员骨干培养渠道，开设“铁军训练营”，班长、队长必须经过党性教育、业务培训才能实现晋升。52名参训干部中，28名现场任命，24名作为后备干部，作为党员发展对象的优先人选。引领示范展力度。在警保联控工作、重要任务执勤、应急事件处置等过程中，充分发掘员工队伍中的先进典型，由公司党委授予“红盾先锋岗”“红盾先进个人”等荣誉称号，并做好事迹宣传及精神宣讲工作，调动广大党员的积极性。公益行动增温度。公司党委带领团委、工会创立“227”

公益服务体系，成立党员志愿服务队、泉城义工振邦保安志愿服务团2个志愿团队，培植全民学心肺复苏、安全教育进校园2个公益项目，开展7项公益服务。组织开展“八会能力培训班”，将红十字紧急救护等内容纳入培训，提升保安员应急处突能力，为人民群众保驾护航。

二、搭建交流平台，推动互联共建

近年来，公司主营业务逐年递增，税收连续三年超过5000万元。发挥党建引领作用，凝聚楼宇企业共同发展，实现振邦大厦楼宇整体税收破亿元，形成了“党建共建，共荣共赢”的局面。山东振邦保安公司党委成立振邦大厦非公企业党建联盟，与市级党建示范点振邦押运公司党委形成合力，联合东风街道党工委，围绕营造一流营商环境、助力企业健康成长的目标，突出全方位、高效率、人性化服务，“线上”开辟微信公众号，为大厦企业提供党务、政务、社务、商务等全方位服务；“线下”在大厦搭建实体服务平台，提供党建、政策扶持与业务办理、民生保障、城市管理、综合治理、专业服务、志愿服务于一体的综合服务；共享公司“义工服务站”“红盾先锋岗”等志愿服务岗位，组织楼宇内党员力量参与志愿服务、公益活动，党建引领赋予振邦大厦“亿元楼”外“责任楼”的全新地标属性。结合业务共建，先后与济南市公安局治安三大队、中国电信济南分公司成立党建联盟，形成党建与业务共同促进、共同发展的良好局面。建立“三个一”联系机制，与机关、社区相融合，探索深化“党建载体同创、工作思路同商、基础设施同建、为民服务同抓、弱势群体同帮”的“五同”工作机制，实现企业与机关、社区的互联互补互动。

三、创新智慧安防，服务基层治理

山东振邦保安公司成立智慧安防研究院、智慧安防党支部，建设党员工程师队伍，发挥党员和人才在转型初期攻坚克难的模范带头作用，“智慧安防”平台“五个中心”成功上线运营。通过“智慧安防”指挥平台，可以实时查看保安队伍在岗情况，通过颜色标记重点安防区域，发生突发情况可以一键指挥保安队伍就近处理，实现依靠科技力量转型发展。智慧安防云平台已经达到了行业前沿水平，振邦保安成为国内首家拥有自主研发平台的保安服务企业。依靠智慧安防云平台的落地应用，振邦保安构造起“红盾＋智慧安防”的运营管理模式，紧紧围绕警保联控工作开展社会化延伸巡逻，并在此基础上全力推行“企业＋街道”的网格管理体系，与街道共同完善流动网格员管理制度，深化流动网格员参与基层全域治理探索，推动所辖街道保安力量向流动网格员转型发展，形成“保安员、网格员、应急员、情报员、引导员、快递员、调解员、急救员、宣讲员”九员一体的服务新格局，实现“党建＋科技”融合。“红盾＋智慧安防”的运营管理模式已经初见成效，“红盾＋智慧安防”的运营管理模式正在全面推行当中，保安员作为流动网格员参与基层治理成为破解基层治理难题的一条新路径。

党建统领聚合力
打造车桥制造行业领跑者

青特集团党委副书记　纪建奕

青特集团有限公司（以下简称青特集团）始建于1958年，是一家跨地区、跨行业、多元化的大型民营企业，拥有涉及汽车车桥、专用车制造、汽车零部件生产、房地产开发、国际贸易等多个领域的子公司26家，有职工4000余人。公司党委成立于2003年，下设6个党支部，党员246名。

青特集团坚持党建统领，充分发挥党组织政治核心作用和政治引领作用，坚定不移听党话、感党恩、跟党走，按照“围绕发展抓党建、抓好党建促发展”的工作思路，深入推进党建工作与生产经营深度融合，打造“支部建在车间、党员在您身边”的党建品牌，探索创建了“12345”党建工作法，即：建设一支高素质党员队伍，统筹做好党建和经营两方面工作，完成稳经营、增效能、强品牌三大任务，努力打造“四强”党支部，发挥党员“五带头”作用。通过运用这一党建工作法，青特集团围绕四大核心，建设四项工程，实现了党组织活动有效开展、党员干部有效参与、广大职工有效互动，凝聚了企业向心力，激活了企业发展活力，增强了市场竞争力，提升了发展硬实力。先后荣获“中国民营企业制造业500强”“全国非公有制企业双强百佳党组织”“中国工业大奖表彰奖”“山东省百强民营企业”“青岛市先进基层党组织”“青岛市两新组织党建工作示范点”等荣誉称号。2022年，实现销售收入122亿元，纳税10.59亿元。

一、以人才建设为核心，实施强基筑垒工程

（一）集团班子“双向任职”

集团总裁任党委书记，董事会成员任党委委员，各事业部总经理任各党支部书记，做到一手抓党建、一手抓发展，为党组织有效参与经营决策筑牢组织基础。针对公司发展的重大事项，实行党委会议前置研究，及时提出意见建议作为公司决策重要参考，实现党建与业务工作互促共进。

（二）党员骨干“双向”培养

在公司，党员是助推企业发展的中坚力量。公司党委将党员队伍建设作为加强组织建设的重要抓手，致力于“把骨干发展成党员，把党员培养成骨干”，2022年培养2名一线骨干成为预备党员，提拔1名党员任公司高层管理岗位，2名党员任公司中层管理岗位。

（三）优秀人才“双向交流”

坚持“骨干培训走出去，科技创新引进来”，公费选派80余名一线党员骨干、20余名公司中层管理人员到高校参加EMBA培训，其中10名党员取得工学硕士学位。公司目前拥有硕士110人、博士6人，培养国家级高层次人才1人、市级高层次人才4人、区级高层次人才6人，为科技攻关储备了人才力量，为企业持续健康发展注入了强劲动力。

二、以经济发展为核心，实施红色车间工程

（一）优化组织设置

将党组织设置与车间设置相结合，把支部建在车间，把党小组设在班组。实行工作重心下移，突出党员示范作用，支部书记带着党小组长干、党小组长带着党员干、党员带动其他职工干，形成生产管理落地在一线、业务指标完成在一线的实干导向。

（二）创新组织生活

立足党员实际创新学习方式，将每月23日定为主题党日，打造“车间支书课堂”“班组晨会学党史”学习平台，充分利用碎片时间开展党性教育，激励员工立足岗位、创优争先。开展“先锋班组”创建活动，根据思想作风、工作业绩等情况，评选产生“先锋班组”。对建成3个以上“先锋班组”的车间，由公司党委授予“先锋车间”，车间所在党员优先享受外出培训、技能竞赛等机会。活动开展以来，“先锋班组”“先锋车间”产值均同比上涨10%。

（三）健全组织制度

优化党员教育管理制度，对党员的管理实行定性与定量相结合，每月对其政治素质、工作业绩、道德品行和参加组织生活情况等方面打分，得分情况按照25%的比例纳入绩效考核，并作为年终评优的主要依据。每年在科技攻关、管理服务、大国工匠、志愿服务四个领域各评选一位先锋党员，给予一定物质奖励，让有为者有位、有功者有奖，形成比学赶超氛围。

三、以科技创新为核心，实施高质量发展工程

青特集团积极发挥党组织在科技创新中的重要作用，主动服务地方经济发展战略需要，坚持把科技创新摆在发展全局的核心位置，勇担地方产业链“链主”的使命责任。通过党组织联建共建方式，青特集团建立了由青特集团技术中心牵头、集团内外多家单位联合的“小核心、大外围”的产学研一体推动创新平台，从抓思想、队伍、业务方面做文章，推进党建工作与科技创新有机融合。通过建立各级联学机制、联合研发中心（实验室）建设、校企结合等方式，党建推进科技创新已见成效。科技攻关团队在党员队伍的带领下，已承担国家级计划项目16项，省、市级计划项目106项；完成科技成果暨新产品鉴定115项；荣获国家级科技奖8项，省、市级科技奖20余项；拥有国家专利1100余项，主持参与制修订国家交通、汽车行业标准近30项。积极响应高质量发展的时代需要，公司在传统车桥制造的基础上，运用工业互联网思维，搭建了先进智能制造管理平台，转型升级智能互联工厂，布局自动化先进生产线，运用先进信息管理系统，打造智能营销和服务、智能生产、智能管理、智能决策的智能化工厂。青特集团的互联网工业技术和智能化装备水平在全国车桥制造行业中处于领先地位，部分工艺水平处于国际领先地位，并荣获青岛市互联网工业认定项目智能（互联）工厂、国家级智能制造试点示范单位等多项称号。

四、以文化活动为核心，实施以文兴企工程

（一）丰富职工文化活动

集团党委以党建文化引领企业文化建设，形成“敬人诚信、敬业创新”的青特人理念和以“做事先做人”为核心的企业文化，紧密围绕企业中心任务，全面践行社会主义核心价值观。充分发挥企业文化的独特优势，利用《青特人》报、企业展厅、微信、抖音等载体，用社会主义核心价值观潜移默化地影响员工、凝聚员工，锻造员工的道德品格。开展寓教于乐的党建活动与文体活动，增强员工对工作的使命感、对企业的荣誉感、对团队的归属感，进而转化为企业的强大生产力，促进企业的健康长远发展。

（二）开展职工关爱行动

集团党委带领工会等群团组织，按照以人为本的管理理念，组织全员体检，为安全生产提供保障；建立职工慰问补助体系，落实“两慰问三必访”制度，即员工住院慰问、丧葬慰问，重病必访、遇到重大困难必访、重大节日对困难党员必访。

（三）热心社会公益事业

青特集团党委秉承“致富不忘党恩、真情回馈社会”的初心，坚持让党建统领企业高质量发展的红利惠及更多群众，在抗击新冠肺炎疫情、抗震抢险救灾、助力乡村振兴等方面筹集善款3100余万元，将党的组织优势转化为践行社会责任的担当作为。

党建引领促发展　企业发展筑根基 农业社会化服务"思远模式"助推乡村产业振兴

山东思远农业开发有限公司
党支部书记　高　涛

山东思远农业开发有限公司是一家农业社会化服务机构，成立于2007年，为农户提供产前、产中、产后，全方位智能化农业生产技术服务。公司支部委员会成立于2017年3月，现有正式党员9名，预备队党员1名。支部聚焦"标准化"让生活更美好的企业发展理念，努力打造现代农业全程标准化思远服务模式。2019年思远党支部被评为"临淄区先进基层党组织"，2021年被评为"省级先进基层党组织"，2022年被评为"市级先进基层党组织"，实现了公司经营和党建工作同步发展。

一、明确职责，当好公司运营"参谋手"

持续强化党支部职责，紧密围绕公司生产经营活动，充分发挥党组织的政治引领作用，秉持公司全程标准化服务经营理念，构建起"互联网＋农业社会化服务"标准化体系，立足做大做强设施农业产业，服务延伸农业全产业链。探索建立了"六化三标准"社会化思远服务模式，即组织化建设、职业化培训、标准化生产、专业化服务、信息化平台、品牌化运营，让人才、技术、数据等资源要素拧成一股绳，实现产前、产中、产后一条龙服务。公司服务范围已覆盖山东、河南、河北等13个省，100多个经济作物主产区，服务全国20万标准化社员，服务面积50余万亩；思远服务模式被农业农村部推介为全国农业社会化服务典型案例、2022年全国星级农业科技社会化服务组织。

二、注重实效，当好提速发展"助力器"

（一）发挥核心作用，实现互促共融

党支部以抓好党建促发展为目标，牵头组建公司工会、妇联、团支部等群团组织。坚持党群工作一体化理念，以"建"为重点，以"带"为关键，在加强党的建设的同时，切实抓好"党建带团建、党建带妇建、党建带工建"工作，全力营造党群共建工作大格局。

（二）党员先锋带头，锤炼干部能力

持续将创先争优活动与促进生产经营相结合，积极开展技术专家比武、"党员先锋岗"等主题实践活动，积极组建"党员突击队""共青团员突击队"等先锋队伍，有意识地安排到急、难、险、重岗位上接受实践锻炼。党员张福东、魏凡凯被评为"临淄工匠"。党员崔友林、魏凡凯负责思远农业自主产权的智慧农业"农保姆"APP设计和研发，现已投入使用，让更多的农民用上了"高大上"的现代科技，并被淄博市确定为农业改革创新的试点。

（三）注重人文关怀，构建和谐企业

坚持以人为本，着力解决职工生活难题，努力营造温馨和谐氛围。公司建设了职工食堂，免费为职工提供饭菜；新建了职工宿舍配备了彩电、风扇、空调等基础设施，每间职工宿舍都建有独立卫生间，为职工提供了舒适的休息环境；为了提高职工综合素质建设了职工书屋和职工活动中心，购置各类图书3000余册、乒乓球桌、象棋、羽毛球等学习娱乐健身器材。定期组织党员走访职工，为党员职工解决各类困难10余件，担当职工心中的"主心骨"和"好娘家"。

三、抓住根本，当好创新谋划"联络员"

公司党支部加大党员人才培养力度，把一线技术专家和管理骨干作为发展党员的重点来抓，坚持"参与不干预、管理不包揽，服务不添乱"的原则，以党建引领实现人才强企。

（一）在交流中合作，拉动企业研发水平

积极实施科技创新"走出去""引进来"战略，与中国工程院、山东省农科院、青岛农业大学、青岛大学、山东理工大学等科研院所、高校进行了长期合作。并建立院士工作站、淄博市标准化智慧农业工程技术研究中心等平台，聘请50余位专家、学者作为技术顾问，参与三大标准体系和"7F精细化管理"技术标准制定工作。

（二）在实践中总结，激活创新内生动力

充分发挥企业拥有4000余名乡村"田秀才""土专家""种田能手"的优势，积累总结实践经验，提炼升华生产标准，并纳入三大标准体系和"7F精细化管理"技术标准体系。目前，三大标准体系共包含通用基础标准42项、服务保障标准119项、服务提供标准103项、岗位工作标准43项，"7F精细化管理"已研发技术标准规程20余种，实现了"时时有控制，处处有规范，岗岗有标准，事事有流程"。

（三）在服务中提升，双轮驱动良性循环

建立了作物专家、运营经理、客服专家、技术指导员、后台支撑协同保障的专业服务团队，严格遵循产前培训、产中服务、产后总结的服务流程，形成线上线下双轮驱动。线下推行"7+12"标准服务工作法，要求5100余位服务人员7天左右到社员生产现场服务指导一次，坚持12小时问题解决机制，精准服务每个生产管控点。线上发挥农保姆农学院、微信群优势，积极开展培训授课，现入群农民达30万余人，平台已实现每年线上培训指导320余万人次。

厚植党建强根魂 擎旗奋进攀高峰 构建党建工作体系引领企业高质量发展

鲁南（枣庄）经济开发投资有限公司
党委书记 刘 巨

鲁南（枣庄）经济开发投资有限公司党委（以下简称“鲁南投资公司党委”）坚定不移深化党建引领，以高质量党建为企业各项工作高质量发展赋能增效。聚焦“党建铸魂”“红色传承”“任人唯贤”“矩阵聚力”四位一体，推动工作创新，加强总结提炼，把党建品牌创建寓于企业生产经营全过程，搭乘“党建+”品牌推动融合载体，持续提升党建品牌“星耀鲁南”影响力，不断激发国有企业党组织活力。

一、“党建铸魂”夯实思想根基

坚持党的领导、加强党的建设是国有企业的“根”和“魂”。鲁南投资公司党委建立党员领导干部包联基层党组织工作制度，定期、不定期到支部联系点讲党课、调研指导，查问题、找原因、提措施，帮助基层解决实际问题。加强“政治课堂”建设，举办党的二十大精神宣讲报告会、专题培训班、经验分享会，参与学习200余人次，专题研讨150余次，有力推动党的理论创新成果学习全覆盖。通过“红色观影”“红色之旅”为党员过“政治生日”，学习沂蒙精神、铁道游击队精神，参加人员300余人次，将红色基因深植血脉。坚持把“党对国有企业的领导”融入“建立现代企业制度”各环节，做到党建入章“应入尽入”，制定出台公司党委研究事项三张清单和议事规则，明确公司“三重一大”事项，健全“三进三出”工作机制，形成党委会、董事会、监事会、总经理办公会“四位一体”的法人治理体系，圆满完成国企改革三年行动工作任务。始终贯彻全面从严治党不动摇，组织召开党风廉政建设及反腐败工作会议，签订《廉洁承诺书》，开展廉政提醒谈话。聚焦“四风”典型，对重要岗位、关键环节、重点人员开展廉政调研和日常巡察监督，排查岗位廉政风险点300余条，备案监督项目招标59项，筑牢廉洁防线。开展廉洁主题教育活动、讲廉洁专题党课、拍摄警示微视频、观看警示教育片等进行廉洁教育宣传，以案释纪、警钟长鸣。

二、“红色传承”筑牢先锋阵地

国有企业由党而建、跟党创业，具有听党话跟党走的红色基因。抗击疫情关键时期，根据上级党委要求，抽调30余名党员领导干部驰援滕州市官桥镇、山亭区凫城镇，舍小家、顾大家，吃住在防疫一线，全力筑牢疫情防控防线。医疗物资匮乏时期，经多方协调向薛城区常庄街道捐赠5万元医疗物资助力疫情防控。动员全公司党员干部职工参加“99公益日”“慈心一日捐”“齐鲁润春蕾”等公益捐赠，诠释“同心战疫、共克时艰”的国企担当。组织“党团齐行动、喜迎二十大”志愿活动助力公司重点项目双子星广场顺利开业，以“党员引领文明潮、志愿服务党旗飘”为主题，组建志愿服务队与社区工作人员共同助力全国文明城市创建，开展“情系于血、爱源于心”无偿献血活动，年度开展志愿献血活动10余次，参与活动200余人次，荣获“枣庄市志愿服务先进集体”称号。积极选优树先，拍摄“发现榜样”“我来讲党课”“我和我的支部”微视频参加全市优秀党员教育片评比，其中《承百年风华担时代之梁》荣获2022年度市“优秀党课”。积极参与“枣先锋”党代表工作室创建，建设“五星级”党支部1个，“四星级”党支部3个，所属支部及党员荣获市、委级“先进基层党组织”“优秀共产党员”称号。

三、“任人唯贤”锻造高质队伍

深化“赢在中层”行动，实施人才强企战略，着力培养引进用好各方面人才。靶向“引才”。积极组织各类招聘、猎聘，面向“投融资、建设建材、城市运营服务”三大产业精准引才，目前在岗员工本科以上学历占比74.07%，各类专业技术人员占比 44.45%，35周岁以下人员占比38.89%。建立年轻干部信息库，大胆起用年轻干部，中层正职40岁职数占比20%，储备80后干部职数占比70.8%。倾心“育才”。强化政治学习，利用学习强国、灯塔党建、山东干部网络学院等组织干部自学120课时。强化专业培训，推出“赢在中层”干部讲堂活动，统筹开展14期推动16名干部上讲台，组织线上线下培训20余次。强化技能培训，获批16个职业技能等级企业自主评价资格，获评专业技能证书100余人。鼓励再造学习，近年评审各类职称通过率100%。大胆“用才”。选派多名干部员工至其他地区或单位挂职锻炼，到重点项目交流学习，在实战中培养、锻炼、选拔干部。建立以“年度、季度”考核为主，“民主测评”为辅的多维度绩效考核体系，授予15个单位“先进集体”、42位同志“先进个人”荣誉称号，激发干部职工干事创业精气神。

四、“矩阵聚力”引领企业发展

以“党建+”为抓手，打造“党建矩阵”引领企业发展。创建“品牌矩阵”。强化品牌效应，围绕“服务城乡建设，让生活更美好”的宗旨意识，打造以“星耀鲁南”党建品牌为核心，以支部品牌为支撑的品牌矩阵，形成“一支部一品牌”的聚集效应，激发基层组织创优活力。打造“联动矩阵”。公司党委与工会、女工委、关工委、团委工作相联动，组织“巾帼心向党”“关爱六一”“八一双拥”“青年宣讲会”等活动，展现公司职工良好精神风貌和大爱精神，荣获“枣庄好人”“枣庄市三八红旗手”“枣庄市优秀共青团干部”“枣庄市优秀共青团员”“枣庄市五四红旗团委”各类称号。扛起“责任矩阵”。以党建“大格局”引领企业发展建设，积极履行国企责任彰显国企担当。抓牢重点项目建设，肩起目标任务责任，先后承担了双子星广场、市公共应急暨国防教育训练基地、市疾控中心、西城水系水环境治理等重点项目7个，总投资概算约60.44亿元，承担庄里水库债务、偿还新城基础设施建设欠款等重要任务7个，总投资概算约67.05亿元，扛起国企政治责任，发挥“顶梁柱”作用，积极支持枣庄经济社会发展，当好城市建设主力军。

打造“红心‘橡’党”品牌激发企业发展新动能

山东华盛橡胶有限公司党支部书记　宋士文

山东华盛橡胶集团（以下简称“华盛”），始创于1983年，现拥有各类员工5800多名，成为国际化全球轮胎50强企业之一。2017年8月，成立山东华盛橡胶有限公司党支部，现有党员80名，入党积极分子25名，支部委员3人。华盛坚持从加强组织建设、科技创新、队伍培育三方面入手，完善协调机制，搭建服务平台，提升企业竞争力，打造“红心‘橡’党”党建品牌，助推企业高质量发展。2023年1月，被命名为山东省级两新组织党建工作示范点。

一、党建赋能谋新篇，提质增效重引领

华盛始终坚持将党的领导放在首位，充分发挥党组织政治引领作用，确保公司发展方向。

（一）突出组织力

全面推行党组织委员与公司管理层“双向进入、交叉任职”，3名管理层人员进入支部班子，支部班子成员全部进入公司核心管理层；将组织设置、职责等党建内容写入公司章程，明确组织在企业治理中地位职责，新上项目、管理层人员调整等重大事项支部班子成员全程参与研究，充分发挥党支部战斗堡垒作用，持续抓班子带队伍、抓思想聚合力，为企业稳定发展提供坚实保证。

（二）突出执行力

实施“岗位创优示范”行动，打造“红旗车间”3个，设立“党员先锋岗”32个，划定“党员责任区”78处，党员岗位承诺口号150余条，制定评选标准，明确安全生产、工作业绩等四大职责，每月积分，季度评比，年度表彰，切实发挥示范带动作用；在“红旗车间”推行“两个五分钟”做法，开展“书记党课”进车间、进班组活动，让党的声音传入到车间一线；建立常态化学习“微阵地”，党员通过“华盛报”、车间“小电台”等形式及时宣传讲解党的政策理论知识及安全生产、企业管理、节能减排等专业知识，把学习教育推广到业务一线。

（三）突出示范力

主动承担“链主”企业责任，坚持“产业链延伸到哪里，党组织就要建到哪里，作用就发挥到哪里”，与联席会议成员单位共同举办“链上论坛”、产品海外推广会等活动，与8家中小企业签订共建协议，指导17家企业完成技术改造，推动橡胶轮胎产业设备数控化率达到90%以上。

二、党建引领筑堡垒，创新奋进勇争先

华盛始终坚持“心无旁骛、精益求精”的工匠精神，大力推动传统产业高端化、智能化、绿色化发展，打响“广饶制造”品牌。

（一）创新引领发展

集团坚持从中国制造向中国智造转型升级，除新能源电动汽车轮胎智造以外，还研发了高端环保耐磨卡客车轮胎、缺气保用轮胎、超低滚阻轮胎等高端、高性价比产品。在重大项目、重点任务上成立党员突击队，选派党员骨干担任项目负责人，以党建引领项目攻坚、技术攻关。先后获得了由中国质量检验协会颁发的“全国橡胶轮胎行业质量领先企业”“全国质量检验稳定合格产品”“全国产品和服务质量诚信示范企业”等称号。

（二）创造赋能升级

依托高性能聚合物及成型技术教育部工程研究中心华盛分中心、山东省院士工作站、高性能绿色轮胎山东省工程研究中心等科研平台，建立“院士工作站”“博士后创新实践基地”，投资1.5亿元打造高标准高性能绿色轮胎研发基地，攻克“卡脖子”难题31项，参与制定国家及行业标准22项，累计申请专利240项。

（三）党员创新竞进

开展叉车技能大比武、硫化岗位技能操作比赛、全钢子午胎半部件测量技能竞赛等活动，连续四年开展技能比武大赛，比赛成绩作为绩效奖金核算依据，形成比学赶超的良好氛围。科学设置“党建+精益管理项目”，常态化

开展“金点子”征集活动，共征集“金点子”90条，包括节能降耗、质量、安全、设备技改等建议，形成人人创优、人人争先的氛围。

三、党建助力育人才，筑建基业永长青

华盛始终坚持把党建融入选人用人的全过程，着力培养打造高质量高素质的人才队伍。

（一）大力推进人才队伍建设

强化企业人才选拔培养，建设以林广义、丁乃秀为榜样的创新人才队伍，通过党性教育、关怀激励等方式管好人才、用好人才、留好人才，发挥好每一名科研人才的传帮带作用，为企业发展引来“活水”。开展“师徒结对”，研发中心每名党员结对帮带1名后备技术人员，实现研发力量接续成长。

（二）实施党员“链式”培养机制

镇党委书记联系出资人党员，出资人党员联系经营管理层党员，管理层党员联系业务骨干党员，业务骨干党员联系一线职工党员，一线职工党员联系3—4名普通职工，形成了领导带头、全员参与、整体联动的党建工作格局。鼓励党员职工带头创新创优，实施“双向培养”工程，近三年将7名技术人才发展为党员。

（三）全方位维护职工权益

强化职代会、厂务公开、集体协商等沟通机制建设，畅通职工诉求渠道；建设“职工之家”、健身房、图书室等场所，定期开展运动会、消夏晚会等文娱活动，每年走访困难职工，凝聚团队向心力。加大对党员的关怀力度，在企业选拔、评优、保障中优先考虑党员，2022年底表彰9名党员，发放慰问金1.8万元。开展“红色代办、职工不跑”服务，组织党员以职工需求为导向为职工协调解决员工住宿、子女上学等问题800余个，“代办”出华盛速度、华盛温度。

蓝天映旗红　党建促发展

烟台蓝天投资开发集团有限公司
党委书记　李永乐

蓝天集团是烟台市重点国有资本投资运营公司，现有106家权属企业，集团党委下设党组织56个，党员755人。集团党委始终把抓党建作为最大政绩，创新探索“资本链上抓党建”模式，打造集团高质量发展“红色引擎”，先后荣获“中国红十字奉献奖章”、山东省企业文化优秀成果一等奖等荣誉。

一、狠抓政治建设强引领

（一）强化组织领导力

坚持“党对国有企业的全面领导”重大原则不动摇，始终把学习习近平总书记重要论述作为党委会“第一议题”、中心组常设议题和“三会一课”长期主题，做到党的理论创新前进一步、理论武装就跟进一步。推动“三张清单”、党建入章、前置研究实现全覆盖，探索形成“三同步两公开两纳入一列席”模式，把党的领导嵌入公司治理，促进生产经营发展提档升级。

（二）强化组织影响力

成立集团“理论宣讲团”，重点围绕学习宣传贯彻党的二十大精神、省第十二次党代会精神、沂蒙精神等主题，每月至少安排1名党委班子成员到基层联系点开展理论宣讲，深入基层支部开展宣讲活动50余次，受众1000余人，推动党的创新理论深入人心。

（三）强化组织凝聚力

探索推行“四步工作法”，固定每月20日开展主题党日活动，常态化组织丰富多彩的党建特色活动，通过召开支委会、党员大会或开展党的活动、讲党课、召开党小组会4个步骤，实现主题党日和“三会一课”时间、主题、目标、步骤“四统一”，保证党员理论学习效果的同时，增强了党员的归属感和责任感。

二、发挥实质作用促发展

（一）让资本插上党建的“翅膀”

在全国率先探索“资本链上抓党建”模式，在企业集团层面成立“资本链”党委，依托直属子公司党组织成立“资本链”党总支，以“资本链”党组织为核心，以组

织联建、事物联商、活动联办、资源联享、发展联促、人才联育、文化联兴、制度联创为支撑，将400多家参控股及关联企业有机串联起来，共抓基层党建、共商发展大计、共育先进文化，实现国有资本投放到哪里，哪里就有党的组织、党的工作、党的声音。

（二）“1466模式”激发红色动能

坚持党建引领发展新路径，围绕党建和发展“双融合、双促进、双提升”目标，树牢“四种理念”、推进“六个融合”、落实“六个保障”，着力构建“党建强、发展强，发展优、党建优”的“双强双优”格局。重点推行“红色网格”管理，组建蓝天•彩虹党员服务队，成立“蓝天•山海”党建共同体，有力促进项目建设。

（三）“一体系一平台”推动提质增效

建立符合国企特点的“百分量化、一体考核”的考核评价体系，科学设置考核指标，强化激励奖惩，推动实现党建实绩与经营业绩的“一体考核”，使党建工作由“软指标”变为“硬杠杠”。建立“蓝天党建•智慧执行”平台，覆盖57个党组织、500多名党员，采取“大数据+铁脚板”模式，对29项常规党建工作流程进行标准化设置，完成情况纳入年度党建工作考核，促进各级党组织党建任务执行“全到位”、党建任务落实“全覆盖”。

三、强化履职尽责显担当

（一）在疫情防控期间，集团党委充分发挥各级党组织战斗堡垒作用，共选派3批60名志愿者到一线抗击疫情，累计为268户民营企业和1068户个体企业减免燃气费1亿余元，为个体工商户和小微企业累计减免租金8700万元，展现“责任蓝天”良好形象，努力为疫情防控和全市经济社会发展贡献“蓝天力量”

（二）先后帮扶福山区张格庄镇马家村、牟平区王格庄镇王格庄村和下费格庄村，累计投入资金140余万元，帮助改造多项村内基础设施，村民将集团出资硬化的山路亲切地命名为“蓝天路”

集团作为唯一一个市管企业获评“全市脱贫攻坚先进集体”，连续两届获评市委“部门包村工作先进单位”，被中国红十字会授予“中国红十字奉献奖章”。

（三）成立蓝天集团学雷锋志愿服务队和蓝天集团党员“双报到”志愿服务队，赴社区开展疫情防控、法律援助、免费义诊、红色教育、走访慰问等活动，构建形成“组织共建、党员共创”新格局，集团学雷锋志愿服务队获评“创建第六届全国文明城市工作优秀志愿服务队伍”

强基铸魂党旗红　村企联建促双赢

青州市亚泰农业科技有限公司
党支部书记　董春燕

青州市亚泰农业科技有限公司党支部坚持党建引领谋划企业发展，积极融入花卉产业发展大局，聚力建设国家级花卉电商平台，实施“村企联建”工程，构建花卉全产业链条，把“小花朵”培育成致富“大产业”，走出了一条党旗红、科技强、产业兴、共富裕的创新发展之路。先后获评国家级高新技术企业、全国巾帼文明岗、山东省花卉产业示范企业等荣誉称号。

一、党建赋能，构筑“引凤巢”，搭建科创载体聚才新高地

坚持科技兴花，注重在党员示范、创新载体上同向发力，全力构筑立体多元的人才创新创业平台体系，吸引更多人才向企业集聚。

（一）实行党员“双向培育”机制

发挥党员在科技兴花等方面的示范作用，企业党支部有党员12人，其中有7人从事组培、新品种炼苗等技术研发工作，研究推出9项新技术。教育引导、及时吸纳优秀员工为入党积极分子，实行重点培养，不断充实党的后备力量。

（二）搭建科研创新平台矩阵

大力实施“党建引领•科技兴花”战略，聚焦人才交流合作、花卉品种研发，党支部引领推动企业与中科院、中国花卉协会等33家专业院校、机构签订战略协议。以企业党支部和弥河镇人才党支部为依托，持续加强花卉新品种自主研发，搭建中国花卉电子商务中心、国家级星创天地等创业类平台9个，山东省花卉种苗工程实验室等科技类平台7个，与荷兰瓦赫宁根大学等10余家国内外知名院校建立长期合作关系，全面实行产学研融合发展。

（三）实施人才“传帮带”战略

开展“党员骨干传帮带、学习结对共提高”活动，聘请中国工程院尹伟伦院士、省林业科学研究院徐金光院长等高级人才为公司技术指导，发挥党员先锋作用，“传帮带”研究开发人员57人。承担山东省重点研发计划等8项省市重点科研项目，育有15个自主知识产权的花卉新品种，获批花卉新品种权2项，花卉栽培相关实用新型专利35项，

软件著作权 13 项，受理发明专利 20 项。

二、联建聚能，优化“创业圈”，打造兴村富农党建联合体

按照“党建引领、组织联动、企村共建、共同富裕”的总体思路，由亚泰农科联合绿圣兰业等重点企业党支部与周边村党支部聚合建立花卉产业联盟党委，共建区域性党建联合体，打造“党建引领、以企兴村、助农增收”乡村振兴新样板。

（一）技能培训强本领

与青州花卉学院、潍坊农民职业学院花卉分院党支部在内的 10 家花卉研发机构党支部进行“联姻”，共同成立“青州花卉大讲堂”，免费为花企、花商、花农提供讲座、培训服务，组建花卉科技服务“朋友圈”，已累计培训 150 场次，服务 6000 余人。组织 210 多名党员、周边花农参加花卉产业高端培训班，先后到德国、荷兰、比利时以及国内天津大顺、浙江虹越等先进国家、地区参观学习。

（二）创新创业添活力

推行“党建 + 企业 + 创客 + 工友”模式，为周边村民提供创业支持，吸引入驻 30 余家花卉苗圃相关小微企，扶持 50 余名创业者成功创业，吸纳就业人员 400 多名，先后被命名为“潍坊市工友创业园”“山东省工友创业园”。成立青州市亚泰农业科技企业孵化器，落实专用办公面积 6000 平方米，有在孵企业 31 家，已对在孵企业培训 180 人次，开展创新创业活动 12 场次，已培育高企 1 家，科技型企业 11 家，备案有效知识产权数 32 件，引进和培养人才 8 名。

（三）产销一体惠民生

联盟党委牵线搭桥，搭建公司提供种苗、花农种植、公司统一回收的订单农业框架，企业由传统生产型企业向服务型企业转变，与周边 14 个专业种植村党支部合作，针对各村不同的种植习惯和优势品种，引导各村错位发展，形成“一村一品”新格局，公司花卉种苗年产量突破 1 亿株，带动周边 14 个村、4100 多户农户增收致富，户均年收入突破 30 万元，惠及 1.8 万多人。

三、产业增能，激活“春水池”，聚力花卉产业发展谱新篇

坚持发展是第一要务，不断延伸优化产业链，实现了党的组织建在产业链上、活动开展在产业链上、作用发挥在产业链上、发展优势集聚在产业链上。

（一）建强集群矩阵，升级花卉产业新格局

以周边村党支部、企业党支部和党员花农为支点，集聚生产、市场、电商、科技等优势资源，创新“花企 + 村户 + 经济人 + 电商 + 网红”集群模式，打造三产融合综合性园区，企业累计入驻种苗研发企业 2 家、生产型企业 39 家、专业仓储 1 个，建设成为全省示范园区，形成周边 30 亿级规模花卉产业集群。

（二）电商凝聚合力，打造花卉销售新模式

成立中国花卉电子商务中心，自主开发“花多采”花卉电商平台，开通选花卉网，建成全国领先的花卉交易数据库和花卉线上交易中心，免费让青州花企、花农、花商入驻发展。加强与“抖音”“快手”等直播平台合作，在花棚内设置直播间，遴选年轻党员培育为第一批花卉直播“网红”，电商年销售额实现过亿元。

（三）优化链条聚合，凝聚花卉产业新动能

将“解难题、破瓶颈、谋创新”作为企业党支部和党员的重要使命，推动花卉全链条升级，激发党员在产业链环节中的先行引领作用，持续推进产业新旧动能转换。建成我国北方最大的蝴蝶兰花卉种苗组培生产基地，建设花卉栽培区 800 余亩，智能化联栋温室大棚 200 余个，实现年销售收入超过 3 亿元，年产多肉植物盆花 800 万盆，穴盘苗 6000 万株，蝴蝶兰 40 万株，凤梨 8 万株。注册“好客之都”“亚泰花卉”商标，发展花卉旅游，打造了集花卉科研、培育、销售、观赏、康养、科普、研学为一体 AAA 旅游景区，年接待游客 10 万多人次。

以党建“红色引擎”赋能企业高质量发展

山东荣信集团有限公司党委书记　司相芳

山东荣信集团有限公司（以下简称荣信集团）成立于 2007 年，连续多年上榜中国民营企业 500 强、中国制造业 500 强、山东企业 100 强，先后获得国家级绿色工厂、国家级高新技术企业、国家技术创新示范企业等称号。荣信集团始终秉持“听党的话，跟党走，按政府要求做事，依法办企业”的方针，全面落实习近平总书记关于扎实抓好非公有制企业党建的重要指示和新时代党的建设总要求，坚定“党建领航、创新致远、人才强企”的战略思路，积极推进“双向进入、交叉任职”领导体制，集团党委书记、总经理“一肩挑”，带领班子成员大力实施“红色引擎”党建品牌工程，为企业生产经营提供坚强组织保障，以高质量党建引领集团高质量发展。

一、建强“红色阵地”，发挥红色引领

集团党委高度重视党建工作，积极探索新时代非公企业党建工作新模式，生产经营在哪里，就把党组织建在哪

里，把党的领导融入企业生产经营的各环节。荣信集团建立了红帆驿站、培训中心、职工书屋，让党员学习有园地、开展活动有场所、相互交流有平台、党性锻炼有载体。按照“室内室外全覆盖、四位一体一片红”的工作思路，规范“一旗一徽一栏一墙”建设，合理增添红色标识、红色元素，使阵地更有党“味”。在新上项目建设工地成立临时党支部，充分发挥党支部凝聚作用，新型炭材料项目一期工程建成投产，并进一步向超高功率石墨电极方向“延链”，进一步凸显党组织战斗堡垒作用，筑牢党员队伍的战斗力和凝聚力，让党旗在一线高高飘扬。

二、激发“红色细胞”，抓好蓝色创新

在日常工作中随时发挥党员辐射效应，让每一个“红细胞”都跃动起来，按照“一个支部就是一个先锋堡垒”的要求，立足“创新者为荣，奋斗者为本”的企业创新理念，大力实施“金点子工程”，发动党员带头围绕安全环保、节能减排、降本增效，开展合理化建议活动征集改善提案200余项，实施降本增效措施40项。成立5支“党员突击队”，发挥党员不怕吃苦、攻坚克难的示范作用，主动承担、分解技术升级和产业创新难题，创新性解决了蒽油加氢项目中的“卡脖子”的技术难题，新材料针状焦产品打破了国外对中国高端电极原料领域的垄断，填补了国内空白，实现企业转型升级、快速发展。切实以党建工作汇聚科技创新强大动力，以先进技术和创新理念转化为生产强大动力，打造提质增效的“新亮点”。

三、开展“红色讲堂”，推动金色效益

集团党委依据不同身份、不同对象、不同内容，推行领导干部讲政策、支部书记讲党史、先进模范讲经验、普通党员讲体会的“四讲”模式，注重发挥集团培训师平台作用，推动党员干部进车间、进班组、上讲台、当讲师，平均每年开展各层级讲堂200余场次。以员工喜闻乐见的方式，以各级干部言传身教的行动，缩短干群距离，融洽党群关系，将党的政治优势转化成助推企业高质量发展的金色效益增长点。

四、做好“红色服务”，实现绿色发展

2021年7月，集团党委联建了由21家产业链企业组成的高端化工产业链党建联盟，带动同区域企业党组织应建尽建不留空白，推进了非公企业党的组织和党的工作全覆盖。借助高端化工产业链党建联盟与济宁技师学院搭建人才共育平台，通过实施“校企地”三方合作项目，建立关键人才梯队，集团现有大专及以上学历人员占比50%，中高级职称以上人员近300人。集团党委积极践行“走出去”向最好学习、同最优对标，“请进来”传经送宝、为我所用，实现党建共建共赢。先后选派党务工作者到青岛特锐德电气、太阳纸业、济宁审批局等单位，陕西、甘肃等西北红色教育基地参观学习。在党史学习教育“我为群众办实事”实践活动中，组织开展“冬送温暖”“夏送清凉”等系列志愿服务活动，解决重点难点工作180余项。创新实施党群联动、绿色争先等模式，实施新型炭材料、清洁能源等多项重大资源循环利用新旧动能转换项目，蹚出了一条安全环保和经济增长相辅相成的高质量绿色发展之路。

集团党委通过建强“红色阵地”、跃动“红色细胞”、办好“红色讲堂”、抓好“红色服务”等一系列举措，让党建工作和企业发展有机融合、同频共振，推动企业攀登进阶。2022年，集团新获国家技术创新示范企业、山东省资源综合利用先进单位、山东省智能化改造标杆企业、山东省级智能工厂等荣誉，再次荣登国家、省市各类榜单，集团综合实力和核心竞争力显著提升。集团党委先后获得山东省“先进基层党组织”、山东省两新组织党建工作示范点、济宁市“六好”“两新”组织党建工作示范点等称号，“恒聚四色 同心同向”的党建品牌得到各界关注和认可。

党建聚力 “电”亮泰开

泰开集团有限公司党委书记 刘学敏

泰开集团有限公司党委（以下简称集团党委）积极寻求新形势下加强基层党建工作的新方法，努力探索发挥党员先锋模范作用的新途径，着力解决党组织在服务企业生产经营过程中出现的新问题。集团党委打造“党建聚力‘电’亮泰开”党建品牌，以组织亮星、先锋亮旗、项目亮剑“三亮”工程增强党建工作合力、定力、活力，提高全体党员凝聚力、向心力和行动力，实现党建工作与企业发展同频共振、目标共融、发展共谋、责任共负，把党组织工作优势转化为企业发展核心竞争力，有效提升整体管理水平，让党员成为公司发展可依靠、可信赖的中坚力量。

一、“组织亮星”，固基立企

为激活“五星”党支部，持续提升党支部标准化规范化建设水平，集团党委坚持问题导向、目标导向，抓实抓细抓牢党支部评星定级工作，让“创星”有根基、“造星”有规范、“亮星”有成效，着力推进集团党委下属党支部对标提升、晋位升级。一是将党组织标准化规范化建设和

党支部评星定级开展情况纳入集团下属各级党组织年度党建考评内容，党支部结合“主题党日”活动，以星级化创建为目标，对各项工作进行系统梳理，形成一套务实管用的工作机制，调动激发基层党组织的活力和党员干部的内生动力，凝聚大抓党建、引领发展的工作合力。二是结合高新区党工委、建成区综合党委工作要求，细化集团党委“五星”党支部创建目标要求，将每个星级指数细化为切口小、可量化、好执行的任务清单，各党支部党员主动认领创星任务，亮出当尖兵、打头阵的奋斗姿态，形成人人创星、人人追星的浓厚氛围，助力“五星”支部创建竞相出彩。三是对获评“四星”以上支部的推荐到区级各项表彰表扬，着力总结提升“五星”党支部工作方法，推广高压开关、隔离开关车间5分钟“微党课”工作法，打造党建品牌，形成以点亮星、以线串星、以面汇星的星火燎原之势，在集团各项中心工作中旌旗奋进

二、“先锋亮旗”，领航兴企

为强化党员在生产经营中的作用，集团党委开展以“亮身份 亮作用 亮形象”为主题的党员“先锋亮旗”工程，切实提高全体党员的战斗力。一是在集团各部门、下属公司车间内设立“我是党员，从我做起，对我监督”展示板，激活“党员主角”，将党员的照片、姓名在醒目位置公示。创建党员示范岗、党员责任区、党员安全监督岗，使党员时刻提醒自己有别于普通群众，从而影响和带动身边群众。二是在生产系统以抓安全、促生产为重点，开展创建党员示范岗；在现场安装服务中，以保质量、保供期为口号，党员突击队、青年先锋队带领现场服务人员讲政治、顾大局，克服困难、冲锋在前、攻坚争先，以完美的工程业绩维护泰开“金字”品牌。三是注重对最美党员事迹的总结和提炼，优中选优在公众号和媒体开展优秀党员集中宣传，公司生产、经营、管理、服务等各岗位优秀党员典型不断涌现。2020年以来，集团党员获得国家科技进步二等奖、山东省五一劳动奖章、泰安市新时代泰山挑山工标兵等荣誉称号。

三、“项目亮剑”，攻坚强企

集团党委在加快推动项目建设的过程中，注重发挥党员先锋模范作用，各党组织以扎实的工作成效助力项目高速度推进、高质量实施、高水平完成。

（一）实战“亮剑”，构筑行动合力

为推进集团项目建设，创新将党组织建在项目上，进一步发挥党组织战斗堡垒作用，助力企业生产经营。针对生产类项目，建立党员突击队，在特斯拉组合电器生产项目上发挥极强号召力，其220千伏主设备均由泰开提供，45天完成安装调试，创电网公司最快接电记录，在特斯拉上海超级工厂成为展示“中国速度”的重要力量；针对工程类项目，组建先锋建设临时党支部，开展“支部建在项目、党旗飘在阵地、党员冲在一线”活动，特别在昆—柳—龙±800kV特高压多端直流工程惠州龙门换流站传来捷报，泰开500kV GIS一次通过全部耐压试验，在南方电网“西电东送”新建工程史上，首次实现500kV GIS设备耐压试验一次性全部通过，充分体现出泰开党建优势，真正把党的组织优势转化为推动项目进展的生产优势，实现党建工作互联互动与企业经营发展的深度融合。

（二）创新“亮剑”，激活发展潜力

开展党建创新竞赛活动，围绕“确立一个项目、破解一道难题、减少一个隐患、促进一项工作”创新思路，通过党组织“立功立项”，把党员岗位技术创新成果创建、小改革小发明活动延伸至生产经营各专业领域，对有利于生产经营和公司发展的成果进行宣传推广，实现党建工作与生产经营“融合抓，同步上”的双赢效果。

（三）难题“亮剑”，提升攻坚能力

以打造全能型党支部为目标，深入开展“专业至一线”党支部联创活动，以解决思想问题和实际问题、推动公司发展为主题，组织各下属公司党支部结合重点难点问题和专业管理提升，联合开展克难攻坚、提质提效主题党日活动，将党支部的组织优势、政治优势转化为管理优势和发展优势，使党支部的创造能力和服务中心能力在与具体工作融合中得到充分发挥。

联桥光耀先锋　集聚发展动能

山东联桥集团有限公司党委书记　慕镕键

山东联桥集团有限公司成立于1997年，主营新材料科技、纺织服装和人力资源等产业，有18家子公司，员工2500余人，2022年主营业务收入31亿元，纳税3794万元。公司先后荣获中国驰名商标、全国守合同重信用企业、全国五一劳动奖状、中国对外贸易民营500强、山东省民企品牌价值100强等百余项荣誉称号。公司党委成立于2011年，辖5个党支部，有党员172名，荣获山东省两新组织党建示范点、山东省非公有制企业齐鲁先锋党组织、威海市先进基层党组织、威海市新型经济社会组织党建示范点等荣誉称号。

一、高位引领，锻造四支先锋铁军

公司党委结合产业板块，分类指导，精准施策，打造了科技先锋、时尚先锋、国际先锋、数字先锋四大铁军。

科技先锋铁军，树立新材料行业标杆。在新材料领域，探索建立了“党小组＋项目部”工作模式，把党旗插在研发、项目的第一线，发挥党员模范带头作用，成立党员攻坚小组，带头攻克技术难关、带头推进项目建设、带头推动资本运作，真正做到了业务发展到哪里，党组织就覆盖到哪里，党员就出现在哪里。近年来，57名党员攻坚小组完成了46个产品研发和攻关项目。时尚先锋铁军，聚力打造毛衫头部企业。在纺织服装领域，围绕打造“毛衫王国”，组建了时尚联桥党员先锋铁军，划分多个“功能党小组”，围绕设计研发、生产基地建设、市场渠道搭建、供应商体系建设等专项各个击破，建设了全国首个国家毛衫纱线资源共享平台，服务于全国的毛纱纱线产业，牢牢掌握了行业主动权和话语权。国际先锋铁军，建强海外红色堡垒。在人力资源领域，按照C2C模式，在英国、日本、美国、柬埔寨设立4个海外党小组，党员带头整合国际化资源，参与国际化分工，拓展国际化布局，发展国际化事业。采用线上组织生活会、党课微直播等形式，拉近了海外党员与集团党委的距离，增强海外党员战斗力，实现事业发展到哪里，党旗就飘扬到哪里。数字先锋铁军，织密大数据赋能发展体系。在集团总部，采用“1+3+N”模式，即以集团总部职能党小组为1个中心，以3个子集团党小组为依托，以N个信息化服务商为辅助，全力推进数字化升级，打通信息壁垒，形成集团公司与各分子公司、供应链上下游的数据互联互通，把全要素链接起来，支撑企业高质量发展。

二、多管齐下，推行五联运行机制

公司党委以提升组织力为重点，实施五联运行机制。党员联系目标，倡导“撸起袖子加油干，携手共赢30亿”“全力踏上新征程，奋勇争创40亿”等工作目标，党员带头领任务、扛指标，签订经营责任状，把利润总额目标、主营业务收入目标、大客户目标、人均利润目标等层层分解，把实现企业绩效目标作为检验党建成效的重要标准。党员联系管理，公司党委以法人治理体系改革为中心，以股权改革、组织管控、薪酬激励为三个着力点，全面开通“书记热线”，建立问题“发现－处置－反馈－激励”机制，引导党员深度参与企业管理。党员联系先进，公司党委建立“把骨干培养成党员，把党员培养成骨干，把党员骨干培养成中高层管理人员”的“三培养”机制，管理人员中党员占比达80%以上，9名党员已提拔到部门经理岗位。党员联系创新，将每年5月9日确定为“科技活动日”，开展“创新之星”等评选活动，选树在科技研发、市场开拓、机制变革、团队建设等方面有突出贡献的典型党员和团队。推行“个人命名工作法”，总结推广了“刘福平金刚钻工作法”“魏大盛先手棋工作法”“丛培红移动堡垒工作法”等创新项目12个，激发发展澎湃动能。党员联系群众，建立“1+10”帮带责任制，每名党员联系10名普通员工，帮助解决工作、生活等问题120余个，稳定了员工队伍，营造出互帮互助的浓厚氛围。

三、打造亮点，培育红圈特色文化

公司党委着力打造“联桥红圈”特色文化，塑造起阳光向上、高效齐心、成果共享的文化氛围。社团文化，结合非公企业特色，成立了足球队、合唱团、高尔夫社团等13个党群社团组织，由党员担任社团骨干，发挥党建带群建优势，定期举办足球挑战赛、冬季越野赛、沙滩运动会、联桥春晚等文化体育活动，平均每年参与党员职工近千人，有效增强了党员员工的凝聚力和战斗力。每年七一举办光耀先锋系列活动——光耀先锋评选、朗读者、薪火接力、新新向荣等，成为企业的“网红活动”，有效激发了党员群众的干事热情；共商文化，完善职工收入增长机制，连续15年实行工资集体协商，实现“我的工资我做主”，让党员职工以主人翁姿态充分参与公司治理；大爱文化，对内设立了联桥慈善助困基金，自上而下层层签订关爱责任状，每年对家庭困难或者突遇疾病的员工予以帮助，先后为困难员工发放善款300多万元；对外组建了由160名党员组成的联桥星火党员志愿服务队，开展爱心义跑助老、公益存折助学、共植联桥青年林等系列志愿服务活动130余次；在海外，我们给予非洲国家贫困儿童给予资助。累计向社会捐款2300万元，在大爱联桥里，每名党员员工都充满爱心；成长文化，公司党委建立300万元的人才发展专项基金，实施党员干部进步“太阳计划”、骨干员工培育“地球计划”、中层干部培养“银河计划”、高层团队提升“宇宙计划”，满足了不同员工、不同层次的需要，促进了员工素质的全面成长，确保了人才引得来、留得住、用得好。

创建党建工作特色
助推企业高质量发展

山东五征集团党委书记　姜卫东

五征集团是中国机械重点骨干机械制造企业，主要生产三轮汽车、载货汽车、农业装备和环卫装备，共有员工12000名，下设4个党总支、28各党支部、873名党员。集团党委以习近平新时代中国特色社会主义思想为指导，深入探索党建与企业融合发展模式，创新党建工作思路和方法，创出了党建工作的新特色，补评为“山东省先进基层党组

织”“山东省省级两新组织党建工作示范点”。

一、不忘初心，深挖艰苦奋斗精神激励员工

五征从一个一穷二白的县级拖拉机站，发展成为中国机械制造重点骨干企业，是靠一代代五征人艰苦奋斗、忘我奉献、创新创业实现的。企业发展的再大，生产生活条件再好，艰苦奋斗的精神不能丢，必须加强对青年员工和党员的教育，党建工作必须与企业发展实际紧密结合。集团建起了党员教育活动中心、创刊了《领航》季刊，创建微信等新媒体公众号，重点持续展示历代五征人在党的领导下艰苦奋斗、创新创业的故事，教育引导新入职员工、党员深刻感受历代五征人艰苦奋斗、爱岗敬业的精神，体会一代人有一代人的担当，需要接续奋斗的使命，明白“幸福是奋斗出来的，社会主义是干出来的”道理。

二、五星引领，发挥党员示范作用

一个支部一个堡垒，一名党员一面旗。集团党委注重发挥广大党员的模范引领作用，创造性开展了星级党员选拔活动，根据党员在日常工作学习中的政治表现、业务能力、学习能力、知识（技能）传授以及绩效考核等情况，制定了评价标准和评选办法，设1—5星等级，最终评选出了121名星级党员，并赋予相应的责任和义务，给予相应的红色津贴。同时，在星级党员所在岗位悬挂或放置星级党员牌，让星级党员有权利、有责任、有荣誉。星级党员选拔实行两年一届，第二届评选出了123名星级党员，更好地发挥了示范引领、创新改善、带徒传技等作用。

三、创新方法，推动党建工作量化、标准化

创新不仅局限于研发、生产与经营，党建工作赋予创新思想，效果与效率将是几何比例提高。集团党委依据《党章》、“三会一课”规定，结合党员思想现状，贴紧生产经营和岗位工作，归纳提炼出了党支部与党员在履行权利与义务中，“应该做什么、什么时候做、做到什么程度”为要求的七件事（包括三会一课、交流体会、学习提升、建言献策、助力成长、公益活动、家庭活动等内容），做到了内容具体，标准清晰，时段明确，切实解决了党支部发挥战斗堡垒作用找不到切入点、党员发挥先锋模范作用不知从何做起的问题。为配合活动开展，同步开发、设计、编印了党支部、党员“七个一”活动手册。并研究开发了“七个一”活动APP，使“七个一”活动更加直观，更具借鉴性和督促性，同时具有活动分类、汇总、排序功能，解决了党支部、党员参与活动的积极性，也解决了常年在外党员不便参与活动的问题。“七个一”活动在运作过程中，既有量化和标准功能的活动手册指导督促，又有活动APP展示监督，让各支部与党员都有了“等不起”的紧迫感、“慢不得”的危机感、“坐不住”的责任感，“比着学、赛着干、争着上”的党建氛围明显增强。“七个一”活动的开展，营造了党支部、党员比学赶超氛围，支部参与率达100%，党员参与率达80%，成为具有五征特色的党员管理教育品牌。

四、关爱员工，增强企业凝聚力

为员工服务是集团党委的价值追求。集团党委开展系列“温暖民心、激励党心”的关爱行动，自2013年开始，设立“困难员工救助金”“员工互助金”，对员工及员工直系亲属因病因伤致困实行救助，不让一个员工因病致贫，展现了五征大爱情怀；设立了“员工温暖金”，为每个新婚员工、生子员工、子女升学员工送祝福、送温暖，增强了党员和员工的荣誉感和归属感。走访慰问困难职工，代表党委“送温暖”“送祝福”让公司对员工的关怀效果实现了最大化。集团党委利用信息化手段，为员工搭建了活动信息化平台，拓展服务工作，营造快乐奋斗文化。在企业员工平台搭建了“快乐周末”窗口，让员工随时了解周末及节庆活动计划和过往活动留影，变过去被动参与为主动参与。2022年，共组织新年迎日出、健步行、运动会、马拉松赛、篮球赛、青年员工放歌五莲山等大大小小的活动26场次，参与员工达到6000多人次。

“三红三争”聚合力 党建领航添动能

天元建设集团有限公司党委书记　张桂玉

天元建设集团有限公司拥有分公司及控股子公司80余家，职工总数15000余人。现有13个党总支、69个党支部、党员1850名。多年来，集团坚持以打造“红色铸魂，匠心筑梦”特色党建品牌为抓手，创新实施“三红三争”工程，以融合式党建红色引擎推动企业高质量发展，企业综合实力持续提升，天元品牌影响力进一步增强，连续多年进入“中国企业500强”“中国建筑业50强”，曾荣获“全国先进基层党组织”，连续六届荣获“全国文明单位”荣誉称号，被评为“山东省两新组织党建工作示范点”。

一、红色头雁引领，争作表率

坚持“书记抓、抓书记”，集团党委注重发挥书记“头雁”

引领作用，推动集团各级党组织书记敢于担当、争作表率。

（一）书记清单明任务

年初集团党委根据上年度党建工作弱项，结合生产经营实际，列出“书记工作清单”；根据清单有针对性地规划、制定《党支部工作责任书》，划定党组织班子成员责任分工，强化党组织书记“第一责任人”意识。“经营未动，党建先行”，集团将党的建设工作会议作为每年第一个系统性会议召开，并在会议上组织基层党组织书记签订工作责任书，对年度重点任务定责、定人、定目标、定时限，年底由集团党委对各支部工作落实情况逐一考核。

（二）闭环述职强责任

每年分年中、年末开展“双述双评”，分公司党组织书记向集团党委述职，二级党支部书记向分公司党总支述职，参会的书记、党员、群众代表现场评议打分，形成组织工作“闭环述职”，扩大党员、群众监督作用，从源头上压实党组织书记党建责任。对“书记清单”履职不重视、述职评议排名后3位的党总支、党支部书记，由集团党委约谈。

（三）上下联动抓落实

建立集团、分公司、项目部三级党建联席会议制度，由集团党委负责召集，每季度召开一次，分公司党总支、支部书记、一线项目临时党支部书记参加，会上听取本季度基层党建工作、生产经营工作推进情况，安排部署下季度党建和生产经营工作任务，集思广益、破解难题。

二、红色榜样带动，争当先锋

坚持把党员队伍建设作为助推企业发展的核心力量，打造形成多支攻坚克难的党员先锋队。

（一）突出帮带培养

结合全市实施“争做优秀员工、争做优秀党员、建强中层队伍”的“双争一强”计划，推行“两岗三帮带”工作法，在集团、各分公司机关设立党员承诺岗，在项目一线设立党员示范岗，对每名新入职员工实行党员带、师傅帮、领导领“三帮带”，每月谈心谈话、现场指导，从思想上、工作上、生活上“三维立体式”帮带培养。每年采用“星级”制评选“帮带优秀人才”，对连续多年帮带工作成效明显的，帮带导师优先作为评先树优、提薪晋级推荐对象。多年来，集团优先从党员中选拔后备干部人才，把新进员工培养成骨干、把骨干发展成党员、把党员提拔为干部，先后提拔项目经理、管理层党员达350余人，书记、总经理40余人，占集团党员总数的21%。

（二）实施目标牵引

根据不同党员年龄、党龄、工龄及职业发展愿景，按照“跳一跳、够得着”的原则，党支部指导每名党员制定年度及长期职业发展规划，明确个人专业能力目标、职业发展定位及个人提升措施，由所在党支部书记及部门所在领导审查，在支部公示栏张贴，接受党组织、党员和群众的监督。

（三）推行党员量化积分

结合不同岗位党员的工作实际，设置专利发明类、科技成果类、施工项目类、公益慈善类等4大类10个具体加分指标，并实行“双重加分”，既可为党员个人加分，评选先锋党员、优秀党务工作者，又可为党员所在支部加分，评选“星级党组织”。

三、红色堡垒聚力，争创品牌

集团党委高度重视党组织建设，通过把支部建在项目上、抓实支部品牌培育、全面推行党建巡察等措施，努力把每一个党支部建成坚强战斗堡垒。

（一）坚持“支部建在项目上”

针对集团施工项目多、党员分散广的实际，推行“一线三红”载体建设，即在施工一线成立项目临时党支部，打造“红色工地”、建设“红色车间”、培育“红色工匠”，做到施工队伍走到哪里，党建工作就覆盖到哪里。

（二）培育“一支部一品牌”

立足集团党员多、支部多，所在公司经营业务不同、管理风格不同的特点，集团党委组织开展“支部创品牌”活动，鼓励各党支部结合公司经营和管理实际，积极探索富有特色的党建活动，努力形成各具亮点的党建工作品牌。

（三）全面推行“党建巡察”

集团党委成立党建巡察工作领导小组，由集团党委书记亲自担任组长，自2018年开始，围绕党组织建设、党建阵地建设、党员作用发挥等3个大项18个小项工作任务，结合年初签订的《党支部工作责任书》、经营工作各项指标等内容开展巡察工作。年底将巡察结果作为党组织评星定级和分公司年度绩效考核的重要内容，充分发挥巡察利剑作用。

党建引领助推企业发展 红色赋能铸魂行业文化

景津装备股份有限公司党委书记　段慧玲

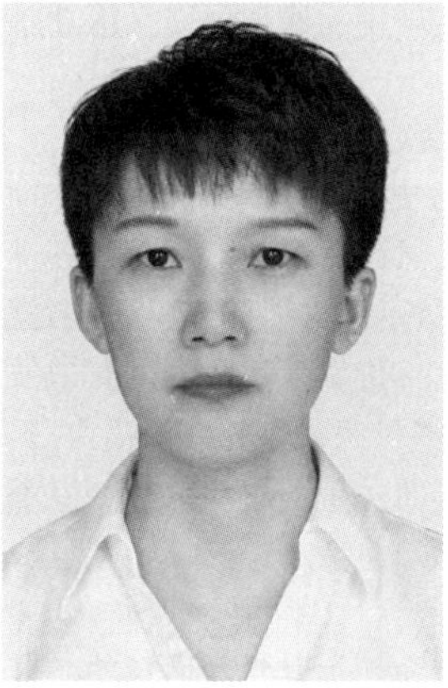

景津装备股份有限公司创立于1988年，是集过滤成套装备制造、过滤技术整体方案解决、环保工程总承包及运营于一体的综合环保服务商，连续21年全球压滤机产销量第一。景津装备党组织于2005年6月成立，2014年7月设立党委，下设5个支部，现有党员251人，管理层党员占比72%。先后荣获省先进基层党组织、省两新组织党建培育点、省两新组织党建工作示范点、高端装备环保产业党建联建示范点等荣誉。

一、建章立制，强化党员队伍管理

科学管理，制度先行。景津党委立足永葆党员先进性，通过建立党员三项制度，不断强化党员队伍管理。

（一）建立党员积分制度

以支部为单位，结合“三会一课”、主题党日、组织生活会、民主评议等活动的开展情况，实现组织生活全程纪实，并将党员的积分管理运用到优秀党员和基层支部的评优考核中，以推进党员教育管理的规范化和实效性。共建立党员示范岗 16 个，党员示范团队 12 个。

（二）建立党员承诺制度

结合公司发展目标，建立党员“一句话承诺”制度，强化对党员的监督。将党员承诺在公示栏内公示，注重践诺跟踪，听其言，观其行，主动接受群众监督，督促和激励党员树形象、改作风、敢担当。

（三）建立党员绩效制度

积极探索新时期党员管理的新举措，以党员积分管理为依托，建立健全党员考核评价体系，并将党员考核纳入党支部考核，将评价结果作为教育培养、管理监督和选拔任用的重要依据。同时，党委编制出台《党建工作手册》《党委制度手册》等相关制度手册。运用党的制度提升企业管理水平，把党的民主集中制运用到企业重大事项决策、重要干部任免、重要项目安排中，实现了企业制度与党建制度双向融合。

二、搭建平台，强化党员队伍活力

景津党委立足发挥党员的先锋模范作用，通过搭建三个平台，不断强化党员队伍活力。

（一）搭建“争先创优”平台

围绕公司实现“走向世界企业”的奋斗目标，开展了“立足岗位，建功立业、职业技能大比武”等活动，加大对优秀员工、岗位技术标兵的精准培养，把更多业务精良的员工提拔到管理岗位和决策岗位并纳入党员队伍。同时，从支部建设的战斗堡垒作用、员工安全、工作效率，技能创新革新、文明等方面综合考量，每年开展星级党支部评选活动，推动支部建设活力。

（二）搭建党员岗位示范平台

围绕党的二十大精神、党史学习教育、学习贯彻习近平新时代中国特色社会主义思想主题教育活动，各支部通过设立“党员责任区”“党员示范岗”、开展“一名党员就是一面旗帜、一个岗位就有一份奉献”活动，有效发挥党员在企业生产经营工作中的“排头兵”、先锋模范作用。通过开展党员示范活动，以点带面，带动周边的每一名员工发挥作用，共同成长。

（三）搭建党员志愿服务平台

践行责任担当，诠释初心使命，提升党员队伍的责任意识。在各支部组建志愿服务队，动员党员干部积极参与道路执勤、社区宣传、疫情防控、无偿献血、爱心捐赠等活动，让每一位党员始终牢记自己的第一身份是共产党员，第一职责是为党工作，第一宗旨是为人民服务。

三、文化固本，强化党员队伍素质

景津党委立足党员自身发展，全力建设文化型党委，不断强化党员队伍素质提升。

（一）打造红色阵地

建设党员发展教育中心，包括党员发展中心、党员学习教育中心和党员活动中心三个场所，总占地 600 多平方米，作为发展党员各个节点流程的学习和开展场所；党员学习教育中心与国家级职工书屋联合打造，藏书 2 万余册，涵盖政治、历史、科技、文学、技术类等领域的图书，满足党员群众的学习需要；党员活动中心，包含党建荣誉、员工风采，党史学习、五好党支部建设、领导关怀等内容，是党建共建学习主题党日、支部会议的主要场所。

（二）多种形式开展红色学习

让党员群众在思想上不断提升、工作中学以致用。既“请进来”，外聘专家教授上党课、讲授国家最新政策法规、文明礼仪知识、公文写作知识，提升党员干部演讲、写作、办事能力；也“走出去”，组织赴西柏坡进行红色教育学习，组织赴井冈山、南昌起义旧址进行红色教育学习，组织赴沂蒙山革命根据地进行党史学习教育。积极开展与周边企事业单位的党建共建对标学习，共同探索党建工作的新思路、新举措。

（三）开设党建“智慧课堂”

围绕“学习强国”“灯塔大课堂”等内容，充分运用互联网和微信平台组织学习党章党规、习总书记系列重要讲话、政治理论、党史知识等，开展红色教育、警示教育等活动，不断夯实党建基础，全面激发党建队伍的工作活力。

（四）注重红色文化宣传

组织观看党的重大会议报告、革命影片，举办七一文艺汇演等，从思想上加强党员的党性修养，永葆党员的先进性。

堡垒铸魂　党员示范
红色引擎激活企业发展新动能

山东鑫丰种业股份有限公司
党支部书记　马云国

山东鑫丰种业股份有限公司始建于2002年，现有职工78人。公司党支部成立于2015年6月，共有党员23人。公司坚持以党建为引领，把党建工作与生产经营深度融合，现已成为集玉米、小麦和蔬菜种子（苗）的研发、生产、销售及农业技术推广服务为一体的农业产业龙头企业。先后评获为国家高新技术企业、中国种业信用骨干企业、新三板上市企业、山东省博士后创新实践基地和省级两新组织党建工作示范点。公司坚持党建引领定方向，“五个融合”促发展，“塑形”“铸魂”提活力，为企业发展注入了新动能。

一、坚持党建引领，把准企业发展脉搏

公司始终坚持“听党话、跟党走”的红色信念，充分发挥党组织政治引领作用，确保企业正确发展方向。优化组织架构，全面推行“双向进入、交叉任职”，支部书记、总经理“一人兼”，3名支部委员与公司高管实现100%交叉任职，管理层中党员占比100%，让党组织成为企业发展的方向盘。把牢发展方向，凡新上项目、中层以上人员调整等6项重大事项先由党支部会议讨论通过后，再提交董事会研究；推行管理层竞争上岗、创效创新考核，对政治不过硬、作风有问题的党支部有“一票否决”的权利，发挥党支部在公司生产经营中定向把关作用。开展党员“三亮”，23名党员主动亮身份，在岗位中主动担当、争当表率。党员亮职责，根据岗位实际，主动认领65项工作职责，发挥党员传帮带作用。党员亮承诺，将“承诺”“晒诺”“评诺”纳入党员量化积分管理，通过党员发挥示范引领作用，带动全体职工凝心聚力助力企业发展。

二、抓好“五个融合”，实现党建与生产同频共振

将党建工作融入人才培养、品种培育、技术推广、乡村振兴、粮食安全等工作中，形成了“绿色科研、红色保障”的党建品牌。与人才培养融合，将15名科研人才编入“育种科研攻关党小组”，科技人才进入管理层2人，开展育繁推一体化攻坚行动，2022年6个品种通过国家级、省级审定，荣获5项国家级专利。与科技创新融合，成立“党员攻坚小组”，以“快出品种、出好品种”为己任，分别奔赴海南、甘肃等地，培育出2530个国审、省审小麦、玉米新品种，为企业发展奠基。与技术推广融合，在市场营销中实行“1+3”混搭组合，每组由1党员带领3名业务骨干组成，深入新品种、新技术推广一线，将农业综合服务送到千家万户、田间地头，足迹踏遍鲁、冀、豫、津等十九个省（市、自治区）。与乡村振兴融合，开展“两新联乡村、党建促振兴”活动，与94个村党组织联建共建并发展为小麦良种繁育基地，面积达59万亩，拓展村级集体经济增收路径。与粮食安全融合，党支部牢记“悠悠万事，吃饭为大”，“只有用自己的手攥紧中国种子，才能端稳中国饭碗，才能实现粮食安全”，始终坚持主业，研发出“鑫丰”“鑫研”“齐单”牌等特色品种，为农民增产增收，为国家粮食安全贡献力量。

三、实施“党校铸魂”，彰显企业责任担当

组织是“形”，思想是“魂”，加强党的组织建设，坚持“塑形”与“铸魂”并重。承建两新工委党校。公司始终坚持抓好党建就是发展生产力，在公司专门拿出两层楼，积极承接县级两新工委党校建设，为两新组织党建工作整体提升添砖加瓦。市、县党课进鑫丰企业5次，职能部门业务授课8次，开展活动13次。开设“书记讲堂”。支部书记马云国每季度开展县级两新组织及内部党员培训，有力破解了党员日常管理教育难题。增设“双强学堂”。按照党建强发展强的理念，与12家市、县示范点结成“书记共建1+1”对子，推进各自党建品牌在党校宣传展示，定期沟通交流，相互学习借鉴，共同突破提升。建设“红色加油站”。购置5000余册图书，面向全县“两新”组织员工免费开放，每周五在图书室开展1小时微党课，进一步为党员筑牢信仰之基、补足精神之钙、把稳思想之舵。

坚持党建引领 实业为国为民

山东魏桥创业集团有限公司
党委书记 张红霞

魏桥创业集团是一家拥有3家上市公司、国内外12个生产基地、10万名员工、2550亿元总资产的特大型企业，连续11年入选世界500强。企业自1951年建厂后即建立基层党组织，现在滨州、威海驻地园区建有3个党委，下设9个党总支、148个党支部，在册党员5000余名，先后荣获全国五一劳动奖状、全国精神文明建设先进单位、全国先进基层党组织、全国模范职工之家等荣誉称号。

一、坚持党建引领，树牢政治方向

集团坚持党建引领，深入践行党的宗旨，把初心使命具象、实践为“为国创业，为民造福”的核心价值观，牢固树立起“围绕发展抓党建，抓好党建促发展”的党建理念，自觉把企业自身发展融入国家和民族的伟大复兴中，把带动经济发展、构建和谐社会作为企业发展的动力追求。企业逐步形成以“为国创业，为民造福”为宗旨，以“创世界领先企业、创世界先进管理、创世界优质品牌”为目标，以“党建引领、双向互动、创先争优、构建和谐、党群共建”为主线的“二为三创五机制”党建工作法，构建以党委为政治核心、董事会为决策中心、经理层为管理指挥中心，监事会实施监督，党员职工民主参与管理的领导体系，使党组织的战斗堡垒作用和党员的先锋模范作用在企业生产经营管理中得到充分发挥，有效推动企业高质量发展。2022年，企业实现销售收入5040亿元，利税221亿元，继续保持稳健发展的良好态势。

二、实施“三红”行动，发挥政治功能

（一）建强“红堡垒”

围绕“政治坚定、组织健全、队伍过硬、机制完善、服务优良、保障有力”的目标要求，持续规范组织设置，狠抓“三会一课”、主题党日、组织生活会、民主评议党员、谈心谈话等制度落实，开展“红旗党支部”“红色车间班组”系列争创活动，建全建强“六有”活动阵地，不断提升基层党建工作规范化、科学化水平。

（二）育好“红头雁”

强化学习型、攻坚型支部书记队伍建设，坚持党的方针政策先学一步，服务改革发展先谋一步，创新攻坚克难先干一步。实施“党支部书记突破项目”，引导基层班子成员解放思想、挖掘潜能、率先垂范，打造一支综合素质好、业务能力强、工作业绩优的基层党组织带头人队伍。

（三）激活“红细胞”

把党员安排在关键工序和重要岗位，大力开展岗位定责、“三亮三树”，引导他们争做政治合格、纪律合格、品德合格、作用合格党员，激发他们围绕中心、服务大局、干事创业的红色动能。

三、推动三维融合，强化政治保障

（一）推动组织建设融入产业发展

围绕两大产业链的发展延伸，坚持党组织建设与产业链延伸同规划、同建设、同运行，把支部建在产业链上，做到产业链延伸到哪里，组织建设就跟进到哪里，党的作用就发挥到哪里。

（二）推动党的领导融入企业治理

各级组织班子成员和企业经营管理层实行双向进入、交叉任职，逐级构建目标明确、责权分明、运转协调、渠道畅通、专兼结合、一岗双责的管理体系，形成车间班组到集团行政，基层党员到集团党委的无缝链接，实现企业党建与生产经营管理的目标同向、思想同心、工作同步。

（三）推动政治建设融入人才培养

坚持把党的政治标准和政治要求贯穿企业选人用人和人才培养全过程，建立以政治建设为统领的人才培养体系。注重把党员培养成优秀人才、把优秀人才培养成党员、把党员中的优秀人才培养成经营管理干部，将党员管理、技术骨干推荐为中层管理人员，将党员中层管理骨干推荐到公司决策层。企业2000余名中层以上管理人员中，党员占比95%以上，累计培养全国技术能手、中国纺织大工匠、“全国五一劳动奖章”获得者、全国劳动模范18人。

四、坚持共建共襄，展现政治担当

（一）坚持产业链共建，持续带动延链、补链、强链

作为行业龙头企业、产业链链主企业，集团积极扶持上下游企业稳定生产、协同发展，拉动构建高端纺织家纺服装和铝业产业集群，使滨州成为全球最大的纺织生产基地、世界级家纺产业集群先行区、全国乃至全球重要的铝业生产基地，努力建设全球集中度最高、加工能力最大、产业门类最广、产品档次最优、经济效益最好、国际竞争力最强的世界高端铝业基地。

（二）坚持党群共建，积极推进和谐企业建设

坚持以党建带群建，以群建促党建。以“家文化”建设为中心，持续构建完善使职工住有所居、子有所托、病有所医、老有所养的安居、教育、医疗、养老保障体系，让10万名职工在集团和城市安居乐业。带领群团组织开展丰富多彩的开放性党群活动，举行技能比武、技术创新、节能减排、安全生产等多种形式的劳动竞赛，推动党群工

作一体化。

（三）坚持发展共襄，积极履行社会责任

集团发展壮大的同时，解决了9万农村剩余劳动力就业问题，带动周边二、三产业实现就业50余万人。各级党组织带领干部职工向全国贫困地区、特困职工、弱势群体等捐款近3亿元。新冠肺炎疫情期间，企业率先向武汉、山东和滨州慈善总会捐款3000万元。企业发起设立“士平公益基金会”，大力支持科技创新、教育事业发展，建设2所K12国际学校，在多个大学设立奖教金、科研基金、创新基金；为支持河南和山西人民抗洪，共计向河南省、山西省慈善总会捐赠4000万元，用实际行动践行了“为国创业、为民造福”的初心和担当。

探索“五融五红”党建工作法构建国企党建工作新格局

菏泽城投控股集团有限公司党委书记　韩　冬

菏泽城投控股集团有限公司党委成立于2021年5月，下设4个党支部，共72名党员。公司党委始终坚持以习近平新时代中国特色社会主义思想为指导，把推动企业高质量发展作为党建工作的出发点和落脚点，积极探索党建工作融入经营管理的有效路径，形成“五融五红”党建工作法，构建“党委引领、支部建强、党员模范”的党建工作新格局，助力企业高质量发展跑出“红色加速度”。

一、突出思想融合，高擎红色旗帜

一是强化政治理论武装，坚持把学习贯彻习近平总书记关于国有企业改革发展和党的建设重要论述作为党委会议“第一议题”，引导党员干部自觉用习近平新时代中国特色社会主义思想武装头脑、推动工作。二是坚持固定时间常态学，建立每周四政治理论固定学习日，结合“领导干部上讲台”“职工大讲堂”等学习活动，将理论学习、业务授课、研讨交流有机融合，持续推动政治理论学习走深走实。三是坚持领导干部带头学，成立党的二十大精神宣讲团，党委班子成员带头深入权属企业基层一线宣讲二十大精神，2022年公司党委理论学习中心组共组织学习12次，切实发挥好“领导干部”这个关键少数的示范带动作用。四是坚持线上线下融合学，组织党的二十大精神线上答题活动，编印《政治理论知识应知应会》手册，开展全员知识测试，实现理论学习抓在日常、严在平常、做到经常

二、深化组织融合，筑牢红色堡垒

一是始终把坚持党的领导、加强党的建设贯穿于公司改革发展全过程，全面推进“党建入章”，从制度机制上明确党组织的法定地位，研究制定《党委会议实施细则》《“三重一大”决策实施制度》等制度文件，严格落实党委重大决策事项前置研究讨论，切实把党的领导融入公司治理各环节。二是抓实用好“三张清单”，通过研究制定党委研究决定事项清单、前置研究讨论事项清单及负面清单，规范决策行为，厘清党委和其他治理主体权责边界，坚持重大事项必须经过党委会前置研究讨论，会前必须经过认真调研、风险评估、充分酝酿并严格把关。三是制定公司党委和领导班子成员党建工作责任清单，建立基层党建工作联系点和党建例会制度，扎实做好基层党组织书记抓党建述职评议工作，逐级压紧压实党建工作主体责任。四是扎实推进基层党支部标准化建设，通过编印《基层党支部标准化建设手册》、开展基层党务工作者业务培训、实施党支部达标创建工程等方式，着力解决基层党建工作概念不清、业务不熟、标准不高难题，推动基层党支部创先争优、争创一流。

三、坚持机制融合，汇聚红色动能

一是积极构建党建与经营管理目标一致的工作体系，根据年度工作会议精神，同步提出党建工作目标和计划，制定年度党建工作要点，明确党建工作“干什么”“怎么干”。二是探索建立与经营业绩相挂钩的党建考核评价机制，将党建指标纳入各部室、各权属企业年度经营目标责任考核，引导基层党组织把党建工作重点放在发挥党组织和党员作用、破解企业经营难题、推动企业改革发展上来。三是扎实推进基层党建品牌建设，紧紧围绕“一支部一品牌”打造具有企业特色的党建工作品牌，机关党支部“四心聚力强堡垒”、兴菏党支部“党建促发展、廉洁守平台”等特色党建品牌初具雏形，有力推进基层党组织工作创新。四是着力搭建党员创先争优载体平台，坚持项目建在哪里，党的建设就跟到哪里，在基层一线设立党员先锋岗，在重点项目攻坚一线成立党员突击队，充分发挥党员模范带头作用。

四、强化监督融合，坚守红色底线

一是着力健全完善监督体系，坚持以党内监督为主导，整合财务、审计、风控、法务等专业监督力量，促进党内监督与各类监督贯通融合，探索建立信息共享、会商会办的“大监督”工作机制。二是加强对“三重一大”等制度执行情况的监督检查，推动“关键少数”扎实履行管党治党政治责任，更好带动“绝大多数”严守纪律规矩。三是

逐级签订《党风廉政建设和反腐败工作责任书》，加强廉政风险防控，排查廉政风险点50余项，制定风险防控措施100余项，廉政档案和廉政信息采集实现全员覆盖。四是坚持严管和厚爱相结合，研究制定《尽职合规免责事项清单（试行）》，切实为敢于担当、踏实做事、不谋私利的干部撑腰鼓劲，营造干部为事业担当、组织为干部担当的良好生态。

五、注重人文融合，厚植红色沃土

一是积极培育“家文化”品牌，加强和改进新时代职工思想政治工作，每季度召开1次职工座谈会，倾听职工呼声，解决职工需求，提升职工归属感和幸福感，形成一盘棋思想、一股绳境界、一家人共识的“家文化”氛围。二是大力开展先进典型选树和培育工作，举办“中国梦·新时代·新征程”职工宣讲比赛，开展“善行义举·四德榜”评选活动，深度挖掘、广泛宣传先进典型模范，充分发挥模范作用，凝聚攻坚奋进力量。三是积极践行社会责任，新冠肺炎疫情期间150余名干部职工下沉社区一线开展志愿服务；持续开展“春暖花开”等文明创城志愿服务活动，以“小作为”展现“大担当”，为助力“六个新菏泽”建设贡献了城投控股力量。

农村党建

唱响山村巨变“三部曲”

济南市历城区港沟街道芦南村
党支部书记　贾虎平

历城区港沟街道芦南村始终坚持“两山论”的发展理念，以党建为引领，打破原来靠山吃山的粗放式发展方式，积极创建“支部+合作社+群众”的共建共享模式，让支部成为群众的“靠山”，让荒山穷山变成了村庄发展的“金疙瘩”，让农民群众真正挑上致富的“金扁担”，实现了从“靠山吃山”到“养山绿山”，再到共享“金山银山”的转变，奏响了山村巨变的“三部曲”。芦南村先后被评为“国家森林康养基地试点建设单位”“山东省文明家园”“山东省文明示范村”“山东省乡村振兴‘十百千’工程示范村”，村党支部被评为“山东省先进基层党组织”。

一、打破“靠山吃山”，当好群众“靠山”

芦南村位于历城区港沟街道最南端的大山里，位置偏远，交通不便。20世纪90年代，由于没有别的产业，群众只能“靠山吃山”，开办石灰窑、石料厂等，加上无序放牧，破坏了自然环境，山体遇到大雨天气极易发生泥石流等地质灾害。新一届支部班子上任后，决心改变芦南村的发展模式。通过组织考察学习，多次召开支委会、党员大会，反复讨论研判，村“两委”和全体党员在发展方向上、发展思路和发展目标上统一了思想，在解决“发展什么、怎么发展、发展到什么样”的问题上达成了共识。“两委”干部带头分片包干，党员联系群众责任到人，通过经济补偿、友好协商等方式，关停了所有采石场和石灰窑等破坏性、污染性的小企业。按照“养山绿山”的思路，积极探索环境与经济深度融合发展的良性模式，连续三年实施山体绿化突击战；并通过按月发放生活补贴的方式，引导几十个养殖户进行产业调整，解决了无序放牧问题，扭转了原来那种靠山吃山的粗放式、破坏型的老路子。村支部“不亏当事人、兜底生活金”的做法，让群众看到了村“两委”的决心和诚心，群众逐渐理解和支持村“两委”的发展理念，“有难处找支部”“有事情找党员”成为芦南村群众的共识，党支部真正成为群众的靠山。村庄发展有了“主心骨”，生产经营越来越有看头，群众的生活也越来越有奔头。

二、干群齐心协力，建设“绿水青山”

从2005年始，芦南村开展了“封山造林”行动。党支部动员全体村民，家家户户出义工，组成100余人的义务植树队。通过连续三年山体绿化突击和不断补种，共种植各类苗木100多万棵，建起了拦水坝。良好的生态环境为项目落地提供了保障，2016年，投资1.3亿元的芦南村云台寺郊野公园被列为济南市第一批、历城区第一个重点建设的郊野公园。2019年10月，总投资1.5亿元、以芦南村为核心的云台山田园综合体项目获得济南市农业农村局批复，项目依托古村落、古树木打造旅游观光疗养基地，依托幽静狭长的山峪打造高品质度假区，依托玉漏泉、青龙泉等泉水资源，打造名泉瀑布观赏园区。如今的芦南村，山上郁郁葱葱，山间波光粼粼，一片生机勃勃的景象。芦南村地道的“山水文章”，吸引了全国各地游客慕名而来，芦南村的“看点”变成了“卖点”，过去的“山窝窝”变成了“金疙瘩”。

三、引领致富奔小康，共享“金山银山”

党支部认为绿水青山是芦南村村民的共同财富，每一个芦南人都应该分享乡村振兴的成果。为此，党支部积极创建“支部+合作社+群众”的三位一体发展模式，领导和组织党员群众成立合作社，整合村级发展资源，全体村民以土地经营权入股，形成集体经济发展和村民固定收益分配机制。党支部领办合作社的顺利完成，让村民变股民，以“股”连责、连利、连心，村民的村集体意识被唤醒，群众的集体归属感日益增强，使芦南村发展形成了强大的内驱力，文明和谐蔚然成风。每年正月十五定期召开村民大会，村民听取党支部过去一年的工作和下一年发展计划。为使更多的芦南人致富既不离土也不离乡，芦南村定期聘请专业技术人员对村民进行各类技术培训，吸纳300人实现就近安置，妥善解决了劳动力就业问题。从2007年起，芦南村实行村民退休制度，60岁以上老人按月领取退休金。2013年5月，芦南村村民告别旧村庄，入住统一配备了电梯、太阳能、天然气、精装修的新楼房。从2016年开始，芦南村合作社实行全民供养制度，村民每人每月领取生活保障金，每年领取面粉、大米及资源收益金。2019年起，村里修建了幸福院、日间照料中心，75岁老人每天中午可到幸福院免费就餐，芦南村全体村民幸福指数持续攀升。

坚持党建统领　推动融合发展
着力打造省级乡村共富新样板

莱西市姜山镇党委书记　陈德利

莱西市姜山镇位于青岛市北部，地处莱西、莱阳、即墨交界处，总面积217.28平方公里，辖12个新村、94个自然村，总人口10.2万人。为持续深化拓展“莱西经验”，姜山镇坚持发挥党建统领作用，聚焦发展壮大村级集体经济实施了“三步走”战略，探索出了“组织融合+资源融合+发展融合”的共同富裕新路径，先后被评为全国重点镇、国家发展改革试点镇、全国农业产业融合发展强镇、山东省乡村振兴齐鲁样板示范区等。

一、区域化党建统筹要素，推动共同发展

姜山镇党委坚持“抓党建就是抓全局”的理念，实行区域化党建，将区域内资源统筹起来，推动共同发展。

（一）镇级推动

坚持以工补农发展思维，投入大量资金扶持农村发展，用工业发展成果反哺乡村全面振兴。

*一是推行奖励性考核。*制定新村考核办法，镇级财政对新村进行奖补，2020—2022年累计兑现奖补资金近1000万元，其中30%单独奖励贡献突出、工作优秀的新村。

*二是减轻村级负担。*取消原自然村干部，组建起310人的网格化队伍，镇财政列支200万元保障待遇。新村经管员、便民服务员全部实行“公职化”管理，工作日8小时坐班，工资全部由镇级负担。

*三是扶持新村发展项目。*设置3个10万元集体经济发展优秀项目奖、多个集体经济发展投资项目奖，仅2022年带动集体经济增收超过50万元。

（二）村企联动

通过村企联建共建，实现互助发展。

*一是推动大河头新村与博雅花卉合作。*大河头新村组织村民流转土地入股博雅花卉，共同运营花卉基地，村集体增收20万元，村民人均增收2.3万元。

*二是推动垛埠新村与万合山合作。*垛埠新村通过新村出地、企业出资、群众务工，承接万合山电缆初加工项目，带动村民就业40余人，村集体增收20万元。

*三是推动保驾山新村与点石文具合作。*新村组织村内闲置劳动力，承接点石文具代加工业务，解决了50余人就业问题，村集体增收10万元。

（三）平台带动

发挥镇级农业公司平台作用，吸纳资源，带动发展。

*一是开展运营服务。*连续举办三届蓝莓采摘节，吸引游客2.4万人次，带动经济收益1800多万元。

*二是进行资源收储。*李权庄新村、绕岭新村向城投、丰诺农业等涉农企业规模化流转，均增收均超过10万元。

*三是合作经营项目。*镇级农业公司出场地资金，姜山新村出人力做管护，共营金穗酒店，作为人才住房投入使用。

二、公共资源共享盘活资源，推动共同增收

姜山镇创新公共资源盘活“三变三促”模式，2022年度，12个新村总收入较上年度增加1100多万元，增幅达22.26%。

（一）零散变规模，资产资源促增收

*一是闲置资产盘活。*采取租赁、承包、联合开发等方式，实现集体资产保值增值。李权庄新村盘活闲置商用房，建设夜市专区，村集体增收10万元，带动周边商户增收2

万元以上。

二是土地规模化流转。通过奖补鼓励各类经营主体大规模流转土地。大河头新村流转土地由怡禾家庭农场经营，每年村集体增收 36 万元。

三是资金集中投资。围绕各新村资源禀赋，集中资金实施“一村一项目”。保驾山新村以胶东农村第一党支部旧址为核心，建设口袋公园 7 个、垂钓园 1 处、油菜花海 800 亩，打造红色文旅综合体。

（二）单干变共赢，村企联合促增收

一是引入外部工商资本。垛埠新村引进涉农企业运营管理生态园，原本低效项目实现收入倍增，村集体年收入超过 20 万元。

二是深化区域化党建。以合办工厂、合作项目形式，推动村企资源匹配，建立村、企、民三方利益联结。姜山新村与海诺公司合作共建医药配件加工厂，企业产能扩大 12%、村集体增收 30 余万元，37 名村民实现家门口就业。

三是平台公司助力。镇平台公司与新村合作，收储经营破旧房屋，全镇清理 415 处，腾出土地 4.5 万平方米。

（三）农民变股民，党委领办促增收

通过村党组织领办合作社，将村民组织起来，对闲置资源进行盘活利用，共同发展产业。绕岭新村党委领办花卉专业合作社，吸纳村庄 60 余名村民参股，聘请花卉知名专家担任职业经理人，招引 30 余家业户入驻经营，仅房屋租赁实现增收 20 余万元。

三、领办共富公司对接市场，推动共同富裕

姜山镇成立青岛市首批共富公司，2022 年业务额实现 3000 万元，带动村民就业 2100 人次，“组织力 + 市场力”优势全面体现。

（一）统筹资源要素

一是统筹低效、闲置资产。经过公司收储，对接外部工商资本进行运营，实现增收。姜山新村共富公司将卫蓝公寓整体出租给第三方，每年收入 18 万元。

二是统筹村级工程。通过共富公司承接村级工程，变干部单干为公司带着百姓富，集体和村民双增收。

三是统筹土地资源。以共富公司为载体，从群众手中收储土地，集中流转给企业或种植大户，由共富公司向群众支付租金。保驾山新村和望埠庄新村共富公司流转土地 2100 余亩，实现收入 30 万元。

（二）对接市场渠道

发挥现代企业管理优势，推动农村资源走向市场、服务企业。

一是人力资源服务。姜山新村共富公司帮助国轩、海诺、北汽等企业招工 6 次，带动就业 490 人，解决企业招工难题。

二是三产服务。三都河新村共富公司收储闲置房屋 37 处、小学 1 处，打造职工小院及职工公寓，村集体增收 20 万元。

三是提供物业化服务。姜山新村共富公司承接 15 个自然村的卫生清理和 3 个无物业小区的维护，逐步向保洁、保安、供餐、绿化等领域延伸。

（三）开发公益事业

共富公司始终坚持“红色基因 + 集体权属”政治属性，为地方公益事业发展做贡献。在人居环境整治上，共富公司不仅将原网格员、公益岗、环卫工进行整合，并将公司利润投入其中，调动村干部清理环境的积极性，整镇人居环境面貌得到极大改善，集体经济共富带来乡村美丽面貌。

党建引领“固根基”
精神文明“润乡魂”

淄博市临淄区朱台镇西单村
党支部书记　单保军

西单村现有村民 306 户、1268 人，党员 48 名，耕地 1500 亩，村集体收入达 126 万元，居民人均可支配收入达 24498 元。近年来，西单村党支部坚持“红色引领、绿色发展”，紧紧围绕“产业兴、民风淳、乡村美、组织强”，走出了一条特色发展之路，先后被评为“省美丽宜居村庄”“省级文明村”“省农业先进村”“山东省乡村振兴示范村”“国家森林村居”“全国村级议事协商创新实验试点单位”“全国乡村治理示范村”。

一、党建 + 产业，吹响干事创业“冲锋号”

按照“党建引领、产业兴旺、共同富裕”的发展思路，党支部积极推进“党建 + 产业 + 农户”的发展模式，带动村民增收致富。

（一）建设现代蔬菜大棚产业园

西单村积极探索“支部领办合作社”模式，经过走访调研、实地考察，建立高标准、智能化的现代化蔬菜大 47 座，单个棚的销售额达到 20 万元左右，除去种苗、肥料、人工、水电等成本，净利润在 10 万元以上，还争取单个棚 3.75 万元的补贴。产业园不仅为种植户提供了发家致富的平台，还为一大部分村民提供了“家门口”的就业岗位。

（二）发展研学旅游产业

盘活利用村内闲置多年的房屋资源，高标准打造乡村振兴劳动实践基地，探索“1+N”全域研学模式。陆续开发“研

学+营地经济、带货经济、特色休闲农业经济”，充分挖掘各村特色资源，将“好品朱台”特色农产品、工业教具品、齐文化文创品纳入研学下游产业链，带动三产发展，为群众提供更多就业机会，增加农民收入。

（三）实行“党建+产业”模式

实现了农村基层党组织与本土产业链有机融合，使党员带领群众致富效应在产业链条上不断延伸，党组织的凝聚力变强了、村集体产业壮大了、村民增收致富了，初步实现了党建强村、产业富村梦想。

二、党建+服务，擘画乡土人才“新蓝图”

党支部突出“党建＋服务”模式，进一步拓宽党员志愿服务范围，组织65岁以上热心老人成立“陪你到老”志愿服务队，到康乐园进行志愿服务与陪伴活动，定期面向老人开展乒乓球、台球、象棋、围棋等文体活动，将“时间”和“公益”结合起来，通过设立“时间银行”，探索“今天我为你服务、明天他为我养老”的文明实践志愿服务新模式。鼓励村里60岁至80岁且身体健康的老人为80岁以上的高龄老人提供志愿服务，像打扫卫生、外出代办、陪老人聊天等。按照志愿服务的内容、时间等要素量化为积分，存入“时间银行”，用来累积和兑换。等到这批志愿者年老需要帮助的时候，他们便可以从“时间银行”里支取时间，换得新一代60岁至80岁的志愿者为其提供服务。通过“时间银行”传递爱，西单村让“互助养老”良性循环，为全村老人搭建起老有所学、老有所能、老有所乐、老有所为的广阔平台，将“老吾老以及人之老”的尊老理念传递到每位村民心中。

三、党建+治理，弹好基层治理“协奏曲”

党支部以抓党建促基层治理能力提升专项行动为契机，以增强基层党组织政治功能和组织力为关键，积极探索构建议事协商新平台，努力打造全国村级议事协商创新示范点。

（一）建立村级民主协商清单，解决“协商什么”的问题

村“两委”在制定村级发展目标承诺时，认真梳理村内的大事、要事和难事，并按照“协商是原则、不协商是例外”的要求，出台《关于开展“议政理事暨党员活动日”的通知》，确定“7+x”的开会模式，每月15日前征求群众意见，确定本月开会议题，公开公示民主协商事项清单，接受村民监督，解决“协商什么”的问题。

（二）搭建村级民主协商平台，解决“何处协商”的问题

针对过去村民发表意见渠道不畅、参与村级事务主动性不强的情况，党支部把村综合服务中心作为民主协商活动的主阵地，拓展和延伸协商地点，成立“村民代表工作室”，把协商会议开到田间地头或项目建设现场，加大村民代表之间、村民代表与其他村民之间的交流频率，为提升民主治理水平奠定了良好基础。

（三）规范村级民主协商程序，解决“怎样协商”的问题

村级民主协商只有严格程序、规范操作，才能令群众信服、社会满意。规范设置“提出议题、事先告知、民主协商、审核把关、反馈公开、监督落实”6项程序。从会议的准备、过程及会后群众反映问题及会议内容的公示，由镇党委统一把关、严格要求，禁止各村私自更改内容和程序。“有事请到会上说”为基层群众参与基层治理提供了平台，使他们都有机会平等参与议事，群众逐步从“张嘴发牢骚”转变为“理性求共识”，促进了社会和谐稳定，有效提升了基层社会治理水平。

支部领办谋转型　村企联建促发展

滕州市木石镇振兴村党支部书记　杨国瀛

振兴村位于滕州市木石镇北部，共有村民286户、1056人，党员36名。近年来，村党支部以党建为引领、以村企共建为发力点，积极做好集体增收、村民致富、美丽乡村三个结合文章，2019年至2022年集体收入分别为21万元、40万元、52万元、70.21万元，走出了一条乡风文明、生态良好、生活富裕的振兴村特色发展道路。振兴村先后荣获“省级文明卫生村”“省级美丽乡村”等荣誉称号，2022年获评市级乡村振兴示范基地。

一、发展乡村经济，打好村企联建战役

振兴村抓住“三资”清理有利时机，对村内土地、房屋等资源资产进行丈量核查。通过清理，共清理出660亩集体土地，院落4处、房屋15间，进一步摸清了村集体“家底”。村党支部立足村庄实际，成立滕州市鑫丰畜禽养殖专业合作社，由各户独立发展模式向“融合发展、产业互补、资源共享”的新模式转变，破解农户综合经济实力弱、资源要素禀赋差、项目建设实施难等痼疾。在经济作物品种的选择方面，改变过去种植小麦、玉米等传统农作物的模式，选择市场销路旺、高附加值的芍药、玄雷等经济作物，进一步提高每亩单产的经济效益。党支部积极探索创新“联建企业+强村公司（合作社）+基地+标准化+品牌+市场”“研学游”发展模式。建设集盖

土猪、甲鱼生态养殖、车厘子科技种植等种养殖技术研究、游学、农业观光旅游等产业体系于一体的振兴村龙振庄园研学游基地，通过村企联建，实现企业壮大、村集体增收、农民致富的共赢新局面。成立党支部合作社，将490亩土地重新签订合同对外发包，村集体年收租金40万元。另外，整合村内荒山、沟渠等边角小地块170亩，以土地入股的形式，统一流转给龙振集团经营，保底收益加入股分红17万元。同时，盘活闲置的房屋院落，开发乡村民宿游，每年为村集体带来收入5万元。成立劳务公司，组织村民到基地参与农牧业经营、旅游讲解等工作，村集体按照务工人数提取服务费，年增加集体收入5万元，每名务工村民年增加收入3万～4万元。牵头流转土地150亩，种植芍药、悬雷等经济药材，年增加集体收入7万元。同时，组织村民到药材园打工，每名村民年增加收入2万元。

二、打造美丽乡村，改善村民居住环境

在多元经营、村企共建的基础上，积极开展人居、营商环境双提升行动。党支部把着力点放在“硬化、绿化、美化、亮化、净化”上，“合力、用力、聚力”推进人居环境整治，建设美丽乡村。同时，通过租、改等多种方式盘活村内闲置老宅、老屋，开发乡村旅游度假民宿区，打造乡村旅游新景观。真正实现一二三产融合发展新模式，促进村强民富，助力乡村振兴。2018年，投资160余万元，对全村的大街小巷全部进行道路硬化，全村硬化路面7000余平方米，真正实现了“户户通”“路路通”的目标，同时，在道路两侧种植了大女贞树等1100余棵，对村西的一处水坑进行了整修深挖，形成了储水塘坝，用砌块对坝堰进行了整修。对全村墙面进行立体改造、重新粉刷，粉刷面积近3万平方米，并在墙面上绘制了党建标语、励志标语、孝善故事等内容。真正实现村内道路平坦干净，墙面整齐划一，“四季常青、三季有花”，空气清新，环境优美。

三、加强文明建设，服务群众塑造新形象

近年来，振兴村持续抓好作风建设，巩固廉洁自律的思想防线，扎牢制度的笼子。同时，主动承担社会责任，认真做好党员干部联系困难家庭、“美丽乡村建设”、学雷锋志愿服务等工作，真正下功夫为基层、为群众办实事。充分发挥好家庭在构建社会主义和谐社会中的积极作用，每年开展“好婆婆、好媳妇、好妯娌”评选活动，家庭关系、邻里关系越来越和谐。成立了“党员服务队”“巾帼服务队”为留守老人、留守儿童等提供贴心的服务，干部把群众当成了自己的家人，群众也把干部当成了自己的贴心人，干群关系越来越融洽。良好村风、民风，全面提升了广大党员和群众的精神文明素质，全村形成了人人争做“文明村庄文明人”的良好氛围。

牢记殷殷嘱托　建设幸福家园

东营市垦利区董集镇杨庙社区
党委书记　张麦荣

“全面开展搬迁、迁建是一件了不起的事情。看到你们安居乐业，乡村振兴持续推进，我感到很欣慰。”2021年10月21日，习近平总书记亲临董集镇杨庙社区视察调研，高度赞扬黄河滩区的巨大变迁和原蓄滞洪区民生工作取得的成绩，提出了“共产党是干什么的？是为人民服务的”“发挥好基层党组织战斗堡垒作用，努力把社区建设成为人民群众的幸福家园”的指示要求。董集镇杨庙社区聚焦“搬得出、稳得住、能发展、可致富”重要指示要求，创新实施“一统领六融合”六大“幸福工程”，全面构筑组织、治理、服务、文化、产业、生态全面融合的幸福家园体系，着力打造落实总书记嘱托的“杨庙实践”。

一、实施“组织融合·幸福强基”工程，打造和谐家园

将社区党总支升格为社区党委，从镇干部中选派2人担任党委副书记，推选2名原村党支部书记兼任党委委员，11个村党组织集中议事、干事，根治了单个村庄“办不了”、集中社区“统不好”的问题。为更好发挥党组织的引领力和凝聚力，社区党委牵头组建社区事务管理办公室、环物委和监督委员会，建立村级纪检监督联盟，成立8个功能型党支部，与32个机关、企业团体建立“党建伙伴”关系，培育孵化社区自组织16家，定期开展“幸福敲门”“睦邻握手”行动，党群同心更见成效。

二、实施“治理融合·幸福满格”工程，打造善治家园

健全社区协商机制，制定《社区居民公约》《党员自律公约》，打破村庄壁垒，以楼栋为单位划分6个治理网格，搭建“志愿服务站、服务队、服务岗”三级服务网络，创新推行“全科警长”进社区，推动事项联办、矛盾联调，实现“小事不出网格、大事不出社区”。定期开展“董集好人家”“好媳妇好婆婆”系列评选，弘扬向善正能量。2022年，社区警情同比下降42%。探索推行“党群连心、信用治理”，投资220万元建设幸福满格智慧治理平台，

配套积分超市、党员网格驿站，党建、应急等8项功能“一键落实”，实现“一屏观社区、一屏管社区”。2022年，获评“全国先进基层群众性自治组织”“全国民主法治示范社区”。

三、实施“服务融合·幸福惠民”工程，打造乐享家园

为了补齐群众增收“短板”，社区党委建设幸福就业服务驿站，为部分困难群众安排公益岗位，帮助700余名社区群众进企长期就业、1000余名群众零工式就业，确保幸福路上一个都不能少。社区党委高标准打造“5分钟公共服务圈”，投资200万元对党群服务中心进行迭代升级，增设智慧公章、自助服务终端，92项政务服务实现不出社区“一站式”办结。新建幸福乐园、幸福食堂标准化厨房，对社区幼儿园、卫生室、金融服务点提档升级，为70岁以上老人配发智慧手环。“老有颐养、幼有善育”在这里成为现实。

四、实施“文化融合·幸福暖心”工程，打造人文家园

伴随着生活品质的提升，社区群众对精神文化的需求愈发迫切。为传承滩区人民保卫母亲河生死与共的“乡愁”和无私奉献的“黄河精神”，挖掘黄河文化，讲好黄河故事，社区党委建设了黄河南展区历史文化馆，对新时代文明实践站、文化广场等活动场所进行提档升级，指导创作了沉浸式情景小剧《魂系黄河滩》、快板《黄河南展两搬迁》、三句半《夸夸咱们杨庙社区好》等一批优秀文艺作品。举办“杨庙这十年”分享会、精品戏曲进社区等系列文化惠民活动，社区锣鼓队、秧歌队、广场舞队等十余支文艺队伍可以随时排练、表演。

五、实施“产业融合·幸福赋能”工程，打造共富家园

村民变居民后，家门口的生计成了老百姓最关心最期盼的事，更成了社区建设发展的重心。董集镇党委抢抓杨庙机遇，高标准编制社区产业发展和全域旅游规划，实施了总投资1.17亿元的生态种养加产业园项目和3800万元的杨庙·黄河里文化旅游度假区项目，推动富民产业快速起势。社区在全市率先成立沿黄党支部领办产业联合社，注册“杨庙”品牌商标，11个村抱团盘活1700余亩沿黄闲置土地，大力发展网纹瓜、金银花等特色果蔬种植，延伸开发研学教育项目，循环农业示范园、粮食烘干基地等项目陆续落地，社区人均可支配收入比2013年翻了一番。

六、实施“生态融合·幸福增色”工程，打造生态家园

社区党委牵头，环物委、物业等多方联动，投资实施社区路灯修缮、供暖改造、路面硬化等基础设施提升工程，新建广场连廊、休憩空间，全面提升了社区内部、周边及骨干道路沿线绿化。实施黄河滩区尾水湿地净化工程，实现农田灌溉尾水净化处理；拆除废弃大棚和养殖小区，招引种业科技、军旅融合等项目落地，助推产业绿色转型发展，提升宜居生态品质。

“金钥匙”打开富民强村“幸福门”

烟台市福山区门楼街道南庄村
党支部书记　彭利民

烟台市福山区南庄村共有村民260户、758人，村“两委”成员4人，党员26人。南庄村以党支部领办合作社为“主路径”，团结带领党员群众艰苦创业，2022年实现集体经济收入410万元。先后荣获“山东省乡村振兴示范村”“全省干事创业好班子”等荣誉称号。

一、党群同心，艰苦创业打赢“翻身仗”

（一）回请能人强班子

原门楼镇党委立足强村先强班子，把选好“领头雁”作为“先手棋”。本村在外经商的彭利民回村担任党支部书记后，把统一班子思想、凝聚群众共识作为头等大事，利用两周时间走遍每家每户，集中召开党员和村民代表会议，开诚布公谈问题、说矛盾、提意见，有效增强了村庄凝聚力。同时，把明确村庄发展思路作为重中之重，带领村“两委”和党员先后6次外出到宁波、青岛、西安等地实地学习，邀请《塘约道路》作者王宏甲到村指导，建立了以发展高效农业为主、链接乡村旅游为辅的发展思路。

（二）开荒拓地要空间

面对村内无启动资金、无集体资产、无优势资源的困境，村党支部着力向荒山要效益、向散坟要空间，组织党员全员上阵，成立8支垦荒突击队，外运渣土20余万立方米，开垦荒山60亩。同时，对村内散葬坟集中搬迁，组织党员分片联户做工作，集中2个月时间搬迁散坟470个，腾出集体土地80亩。

（三）流转土地兴产业

坚持产业兴村，村集体对腾出的土地集中经营，打造

4个经济作物种植基地、1个养殖基地和1个旅游休闲区，发展特色果蔬种植、家禽养殖等产业，承接采摘、农事体验、踏青郊游等活动，迈出村庄跨越发展第一步。

二、转型发展，领办合作社闯出“新天地”

（一）抱团发展求变

抓住乡村振兴发展机遇，村党支部积极领办“魅力南庄”专业合作社，下设综合开发、采购、财务3个部门和6支生产队，通过土地量化入股、经营权返租等形式，统一流转群众老旧果园100多亩，实行适度规模经营，建设高标准樱桃暖棚23座，整合打造总占地700多亩的高效农业示范园，种植大樱桃、苹果、桑葚等各类经济作物2万多棵，实现收入200多万元。

（二）建章立制求质

健全合作社规范化管理体系，明确股权划分、收益分配、年度分红、公示公开等制度，实行财务独立核算，探索“内置金融”模式，建立合作社和社员间相互拆借资金机制，提高资金周转和流动效率；着眼全体村民共享发展成果，合作社每年拿出不低于30%的收益，累计投资200多万元，用于“七化治理”、困难帮扶等民生公益事业，硬化村内道路8000多平方米，安装路灯85盏，建设5000平方米的“樱之恋”广场，村容村貌实现根本蜕变。

（三）立体发展求效

结合乡村振兴示范片区建设，一体规划“魅力南庄”田园综合体，投入700余万元，建设“五福”功能板块和19个文娱项目，涵盖开心农场、垂钓乐园等10个板块，引入美食街、CS野战、飞行基地等新兴业态，推动山上观光休闲与山下民俗体验一体开发，实现一三产业融合发展。

三、乘势而上，多元发展拓宽“振兴路”

（一）实施安居工程

南庄村坚持适度聚集、节约用地、有利生产、方便生活原则，采取房地产开发捆绑集中安置模式，先期投入3000万元，开发6栋住宅楼，村内群众通过宅基地置换楼房，集中规划建设农机具、农作物等生产资料存储仓库，为全体村民提供更好生产居住条件。

（二）强化产业牵引

积极争取多方支持，建设面积2000多平方米的旅游集散中心，整合1万平方米商铺，招引盛宴酒店、正大集团等消费龙头，与专业团队合作打造电商基地，围绕“乡村振兴直播电商”与“新农人培育”两大业务板块开展全面合作，成功举办“中国大樱桃节”等活动。打造区级党支部领办合作社实训基地、农产品电商超市和“三品一标”认证服务站“三大平台”，与顺泰植保等共同建设农资供应中心，初步打造成为福山南部农业综合服务中心。

（三）推动文化兴村

组建舞蹈队、锣鼓队、戏曲队等5支骨干团队，积极参与大樱桃节、秧歌进城、民俗庙会等节庆会展，每年开展重阳节孝亲敬老、“三八”妇女节等活动，每年评选文明户、好媳妇、道德模范和美丽庭院，引导人心思上、弘扬和美村风。

抱团发展　产业富民
打造党建引领乡村振兴的“崔西样板”

寿光市稻田镇崔岭西村党支部书记　崔玉禄

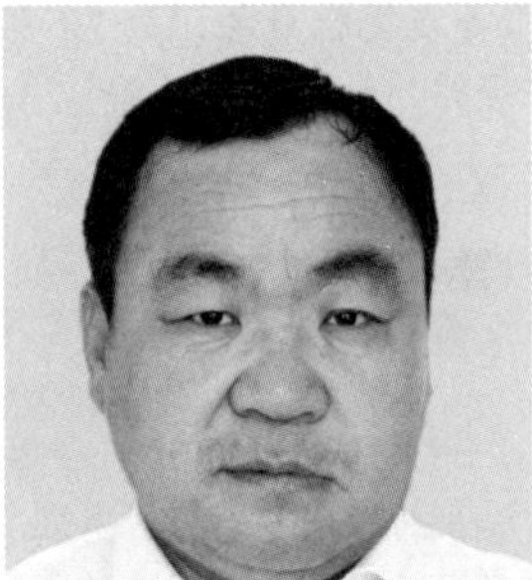

稻田镇崔岭西村共有村民226户、880人，党员33人，耕地面积1500亩。崔岭西村以村党支部领办合作社为抓手，组织党员群众抱团闯市场，用一颗番茄成就一个产业，富了一方百姓，走出了一条党建引领乡村振兴的崔西路径。2022年，村集体收入400万元，人均年收入达到4.2万元，户均存款达30万元以上，先后获得全国“一村一品”示范村、“省级文明单位”“省级文明实践示范村”等荣誉称号，党支部书记崔玉禄被评为潍坊首批“兴村治社好导师”。

一、握指成拳走抱团发展之路

（一）以党支部领办合作社解决卖菜难题

为解决村民卖菜难、菜价低的问题，村党支部率先领办了寿光市众旺果蔬专业合作社，全村133户种植户全部入社，变“一家一户单打独斗”为“一社一体抱团发展”。建立“合作社+社员+公司”产销一体模式，推行订单化生产，变“先生产、后销售”为“产销挂钩、以销定产”，合作社成为菜农合作商、运营商、服务商，解决了无组织、无保障、销路窄、议价弱难题，蔬菜售价平均提高10%以上。

（二）让村民变“股民”共享产业发展红利

村党支部创新“土地入股+保底分红”模式，流转土地1500亩，建设高标准大棚360个，村民以土地入股，通过土地变股金、村民变股民，实现了土地“资本化”、种植“规模化”双赢互促。入社村民只管“种”和“摘”，合作社以每斤高出市场价0.2元的价格收购菜农按标准种植的西红柿，每个棚多收入1.6万元以上，村集体收入由2009年的零收入增加到2022年的400万元，合作社被评为“国家级农民合作社示范社”。

（三）以“跨区域党建”带动输出寿光模式

崔岭西村坚持“一个村富了不算富，大家伙都富了才算富”的理念，以跨区域党建积极推动“村村联建”，毫无保留地把蔬菜种植技术和管理经验分享出去，2022 年先后与雄安新区安新县东垒头村合作建设了占地 150 多亩的标准农业园区，与青岛胶州市苑戈庄村共同建设了占地 60 亩的智慧农业园区。

二、品牌赋能走产业升级之路

（一）坚定不移向科技要效益

复垦老村 200 亩土地建设 39 个高标准大棚，实行农资供应、技术服务、生产标准、质量检测、品牌注册、果蔬标识“六统一”管理，将智慧化延伸到种植销售、质量追溯全链条。新建大棚全部使用豆粕有机肥及生物菌肥，运用熊蜂授粉、绿色防控等先进技术，统一配备智能化硬件设施，农户足不出户通过手机 APP 实现遥控放风、补光、加湿、浇水、施肥，每个大棚节约劳动力 40%、亩产效益提高 30%。

（二）坚定不移向品牌要效益

合作社背书“寿光蔬菜”区域公用品牌，聘请北京农林科学院余红军教授试验种植“原味一号”草莓番茄，成功打造“崔西一品”果蔬品牌，先后获得粤港澳大湾区“菜篮子”生产基地认证和全球、中国良好农业规范体系“双认证”（GAP），成为北京冬奥会蔬菜直供基地。合作社年出口蔬菜 2 万吨，产品远销俄罗斯及“一带一路”沿线国家，销售额超过 2 亿元，惠及周边几十个村庄。

（三）坚定不移向市场要效益

投资 500 万元建设高标准分拣包装、冷链仓储和智慧管理服务中心，分拣加工包装一条龙，最大日分拣量达 15 万斤，有效破解了蔬菜物流慢、储运难的问题，成为周边十几个村的物流配送中心。2022 年又投资 600 余万元打造占地百余亩的“西旺”数字家庭农场，推动了蔬菜集约化、规模化经营。

三、精细管理走品质生活之路

（一）深化村级网格治理

在公寓楼生活区和大棚种植区全面推行一贯到底的三级网格治理体系，由支部书记担任一级网格长，两委成员担任二级网格长，选聘时间宽裕、办事公道、责任心强的党员和村民代表担任三级网格长，划分一级网格 1 个、二级网格 3 个、三级网格 15 个，明确网格治理服务事项，打造“我为大家守一夜，大家为我守一月”志愿服务品牌，零距离掌握社情民意，全覆盖抓好工作落实，实现了“小事不出格，大事不出村”。

（二）不断完善民生设施

投资 1.1 亿元，建设公寓楼 16 栋，配套建设了文化广场、党群服务中心、卫生室等场所，实现了村庄社区化，5G 网络全覆盖，投资 600 万元建设崔岭联办小学和幼儿园，投资 100 万元打造党建文化主题公园，投资 400 万元建设文化礼堂，配备老年活动中心、村史馆、图书室、四点半学校、老年食堂等，让村民过上跟城里人一样的品质生活。

（三）持续培育文明村风

建立新时代文明实践站，开展“好媳妇、好婆婆”评选，举办“孝老饺子宴”，每年邀请专业艺术团体为村民进行文艺演出，成立理论宣讲、爱心孝老、文明风尚、文艺宣传、技术指导、治安巡逻六支志愿服务队伍，丰富村民文化生活。推进红白喜事移风易俗，建设绿色公墓，树立起乡村文明新风尚。全村 80 岁以上老人集中供养，人手一个智能手环，与村卫生室联网，实现健康实时监测免费医疗，真正做到“小康路上一个也不能少”。

种下善治树　开出幸福花

曲阜市息陬镇北元疃村党支部书记　张佃壮

北元疃村位于曲阜市东南部，东依孔子出生地尼山，西邻曲阜高铁新城。全村有人口 525 户、2010 人，村“两委”成员 6 人，党员 56 人。多年来，村党支部带领全村党员干部群众，走出了以强班子强队伍为基础、规划建设村庄为引领、壮大集体经济为重点、改善民生为根本的党建引领乡村振兴之路，先后获全国文明村、山东省先进基层党组织、省级文明村等荣誉。

一、强组织，让头雁“飞”起来

基层党组织是实施乡村振兴战略的“主心骨”，北元疃村在强村富民的道路上行稳致远，关键在有一个团结奋进的村党支部班子，有一个实干担当的村党支部书记，有一支甘于奉献的党员干部队伍。北元疃村注重组织建设，严格落实“三会一课”制度，丰富主题党日活动形式。结合党员分类管理和党员划片定岗联户制度，创新开展“党徽在一线闪光”系列活动，通过张贴“最美党员家庭”等标识，亮身份、亮承诺、亮业绩，强化党员荣誉意识、党员意识，激活党员干部的“责任感”、刷新党员的“存在感”、提升群众的“幸福感”。

二、壮经济，让腰包“鼓”起来

为壮大村集体经济，北元疃村对村东千亩河滩实施治理复垦，成立支部领办合作社，依托“党支部 + 合作社 +

农户”的模式，发展速生林600亩、优质果树380亩。利用村内闲置空地栽种金银花，紧紧围绕“一村一品”的发展思路，推进金银花深加工，精品打造“孔府”金银花品牌。引进山东百誉农业科技园项目，现已初步形成以百誉农业为核心的优质生态农业产业链。

三、促善治，让村风民风“和”起来

北元疃村积极探索优秀传统文化融入村庄治理模式，植根于曲阜优秀传统文化沃土，在文化的熏陶中引导村民向美、向善。建设“和为贵”调解室，建立以村“两委”班子成员为骨干，德高望重的老党员、老教师等为成员的调解员队伍，建立起通过非诉讼渠道化解矛盾纠纷工作机制，让群众事事都有回音、有落实。定期组织开展“晒被子”“创先争优”等活动，通过设立“善行义举四德榜”、绘制传统文化宣传墙等内容展现，让孝和之风飞进百姓家中，深入到村民的心中，逐步形成文明村风、良好家风、淳朴民风。

“寨子经验”破解乡村幸福密码

泰安市岱岳区范镇郑寨子村
党支部书记　亓会峰

郑寨子村现有265户946人，党员44人，村“两委”6人，耕地面积2200亩。1990年前，郑寨子村面临村集体经济弱、基础设施差等问题，属于薄弱村。2005年以来，郑寨子村充分发挥党建引领作用，党支部实施“以支部带实体、党员带产业、能人帮致富”的“三带”模式，形成“党建引领谋发展、党员示范作表率、聚力攻坚共致富”的浓厚氛围，走出了一条党建引领、集约经营、抱团发展的强村之路。先后荣获“全国文明村”“全国民主法治示范村”等荣誉称号。

一、从党建引领入手，加强党组织的坚强领导

郑寨子村地处范镇东部，无交通、工业、商贸及其他资源优势，新上任的党支部没有寻找客观理由，用民主、公开、公平换取老百姓的信任，用“村庄的事，由村民说了算”将党员、村民紧密团结到了党组织周围。事实证明，农村工作只有坚持以农民为中心，才能得到群众认可和支持。郑寨子村集体经济薄弱、社会治理低效等农村共性问题能顺利化解，就是因为始终坚持把群众利益作为一切工作的出发点。从客观实际出发，不教条、不机械、不本本、不折腾，坚持走符合郑寨子村实际的村级发展路子。创造性的实现全村土地集中流转，争取到“全国第一批增减挂钩土地整改项目”。针对村里年轻人外出打工较多的实际情况，建立老乡微信群，适时开展留守儿童、60岁以上老人关心关爱活动，消除了在外人员的后顾之忧。

二、从土地管理入手，撬动集体经济大发展

（一）村集体统一分配

受历史政策影响，郑寨子村存在增减不平衡、群众意见矛盾大等问题，给村级工作带来了被动。郑寨子村党支部在广泛征求群众意见的基础上，按照“统一收回，统一分配”原则，对全村土地进行大规模调整，将土地全部收归集体，按现有人数，统一进行分配。

（二）合作社统一流转

为破解土地利用率差、村民收益低问题，郑寨子村党支部领办慧鑫农作物合作社，将全村所有土地流转到村集体合作社名下，由合作社统一进行管理。

（三）社会资本统一运作

合作社投资1200万元成立汶阳寨田园综合体有限公司，注册“泰山汶阳寨”商标，统一运作村级项目。策划构建包括泰山金银花苗木产业园、汶阳寨现代农业产业园、汶阳寨生态休闲旅游区的“两园一区”发展格局。2022年村集体收入56万元，每亩地分红3300元，群众打工每年能收入3万多元，现在合作社的资产达到3600多万元，实现了土地流转“获租金”、土地入社“变股金”、村民打工“挣薪金”、村集体获得“公益金”，形成了“一地生四金”发展模式。

三、从乡风乡俗入手，引领农村发展新常态

（一）民主议事解难题

充分尊重村民的主体地位，创新实行“首议制”和“票决制”，凡涉及村级发展的工程实事、发展大事，需由党员和议事会商议进行商议，再召开全体村民大会进行票决，得到全村同意后方可实行。全村顺利通过了土地分配、宅基地划分、村庄规划、旧村复垦等重大发展决策，使全村在短时间内发生了翻天覆地的变化。

（二）公平公正聚人心

全村实行一户一房制，采取统一抓阄的方式分配宅基地位置，每户面积全部为225平方米；全村土地全部按人头进行均分，每人分洼地0.92亩，公平性逐渐建立起来。推出“三个三分之一”卫生保洁月考评机制，对全村所有户进行差异化考核，充分调动了村民自觉参与村级事务的主动性。

（三）文明引领树新风

党支部成立困难帮扶协会，开展争当“最美共产党员”“好儿女”“好媳妇”“好婆婆”“文明户”等评选活动，设立村务监督、道德评议、治安互助、文娱活动、志愿服务等群众组织；通过建立在外老乡微信群、定期电话随访、开展家园文化宣传活动等方式，向全体村民展示村经济社会发展的成效，宣扬村文明新风。

“三个坚持”构筑党建引领乡村振兴新篇章

乳山市乳山口镇南唐家村
党支部书记　唐克永

乳山市乳山口镇南唐家村，现有村民650户、1878人，党员45人，“两委”成员4人。近年来，村党支部通过领办合作社，盘活闲置厂房，流转撂荒土地，整合资金170多万元，创办制冰厂、发展特色种植，2022年合作社收入近400万元，带动村集体增收70万元、社员人均增收2000元。村党支部获评乳山市先进基层党组织。

一、坚持党建引领，凝聚合力谋发展

2018年，南唐家村党支部换届后，坚持把发展壮大村集体经济作为实现乡村振兴、共同富裕的重要抓手，寻方法、找路子、求突破。

（一）支部带头定目标

党支部面对以往发展集体经济，村民关注度、参与度不高的问题，明确“抱团发展、共同富裕”发展目标，村党支部带头领办合作社，并通过会议动员、组织培训、走访宣传等形式，引导村民主动参与合作社，把全村力量拧成一股绳，推动村级集体经济发展。

（二）支部带头做表率

为消除村民思想顾虑，增强入社信心，在项目实施过程中，村党支部书记带头出资15万元登记入社，并以个人名义为合作社垫资10万元购买设备，4名“两委”干部每人出资3万元参股入社，30名党员每人出资1万元加入合作社，经过7次村民代表大会及两轮增资扩股，全村136名村民入股资金达到131万元，占股77.6%。

（三）支部带头把方向

4名村“两委”干部全部实现与合作社管理人员双向进入、交叉任职，切实加强村党支部对合作社的全面领导，把准合作社发展方向。推动入社党员、村民代表认领“责任田”，30名村民代表参与合作社经营管理等工作。同时注重从本村党员、社员中培养有知识、懂技术的专业人才，邀请专家到村开展专业培训，全面提升管理、生产技术人员能力素质。

二、坚持产业兴村，打牢基础开局面

村党支部通过挖潜资源、抢抓商机、拓宽销路，不断完善产业布局。

（一）盘活资源、打牢基础

面对村党支部领办合作社初期资源紧缺局面，村党支部坚持从内部挖潜入手，在全村摸排寻找合作社工作场所，经集体多次研判，投入资金40余万元将废弃的小学校舍进行整修盘活，连片成方流转土地500亩，作为合作社农业种植基地。

（二）高点谋划、多元培植

党支部抓住国家地理标志产品乳山牡蛎等发展机遇，从冰制品市场需求入手，在反复细算制冰产业经营收入、费用成本和收益利润的基础上，规划建设了制冰车间，2021年下半年正式建成投产，与20多家海产品公司达成了合作协议。同时，探索多元经营，拓展合作社周边50亩撂荒土地，规划8个木耳、蘑菇大棚，建设2处农产品加工车间，当年实现合作社收入180余万元，纯利润80余万元。

（三）育强品牌、拓宽销路

为拓宽产品销路，村党支部组建了网商运营部，设计申请了“青禾农业”商标，注册抖音等APP平台账号，对合作社出产的木耳、蘑菇、果蔬等农产品，统一加工包装销售，提升产品颜值、附加值，打造特色优质“网红”产品，线下同步建设120平方米网络营销展厅，完善构建“支部书记+群众”的直播带货新方式，助推产品形象升级，带动镇域内特色优质农产品全面上线，营收持续增长。

三、坚持共富共享，暖心为民办实事

村党支部始终坚持共富共享理念，主动将发展成果与村民、周边村共享共用。

（一）带动村民致富增收

村党支部始终把集体增收、村民致富作为重要任务，在保障村党支部领办合作社运行资金基础上，每年召开合作社股东分红大会，2021年—2022年累计分红100余万元，充分调动了入社村民积极性，增强了村党支部凝聚力和向心力。

（二）建立共享反哺机制

合作社盈利后，村党支部探索建立“合作社+信用建设+暖心食堂”反哺机制，建立暖心食堂，在合作社内建设爱心菜园，将合作社蘑菇大棚收益划为暖心食堂运行经费，全村78周岁以上老人通过参与村房前屋后卫生信用体系建设或者子女参与村志愿服务等形式，实现免费就餐。

（三）推动区域共同富裕

2022年，以南唐家村党支部领办合作社为中心，联合周边秦家庄村、北唐家村等10个村共同创建成立了“锯红兴产·果硕青禾”乡村共富党建联盟，以党建联盟带动组织联建、产业联促、资源联享。整合各方资金6000万元，启动140亩牡蛎融合发展示范区项目，已迎接30家企业入驻，可实现联盟内村集体8%收益，新增就业岗位500余个，实现群众稳定增收3万元以上。

党建引领聚合力 “村企联建”促振兴

莒县招贤镇武家曲坊村党支部书记　董学山

招贤镇武家曲坊村是一个传统的农村村落，全村528户、1620人，耕地1650亩。近年来，武家曲坊村强化党建引领，坚持“村企联建”，探索出“村党支部＋企业＋土地股份合作社＋农户”的兴村新模式，蹚出了一条强村富民的蝶变之路。武家曲坊村集体经济收入由2017年的6万元增加到2022年的80万元，村民人均年增收2.2万多元。先后获评省级美丽乡村示范村、省级景区化村庄、全市先进基层党组织，有关经验做法被《人民日报》《大众日报》等媒体报道。

一、坚持村企共兴，让集体经济强起来

武家曲坊村党支部经过与浩宇集团多次洽谈论证，决定实行村企联合，优势互补、共赢发展。浩宇集团立足该村区位优势、土壤状况和果蔬、鲜切花种植传统，规划建设曲坊现代农业产业园。产业园融合工、贸、游、创多种元素，引进荷兰、以色列等世界先进装备，采用智能温室建造配备环境控制系统和温室信息化管理系统，实现了生产管理的智能化、自动化、标准化。已投资18亿元建设了20栋160万平方米的智能化连栋玻璃温室、16栋90万平方米的智能化连栋膜温室、6.6万平方米的工厂化种苗生产区，年可生产串收番茄4400吨、鲜切玫瑰花3400万支、鲜切郁金香40万支、满天星60万支，实现产值2.44亿元，亩均产出达到45.2万元。该产业园是省级现代农业产业园，也是目前国内单体规模较大、装备技术较高的产业园。武家曲坊村党支部领办成立土地股份合作社，以土地入股，与浩宇集团形成利益联结机制通过土地入股，武家曲坊村集体每年可获得土地流转金10多万元、产业分红70多万元，集体经济收入有了源头活水。通过这一模式，实现了变短期帮扶为长期合作，变“输血”为“造血”，变“单赢”为“共赢”。

二、坚持联农惠民，让村民腰包鼓起来

武家曲坊村党支部把增加村民收入作为中心任务，千方百计拓宽村民增收渠道，让村民有活干、有钱赚，促进共同富裕。通过与浩宇集团合作，村民广泛参与曲坊现代农业产业园建设，深度分享农业产业增值收益，村民稳享“三金”。

（一）租金

村民通过合作社将土地流转给产业园，每亩土地每年可获得流转金900元。

（二）薪金

产业园提供就业岗位600多个，武家曲坊村60%以上的劳动力变身“产业工人”，实现家门口就业，每天工资性收入可达200元。同时，浩宇集团优先聘用村民在集团各公司就业，目前已招录就业48人，月均工资4500多元。随着村庄发展，吸引了300多名常年在外务工人员回村就业创业，武家曲坊村常住人口比例提高了26.8%。

（三）股金

浩宇集团每年拿出产业园项目30%的利润，按照村集体和村民3∶7的比例进行分红，村民人均年收益达1000多元。村民腰包越来越鼓、日子越过越红火，幸福感和满意度不断提升。

三、坚持涵养文明，让群众脑袋富起来

武家曲坊村注重加强文明建设，以文明涵养新风。深入开展文明村庄建设，与浩宇集团联合成立红白理事会，倡导红事新办、丧事简办，教育引导群众移风易俗，推动形成了文明乡风、良好家风、淳朴民风。建立村企互认激励机制，在村内获评“文明家庭”“好媳妇”“好婆婆”等荣誉的村民，在曲坊现代农业产业园优先评先树优；在曲坊现代农业产业园被评为“优秀员工”的村民，在村内优先参与文明评选，有效促进群众文明素质提升。深入推进“法治村庄”“信用村庄”“清廉村居”建设，制定完善村规民约，加强法治和信用宣传教育，营造了“人人讲法治、人人讲信用”的浓厚氛围。

四、坚持村企联建，让村庄环境美起来

武家曲坊村为改善村居环境，借助土地增减挂钩政策，通过“村企联建”模式，由浩宇集团为投资主体，采取先建后拆方式建设新社区，共建设二层安置楼416套、小高层安置楼154套，村内264名65岁以上老人实现集中免费供养。同时，高标准配套幼儿园、小学、社区服务中心、老年人日间照料中心、乡村记忆馆、卫生室、图书室、幸

福食堂等基础设施，自来水、暖气、天然气、污水管道入村到户。短短几年时间，武家曲坊村蜕变为宜居宜业、美丽舒适的现代化文明新村。在抓好村庄人居环境“硬件”的基础上，还着力优化升级“软件”服务，武家曲坊村党支部组建专业物业管理队伍，成立“红色物业”，为村民提供多元化、便捷化服务，让村民更舒心、让环境更美丽。

突出党建引领赋能
促进整村集体共富

莒南县道口镇赫马岭村党支部书记　魏振伍

莒南县道口镇赫马岭村位于道口镇驻地西南3公里处，由赫家岭、马家岭两个自然村组成，现有人口260户、780人。近年来，赫马岭村积极探索党支部领办土地股份合作社发展集体经济模式，将全村751亩耕地统一入股经营，实行规模化、标准化种植，变土地为股份，让村民当股东，探索出了一条村集体增收致富的好路子。

一、坚持党建引领，建强干事创业“好班子”

充分发挥党支部领导核心、战斗堡垒作用和党员的先锋模范作用，建立村班子集体办公、带班值班、每日例会等制度，推动各项工作任务落实，村内各项事业健康有序发展，但村集体经济薄弱的问题始终没有得到有效解决。2014年，村“两委”班子利用在沭河培堤节余的10万元资金和5名村“两委”干部集资的20万元，购买3台大型农用机械，带头成立莒南县农联农机专业合作社，为本村及周边的3000多亩土地耕种和收获服务，村集体经济薄弱的局面开始发生转变。随着合作社效益持续向好，陆续吸引周边群众以小型农机具入股合作社，共计30余台，合作社每年收入20多万元。村党支部书记带领村“两委”干部，一分钱分红不要，将股份无偿转让给村集体。农机合作社的日常管理，仍然由村“两委”干部负责，并且不要一分钱工资，成了远近闻名的“给村民打工”的党支部班子。村集体经济的增收让村庄发展有了底气，该村先后投资16万元对原有的机灌站进行大修，解决下游2000亩耕地的抗旱灌溉问题；投资24万元硬化出入村主路4000余平方米，投资13万元，硬化大街2500平方米；投资40万元完成全村260户的“硬化+改厕”和“户户通”工程；借力“美丽乡村”工程，投入30万元对整体村容村貌进行提升改造。农机合作社的成立，也为该村成立土地股份合作社、发展规模产业、村社共建增收致富提供了坚实基础。

二、实行村社共建，趟出增收致富“好路子”

党支部依托农机合作社的良好基础，提出探索成立土地股份专业合作社的设想，帮助村民百姓种地、收粮。2018年初支部成员分片逐户调研座谈，深入了解村情实际、倾听群众意见，分析成立土地合作社的可行性，并获得了全村群众的支持。2018年5月，该村党支部正式领办成立莒南县代彬土地股份专业合作社，引导村民入股土地751亩，其中119户村民入股土地451亩，村集体以未发包的300亩土地（其中桑地116亩）和扶贫大院设施入股。合作社成立以后，规划小麦和玉米轮作种植635亩，桑树种植116亩，作物的种植全部由该村支部领创办的农联农机合作社实施整建制一体化托管。合作社在耕种、灌溉植保、收割收获、烘干仓储等流程全部实现现代化机械化生产经营，最大限度地降低了农业生产成本，促进农业增效、农民和村集体“双增收”，形成土地入股+整建制托管+农业保险+盈余分红“四位一体”的土地股份制合作模式，入社社员一年至少有900元的保底分红，村集体每年可增收50余万元。赫马岭村通过成立土地股份合作社，让村民群众足不出户，就能享受到一条龙服务。

三、强化制度建设，建立合作社运营“好机制”

党支部借力借势促发展，争取上级扶持资金80余万元，镇党委邀请县农业农村局、供销联社、乡村振兴局等部门联合指导，明确合作社未来发展方向，科学设置管理制度。持续完善财务收支管理制度，聘请莒南县中信会计师事务所，2名专业会计人员负责合作社日常财务管理，每季度由党委组织审计所、经管站、财政所联合进行资金审查，有效规避“一言堂”现象的发生，确保合作社资金规范安全运转。规范合作社监督机制，坚持民主决策、民主管理、民主监督，重大事项严格履行股东代表大会表决机制，监事会全过程监督，确保各项管理制度落到实处，专设社务公开栏，每月公开社务，增强经营管理工作的透明度，凝聚合作社全体成员的办社合力。

四、实行科学种田，多渠道增强管理“好本领”

党支部建立农民田间学校，根据农业种植规律聘请市、县农业专家现场授课，精准分类授课，先后开设中、小班额10余次，进行农业科技推广，指导农业种植技术和生产经营管理知识，从产前、产中、产后各个环节提供全方位指导，共计培训300余人次。依靠现代农业科技，实行规模化、标准化生产经营管理，推动新时代农业发展，提高了单位土地面积高质量农产品的产出率。构建一体化管理模式，合作社通过手机短信、网络宣传等新形式获取科技市场信息，统一采购新品种、新技术、新肥料、新农药、新机具，减少了成本支出。

党建引领促发展 激活乡村振兴“红色引擎”

宁津县柴胡店镇王世英村党支部书记　陈绪勇

王世英村位于宁津县柴胡店镇政府驻地以南 3.7 公里，共有 227 口人，党员 13 名，“两委”成员 5 名，耕地 568 亩。近年来，王世英村按照“党建引领、优化服务、共治共享”的工作思路，强化“党建联合 + 产业融合”，有力助推乡村振兴战略实施，逐步实现村庄美、产业兴、群众富。

一、党建联抓，组织融合发展促提升

柴胡店镇王世英村是镇上“示范”村，帮包的张明宇村班子较弱，群众威信不高，发展动力不足，是镇上的软弱涣散村，针对张明宇村存在的问题，两个村党支部书记实地走访，收集问题，召开碰头会专门研究，群策群力，制定措施，带着张明宇村党员集体开展组织生活，提升党员意识，帮助村支书推动村内土地流转、发展养殖产业，村集体经济不断壮大，村“两委”班子逐步打开工作局面，赢得村民信任，2022 年年底前彻底摘下了软弱涣散的帽子。

二、飞地抱团，开辟富民兴村新图景

王世英村依托产业发展基础优势，通过利用农村腾退的建设用地在镇域内有偿调剂归并集中利用的政策优势，破解农村产业发展的土地问题。明确“村级申请—乡镇规划—县级论证”的工作程序，根据村内“四议两公开”程序民主议事决策结果，向乡镇提出申请，将本村闲置的建设用地指标交由乡镇统筹调剂使用。经过乡镇科学规划，并报县自然资源、农业农村部门论证后获得立项。把村庄建设腾退的 97.7 亩建设用地进行精心布局，其中 32 亩用于建设 67 栋回迁安置房，让群众几乎不用花钱就住进了二层合院风格新楼房，2.2 亩用于村内设施建设，63.5 亩用于产业发展。再将 63.5 亩进行二次拆解，54 亩建设用地指标通过村镇挂钩“飞”到位于张蜚村的五谷食尚公司，使投资 5 亿元的五谷食尚扩建项目成功落地，解决了企业发展用地难的问题，吸纳周边 300 余名农村劳动力就业，每年为镇财政增加税收 1500 万元，剩余 9.5 亩建设用地留用于自身发展。

三、产业带动，区域协同聚合促发展

王世英村依托特色水产养殖产业，带动周边各村共同发展，推动实现强村共富。用好农业农民培训技术学校，组织政策解读、技术培训 11 次，传授养殖技巧。通过领办千鳅水产养殖合作社，大力发展泥鳅养殖产业，建有高标准生态养殖池 48 个、深水养殖池 2 个，并自主创新水花育苗法，年可育苗 60 亿尾，盈利 140 余万元。为了拉长泥鳅养殖产业链条，王世英村着眼特色产业提档升级，引进韩国泥鳅深加工项目，计划修建泥鳅深加工车间 4600 平方米，每年加工泥鳅 8000 吨，年净利润可达 840 万元，每年为共同体内各村集体增收 7 万元。

四、资源整合，统筹发展要素夯基础

完成原村驻地复垦后，村集体增加 63.5 亩耕地，大力发展土地托管助力规模种植，积极与鲁供现代农业发展集团对接合作，按照每亩 800 元保底收益 + 入股分红的方式，将共同体内耕地进行全程托管，村集体每年获得大约 8 万元土地承包收益。村民从繁重的土地劳动中解放出来，使村民有时间到附近企业打工增加务工收入。同时，王世英村整合帮扶资金发挥效益，统筹周边 4 个村的中央财政扶持资金 200 万元，开发新能源光伏项目和飞蝗养殖项目，可为参与建设的村集体每年增收 6 万元。

五、治理联动，共商共治共享提效能

村强民富了，村民对生活质量要求逐渐变高，王世英村“两委”商议后，从村集体收入中拿出一部分资金，在工作队的资金扶持下，高标准建设了占地 1000 平方米的党群服务中心，涵盖便民服务、教育培训等 13 个功能区，并配备硬化的文体活动广场。养老金、低保特困这些原来需要去县里、镇上办理的业务，在王世英村党群服务中心也能办理，让周边的村民办事更方便、生活更幸福了。王世英村着力培育文明乡风，组建红白理事会，统一制定村规民约，将邻里关系、婚姻家庭等事项通过更接地气的方式编写“村规民约三字经”，规范村民的行为，提升整体素质，推动实现百里同风、十里同俗。下一步，王世英村将继续坚持以党建为引领，以特色产业项目为依托，以党群服务中心为阵地，辐射带动周边村庄共同发展，探索一条实现共同富裕的乡村振兴之路。

创新"四民工作法"争做乡村振兴"领头雁"

莘县徐庄镇纸坊村党支部书记　蔚关彦

纸坊村总人口510人，130户，党员17人，村"两委"干部4人，耕地面积936亩。1999年以来，纸坊村将党建引领作为推动村庄发展的"引擎"，坚持"民事民提、民事民议、民事民决、民事民评"的"四民工作法"，把基层党建融入乡村振兴建设各环节，着力打造"有精神、有活力、有特色、有保障、有秩序"新乡村，相关经验做法被中央电视台《焦点访谈》栏目报道。

一、以党建统领全局，让组织"强"起来

突出政治功能，提升组织力。一是配强干部队伍。村党支部充分发挥把方向、议大事、抓落实作用，把党的领导、党的组织、党的工作覆盖到合作社、群众组织中，在农村各项工作中发挥"主心骨"作用。二是坚持民事民议在民主议事工作机制下，有事大家商量着办，村里的大事小情都能获得村民理解和支持，工作定了就干、马上就办，干群关系也越来越融洽。通过群众参与、集思广益，解决了村庄规划、下水道铺设、村史馆建设、道路整修、规范停车等问题，形成了"美丽纸坊共建共享"的民主议事机制工作经验。三是村民广泛参与坚持村民自治的理念，把党委政府的好政策宣传到村民心坎里，让村民认识到开展每项工作的真正意义，形成了人人有义务、人人有责任的良好氛围，群众管群众、群众带群众、群众帮群众，真正实现美好家园共建共享。

二、以党建引领发展，让产业"强"起来

产业兴旺，村庄才能朝气蓬勃。

（一）坚持种养结合

通过协调流转土地，栽种红皮圆葱、高端辣椒、生姜，带领村民发展蔬菜种植，同时在池塘实行立体养殖，种植莲藕，撒放鱼苗，增加集体收入和村民收入。

（二）打造金耳小镇

以打造金耳培育基地为基础，建设两处"5G"金耳智能方舟开展金耳种植，打造出"致富一条路"，通过创品牌、建基地、精加工和促销售等方式，实现村民和村集体增收双赢。

（三）发展杞柳种植

2021年整合村内闲置土地，利用荒废河坡大规模种植杞柳，形成了规模化产业，促进合作社成员共同发展，带动群众致富增收。

三、以党建凝聚人才，让村庄"活"起来

村庄的事不单是个人的事、村干部的事，更是全村老百姓的事。

（一）广开言路促发展

不定期召集党员群众、返乡能人，在村庄办公室召开民主议事会。通过民事民议商议大大小小"烦心事""忧心事"，大到规划宅基、建设美丽乡村、探索村庄产业，小到修建停车场、村庄绿化、村民信用积分，一点一滴、一砖一瓦，在民事民议机制指引下，村民参与村庄治理的积极性不断提高，共商共建共享氛围日渐浓厚。

（二）引进技术促增收

吸引高技术人才返乡创业，形成能力带动、共谋发展的良好局面，引进培育金耳的智能方舟，采用现代通用技术智能设定生产条件、智能控温，打造金耳培育基地，促进村集体增收。

（三）节日活动扩思路

每年利用返乡人员春节在家期间，组织在外乡贤、致富能手等人员，在大年初四晚上，召开春节团拜会，大家集思广益，共同为村庄发展出谋划策。

四、以党建构建和谐，让乡风"淳"起来

着力打造富有乡村特色的文化产业，打造村庄特色品牌。

（一）完善设施建设

通过通俗易懂接地气的"墙头文化"，将民风民俗、道德准则、科学知识、文明乡风，传递到村庄的各个角落，整理一处具有民俗特色的文化广场，增添健身器材，村内的广场舞爱好者经常齐聚在这里，畅享幸福生活。

（二）宣传村庄历史

纸坊村是鲁西大地一方具有光荣革命传统的红色热土，村庄建设了一处村史馆，宣传抗战老兵孙占岭的英雄事迹和村庄发展史，自开放后接纳游客1万余人次，为中小学生研学提供了鲜活"教材"。

（三）开展志愿服务

积极探索村庄志愿服务长效工作机制，常态化开展"普法志愿宣传""移风易俗志愿宣传"等志愿服务活动，坚持把"移旧风、易陋习、讲文明、树新风"作为新时代文明实践融合德治体系建设的重要内容，走出一条"党建+"引领乡风文明建设道路，三分之一的村民每天主动登录"学习强国"，了解国家发展大事。

五、以党建促进治理，让环境“美”起来

乡村美不美、干不干净，事关农村群众的幸福感、获得感和满意度。

（一）齐心协力促进乡村蝶变

村“两委”干部积极发动群众全民参与人居环境集中整治工作，以净打底、以美塑形、以文铸魂，实现乡村环境蝶变，为纸坊村人居环境整治工作交出了一份高质量的答卷。

（二）长效坚持形成良好风气

通过村庄微信群以及广播喇叭宣传弘扬争做好邻居、争创美丽胡同、争创卫生片区的良好风气，引导群众树立大局意识、凝聚团队精神，每家每户不约而同地形成了良好习惯。

（三）村民自治建设和美乡村

在党支部的引领带动下，通过村民自治的方式，齐心协力、共建共享，纸坊村成为街道胡同干净整洁、绿化苗木生机盎然美丽乡村。

党建引领　党群共治　打造富美乡村

滨州市沾化区富源街道北陈村
党支部书记　丁守峰

北陈村人口160户、432人，村“两委”成员5人，党员26名，耕地总面积460亩，主导产业为粮食种植，2022年村集体收入35万元。近年来，北陈村按照党建引领、法治护航、群防群治的工作思路和“五化”标准积极打造美丽和谐乡村，先后获“全国文明村”“全国民主法治示范村”“省级生态文明村”“市级文明村”等称号。

一、示范带动，打造过硬党支部

（一）坚持建章立制，明确责任分工

村党支部结合本村实际，先后建立完善党建、信访维稳、经济发展、村民说事等工作制度，村干部职责明确，各项工作有制度、有计划、有安排、有落实。

（二）强化教育引导，提升干部素质

为提升党员干部整体文化素质、增强带领群众致富本领，村党支部认真组织政策、法律、时事、村级经济发展等方面内容的学习，努力提高自身思想政治素质和为人民服务本领。

（三）创新管理方式，发挥党员作用

以党员差异化教育管理为核心，村党支部结合党员量化积分、“评星定级”工作，实行“一定三亮四评”农村党员分类管理新模式，全村26名党员划分出“头雁”党员1名、“强雁”党员6名、“群雁”党员13名、“后雁”党员6名。针对头雁、强雁、群雁、后雁党员类别，实现因类施策、定岗定责，对党员日常表现情况进行量化积分，构建党员发挥先锋模范作用的平台，有效推动村内各项工作的顺利开展，切实增强村党组织的凝聚力。

二、党建引领，助推美丽乡村建设

（一）基础设施不断完善

2017年以来，村党支部围绕“生产美、生态美、生活美”的建设目标，积极打造特色鲜明的美丽乡村精品工程，先后投资400余万元，硬化村内主要道路2400米、巷道1700米，清理衬砌路边沟2000米，安装路灯53盏，修建入村牌坊1座、休闲健身广场6600平方米、水上公园1处，建设面积320平方米的办公楼1栋、面积360平方米的农村幸福院1栋，村内道路整洁，环境优美，设施齐全，村庄面貌焕然一新。

（二）村容村貌干净整洁

村党支部以农村人居环境整治为主要抓手，带领全体党员和村民积极整治村容村貌，配备保洁员1名、垃圾桶20余个，实现垃圾日产日清。实行党员干部包责任区制度，按照统一标准做好责任区的督促检查工作，要求党员干部以身作则，身先士卒，带动群众保持环境卫生。在村支部的领导和全体党员干部的带动下，村容村貌发生巨大变化，成为富源街道美丽乡村建设的精品示范村。

（三）村民素质明显提高

北陈村以群众性精神文明创建为手段，开展文明村组、文明家庭等评议活动，让村民在自我教育、自我评价中享受到精神文明建设的成果。以道德评议会、红白理事会为依托，大力开展移风易俗活动，以文艺宣传队为龙头，大力繁荣农村文化，群众精神面貌不断改善。

三、党群共治，富美乡村共建共享

（一）抓自治

村党支部先后修订《北陈村村民自治章程》《北陈村村规民约》，创新群众自治机制，围绕如何加强党的领导、畅通参与渠道、提升议事协商实效等问题进行探索，形成“陈事会”村级议事协商工作法。“陈事会”根据经济社会发展实际，合理确定议事协商内容，建立村级协商目录动态修订、常态落实机制；根据议事协商事项需要，把社区、村党组织、村民委员会、村务监督委员会、村民小组等主体都吸纳到议事协商主体中来，注重党员发挥先锋模范作用，有效带动农民群众和各方力量广泛参与议事协商；不断创新“陈事会”议事协商形式和活动载体，依托党员大会、

村民会议、村民代表会议等，鼓励农村开展村民陈事说事、民情恳谈、百姓议事、妇女议事等议事协商活动；实行收集民情、分析民情、拟定议题、民主协商、跟踪落实“五步阳光议事法”，达到“百姓大小事，都来‘陈事会’”的“拉家常”式议事协商效果。

（二）抓法治

村党支部为提高干部群众的法律意识，在全村深入开展普法教育活动，引导村民自觉做到学法、用法、遵法、守法。同时，坚持依法进行民主选举、突出民主决策、实行民主监督、搞好民主测评，“依法建制、以制治村、民主管理”等制度落地落实。

（三）抓综治

2020年，北陈村坚持党建引领社会综合治理，在村党支部的带领下，投资26万元按照“六室一平台”标准，在全区率先完成村级网格化服务管理（综治）中心的提档升级，高标准打造网格化服务管理办公室、视频监控室、矛盾纠纷调处室、心理咨询室、群众接待室、法律顾问室等功能科室，总面积约260平方米。

（四）抓积分制

作为乡村治理积分制管理工作试点村，北陈村创新工作方式方法，立足网格化管理实施“党支部+党员（群众代表）+网格员+胡同长”模式，落实“一日一记录、一月一审核、一季一评议、一年一核算”，结合“三务三资”积分制管理阳光报告会制度，听取群众意见、搜集群众诉求，不断提升群众满意度。

做好三个加法
建设党建引领乡村旅游新阵地

单县浮岗镇党委书记　李　元

浮岗镇总面积136平方公里，有31个村，2.4万户、7.2万人，党员2082名，毗邻国家4A级旅游景区浮龙湖旅游度假区。2022年以来，浮岗镇改扩建旅游型乡镇党建综合阵地，坚持把党建综合阵地作为引领村级党组织服务融入旅游产业的战斗堡垒，努力做好“阵地+”三个加法，强组织聚资源、强队伍促服务、强产业促发展，通过党建引领，夯实旅游基石，补足文化之钙，铺好致富新路，绘就一幅“党建+旅游”的唯美画卷。

一、阵地+文旅专班，提升“组织力”

以“组织引领、党群凝聚、协同发展”为主要特点，深挖党建赋能浮龙湖生态旅游产业带功能。成立旅游工作专班，构建“1+3+10”组织架构，以旅游专班为1个中心，下设规划开发、运营管理、综合服务3个工作组，联合10个环湖旅游村党组织，强化阵地引领旅游发展效能。构建文旅产业发展平台，整合村党组织领办合作社成立平台公司，统筹8000万元优质集体资产资源，规划旅游服务项目36处，开发旅游服务资源16处，新建清农学堂、产业生态园区大棚等，推动旅游资源与集体经济发展高度融合。创建环湖旅游党建示范片区，以村党组织联建为引领，推动片区内10个村的资金整合使用、产业项目联建联管，对接旅游工作专班，积极发展涉旅产业，通过分工合作，制定发展计划，实现了片区旅游业融合发展。

二、阵地+游客驿站，增添“暖心红”

聚焦游客体验、人员配备、物资保障等各环节，创新设立旅客驿站，强化服务功能，提升服务质量。聘任红色志愿者用心服务，依托阵地工作室，整合党员、退役军人、退休老干部、老教师、后备干部等志愿者148名，组建以党员为骨干的红色志愿者队伍，开展导游、讲解等活动 56次，实现阵地服务全覆盖。综合服务中心设置游客百宝箱，放有花露水、防晒霜、花茶、湿巾等物品，提供充电线、自助售卖机、共享设备等，提升旅游服务质量。构建服务矩阵，建立10个阵地服务站，织密游客服务网格，为景区游客提供休息、指引、咨询等多类旅游服务项目，并设置旅游资料自取展架，向游客展示景点项目、文化活动及特色文创产品等旅游资源，让游客在景区享受暖心贴心的服务，助力乡村旅游业蓬勃发展。

三、阵地+展销平台，铺就“富民路”

依托阵地和现有集体土地，改建3100平方米高标准现代化文创空间，融合旅游、饮食、文创、物流等元素，为村民和村党组织领办合作社提供产品展销一体化的新平台。打造推介平台，以“线上+线下”的方式，在阵地打造电商直播间与农副产品展示区，把“浮龙绿源”“浮龙润通”等特色品牌农产品进行集中展示介绍，拓宽产品销路，提升浮龙湖特色农产品知名度。建设体验基地，构建非遗手造产品制作“一线体验”模式，在产品展厅开放体验窗口，设置“制香”“剪纸”“根雕”等多个独具特色的手工体验项目，为游客提供趣味性体验。创建农旅产品销售市场，统筹旅游区农副产品销售、饮食、电商物流等功能，对接周边8个县区商超，涵盖全县50余种特色农产品，不断壮大乡村产业展销市场。

社区党建

党建引领“三重奏”唱响社区治理“好声音”

济南市天桥区工人新村南村街道西区社区党委书记　田象霞

济南市天桥区工人新村南村街道西区社区是始建于20世纪80年代的老旧开放式小区，辖区0.32平方公里，常住居民3000余户、5500余人，管理党员362名。近年来，西区社区党委紧紧扭住组织建设、多元融合、居民自治三个重点，广泛凝聚带动各方力量，奏响精心、精细、精彩的基层治理新乐章。社区先后获得全国和谐社区示范社区、山东省先进基层党组织等称号。

一、筑牢战斗堡垒，引领治理“主旋律”

社区党委坚持把组织建设贯穿基层治理全过程，以社区党组织“关键力”激发基层治理“最强力”。做优“大党委”，引领“大党建”。发挥区域化党建优势，“牵手”2个社区和11家辖区单位成立联合党委，聘任辖区单位负责人担任兼职委员，推行联合党委履职纪实、述职评议、量化积分“三项机制”，制定联席议事、服务联办、问题联解“三项细则”，着力发挥共治共建共享作用，构建社区治理“大党建”格局。织密“一张网”，贯通“微末梢”。推行“支部建在网格上”，按照“一支部一网格”的标准，建立12个网格党支部、细化32个楼院党小组，形成“社区党委—网格党支部—楼院党小组”一贯到底的组织架构，实行党建工作、城市管理、综合治理等“一网统管”。创新党委抓支部、支部抓支委、支委抓党员、党员带群众的“三抓一带”组织动员机制，一级抓一级，层层抓落实，推动基层治理各项任务落实到社区最末端。浇灌“育苗圃”，锻造“主心骨”。培育基层治理骨干队伍，建立以社区工作者、专兼职网格员、先锋党员为成员的后备人才库，打造以“全国优秀共产党员”田象霞为核心的“优秀书记工作室”，每月进行一次现场教学、每季度开展一次先锋论坛、每半年组织一次观摩交流，帮助后备干部成长成才、蓄势赋能。2022年，3名后备人才当选网格党组织书记，为基层治理提供坚强队伍保障。

二、多元融合共治，谱写治理“交响曲”

针对基层治理中社区资源少、事务多，权力小、责任大等矛盾问题，西区社区党委全面整合各类共建资源，强化政治引领，凝聚治理合力，推动治理能级大跃升。挖潜资源“点”，凝聚志愿“团”。坚持需求导向，打造“四个一”志愿服务体系，着力培养一批志愿服务队伍、培育一批志愿服务组织、搭建一批志愿服务平台、实施一批常态化志愿服务项目。截至2022年底，发动600余名党员、热心居民成立巡逻队、“磨刀队”等志愿服务队23支，孵化“邻里守望协会”“河小工”等社会组织20余个，逐人明确“志愿岗”、划定“责任田”，常态化开展“微心愿”认领、“爱心捐赠”等服务活动，为居民提供困难帮扶、治安巡逻、纠纷调解等10类服务项目，用志愿星火之光汇聚暖心服务燎原之势。连接下沉“线”，深化服务“链”。用好用活“双报到”力量，加强与“双报到”单位互联互通，150余名在职党员全部落入网格，双向建立需求、资源、项目“三张清单”，推行“居民点单、社区派单、单位认单、在职党员接单”“四单”模式，让居民切实感受到“双报到”单位带来的“服务红利”。2022年，5家“双报到”单位开展社区共建活动86次，主动认领服务事项265件，解决社区难点堵点问题8件，达到让“双报到”单位融进去、沉下来、干出果的工作目标。拓展社会“面”，构建共同“体”。创新实施“红色合伙人”模式，实行“自愿进入、供需对接、签订协议、项目退出”工作原则，面向社会公开“招聘”助残帮扶、环境维护等12类“合伙岗位”，社区提供理论宣讲、阵地共享、组织联建等16项资源服务，以双向供给实现互利共赢。2022年以来，省文化馆、莱商银行等20余家“红色合伙人”主动对接、按需认岗、精准匹配，完成错峰停车、长者食堂等9个治理项目，达成养老服务、红色物管、城市更新范围内延伸保洁3项商业合作，实现组织资源与社会资源有效链接、双向循环。

三、群策群力加速，释放治理“快节奏”

习近平总书记强调，要尊重人民群众主体地位和首创精神，把人民群众中蕴藏着的智慧和力量充分激发出来。西区社区党委充分发挥群众“主人翁”作用，畅通居民“微自治”，搭建群众“连心桥”，实现服务“零距离”。坚持活动“聚心”。把“家文化”融入社区治理，着力打造“文化型社区”，征集社区口号、提炼社区精神、创作社区之歌，凝聚崇德向善的正能量。积极挖潜31名社区文化达人，组建18支文艺队伍，每年开展文化艺术节、社区邻里节，举办“最美家庭”“好婆婆好媳妇”等典型选树活动，引导居民在奉献中提升自我，在提升中增强社区归属感、认同感。聆听社情“暖心”。坚持和居民“坐在一条板凳上”，通过自愿报名、楼栋推荐、定向邀请等方式，从退休老党员、老干部、楼栋长等群体中选聘“民意联络员”，通过“熟人联络熟人、熟人倾听熟人”广泛收集意见诉求。推行“民情联系卡”，结合网格化走访广泛张贴发放，有效搭建起社区与群众“服务+咨询”双向沟通渠道。2022年以来，征集各类社情民意210多条，20余条被社区党委采纳并实施。议事平台“连心”。为了让居民有地儿“说事儿”，社区党委积极拓展议事“微阵地”，打造6个网格议事角、楼栋说事岗，以支部书记、楼院组长、党员群众代表、网格员为主体，组建成立“圆桌议事会”，健全完善“提、议、行、评”议事规则，形成全周期、全闭环议事流程，引导“民事民说，民事民议，民事民商”。2022年以来，累计召开“圆桌议事会”64次，先后解决拆迁提升、停车整治等问题36件，居民自治意识得到有效激发，共建共治共享的全域治理格局获得最强“底气”。

党建引领惠民生，融心聚力筑美好

青岛市市北区洛阳路街道郑州路社区
党支部书记　王艳芳

青岛市市北区洛阳路街道郑州路社区是一个混合型社区，包括20世纪90年代建成的物业小区、老旧楼院以及已拆迁的两个片区，辖区面积0.89平方公里，现有居民3000余户，9000余人，社区党委下设8个党支部，党员430余名。过去，郑州路社区面临基础设施陈旧、环境脏乱、私搭乱建等治理难题，社区居民幸福感不高。近年来，在洛阳路街道党工委的正确领导下，社区坚持党建引领，创新“12345党建+”工作模式，搭建“党建引领一网治理”平台，以“红领绿色”推动垃圾分类解决老旧小区脏乱差问题，打造“心理+兴趣+公益”的“三室暖心”服务阵地、“四方协同”的红色物业管理模式和“五社联动”工作机制，充分发挥基层党组织四两拨千斤的作用，撬动各方资源力量，共同参与社区治理，着力构建“1+N”多方联动的社区治理共同体，确保老百姓的事件件有回音、事事有着落。

一、搭建“党建引领　一网治理”平台

全面整合党建力量，积极对接共建单位、社会组织等党建资源，主动发起“红色合伙人”“揭榜挂帅”行动，围绕阵地共建、资源共融、服务共享、问题共解方面签订共建协议，结成党建联盟，积极开展党建联建供需双方“两张清单”服务认领，每年认领1个共建项目，每月召开1次共建联席会。先后与生态环境局市北分局、中铁隧道局、航空工业前哨、青岛银行等30多家单位达成共建协议，开展“党员邻里壹起分”“暖心白菜进社区”等为民实事活动80余次。精心培育“树心理”援助服务中心、海蓝蓝“四点半”托管班等社会组织，为社区居民及特殊群体提供精准化服务。“一张网”兜起民生实事，从“各自为战”到“协同发力”，进一步提升了城市基层治理质效，实现1+1＞2的联盟效应。

二、树立“红领绿色”发展理念

社区党委自2018年7月开始，引进“青岛你我创益”社会组织，开展“红色引领、绿沃家园”党建项目，创新“家庭厨余资源化—社区花园共建—社区环境教育—参与式治理”模式，组织居民围绕垃圾分类、生态堆肥、违章拆除等开展楼院花园共建，实行网格挂牌认领管理，在此过程中涌现出“党员先锋队”“绿色主妇队”“炫绿少年队”等自组织志愿者120多名。联合高校、企业打造阳光育苗站、落叶堆肥池和5个社区花园，成功解决老旧楼院环境治理难题，实现居民从“为我服务”到“自我服务”的转变，形成居民自治的良性循环。

三、打造“三室暖心”服务阵地

将心理服务作为解决邻里纠纷、家庭矛盾等社区调解问题的突破口，由专业的心理师担当“邻里言和”调解员，每年化解矛盾纠纷30余次，为3000余人提供心理服务，有效减少社区不稳定隐患。依托党群服务中心建设心灵小憩驿站，配备沙盘、心理挂图等专业服务设施，引进“树心理”专业服务组织，针对老年人、青少年、社区矫正人员等不同群体的心理特点，提前介入、危机干预。针对老年人心理健康问题，社区聘请20位心理咨询师、社区医院全科医师、社工师担任老年人心理关爱大使，探索“三师联合”的心理服务模式，完成老年人心理健康调查1101人次，社区获得“全国示范性老年友好型社区”称号。创新青岛市首家“社区EAP”心理服务平台，开展“家长成长沙龙”“青少年成长夏令营”等活动，带动近300名父母及其子女参与其中，形成“家、校、社区、社会组织”四位一体的社区心理健康服务模式。

四、实行“四方协同”管理模式

洛东小区是社区最大的居民小区，有居民1883户。因其物业管理水平低，长期存在环境脏乱差、私搭乱建、停车难等问题，物业与居民之间摩擦不断。2012年起，社区党委开始探索四方协同“红色物业”协商共治模式，通过“双向进入、交叉任职”，建立立足社区党委的“社区居委会+物业公司+业主委员会+网格党支部”的“四方协同”红色物管会，以居民恳谈会解决微事、网格议事会讨论小事、党建联席会商议大事的协商方式促进问题解决。针对车辆管理难题，由网格党支部牵头、业委会组织，对小区1000余名业主展开问卷调查并先后组织15次座谈会，经过多次网格协商和方案调整，现已由最初的400个停车位扩大至900个，让居民的“烦心事”变成“暖心事”。

五、构建“五社联动”工作机制

以社区党委为平台，将社会工作者、社会组织、社区志愿者、社会慈善力量以项目化运作的方式进行串联整合，汇聚资源优化居民服务，全面打造小区治理共同体。孵化培育“新禾”社会工作发展服务中心，开展“社区老年人防跌倒项目”，为100多个老年家庭提供防滑垫，为20多户空巢高龄老人安装防滑设施，社区荣获山东省社会工作服务优秀项目。“欢喜琴社”志愿服务项目以“零基础、零学费”为宗旨，把近60名独居、空巢老人组织在一起，为他们提供文化养老、温情养老的精神家园。创新社区基金微创投项目，链接青岛银行、青岛普济众生医疗管理有限公司等多家爱心单位，开展“困境筑爱”“互助孝老暖心食堂”“爱瞳睛彩世界”等7个社区慈善项目，服务群众超过3000余人次，进一步提升社区党建引领基层治理效能。

党旗飘扬风正劲　共建共享新社区

淄博市淄川区洪山镇淄矿社区
党委书记　姜晓先

洪山镇淄矿社区现有常住人口6023人，党员589人。2018年底淄矿集团职工家属生活区根据政策要求移交至地方管理，成立淄矿社区，在第一届党委书记、居委会主任姜晓先同志带领下，从无到有、由小变大、由弱变强。4年来，淄矿社区基础设施不断完善升级，社区管理服务日趋精准精细，急难险重任务前“两委”担当作为，群众满意度幸福感持续提升，先后获得“淄博市法治文化建设示范基地”“民族团结进步示范点”“市级四型就业社区”等称号。

一、四措并举，强化党建引领实效

淄矿社区党委坚持从活动阵地、服务阵地、组织生活、班子建设4个方面着手，建立标准化制度体系，使党建责任由“虚”变“实”。建成一批红色服务阵地，依托党群服务中心建设“工人红色运动记忆展馆”，整合淄博煤矿博物馆和老干部活动中心，形成一批具有淄矿特色的活动阵地，建设党建引领下的新时代“红色淄矿”。建成一套服务阵地，因地制宜打造6个红色驿站，以红色驿站为基点，叠加娱乐休闲、居民服务等项目，建成“十五分钟便民生活圈”，以精准服务打造“满意淄矿”，居民纷纷称赞：“社区服务不仅送到了家门口，更做到了我们心上”。完善党内基本制度，严格落实“三会一课”、主题党日、组织生活会等基本制度，每季度为所在支部党员上党课、每半年开展开放式组织生活，在党的二十大召开之际，开展党的二十大交流研讨会、书法展览等活动，以经常性党内活动为党员“增肌补钙”，以严格制度、丰富内容建设“过硬支部”。强化班子建设，坚持“内外兼修”，内在提升学历、充实自我，外在参加培训、提升能力，在急难险重任务前挺膺担当，环境大整治期间，个别居民对清除小菜地不配合，社区“两委”反复上门做工作，动之以情晓之以理，最终主动清除菜地，其他居民也纷纷效仿，打造了社区治理的典型案例。

二、不忘初心，打造暖民工程

淄矿社区不断完善基础设施、提升居民服务。大刀阔斧进行“三供一业”物业维修改造工程，起始社区居民对“三供一业”不理解不接受，社区“两委”反复开会、调研、走访，挨家挨户探民情做工作，用8天时间走遍每家每户，最终赢得居民的理解和信任，“三供一业”顺利推进；采取一系列“硬举措”，不断完善社区基础设施建设，为居民更换200余扇智能楼宇门、楼道内安装1850余盏声控灯、路面井盖更换1000余套，剥落的房屋外墙、内墙重新进行粉刷，这些“硬举措”大大改善了居民的生活环境，提升居民的生活幸福感；推出一系列“软举措”，社区“两委”主动作为，通过实地考察、入户走访，在小区主要路口安装多处门禁，严控外来车辆进入，安装健身器材20套，增设休闲座椅54件，新添奶报箱290组，安装安全护栏1500余米，在三分会医院路口处、二分会体育馆西处新建2处文娱场所，铺设塑胶和草坪且配齐休息座椅，打造一个“出门就进公园”的树阵休闲广场，这些“软举措”赢得民心，成为社区一道靓丽风景线，也使得社区居民从移交之初的不信任到后期的主动配合，实现党群连心，共同推动社区“硬件升级”顺利完成。

三、落脚于民，建设幸福社区

淄矿社区坚持以服务居民为落脚点，建设“共建共治共享”和谐现代社区。用活“一网三联”治理模式，利用积分奖惩制度，达到全员共治促社区蝶变，2022年度实现500余名报到党员、微网格长、志愿者参与社区治理，160余人兑换奖励，累计兑换四万余积分，实现“爱”双向“循环”、定向激励。在党委班子牵头下，成立6支志愿服务队，对高龄老人定期随访、对独居老人一对一帮扶，定期开展法律沙龙、健康讲座、书画培训等活动，充分利用老干部中心、体育馆、西山公园等阵地，开展我们的节日、公益课堂、义诊、惠民演出等志愿服务活动，通过文化活动丰富居民的精神生活，持续推进社区精神文明建设。设立调解委员会，形成以老家委会主任、警务助理和法律顾问为主干，微网格长为分支力量的调解体系，促进邻里和睦、维护社区和谐。完善社区治理体系，成立报到党员一线党委，打造报到党员工作站，充实社区治理力量，依托报到党员一线党委、微网格长、志愿服务队等，铺设“横到边、纵到底”的网格治理体系，持续推动基层党组织全面进步、全面过硬。打造智慧社区建设样板，运用“互联网+”手段，初步实现对人、事、房精准管理，计划2023年6月份，智慧村居微信小程序投入使用，居民可随时通过手机上报维修事件，通过平台预约志愿服务和参与社区活动接龙，完成积分自动累积，开通线上长者食堂，实现平台订餐、线下配送，让居民足不出户享受最优服务，全面提升社区治理服务效能。

“红色物业”与社区治理深度融合 提升共建共治水平

滕州市荆河街道党工委书记　李启顺

2022年以来，荆河街道聚焦打通城市基层治理堵点、难点，坚持党建引领基层治理，强化“睦邻党建”理念，以物业管理服务为切入点，创新“四步工作法”工作制度，深入推进红色物业与社区治理深度融合，助推城市基层治理提质增效，推动群众获得感、幸福感、安全感和满意度不断提高。

一、突出党建引领，增强“红色物业”向心力

荆河街道党工委深入研究新形势下党建引领物业工作特点规律，坚持问题导向，把红色物业与社区治理相融合作为贯穿基层治理的一项创新点。

（一）积极推行“交叉任职、双向进入”机制

社区党委书记担任物业质量监督员和党建指导员，“两委”成员兼任物业服务监督员，物业项目经理担任社区兼职委员，以“服务”为宗旨，以“睦邻”为导向，构建暖心服务体系，延伸党的工作触角。街道20个城市社区均有物业公司项目经理任社区兼职委员。

（二）健全“红色物业”网格化服务管理体系

建立“社区党委—网格党支部—楼栋党小组”组织架构，党员楼长、网格员、物业人员以楼栋为单位设立“楼栋服务网格”，在社区党委领导下开展工作。如针对明珠花园小区居民提出的公共活动设施损坏、缺失的问题，城南社区党委牵头协调业委会、物业公司、党员楼长等，共同推动问题妥善解决。

（三）开展群众满意度提升

在社区党委引领下，与物业服务企业联合开展“听民声、知民情、解民忧、暖民心”大走访活动，将辖区内90788户居民划分到368处“责任田”内，全年共开展5轮入户走访，发放各类宣传资料320余万份，解决各类民生问题2148条，提升群众满意度。

（四）密切社区物业工作联系

社区党组织与物业签订党建联建协议，认领社区党建服务项目，引领物业服务管理有效融入社区治理。如熙城国际·诚园小区物业公司与真爱社区党委签订了党建联建协议，共同成立“爱心服务队”，开展精准“长者关爱”行动，截至

2022 年底，真爱社区“爱心服务队”成员已有 14 人，认领服务对象 83 户、140 人，真正帮助特殊人群解决实际问题。

二、突出机制创新，提升“红色物业”组织力

在打造红色物业过程中以党建为引领，以群众满意为出发点和落脚点，整合多方力量集中发力，提升组织力水平。

（一）实施“三方联动”机制

充分发挥社区党组织的区域统筹能力，整合服务资源、集聚服务力量、健全服务机制，建立社区居委会、业主委员会和物业服务企业“三方联动机制”，把“红色物业”打造成推动基层社会治理的重要载体，为建设文明、和谐、幸福社区提供坚强有力保障。如疫情期间，物业公司、业委会成员大力协助社区开展防疫宣传、日常消毒、入户摸排、卡口值班、核酸检测等工作，充分担起社会责任。

（二）实施“红色议事厅”制度

健全社区党组织、居委会、业委会、物业服务企业、居民代表等多方联席会议制度，定期召开物业服务管理联席会议、社区民情恳谈会，重点监督物业服务管理重大事项，解决民生诉求。如金孔府小区物业针对小区楼道乱堆放等问题，在“红色议事厅”召开联席议事会协商，鼓励居民自行清理楼道，物业赠送花架等小礼品，实现了居民积极响应、主动清理、楼道美化的连锁效应。

（三）实行“四步工作法”

严格落实“议事—整改—反馈—评价”制度，确保问题和诉求都能得到切实解决。如针对泰和路社区金馨花园居民反映物业服务不到位问题，社区党委立即召集物业、群众协商议事，共商物业管理提升方案，共推物业服务整改提升，并将整改落实情况及时反馈群众，顺利实现群众和物业公司的和解。

三、突出平台搭建，强化“红色物业”支撑力

荆河街道积极构建“红色物业”服务平台，以“小载体”搭建“大平台”，用“小切口”驱动“大治理”。

（一）依托“红色阵地”平台

依托党群服务中心、红色驿站等党建阵地，设置便民服务点、老年人活动室、观影走廊等场所，提供一站式、零距离服务，让居民在“红色阵地”加强沟通联络，增进邻里和谐。如利用“村改社区”契机，西寺院社区升级了社区党群服务中心，建有“学习强国”互动区、邻里会客厅等功能区。再如在熙城国际·诚园小区，社区和物业协调承接真爱商城小商品加工业务，成立了“有为手工坊”，利用老年活动中心组织小区无经济来源老人进行代加工，为困难老人增加了收入。

（二）依托互联网平台

依托物业公司微信群、业主群等平台，设置信息发布、故障报修、投诉建议等模块，畅通居民诉求与监督反馈渠道，定制化分类处理居民诉求，实现快速高效服务于民。如熙城国际·熙园小区通过微信平台收到反映居民就餐的问题后，魏庄社区党委与翔宇物业公司通过实地查看、多方统筹，在小区东门成立社区食堂，为小区居民和附近市场商户提供平价就餐。2022 年，荆河街道先后建成“红色驿站”55 个，升级社区党群服务中心 4 个，依托“红色阵地”、互联网平台收集意见建议 2127 余条，办理民生事项 1948 件，解决群众困难和问题 661 个，居民拖欠物业费情况和矛盾纠纷发生率明显减少。

党建引领居民自治 奏响社区治理幸福乐章

东营市东营区黄河路街道玉景社区
党委书记　张丽媛

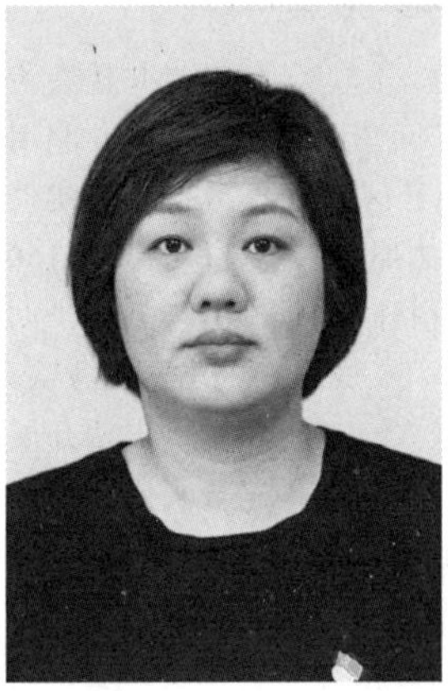

东营市东营区黄河路街道玉景社区是胜利油田剥离办社会职能移交地方管理的城市社区，社区辖 8 个居民小区、2 个商圈，居民 3827 户、7778 人，油田职工占居民总数 70%，社区党委下设 17 个党支部，直管党员 749 名。2019 年，移交地方管理以来，社区坚持党建引领，着力解决油田居民“归属感低、认同感低、参与感低”的问题，用好做实“151”融治理·幸福家基层治理体系，突出多元共治，努力建设“人文玉景·幸福家园”。社区先后荣获全国“家校（园）共育”数字化项目试点等省级以上荣誉 8 项；东营区以玉景社区为试点，探索的“六维双向融合”治理模式入选全国基层治理创新典型案例。

一、坚持党建引领，实现资源大统筹

移交后，玉景社区党委全面摸排分散在油田企业的 737 名离退休党员，成立 17 个党支部。纵向抓贯通。健全完善“社区党委—小区党支部—楼栋党小组—党员中心户”四级党组织体系，在居民小组长、居民代表的基础上，创新建立“8 名网格长—131 名楼栋长—312 名单元长—3827 名庭户长”的“四长”队伍，共同参与社区治理，居民慢慢地从“有事找单位”变为了“遇事找组织”。横向抓统领。东营区在全区推行“油地双报到”，共有 205 名油田、地方单位的在职党员到玉景社区报到，建立社区党建联席会议，每月召集辖区油田、物业、金融等企事业单位党组织

负责人召开共驻共建会议，针对社区治理重点、难点，时刻保持步调一致、同频共振。外向抓联动。跳出社区向外延伸、链接资源、结成对子，根据东营区“村社结对”工作部署，玉景社区与东营区史口镇林家村、苏家村等3个村结对，实现组织联建、发展联促、治理联抓、服务联享。平时社村联办主题党日，文艺活动下乡、农特产品进城；急时社村相互驰援、相互补位，在社村党组织主导下，实现“1+1>2”的工作成效。

二、坚持能人培育，激活治理大能量

油田居民为支援油田发展而从各地来到东营的高层次人才，整体呈现文化素养高、文娱需求大的群体特征。立足居民特点，牵头组建32支文艺队伍，发展了1700余名文艺爱好者，认领40余项治理项目，真正用文化把人引出来、聚起来、用起来。着眼打造“熟人社区”，通过社区党组织领办公益市集、社区运动会、社区春晚等各类公共活动，通过“书记茶摊”征集居民诉求，实现“缺什么上什么”，打造居民互联互通的载体，畅通群众走出家门的路径，激发大家参与社区治理的热情。按照“1+7+N”的队伍体系，重点发掘有意愿、有能力、有特长的居民治理骨干，按照技能特长分类，累计培育油城天使、油城暖阳等9支、151人的社区新能人队伍，与12家周边商超签订积分协议，制定8条赋能措施实现“引育留用”发展闭环，在全区兴起社区新能人“跟着党委干、围着居民转”的良好风气。

三、坚持服务增能，汇聚治理大人气

玉景社区坚持“社区怎么建，群众说了算”，采取“树荫小议”“马扎会议”等灵活形式，2023年以来与居民座谈30余次。提供小方便。聚焦“一老一小”服务，聚力完整社区建设，发起“你心目中的幸福家园”调查摸底，开展党群服务阵地迭代升级工作，打造幸福城市书房、幸福餐厅等34个服务场景，下沉“家门口”148项油地便民服务事项，推进以政务、养老、安防、会诊等于一体的智慧社区建设。在全区率先实现老年人紧急情况及时预警，安排社区、物业专人轮值24小时在岗待命，在全省建成首家城市社区门诊慢性病医保延伸服务点，实现“即时就诊、即时报销”，打造“家门口就医服务圈”，参保群众覆盖率达100%。化解小矛盾。通过网格员日常走访、“四长”联动、“社区新能人”联户、“书记茶摊”等方式，常态化了解小区居民纠纷矛盾，依托“圆诚调解室”“玉景文化超市”“社区新能人工坊”等品牌自组织，开展多种形式的议事协商会议，不断引导群众参与社区公共事务，已协调解决物业服务纠纷、公共环境卫生等难点痛点问题20余个。点亮小希望。玉景社区率先成立全市第一家社区基金，共筹集25万余元，针对“一老一小一弱”等脆弱群体，确定维修广场、增设户外休闲场景等13项“小急难”的民生项目，动员辖区单位党员、社会爱心人士、热心居民按照一对一、多对一等方式自愿认领、帮助圆梦，营造有爱心、有温度的幸福家园。

张丽媛同志从事社区工作12年，具备丰富的基层治理经验，善于用“八哥嘴”讲社区治理故事，引导居民主动参与自治；乐于用“罗汉肚子”满载居民心声，谨记居民诉求；勤于用“兔子腿”跑遍社区、小区每一处地方，为民解纠纷、为民谋福祉。让全社区居民信社区、服社区、主动参与建设“幸福家园”。自2019年至今，东营区玉景社区通过统筹八方资源、聚集社区能人，做实社区服务，实现党建引领居民自治，形成“大事同谋划、小事同认领、事事有人管”的社区治理新局面。

党建引领激发活力
“三融”汇聚幸福家园

烟台市芝罘区幸福街道幸福社区
党委书记　马　越

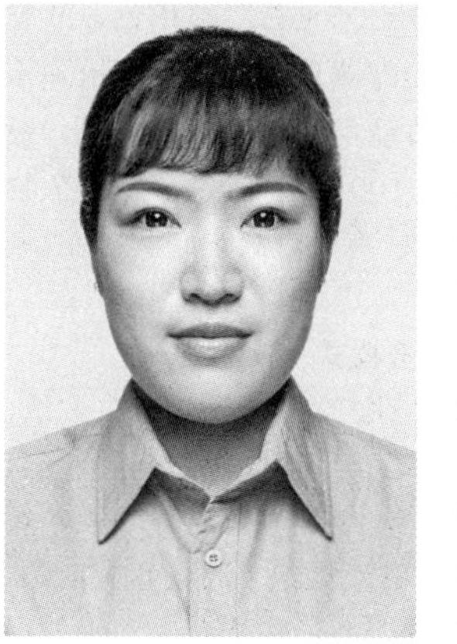

烟台市芝罘区幸福街道幸福社区成立于2006年，由原幸福一、二、三村合并组成，辖区共有3485户居民，管理236名党员。社区党委秉承“以党建聚合力，以融合促发展”的工作理念，打造“幸福汇•汇幸福”特色品牌，形成汇思想、汇资源、汇服务、汇文化、汇民心、汇幸福的“六汇”工作格局，先后获“全国民主法治示范社区”“山东省城市和谐社区建设示范单位”等荣誉，社区党委书记马越被授予全省“优秀党务工作者”称号。

一、以党建为引领，优化组织结构，推进治理融合

（一）构建党委领导“同心圆”

秉持“以党建带领共建”的理念，将三个原村成立的改制公司党支部纳入社区大党委，由社区党组织书记任大党委书记，改制公司党支部书记任副书记，构建思想共鸣、组织共建、要事共商、资源共享、文化共通的“五共”机制，开展书记圆桌议事会、组建退休干部顾问团，集思广益、群策群力共同处理社区问题，形成社区内“一家呼叫、三家响应、四家协商”的“134”社区协商议事特色，摸索出党组织引领社区发展的“幸福路径”。

（二）打造精细管理“治理圈”

科学设置网格，选优配强网格力量，将社区8个分散

小区整合划设网格11个、专属网格1个，开展“双提四学”网格员养成计划，提升社区网格员的整体素质，构建起立足社区党委，网格党支部为基石、党员中心户为支点的治理格局。探索建立“有事找党员”为民服务机制，印制“专属党群服务卡”，创新网格预约共享工具服务机制，实现“社区有网、网中有格、格中定人、人尽其责”的良好局面。

（三）建设集中连片“共同体”

按照地理位置将幸福街道23个社区划分为“东西南北中”五个片区，幸福社区作为东部片区中心社区，辐射片区内永和、幸芝里、德泰、万华、支农里5个社区；同时，带动西部、南部、北部、中部片区优势互补、共促共进，率先与新世界社区协商合作，探索对角线互联共享模式，找准两个社区在小微企业上的共通点，先后开展活动12次，惠及群众3000余人，激发社区治理新动能。

二、以服务为抓手，创新工作模式，促进资源融合

（一）构建“1+1+4+X”红心物业工作模式

深化“芝心物业•365”党建领航工程，建立“联、见、巡、议”物业服务机制，推动优质力量向社区流动。充分发挥业委会制定治理规范、搭建自治平台、强化物业监督三方面作用，进一步破解物业治理难题，提升社区治理水平，全面助力社区发展，先后协调解决社区环境卫生、设施维护、小区停车等民生问题100余件，清理楼道杂物2200余处，举办邻里节活动39次，有效做到难题解决在“萌芽中”，服务提供在“家门口”。

（二）拓展“幸福直达”服务模式

总结提升疫情期间党员便民服务直通车的相关做法，吹响“幸福直达”集结号，聚合各方资源，辐射开展便利、就业、法律等五类“直达”活动，组建“直达”联盟，每月召开1次“直达”服务例会，每季度组织1次民意大走访，收集反馈意见，多维度引领社区服务，构建向上向善的温暖幸福家园。开展“直达”活动50余次，解决居民难题60余个，受益居民4000余人。

（三）构建线上线下共议模式

坚持“迈开腿、张开嘴、敲开门、打开心”，组织社区网格员、机关下沉干部深入居民家中走访，倾听居民心声，及时立项议事，累计收集居民诉求110余条。推行“阳光17议”，吸纳自管党员、网格员、楼片长等多方力量近140人，组建“议事智囊团”，按照“听、议、决、做、评、管”的六字议事工作法，常态化开展“摆上桌面心亮堂”民主议事活动；开设“幸福hi直播间”，探索线上直播议事，吸引年轻人、上班族等更多群体参与到社区治理中，累计为居民解决问题70余个，办实事30余项，有效提升社区治理效能。

三、以文化为载体，升级文教娱乐，助力文化融合

（一）立规矩孕育新风

制定《社区公约》，撰写《民风新说》，依托社区党群服务中心举办居民自治沙龙、“幸福汇千家”“我谈幸福生活”“幸福楼栋日”等主题活动20余场次，以通俗易懂的形式，引导居民践行文明规范，构建和谐社区。

（二）办文娱激发活力

坚持“统筹规划”先行、“开发节用”并重，升级改造2200平方米社区党群服务中心，设置室内幸福剧场、幸福沙龙、益棋幸福等16个功能室，将闲置核酸检测亭改装为学生图书漂流亭，提升社区儿童服务能力，同时依托社区场所举办知识竞赛、乒乓球比赛、社区大合唱等形式多样的文娱活动120余次，进一步丰富社区居民的文化生活。

（三）评榜样引领风尚

社区党委坚持“榜样引领前行”，围绕家风、睦邻等主题开展文明家庭、孝亲敬老、美丽人家等7项评选活动，共评选出130多个家庭、200余人，加大宣传表彰力度，以榜样的力量、家风的传承引领社区文明风尚，真正将社区打造成人民群众安居乐业的幸福家园。

党建引领　多元共治
打造共建共治共享的社区幸福家园

临朐县东城街道万华社区
党委书记　马　慧

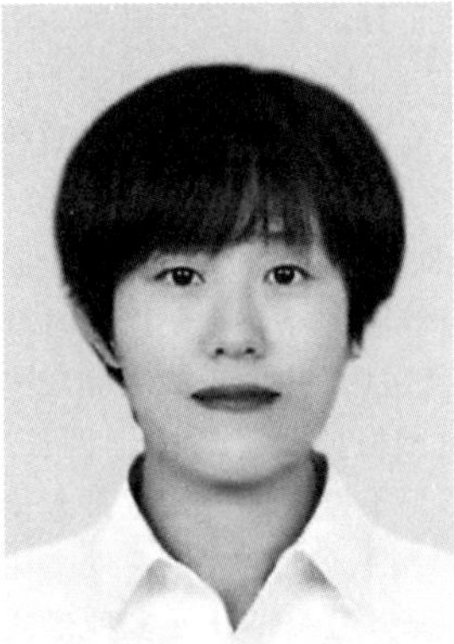

潍坊市临朐县东城街道万华社区（以下简称“万华社区”）位于弥河东岸，直接服务6个商住小区、万达广场1个大型商圈，共有居民3300余户、商户1000余家。辖区坐落有工人文化宫、体育中心、九年一贯制义务教育学校，是一处宜居宜业的新型城市社区。先后被评为全市文明社区、最佳服务社区和首批“四就近”服务综合体。

一、开展“织网·扎根”攻坚行动，构建一贯到底的服务管理体系

构建严密组织体系。按照在社区建立大党委、网格（小区）建立党支部、楼院建立党小组的原则，新组建3个小

区（网格）党支部，成立11个楼院党小组，“社区党委—小区（网格）党支部—楼栋党小组”一贯到底、执行有力的组织体系更加严密。充实网格服务力量。按照规模适度、无缝覆盖、方便群众、便于管理的原则，重新划分城市网格3个、商圈专属网格1个、教育网格1个。创新组建“1+4+N”网格团队，在5个网格全部落实1名社区工作者担任专职网格员、1名在职党员担任兼职网格员、1名街道干部担任网格指导员，1个“双报到”单位或驻区单位结对联系。推动各类群体扎根城市服务。在社区层面，积极推行兼职委员制度，从社区各类组织党组织负责人、新就业群体、党员志愿者等群体中选聘5名“大党委”兼职委员扎根服务。在网格层面，通过社工“定岗网格”制度，12名社区工作者下沉网格开展服务管理工作；在小区、楼院层面，通过组织确定、个人自荐等方式，确定78名在职党员就近开展联系服务群众工作。

二、探索“1+5+N”模式，打造共建共享的社区幸福家园

坚持立足社区党组织，以社区食堂、社区理发室、社区公益市集、社区卫生室、社区超市“5”项公益服务为内容，红色合伙人、邻里节活动等“N”保障为辅助的社区幸福家园惠民综合体。坚持实施为民公益服务。聚焦社区“一老一小”、弱势群体饮食、医疗、理发等基本服务需求，在社区党群服务中心创建以社区食堂、社区理发室、社区公益市集、社区卫生室、社区超市五大公益服务为主体的惠民综合体，2022年1月份建成以来，已覆盖社区居民9000余人，惠及1300余名儿童、112余名特殊群体，让他们能够吃上热乎饭，在家门口就能理上发、看上病、买上东西。开展“邻里节”进小区行动。在社区幸福家园惠民综合体的基础上，每季度常态化开展居民“邻里节”活动，凝聚政府、社区、公益多方组织力量，通过开展“小超市、小培训、小餐桌、小维修”等公益服务进小区，让居民在家门口即可享受到更加便宜、高效、便捷的服务。已在4个城市小区建立“邻里节”制度，开展活动10余次。建立“红色合伙人”机制。开展“红色合伙人”招募，作为社区幸福家园惠民综合体建设的有益补充。通过发布招募令，举行现场恳谈会和签约仪式等方式，广开渠道吸纳个体工商户、热心党员群众、志愿者等群体加入“红色合伙人”队伍，组建志愿服务队，撬动各类资源力量参与基层治理。推行“红色合伙人”机制以来，充分挖掘万达商圈充沛的资源优势，对接企业、商户等常态化参与社区事务的“红色合伙人”100余家，共同开展广场舞大赛、上门理发、走访慰问等活动30余次，为社区提供代金券、理发券170余张。实施“志愿礼遇”积分制。制定《万华社区“志愿·礼遇积分”管理细则》，以积分制管理调动多主体充分参与社区治理。将楼长、“红色合伙人”、商户、文艺骨干、新就业群体等根据自身特长和意愿，通过“服务登记—积分回馈—兑换激励”工作机制，融入社区志愿服务，根据参与社区治理内容确定所得积分，凭积分兑换等值相应实体物品或服务。累计为70余家企业、商户以及200余名个人提供积分兑换服务，表彰最美楼长、最美志愿者、最佳“红色合伙人”等40余名。

三、创新“庭院议事会”制度，共绘治理同心圆

万华社区党委积极探索社区协商议事新模式，成立“庭院议事会”，让民主议事不再受制于场所，会议变议事、座谈改拉呱，提高居民参与基层治理的积极性。搭建“有事好商量”工作平台。积极探索居民协商议事机制，由社区党委担任召集人，通过志愿报名、居民推荐等方式，吸纳社区“两委”成员、两代表一委员、居民代表及相关议题代表等群体组建协商队伍，共同讨论问题，倾听群众诉求，共商解决群众身边的操心事、烦心事。自2022年4月以来，共召开“庭院议事会”12次，累计帮助办成民生微实事20余件，实现居民“微心愿”110余个，商讨解决老旧小区改造、划设停车位、充电桩安装等大事、难事25件。多渠道收集群众诉求。以居民需求为第一准则，在线下，把社区老干部、在职党员充实到网格中，建立“楼长”机制，通过“敲门行动”，广泛收集梳理民生问题和群众诉求；在线上，依托小区（网格）微信群建立“庭院议事会”云议事平台，让居民有事、有困难可以随时随地反映，社区安排专人负责记录督办。闭环管理确保群众诉求解决到位。建立“登记受理—调查了解—制定方案—实施解决—回访群众”闭环工作机制，问题解决过程通过微信公众号等平台实时公示，做到受理一件、明晰一件、落实一件、满意一件。小区党支部组建义务督办队，督导跟进事情处理全过程，把群众的意见反映出来，再把结果反馈回去，在闭环管理中，让服务有始有终，在循环中不断提高社区服务水平，居民满意度进一步提升。

探索城市社区基层治理新途径

济宁市太白湖新区许庄街道南风花园社区
党委书记　李占强

南风花园社区隶属于太白湖新区许庄街道，共有住宅楼27栋，2890户，4970人。近年来，社区聚焦城市综合服务功能不全、社会治理滞后等问题，坚持“党建融合”理念，立足基层党组织，统筹社区各类资源和社会各方力量，凝聚形成社区党建工作的强大合力。社区成立两年多来，做强党建、做活治理、做优服务，先后获得省级“四型就业社区”、济宁市文明社区、济宁市依法治理创建活动成绩突出社区、最佳志愿服务社区等称号。

一、坚持“党建共建”，建强“小组织”撬动“大党建”

成立社区党委，组建居委会、社区顾问委员会、社区环物委，加强社区党员、网格员、社会工作者、青年志愿者、物业服务企业等队伍建设，构建党委引领、三委支撑、多方共建的“1+3+N”组织架构。以为民服务为导向，建立“社区党组织—小区党支部—网格党小组—党员中心户—楼栋长—五彩志愿服务队—居民群众”为内容的党建服务体系，将社会分散、多元的要素纳入基层治理框架，把不同价值取向的主体凝聚起来，增强党组织动员群众、协调利益、化解矛盾的能力。

社区工作力量构成坚持“老党员＋新力量”，社区党委书记由市直机关退休干部担任，社区顾问委员会、社区环物委多是选聘退休老党员组成，社区“两委”老中青结合，网格员、志愿者等服务队伍多是由80后、90后的年轻人组成。社区被评为区级“优秀社区党组织书记工作室”，通过开展专题研究、工作交流、经验分享等多种形式，帮助社区培养优秀工作人员，逐步打造一支既有能力又有活力、既有正气又有朝气、既有感情又有激情的党建队伍，为基层治理、为民服务打下坚实基础。

二、坚持“多元共治”，做优“小网格”推动“大治理”

推行“联建＋联席”的治理格局，把多方力量整合到党组织领导下的社区网格，推动各类资源在基层有机融合，形成治理合力。南风花园社区党委下设南风花园小区党支部、星城广场党支部、城投物业党支部，物业经理挂职社区党委副书记，参与社区管理，充分链接商圈资源、物业资源，为社区居民提供全方位服务。实行“党组织+N”联席会议模式，社区党委定期组织召开“圆桌议事会”，联合物业服务企业、辖区共建单位、工会、妇联、居民代表等力量，将原来的协商民主会、民主议事会、物业联席会和业主恳谈会“四会合一”，高效及时解决社区各类问题。

南风花园社区实施“5258”网格管理工作法，将党组织建在网格上，在党建引领基层网格治理、智慧社区建设、志愿服务品牌打造等方面进行有益探索，立足“小网格”、融入“微服务”、聚合“大民生”。推动社区党委书记担任网格长，网格员、“两委”成员、物业管家共同承担的“一长三员”管理格局，网格员与“两委”成员相互配合，实现社区工作互通有无。建立网格员“四定一公示”机制，推动网格规范化运转，网格员实行定点、定岗、定人、定责，明确每名网格员的服务范围、岗位名称、个人信息、具体职责，并在所属网格内向居民群众挂牌公示。工作中实施“采集上报—核实立案—指挥派遣—处理反馈—核查结案—考核评价”闭环运转流程，通过建立线上群、线下公示联系信息、定期进楼栋和入家庭走访等方式，不断提升综合协调处置问题能力，发挥网格在基层治理中的“神经末梢”作用。

三、坚持“服务共享”，解决“小诉求”带动“大满意”

聚焦居民精神文化需求与志愿实践需要，社区党委充分动员和整合辖区资源力量，引导多元参与，挖掘社区骨干、热心居民等治理人才，在网格内建立涵盖义工、医护、家政、志愿者、社会组织等力量的服务队伍，组建多支先锋志愿服务队、巾帼志愿服务队和红心公益志愿服务队，涵盖红色教育、橙色关怀、蓝色调解、绿色志愿、紫色便民等方面，横向发力拓展服务内容，带动居民参与社区公共事务的积极性，激发社区内生力量，将惠民服务活动日常化、经常化与精准化，实现服务范围全覆盖、服务时段全天候、为民服务零距离。

深入开展“我为居民办实事”活动，建成儿童游乐场，新增8处车棚，配备充电桩，推进地下车库升级改造、智慧社区建设等工作。积极整合各类资源，面向社区各年龄段群体需求提供个性化服务，让居民在社区就能享受“一站式”服务的便利，真正感受到“家在南风”。面向社区老年人，建设幸福食堂和日间照料中心；面向中青年，定期组织教科文卫活动，免费提供各类学习资源，打造志愿服务平台；面向少年儿童，提供幼儿托育中心、七彩课堂，提供寒暑假托管、辅导、素质拓展等活动，切实解决居民的后顾之忧，不断增强居民满意度、幸福感和归属感。

推行红色物业红色网格一体运行

泰安市泰山区岱庙街道东湖社区
党委书记　张士斌

泰山区岱庙街道东湖社区辖4个小区、57栋居民楼，均是建成于20世纪90年代末的老旧小区，长期以来物业服务质量差、居民群众意见大。针对这一问题，东湖社区积极探索社区领办物业，通过“三找一定”打基础、“先尝后买”趟路子，依法注册成立福湖物业公司，做优红色物业，建强红色网格，拓展治理内涵，实现红色物业红色网格一体运行，群众幸福感、获得感、安全感、满意度显著提升。

一、一体聚力，“独角戏”变“大合唱”

充分发挥社区党委统揽作用，严密组织体系，实现党委带党员、党员带群众，凝聚共建共治合力。组织强引领。按照“党支部建到哪里，网格就划到哪里”的原则，在社区合理划分6个网格，全部成立网格党支部，建强“1+2+N”网格工作团队，社区“两委”成员担任网格长，45名物业人员担任兼职网格员，组建楼院党小组42个，推选党员中心户158个，构建起“社区党委—网格党支部—楼院党小组—党员中心户”组织架构，以“组织链”串起“治理链”。党员当先锋。开展党员“亮身份、亮责任、亮承诺”行动，成立“红格子党员服务队”“红先锋党员突击队”等6个党员志愿服务组织，带动42名自管党员、241名退休党员、482名机关企事业单位在职报到党员、112名党员楼长、单元长亮身份、作表率、当示范，定期开展入户走访，认领服务项目156项，及时帮助群众解决大事小情。群众齐参与。挖掘有热心、有特长的居民，组建矛盾调解、应急处置等7支自治队伍，提供水电维修、法律咨询、心理疏导等多样化服务。截至年底，共开展社情民意收集、创城迎审等服务187次，成为社区治理的有益补充，实现网内有格、格内有人、人在干事。

二、一体协商，“要我办”变“我要办”

社区党委搭台，找准各方参与社区治理着力点，完善协商机制、激发议事活力，汇聚民智民力、形成思想共识。明确协商议题。畅通诉求渠道，对网格员上门走访、电话沟通发现以及居民微信群反映的问题，建立台账、分类汇总、精准研判，将居民间矛盾纠纷、小区公共资源管理不到位等事项确定为协商议题，让“大家的事情大家说了算”。搭建协商平台。社区党委、网格党支部牵头，统筹物业服务中心、网格议事厅等阵地资源，采取马扎会、楼头会、联席会等形式，灵活开展协商讨论，让群众出主意、想办法、做决定，激发主人翁意识。提升协商质效。推行“组织协商、征求意见、推进落实、结果公示、群众评议、总结提升”六步法，吸收机关“双报到”党员、街道包社区干部、片警、法律顾问、居民代表等全程参与、评估问效，真正使协商结果落得实、成效好、群众满意。截至年底，开展网格民主协商57次，化解矛盾纠纷28起，解决停车难、维修难、噪音扰民、侵占公共绿地等问题55件。

三、一体服务，“操心事”变“暖心事”

聚焦群众操心事、烦心事、揪心事，依托社区物业公司，开展多元化服务，提升群众服务体验。基础服务全覆盖。制定物业服务项目清单，为居民提供保安、保洁、维修等16项基础物业服务。结合老旧小区改造，硬化小区道路18600平方米，栽种绿植2000余棵，施划停车位486个，设置电动车充电桩200个，更换垃圾分类装置36套，社区面貌焕然一新。跟踪问效全周期。按照“即办快办、全程督办、群众参与”的原则，建立物业服务监督评价机制，在党员、居民中选聘6人担任物业监督员，把监督问效贯穿办理全过程、服务全链条。拓展延伸全方位。精准对接群众多元化个性需求，按照居民“点单”、社区“下单”、物业“接单”的方式，引入各类社会资源，拓展“优乐家”智慧养老、日间照料、康养保健等服务内容12项，让服务更精细、更暖心。

四、一体治理，“被动治”变“主动理”

社区党委聚焦治理中容易出现问题的难点、堵点，加强与各类组织联系合作，挖掘、整合内外资源，主动出击、防治结合，全面提升治理效能。应急联动增动能。与辖区商家签订“应急物资储备协议”，建立社区“动态仓库”18个。择优选拔退役军人、医务人员等76人组建应急联勤队伍，开展常态化演练，提高应急处置能力，提升社区韧性功能。资源联合蓄势能。统筹各类治理主体，定期开展“扫楼扫街、敲门敲窗”行动，重点抓好信息收集、安全隐患排查等工作。发挥驻地单位、“双报到”单位职能作用，联合开展健康义诊、消防培训等活动。对执法类治理难题，采用下呼上应机制，由街道统筹执法部门解决。信息联通提智能。建立网格居民群，借助泰山“一键通”网格管理平台，对空巢老人、残障人士等7类人员精准标识，分类落实服务措施。即时收集居民诉求，推动问题格内高效解决，截至年底，共收集诉求263件，256件在网格内解决。结果联用激潜能。建立居民信用积分机制，将志愿服务、邻里互助等好人好事，以及乱停乱放、高空抛物等不良行为纳入评价指标，在显要位置进行公示，采取推优入党、表彰评选、减免物业费、兑换实物等方式，激励居民由社区治理的旁观者转变为参与者、协助者，凝聚起社区共治共建强大合力。

推行“四全”网格工作模式 强化党建引领社区基层治理

荣成市崖头街道台上社区
党总支书记 王建梅

崖头街道台上社区成立于2019年12月，合并理顺了原有的刁家沟、台上邹家、台上刘家、台上楚家、嘉渔旺、卢家6个行政村，共有住宅楼376栋，实有户数4438户，常住人口1.1万人，是荣成城区第二大村改集中安置社区。党总支下设居民党支部2个、合作社党支部4个，党员97名。社区创新党建全统领、力量全下沉、事件全感知、服务全覆盖的“四全”网格工作模式，提升党建引领基层精细化治理水平，实现村居融合、生活融入、情感融洽，获评山东省绿色社区、威海市党建工作示范点、威海市精致幸福社区等称号。

一、四全网格、纵横贯通，做实党建引领治理“微单元”

把坚持多网融合作为创新基层治理的“先手棋”，发挥社区、网格党组织全统领作用，实现一网统筹。完善组织体系。从完善组织体系入手，强化党组织对社区治理工作的引领力，建强“社区党总支—网格党支部—楼宇党小组—党员中心户”组织架构，厘清社区与合作社分级履责“事部件清单”，形成社区党总支为中心、4个撤并村合作社党支部配合的运行模式，确保政令畅通、协作有序。健全网格支部。明确网格支部职责和“全科服务清单”，支部书记牵头，落实每日一碰头、每周一研判、每月一报告的“三个一”例会制度，与业委会主任、网格员、楼长等6类群体常态沟通联系，将党组织建设、联系服务群众、协商议事、矛盾调处等社区事务“一张网”统筹，畅通“传达—反馈”双向渠道，实现力量全下沉、事件全感知。延伸服务触角。打造“党群服务中心+网格驿站+楼宇议事厅”的服务矩阵，通过一站式、错时延时、预约上门等方式，将28项民生保障服务送到群众家门口，打造“15分钟便民服务圈”。发布“无保洁红色志愿”“小葵花文明劝导”“萤火虫夜巡”等8个常态化红色信用项目，组建13支志愿服务队，引导居民自治。

二、组团共治、有呼必应，吹响党建引领治理“集结号”

把服务群众、增进福祉作为党建工作的出发点和落脚点，优化社会力量参与基层治理的服务机制，推动共治共享。优化资源下沉机制。社区党总支牵头组建3+1+2+N网格工作团队，以3名网格支部成员、1名专职网格员、2名协管员为基础班底，1980名街道包网格干部、在职党员、楼长、业委会成员、物业项目负责人、三官三师及志愿者为补充，建立民情恳谈日、小巷管家等制度，下沉网格组团服务。优化联动处置机制。推动智慧社区平台“随手拍”功能与吹哨报到平台的智联共享，对日常发现的占道经营、乱停乱放、乱搭乱建、乱贴乱画等的问题，网格支部先行教育协调和督促整改，仍然无法解决的，通过支部吹哨、部门报到的形式现场处理，确保事不完、人不走，居民诉求问题从最初每月110件减少到10件，满意率提升18%。优化供需对接机制。围绕居民急难紧迫问题，每月列出资源、需求、项目“三张清单”，设计“爱心汇聚力量”活动，发动驻区单位、爱心商家认领共建项目，提供18万元共建资金，仅用1个月时间建设了5处睦邻点。发挥原村干部人熟事清优势，成立老村长调解室，通过“上门调解”和“坐堂问诊”，针对性解决需求1200余件。

三、五色管理、分类施策，穿好党建引领治理“绣花针”

创新“五色管理”工作法，建立“红橙黄蓝绿”五色分级分类预警管理机制，全方位化解社区治理难题。明晰重点事项。聚焦村居融合暴露问题，将环境设施管护、矛盾纠纷调处、居民收入保障等事项标注为“五色”，分别量化为不同积分，由党员认领解决。村民上楼初期，环境卫生脏乱差问题突出，党员认领责任区、管护楼道一年，可以在党员量化积分中加20分，74名党员带头清洁83个楼道、1577层楼梯、2677个地下车位，节省物业费20万元。关爱重点人群。对227名特困人员、维稳及帮教人员、残疾人、失独家庭、空巢及80周岁以上老人，按照需帮扶程度“五色”标识，制定生活照料、精神抚慰、心理疏导等6项服务措施，创新“一问二敲三聊”三字诀，携手心连心、社工服务中心等专业团队，设计有爱无碍、心旅阳光等关怀活动，建设2处社区食堂，既暖了群众的心，又让管理服务更高效。管控重点场所。按1个月、3个月、半年、1年、1年以上租期，将207户出租房，划分成“五色”层级，分别明确了走访排查频率，确保租户信息动态及时掌握。将集贸市场、旅馆餐饮等10类178处经营场所纳入“五色”监管，党总支搭建平台，与职能部门建立网格联络机制，共同开展不同频次的巡查，确保隐患问题及时发现、及时处置。

三全党建工作法　绘就治理同心圆

日照市东港区秦楼街道城建花园社区
党总支书记　任秀娟

秦楼街道城建花园社区成立于2005年10月，辖区共有11个居民小区，3个村居小区，5716户、1.6万余人，直管党员136名。近年来，城建花园社区坚持以“党建为引领，服务为核心”，探索“三全”党建工作法，为社区治理注入红色动能，着力打造“幸福社区”。社区先后获“全国示范性老年友好社区”“全国和谐社区建设示范社区”等称号。

一、党建全引领，为民服务“零距离”

充分发挥社区党总支把关定向、统筹协调作用，将组织、人员、服务下沉到网格、延伸到家门口，实现为民服务“零距离”。建立四级联动机制。为将党组织的服务延伸到居民家门口，城建花园社区党总支综合考虑居民户数和党员分布，划分15个网格党支部、58个楼栋党小组，选聘456名直管党员和在职党员担任党员中心户，建立“社区党总支、网格党支部、楼栋党小组、党员中心户”四级联动机制，将党建、民政等4大类18项服务下沉网格，提升“家门口”服务质量。建立“四长”服务队伍。进一步完善网格治理体系，组建网格长、街长、楼长、店长和志愿者“四长一者”队伍126人，将辖区内所有主次干道、楼栋住户、沿街商铺等全部纳入管理。组织“四长一者”参与安全生产“大排查大整改”活动，共排查1236家“九小场所”，消除安全隐患56处，拆除楼顶违建7处，年内辖区较大及以上安全生产事故零发生。建立党群服务阵地。以居民需求为导向，按照“开放、共享、集约”的空间理念，高标准建设“初心驿站”红色领航服务活动阵地8处，组织老党员、老专家、老模范等担任社区活动骨干，成立“居墨堂书画社”“ 城建红歌团”“银龄护学队”等11支社会组织队伍，在驿站开展“亲邻节”“微党课”等居民喜闻乐见的活动860次，居民参与社区活动率超过90%，构建“十分钟党群服务圈”。

二、资源全汇聚，构建服务新局面

充分发挥社区党组织政治优势、组织优势，汇聚报到单位、在职党员、红色物业、两新组织等资源力量，构建多元参与、齐抓共管的服务新局面。汇聚“双报到”资源。立足社区党组织，建立“单位联网格、党员联住户”工作机制。整合辖区企事业单位、“双报到”单位等16家单位资源力量，制定“资源、服务、需求”三张清单，结合居民需求，有针对性地研究确定民生实事服务项目32个，每季度对项目推进情况观摩评比，确保项目落地落实。449名在职党员主动向社区亮明身份，围绕“开展红色宣讲、擦亮红色身份、做实红色服务、传承红色基因”等开展红色主题活动，在职党员报到率100%。汇聚“红色物业”。深化“红色物业”建设，积极引入国有物业企业、专业物业公司入驻老旧小区，实现物业服务全覆盖。强化社区物业党建联建，定期召开“红色物业”联席会议，解决老旧小区基础设施破损、安全隐患等问题184个。协同物业党组织开展“物业协调日”活动，健全“收集、汇总、解决、反馈、评价”的360度服务闭环体系，帮助居民协调物业问题80余个，推动业主、物业“两家人”变成“一家亲”。汇聚“两新组织”力量。发挥两新组织工作特点，结合居民需求，组织辖区各诊所医务人员组建红太阳健康热线服务队，为居民提供健康咨询和心理辅导，服务居民1260余人。搭建双向互动渠道，72名新就业群体到社区亮明身份，开展“茶聊会”12次，听取新就业群体对加固淄博路东段道路护栏、垃圾分类等社区治理意见建议37条，吸纳50余名新业态新就业群体担任兼职网格员，当好城市探头、小巷管家，成为社区治理的有效补充力量。

三、居民全参与，共建幸福新生活

激发居民主人翁意识，引导居民积极参与社区事务，大家的事情大家办，实现自我服务、自我管理、自我监督，逐步提升群众的自治能力。健全议事机制。转变社区治理工作理念，探索民主问事—党群议事—依法定事—承诺办事—公开晒事—群众评事“六步议事”工作法，组织业委会、物业服务企业、居民代表等开展议事协商，畅通居民议事协商渠道，遇到重大事项由议事会形成初步方案上报社区，社区组织召开居民代表会依法决定，事务办理情况向居民公开“晾晒”，接收居民监督评议，累计解决居民身边安装非机动车棚、打造网格小书屋等“关键小事”215件。组建“达人”队伍。挖掘社区老党员、党代表、民警、律师等热心居民组建“初心联调”工作室，出现邻里纠纷或矛盾隐患时，第一时间上门了解情况、沟通劝解，将问题解决在萌芽状态，营造社区一家亲，有事好商量的浓厚氛围。组织3500余名居民组建15支志愿服务队，结合居民需求，提供理发、维修家电等共享服务活动，推动社区居民成为社区生活的主导者、生力军。疫情期间，针对药物短缺问题，发布邻里守望互助倡议书，社区达人共享药物260余份，帮助176户家庭解决燃眉之急，传递浓浓邻里情。开展多彩活动。社区在“一老一少”上不断下功夫。针对社区老年居民因地域隔离、代际隔离造成的归属感缺失问题，社区党总支发起“第二人生”“带娃老人”公益创投项目，开设“老顽童享学吧”“科学育儿”“中医养生”“守护银龄反诈小组”等，通过组织系列活动丰富老年人精神文化生活。针对学生居民，挖掘社区能人，向辖区1260余名青少年开办“国学经典诵读课堂”“传统锣鼓”“传统手工字画装裱”“暑期小草课堂”等活动，受到家长和学校的一致好评。

党建引领聚合力　固本强基添活力

莒南县十字路街道望海社区
党总支书记　左涵宇

莒南县十字路街道望海社区成立于2020年6月，下辖阜丰时代城曦园、临海新城、阜丰家属院等6个小区，现有居民2046户、4931人。社区党总支下设8个党支部，党员355名。近年来，社区坚持抓党建、强基础，聚合力、促治理，深入探索党建引领社区治理新路径，焕发城市社区新活力。社区先后获得临沂市精神文明建设文明社区、临沂市新时代文明实践工作先进社区、莒南县优秀城市社区党组织书记工作室等称号，社区下辖的阜丰时代城曦园小区获评首批“齐鲁红色物业”星级服务项目。

一、完善体系，做实社区治理“大文章”

坚持完善组织体系，为社区治理奠定组织基础。建强组织体系。开展“组织找党员、党员找组织”集中摸排活动，将社区党员基础信息摸清，建立健全“社区党总支—小区党支部—楼道党小组—党员中心户”四级党组织体系，成立1个社区党总支，6个小区党支部，54个楼宇党小组和86个党员中心户。延伸治理体系。由社区党组织牵头组建业委会，搭建“小区党支部—业委会党组织—物业服务企业党组织”的架构，成立6个业委会，成员30名，业委会委员中党员比例为80%，实现业委会和物业服务企业“双向进入、交叉任职”。依托优秀在职党员、热心居民，配备168名楼长单元长，延伸社区治理神经末梢。畅通联系渠道。落实社区工作者“定岗网格”制度，9名社区工作者与6名定岗网格员、12名物业服务人员“组队伍”；定期走访小区居民，发放便民联系卡，创建64个微信群，与居民“建联系”；对走访居民建立一户一档，精准了解居民个性化需求及意见建议，并及时向所属小区的党支部反馈，为问题收集“畅渠道”。2022年各小区党支部共接收意见建议307条，解决居民反映突出的问题236个，自主化解居民内部矛盾24件，形成“纠纷不出楼道、困难社区协调”的治理模式。

二、做优机制，下好社区治理“一盘棋”

建强工作机制，促进作用发挥。落实社工考核机制。加强对社区工作者的管理，对初任社区工作者明确1名社区“两委”成员或业务骨干进行结对帮带，对小区走访、纠纷化解、服务开展等相关工作一天一督促、一周一汇总，按照社工千分制考核细则进行一月一评比、半年一考核、一年一表彰。表现优秀的社区工作者优先选拔为社区“两委”成员，先后有3名社区工作者被选入“两委”班子。健全物业评价机制。在社区每半年针对小区物业进行考核，由社区党总支、小区党支部、业委会、居民代表联合对物业公司进行评议，考核比重占街道考核权重的30%；每年由物业公司述职，社区对物业公司年度工作开展情况进行评议，确定先进物业单位。建立业委会述职机制。突出党组织的领导核心地位，小区党支部全程参与小区居民公约、业委会章程制定，业委会每半年向小区党支部报告工作，每年进行一次工作述职，由社区党总支进行评议，并将评议结果进行公示。完善矛盾化解机制。坚持群众说事、集中议事、合理办事、民主评事、公开晒事的工作方法，由社区党总支、小区党支部、物业公司、业委会、在职党员、居民代表组成“社区议事团”，协商解决居民反映的困难问题，对办理结果进行公示，2022年协调解决居民房屋漏雨、下水管道阻塞、小区自来水管道更换等问题共54件，总投入38万元。

三、整合资源，打造社区治理“新格局”

整合社区各类资源，为社区治理提供源头活水。协调争取配套资源。望海社区地处莒南县北城新区，远离老城区，各项服务设施还不配套，社区党总支为完善周边配套设施，提供生活便利，社区向上级争取，2020年底由城发集团总投资650万建成城发教育县直第一、第二幼儿园，总占地3390平方米，开设8个班级，容纳320名学生；社区联合物业服务企业，投资300万元对外引入本地最大连锁超市。积极盘活自有资源，拓展党群服务阵地，结合物业办公用房打造小区棋牌室、阅读室、乒乓球室、11个“同心驿”等小区活动场所，利用现有沿街房开发卫生室6处、药店4处、便民店15处。用好“双报到”单位优势资源。社区党总支有效发挥“大党委”作用，统筹县委宣传部、县第一中学等5个“双报到”单位和业委会、物业服务企业构建“1+5+N”社区大党委，兼职委员单位通过共驻共建项目和月度志愿服务制度，认领社区治理难题，集约服务资源办大事，由“双报到”单位投资500万元打通曦园小区南侧断头路，解决小区广场打造、电动车棚增设、智能分类垃圾桶等问题37个。开发党员群众个性化资源。引导在职党员积极认领“微心愿”，根据职业爱好特长，自发开展党建引领“美丽楼道”建设行动，按照“一楼道一主题”的思路，根据每个单元的住户家庭情况，打造先锋之家、巧手慧心、孝老爱亲、童心花园等主题楼道；各小区党支部梳理到社区报到的在职党员信息，根据党员所在单位的职能及个人特长，成立“四大顾问”志愿服务队，服务内容涵盖法律、教育、医疗等，每季度开展一次进小区活动，每周末下午到“同心驿”轮值坐班，让居民在家门口就能享受到各种便利的服务。

“三联三心”治理模式构建社区治理共同体

德州市德城区新湖街道胜利社区
党委书记　卞金钟

新湖街道胜利社区占地面积约0.5平方公里，常住居民1.23万余人，覆盖12个住宅小区，1家驻区单位，各类商业网点400余个，直管党员144名。社区党委充分发挥党建引领基层治理作用，积极探索“三联三心”治理模式，通过党员联户、资源联享、治理联合的方式，逐步实现由社区“独唱”向社区“领唱”多方“合唱”转变。社区先后获得“全国先进性服务社区”“省级文明社区”等称号。社区党委书记卞金钟先后被授予“省级优秀网格员”“德州最美退役军人”等称号。

一、党员联户，让干群“连心”

（一）完善工作机制，规范队伍建设

为解决辖区资源少，居民需求多元化的问题，社区党委积极挖掘辖区直管党员、双报到党员力量，建立1名先锋党员对接1名专职网格员联系N户弱势群体“1+1+N”制度，配齐配强“党员联系户”队伍，建立党员示范带动下的“红益坊”联户走访模式。走访过程中党员始终坚持“四必记”“五掌握”“五到位”，以网格支部为单位，细化网格内空巢老人、残疾人、低保户等特殊群体数量，通过入户走访记录特殊群体需求及困难程度，实施党员认领帮扶或链接社会资源协助帮扶。自党员联户工作开展以来，已有42余名党员与辖区内100余户特殊群体建立帮扶链接。截至年底，已为社区特殊群体提供常态化的帮扶服务200余次。

（二）创新工作方法，实施精准服务

党员联户走访过程中实行“四色”走访工作法，即根据不同人群的家庭情况及服务需求，划分绿色、黄色、橙色、红色四个服务等级，根据颜色分类确定走访频次，创新多元化走访帮扶模式，建立问题台账，分类标识。社区党委对居民诉求进行分类整理，针对辖区涉诉类困难需求，采取党员带头领办；针对出门不便的老年群体，进行上门服务；针对外地流动人员，安排专人负责进行线上服务，确保诉求在第一时间内得到解决。

（三）发挥长效机制，便民服务常态

社区党委以全方位服务居民为基准，引领党员践行“服务365，服务天天在”的工作理念。探索创新“七个一”工作法，发挥人熟地熟情况熟的优势，积极开展入户走访工作，全面采集家庭状况、人员动态、安全隐患、居民建议、隐患矛盾等基础信息，绘制每栋楼每个单元每户的情况图，对不同人群进行分类标识，做到底数清情况明。每周开展一次例会，针对热点问题分析研判，切实解决居民诉求。通过不断细化党群为民服务事项，将党员志愿服务渗透到居民的衣食住行娱各个层面，形成靠党员推动服务常态化的新格局。

二、资源联享，让服务“齐心”

（一）党群同心，扩大“城市治理合伙人”渗透力

精准摸排辖区物业服务企业、学校、共建单位、公益力量、热心居民等优势资源，壮大城市治理合伙人队伍。认真梳理需求、资源、项目“三张清单”，依据合伙人提供的特色服务形成资源清单，根据入户走访形成的居民需求清单，对接形成项目清单，最终实现优势资源互用共享。以辖区“幸福食堂”为例，社区联合辖区养老院共同打造，为辖区70岁以上老人、空巢老人、低保人员、退役军人等特殊人群办理助餐卡，提供折扣优惠，同时为高龄、空巢老人提供助餐、送餐服务，解决做饭难吃饭难问题。同时，联系辖区商超开展让利活动，共建单位捐赠物资等，解决社区资源短缺、居民需求多元的问题，实现由社区服务到群众自治的转变。

（二）事务共议，增强“城市治理合伙人”凝聚力

营造平等协商、自治管理，“大家商量着办”的良好氛围。胜利社区拓宽“说议办晒评”五事工作法服务范围，在小区起降杆、车位规划、车棚建设、老旧小区改造等方面，打破固有模式，通过畅通居民说事渠道、联系多方共同商议、汇聚社会力量一起办好、及时公示晒单、居民监督反馈评价，实现“小事不出网格，大事不出社区，矛盾不上交”。近年来，立足社区党委，共搜集民生问题130余条，召开议事协商会议解决小区垃圾清运、小区安全、居民区道路维修、违建拆除等与居民生活息息相关的各类热点难点问题120余件。

（三）多元参与，提升“城市治理合伙人”影响力

健全双报到单位共同参与机制，着力构建以社区党组

织为主、物业、业委会和双报到单位助力的多元化基层治理工作格局，有效解决小区院内私搭乱建、车辆乱停、消防通道不畅等问题。胜利辖区老旧小区数量占半，普遍存在违建多、电动车停放乱、充电难等问题，一直困扰着居民生活。社区党委采取“疏堵”结合的方式，先发动党员分网格进小区做好群众解释工作，联合主管部门共拆除违建121处，约2000平，打通小区淤堵障碍。违建拆除后社区发布了项目清单，双报到单位积极认领，先后投资30万元在老旧小区内修建公共车棚800多平，爱心长椅20组，便民服务柜10个，老旧小区由秩序混乱变井然有序，小区环境得到改善提升，居民幸福指数大大提高。

三、治理联动，让群众“暖心”

（一）阵地搭建，民生实事落到实处

加强社区党群服务中心、暖心蜂巢等阵地建设，创新推进双向服务，向新就业群体提供一系列基础服务，同时鼓励新就业群体认领流动网格员、志愿服务员等岗位，引导新就业群体更好地融入基层治理。针对新就业群体工作时间紧凑、无暇参与社区活动、陪同家人时间较少等情况，胜利社区党委统筹各类活动资源，将服务延伸至家人，邀请新就业群体的子女参与社区组织的免费义诊、公益课堂等活动，进一步延伸了服务半径，拓展了服务深度，解决了新就业群体的后顾之忧。

（二）网格助推，暖心服务落到实处

胜利社区人口密度大，在现今300—500户居民一个网格的模式基础上，以“人缘、地缘”为划分依据，按照“就近、就熟”原则，科学、合理、适当、有序划细划小楼栋微网格，每个微网格配备1名思想觉悟高、作风正派、办事公道、热心公益事务、善于做群众工作的“楼栋红管家”。着力破解“网格过大、治理不细”的问题，将社区服务提供在家门口、力量凝聚在家门口，打造“幸福家园”。

（三）组织助力，惠民实事落到实处

胜利社区老旧小区多，矛盾纠纷多，退休老干部赵宪龙老师义务为辖区居民提供法律咨询、矛盾调解服务，2019年成立宪龙志愿服务党支部，是辖区的优秀“两新”组织。为更好实现群众自治，积极发掘辖区老干部、老教师、老党员、退役老兵、老模范优势资源，将他们纳入调解队伍，以“和”字为引领，变“坐等式”居民上报场所调解为“走出去”发现隐患现场调解，现已成功调解各类纠纷367件，调处成功率达94%，通过组织助力，调近了邻里关系，调出了社区和谐，真正将惠民实事落到实处。

胜利社区将继续聚焦居民“急难愁盼”问题、结合居民多样化需求，不断发挥基层党组织引领作用，汇聚起多方治理力量，实现为民服务“零距离”、社区治理“全覆盖”、居民诉求“全响应”，探索出共建共治共享的“社区治理共同体”胜利样板。

“五强五织”工作法
助力社区治理提质增效

高唐县鱼邱湖街道鱼丘湖社区
党委书记　王　萍

鱼丘湖社区位于高唐县主城区，辖区面积1.92平方公里，居民4298户12198人。作为高唐县政治、经济、文化的中心社区，社区居民精神文化需求高涨、生活诉求多元等因素为社区治理带来诸多新问题。区域党建缺乏统筹，社区党组织组织群众、凝聚群众、服务群众作用发挥不充分。辖区内老旧小区居多，不同程度存在基础设施差、物业服务水平提升难、居民参与治理意愿弱等问题。辖区人口密集，“一老一幼”群体数量庞大，成为大多数家庭的主要关切。鱼丘湖社区坚持“民有所呼、我有所应”，坚持强党建引领、强惠民服务、强红色物业、强居民自治、强共驻共建，织密社区服务治理网络，有效提升社区精细化治理、精准化服务水平。社区先后被评为“全国科普示范社区”“省级先进基层党组织”“省级文明社区”等。社区党委书记王萍2022年被民政部授予“全国优秀城乡社区工作者”称号。

一、主要做法和成效

（一）强党建引领，织密组织体系网

延伸党组织链条，33个小区全部成立党支部、业主委员会，业委会党员比例达85%，确保党组织覆盖到最基层。发挥老党员余热，成立退休老干部党支部，号召老党员讲故事、上党课30余次，彰显老干部担当。提升区域化党建水平，召开党建联席会议60余次，开展县直机关、企事业单位党组织联系社区“组团式”服务群众176次，群众满意度提升至95%。建立党员网格协管员制度，明确353名党员网格协管员下沉帮包4298户居民，收集群众诉求、开展特色活动，社会治理“神经末梢”全面激活。

（二）强惠民服务，织密居民幸福网

打造集党建、民政、卫计、综治等20余项功能于一体的综合服务窗口，推动“一站式服务”，便民服务更加集约高效。聚焦老年人现实需求，设立“助福夕阳”服务项目，为80岁以上生活不能自理的居民提供家政服务，累计服务老人198名，满意率100%，《农民日报》《大众日报》等对项目情况进行了刊发推介。为民提供居家保健服务，动员辖区志愿者组建按摩团，每周到社区日间照料中心开展免费按摩治疗和技能教授活动，惠及群众上万人。强化新就业群体关心关爱，建设24小时不打烊的“圆新服务站”12处，引导快递员、外卖配送员等新就业群体30余人到社区报到，积极助力基层治理。

（三）强红色物业，织密安家宜居网

深化“红色物业”建设，建立社区主导、多方参与协商议事机制，巡查反馈、处置解决工作联动机制等，实现社区党委领导下的社区居委会、居民小区业委会、物业服务企业、共建单位“四方联动”，构建小区治理共同体。探索国企物业兜底服务老旧小区，积极推进国企物业入驻30个老旧小区，改善老旧小区无人管理现状。强化公示公开，明确小区党支部、业委会、物业公司权责范围，在党支部监管下，公示公开小区水电暖、物业费等事项收缴和使用情况，打造“阳光物业”。畅通居民发声渠道，组织辖区物业服务企业每月开展2次“物业经理接待日”，小区居民与物业面对面沟通交流、密切关系，业主和物业关系更加和谐融洽。

（四）强居民自治，织密自我管理网

聚焦破解老旧小区治理难题，因地制宜探索“党建引领、居民参与、协商议事、共治共享”的老旧小区治理模式，积极推行小区治理“项目认领”活动，有效带动各类群体共管共治、共建共享。辖区33个小区开展“项目认领”60余项，居民自发筹措治理资金突破100万元。构建党委领导下的居民议事制度，创新推出“会必议、议必决、决必行、行必果、果必惠”的“五必制”协商议事工作法，有效化解居民在协商议事过程中议题混乱、决策拖延、参与度不高、意见分歧大等矛盾，召开协商会议50余次，成功解决居民烦心事80余件。

（五）强共驻共建，织密品质民生网

推进社区文化团队建设，组织成立太极队、扇子舞队、葫芦丝协会、摄影协会等10余支文体活动队，丰富居民业余文化生活。加强资源统筹，整合公共活动空间，争取上级资金60余万元，引入戏曲表演、沙画创作等12项优质社会文化资源。挖掘社区“能人”，依托社团活动培养威望高、能力强的居民骨干46人，以点带面调动居民参与积极性。发挥基层阵地作用，依托小区“红旗驿站”开展党组织生活和政策宣讲、医疗保健等实践活动148次，强化小区居民间的联系沟通，推动“熟人小区”建设。

二、经验启示

（一）坚持条块融合，凝聚治理合力

立足街道社区党组织，凝聚共驻共建合力，让各级党组织联动起来，推动各领域、各部门打破行政壁垒，实现互联互通，推动社区融合发展。

（二）强化动员能力，推动居民自治

要积极探索党组织领导下群众自我管理、协商共治的有效方式，为居民参与社区事务提供平台，引导居民成为社区治理的参与者、建设者、享有者。

（三）聚焦服务需求，提供精准服务

要根据不同居民的需求，提供差异化的服务，如聚焦老有所养，为老年人提供养生保健和健康咨询服务；聚焦幼有所育，呵护未成年人健康成长等，让社区更加贴近居民需求，增强社区凝聚力和吸引力。

基层治理“同心圆”
搭起党群“连心桥”

邹平市高新街道兴业社区党总支书记　孙娌娜

兴业社区北起会仙二路，南至会仙一路，西至月河二路，东至月河四路，辖区总面积约10平方千米，常住人口2.5万人。兴业社区党总支下辖6个网格党支部，共管理党员68名，有共驻共建单位11家。社区下辖香槟广场小区、幸福花园小区、胜利花园小区、香港馨苑小区、高新小区5个居民小区和会仙桥商圈，有商户100余家，幼儿园1所，小学1所，是集商住为一体的综合型现代化社区。

2022年，兴业社区党总支致力于打造“同心圆：新风引领 和美会仙”社区党建品牌，坚持“党建引领、治理精细、设施齐全、服务到位”工作主线，以党建引领“初心圆”、平台提升“品质圆”、多方参与“红人圆”、模式创新“效率圆”为主题，倾心打造城市基层党建“同心圆”工程，有效推动社区治理体系和社区治理能力不断提升。

一、党建引领，打造城融家和“初心圆”

街道党工委统筹研究城市党建工作，确定城市基层党建“同心圆”工程、高新“三理”、社区党校等党建项目。社区党总支积极联络“双报到”单位，制定“双报到”三张清单，协调开展政策宣讲、志愿活动、物资捐赠等各类“双报到”活动，2022年共组织“双报到”活动100余次。以网格或小区为单位建立基层党支部，科学划分楼宇党小组16个，民主推选“红管家”135余名，创新“同心圆桌会”民主意识协商机制，联合社区、物业、小区党支部、“双报到”单位等，组织圆桌会50余次，开展经验交流、问题讨论和业务培训，健全“街道党工委—社区党总支—小区党支部—楼宇党小组—楼栋红管家”五级党建格局。强化小区党支部战斗堡垒作用，建立小区党员服务队志愿活动制度，全面推行党员亮身份、做承诺、联系户。

二、平台提升，打造共建共享“品质圆”

整合辖区资源，以服务党组织运行和居民生产生活为目的，投资300余万元，建设使用面积1000余平方米的社区党群服务中心。扩展服务汇、党建汇、邻里汇三大核心功能，完善便民服务大厅16项工商行政业务和便民服务实现“一窗办理”，建设者之家为附近居民提供应急急救和临时休息服务，“骑士加油站”为“外卖小哥”提供休息场所和活动阵地，有力支持外卖、快递等新业态党建；充实社区党校教师资源库，建立“会仙讲堂”，开展党史理论、科普文化、消防安全等各类讲座15次；推动文体功能区、共享厨房、4点半课堂等进一步对外开放，建立“789”延时服务制度，即每周开放7天，每天从早上8点开放至晚上9点，打造集职能服务、活动开展、学习交流、休闲娱乐等功能为一体的便民“加油站”，让党员群众享受品质生活。依托优质平台，吸引书法协会、学校、事业单位和附近商户等开展公益性活动，组织红色七夕节、“重阳话敬老 美德共传承”、反诈骗宣讲等活动，受到群众和商户的广泛好评。

三、资源整合，打造队伍优化“红人圆”

立足专职专业，选优配强社区党总支委员、社区工作者、网格员等主要力量，开展社区治理工作专业化培训，提升社区治理专业化、职业化水平，常态化开展政策落实、意见采集、安全巡查和矛盾调解等精细化治理工作。推行社区党总支成员合法兼任居委会成员、优秀社工和网格员合法进入居委会、党员合法进入业委会等多项交叉兼任制度。充分挖掘人才潜力、发挥团体优势、畅通居民参与建设渠道，在“用大家的力量来服务大家”的理念指导下，引导各方共同参与社区管理，街道办事处选优配强社区工作人员、党建指导员和网格员，吸纳党员志愿者、物业工作人员、业主代表、片区民警和党员志愿者、个体工商户代表及辖区内的流动工作者共计40余人，建立一支综合服务队伍，组成“红人联盟”，并明确“爱党、爱国、诚信、敬业、友善”的“红人标准”、社区管理建议权、活动参与权、活动组织权等“红人权利”，承担活动宣传、组织带动、意见反馈等“红人义务”。用党旗红带动实现“党建引领、项目共建、居民共治、成果共享”的治理局面。

四、模式创新，打造为民服务“效率圆”

以“有事请找我 全力帮您做”为口号，探索“建设管理、全面统筹”的社区建设经理、“全科代理、全能服务”的群众服务代理和“贯彻落实、精准执行”的上级单位助理的“高新三理”服务模式。明确政务代办、商业便民、应急救助、公共法律、医疗卫生、文化体育、公共就业七大服务类别；建立需求调查、服务内容、活动开展、目标核查4张清单；完善简单问题高效化、复杂问题专业化、共性问题联合化、解决问题核查化的“四化”管理机制。以“四单四化”支撑实现社会治理和党群服务的闭环路径，通过明晰工作责任和边界提升商圈治理和服务质量。探索“党建+物业”模式，党组织发挥指导、监督物业履职尽责作用，经常性收集业主诉求，排摸梳理问题清单、需求清单，督促物业尽快解决住户急难愁盼问题，及时向住户反馈物业处理结果。2022年，社区工作人员和网格员共采集党建党务、综合治理、安全环保等信息1200余条，协助小区物业整改落实19项管理问题，从事矛盾调处、帮办代办等各类服务事项207项，切实在疫情防控、文明城市创建、网格化治理等工作中守护居民幸福。

党建引领搭平台 家门口遇见温暖邻里

东明县城关街道南关社区党委书记　何亚平

东明县城关街道南关社区（以下简称南关社区）辖区面积3平方公里，居民4950户、17865人，社区党委辖11个小区党支部，党员127人。近年来，南关社区坚持以党建为引领，以服务为重点，不断创新为民服务形式，推动党建引领幸福家园建设，着力提升城市基层精细化治理、精准化服务水平。先后获“山东省文明社区”“山东省最佳志愿服务社区”“东明县新时代文明实践先进集体”等称号。

一、便民服务，促进自治互助

坚持把服务社区居民作为党建工作的立足点，通过整合阵地资源、深化共建机制、打造特色服务等方式，把家门口的便民、为民、惠民服务做好做优。强化阵地保障。依托小区公共服务用房，打造集党政服务、网格服务、志愿服务等于一体的小区党群服务站，以便民亲民为导向，合理布局服务项目，设置“党支部书记办公室”“网格员办公室”“家园议事厅”“红色驿家”等功能室，满足小区“两委”成员日常办公、社区居民协商议事、户外劳动工作者休憩需求。强化机制建设。用活用好网格化管理机制，严格落实网格员“三必问、四必访、五任务”的345网格工作责任制，组织小区网格员开展“敲门行动”，广泛收集社情民意，实现服务群众零距离。强化资源整合。充分整合利用社会、社区的惠民资源，开展社区便民服务活动，先后组织开展爱心义剪、健康义诊、法律咨询、寒冬送暖等便民服务120余场次，有效营造社区居民自治互助良好生态。

二、以文化浸润为抓手，赋能共治共建

将“党建+文化”融入社区基层治理，紧贴社区居民需求，精心组织一系列主题鲜明、内容丰富、形式新颖的文化活动，推进优秀文化在社区落地生根。用活传统节日。利用重大纪念活动日和重要传统节假日，举办“喜迎二十大 献礼在岗位”庆七一文艺晚会、“端午话情浓 美德共传承”、“弘扬优秀传统文化 文明有礼过春节”等活动30余场次，有效促进社区居民情感交流。厚植爱国情怀。加强思想政治引领，把爱国主义教育融入各类主题活动中，开展“迎国庆 让国旗飘扬”升国旗仪式，组织社区党员干部和群众积极参与，增强党员群众的使命感、责任感、荣誉感。赓续红色血脉。充分利用全县“红色资源”，开展全方位党员干部教育，组织社区党员干部赴菏泽市第一个农村党支部——大屯镇夏营村“中共夏营支部旧址”接受党性教育，缅怀革命先烈，激励社区党员干部传承红色基因，牢记初心使命。

三、以孝德传承为导向，弘扬文明新风

以党建为引领，推动党建工作与孝德文化相融合，通过构筑立德树人的教育阵地，打造以文育人的文化场所，开展以行化人的特色活动，将德孝文化的“柔性力量”融入社区治理，推动文明和谐社区建设。注重平台搭建。开办道德讲堂，定期举行“亲子读经班”“国学经典学习”等系列活动，教育青少年和居民树立“百善孝为先”的意识；依托南关社区党群服务中心长廊，打造尊老孝老、立德树人、家风家训宣传墙，持续推动家庭、家教、家风建设。注重典型引领。开展孝德文化示范社区创建活动，组织社区居民签订“争当敬老孝老道德模范”承诺书、开展“创建孝德文化示范社区启动仪式暨重阳节敬老孝亲表彰会”等，选模范、立典型、树标杆，引领社区居民感悟、崇尚、弘扬、践行孝德文化。注重活动带动。组建孝德文化志愿者协会，以重阳节、端午节等重要节日为契机，组织开展“睦邻有约 相约春天”“睦邻有约 畅享金秋”“孝老敬老饺子宴”等系列活动，通过歌曲舞蹈、小品节目等多种形式展现孝亲敬老传统美德，引导社区居民倡导文明健康社会新风尚，培育践行好家风。

四、以志愿服务为载体，建设暖心家园

健全“党建+志愿服务”管理模式，建立由社区党委统筹领导，物业公司、双报到单位、社会组织等多方力量联动共建的工作格局，着力破解社区治理难点堵点问题。建强服务队伍。将小区党支部成员、网格员、社区工作者等充实到志愿服务队伍，有效调动党员、群众参与基层治理，打通社区志愿服务“最后一公里”，推动资源、管理和服务真正在社区落实落地。截至2022年底，南关社区已成立志愿服务队伍13支，志愿者190余名。拓展服务项目。针对社区居民的不同需求，社区党委强化统筹部署，充分发挥志愿者自身专长，谋划开展有针对性的志愿服务活动，着力在社区服务、创城宣传、环境整治等领域中积极发挥作用，做到志愿服务精细化、多元化。开展特色服务。通过多元参与、共建共享的方式，把双报到单位党组织与小区党组织联结起来，激发社区治理活力。组织开展“白色垃圾”“城市牛皮癣”清理活动，引导居民群众提高环保意识，共同打造整洁优美、文明有序的居住环境；常态化开展文明交通劝导、青少年防溺水宣传等志愿服务活动，用实际行动弘扬志愿服务理念。

机关党建

聚焦重点抓落实　强化担当促提升 以高质量党建引领网信事业 高质量发展

省委网信办机关党委书记　李宗国

2022年，省委网信办认真落实党中央决策部署和省委工作要求，持续加强党对网信工作的领导，深化政治机关建设，抓实思想理论武装，拧紧责任落实链条，锤炼过硬党员队伍，培育特色廉洁文化，机关党的建设工作取得新进展、新成效，为全省网信事业发展提供了坚强政治保障。

一、抓政治建设，促站位提升

省委网信办始终秉持政治机关本色，把坚定拥护“两个确立”、坚决做到“两个维护”作为最高政治原则和根本政治规矩，将政治建设贯穿于党的建设和网信工作重大任务、重点事项、重要节点之中。聚焦迎接服务保障和学习宣传贯彻党的二十大工作，全办党员干部勇挑重担、知重负重，以最高标准、最高质量、最高要求圆满完成任务，政治得到了历练、能力得到了锻炼、队伍得到了检验。积极开展对党忠诚教育，组织参观中共山东早期历史纪念馆、省直机关党的建设成果展等，从红色基因中汲取精神力量。常态化开展党史学习教育，制定实施《省委网信办推动党史学习教育常态化长效化十条措施》，被省委党史学习教育领导小组评估为“好”等次。推动政治机关意识教育常态化，将“第一议题”制度从室务会向各党支部、青年理论学习小组延伸，开展专题学习近50次，以“台账式”管理推进习近平总书记重要指示批示精神贯彻落实，模范机关建设成效显著，网信工作各项指标均处在全国前列。

二、抓理论武装，促思想提升

省委网信办以党的二十大精神学习贯彻为统领，探索建立以中心组为龙头、党支部为重点、青年理论学习小组为延伸的“三位一体”学习矩阵，分层级、分类型、全覆盖深化理论武装工作。室务会理论学习中心组充分发挥领学促学作用，每期均邀请党支部书记、青年干部代表参与研讨交流，全年开展专题学习14次，学习情况被省委省直机关工委通报表扬；党支部充分发挥基本单元作用，坚持每周四下午理论学习制度，采取个人自学、集体学习、研讨交流等方式开展学习40余次，学习氛围更加浓厚；青年理论学习小组充分发挥灵活多样作用，每月分专题开展学习研讨，邀请室务会成员、首席专家、总工程师等担任“青年导师”，定期参加青年集体学习、指导工作实践，推进青年理论学习常态化、规范化，青年理论学习小组和学习标兵代表在全省机关党的建设工作会议现场领奖。

三、抓责任落实，促质效提升

省委网信办紧紧围绕落实党建工作责任，不断健全完善制度、任务、督导“三个体系”建设，形成了体现党中央精神、符合省委要求、突出省委网信办特点的党建工作格局。不断丰富制度体系，制定印发《关于推进省委网信办党支部标准化规范化建设提升工程的若干措施》《关于进一步加强党建与业务深度融合的意见》等文件、通知10余项，进一步修订完善了各类党建工作规范，建立起科学完备、务实管用的制度框架；不断健全任务体系，全年累计召开室务会会议、主任办公会会议等19次，研究党建重点工作20余项，制定各类要点、清单10余项，明晰任务、压实担子，室务会、机关党委、党支部三级工作链条越拧越紧；不断完善督导体系，综合运用调研、座谈、检查等多种手段，每半年对落实全面从严治党责任情况进行1次专项督导，组织召开履行全面从严治党责任和抓基层党建述职评议会议，述出了压力、评出了责任、议出了成效。

四、抓组织规范，促干劲提升

省委网信办聚焦提升党组织政治功能和组织功能，注重品牌打造，强化制度执行，创新形式内容，建强了支部战斗堡垒、激发了党员奋进力量，多个党支部获评“模范机关建设工作表现突出集体”“省直机关党支部建设示范点”等荣誉称号。以品牌建设引领方向，创新提出“e心向党　网信先锋”机关党建品牌，以“1+13”党建品牌矩阵为牵引，深化“一支部、一特色、一品牌”建设，持续提升党支部标准化规范化建设水平；以组织生活淬炼党性，组织开展“政治生活规范月”“理论读书月”“我来讲党课”“慈心一日捐”等活动，推动“三会一课”、主题党日、组织生活会、民主评议党员等各项组织制度高标准推进、高质量落实，党员的先锋模范作用日益凸显；以群团组织汇聚合力，推进“六有”工会和妇女组织建设，精心打造“新时代职工之家”并通过验收，先后开展趣味运动会、健康心理讲座、“玫瑰书香”、无偿献血等20余个活动，职工文体生活进一步丰富，增强了全办同志的凝聚力和向心力。

五、抓文化培育，促作风提升

省委网信办认真执行《贯彻落实〈关于加强新时代廉洁文化建设的意见〉的若干措施》，把抓实抓好廉洁文化建设作为一体推进不能腐、不敢腐、不想腐的基础性工程深入推进实施。坚持抓好正面引导和警示教育“两条主线”，组织专题学习和警示教育10余次，在春节、中秋节、国庆等传统节日和重要节点，向党员干部发送廉政提醒信息、“廉政一封信”、廉政提醒图片等，切实加强对党员领导干部、关键岗位人员、年轻干部“三类群体”的针对性教育。持续开展强基、筑防、标杆、润心、关爱、家风“六大工程”，组织学习党规党纪、参观“齐鲁好家风”主题展、编印《中青年干部学习材料汇编》、深入开展廉洁风险点排查等，“e缕清风”廉洁文化品牌建设稳步推进，“严真细实快”工作作风愈加鲜明。

坚持党建引领　强化深度融合 以高质量党建推动档案事业 高质量发展

省档案馆机关党委书记　郑东辉

2022年，省档案馆坚持以习近平新时代中国特色社会主义思想为指导，深入学习宣传贯彻党的二十大精神和省第十二次党代会精神，深入贯彻落实党中央决策部署和省委工作要求，坚持“围绕中心、建强队伍、服务群众”，找准机关党建工作职能定位，推动党建和业务深度融合，奋力推进全省档案事业高质量发展。

一、强化政治引领，深入学习贯彻党的二十大精神

始终牢记“档案工作姓党”政治属性，坚持把思想政治建设摆在机关党的建设首要位置。

（一）持续加强理论武装

把迎接党的二十大、学习贯彻党的二十大精神作为贯穿全年的首要政治任务，组织16次馆理论学习中心组学习研讨、13次青年理论学习小组研讨交流、480余次党支部和群团组织理论学习，多层次、多形式、全覆盖开展学习教育培训，教育引导党员干部以党的二十大精神武装头脑、指导实践、推动工作。

（二）深入开展宣传宣讲

党员领导干部带头深入基层档案部门开展宣讲。开展“喜迎二十大　档案颂辉煌”“奋进新征程建功新时代”等主题宣传活动，省、市、县三级档案部门70余个基层党组织参加，线上点击率超过120万次。利用山东档案信息网、《山东档案》杂志和微信公众号广泛宣传全省各级档案部门学习贯彻的有力举措和创新做法，不断将学习贯彻引向深入。

（三）努力做到知行合一

围绕学习宣传贯彻党的二十大精神，深入开展宪法法律主题宣传教育、兰台大讲堂、“读写编讲行”青年联学联建活动等，教育引导全体党员干部做到学思用贯通、知信行统一，深刻领悟“两个确立”决定性意义，坚定做到“两个维护”，不断提高政治判断力、政治领悟力、政治执行力。

二、夯实基层基础，提升支部政治功能和组织功能

坚持大抓基层的鲜明导向，完善制度机制，不断增强党组织的凝聚力和战斗力。

（一）加强政治机关建设

严明政治纪律政治规矩，严格“第一议题”制度，深入开展对党忠诚教育、“政治生活规范月”、“党员过政治生日”等活动，扎实推进党内法规学习贯彻落实。制定加强思想政治工作措施，加强意识形态和网络意识形态工作管理。

（二）强化党建责任落实

制定馆机关各级抓基层党建责任清单，进一步细化明确各级党组织抓基层党建主体责任。把“深入实施党支部标准化规范化建设提升工程”作为馆主要负责同志抓基层党建突破项目，年底过硬党支部和先进党支部率达到87%，过硬党支部达到67%。

（三）打造特色党建品牌

突出基层党建服务“国之大者”，深入开展疫情防控、慈善捐助、双联共建活动，组织技能竞赛、建设数字机关，打造红色档案展陈、“齐鲁兰台工匠”等特色党建品牌。大力培树“工人先锋号”“省直机关党支部建设示范点”“模范机关创建突出集体”。

三、服务中心大局，推动党建与业务深度融合发展

坚定扛起“走在前、开新局”光荣使命，推动全省档

案工作创新发展。

（一）主动服务黄河流域生态保护和高质量发展

联合山东黄河河务局举办黄河记忆专题档案文献展，全年共接待180余场、6000余人次参观。推出《山东黄河记忆》《山东黄河映像》《海外藏黄河舆图集》等档案编研重大课题成果，高质量编报《档案资政参考》《关于做好黄河档案资源保护开发服务黄河流域生态保护和高质量发展的调研报告》，获中央档案馆国家档案局和省委领导同志批示肯定。

（二）进一步优化馆藏档案资源结构

推进落实习近平总书记对山东工作重要指示要求专题档案记录库、革命历史红色档案资源库、黄河故事档案资源库、经略海洋档案资源库建设。实施新时代新成就国家记忆工程，完成2.3万件脱贫攻坚档案和2.8万件疫情防控档案接收进馆工作，全年共接收49家单位34.2万卷件档案进馆，馆藏档案总数达248万卷件。

（三）不断提升档案利用服务质效

充分发挥红色档案资源优势，建强爱国主义教育基地、党史教育基地。建设全省“六级联动”档案利用服务体系，率先在全国实现国家、省、市、县、乡、村六级档案信息互联互通。山东省档案查询利用平台与全国档案查询利用服务平台对接，实现全省267个档案馆室信息共享，累计提供22万余人次查档服务，有力有效服务中心大局、服务人民群众。

四、锤炼严实作风，打造忠诚干净担当的干部队伍

始终坚持严的主基调不动摇，持之以恒纠“四风”树新风，推动各项工作争先创优。

（一）推进巡视审计整改

坚持问题导向、结果导向，强化落实巡视整改政治责任，明确28项整改任务92项具体措施，创新推动历史遗留问题解决。定期开展整改落实“回头看”，确保所有整改事项逐条落实到位。

（二）抓好党风廉政建设

加强机关廉洁文化建设，开展廉政谈话，逐级签订党风廉政责任书，邀请专家作专题廉政报告。组织“强化作风建设、强化纪法意识、强化创新落实”系列教育，开展“法治宣传周”“宪法宣传月”活动，拧紧全面从严治党责任链条。

（三）打造过硬干部队伍

完善制度措施，坚持严管与厚爱相结合，加强对党员干部特别是年轻干部的教育监督管理。贯彻落实“严真细实快”作风要求，落实“四管八不”，定期召开作风建设分析会，持续营造风清气正的良好政治生态。

强化党建引领　全面争创一流
全力推动机关党建工作提质增效

共青团山东省委书记、机关党委书记　殷世逸

2022年，团省委坚持以习近平新时代中国特色社会主义思想为指导，聚焦全面争创一流工作目标，把牢围绕中心、建设队伍、服务群众职责定位，创新打造“英雄山青年先锋”党建品牌，党建工作质量稳步提升，引领作用充分发挥，团山东省委在2022年度团中央年度考核评价中位列全团第二，为近年来最好成绩。

一、坚持以政治建设为统领，扛牢全面从严治党责任

牢记政治机关属性，始终突出责任落实，纵深推进全面从严治党。

（一）狠抓党建责任落实

召开机关全面从严治党工作会议，制定落实书记班子和书记履行全面从严治党主体责任清单，会同纪检监察组专题研究全面从严治党工作。严格履行抓基层党建工作责任，开展抓基层党建述职评议考核，班子成员认真履行“一岗双责”，领题调研并形成报告，1篇调研报告获全省机关党建优秀研究成果一等奖。

（二）深化模范机关建设

倾力打造“有站位、有本事，比协作、比奉献”的机关文化，推动团省委机关“走在前、作表率”，1个部门获评模范机关建设工作表现突出集体。

（三）守好意识形态阵地

定期分析研判意识形态工作，调度思想政治工作情况，全面打造“一阵地、一矩阵、三平台”思想引领工作体系，山东省网上共青团综合平台影响力大幅提升，“青春山东”新媒体矩阵凝聚粉丝超2400万人，综合影响力位居全团前列，其中微信公众号稳居山东省政务新媒体排行榜榜首。

二、坚持以理论武装为重点，筑牢思想政治根基

坚持用习近平新时代中国特色社会主义思想凝心铸魂，以培养“青年先锋”为着力点，筑牢党员干部思想根基。

（一）示范领学

书记班子每周一集体学习，带头贯彻落实习近平总书

记重要讲话精神和重要指示要求，印发学习周报 113 期，扎实开展理论学习中心组学习，书记党课入选省直机关党组（党委）书记优秀党课案例选编。

（二）重点研学

聚焦学习贯彻党的二十大精神、习近平总书记在建团 100 周年庆祝大会上的重要讲话精神等重点内容，举办学习贯彻党的二十大精神专题学习班，理论学习中心组、党支部、青年理论学习小组分级分层专题学习，推动入脑入心。

（三）小组深学

探索青年理论学习“请进来”与“走出去”相结合，举办星光论坛和推动绿色低碳高质量发展等辅导报告会，与山东黄河河务局、山东种业集团开展主题联学活动，推动青年理论学习走深走实。团省委获 2022 年度省直机关青年理论学习优秀案例。

三、坚持以“三个深化”为依托，激发基层组织活力

落实党建带团建，固本强基、提质增效，激发基层党组织和群团组织工作活力。

（一）深化党支部标准化建设

每月下发党建工作提醒，定期开展支部党建督查，举办党务干部培训班，开展党的组织生活规范月活动，扎实做好党支部换届选举、发展党员、评星定级等工作，持续抓好省直机关党建责任制专项督查问题整改。

（二）深化打造“一支部一品牌”

各党支部把支部品牌融入共青团工作大局，着眼保障工作落地、任务落实，深挖品牌内涵、聚力比学赶超，基层党组织和广大党员创新活力充分激发。1 个党支部获评省直机关党支部建设示范点，1 个党支部荣获全省机关党建创新优秀案例二等奖。

（三）深化全国文明单位创建

充分发挥机关群团桥梁作用，改造提升“职工之家”，举办“喜迎二十大 奋进新征程”主题团日、“春风十里，芳华如你”三八国际妇女节等活动，群团工作有声有色。创新开展“传承沂蒙精神，谱写青春华章”流动党课、中医药文化进机关、退役军人“不忘初心、坚守本色”主题观展等活动，组建青年志愿服务队常态化开展“双报到”社区疫情防控等“五为”志愿服务，文化氛围积极向上。

四、坚持以廉洁文化建设为抓手，涵养良好政治生态

坚持严的主基调不动摇，一以贯之抓好党风廉政建设，驰而不息纠“四风”树新风。

（一）突出特色建设“青”廉机关

针对机关年轻干部比例高的特点，加强机关“青”廉文化建设，打造“青”廉课、“青”廉行、“青”廉阅等活动，组织省市县三级团干部观看《失守的青春》等年轻干部违纪违法警示教育片，联合省纪委开展年轻干部教育管理监督专题调研，编印《年轻干部违纪违法案例汇编》，经验做法在省直机关推广。

（二）从严从实加强监督执纪

定期开展廉政风险排查防控和事业单位内部调研，建立机关党建、干部人事、财务工作三张“提醒清单”，全覆盖开展科级干部廉政谈话，紧盯重要时间节点发布廉洁提醒，实现学习促廉、警示倡廉和家风助廉。团省委机关纪委获 2022 年度省直机关先进纪检组织。

（三）坚持不懈推动作风转改

大力倡导“严真细实快”工作作风，持续推进工作理念、工作方式、工作作风转变，力戒形式主义、活动思维、盆景套路，明确未经团省委书记会研究不向基层发文件、要材料、派任务，切实为基层减负瘦身赋能。

五、坚持以党建引领为关键，全力服务中心大局

锚定“走在前、开新局”，创新工作评价机制，通过党建引领，在各级、各领域、各部门开展比学赶超、观摩打擂活动，把党建资源转化为工作力量，把党建成果转化为工作成效，在落实重点任务中彰显党员担当。依托青企峰会服务双招双引，举办青年企业家创新发展国际峰会 2022 暨青年经济社会发展创新力论坛，新招引意向投资山东优质项目 172 个。建设青年发展友好型城市服务青年发展，制定省青年发展友好型城市建设工作指导意见和指标体系，省市县三级推动出台促进青年发展相关政策举措 560 项，国新办新闻发布会提到山东做法“为全国层面部署这项工作奠定了基础”。推动乡村好青年工作迭代升级服务乡村振兴，开展乡村好青年选培计划整县提升试点工作，组建“乡村好青年导师服务团”，助力好青年创新创业，开展“山青好品”评选活动，帮助好青年销售特色农产品 2550 万元。

强化红色引领政治功能 打造“党建 +N”新时代科协组织

省科协党组副书记、机关党委书记
秦维强

2022 年，山东省科协深入贯彻落实党的二十大精神，按照“深化群团组织改革和建设，有效发挥桥梁纽带作用”“增强党组织政治功能和组织功能”的总体要求，聚焦“走在前、开新局”，集中开展六项行动，着力打造开放型、枢纽型、平台型新时代科协组织。

一、实施红色引领行动，打造“党建 + 组织链”融合平台

立足“团结引领科技工作者听党话跟党走”的职责定位，坚持以党建为统领，理顺所属科技社团组织链结构，形成了“三章”统一、“三层”覆盖、“三权”监管的党建格局。“三章”统一，就是把党的领导写入学会章程，将学会党建工作与《中国共产党章程》《中国科协章程》的要求统一起来，从制度源头上保证党对科技社团组织的领导，省科协所属 155 个团体会员全部完成了党建入章工作。“三层”覆盖，就是在学会理事会层面建立党建工作小组，在学会办事机构层面，党员达到 3 人以上的，建立实体党支部，不足 3 人的建立功能型党组织。目前，省科协 103 家业务主管学会中，3 家建立了实体党支部，100 家成立了功能型党支部，58 家学会在理事会层面建立了党建工作小组。“三权”监管，就是对学会理事会成员提名资格、学会财务管理、资产产权管理进行监管，省科协每年组织专项监督抽查，促进科技社团组织健康发展。

二、实施创驱助力行动，打造“党建 + 创新链”融合平台

针对科协组织个人会员交叉兼职、团体会员结构松散、人财物隶属关系不一致等问题，发挥学会党组织政治优势和组织优势，找准党建与业务融合的切入点和突破口，搭建“科创中国”试点市与全国学会等交流合作平台，推动中国软件行业协会等 165 个全国学会来鲁开展科技服务活动，在中国科协发布的 65 个全国试点城市（园区）评估报告中，全省 2 市综合排名位居前 5 名，《人民日报》2 次刊登山东省试点工作经验，13 家单位入选“科创中国”创新基地，数量居全国第 3 位。坚持讲政治与抓业务有机统一，以党建优势擦亮科创工作品牌底色，组织开展企业园区行、技术路演、项目对接会等科技服务活动 340 多次，推介优秀科技成果 2400 多项，达成供需项目合作 330 多项，产生效益超过 89.9 亿元。以高站位、大党建视野谋划设计，从政治、组织、机制、创新上夯基垒台、立柱架梁，实施学会创新驱动发展工程。2022 年邀请 100 多位院士、600 多位国内外高层次专家、90 多万科技工作者参加各类学术交流活动，推动一批学术成果、签约项目落地转化，以党建红色引擎推动学术创新进步。

三、实施人才引育行动，打造“党建 + 人才链”融合平台

坚持党管人才、为党育才，围绕提升人才聚集力，全力服务全省人才工作大局，牵头实施“战略科学家引育行动”，2022 年推荐 6 人入选战略科学家、33 人入选科技领军人才，提出的 14 项顶尖人才培育措施被省委采纳。邀请 20 位院士专家参加山东院士专家齐鲁行，开展活动 21 场，促成合作 10 余项。建立青年科技人才理想信念常态化研修机制，举办青年科技领军人才国情研修“两弹一星”理想信念教育专题班，研修情况获得多位省领导批示肯定。加大科技人才举荐表彰力度，评选表彰 60 名省青年科技奖获得者，推荐 7 人入选中国青年科技奖。

四、实施科普惠民行动，打造“党建 + 传播链”融合平台

充分发挥党员先锋模范作用和支部战斗堡垒作用，扎实推进现代科技馆体系建设，省科技馆新馆建设任务圆满完成并开馆运行，向省委省政府和全省人民兑现了承诺，使党建“软实力”成为业务工作“硬支撑”。全省开放运行的各级科技馆达到 37 家，列入免费开放补助科技馆达到 34 家，争取科技馆免费开放补助资金数额居全国首位。不断强化基层科普能力，开展山东省科普专家工作室认定工作，首批认定 214 个；25 个单位获评 2021—2025 年度第二批全国科普示范县（市、区），64 个单位被中国科协认定为全国科普教育基地，数量均居全国前列。持续提升科普工作影响力，“全国科普日”期间发布活动数量居全国第 1 位，“每日科普”“你知道吗”“科普总动员”等科普品牌紧贴百姓生活、深受社会好评。

五、实施建言资政行动，打造“党建 + 决策链”融合平台

围绕服务党和政府科学决策，聚焦黄河重大国家战略，以“党建红”守护“生态绿”。深入落实省政府与中国科协战略合作协议，发挥智库服务黄河重大国家战略的重要作用，推进黄河国家战略研究院建设，举办黄河发展论坛，发布《黄河流域生态保护和高质量发展年度报告》，开展“黄河三角洲湿地保护”等 9 个重大研究课题，“支持德州

建设黄河流域（山东）现代农业科学城”建议写入《山东省黄河流域生态保护和高质量发展规划》，为黄河流域高质量发展注入红色动能。畅通智库专家建言献策渠道，优化《院士专家建议直通车》，报送决策咨询建议20期，省领导批示11期，为党和政府决策提供了智库支撑。

六、实施改革赋能行动，打造“党建+保障链”融合平台

坚持党建带群建，推动所属科技社团组织“横向联盟、纵向贯通、跨界融合”，构建开放共享的全要素保障体系。整合推动科协系统各类创新资源向基层倾斜，鼓励基层科协组织改革创新，培育遴选一批改革品牌，积极宣传举荐改革典型，增强典型示范带动作用。稳妥推进学会治理结构和治理方式改革，强化对学会的动态管理，及时依规淘汰软弱涣散学会。围绕全省重大战略需求，推动在前沿新兴交叉学科领域依法成立科技类社会组织，吸纳为省科协团体会员。走好网上群众路线，持续深化网上科技工作者之家建设，突出政治引领、组织链接、业务驱动，加强对科技工作者的网上联系、网上引导、网上动员、网上服务。

突出政治统领　聚焦中心发力
以高质量党建谱写中国式现代化工信新篇章

省工业和信息化厅党组成员、
直属机关党委书记　王　晓

2022年，省工业和信息化厅坚持以迎接党的二十大召开、学习贯彻党的二十大精神为主题主线，聚焦省委、省政府重大部署和全厅重点任务，突出政治引领、强化对标提升、注重融合创新，机关党的建设工作取得新突破、质量跃上新台阶，有力保障各项工作实现大踏步提升，交出了一份厚重提气的答卷。

一、突出政治统领、恪守政治忠诚，永葆政治机关的鲜明本色

坚持把政治属性作为第一属性，牢记“国之大者”，旗帜鲜明加强党的政治建设，自觉当好坚定拥护“两个确立”、坚决做到“两个维护”的“第一方阵”。

（一）创新提出“六型”机关

深入贯彻习近平总书记关于加强机关党的建设工作的重要论述要求，对照模范机关建设标准，紧密结合工信部门特点，细化提出“六型”机关，作为全厅党建工作的重要努力方向。机关与4个直属单位累计获得“模范机关建设工作表现突出单位（集体）”称号。

（二）创新理论学习方法

坚持优化学习模式，拓展“支部书记列席学、压力下传带动学、青年干部联系学”等做法，构建起具有工信特色的“五学”模式，实行理论学习中心组“全员”研讨机制，多篇理论文章在工信部、省委组织部和省直机关工委核心刊物发表。加大对下管理，建立每年对基层理论学习中心组的重点主题、重要会议全覆盖列席指导工作制度。连续被评为全省理论学习教育先进单位，持续擦亮理论学习“金字招牌”。

（三）创新党建活动方式

深入学习贯彻党的二十大精神，组织“学、比、赛、促”系列活动，支持省直机关“奋进新时代”党建成果展，策划“六型”机关建设支部书记访谈，教育党员坚定拥护“两个确立”、坚决做到“两个维护”。坚持以政治建设为重点，以深入落实“11266”工信工作体系为抓手，加大“三级联动”力度，形成“六联”工作格局，得到机关处室和市县工信部门积极响应，有效凝聚全省工信系统干事创业合力，被列为首批“三级联动”建设模范机关试点。

二、聚焦中心大局、找准职能定位，推动机关党建高质量发展

坚持把党建“第一责任”融入发展“第一要务”，立足“围绕中心、建设队伍、服务群众”的职能定位，做到中央决策和省委部署到哪里，基层、企业和群众的期盼在哪里，党建工作就跟进落实到哪里。

（一）围绕中心谋党建

时刻关注党中央在关心什么、省委在强调什么，聚焦黄河重大国家战略、绿色低碳高质量发展先行区建设和先进制造业强省行动等重点部署，明确党建目标、谋划党建思路、制定党建措施。深入开展“一支部一特色”创新实践活动，组织每个机关处室党支部，聚焦重大部署确定1项重点攻坚突破项目，推行“书记挂帅”“挂图式作战”“项目化推进”，为高质量发展赋能增效，2022年全省规模以上工业增加值同比增长5.1%，高于全国1.5个百分点，近五年来首次突破鲁苏浙粤四省后两位、跃居首位。

（二）建强堡垒筑根基

深入实施党支部标准化规范化建设，将其作为强基工程，明确考核导向，增加“六型”机关建设、党建业务融合等考核专项，聚力提升党组织政治功能和组织功能。扎实开展“114”党建突破行动，机关党建调研、示范支部建设等17项重点工作（活动），被上级刊发推广、通报表彰或作典型发言。

（三）强化服务提效能

深入开展“机关接地气、干部走基层”活动，完善党员、干部联系群众制度，建立工业运行联系服务工作机制，党员领导干部带头，实施“点对点”精准联系服务，累计解决基层企业困难诉求2万余项。健全完善志愿服务长效机制，聚焦干部职工诉求、需求，组织40余场（次）文体活动，慰问、救助干部职工99人，强化组织关怀，激发干事热情。

三、拧紧责任链条、扛牢政治责任，形成齐抓共管的工作格局

牢固树立抓好党建是最大政绩理念，紧紧扭住“责任制”这个牛鼻子，强化“党员意识”，切实担负起推进机关党建、推进党的事业的政治责任。

（一）制定重点任务清单“明责”

制定不同责任主体落实全面从严治党责任清单、机关党建责任清单，形成45项重点党建任务“三张清单”，督促基层党委同步明确具体责任，推动党建工作由“虚”变“实”。坚持从规范政治生活入手，建立逐级指导机制，形成“纵向指导”体系、“提级指导”模式，实行指导员全覆盖指导和全过程监督，明确要求、严格标准。

（二）筑牢党建责任链条“履职”

构建全面从严治党责任链条，实行“四级”述职模式，把管党治党压力传至“末梢”。拧紧压实抓党建工作责任，组织党组织书记逐级向省直机关工委、党组、直属机关党委、基层党委述职，构建“述职、整改、提升”闭环机制，形成上下联动、齐抓共管的工作格局。健全党风廉政建设长效机制，推动警示教育全覆盖，发挥巡察利剑作用，营造风清气正环境。

（三）激发先锋模范作用“担责”

引导党员牢记自己的第一身份是共产党员，第一职责是为党工作。在急事难事上锤炼党员，在艰巨繁重的疫情防控、事关全局的振作工业经济运行等工作中，站得出来、豁得出去。在工作落实上检验党员，十余项具有引领性、撬动性的重大工作走在全国前列且多数位居首位，在工信部可以量化的74项重点工作中，近九成排前3位、近四成排首位。在支撑保障上考验党员，在世界先进制造业大会、世界工业设计大会等十余个重大工作专班中尽心尽责、甘当绿叶，在稳经济大盘督导服务等多项外派任务中服从安排、埋头苦干，以优良作风推动工业经济高质量发展行稳致远。

凝心铸魂　勇担使命　奋力开创加快建设农业强省新局面

省农业农村厅党组书记、机关党委书记
张红旗

2022年，在省委坚强领导下，省农业农村厅各级党组织和广大党员干部深入学习贯彻党的二十大精神，认真落实省第十二次党代会部署，扎实开展“五个一”行动，大力推进模范机关建设，以高质量党建引领“三农”工作高质量发展，为打造乡村振兴齐鲁样板、加快推进农业强省建设积极贡献力量。

一、坚持一个统领，把讲政治放在首位

旗帜鲜明讲政治是我们党作为马克思主义政党的根本要求。省农业农村厅党组坚持以加强党的政治建设为统领，推动全面从严治党责任落实。一是树牢政治意识，完善“建立台账—督办落实—抽查检查—定期报告—跟踪问效”机制，全链条贯彻落实习近平总书记重要指示要求，以实际行动坚定拥护“两个确立”、坚决做到“两个维护”。二是坚持“第一议题”，围绕党的二十大精神、全国两会精神、习近平总书记关于“三农”工作重要论述等内容，第一时间传达学习，研究贯彻落实意见，确保习近平总书记重要指示批示精神落地落实。三是强化思想淬炼，制定加强干部队伍政治能力建设具体措施，常态化对标看齐，不断提高党员干部的政治判断力、政治领悟力、政治执行力，着力打造忠诚有力的“三农”铁军，推动农业农村工作高质量发展。

二、围绕一个中心，把敢担当融入日常

始终牢记“国之大者”，把党的建设放在农业农村工作大局中谋划和推进。省农业农村厅党组认真落实中央决策部署和省委要求，聚焦保障国家粮食安全、落实黄河国家重大战略等重点工作，组织引导全厅各基层党组织建立党员突击队、党员先锋岗等，在服务农业农村高质量发展中践行为民初心、勇担时代使命。2020年以来，全省农林牧渔业总产值连续3年超万亿，保持全国第一；粮食总产连续9年稳定在千亿斤以上，连续2年维持在1100亿斤以上水平；深入实施农村基础设施网建设，深化农村人居环境整治提升五年行动，累计建设省级美丽乡村2500个、

美丽庭院287万户。

三、建强一个堡垒，把惠民生落到实处

基层党组织是党的肌体的“神经末梢”，是党执政大厦的地基。省农业农村厅党组把建强基层党组织“战斗堡垒”作为党建工作的重心，推动党支部从“有形覆盖”到“有效覆盖”转变。第一，立足职责职能，深入推进抓党建促乡村振兴，因地制宜、有序引导村党组织领办合作社，村均年集体经济收入达67.2万元。开发乡村公益岗55.6万个，有力促进农民就近就地就业，持续巩固拓展脱贫攻坚成果。第二，持续深化全厅党支部标准化、规范化建设，发布56个党建品牌，形成“一支部一品牌、一支部一特色、一支部一做法”。第三，鼓励探索创新，推动党建与业务工作深度融合。省农技推广中心、省农广校等聚焦主责主业，创新田间地头“主题党日”“三会一课”“支部建在班上”等内涵丰富的组织活动，实现党建与业务工作同频共振、相互促进。

四、倡树一种风气，把守纪律化为自觉

习近平总书记强调：营造风清气正的政治生态，是一项持久的工作。省农业农村厅党组在全厅倡树“为政以干”良好风气，持续整治形式主义、官僚主义，驰而不息纠治“四风”，努力在服务基层和服务群众中转变工作作风。突出“严”，召开党风廉政建设暨模范机关建设工作会议，通报全厅上年度违规违纪情况，严肃查处问责，坚决防止“灯下黑”，以更高更严的标准教育管理党员干部。突出“防”，注重抓早抓小，把教育防范关口前移，用好用活“四种形态”，特别是“第一种形态”，分层逐级对1242人开展全覆盖例行廉政谈话，用身边事教育身边人，时刻提醒党员干部职工自觉抵御歪风邪气，始终保持清正廉洁。突出“管”，完善廉政风险防控机制，强化监督制约，出台加强新时代廉洁文化建设13条具体措施，梳理排查廉政风险点335个，修订完善防控措施773条，不断提高机关纪委规范化、法治化、正规化建设水平。

五、营造一种氛围，把共参与变成常态

紧紧围绕推动模范机关建设，持续筑牢党建引领“根据地”，积极营造全员参与、人人行动的良好氛围。深入基层搞服务，组织党员干部到农村开展“技术指导到田间”“科技下乡”等活动；到社区开展战“疫”青年、农产品安全进社区等志愿服务，持续打造“情系三农”志愿服务品牌。社区“双报到”活动被评为为民办实事优秀项目。建言献策当参谋，在全厅广泛开展“我为党建献一策”活动，引导各基层党组织和党员干部积极参与，提报具有农业农村特色的党建工作意见建议21条，党建工作新模式2个。强化党建带群团，组织“喜迎二十大、建功新时代”“庆建团百年、迎火红七一”等系列活动，厅直属机关团委获得“全国五四红旗团委”称号。培养先进树典型，开展“党员先锋岗”争先创优行动，评选出30个先进集体、70名先进个人，激励广大党员干部不忘初心、踔厉奋发，努力谱写农业农村工作“走在前、开新局”、加快农业强省建设的新篇章。

感党恩勇担当、知敬畏守底线 走好新时代审计新征程

省审计厅党组副书记、机关党委书记
张晓峰

2022年，省审计厅组织开展了为期100天的“感党恩勇担当、知敬畏守底线”集中教育活动，教育引导党员干部筑牢忠诚担当、攻坚克难的政治品格，激发事争一流、唯旗是夺的精气神，以高质量党建引领新时代审计工作高质量发展。厅临时党支部、审计宣传等多项工作在中组部、审计署相关会议上作典型交流，优秀审计项目数量位居全国前列，连续12年保持“全国文明单位”荣誉称号，连续5年获评省直机关绩效考核优秀等次。

一、聚焦增强活动实效，精心筹划、扎实推进

提高政治站位。厅党组把集中教育活动作为深化全面从严治党的具体举措，多次召开党组会、党组扩大会听取情况汇报、研究推进措施、提出具体要求，动员广大党员干部加强党性修养，锤炼忠诚品格，锻造过硬作风，奋力担当作为。科学制定方案。制发集中教育活动实施方案，特别是紧扣主题，围绕“正确对待组织与纪律、正确对待权力与责任、正确对待职务与荣誉、正确对待同事与家庭”，明确32项对照检查内容。周密组织实施。按计划推进各项工作任务，坚持每月一调度，及时梳理汇总教育活动的开展情况，针对存在的问题，认真研究改进措施，推动集中教育活动不断走深走实。

二、聚焦强化理论武装，抓实学习、筑牢根基

以上率下、领学促学。坚持把理论武装贯穿集中教育

活动始终，厅党组认真落实“第一议题”制度，召开党组会集中学习16次，开展理论学习中心组集体学习研讨7次。举办全省审计工作高质量发展培训班，深入学习贯彻习近平总书记对山东工作重要指示要求和关于审计工作重要论述，提升全省审计系统领导干部政治素质和履职能力。强化武装、提升素养。组织全员参加审计署党的十九届六中全会精神网络培训班，定期举办“审计大讲堂”，教育引导党员干部切实把思想和行动统一到党中央决策部署和省委工作安排上来。讲好党课、交流提高。围绕教育活动主题，聚焦最突出、最紧迫的问题，厅级党员领导干部和各党支部书记讲专题党课。青年理论学习小组每月设置主题，开展学习研讨。组织青年党员代表列席厅党组理论学习中心组学习并作交流发言，检验学习效果。

三、聚焦提高思想认识，查摆不足、整改提高

坚持把解决思想认识问题作为激励担当、守牢底线的重要前提，将对照检查、问题整改贯穿活动全过程。开展谈心谈话。各党支部每名党员干部之间至少进行1次谈心谈话，沟通思想、坦诚交流，相互提出2条以上的意见建议。支部书记与40岁以下青年干部逐一开展谈心谈话，对照“四个正确对待”，逐项逐条听取个人查摆情况，指出存在问题。召开专题组织生活会。结合党的组织生活规范月活动，严格按规范程序组织各党支部召开专题组织生活会，认真查摆突出问题和薄弱环节，深挖思想作风层面的产生根源；党员干部之间互相批评，见人见事见思想，触动思想、触及灵魂，达到了“红红脸”“出出汗”的目的。厅级党员领导干部认真落实双重组织生活制度，以普通党员身份参加所在党支部组织生活会。抓实问题整改。每名党员干部针对查摆的问题，逐项制定切实可行的整改措施，并对遵规守纪作出承诺。

四、聚焦锤炼年轻干部，加强管理、激励担当

加强分析研判。围绕加强年轻干部教育管理、分析倾向性苗头性问题、防范违纪违法问题发生等，召开党支部书记“诸葛亮”会，组织经验丰富的优秀党支部书记与新任党支部书记面对面交流，认真分析研判形势任务，研究思路举措，提升党支部书记队伍抓党建带队建促工作的能力水平。擦亮清廉底色。开展“审计青年说清廉”活动，组织收看廉政教育片，以案示警，谈认识、讲体会，征集廉政座右铭，教育引导青年干部时刻绷紧廉政这根弦，扣好廉洁从审“第一粒扣子”。激发青春活力。举办“审计青年说传承”暨庆五四主题演讲比赛，邀请退休老同志讲述山东根据地审计历史，教育引导青年干部自觉弘扬五四精神，传承红色基因，砥砺初心使命，勇于实干担当。成立9个审计团队“青年突击队”，激励青年干部发挥生力军作用，在审计一线奋勇争先、勇毅前行。展现青年担当。广大青年干部坚持围绕中心、服务大局，持续加压奋进、勇于拼搏，展现了昂扬向上、奋发进取的良好风貌。厅相关处室单位和青年干部获评“山东青年创新突击队”“山东青年创新榜样”“山东省改革尖兵”等。

五、聚焦全面从严治党，正风肃纪、强化监督

拧紧责任链条。认真落实《党委（党组）落实全面从严治党主体责任规定》及省委实施意见，研究制定年度履行机关党建主体责任清单，组织梳理廉政风险点，制定防控措施，签订党风廉政建设责任书，层层传导压力，逐级压实责任。加强作风建设。组织开展贯彻落实中央八项规定精神自查自纠、“酒杯中的奢靡之风”专项整治，制发《关于进一步加强作风建设的若干措施》，持续纠“四风”树新风，自觉弘扬“严真细实快”工作作风。强化监督管理。邀请省纪委领导围绕党风廉政建设进行专题辅导；组织全体党员干部参观廉政文化馆、收看廉政警示教育片，梳理汇总近年来全省审计机关违纪违法典型案例，用身边事教育身边人。开展审计现场监督检查，深入了解审计人员执行“四严禁”工作要求和“八不准”工作纪律情况，发现问题苗头，及时督促提醒，推动依法、廉洁、文明审计。

聚焦“三大工程”助推机关党建提质增效

省地矿局党委副书记、机关党委书记
倪　军

2022年，山东省地矿局党委坚持以习近平新时代中国特色社会主义思想为指导，深入学习贯彻党的二十大精神和习近平总书记给省地矿局第六地质大队重要回信精神，牢牢把握机关党建“围绕中心、建设队伍、服务群众”的职责定位，按照新时代党的建设总要求，聚焦铸魂、强基、赋能三抓手，积极构建3+3+3党建工作法，全力推动机关党建工作高质量发展。

一、聚焦“铸魂”抓党建，坚持“三个立足”，找准政治建设发力点

省地矿局党委以政治建设为统领，以党建“铸魂”为抓手，坚持做到“三个把握”，教育引导党员干部深刻领

悟“两个确立”的决定性意义，切实增强“四个意识”、坚定“四个自信”、做到“两个维护”，不断提高政治判断力、政治领悟力、政治执行力。立足践行“两个维护”这个根本要求。以全面学习把握党的二十大精神为主线，严格落实“第一议题”制度，坚持“抓党委龙头”“抓各级党组织书记关键少数”“抓青年群体”，广泛开展领导干部“我来讲党课”和党员讲微党课活动，推动习近平新时代中国特色社会主义思想融入党委理论中心组学习，融入党员培训，贯穿到“三会一课”、主题党日等活动中，实现多形式分层次学习全覆盖，推动理论武装走深走实、见行见效。立足牢记殷切嘱托这个鲜明主题。2022年10月2日，习近平总书记给省地矿局第六地质大队回信，对弘扬优良传统、做好矿产勘查工作提出殷切期望。省地矿局党委第一时间对深入学习贯彻习近平总书记重要回信精神作出安排,抓牢“我们都是收信人”“我们都是答卷人”两条纲目，向全局党员干部发出行动书、倡议书，举行山东地矿六队先进事迹报告会、座谈会，在门户网站和新媒体平台开设学习贯彻专栏，健全完善“传达学习、研究讨论、贯彻落实、监督检查”闭环管理机制，强化考核督导，推动学习贯彻习近平总书记重要回信精神在省地矿局各级党组织迅速掀热潮、加快见成效。立足严肃党内政治生活这个重要任务。在全局开展“组织生活规范月”活动，对照“五查五看”进行自查自检，督促指导各级党组织坚持和完善民主生活会、组织生活会、党内谈心谈话制度，用好批评和自我批评武器，推动党内政治生活严起来实起来。

二、聚焦“强基”抓党建，实施“三个提升”，找准基层战斗堡垒建实建强的重难点

省地矿局党委牢固树立大抓基层的鲜明导向，着力在增强基层党组织政治功能和组织功能上下功夫，通过实施提质增效、提亮增色、提能增干“三个提升”工程，筑牢基层党组织建设根基，以高质量党建引领高质量发展。实施提质增效工程。制定落实全面从严治党主体责任、第一责任和“一岗双责”三张清单，在全局层层签订党建工作目标责任书，扣紧压实责任链条。健全完善党员领导干部基层联系点制度，深化对局属单位党委工作联系指导。联合省直机关工委创新开展党建责任制专项联动督查，举行机关党建工作资料展评和经验交流活动，进一步深化党支部标准化建设，出台《全局党支部建设示范点评选管理办法》，评选全局首批党支部建设示范点10个。实施提亮增色工程。深化以党支部标准化为引领的项目部标准化建设，“党支部+项目部”标准化经验做法入选省直机关党的建设优秀成果。开展一支部一品牌建设，指导局属单位开展党建品牌创建成果案例推荐评选，制作微视频，加大对“党建品牌”的宣传推广力度，有力促进党建业务深度融合。突出地矿特色，抓好典型示范和引领，全面推动“六型”模范机关建设抓深化见成效。实施提能增干工程。开展作风建设年活动，以“四个一”行动为抓手激励党员干部担当作为。大力实施党务干部能力提升工程，通过强化党务干部队伍配备、组织党务培训、不定期抽调党务干部对党建重点任务落实进行互学互查等举措，不断提升党务干部综合能力。抓实党员队伍建设，深化党员积分管理，强化积分结果运用，持续增强党员干部活力。

三、聚焦“赋能”抓党建，力促“三个融合”，找准服务保障地矿事业发展的关键点

省地矿局党委牢固树立“抓党建就是抓全局”的理念，始终把党的建设落实到地矿系统治理各方面、全领域，推动党建与业务工作、地矿文化建设、服务民生深度融合，为建设全国一流新时代现代化地质强局赋能增效。坚持党建与业务融合。制定党建与业务融合行动方案，提出导向融合、机制融合、能力融合、考评融合的具体措施，推动形成“一盘棋”工作格局。加强党建与业务工作深度融合课题研究，相关课题研究获全省机关党建优秀研究成果一、二、三等奖，被《中国矿业报》全文专版刊载。指导局属单位把党小组建在重点项目上，积极开展党建融合活动，在服务黄河重大国家战略、冬奥会场地建设、乡村振兴、海洋强省建设、地质找矿中彰显了地矿担当。坚持党建与地矿文化建设融合。把地矿文化建设纳入党建和精神文明建设考核，作为激发党建活力、凝聚机关力量的重要抓手。大力弘扬“爱国奉献、艰苦奋斗、开拓创新”优良传统，提炼“地质报国、事业立局、科技引领、有为有位、争创一流”工作理念，构建素质文化、理念文化、典型文化、环境文化、制度文化五大文化体系，开展地矿文化建设示范单位评选，建立先优模范选树长效机制，着力讲好“山东地矿故事”、唱响“山东地矿声音”，全方位展示山东地矿新变化，提升地质工作社会影响力，走出一条“文化强党建，党建兴文化”的发展之路。坚持党建与服务民生融合。深化“双联共建”，同禹城市小刘村签订共建协议，出资为该村找水打井。常态化推进党员“双报到”和社区党组织结对共建活动，获评省市区机关联动“双报到”为民办实事优秀项目。加强幸福地矿建设，设立困难职工救助基金，及时开展慰问生病住院职工、金秋助学、大病救助等活动，常态化开展冬送温暖、夏送清凉以及节日慰问一线活动。组建抗疫志愿服务队，开展75轮核酸检测，检测15000余人次，为机关干部采购急缺抗疫物资，关键时刻保障干部职工生命健康安全，以实际行动践行人民至上的责任与担当。

“四个抓实”推进基层党建工作提质增效

青岛海关直属机关党委书记 王学全

2022年，青岛海关认真落实全面从严治党要求，大抓基层、大抓支部，聚焦增强政治功能和组织功能，出实招、破难题，建机制、抓落实，努力把每个基层党组织建设成为坚强战斗堡垒。

一、抓实思想教育，深入开展政治机关建设

坚持把政治建设摆在首位，深入推进政治机关意识教育，党员干部政治意识不断增强。

（一）强化理论武装

始终把学习贯彻习近平新时代中国特色社会主义思想和党的二十大精神作为首要政治任务，研究制订14项具体措施，掀起学习热潮。发挥“青关大讲堂”作为山东省理论宣讲基地的辐射作用，开展宣讲115场，引导党员深刻领悟“两个确立”的决定性意义，做到“两个维护”有感悟、有表达、有情感、有行动、有成效。

（二）开展专项教育

统筹开展政治机关专项教育活动和“学查改”专项工作，将两个专项工作作为做好年度工作的重要抓手，列入重点任务，细化16项工作措施，梳理106个岗位130项具体政治要求；组织关区深入查摆问题803个，制定整改措施1037条，教育党员干部把讲政治的要求从外部要求转化为内在主动。

（三）建设模范机关

扎实开展“‘走在前列全面开创’‘三个走在前’我在行动”主题活动，制订8大类139项任务清单，纵深推进文明创建和模范机关建设。连续6年获得地方绩效考核优秀等次。2个集体获评省直机关模范机关建设工作表现突出集体，2个集体获评全国海关先进集体。

二、抓实制度规范，不断提升党建工作标准

注重加强制度建设，立规矩、促规范，推动基层党建工作有章可循。

（一）夯实组织基础

坚持支部建设与科（处）室全面建设融合，建立科（处）级党支部406个，基层党组织书记全部由行政“一把手”担任，明确支部书记、副书记、委员和党小组长工作清单24项，明确支部月度、季度、年度工作清单34项，将责任细化到人、量化到岗，强化了“一把手”抓党建的主责主业意识。

（二）明确规范标准

统筹“四强”支部和三级支部建设要求，修订直属机关党的工作管理办法，编写《支部标准化规范》，细化11项支部日常工作流程，完善57项支部考评指标，部署支部标准化建设梯次提升行动，复核评选“四强”党支部80个，1个支部获评省直机关党支部建设示范点。

（三）开展“双提升”行动

在党组织中开展“强化政治功能，组织力凝聚力提升行动”，在党组织书记和党务干部中开展“强化政治意识，党建工作能力提升行动”，组织414名专兼职党务干部参加练兵活动，培训执法一线党支部书记172名，推动党务干部能力提升，15个研究成果入选总署专刊，1人获评全国海关党务之星。

三、抓实创新驱动，有效推动党建业务融合

坚持目标导向和效果导向，积极探索破解党建业务“两张皮”问题的思路形式和方式方法，推进党建业务深度融合。

（一）深化党建品牌创建

修订品牌创建管理办法，理顺创建路径流程，倡导“一支部一品牌，一品牌一特色”，复核认定关区党建示范（培育）品牌69个，编印《优秀党建品牌汇编》并大力宣传，以联学联建、主题党日等形式，扩大品牌影响力。2022年，7个基层党组织获评全国海关党建示范（培育）品牌。

（二）开展重点项目攻关

聚焦破解党建业务“两张皮”、基层党建工作质量不高、机关党建“灯下黑”等问题，着眼隶属海关党委书记和党支部书记两个层面，确定5+5个“书记项目”，实施基层党建重点难点项目攻关，推动党建问题研究常态化。1个项目入选海关总署“书记项目”试点。2个课题分获年度全省机关党建优秀研究成果一、二等奖。

（三）创新“三项议事”制度

将“三会一课”与防范海关“三大风险”结合起来，支部围绕党建责任落实、队伍思想动态、业务重难点、廉政形势等内容，开展议队伍、议业务、议廉政的专题会议，推动党建与中心工作深度融合，有关做法被海关总署政治部推广。

四、抓实问题整改，扣牢拧紧党建责任链条

注重把问题整改作为推进党建责任落实的重要抓手，精准施策纠治顽疾，推动党组织书记扛实党建责任。

（一）深化以案促改试点工作

深刻吸取柳伟、张道虎严重违纪违法案件教训，严格处置涉及的问题线索，召开关区警示教育大会，通报案情，结合二人忏悔书，开展以案释法、以案示警、以案明纪。相关做法得到署领导认可。

（二）强化督促检查

由“一锤定音”的年底考核向“天天敲锣”的日常考核转变，结合“党的组织生活规范月”活动部署，综合运用核对灯塔平台信息、派员实地参会等“线上 + 线下”方式，抽查关区 110 个党支部“三会一课”等组织生活开展情况，通报共性问题 4 类，指导各级党组织严肃开展党内政治生活。

（三）优化述职考核

区分隶属海关党委书记和基层党组织书记两类责任主体，统筹开展党建述职工作，组织各级党组织书记系统梳理自己查、群众提、上级点的问题，建立问题、责任、整改等“三张清单”，转化为新年度党建工作思路措施。优化述职评议结果运用，作为年度考核、“两优一先”评选、干部选拔任用的重要依据，推动党建责任落地落实。

扛起政治责任　建设模范机关
高质量服务山东“走在前、开新局”

省气象局党组成员、机关党委书记　朱　键

2022 年，省气象局机关党委在山东省委省直机关工委和省局党组的正确领导下，坚持以政治建设为统领，践行新时代党的建设总要求，认真贯彻党中央决策部署，坚持党建与业务工作“同谋划、同部署、同推进、同考核”，推进党建与业务工作“双提升”。2022 年，省气象局在中国气象局和省委省政府年度考核中均获得优秀等次，连续保持全国文明单位称号。

一、扛起政治责任，狠抓机关党的建设

坚持以习近平新时代中国特色社会主义思想凝心铸魂，扎实开展党内学习教育。举办党员干部培训班，专题学习了党的十九届六中全会精神、党的二十大精神，促使党员干部思想上受洗礼、能力上有提升。邀请省委党校教授、省直机关工委专家领导到省局现场授课，讲解政治、理论、意识形态和党务知识，提高党务工作者政治觉悟、政治能力和工作水平。发动青年理论学习小组开展“青年读书”、“青年调研”、学习交流等活动，激发干事创业活力。认真落实党支部标准化规范化建设要求，强化党内法规执行、支部设置和建设、意识形态管控、“三会一课”制度落实等，扎实开展发展党员、支部换届、主题党日和党组织书记述职考核工作。利用“学习强国”“灯塔党建在线”平台，常态化开展支部党员学习教育，规范党内组织生活，收到良好成效。年内省气象台支部被评为省直机关示范党支部，6 名党员、2 名党务工作者和 3 个基层党组织被中国气象局党组表彰。

二、创建模范机关，营造事业发展合力

牢固树立政治机关意识，持之以恒创建模范机关。2022 年，省气象局按照省委模范机关建设要求，注重发挥基层党组织战斗堡垒作用和党员先锋模范作用，通过省市县“三级联动”，扎实开展防灾减灾气象服务，筑牢气象防灾减灾第一道防线，相关做法被中国气象局和省委省直机关工委宣传报道。通过加强组织领导，将省局机关、直属单位、市、县级气象局的党组织纳入联动范围，按照省局抓总、市局抓细、县局抓实的创建要求，制订工作规划，印发《模范机关建设实施方案》，明确目标原则、工作任务和工作要求。充分利用气象部门的组织优势、体制优势和管理优势，强化了统一目标、统一品牌、统一要求“三统一”，实施了理论联学、工作联动、活动联办、服务联建、作风联督、文化联创“六联动”，形成了以“防灾减灾、服务社会”为基本内涵的“风云先锋”山东气象党建品牌和上下贯通的创建体系；聚焦气象服务主责主业，深入开展“人民至上、生命至上”主题实践活动，着力构建纵到底、横到边的防灾减灾气象预警新机制，在服务山东经济社会发展中，淬炼了过硬的工作作风和服务能力。在模范机关创建工作中，突出一个“细”字，制订了“三级联动”责任清单，细化了 33 项联动措施，做到“责任清单、任务清单、制度清单”三单统一、稳步推进。在工作推进上狠抓一个“动”字，通过抓本级带下级、抓机关带系统，从上到下、线上线下开展联动，共同打造“风云先锋”党建品牌。在工作目标上追求一个“效”字，注重以气象服务保障地方经济社会发展工作的成效和党组织战斗堡垒作用、党员先锋模范作用的发挥，检验模范机关建设成果。

三、筑牢第一防线，保障经济社会发展

2022 年，省气象局机关党委围绕党组中心工作，牢牢把握“六个坚持”发展思路，强化党建与业务工作深度融合，践行服务国家服务人民的初心使命，面向生命安全、生产发展、生活富裕、生态良好，锚定监测精密、预报精准、服务精细，不断提升气象服务保障山东经济社会发展的能力，筑牢气象防灾减灾第一道防线。全省气象部门共

同构建了“7133”气象防灾减灾长效机制，党员干部冲在前，发挥了示范带头作用，有力地提升了全省气象预报和预警服务水平。2022 年山东省汛期降水异常偏多，暴雨过程频发，多地气温、降水均突破历史极值。省气象局全面推行了气象预警“叫应”服务，通过各种形式“叫应”相关部门“指战员”840 多轮次，精准预报和服务 12 轮次全省大范围强对流天气、16 次大范围暴雨天气过程，成功防御了台风“梅花”侵袭，保障了全省大中型水库、重要湖泊和骨干河道安全。在第一时间向省领导和相关部门报送决策服务材料 535 期，省领导先后 69 次在《重要天气预报》上批示部署防灾减灾工作，16 次与省气象局视频连线、会议调度防汛救灾工作，省政府办公厅、省防指根据气象预警下发通知 90 多次，为防范应对暴雨等灾害性天气发挥了气象科技先导性作用，取得良好效果。2022 年度山东省公众气象服务满意度位居全国第一，暴雨等预报质量排名全国第二名。全省气象部门为服务山东“走在前、开新局”做出了积极贡献。

大　事　记

2022 年大事记

1 月

5 日—6 日　省委、省政府举行全省新旧动能转换“五年取得突破”重点项目现场观摩，深入贯彻落实习近平总书记对山东工作重要指示要求，检验成效、交流经验，凝心聚力、提振信心，带动全省上下形成抓项目谋划、促项目落地的浓厚氛围，全力推动新旧动能转换“五年取得突破”。省委书记李干杰出席活动并在总结交流会上讲话；省委副书记、省长周乃翔，省政协主席付志方，省委副书记杨东奇出席。

6 日　山东省人民政府与华为技术有限公司在济南签署共同推进“十四五”数字强省合作备忘录。省委副书记、省长周乃翔，华为公司副董事长、轮值董事长郭平出席仪式。根据合作备忘录，双方将在数字政府、数字社会、碳达峰碳中和、人工智能、工业互联网云平台、数字技术赋能新制造等方面深化合作，助推山东新旧动能转换、数字强省建设、经济社会各领域数字化转型发展。

7 日　省委农业农村委员会召开第五次全体会议，省委书记、省委农业农村委员会主任李干杰主持会议并讲话，周乃翔、付志方、杨东奇和委员会委员出席。会议审议了《关于做好 2022 年全面推进乡村振兴重点工作的实施意见》和《中共山东省委农业农村委员会 2021 年工作总结和 2022 年工作要点》，听取了关于 2021 年涉农资金统筹整合工作开展情况和 2022 年省级预算安排建议的汇报。

8 日　潍柴动力全球首款本体热效率 51.09% 柴油机发布暨国家燃料电池技术创新中心和“氢进万家”科技示范工程运行情况座谈会在山东大厦举行。全国政协副主席、中国科协主席万钢，省委书记李干杰出席座谈会并讲话；省委副书记、省长周乃翔出席。

10 日　山东省党史学习教育总结会议在济南召开。会议深入贯彻落实习近平总书记重要指示要求和中央党史学习教育总结会议精神，全面总结全省党史学习教育成效和经验，对巩固拓展党史学习教育成果进行安排部署，把学习贯彻党的十九届六中全会精神进一步引向深入，以优异成绩迎接党的二十大胜利召开。省委书记李干杰出席会议并讲话，党史学习教育中央第四指导组组长于跃敏到会指导，省委副书记杨东奇主持。

11 日　省委农村工作会议在济南召开。会议以习近平新时代中国特色社会主义思想为指导，深入学习贯彻习近平总书记关于“三农”工作的重要论述，学习贯彻党的十九届六中全会精神、中央经济工作会议精神、中央农村工作会议精神，落实省委经济工作会议要求，分析形势，总结工作，交流经验，安排部署 2022 年“三农”工作。省委副书记杨东奇讲话。

16 日　省政协党组召开扩大会议。省委书记李干杰主持会议并讲话，省政协主席付志方、省政协党组书记葛慧君出席。

16 日—17 日　中共中央政治局委员、国务院副总理胡春华在寿光督导春节期间蔬菜稳产保供工作。省委书记李干杰，省委副书记、省长周乃翔分别陪同督导。

17 日　省委常委会召开会议，传达学习习近平总书记在中央政治局党史学习教育专题民主生活会上的重要讲话和中央有关通报，按照中央部署要求，聚焦民主生活会主题，开展专题学习研讨，为开好省委常委会专题民主生活会打牢思想基础。省委书记李干杰主持会议并讲话。省委常委同志结合思想和工作实际，谈了认识体会。

同日　省委副书记、省长周乃翔主持召开省政府常务会议，研究中央生态环境保护督察整改、安全生产、公共数据开放等工作。

18 日　省委常委会召开会议，传达学习习近平总书记在十九届中央纪委六次全会上的重要讲话精神，传达学习习近平总书记在省部级主要领导干部学习贯彻党的十九届六中全会精神专题研讨班上的重要讲话和王沪宁同志讲话，传达学习习近平总书记对政法工作的重要指示和在2022年世界经济论坛视频会议上的演讲，研究审议有关工作事项。省委书记李干杰主持会议并讲话。

同日　省政法队伍教育整顿领导小组召开第十次会议，深入学习习近平总书记对政法工作作出的重要指示和全国政法队伍教育整顿总结会议精神，听取全省政法队伍教育整顿工作情况汇报，安排部署下一步工作。省委书记、省政法队伍教育整顿领导小组组长李干杰主持会议并讲话，林峰海、张甲天、陈勇和领导小组成员出席。

19 日　省委常委会召开党史学习教育专题民主生活会。这次民主生活会以中央政治局专题民主生活会为标杆，深入学习贯彻习近平新时代中国特色社会主义思想和党的十九届六中全会精神，聚焦“大力弘扬伟大建党精神，坚持和发展党的百年奋斗历史经验，坚定历史自信，践行时代使命，厚植为民情怀，勇于担当作为，团结带领人民群众走好新的赶考之路”主题，联系实际，查摆问题，深入进行党性分析，严肃认真开展批评和自我批评。省委书记李干杰主持会议并作总结讲话。党史学习教育中央第四指导组组长于跃敏到会指导并作点评讲话。中央第四指导组其他成员、中央纪委国家监委有关负责同志出席。省人大常委会、省政协党组负责同志列席。

22 日—26 日　中国人民政治协商会议第十二届山东省委员会第五次会议在济南举行。中共山东省委书记李干杰，省委副书记、省长周乃翔，省委副书记杨东奇出席大会。李干杰代表中共山东省委，向大会召开表示热烈祝贺。付志方代表政协第十二届山东省委员会常务委员会作工作报告，刘均刚代表政协第十二届山东省委员会常务委员会作提案工作报告。大会选举葛慧君为省政协主席，选举王书坚、林峰海为省政协副主席，选举边祥慧为省政协秘书长，选举21名省政协委员为省政协常委。会议表决通过了政协第十二届山东省委员会第五次会议关于常务委员会工作报告的决议，表决通过了政协第十二届山东省委员会第五次会议关于常务委员会提案工作报告的决议，表决通过了政协第十二届山东省委员会提案委员会关于省政协十二届五次会议提案审查情况的报告，表决通过了政协第十二届山东省委员会第五次会议政治决议。

23 日—27 日　山东省第十三届人民代表大会第七次会议在济南举行。李干杰宣布大会开幕，周乃翔代表省政府向大会作政府工作报告。大会选举杨东奇、张江汀、孙立成为山东省第十三届人民代表大会常务委员会副主任，夏红民为山东省监察委员会主任，惠新安为山东省第十三届人民代表大会常务委员会秘书长，于风贵、王献玲、庄文忠、江成、孙可奇、孙建功、佘春明、张术平、张洪海、袭艳春为山东省第十三届人民代表大会常务委员会委员。大会表决通过了省十三届人大专门委员会组成人员补充人选名单。大会经过表决，通过了省十三届人大七次会议关于政府工作报告的决议、关于山东省2021年国民经济和社会发展计划执行情况与2022年计划的决议、关于山东省2021年预算执行情况和2022年预算的决议、关于山东省人民代表大会常务委员会工作报告的决议、关于山东省高级人民法院工作报告的决议、关于山东省人民检察院工作报告的决议、关于山东省第十四届人民代表大会代表选举问题和常务委员会组成人员名额的决定。

24 日　全省新冠肺炎疫情防控工作视频调度会议召开。会议贯彻落实党中央、国务院决策部署和省委、省政府要求，调度有关市和工作组工作情况，分析当前疫情防控形势，安排部署近期重点任务，坚决守住守牢疫情防控底线。会前，省委书记李干杰，省委副书记、省长周乃翔提出要求。

27 日　省委审计委员会召开第八次会议，深入学习贯彻习近平总书记关于审计工作的重要指示要求，学习贯彻李克强总理在听取审计署工作汇报时的讲话要求和全国审计工作会议精神，审议有关事项，研究部署下一步工作。省委书记、省委审计委员会主任李干杰主持会议并讲话，周乃翔、夏红民、刘强、王良和委员会委员出席。

28 日　中共山东省纪委十一届七次全体会议在济南举行。会议以习近平新时代中国特色社会主义思想为指导，全面贯彻党的十九大和十九届历次全会以及十九届中央纪委六次全会精神，深入落实习近平总书记对山东工作的重要指示要求，总结2021年全省纪检监察工作，研究部署2022年任务。省委书记李干杰出席会议并讲话。省委副书记、省长周乃翔，省政协主席葛慧君，省委副书记杨东奇出席。省委常委、省纪委书记、省监委主任夏红民传达十九届中央纪委六次全会精神。

29 日　省委常委会召开会议，传达学习习近平总书记对党的建设研究工作作出的重要指示，传达学习十九届中央纪委六次全会精神，研究审议有关工作事项。省委书记李干杰主持会议并讲话。

同日　全省安全生产视频会议召开，深入学习贯彻习近平总书记关于安全生产的重要论述，认真落实全国安全生产电视电话会议部署要求，总结2021年安全生产工作，分析面临的形势，部署2022年重点工作，全力保护人民群众生命财产安全，全力维护社会大局安全稳定。省委副书记、省长周乃翔出席会议并讲话，省委副书记杨东奇主持会议。

2 月

7 日　山东省2022年工作动员大会在济南举行。会议以习近平新时代中国特色社会主义思想为指导，深入学习贯彻党的十九届六中全会及中央经济工作会议精神，认真贯彻落实习近平总书记对山东工作的重要指示要求，总结2021年工作，隆重表彰优秀企业家，动员全省广大党员干部群众，时不我待、只争朝夕，牢记使命、不负嘱托，不断增强经济社会发展创新力，坚定不移推动高质量发展，创新引领走在前，聚力实现新突破，奋力开创新时代社会主义现代化强省建设新局面。省委书记李干杰出席会议并讲话，省委副书记、省长周乃翔主持，省政协主席葛慧君、省委副书记杨东奇出席。

8日 省委副书记、省长、省政府党组书记周乃翔主持召开省政府党组会议，认真学习习近平总书记在十九届中央纪委六次全会上的重要讲话精神，贯彻省纪委十一届七次全体会议精神，落实山东省2022年工作动员大会部署要求，开展讨论交流，研究贯彻落实的具体措施。

同日 省委副书记、省长周乃翔主持召开省政府常务会议，研究促进电子商务高质量发展、市场采购贸易出口信用保险管理、省级公益林划定和管理等工作。

同日 省委副书记、省长周乃翔主持召开当前经济运行情况调度会，落实省委经济工作会议、省两会和2022年工作动员大会部署要求，听取1月份经济运行情况汇报，分析存在的突出问题，研究一季度经济走势，安排部署下步重点任务。

11日 省委常委会召开会议，传达学习习近平总书记在1月24日中共中央政治局会议上的重要讲话精神，研究审议有关工作事项。省委书记李干杰主持会议并讲话。

同日 山东与世界500强连线高端装备产业合作专场在济南举行。省委书记李干杰出席活动并与企业代表连线交流，省委副书记、省长周乃翔致辞并进行连线交流。

同日 省委海洋发展委员会召开第五次会议，深入学习贯彻习近平总书记关于海洋强国的重要论述，听取有关汇报，审议有关文件，研究部署下一步工作。省委书记、省委海洋发展委员会主任李干杰主持会议并讲话，周乃翔、葛慧君、杨东奇和委员会委员出席。

15日 省委副书记、省长周乃翔主持召开省政府常务会议，研究春季农业生产、深入打好污染防治攻坚战、城乡建设绿色发展、安全生产、电动自行车管理等工作。

16日—17日 中共中央政治局委员、全国人大常委会副委员长王晨在山东就人大代表工作进行调研，听取在基层的部分全国人大代表意见建议，与代表互动交流。全国人大常委会委员、全国人大宪法和法律委员会副主任委员、全国人大常委会法制工作委员会主任沈春耀；省委书记、省人大常委会主任李干杰；省委副书记，省人大常委会副主任、党组书记杨东奇陪同调研。

18日 省委常委会召开会议，深入学习贯彻习近平总书记重要讲话精神，研究审议有关工作事项。省委书记李干杰主持会议并讲话。会议听取了关于全国春季农业生产暨加强冬小麦田间管理工作会议精神的汇报，研究了山东省贯彻落实意见。会议审议了《尼山世界儒学中心儒学传承发展“十四五”规划》。

同日 省委理论学习中心组进行集体学习，围绕学习贯彻习近平经济思想、贯彻落实中央经济工作会议等会议精神，联系思想和工作实际进行交流讨论。省委书记李干杰主持学习并讲话，周乃翔、葛慧君、杨东奇和中心组成员等参加。

19日 全省春季农业生产视频会议召开，深入学习贯彻习近平总书记关于“三农”工作的重要论述和重要指示批示精神，认真贯彻全国春季农业生产暨加强冬小麦田间管理工作会议精神，落实省委部署要求，分析农业生产形势，部署2022年重点工作任务，全力以赴夺取粮食丰产丰收。省委副书记、省长周乃翔出席会议并讲话，省委副书记杨东奇主持会议。

21日 山东省职工创新创效动员大会在济南召开，深入学习贯彻习近平总书记对山东工作的重要指示要求，落实全省2022年工作动员大会部署，对职工创新创效工作进行再动员、再部署、再推动，为增强经济社会发展创新力、奋力开创新时代社会主义现代化强省建设新局面贡献智慧力量。省委副书记杨东奇讲话。

23日 山东未来网络研究院、山东未来集团揭牌暨全球首张确定性网络发布活动在济南举行。省委书记李干杰，省委副书记、省长周乃翔，紫金山实验室主任、中国工程院院士、山东未来网络研究院院长刘韵洁出席活动。

24日 省委机构编制委员会召开第十二次会议，深入学习贯彻习近平总书记关于机构编制工作的重要论述，传达学习中央编委第四次会议和全国编办主任会议精神，审议有关事项和文件，安排部署下步重点任务。省委书记、省委机构编制委员会主任李干杰主持会议并讲话，杨东奇、王宇燕、刘强和委员会委员出席。

同日 省委外事工作委员会召开第七次全体会议，深入学习贯彻习近平外交思想，总结2021年全省外事工作，审议有关事项和文件，研究部署2022年重点工作。省委书记、省委外事工作委员会主任李干杰主持会议并讲话。

25日 省委常委会召开会议，深入学习贯彻习近平总书记重要讲话精神，研究审议有关工作事项。省委书记李干杰主持会议并讲话。

同日 山东省举行2022年春季重大项目集中开工活动，900个重大项目集中开工建设。省委书记李干杰出席活动，省委副书记、省长周乃翔讲话，省政协主席葛慧君、省委副书记杨东奇出席。

26日 全省就业工作电视会议暨省就业和农民工工作领导小组会议召开，深入学习贯彻习近平总书记关于就业工作的重要论述和重要指示批示精神，总结去年工作，分析当前形势，安排部署下步重点工作，全力确保全省就业大局持续稳定。省委副书记、省长周乃翔出席并讲话。

28日 全省现代水网暨2022年重点水利项目建设推进视频会议召开，深入学习贯彻习近平总书记关于治水工作的重要指示批示精神，认真落实党中央、国务院决策部署，按照省委部署要求，动员各级统一思想、真抓实干，扎实推进现代水网建设，支撑推动全省经济社会高质量发展。省委副书记、省长周乃翔出席并讲话。

同日 省委副书记、省长周乃翔主持召开中国（山东）自由贸易试验区工作领导小组会议，深入贯彻落实习近平总书记关于自由贸易试验区建设的重要指示批示精神，总结分析全省自贸试验区建设进展情况，研究审议有关文件，安排部署下步重点任务。会议听取了自贸试验区总体情况和济南、青岛、烟台三个片区建设情况，审议并原则通过《2021 年山东自贸试验区制度创新成果》等文件。

3 月

1 日 省委副书记、省长周乃翔主持召开全省新冠肺炎疫情防控工作视频会议，深入学习贯彻习近平总书记关于统筹推进疫情防控和经济社会发展工作的重要指示批示精神，分析疫情防控形势，调度近期工作情况，安排部署下步重点工作，坚决守住守牢疫情防控底线。会议听取了济南、青岛、烟台疫情防控工作情况汇报，省委统筹疫情防控和经济运行工作指挥部有关工作组（专班）汇报了近期工作情况，疾控专家作了发言。

同日 省委副书记、省长周乃翔主持召开省政府常务会议，深入贯彻落实习近平总书记对山东工作的重要指示要求，全面落实省委经济工作会议、省两会和 2022 年工作动员大会部署，研究分析当前全省经济社会发展形势，坚定信心、加压奋进，确保完成一季度目标任务。

2 日 省委常委会召开会议，传达学习习近平总书记在 2 月 25 日中共中央政治局会议、中共中央政治局第三十七次集体学习、中央党校（国家行政学院）中青年干部培训班开班式、中央全面深化改革委员会第二十四次会议上的重要讲话精神，传达学习习近平总书记在审阅中央政治局委员、书记处书记，全国人大常委会、国务院、全国政协党组成员，最高人民法院、最高人民检察院党组书记的述职报告时作出的重要指示精神，研究审议有关工作事项。省委书记李干杰主持会议并讲话。

4 日 出席十三届全国人大五次会议的山东代表团举行全体会议，传达大会秘书处召开的代表团召集人会议精神，就山东代表团安全、顺利开好会议，确保圆满完成会议预定的各项任务进行部署。山东代表团团长李干杰主持并讲话，副团长周乃翔、夏红民出席。

5 日 出席十三届全国人大五次会议的山东代表团举行全体会议，审议政府工作报告。十九届中央委员，国务委员、国务院党组成员王勇出席会议并发言。山东代表团团长李干杰、副团长夏红民出席。

7 日 出席十三届全国人大五次会议的山东代表团举行小组会议，传达学习习近平总书记在内蒙古代表团和在全国政协农业界、社会福利和社会保障界委员联组会上的重要讲话精神，审议地方各级人民代表大会和地方各级人民政府组织法修正草案、关于第十四届全国人大代表名额和选举问题的决定草案、香港特别行政区选举第十四届全国人大代表的办法草案、澳门特别行政区选举第十四届全国人大代表的办法草案。山东代表团团长李干杰、副团长夏红民出席。

同日 全省党内法规工作会议在济南召开。会议深入学习贯彻习近平总书记重要指示和全国党内法规工作会议精神，研究部署新时代全省党内法规制度建设工作。省委副书记杨东奇出席会议并讲话。

8 日 出席十三届全国人大五次会议的山东代表团举行小组会议，审议全国人大常委会工作报告。山东代表团团长李干杰、副团长夏红民出席。

同日 山东省各界妇女纪念“三八”国际妇女节表彰会在济南召开，深入学习贯彻习近平总书记关于妇女和妇女工作的重要指示要求，落实全省 2022 年工作动员大会精神，团结凝聚广大妇女奋进新征程、建功新时代，为实现“走在前列、全面开创”“三个走在前”贡献巾帼力量。省委副书记杨东奇讲话。

9 日 山东省召开疫情防控专题视频会议，省委书记李干杰在北京出席会议并讲话。会议深入贯彻习近平总书记关于疫情防控工作的重要指示精神，分析当前疫情形势，安排部署下步工作，动员全省上下坚决打赢疫情防控遭遇战、阻击战，持续巩固疫情防控成果，确保守住不出现疫情规模性反弹的底线。省委副书记、省长周乃翔主持会议，省委副书记杨东奇出席。会上，通报了全省及青岛、淄博、威海市疫情防控有关情况。

同日 出席十三届全国人大五次会议的山东代表团举行小组会议，审议最高人民法院工作报告、最高人民检察院工作报告，审议关于修改地方各级人民代表大会和地方各级人民政府组织法的决定草案、关于第十四届全国人大代表名额和选举问题的决定草案修改稿、香港特别行政区选举第十四届全国人大代表的办法草案修改稿、澳门特别行政区选举第十四届全国人大代表的办法草案修改稿。山东代表团团长李干杰、副团长夏红民出席。

10 日 出席十三届全国人大五次会议的山东代表团举行小组会议，审议各项决议草案。山东代表团团长李干杰、副团长夏红民出席。

11 日 省委副书记、省长周乃翔在青岛莱西市分别主持召开省市疫情处置工作莱西现场指挥部会议和威海、淄博、德州疫情处置视频调度会，深入学习贯彻习近平总书记关于疫情防控工作的重要指示批示精神，认真落实党中央、国务院决策部署，按照国务院联防联控机制和全省疫情防控专题视频会议部署要求，调度疫情处置工作情况，分析研判疫情防控形势，对下步重点工作进行全面安排部署，坚决打赢疫情处置这场遭遇战、阻击战。

同日 省文明委第五次全体会议在济南召开。会议以习近平新时代中国特色社会主义思想为指导，传达学习中央文明委第五次全体会议精神，落实全省 2022 年工作动员大会要求，总结交流经验，审议有关文件，研究部署 2022 年精神文明建设工作。省委副书记、省文明委主任杨东奇讲话。

12日 出席十三届全国人大五次会议的山东代表团举行全体会议，总结代表团履职情况，安排有关事项，研究贯彻落实习近平总书记重要讲话和全国两会精神的初步意见。代表团团长李干杰主持会议并讲话。

同日 省委副书记、省长周乃翔主持召开全省新冠肺炎疫情防控工作电视会议，深入学习贯彻习近平总书记关于疫情防控工作的重要指示批示精神，认真落实党中央、国务院决策部署，按照省委工作要求，分析研判疫情防控形势，安排部署疫情防控重点工作。

14日 省委常委会召开会议，传达贯彻全国两会精神，研究做好全省疫情防控工作等有关事项。省委书记李干杰主持会议并讲话。

15日 省人大常委会党组召开扩大会议暨中心组集体学习会，学习贯彻习近平总书记在全国两会期间的重要讲话精神和十三届全国人大五次会议精神，传达学习习近平总书记近期重要讲话精神和有关重要指示要求，研究部署贯彻落实意见。省委副书记，省人大常委会党组书记、副主任杨东奇讲话。

同日 省功勋荣誉表彰工作领导小组第二次全体会议在济南召开。会议深入学习贯彻习近平总书记关于功勋荣誉表彰工作的重要指示要求，总结2021年全省功勋荣誉表彰工作，研究部署2022年工作任务。省委副书记、省功勋荣誉表彰工作领导小组组长杨东奇出席会议并讲话。山东共有14个先进典型进入公示名单

18日 省委常委会召开会议，传达学习习近平总书记在3月17日中共中央政治局常务委员会会议上的重要讲话精神，研究部署从严抓好疫情防控工作，研究审议有关工作事项。省委书记李干杰主持会议并讲话。

同日 省委副书记、省长周乃翔主持召开省政府常务会议暨省委统筹疫情防控和经济运行工作指挥部（扩大）会议，深入学习贯彻习近平总书记在3月17日中共中央政治局常务委员会会议上的重要讲话精神，认真落实党中央、国务院决策部署，落实省委部署要求，分析研判疫情防控形势，安排部署疫情防控重点工作，推动各级统一思想、强化责任，攻坚克难、真抓实干，坚决守住不发生疫情规模性反弹的底线。

19日 山东省召开视频会议，深入学习贯彻习近平总书记关于疫情防控工作的重要指示精神，认真落实党中央、国务院决策部署，落实省委工作要求，部署疫情防控重点工作。省委副书记、省长周乃翔出席会议并讲话。

20日 省委副书记、省长周乃翔主持召开全省新冠肺炎疫情防控工作视频调度会，深入学习贯彻习近平总书记关于疫情防控工作的重要指示批示精神，认真落实国务院联防联控机制要求和省委部署，调度分析疫情防控形势，安排部署重点工作，推动各级统一思想、攻坚克难，以最大力度尽快实现疫情社会面“动态清零”。

21日 省委副书记、省长周乃翔主持召开省政府常务会议，研究推进标准化创新发展、促进民营经济高质量发展、燃气管理等工作。

同日 省委副书记、省长周乃翔主持召开当前经济形势分析专题会议，深入贯彻习近平总书记关于统筹推进疫情防控和经济社会发展工作的重要指示要求，落实党中央、国务院决策部署和省委部署安排，听取当前经济运行情况汇报，分析存在的突出问题，安排部署下步重点任务。

同日 省十三届人大常委会主任会议在济南举行第83次会议，传达学习习近平总书记关于统筹好疫情防控和经济社会发展的重要指示，落实省委要求，安排从严从实做好省人大常委会机关疫情防控工作；决定省十三届人大常委会第三十四次会议于3月29日在济南召开。省委副书记，省人大常委会党组书记、副主任杨东奇主持会议。

22日 根据国务院联防联控机制部署要求，国务院联防联控机制第八督查组与山东省进行对接，听取疫情防控工作情况汇报，对疫情防控工作开展督导检查。省委副书记、省长周乃翔，国务院联防联控机制第八督查组组长、文化和旅游部副部长杜江出席对接会。

同日 省政府召开全省春季森林草原防灭火工作视频会议，贯彻落实全国森林草原防灭火工作电视电话会议精神，对春季山东省森林草原防灭火工作进行安排部署。省委副书记、省长周乃翔对森林草原防灭火工作提出要求。

23日 省委统筹疫情防控和经济运行工作指挥部（扩大）会议在济南召开。会议深入学习贯彻习近平总书记关于统筹推进疫情防控和经济社会发展的重要指示精神，分析当前面临形势，研究部署下步工作措施，持续巩固疫情防控成果，统筹做好经济社会发展各项工作。省委书记李干杰出席会议并讲话，省委副书记、省长周乃翔主持，省政协主席葛慧君、省委副书记杨东奇出席。会上，通报了全省疫情防控和经济运行工作整体情况及下步安排。

24日 省委副书记、省长周乃翔参加所在省政府办公厅秘书一处党支部组织生活会，与支部党员一起，深入学习领悟习近平新时代中国特色社会主义思想，学习贯彻习近平总书记“七一”重要讲话和党的十九届六中全会精神，贯彻落实习近平总书记对山东工作的重要指示要求，深入开展检视剖析，开展批评和自我批评。

25日 省委常委会召开会议，传达学习习近平总书记对东航客机坠毁作出的重要指示精神，研究审议有关工作事项。省委书记李干杰主持会议并讲话。

同日 省委理论学习中心组进行集体学习，围绕深入学习贯彻党的十九届六中全会精神，坚定拥护“两个确立”、坚决做到“两个维护”，联系思想和工作实际进行交流讨论。省委书记李干杰主持学习并讲话，周乃翔、葛慧君、杨东奇和中心组成员等参加。

27日 军地领导同志来到济南高新区霍家溜引黄闸黄河大堤，带头参加义务植树活动。省委书记李干杰，省委副书记、省长周乃翔，省政协主席葛慧君，省委副书记杨东奇等军地领导与干部群众、驻济部队官兵一起，种下苗木近600株。

28 日　济南市领导干部会议召开，宣布中央关于济南市领导班子主要负责同志职务调整的决定。省委书记李干杰出席会议并讲话。会上，王宇燕宣读了中央和省委有关通知。中央批准，刘强同志任中共济南市委书记，孙立成同志不再担任中共济南市委书记职务。

同日　省委副书记、省长周乃翔主持召开省政府常务会议，研究城市防洪排涝、城市排水“两个清零、一个提标”、财政科研经费管理、高耗能高排放建设项目碳排放减量替代等工作。

同日　省委副书记、省长周乃翔主持召开全省疫情防控工作视频会议，深入贯彻落实习近平总书记关于统筹推进疫情防控和经济社会发展的重要指示精神，认真落实党中央、国务院决策部署，落实国务院联防联控机制部署和省委工作要求，分析当前疫情防控形势，调度部署疫情防控重点工作。

同日　省政府党组理论学习中心组举行集体学习，深入学习习近平经济思想，结合思想和工作实际，开展集体研讨，交流学习体会，研究贯彻落实措施。省委副书记、省长、省政府党组书记周乃翔主持。

同日　省人大常委会党组召开扩大会议暨中心组集体学习会，传达学习习近平总书记有关重要讲话、重要文章精神，研究当前有关工作。省委副书记，省人大常委会党组书记、副主任杨东奇主持会议并讲话。

29 日　省十三届人大常委会第三十四次会议第一次全体会议在济南举行。省委副书记，省人大常委会副主任、党组书记杨东奇主持会议。

31 日　山东省人民政府与中国中铁股份有限公司在济南签署战略合作协议。省委书记李干杰，省委副书记、省长周乃翔，中国中铁党委书记、董事长陈云出席签约仪式。

同日　省委副书记、省长周乃翔主持召开高端装备产业链“链长”专题会议，深入学习贯彻习近平总书记关于装备制造业发展的重要论述，按照省委、省政府关于做实“链长制”的部署要求，听取山东省高端装备制造业发展情况汇报，分析存在的突出问题，安排部署下步重点任务。

4 月

1 日　省委常委会召开会议，传达学习习近平总书记关于安全生产工作重要指示和李克强总理批示精神，传达学习习近平总书记在 3 月 31 日中共中央政治局常务委员会会议上的重要讲话精神，研究审议有关工作事项。省委书记李干杰主持会议并讲话。

2 日　全省安全生产视频会议召开，深入学习贯彻习近平总书记关于安全生产工作重要指示，认真落实全国安全生产电视电话会议精神，按照省委部署安排，分析当前安全生产形势，研究部署下步重点工作，有效防范化解重大安全风险，确保人民生命财产安全。省委副书记、省长周乃翔出席会议并讲话。

6 日　省委副书记、省长周乃翔主持召开省政府常务会议，研究统计监督、知识产权强省建设、第三次土壤普查等工作。

同日　省委副书记、省长周乃翔主持召开省委统筹疫情防控和经济运行工作指挥部会议，深入学习贯彻习近平总书记关于统筹推进疫情防控和经济社会发展的重要指示精神，认真落实党中央、国务院决策部署，按照国务院联防联控机制部署和省委工作要求，总结前期疫情防控工作情况，分析当前疫情防控形势，研究部署下步重点工作。

7 日　省人大常委会党组召开扩大会议暨中心组集体学习会，认真学习习近平总书记近期重要讲话、重要指示和重要文章精神，学习省委有关文件精神，研究省人大常委会党组理论学习中心组 2022 年理论学习安排。省委副书记，省人大常委会副主任、党组书记杨东奇主持会议并讲话。

同日　省十三届人大常委会主任会议在济南举行第 86 次会议，会议研究通过了省十三届人大常委会第三十五次会议的建议议题和《省人大机关优秀创新成果评选办法》，研究确定了增聘的省人大常委会专家顾问人选和 2022 年重点督办的省人大代表建议。省委副书记，省人大常委会副主任、党组书记杨东奇主持会议并讲话。

8 日　省委常委会召开会议，深入学习贯彻习近平总书记重要讲话精神，研究审议有关工作事项。省委书记李干杰主持会议并讲话。

11 日　省委副书记、省长周乃翔主持召开省政府常务会议，研究法治政府建设、防洪防汛安全、国有建设用地弹性供应等工作。

12 日　打造乡村振兴齐鲁样板专题会议在济南召开。会议深入学习贯彻习近平总书记关于“三农”工作的重要论述和近期重要讲话、重要指示精神，听取产业振兴、人才振兴、文化振兴、生态振兴、组织振兴五个专班工作情况汇报，研究部署下步重点任务，聚焦“走在前列、全面开创”“三个走在前”，统筹疫情防控和经济社会发展，推动打造乡村振兴齐鲁样板不断取得新进展新成效。省委副书记杨东奇出席会议并讲话。

14 日　省委副书记、省长周乃翔主持召开全省铁路建设工作调度会议，深入学习习近平总书记关于交通强国建设的重要论述，听取全省铁路建设工作进展情况汇报，协调解决存在的困难和问题，安排部署下步重点工作。

15 日　省委理论学习中心组进行集体学习，深入学习贯彻习近平总书记关于干部队伍建设特别是培养选拔年轻干部工作的重要论述，学习领会习近平总书记在 2022 年春季学期中央党校（国家行政学院）中青年干部培训班开班式上的重要讲话和历次重要讲话精神，联系思想和工作实际进行交流讨论。省委书记李干杰主持学习并讲话，周乃翔、葛慧君、杨东奇和中心组成员等参加。

同日　省委常委会召开会议，认真学习习近平总书记在北京冬奥会、冬残奥会总结表彰大会和在海南考察时的重要讲话精神，研究审议有关工作事项。省委书记李干杰主持会议并讲话。

18日 省委常委会召开扩大会议，分析研究一季度经济形势，研究部署统筹疫情防控和经济社会发展工作。省委书记李干杰主持会议并讲话。

同日 省委统战部领导干部会议召开，宣布中央关于山东省委有关领导同志职务调整的决定。省委书记李干杰出席会议并讲话。省委常委、组织部部长王宇燕宣读了中央和省委有关通知。中央批准，徐海荣同志任山东省委委员、常委，张江汀同志不再担任山东省委常委职务。

同日 省委副书记、省长周乃翔主持召开省政府常务会议，研究一季度全省经济社会发展形势。

19日 省委副书记、省长、省食品药品安全委员会主任周乃翔主持召开省食品药品安全委员会全体会议，深入学习贯彻习近平总书记关于食品药品安全工作的重要指示要求，落实国务院食品安全委员会第四次全体会议精神，总结前期工作，审议有关事项，分析当前形势和存在问题，研究部署下步重点任务。

22日 省委常委会召开会议，传达学习习近平总书记在中央全面深化改革委员会第二十五次会议上的重要讲话精神和在博鳌亚洲论坛2022年年会开幕式上的主旨演讲，研究审议有关工作事项。省委书记李干杰主持会议并讲话。

同日 省人大常委会党组理论学习中心组进行集体学习，认真学习习近平总书记近期重要讲话、重要指示和重要文章精神，学习习近平总书记关于总体国家安全观的重要论述。省委副书记，省人大常委会副主任、党组书记杨东奇主持学习并讲话。

24日 省对口支援和扶贫协作工作领导小组召开会议，深入学习贯彻习近平总书记关于对口支援和东西部协作工作重要论述精神，贯彻落实党中央、国务院决策部署，总结2021年工作情况，安排部署2022年支援协作任务。省委副书记、省长、省对口支援和扶贫协作工作领导小组组长周乃翔主持会议并讲话，杨东奇、王书坚、王宇燕和领导小组成员出席。

25日 省委副书记、省长周乃翔主持召开省政府常务会议，研究物流保通保畅、“无证明之省”建设、国家中医药综合改革示范区建设等工作。

28日 中国－太平洋岛国应对气候变化合作中心启用仪式暨中国－太平洋岛国应对气候变化高端对话会开幕式在济南举行。省委书记李干杰出席活动并为中国－太平洋岛国应对气候变化合作中心揭牌，省委副书记、省长周乃翔致辞，省委副书记杨东奇出席。

29日 省委常委会召开会议，传达学习习近平总书记在中央财经委员会第十一次会议、中国人民大学考察时的重要讲话精神和致首届全民阅读大会、首届大国工匠创新交流大会贺信精神，研究审议有关工作事项。省委书记李干杰主持会议并讲话。

同日 山东省举行庆祝“五一”国际劳动节座谈会。省委书记李干杰出席座谈会并讲话，代表省委、省政府，向全省各个阶层、各条战线的劳动群众，向驻鲁部队指战员、武警官兵和公安干警，向奋战在疫情防控一线的广大干部群众，致以节日祝贺；向为新时代社会主义现代化强省建设作出突出贡献的劳动模范和先进工作者，致以崇高敬意。省委副书记、省长周乃翔主持座谈会，省委副书记杨东奇出席。

5月

5日 省委全面依法治省委员会召开第五次会议，深入学习贯彻习近平法治思想，传达学习习近平总书记在中共中央政治局第三十五次集体学习时的重要讲话精神和中央有关会议精神，总结2021年工作情况，审议有关文件，研究部署下一步工作。省委书记、省委全面依法治省委员会主任李干杰主持会议并讲话，周乃翔、杨东奇等出席。会议审议了《中共山东省委全面依法治省委员会2022年工作要点》《山东省2022年法治政府建设工作计划》《山东省人民政府2022年立法工作计划》等文件，听取了部分市委主要负责同志履行推进法治建设第一责任人职责情况报告。

同日 省委副书记、省长、省政府党组书记周乃翔主持召开省政府党组会议，认真学习习近平总书记在4月29日中共中央政治局会议、中央全面深化改革委员会第二十五次会议、中央财经委员会第十一次会议、中共中央政治局第三十八次集体学习时的重要讲话精神，落实省委常委会会议部署，结合工作实际，研究贯彻落实措施。

同日 省委副书记、省长周乃翔主持召开省政府常务会议，研究全面推进政务服务体系建设、推动“两高”行业绿色低碳高质量发展、燃气管道老化更新改造和智慧燃气管理系统建设、人工影响天气管理等工作。

6日 省委常委会召开会议，传达学习习近平总书记在4月29日中共中央政治局会议、5月5日中共中央政治局常务委员会会议、中共中央政治局第三十八次集体学习时的重要讲话精神和对湖南长沙居民自建房倒塌事故作出的重要指示精神，研究审议有关工作事项。省委书记李干杰主持会议并讲话。

同日 中共山东省委召开专题协商会议，深入学习贯彻习近平总书记对山东工作的重要指示要求，就中国共产党山东省第十二次代表大会报告关于今后五年经济社会发展目标任务，与省各民主党派、工商联负责人和无党派人士代表进行专题协商，征求意见建议。中共山东省委书记李干杰主持会议并讲话，省政协主席葛慧君、省委副书记杨东奇出席。

7日 全省自建房安全专项整治电视会议召开，深入学习贯彻习近平总书记重要指示精神，认真落实全国自建房安全专项整治电视电话会议精神，按照省委要求，安排部署自建房安全专项整治工作，全力维护人民群众生命财产安全和社会大局稳定。省委副书记、省长周乃翔出席会议并讲话，杨东奇等出席。

9日 省委副书记、省长周乃翔主持召开省国企改革领导小组会议，深入贯彻落实习近平总书记关于国有企业改革的重要讲话精神和国务院国有企业改革领导小组第七次会议精神，落实国务院国企改革领导小组办公室地方国企改革三年行动推进会部署要求，总结山东省国企改革三年行动2021年工作情况，研究审议有关文件，安排部署下步重点任务。

同日 全省新冠肺炎疫情防控工作电视会议召开，深入学习贯彻习近平总书记关于统筹推进疫情防控和经济社会发展的重要指示精神，认真落实全国新冠肺炎疫情防控工作电视电话会议精神，落实省委部署要求，分析当前疫情防控形势，对疫情防控重点工作进行安排部署。省委副书记、省长周乃翔出席会议并讲话。

同日 “黄河湾国际青年经济论坛”专家顾问委员会成立仪式在济南举行，省委副书记杨东奇出席仪式并致辞，为顾问委员会成员颁发聘书。为深入贯彻落实习近平总书记关于青年工作、关于黄河流域生态保护和高质量发展的重要论述，山东策划举办国际青年交流大会，大会常设“黄河湾国际青年经济论坛”，并成立“黄河湾国际青年经济论坛”专家顾问委员会。

11日 全省民营企业座谈会在济南召开。会议深入学习贯彻习近平总书记关于民营经济的重要论述，分析研判当前形势，听取意见建议，进一步统一认识、坚定信心、开拓进取、积极作为，推动全省民营经济高质量发展。省委书记李干杰出席会议并讲话，省委副书记、省长周乃翔主持，省政协主席葛慧君出席。

同日 省政府第五次廉政工作会议暨省政府全体会议在济南召开，深入学习贯彻习近平总书记在十九届中央纪委六次全会上的重要讲话精神，全面落实国务院第五次廉政工作会议要求，总结工作、分析形势、部署任务，高标准、严要求、抓落实，努力以党风廉政建设新成效推动政府工作开创新局面。省委副书记、省长周乃翔出席会议并讲话。

同日 全省乡村振兴工作推进会议在济南召开。会议深入学习贯彻习近平总书记关于“三农”工作的重要论述，总结工作，交流经验，对全面推进乡村振兴再安排、再部署，推动打造乡村振兴齐鲁样板不断取得新进展、新成效。省委副书记杨东奇出席会议并讲话。

13日 国际青年交流大会在济南开幕。大会深入贯彻习近平主席关于推动构建人类命运共同体、推进国际青年交流合作的重要论述，以“青春山东，共享未来”为主题，聚焦青年群体，激发青春力量，共同塑造青春之山东、青春之中国、青春之世界。塞尔维亚共和国总统阿莱克桑达尔·武契奇，基里巴斯共和国总统塔内希·马茂，全国政协副主席、中国宋庆龄基金会主席李斌，山东省委书记李干杰出席开幕式并致辞；省委副书记、省长周乃翔主持；省政协主席葛慧君，省委副书记杨东奇出席。

同日 省委常委会召开会议，传达学习习近平总书记在庆祝中国共产主义青年团成立100周年大会上的重要讲话，研究审议有关工作事项。省委书记李干杰主持会议并讲话。会议听取了关于2021年“实施促进服务性消费正向激励”评价情况的汇报、关于工业强县评选有关情况的汇报、关于2021年以来全省湾长制工作和2022年工作要点有关情况的汇报。

16日 省委副书记、省长周乃翔主持召开省政府常务会议，研究国有企业创新驱动高质量发展、加强基层消防能力建设和火灾防控、省级应急物资配备等工作。

17日 省委机构编制委员会召开第十三次会议，深入学习贯彻习近平总书记关于机构编制工作的重要论述，审议有关文件和事项，安排部署重点工作。省委书记、省委机构编制委员会主任李干杰主持会议并讲话，周乃翔、杨东奇等出席。

19日 济南、青岛国家级互联网骨干直联点建成开通仪式暨山东省数字经济重大项目集中签约系列活动在山东大厦金色大厅举行。省委书记李干杰出席活动，工业和信息化部部长肖亚庆，省委副书记、省长周乃翔讲话。

同日 省委理论学习中心组进行集体学习，深入学习贯彻习近平总书记关于加强和改进人民信访工作的重要思想，全面贯彻落实《信访工作条例》，把握新时代信访工作原则和要求，进一步加强和改进新时代信访工作，用心用情用力解决好人民群众急难愁盼问题，开创新时代信访工作高质量发展新局面。省委书记李干杰主持学习并讲话，国务院副秘书长、国家信访局局长李文章作专题辅导报告，周乃翔、葛慧君、杨东奇和中心组成员等参加。

20日 省委常委会召开会议，传达学习习近平总书记在庆祝中国国际贸易促进委员会建会70周年大会暨全球贸易投资促进峰会、金砖国家外长会晤开幕式上的致辞，研究审议有关工作事项。省委书记李干杰主持会议并讲话。会议审议了《2022年“稳中求进”高质量发展政策清单（第三批）》《南四湖生态保护和高质量发展规划》，会议听取了关于数字强省建设工作情况的汇报，审议了《深化数据赋能建设“无证明之省”实施方案》等文件。会议听取了关于2022年度各市、省直机关、省属事业单位、省属高校、省管企业高质量发展综合绩效考核方案有关情况的汇报。

同日 省推进济南新旧动能转换起步区建设工作领导小组召开第一次会议，听取起步区建设进展情况汇报，研究《济南新旧动能转换起步区发展规划（2021—2035年）》等相关规划，审议有关文件，安排部署重点任务。省委书记、省推进济南新旧动能转换起步区建设工作领导小组组长李干杰，省委副书记、省长、省推进济南新旧动能转换起步区建设工作领导小组组长周乃翔出席会议并讲话。

23日 省委副书记、省长周乃翔主持召开省政府常务会议，深入学习贯彻习近平总书记在4月29日中共中央政治局会议上的重要讲话精神，认真落实稳增长稳市场主体保就业座谈会部署要求，研究落实好新的组合式税费支持政策、做好高校毕业生等重点群体稳就业等工作。

同日 全省防汛抗旱工作会议在济南召开，深入学习贯彻习近平总书记关于做好防汛抗旱和防灾减灾工作的重要指示精神，认真落实全国防汛抗旱工作电视电话会议精神，按照省委部署要求，分析形势、明确任务，压实责任、推动落实，坚决防范应对水旱灾害风险，全力确保安全度汛。省委副书记、省长周乃翔出席会议并讲话，省委副书记杨东奇主持会议。

24日 省委副书记、省长周乃翔主持召开省重大疾病和传染病防治工作领导小组会议，深入学习习近平总书记关于新冠肺炎疫情防控、重大疾病和传染病防治工作的重要论述，总结全省重大疾病和传染病防治工作，分析当前形势和存在问题，研究审议有关文件，安排部署下步重点任务。

25日 中国共产党山东省第十一届委员会第十五次全体会议在济南举行。出席这次全会的有省委委员77人。省纪委委员和有关方面负责同志列席会议。全会由省委常委会主持。省委书记李干杰作了讲话。全会决定，中国共产党山东省第十二次代表大会于2022年5月28日至6月1日在济南召开。全会讨论并通过中国共产党山东省第十一届委员会向省第十二次党代会的报告，讨论并通过了中国共产党山东省第十一届纪律检查委员会向省第十二次党代会的工作报告，决定将这两份文件提请省第十二次党代会审查。全会还投票确定了山东省出席党的二十大代表候选人预备人选，酝酿了十二届省委委员、候补委员和省纪委委员候选人预备人选安排，讨论了省第十二次党代会代表选举情况。

同日 全省稳定经济运行工作视频会议召开，深入学习贯彻习近平总书记关于统筹疫情防控和经济社会发展的重要指示精神，认真落实全国稳住经济大盘电视电话会议安排部署，分析当前经济形势，安排部署下步重点工作。省委书记李干杰提出要求，省委副书记、省长周乃翔出席会议并讲话。

26日 省委召开情况通报会，通报十二届省委委员、候补委员、省纪委委员候选人预备人选安排和山东省出席党的二十大代表候选人预备人选产生情况。省委书记李干杰出席会议并讲话，省委副书记、省长周乃翔主持。

27日 中国共产党山东省第十二次代表大会在济南山东会堂举行预备会议。省委书记李干杰主持会议并讲话。由全省21个选举单位选举产生省第十二次党代会代表916人，特邀代表6人。出席预备会议的代表907人，符合规定人数。会议以举手表决的方式，通过由10人组成的代表资格审查委员会成员名单；通过了大会主席团成员名单；通过大会秘书长名单，杨东奇为大会秘书长；通过了大会议程。预备会议后，举行代表资格审查委员会会议，听取省委组织部关于省第十二次党代会代表选举工作情况的汇报，审议通过省第十二次党代会代表资格审查报告（草案）。

28日至6月1日 中国共产党山东省第十二次代表大会在济南举行。李干杰代表中国共产党山东省第十一届委员会向大会作了题为《牢记嘱托走在前 勇担使命开新局 为建设新时代社会主义现代化强省而努力奋斗》的报告。6月1日，在总监票人和监票人监督下，代表们以无记名投票方式，选举出中国共产党山东省第十二届委员会委员93名、候补委员17名，选举出中国共产党山东省第十二届纪律检查委员会委员55名。选举出山东省出席党的二十大代表76名，党中央提名的代表候选人沈跃跃、周强同志当选。大会通过了《中国共产党山东省第十二次代表大会关于十一届省委报告的决议》，通过了《中国共产党山东省第十二次代表大会关于十一届省纪律检查委员会工作报告的决议》。

6月

1日 中国共产党山东省第十二届委员会第一次全体会议在济南举行。出席这次全会的有省委委员92人、候补委员17人。省纪委委员和有关方面负责同志列席会议。全会由李干杰同志主持。全会选举产生了中国共产党山东省第十二届委员会常务委员会委员和书记、副书记，通过了中国共产党山东省第十二届纪律检查委员会第一次全体会议选举结果。全会审议并通过了《中国共产党山东省委员会工作规则》。李干杰代表新一届省委常委会作讲话。

2日 十二届省委常委会召开第一次会议，传达学习习近平总书记在5月27日中共中央政治局会议、中共中央政治局第三十九次集体学习时的重要讲话精神，研究加强省委常委会自身建设等事项。省委书记李干杰主持会议并讲话。会议审议了《省委常委会议事决策规则》《省委常委会及其成员职责清单》《关于进一步加强省委常委会自身建设的意见》。会议听取了全省优化营商环境和推进政府职能转变工作情况汇报。

同日 省委书记李干杰和新一届省委常委一起，来到中共山东早期历史纪念馆，瞻仰革命旧址，回顾建党历史，重温入党誓词，接受党性教育，宣示新一届省委常委会对党忠诚、信仰坚定，弘扬伟大建党精神，不忘初心、继续前进，团结带领全省广大党员干部群众，始终沿着习近平总书记指引的方向坚定前行，为开创新时代社会主义现代化强省建设新局面而努力奋斗。

同日 山东与世界500强连线现代海洋产业合作专场在济南举行。省委书记李干杰出席活动并与企业代表连线交流，省委副书记、省长周乃翔致辞并进行连线交流，省委副书记、青岛市委书记陆治原出席。

同日 省委政法委领导干部会议召开，宣布省委有关决定。省委书记李干杰出席会议并讲话。省委常委、组织部部长王宇燕宣读了省委有关通知。省委决定，省委常委李猛同志任省委政法委书记。

同日 省委办公厅领导干部会议召开，宣布省委有关决定。省委书记李干杰主持会议并讲话。省委常委、组织部部长王宇燕宣读了省委有关通知。省委决定，省委常委张海波同志任省委秘书长。

4 日 “2022 惠享山东消费年”暨家电消费节启动式在济南举行。商务部党组书记、部长王文涛，省委书记李干杰出席活动并致辞，省委副书记、省长周乃翔主持。

6 日 省委书记李干杰，省委副书记、省长周乃翔在山东大厦会见了山东全国公安系统英雄模范立功集体代表。在 5 月 25 日召开的全国公安系统英雄模范立功集体表彰大会上，全省有 39 个集体和 68 名个人受到表彰。

同日 省委副书记、省长、省政府党组书记周乃翔主持召开省政府党组扩大会议，认真学习省第十二次党代会精神，结合政府工作实际，研究具体落实措施。

8 日 山东省人民政府与中国交通建设集团有限公司在济南签署战略合作协议。省委书记李干杰，省委副书记、省长周乃翔，中交集团党委书记、董事长王彤宙出席签约仪式。

8 日—10 日 全国人大常委会副委员长、全国妇联主席沈跃跃到山东调研妇女工作。在鲁期间，沈跃跃与省委书记李干杰，省委副书记、省长周乃翔就妇女工作交换意见。

9 日 省委人才座谈会在济南召开。会议深入学习贯彻中央人才工作会议精神和省第十二次党代会精神，聚焦强化人才引育创新、更好发挥人才引领作用、打造具有山东特色的新时代人才集聚高地等，听取院士专家意见建议，深入研究加快人才强省建设相关举措。省委书记李干杰，省委副书记、省长周乃翔出席会议并讲话。会上，李干杰、周乃翔和中国工程院院士于金明、董尔丹共同为“山东省人才之家”揭牌。

9 日—10 日 省委副书记、省长周乃翔主持召开全省经济形势调度会，并分别视频连线济南、青岛、临沂、滨州、菏泽，深入学习贯彻习近平总书记关于扎实稳住经济的重要指示要求，认真落实党中央、国务院决策部署，落实省第十二次党代会精神和省委工作要求，分析当前经济形势，研究部署下步重点工作，推动上半年全省经济社会平稳健康发展。

10 日 省委常委会召开会议，传达学习习近平总书记在四川考察时的重要讲话精神，研究审议有关工作事项。省委书记李干杰主持会议并讲话。会议审议了《山东省国家中医药综合改革示范区建设方案》《关于国有企业创新驱动高质量发展的十条意见》。

同日 山东省人民政府与正泰集团股份有限公司在济南签署战略合作协议。省委书记李干杰，省委副书记、省长周乃翔，全国工商联副主席、正泰集团董事长南存辉出席签约仪式。

12 日—13 日 全国人大常委会副委员长艾力更·依明巴海率全国人大常委会执法检查组来鲁，就实施科学技术普及法情况开展实地检查。在鲁期间，艾力更·依明巴海与省委书记、省人大常委会主任李干杰就科普法实施和科技创新交换意见。

13 日 省委副书记、省长周乃翔主持召开省政府常务会议，认真学习习近平总书记在四川考察时的重要讲话精神，研究“无废城市”建设、自建房安全专项整治、粮食安全、科学绿化试点示范省建设等工作。会议审议通过《省政府领导班子及其成员粮食安全工作职责清单》。

13 日—16 日 全国政协副主席、民进中央常务副主席刘新成带领全国政协文化文史和学习委员会调研组来鲁，围绕“推进黄河国家文化公园建设”开展专题调研。在鲁期间，刘新成与省委书记李干杰就推进黄河国家文化公园建设及黄河流域生态保护和高质量发展交换意见。调研组先后到淄博、滨州、东营调研，详细了解沿黄生态保护、文化传承、文旅融合发展等情况，并在东营召开座谈会，听取黄河国家文化公园建设推进工作情况汇报。

14 日 山东省第八届职工运动会在济南开幕。省委书记李干杰出席开幕式并宣布运动会开幕，省委副书记、省长周乃翔致辞。

同日 山东省人民政府与中国移动通信集团有限公司在济南签署战略合作协议。省委书记李干杰，省委副书记、省长周乃翔，中国移动党组书记、董事长杨杰出席签约仪式。

15 日 由生态环境部、山东省政府共同主办的 2022 年“全国低碳日”主场活动在济南举行，活动以“落实‘双碳’行动　共建美丽家园”为主题，省委书记李干杰出席活动并致辞。生态环境部副部长赵英民和省委常委、常务副省长曾赞荣共同见证“齐鲁低碳林”云植树平台上线。省委常委、秘书长张海波为山东省低碳发展联盟揭牌。

同日 2022 年“全国低碳日”济南论坛在山东大厦举行。省委副书记、省长周乃翔，生态环境部副部长赵英民出席并作主旨演讲。

16 日 以“腾飞吧！山东高端装备制造”为主题的山东重工新科技成果展在山东会堂北广场举行。全国政协副主席、中国科协主席万钢参观展览并调研科技创新工作，省委书记李干杰陪同。

17 日 省委理论学习中心组进行集体学习，围绕深入学习贯彻习近平总书记关于全面从严治党的重要论述，发扬自我革命精神，坚定不移推动全面从严治党向纵深发展，联系思想和工作实际进行交流讨论。省委书记李干杰主持学习并讲话，周乃翔、葛慧君、陆治原和中心组成员等参加。

同日 中央生态环境保护督察整改推进会在济南召开。会议深入贯彻习近平生态文明思想，全面落实中央生态环保督察整改要求，对全省督察整改工作进行再动员、再部署，确保高质高效完成各项整改任务，推动美丽山东建设迈上新台阶、再上新水平。省委书记李干杰出席会议并讲话，省委副书记、省长周乃翔主持，省委副书记、青岛市委书记陆治原出席。

同日 省委常委会召开会议，深入学习贯彻习近平总书记重要讲话精神，研究审议有关工作事项。省委书记李干杰主持会议并讲话。会议审议了《山东省审计厅 2022 审计年度统一组织审计项目计划》《关于贯彻落实〈信访工作条例〉的若干措施》。

同日 省委副书记、省长周乃翔在济南会见了日喀则市党政代表团一行。在山东期间，日喀则市党政代表团到青岛、济南、潍坊、淄博等市考察，并召开招商引资推介会。

19日 由商务部和山东省人民政府共同举办的第三届跨国公司领导人青岛峰会开幕。国务委员王勇致辞并宣布峰会开幕。省委书记李干杰致辞，省委副书记、省长周乃翔主持，省委副书记、青岛市委书记陆治原出席。商务部研究院发布了《全球供应链重塑中的再选择》研究报告。

20日 在第三届跨国公司领导人青岛峰会期间，山东省和商务部在青岛举行跨国公司座谈会，进一步加强与跨国公司沟通交流，听取意见建议，畅谈互利合作，推动共赢发展。省委书记李干杰主持座谈会并讲话，省委副书记、省长周乃翔作山东营商环境推介，省委副书记、青岛市委书记陆治原出席。

同日 第三届跨国公司领导人青岛峰会在青岛国际会议中心举行重点合作项目集中签约仪式，99个重点合作项目集中签约。省委书记李干杰出席活动，省委副书记、省长周乃翔致辞，省委副书记、青岛市委书记陆治原出席。

22日 省委、省政府在济南召开全省科技创新大会，省委书记李干杰出席会议并讲话，省委副书记、省长周乃翔主持。会上，宣读了《山东省人民政府关于2021年度山东省科学技术奖励的决定》。

23日 省委常委会召开会议，传达学习习近平总书记在6月17日中共中央政治局会议、中共中央政治局第四十次集体学习、中央全面深化改革委员会第二十六次会议上的重要讲话精神和在金砖国家工商论坛开幕式上的主旨演讲、第二十五届圣彼得堡国际经济论坛全会上的致辞，研究审议有关工作事项。省委书记李干杰主持会议并讲话。会议审议了《贯彻落实省第十二次党代会报告各项任务分工方案》《贯彻落实〈关于深化城市基层党建引领基层治理的若干措施（试行）〉工作方案》《关于加强对村干部特别是“一肩挑”人员管理监督的若干措施》。

同日 山东省工商业联合会第十四次代表大会在济南开幕。大会总结过去五年的工作，规划今后五年的目标任务，选举产生新一届省工商联领导班子和领导机构。省委书记李干杰出席会议并讲话。

24日 青海省党政代表团来山东考察。两省在济南召开对口支援工作座谈会。山东省委书记李干杰、青海省委书记信长星出席座谈会并讲话；山东省委副书记、省长周乃翔，青海省委副书记、省长吴晓军分别介绍了两省经济社会发展和对口援青工作情况。会上，周乃翔、吴晓军分别代表双方签署了《山东省人民政府 青海省人民政府“十四五”战略合作框架协议》。在山东期间，青海省党政代表团先后到东营、滨州、济南进行了考察。

同日 第十八期山东干部讲堂在济南开讲。浙江省政府副秘书长、省大数据发展管理局局长金志鹏受邀作报告。省委书记李干杰，省委副书记、省长周乃翔出席。

26日 2022山东省旅游发展大会在济宁市尼山圣境开幕。围绕“高效统筹疫情防控和文化旅游创新发展，走在前、开新局，奋力夺取‘双胜利’”主题，畅叙友情、畅谈合作，共谋文化旅游高质量发展。省委书记李干杰出席开幕式并宣布大会开幕，省委副书记、省长周乃翔致辞。

27日 2022山东省旅游发展大会工作会议在济宁市尼山圣境召开。省委书记李干杰出席会议并讲话，省委副书记、省长周乃翔主持，省政协主席葛慧君，省委副书记、青岛市委书记陆治原出席。按照省委、省政府要求，经评审确定，下一届山东省旅游发展大会由青岛市承办。李干杰为青岛市授旗。陆治原作表态发言。会上印发了《山东省金融支持文旅产业高质量发展联动机制》《山东省文化和旅游企业（集团）“百企领航”培育计划》《山东省文化和旅游产业创新发展计划》《关于开展“百亿惠千企”金融支持文化和旅游产业发展专项行动的通知》等文件。

同日 “鲁布有约”山东省－布列塔尼大区友好交流年暨中法地理标志保护与发展论坛开幕式在济宁举行。省委书记李干杰，布列塔尼大区议会主席谢奈－吉拉尔出席开幕式并讲话。省委副书记、省长周乃翔出席。中国人民对外友好协会会长林松添，法国驻华大使罗梁，中国驻法大使卢沙野，法国教育部雷恩学区督学雅尼克·赫尔南德斯，国家知识产权局副局长胡文辉致辞。周乃翔与谢奈－吉拉尔代表两省区签署《关于进一步深化友好关系、加强重点领域交流合作的共同声明》《关于共建“生态半岛”合作平台的备忘录》《关于加强青少年交流、深化教育领域合作的行动计划》。

28日 山东省人民政府与中国南水北调集团有限公司在山东大厦举行座谈会并签署战略合作框架协议。省委书记李干杰，省委副书记、省长周乃翔，南水北调集团董事长蒋旭光出席相关活动。

同日 山东省人民政府与中国能源建设集团有限公司在山东大厦签署战略合作协议。省委书记李干杰，省委副书记、省长周乃翔，中国能建董事长宋海良出席签约仪式。

30日 省委、省政府在济南召开全省国有企业创新驱动高质量发展工作会议，深入学习贯彻习近平总书记关于国有企业改革发展和党的建设的重要论述，总结工作，交流经验，分析形势，安排部署重点任务，推动全省国资国企工作“走在前、开新局”。省委书记李干杰出席会议并讲话，省委副书记、省长周乃翔主持，省政协主席葛慧君，省委副书记、青岛市委书记陆治原出席。

7月

1日 省委常委会召开会议，传达学习习近平总书记就研究吸收网民对党的二十大相关工作意见建议作出的重要指示精神、在湖北武汉考察时的重要讲话精神、在金砖国家领导人第十四次会晤和全球发展高层对话会上的重要讲话，研究审议有关工作事项。省委书记李干杰主持会议并讲话。会议审议了《山东省“无废城市”建设工作方案》。

4 日—7 日 全国政协副主席刘奇葆率调研组围绕“非物质文化遗产保护和传承”在山东开展调研。在鲁期间，刘奇葆与省委书记李干杰就加强非遗保护传承交换意见。

6 日 中国－加勒比发展中心揭牌仪式暨中国－加勒比发展交流会在济南举行。省委书记李干杰出席活动并致辞，与圭亚那驻华大使周雅欣共同为中心揭牌。

8 日 省委常委会召开会议，传达学习习近平总书记在庆祝香港回归祖国二十五周年大会暨香港特别行政区第六届政府就职典礼、抵达香港、考察香港科学园、视察驻香港部队时的重要讲话精神，研究审议有关工作事项。省委书记李干杰主持会议并讲话。

11 日 省委副书记、省长、省政府党组书记周乃翔主持召开省政府党组扩大会议，认真学习习近平总书记在中共中央政治局第四十次集体学习、在 6 月 17 日中共中央政治局会议、在中央全面深化改革委员会第二十六次会议、在湖北武汉考察时的重要讲话精神，按照省委常委会会议部署要求，结合政府工作实际，研究贯彻落实措施。

同日 省委副书记、省长周乃翔主持召开省政府常务会议，研究安全生产、健全重特大疾病医疗保险和救助制度、固体废物污染环境防治、齐长城保护等工作。会议审议了《山东省固体废物污染环境防治条例（草案）》《山东省齐长城保护条例（草案）》。

11 日—15 日 全国人大常委会副委员长张春贤率全国人大常委会调研组来鲁，围绕实施积极应对人口老龄化国家战略、推动老龄事业高质量发展开展调研。全国人大社会建设委员会副主任委员刘粤军、陈斯喜参加调研。省委书记、省人大常委会主任李干杰，省人大常委会副主任、党组书记杨东奇参加有关活动。

13 日 省委副书记、省长周乃翔主持召开省政府常务会议，研究上半年全省经济社会发展形势、建设交通强国山东示范区等工作。

同日 全省安全生产视频会议在青岛召开，深入学习贯彻习近平总书记关于安全生产重要指示精神，认真落实全国安全生产电视电话会议部署，落实省委工作要求，分析上半年安全生产形势，部署下半年重点工作，统一思想、深化认识、真抓实干，全力保障人民群众生命财产安全，全力为党的二十大营造良好安全环境。省委副书记、省长周乃翔出席会议并讲话。

13 日—15 日 全省举行新旧动能转换“五年取得突破”重点项目现场观摩并召开省委常委会会议，深入贯彻落实习近平总书记对山东工作的重要指示要求，锚定“走在前、开新局”，检验成效、交流经验、部署工作，持续巩固稳中向好、进中提质的良好态势，推动新旧动能转换“五年取得突破”，全力实现全年经济社会发展目标任务。省委书记李干杰，省委副书记、省长周乃翔出席会议活动并讲话，省政协主席葛慧君，省委副书记、青岛市委书记陆治原，省人大常委会副主任、党组书记杨东奇出席。

14 日 海阳核电二期工程暨 900MW 远距离跨区域核能供热工程启动仪式在海阳市举行。省委书记李干杰出席仪式并宣布项目启动。

同日 全省医改工作会议召开，深入贯彻习近平总书记重要指示精神，全面落实党中央、国务院决策部署，深刻分析医改工作面临的新形势，安排部署 2022 年全省医改工作。省委副书记、省长周乃翔出席会议并讲话。

19 日 青年企业家创新发展国际峰会 2022 暨青年经济社会发展创新力论坛开幕式在济南举行。本届峰会由共青团中央、国务院发展研究中心、山东省人民政府指导，以“黄河岸边是家乡”为主题，来自海内外青年翘楚、专家学者等齐聚泉城，共谋高水平合作，共促高质量发展。省委书记李干杰出席开幕式并致辞，省政协主席葛慧君，省人大常委会副主任、党组书记杨东奇出席。

19 日—20 日 中共中央政治局委员、国务院副总理胡春华在山东、河北考察水利工作并在河北衡水出席华北地区地下水超采综合治理工作协调小组第四次会议，省委书记李干杰参加在山东的活动。

20 日 山东省人民政府与中国铁建股份有限公司在济南签署战略合作协议。省委书记李干杰，中国铁建党委书记、董事长汪建平出席签约仪式。

21 日 中国（山东）－日本友城交流周开幕式暨山东省－山口县结好 40 周年交流会在山东大厦举行。省委书记李干杰、日本山口县知事村冈嗣政出席活动并连线交流。省委外办、省文化和旅游厅分别与山口县签署《关于深化友城关系、加强交流合作的备忘录》《关于加强文物展览交流的备忘录》。

同日 山东省人民政府与宁德时代新能源科技股份有限公司在山东大厦签署战略合作协议。省委书记李干杰，宁德时代董事长曾毓群出席签约仪式。

22 日 省委常委会召开会议，传达学习习近平总书记在新疆考察时的重要讲话精神，研究审议有关工作事项。省委书记李干杰主持会议并讲话。会议审议了《加快建设交通强国山东示范区工作方案（2022—2025 年）》《关于优化生育政策促进人口长期均衡发展的实施方案》。

同日 省委理论学习中心组进行集体学习，围绕深入学习贯彻总体国家安全观和习近平总书记关于加强全民国防教育工作的重要论述，学习贯彻关于加强和改进新时代全民国防教育工作的意见，联系思想和工作实际进行交流讨论。省委书记李干杰主持学习并讲话，葛慧君、陆治原、杨东奇和中心组成员等参加。

26 日—28 日 省十三届人大常委会第三十六次会议在济南举行。省委书记、省人大常委会主任李干杰主持会议并讲话。会议表决通过了省人大常委会关于省十四届人大代表名额分配方案、关于修改人口与计划生育条例的决定、关于加强山东现代水网建设的决定，公安机关警务辅助人员条例、反食品浪费规定、人工影响天气管理条例；审查批准了设区的市人大常委会报批的 5 件地方性法规和决定；表决通过了省人大常委会关于批准山东省 2021 年省级决算的决议。会议经过表决，决定任命江成、范波为山东省副省长，李明为山东省教育厅厅长；决定接受陈勇辞去山东省人民检察院检察长职务的请求，江成辞去山东省第十三届人民代表大会常务委员会委员职务的请求；决定罢免秦玉峰的第十三届全国人民代表大会代表职务。

28日 加快建设交通强国山东示范区工作会议在济南召开。省委书记李干杰出席会议并讲话，交通运输部副部长徐成光宣读交通运输部部长李小鹏书面致辞并讲话，省委副书记、省长周乃翔主持，省政协主席葛慧君，省人大常委会副主任、党组书记杨东奇出席。会上印发了《加快建设交通强国山东示范区工作方案（2022—2025年）》。

同日 山东省人民政府与中国大唐集团有限公司在山东大厦签署战略合作协议。省委书记李干杰、中国大唐集团有限公司董事长邹磊出席签约仪式。

同日 省委副书记、省长、省政府党组书记周乃翔主持召开省政府党组扩大会议，认真学习习近平总书记关于退役军人工作重要论述，开展讨论交流，研究贯彻落实的具体措施。

同日 中国－东盟市长论坛暨协同创新发展大会在德州开幕。省委副书记、省长周乃翔，泰国驻华大使阿塔育·习萨目出席并致辞。

28日—29日 省政协十二届常委会第二十三次会议在济南举行，围绕“在增强经济社会发展创新力上走在前”协商议政。省委副书记、省长周乃翔出席会议并作关于全省上半年经济形势的报告，省政协主席葛慧君主持会议。会议通过《关于推动我省“在增强经济社会发展创新力上走在前”的建议案》。

29日 省委常委会召开会议，传达学习习近平总书记在7月28日中共中央政治局会议、省部级主要领导干部“学习习近平总书记重要讲话精神，迎接党的二十大”专题研讨班、党外人士座谈会、参观“领航强军向复兴——新时代国防和军队建设成就展”时的重要讲话精神，认真学习《习近平关于退役军人工作论述摘编》，研究审议有关工作事项。省委书记李干杰主持会议并讲话。会议审议了《关于加强和改进新时代全民国防教育工作的若干措施》《山东省2022年全民国防教育工作要点》等文件，审议了《中共山东省委常委会及其成员粮食安全工作职责清单》《关于锻造高素质干部队伍 为建设新时代社会主义现代化强省提供坚强保证的意见》。

同日 省委副书记、省长周乃翔主持召开省政府常务会议，研究药品安全、支持中小微外贸企业开展汇率避险业务等工作。会议审议通过《山东省支持中小微外贸企业汇率避险增信服务试点管理办法》。

30日 由工业和信息化部、山东省人民政府共同主办的2022中国算力大会在济南开幕。省委书记李干杰出席大会并致辞，省委副书记、省长周乃翔主持。

同日 省委召开退役军人代表座谈会，深入学习贯彻习近平总书记关于退役军人工作的重要论述，听取退役军人代表意见建议，不断提升服务保障水平，更好发挥退役军人优势作用，奋力谱写山东新时代退役军人工作高质量发展新篇章。省委书记李干杰出席座谈会并讲话，省委副书记、省长周乃翔主持。

同日 山东省人民政府与中国电信集团有限公司在山东大厦签署战略合作协议。省委书记李干杰，省委副书记、省长周乃翔，中国电信董事长柯瑞文出席签约仪式。

同日 省委副书记、省长周乃翔主持召开当前经济社会发展重点工作调度会议，深入学习贯彻习近平总书记在省部级主要领导干部专题研讨班、7月28日中共中央政治局会议上的重要讲话精神，全面落实党中央、国务院决策部署，落实省委常委会会议精神，认真分析经济社会发展形势，进一步明确目标任务，研究部署重点工作举措。

8月

1日 省委副书记、省长周乃翔到黄河济南段巡河，检查指导黄河、东平湖防汛工作，并主持召开全省防汛工作视频调度会。

3日 省委召开省级党员领导干部会议，传达学习习近平总书记在中央统战工作会议上的重要讲话和汪洋同志讲话，研究贯彻落实意见。省委书记李干杰主持会议并讲话，省委副书记、省长周乃翔，省委副书记、青岛市委书记陆治原出席。

11日 山东省人民政府与中国农业发展银行在济南签署政策性金融支持山东省黄河流域生态保护和高质量发展战略合作协议。省委副书记、省长周乃翔，中国农业发展银行党委书记、董事长钱文挥出席仪式。

15日 省委副书记、省长周乃翔主持召开省政府常务会议，研究高等教育高质量发展、省实验室建设发展、支持黄河流域生态保护和高质量发展的财政政策、能耗指标收储使用管理等工作。会议审议通过《关于支持山东省实验室建设发展的若干措施》《关于支持黄河流域生态保护和高质量发展的若干财政政策》《山东省能耗指标收储使用管理办法》。

17日 山东省庆祝中韩建交30周年活动月开幕式暨2022对话山东——韩国·山东产业合作交流会在济南举行。省委书记李干杰出席活动并与韩国嘉宾连线交流，省委副书记、省长周乃翔致辞。会上，发布了山东省庆祝中韩建交30周年活动月系列活动，推介了山东“十强产业”和合作机遇、韩国最新产业政策及合作展望。会上还举行了签约仪式，15个对韩合作项目进行现场签约。

同日 全省经济社会发展重点工作部署会议在济南召开，深入学习贯彻习近平总书记在7月28日中央政治局会议上的重要讲话精神，认真落实经济大省政府主要负责人经济形势座谈会重要部署，分析当前全省经济社会发展形势，安排部署下步重点工作。省委书记李干杰提出要求，省委副书记、省长周乃翔出席会议并讲话。

17日—18日 省委副书记、省长周乃翔主持召开当前经济运行形势视频调度会，深入学习贯彻习近平总书记在7月28日中央政治局会议上的重要讲话精神，认真落实党中央、国务院决策部署，按照省委部署要求，逐一分析研判16市当前经济运行形势，明确下步工作举措。

18日 由中共山东省委、求是杂志社共同主办的深入学习贯彻“两个确立”理论研讨会在泰安举行。省委书记李干杰、求是杂志社社长夏伟东出席研讨会并讲话。

同日 以“空天赋能 智创未来”为主题的2022年空天信息产业发展高峰论坛在济南举行。省委书记李干杰出席论坛并致辞，省委副书记、省长周乃翔出席。论坛上，空天信息产业联盟成立。论坛举行了重点合作项目签约仪式。

19日 省委常委会召开会议，传达学习习近平总书记在中共中央政治局第四十一次集体学习和在辽宁考察时的重要讲话精神，传达学习第三次对口支援西藏工作会议精神，研究审议有关工作事项。省委书记李干杰主持会议并讲话。会议审议了《贯彻落实〈关于推进新时代古籍工作的意见〉若干措施》《山东省党政领导干部药品安全责任制规定》。

同日 省委理论学习中心组进行集体学习，围绕深入学习贯彻习近平总书记关于“三农”工作的重要论述，联系思想和工作实际进行交流讨论。省委书记李干杰主持学习并讲话，周乃翔、陆治原、杨东奇和中心组成员等参加。

20日 中共山东省委“中国这十年·山东”主题新闻发布会在济南举行。省委书记李干杰介绍情况并回答记者提问，省委副书记、省长周乃翔回答有关提问。

22日 省委副书记、省长周乃翔主持召开省政府常务会议，研究支持济南新旧动能转换起步区建设发展、城市公共交通优先发展、完善科技成果评价机制等工作。

23日 黄河流域自贸试验区联盟启动暨对外开放高质量发展大会在济南开幕，主题为“自贸试验区赋能黄河流域高质量发展”。商务部党组书记、部长王文涛视频致辞，省委副书记、省长周乃翔出席并致辞。

24日 2022对话山东——日本·山东产业合作交流会在济南举行。日本前首相、东亚共同体研究所理事长鸠山由纪夫出席活动并致辞，省委书记李干杰与嘉宾连线交流，省委副书记、省长周乃翔致辞。周乃翔、佐佐木伸彦分别代表山东省政府和日本贸易振兴机构签署合作备忘录。14个重点合作项目进行了现场签约。

25日至9月5日 山东省第二十五届运动会在日照举行。省委书记李干杰出席闭幕式并宣布省运会闭幕，省委副书记、省长周乃翔致闭幕辞。

27日 济南遥墙机场二期改扩建工程建设推进会在遥墙国际机场举行。省委书记李干杰出席会议并讲话，省委副书记、省长周乃翔主持会议。

29日 先进制造业强省建设工作会议在济南召开。会议深入学习贯彻习近平总书记关于制造强国战略的重要论述，认真落实省第十二次党代会精神，总结经验、表彰先进、部署工作，进一步统一思想、明确目标、凝聚合力，加快建设先进制造业强省，为新时代社会主义现代化强省建设提供坚实支撑。省委书记李干杰出席会议并讲话，省委副书记、省长周乃翔主持，省政协主席葛慧君，省委副书记、青岛市委书记陆治原，省人大常委会副主任、党组书记杨东奇出席。

30日 通用技术集团、飞利浦公司、威高集团高端医疗装备产业战略合作签约仪式在山东大厦举行。省委书记李干杰，省委副书记、省长周乃翔出席活动。

同日 全省审计问题整改工作会议召开，深入学习贯彻习近平总书记关于审计工作的重要指示批示精神，部署全面抓好审计整改工作。省委副书记、省长周乃翔出席并讲话。

31日 中国－上合组织国家地方法院大法官论坛（2022）在青岛开幕，本次论坛以“深化上合组织框架内地方法院司法合作”为主题。最高人民法院院长周强、省委书记李干杰分别在北京、济南以视频方式出席论坛开幕式并致辞。

同日 由工业和信息化部、山东省人民政府共同主办的2022世界先进制造业大会在济南举行开幕式暨主论坛。省委书记李干杰出席开幕式并致辞，联合国第八任秘书长、博鳌亚洲论坛理事长潘基文视频致辞，省委副书记、省长周乃翔主持。

9月

1日 省委机构编制委员会召开会议，深入学习贯彻习近平总书记关于机构编制工作的重要论述，落实省第十二次党代会精神，审议有关文件和机构编制事项，安排部署下一步工作。省委书记、省委机构编制委员会主任李干杰主持会议并讲话，周乃翔、陆治原、王宇燕、张海波和委员会委员出席。会议审议了《山东省事业单位机构编制管理办法》。

同日 鲁台经贸合作暨两岸赋能黄河流域生态保护和高质量发展论坛在潍坊举行。两岸企业家峰会大陆方面副理事长张平，省委副书记、省长周乃翔，中共中央台办、国务院台办副主任龙明彪，全国台企联会长李政宏出席。论坛上，14个项目进行了现场签约，总投资额198亿元。沿黄九省（区）台办发布《深化两岸合作赋能黄河流域生态保护和高质量发展的共同倡议》。

2日 省委常委会召开会议，传达学习8月30日中共中央政治局会议精神，研究审议有关工作事项。省委书记李干杰主持会议并讲话。会议审议了《关于加强打击治理电信网络诈骗违法犯罪工作的实施意见》《贯彻落实〈关于改革完善体制机制加强战略和应急物资储备安全管理的意见〉的实施方案》《鲁北盐碱滩涂地风光储输一体化基地规划建设方案（2022—2030年）》等文件。

同日 省委副书记、省长周乃翔主持召开省碳达峰碳中和工作领导小组会议，深入学习贯彻习近平总书记关于碳达峰碳中和工作的重要讲话和重要指示批示精神，落实国家碳达峰碳中和工作领导小组第一次、第二次全体会议部署，总结全省工作进展情况，安排部署下步重点任务。

5日 省委党校（山东行政学院）举行2022年秋季学期开学典礼，省委书记李干杰出席并讲话。

同日 省委副书记、省长周乃翔主持召开全省重点工业企业发展座谈会。

7日 中韩（山东）生态环保与能源低碳发展交流研讨会在济南举行。省委书记李干杰，韩国环境部部长韩和真，联合国第八任秘书长、创造美好未来潘基文财团理事长潘基文分别视频致辞。会上同时举办山东－韩国产业合作对接洽谈会，30余家中韩企业通过线上方式对接洽谈合作意向，探索实质性的合作方案。

8日 由中央广播电视总台和山东省人民政府共同主办的“好客山东 好品山东”宣传推介活动在北京举行。中宣部副部长、中央广播电视总台台长兼总编辑慎海雄，省委书记李干杰出席活动并致辞，省委副书记、省长周乃翔出席。

9日 稳住经济基本盘督导和服务工作会议在济南召开，深入学习贯彻习近平总书记关于做好当前经济工作的重要指示要求，对进一步落实稳经济政策、开展督导服务进行部署，推动各级扛牢责任、真抓实干，齐心协力稳住经济基本盘，促进经济稳中向好、进中提质。省委书记李干杰出席会议并讲话；省委副书记、省长周乃翔主持；省政协主席葛慧君，省委副书记、青岛市委书记陆治原，省人大常委会副主任、党组书记杨东奇出席。

同日 省委常委会召开会议，传达学习习近平总书记在中央全面深化改革委员会第二十七次会议上的重要讲话和对四川甘孜泸定县6.8级地震作出的重要指示精神，研究审议有关工作事项。省委书记李干杰主持会议并讲话。会议听取了关于《国务院关于支持山东深化新旧动能转换推动绿色低碳高质量发展的意见》有关情况及贯彻落实意见的汇报。

同日 在收看全国新冠肺炎疫情防控工作电视电话会议后，全省新冠肺炎疫情防控工作电视会议召开，深入学习贯彻习近平总书记关于疫情防控工作的重要指示要求，认真落实党中央、国务院决策部署，按照省委工作要求，分析当前疫情防控形势，安排部署下步重点工作，坚决守住不发生规模性疫情的底线，为党的二十大胜利召开营造良好环境。省委副书记、省长周乃翔出席会议并讲话。

13日 全省标准化创新发展工作会议在济南召开。会议深入学习贯彻习近平总书记关于标准化工作的重要论述，全面落实国家标准化发展纲要，动员各级各部门进一步统一思想、明确路径，加快推进全省标准化创新发展。省委书记李干杰出席会议并讲话，省委副书记、省长周乃翔主持，省委副书记、青岛市委书记陆治原出席。会议宣读了山东省国家标准化创新发展试点批复。与会领导为山东省标准化高端专家咨询委员会部分成员颁发证书。李干杰，国家市场监管总局副局长、国家标准委主任田世宏为“全国磁悬浮动力技术基础与应用标准化工作组”“IEC发电输电和配电系统机器人技术委员会”揭牌。

同日 山东省人民政府与华润（集团）有限公司在山东大厦签署战略合作协议。省委书记李干杰，省委副书记、省长周乃翔，华润集团董事长王祥明出席签约仪式。

同日 省委副书记、省长周乃翔主持召开全省防汛防台风视频调度会议。

15日 第三届中国国际文化旅游博览会、首届中华传统工艺大会在济南开幕。省委书记李干杰，省委副书记、省长周乃翔出席巡馆活动。

同日 2022年山东省大众创业万众创新活动周在烟台市启动，全省其他15市分会场活动同步拉开帷幕。省委副书记、省长周乃翔出席启动仪式并宣布活动周启动。

同日 山东省人民政府与中国建设银行股份有限公司在济南签署金融服务黄河流域生态保护和高质量发展战略合作协议。省委副书记、省长周乃翔，中国建设银行党委副书记、行长张金良出席仪式。

16日 省委常委会召开会议，传达学习9月9日中共中央政治局会议精神，研究贯彻落实意见。省委书记李干杰主持会议并讲话。

同日 省十三届人大代表履职交流暨第二届优秀省人大代表建议和先进承办单位表彰会在济南举行。省委书记、省人大常委会主任李干杰出席会议并讲话，省人大常委会副主任、党组书记杨东奇主持。会上，宣读了省人大常委会关于表彰优秀省人大代表建议和先进承办单位的通报，决定对80件优秀省人大代表建议和10个先进承办单位予以表彰。

18日 省委副书记、省长周乃翔主持召开省政府常务会议，研究先进制造业强省建设、平台经济发展、沿黄县（市、区）高质量发展、济南新旧动能转换起步区建设发展等工作。

20日 省委副书记、省长周乃翔主持召开省政府常务会议，研究山东半岛工业互联网示范区建设、饮用水水源保护区管理、学校安全、计量发展等工作。会议审议通过《山东省饮用水水源保护区管理规定（试行）》《〈山东省学校安全条例〉实施细则》，会议审议通过贯彻落实计量发展规划的实施意见。

21日 山东省“人民满意的公务员”和“人民满意的公务员集体”表彰大会在济南召开。省委书记李干杰出席会议并讲话，省委副书记、省长周乃翔主持，省政协主席葛慧君，省委副书记、青岛市委书记陆治原，省人大常委会副主任、党组书记杨东奇出席。会上宣读了《中共山东省委山东省人民政府关于表彰山东省“人民满意的公务员”和“人民满意的公务员集体”的决定》。

同日 省委、省政府在济南召开山东省民营经济高质量发展工作会议，深入学习贯彻习近平总书记关于民营经济的重要论述，聚焦推动全省民营经济高质量发展，总结成绩、表彰先进，安排部署重点工作任务，动员全省上下凝心聚力、真抓实干，不断开创民营经济高质量发展新局面。省委书记李干杰出席会议并讲话，省委副书记、省长周乃翔主持，省政协主席葛慧君，省委副书记、青岛市委书记陆治原，省人大常委会副主任、党组书记杨东奇出席。会上，宣读了为民营企业代表和首批民营经济先进县（市、区）进行颁奖授牌的情况通报。

22 日 省委理论学习中心组进行集体学习，围绕深入学习贯彻习近平总书记在省部级主要领导干部专题研讨班上的重要讲话精神，结合学习《习近平谈治国理政》第四卷，联系实际进行交流讨论，提升思想认识，更加坚定拥护“两个确立”、坚决做到“两个维护”。省委书记李干杰主持学习并讲话，周乃翔、葛慧君、陆治原、杨东奇和中心组成员等参加。

同日 省委统战工作会议在济南召开。会议深入学习贯彻习近平总书记关于做好新时代党的统一战线工作的重要思想，全面贯彻落实中央统战工作会议精神，总结工作、分析形势、部署任务，推动新时代全省统战工作走在前、开新局，为新时代社会主义现代化强省建设凝聚人心、汇聚力量。省委书记李干杰出席会议并讲话，省委副书记、省长周乃翔主持，省政协主席葛慧君，省人大常委会副主任、党组书记杨东奇出席。

23 日 省委常委会召开会议，传达学习习近平总书记在上海合作组织成员国元首理事会第二十二次会议、第五个“中国农民丰收节”到来之际的重要讲话和重要指示，研究审议有关工作事项。省委书记李干杰主持会议并讲话。会议审议了《关于完善党管人才工作体系和推进机制的若干措施》《山东省人才集聚雁阵格局建设总体方案》《山东省科教融合协同育人联合体建设实施方案》等文件，听取了省委人才工作领导小组成员单位2022年以来工作情况的汇报。

同日 第十九期山东干部讲堂在济南开讲。国家发展和改革委员会能源研究所原所长戴彦德受邀作报告。省委书记李干杰，省政协主席葛慧君，省人大常委会副主任、党组书记杨东奇出席。

同日 山东省人民政府与中国气象局在山东大厦签署合作协议，共同推进山东“在推动黄河流域生态保护和高质量发展上走在前”。省委书记李干杰，省委副书记、省长周乃翔，中国气象局局长庄国泰出席签约仪式。

同日 省委、省人大常委会、省政府、省政协机关举行2022年“慈心一日捐”活动，传承弘扬中华民族传统美德，为慈善事业作出应有贡献。省委书记、省人大常委会主任李干杰，省委副书记、省长周乃翔，省政协主席葛慧君，省人大常委会副主任、党组书记杨东奇等省领导同志带头捐款，部分省领导同志通过委托捐款、线上捐款等方式参加。

同日 在收看全国安全生产电视电话会议后，全省安全生产电视会议召开，深入学习贯彻习近平总书记关于安全生产重要指示精神，认真落实全国安全生产电视电话会议部署，按照省委工作要求，对安全生产重点工作进行安排部署，全力维护安全稳定的良好环境。省委副书记、省长周乃翔出席会议并讲话。

24 日 雄商高铁山东段、津潍高铁济南联络线等重点高铁项目建设推进会在济南举行。省委书记李干杰出席会议并讲话，省委副书记、省长周乃翔主持。

25 日 省委副书记、省长周乃翔主持召开全省经济社会形势视频调度会议，深入贯彻落实习近平总书记高效统筹疫情防控和经济社会发展重要指示精神，落实省委工作要求，共同研判各市经济运行态势，分析存在的困难问题，进一步找准工作着力点、突破口，全力以赴实现经济社会发展最好结果。

26 日 山东省人民政府与中国电力建设集团有限公司在山东大厦签署战略合作协议。省委书记李干杰，省委副书记、省长周乃翔，中国电力建设集团有限公司董事长丁焰章出席签约仪式。

同日 全省知识产权保护工作会议在济南召开，深入学习贯彻习近平总书记关于知识产权保护工作的重要论述和对山东工作的重要指示要求，认真落实党中央、国务院决策部署，按照省委要求，总结工作，表彰先进，交流经验，部署任务，推动全省知识产权保护工作“走在前、开新局”。省委副书记、省长周乃翔出席会议并讲话。

27 日 第十七届联合国教科文组织孔子教育奖颁奖典礼暨中外青年学生孔子文化周启动仪式在曲阜尼山讲堂举行。省委副书记、省长周乃翔出席并致辞。

同日 2022尼山中希古典文明对话会在曲阜尼山圣境大学堂举行，主题为“溯源与展望：文明的由来与未来”。省委副书记、省长周乃翔出席并致辞。

同日 中华儒学经典著作集成《儒典》新书发布会暨大型文脉工程《齐鲁文库》启动仪式在曲阜尼山讲堂举行。省委副书记、省长周乃翔，中宣部副部长张建春，省委常委、宣传部部长白玉刚出席并为《儒典》揭幕，启动《齐鲁文库》。

27 日—28 日 2022中国（曲阜）国际孔子文化节、第八届尼山世界文明论坛在曲阜尼山举办。600余名专家学者、嘉宾代表以线上线下方式参加开幕式。2022中国（曲阜）国际孔子文化节、第八届尼山世界文明论坛由教育部、文化和旅游部、国务院侨务办公室、中国社会科学院、中国人民对外友好协会、国际儒学联合会、山东省人民政府共同主办。2022年国际孔子文化节的主题为“纪念孔子诞辰2573年”，第八届尼山世界文明论坛的主题为“人类文明多样性与人类共同价值”。全国人大常委会副委员长武维华出席开幕式并讲话，中共中央政治局原委员、国务院原副总理、国际儒学联合会会长刘延东视频讲话，尼山世界文明论坛组委会名誉主席、全国人大常委会原副委员长许嘉璐对论坛举办表示祝贺；中宣部副部长、文化和旅游部部长胡和平视频致辞，省委书记李干杰致辞，省委副书记、省长周乃翔主持；中宣部副部长张建春，全国政协文化文史和学习委员会副主任叶小文，省政协主席葛慧君，省人大常委会副主任、党组书记杨东奇出席。

28日 壬寅年公祭孔子大典在曲阜孔庙举行。省委副书记、省长周乃翔，省政协主席葛慧君，省人大常委会副主任、党组书记杨东奇，省委常委、宣传部部长白玉刚，省委常委、秘书长张海波参加。

29日 全省党风廉政警示教育大会在济南召开。省委书记李干杰出席会议并讲话，省委副书记、省长周乃翔主持，省政协主席葛慧君，省委副书记、青岛市委书记陆治原，省人大常委会副主任、党组书记杨东奇出席。

同日 首届黄河流域生态保护和高质量发展产业工人创新交流大会在德州市齐河县开幕。全国总工会党组书记、副主席、书记处第一书记陈刚讲话并宣布大会开幕，省委书记李干杰讲话，省委副书记、省长周乃翔主持。

同日 省委全面深化改革委员会召开会议，深入学习贯彻习近平总书记在中央全面深化改革委员会会议上的重要讲话精神，审议有关改革文件，研究部署下一步工作。省委书记、省委全面深化改革委员会主任李干杰主持会议并讲话，周乃翔等出席。会议审议了《关于省属企业在完善公司治理中加强党的领导的意见》《关于促进共同富裕集成化改革的若干措施》《关于深化改革创新促进数字经济高质量发展的若干措施》《关于深入推动山东高等教育高质量发展的若干措施》《党的十八大以来山东省全面深化改革工作情况》。

同日 省推进黄河流域生态保护和高质量发展领导小组召开会议，深入学习贯彻习近平总书记关于黄河流域生态保护和高质量发展的重要论述，听取山东省推动黄河流域生态保护和高质量发展有关情况汇报，审议《关于支持沿黄25县（市、区）推动黄河流域生态保护和高质量发展的若干政策措施》等文件，安排部署下一步工作。省委书记、省推进黄河流域生态保护和高质量发展领导小组组长李干杰主持会议并讲话，省委副书记、省长、省推进黄河流域生态保护和高质量发展领导小组组长周乃翔，曾赞荣、张海波、江成和领导小组成员出席。

30日 省委常委会召开会议，传达学习习近平总书记在参观“奋进新时代”主题成就展时的重要指示精神，深入学习《习近平生态文明思想学习纲要》《知识产权强国建设纲要（2021—2035年）》，研究审议有关工作事项。省委书记李干杰主持会议并讲话。会议审议了《山东省市级以下事业单位领导人员管理办法》《山东省落实中央财经委员会第十一次会议主要任务分工方案》《加快推动平台经济规范健康持续发展的实施意见》《山东省制造业数字化转型行动方案（2022—2025年）》《实施先进制造业强省三年行动计划（2022—2025年）》《山东半岛工业互联网示范区建设规划（2022—2025年）》。

同日 省委、省政府举行《烈士光荣证》颁授仪式，深切缅怀英雄烈士，赓续传承红色基因，在全社会积极营造学习英烈、崇尚英雄、关爱烈属的社会风尚。省委书记李干杰出席仪式，省委副书记、省长周乃翔主持。仪式上，宣读了《关于评定和追认岳耀斌等18名同志为烈士的决定》。

同日 在第十个老人节来临之际，省委书记李干杰，省委副书记、省长周乃翔向全省老年人和老龄工作者致慰问信，代表省委、省政府向全省老年人致以节日祝贺，向全省老龄工作者和关心支持老龄事业发展的社会各界人士致以诚挚问候。山东省2022年“敬老月”暨银龄健康大讲堂开播。

10月

1日 省委书记李干杰到济南市，深入企业生产一线、基层单位、田间地头，调研节日生产、安全生产、秋收秋种等工作，代表省委、省政府向全省广大人民群众致以节日祝贺，向在节日期间坚守工作岗位的广大干部职工表示诚挚问候。

同日 省委副书记、省长周乃翔到省应急指挥中心，看望慰问国庆假日期间值班值守人员，并调度、部署安全防范和疫情防控工作。

2日 中共中央总书记、国家主席、中央军委主席习近平给山东省地矿局第六地质大队全体地质工作者回信，4日，省委常委会召开会议，传达学习习近平总书记给山东省地矿局第六地质大队全体地质工作者重要回信精神，研究贯彻落实意见。省委书记李干杰主持会议并讲话。

6日 省委副书记、省长周乃翔主持召开省政府常务会议，研究疫情防控、节能减排等工作。

13日 省委常委会召开扩大会议，传达学习党的十九届七中全会精神，研究贯彻落实意见。省委书记李干杰主持会议并讲话。

15日 山东省出席党的二十大代表团在北京友谊宾馆举行全体会议。山东省代表团代表、全国人大常委会副委员长、全国妇联主席沈跃跃，最高人民法院院长、党组书记周强出席会议。会议推选李干杰为山东省出席党的二十大代表团团长，周乃翔为副团长，陆治原为秘书长。会议酝酿了代表资格审查委员会成员和大会主席团成员、秘书长建议名单等；传达学习了习近平总书记在党的十九届七中全会上关于中央政治局工作的报告和在党的十九届七中全会第二次全体会议上的重要讲话。

19日 全省老龄工作暨医养结合示范省创建工作推进会议在济南召开。省委副书记、省长周乃翔对全省老龄工作和医养结合示范省创建工作提出要求，副省长、省老龄委主任孙继业出席会议并讲话。会议传达学习全国老龄工作会议精神，总结全省老龄工作和医养结合示范省创建工作情况，交流经验做法，安排部署老龄工作重点任务。

22日 党的二十大山东省代表团在北京举行会议，总结大会期间各项工作，就发挥好代表作用、学习宣传贯彻落实好党的二十大精神作出安排部署。省委书记李干杰主持会议并讲话。

24日 省委常委会召开扩大会议，传达学习党的二十大和二十届一中全会精神，研究贯彻落实意见。省委书记李干杰主持会议并讲话。会上，周乃翔、葛慧君、陆治原、杨东奇、夏红民、王宇燕、李术才、孙爱军、江敦涛、王传喜作了发言。

同日 省委副书记、省长、省政府党组书记周乃翔主持召开省政府党组扩大会议，认真学习贯彻党的二十大和二十届一中全会精神，贯彻落实省委常委会扩大会议部署要求，结合政府工作实际，开展学习研讨，研究贯彻落实意见，安排部署近期重点工作。

26日 省委副书记、省长周乃翔主持召开省政府常务会议，深入学习贯彻党的二十大精神，贯彻落实习近平总书记关于高效统筹疫情防控和经济社会发展重要指示精神，认真落实党中央、国务院决策部署，按照省委常委会扩大会议要求，研究前三季度全省经济社会发展形势，为决战决胜四季度进行安排部署，奋力实现全年目标任务。

27日 山东省黄河流域生态保护和高质量发展推进会举行。会议深入学习贯彻习近平总书记重要指示要求，对落实黄河重大国家战略进行再强调、再部署、再推进，以学习贯彻落实党的二十大精神为动力，开创黄河流域生态保护和高质量发展新局面。省委书记李干杰出席会议并讲话，省委副书记、省长周乃翔主持，省委副书记、青岛市委书记陆治原出席。

同日 省政府召开全省冬春季森林草原防灭火工作推进视频会议，贯彻落实全国秋冬季森林草原防灭火工作电视电话会议精神，对进一步做好今冬明春全省森林草原防灭火工作进行再安排、再部署。省委副书记、省长周乃翔对森林草原防灭火工作提出要求。

28日 省委常委会召开会议，传达学习习近平总书记在瞻仰延安革命纪念地、10月25日中共中央政治局会议、中共中央政治局第一次集体学习、军队领导干部会议上的重要讲话精神，研究审议有关工作事项。省委书记李干杰主持会议并讲话。会议研究了省委学习宣传贯彻党的二十大精神近期工作安排。会议审议了《贯彻落实〈中共中央国务院关于完整准确全面贯彻新发展理念做好碳达峰碳中和工作的意见〉的若干措施》《山东省碳达峰实施方案》《第三届儒商大会总体方案》。

同日 省委常委会召开扩大会议，深入学习贯彻党的二十大精神，分析研究当前经济形势和经济工作，部署下步重点任务。省委书记李干杰主持会议并讲话。

31日 省委副书记、省长周乃翔主持召开省政府常务会议，研究科技强省建设、预制菜产业高质量发展、居民基本养老保险、居民长期护理保险试点等工作。会议审议通过《关于推进全省预制菜产业高质量发展的意见》《关于完善居民基本养老保险政策有关问题的通知》。

11月

2日—6日 省委举办山东省领导干部党的二十大精神专题学习班（第一期）。省委书记李干杰作动员讲话和总结讲话；中央宣讲团成员、中央财经委员会办公室分管日常工作的副主任韩文秀作宣讲报告；省委副书记、省长周乃翔，省政协主席葛慧君，省委副书记、青岛市委书记陆治原，省人大常委会副主任、党组书记杨东奇出席。

4日 省委副书记、省长周乃翔在上海出席第五届中国国际进口博览会暨虹桥国际经济论坛开幕式，并与部分跨国公司负责人会谈，推动交流合作走深走实。

5日—6日 中国共产党山东省第十二届委员会第二次全体会议在济南举行。出席这次全会的有省委委员80人，候补省委委员15人。省纪律检查委员会常委和有关方面负责同志列席会议。全会由省委常委会主持。省委书记李干杰作了讲话。全会深入学习贯彻党的二十大和二十届一中全会精神，听取和讨论了李干杰同志受省委常委会委托作的工作报告，审议通过了《中共山东省委关于深入学习宣传贯彻党的二十大精神的决议》。

6日 第五届中国企业论坛企业家恳谈会在济南举行。省委副书记、省长周乃翔主持并讲话。

7日 以“中国企业新征程新跨越”为主题的第五届中国企业论坛在济南举行，省委书记李干杰致辞，全国工商联主席高云龙视频致辞，国务院国资委党委书记、主任郝鹏致辞，新华通讯社党组书记、社长傅华致辞，省委副书记、省长周乃翔出席。中国社科院副院长高培勇作主旨演讲，5名企业家作主题演讲，300多位中外嘉宾以线上或线下方式展开深入交流。

同日 山东省人民政府与中国化学工程集团有限公司在济南签署战略合作协议。省委副书记、省长周乃翔，中国化学工程集团党委书记、董事长戴和根出席签约仪式。

同日 山东省人民政府与中国建筑集团有限公司在济南签署共同深化新旧动能转换推动绿色低碳高质量发展战略合作协议。省委副书记、省长周乃翔，中国建筑集团党组书记、董事长郑学选出席仪式，副省长范波，中国建筑集团党组副书记、总经理张兆祥分别代表双方在协议上签字并为中国建筑股份有限公司（山东）总部揭牌。

同日 第五届中国企业论坛签约仪式在济南举行，济南埠村国际综合旅游度假区等54个项目现场签约，涉及总金额1751亿元。省委副书记、省长周乃翔出席仪式。

8日 山东省学习贯彻党的二十大精神宣讲团在济南成立，省委书记李干杰出席学习宣传贯彻党的二十大精神暨省委宣讲团宣讲动员会并讲话。

同日 省委副书记、省长、省政府党组书记周乃翔主持召开省政府党组会议，深入学习贯彻党的二十大精神，落实省委十二届二次全会精神，结合省政府工作实际，研究贯彻落实措施。

同日 省委副书记、省长周乃翔主持召开省政府常务会议，研究绿色低碳高质量发展先行区建设、济南新旧动能转换起步区建设、失业保险省级统筹等工作。

同日 山东省人民政府与中国节能环保集团有限公司

在济南签署战略合作框架协议。省委副书记、省长周乃翔，中国节能环保集团党委书记、董事长宋鑫出席签约仪式。

9日 由工业和信息化部、山东省政府共同主办的2022全国中小企业数字化转型大会在山东国际会展中心开幕。省委书记李干杰致辞，工业和信息化部党组书记、部长金壮龙视频致辞。省委副书记、省长周乃翔主持并宣布大会开幕。

同日 由山东省政府、韩国产业通商资源部共同主办的山东省－韩国经贸合作交流会在济南举行。省委书记李干杰在线会见韩国产业通商资源部部长李昌洋，就加强供应链产业链、物流、落实RCEP制度安排等合作事项进行了交流。李昌洋致辞，省委副书记、省长周乃翔致辞。

10日 世界入海口城市合作发展大会在东营开幕。全国政协副主席张庆黎讲话，省委书记李干杰致辞，省政协主席葛慧君出席。主办单位负责人，国际组织负责人代表，中外入海口城市代表致辞。

同日 海峡两岸产业合作区建设推进会暨大健康产业合作泉城论坛在济南举行。省委副书记、省长周乃翔，省委常委、统战部部长徐海荣，中共中央台办、国务院台办经济局局长张世宏，全国台湾同胞投资企业联谊会会长李政宏出席，济南市市长于海田主持。

11日 省委常委会召开会议，传达学习习近平总书记在11月10日中共中央政治局常务委员会会议、第五届中国国际进口博览会开幕式、《湿地公约》第十四届缔约方大会开幕式上的重要讲话精神，传达学习中央有关文件精神，研究贯彻落实意见。省委书记李干杰主持会议并讲话。

同日 在收看全国新冠肺炎疫情防控工作电视电话会议后，全省疫情防控工作电视会议召开，按照省委部署要求，分析研判当前疫情防控形势，安排部署下步重点工作。省委副书记、省长周乃翔出席会议并讲话。

12日 国家虚拟现实创新中心（青岛）建设工作推进会在济南举行。省委副书记、省长周乃翔，省委副书记、青岛市委书记陆治原出席，工业和信息化部副部长徐晓兰，副省长凌文出席并为国家虚拟现实创新中心（青岛）揭牌。

14日 省委副书记、省长周乃翔主持召开省城镇化暨城乡融合发展工作领导小组会议，贯彻落实党的二十大精神，深入学习习近平总书记关于城镇化和城乡融合发展工作的重要论述，总结前期工作情况，分析当前形势和存在问题，研究审议有关文件，安排部署下步重点工作。

15日 全省疫情防控工作电视会议在济南召开，深入贯彻落实党的二十大精神，认真学习贯彻习近平总书记在11月10日中央政治局常委会会议上的重要讲话精神，落实全国疫情防控工作电视电话会议部署，按照省委要求，安排部署落实“优化防控工作二十条措施”，推动各级科学精准做好疫情防控工作，高效统筹疫情防控和经济社会发展。省委副书记、省长周乃翔出席会议并讲话。

16日 省委副书记、省长周乃翔到济南市接待群众来访，协调解决信访事项。

17日 省委书记李干杰到中国海洋大学，面向学校师生宣讲党的二十大精神。省委副书记、青岛市委书记陆治原出席。

同日 省委书记李干杰到青岛市调研疫情防控工作。省委副书记、青岛市委书记陆治原陪同调研。

同日 省委副书记、省长周乃翔主持召开省政府常务会议，研究省国土空间规划编制、排污许可执法监管等工作。会议审议了《山东省国土空间规划（2021—2035年）》。

同日 2022双循环发展大会在济南举行。省委副书记、省长周乃翔出席并致辞，中国贸促会党组成员、副会长张慎峰视频致辞，省委常委、组织部部长王宇燕主持。本次大会由山东省政府、中国贸促会共同主办，主题为“服务和融入新发展格局　推动高质量发展”，以线上线下结合形式举行。

18日 省委常委会召开会议，传达学习习近平总书记关于疫情防控工作的重要指示要求，传达学习习近平总书记在二十国集团领导人第十七次峰会第一阶段会议、同美国总统拜登会晤时的重要讲话精神和向“杂交水稻援外与世界粮食安全”国际论坛发表的书面致辞、在亚太经合组织工商领导人峰会上的书面演讲，研究审议有关工作事项。省委书记李干杰主持会议并讲话。会议审议了《山东省建设绿色低碳高质量发展先行区三年行动计划（2023—2025年）》。

同日 山东省深化新旧动能转换推动绿色低碳高质量发展动员大会在济南召开，深入贯彻党的二十大精神，全面落实习近平总书记对山东工作的重要指示要求，动员全省上下强化使命担当、勇于开拓创新，聚力推进绿色低碳高质量发展先行区建设。省委书记李干杰出席会议并讲话，省委副书记、省长周乃翔主持，省政协主席葛慧君，省委副书记、青岛市委书记陆治原，省人大常委会副主任、党组书记杨东奇出席。

21日 以“智汇齐鲁　创赢未来”为主题的第二届山东人才创新发展大会暨第十二届中国·山东海内外高端人才交流项目洽谈会在山东大厦举行。省委书记李干杰，中国工程院党组书记、院长李晓红出席会议并讲话，省委副书记、省长周乃翔主持大会。大会发布了《2022年山东省人才发展研究报告》，举行了引进院士项目和人才签约仪式。各平行会场举办了系列专场高端论坛活动。

23日 全省新冠肺炎疫情防控工作电视会议召开，深入学习贯彻党的二十大精神和习近平总书记关于疫情防控工作的重要指示批示精神，认真落实党中央、国务院决策部署，按照省委工作要求，分析研判疫情形势，安排部署下步任务，进一步坚定信心、攻坚克难，坚决打赢常态化疫情防控攻坚战。省委副书记、省长周乃翔出席会议并讲话。

24日 全省安全生产视频会议召开，深入学习贯彻党的二十大精神和习近平总书记关于安全生产工作的重要指示精神，认真落实党中央、国务院决策部署，按照省委工作要求，对岁末年初安全生产工作进行安排部署，全力确保安全生产形势持续稳定，确保人民生命财产安全。省委副书记、省长周乃翔出席会议并讲话。

25 日 省委常委会召开会议，传达学习习近平总书记关于安全生产工作的重要指示和在亚太经合组织第二十九次领导人非正式会议上的重要讲话，研究审议有关工作事项。省委书记李干杰主持会议并讲话。

同日 省委理论学习中心组进行集体学习，深入学习贯彻党的二十大精神，学习《中共中央政治局关于加强和维护党中央集中统一领导的若干规定》《中共中央政治局贯彻落实中央八项规定实施细则》，联系思想和工作实际进行交流讨论。省委书记李干杰主持学习并讲话，周乃翔、葛慧君、陆治原、杨东奇和中心组成员等参加。

30 日至 12 月 3 日 按照国务院安排部署，国务院政策性开发性金融工具支持重大项目建设等和稳经济政策措施督导“回头看”工作组来山东开展督导工作。其间，工作组与山东省召开对接会，听取山东省情况汇报，对督导工作进行安排部署。省委副书记、省长周乃翔，工作组组长、生态环境部副部长、国家核安全局局长董保同出席对接会。

12 月

1 日 省委副书记、省长周乃翔主持召开省政府常务会议，研究风景名胜区整合优化、文物对外交流合作等工作。

2 日 省委常委会召开会议，传达党中央、全国人大常委会、国务院、全国政协、中央军事委员会告全党全军全国各族人民书，沉痛悼念江泽民同志。省委书记李干杰主持会议并讲话。

同日 省委副书记、省长周乃翔主持召开当前经济形势调度会议，深入学习贯彻党的二十大精神，认真落实党中央、国务院决策部署，按照省委工作要求，分析研判经济运行情况，研究部署当前工作，最大限度减少疫情对经济社会发展的影响，努力交出全年最好成绩单。

3 日 “乡村振兴齐鲁论坛 2022”举行，主题为“锚定‘走在前、开新局’，全面打造乡村振兴齐鲁样板”，采取“线上 + 线下，以线上为主”的形式，在济南、潍坊设主会场。省委副书记、省长周乃翔出席并作主旨演讲。

9 日 省委常委会召开会议，传达学习习近平总书记在江泽民同志追悼大会上的悼词和在 12 月 6 日中共中央政治局会议、12 月 2 日中共中央党外人士座谈会上的重要讲话精神，研究审议有关工作事项。省委书记李干杰主持会议并讲话。会议审议了《关于统筹推进美德山东和信用山东建设的意见》《关于实施全环境立德树人 加强和改进未成年人思想道德建设的意见》。

同日 省委统筹疫情防控和经济运行工作指挥部（扩大）会议召开，深入贯彻落实习近平总书记关于疫情防控的重要指示精神，分析当前疫情形势，安排部署下步工作。省委书记李干杰出席会议并讲话，省委副书记、省长周乃翔主持，省委副书记、青岛市委书记陆治原出席。

12 日 全省新冠肺炎疫情防控调度工作视频会议召开，深入贯彻习近平总书记关于疫情防控的重要指示精神，落实国务院联防联控机制“新十条”部署，按照省委工作要求，细化工作措施，压实防控责任，更加精准有效做好各项工作，最大程度保护人民群众生命安全和身体健康。省委副书记、省长周乃翔出席会议并讲话。

14 日 省委常委会议军会议召开，深入学习习近平总书记关于国防和军队建设重要论述，围绕推动国防动员和后备力量建设，总结工作、研究措施，奋力开创新时代党管武装工作新局面。省委书记、省军区党委第一书记李干杰主持会议并讲话。会议听取了关于全省国防动员和后备力量建设情况、驻鲁部队提报需求事项的汇报，审议了《关于加强新时代党管武装工作的意见》。

17 日 全省新冠肺炎疫情防控视频会议召开，深入学习贯彻习近平总书记关于疫情防控工作的重要指示批示精神，认真落实中央经济工作会议精神，按照省委部署要求，调度防疫医疗药品和器械保供、医疗救治、亚定点医院升级改造、农村疫情防控等工作情况，落实落细新阶段疫情防控各项举措，努力把握节奏、控制进程、拉平曲线、推后峰值。省委副书记、省长周乃翔出席会议并讲话。

18 日—20 日 中国共产主义青年团山东省第十五次代表大会在济南举行。省委书记李干杰，共青团中央书记处第一书记贺军科出席会议并讲话；省委副书记、省长周乃翔，省政协主席葛慧君，省委副书记、青岛市委书记陆治原出席。殷世逸代表共青团山东省第十四届委员会作工作报告。大会通过了《共青团山东省第十五次代表大会关于共青团山东省第十四届委员会报告的决议》，选举产生了由 69 名委员、19 名候补委员组成的共青团山东省第十五届委员会。

20 日 省委副书记、省长周乃翔主持召开省政府常务会议，研究政府工作报告起草、委托实施省级行政权力事项、开发区体制机制改革等工作。会议听取了政府工作报告起草情况的汇报，研究讨论了《政府工作报告（讨论稿）》。会议确定委托实施 135 项省级行政权力事项，研究了优化完善开发区体制机制改革相关配套政策。

21 日—23 日 山东省妇女第十四次代表大会在济南举行。省委书记李干杰出席会议并讲话，全国妇联党组书记黄晓薇视频讲话，省委副书记、省长周乃翔，省政协主席葛慧君出席。孙丰华代表省妇联第十三届执行委员会作报告。会议选举产生了山东省妇联第十四届执行委员会委员 125 名，常务委员 21 名，孙丰华当选为省妇联主席。会议通过了《关于山东省妇女联合会第十三届执行委员会报告的决议》。

22 日 省委理论学习中心组进行集体学习，围绕深入学习贯彻习近平生态文明思想和党的二十大关于推动绿色发展的部署要求，联系思想和工作实际进行交流讨论。省委书记李干杰主持学习并讲话，周乃翔、葛慧君、陆治原和中心组成员等参加。

同日 省委常委会召开会议，传达学习习近平总书记在《生物多样性公约》第十五次缔约方大会第二阶段高级别会议开幕式上的致辞，研究审议有关工作事项。省委书记李干杰主持会议并讲话。会议审议了《关于2023年山东省经济社会发展的思路建议》《2023年“稳中向好、进中提质”政策清单（第一批）》《中共山东省委关于2022年意识形态工作情况的报告》。

23日—24日 省委经济工作会议在济南召开。会议以习近平新时代中国特色社会主义思想为指导，全面贯彻落实党的二十大精神和中央经济工作会议精神，总结2022年全省经济工作，分析当前经济形势，部署明年经济工作任务。省委书记李干杰出席会议并讲话，省委副书记、省长周乃翔对明年经济工作作出部署，省政协主席葛慧君，省委副书记、青岛市委书记陆治原出席。会议审议通过了《2023年“稳中向好、进中提质”政策清单（第一批）》。

24日 省委常委会扩大会议暨山东省2022年度市委书记和省直有关工委（党委）书记全面从严治党述责述廉和抓基层党建工作述职评议会议在济南召开。省委书记李干杰主持会议并讲话，省委副书记、省长周乃翔，省委副书记、青岛市委书记陆治原出席，中央纪委国家监委、中央组织部有关同志到会指导。

26日 省委副书记、省长周乃翔主持召开省政府常务会议，研究全面推进乡村振兴、建设全国乡村教育振兴先行区等工作。会议审议通过《山东省建设全国乡村教育振兴先行区专项工作方案》。

29日 山东省召开全省领导干部会议。中央组织部部长陈希出席会议并宣布中央决定：李干杰同志不再兼任山东省委书记、常委、委员职务，林武同志任山东省委委员、常委、书记。中央政治局委员、中央书记处书记李干杰主持会议并讲话。省委书记林武，省委副书记、省长周乃翔讲话。中央组织部部务委员兼干部二局局长张光军，省政协主席葛慧君，省委副书记、青岛市委书记陆治原，省人大常委会副主任、党组书记杨东奇出席会议。

同日 新任省委书记林武分别与第十三届全国人大财经委员会副主任委员刘家义和正省级老同志赵志浩、姜异康、韩寓群、陈光林通话，代表省委、省政府向他们致以诚挚问候和良好祝愿，感谢他们为党和人民事业作出的贡献，并听取他们的意见建议。

30日 省委常委会召开会议，传达学习习近平总书记在中央政治局民主生活会、中央农村工作会议上的重要讲话和中央农村工作会议精神，研究加强省委常委班子自身建设，审议有关工作事项。省委书记林武主持会议并讲话。审议了《关于做好2023年全面推进乡村振兴重点工作的实施意见》《突破菏泽鲁西崛起三年行动计划（2023—2025年）》，听取了关于2022年全省财政收支预计情况及2023年省级预算安排意见的汇报。

同日 省委书记林武来到中共山东早期历史纪念馆，瞻仰革命旧址，重温光荣历史，缅怀革命先烈，体悟初心使命。元旦假期临近，林武在济南调研疫情防控和保供稳价等工作，代表省委、省政府向全省广大人民群众致以新年的美好祝福。

光荣榜

2022年度全国五一劳动奖章（山东省）名单

栾　俊　　华能济南黄台发电有限公司汽机队副主任

张海燕（女）济南超意兴餐饮有限公司仓储物流中心主任

史秀宝　　山东泰山钢铁集团有限公司设备管理员

张连钢　　山东港口青岛港集团有限公司高级别专家

刘广齐　　海信（山东）冰箱有限公司设备班长

张志华　　青岛市勘察测绘研究院院长、党委副书记

高星玉　　中青建安建设集团有限公司砌筑工班组长

贾正民　　东亚装饰股份有限公司砌筑工班组长

董丹华（女）山东扳倒井股份有限公司品酒师

王春花（女）山东周村烧饼有限公司总工程师

孙友明　　滕州市公路事业发展中心工程师

庞秀华（女）广饶县第二实验小学党总支书记、校长

宋良友　　东营市广通科技有限公司技术员

王建中　　烟台中集来福士海洋工程有限公司党委书记、总裁

刘雪峰　　山东省城市服务技师学院中餐学院院长

王　雁（女）烟台矢崎汽车配件有限公司管理部课长

于芹龙　　斗山工程机械（中国）有限公司售后服务部野外支援组组长

汤海威　　潍柴控股集团有限公司首席技师

周建章　　康跃科技（山东）有限公司模具主管

曹景芳（女）华电国际电力股份有限公司邹县发电厂生技部精密诊断中心组长

王　俊　　济宁市任城区王俊推拿中心技术总监

胡　源　　通力轮胎有限公司总工程师

滕清良　　泰安市中心医院副院长

王海军　　金猴集团威海皮具有限公司设计师

赵庆英（女）日照市金海岸小学党总支书记、校长

田振东　　山东港口日照港集团有限公司第一港务分公司卸车队维修工段工段长

岳宝强　　国网山东省电力公司临沂供电公司总经理、党委副书记

郝贵周　　鲁南制药集团股份有限公司科研部部长

柏建喜　　天元建设集团有限公司砌筑工

陈红新　　禹城市运输公司货车驾驶员

潘凤高　　山东聊建现代建设有限公司项目经理

赵奇生　　华纺股份有限公司副总工程师、电气车间主任
亓传周　　菏泽黄河河务局供水局郓城供水处首席技师
姜正涛　　即发集团有限公司纬编工
丁惟云　　中国重型汽车集团有限公司总工程师、重型商用车总设计师
李有志　　山东省饲料兽药质量检验中心主任
余西顺　　山东省第七地质矿产勘查院党委书记、院长
赵世龙　　山东钢铁集团日照有限公司热轧厂金属轧制工
王东伟　　青岛农业大学机电工程学院院长
张可成　　山东女子学院工商管理学院院长
谭汗青（女）山东广播电视台制片人
王月兰（女）山东第一医科大学第一附属医院（山东省千佛山医院）麻醉与围术期医学科主任
施燕平（女）山东省医疗器械和药品包装检验研究院党委书记、院长
刘新斌　　临沂市费县人民医院党委书记、院长
李　敏　　国网山东省电力公司超高压公司输电检修中心输电运维三班副班长
吴家强　　山东省农业科学院畜牧兽医研究所党委书记、理事长
段琰璞　　国核示范电站有限责任公司调试管理处处长助理
刘东章　　中石化胜利石油工程有限公司海洋钻井公司装备管理监造中心高级技师
赵华清　　山东省机场管理集团济南国际机场股份有限公司医疗急救中心主任、党支部副书记
王振钦　　水发集团有限公司党委书记、董事长
于树杰　　渤海轮渡集团股份有限公司船长
柳子玉（女）山东港口烟台港集团客运滚装分公司滚装车安检分析员
单召勇　　山东黄金冶炼有限公司副主任
徐忠敏（女）招金矿业股份有限公司金翅岭金矿技术总监
车社海　　青岛宏大纺织机械有限责任公司总设计师
李　舫（女）山东畜牧兽医职业学院动物疫病检测中心主任
田　彪　　青岛经济技术开发区海尔热水器有限公司服务工程师

2022 年度全国五一劳动奖状（山东省）名单

济南阳光大姐服务有限责任公司
青岛软控机电工程有限公司
淄博市行政审批服务局
山东中烟工业有限责任公司青州卷烟厂
威海光威集团有限责任公司
金能科技股份有限公司
山东金蔡伦纸业有限公司
山东第一医科大学附属肿瘤医院（山东省肿瘤医院）
华能山东石岛湾核电有限公司
青岛海尔特种电冰箱有限公司

2022 年度全国工人先锋号（山东省）名单

济南西门子变压器有限公司电磁计算班组
山东省建设建工（集团）有限责任公司肖衡项目部
青岛埃维燃气有限公司客服中心民用户维修班组
青岛良木集团有限公司金桐公司组装组
山东汇丰石化集团有限公司顺酐车间二班
枣庄华厦建筑工程有限公司爱搬砖 QC 小组
山东能源枣矿集团田陈煤矿褚福星高技能人才创新工作室
国网山东省电力公司东营供电公司变电运维中心中心变电集控站
上汽通用东岳汽车有限公司南厂冲压车间
山东海化集团有限公司热力电力分公司检修部锅炉本体班
山东和顺物业管理有限公司环卫公厕保洁项目班组
华润泰安医药有限公司医疗器械采购部
山东新合源热传输科技有限公司制管车间
山东威达机械股份有限公司国际技术开发部
文登奥文电机有限公司台钻装配班
山东五征集团有限公司飞碟汽车事业部总装车间 A 线总装班
山东临工工程机械有限公司装载机事业部总装二车间四号装配线
临沂市人民政府办公室 12345 政务服务热线受理中心
国家税务总局德州市德城区税务局第一税务分局
山东聊建第四建设有限公司刘荣光班组
山东西王食品有限公司小包装产品物管科
滨州渤海活塞有限公司机械加工二厂 207 线
山东东明石化集团有限公司加制氢车间加制氢工艺一班
国花酒业集团有限公司酿酒车间一班
山东省财金投资集团有限公司投资运营部
山东南山智尚科技股份有限公司精品线织造甲班
玲珑集团有限公司半钢胎面组
交通运输部北海救助局“北海救 101”轮
青岛市海润自来水集团有限公司水质监测中心
山东洙水河水运开发有限公司航道服务班组
大唐鲁北发电有限责任公司辅网运行部辅控五值
山东鲁软数字科技有限公司电网信息事业部
山东广播电视台《问政山东》栏目组
中国石油化工股份有限公司胜利油田分公司胜利采油厂采油管理三区注采 304 站
中国铁路济南局集团有限公司青岛动车段青岛北动车所
中国石油化工股份有限公司齐鲁分公司第二化肥厂气体联合车间
山信软件股份有限公司信息化事业部莱芜分部
中国移动通信集团山东有限公司临沂分公司网络部网络优化中心
中铁十局集团第一工程有限公司盾构掘进班组
山东康力医疗器械科技有限公司口罩制作车间
烟台市东顺海上旅游开发有限公司烟台东顺海上志愿救护队
济南公共交通集团有限公司 K101 路线
国网山东省电力公司莱州市供电公司输配电运检中心输电运检班
山东能源枣矿集团蒋庄煤矿韩套轮劳模创新工作室
济南二机床集团有限公司数控机床公司功能部件作业部装配三班

2022 年度中国青年五四奖章（山东省）名单

陈大卫 山东第一医科大学附属肿瘤医院放疗科研究员、放射免疫与分子影像实验室副主任

2022 年度中国青年五四奖章集体（山东省）名单

中国石化胜利石油工程公司黄河钻井 70183SL 钻井队

2022 年度全国三八红旗手（山东省）名单

赵　燕 华熙生物科技股份有限公司董事长兼总经理

赵桂秋 青岛大学附属医院眼科主任、青岛大学眼科学系主任

袁艳会 淄博市张店区马尚街道九级村党委书记、村委会主任

衣媛媛 枣庄市中级人民法院刑事审判第一庭庭长、四级高级法官

李咏梅 烟台市妇联一级调研员

孙世超 威海日报社威海日报时政报道部主任

赵宪荣 山东省煤炭临沂温泉疗养院理疗科主任

孙一倩 山东华鲁恒升化工股份有限公司首席主任技师

朱利静 成武县卫生健康局党组书记、局长

刘卫红 青岛优雅印象审美文化传播有限公司创始人兼 CEO

郭美玲 潍坊世纪长河经贸有限公司董事长

刘　超 广饶县张守凤家庭农场有限公司总经理

田象霞 济南市天桥区工人新村南村街道西区社区党委书记、西区联合党委书记

2022 年度全国三八红旗集体（山东省）名单

济宁市农业科学研究院国家特色蔬菜产业技术体系济宁综合试验站创新团队
滨州市公安局滨城分局彭李派出所
山东省审计厅经济责任审计处
山东大学马克思主义学院
中国石油化工股份有限公司胜利油田分公司孤岛采油厂
中国铁路济南局集团有限公司济南站济南客运车间客服中心班组